W9-BTF-416

# Conocimiento en sus manos

# Conocimiento

BUENOS AIRES • MÉXICO • NUEVA YORK

en sus manos

# Conocimiento en sus manos

**CORPORATIVO READER'S DIGEST MÉXICO, S. DE R.L. DE C.V.**

**DEPARTAMENTO EDITORIAL LIBROS**

**Editores:** Arturo Ramos Pluma, Beatriz E. Ávalos Chávez

**Título original de la obra:** *Facts at your Fingertips* © 2001 The Reader's Digest Association Limited, Londres, Inglaterra.

Reader's Digest México, S.A. de C.V., agradece la colaboración de las siguientes personas:

**Coordinación y supervisión de la obra:** Irene Paiz
**Traducción:** María de la Luz Broissin Fernández, Sergio A. Fernández Bravo, Ma. del Carmen Navarrete A., Alfredo Ocampo Rivera, Jorge Alberto Velázquez Arellano
**Revisión de la traducción:** Sandra Berríos, Ramón Manuel González, Rafael Muñoz Saldaña
**Corrección de los textos:** Anouk Kelly, Adolfo Tomás López Sánchez
**Asistencia editorial:** Julieta Arteaga Tijerina, Gabriela Centeno
**Asistencia de arte:** Eurídice Montes de Oca Martínez
**Supervisión de arte:** Rafael Arenzana
**Asesores:** Lic. Alejandro Gómez Pacheco, Federico Minchaca Sanjuán (M. en C., especialista en biotecnología y licenciado en ecología), Ing. Ignacio Santiago Prieto (del Centro Astronómico Clavius de la UIA), Alejandro Segovia Hernández (matemático), Patricia Velázquez Jiménez (fotógrafa)

Los créditos de las páginas 625-628 forman parte de esta página.



Visite www.selecciones.com

Envíenos sus dudas y comentarios a: editorial.libros@readersdigest.com



Esta primera reimpresión se terminó de imprimir el 2 de abril de 2004.



ISBN 968-28-0351-9

Editado en México por Reader's Digest México, S.A. de C.V.

Impreso en China
Printed in China

UK1050/IC – UK

# Índice

# Índice

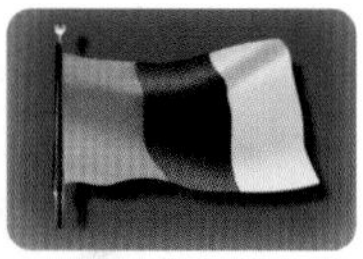

**El mundo moderno está rebosante de información.** Una parte de esta información es falsa, otra es errónea, y mucha es inútil o efímera. Así, ¿cómo saber qué vale la pena saber? Y si hay algún hecho sobre el mundo que necesite encontrar con rapidez, ¿cómo puede estar seguro de que la fuente es confiable y que los datos son correctos?

**Conocimiento en sus manos** es la respuesta, pues recopila los hechos más consultados y más útiles acerca del mundo. Es un libro que separa el oro puro del conocimiento real, de las montañas de escoria informativa. Es la primera parada antes de encender la computadora o ir a la biblioteca, porque nueve de cada diez veces le resolverá el problema.

**¿Qué es un dato?** Hay muchas clases de datos, y esto se refleja en el libro. Algunos son medibles, como la altura del Everest (pág. 50); otros se basan en lo que dice la historia, como las fechas en que ocupó su cargo Álvaro Obregón (pág. 590); algunos son científicos, como la fórmula para calcular el volumen de un cilindro (pág. 509); otros más son información avalada por los eruditos, como las causas de la caída del Imperio Romano (pág. 175).

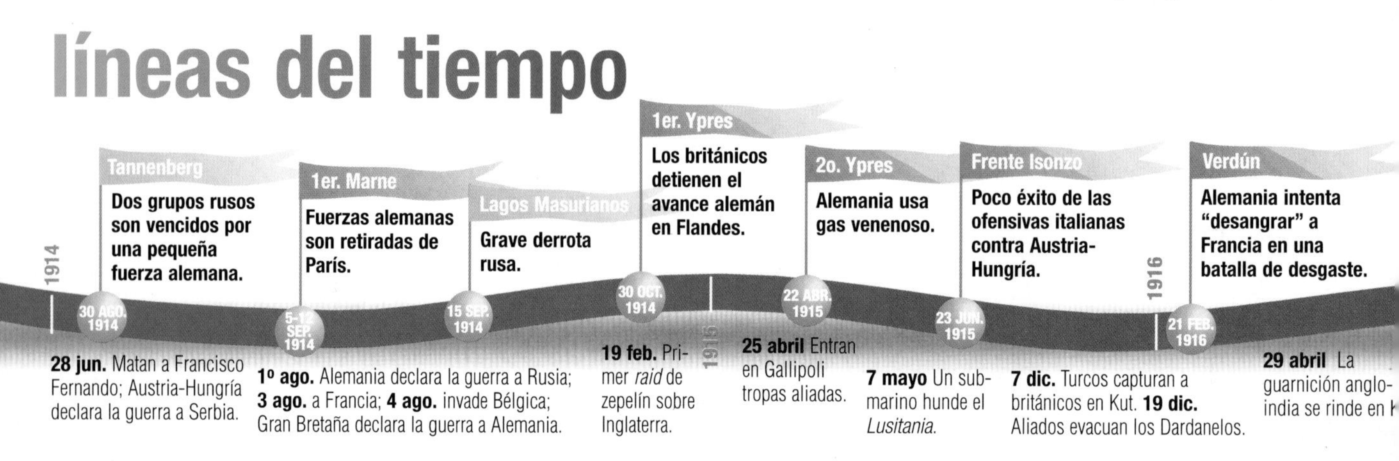

líneas del tiempo
Tannenberg
Dos grupos rusos son vencidos por una pequeña fuerza alemana.
1er. Marne
Fuerzas alemanas son retiradas de París.
Lagos Masurianos
Grave derrota rusa.
1er. Ypres
Los británicos detienen el avance alemán en Flandes.
2o. Ypres
Alemania usa gas venenoso.
Frente Isonzo
Poco éxito de las ofensivas italianas contra Austria-Hungría.
Verdún
Alemania intenta "desangrar" a Francia en una batalla de desgaste.
1914
30 AGO. 1914
5-10 SEP. 1914
15 SEP. 1914
30 OCT. 1914
1915
22 ABR. 1915
23 JUN. 1915
1916
21 FEB. 1916
28 jun. Matan a Francisco Fernando; Austria-Hungría declara la guerra a Serbia.
1º ago. Alemania declara la guerra a Rusia; 3 ago. a Francia; 4 ago. invade Bélgica; Gran Bretaña declara la guerra a Alemania.
19 feb. Primer raid de zepelín sobre Inglaterra.
25 abril Entran en Gallipoli tropas aliadas.
7 mayo Un submarino hunde el Lusitania.
7 dic. Turcos capturan a británicos en Kut. 19 dic. Aliados evacuan los Dardanelos.
29 abril La guarnición anglo-india se rinde en

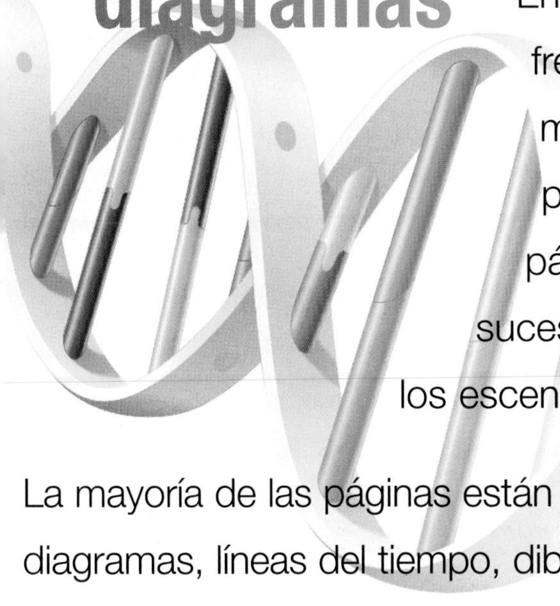

## diagramas

En **Conocimiento en sus manos,** con frecuencia encontrará en la misma página una mezcla de los diferentes tipos de datos. Tome por ejemplo la Segunda Guerra Mundial, en las páginas 214-215. Allí hallará una cronología de sucesos, biografías de los líderes, explicaciones de los escenarios clave y estadísticas de las bajas.

La mayoría de las páginas están muy ilustradas, porque a veces mapas, diagramas, líneas del tiempo, dibujos y fotografías son la mejor forma de presentar datos. Una imagen de la doble hélice del ADN (págs. 150-151) dice más que las palabras; un "mapa de la riqueza" del mundo es más claro que una lista de países ricos y pobres (págs. 452-453), y un retrato de Luis XIV (pág. 198) muestra cómo lucía, y también cómo se veía a sí mismo y su lugar en la historia.

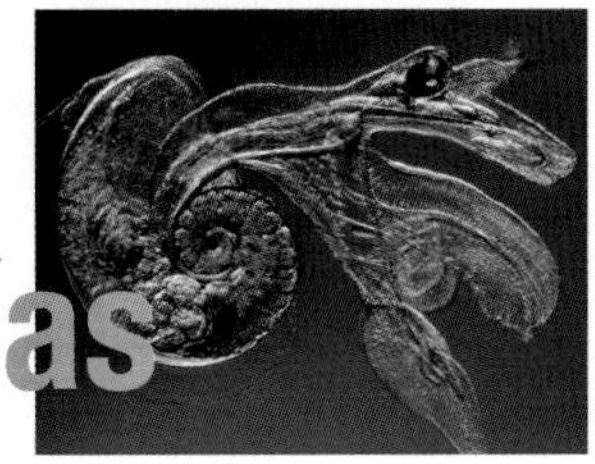

## fotografías

Otras páginas de **Conocimiento en sus manos** sólo contienen listas, porque a veces todo lo que necesita saber es una simple estadística: los presidentes mexicanos con las fechas de su periodo de mandato (pág. 590), los laureados con el premio Nobel de literatura (pág. 574), las películas ganadoras del Óscar (pág. 572). También encontrará conversiones rápidas de pesos y medidas (págs. 592-593), los signos de la clave Morse (pág. 579) y los del sistema Braille (pág. 577).

## estadísticas

1917 No se concedió
1918 Ernest Poole, *His Family*
1919 Booth Tarkington, *The Magnificent Ambersons*
1920 No se concedió
1921 Edith Wharton, *La edad de la inocencia*
1922 Booth Tarkington, *Alice Adams*
1923 Willa Cather, *One of Ours*
1924 Margaret Wilson, *The Able McLaughlins*
1925 Edna Ferber, *So Big*
1926 Sinclair Lewis, *El doctor Arrowsmith*
1927 Louis Bromfield, *Vinieron las lluvias*
1928 Thornton Wilder, *El puente de San Luis Rey*
1929 Julia Peterkin, *Scarlet Sister Mary*
1930 Oliver LaFarge, *Laughing Boy*
1931 Margaret Ayer Barnes, *Years of Grace*

Comprender la estructura de **Conocimiento en sus manos** es el primer paso para aprovecharlo al máximo. Consta de nueve capítulos, cada uno de los cuales cubre un área distinta de conocimiento.

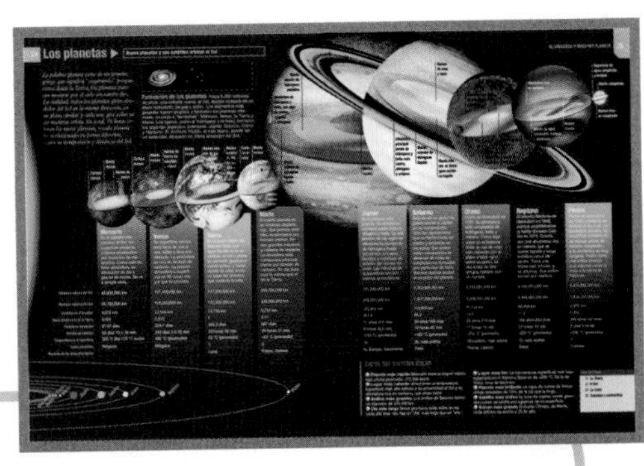


**El Universo y nuestro planeta** trata del origen y desarrollo del cosmos, la formación de la Tierra y sus características geográficas.

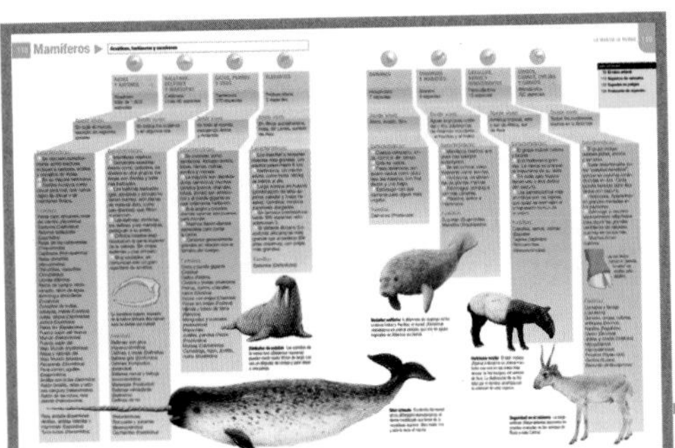


**La vida en la Tierra** se centra en los orígenes de plantas y animales. Rastrea el desarrollo de la vida y presenta una gran variedad de formas de vida modernas y su clasificación.

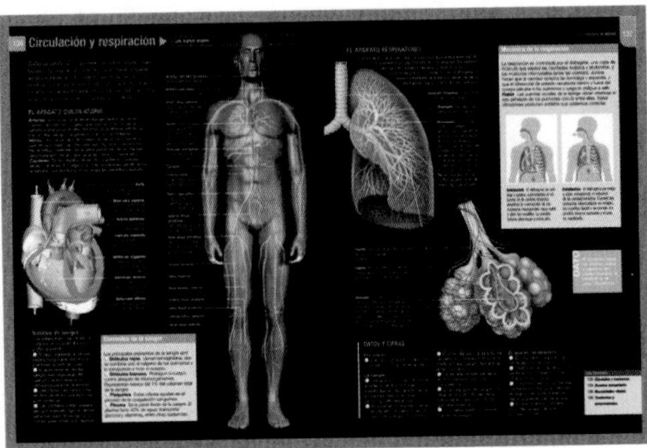


**El cuerpo humano** se enfoca en nuestra misma especie, y examina en detalle cómo funciona nuestro cuerpo, por qué se deteriora y qué puede hacer físicamente.

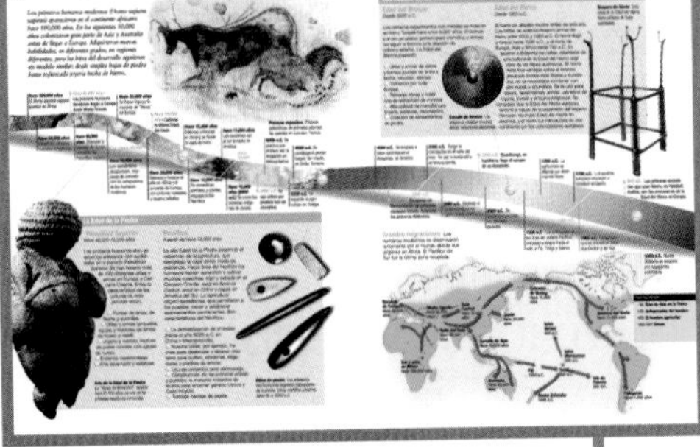


**Historia de la humanidad** narra nuestro pasado, desde el primer atisbo de registro de la historia hasta los sucesos más recientes.

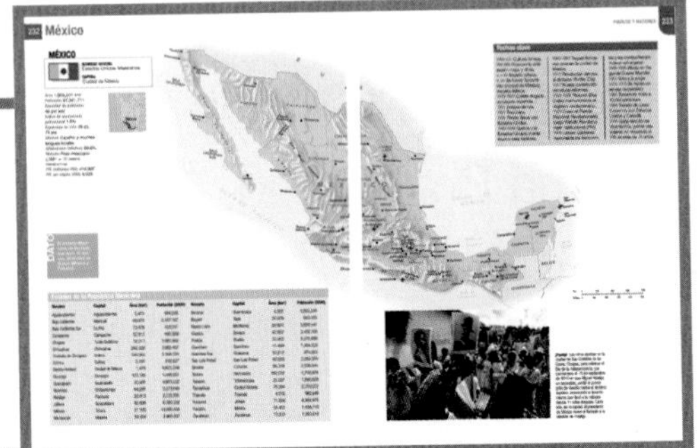


**Pueblos y naciones** es un inventario de la escena geopolítica actual: presenta hechos y cifras de los países del mundo, junto con un panorama de los organismos globales e internacionales.

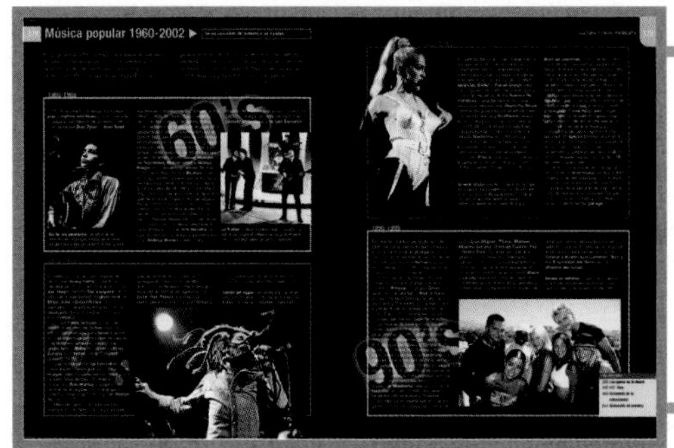

**Cultura y entretenimiento** trata de todos los logros del espíritu y el intelecto humanos: religión, filosofía, psicología, literatura, arte, música, deportes, cinematografía, entre otros.

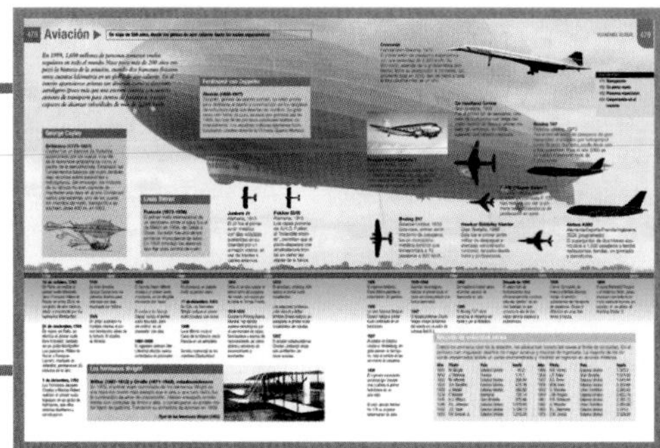

**Economía global** examina recursos naturales, finanzas, comercio, agricultura, transporte y comunicaciones del mundo.

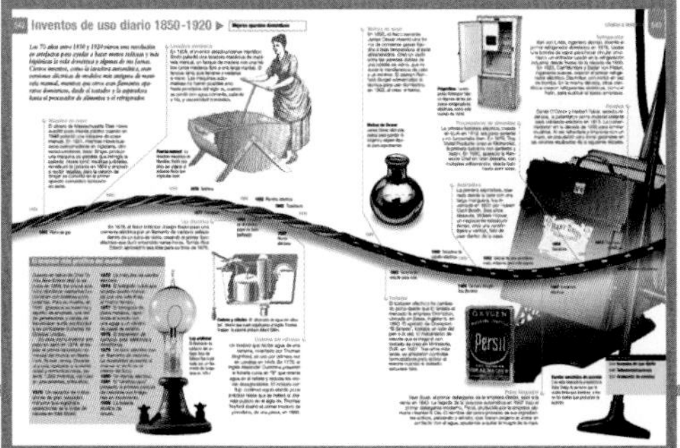

**Ciencia e inventos** presenta los hechos sobre tecnología, medicina y las ciencias puras.

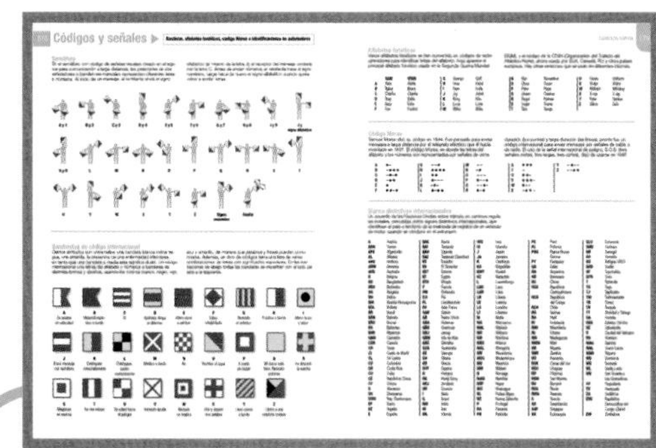

**Consulta rápida** brinda útiles listas, estadísticas y tablas de conversión.

Los recuadros de referencias cruzadas en el lado derecho de la página le indican cuáles otras están relacionadas con el tema de la que está leyendo, y le permiten explorar la red de información que interconecta todas las partes del libro.

Acuda a **Conocimiento en sus manos** siempre que tenga una duda sobre cualquier tipo de datos. ¡Tardará más en sacar el libro del librero que en encontrar la respuesta!

# El Universo y nuestro planeta

El Universo
y nuestro planeta

# La Tierra ▶ De nube de polvo a planeta verde

*La Tierra se formó de una inmensa nube de partículas de polvo y gas que circundaba a una estrella recién formada: nuestro Sol. Por su tamaño es el quinto planeta del Sistema Solar y, hasta donde sabemos, el único con vida. La Tierra orbita el Sol y gira sobre su propio eje inclinado, lo que causa las estaciones y el día y la noche.*

**1 Un comienzo frío y oscuro** La Tierra y otros planetas se crearon hace 4,600 millones de años de una nube de gas y polvo que se arremolinaba alrededor del Sol embrionario. La Tierra se formó cuando las partículas del polvo chocaron y se fusionaron. El Sol era mucho más pequeño y débil que en la actualidad, y al principio el Sistema Solar era más oscuro y frío.

## LA FORMACIÓN DE NUESTRO MUNDO

La Tierra se formó en etapas a lo largo de miles de millones de años. Desde su creación ha estado en condiciones de flujo constante. Su temperatura, atmósfera y geografía se han alterado en forma impresionante, y sigue cambiando.

**Estadísticas de la Tierra**

| | |
|---|---|
| **Área de superficie total** | 509,600,000 km$^2$ |
| **Área de tierra firme** | 29%, 148,000,000 km$^2$ |
| **Velocidad de rotación** | 1,674 km/h |
| **Velocidad orbital alrededor del Sol** | 107,180 km/h |
| **Inclinación del eje** | 23.5 grados |

**2 Crisol** Hace unos 4,600 a 4,200 millones de años, la gravedad compactó el interior de la Tierra y al descomponer los elementos radiactivos causó que se fusionaran. El hierro se hundió para formar el núcleo, dejando que los materiales más ligeros formaran el manto

## EFECTOS DE LA POSICIÓN, INCLINACIÓN Y ROTACIÓN DE LA TIERRA

El efecto más obvio de los movimientos de la Tierra es el ciclo del día y la noche, pero su inclinación y posición también ocasionan la duración del día y las estaciones.

Las estaciones El eje de rotación de la Tierra es de unos 23 grados desde la vertical. Esto significa que cuando es verano en el Norte (invierno en el Sur), el Hemisferio Norte está inclinado hacia el Sol y el Hemisferio Sur, alejado de él. Esto basta para explicar las diferencias de temperatura que vemos entre el verano y el invierno. Cuando es invierno en el Norte (verano en el Sur), la posición se invierte. En verano, el Sol se eleva más en el cielo que en invierno, y el intervalo entre el amanecer y el atardecer (un día solar) es más largo.

**Día y noche** La Tierra gira sobre su eje aproximadamente una vez cada 24 horas mientras orbita el Sol. Debido a que se inclina mientras gira alrededor del Sol, los días y las noches no tienen la misma duración, excepto en los equinoccios de primavera y de otoño.

Equinoccios Cada año, hay dos días en que el eje de la Tierra pasa por la posición vertical y ni el Hemisferio Norte ni el Hemisferio Sur se encuentran inclinados hacia el Sol. En esos días, la noche y el día duran lo mismo en todo el mundo; ocurren alrededor del 21 de marzo (equinoccio de primavera) y del 22 de septiembre (equinoccio de otoño).

Solsticios Éstos son los días más largo y más corto del año; es decir, el día con la mayor cantidad de luz de día y el día con la menor cantidad de luz de día. En el Hemisferio Norte el solsticio de verano es alrededor del 21 de junio y el solsticio de invierno es alrededor del 21 de diciembre. Sucede lo opuesto en el Hemisferio Sur.

**Zonas climáticas** Las latitudes cercanas al ecuador están más o menos a la misma distancia del Sol durante todo el año y, por tanto, tienen poca variación de temperatura. Debido a la inclinación de la Tierra, la variación en la temperatura se incrementa con la latitud. Los polos experimentan el mayor contraste, con 24 horas de luz de sol al día en el punto culminante del verano y 24 horas de oscuridad a la mitad del invierno. Éste es un factor determinante de las zonas climáticas. Los climas tropical y subtropical cerca del ecuador son cálidos; los climas templados de latitudes mayores tienen más variación estacional, y el extremo norte y sur experimentan un frío intenso.

**Sol de medianoche** El Sol no se oculta bajo el horizonte a la mitad del verano en los polos, de modo que allí hay luz de día durante toda la noche.

**4 Hacia el mundo moderno** Al acumularse el oxígeno en la atmósfera se formó una capa protectora de ozono, la cual bloqueó la radiación ultravioleta del Sol e hizo seguras las aguas superficiales de los océanos para la evolución de organismos complejos. Hace unos 400 millones de años, la colonización de la tierra por plantas y animales estaba en marcha y el planeta empezaba a verse tal como lo conocemos en la actualidad.

vea también


24 **Los planetas**
54 **Clima**
56 **Regiones del mundo**
64 **Eras de vida en la Tierra**


**3 Enfriamiento de la superficie** Hace unos 4,200 a 3,800 millones de años, la superficie de la Tierra se enfrió y se formó la corteza. El bombardeo de cometas helados proporcionó el agua que, complementada por vapor de agua expulsado por los volcanes, llenó lentamente los mares. Al final de este periodo, el bombardeo cesó y apareció la primera vida en los mares. Las cianobacterias usaban la energía solar y el bióxido de carbono para producir alimento y expulsaban oxígeno como producto de desperdicio, el cual se acumuló gradualmente en la joven atmósfera.

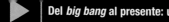

*Hace aproximadamente 15,000 millones de años no existía nuestro Universo. Nació en una explosión cósmica conocida como el* big bang, *una explosión en la que se expandió desde nada hasta dos cuatrillones de kilómetros de ancho en un solo segundo, y continúa expandiéndose en la actualidad. Hasta el presente, los científicos sólo pueden especular acerca de por qué ocurrió el* big bang, *pero estamos comenzando a entender lo que sucedió en los primeros momentos.*

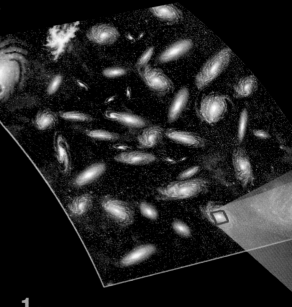

**1 El grupo local** Hay miles de millones de galaxias en el Universo, y cada una contiene miles de millones de estrellas. De manera típica, las galaxias se agrupan. Nuestra galaxia es una de alrededor de 30 en un conjunto conocido como grupo local. Una de las galaxias más cercanas a la nuestra es Andrómeda, a 2.2 años luz de distancia.

## EVOLUCIÓN INICIAL DEL UNIVERSO

En el lapso de un segundo después del *big bang* se crearon los cimientos de toda la materia, pero tomó otros 2,000 millones de años antes de que empezaran a formarse las primeras estrellas y galaxias.

**Tras 1 millonésimo de billonésimo de billonésimo de segundo ($10^{-43}$ s)** La temperatura del Universo recién nacido es de 100,000 quintillones de °C. El Universo se expande rápido y se llena de radiación, en forma de luz y calor. Aparece la gravedad como fuerza distintiva.

**Tras 10,000 billonésimos de billonésimo de segundo ($10^{-32}$ s)** La expansión disminuye. Aparecen los quarks, las partículas más pequeñas conocidas, y empiezan a combinarse para crear partículas subatómicas mayores.

**Tras 10 millonésimas de segundo ($10^{-5}$ s)** Las partículas subatómicas se combinan para formar protones y neutrones, los dos componentes del núcleo de los átomos.

**Tras 100 segundos** La temperatura desciende a 1,000 millones de °C. El espacio ahora está lleno de protones, neutrones y electrones, las tres partículas que forman los átomos. Durante los siguientes 32,000 años, los protones y los neutrones reaccionan con la radiación de fondo para combinarse y formar núcleos de hidrógeno y helio, los dos elementos químicos más simples.

**Tras 1,000 millones de años** El Universo se vuelve transparente y su temperatura desciende a unos 4,000 °C, lo bastante baja para que los átomos completen su formación. Éstos son unidos por la gravedad, creando conglomerados de materia.

**Tras 2,000 millones de años** Las primeras estrellas y galaxias comienzan a condensarse a partir de nubes de hidrógeno y helio gaseosos.

## Medición del espacio

Las distancias espaciales son tan vastas que los kilómetros no pueden expresarlas, por lo que se usan unidades como el año luz, la unidad astronómica y el parsec.

**Año luz** Es la distancia que recorre la luz en un año (9,454 billones de kilómetros). La luz de Próxima Centauro, la estrella más cercana a nosotros después del Sol, llega en 4.3 años a la Tierra, o sea que está a 4.3 años luz.

**Unidad astronómica** Esta unidad es la distancia promedio de la Tierra al Sol (150 millones de kilómetros).

**Parsec** 3.26 años luz. Se usa para medir distancias estelares.

**2 La galaxia de la Tierra** Nuestra galaxia es una espiral rotatoria de miles de millones de estrellas. El Sol está situado en el Brazo de Orión de la espiral, a 24,000 años luz del centro. Lo que vemos en el cielo nocturno es una vista plana del centro densamente lleno de la galaxia.

**DATO**

**El Universo no tiene borde y no existe nada más allá de él, ni siquiera espacio.**

**3 El Sistema Solar** Está compuesto por 9 planetas y sus lunas, así como cerca de 10,000 asteroides, que orbitan al Sol. Plutón, el planeta conocido más alejado de éste, está a una distancia promedio del Sol de 5,900 millones de kilómetros.

**4 La Tierra** Nuestro planeta y su luna orbitan el Sol a una distancia promedio de 150 millones de kilómetros. La Tierra es el tercer planeta desde el Sol.

## RETROCESO EN EL TIEMPO

¿Cómo sabemos lo que pasó hace miles de millones de años? En pocas palabras, podemos verlo. Observando las vastas distancias hasta las estrellas, es imposible separar el espacio y el tiempo. Sólo podemos ver los objetos cuando nos llega su luz; cuanto más lejos estén, más tarda en llegar. Por ejemplo, toma ocho años que la luz de la estrella más brillante, Sirio, viaje hasta la Tierra, así que en realidad la vemos como era hace casi 9 años. Con objetos más distantes vemos aún más atrás en el tiempo. Por ejemplo, la luz del cúmulo de Virgo llega a nosotros en 50 millones de años, así que la vemos como era mucho antes de que existieran los seres humanos.

Además de la luz, los objetos estelares emiten otros tipos de radiación, como ondas de radio, que se detectan con telescopios especiales, cuyos datos ayudan a formar una imagen más completa del Universo.

Hasta el momento, las galaxias más lejanas que podemos percibir están a 13,000 millones de años luz, sólo 2,000 millones de años después del *big bang*. En teoría, si viéramos lo bastante lejos, podríamos ver el principio del Universo.

## *Big bang*

El término *big bang* fue acuñado jocosamente por el astrónomo Fred Hoyle, quien no creía en la teoría. La consideraba como un regreso a una versión casi bíblica de la creación.

vea también
18 **Galaxias**
20 **Estrellas**
22 **El Sol**
24 **Los planetas**

# Galaxias

**Cúmulos de estrellas que se mantienen unidas por la gravedad**

*Las estrellas no están distribuidas en forma uniforme a lo largo del Universo, sino que se agrupan en galaxias. A su vez, las galaxias se agrupan en cúmulos y supercúmulos. Aunque las estrellas parecen amontonarse en galaxias, están separadas por grandes distancias. Si nuestro Sol tuviera el tamaño de un grano de arena, su estrella vecina más cercana estaría a 6 km de distancia.*

## Medición de la magnitud

Hay dos métodos para medir la magnitud, o brillantez, de una estrella.

- **La magnitud aparente, o visual,** es la brillantez de una estrella vista desde la Tierra. Una estrella muy brillante es de magnitud 1 y una apenas visible es de magnitud 6. La magnitud aparente no toma en cuenta la distancia de la estrella desde la Tierra. Como algo más lejano se ve más tenue que algo más cercano, no es apropiado para hacer comparaciones entre estrellas.
- **La magnitud absoluta** se define como la magnitud aparente que tendría una estrella si fuera vista desde una distancia estándar de 32.6 años luz (10 parsecs). Esta medición estandarizada permite comparar la brillantez verdadera de las estrellas.

## TIPOS DE GALAXIAS

Éstas se clasifican por su forma. Hay tres tipos principales:

**Espiral** Se cree que más o menos 30% de las galaxias son espirales. Las **espirales ordinarias** tienen forma de girándula con una prominencia central y brazos espirales. Las **espirales barradas** (izq.) tienen una región central alargada y brazos salientes.

**Elíptica** Se piensa que la mayor parte de las galaxias tienen esta forma, una esfera alargada. Varían desde casi esféricas hasta casi aplanadas. La M87 de Virgo es un ejemplo.

**Irregular** Muchas galaxias tienen una estructura mal definida sin un contorno delimitado. La Nube de Magallanes en nuestro grupo local es un ejemplo de una galaxia irregular.

## La Vía Láctea

Nuestra galaxia consta de al menos 200,000 millones de estrellas y sus planetas, agrupados en un disco aplanado con brazos espirales y una protuberancia en su centro. Observando desde la Tierra a lo largo del plano de este disco, la galaxia parece una banda luminosa de estrellas y gas brillante –la Vía Láctea– que atraviesa el cielo. A veces se hace referencia a la galaxia entera como la Galaxia Vía Láctea, pero en sentido estricto el término se refiere a la banda luminosa de estrellas visible desde la Tierra.

**DATO**

**Con el telescopio espacial Hubble, se han hallado 600 estrellas a la deriva entre las galaxias del cúmulo de Virgo.**

**Vecina** La galaxia Andrómeda, fotografiada aquí desde la Tierra, es nuestra galaxia vecina más cercana. No hay imágenes externas de nuestra galaxia, ya que nada hecho por el hombre ha salido de ella.

## DATOS DE LA GALAXIA

- Gira alrededor de su centro, y al Sol le toma 225 millones de años completar un circuito.
- Tiene 100,000 años luz de diámetro.
- La protuberancia central tiene 10,000 años luz de largo y 20,000 años luz de ancho. Sólo contiene estrellas viejas.
- El disco formado por los brazos espirales tiene 3,000 años luz de ancho.
- El Sol se halla a 30,000 años luz del centro de la galaxia, en el Brazo de Orión.
- Su centro es Sagitario A, una fuente de ondas de radio que podría ser un agujero negro.

## CARACTERÍSTICAS GALÁCTICAS

**Agujeros negros** Nombre que se da a estrellas colapsadas inmensurablemente densas con una atracción gravitacional tan fuerte que nada, ni siquiera la luz, puede escapar de ellas. Su tamaño depende de la masa de la estrella colapsada. Como son invisibles, ningún agujero negro se ha detectado directamente. Su existencia se infiere por el efecto que tienen en otros objetos.

**Cuásares** Son núcleos de galaxias distantes muy activas, quizá con agujeros negros en sus centros. Son fuentes de ondas de radio. Debido a que están tan distantes, su luz ha tardado mucho en alcanzarnos. Al observar un cuásar, vemos una galaxia en una etapa evolutiva muy temprana.

**Galaxias en colisión** Si las galaxias se acercan lo bastante para que sus campos gravitacionales se afecten entre sí, la estructura de una o ambas galaxias puede alterarse radicalmente. Pueden chocar e incluso fusionarse. Las galaxias en colisión más cercanas a nosotros son NGC 4038 y 4039, conocidas como Antenas. Sólo tienen 80 años luz de separación y oleadas de material de ellas están convergiendo. Al final los dos sistemas se fusionarán.

**Materia oscura** También conocida como masa faltante, es materia que no se ve directamente, porque emite poca o ninguna radiación. Su presencia se infiere por el efecto que tiene en otros cuerpos. Su fuerza gravitacional explica las velocidades de rotación de las galaxias y el hecho de que tiendan a agruparse en cúmulos. Se ha estimado que 90% de la materia del Universo es materia oscura, en forma de partículas que sobraron del *big bang*.

vea también
16 **El Universo**
20 **Estrellas**
22 **El Sol**

*Es imposible calcular el número de estrellas del Universo. Se considera que hay unos 200,000 millones tan sólo en nuestra galaxia, aunque sólo unas 6,000 son visibles a simple vista desde la Tierra. Las estrellas son alimentadas por la fusión nuclear de los átomos de hidrógeno. Las hay de muy diversos tamaños, colores, grados de brillantez y etapas de desarrollo: desde gigantes rojas hasta enanas blancas, desde nebulosas hasta supernovas.*

## CICLO VITAL DE UNA ESTRELLA

Las estrellas se crean en nubes turbulentas de polvo cósmico y gas llamadas nebulosas. Dentro de las nebulosas, unas fuerzas gravitacionales intensas mantienen juntas las partículas para formar agrupamientos llamados glóbulos de Bok. Conforme la gravedad acerca cada vez más las partículas, la temperatura de estas masas rotatorias se eleva a unos 10,000,000 °C. En estas condiciones extremas, los núcleos de hidrógeno se combinan creando átomos de helio en un proceso llamado fusión nuclear. Se libera energía y nace una protoestrella.

**Nacimiento de una estrella**

Las protoestrellas se condensan en nubes de gas y polvo, llamadas nebulosas. Luego siguen uno de cuatro posibles ciclos de vida, dependiendo de su masa original.

4

1

2

3

**1 Pequeña** (masa menor que la décima parte de la del Sol) Llamadas **enanas rojas,** estas estrellas pequeñas brillan débilmente por un largo periodo y pierden energía poco a poco. El color rojo denota una temperatura superficial relativamente baja. Las enanas rojas son las estrellas más comunes.

**2 Mediana** (masa de 0.1-1.4 veces la del Sol) Tras unos 10,000 millones de años, estas estrellas agotan la mayor parte de su combustible de hidrógeno y comienzan a enfriarse. Cuando las capas externas caen hacia dentro se calientan de nuevo y la estrella se expande para transformarse en una **gigante roja.** Mientras, el núcleo denso y caliente quema elementos como carbono y helio. Al final, las capas gaseosas externas comienzan a disiparse, creando una **nebulosa planetaria.** Una vez dispersos por completo los gases externos, sólo queda el denso núcleo, el cual se enfría y se encoge para convertirse en **enana blanca.**

**3 Grande** (masa mayor que 1.4 veces la del Sol) Las estrellas grandes tienen un periodo de maduración de varios millones de años, debido a que queman rápidamente su combustible antes de convertirse en **supergigantes rojas.** Luego su núcleo se enfría y se contrae repentinamente, lo que causa una explosión, llamada **supernova.** Ésta disipa las capas externas de la estrella. Si el núcleo sobrevive a la explosión, se enfría y se contrae hasta formar una **estrella de neutrones** densa y pequeña, conocida también como **pulsar.**

**4 Supergigante** (masa de 100 veces la del Sol) Las estrellas de esta categoría viven sólo unos cuantos millones de años. Al final se colapsan sobre sí mismas bajo el peso de su propia gravedad y se vuelven **agujeros negros.**

### Por qué brillan las estrellas

Las estrellas brillan a consecuencia de la fusión nuclear del hidrógeno en helio que tiene lugar constantemente en sus núcleos. Estas reacciones liberan la energía en forma de calor y luz. Cada segundo el Sol convierte 600 millones de toneladas de hidrógeno en helio, con una pérdida resultante de 4 millones de toneladas de masa.

### Variaciones estelares

Son notables las estrellas variables y las dobles.
Las **dobles** pueden ser:
**a.** dos estrellas muy cercanas que orbitan un centro común (también llamadas binarias), como Mizar; o
**b.** dos estrellas alejadas entre sí, pero que parecen cercanas porque están en la misma dirección cuando se ven desde la Tierra.
Las **variables** parecen variar en brillantez a lo largo del tiempo.

## CLASIFICACIÓN DE LAS ESTRELLAS

Para saber de qué tipo de estrella se trata y en qué etapa de su ciclo de vida se encuentra, los astrónomos usan un diagrama llamado Hertzsprung-Russell. Determinan la posición de una estrella relacionando su brillantez con su temperatura, la cual se deduce del color de la luz que emite. Las estrellas jóvenes y calientes suelen ser azules, y las estrellas más viejas y frías por lo general son rojas o anaranjadas. La estrella se clasifica según el área de la gráfica en que quede.

**Supergigantes rojas** Las estrellas más grandes y de las más brillantes, con mucha masa pero poca densidad (por ejemplo, Betelgeuse).



**Brillantez** En este diagrama, 1 es igual a 1 unidad de la luminosidad del Sol, pero la luminosidad puede expresarse de otras formas.

**Gigantes rojas** Estrellas grandes en las últimas etapas de su evolución, con diámetros 10-100 veces mayores que el del Sol.

**Subenanas calientes** Estrellas situadas en el centro de las nebulosas planetarias.

**Secuencia principal** Una banda estrecha en la que se agrupa la mayoría de las estrellas, incluyendo el Sol en el presente. Va de las estrellas calientes y brillantes de la parte superior izquierda a las más frías y débiles de la parte inferior derecha.

**Enanas rojas** Estrellas de masa pequeña y temperatura baja, que brillan tenuemente.

**Enanas blancas** Estrellas densas y pequeñas cercanas al final de su ciclo de vida, que se enfrían lentamente (como Sirio B).

**DATO** No puede haber estrellas con una masa que sea 120 veces mayor que la del Sol, pues estallarían por su propia radiación.

## TÉRMINOS CLAVE

- **Agujero negro** Estrella colapsada con tanta gravedad que ni la luz puede escapar de ella.
- **Año luz** Distancia que recorre la luz en un año (9,454 billones de kilómetros).
- **Estrella de neutrones** Estrella tenue y de alta densidad al final de su ciclo de vida, y compuesta predominante o completamente de neutrones.
- **Pulsares** Quizá sean estrellas de neutrones rotatorias que emiten señales de radio intermitentes.

## ESTRELLAS MÁS CERCANAS

| Estrella | Distancia |
|---|---|
| **Sol** | 149,600,000 km |
| **Próxima de Centauro** | 4.24 años luz |
| **Alfa de Centauro** | 4.34 |
| **Beta de Centauro** | 4.34 |
| **Estrella de Barnard** | 5.97 |
| **Wolf 359** | 7.8 |
| **Lalande 21185** | 8.19 |
| **UV Ballena A** | 8.55 |
| **UV Ballena B** | 8.55 |
| **Sirio A** | 8.68 |

## ESTRELLAS MÁS BRILLANTES

La distancia afecta la brillantez de una estrella. Una estrella tenue y cercana podría parecer más brillante que una brillante y distante. Cuanto menor sea el número, más brillará la estrella.

| Estrella | Constelación | Brillantez (magnitud aparente) |
|---|---|---|
| **Sirio** | Can Mayor | -1.46 |
| **Canope** | Quilla | -0.72 |
| **Arturo** | Boyero | -0.04 |
| **Rigil Kentaurus** | Orión | 0.02 |
| **Vega** | Lira | 0.03 |
| **Cabra** | Cochero | 0.08 |
| **Rigel** | Orión | 0.12 |
| **Proción** | Can Menor | 0.38 |
| **Betelgeuse** | Orión | 0.50 |

vea también
16 **El Universo**
18 **Galaxias**
22 **El Sol**
582 **El cielo nocturno**

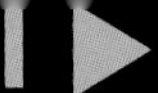

# El Sol

**Nuestra estrella más cercana está en el centro del Sistema Solar**

*El Sol es una estrella madura, mediana, que se formó de una nube de gas que se colapsó hace unos 4,600 millones de años. En su núcleo quema 700 millones de toneladas de hidrógeno cada segundo, y convierte en energía pura unos 5 millones de toneladas por segundo. Dentro de unos 5,000 millones de años, cuando su combustible comience a agotarse, el Sol se expandirá para transformarse en una gigante roja y absorberá a los planetas interiores, incluyendo la Tierra.*

## ESTADÍSTICAS DEL SOL

| | |
|---|---|
| **Edad** | 4,600 millones de años |
| **Duración de su vida** | Unos 13,000 millones de años |
| **Diámetro** | 1,392,000 km |
| **Composición por masa** | 71% hidrógeno<br>27% helio<br>2% gases más pesados |
| **Temperatura en el núcleo** | 15 millones °C |
| **Temperatura superficial** | 5,500 °C |
| **Periodo de rotación** | 25-36 días |
| **Distancia de la Tierra** | 149,597,893 km<br>1 unidad astronómica |
| **Tiempo que tarda su luz en llegar a la Tierra** | 8.3 minutos |
| **Gravedad en la superficie** | 38 veces la terrestre |

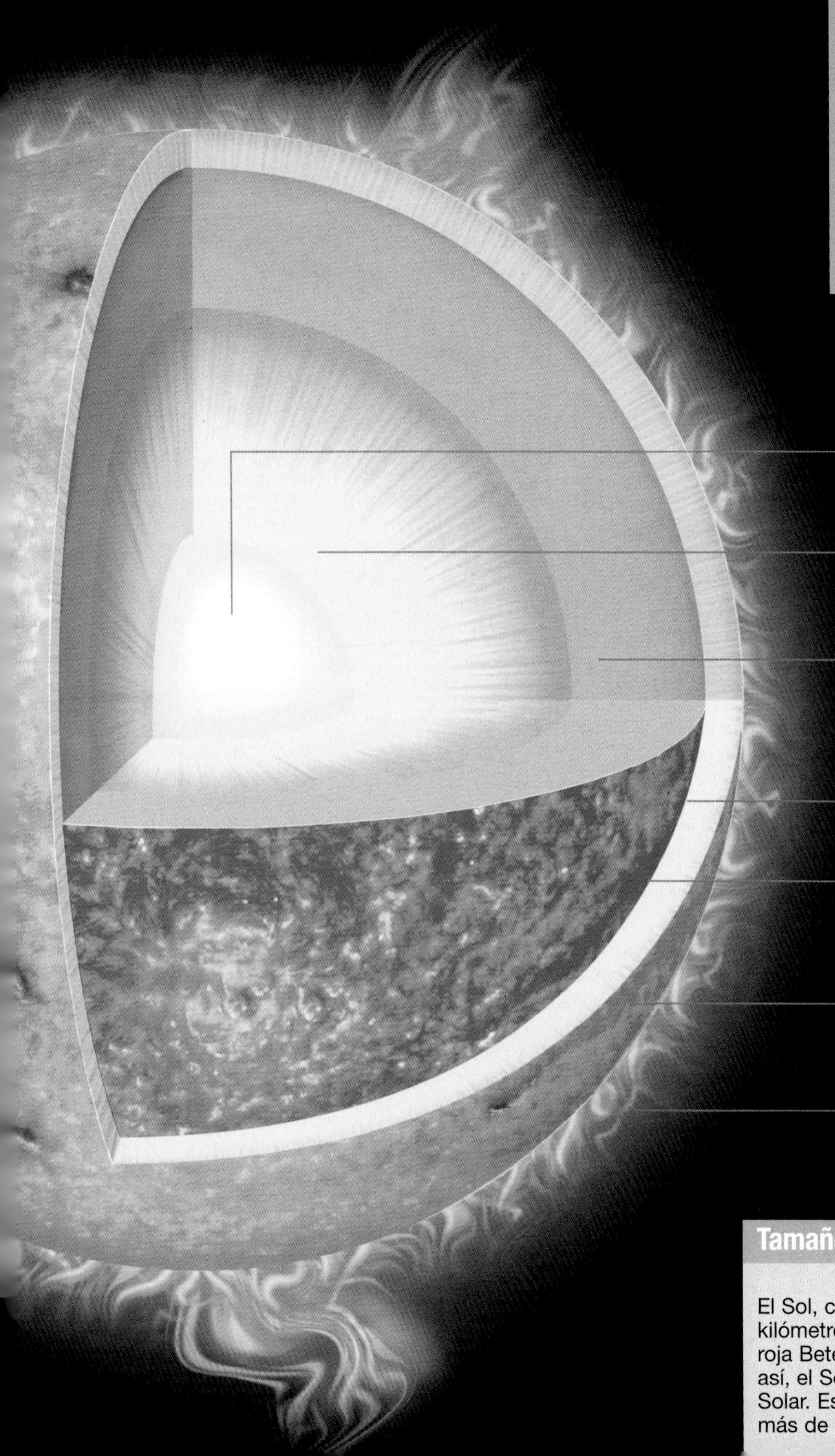

## ESTRUCTURA SOLAR

### Interior

**Núcleo** 450,000 km de diámetro. Temperatura de 15 millones de °C. Aquí, la fusión termonuclear del hidrógeno para formar helio produce la energía del Sol.

**Capa de irradiación** Cubre 70% del radio solar. La temperatura varía de 2 a 7 millones de °C. La energía calorífica generada por el núcleo es llevada hacia fuera por la radiación.

**Capa de convección** 200,000 km de profundidad. La temperatura varía de 2 millones a 5,500 °C. La energía calorífica es llevada hacia arriba por chorros de gas.

### Atmósfera

**Fotosfera** 300-500 km de profundidad. Temperatura de 4,500-7,600 °C. Superficie brillante del Sol que emite la mayor parte de su energía como luz y calor.

**Cromosfera** 2,000-3,000 km de profundidad. Temperatura de 4,000-50,000 °C. Durante los eclipses solares se ve como una capa rosa muy definida. Se caracteriza por sus salientes de gas, semejantes a llamas.

**Corona** Halo de plumas y rizos de gases muy calientes. Cambia constantemente y llega a tener un grosor de hasta 1.6 millones de kilómetros. Temperatura de 2 millones de °C. Visible a simple vista sólo en eclipses totales.

**Viento solar** Chorro continuo de rayos X, rayos gamma, protones y electrones que fluyen al espacio a 3 millones de km/h. De los agujeros de la corona emanan chorros a mayor velocidad.

### Tamaño del Sol

El Sol, cuyo diámetro mide cerca de 1.4 millones de kilómetros, es una estrella relativamente pequeña. La gigante roja Betelgeuse lo supera en tamaño cientos de veces. Aun así, el Sol hace parecer enanos a otros objetos del Sistema Solar. Es 109 veces más ancho que la Tierra, y cabrían en él más de 1 millón de planetas del tamaño de la Tierra.

## ACTIVIDAD EN LA SUPERFICIE

### Manchas solares

- Puntos oscuros que suelen aparecer en pares o grupos en la superficie; según la época del año, en los polos o en su ecuador.
- Son regiones donde el campo magnético del Sol es más fuerte.
- Duran de una hora a seis meses, dependiendo de su tamaño. Cuanto más grandes, duran más.
- Su diámetro varía de 300 a 100,000 km.

### Llamaradas solares

- Ráfagas violentas y efímeras de energía magnética que arrojan al espacio radiación y partículas cargadas.
- Ocurren en la cromosfera y en la parte baja de la corona.
- De ordinario duran 20 minutos, pero la más larga que se ha observado duró 13 horas el 16 de agosto de 1989.

### Protuberancias

- Nubes frías y densas, parecidas a llamas, en la cromosfera superior y corona inferior. Forman grandes arcos o espirales.
- Las sostienen campos magnéticos, lo cual les da su característica apariencia arqueada.
- Las protuberancias son más comunes durante el clímax del ciclo solar.
- Las inactivas por lo general tienen forma de arco y cambian poco. Se concentran en los polos, pueden tener decenas de miles de kilómetros de altura y suelen durar varios meses.
- Las activas presentan movimientos rápidos y por lo general se concentran cerca del ecuador. Se juntan con las manchas solares y duran unos cuantos días.

### Fáculas

- Partes brillantes temporales en la superficie del Sol.
- Muestran campos magnéticos fuertes y su temperatura es un poco mayor que la de la superficie solar.
- A veces aparecen antes de la formación de manchas solares y persisten varios días después de cesar éstas.
- También ocurren cerca de los polos del Sol.

**Protuberancias** Un arco de gases cargados y relativamente fríos brota de la superficie del Sol. A veces los gases escapan al espacio.

### Ciclos solares

El nivel de actividad solar que, se cree, varía siguiendo un ciclo muy regular de unos 11 años, es causado por campos magnéticos que reducen el flujo de calor del núcleo del Sol a su superficie. El indicador más obvio de los ciclos es la cantidad de manchas solares, zonas más frías parecidas a depresiones oscuras en la fotosfera (der.), las cuales son visibles en la superficie solar. En un ciclo aparecen las manchas, aumentan en número y luego se disipan gradualmente. En estos ciclos también aumentan las llamaradas y el viento solar se intensifica.

Los ciclos tienen un efecto marcado en la Tierra. El aumento de llamaradas y de viento solar hace que lleguen a la Tierra más partículas cargadas, procedentes del Sol. Éstas intensifican los efectos de las luces del norte y del sur (aurora boreal y aurora austral). Las partículas solares cargadas también pueden interferir con las señales de radio y causar sobretensión en las líneas eléctricas, lo que a veces provoca apagones.

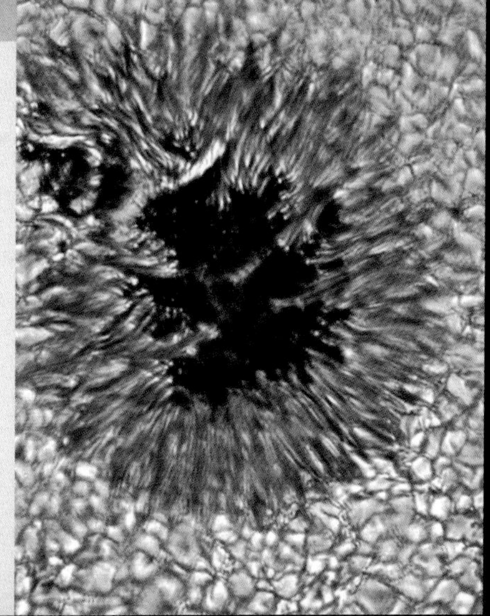

**DATO**

**El calor generado en el núcleo del Sol tarda 10 millones de años en alcanzar su capa más externa, la fotosfera.**

vea también
18 **Galaxias**
20 **Estrellas**
24 **Los planetas**
52 **Atmósfera de la Tierra**

# Los planetas

## Nueve planetas y sus satélites orbitan el Sol

*La palabra planeta viene de un término griego que significa "vagabundo" porque, vistos desde la Tierra, los planetas parecen moverse por el cielo sin rumbo fijo. En realidad, todos los planetas giran alrededor del Sol en la misma dirección, en un plano similar, y cada uno gira sobre su eje mientras orbita. En total, 76 lunas orbitan los nueve planetas, y cada planeta ha evolucionado en forma diferente, según su composición y distancia del Sol.*

**Formación de los planetas** Hace 5,000 millones de años, una estrella nueva, el Sol, estaba rodeada de un disco turbulento de gas y polvo. Los elementos más pesados fueron atraídos y formaron los planetas interiores, rocosos o "terrestres": Mercurio, Venus, la Tierra y Marte. Los ligeros, como el hidrógeno y el helio, formaron los gigantes gaseosos exteriores: Júpiter, Saturno, Urano y Neptuno. El diminuto Plutón, el más lejano, puede ser un asteroide, atrapado en órbita alrededor del Sol.

Manto interior de hidrógeno metálico

Atmósfera de hidrógeno y helio, con algo de azufre, oxígeno y nitrógeno

Manto exterior de hidrógeno líquido y helio

Corteza rocosa

Manto rocoso

Núcleo de hierro

Corteza rocosa

Manto rocoso

Núcleo de hierro semisólido y níquel

Manto rocoso

Núcleo interior de hierro sólido y níquel

Núcleo exterior de hierro fundido y níquel

Corteza rocosa

Manto rocoso

Núcleo rocoso sólido

### Mercurio

Es el planeta más cercano al Sol. Su superficie presenta cráteres producidos por impactos de meteoritos. Como casi no tiene atmósfera, es abrasador de día y glacial de noche. Se ve a simple vista.

### Venus

Su superficie rocosa está llena de volcanes, fallas y lava solidificada. La atmósfera es rica en bióxido de carbono. La presión atmosférica superficial es 90 veces mayor que la terrestre

### Tierra

Es el único objeto del Sistema Solar con agua líquida en la superficie; el único planeta conocido geológicamente activo; y, hasta donde se sabe, el único lugar del Universo que sustenta la vida.

### Marte

El cuarto planeta es un inmenso desierto rojo. Sus yermos estériles, erosionados por feroces vientos, tienen grandes volcanes y cráteres de impacto. La atmósfera está compuesta principalmente por bióxido de carbono. Su día dura casi lo mismo que el de la Tierra.

| | Mercurio | Venus | Tierra | Marte |
|---|---|---|---|---|
| Distancia mínima del Sol | 45,900,000 km | 107,400,000 km | 147,000,000 km | 206,700,000 km |
| Distancia máxima del Sol | 69,700,000 km | 109,000,000 km | 152,000,000 km | 249,000,000 km |
| Diámetro en el ecuador | 4,878 km | 12,104 km | 12,756 km | 6,794 km |
| Masa relativa a la de la Tierra | 0.055 | 0.815 | 1 | 0.11 |
| Periodo de traslación | 87.97 días | 224.7 días | 365.3 días | 687 días |
| Periodo de rotación | 58 días 15 h 36 min | 243 días 3 h 50 min | 23 horas 56 min | 24 horas 37 min |
| Temperatura en la superficie | 350 °C día/-170 °C noche | 480 °C (promedio) | 22 °C (promedio) | –63° C (promedio) |
| Lunas conocidas | Ninguna | Ninguna | 1 | 2 |
| Nombres de las lunas principales | | | Luna | Fobos, Deimos |

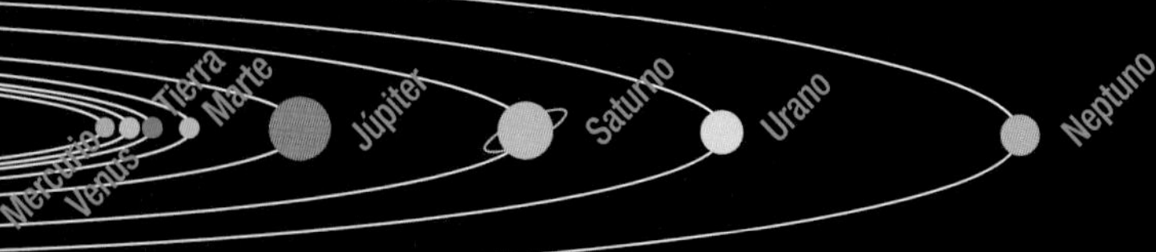

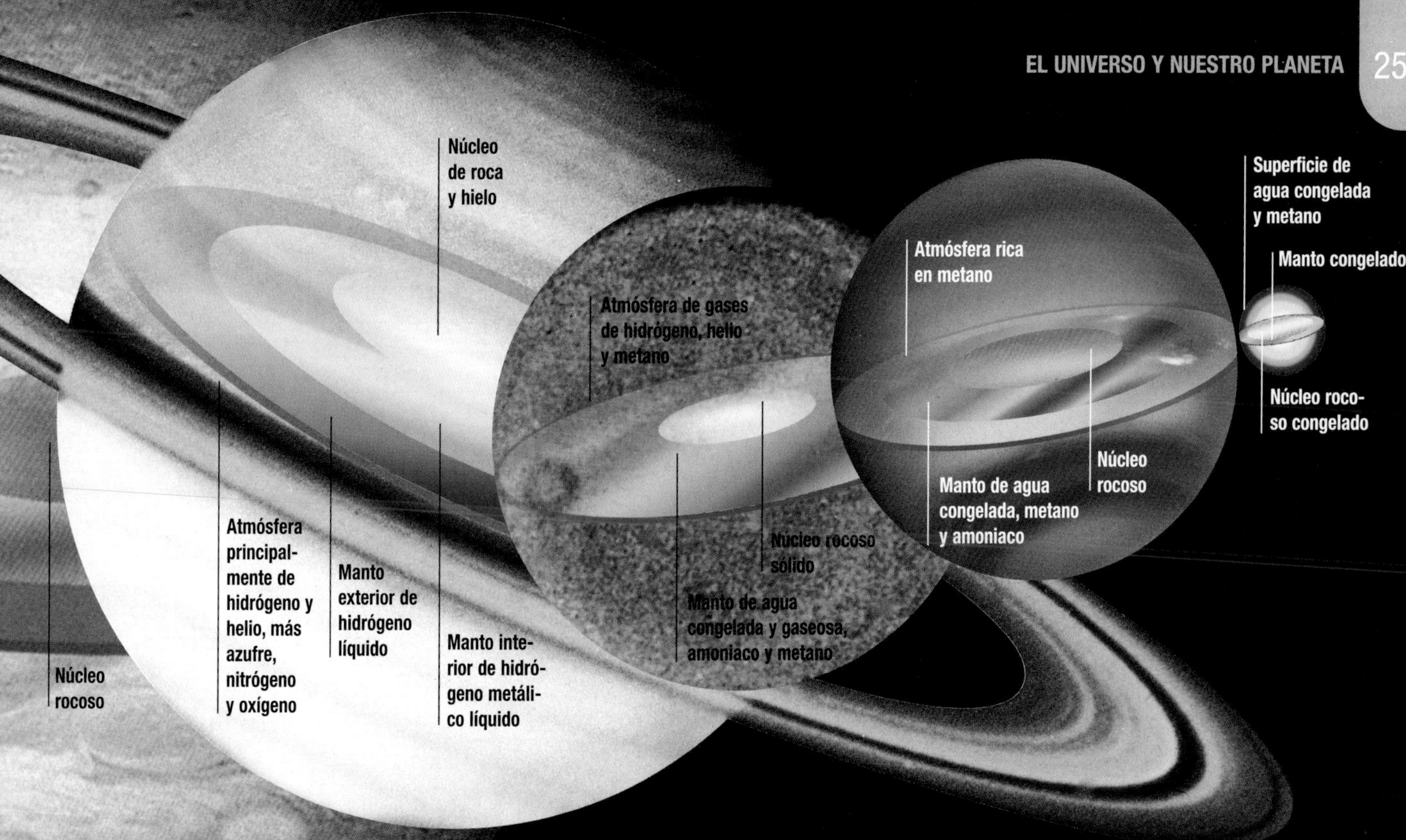


| Júpiter | Saturno | Urano | Neptuno | Plutón |
|---|---|---|---|---|
| Es el planeta más grande. Su atmósfera contiene sobre todo hidrógeno y helio. La alta presión de las regiones inferiores ha comprimido hidrógeno hasta convertirlo en capas líquidas y metálicas alrededor del núcleo rocoso. Las manchas de la superficie son tormentas atmosféricas. | Saturno es un globo de gases similar a Júpiter en su composición. Gira tan rápidamente que se ha hinchado en medio y achatado en los polos. Sus anillos están compuestos de decenas de miles de subdivisiones formadas por partículas de hielo. Vientos rápidos azotan el ecuador del planeta. | Urano se descubrió en 1781. Su atmósfera está compuesta de hidrógeno, helio y metano. Como algo único en el Sistema Solar, su eje de rotación coincide con el plano orbital –gira sobre su lado–, tal vez a raíz de una antigua colisión con un cometa. | El planeta Neptuno se descubrió en 1846, aunque posiblemente lo había divisado Galileo en 1613. Cuenta con una atmósfera rica en metano que se vuelve líquida y luego metálica cerca del centro. Tiene una órbita casi circular (y no elíptica). Sus anillos tenues son visibles. | Plutón se descubrió en 1930, y todavía se discute si es, o no, un verdadero planeta. La superficie consiste en un paisaje sólido de metano congelado, y la atmósfera es muy delgada. Plutón tiene una órbita errática que algunas veces lo lleva a la órbita de Neptuno. |
| 741,000,000 km | 1,352,600,000 km | 2,743,000,000 km | 4,545,670,000 km | 4,434,990,000 km |
| 816,000,000 km | 1,507,000,000 km | 3,004,000,000 km | 4,444,450,000 km | 7,304,330,000 km |
| 142,800 km | 119,900 km | 51,108 km | 49,493 km | 2,390 km |
| 317.9 | 95.2 | 14.5 | 17.2 | 0.002 |
| 11 años 314 días | 29 años 168 días | 83 años 273 días | 164 años 292 días | 248 años 197 días |
| 9 horas 55.5 min | 10 horas 40 min | 17 horas 14 min | 17 horas 15 min | 6 días 9 horas |
| –150 °C (promedio) | –180 °C (promedio) | –214 °C (promedio) | –220 °C (promedio) | –230 °C (promedio) |
| 16 | 30, más anillos | 18 confirm., más anillos | 10, más anillos | 1 |
| Ío, Europa, Ganimedes | Titán | Titania, Oberón | Tritón | Caronte |

## DATOS DEL SISTEMA SOLAR

- **Planeta más rápido** Mercurio tiene la mayor velocidad orbital promedio: 172,248 km/h.
- **Lugar más caliente** Venus tiene la temperatura superficial más alta debido a su proximidad al Sol y su atmósfera rica en carbono, que atrae calor.
- **Anillos más grandes** Los anillos de Saturno tienen un diámetro de 270,000 km.
- **Día más largo** Venus gira hacia atrás sobre su eje cada 243 días. Así, hay un “día” más largo que un “año”.
- **Lugar más frío** La temperatura superficial más baja registrada en el Sistema Solar es de –235 °C. Es la de Tritón, luna de Neptuno.
- **Planeta más brillante** La capa de nubes de Venus refleja alrededor de 79% de la luz que le llega.
- **Satélite más activo** Ío, luna de Júpiter, emite grandes nubes de azufre por agujeros de su superficie.
- **Volcán más grande** El monte Olimpo, de Marte, mide 600 km de ancho y 25 de alto.

vea también
14 **La Tierra**
22 **El Sol**
26 **La Luna**
28 **Cometas y meteoritos**

*La mayor parte de los planetas del Sistema Solar tienen satélites naturales, o lunas. Nuestra Luna se formó quizá hace 4,600 millones de años al fusionarse los restos de una colisión entre la Tierra y un asteroide que pasaba. Su gravedad ejerce una gran influencia sobre la Tierra: causa las mareas y, desde hace millones de años, reduce el giro de la Tierra y alarga el día.*

## LA CARA DE LA LUNA

A diferencia de la Tierra, la Luna no tiene actividad tectónica. Allí no hay volcanes ni terremotos violentos; sólo temblores ocasionales. Tampoco hay agua, lluvia, nieve o viento que erosione. Las características de su superficie se deben a impactos de meteoritos.

Se han identificado dos áreas de paisaje principales: las tierras altas, más antiguas y con cráteres, y las más jóvenes, o "mares". Estas zonas se caracterizan por diversos elementos.

**Mares** Los astrónomos medievales creyeron que las áreas oscuras que pueden verse en la superficie lunar eran mares. Luego les dieron nombres románticos, como Mare Tranquillitatis (Mar de la Tranquilidad) y Mare Imbrium (Mar de las Lluvias). Ahora sabemos que no contienen agua. Estas zonas, que cubren 16% de la superficie lunar, son resultado de impactos de meteoritos poco después de su formación. La fuerza de los impactos agrietó la superficie, e hizo que la lava saliera a raudales. Al enfriarse y solidificarse formó las áreas lisas.

**Cráteres** Existentes en toda la superficie de la Luna, los cráteres son resultado del bombardeo de meteoritos, en especial entre 500 y 700 millones de años tras la formación de la Luna.

**Montañas** Los meteoritos también levantaron cordilleras, como los Apeninos lunares que bordean el Mare Imbrium.

**Domos** Estas áreas circulares elevadas, de lados llanos, a menudo con un pozo central, se relacionan con los mares. Se cree que son chimeneas volcánicas extintas, similares a nuestros volcanes de escudo.

**Rayos** Formados por material expulsado de los cráteres de impacto.

**Polvo lunar** Una lluvia constante de restos espaciales pequeños ha erosionado la superficie y la ha dejado cubierta de una fina capa de polvo.

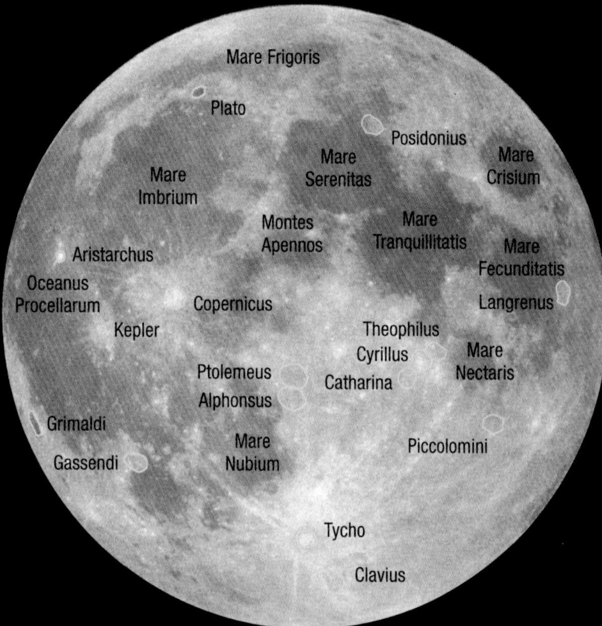


## Estadísticas de la Luna

| | |
|---|---|
| **Distancia promedio de la Tierra** (de centro a centro) | 384,400 km |
| **Tiempo de traslación** | 27.32 días |
| **Tiempo de rotación** | 27.32 días |
| **Intervalo entre dos lunas nuevas** | 29 días 12 h 44 min 3 s |
| **Velocidad orbital promedio** | 3,680 km/h |
| **Diámetro promedio** | 3,476.6 km |
| **Densidad** (agua = 1) | 3.34 |
| **Volumen** (Tierra = 1) | 0.02 |
| **Gravedad superficial** (Tierra = 1) | 0.165 |

## EL LADO OSCURO DE LA LUNA

Las fuerzas gravitacionales entre la Tierra y la Luna las mantienen en rotación sincrónica. Es decir, el tiempo de rotación de la Luna coincide con el tiempo que tarda en orbitar en torno de la Tierra, así que siempre está frente a nosotros el mismo lado de la Luna. El lado lejano u "oscuro" fue un misterio hasta octubre de 1959, cuando la nave soviética *Luna 3* envió imágenes de él. Éstas revelaron que tiene más cráteres que el otro lado y un solo mar. La falta de mares obedece quizá a que la corteza de ese lado es más gruesa y, por lo tanto, no se agrieta ni libera lava cuando la golpean meteoritos.

## Composición de la Luna

Se han recolectado más de 2,000 muestras de rocas lunares. A juzgar por ellas hay muchos tipos de rocas en la Luna, pero pueden dividirse en dos categorías amplias: rocas volcánicas basálticas, relacionadas con los mares, y rocas ricas en aluminio y calcio, reliquias de la historia anterior de la Luna.

Exploraciones recientes indican que puede haber agua congelada en los polos. Si se derritiera, ayudaría a mantener la vida en una estación lunar permanente.

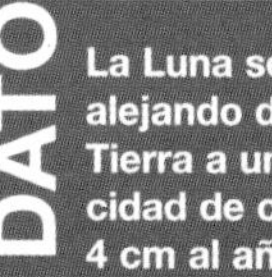

**DATO** **La Luna se está alejando de la Tierra a una velocidad de cerca de 4 cm al año.**

## LAS MAREAS

El ascenso y descenso de los océanos, que ocurre dos veces al día, se debe a la interacción de las fuerzas gravitacionales de la Tierra, la Luna y el Sol.
**La Luna** atrae el mar en el lado de la Tierra frente a ella, y causa un pandeo, o marea alta. La tierra firme del lado opuesto también es atraída hacia la Luna y se aleja de los océanos, los cuales son lanzados hacia fuera por la rotación de la Tierra. Esto origina una marea alta equivalente del otro lado. Las mareas bajas ocurren donde el agua se retira.
**El Sol** también ejerce un efecto gravitacional en la Tierra. Al alinearse con la Luna, en las lunas nueva y llena, crea mareas muy altas (mareas vivas). Cuando la Luna y el Sol están en ángulo recto, en el cuarto creciente y el cuarto menguante, se oponen entre sí, y crean mareas más bajas (mareas muertas).

El alcance de las mareas también se ve afectado por la forma de la línea costera y la profundidad del agua. La altura entre la marea alta y la baja a lo largo de la línea costera abierta puede ser hasta de 6.1 m, y en bahías reducidas, hasta de 15 m. En mar abierto rara vez tienen más de 60 cm.

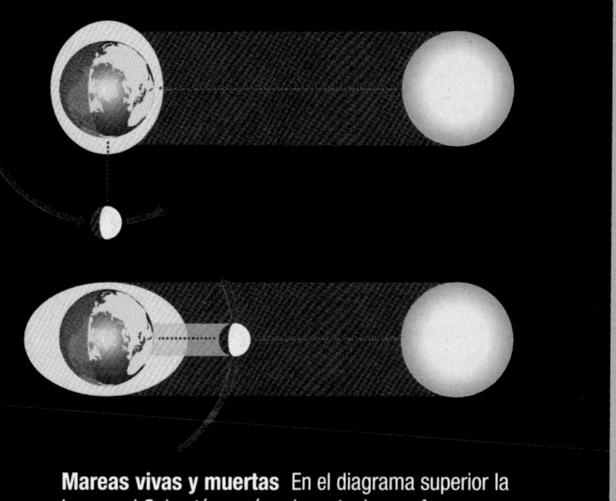

**Mareas vivas y muertas** En el diagrama superior la Luna y el Sol están en ángulo recto, lo que forma mareas bajas (muertas). Abajo, el Sol y la Luna están alineados y su gravedad combinada crea mareas altas (vivas).

**Salida de la Tierra** vista por primera vez por la misión Apolo 8 en 1968. Desde la Luna, la Tierra se ve salir y ponerse, tal como vemos salir y ponerse a la Luna desde aquí.

## FASES DE LA LUNA

Desde la Tierra sólo vemos el lado de la Luna que refleja la luz del Sol. Mientras la Luna gira alrededor de la Tierra cada mes, vemos diferentes cantidades de su cara iluminada, lo cual da la impresión de que cambia de forma. Estas fases varían desde la luna nueva, cuando nada de ella se ve desde la Tierra, hasta la luna llena, cuando toda la cara está iluminada. En este diagrama las lunas pequeñas muestran cómo brilla la luz del Sol en la Luna, y las lunas grandes muestran cómo se ve desde la Tierra a lo largo del mes.

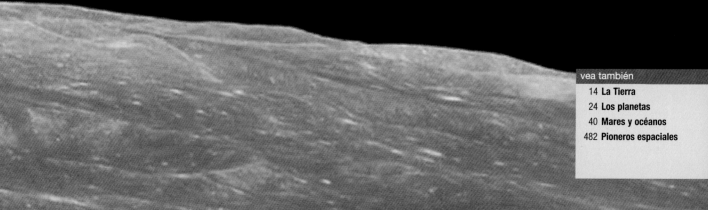

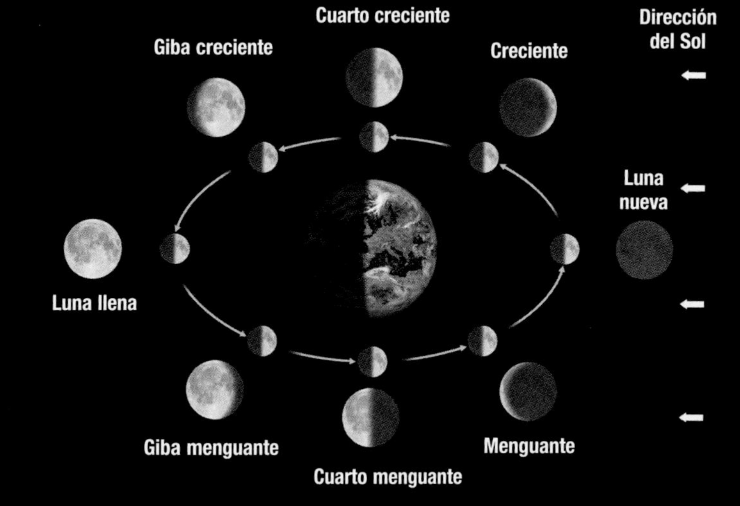


vea también

14 La Tierra
24 Los planetas
40 Mares y océanos
482 Pioneros espaciales

# Cometas y meteoritos ▶ Restos rocosos y helados que viajan por el Sistema Solar

*El Sistema Solar está lleno de restos sólidos de la formación de los planetas. Los cometas y asteroides orbitan el Sol, mientras que los meteoritos son fragmentos que entran en la atmósfera de la Tierra y arden. Los meteoritos son fragmentos grandes que llegan al suelo.*

## COMETAS

Los cometas son bolas de unos cuantos kilómetros de diámetro, formadas por rocas y polvo unidos por hielo y gas congelado. Se originan en regiones distantes del Sistema Solar, más allá de Plutón. En ocasiones, la gravedad de una estrella que pasa por allí envía a un cometa desde el espacio exterior hacia el interior del Sistema Solar y lo deja dando vueltas al Sol.

Un cometa no emite luz propia, por lo que casi nunca puede verse. Cuando se acerca al Sol y comienza a fundirse su corteza, produce una nube brillante de gas y polvo: la cabellera. En muchos cometas también puede verse una cauda luminosa de gas, que apunta al lado contrario del Sol porque la desvía el viento solar.

Algunos cometas tienen órbitas que los acercan al Sol y los hacen visibles desde la Tierra. El cometa Halley es uno de ellos, con una órbita de unos 76 años. Cada vez que pasan cerca del Sol, los cometas pierden material, hasta que desaparecen.

### Cometas famosos

| Nombre | Descubrimiento | Periodo de órbita (años) |
|---|---|---|
| Halley | 239 a.C. | 76 |
| Tycho | 1577 | Desconocido |
| Kirch (Newton) | 1680 | 8,814 |
| Encke | 1786 | 3.3 |
| Tuttle | 1790 | 13.7 |
| Gran Cometa | 1843 | 512.6 |
| Donati | 1858 | 1,950 |
| Swift-Tuttle | 1872 | 125 |
| Wolf | 1884 | 8.4 |
| Cometa del Alba | 1910 | Desconocido |
| Schwassmann-Wachmann 1 | 1908 | 15 |
| Arend-Roland | 1957 | Desconocido |
| Seki-Lines | 1962 | Desconocido |
| Kohoutek | 1973 | 75,000 |
| West | 1975 | 500,000 |
| Shoemaker-Levy | 1992 | Ninguno; chocó con Júpiter en 1992 |
| Hale-Bopp | 1995 | 18,000 |

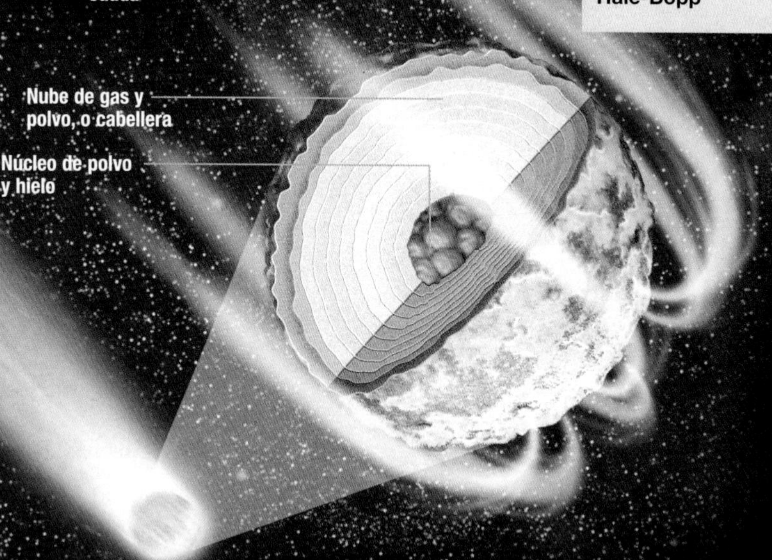


### DATOS DE COMETAS

- En la actualidad se conocen 900 cometas.
- Cada año se ven con telescopio unos 25.
- La cauda de un cometa puede tener hasta 300 millones de km de largo.
- Los cometas viajan a velocidades de hasta 20 km/s.
- La cabellera de un cometa puede ser más grande que el Sol.

## ASTEROIDES

Los asteroides, o planetas menores, son cuerpos rocosos o metálicos distribuidos irregularmente en el Cinturón de Asteroides, entre Marte y Júpiter, mostrado aquí como una banda violeta. Se piensa que es material que no formó un planeta debido a la atracción gravitacional de Júpiter. Hay al menos un millón de asteroides en el Sistema Solar, desde 10 m hasta 900 km de diámetro. Los más grandes son casi esféricos y su estructura se asemeja a la de los planetas. Uno de ellos, Ida, tiene un satélite.

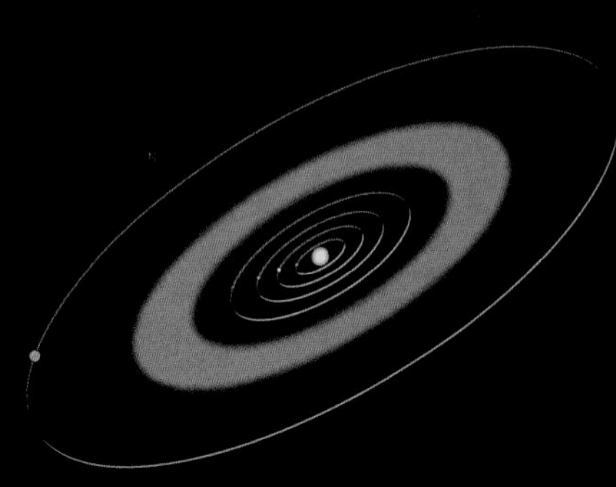

### Asteroides principales

Los 10 asteroides más grandes conocidos (con sus diámetros) son:

| | |
|---|---|
| Ceres | 940 km |
| Pallas | 580 km |
| Vesta | 576 km |
| Hygeia | 430 km |
| Interamnia | 338 km |
| Juno | 288 km |
| Psyche | 248 km |
| Thule | 130 km |
| Astraea | 120 km |
| Feronia | 96 km |

## LLUVIAS DE METEORITOS

Al entrar en la atmósfera de la Tierra fragmentos de un cuerpo espacial natural (meteorito), se pone incandescente, formando una línea brillante de luz en el cielo, conocida como estrella fugaz. Los meteoritos son del tamaño de un grano de arena y diariamente unos 100 millones de ellos cruzan el aire a unos 209,200 km/h, 65 km arriba de la superficie terrestre. El rastro de polvo de los cometas causa lluvias regulares de meteoritos.

**Estrellas fugaces** Los meteoritos se desplazan vertiginosamente, y su cauda de gas se aleja del Sol por el viento solar.

Lluvias de meteoritos causadas al pasar la Tierra por las caudas de cometas.

| | |
|---|---|
| **Cuadrántidas** | (1-6 ene.) |
| **Líridas** | (19-25 abril) |
| **Alfa-Escórpidas** | (20 abril-19 mayo) |
| **Eta Acuáridas** | (1-8 mayo) |
| **Delta Acuáridas** | (15 jul.-20 ago.) |
| **Perseidas** | (27 jul.-17 ago.) |
| **Oriónidas 1** | (5-25 oct.) |
| **Táuridas** | (25 oct.-25 nov.) |
| **Leónidas** | (14-20 nov.) |
| **Gemínidas** | (8-14 dic.) |
| **Úrsidas** | (19-24 dic.) |

## METEORITOS

Los meteoritos son pedazos de restos espaciales rocosos o metálicos que chocan con la Tierra. Se han reconocido tres tipos:

- **Meteoritos pétreos:** rocosos, con un poco de níquel y hierro. La mayor parte de los meteoritos pertenecen a este grupo, pero como resulta difícil diferenciarlos de las rocas terrestres, a menudo pasan inadvertidos.
- **Meteoritos férricos:** compuestos principalmente de hierro y níquel, se cree que se originan en los núcleos de los asteroides. Constituyen 4% de los meteoritos caídos conocidos. Los mayores meteoritos conocidos son de este tipo.
- **Meteoritos pétreo-férricos:** aproximadamente 50% de níquel y hierro, y 50% de roca. Se cree que se originan en los asteroides. Representan 1% de los meteoritos caídos conocidos.

## LOS 10 METEORITOS MÁS PESADOS

Estos meteoritos se encontraron en:

| | |
|---|---|
| **Hoba West,** Namibia | (60 ton) |
| **Ahnighito,** Groenlandia Occidental | (34 ton) |
| **Bacuberito,** México | (27 ton) |
| **Mbosi,** Tanzania | (26 ton) |
| **Agpalik,** Groenlandia Occidental | (21 ton) |
| **Armanty,** Mongolia Exterior | (20 ton) |
| **Chupaderos,** México | (14 ton) |
| **Willamette,** Estados Unidos | (14 ton) |
| **Campo del Cielo,** Argentina | (13 ton) |
| **Mundrabilla,** Australia Occidental | (12 ton) |

## DATOS DE METEORITOS

- Cerca de 1 tonelada de meteoritos cae sobre la Tierra cada día; la mayoría son pequeños y pasan inadvertidos.
- Los meteoritos entran a la atmósfera a velocidades de 32-95 km/s.
- No se sabe que alguien haya muerto por la caída de un meteorito.

**Cráter de Wolf Creek** Un meteorito que pesaba más de 50,000 toneladas formó este cráter en Australia.

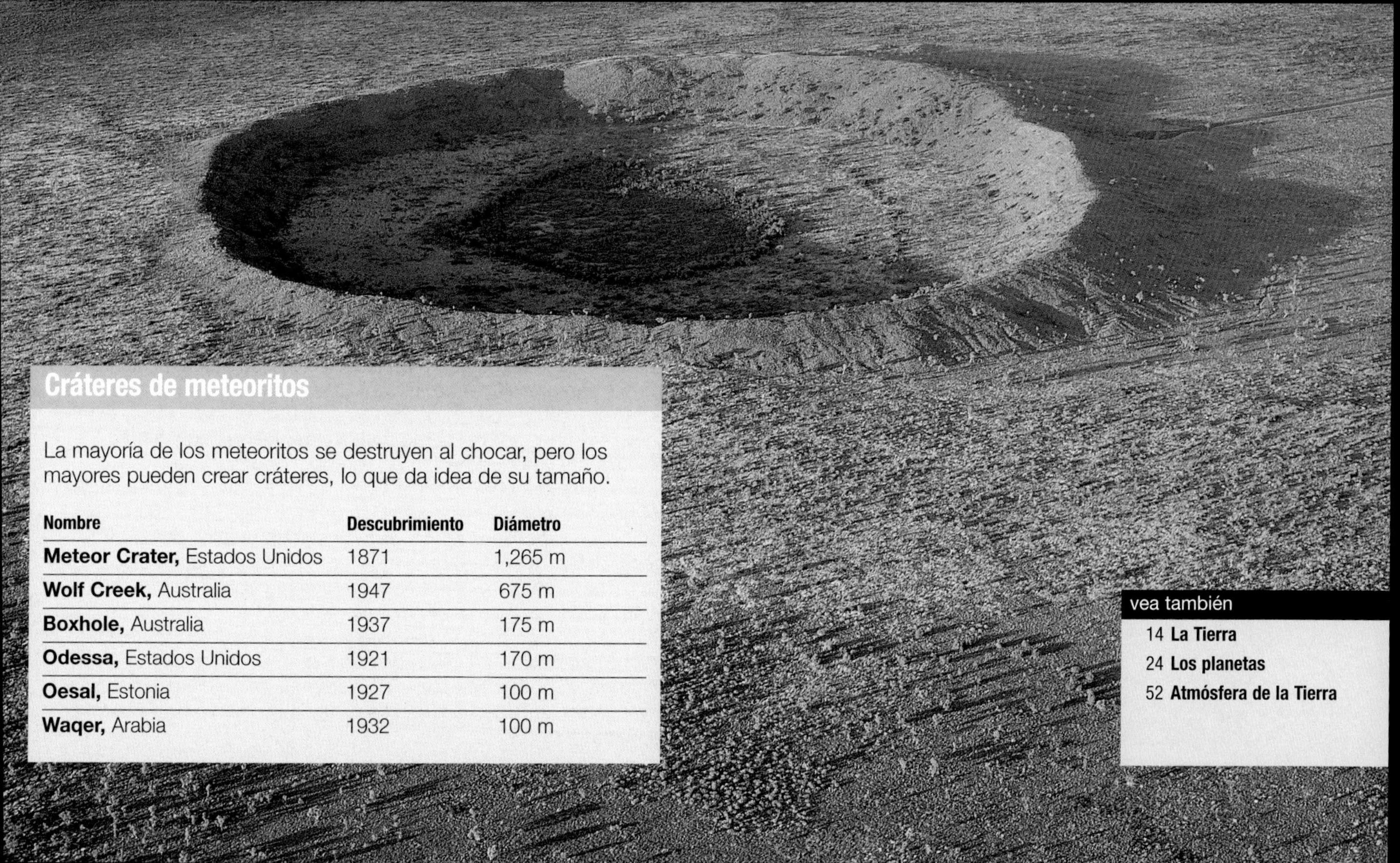

### Cráteres de meteoritos

La mayoría de los meteoritos se destruyen al chocar, pero los mayores pueden crear cráteres, lo que da idea de su tamaño.

| Nombre | Descubrimiento | Diámetro |
|---|---|---|
| **Meteor Crater,** Estados Unidos | 1871 | 1,265 m |
| **Wolf Creek,** Australia | 1947 | 675 m |
| **Boxhole,** Australia | 1937 | 175 m |
| **Odessa,** Estados Unidos | 1921 | 170 m |
| **Oesal,** Estonia | 1927 | 100 m |
| **Waqer,** Arabia | 1932 | 100 m |

vea también
14 **La Tierra**
24 **Los planetas**
52 **Atmósfera de la Tierra**

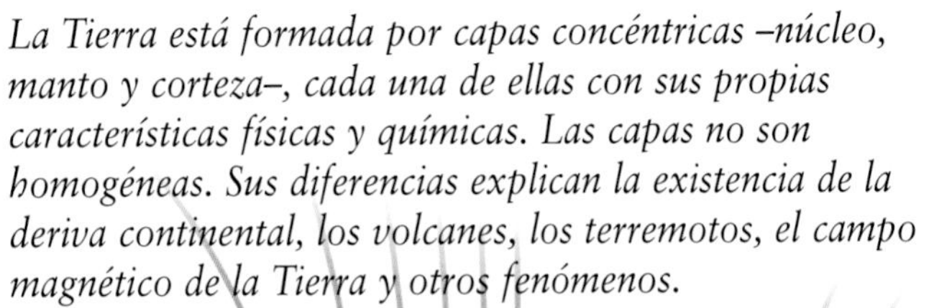

*La Tierra está formada por capas concéntricas –núcleo, manto y corteza–, cada una de ellas con sus propias características físicas y químicas. Las capas no son homogéneas. Sus diferencias explican la existencia de la deriva continental, los volcanes, los terremotos, el campo magnético de la Tierra y otros fenómenos.*

## DENTRO DE LA TIERRA

Dado que el hombre no ha logrado perforar más allá de la corteza terrestre, la información relativa a la estructura interna del planeta se obtiene de otras fuentes, como el comportamiento de las ondas sísmicas, la composición de los meteoritos, remanentes de otro material planetario, y la composición química de algunas rocas raras del manto que a veces se hallan en la superficie. Combinando estos datos, los científicos se forman una imagen de un planeta constituido por estas capas concéntricas.

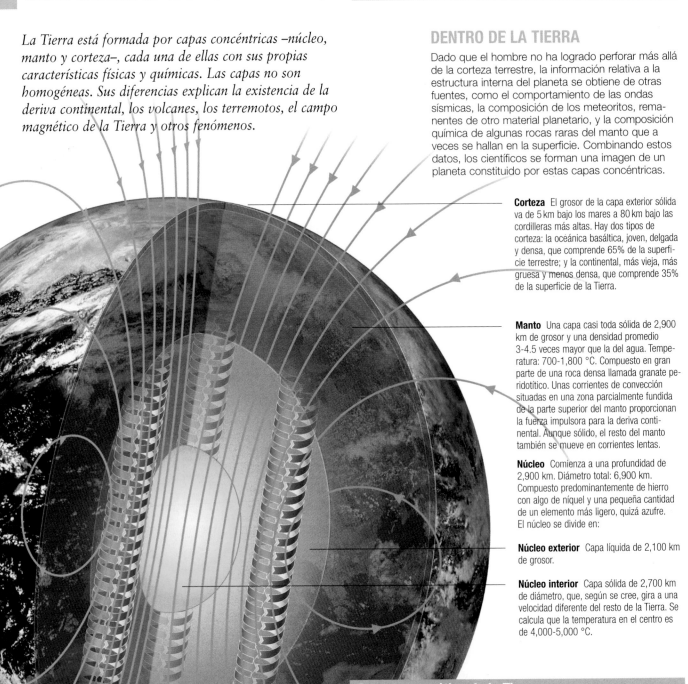

**Corteza** El grosor de la capa exterior sólida va de 5 km bajo los mares a 80 km bajo las cordilleras más altas. Hay dos tipos de corteza: la oceánica basáltica, joven, delgada y densa, que comprende 65% de la superficie terrestre; y la continental, más vieja, más gruesa y menos densa, que comprende 35% de la superficie de la Tierra.

**Manto** Una capa casi toda sólida de 2,900 km de grosor y una densidad promedio 3-4.5 veces mayor que la del agua. Temperatura: 700-1,800 °C. Compuesto en gran parte de una roca densa llamada granate peridotítico. Unas corrientes de convección situadas en una zona parcialmente fundida de la parte superior del manto proporcionan la fuerza impulsora para la deriva continental. Aunque sólido, el resto del manto también se mueve en corrientes lentas.

**Núcleo** Comienza a una profundidad de 2,900 km. Diámetro total: 6,900 km. Compuesto predominantemente de hierro con algo de níquel y una pequeña cantidad de un elemento más ligero, quizá azufre. El núcleo se divide en:

**Núcleo exterior** Capa líquida de 2,100 km de grosor.

**Núcleo interior** Capa sólida de 2,700 km de diámetro, que, según se cree, gira a una velocidad diferente del resto de la Tierra. Se calcula que la temperatura en el centro es de 4,000-5,000 °C.

### Campo magnético de la Tierra

La Tierra tiene un campo magnético poderoso, como si hubiera un imán gigante en el centro. El campo se crea por las interacciones entre la rotación y los movimientos registrados en el núcleo exterior líquido. Ambos actúan como una dinamo natural que genera electricidad y por ende crea un campo magnético.

El campo magnético de la Tierra no es fijo. Hoy tiene un ángulo de unos 11 grados respecto al eje de rotación. En consecuencia, los polos magnéticos no coinciden del todo con los polos geográficos. El polo norte magnético se halla a 850 km del geográfico. Pero esta posición cambia ligeramente con el tiempo: en la actualidad se acerca al polo geográfico 11 km por año. La polaridad del campo también se invierte a intervalos de aproximadamente un millón de años, de manera que el norte magnético se vuelve el sur, y viceversa. Es probable que estas inversiones se deban a cambios en los movimientos del líquido en el núcleo exterior.

**DATO**

**Se está creando un nuevo lecho oceánico en las cordilleras mesooceánicas, a una velocidad de 3.5 km² al año.**

# TECTÓNICA DE PLACAS

La corteza y el manto superior terrestres (que, juntos, reciben el nombre de litosfera) se dividen en unos segmentos rígidos firmemente entrelazados, o placas, que están en constante movimiento debido a las corrientes de convección del manto. Las placas sostienen los continentes y están debajo de los océanos, aunque sus límites no siempre coinciden con los linderos de los continentes. Las placas se crean o destruyen en los límites constructivos y convergentes.

**Límites constructivos** Éstos se dan en las cordilleras oceánicas. El magma que sale separa las placas, agregando material nuevo a lo largo de sus bordes. La Dorsal Media del Atlántico es un buen ejemplo. Las placas en las cordilleras oceánicas pueden separarse a una velocidad de 15 cm por año.

**Límites conservadores** Dos placas se deslizan una al lado de la otra a lo largo de una falla de transformación, sin crearse ni destruirse. Se caracterizan por actividad sísmica. La falla de San Andrés, en California, es un ejemplo de estos límites.

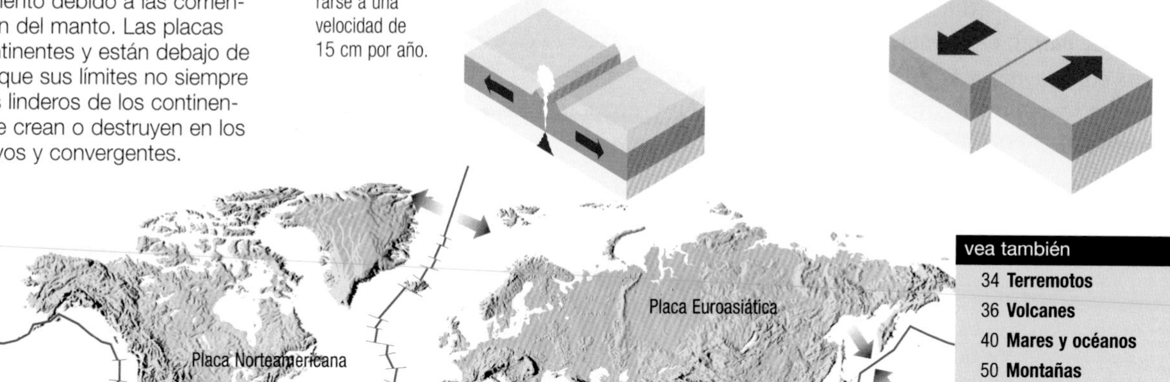


vea también
34 **Terremotos**
36 **Volcanes**
40 **Mares y océanos**
50 **Montañas**

**Límites convergentes** Se dan donde chocan dos placas. Se conocen tres tipos:

**Oceánica/continental** La corteza oceánica densa se hunde por debajo de la continental y se incrusta en el manto. Allí se funde y causa volcanes y terremotos. Los sedimentos del borde de las placas se pliegan y empujan hacia arriba para formar grandes cordilleras, como los Andes.

**Continental/continental** Las placas continentales o insulares chocan unas con otras. En consecuencia, sus bordes se pliegan hacia arriba, causando terremotos, vulcanismo y grandes regiones de montañas plegadas. El Himalaya resultó de una colisión entre las placas que sostienen Asia y la India.

**Oceánica/oceánica** Una placa oceánica se incrusta debajo de la otra. El magma que se originó del derretimiento de la placa descendente sube y da lugar a un arco de islas volcánicas, como Japón o las Aleutianas.

## Un mundo cambiante

La posición de los continentes no es fija. En el transcurso de las eras geológicas se han creado y destruido; se han unido y separado. Los mapas de abajo muestran cómo se formaron los continentes actuales, y cómo podrían ser en el futuro.

**Hace 250 millones de años** Los continentes estaban unidos en una gran masa de tierra llamada Pangea, palabra griega que significa "todas las tierras".

**Hace 135 millones de años** Pangea se dividió en dos: Laurasia en el norte (América del Norte y Eurasia), y Gondwana en el sur (África, América del Sur, Australia, la India y la Antártida).

**Hoy** El Atlántico se está ensanchando. Además, parece estarse formando un nuevo límite de placa constructiva a lo largo del Valle del Rift, en África; pero éste podría fallar.

**En el futuro** Si siguen los movimientos actuales, el Atlántico se ensanchará, África chocará con Europa, Australia con el sureste de Asia, y California se desplazará en dirección a Alaska.

*La larga historia de la Tierra –desde la formación del planeta hasta el presente– está registrada en sus rocas. La geología puede revelar información sobre el entorno del pasado; por ejemplo, dónde hubo alguna vez desiertos, volcanes, mares y bosques. También puede darnos la edad de los continentes y la posición que tenían antiguamente. Las rocas se crean y destruyen constantemente por erosión, sedimentación, vulcanismo y formación de montañas.*

## Elementos principales de la corteza terrestre

| Elemento | % | Elemento | % |
|---|---|---|---|
| **Oxígeno (O)** | 45.0 | **Magnesio (Mg)** | 2.8 |
| **Silicio (Si)** | 27.0 | **Sodio (Na)** | 2.3 |
| **Aluminio (Al)** | 8.0 | **Potasio (K)** | 1.7 |
| **Hierro (Fe)** | 5.8 | **Hidrógeno (H)** | 1.5 |
| **Calcio (Ca)** | 4.7 | **Titanio (Ti)** | 0.6 |

## CATEGORÍAS DE ROCAS

Las rocas son acumulaciones de minerales o materia orgánica, comprimida o suelta. Por tanto, en términos geológicos, la arena y la grava son rocas. Ni más ni menos que el mármol, la arenisca y el granito. Los minerales son sustancias inorgánicas que se dan de forma natural, como el cuarzo y la calcita.

Los geólogos dividen las rocas en varias categorías, dependiendo de la manera en que se formó la roca. Las tres categorías principales son:

- **Ígneas**
- **Sedimentarias**
- **Metamórficas**

### Rocas sedimentarias

Se forman por la acumulación y cementación de lodo, cieno o arena, derivados de la fractura de rocas preexistentes y material orgánico, como árboles o conchas. También están presentes los depósitos precipitados del agua; por ejemplo, la sal gema. Las rocas sedimentarias constituyen menos de 5% de la corteza terrestre, y 75% de la superficie del suelo.

**Apariencia** Suelen ser fragmentos cementados por la calcita, el cuarzo u otros minerales. Los afloramientos de roca sedimentaria a veces están estratificados; las capas muestran periodos sucesivos de depósito de sedimentos. Muchas rocas sedimentarias contienen fósiles, restos orgánicos preservados. Algunas piedras calizas están formadas por fragmentos de concha cementados.

**Ejemplos** Arenisca, caliza, sal gema, turba.

**Mineral de hierro (Hamersley Range, Región de Pilbara, Australia Occidental)** Esta roca sedimentaria muestra con claridad los estratos de depósito. Está cementada por compuestos de hierro que le dan su color rojo distintivo.

### Rocas ígneas

Antes estuvieron fundidas. Entre ellas hay lavas arrojadas por volcanes, como los basaltos, y rocas, como los granitos que se originan como líquidos calientes en lo profundo de la corteza terrestre. Las primeras rocas superficiales que se crearon después de la formación de la Tierra eran ígneas. En la actualidad las rocas ígneas constituyen 95% de la corteza de la Tierra.

**Apariencia** Por lo general son muy duras. Están formadas por cristales de diferentes minerales, como el cuarzo y el feldespato. En el granito y otras rocas, los cristales son muy grandes y se ven con claridad. En cambio, los cristales de las lavas tienden a ser pequeños y difíciles de ver a simple vista. La superficie de las rocas ígneas es de aspecto muy uniforme. Normalmente no se estratifican, aunque pueden estar agrietadas o tener coloración desigual.

**Ejemplos** Granito, basalto, andesita, obsidiana.

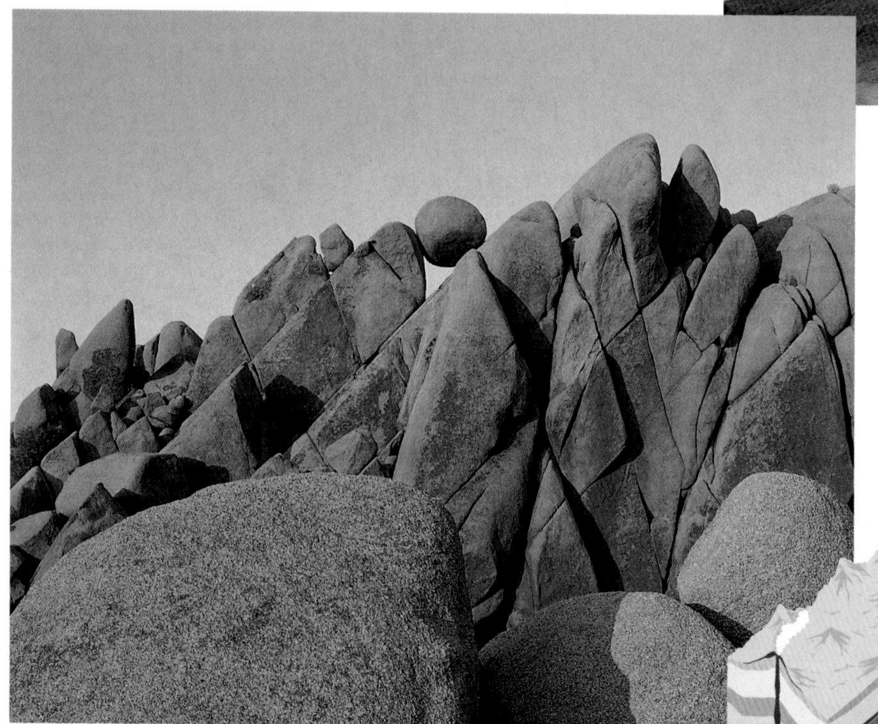

**Afloramiento de granito (Parque Nacional Joshua Tree, California)** Este afloramiento muestra la manera característica en que el granito ígneo se desgasta y erosiona para formar bloques redondeados y cantos rodados.

**Capa** El magma entra en las fracturas horizontales de la roca. Luego se enfría y endurece.

**Cámara de magma** La roca fundida se almacena en lo profundo del subsuelo.

**Una cantera de mármol (Grecia)** El mármol es piedra caliza metamórfica que se ha recristalizado bajo calor y presión.

vea también
30 **Estructura de la Tierra**
36 **Volcanes**
38 **Tesoros de la Tierra**

**Calor** La actividad volcánica y el magma alteran la roca circundante.

**Fallas y plegamientos** Las capas de roca ya existentes chocan y se comprimen.

## Rocas metamórficas

Son rocas ígneas o sedimentarias alteradas por el calor o la presión, o por ambos, ya sea porque fueron enterradas y plegadas en lo profundo de la corteza, o porque entraron en contacto con roca ígnea fundida. El metamorfismo puede dar origen a minerales completamente nuevos y destruir estructuras originales como la estratificación sedimentaria y los fósiles. La presión intensa puede causar la realineación de minerales, formando capas nuevas. Alrededor de 1% de las rocas de la corteza son metamórficas.

**Apariencia** Las rocas metamórficas por lo general son cristalinas y a menudo presentan estratificación.

**Ejemplos** Mármol, gneis, esquisto, pizarra, carbón.

**Ambiente sedimentario** Se forman depósitos en aguas costeras.

**Estratificación** Los estratos más antiguos de sedimento se comprimen por la acumulación de estratos nuevos que se superponen a ellos.

## EL CICLO DE UNA ROCA

Las rocas de la corteza se crean, se desgastan y se redepositan constantemente en un ciclo lento.

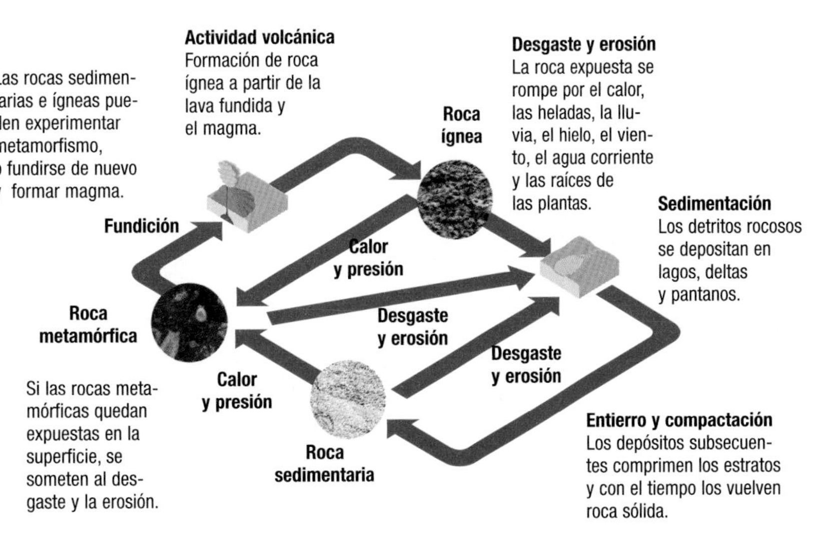
Actividad volcánica
Formación de roca ígnea a partir de la lava fundida y el magma.
Las rocas sedimentarias e ígneas pueden experimentar metamorfismo, o fundirse de nuevo y formar magma.
Desgaste y erosión
La roca expuesta se rompe por el calor, las heladas, la lluvia, el hielo, el viento, el agua corriente y las raíces de las plantas.
Roca ígnea
Fundición
Calor y presión
Sedimentación
Los detritos rocosos se depositan en lagos, deltas y pantanos.
Roca metamórfica
Desgaste y erosión
Desgaste y erosión
Calor y presión
Si las rocas metamórficas quedan expuestas en la superficie, se someten al desgaste y la erosión.
Roca sedimentaria
Entierro y compactación
Los depósitos subsecuentes comprimen los estratos y con el tiempo los vuelven roca sólida.

## Las rocas más antiguas

Las rocas más antiguas conocidas se remontan a la formación de la corteza terrestre. Aunque originalmente eran ígneas, con el tiempo se convirtieron en rocas metamórficas.

- **Gneises** de Isua, Groenlandia. Datan de hace 3,824 millones de años.
- **Eclogitas** de la mina Roberts Victor, en Sudáfrica. Datan de hace 4,000 millones de años.
- **Circón** (mineral) hallado en Australia, erosionado de su roca original. Data de hace 4,200 millones de años.

*Los terremotos son fenómenos naturales causados por movimientos repentinos dentro de la corteza de la Tierra. Estos movimientos liberan presión acumulada en la roca debido al movimiento de las placas tectónicas que forman la corteza. La mayor parte de los temblores son tan pequeños u ocurren a tal profundidad (más de 300 km), que no se sienten en la superficie.*

## CÓMO OCURREN LOS TERREMOTOS

Las rocas no se doblan o rompen con facilidad y suelen absorber las tensiones y presiones. Pero llega un punto en que ceden, y se rompen o se mueven a lo largo de las líneas de falla (grietas preexistentes). Así, liberan energía en forma de ondas sísmicas, las cuales vibran a través de la roca circundante y cualesquier estructuras de la superficie, como los edificios. La mayor parte de los terremotos ocurren en los límites entre las placas de la corteza terrestre. Allí se produce fricción al moverse las placas, y la tensión se acumula antes de liberarse en forma de terremoto.

Los sismos también pueden desatarlos un volcán, el impacto de un meteorito, y alguna actividad humana, como explosiones de bombas, llenado de represas e inyección de líquidos en pozos para recuperar petróleo. A diferencia de los terremotos que ocurren en las fallas, éstos son resultado de una entrada súbita de energía, la cual ejerce una presión inmediata en las rocas.

Los temblores se clasifican por la profundidad de su origen:

- **Superficiales:** menos de 70 km
- **Intermedios:** 70-300 km
- **Profundos:** más de 300 km

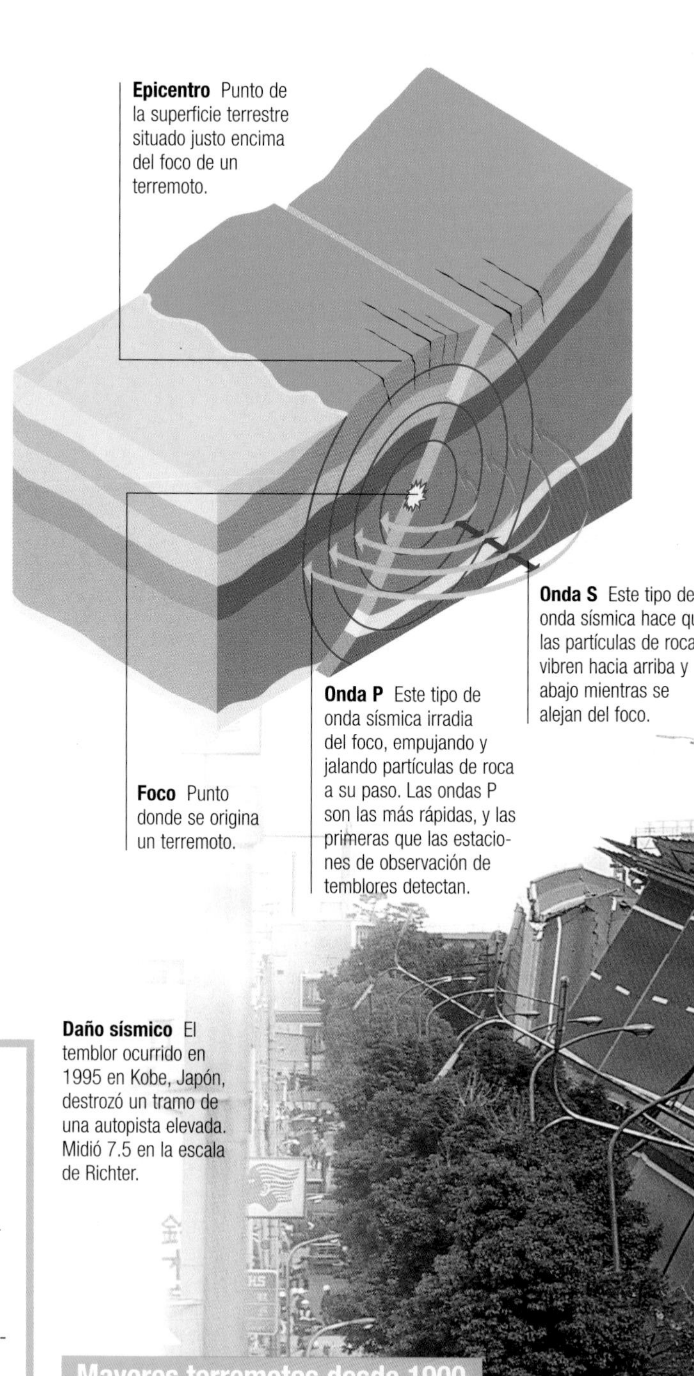

**Epicentro** Punto de la superficie terrestre situado justo encima del foco de un terremoto.

**Onda S** Este tipo de onda sísmica hace que las partículas de roca vibren hacia arriba y abajo mientras se alejan del foco.

**Onda P** Este tipo de onda sísmica irradia del foco, empujando y jalando partículas de roca a su paso. Las ondas P son las más rápidas, y las primeras que las estaciones de observación de temblores detectan.

**Foco** Punto donde se origina un terremoto.

**Daño sísmico** El temblor ocurrido en 1995 en Kobe, Japón, destrozó un tramo de una autopista elevada. Midió 7.5 en la escala de Richter.

## MEDICIÓN DE TERREMOTOS

Hay dos formas de medir el tamaño de un sismo: la **magnitud,** basada en lecturas instrumentales de la cantidad de energía que libera, y la **intensidad,** basada en sus efectos. Para una y otra se usan diferentes escalas.

La **escala de Richter** la ideó en 1935 Charles F. Richter para comparar la magnitud de los temblores.

- La magnitud se obtiene de lecturas de los movimientos de tierra, registradas por sismógrafos.
- Cada número entero en la escala de Richter indica una liberación de energía 31 veces mayor que el número entero anterior. La escala no tiene límite, pero el mayor terremoto registrado en la historia midió 9.5.

La **escala Mercalli modificada,** desarrollada en la década de 1930, evalúa la intensidad. Clasifica los temblores en una escala de I-XII dependiendo de sus efectos.

| | |
|---|---|
| **I–II** | Apenas si se siente. Casi no se le considera terremoto. |
| **III–IV** | A menudo se siente. Sin daños. |
| **V–VI** | Se siente mucho. Los objetos se mueven. Daño ligero. |
| **VII** | Daño a edificios mal construidos. |
| **VIII** | Daño a edificios bien construidos. |
| **IX–X** | Corrimientos de tierra. Destrucción general. |
| **XI** | Daño total. Movimiento visible del suelo. |
| **XII** | Daño total en una gran área. Objetos lanzados al aire. |

### Mayores terremotos desde 1900

| Ubicación y fecha | Magnitud |
|---|---|
| Chile, 1960 | 9.5 |
| Alaska, 1964 | 9.2 |
| Islas Aleutianas, 1957 | 9.1 |
| Kamchatka, 1952 | 9.0 |
| Ecuador, 1906 | 8.8 |
| Islas Kuriles, 1958 | 8.7 |
| Islas Aleutianas, 1965 | 8.7 |
| India, 1950 | 8.6 |
| Chile, 1922 | 8.5 |
| Indonesia, 1938 | 8.5 |

## TSUNAMIS

Los tsunamis son olas gigantes provocadas la mayoría de las veces por terremotos submarinos que suben o bajan una zona del lecho marino, desplazando millones de toneladas cúbicas de agua. Al alejarse, el agua forma una inmensa ola que destruye todo al llegar a aguas costeras poco profundas. Tienen efectos similares a la entrada repentina de una gran cantidad de material en el océano por la erupción de un volcán submarino, el deslizamiento súbito de sedimentos del lecho oceánico, el desprendimiento de tierras de un acantilado y el desplome de un volcán. En los alrededores de Japón, región propensa a los terremotos, abundan los tsunamis. De hecho, "tsunami" significa "ola del puerto" en japonés.

Llamados a veces maremotos, los tsunamis no tienen que ver con las mareas, aunque pueden agravarse debido a ellas.

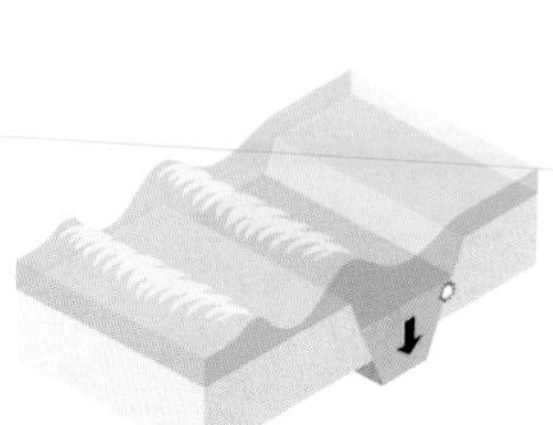

**Terremoto submarino** El movimiento del lecho marino desplaza un gran bloque de agua.

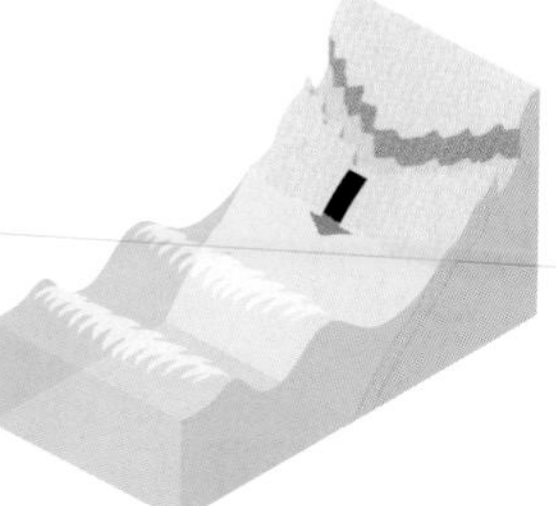

**Desprendimiento de tierra** El colapso repentino de un acantilado en el mar desencadena una ola.

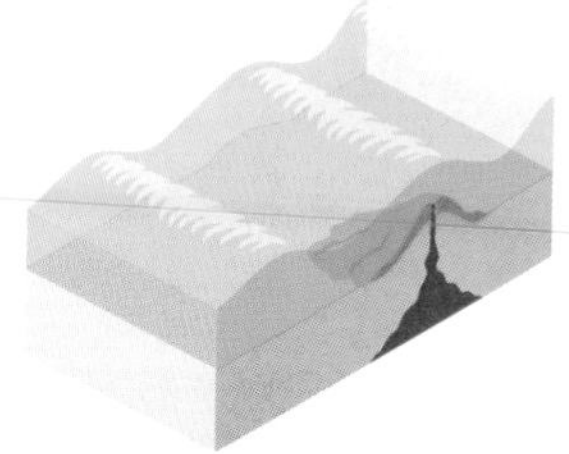

**Volcán submarino** Un flujo extenso de lava de una erupción submarina desplaza un gran volumen de agua.

## DATOS

- Entre 1900 y 1985 ocurrieron en México 34 sismos de una magnitud de 7 o más, y cada año hay más de 730 de menor magnitud.
- 90% de los terremotos ocurre en los límites de las placas.
- En el mundo ocurren unos 8,000 microterremotos al día. Éstos tienen una magnitud de 2 o menos, y por lo común no se sienten, aunque los registran los sismógrafos.
- Cada año se registran en el mundo unos 8,000 temblores de una magnitud superior a 4.
- Cada 12 meses ocurre, en promedio, un terremoto de una magnitud de 8 o más en alguna parte del mundo.

**DATO**

**Alrededor de 70% de los terremotos en el mundo ocurre en las costas del océano Pacífico: el "Cinturón de Fuego".**

vea también
30 **Estructura de la Tierra**
40 **Mares y océanos**
58 **Desastres naturales**
60 **Fuerzas destructivas**

*Los volcanes son aberturas naturales o fisuras en la superficie de la Tierra a través de las cuales se expulsa material fundido, gaseoso o sólido. Ocurren principalmente en los límites de las placas. Hoy en día hay más de 1,500 volcanes activos. La ceniza volcánica, que se propaga en la atmósfera superior, puede causar cambios temporales en el clima del mundo.*

## TIPOS DE VOLCÁN

La mayor parte de los volcanes tiene una de cuatro formas principales. La forma depende de la edad, el tipo de erupción y otros factores.

**Volcanes de escudo** Son grandes, con amplias áreas de cima y laderas suaves. Se forman con flujos de lava basáltica muy líquida. Algunos de los volcanes más grandes son de escudo. La isla de Hawai está constituida por cinco de estos volcanes, que se hallan aglutinados, y cada uno de los cuales es más joven que los otros.

**Domos de lava** Se forman por la liberación lenta de lava extremadamente gruesa. Los domos pueden ser solitarios, formarse en grupos, crecer en cráteres existentes o aparecer en los flancos de los conos volcánicos. Un domo ha estado creciendo despacio dentro del cráter del monte Santa Elena desde su erupción, ocurrida en 1980.

**Calderas** Cuencas grandes, semejantes a un cráter, formadas al derrumbarse un volcán inactivo o extinto. Ciertas calderas, como el Krakatoa, en Indonesia, surgieron de explosiones cataclísmicas que destruyen el volcán en erupción. Otros se forman al desplomarse el cono después de que la cámara de magma que hay debajo se ha vaciado y ya no lo sostiene.

**Conos compuestos o estratovolcánicos** El cono volcánico clásico se crea con múltiples erupciones de lava y ceniza a lo largo de cientos o miles de años. Los conos compuestos son muy altos en ocasiones y constituyen 60% de los volcanes individuales de la Tierra. Entre ellos figuran el monte Fuji, en Japón, y el monte Rainier, en Estados Unidos.

## Vida de un volcán

**Etapa eruptiva** Fase violenta, con erupción continua o periódica de lava, gases o material sólido. Puede durar poco o mucho. El Paricutín, en México, estuvo en erupción 9 años. El Stromboli, en Italia, lleva 2,000.

**Etapa fumarólica** Por un lapso largo tras dejar de hacer erupción, un volcán sigue emitiendo gases ácidos y vapor.

**Etapa de enfriamiento** El suelo aún contiene calor latente, que puede calentar el agua superficial y formar manantiales de aguas termales. Están, por ejemplo, los géiseres y aguas termales del Parque Nacional Yellowstone, en EUA, y de Isla Norte, en Nueva Zelandia.

**Inactividad y extinción** Desaparecen los últimos rastros de calor volcánico y poco a poco el volcán se reduce por efecto de la erosión. Al enfriarse y contraerse el magma que hay debajo del volcán, el cono puede desplomarse, formando una caldera. Por último, la erosión puede acabar totalmente con el volcán o dejar sólo la roca más dura de la chimenea, ahora llamada tubo volcánico. Ejemplos de volcanes que se volvieron inactivos en eras geológicas recientes son el monte Shasta, en California, y el monte Hood, en Oregon, EUA.

## Un volcán por dentro

Este diagrama muestra las principales características de un volcán compuesto.

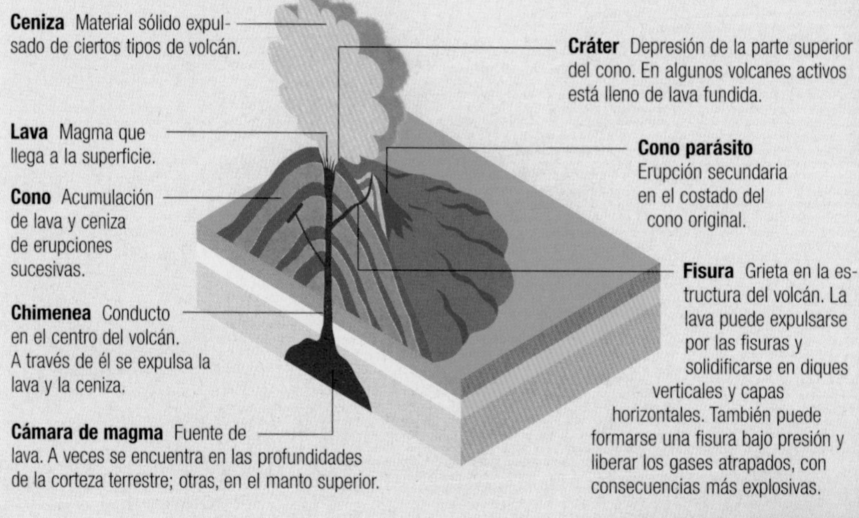

**Ceniza** Material sólido expulsado de ciertos tipos de volcán.
**Cráter** Depresión de la parte superior del cono. En algunos volcanes activos está lleno de lava fundida.
**Lava** Magma que llega a la superficie.
**Cono parásito** Erupción secundaria en el costado del cono original.
**Cono** Acumulación de lava y ceniza de erupciones sucesivas.
**Fisura** Grieta en la estructura del volcán. La lava puede expulsarse por las fisuras y solidificarse en diques verticales y capas horizontales. También puede formarse una fisura bajo presión y liberar los gases atrapados, con consecuencias más explosivas.
**Chimenea** Conducto en el centro del volcán. A través de él se expulsa la lava y la ceniza.
**Cámara de magma** Fuente de lava. A veces se encuentra en las profundidades de la corteza terrestre; otras, en el manto superior.

## Índice de Explosividad Volcánica

El Índice de Explosividad Volcánica (IEV) ayuda a determinar el tamaño de una erupción. Se basa en el volumen y altura del material expulsado, entre otros factores. En el pasado geológico rara vez hubo supervolcanes, mucho más grandes que los presenciados en el pasado histórico. El más reciente se produjo en América del Norte (en el Parque Nacional Yellowstone) hace unos dos millones de años.

| IEV | Tipo de erupción | Altura penacho | Volumen | Frecuencia aproximada |
|---|---|---|---|---|
| 0 | **no explosiva** | 100 m | 1,000 $m^2$ | Diariamente |
| 1 | **suave** | 100-1,000 m | 10,000 $m^2$ | Diariamente |
| 2 | **explosiva** | 1-5 km | 1 millón $m^2$ | Más o menos semanal |
| 3 | **severa** | 3-15 km | 10 millones $m^2$ | Más o menos anual |
| 4 | **cataclísmica** | 10-25 km | 100 millones $m^2$ | Cada pocas décadas |
| 5 | **paroxísmica** | 25 km | 1 $km^2$ | Casi una vez cada siglo |
| 6 | **colosal** | 25 km | 10 $km^2$ | Cada pocos siglos |
| 7 | **supercolosal** | 25 km | 100 $km^2$ | Cada pocos milenios |
| 8 | **megacolosal** | 25 km | 1,000 $km^2$ | Cada pocos 100,000 años |

## Dónde ocurren los volcanes

La gran mayoría de los volcanes se concentran en los límites de las placas tectónicas.

En los límites constructivos, como en las dorsales mesooceánicas, donde las placas se están separando, la lava es expulsada del manto superior.

En los límites convergentes, donde una placa se hunde debajo de otra, el material de la superficie de la placa que se hunde es arrastrado hasta fundirse en lo profundo. Por ser menos denso que la roca sólida circundante, sube para ser expulsado en la superficie.

Los volcanes también se producen arriba de los "puntos calientes" creados por penachos ascendentes de material caliente en el manto. Al desplazarse lentamente la placa sobre un punto caliente, se produce una cadena, o arco, de islas volcánicas, como Hawai.

**Monte Hekla, Islandia** Islandia está montada sobre la Dorsal Media del Atlántico, límite de una placa constructiva activa, y se creó por la acumulación de erupciones basálticas de volcanes submarinos.

vea también
30 **Estructura de la Tierra**
44 **Lagos**
50 **Montañas**
58 **Desastres naturales**

*Comenzando por las herramientas de pedernal y terminando por los combustibles nucleares, la corteza terrestre siempre le ha dado recursos a la humanidad. Hoy, los combustibles fósiles –carbón, petróleo y gas natural– satisfacen más de 75% de las necesidades energéticas del mundo. Los metales, minerales, arcillas y rocas nos suministran vasijas, materiales para la construcción, medicinas, joyas...*

## CARBÓN

El carbón es un depósito mineral rico en carbono, formado por la fosilización de plantas que crecen en pantanos o deltas. Se clasifica por su contenido de carbono, el cual depende de su etapa de formación. Cuanto más profundamente enterrada está la turba, más agua y gases expulsa la presión de las capas de roca que la cubren y, por ende, más rica en carbono es la capa restante. La turba tiene 50% de carbono; el lignito, 72%; el carbón bituminoso, 85%, y la antracita, 93%.

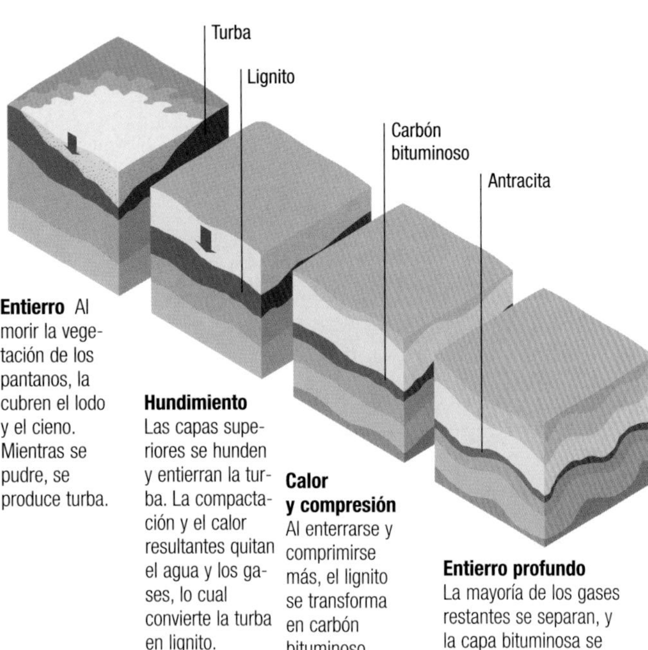


**Entierro** Al morir la vegetación de los pantanos, la cubren el lodo y el cieno. Mientras se pudre, se produce turba.

**Hundimiento** Las capas superiores se hunden y entierran la turba. La compactación y el calor resultantes quitan el agua y los gases, lo cual convierte la turba en lignito.

**Calor y compresión** Al enterrarse y comprimirse más, el lignito se transforma en carbón bituminoso.

**Entierro profundo** La mayoría de los gases restantes se separan, y la capa bituminosa se convierte en antracita.

## PETRÓLEO Y GAS

El petróleo es un combustible fósil líquido, formado por la descomposición, sin oxígeno, de animales y plantas microscópicos y su calentamiento subsiguiente. Los depósitos orgánicos que le dan origen se acumulan en condiciones salobres o marinas, en deltas y mares, donde el cieno los cubre rápidamente.

El petróleo rara vez se halla en su lugar de origen, pues migra con el agua por las rocas permeables, como la arenisca. Los depósitos de petróleo se forman al acumularse agua y petróleo en una capa de roca permeable (roca almacén), bajo una capa de roca impermeable (roca tapa). Esta combinación ocurre en muchas estructuras rocosas. El hundimiento crea un espacio donde se acumulan el petróleo y el gas.

Las temperaturas altas bajo la corteza hacen que hierva el gas natural disuelto en el petróleo y forme una capa arriba del petróleo.

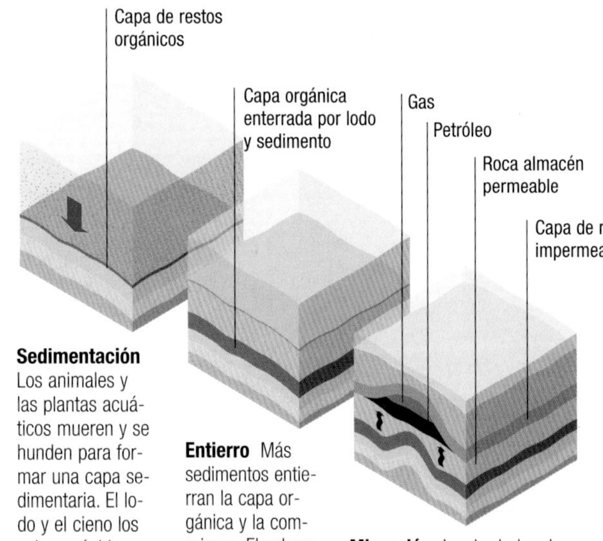


**Sedimentación** Los animales y las plantas acuáticos mueren y se hunden para formar una capa sedimentaria. El lodo y el cieno los cubren rápidamente, de modo que no se pudren del todo.

**Entierro** Más sedimentos entierran la capa orgánica y la comprimen. El calor y la presión convierten los restos orgánicos en gas y petróleo.

**Migración** Las burbujas de gas y las gotas de petróleo migran hacia arriba a través de la roca permeable hasta llegar a una capa impermeable. Los movimientos de la Tierra pliegan o rompen las rocas, creando estructuras de trampa donde se acumulan el petróleo y el gas.

## ¿QUÉ SON LOS MINERALES?

Los minerales son sustancias inorgánicas naturales. Algunos están compuestos por un solo elemento, como los diamantes, que están formados por carbono. De ordinario, los minerales constan de dos o más elementos. El cuarzo es una combinación de silicio y oxígeno, y la pirita de hierro tiene hierro y azufre. Las rocas están formadas por combinaciones de minerales. Las que se explotan para obtener sus elementos minerales se conocen como menas.

La mayoría de los minerales se forman en la corteza terrestre. Se cristalizan a partir de la roca fundida (magma), cuando se enfría en cámaras situadas en lo profundo de la corteza. El agua que sobrecalienta el magma deposita los minerales en vetas y cavidades. Y el metamorfismo crea nuevos minerales.

La sal, el yeso y otros minerales se forman de la evaporación del agua en la superficie de la Tierra. Luego los cubren una o varias capas de sedimentos, como la arena, y forman depósitos superficiales o profundos.

En los lagos y mares, los depósitos minerales se forman de minerales disueltos en el agua, que se precipitan y caen al fondo, donde al final se entierran.

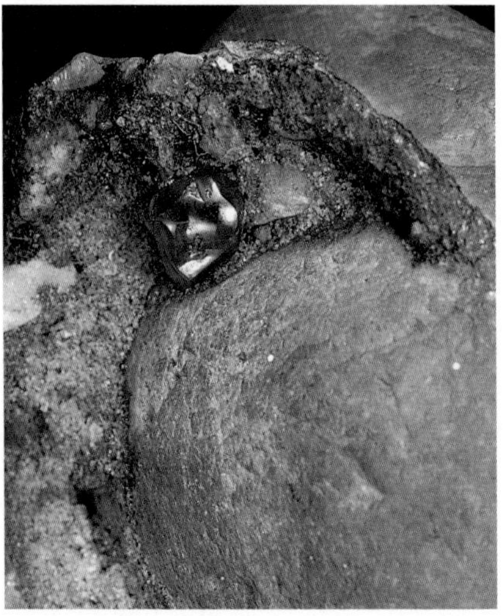

**Diamante** Un trozo de diamante que se ha formado en un conglomerado de roca.

### Prueba de rayado

La dureza de un mineral se determina midiendo su resistencia al rayado. Para esto se usa la **escala de Mohs,** que asigna un valor de dureza a una gama de minerales. El talco (1) es el más suave, y el diamante (10), el más duro.

1. **Talco**
2. **Yeso**
3. **Calcita**
4. **Fluorita**
5. **Apatito**
6. **Ortosa**
7. **Cuarzo**
8. **Topacio**
9. **Corindón**
10. **Diamante**

**Gemas** Algunos minerales se cortan o labran en facetas y se pulen artificialmente para usarse como joyas. Hay gemas transparentes, translúcidas y opacas, y se clasifican en preciosas (P) y semipreciosas (S). Las transparentes son las más apreciadas.

| Mineral | P/S | Dureza | Color y patrón |
|---|---|---|---|
| **Ágata** | S | 7 | Bandas de color variable |
| **Aguamarina** | S | 7.5-8 | Azul pálido, verde |
| **Amatista** | S | 7 | Púrpura, violeta. A veces, con blanco |
| **Circón** | S | 7.5 | Café claro, gris, amarillo, verde, incoloro |
| **Cuarzo ahumado** | S | 7 | Café |
| **Diamante** | P | 10 | Incoloro; también amarillo, azul, rosa. Patrón en estrella |
| **Esmeralda** | P | 7.5-8 | Verde |
| **Granate** | S | 7-7.5 | De rojo a café |
| **Ópalo** | S | 7 | Muchos colores, de lechoso a negro. Manchas brillantes |
| **Rubí** | P | 9 | Rojo |
| **Topacio** | S | 8 | Amarillo, azul o rosa |
| **Turmalina** | S | 7–7.5 | De rosa a verde |
| **Zafiro** | P | 9 | De azul a incoloro |

30 **Estructura de la Tierra**
32 **Geología de la Tierra**
490 **Combustibles fósiles**
498 **Recursos minerales**

**Ágatas** Se forman en antiguos flujos de lava.

**Esmeraldas** Piedras transparentes cuyo brillo se asemeja al del diamante.

**Metales** Los metales se dan naturalmente en la corteza terrestre. Algunos están en forma pura, pero la mayor parte se hallan mezclados con otros elementos en rocas y minerales, conocidos como menas. De allí se extraen con varios métodos físicos y químicos, como trituración, flotación, separación por gravedad y fundición. He aquí algunos metales y sus menas:

| Metal | Menas comunes | Características |
|---|---|---|
| **Aluminio** | Bauxita | Plateado, muy ligero |
| **Cinc** | Blenda | Blanco azulado, quebradizo |
| **Cobre** | Calcopirita, calcosina | Rojo cobrizo, dureza 3, maleable |
| **Estaño** | Casiterita | Plateado, resistente a la corrosión, maleable |
| **Hierro** | Oligisto, pirita, limonita, magnetita | Gris, dureza 5, maleable, magnetizable |
| **Mercurio** | Cinabrio | Plateado, líquido, venenoso |
| **Oro** | Metal nativo (puro) | Amarillo, dureza 3, maleable |
| **Plata** | Metal nativo (puro) y argentita | Plateado, dureza 3, maleable |
| **Platino** | Se encuentra con otros metales, como iridio, osmio, oro | Gris plateado, duro, maleable |
| **Plomo** | Galena | Azul, blanco, dureza 2, maleable, suave |
| **Titanio** | Se da en rocas ígneas | Blanco, resistente a la corrosión, gran fuerza |
| **Uranio** | Pechblenda (uraninita) | Plateado, radiactivo, pesado |

**Pepita de oro** El oro se encuentra a menudo en forma bastante pura.

**Pirita** El hierro se encuentra a menudo combinado con otros elementos.

# Mares y océanos

**El agua salada que cubre la mayor parte de nuestro planeta**

*Los océanos son grandes extensiones de agua, profundas y abiertas. Los mares son menos profundos y están rodeados en parte por tierra. Ambos contienen agua salada. En conjunto, los cinco océanos (Pacífico, Atlántico, Índico, Antártico y Ártico) contienen 97% del agua de la Tierra y cubren 71% de su superficie.*

## PERFILES OCEÁNICOS

Los océanos forman un área vasta y continua de agua salpicada con continentes e islas. Se hallan en un estado de cambio lento pero incesante, expandiéndose o contrayéndose conforme cambian las posiciones relativas de los continentes. La cordillera más larga del planeta es la Dorsal del Atlántico, que se halla en el fondo de este océano y se extiende 50,000 km desde el Ártico hasta el Atlántico Sur, donde se divide: una rama hacia el Pacífico y otra a través del Índico.

### Océano Pacífico

El Pacífico es el océano más grande. Tiene un volumen dos veces mayor que el del Atlántico. Cubre alrededor de un tercio de la superficie terrestre y contiene más de la mitad del agua del planeta.

### Océano Atlántico

El Atlántico, segundo océano en tamaño, se está ensanchando a una velocidad de 2-4 cm por año a lo largo de la Dorsal Media del Atlántico.

| | Océano Pacífico | Océano Atlántico |
|---|---|---|
| **Área** | 180,000,000 km$^2$ | 106,000,000 km$^2$ |
| **Volumen** | 724,000,000 km$^3$ | 354,000,000 km$^3$ |
| **Fondo prom.** | 3,940 m | 3,310 m |
| **Sima máx.** | Fosa de las Marianas, 10,920 m | 8,648 m |
| **Anchura máx.** | 17,700 km | 9,600 km |
| **Características** | **Dorsal Oriental del Pacífico** Cadena de montañas situada a lo largo de una cordillera en expansión; de 2,000-3,000 m de altura, se encuentra 3,300 m por debajo de la superficie. **Islas volcánicas** En el Pacífico hay cientos de islas volcánicas, muchas de ellas deshabitadas. **Gran Barrera de Arrecifes** La estructura viviente más grande del mundo se localiza en el Pacífico, frente a la costa de Australia. | **Dorsal Media del Atlántico** Cresta de cimas volcánicas submarinas que corre más o menos de norte a sur marcando el límite de una placa constructiva. La cordillera tiene hasta 4,000 m de altura. **Mar de los Sargazos** Zona de agua tranquila en el oeste del Atlántico Norte. La superficie del agua está cubierta por algas de color rojo pardusco, llamadas sargazos. |

## En el fondo oceánico

El fondo oceánico se divide en **plataforma continental,** el margen que se inclina suavemente mar adentro desde la costa; **talud continental,** donde termina la plataforma y se hunde abruptamente hasta el **fondo oceánico,** donde se hallan:

- **Llanuras abisales** Extensiones de fondo oceánico, sin rasgos distintivos, a profundidades de 4,000-6,000 m.
- **Cordilleras en expansión** Lugares donde dos placas se separan. Allí se forma corteza nueva.
- **Zonas de fractura** Grietas en la corteza en ángulo recto con las cordilleras.
- **Montes submarinos** Montañas volcánicas cónicas o planas.
- **Fosas** Valles profundos donde una placa de la corteza se desliza bajo otra.

## DATOS Y CIFRAS

- **Longitud total de las costas del mundo** 504,000 km
- **Mar más caliente** Golfo Pérsico
- **Mar más salado** Mar Rojo
- **Fosa más profunda** Fosa de las Marianas (océano Pacífico), 10,920 m bajo el nivel del mar. El monte Everest, con sus 8,848 m de altura, podría hundirse por completo allí
- **Fosa más larga** Fosa de las Aleutianas (océano Pacífico), 1,700 km
- **Montaña submarina más alta** Great Meteor Tablemount (Atlántico Norte), 4,000 m de altura

## MARES

Los mares son subdivisiones de los océanos, en especial donde están limitados en parte por tierra. Siempre son de agua salada. Los cuerpos de agua salada rodeados por tierra, como el Mar Muerto y el Caspio, se clasifican mejor como lagos.

- **Mar de Coral** 4,791,000 km$^2$. Forma parte del océano Pacífico y se encuentra entre Australia y Nueva Caledonia.
- **Mar de China** Forma parte del océano Pacífico; se divide en dos grandes áreas: el Mar de China Oriental, 1,324,800 km$^2$; y el Mar de China Meridional, 2,318,000 km$^2$.
- **Mar Caribe** 2,640,000 km$^2$. Forma parte del océano Atlántico y contiene muchas islas.
- **Mar Mediterráneo** 2,516,999 km$^2$. Un cuerpo de agua casi rodeado por tierra y sin mareas. Dentro de 50 millones de años, si los movimientos actuales de la placa siguen empujando a África hacia el norte, quizá se cierre por completo.
- **Mar de Bering** 2,270,000 km$^2$. Parte del extremo norte del Pacífico, que se encuentra entre Alaska y Kamchatka, el Mar de Bering a menudo se congela durante varios meses en invierno.
- **Mar de Ojotsk** 1,528,000 km$^2$. Extensión en el noroeste del Pacífico del Norte, frente a la costa oriental de Rusia.
- **Mar de Japón** 1,008,800 km$^2$. Parte del Pacífico del Norte, entre Japón, Corea y Rusia.
- **Mar de Andamán** 777,000 km$^2$. Parte del océano Índico. Se encuentra entre las islas Andamán y Tailandia.

## Océano Índico

El Índico contiene más o menos una quinta parte del área total cubierta por agua marina. Es el tercer océano por su tamaño.

75,000,000 km²
292,000,000 km³
3,840 m
Fosa de Java, 7,450 m
No se aplica

**Dorsal del Índico Central**
Se extiende desde el Mar Rojo en el norte casi hasta el límite meridional del océano Índico.

**Dorsal del Meridiano Noventa Este**
Elevación importante de 2,735 km de extensión.

**Mar Rojo**
453,000 km². Se encuentra sobre una cordillera en expansión y lleva 25 millones de años ensanchándose.

## Océano Antártico

Incluye toda el agua situada al sur de la latitud 55 °S, y es el cuarto océano por su tamaño. En invierno, más de la mitad de su superficie se cubre de hielo.

35,000,000 km²
Desconocido
Desconocido
4,500 m
No se aplica

La información relativa al Antártico es incompleta en virtud de que el hielo en la Antártida se extiende cientos de kilómetros desde el continente hacia el mar y en las regiones cubiertas de hielo pueden hacerse pocas observaciones.

## Océano Ártico

El océano más pequeño y menos profundo contiene apenas 1% del agua salada de la Tierra. Una gruesa capa de hielo lo cubre la mayor parte del año.

14,090,000 km²
17,000 km³
1,205 m
Llanura Abisal Polar, 5,450 m
No se aplica

**Dorsal Media del Océano Ártico**
Esta extensión de la dorsal del Atlántico se halla en expansión activa.

vea también
26 **La Luna**
30 **Estructura de la Tierra**
46 **Islas en el mar**
462 **Recolección en los mares**

## CORRIENTES OCEÁNICAS

Se dividen en superficiales (cálidas) y profundas (frías).

**Corrientes superficiales** Movidas por el viento, estas corrientes tienen hasta 80 km de anchura y se mueven a velocidades de hasta 220 km por día en patrones casi circulares, llamados giros. Hay dos giros en el Hemisferio Norte (en el sentido de las manecillas del reloj) y tres en el Hemisferio Sur (en sentido contrario). El agua se calienta en el ecuador y las corrientes la llevan hacia los polos.

**Corrientes profundas** Los cambios de densidad del agua crean corrientes profundas. Cuanto más fría y salada, mayor es su densidad. El agua está más fría y salada cerca de los polos. Se propaga hacia el ecuador unos cuantos metros por día, y el agua más caliente ocupa su lugar.

■ **Corrientes superficiales 1** Corriente de Australia Occidental; **2** Corriente del Pacífico Norte; **3** Corriente Ecuatorial Norte; **4** Contracorriente Ecuatorial; **5** Corriente Ecuatorial Sur; **6** Corriente de Australia Oriental; **7** Corriente de Florida; **8** Corriente del Golfo; **9** Corriente del Atlántico Norte; **10** Corriente Ecuatorial Norte; **11** Corriente de Guinea; **12** Corriente de Brasil; **13** Corriente de Agujas; **14** Corriente de Somalia.

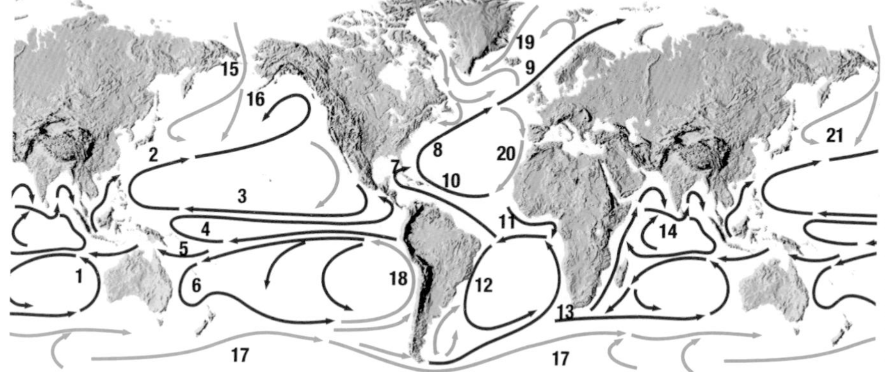


■ **Corrientes profundas 15** Corriente de Kamchatka; **16** Corriente de las Aleutianas; **17** Corriente Circunpolar Antártica; **18** Corriente de Perú (Humboldt); **19** Corriente de Groenlandia Oriental; **20** Corriente de las Canarias; **21** Corriente de Japón.

*Los ríos son un elemento vital del ciclo del agua de la Tierra, pues devuelven al mar el agua que cae como lluvia o nieve. Irrigan la tierra y proporcionan un rico hábitat para la fauna. Con excepción de las regiones polares congeladas, los ríos se encuentran por toda la superficie terrestre. Hasta en los desiertos más secos puede haberlos, aunque su caudal suele ser intermitente.*

## FORMACIÓN DE LOS RÍOS

El agua encuentra sola su nivel, y el agua superficial tiende a conducirse por depresiones y hondonadas y se abre camino hasta el mar por la fuerza de la gravedad. Los ríos se forman cuando confluye una serie de arroyos pequeños, que dan así lugar a algo mayor. Nacen en tierras altas, y su cauce suele ser pequeño pero de flujo rápido cerca de su origen. Cuanto más se alejan, tanto más crecen en volumen y anchura, y más lento se torna su flujo, pues se les unen sus tributarios conforme se acercan al mar.

La vida de los ríos consta de tres etapas principales. En la primera se abren camino hacia abajo, arrastrando restos de rocas y formando valles característicos en forma de V. Las cascadas y los rápidos son comunes de los ríos jóvenes. En la segunda disminuyen su velocidad y comienzan a depositar material al mismo tiempo que erosionan el cauce. También empiezan a serpentear y a sus lados se forman terrenos aluviales. En la etapa final fluyen perezosamente y los meandros se vuelven más pronunciados. El sedimento restante lo depositan en un estuario o delta.

## Deltas

Algunos ríos forman deltas donde se encuentran con el mar. Al entrar el agua en el mar, pierde velocidad y deposita las partículas suspendidas de arena o lodo (sedimento) que lleva. Con el tiempo, estas partículas pueden acumularse hasta bloquear el río. Entonces éste se divide y fluye hacia uno u otro lado, y cada nueva corriente forma sus propias riberas. Los canales se siguen dividiendo, y en consecuencia, se forma un delta. Hay dos tipos de delta: lobulado, en forma de abanico, como el del Nilo; y digitado, en forma de pata de ave, como el del Mississippi.

**Delta lobulado** El delta del Nilo tiene forma de abanico. El Nilo se divide en varios canales muy tierra adentro, y éstos depositan el sedimento en el área del delta. Una acción intensa del oleaje del Mediterráneo redistribuye el sedimento en el frente del delta.



**Delta digitado** El Mississippi tiene un delta digitado, pata de ave. Unos pocos canales importantes llevan sedimento al mar, extendiendo el delta en forma de lengua.

## LOS RÍOS MÁS LARGOS DEL MUNDO

### 1 Nilo

El Nilo es el más largo. Posee la tercera cuenca hidrográfica (área de tierra irrigada). Su volumen de agua es relativamente pequeño, pues gran parte del área que irriga es muy seca.

**Ubicación:** NE de África
**Longitud:** 6,700 km
**Cuenca hidrográfica:** 3.3 millones de km$^2$
**Origen:** Valle del Rift, en África Oriental (Nilo Blanco); tierras altas de Etiopía (Nilo Azul)
**Tributarios importantes:** Ninguno
**Desemboca:** Mediterráneo

### 2 Amazonas

El segundo río más grande; y quizá el más largo, dependiendo del canal de su delta desde el que se mida. Tiene la cuenca hidrográfica más larga.

**Ubicación:** América del Sur
**Longitud:** 6,400 km
**Cuenca hidrográfica:** 7 millones de km$^2$
**Origen:** Flancos orientales de la cordillera de los Andes
**Tributarios importantes:** Negro, Japura, Putumayo, Napo, Ucayali, Juruá y Purus
**Desemboca:** Océano Atlántico

### 3 Chang Jiang

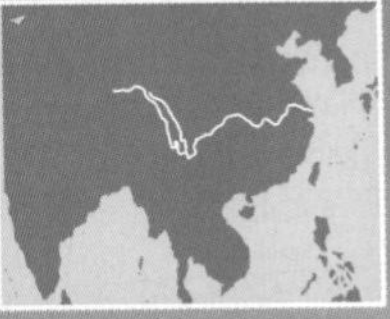

El Chang Jiang comienza en el Tíbet, donde se alimenta de la nieve fundida. Es el más largo de Asia y el más profundo del mundo. En ciertos puntos, las inundaciones lo han hecho elevarse hasta 50 metros.

**Ubicación:** Asia Oriental
**Longitud:** 6,300 km
**Cuenca hidrográfica:** 1.8 millones de km$^2$
**Origen:** Meseta tibetana
**Tributarios importantes:** Gan, Han, Jialing, Litang
**Desemboca:** Mar de China Oriental

### 4 Mississippi

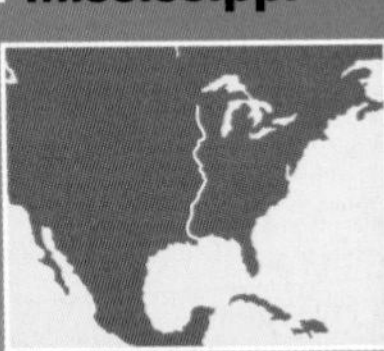

El Mississippi divide en dos a Estados Unidos. Mississippi se deriva del algonquino, lengua nativa norteamericana, y significa "padre de las aguas".

**Ubicación:** Estados Unidos
**Longitud:** 6,000 km
**Cuenca hidrográfica:** 3.2 millones de km$^2$
**Origen:** Lago Itasca, Minnesota, EUA
**Tributarios importantes:** Missouri y Arkansas
**Desemboca:** Golfo de México

### 5 Yenisei

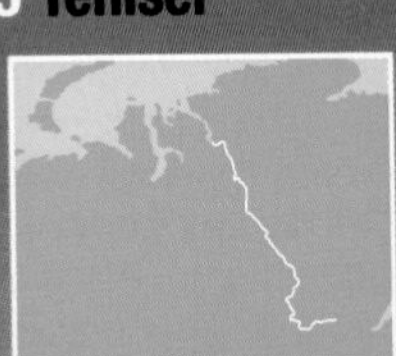

El Yenisei irriga un área de Siberia casi tan grande como la del Mississippi. En algunos lugares mide 40 km de anchura. Se congela durante todo el invierno.

**Ubicación:** Rusia
**Longitud:** 5,540 km
**Cuenca hidrográfica:** 2.5 millones de km$^2$
**Origen:** Lago Baikal
**Tributarios importantes:** Angara, Nizhnaya Tunguska
**Desemboca:** Mar de Kara (océano Ártico)

**DATO** Los ríos contienen 0.0001% del total de agua de la Tierra.

## CAÍDAS DE AGUA

En la vida de un río, las caídas de agua son temporales, pues tarde o temprano se agotan. Las hay de tres tipos:

- **Catarata** Caída alta, con grandes volúmenes de agua.
- **Cascada** Menos alta y escarpada que las cataratas.
- **Rápidos** Corriente turbulenta debida al aumento en la pendiente del canal.

Las caídas de agua se forman por una de estas razones:

- **Cambio del tipo de roca** Cuando un río pasa de una roca dura a una más suave, erosiona la suave más rápidamente, y crea un desnivel.
- **Cambio en la topografía** Los bloques elevados de lava y las elevaciones de tierra debidas a fallas crean plataformas.
- **Glaciación** Cuando un glaciar se derrite en un valle alto e inclinado, se forman caídas de agua.
- **Descenso en el nivel del mar** El río tiene que interrumpir su curso, causando un cambio abrupto en la pendiente.

**La catarata más alta del mundo**
El Salto de Ángel tiene una altura de 979 m.

### DATOS

- **Caída más caudalosa:** Catarata Boyoma (Stanley), Congo, 17,000 m³ por segundo.
- **Caída más ancha:** Cataratas Khone, río Mekong en Laos, 10.8 km de ancho. El volumen de agua que pasa por ellas se ha estimado en 11,600 m³ por segundo, si bien sólo tiene 70 m de alto.
- **Caída más alta de Europa:** Catarata Utigård, Nesdale, Noruega, 800 m.

### Otros ríos importantes

**Lena** (Rusia)
4,400 km
Tiene un delta de 400 km de ancho.

**Murray** (Australia)
3,800 km
Río más largo de Australia.

**Volga** (Rusia)
3,700 km
Río más largo de Europa.

**Danubio** (Europa)
2,800 km
El único río europeo que fluye hacia el oriente.

**Rin** (Europa)
1,300 km
El río más largo de Europa Occidental.

vea también
44 **Lagos**
48 **Glaciares**
50 **Montañas**

### 6 Huang Ho

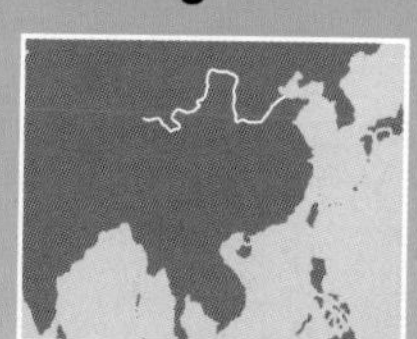

El Huang Ho (río Amarillo) corre al este desde el Tíbet, por la planicie de China Septentrional. Deposita en su boca 1.4 mil millones de toneladas de sedimento al año. Su delta crece 2 km al año y es el de crecimiento más rápido en el mundo.

**Ubicación:** China
**Longitud:** 5,464 km
**Cuenca hidrográfica:** 750,000 km²
**Origen:** Meseta tibetana
**Tributarios importantes:** Wei, Fen
**Desemboca:** Mar Amarillo

### 7 Obi

El Obi se origina en las montañas Altai, donde se unen Rusia, Mongolia y China. Serpentea a través del oeste de Siberia antes de unirse al Irtysh, unos 500 km al este de los montes Urales.

**Ubicación:** Rusia
**Longitud:** 5,410 km
**Cuenca hidrográfica:** 2.9 millones de km²
**Origen:** Montañas Altai
**Tributarios importantes:** Irtysh, Chulym, Biya, Katun
**Desemboca:** Océano Ártico

### 8 Paraná

El Paraná es el segundo río más grande del continente americano después del Amazonas. Su nombre procede de las palabras guaraníes *para*, "mar", y *na*, "parecido", lo que da una idea de su caudal.

**Ubicación:** América del Sur
**Longitud:** 4,880 km
**Cuenca hidrográfica:** 2.8 millones de km²
**Origen:** Montañas de Minas Gerais, Brasil
**Tributarios importantes:** Paraguay, Iguazú, Salado
**Desemboca:** Río de la Plata

### 9 Zaire

El Zaire (antes Congo) irriga las selvas tropicales situadas al oeste de África Central y es, después del Amazonas, el más caudaloso del mundo. Fluye al norte y luego al oeste en un arco.

**Ubicación:** África Central
**Longitud:** 4,700 km
**Cuenca hidrográfica:** 3.5 millones de km²
**Origen:** Montes del norte de Zambia
**Tributarios importantes:** Lualaba, Lomami, Aruwimi
**Desemboca:** Océano Atlántico

### 10 Amur

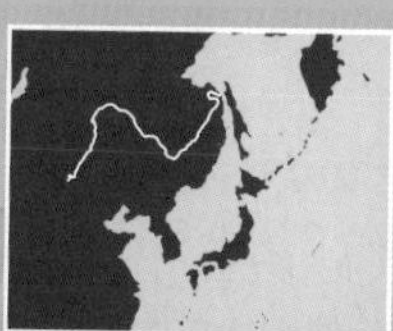

El Amur es una de las principales vías fluviales de Asia. Nace en la frontera de Siberia con Manchuria. Por unos 1,600 km forma la frontera entre Rusia y China, en donde se conoce como Heilong.

**Ubicación:** Rusia y China
**Longitud:** 4,400 km
**Cuenca hidrográfica:** Desconocida
**Origen:** Montañas Yablonovy, sur de Siberia
**Tributarios importantes:** Shilka, Songhu, Argun
**Desemboca:** Mar de Ojotsk

*Un lago es una gran masa de agua, generalmente dulce, rodeada por completo de tierra. Muchos de los llamados mares, como el de Galilea y el Mar Muerto, son en rigor lagos. Éstos abundan más en latitudes más altas, pues allí la evaporación es menor debido al frío.*

## FORMACIÓN DE LAGOS

Las cuencas lacustres se forman por diversos procesos:

- Las fuerzas tectónicas de la corteza terrestre causan plegamientos de roca, hundimientos y fracturas, lo que crea grandes depresiones. Allí se acumula el agua.
- Los desprendimientos de tierra, flujos de lodo y de lava, y restos de glaciares bloquean valles, que se llenan de agua.
- Los glaciares erosionan el lecho de roca hasta abrir depresiones.
- Las erupciones volcánicas y el derrumbe de los conos producen cráteres profundos, donde se forman lagos.
- Los meandros de un río quedan aislados. También allí se forman lagos.

**Plegamientos** Al plegarse las rocas, se crean depresiones, en las que se acumula agua.

**Lagos de Rift** Hay bloques de tierra que se hunden a lo largo de las fallas. Así han nacido algunos de los lagos más profundos, como los lagos Tangañica, Malawi, Albert y Edward, localizados en el Gran Valle del Rift, en África Oriental.

**Lagos de cráter** Lagos de bordes altos, que se forman en los conos derrumbados (calderas) de ciertos volcanes extintos o inactivos.

## LOS LAGOS MÁS GRANDES DEL MUNDO

### 1 Mar Caspio

El Caspio se alimenta del río Volga. Está conectado con el mar Báltico, el Blanco y el Negro. Como carece de desagües, se volvió salado a lo largo de milenios. Se encuentra a 28 m bajo el nivel del mar.

**Ubicación:** Sureste de Europa y suroeste de Asia
**Área:** 370,998 km$^2$
**Profundidad máxima:** 995 m
**Longitud:** 1,200 km

### 2 Lago Superior

Es el mayor y más occidental de los Grandes Lagos de América del Norte. Gran parte de su costa septentrional está en Ontario, Canadá. El resto lo comparten Michigan, Wisconsin y Minnesota, Estados Unidos.

**Ubicación:** América del Norte
**Área:** 82,100 km$^2$
**Profundidad máxima:** 405 m
**Longitud:** 560 km

### 3 Lago Victoria

La superficie del lago más grande de África está 130 m sobre el nivel del mar. El principal río que desemboca en él es el Kagera. En su extremo norte, el lago Victoria desagua en el Nilo.

**Ubicación:** Este de África Central
**Área:** 69,490 km$^2$
**Profundidad máxima:** 85 m
**Longitud:** 337 km

### 4 Lago Hurón

El segundo de los Grandes Lagos por su tamaño recibe las aguas del lago Superior y del Michigan, y desagua en el lago Erie. Al igual que el lago Superior, se localiza tanto en Canadá como en EUA.

**Ubicación:** América del Norte
**Área:** (incluyendo la bahía Georgian, la bahía Saginaw y otros brazos) 59,600 km$^2$
**Profundidad máxima:** 229 m
**Longitud:** 332 km

### 5 Lago Michigan

Por su tamaño es el tercer lago de América del Norte. Está por completo dentro de Estados Unidos y lo comparten Wisconsin, Michigan, Indiana e Illinois.

**Ubicación:** Estados Unidos
**Área:** 57,800 km$^2$
**Profundidad máxima:** 281 m
**Longitud:** 494 km

**Ciclos de vida de un lago** Los lagos se alimentan de lluvia, aguanieve y agua subterránea gracias a los manantiales, arroyos y ríos. Algunos son permanentes; otros viven poco. Pueden evaporarse si el clima se aridece, o llenarse de sedimento, dejando una ciénaga o pantano en su lugar. En regiones áridas los lagos crecen y decrecen con las estaciones y hasta se secan por periodos largos. En los lagos donde no hay desagüe se concentran las sustancias disueltas en el agua. Son lagos ricos en sales, sulfatos y carbonatos. Si hay mucha evaporación, los minerales forman depósitos sólidos.

**Lago salado** El lago Talah, situado en el desierto de Atacama, en Chile, es rico en sólidos disueltos. Tanto, que se forma un borde de sal donde las aguas se han evaporado.

## OTROS LAGOS GRANDES

| América del Sur | Km² |
|---|---|
| Maracaibo, Venezuela | 13,300 |
| Titicaca, Perú y Bolivia | 8,300 |
| Poopó, Bolivia | 2,600 |
| Buenos Aires, Chile y Argentina | 2,240 |
| Chiquita, Argentina | 1,850 |
| **Europa** | |
| Vänern, Suecia | 5,585 |
| Iso Saimaa, Finlandia | 4,377 |
| Vättern, Suecia | 1,912 |
| Sevan, Armenia | 1,360 |
| Mälaren, Suecia | 1,140 |
| Inari, Finlandia | 1,102 |
| **Australasia** | |
| Eyre, Sur de Australia* | 9,300 |
| Torrens, Sur de Australia* | 5,776 |
| Gairdner, Sur de Australia* | 4,780 |
| Frome, Sur de Australia* | 2,400 |
| Amadeus, Territorio del Norte, Australia* | 880 |
| Taupo, Isla Norte, Nueva Zelandia | 606 |

** Por lo general seco*

## Lagos glaciares alpinos

Once lagos importantes bordean los Alpes: Ginebra, Mayor, Lugano, Como, Garda, Neuchâtel, Lucerna, Zürich, Constanza, Attersee y Chiemsee.

Durante el último periodo glacial los glaciares se abrieron paso a través de las montañas, ahondando valles y depositando detritos.

Al final se derritieron los glaciares. El agua llenó los valles y fue represada por detritos rocosos.

## Lagos artificiales

Muchos de los lagos del mundo los creó el hombre al construir presas en los ríos. El lago Nasser, tras la presa de Asuán, en el río Nilo, es un ejemplo. Tiene 480 km de largo y alrededor de 14% de su agua se evapora, lo que reduce el volumen del Nilo aguas abajo. Allí se hallaban los antiguos templos de Abu Simbel, los cuales se cambiaron de lugar para conservarse.

## DATOS

- **Mayor volumen de agua dulce** El lago Baikal contiene la quinta parte del agua dulce superficial de la Tierra: aproximadamente 22,995 km$^3$.
- **Ecología única** El lago Baikal contiene 1,000 especies únicas.
- **Lago navegable a mayor altitud** El lago Titicaca (situado en el sureste de Perú y el oeste de Bolivia) se encuentra a 3,810 m sobre el nivel del mar. También tiene 196 km de largo y 56 km de ancho.

### 6 Lago Tangañica

El lago Tangañica es el segundo de África por su área, y el segundo en profundidad en el mundo. Lo irriga el río Lukunga, el cual desemboca en el Zaire.

**Ubicación:** Este de África Central
**Área:** 32,900 km²
**Profundidad máxima:** 1,435 m
**Longitud:** 680 km

### 7 Mar de Aral

Por su tamaño, el mar de Aral es el segundo lago de agua salada del planeta. En 1960 era el cuarto lago más grande del mundo, pero su volumen ha quedado reducido a menos de la quinta parte de lo que era. Resulta que en ese entonces desviaron los ríos que lo alimentaban a fin de irrigar los campos de cultivo.

**Ubicación:** Asia Central, en el sureste de Kazajstán y el noreste de Uzbekistán
**Área:** 32,370 km²
**Profundidad máxima:** 54 m
**Longitud:** 270 km

### 8 Gran Lago del Oso

El Gran Lago del Oso es el mayor lago que se encuentra por completo dentro de Canadá. Se halla cerca de la costa norte y cruza el Círculo Ártico, lo que lo hace uno de los lagos más septentionales del mundo.

**Ubicación:** Territorios del Noroeste, noroeste de Canadá
**Área:** 31,790 km²
**Profundidad máxima:** 396 m
**Longitud:** 300 km

### 9 Lago Baikal

El lago Baikal es con mucho el lago más profundo del mundo. Sus aguas alcanzan profundidades de más de 1.5 km en algunos lugares. Lo alimentan los ríos Selenga, Barguzin y Verkhnaya Angara, y más de 300 arroyos montañosos.

**Ubicación:** Sur de Siberia
**Área:** 31,500 km²
**Profundidad máxima:** 1,620 m
**Longitud:** 636 km

### 10 Lago Malawi

Este lago, también conocido como Nyasa, se encuentra al sureste del lago Tangañica, en el este del Gran Valle del Rift, en África.

**Ubicación:** Malawi, Mozambique y Tanzania
**Área:** 29,604 km²
**Profundidad máxima:** 695 m
**Longitud:** 627 km

**Crater Lake** en Oregon, EUA, se formó en una caldera creada por el derrumbe del volcán Mount Mazama hace 6,000 años.

**Lago glacial** El lago Coruisk, en las Tierras Altas de Escocia, llena un valle erosionado por un glaciar en la última glaciación.

vea también
30 **Estructura de la Tierra**
36 **Volcanes**
42 **Ríos**
48 **Glaciares**

# Islas en el mar

**La vida en las regiones de la Tierra rodeadas de agua**

*Las islas se forman de varias maneras. A veces se desprende un trozo de continente, que las placas oceánicas llevan al mar. De este tipo son las más grandes. El vulcanismo submarino crea también islas y cadenas de islas, como Islandia y Hawai. Por su parte, el coral crece en aguas bajas y con el tiempo puede secar la tierra. Con la fluctuación del nivel del mar, las islas nacen y se destruyen.*

**DATO** **La isla de Surtsey, cerca de Islandia, nació en 1963, tras una erupción volcánica que rompió la superficie del Mar del Norte.**

**Las islas más grandes del mundo** Las islas más grandes no son volcánicas, sino terrenos que se han desprendido de una masa continental. Una, Australia, es tan grande que no se considera isla. Se trata de un continente. Estas imágenes de satélite muestran a escala las 10 islas más grandes del orbe.

1 Charles Darwin, en 1835, pensó antes que nadie que los atolones de coral redondos de aguas tropicales se habían formado con los restos de volcanes antes activos.

2 Cuando un volcán se hunde, crece un arrecife de coral en sus laderas, justo bajo la superficie. Éste se llama arrecife franja. La vegetación coloniza los restos del volcán.

3 El volcán extinto desaparece, pero las nuevas islas de coral conservan la forma cónica de la montaña hundida.

## Términos clave

- **Archipiélago** Serie o grupo de islas.
- **Arrecife** Conjunto de bancos de coral que está en la superficie o cerca de ella.
- **Atolón** Anillo de islas coralinas que rodea una laguna y que se formó sobre un volcán hundido.
- **Cayo** Isla baja, muy común en las Antillas.
- **Crannog** Isla artificial hecha por un ermitaño para vivir.
- **Islote** Isla pequeña.

## MADAGASCAR: UN ARCA DE NOÉ

Muchas de las especies de Madagascar sólo existen en la isla. Tras separarse de África, los animales siguieron su propio camino evolutivo. Uno de los organismos más extraños allí, que también se encuentra en el continente, es el baobab (izq.), árbol gigante parecido a una esponja, que se desinfla como un globo al derribarlo.

**Ciudades de coral** La Gran Barrera de Arrecifes de Australia mide 2,027 km de largo y es, por su longitud, la mayor estructura del mundo. A lo largo de los milenios ha rebasado los 300 m de altura. Algunas islas de coral crecen en el fondo marino, sin anclarse en un volcán extinto o montaña sumergida. Dado que el coral requiere aguas poco profundas, estas islas se han formado conforme sube el nivel del mar.

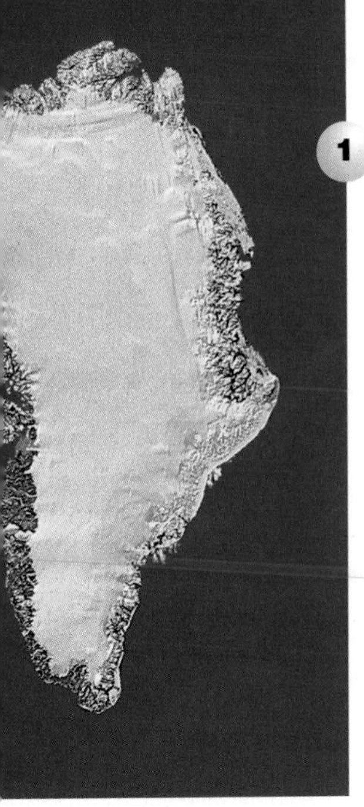

**1 Groenlandia Atlántico Norte.** Área: 2,175,600 $km^2$. Cerca de 85% de su superficie está cubierta de hielo, el cual tiene en ciertos lugares un grosor de 3 km. El hielo de Groenlandia constituye 10% del agua dulce del mundo.

**2 Nueva Guinea Australasia.** Área: 808,510 $km^2$. Los extremos naturales hacen de Nueva Guinea una de las islas más peligrosas. Los volcanes puntean su espina dorsal montañosa, y los tsunamis son comunes en su costa.

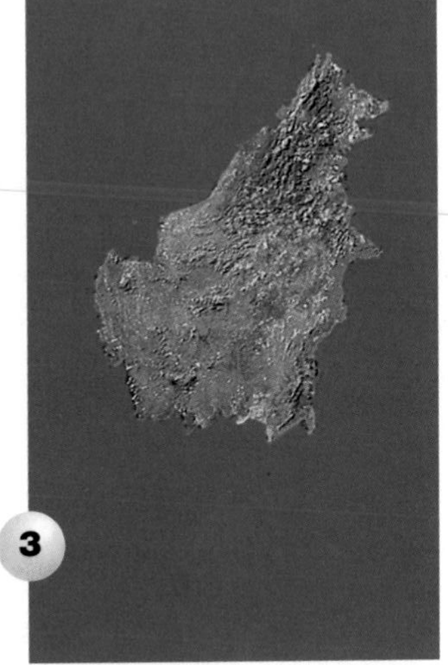

**3 eo Mar de China Meridional.** a: 757,050 $km^2$. Tiene la cueva s grande del mundo, la Cámara Sarawak, a 300 m.

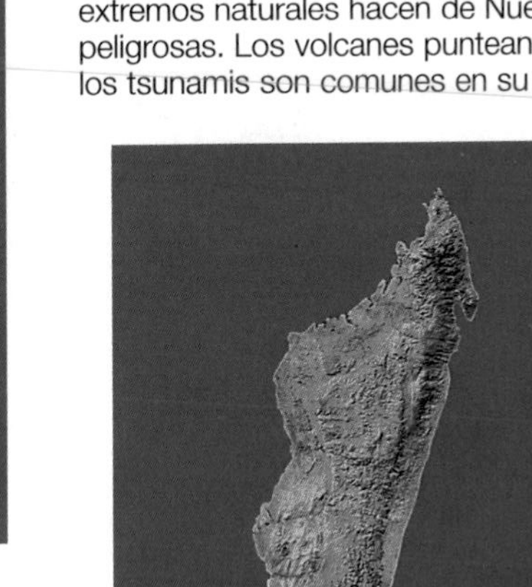

**4 Madagascar**
**Océano Índico.**
Área: 594,100 $km^2$. En Madagascar, lejos del continente africano, se han desarrollado una flora y una fauna únicas.

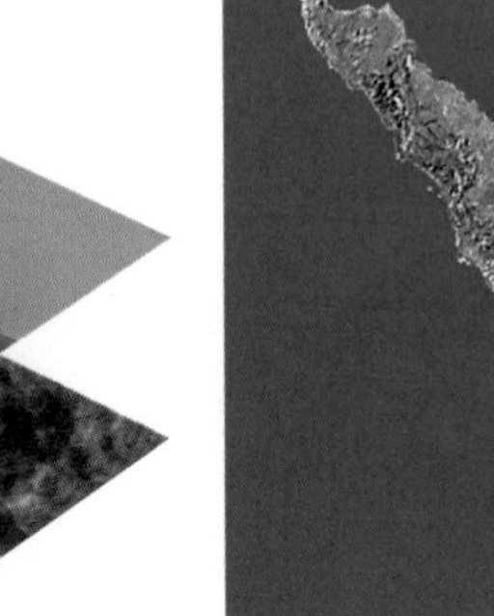

**5 Sumatra**
**Océano Índico.**
Área: 524,100 $km^2$. Su lago Toba es un vasto cráter de 1,166 $km^2$, formado cuando un volcán hizo erupción hace unos 60,000 años.

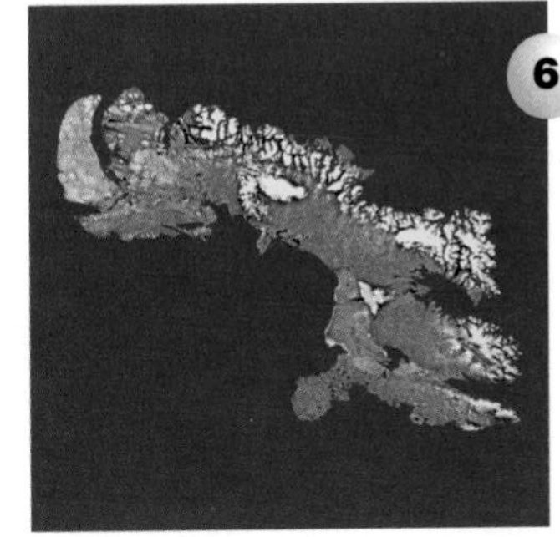

**6 Isla de Baffin**
**Ártico Canadiense.**
Área: 476,070 $km^2$. Es la isla más grande del archipiélago del Ártico Canadiense.

**7 Honshu**
**Mar de Japón.**
Área: 230,455 $km^2$. Contiene la masa urbana más grande del mundo, Tokio-Yokohama.

**8 Gran Bretaña Atlántico Norte.** Área: 229,870 $km^2$. Gran Bretaña constituye 1/1,000 de la superficie de la Tierra, pero tiene 1/100 de su población.

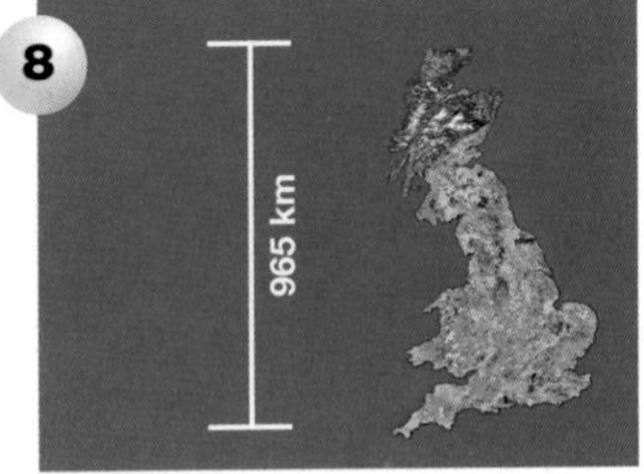


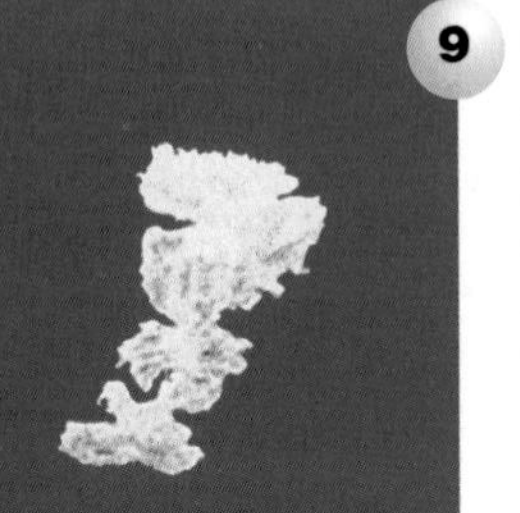

**9 Isla Ellesmere**
**Ártico Canadiense.**
Área: 212,690 $km^2$. Plataforma de hielo en la costa norte. Produce islas de hielo, como masas flotantes, que se usan como estaciones de investigación, como si fueran balsas.

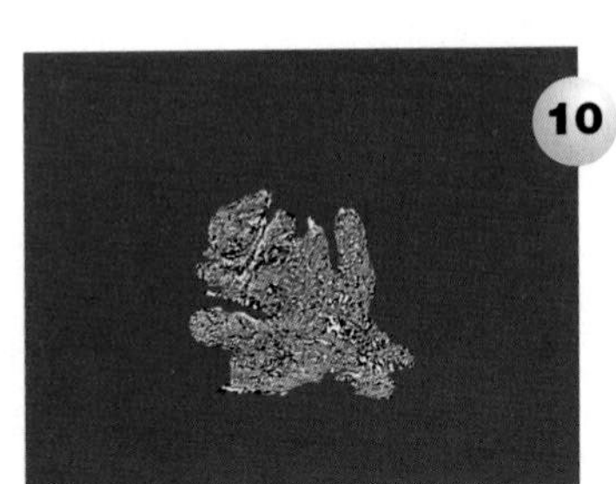

**10 Isla Victoria**
**Ártico Canadiense.**
Área: 212,200 $km^2$. Por su tamaño es la tercera isla del archipiélago del Ártico Canadiense. Los europeos no la exploraron hasta 1851.

vea también
30 **Estructura de la Tierra**
36 **Volcanes**
40 **Mares y océanos**

# Glaciares

Ríos de hielo que modifican el paisaje

*Los glaciares están hechos de nieve que se comprime hasta convertirse en grandes masas de hielo. Llegan a pesar tanto que se deslizan cuesta abajo muy lentamente. Los más pequeños miden lo que un campo de futbol, mientras que otros rebasan los 160 km de largo. Ocurren donde las nevadas del invierno exceden al derretimiento del verano. Estas condiciones en la actualidad sólo se dan en regiones polares y en áreas montañosas altas.*

## LOS GLACIARES MÁS LARGOS

Los glaciares más largos del mundo se marcan en este diagrama con los bloques azules.

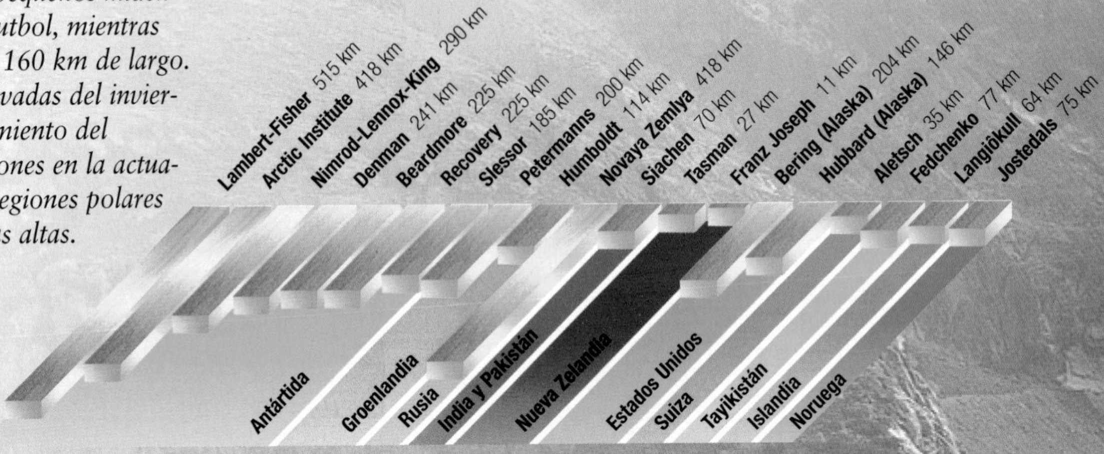

## CÓMO Y POR QUÉ SE FORMAN

- Los glaciares se forman cuando la nieve permanece en un lugar suficiente tiempo para transformarse en hielo.
- Cada año, nuevas capas de nieve entierran y comprimen las anteriores.
- Por las nevadas, los glaciares crecen constantemente en sus tramos superiores. Una vez que el hielo comprimido alcanza un grosor de unos 8 m, se vuelve tan pesado que comienza a moverse por efecto de la gravedad.
- Periódicamente la nariz de los glaciares se agranda o se achica, dependiendo de la acumulación de nieve, el derretimiento y la evaporación del hielo.
- El achicamiento y agrandamiento suelen suceder muy despacio, y sólo se notan al cabo de mucho tiempo. También pueden empequeñecerse rápida y notablemente en cuestión de meses, o crecer varios metros al día durante semanas o meses enteros.

**Características de un glaciar** Los glaciares se originan en los campos de nieve de las montañas altas y bajan a los valles. Las rocas y otros restos de las laderas y del fondo del valle se congelan en el glaciar y éste los arrastra.

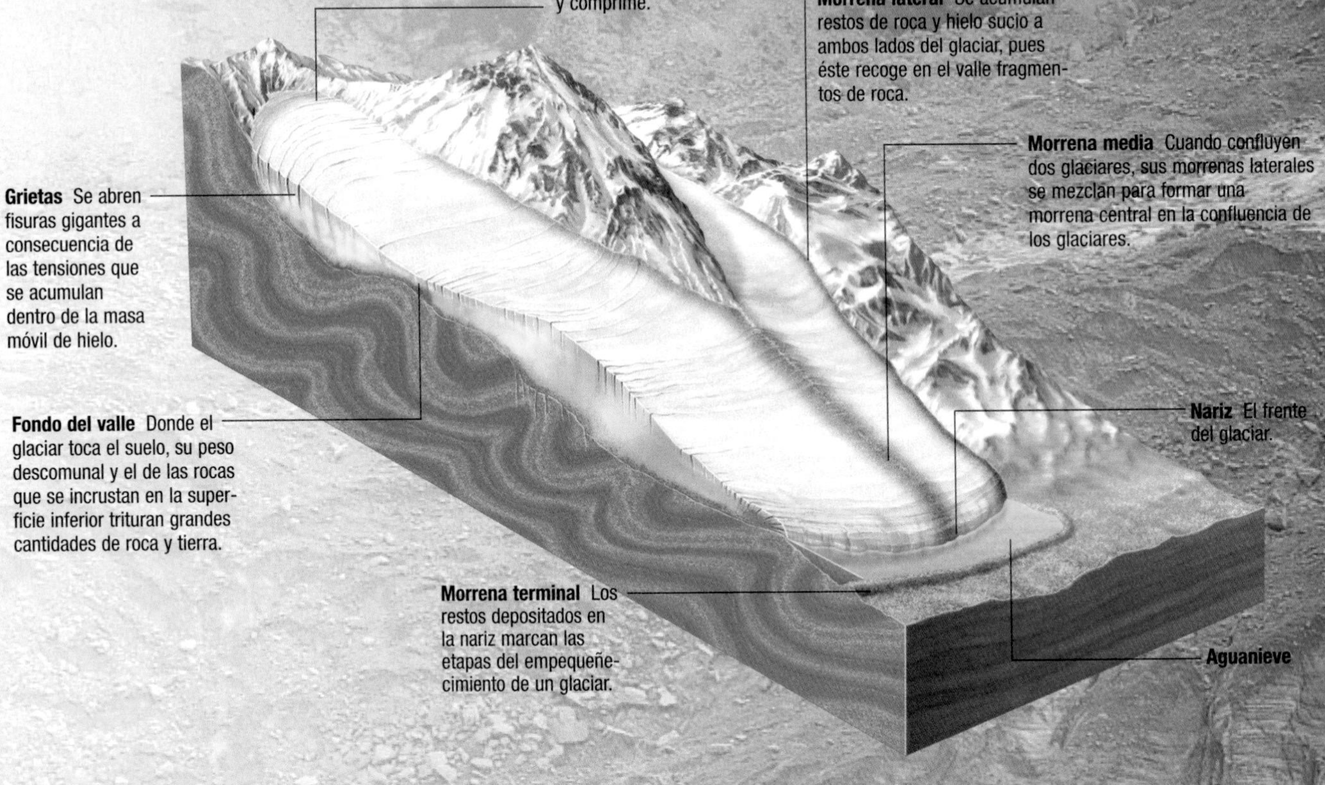

**Mar de hielo** Mer de Glace, cerca de Chamonix, Francia, es el segundo glaciar por su tamaño en los Alpes. De casi 14.5 km de largo y 1.5 km de ancho, en algunos puntos tiene casi 200 m de profundidad. El hielo se mueve hasta 70 m cada año. Las marcas del flujo en forma de luna creciente muestran que el hielo se está moviendo más rápidamente en el centro del glaciar.

## Términos clave

- **Arista** Borde estrecho, dentado, entre dos glaciares.
- **Bloque errático** Roca grande que un glaciar recogió y depositó, a menudo a una gran distancia, cuando por fin se descongeló.
- **Circo** Hondonada en forma de tazón causada por un glaciar que erosiona la ladera de una montaña.
- **Depósito errático o morrena** Material dejado como depósito cuando se descongela un glaciar. Igual hay allí rocas del tamaño de una casa que partículas de arcilla.
- **Drumlin** Colina de forma oval y alargada que formó la morrena depositada por un glaciar en retroceso. Los drumlins corren paralelos al flujo de un glaciar.
- **Fiordo** Valle costero largo, profundo y estrecho, que talló originalmente un glaciar y se llenó con agua de mar tras derretirse el glaciar.
- **Valle helado** Valles, a veces con laderas abruptas, formado por acción de un glaciar. Hay ejemplos en el English Lake District y en el Parque Nacional Yosemite, EUA.

vea también
42 **Ríos**
44 **Lagos**
50 **Montañas**

*Montaña es cualquier masa de tierra que sobresalga significativamente de sus alrededores. La distinción entre montaña y monte es arbitraria; no hay ninguna medida aceptada en forma internacional que la determine. Sin embargo, se suele llamar montaña a todo lo que rebase 600 m de altitud.*

## FORMACIÓN DE LAS MONTAÑAS

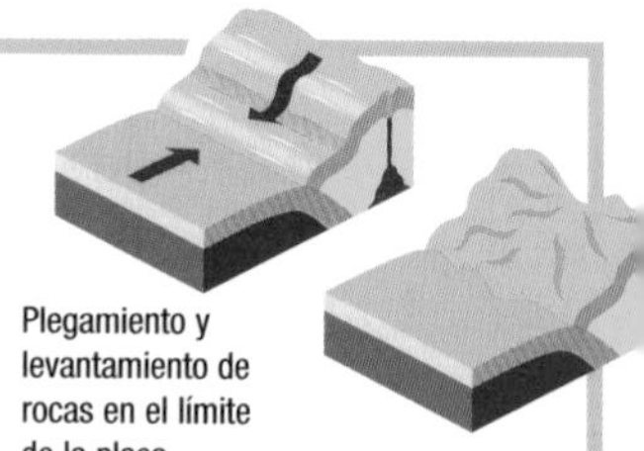

Las montañas se clasifican según su formación:

- **Montañas de plegamiento** La mayoría de las montañas surge al chocar las placas tectónicas y plegarse y levantarse rocas en los límites. A este proceso se le llama orogénesis. La tierra levantada se erosiona luego para formar picos y valles. Ejemplos: Himalaya, Andes y Alpes.
- **Volcanes** Muchos volcanes crean un cono de ceniza, lava o ambos materiales. Los conos alcanzan a veces grandes alturas. El monte Erebus, un volcán activo de la Antártida, tiene 4,032 m de altura. Ejemplos: Kilimanjaro, Santa Elena.
- **Montañas erosivas** Éstas se forman de tierras altas a las que los ríos y otros factores han erosionado profundamente. Ejemplos: Montañas Azules, Australia; Montaña Table, Ciudad del Cabo, Sudáfrica.
- **Montañas isla** Son elevaciones aisladas que quedan después de desgastar la erosión la tierra circundante. Ejemplos: Uluru (roca Ayers), Australia; los picos de Meteora, Grecia.

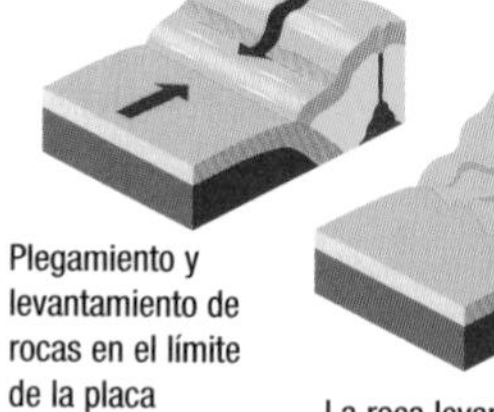

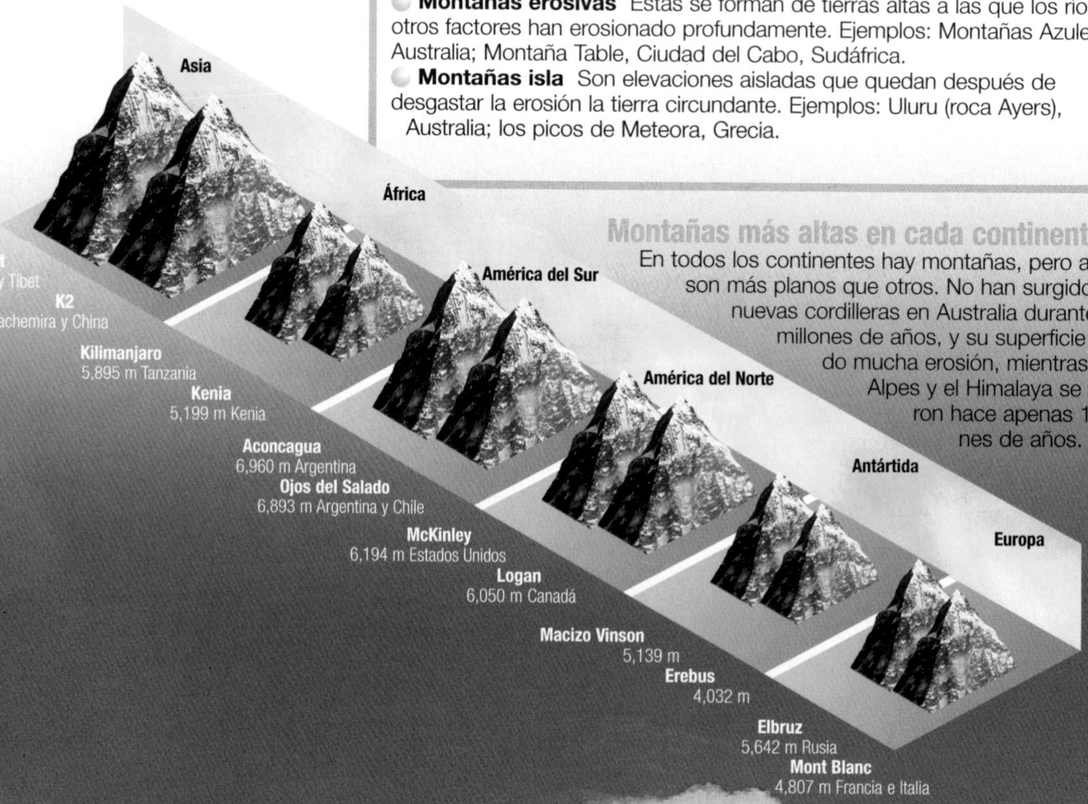

## Montañas más altas en cada continente

En todos los continentes hay montañas, pero algunos son más planos que otros. No han surgido nuevas cordilleras en Australia durante millones de años, y su superficie ha sufrido mucha erosión, mientras que los Alpes y el Himalaya se formaron hace apenas 10 millones de años.

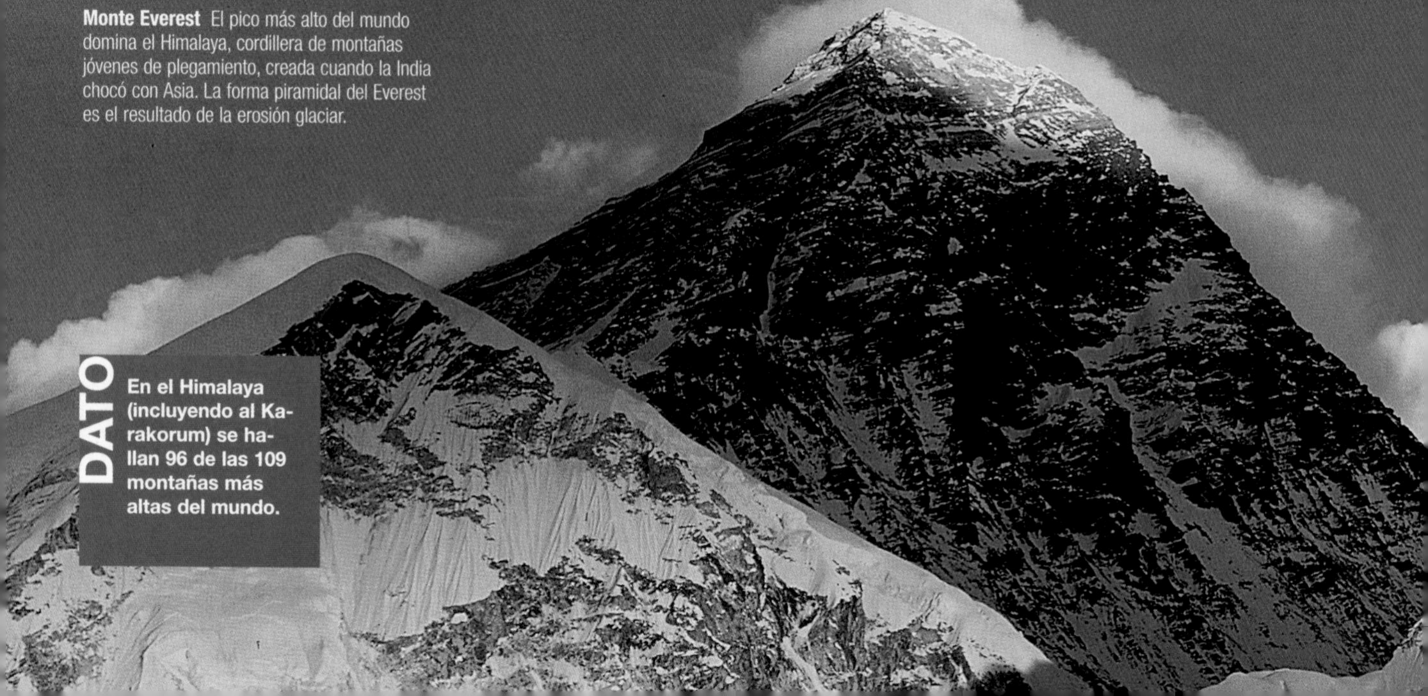

Asia
**Everest** 8,848 m Nepal y Tíbet
**K2** 8,610 m Cachemira y China

África
**Kilimanjaro** 5,895 m Tanzania
**Kenia** 5,199 m Kenia

América del Sur
**Aconcagua** 6,960 m Argentina
**Ojos del Salado** 6,893 m Argentina y Chile

América del Norte
**McKinley** 6,194 m Estados Unidos
**Logan** 6,050 m Canadá

Antártida
**Macizo Vinson** 5,139 m
**Erebus** 4,032 m

Europa
**Elbruz** 5,642 m Rusia
**Mont Blanc** 4,807 m Francia e Italia

**Monte Everest** El pico más alto del mundo domina el Himalaya, cordillera de montañas jóvenes de plegamiento, creada cuando la India chocó con Asia. La forma piramidal del Everest es el resultado de la erosión glaciar.

**DATO**
**En el Himalaya (incluyendo al Karakorum) se hallan 96 de las 109 montañas más altas del mundo.**

## Montañas y cordilleras del mundo

**CORDILLERAS MÁS LARGAS**

1. **Andes** América del Sur 7,242 km
2. **Rocosas** América del Norte 6,035 km
3. **Himalaya, Karakorum e Hindu Kush** Asia 3,862 km
4. **Gran Cordillera Divisoria** Australia 3,651 km
5. **Cordillera de la Costa Oriental Brasileña** Brasil 3,058 km
6. **Cordillera de Sumatra** Java 2,897 km
7. **Tien Shan** China 2,253 km
8. **Ghats Orientales** India 2,092 km

**CORDILLERAS MÁS ALTAS** (Altura máxima sobre el nivel del mar)

**Himalaya, Karakorum e Hindu Kush** 8,848 m
**Andes** hasta 6,959 m
**Sierra de Alaska** hasta 6,194 m

**OTRAS MONTAÑAS Y CORDILLERAS**

**Alpes** Europa 1,207 km de longitud.
**Pico de Orizaba** Veracruz 5,639 m. Cumbre más alta de México.
**Mauna Kea** Hawai 10 ,206 m desde el fondo del mar.
**Monte Fuji** Japón 3,798 m. Un volcán joven.

## Erosión

Exceptuando los volcanes jóvenes, la forma de una montaña o cordillera se debe casi por completo a la erosión. Las cordilleras dentadas y las cimas puntiagudas que asociamos con las cadenas montañosas se han formado por la poderosa erosión glaciar. Aun cerca del ecuador, las montañas altas están cubiertas de nieve y son susceptibles de glaciación. El Kenia y el Kilimanjaro, en el oriente de África, son volcanes viejos cuyas cimas esculpió el hielo. Otras, como las Montañas Azules, de Australia, surgieron cuando los ríos horadaron rocas horizontales en tierras altas.

El tipo de roca también cuenta. Por ejemplo, el esquisto de barro de las Dolomitas, en Italia, se erosiona con más facilidad que las capas superiores de piedra caliza. Al faltarle sostén, la caliza se derrumba y da lugar a riscos elevados.

**Los Alpes franceses** La acción glaciar ha producido cimas y cordilleras dentadas.

**Las Dolomitas, Italia** La caliza rica en magnesio (llamada dolomía, por ser típica del área) se ha erosionado y formado picos y riscos.

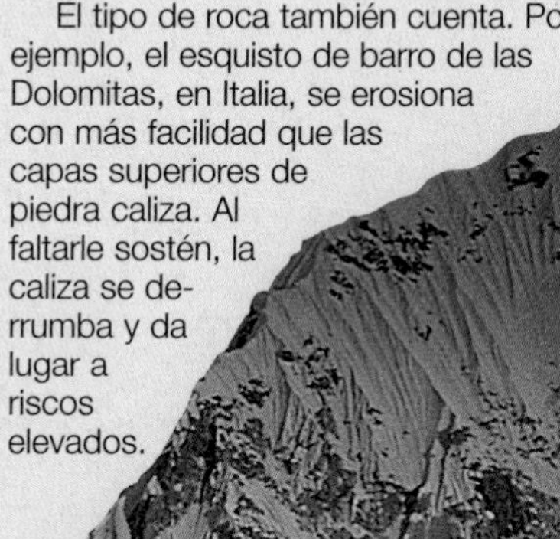

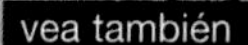

vea también
30 **Estructura de la Tierra**
36 **Volcanes**
42 **Ríos**
48 **Glaciares**

# Atmósfera de la Tierra ▶ El colchón de aire de nuestro planeta

*La atmósfera es una envoltura de aire que se mantiene cerca de la Tierra por la gravedad. Absorbe energía solar, recicla agua y otras sustancias, y colabora con las fuerzas eléctricas y magnéticas para proveer a la Tierra de un clima moderado y así sostener la vida. También nos protege de la radiación y el vacío del espacio.*

## CAPAS DE LA ATMÓSFERA

La atmósfera se extiende unos 600 km por encima de la superficie terrestre. Se han identificado cuatro capas principales, cada una de las cuales tiene características químicas y físicas, y temperatura, particulares. En el borde de la atmósfera hay una capa límite, la exosfera, una región de hidrógeno y helio que gradualmente se funde en el espacio.

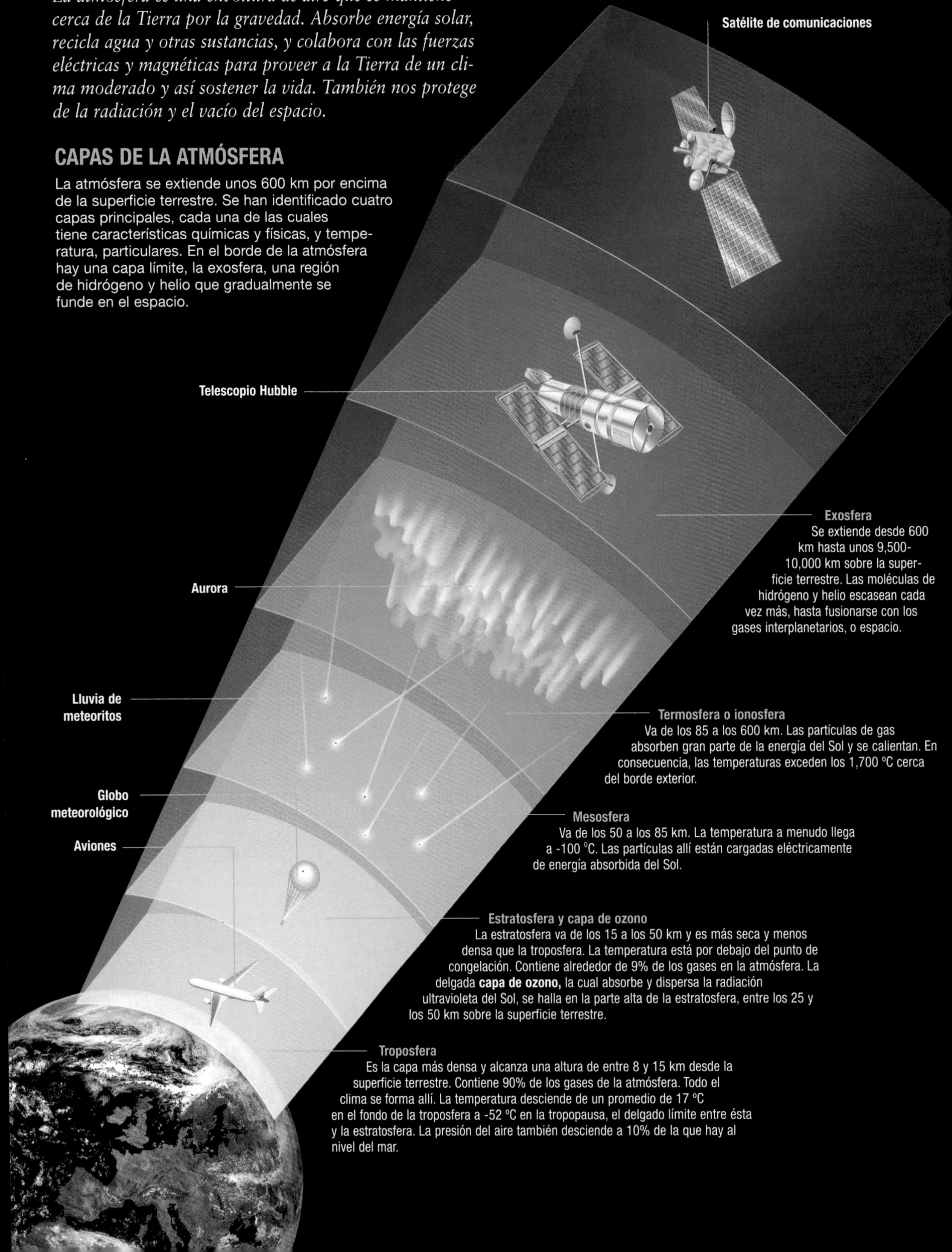

Satélite de comunicaciones

Telescopio Hubble

Aurora

Lluvia de meteoritos

Globo meteorológico

Aviones

**Exosfera**
Se extiende desde 600 km hasta unos 9,500-10,000 km sobre la superficie terrestre. Las moléculas de hidrógeno y helio escasean cada vez más, hasta fusionarse con los gases interplanetarios, o espacio.

**Termosfera o ionosfera**
Va de los 85 a los 600 km. Las partículas de gas absorben gran parte de la energía del Sol y se calientan. En consecuencia, las temperaturas exceden los 1,700 °C cerca del borde exterior.

**Mesosfera**
Va de los 50 a los 85 km. La temperatura a menudo llega a -100 °C. Las partículas allí están cargadas eléctricamente de energía absorbida del Sol.

**Estratosfera y capa de ozono**
La estratosfera va de los 15 a los 50 km y es más seca y menos densa que la troposfera. La temperatura está por debajo del punto de congelación. Contiene alrededor de 9% de los gases en la atmósfera. La delgada **capa de ozono,** la cual absorbe y dispersa la radiación ultravioleta del Sol, se halla en la parte alta de la estratosfera, entre los 25 y los 50 km sobre la superficie terrestre.

**Troposfera**
Es la capa más densa y alcanza una altura de entre 8 y 15 km desde la superficie terrestre. Contiene 90% de los gases de la atmósfera. Todo el clima se forma allí. La temperatura desciende de un promedio de 17 °C en el fondo de la troposfera a -52 °C en la tropopausa, el delgado límite entre ésta y la estratosfera. La presión del aire también desciende a 10% de la que hay al nivel del mar.

## Efectos atmosféricos visibles desde la Tierra

**La aurora** La aurora boreal y la austral son fenómenos luminosos visibles en el cielo nocturno de las latitudes altas. La primera se da en el Hemisferio Norte; la segunda, en el Sur. Ocurren cuando partículas de alta velocidad que emite el Sol entran en la termosfera y son encauzadas alrededor de los polos magnéticos. Allí excitan las moléculas del aire y hacen que liberen luz verde o roja. Los movimientos de las moléculas de aire crean arcos, cortinas y serpentinas espectaculares en las líneas del campo magnético de la Tierra. Las auroras abundan más durante la actividad de las manchas solares, pues entonces se liberan más partículas.

**Arco iris** Los arco iris se producen cuando la luz solar se descompone al atravesar las gotas de lluvia y se separa en los siete colores componentes de la luz blanca. Todos los arco iris forman parte de un círculo perfecto. Los arco iris enteros sólo pueden verse desde un avión. Se llaman “glorias”.

**Halos solares y lunares** Se crean cuando la luz del Sol o de la Luna pasa a través de cristales de hielo en lo alto del cielo.

**Parhelios** Halos parciales o puntos brillantes que aparecen a ambos lados del Sol por el reflejo de la luz en los cristales de hielo de los cirroestratos altos.

**Columnas del Sol** Líneas de luz que se elevan del Sol al amanecer o al atardecer. Se producen al reflejarse la luz en los cristales de hielo de las nubes altas.

**Efecto de la aurora** La aurora boreal ilumina el cielo nocturno del Hemisferio Norte.

## EFECTO INVERNADERO Y CALENTAMIENTO GLOBAL

El efecto invernadero es un fenómeno natural que ayuda a calentar la superficie terrestre. Recibe ese nombre por parecerse al efecto de calentamiento de un invernadero. La atmósfera actúa como cristal, que penetran los rayos solares para calentar la superficie de la Tierra. Algo del calor lo refleja la superficie, y gran parte de él escapa al espacio. Sin embargo, otro poco lo absorben los gases atmosféricos naturales, como el bióxido de carbono y el metano. El incremento de estos gases de invernadero en la atmósfera trae consigo un aumento en el calor atrapado, lo que incrementa la temperatura de la Tierra, fenómeno conocido como “calentamiento global”. Los científicos temen que el aumento en ciertas actividades humanas, como el uso de combustibles fósiles, esté incrementando el nivel de gases de invernadero y, por tanto, el calentamiento global. Se especula que esto puede acarrear cambios súbitos en los patrones climáticos y elevar el nivel del mar cuando se derritan los casquetes polares.

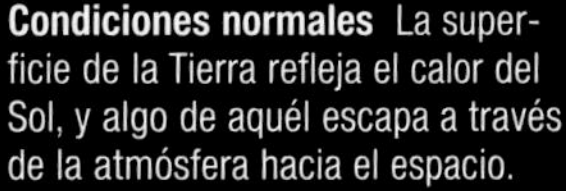

**Condiciones normales** La superficie de la Tierra refleja el calor del Sol, y algo de aquél escapa a través de la atmósfera hacia el espacio.

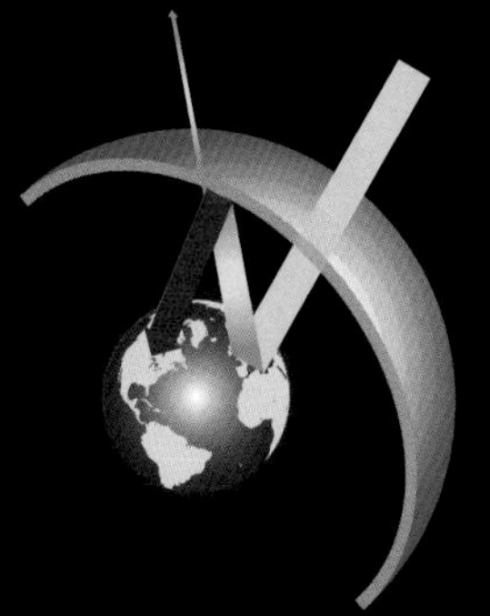

**Calentamiento global** Al acumularse los gases de invernadero en la atmósfera, absorben el calor reflejado, evitando que escape al espacio.

**DATO** 78% de la atmósfera es nitrógeno, y 21%, oxígeno.

## La capa de ozono

El ozono ($O_3$) es un gas compuesto de tres átomos de oxígeno. Cuando la radiación ultravioleta (parte de la luz solar) choca con la estratosfera, separa las moléculas de oxígeno ($O_2$) en dos átomos de oxígeno (O), que se combinan con moléculas de oxígeno ordinarias para formar ozono. La capa de ozono absorbe la radiación ultravioleta y protege la Tierra de sus efectos perjudiciales, como el cáncer de piel.

**¿Qué es el agujero de ozono?** Un área de la capa de ozono sobre la Antártida se ha adelgazado hasta quedar en 30% del nivel normal. En consecuencia, llega más radiación ultravioleta a la superficie. Las fluctuaciones en los niveles de ozono son naturales, pero algunas sustancias químicas hechas por el hombre han agrandado el agujero, pues reaccionan con el ozono y lo destruyen. Estas reacciones se dan en las nubes estratosféricas, que sólo se hallan en las regiones polares, donde se concentra el efecto. La disminución es mayor sobre el Polo Sur porque hay más de estas nubes.

**Agujero de ozono** En esta imagen, creada con datos obtenidos desde el espacio, el agujero de la capa de ozono sobre la Antártida parece un círculo morado.

vea también
14 **La Tierra**
22 **El Sol**
28 **Cometas y meteoritos**
54 **Clima**

*El clima se forma en la troposfera, la capa de la atmósfera más cercana a la Tierra. Es el resultado de varias condiciones físicas, entre ellas temperatura, velocidad y dirección del viento, presión atmosférica, precipitación y humedad, tal como ocurren en cualquier lugar o en cualquier momento. Se trata de un sistema muy impredecible y en cambio constante.*

## ¿CÓMO SE FORMA EL CLIMA?

La presión atmosférica es la clave para explicar las condiciones climáticas. Se define como la fuerza descendente ejercida por la atmósfera en cualquier punto de la Tierra, y varía mucho. La presión baja produce un clima inestable. En una región de baja presión, el aire se eleva y se enfría. El vapor de agua en el aire se condensa y se forman nubes, de la misma manera en que el aire caliente se condensa en una ventana fría, produciendo a menudo lluvia. La presión atmosférica alta trae consigo un clima estable. La presión alta comprime y calienta el aire. No se forman nubes y a menudo hay cielo despejado. También al viento lo controla la presión del aire, pues el aire tiende a fluir de las áreas de presión alta a las de presión baja.

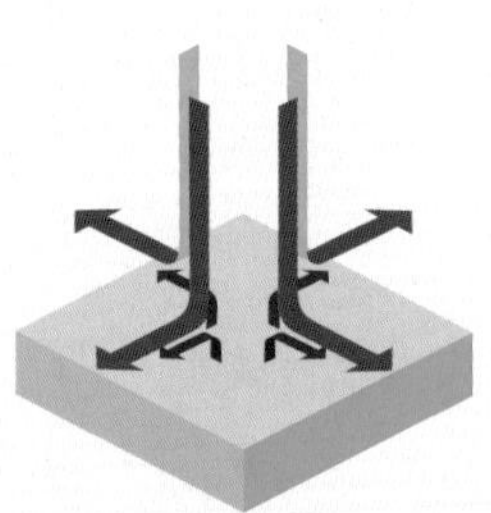

**Presión atmosférica alta** El aire frío desciende despacio. Conforme baja, se comprime y se calienta, y por lo general produce un clima cálido estable.

**Presión atmosférica baja** El aire se eleva despacio y se enfría. El agua del aire se condensa y genera en consecuencia nubes y un clima inestable.

### Viento

El viento sopla de las áreas de presión alta a las áreas de presión baja. Cuando el Sol calienta un área de aire en la superficie, el aire se expande, se hace más ligero y se eleva. El aire que sube ejerce menos presión que el estático o el descendente. Es una zona de presión baja. Aire más frío y pesado de un área de presión alta fluye para llenar el vacío que dejó el aire caliente. Así se produce el viento. Cuanto más cerca estén las áreas de presión alta y baja, o mayor sea la diferencia de presión o temperatura, más rápido sopla el viento.

**Patrones de viento prevalecientes** Los vientos alisios, los del oeste y los del este, soplan en bandas a través del globo.

Fondo: Tornado en Caldwell, Kansas, EUA, el 13 de marzo de 1990.

### Lluvia

El aire cálido ascendente lleva vapor de agua a lo alto del cielo. Allí se enfría y forma gotas de agua alrededor de las partículas de polvo del aire. Estas gotas se congelan en cristales de hielo. Cuando se vuelven muy pesadas comienzan a caer. Al encontrarse con aire más caliente en el camino, los cristales de hielo se descongelan para formar gotas de lluvia.

### Nieve

Los copos de nieve se forman cuando el vapor de agua se congela y forma cristales de hielo en nubes frías. Los cristales de hielo atraen gotas de agua fría y aumentan de tamaño. Más tarde se vuelven pesados y caen. Si el aire está lo bastante frío, caen hasta la tierra como nieve, sin descongelarse.

**Forma de los copos de nieve** Depende de la temperatura del aire. Al congelarse las moléculas de agua, con dos átomos de hidrógeno y uno de oxígeno, se unen en patrones hexagonales. De ahí que tengan seis lados. En aire más frío, pueden congelarse varias juntas y formar copos como agujas o barras.

### Rayos y truenos

Al encontrarse el aire frío y el caliente, el frío pasa bajo el caliente, obligándolo a subir rápidamente. El aire que sube lleva vapor de agua, el cual se enfría pronto y se condensa, formando nubes llamadas "cumulonimbos". Al condensarse el vapor de agua, se libera calor. Esto empuja el aire aún más alto. Las gotas de agua y las partículas de hielo chocan entre sí, lo que da como resultado una separación de cargas eléctricas en la nube: las partículas con carga positiva se mueven hacia arriba, y las de carga negativa, hacia abajo. La diferencia entre las dos se incrementa poco a poco hasta producirse una descarga eléctrica, el rayo, entre la carga negativa de la nube y la carga positiva del suelo, los árboles, los edificios y otros objetos prominentes. Luego viene una descarga de retorno del suelo a la nube. La segunda se ve como un relámpago. El trueno es un efecto secundario del rayo. El relámpago calienta el aire que lo rodea y hace que se expanda a una velocidad mayor que la del sonido, 1,238 km/h, lo cual provoca un fuerte retumbo, o trueno.

### Escala de Beaufort

La fuerza del viento se calcula comparando sus efectos con la escala de Beaufort, reconocida internacionalmente.

| Fuerza | Efectos |
|---|---|
| 0 | El humo asciende verticalmente. No se percibe movimiento. |
| 1 | El humo se desplaza despacio. Las hojas apenas se mueven. |
| 2 | El humo indica claramente la dirección del viento. |
| 3 | Viento suave. Las hojas se mecen y se siente viento en la cara. |
| 4 | Viento moderado. Las hojas se mueven; se levanta polvo. |
| 5 | Los árboles pequeños se balancean. El papel vuela. |
| 6 | Vientos fuertes. Las ramas grandes se balancean. |
| 7 | Árboles enteros se balancean. |
| 8 | Vendavales. Se rompen ramas pequeñas. Es difícil caminar. |
| 9 | Se rompen las ramas y se caen tejas de los techos. |
| 10 | Se dañan los techos y se arrancan de raíz los árboles chicos. |
| 11 | Tormentas violentas. Daños de importancia en edificios. |
| 12 | Vientos huracanados. Destrucción grave. |

**Huracanes** A las tormentas giratorias en áreas de baja presión extrema con vientos superiores a los 119 km/h, se les llama huracanes. Giran en sentido contrario a las manecillas del reloj en el Hemisferio Norte, y en el sentido de las manecillas en el Hemisferio Sur. Los huracanes se conocen como ciclones alrededor del océano Índico, el sureste del Pacífico y Australia; como tifones en el noreste del Pacífico y en el continente asiático; y como huracanes en Estados Unidos y el Caribe. Cada año hay un promedio de más de 120 de estas tormentas tropicales ciclónicas en el mundo.

**Tornados** Son remolinos muy fuertes, pero de pequeña escala, comunes en Estados Unidos. Los tornados se forman en sistemas de baja presión. En tormentas intensas, la parte inferior de una nube de tormenta puede comenzar a girar. Si este aire giratorio llega al suelo se convierte en tornado. Pese a no medir normalmente más de 400 m de ancho, pueden resultar muy destructivos. Viajan a 30 o 60 km/h y el viento en el centro llega a girar casi a 300 km/h. Por lo general van acompañados de lluvia intensa y truenos.

## El Niño

Se trata de una inversión periódica de las corrientes del océano Pacífico, que afecta las condiciones climáticas del mundo entero.

- **En un año normal,** el agua caliente del Pacífico fluye al oeste, hasta Australia e Indonesia. Allí se evapora rápidamente, creando nubes de tormenta sobre Australia. El agua fría, rica en nutrientes, que viene de la Antártida, reemplaza el agua caliente frente a la costa sudamericana. Esto crea buenas zonas de pesca.
- **En un año de El Niño** se debilitan los vientos y las corrientes que mantienen al agua caliente en su lugar, frente a las costas de Australia. El agua caliente fluye de nuevo hasta Perú y se extiende a lo largo de la costa americana. Allí se evapora y crea nubes de tormenta y tormentas. En Australia deja de llover y vienen sequías. Las tormentas llevan aire húmedo caliente a lo alto de la atmósfera. Allí interfiere con las corrientes normales de circulación de aire y causa condiciones climáticas extremas e impredecibles que llegan a Europa.

**Año normal** Las corrientes superficiales cálidas del Pacífico fluyen al oeste y llevan lluvia a Australia.

**Año de El Niño** Las corrientes del Pacífico se invierten, y causan tormentas en América y sequía en Australia.

**Cirros** Nubes ligeras y altas. Están compuestas de hielo y se presentan en buen clima.

**Cúmulos** Nubes blancas, hinchadas y medianas. Están compuestas de agua y hielo y suelen presentarse cuando hay buen clima.

**Cumulonimbos** Nubes hinchadas y oscuras cargadas de agua. A menudo producen tormentas.

**Estratos** Nubes bajas y planas que contienen gotas de agua. A veces generan lluvia ligera o llovizna. La niebla son nubes estratos muy bajas.

**Nimboestratos** Nubes gruesas, oscuras y bajas que contienen gotas de agua. Pueden producir lluvia o llovizna.

**Nubes** Las nubes se forman al subir el aire y enfriarse y condensarse el vapor de agua que contiene, para convertirse en agua o hielo. Los siguientes factores elevan el aire:

- Calentamiento de áreas de tierra que entibia el Sol.
- Interacción entre frentes climáticos (límites entre grandes masas de aire). Un frente frío deja aire frío tras él y lo mete bajo el aire caliente, obligando a éste a subir. Un frente cálido trae aire caliente que se desliza sobre el frío.
- Montañas: cuando el viento sopla contra las montañas obliga al aire a subir.

vea también
14 **La Tierra**
52 **Atmósfera de la Tierra**
60 **Fuerzas destructivas**

*La superficie de tierra del planeta se divide en seis zonas importantes de vegetación: desierto, bosque de coníferas, bosque templado, selva tropical, pastizal, y tundra y polos. Cada zona tiene sus propias características, determinadas por el clima, la topografía y la latitud. Las especies nativas se han adaptado a ellas.*

**Desierto** Área donde la evaporación excede a la precipitación. Se encuentra en una amplia gama de latitudes, entre los 15 y los 35 grados a cada lado del ecuador.

- La cuarta parte de la superficie terrestre se considera desierto o semidesierto (en el semidesierto crecen matorrales).
- Se forma donde una barrera de montañas, patrones de viento y otros factores impiden la formación de nubes. La barrera de montañas hace subir el viento. El vapor de agua se condensa y cae como lluvia o nieve. Así pues, al llegar el aire al otro lado de la montaña, está seco. Algunos desiertos, como el de Gobi, están tan lejos del mar que no les llega aire húmedo.
- Los desiertos sufren con frecuencia cambios bruscos de temperatura entre el día y la noche. El Sahara puede llegar a los 55 °C en el día y descender bajo cero en la noche.
- No todos los desiertos son calientes de día. Hay desiertos fríos al oeste de las Montañas Rocosas en Estados Unidos, en el este de Argentina y el centro de Asia.
- En los desiertos casi no hay –o no hay– flora y fauna. Las especies que subsisten allí se han adaptado a las condiciones áridas.

**Mar de arena** Las dunas, como éstas en el Desierto de Namibia, son olas de arena movidas despacio por el viento. Pueden llegar a 400 m de altura.

**Bosque de coníferas** También llamado taiga, bosque boreal o bosque perenne del norte, se extiende en un grueso cinturón a lo largo de Canadá, Rusia y Escandinavia.

- Tiene una notable variación estacional: inviernos largos y fríos, en los que las temperaturas rara vez rebasan el punto de congelación; y veranos breves y cálidos. Entre unos y otros, las temperaturas llegan a fluctuar 56 °C.
- Los bosques de coníferas son menos diversos que otros. Hay variedad de insectos, pero no de aves y mamíferos. Algunos bosques no cuentan más que con ocho especies de árboles.
- Los árboles de estos bosques –como pinos y piceas–, son perennes. Conservan sus hojas o agujas todo el año.

### Los desiertos más grandes del mundo

| Desierto | Lugar | Área aproximada |
|---|---|---|
| **Sahara** | Norte de África | 9,000,000 km² |
| **Australianos** | Australia | 3,800,000 km² |
| **Arabia** | Sudoeste de Asia | 1,300,000 km² |
| **Takla Makan** | China | 1,245,000 km² |
| **Gobi** | Asia Central | 1,040,000 km² |
| **Kalahari** | Sur de África | 520,000 km² |
| **Turkestán** | Asia Central | 450,000 km² |
| **Namibia** | Sudoeste de África | 310,000 km² |
| **Somalí** | Somalia | 310,000 km² |
| **Sonora** | EUA y México | 260,000 km² |
| **Thar** | India y Pakistán | 260,000 km² |

**Bosque templado** Se presenta especialmente en latitudes entre los 30 y 60 grados a ambos lados del ecuador.

- En el Hemisferio Norte predominan los árboles de hoja caduca, como roble, fresno, haya y nogal.
- En el Hemisferio Sur predominan los perennes.
- Estos bosques experimentan un clima estacional templado, sin grandes extremos en la temperatura (promedio 10 °C) o precipitaciones. Allí se da una amplia gama de especies de plantas y animales.

**Selva tropical** La selva tropical, mejor conocida como jungla, se halla dentro de los 23.5 grados a ambos lados del ecuador. Experimenta muy poca variación estacional en la temperatura y duración del día, lo que favorece el crecimiento óptimo de las plantas.

- La mayoría de las especies de plantas del planeta y una buena parte de sus especies animales viven en las tierras bajas

**Grandes planicies** Los pastizales templados reciben diferentes nombres, dependiendo de la zona: estepa, pampa y veldt. Ésta es una pradera de Oklahoma, EUA.

## Deforestación

En todo el mundo, los bosques se ven amenazados por la explotación forestal y el desmonte para la agricultura. El problema es todavía mayor en los trópicos. Allí crece más la población, y allí también medran los árboles más valiosos. La selva tropical antes cubría más de 16% de la tierra firme. Hoy cubre menos de 6%. Los efectos inmediatos de la deforestación son: pérdida de hábitats, extinción de especies nativas, erosión del suelo y, en áreas de gran precipitación, inundaciones catastróficas. Las secuelas a largo plazo incluyen el aumento del efecto invernadero por la acumulación en la atmósfera de bióxido de carbono. Este gas lo suelen eliminar los árboles.

**Vida en equilibrio** La selva tropical de tierras bajas, como ésta en Borneo, es el hábitat más productivo y el más amenazado de la Tierra.

de las selvas tropicales, donde llueve casi a diario y los árboles dan fruto todo el año.

La selva tropical nubosa, a mayor altitud, y las selvas monzónica y subtropical, a mayor latitud, tienen una flora y fauna menos diversa, pero aun así son más ricas en especies que los bosques templados.

**Pastizal** Se divide en dos tipos: sabana en el trópico y pastizal templado en las latitudes medias.

Hay sabanas en África, la India, Australia y el norte de América del Sur. Aunque están en latitudes tropicales, son semiáridas. Su temperatura siempre es alta (17 °C en promedio). La precipitación es de 50-150 cm al año. La mayor parte de la lluvia cae en una breve temporada, en la cual a veces se inundan las áreas bajas. Las temporadas de lluvias se caracterizan por un crecimiento rápido de las plantas, pero las siguen periodos largos de sequía.

Los pastizales templados se hallan en las zonas interiores de los continentes. Allí los inviernos son fríos, y los veranos, calientes y secos. La precipitación es moderada: va de 250 a 500 cm al año.

**Tundra y polos** La tundra se halla entre el casquete polar ártico y el borde norte de los bosques de coníferas. También se da en altitudes altas, más al sur (tundra alpina).

La tundra se identifica por la presencia de *permafrost,* capa de suelo congelada siempre. Se caracteriza por unas plantas pequeñas, capaces de sobrevivir en el frío.

La tundra cubre un quinto de la tierra firme del mundo. Da lugar al bosque de coníferas donde la temperatura promedio del mes más cálido no excede de 10 °C.

El casquete polar ártico cubre la mayor parte del océano Ártico y de Groenlandia. Se expande en invierno a la parte más septentrional de Alaska, Canadá, Escandinavia y Rusia, y al extremo norte del océano Atlántico y el Pacífico.

El casquete polar antártico cubre casi toda la Antártida todo el año. En invierno se expande sobre la mayor parte del mar, hasta los 60 grados al norte del Polo Sur.

**Almacén de hielo** Más de 98% del agua dulce del mundo está congelada en los casquetes polares. El de la Antártida mide 3 km de grosor en algunas partes. El del Ártico es más delgado por el calentamiento de las corrientes oceánicas.

vea también
14 **La Tierra**
54 **Clima**

*Los terremotos y los volcanes son algunas de las más violentas e impredecibles fuerzas naturales. Las áreas de alto riesgo están en los límites de las placas y en los litorales. Algunas de las grandes metrópolis –como Tokio, Los Ángeles y la ciudad de México– se han construido precisamente allí.*

## Los terremotos registrados que han causado màs muertes

| Fecha | Lugar | Muertes calculadas | Magnitud | Comentarios |
|---|---|---|---|---|
| Julio, 1201 | Este del Mediterráneo | 1.1 millones | Desconocida | |
| 23 enero, 1556 | Shanxi, China | 830,000 | Desconocida | Cerca de 1 millón murieron a causa de las enfermedades, las inundaciones y la hambruna. |
| 27 julio, 1976 | Tangshan, China | 655,000 | 8.0 | Número de muertos (dato de las autoridades). |
| 9 agosto, 1138 | Aleppo, Siria | 230,000 | Desconocida | |
| 22 diciembre, 856 | Damghan, Irán | 200,000 | Desconocida | Fisuras importantes, desprendimientos de tierra. |
| 16 diciembre, 1920 | Gansu, China | 200,000 | 8.6 | |
| 22 mayo, 1927 | Xining, China | 200,000 | 8.3 | Fisuras grandes en el suelo. |
| 23 marzo, 893 | Ardebil, Irán | 150,000 | Desconocida | |
| 1° septiembre, 1923 | Kwanto, Japón | 143,000 | 8.3 | Causa del gran incendio de Tokio. |
| 5 octubre, 1948 | Ashjabad, Turkmenistán | 110,000 | 7.3 | |
| 28 diciembre, 1908 | Mesina, Italia | De 70,000 a 100,000 | 7.5 | Muertes por el terremoto y el tsunami. |
| Septiembre, 1290 | Chihli, China | 100,000 | Desconocida | |
| Noviembre, 1667 | Shemakha, Azerbaiyán | 80,000 | Desconocida | |
| 18 noviembre, 1727 | Tabriz, Irán | 77,000 | Desconocida | |
| 1° noviembre, 1755 | Lisboa, Portugal | 70,000 | 8.7 | |
| 25 diciembre, 1932 | Gansu, China | 70,000 | 7.6 | |
| 31 mayo, 1970 | Yungay, Perú | 66,800 | 7.8 | |
| 1268 | Cilicia, Asia Menor | 60,000 | Desconocida | |
| 11 enero, 1693 | Sicilia, Italia | 60,000 | Desconocida | |
| 30 mayo, 1935 | Quetta, Pakistán | De 30,000 a 60,000 | 7.5 | |
| 7 diciembre, 1988 | Armenia, URSS | Más de 55,000 | 6.9 | |
| 4 febrero, 1783 | Calabria, Italia | 50,000 | Desconocida | |
| 20 junio, 1990 | Irán | 50,000 | 7.7 | |

**Zonas de peligro**

## DATOS Y CIFRAS

- El mayor terremoto se registró frente a la costa de Chile el 22 de mayo de 1960. Midió 9.5 en la escala de Richter.
- El terremoto de Montagua, ocurrido en 1976 en Guatemala, dejó sin hogar a más de 1 millón de personas y causó daños con un valor de 1,250 millones de dólares.
- La mayor erupción volcánica que se ha registrado fue la del Krakatoa, sucedida en Indonesia en 1883. La explosión se oyó a 4,635 km y el desplome del volcán causó olas de 150 m en el cercano Estrecho de la Sonda. La ceniza que quedó flotando en la atmósfera superior bajó 1.2 °C, en promedio, la temperatura del mundo en los siguientes 12 meses.
- La mayor erupción volcánica del siglo XX en Estados Unidos fue la del Novarupta, en Alaska, en 1912. La erupción produjo 21 km$^2$ de material volcánico: 30 veces lo que expulsó el Santa Elena en 1980.
- En 1896 murieron 27,000 personas en Japón debido a un tsunami. Nunca habían muerto tantos por esa causa.

## Las peores erupciones volcánicas del siglo XX

| Fecha | Lugar | Muertes calculadas | Comentarios |
|---|---|---|---|
| 8 mayo, 1902 | Monte Pelée, Martinica | Más de 40,000 | El Pelée llevaba siglos inactivo. Su erupción explosiva mató a todos los habitantes de Saint Pierre, con excepción de un prisionero que escapó de la nube sofocante de ceniza por hallarse en una celda mal ventilada, y otro hombre que logró salir ileso de la ciudad incendiada. |
| Noviembre, 1985 | Nevado del Ruiz, Colombia | 25,000 | Armero fue inundado por ríos de lodo en 1595 y en 1845. En ambas ocasiones murieron cientos de personas. Durante los 140 años de inactividad que siguieron, la gente olvidó el peligro y reconstruyó el poblado en el mismo sitio. La erupción de 1985 destruyó de nuevo el pueblo. |
| 19 mayo, 1919 | Keluit, Indonesia | 5,110 | El agua que se derramó del lago que el volcán había formado en su cráter ahogó a mucha gente en las laderas inferiores. |
| 24 octubre, 1902 | Santa María, Guatemala | 4,500 | Murieron 500 por la erupción en sí; el resto murió de inanición y por las enfermedades derivadas del desastre. |
| 21 enero, 1951 | Monte Lamington, Nueva Guinea | 2,942 | Hizo erupción sin aviso. La explosión se oyó a 320 km de distancia. |
| 29 marzo, 1982 | El Chichonal, México | 1,879 | Se encontraron pocos de los muertos. |
| 21 agosto, 1986 | Lago Nyos, Camerún | Más de 1,700 | Un volcán hizo erupción debajo del lago y liberó una nube de gas venenoso que mató a mucha gente de los alrededores. |
| 7 y 8 mayo, 1902 | La Soufrière, San Vicente | 1,565 | La erupción comenzó un día antes del cataclismo del monte Pelée. La mayoría de las muertes las causó la ceniza. |
| 18 diciembre, 1931 | Merapi, Java | 1,369 | |
| 30 enero, 1911 | Taal, Filipinas | 1,335 | La peor de varias erupciones de este volcán en el siglo XX. |

## Las erupciones volcánicas registradas que han causado más muertes

| Año | Erupción | Muertes calculadas | Causa de la muerte |
|---|---|---|---|
| 1815 | Tambora, Indonesia | 92,000 | Inanición |
| 1883 | Krakatoa, Indonesia | 36,000 | Tsunami |
| 1902 | Monte Pelée, Martinica | 30,000 | Ríos de lava |
| 1985 | Nevado del Ruiz, Colombia | 25,000 | Ríos de lodo |
| 1792 | Unzen, Japón | 15,000 | Desplome del volcán |
| 1586 | Keluit, Indonesia | 10,000 | Desconocida |
| 1783 | Lakagigar (Laki), Islandia | 9,000 | Inanición |
| 1919 | Keluit, Java | 5,110 | Ahogamiento |
| 1902 | Santa María, Guatemala | 4,500 | Inanición |
| 79 | Vesubio, Italia | 3,360 | Ríos de lava |

**Zonas de peligro** De cada 10 volcanes, 9 se encuentran en los límites entre las placas de la corteza terrestre. A la zona de límites de placas que rodea el Pacífico se le llama "Cinturón de Fuego". La mayor parte de los volcanes restantes aparecen donde el magma líquido de las profundidades del manto se abre paso a través de la corteza. Estas áreas se conocen como puntos críticos. Uno de ellos dio origen a las islas hawaianas.

*Las avalanchas, los derrumbes, los tsunamis, las tormentas y las inundaciones gigantes han provocado terribles catástrofes. Si comprendemos mejor estos y otros fenómenos, aumenta nuestra capacidad de predecirlos y tomar medidas para reducir sus daños.*

## Cómo protegerse de terremotos y volcanes

- **Los movimientos de la Tierra** se vigilan con unos instrumentos llamados sismómetros, que captan las vibraciones leves que preceden a los terremotos grandes.
- **Los volcanes a veces se "hinchan"** antes de una erupción, pues asciende el magma despacio dentro de ellos. Los inclinómetros perciben esto y advierten de las erupciones inminentes.
- **Los edificios modernos** se diseñan para resistir sacudidas en lugares susceptibles a los temblores.
- Se han instalado **planes de evacuación** en los países con mayor riesgo, particularmente en EUA y Japón.

## TSUNAMIS

Todo el mundo sabe que los tsunamis son devastadores. Desde 1949 se han establecido estaciones de vigilancia de tsunamis en el Pacífico. Aunque éstas proporcionan un sistema de alarma anticipada, pueden tomarse pocas medidas, aparte de la evacuación.

### Los peores tsunamis del siglo XX

| Fecha | Lugar | Muertes calc. |
|---|---|---|
| 1960 | Agadir, Marruecos* | 12,000 |
| 1960 | Chile, Islas del Pacíf. y Japón | 5,000 |
| 1976 | Filipinas | 5,000 |
| 1933 | Japón y Hawai | 3,000 |
| 1998 | Papúa y Nueva Guinea | 3,000 |
| 1946 | Japón* | 1,088 |
| 1944 | Japón | 998 |
| 1979 | Islas Lomblem, Indonesia | 700 |
| 1979 | Colombia | 500 |
| 1946 | Hawai, Aleutianas y California | 173 |
| 1964 | Alaska, Aleutianas y California* | 122 |

* Resultado combinado de un tsunami y un terremoto

## AVALANCHAS Y DERRUMBES

Las avalanchas y los derrumbes son movimientos masivos, rápid de nieve y hielo o de tierra por efecto de la gravedad. Los desencadenan diversos factores.

- **Peso** Una nevada intensa puede añadir tanto peso a un cam de nieve inclinado, que éste se desestabilice y se deslice cuesta abajo, a menudo arrastrando rocas y árboles con él.
- **Agua** La lluvia o el agua que rezuma del suelo, si son excesiv pueden desestabilizar y lubricar la tierra en una pendiente y hace que se deslice.
- **Terremotos** Las vibraciones de los sismos pueden desestabilizar la tierra o la nieve, y ocasionar derrumbes y avalanchas.
- **Ruido** Las vibraciones causadas por ruidos fuertes llegan a p ducir avalanchas. Se sabe que los disparos en los Alpes durante Primera Guerra Mundial ocasionaron varias avalanchas.
- **Explosiones** Las avalanchas también se inician a raíz de exp siones. En muchos lugares donde son una amenaza, las provoca artificialmente con explosiones controladas.
- **Volcanes** Las erupciones a veces causan derrumbes y lahare Los lahares son ríos de lodo que se producen al mezclarse con c niza el agua de un lago de cráter, o la nieve derretida de las lader y la cima de un volcán en erupción, y deslizarse cuesta abajo.

### Las peores avalanchas y derrumbes del siglo XX

| Fecha | Lugar | Muertes calc. | Causa |
|---|---|---|---|
| 16 dic., 1920 | Gansu, China | 180,000 | Derrumb |
| 31 mayo, 1970 | Yungay, Perú | 17,500 | Derrumb |
| 13 dic., 1916 | Alpes italianos | 10,000 | Avalanch |
| 13 dic., 1941 | Huarás, Perú | 5,000 | Avalanch |
| 10 ene., 1962 | Huascarán, Perú | 3,500 | Avalanch |
| 27 sept., 1987 | Medellín, Colombia | 683 | Derrumb |
| 19 mar., 1971 | Chungar, Perú | 600 | Avalanch |
| 11 ene., 1966 | Río de Janeiro, Brasil | 550 | Derrumb |
| 15 feb., 1949 | Assam del Norte, India | 500 | Derrumb |
| 13-14 nov., 1963 | Grand Rivière du Nord, Haití | 500 | Derrumb |
| 11 ene., 1954 | Blons, Austria | 411 | Avalanch |

**Ola de destrucción** Un tsunami que azotó Alaska arrastró los barcos a tierra firme y los arrojó sobre una vía de ferrocarril.

## TORMENTAS

Tormenta es una perturbación atmosférica violenta acompañada de vientos de 90 km/h o mayores (fuerza 10 o mayor en la escala de Beaufort). En distintos lugares del mundo, y en cualquier momento, ocurren alrededor de 1,600 tormentas.

### Las tormentas más destructivas que se han registrado

| Fecha | Lugar | Muertes calc. | Nombre |
|---|---|---|---|
| 1970 | Bangladesh | 300,000-500,000 | Ciclón |
| 1731 | Calcuta, India | 300,000 | Ciclón |
| 1881 | China | 300,000 | Tifón |
| 1876 | Bakargani, Bangladesh | 215,000 | Ciclón |
| 1991 | Bangladesh | 200,000 | Ciclón |
| 1882 | Bombay, India | 100,000 | Ciclón |
| 1942 | Bangladesh | 61,000 | Ciclón |
| 1822 | Bangladesh | 50,000 | Ciclón |
| 1864 | Calcuta, India | 50,000 | Ciclón |
| 1912 | China | 50,000 | Tifón |
| 1922 | Shantou, China | 28,000 | Tifón |
| 1780 | Antillas | 24,000 | Huracán |
| **Otras tormentas** | | | |
| 1588 | Reino Unido | 20,000 | Tormenta inv. |
| 1985 | Bangladesh | 11,000 | Ciclón |
| 1906 | Hong Kong | 10,000 | Tifón |
| 1974 | Honduras | 10,000 | Huracán Fifi |
| 1985 | Filipinas | 1,363 | Tifón Ike |
| 1989 | Shaturia, Bangladesh | 1,300 | Ciclón |

**Zonas de peligro** Las tormentas graves ocurren más a menudo alrededor de la Antártida y el Polo Norte. Sin embargo, debido a la lejanía, rara vez corre peligro mucha gente. La mayoría de las tormentas en verdad devastadoras se da en los trópicos, dentro de los 23 grados a ambos lados del ecuador. Esta área incluye numerosos países y ciudades densamente poblados. Las tormentas reciben nombres diferentes, dependiendo de su ubicación.

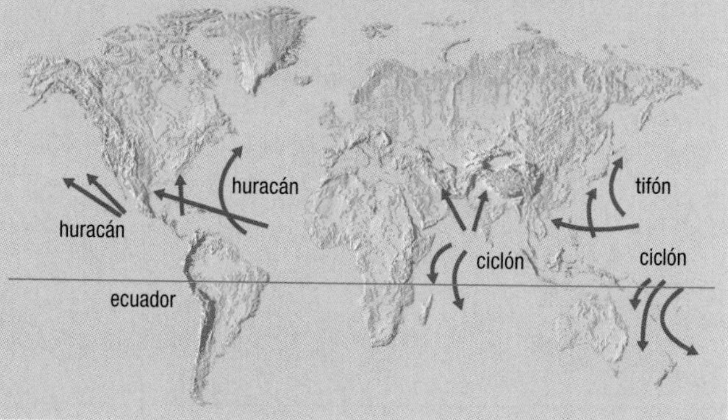


## INUNDACIONES

Las inundaciones las desencadenan las mareas altas, los tsunamis y las lluvias intensas. La deforestación agudiza las inundaciones de los ríos. Ésta es la principal causa de las inundaciones que han devastado Bangladesh en décadas recientes.

### Las peores inundaciones del siglo XX

| Fecha | Lugar | Muertes calc. |
|---|---|---|
| 1931 | Huang Ho, China | 3,700,000 |
| 1970 | Bangladesh | 300,000-500,000 |
| 1939 | Henan, China | 200,000 |
| 1911 | Chang Jiang, China | 100,000 |
| 1942 | Bengala, India | 40,000 |
| 1965 | Bangladesh | 30,000 |
| 1963 | Bangladesh | 22,000 |
| 1965 | Bangladesh | 17,000 |
| 1979 | Morvi, India | 5,000-15,000 |
| 1906 | Hong Kong | 10,000 |

### Años malos de El Niño

El Niño del invierno de 1982 a 1983 produjo sequía e incendios de arbustos en Australia, África e Indonesia; huracanes en Hawai, e inundaciones en Perú. Mató a más de 1,300 personas y ocasionó pérdidas de propiedades y medios de subsistencia calculados en 13,000 millones de dólares. El peor El Niño del siglo XX ocurrió entre 1997 y 1998, e hizo estragos en el clima mundial durante un año. California, México, Perú y Ecuador sufrieron inundaciones y aludes de lodo que mataron a cientos de personas. Indonesia y Malasia sufrieron también graves sequías e incendios forestales.

## DATOS Y CIFRAS

- La mayor lluvia registrada en 24 horas fue de 187 cm, en la isla de la Reunión, en el océano Índico, en 1952.
- En 1987 se registró una tromba marina (un remolino que absorbe agua) de 762 m frente a la costa inglesa.
- El relámpago de mayor longitud que se ha registrado midió 30 km.
- El mayor número de muertos por un rayo fue de 81. Eran los pasajeros de un jet que se estrelló el 8 de diciembre de 1963 tras ser alcanzado sobre Maryland, EUA.
- El mayor número de muertos por granizo fue de 246. Ocurrió en Moradabad, India, el 20 de abril de 1888.
- El meteorólogo australiano Clement L. Wragg empezó a nombrar huracanes en 1887.

**DATO**

**Con un tiempo anormal, el 23 de noviembre de 1981 hubo 58 remolinos en el centro de Inglaterra y el norte de Gales.**

vea también
34 **Terremotos**
36 **Volcanes**
40 **Mares y océanos**
54 **Clima**

# La vida en la Tierra

# La

# en la

# Eras de vida en la Tierra ▶ La historia de la vida de 4,600 millones de años

*Los geólogos dividen los 4,600 millones de años de historia de la Tierra en una jerarquía de intervalos, basados en los cambios principales en la formación de las rocas. Los intervalos más grandes (Paleozoico, Mesozoico y Cenozoico) se llaman eras, las cuales se dividen en periodos, como el Jurásico. Los periodos se subdividen en épocas, como el Oligoceno.*

## Precámbrica

Hace 4,600 millones de años **se formó la Tierra.**

Hace 4,500 millones de años **se formó la Luna.**

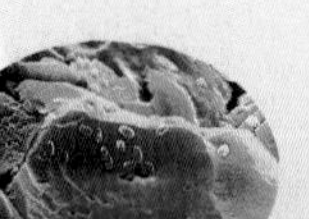

**Bacterias fósiles**

Hace 3,800 millones de años aparece **la vida.** Consiste en organismos unicelulares primitivos.

Hace 3,300 millones de años aparecen las **cianobacterias o algas verde azuladas.** Son organismos unicelulares capaces de utilizar la energía de la luz solar mediante la fotosíntesis.

**Cianobacterias fósiles**

Hace 2,100 millones de años aparecen los **primeros organismos unicelulares con núcleo.**

Hace 720 millones de años aparecen los **primeros animales pluricelulares.**

## Paleozoica

**Cámbrico** hace 550-505 millones de años

Aparecen los **trilobites y otros animales marinos con conchas duras.** Las rocas cámbricas son las primeras que contienen abundantes fósiles.

**Ordovícico** hace 505-438 millones de años

Aparecen los **primeros peces** y los primeros corales. Los peces son los primeros vertebrados.

**Pez sin mandíbulas,** ***Drepanaspis***

**Silúrico** hace 438-408 millones de años

Aparecen las **primeras plantas terrestres** y los **primeros peces con mandíbulas.**

**Devónico** hace 408-360 millones de años

Plantas terrestres y diversidad de peces. Aparecen los **primeros insectos y anfibios.**

**Carbonífero** hace 360-286 millones de años

Diversidad de anfibios y peces. Aparecen los **primeros reptiles.** Las plantas terrestres dominantes incluyen a los licopodios.

**Licopodios**

**Pérmico** hace 286-245 millones de años

**Diversidad de reptiles.** Primeras plantas con semillas. Al final del Pérmico, los trilobites se extinguen.

## Mesozoica

**Dinosaurio** ***Coelophysis***

**Triásico** hace 245-208 millones de años

Aparecen los **primeros dinosaurios.**

**Jurásico** hace 208-144 millones de años

**Progresan los dinosaurios.** Al final del Jurásico aparecen aves y mamíferos primitivos.

***Quetzalcoatlus***

**Cretácico** hace 144-65 millones de años

Primeras plantas con flores. Aparecen los **primeros mamíferos placentarios.** Entre los reptiles voladores, el gigante *Quetzalcoatlus.*

A finales del Cretácico, **una extinción en masa incluye la desaparición de los dinosaurios.**

## Cenozoica

Paleozoica

Mesozoica

Cenozoica

### Divisiones de las eras geológicas

| | |
|---|---|
| **Precámbrica** | Hace 4,600 millones-550 millones de años |
| **Paleozoica (vida antigua)** | Hace 550-245 millones de años |
| **Mesozoica (vida media)** | Hace 245-65 millones de años |
| **Cenozoica (vida reciente)** | De 65 millones de años al tiempo actual |

## Cenozoica:
**Periodo terciario hace 65-1.8 millones de años**

Terciario

**Paleoceno hace 65-57 millones de años**

Aparecen los **primeros mamíferos grandes.**

Terciario

Aparecen los **primeros caballos, camellos, roedores, elefantes y monos,** junto con los primeros murciélagos y ballenas. El *Indricotherium,* de 33 toneladas y que se alimentaba con hojas, es el mamífero terrestre más grande que ha existido.

**Se diversifican las aves y las plantas con flores.**

**Eoceno hace 57-34 millones de años**

***Indricotherium***

Terciario

Se cree que el *Aegyptopithecus,* primate del tamaño de un gato, es un **antepasado del hombre moderno.**

**Oligoceno hace 34-23 millones de años**

Terciario

***Amebelodon***

Aparecen los primeros simios, perros y osos. Abundan los mamíferos herbívoros. Entre éstos el *Amebelodon,* provisto de enormes colmillos para excavar y extraer las plantas acuáticas.

**Mioceno hace 23-5 millones de años**

**"Hombre erguido", *Homo erectus***

Los **australopitécidos, homínidos que caminaban erguidos,** aparecen y se diversifican.

**Plioceno hace 5-1.8 millones de años**

*Homo habilis* y *Homo erectus* surgen en África, y ***Homo sapiens,* primer hombre moderno,** en Europa, Asia y África.

**Pleistoceno hace 1.8 millones-10,000 años**

## Cenozoica:
**Periodo cuaternario 1.8 millones de años al presente**

Cuaternario

**Holoceno 10,000 años al tiempo actual**

## ESCALA DE TIEMPO

Si los 4,600 millones de años desde la formación de la Tierra pudieran comprimirse entre el año 1000 d.C. y la víspera del año 2000, resultarían estas fechas:

**1000** Formación de la Tierra.
**1173** Aparece la vida.
**1543** Surgen los primeros organismos unicelulares con núcleo.
**1843** Aparecen los animales multicelulares.
**1891** Brotan las primeras plantas terrestres.
**1950 a 1985** La era de los dinosaurios.
**Mediados de diciembre de 1999** Aparece el primer hombre moderno, el *Homo sapiens.*
**22 de diciembre de 1999** Aparece el hombre moderno, el *Homo sapiens sapiens.*

## FÓSILES

La historia de la evolución de la vida en la Tierra está escrita en la evidencia de los fósiles. Los fósiles son los restos de organismos vivos preservados en las rocas. Incluyen huellas y restos químicos, así como conchas y huesos petrificados. Los fósiles más antiguos conocidos datan de hace 3,500 millones de años y son bacterias descubiertas en Barberton Greenstone Belt, en el sur de África, en 1996.

Las condiciones propicias para la fosilización son muy específicas y la mayoría de los seres vivos no se fosilizan después de morir. El registro del fósil no es completo; sólo da una noción de las formas de vida que hubo en el pasado.

**Conservados en roca** Restos de plantas o animales, como estos peces *Knightia alta* que datan de hace 40 millones de años, dejan una impresión en la roca o se convierten en roca.

### Formación de los fósiles

- Para que los restos orgánicos se fosilicen deben cubrirse de inmediato con sedimento, para evitar que se descompongan o se destruyan. Por esto, la fosilización es más factible en un ambiente con una sedimentación rápida, como el mar, un lago o un pantano.
- Ya enterrados, los restos pueden disolverse y dejar un molde de la forma original en el sedimento a su alrededor. A veces, los minerales nuevos se cristalizan en el espacio y crean un "molde" del organismo.
- Las partes duras, como conchas o huesos, pueden mineralizarse o petrificarse; es decir, molécula por molécula son reemplazadas por soluciones ricas en minerales en el sedimento y se convierten en roca.
- Las partes blandas de animales o plantas suelen conservarse en sedimento muy fino o mediante la carbonización. Esto sucede cuando el oxígeno y el hidrógeno en restos orgánicos se disuelven y dejan solamente una película de carbón en la roca, con la forma del animal o planta original.

*Evolución es la idea de que los seres vivos cambian de una generación a otra, con características que favorecen la supervivencia y tienden a transmitirse. A través de los milenios, los rasgos heredados se amplían, difieren y crean la gran variedad de especies vivas actuales. La teoría de la evolución de Charles Darwin y otros, en la década de 1850, influyó más allá de los límites de la ciencia.*

## EVOLUCIÓN: UNA CARRERA BIOLÓGICA

Para comprender cómo funciona la evolución, imagine un ave que sólo come una especie de escarabajo y que vive en hoyos profundos que excava en la tierra.

Para comer, el ave mete el pico en hoyos largos y angostos. Las aves con picos más delgados y largos son más aptas para sobrevivir y procrear, que las de picos más cortos y gruesos. En la futura generación, la mayoría tendrá genes para pico largo y delgado.

Es menos factible que los escarabajos con predisposición natural a tener escondrijos más profundos sean comidos. Es muy posible que los de la futura generación tengan genes con esta cualidad.

**Transmisión de la mejoría** El resultado, después de cientos de generaciones, es que los picos de las aves serán más largos y delgados, mientras que el túnel de los escarabajos estará más lejos de su alcance. Podría parecer que el pico del ave está diseñado para atrapar escarabajos y que éstos tienen una estrategia para evitar a las aves. Sin embargo, esto es una ilusión creada por el valor relativo natural a favor de una característica en ambos animales.

Esto es lo que Darwin llamó "selección natural". La naturaleza "selecciona" aves con picos más largos y escarabajos que caven profundo, y asegura que la carrera armamentista biológica continúe.

## SELECCIÓN NATURAL EN ACCIÓN

En general, la evolución es un proceso a largo plazo, pero en ocasiones se observa en acción. Por ejemplo, la polilla moteada británica alteró su apariencia en un periodo bastante corto, en respuesta al cambio de las condiciones ambientales causado por la Revolución Industrial.

Antes de la industrialización, esta polilla era gris y moteada; se camuflaba en los árboles cubiertos de líquenes donde vivía. En la década de 1850, surgió una variedad más oscura en Manchester, donde la contaminación mató los líquenes de los árboles y oscureció su corteza. En estas circunstancias, la polilla más oscura se ocultaba mejor que la moteada y pronto se esparció por la Inglaterra industrial.

Ambos tipos existen hoy y aún son la misma especie, pero una u otra se desenvuelve mejor en diferentes áreas.

**Cambio con el tiempo** En un medio ambiente oscurecido por el hollín, la forma más oscura de polilla moteada (arriba) se adaptó mejor para sobrevivir.

**Evolución divergente** La evolución divergente (conocida también como radiación adaptativa) es el proceso mediante el cual varias especies evolucionan de una especie ancestral común.

**Evolución divergente en acción** Las variadas especies de pinzones de las islas Galápagos, cerca de Ecuador, en América del Sur, son un ejemplo famoso de evolución divergente (el estudio de Darwin de estas aves contribuyó a que formulara su teoría de la evolución por selección natural). La población original la formaban algunas aves de una especie, que volaron desde el continente. Estas aves se diseminaron en las islas, donde nuevas poblaciones se adaptaron a los diferentes tipos de comida y medio ambiente. Evolucionaron gradualmente nuevas especies de pinzones, con picos de diferentes formas, de acuerdo con cada tipo de alimento.

**Forma cambiante** Los pinzones de las Galápagos evolucionaron con diferentes formas de picos, según las distintas fuentes de alimento. Un pico más resistente es mejor para abrir semillas y un pico más delgado facilita atrapar insectos.

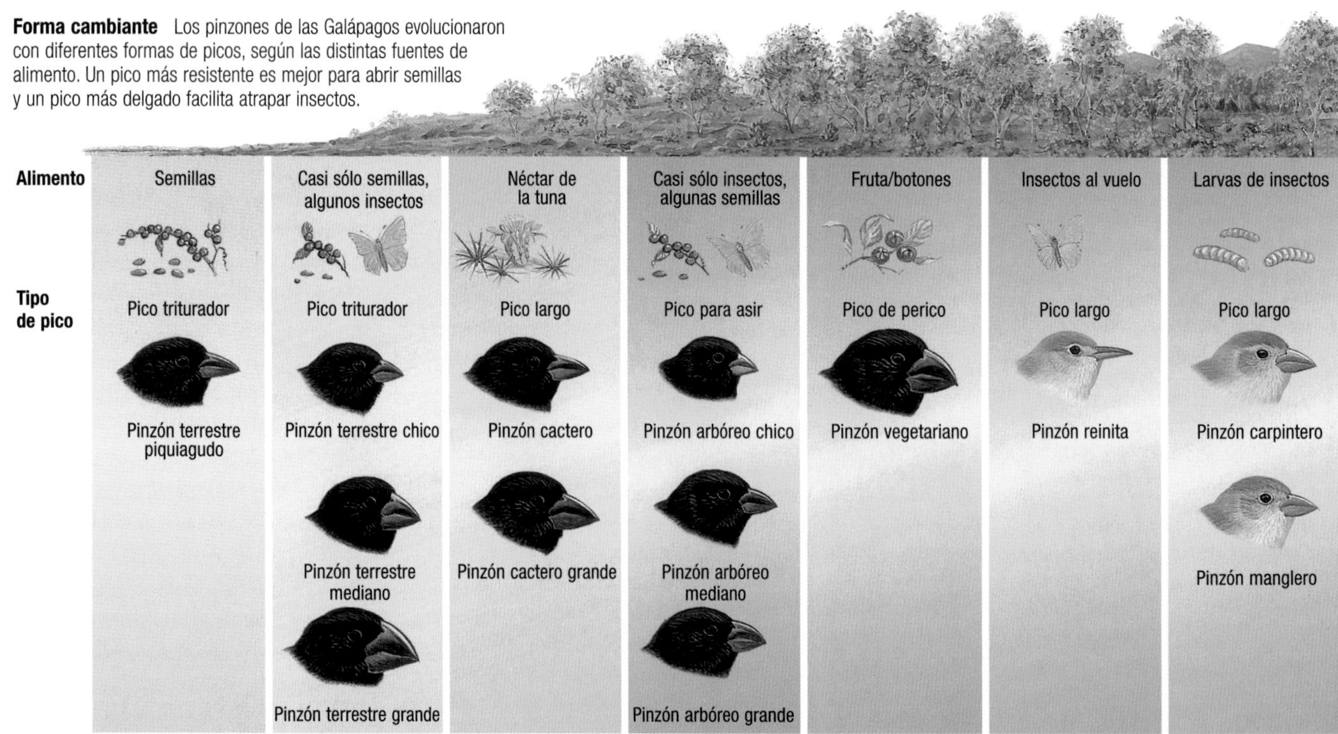

## Principales extinciones: las cinco grandes

Cambios ambientales repentinos causaron extinciones en masa. Los científicos identifican cinco eventos principales:

1. **Final del Ordovícico** (hace 438 millones de años) El enfriamiento global ocasionó la extinción de 70% de la vida marina.
2. **Final del Devónico** (hace 365 millones de años) El nivel del mar bajó bastante y causó la extinción de muchos invertebrados marinos y peces.
3. **Final del Pérmico** (hace 245 millones de años) La formación de la Pangea supercontinental y la disminución del nivel del mar causó la extinción de 96% de las especies marinas.
4. **Final del Triásico** (hace 208 millones de años) Una baja del nivel del mar causó la extinción de 40% de todas las especies.
5. **Cretácico-Terciario** (hace 65 millones de años) El impacto de un meteorito y gran actividad volcánica causaron la extinción de 70% de las especies animales, incluyendo los dinosaurios.

Quizá estemos experimentando una extinción en masa, como resultado de las actividades humanas. Si continúa el ritmo actual de extinción, la mitad de las especies conocidas del mundo habrá desaparecido a finales del siglo XXI.

**En el aire** Las alas han evolucionado más de una vez en la historia de la vida en la Tierra, aunque no siempre de la misma manera. La estructura esquelética que sostiene las alas de aves y de murciélagos es totalmente distinta.

**Evolución convergente** Características similares suelen desarrollarse en especies no relacionadas. Esta evolución convergente sucede cuando las dos especies desarrollan una solución al mismo problema de estilo de vida o ambiental. A menudo, la anatomía en que se basan estas características es diferente en cada especie.

**Evolución convergente en acción** Las alas de los murciélagos y de las aves son ejemplo de evolución convergente. Son similares (cualquier animal que vuela está dotado de algo similar a unas alas), pero la estructura implícita es muy diferente: los huesos alargados de los dedos sostienen las alas de los murciélagos, mas no las de las aves. Otro ejemplo es la forma de tiburones y delfines, que no están relacionados, aunque ambos tienen aletas y cuerpos hidrodinámicos ligeramente curvos adaptados para la vida acuática.

vea también
64 **Eras de vida en la Tierra**
86 **Últimos días de los dinosaurios**
348 **Pensadores científicos**
532-537 **Biología**

## Cómo surgen nuevas especies

Los miembros de una misma especie pueden aparearse y producir hijos fértiles. Si parte de una población se aísla de tal manera que evite que procree con el resto, y los dos grupos experimentan diferentes condiciones de vida, la selección natural hará que evolucionen en formas distintas. Finalmente, las diferencias genéticas entre los dos grupos serán tan grandes que, incluso si se reúnen de nuevo, no podrán reproducirse unos con otros, y habrán evolucionado dos especies distintas.

## TÉRMINOS CLAVE

- **Aptitud física** La habilidad de un organismo para sobrevivir y reproducirse; es una medida del éxito reproductivo.
- **Darvinismo** La teoría de que la selección natural es el mecanismo de la evolución.
- **Especiación** El desarrollo de nuevas especies, que ocurre cuando poblaciones diferentes de la misma especie evolucionan de manera distinta y bajo la influencia de condiciones ambientales diferentes.
- **Evolución** Un cambio en la composición genética de una población a través del tiempo.
- **Neodarvinismo** La aplicación del conocimiento genético moderno a la teoría de Charles Darwin.
- **Población** Grupo de individuos que se reproducen entre sí y que ocupa una región geográfica definida, como cierta especie de peces en un lago.
- **Selección natural** La tendencia a preservar durante generaciones las variaciones que son útiles.
- **Supervivencia del más apto** Término acuñado por Herbert Spencer, filósofo inglés del siglo XIX, para describir la supervivencia de los organismos mejor adaptados para existir en su medio ambiente.

# Origen de la vida

**Cómo se convirtió la Tierra en un planeta con vida**

*Se desconoce la receta del origen de la vida, pero los ingredientes probables fueron metano, bióxido de carbono, amoniaco y agua en la atmósfera y los mares de la Tierra. La acción de la radiación ultravioleta o los relámpagos quizá mezclaron estas sustancias químicas en aminoácidos, componentes básicos de la proteína y los seres vivos.*

## ¿QUÉ ES LA VIDA?

Cualquier cosa viva y no muerta o inanimada:

- **metaboliza,** realiza procesos químicos relacionados con producción de energía o eliminación de desechos.
- **crece** y se desarrolla.
- **responde a estímulos** como la luz o el calor.
- **se reproduce** sexual o asexualmente.

Las formas más simples de vida son unicelulares; tienen:

- **membranas celulares** que las aíslan del ambiente y permiten que entre y salga de cada célula el flujo selectivo de sustancias químicas.
- **habilidad para usar** o producir energía.
- **material genético** que les permite reproducirse.

**Hace más de 4,500 millones de años**
La delgada superficie de la Tierra es inestable y caliente. La sacuden los volcanes y los sismos y la bombardean los meteoritos. La atmósfera no contiene oxígeno. Está compuesta de hidrógeno y pequeñas cantidades de los gases helio, criptón y xenón.

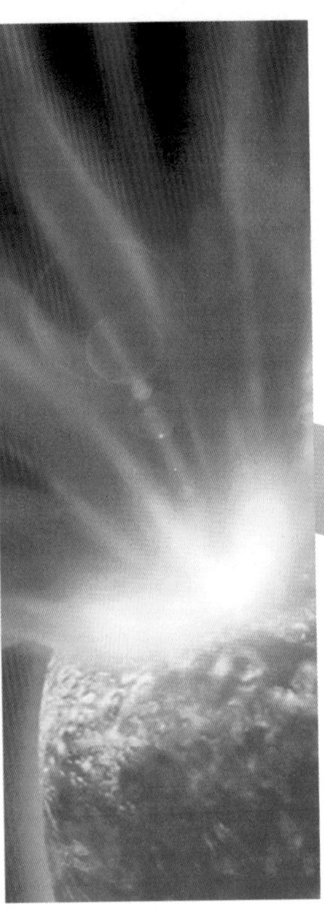

**Hace 4,500 millones de años**
Según una teoría, un gran cuerpo rocoso se estrella contra la Tierra, destruye la primera atmósfera y desencadena más vulcanismo. La Luna se forma con restos de la colisión.

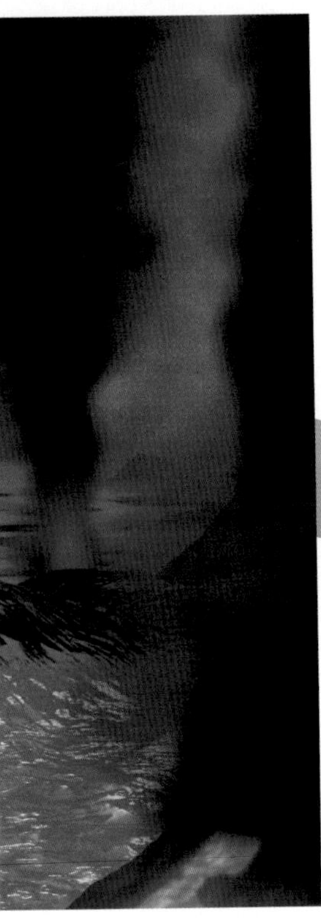

**Hace 4,350 millones de años**
Los gases volcánicos y el vapor de agua liberados por la colisión crean una nueva atmósfera rica en hidrógeno.

**Hace 3,800 millones de años**
Aparecen las primeras formas de vida, quizá alrededor de las chimeneas volcánicas en el lecho oceánico y en las fumarolas hidrotermales, donde hay buen abastecimiento de minerales y calor. Consisten en arqueobacterias unicelulares, con estructura muy simple, sin núcleo y que pueden existir sin oxígeno. Estos organismos quizá usaron el sulfuro de hidrógeno de las chimeneas volcánicas como su fuente de energía.

## Vida en un tubo de ensayo

Es probable que la vida se formara en condiciones de calor o frío extremos. Los experimentos de laboratorio han dado evidencia de ambas teorías.

**Calor extremo** En 1953, los científicos estadounidenses Stanley Miller y Harold Urey pasaron una corriente eléctrica para estimular relámpagos a través de una mezcla de compuestos que se cree estuvo presente en los primeros mares y atmósfera de la Tierra. Los aminoácidos, la base de la proteína, estaban entre las nuevas sustancias formadas.

**Frío extremo** En la década de 1960, otro estadounidense, Leslie Orville, congeló una mezcla similar de sustancias químicas; se creó un compuesto que forma parte del ADN y que sugiere que la vida pudo desarrollarse durante una de las varias edades de hielo que ocurrieron en los millones de años de la historia temprana de la Tierra.

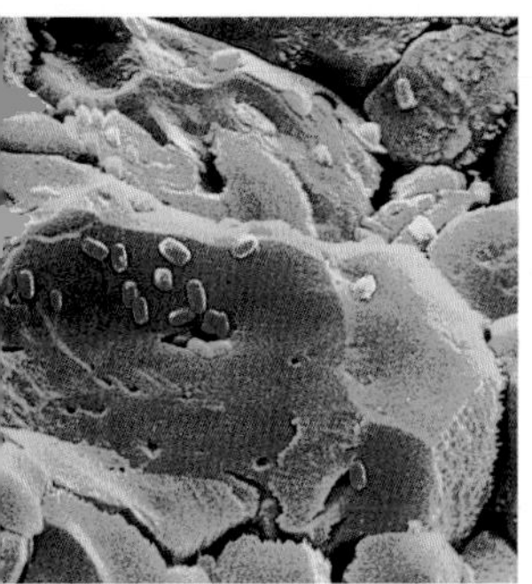

**Primeros fósiles** La evolución de formas vivas de sustancias químicas orgánicas ocurrió poco después de la formación de la Tierra. Los fósiles de bacterias de hace 3,500 millones de años (a la izq. en una imagen obtenida con microscopio de barrido) son parte de la evidencia más antigua de vida en la Tierra, que sugiere que aquélla se inició 700 millones de años después de haberse formado el planeta.

## La aparición del núcleo

Las primeras formas de vida eran células solas, sin núcleo, llamadas procariotas. A medida que la vida evolucionó, diferentes partes de la célula realizaron funciones especializadas específicas (por ejemplo, la respiración) con el material genético enfocado en un área llamada núcleo, rodeado por una membrana. Las células con núcleo se llaman eucariotas. Están más organizadas que las células procariotas, que les dieron el potencial para evolucionar en formas de vida más complejas.Toda vida multicelular es eucariota y todas las bacterias son procariotas.

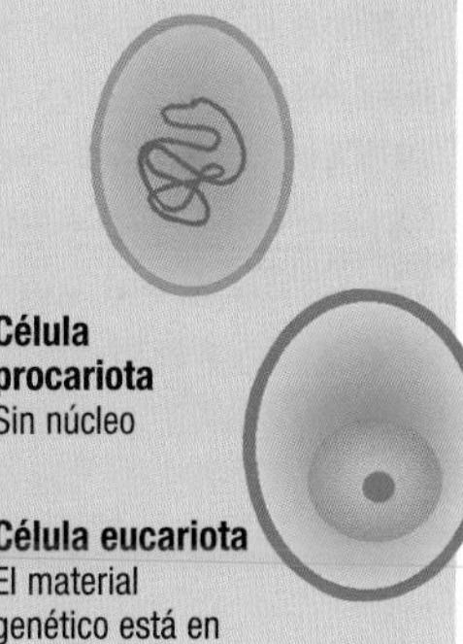

**Célula procariota** Sin núcleo

**Célula eucariota** El material genético está en un núcleo

### Hace 3,500 millones de años

Algunos organismos producen clorofila, que les permite crear energía mediante la fotosíntesis. Estas cianobacterias (algas verde azuladas) se diseminaron en ambientes acuáticos en la superficie de la Tierra. Con el tiempo, el exceso de oxígeno que liberaron empezó a acumularse en la atmósfera de la Tierra.

### Hace 2,100 millones de años

La cantidad de oxígeno en la atmósfera corresponde al 1% del nivel actual, apto para el desarrollo de organismos que respiran y usan oxígeno como combustible para sus procesos metabólicos. Una capa de ozono, creada por la mezcla de moléculas de oxígeno, se forma en la atmósfera superior. Surgen las células eucariotas, con núcleo.

### Hace 720 millones de años

Algunas células eucariotas viven en grupos. Con el tiempo, realizan funciones especializadas para la colonia, como la respiración, hasta no poder existir solas, pues son parte de un organismo multicelular. Se desarrollan nuevas especies, incluyendo las primeras partes exoesqueléticas duras, hace 600 millones de años.

### Hace 420 millones de años

El oxígeno en la atmósfera aumenta a 10% de los niveles actuales, aumentando durante los siguientes 100 millones de años. La capa de ozono se engruesa y actúa como un filtro de los rayos ultravioleta del Sol, dañinos para la vida. Esto hace habitable la superficie de la Tierra. Aparecen las primeras plantas terrestres.

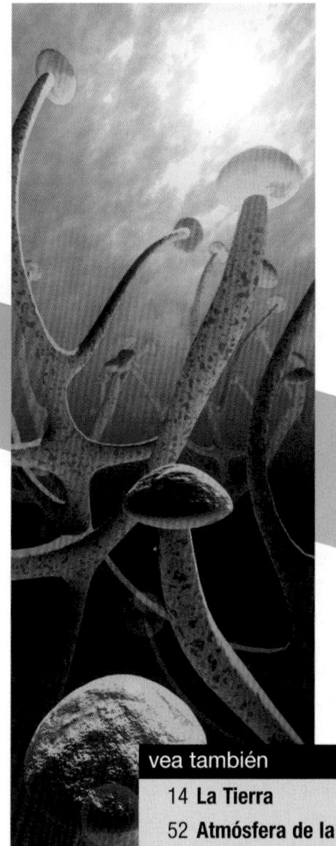

**Estromatolitos** Estructuras redondas formadas por esteras de cianobacterias (algas verde azuladas) son la prueba fósil más común de la primera vida. Estos estromatolitos modernos (izq.) se encontraron en Australia.

vea también
14 **La Tierra**
52 **Atmósfera de la Tierra**
70 **Evolución de las plantas**

# Evolución de las plantas ▶ El enverdecimiento de la Tierra

*Las plantas y sus antecesores fueron las primeras formas de vida que colonizaron la Tierra. Evolucionaron de organismos unicelulares simples a la variedad de plantas que conocemos hoy, incluyendo helechos, musgos, coníferas y plantas con flores. La vegetación es la que sustenta la vida en la Tierra, al dar alimento y al crear y mantener nuestra atmósfera.*

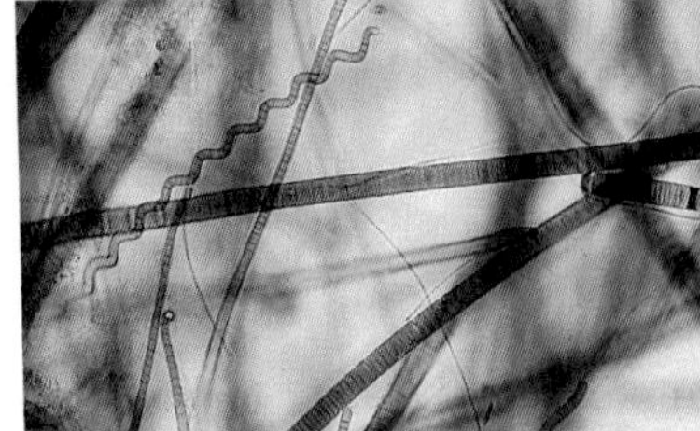

**Algas verdes** Una primera forma simple de planta que aún existe.

## ¿QUÉ ES UNA PLANTA?

Las plantas comparten algunas características con todos los seres vivos. Al igual que los animales:

- se componen de células con un **núcleo.**
- pueden **respirar** y utilizan el oxígeno de la atmósfera para su metabolismo.
- pueden **reproducirse**.

Las plantas difieren de los animales en que:

- carecen de **movilidad,** están enraizadas.
- crean su propio alimento mediante la **fotosíntesis** (vea pág. 74).
- tienen **paredes celulares de celulosa,** que dan estructura y sostén.
- carecen de **órganos sensoriales** especializados y de **sistema nervioso.**

PRECÁMBRICO

Hace 3,500 millones de años
Surgen **cianobacterias (algas verde azuladas)** que hacen fotosíntesis.

Hace 1,000 millones de años
Surgen **algas verdes que realizan la fotosíntesis.**

550

Hace 550-505 millones de años
Aparecen **algas verdes y algas marinas multicelulares más grandes,** y algunas algas rojas y cafés.

CÁMBRICO

505

Hace 500 millones de años
**Las primeras plantas terrestres** empiezan a colonizar los pantanos.

ORDOVÍCICO

438

Hace 433 millones de años
Evolucionan las **primeras plantas vasculares.**

SILÚRICO

408

Hace 408 millones de años
Aparecen las primeras **plantas con semillas** que ya no necesitan agua para reproducirse.

DEVÓNICO

360

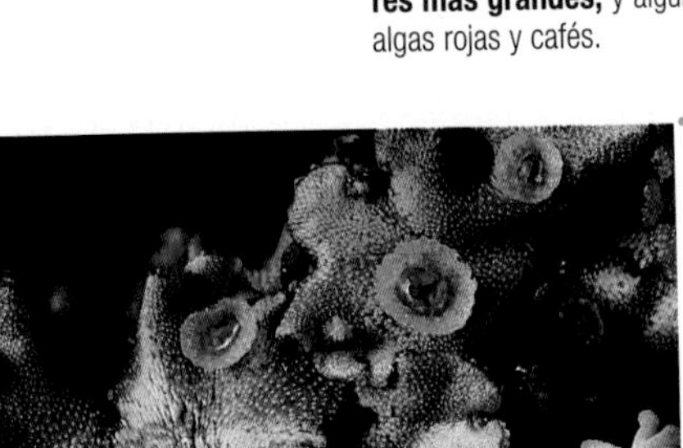

**De antiguo linaje** Junto con el musgo, las hepáticas (izq.) son los descendientes vivos más directos de las primeras plantas terrestres.

## Licopodios

**Los licopodios simples, con hojas chicas,** son plantas vasculares que florecieron en las condiciones cálidas del periodo Carbonífero, similares a las del pantano. Algunas habían cambiado de sus formas rastreras a árboles grandes con ramas. Estos licopodios más grandes (de hasta 45 m de altura) tenían troncos muy gruesos con médula central de madera y sistemas de raíces poco profundos, que se extendían para fijarlos en el lodo. Muchas de estas plantas gigantes demasiado particulares se extinguieron al secarse los pantanos al final del periodo Carbonífero. Los licopodios que sobrevivieron son más chicos que sus antepasados.

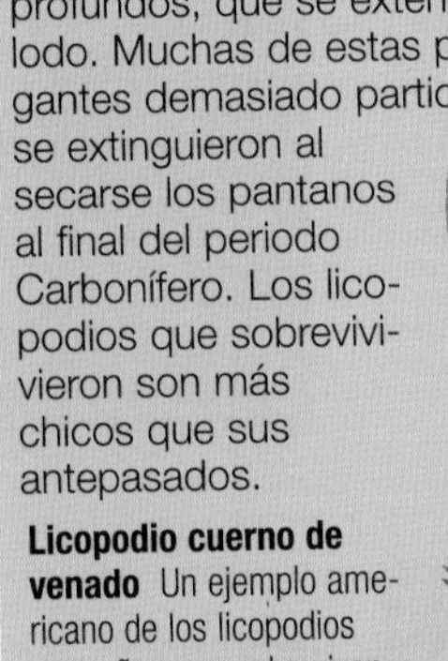

**Licopodio cuerno de venado** Un ejemplo americano de los licopodios pequeños que sobreviven.

## Aprendiendo a vivir en la tierra: plantas vasculares

Las primeras plantas quizá evolucionaron de algas marinas y otras algas verdes llevadas a la playa por la marea y que se adaptaron gradualmente a la vida en el desafiante medio ambiente fuera del agua. Estos habitantes pioneros de la tierra no podían sobrevivir en condiciones totalmente secas, y al principio vivieron en pantanos y estanques y alrededor de éstos. Eran plantas pequeñas, carecían de raíces y dependían del agua a su alrededor para tener humedad.

Para sobrevivir en tierra seca, las plantas desarrollaron gradualmente formas para evitar secarse, adquiriendo celulosa extra que engrosó sus paredes celulares y un sistema de transporte interno tubular, a lo largo del cual el agua y los nutrientes podían recorrer la planta. Para obtener agua y minerales de la tierra con este sistema, desarrollaron también raíces, que las sostuvieron con firmeza en un lugar. Se llaman **plantas vasculares.** Estas primeras plantas se reproducían mediante células reproductoras especiales llamadas esporas.

## Helechos

**Los helechos crecieron** en los pantanos carboníferos, en las áreas más secas. Su tamaño variaba: algunos medían menos de 1 m de altura y otros hasta 18 m. Tienen sistemas de raíces extensos y hojas especiales, conocidas como frondas, que producen esporas en su parte inferior. Los helechos producen grandes cantidades de esporas y algunas especies se pueden reproducir también en forma vegetativa. Esta flexibilidad los convirtió en una de las plantas más exitosas de la Tierra.

**Helechos modernos** En el Carbonífero, los helechos dominaron la vegetación de la Tierra. Aún están muy propagados, con 100,000 especies conocidas.

## HONGOS

**Hongos modernos** Los hongos aparecieron en la tierra hace 400 millones de años.

Los hongos no son ni plantas ni animales, sino que se agrupan en su propio reino (fungi). Hay unas 100,000 especies de hongos en existencia.

Aunque muchas especies crecen como plantas, no pueden efectuar la fotosíntesis en su alimento. Algunas viven como parásitos, otras descomponen la materia muerta en nutrientes que absorben. Junto con las bacterias, los hongos son responsables de la descomposición de la materia muerta, que ayuda a limpiar el planeta al reciclar las sustancias químicas que la componen. La parte de un hongo que vemos es su órgano, que produce esporas microscópicas. La parte principal, unos tubos delgados o hifas, conocida como el micelio, permanece bajo tierra.

Un micelio puede cubrir un área enorme. En un bosque norteamericano, uno se extendió 15 ha. Algunos hongos, como las levaduras, son microscópicos y unicelulares.

## Plantas con flores

Las plantas con flores, o angiospermas, aparecieron a finales del periodo Jurásico y ahora dominan el mundo de las plantas. La clave de su éxito es su habilidad para usar diferentes métodos de reproducción (vea pág. 75) y para colonizar casi todo medio ambiente de la Tierra. Cuatro de cada cinco plantas actuales son angiospermas.

**Protea sudafricana** Las primeras flores aparecieron en la era de los dinosaurios.

-286 millones
icopodios y hele-
inan la vegetación.

CARBONÍFERO · 286 · PÉRMICO · 245 · TRIÁSICO · 208 · JURÁSICO · 144 · CRETÁCICO · 65

Hace 285 millones de años Surgen las **primeras coníferas.**

Hace 286-245 millones de años Las **colas de caballo** son las plantas terrestres dominantes, con muchas variedades.

Hace 245-208 millones de años Surgen los **primeros helechos modernos.** Las colas de caballo aún predominan.

Hace 208-144 millones de años Empiezan a establecerse **bosques de helechos y coníferas.**

Hace 144-65 millones de años Las **plantas con flores** dominan el medio ambiente.

## Colas de caballo

**Las colas de caballo gigantes, como árboles,** aparecieron primero en los pantanos del periodo Carbonífero. De éstas surgieron variedades más pequeñas y dominaron el mundo de las plantas del Triásico. Caracterizadas por hojas chicas y angostas y tallos nudosos huecos con textura acanalada, crecieron altas para competir con éxito por la luz solar para efectuar la fotosíntesis y alimentarse. Finalmente, la mayoría resultaron demasiado especializadas para adaptarse al cambio y se extinguieron.

**La última cola de caballo** *Equisetum* es el único género sobreviviente.

## ¿Esporas o semillas?

Las primeras plantas vasculares se reprodujeron mediante esporas, que requieren condiciones húmedas para fertilizarse. Las primeras plantas que se reprodujeron mediante semillas, sin necesidad de agua para la fertilización, aparecieron en el Devónico. Las cubiertas de las semillas protegen el embrión latente de la planta, que sobrevive hasta que haya condiciones adecuadas para la germinación. Con estas ventajas las plantas con semillas pudieron colonizar un mayor número de hábitats.

vea también
74 **Vida vegetal**
532-537 **Biología**

*La vida de las plantas es muy variada, desde microscópicas células únicas hasta los seres vivos más grandes de la Tierra, las secoyas gigantes de California. La vegetación se encuentra en casi todos los ambientes de la Tierra y es esta gran diversidad la clave de su éxito. Las plantas pueden vivir muchos años. En las montañas Rocosas de América del Norte hay* Pinus longaeva *de 4,600 años.*

**Florecimiento** Las magnolias fueron de las primeras plantas con flores.

## ALGAS VERDES

Clorofitas
40,000 especies

**Características:**

- Desde especies unicelulares a multicelulares.
- Contienen clorofila y efectúan la fotosíntesis (vea pág. 74).
- Producen 70% de todo el oxígeno liberado en la atmósfera mediante la fotosíntesis.
- Viven en agua o ambiente húmedo.
- Se reproducen asexual y sexualmente (vea pág. 75).

## HEPÁTICAS, CERATÓFILOS Y MUSGOS

Briofitas
29,000 especies

**Características:**

- Las plantas terrestres más simples.
- No poseen tejido vascular (vea pág. 74).
- Carecen de raíces y hojas distintivas.
- Chicas, cerca del suelo; suelen crecer sobre otras plantas.
- Dependen de la humedad circundante para obtener agua.
- Sólo viven en sitios húmedos.
- Reproducción por esporas (vea pág. 71).

## HELECHOS, LICOPODIOS, COLAS DE CABALLO

Pteridofitas
13,000 especies

**Características:**

- Descienden directamente de las plantas terrestres más simples.
- Son plantas vasculares (vea pág. 70).
- Poseen raíces.
- Los helechos tienen hojas especiales: frondas.
- Necesitan humedad para reproducirse; no dependen del agua de la superficie como las hepáticas y los musgos.
- Reproducción por esporas (vea pág. 71).

## CONÍFERAS

Gimnospermas
936 especies

**Características:**

- Poseen un sistema vascular complejo (vea pág. 74).
- Tienen un sistema de raíces extenso.
- Polinizadas por el viento (vea pág. 75).
- Reproducción por semillas (vea pág. 71).
- Suelen producir las semillas en una estructura de cono.
- No producen flores ni frutos.

## PLANTAS CON FLORES

Angiospermas
250,000 especies

**Características:**

- Es el grupo de plantas más exitoso.
- Están en casi cualquier hábitat.
- Poseen gran variación en tamaño, forma y estructura.
- Tienen un sistema vascular complejo (vea pág. 74).
- Producen flores.
- Polinizadas por animales, viento y agua (vea pág. 75).
- Se reproducen por semillas (vea pág. 71).
- Las semillas se desarrollan en un ovario, que se hincha y se convierte en fruto.

## Conos

**Las coníferas producen conos** que se desarrollan de los órganos sexuales femeninos después de la polinización, del mismo modo que frutos, nueces y cápsulas de semillas se desarrollan de las flores de las plantas. Los conos protegen a las células femeninas polinizadas (fertilizadas) mientras se desarrollan en semillas. Cuando éstas están maduras y hay condiciones adecuadas para que se dispersen, los conos se abren para liberarlas. Las coníferas son un grupo antiguo y los conos han cambiado poco en los 290 millones de años desde su aparición, por su exitoso diseño.

**Muy abierto** Este cono de pino escocés *(Pinus silvestris)* esparció sus semillas.

**Diseño antiguo** El cono de la araucaria *(Araucaria araucaria)* no ha cambiado desde el periodo Jurásico.

**Muy cerrado** Cono de abeto gigante *(Abies grandis)* cerrado con semillas.

Las plantas con flores se dividen en dos grupos, según el número de hojas con semillas *(cotiledones)* que producen. La hoja con semillas es una estructura en el embrión de la planta y suele almacenar alimento para el embrión; brota del suelo como las primeras hojas de la semilla que germina.

### DE UN COTILEDÓN

Monocotiledóneas
Unas 50,000 especies

- Las semillas producen un cotiledón al germinar.
- Las hojas tienen venas que corren paralelas a lo largo.
- Tejido vascular esparcido por el tallo.
- Incluyen lirios, hierbas y muchos cereales; entre los árboles, están las palmas con frutos.

### DE DOS COTILEDONES

Dicotiledóneas
Unas 200,000 especies

- Las semillas producen dos cotiledones al germinar.
- Más complejas que las monocotiledóneas.
- Venas extendidas como red por las hojas.
- Tejido vascular forma anillo alrededor del tallo.
- Incluyen casi todas las plantas con flores y árboles de madera dura, como el roble, el limero y la haya.

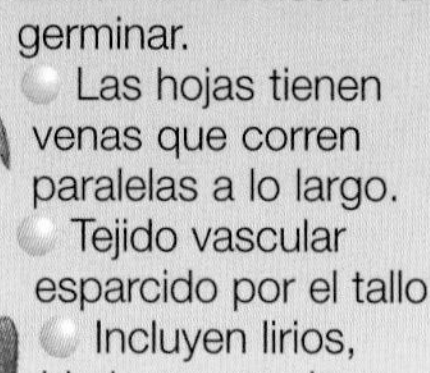

**Hoja angosta** Las monocotiledóneas tienen hojas alargadas.

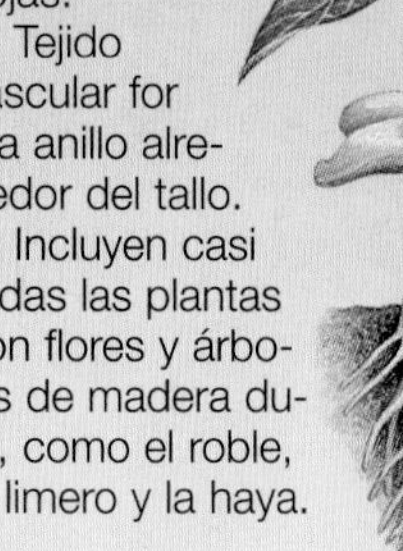

**Hoja ancha** Las hojas de las dicotiledóneas (der.) son anchas con bordes redondeados.

### El alga marina más larga

El kelp gigante del Pacífico *(Macrocystis pyrifera)* es el alga marina más grande del mundo. Tiene frondas que pueden crecer hasta 60 m de longitud. Son capaces de alcanzar esta longitud en sólo un año, lo que hace que esta planta de aguas costeras sea la forma de vida marina que crece con mayor rapidez.

### La flor más ancha

Las flores solas más anchas pertenecen a la planta rafflesia *(Rafflesia arnoldii)*, que vive en las selvas tropicales del sureste de Asia. Tienen un ancho de 91 cm y pesan hasta 15 kg. Para atraer a las moscas (como polinizadoras) despiden un olor hediondo, similar al de la carne podrida.

### La semilla más grande

La rara palma coco de mar *(Lodoicea maldivica)* produce las semillas más grandes de cualquier planta existente. Cada una pesa hasta 20 kg y tarda 10 años en madurar. En el pasado, los marinos pensaban que esas semillas crecían en el fondo del mar. En realidad, la palma crece en las Seychelles, en el océano Índico.

### La flor más alta

La flor más alta pertenece al Titan arum *(Amorphophallus titanum)* de Sumatra. Con una altura de hasta 2.60 m, apesta a pescado podrido, lo que atrae a los insectos que ayudan a polinizarla. La flor crece varios centímetros al día y se marchita dos días después de alcanzar su tamaño total.

### El capítulo más alto

Las flores de algunas plantas crecen en ramilletes llamados capítulos. El capítulo más alto es el de la puya gigante *(Puya raimondii)* de Bolivia. Puede alcanzar una altura de más de 10 m y contener hasta 8,000 flores separadas. Las plantas de puya viven 150 años antes de formar este capítulo y luego mueren.

vea también
70 **Evolución de las plantas**
74 **Vida vegetal**
532-537 **Biología**

*Las plantas necesitan luz, agua, tierra y temperatura adecuadas para medrar. El Sol proporciona luz y calor, y su energía se usa también para producir alimento mediante la fotosíntesis. El agua, junto con los nutrientes esenciales y minerales como nitrógeno, potasio y magnesio, se obtiene de la tierra a través de las raíces. El agua se utiliza también en la fotosíntesis y crea un aumento de presión dentro de las células de la planta, llamada presión de turgencia. Sin esto, las paredes celulares se colapsarían y la planta se marchitaría y moriría.*

**Hojas**
En las hojas está la mayor concentración de clorofila y se lleva a cabo casi toda la fotosíntesis vegetal. También regulan la pérdida de agua a través de aberturas llamadas estomas, localizadas en su parte inferior, que se abren y se cierran para liberar o retener agua.

**Xilemas**
El agua y los minerales disueltos van de las raíces a las hojas a través de los tubos huecos llamados xilemas. La lignina refuerza los tubos, los fortalece e impermeabiliza.

**Floemas**
El alimento y los aminoácidos formados en las hojas recorren los tallos y las raíces a través de los floemas.

**Tallo**
Excepto las plantas más primitivas, todas las plantas tienen un sistema de tubos, llamado tejido vascular, que lleva el agua y los nutrientes a la planta. Hay dos conjuntos separados de tubos (xilemas y floemas).

## FOTOSÍNTESIS

La fotosíntesis es el proceso mediante el cual las plantas usan la energía del Sol para transformar en alimento las sustancias simples a su alrededor.

La clave de este proceso es el pigmento verde clorofila, sustancia que se encuentra en los cloroplastos (pequeñas estructuras en las hojas de las plantas). Absorbe la energía de la luz del Sol y la utiliza para mezclar el agua de la tierra y el bióxido de carbono del aire, para producir el alimento azucarado llamado glucosa. El oxígeno se libera en la atmósfera como un subproducto. Casi todo el oxígeno de la atmósfera (del que depende la vida en la Tierra) se crea por fotosíntesis.

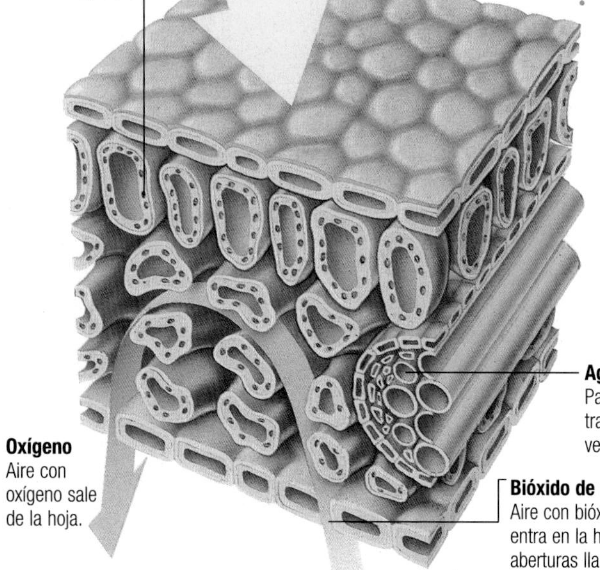


**Agua**
Pasa a la hoja a través de sus venas.

**Oxígeno**
Aire con oxígeno sale de la hoja.

**Bióxido de carbono**
Aire con bióxido de carbono entra en la hoja por las aberturas llamadas estomas.

**Tubérculos**
Algunas plantas tienen protuberancias nudosas en las raíces, que contienen bacterias que absorben y convierten (fijan) el nitrógeno de la atmósfera en amoniaco ($NH_3$), que la planta utiliza para crear nitratos y aminoácidos.

**Raíces**
Una red de raíces fija la planta en el suelo. Las raíces también absorben agua y minerales esenciales de la tierra y pueden almacenar nutrientes. Varían bastante en tamaño y número, de acuerdo con el tamaño de la planta y las condiciones bajo las que se desarrolla.

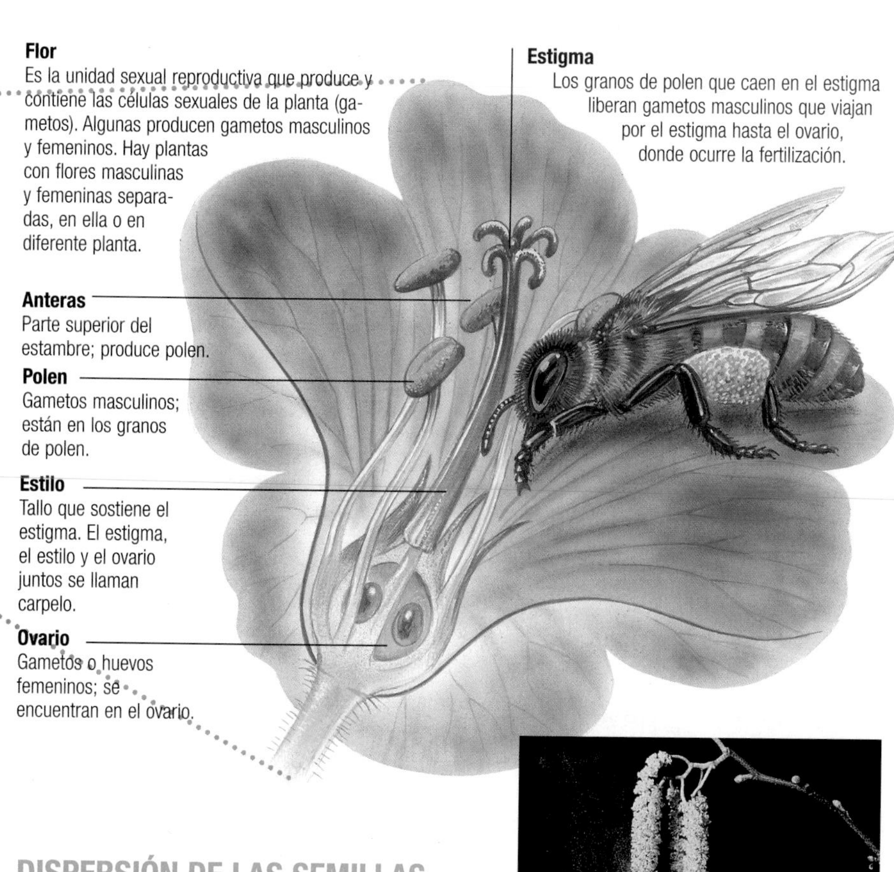

**Flor**
Es la unidad sexual reproductiva que produce y contiene las células sexuales de la planta (gametos). Algunas producen gametos masculinos y femeninos. Hay plantas con flores masculinas y femeninas separadas, en ella o en diferente planta.
**Estigma**
Los granos de polen que caen en el estigma liberan gametos masculinos que viajan por el estigma hasta el ovario, donde ocurre la fertilización.
**Anteras**
Parte superior del estambre; produce polen.
**Polen**
Gametos masculinos; están en los granos de polen.
**Estilo**
Tallo que sostiene el estigma. El estigma, el estilo y el ovario juntos se llaman carpelo.
**Ovario**
Gametos o huevos femeninos; se encuentran en el ovario.


## POLINIZACIÓN

**Al transferir el polen** de las anteras al estigma, una excrecencia de granos de polen pasa a través del estilo hasta el ovario. Los gametos masculinos viajan por el tubo para fertilizar las células del huevo dentro del ovario. La autopolinización se da cuando el polen es de la misma planta. La polinización cruzada ocurre cuando el polen es de otra planta.

Especies con flores masculinas y femeninas en plantas separadas sólo tienen polinización cruzada. Algunas flores con partes masculinas y femeninas se polinizan o tienen polinización cruzada. Otras tienen mecanismos que evitan la autopolinización.

El viento y los animales, como las abejas, transportan el polen.

**Por el viento** El polen movido por el viento es suave y ligero, lo que aumenta su flotación en el aire. El viento transporta el polen de la mayoría de hierbas y árboles.

**Por animales** Es un método más confiable y directo. Favorece la fertilización cruzada, que ayuda a aumentar la variedad genética de una especie. Los animales polinizadores generalmente son invertebrados o pequeños mamíferos. El polen es grande y áspero, para pegarse al cuerpo del polinizador. Al visitar varias flores, el animal recoge y deposita el polen. El color, la forma, el aroma y la promesa del néctar de las flores atraen a polinizadores potenciales.

**Llevado por el viento** Las flores masculinas (candelillas) del avellano esparcen el polen en el viento.

vea también
56 **Regiones del mundo**
532-537 **Biología**

## DISPERSIÓN DE LAS SEMILLAS

Cuando la fertilización ha tenido lugar se producen semillas, que necesitan alejarse de la planta madre para encontrar un sitio para germinar, desarrollarse y ayudar a colonizar nuevas áreas. Varios agentes ayudan a lograr esto:

**Viento** Las semillas ligeras con paracaídas plumosos, como el amargón, atrapan el viento y se transportan grandes distancias. Las semillas con "alas" y aerodinámicas, como el sicomoro (der.) y el limero, giran en el aire y se transportan en el viento como una pequeña nave aérea.

**Animales** Las semillas con ganchos, como la bardana (der.), se adhieren a la piel de los animales y son transportadas. Las semillas en los frutos comidos por animales, generalmente pasan sin dañarse por su intestino. Al salir, por lo general se han alejado de la planta madre.

**Mecanismos explosivos** Hay vainas diseñadas para reventar al madurar y diseminan las semillas muy lejos. La hiniesta (der.) esparce sus semillas de esta forma.

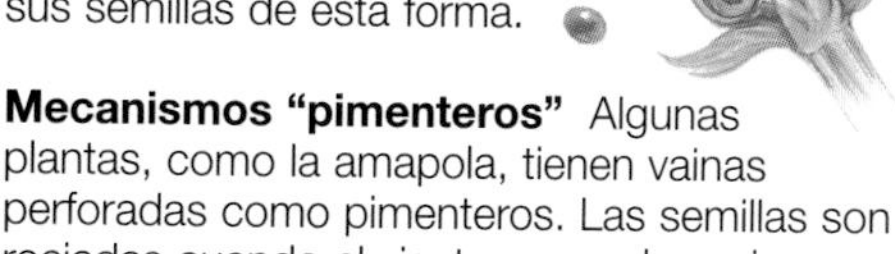

**Mecanismos "pimenteros"** Algunas plantas, como la amapola, tienen vainas perforadas como pimenteros. Las semillas son rociadas cuando el viento mueve las vainas.

**Agua** Las plantas acuáticas usan las corrientes y las mareas para distribuir semillas, que deben flotar y ser impermeables. Los cocos, por ejemplo, son llevados por el mar de una a otra playa.

## Plantas de zonas áridas

Las plantas que viven en lugares secos tienen raíces largas para alcanzar el agua profunda en la tierra, que necesitan conservar una vez que la obtienen. Pierden vapor de agua por los poros microscópicos de las hojas, llamados estomas, que se abren y cierran para controlar esta pérdida, un proceso conocido como transpiración. Para limitar la transpiración, estas plantas tienen una o más de estas características:

- **menos estomas,** lo que limita la cantidad de agua que pueden perder.
- **estomas que se cierran** durante el día y se abren en la noche, cuando no hay efecto secante del sol.
- **cutícula cerosa** en las hojas, que reduce la pérdida de agua.
- **falta de hojas.** Es menor la superficie donde se efectúa la transpiración de las plantas sin hojas, como los cactos.
- **hojas y tallos carnosos.** Cactos y suculentas almacenan así el agua.

**Entre las plantas de áreas secas** con hojas plumosas, duras o espinosas, que se adaptan a pocos nutrientes, están las banksias australianas, los eucaliptos y las acacias. Crecen lentamente y resisten el fuego.

**Belleza del desierto** La tuna tiene una variedad de características para retener el agua.

*Los seres vivos más grandes y viejos en la Tierra son los árboles. Vitales para la ecología, proporcionan alimento y abrigo a una amplia variedad de animales y otros organismos, como hongos y plantas. Sus raíces grandes y profundas ayudan a conservar el agua y a prevenir la erosión de la tierra. Como todas las plantas verdes, limpian el aire al tomar bióxido de carbono y liberar oxígeno durante la fotosíntesis.*

## ¿QUÉ ES UN ÁRBOL?

Un árbol es algo difícil de definir con precisión. Bajo diferentes circunstancias, la misma planta puede describirse como árbol o como arbusto. Generalmente, un árbol:

- debe ser **perenne y leñoso** (una planta que renueva su crecimiento cada año).
- debe tener **al menos una altura de 3 m.**
- debe tener **un solo tallo,** conocido como tronco, que se sostiene solo.

**Árboles caducifolios** En climas templados, muchos árboles pierden todas sus hojas en otoño, al final de la temporada de crecimiento. Ésta es una forma de conservar humedad y energía durante los meses oscuros y fríos. En primavera, les crecen nuevas hojas y vuelven a fotosintetizar el alimento.

**Árboles de hojas perennes** Pierden sólo algunas hojas a la vez, pero durante todo el año. Conservan el agua durante el invierno mediante hojas adaptadas, con frecuencia espigadas (agujas), con superficie pequeña y una cubierta cerosa con pocos estomas (vea pág. 74) para limitar la pérdida de agua. En climas extremosos, como heladas o sequías, suelen perder todas sus hojas por un tiempo.

## INTERIOR DE UN ÁRBOL

Los árboles crecen añadiendo células en capas concéntricas, bajo la corteza. Estas capas de crecimiento dan la apariencia anillada a la madera en un corte transversal; cada anillo representa un año de crecimiento. Una capa delgada de tejido especializado, el cámbium, que está cerca bajo la corteza, forma nuevas células. Produce diferentes tipos de células en sus superficies interna y externa:

- **Células del xilema,** que transportan agua; se forman en la superficie **interna** y aumentan anualmente para formar el interior del árbol.
- **Células del floema,** que transportan nutrientes; se producen en su superficie **externa** y forman una capa delgada bajo la corteza.

Cuando el árbol crece debido al aumento de capas del xilema, la corteza (formada por cámbium viejo muerto y células del floema) se rompe o forma escamas para acomodar la expansión del árbol.

El xilema vive sólo unos años y muere cuando su función la llevan a cabo las nuevas capas sucesivas. Una vez muerto, no transporta agua y se convierte en duramen denso y seco que fortalece y sostiene el tronco.

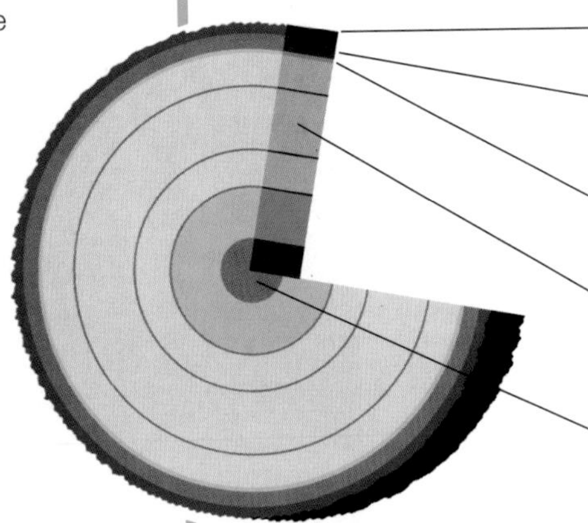

**Corteza** Capa externa dura o laminosa de floema y cámbium muertos.

**Floema** Células esponjosas debajo de la corteza, que llevan la savia rica en nutrientes a todo el árbol.

**Cámbium** Capa delgada de células que forma el xilema en su superficie interna y el floema en la externa.

**Xilema (albura)** Células de transporte, parecidas a tubos, dentro del árbol, que llevan agua y minerales de las raíces a las hojas.

**Duramen** Xilema muerto de años previos. Fortalece al árbol y actúa como vertedero para los desperdicios.

### HELECHOS ARBÓREOS

Pteridofitas
Unas 300 especies

**Características:**

- Los representantes más grandes de las pteridofitas.
- Son una de las formas más antiguas de plantas vasculares.
- Se encuentran en regiones húmedas y montañosas de los trópicos y en las más cálidas del Hemisferio Sur.
- Troncos altos como pilares con una corona de hojas delicadas llamadas frondas.
- La mayoría tiene una altura de 6-9 m; algunos hasta 24 m. Las frondas pueden tener un largo de 4.6 m.
- Los helechos arbóreos se reproducen mediante esporas (vea pág. 71) transportadas por el viento.

### CICADÁCEAS, GINKGOS Y CONÍFERAS

Gimnospermas
Unas 600 especies

**Características:**

**Cicadáceas** (100 especies)
- Plantas primitivas con semillas. Crecen en los trópicos.
- Asemejan palmas bajas.
- Conos masculinos y femeninos en árboles separados.

**Ginkgo** (1 especie)
- Floreció en el Jurásico.
- Crece silvestre sólo en China. Se cultiva en el mundo.
- Alto; hojas verde pálido.

**Coníferas** (unas 500 especies)
- Grupo más variado de árboles con conos.
- Desde secoyas gigantes hasta pinos enanos árticos.
- Resistentes, hojas perennes.
- Conos masculinos y femeninos en el mismo árbol.

### PALMERAS

Angiospermas
(Monocotiledóneas)
Unas 2,500 especies

**Características:**

- Se encuentran en los trópicos, donde son importantes económicamente (dátiles, cocos, plátanos y varios aceites provienen de palmas).
- Como muchos árboles más primitivos (helechos, cicadáceas), las palmas tienen un tronco fibroso que crece erguido sin engrosar, carece de corteza y suele no dividirse en ramas.
- La mayoría son altos. Los cocoteros miden hasta 30 m de altura.
- El largo tronco tiene una corona de hojas muy grandes y largas, divididas en hojuelas delgadas como dedos.

### ÁRBOLES DE HOJA ANCHA

Angiospermas
(Dicotiledóneas)
Más de 4,000 especies

**Características:**

- El grupo de árboles más familiar y variado.
- La mayoría crece lentamente; sus troncos engruesan al crecer más altos y se dividen en una red de ramas y ramitas.
- Follaje grande de hojas relativamente chicas.
- Tienden a formar una red ancha de raíces profundas con ramas que favorecen la estabilidad.
- En su mayoría son caducos, aunque sus antepasados quizá fueron de hoja perenne. Algunas especies de regiones tropicales, donde hay mucha agua y luz todo el año, son de hojas perennes.

## El más alto, vivo

El Árbol Mendocino de 112 m, una secoya de la costa del Pacífico *(Sequoia sempervirens)* en Montgomery State Reserve, California, es el árbol más alto del mundo.

## Raíces profundas

Las higueras *(Ficus spp.)* tienen raíces muy largas. En Sudáfrica, una tiene raíces de 120 m de profundidad, las más largas encontradas.

## El más alto

Con una altura de 133 m en 1872, un fresno de las montañas australianas *(Eucalyptus regnans)* es el árbol más alto registrado. Creció junto al río Watts, en Victoria, Australia.

## Árboles más viejos

Se cree que las plantas vivas más antiguas son los pinos *(Pinus longaeva)*, que crecen en las Rocosas de América del Norte. Algunas tienen al menos 4,600 años.

## DATO

**Como guía para conocer la edad de un árbol, sólo mida la circunferencia de su tronco 1.5 m arriba del suelo. Cada 2.5 cm de circunferencia representan un año.**

## Desarrollo más rápido

Un árbol de albizia blanca *(Albizia falcata)* en Borneo creció 10.7 m en 13 meses o unos 2.5 cm por día. La velocidad a la que crecen estas especies las convierte en una importante fuente de madera.

## Hojas gigantes

Muchas palmas tienen hojas grandes, pero la palmera rafia *(Raphia ruffia)*, que crece en los alrededores del océano Índico, tiene hojas más grandes que cualquier planta: el tallo central puede medir 3.7 m, y la lámina tiene más de 18 m de largo.

## El más ancho

En el siglo XVIII un castaño europeo *(Castanea sativa)*, en el monte Etna, Sicilia, tenía una circunferencia de 58 m. No se conoce ningún otro árbol que iguale a éste.

## Más ancho, vivo

"El Tule", un ciprés *(Taxodium mucronatum)* que está en Oaxaca, México, tiene un tronco con una circunferencia de 46 m. Es la planta viva más grande.

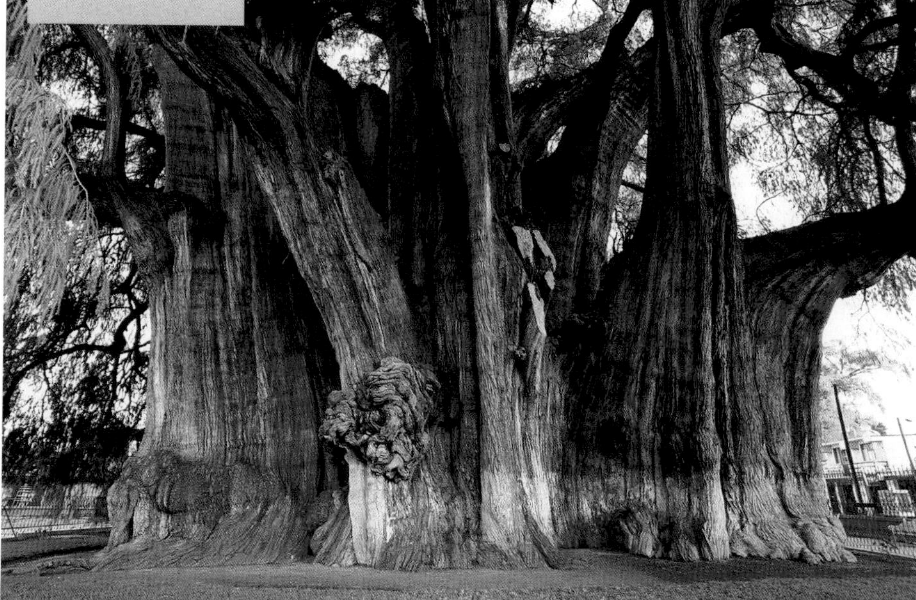

## El ser vivo más pesado

"General Sherman", una secoya gigante *(Sequoiadendron giganteum)*, que crece en California, es el ser vivo más pesado de la Tierra. Pesa unas 2,500 toneladas, el equivalente a 19 ballenas azules adultas. Su altura es de 84 m y su circunferencia, de 25 m.

vea también

70 **Evolución de las plantas**

532-537 **Biología**

*La primera vida organizada, las bacterias simples formadas por células únicas sin núcleo, dio origen a toda la vida en la Tierra. Fue solamente con la evolución de las eucariotas (células con núcleo) hace 2,100 millones de años, que la evolución de la vida multicelular finalmente fue posible.*

## Una célula absorbe a otra

Al evolucionar la vida multicelular de las primeras células eucariotas, las células en sí se volvieron muy complejas. Las eucariotas más grandes desarrollaron relaciones mutuamente benéficas con otras células más chicas y las incorporaron. Las células más chicas efectuaron funciones útiles para sus anfitrionas, como la respiración o la fotosíntesis. Con el tiempo, las células absorbidas perdieron su autonomía y se convirtieron en partes especializadas de la célula anfitriona (sus orgánulos). Los cloroplastos (vea pág. 74) y mitocondrias son orgánulos.

## El origen de la reproducción sexual

Sin la aparición de las células eucariotas, no habría sexo. La información genética reunida en una parte especializada de una célula (el núcleo) hizo posible la reproducción sexual. La reproducción asexual crea sólo descendencia genéticamente idéntica al padre. La reproducción sexual combina el material genético de dos individuos y permite un número infinito de combinaciones. Las poblaciones genéticamente variadas evolucionan más rápidamente. La evolución rápida de formas de vida desde la llegada de las eucariotas ilustra esto. En los 1,500 millones de años cuando sólo existían las células procariotas, las formas de vida más desarrolladas eran las bacterias. En los 1,000 millones de años desde la aparición de las células eucariotas, ha habido una explosión de vida multicelular.

PRECÁMBRICO

Hace 2,100 millones de años
Aparecieron **las eucariotas, células con un núcleo** que contiene su información genética.

Hace 800 millones de años
Aparecen en el registro fósil los **animales unicelulares** (protozoarios).

Hace 720 millones de años
Se cree que evolucionaron los **animales multicelulares** (metazoarios), aunque no existe evidencia fósil de esta fecha. Los científicos que usan la teoría del reloj molecular (vea recuadro opuesto) calculan que se originaron en ese tiempo.

Hace 680 millones de años
**Primera evidencia fósil de animales multicelulares.** Ejemplos: las impresiones de animales de cuerpo blando encontradas en Ediacara Hills, al sur de Australia, en la década de 1940. Algunos no tienen relación con la vida moderna; otros se asemejan a los gusanos y los artrópodos actuales.

***Spriggina*, un antiguo fósil de animal** de Ediacara Hills. Los científicos no están seguros de qué clase de animal era la *Spriggina*. Algunos creen que era un artrópodo y otros que era parte de un grupo que originó los gusanos segmentados.

## LA EXPLOSIÓN DEL CÁMBRICO

### ¿Qué sucedió?

- Hace 550 millones de años: gran expansión de vida en la Tierra.
- Aparecieron 700 nuevos fílums animales; 30 aún existen.
- Aparecieron 470 nuevas familias animales.
- Se creó una amplia variedad de formas animales.
- Se establecieron formas básicas de todos los animales actuales.

Desde entonces sólo han ocurrido variaciones y mejoras.

### ¿Por qué sucedió?

Los científicos han dado varias explicaciones posibles. La verdad puede ser una combinación de éstas:

**Separación continental** Al final del Precámbrico, un supercontinente gigante llamado Rodinia empezó a dividirse. Esto incluyó actividad volcánica submarina, que arrojó minerales en el mar y elevó sus niveles, los cuales cubrieron la mayor parte de la tierra y crearon mares poco profundos y ricos en minerales, separados por profundas depresiones oceánicas: nuevos hábitats que promovieron formas de vida de evolución rápida. Nunca en la historia de la Tierra ha habido otra oportunidad ecológica ilimitada como ésta.

**Luego de la glaciación** Una edad de hielo acompañó la creación del supercontinente Rodinia en el Precámbrico y causó una extinción en masa de vida primitiva. Explosiones de vida nueva suelen seguir a las extinciones en masa, y el calentamiento de la Tierra al final del Precámbrico anunció la aparición de los primeros animales multicelulares hace 720 millones de años. La vida multicelular permite la diversidad y fue inevitable la evolución de nuevas especies. La competencia por parejas, espacio y alimento propició la evolución de nuevas especies mediante la selección natural.

**Lento, rápido, lento** Cuando la vida se mueve a un nuevo hábitat, el aumento de población es lento, porque sólo pocos individuos se reproducen. A medida que crece el número, aumenta la tasa de crecimiento, hasta que el espacio disponible se ocupa. Más expansión es imposible y la tasa de crecimiento disminuye, hasta que la población alcanza un nivel sostenible. Cualquier colonización de un nuevo hábitat, si no está restringida por factores externos, seguirá este patrón. Algunos científicos creen que éste fue el modelo de la explosión cámbrica. La evolución de vida multicelular en un mundo lleno de riquezas ecológicas, en espera de ser ocupado, inevitablementre tendría un aumento inicial lento, seguido por una explosión de nuevas formas de vida. La única explicación de la explosión cámbrica es la existencia de un hábitat vacío y de formas de vida con el potencial evolucionista para llenarlo.

## LOS TRILOBITES

Los trilobites son uno de los grupos más grandes y diversos de animales extintos que surgieron durante la explosión de vida cámbrica. Se conocen unas 15,000 especies. Los trilobites eran artrópodos, como cangrejos, insectos y arañas actuales. Se alimentaban en el lecho marino y evolucionaron en variedad de formas y tamaños. El *Agnostus* medía sólo 7 mm y especies posteriores, como el *Isotelus,* midieron hasta 70 cm.

Trilobite significa "tres lóbulos", pues los cuerpos de muchas especies tenían una división triple, con una porción central elevada en el dorso, flanqueada por una porción más plana en un lado. Tenían una cubierta externa dura o exoesqueleto y muchos pares de patas. El exoesqueleto era vital para el desarrollo de la vida multicelular, una estructura protectora en la que el animal podía crecer y permitía un aumento del número y tipo de células. La especialización celular hizo posible la adaptación a una gran variedad de condiciones.

Los trilobites tuvieron mucho éxito y medraron hasta finales del Pérmico, cuando sucumbieron en una extinción en masa que terminó con 96% de la vida marina.

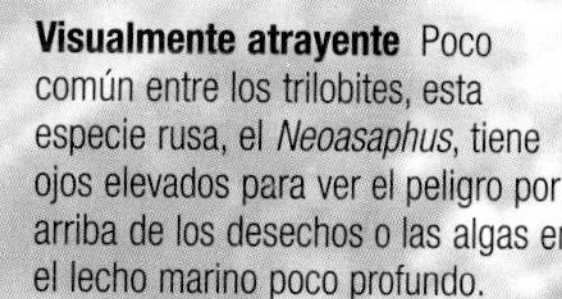

**Visualmente atrayente** Poco común entre los trilobites, esta especie rusa, el *Neoasaphus*, tiene ojos elevados para ver el peligro por arriba de los desechos o las algas en el lecho marino poco profundo.

## Burgess Shale: un retrato de fósiles

En 1909, Charles Doolittle Walcott descubrió unos fósiles muy bien conservados en una formación llamada Burgess Shale, en Columbia Británica, Canadá. Doolittle, un paleontólogo estadounidense, encontró 140 especies diferentes, que calculó tenían 530 millones de años. Incluían algunas de las primeras criaturas que se supo tenían partes corporales duras y 20 especies de las que no se ha encontrado evidencia anterior.

Los fósiles de Burgess Shale son un tesoro científico. Por las condiciones excelentes de fosilización, los órganos internos y los animales de cuerpo blando estaban conservados. Son indicios únicos sobre la evolución animal.

Los fósiles dan también una idea de una comunidad marina después de la explosión de nueva vida cámbrica y proporcionan la evidencia más antigua de un grupo de especies que interactuaban.

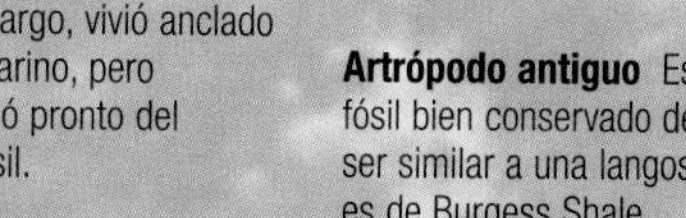

**Formas de vida raras** El *Charniodiscus* apareció al final del Precámbrico. De unos 50 cm de largo, vivió anclado al lecho marino, pero desapareció pronto del registro fósil.

**Artrópodo antiguo** Este fósil bien conservado de un ser similar a una langosta es de Burgess Shale.

CÁMBRICO

Hace 550 millones de años
**Explosión cámbrica**
Todo el fílum conocido surge entonces, incluyendo artrópodos, platelmintos, moluscos, cordados y esponjas.

## Relojes moleculares

El registro fósil suele estar incompleto y los científicos idearon otras formas para indagar cuándo aparecieron en la Tierra especies particulares. Uno de estos métodos usa la evidencia molecular del estudio de las proteínas, compuestos orgánicos presentes en todas las especies vivas.

Las proteínas se forman con aminoácidos. En la década de 1960 se descubrió que especies diferentes tienen secuencias distintas de aminoácidos para la misma proteína. Se llegó a la conclusión de que el número de diferencias era proporcional al tiempo, ya que esas especies diferentes evolucionaron de un antepasado común. Cuanto más tiempo ha existido una especie, más diferencias o mutaciones ha sufrido. Con el índice de mutaciones se estima cuándo evolucionó una especie.

vea también
32 **Geología de la Tierra**
64 **Eras de vida en la Tierra**
66 **Evolución explicada**

# La era de los peces

**Los primeros seres con esqueleto interno surgen y se diversifican**

*Los peces ocupan un lugar crucial en la historia de la evolución animal. Evolucionaron de los cordados, animales con una cuerda rígida a lo largo de sus cuerpos, y se convirtieron en los primeros vertebrados (animales con espina dorsal). Todos los otros grupos vertebrados (anfibios, reptiles, aves y mamíferos), incluyendo al hombre, se originaron de los peces.*

Hace 500 millones de años
**Aparecen los primeros peces verdaderos, los agnatos.** No tenían mandíbulas; mostraron gran diversidad y colonizaron el agua salada y el agua dulce. Sus descendientes (lampreas y lampreas glutinosas) aún existen. Otras características de los agnatos:

- Tenían esqueleto cartilaginoso.
- Poseían placas óseas externas.
- Se alimentaban por filtración y combinaban sus branquias como mecanismo para respirar y filtrar el alimento.
- No tenían aletas.

Hace 440-400 millones de años
**Primeros peces con mandíbulas.** Primeras formas: los acantodios; quizá evolucionaron en el mar; colonizaron también el agua dulce. Las mandíbulas los volvieron depredadores activos (vea "El beneficio de las mandíbulas"). Otras características de los acantodios:

- Tenían aletas.
- Usaban las branquias para respirar, pero ya no para filtrar el alimento.
- Tenían intestino grande para digerir mayor cantidad de alimento.

CÁMBRICO

505

ORDOVÍCICO

435

SILÚRICO

**Primer antecesor** La *Pikaia* es la primera criatura que se sabe tuvo cuerda espinal.

Hace más de 515 millones de años **Surgen los conodontes, pequeños cordados como anguilas.** Tienen músculos como los peces y quizá son sus antepasados.

Hace 530-525 millones de años
**Aparece el primer cordado conocido.** Con 4 cm de largo, el *Pikaia gracilens* tiene cabeza, notocordio (espina dorsal primitiva) y músculos como los peces. La relación del *Pikaia* con los conodontes similares es incierta.

**Alimento filtrado** El *Arandaspis* se alimentaba aspirando el limo del lecho marino y filtrando detritos y microorganismos.

## La evolución de las branquias

Las branquias son órganos de casi todos los animales acuáticos, para obtener oxígeno del agua a su alrededor. Las primeras branquias fueron las de los invertebrados marinos. Hasta cierto tamaño, estas criaturas obtenían oxígeno del agua por un intercambio simple a través de las superficies de sus cuerpos. Al crecer, aumentaron la superficie mediante pliegues dérmicos: de este modo podían absorber más oxígeno. Durante millones de años de evolución, estas áreas dobladas tuvieron un mayor abastecimiento de sangre y se convirtieron en branquias. Al aparecer los peces, las branquias ya eran órganos internos complejos. Su eficiencia mejoró al bombearles agua el pez (izq.), así como bombeamos aire a los pulmones al respirar. La superficie de las branquias de cualquier pez excede la de su cuerpo externo.

**Pulmones acuáticos** El pez bombea agua por la boca a las branquias para extraer oxígeno.

## POSEEN UNA ESPINA DORSAL

Todos los animales con cuerda espinal flexible a lo largo de sus cuerpos durante alguna etapa de su desarrollo se llaman cordados. Los científicos los colocan en un grupo grande o fílum llamado cordados. En los vertebrados, esta cuerda espinal evolucionó en una espina dorsal formada por huesos unidos, llamados vértebras. Aún no se sabe cómo se originó la cuerda espinal o notocordio, pero su aparición junto con los músculos vinculados en la espalda fue un paso importante en la evolución animal. Tiene varias ventajas:

- Hace más eficiente el movimiento.
- Proporciona soporte a los anillos óseos pélvico y de los hombros (puntos de unión de varias extremidades y apéndices).
- Protege la médula espinal y permite que el sistema nervioso se desarrolle y sea más sofisticado.

## Peces con mandíbulas

### Acantodios
Primeros peces con mandíbulas

- Similares al tiburón moderno.
- Evolucionaron en el mar al inicio del Silúrico.
- Luego habitaron en agua dulce.

### Placodermos
Peces marinos acorazados

- Surgen al principio del Devónico.
- Grupo de corta vida, extinguido al inicio del Carbonífero.

### Osteíctios
Incluyen la mayoría de peces actuales

- Surgieron al inicio del Devónico.
- Esqueletos óseos.
- 20,000 especies modernas (la mitad de los vertebrados).

### Peces de aletas lobuladas *(sarcopterigios)*
Sobreviven siete especies: seis peces pulmonados y el celacanto

- Aletas lobuladas carnosas, sostenidas por huesos y espinas. Músculos en aletas.
- Anfibios: evolucionaron de este grupo.

### Peces de aletas radiales *(actinopterigios)*
Primer grupo de peces con huesos

- Las espinas óseas (radios espinosos) sostienen las aletas sin músculos.
- Evolucionaron en los peces de agua dulce y de mar actuales, de salmón a caballos de mar y de esturión a platija.

### Condrictios
Incluyen tiburones, mantas y rayas

- Surgen al inicio del Devónico.
- Esqueletos de cartílago.
- Dientes y escamas reemplazados durante la vida.

Hace 390 millones de años (inicio Devónico) **Surgen nuevos grupos de peces con mandíbulas,** incluyendo tiburones, mantas y rayas. Primeros peces con huesos; surge el grupo que incluye a casi todos los peces actuales.

Hace 380 millones de años **Aparecieron los peces de aletas lobuladas.** Son los antepasados de los anfibios y, por tanto, de reptiles, aves y mamíferos.

SILÚRICO 408 DEVÓNICO 360

**Cazador temible** El placodermo *Dunkleosteus* medía 6 m de largo.

**Acorazados con armadura** *Drepanaspis:* pez sin mandíbulas bien protegido del ataque.

[H]ace 420 millones de años **[L]a vida empieza a moverse del [a]gua salada al agua dulce.** Los [gi]gantes invertebrados llamados [eu]riptéridos o escorpiones mari[no]s, de casi 2 m de largo, fueron [lo]s primeros depredadores en el [a]gua dulce. Los siguieron los [p]eces sin mandíbulas con los [qu]e compitieron por la comida.

## EL BENEFICIO DE LAS MANDÍBULAS

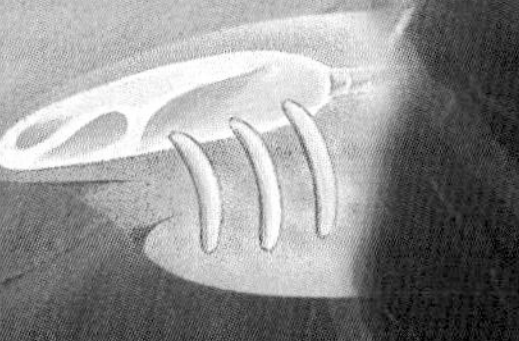

Las mandíbulas quizá evolucionaron de los soportes branquiales localizados detrás de la boca en los peces sin mandíbula (arriba); los dientes se desarrollaron de la piel que recubría la boca. Fue un desarrollo crucial. Con mandíbulas, los peces subieron un nivel en la cadena alimentaria, de alimentarse por filtración con detritos, a perseguir y atrapar una presa. Se diversificaron en dieta y estilo de vida. Las entrañas se agrandaron para digerir más comida y los peces mismos crecieron.

**Sobreviviente devónico** Al fondo: rayos X del cráneo de un tiburón mako. Junto con las mantas y las rayas, los tiburones han sufrido pocos cambios desde el Devónico.

vea también
64 **Eras de vida en la Tierra**
66 **Evolución explicada**
96 **Peces**

# Migración a la tierra ▶ Los animales dejan el agua

*Los primeros animales que colonizaron tierra seca no fueron los peces que respiraban aire ni los primeros anfibios, sino los miriápodos, los antepasados de los centípedos y los milpiés. Los rastros más antiguos de estos artrópodos se encontraron en sedimentos fosilizados en el norte de Inglaterra. Sugieren que los primeros pioneros de tierra seca no llegaron del mar, sino de agua dulce. Los primeros tetrápodos (vertebrados con cuatro extremidades), incluyendo los anfibios y los reptiles, no evolucionaron hasta casi 100 millones de años después.*

## Celacanto

El celacanto pertenece a un grupo de peces con aletas lobuladas que se suponía extinto desde el final del periodo Cretácico, hace 65 millones de años. En 1938, un científico sudafricano identificó un espécimen pescado en el océano Índico. Los pescadores locales se sorprendieron ante el interés por este hallazgo, pues aparentemente lo habían pescado durante años y lo desechaban por no ser bueno para comerlo. Desde esta primera identificación se han pescado unos 200 especímenes en las islas Comoras. Para asegurar la supervivencia de la especie, se pidió a los pescadores liberar a cualquier celacanto que atraparan.

**El celacanto** pertenece al mismo grupo que los peces que evolucionaron en anfibios.

Hace 500 millones de años
**Las plantas colonizan la tierra.**

Hace 460-440 millones de años
**Los invertebrados migran del agua dulce a la tierra.** Miriápodos y arañas: primeros tipos encontrados en el registro fósil.

505 — ORDOVÍCICO — 438 — SILÚRICO — 408 — DEVÓNICO

Hace 377 millones de años
**Aparece el *Panderichthys*, un probable precursor de los verdaderos anfibios.** Era un pez con cráneo y costillas como anfibio y aletas musculares en pares, que quizá fueron el punto inicial de la evolución de las patas.

**Primeros pasos** Huellas fosilizadas de hace 460 millones de años en Lake District, Inglaterra, primera evidencia de vida animal terrestre.

Hace 363 millones de años
**Invertebrados se diversifican.** Los insectos que no vuelan evolucionan.

**Los primeros anfibios evolucionan** de un grupo de peces de aletas lobuladas, de agua dulce, los ripidistios. Incluyen el *Acanthostega*, de 60 cm de largo, con extremidades adaptadas para arrastrarse en la densa vegetación del pantano.

## TÉRMINOS CLAVE

**Anfibios**
Tetrápodos que requieren agua para parte de su ciclo de vida. Ponen huevos en agua, las larvas son acuáticas y la respiración branquial. Por metamorfosis, las larvas se vuelven adultos terrestres con respiración pulmonar. Primeros vertebrados terrestres.

**Artrópodos**
Invertebrados con extremidades articuladas y esqueleto externo protector y de sostén. Ejemplos de artrópodos: crustáceos, insectos, arácnidos, milípedos y centípodos (miriápodos).

**Peces con aletas lobuladas**
Grupo de peces con aletas carnosas que dio origen a los tetrápodos. Los peces dípneos y los celacantos son ejemplos vivos.

**Reptiles**
Primeros vertebrados que vivieron sólo en la tierra. Adaptaciones a la vida terrestre: piel impermeable y pulmones aéreos.

**Tetrápodos**
Vertebrados con cuatro extremidades. Todos los anfibios, reptiles, aves y mamíferos son tetrápodos. Sus extremidades se basan en el mismo patrón de cinco dedos o extremidades pentadáctilas (del griego: cinco dedos).

## ADAPTACIÓN A LA VIDA TERRESTRE

La tierra era una fuente de alimento sin explotar y para utilizarla, los primeros colonizadores terrestres tuvieron que superar problemas y peligros como:

- **Pérdida de agua.** Los anfibios deben tener la piel húmeda para no deshidratarse.
- **Reproducción.** Peces y anfibios requieren un ambiente acuático para poner huevos y mantener a sus crías.
- **Fuerza total de la gravedad.** En el agua, los animales no tienen que soportar todo su peso; en el aire, sí.

**Los primeros habitantes terrestres** desarrollaron estrategias para solucionar estos factores. Los artrópodos desarrollaron un esqueleto duro que evitaba la deshidratación y soportaba su peso.

**Los anfibios** desarrollaron pulmones y extremidades para respirar y moverse en la tierra, pero procreaban en el agua. Las escamas y los huevos autónomos de los reptiles, con ambiente acuático hermético para el feto en desarrollo, los convirtieron en los primeros vertebrados totalmente terrestres.

**DATO**

**Las primeras áreas de tierra que colonizaron las plantas eran llanuras inundadas que estaban junto a los ríos.**

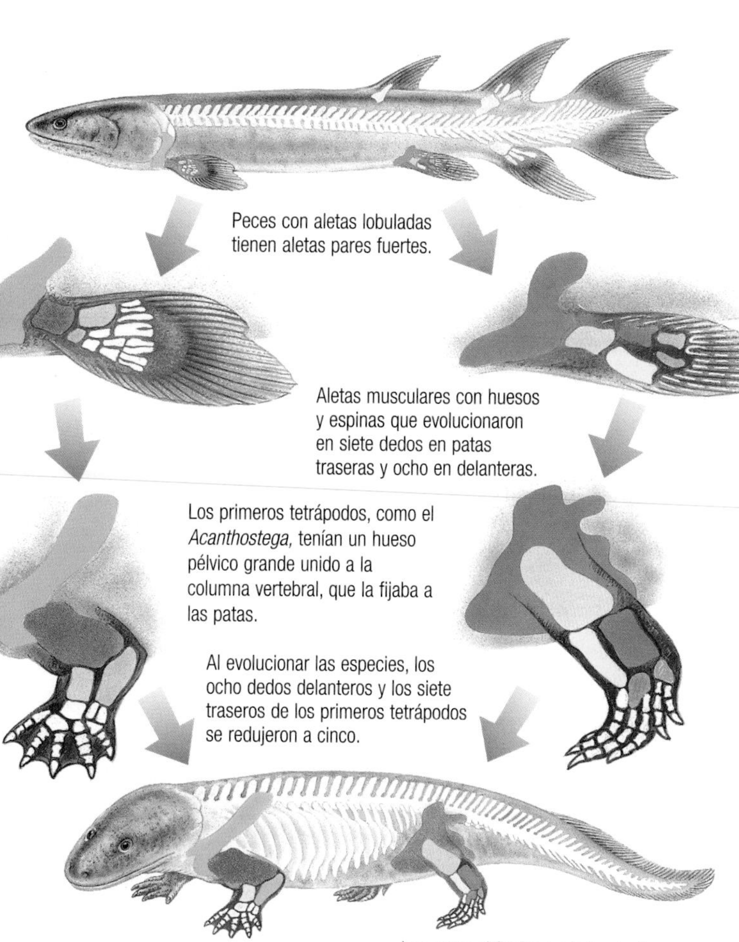

Peces con aletas lobuladas tienen aletas pares fuertes.
Aletas musculares con huesos y espinas que evolucionaron en siete dedos en patas traseras y ocho en delanteras.
Los primeros tetrápodos, como el *Acanthostega,* tenían un hueso pélvico grande unido a la columna vertebral, que la fijaba a las patas.
Al evolucionar las especies, los ocho dedos delanteros y los siete traseros de los primeros tetrápodos se redujeron a cinco.
Las patas al fin fueron lo bastante fuertes para poder caminar.


## ¿POR QUÉ EVOLUCIONARON LAS PATAS?

Un estudio reciente del *Acanthostega* devónico, uno de los primeros tetrápodos, indica que el desarrollo de cuatro patas no fue inicialmente una adaptación para caminar en la tierra. Estas criaturas aún estaban mejor adaptadas a la vida acuática que a la terrestre. Vivían en pantanos y respiraban como peces. Su espina y costillas no soportaban sus entrañas, y sus cuatro extremidades eran demasiado débiles para usarlas para caminar.

¿Qué propósito tenían las cuatro protoextremidades? Se cree que en un principio eran una aleta especializada, que ayudaba al animal a maniobrar bajo el agua en busca de comida entre la vegetación muerta de los pantanos. De estos inicios, sus descendientes quizá empezaron a usar las extremidades para moverse en la tierra, para procrear o como ruta de escape de depredadores.

Las aletas angostas de los peces lobulados fueron precursores ideales de las patas. Un solo hueso unía los anillos óseos de paletillas y caderas. En el otro extremo tenían dos huesos en el codillo y luego las espinas que sostenían la aleta. Era un arreglo más resistente que el de los peces con aletas radiales.

**Diferencias estructurales entre peces y tetrápodos.**

| Pez | Tetrápodo |
|---|---|
| Espina dorsal flexible. | Espina dorsal más rígida. |
| Costillas delgadas. | Costillas resistentes. |
| Anillo óseo escapular poco desarrollado y unido al cráneo, incapaz de sostener peso. | El anillo óseo escapular bien desarrollado, separado del cráneo, soporta el peso. |
| Anillo óseo pélvico poco desarrollado, incapaz de sostener el peso. | El anillo óseo pélvico bien desarrollado soporta el peso. La pelvis está unida a las vértebras. |
| Huesos cortos en extremidades. | Huesos de patas más largos; articulaciones resistentes y flexibles. |
| Sin dedos. | Extremidades con dedos modificadas para caminar, saltar, trepar, volar y asir. |

Hace 360 millones de años
Surgen **insectos alados (incluyendo libélulas gigantes),** así como escorpiones, gusanos y caracoles. Los anfibios se diversifican en aproximadamente 20 familias.

Hace 310 millones de años
**El *Hylonomus* similar al lagarto,** hallado en Nueva Escocia, es uno de los primeros reptiles. De 20 cm de largo, es un animal terrestre activo con fuertes mandíbulas. Sus restos se descubrieron en troncos huecos donde vivía o buscaba comida.

360

CARBONÍFERO

286

Hace 345 millones de años
**El huevo amniótico** evita que los tetrápodos dependan del agua para reproducirse. Otro paso: la evolución de las escamas disminuye la pérdida de agua a través de la piel.

Hace 334 millones de años
**El anfibio *Proterogyrinus* aparece;** es grande (1 m de largo) y camina bien sobre la tierra. Se alimenta de peces e invertebrados terrestres; es antepasado de los reptiles.

Al mismo tiempo vivió la *Eucritta melanolimnites* de 25 cm (literalmente "la criatura de la laguna negra"), que combina características de anfibios y reptiles. Puede caminar.

Embrión
scarón
Saco de la yema

**Preserva vida** Un huevo amniótico tiene un cascarón impenetrable que protege al embrión del medio ambiente.

**Nueva clase de cazador** El reptil *Hylonomus* se alimenta de invertebrados terrestres.

vea también
64 **Eras de vida en la Tierra**
66 **Evolución explicada**
100 **Anfibios**
102 **Reptiles**

*Los primeros dinosaurios eran pequeños carnívoros de dos patas que vivieron hace 228 millones de años. Luego evolucionaron en diferentes grupos, incluyendo herbívoros gigantes como el* Apatosaurus. *Los dinosaurios dominaron la Tierra durante 155 millones de años y fueron un grupo animal que prosperó. Si ese reinado hubiera durado 1 mes, el tiempo desde que el hombre existe correspondería, en comparación, a 1 minuto.*

## Anidación y eclosión

Los dinosaurios, como casi todos los reptiles, ponían huevos, aunque algunas especies con pelvis ancha quizá parieron hijos vivos. Los huevos más grandes conocidos pesaban 10 kg y los más chicos, 400 g. Ciertos dinosaurios, como el *Troodon* de 3.6 m de largo, anidaban en colonias. Algunos protegían sus huevos hasta que éstos eclosionaban, y otros quizá alimentaban y cuidaban a sus crías. La mayoría de los que eclosionaban se alejaban casi desde el nacimiento y no permanecían en el nido mucho tiempo.

**Huevos en piedra** Huevos fosilizados del dinosaurio *Oviraptor* hallados en el desierto de Gobi.

**1 CASMATOSAURUS**
El dinosaurio precursor *Casmatosaurus* fue uno de los primeros arcosauros conocidos. Semejante a un cocodrilo con patas largas, el *Casmatosaurus* era carnívoro, habitaba principalmente en el agua, aunque podía caminar sobre la tierra con un paso similar al del lagarto.
Tamaño: 2 m de largo
Hallado en: Sudáfrica y China

**3 PETEINOSAURUS**
Este pequeño pterosaurus (reptil volador) fue uno de los primeros vertebrados que volaron. Su esqueleto era muy ligero y sus alas se extendían desde un dedo alargado hasta su pata. El *Peteinosaurus* tenía dientes chicos y filosos; quizá era insectívoro y atrapaba a su presa con las alas.
Envergadura de las alas: 60 cm
Hallado en: Cene, norte de Italia

**4 COELOPHYSIS**
Este dinosaurio era un pequeño cazador esbelto. Los fósiles muestran evidencia de manadas y canibalismo.
Tamaño: 0.60-3 m de largo
Hallado en: Arizona y Nuevo México, EUA

Pérmico

245

(figura humana sólo para escala)

Triásico

Jurásico

208

Final del Pérmico, hace 245 millones de años
Más de 70% de los vertebrados desaparecen en la **peor extinción en masa de la Tierra.**

Hace 235 millones de años Varios **grupos distintivos de reptiles evolucionaron,** incluyendo los arcosauros ("reptiles reinantes").

Hace 228 millones de años
Aparecen **los primeros dinosaurios conocidos,** *Eoraptor* y *Herrerasaurus.*

**2 PLATEOSAURUS**
El dinosaurio herbívoro más antiguo conocido; el primero en caminar con cuatro patas, pero capaz de levantarse sobre dos; en pesar más de una tonelada; y (con el *Coelophysis)* en vivir en manadas.
Tamaño: Hasta 11 m de largo
Hallado en: Europa

Final del Triásico
Los **primeros mamíferos evolucionan** de reptiles.

## Caminaban erguidos

La clave del éxito de los dinosaurios fue la nueva forma eficiente de caminar. Sus ancestros inmediatos eran los arcosauros carnívoros, algunos de los cuales desarrollaron una postura semidesgarbada. Podían correr distancias cortas con patas casi rectas, como los cocodrilos actuales. Dieron origen a los arcosauros pequeños de dos patas, como el *Lagosuchus;* de ellos evolucionaron los dinosaurios.

**Ventaja de estar erguido** Los dinosaurios más antiguos conocidos, el *Eoraptor* y el *Herrerasaurus,* eran pequeños carnívoros que vivieron hace 228 millones de años. Como el *Lagosuchus,* caminaban en dos patas. Tenían una postura más erguida, con patas rectas metidas bajo sus cuerpos. Esto dejaba libres las patas delanteras para otros usos, como asir y desgarrar. Así, los primeros dinosaurios tenían una gran ventaja sobre los otros grupos de reptiles: la mejor postura significó que fueran más rápidos y sus patas soportaran más peso, lo que les permitió crecer más.

**De nuevo en cuatro patas** Después, muchos de los dinosaurios más grandes, como los saurópodos, caminaron en cuatro patas, porque necesitaban apoyo extra para su enorme tamaño. Eran herbívoros y no tenían que perseguir a una presa o usar las patas delanteras para asir y desgarrar. Algunos, como el *Plateosaurus,* podían erguirse sobre las patas traseras para alcanzar comida en las copas de los árboles o escapar del peligro.

**Postura desgarbada**
*Hylonomus,* primer reptil

**Postura semidesgarbada**
Arcosauro
*Chasmatosaurus,* precursor de los dinosaurios

**Postura erguida**
Dinosaurio depredador
*Deinonychus*

**Árbol genealógico de los vertebrados**
Desde sus orígenes como anfibios a finales del Devónico, los vertebrados terrestres se diversificaron en muchos grupos distintos. Algunos, como los dinosaurios y los plesiosaurios, aparecieron y luego de muchos millones de años se extinguieron. Otros, como mamíferos, aves, cocodrilos y serpientes, aún viven.

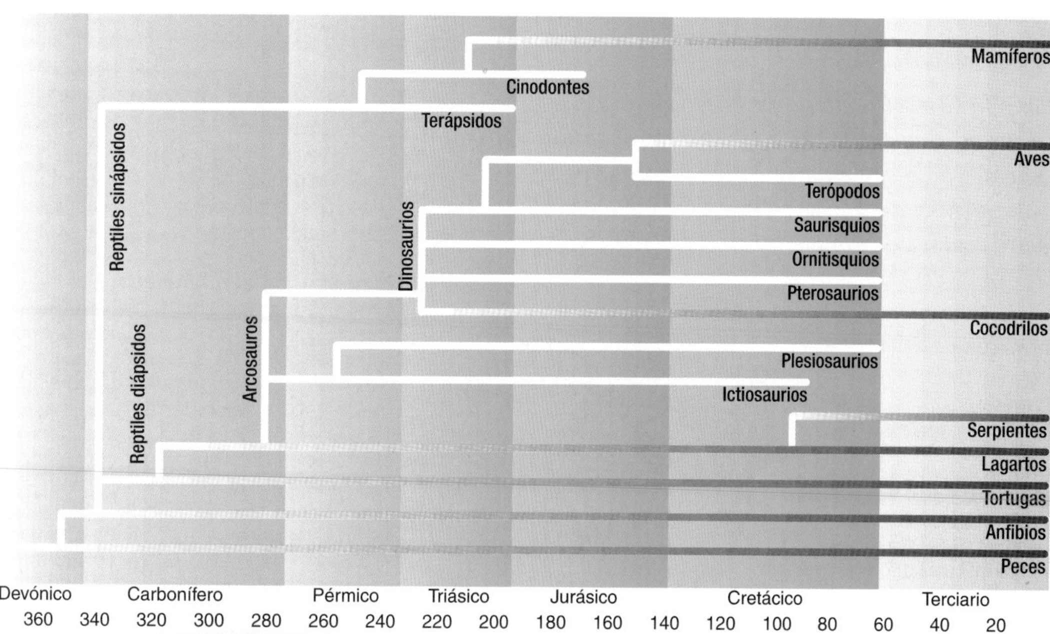

5

7

9

Jurásico

6

8

10

(figura humana sólo para escala)

**5 RHAMPHORHYNCHUS**
*Rhamphorhynchus:* pterosaurio común del periodo Jurásico, con cola larga terminada en un timón en forma de diamante. Se alimentaba de peces y movía la mandíbula inferior en el agua para atrapar la presa con sus filosos dientes.
Envergadura de las alas: Hasta 1.80 m
Hallado en: Reino Unido, Alemania y Tanzania

**6 MEGALOSAURUS**
Este carnívoro grande fue uno de los principales depredadores en Europa durante el Jurásico.
Tamaño: 12 m de largo
Hallado en: Reino Unido

**7 APATOSAURUS**
Más conocido como *Brontosaurus,* significa "lagarto trueno". Era un herbívoro gigante. "Rastrillaba" las hojas de los árboles con sus dientes separados, como ganchos, y a pesar de su enorme tamaño podía levantarse sobre las patas traseras para alcanzar la vegetación más alta. También usaba su habilidad para atrapar depredadores como el *Allosaurus.*
Tamaño: Hasta 21 m de largo
Peso: Hasta 33 toneladas
Hallado en: América del Norte

**8 STEGOSAURUS**
Las placas en forma de diamante acomodadas alternadamente en dos hileras en el dorso del *Stegosaurus* son un misterio. ¿Qué función tenían? Quizá eran para protección, marcando o regulando la temperatura. El *Stegosaurus* tenía uno de los cerebros más pequeños en relación con el tamaño del cuerpo de cualquier dinosaurio.
Tamaño: Hasta 9 m de largo
Hallado en: EUA

**9 CAMARASAURUS**
Un herbívoro grande que se movía en manadas; quizá hizo largas migraciones en busca de comida. Las pilas de piedras pulidas preservadas en las mismas rocas que los fósiles de *Camarasaurus* sugieren que, como algunas aves modernas, el *Camarasaurus* tragaba piedras que lo ayudaban a moler en el estómago alimentos vegetales duros. Las aberturas nasales prominentes arriba en la cabeza actuaban como enfriadores del cerebro.
Tamaño: Hasta 18 m de largo
Hallado en: América del Norte

**10 COMPSOGNATHUS**
El dinosaurio más pequeño, el *Compsognathus,* era un cazador veloz de dos patas. Tenía huesos huecos y quizá sólo pesaba 3.60 kg. Su larga cola lo ayudaba a equilibrarse mientras corría.
Tamaño: 60 cm de largo
Hallado en: Alemania y Francia

vea también
64 **Eras de vida en la Tierra**
66 **Evolución explicada**
102 **Reptiles**

*Compsognathus* (mostrado aquí en tamaño real)

*El periodo Cretácico vio surgir nuevos tipos de dinosaurios, como el* Tricerátops *con tres cuernos. Al final del Cretácico, la supremacía de los dinosaurios se desvaneció y su destino se selló finalmente cuando un desastre ecológico culminó en su extinción en masa.*

ARQUEÓPTERIX
Los fósiles de *Arqueópterix,* primer ave del mundo, se encontraron preservados con detalle excepcional en piedra caliza en Solnhofen, Alemania. Muestran un animal del tamaño de un cuervo con características de dinosaurio y ave, y son la evidencia más clara de que las aves evolucionaron de los dinosaurios. El *Arqueópterix* (significa "ala antigua") tenía dientes, cola ósea y garras en sus alas (características de los dinosaurios), así como espoleta y plumas (características de las aves).

## En el aire

La habilidad de planear la evolucionaron los reptiles en cinco ocasiones, entre el Pérmico y el Jurásico. Sólo un grupo, los pterosaurios, fue capaz de lograr el vuelo sostenido al aletear.

**Pterosaurios aeronáuticos** Los pterosaurios volaban con alas formadas por colgajos de piel flexible, como los de los murciélagos. Al igual que los dinosaurios, evolucionaron en una gran variedad de tamaños. Los más chicos no eran mayores que palomas, pero los más grandes, como el gigante *Quetzalcoatlus* de finales del Cretácico, tenían una envergadura de las alas igual a la de un avión Spitfire: unos 12 m. Como los dinosaurios, los pterosaurios disminuyeron durante el final del Cretácico y no sobrevivieron a la extinción en masa hace 65 millones de años.

**Último vínculo** Las aves no surgieron de los primeros reptiles voladores o planeadores. El registro fósil indica que evolucionaron de dinosaurios chicos carnívoros, a finales del Jurásico, y que coexistieron con los pterosaurios por 70 millones de años. Se cree que las aves modernas son el vínculo vivo más cercano a los dinosaurios. 14

11 POLACANTHUS
El *Polacanthus* era un herbívoro acorazado achaparrado relacionado con los anquilosaurios y los estegosaurios; tenía púas óseas en los costados. Fue difícil reconstruir la apariencia del *Polacanthus* porque sólo se hallaron sus patas traseras y parte del caparazón del cuerpo. Algunos expertos creen que es el mismo animal que el *Hylaeosaurus.*
Tamaño: 4 m de largo
Hallado en: Reino Unido

12 IGUANODONTE
El *Iguanodonte* era bípedo y quizá caminaba también en cuatro patas. Una de sus características era una púa como pulgar, que pudo usar como arma para defenderse o en disputas por conseguir pareja.
Tamaño: Hasta 10 m de largo
Hallado en: Reino Unido, Europa y EUA

13 DEINONYCHUS
Un depredador ágil y veloz, el *Deinonychus* tenía constitución para cazar y matar. Era bípedo, de poco peso y con dientes de tijera curvados hacia atrás. Sus poderosas patas traseras tenían una garra grande, filosa y cortante en cada segundo dedo. *Deinonychus* significa "garra terrible". Su cola larga, endurecida con varas óseas, lo ayudaba a mantener el equilibrio cuando atacaba a su presa.
Tamaño: 3-4 m de largo
Hallado en: América del Norte

14 PTERODACTILUS
Con su pescuezo largo, cola corta y cuarto dedo muy alargado y que sostenía el ala, el *Pterodactilus* era un pterosaurio típico del Cretácico. Cazaba principalmente peces y tenía mandíbulas largas y angostas y dientes filosos.
Envergadura de las alas: Hasta 75 cm
Hallado en: África, Europa y Reino Unido

15 ICTIOSAURIO
Los ictiosaurios eran el equivalente reptil de los delfines. Cazaban peces y moluscos como amonites y belemnites. Los ictiosaurios parían crías vivas.
Tamaño: Hasta 9 m de largo
Hallado en: Reino Unido, Europa, América del Norte y América del Sur

12 13 11 15 16

(figura humana sólo para escala)

CRETÁCICO
Hace 144-65 millones de años

## Reptiles marinos

Mientras que los dinosaurios dominaban la tierra, otros reptiles dominaban los mares. Los notosaurios eran buenos nadadores, con extremidades como remos. Se extinguieron a finales del Triásico, pero sus parientes, los plesiosaurios, sobrevivieron hasta el final del Cretácico.

**Monstruos marinos** Los carnívoros dominantes eran los pliosaurios, de constitución fuerte y hasta 12 m de largo, con pescuezo corto y cabeza grande. Se alimentaban de otros reptiles marinos y de peces. Los ictiosaurios, parecidos a los delfines, medraron durante el Jurásico y se extinguieron a mitad del Cretácico. Otros reptiles marinos fueron los placodontes triásicos, que se alimentaban de moluscos, y los primeros cocodrilos y tortugas marinas.

16 PLESIOSAURIO
Los plesiosaurios eran reptiles ma que vivían en las costas, como las focas modernas.Usaban los pescu largos para sumergir la cabez el cardumen y atrapar los p con las mandíbulas, que tenían dientes como agu
Tamaño: Hasta 15 m de la
Hallado en: Reino Unido, Europa, A y EUA

21 **QUETZALCOATLUS**
La criatura voladora más grande que ha existido, el *Quetzalcoatlus,* fue uno de los últimos pterosaurios y se extinguió al final del Cretácico. Quizá usaba sus alas para recorrer grandes distancias en las termales elevadas. Algunos científicos creen que comía carroña y usaba su largo pescuezo y mandíbulas sin dientes para ahondar profundo en el cuerpo de animales muertos. Otros creen que se alimentaba de peces y moluscos.
Envergadura de las alas: 12 m
Hallado en: Sinaloa (México) y EUA

**UROLOPHUS**
o de los dinosaurios más grandes n pico de pato, el *Saurolophus,* ía una cresta ósea y una bolsa piel inflable en el hocico, que aba para emitir sonidos fuertes. mo era un herbívoro comunal, zá usaba llamadas de alarma a alertar a la manada de la esencia de depredadores.
naño: 9-12 m de largo
llado en: América del Norte y Asia

20 **TYRANNOSAURUS REX**
Uno de los dinosaurios carnívoros más grandes conocidos y el más grande aún en existencia al final del periodo Cretácico. *Tyrannosaurus rex* significa "rey de los reptiles tiranos", una buena descripción de una bestia con una cabeza de 1.5 m de largo y una boca llena de dientes serrados de 15 cm de largo. Tenía también poderosas patas traseras y cola, pero las patas delanteras eran bastante pequeñas.
Tamaño: 13 m de largo
Hallado en: EUA

## ¿POR QUÉ SE EXTINGUIERON?

Los dinosaurios fueron un grupo entre muchos que perecieron en una extinción en masa hace 65 millones de años. La causa de ésta ha estado sujeta a mucho debate.

En la actualidad se favorecen dos teorías:

**Impacto de meteorito** Hay evidencia de que un meteorito grande chocó con la Tierra cerca de lo que hoy es la Península de Yucatán en México. Los geólogos calculan que el meteorito medía unos 10 km de ancho y que destrozó y derritió la corteza terrestre hasta una profundidad de casi 30 km.

Los efectos del impacto arrojaron millones de toneladas de polvo en la atmósfera, bloqueando el Sol y disminuyendo bastante las temperaturas alrededor del globo. Otra consecuencia sería la liberación de azufre en la atmósfera. Esto se combinó con el vapor de agua y creó lluvia ácida corrosiva, convirtiendo los mares y los océanos del mundo en baños de ácido.

**Actividad volcánica** El efecto del impacto del meteorito estuvo acompañado por un evento simultáneo que sucedió en el otro lado del mundo, en lo que ahora es la India. Durante unos 2-3 millones de años al final del Cretácico y al inicio del Terciario, esta gran área estuvo sujeta a actividad volcánica violenta. El bióxido de carbono y el polvo volcánico liberados por el vulcanismo causaron también lluvia ácida y afectaron en forma adversa el clima. Además, existe la teoría de que el elemento selenio, que fue liberado por los volcanes y el meteorito, era venenoso para los dinosaurios.

**¿Quién sobrevivió y por qué?** Parece que hay poca pauta acerca de las especies que murieron y las que sobrevivieron. Los dinosaurios sucumbieron, pero los cocodrilos y muchos otros reptiles sobrevivieron; las aves y los mamíferos marsupiales sufrieron, pero los mamíferos placentarios escaparon; las plantas simples soportaron mejor que las plantas con flores.

Un factor es notable: todas las criaturas terrestres que pesaban más de 25 kg se extinguieron. Los motivos de esta teoría no clara, pero favorecida, es que los mamíferos de sangre caliente, los nocturnos y los que habitaban en madrigueras (que también eran pequeños) estaban mejor equipados para sobrevivir en las condiciones climáticas frías de esa época, que muchos otros grupos, en particular los dinosaurios grandes, posiblemente de sangre fría, que no podían controlar la temperatura corporal tan bien como los mamíferos.

21 20 19 17 18

*(figura humana sólo para escala)*

**DATO**
**En el Museo de Historia Natural de Torreón, Coahuila (México), hay un esqueleto de *Tyrannosaurus Rex* y otro de *Quetzalcoatlus.***

18 **ESTEGOCERAS**
El *Estegoceras* tenía un cráneo grueso y abombado, que sugería que embestir era una parte importante de su estilo de vida, como defensa o como un ritual para aparearse. Este herbívoro tal vez vivió en manadas.
Tamaño: 2 m de largo
Hallado en: América del Norte

**RICERATOPS**
herbívoro *Triceratops* fue uno de los timos dinosaurios que vivieron en la Tierra. enía una escarola ósea en el cráneo para timidar a los depredadores y proteger el área el pescuezo, así como tres cuernos faciales (el ombre *Triceratops* significa "cara con tres cuernos").
amaño: Hasta 9 m de largo
allado en: EUA

vea también
28 **Cometas y meteoritos**
36 **Volcanes**
104-111 **Aves**

*Es difícil saber cuándo evolucionaron los mamíferos, porque características como piel y lactación no se fosilizan y el registro fósil se pierde. Se encontraron patrones de dientes de mamíferos en algunos reptiles fósiles del final del Pérmico. Se les llamó reptiles parecidos a mamíferos y quizá fueron los antepasados de los verdaderos mamíferos. Cuando se extinguieron los dinosaurios, los mamíferos ocuparon los nichos vacantes.*

## ¿POR QUÉ MEDRARON LOS MAMÍFEROS?

Miles de especies de mamíferos evolucionaron en los 65 millones de años después de la extinción en masa en el Cretácico/Terciario. Un gran número eran herbívoros, que se alimentaban de plantas con flores, en particular de hierbas, que también se extendían y se diversificaban. La sangre caliente dio a los mamíferos una ventaja particular: podían regular su temperatura corporal y así prosperar en diferentes temperaturas y hábitats. Tenían también inteligencia para sobrevivir y medrar en condiciones que cambiaban con rapidez. Los mamíferos no reemplazaron a los dinosaurios, sólo se diversificaron para ocupar los nichos vacantes después de su extinción.

Hace 280-245 millones de años **Aparecen reptiles similares a los mamíferos.** Tienen características de mamíferos, como dientes incisivos, caninos y molares.

Hace 230 millones de años **Aparecen cinodontes,** como el *Thrinaxodon.*

**Aparecen mamíferos verdaderos.** Todas las formas conocidas en ese tiempo son insectívoros del tamaño de musarañas.

Hace 208-144 millones de años **Los mamíferos son pequeñas criaturas nocturnas** durante el Jurásico, y evolucionan atributos como sangre caliente, parir crías vivas y alimentarlas con leche.

Hace 100-75 millones de años **Aparecen los mamíferos marsupiales** en América del Sur y se extienden por todo el supercontinente de Gondwana, formado por Australia, Antártida, India, África y América del Sur.

PÉRMICO

245

TRIÁSICO

208

JURÁSICO

144

CRETÁCICO

**MEGAZOSTRODON**
Esta pequeña criatura, uno de los primeros mamíferos conocidos, medía sólo 13 cm de largo. Se alimentaba de insectos y quizá era nocturno. El *Megazostrodon* tal vez ponía huevos, como los ornitorrincos y los equidnas actuales. Vivió desde el final del Triásico hasta principios del Jurásico.

Hace 100 millones de años **Los mamíferos monotremas aparecen** en Australia.

Final del Jurásico **Aparecen mamíferos multituberculados.**

## Regreso al mar

Ballenas, delfines y marsopas son los únicos mamíferos totalmente adaptados a vivir toda su vida en el mar, aunque evolucionaron de antepasados que habitaban en la tierra.

La evidencia basada en sus dientes indica que la primera ballena conocida, el *Pakicetus,* de hace 54 millones de años, descendía de un antepasado de los mamíferos con pezuñas carnívoros, como el *Pachyaena*. Las primeras ballenas no adaptadas a la vida acuática pasaban mucho tiempo en tierra, moviéndose con extremidades en forma de remos. Las actuales, incluyendo las barbadas, evolucionaron de las primitivas dentadas, como el *Pakicetus*.

Otros mamíferos que vivieron en el mar fueron los sirenios. A diferencia de las ballenas, eran herbívoros. Estudios del ADN indican que comparten un antepasado con los elefantes.

## Las cuatro clases de mamíferos

Al final del Cretácico existían cuatro grupos de mamíferos:

1. **Placentarios** Mamíferos con crías plenamente desarrolladas que alimentaban con leche. El grupo más grande.
2. **Marsupiales** Mamíferos que producían crías inmaduras, alimentadas en una bolsa después del nacimiento.
3. **Monotremas** Mamíferos que ponían huevos, y que quizá evolucionaron separadamente de otros mamíferos. En su mayoría estaban confinados a Australia, aunque se encontraron algunos fósiles en América del Sur. Los ornitorrincos pico de pato y los equidnas son ejemplos modernos.
4. **Multituberculados** Herbívoros similares a roedores, llamados así porque sus dientes tenían rebordes (tubérculos) en la superficie que muerde. Como los marsupiales, producían crías inmaduras.

***Pachyaena***

***Ambulocetus***

***Pakicetus***

**INDRICOTHERIUM**

El *Indricotherium* fue el primer mamífero terrestre más grande que existió. De 8 m de largo, empequeñecía incluso a los mamuts más grandes. Es un antepasado del rinoceronte y pesaba 33.5 toneladas. Tenía el labio superior flexible, lo que le permitía comer las hojas como lo hace una jirafa de nuestros días.

## Cómo evolucionaron los elefantes

Actualmente hay dos variedades de elefante, el africano y el indio, pero desde que aparecieron, han existido más de 160 especies. Se originaron en el norte de África, en el Eoceno. Los primeros tipos, como el *Moeritherium,* tenían el tamaño de un cerdo y eran muy similares a los elefantes modernos, pero sin trompa ni colmillos, características que desarrollaron en el Mioceno, como adaptaciones para ayudarse a alcanzar la comida, y que luego fueron importantes para comunicarse. Los elefantes aumentaron de tamaño durante el Mioceno y el Plioceno, quizá como una protección de los depredadores. Al inicio del Pleistoceno, algunos eran más grandes que el elefante africano actual. El mamut de las estepas *(Mammathus trogontherii)* medía 4.6 m al lomo. Existieron en Europa, América, Asia y África.

**AMEBELODON**

Con una altura de 3 m, el *Amebelodon* tenía dos colmillos aplanados que sobresalían 1 m de su mandíbula inferior y formaban un borde de corte como pala. Quizá los utilizaba junto con su trompa para asir plantas acuáticas, su alimento principal, del fondo de los ríos. Vivió en América del Norte.

**SMILODON**

El prototípico tigre "dientes de sable", el *Smilodon,* era un poderoso depredador con largos dientes serrados de 18 cm de largo. Podía abrir la mandíbula 120 grados, para colocar la fuerza de esos dientes como dagas en su presa. Vivió en América del Norte y América del Sur.

Hace 70 millones de años **Evolucionaron los mamíferos placentarios** en Asia.

Hace 65 millones de años **La extinción en masa causa el fin de los dinosaurios** y de muchos grupos de animales.

Hace 57-34 millones de años **Aparecen ballenas, vacas marinas, caballos, camellos, primates, rumiantes, roedores y elefantes.** En Australia y América del Sur evolucionan muchas nuevas formas de marsupiales.

65 PALEOCENO 57 EOCENO 34 OLIGOCENO 23 MIOCENO 5 PLIOCENO 1.8 PLEISTOCENO

Hace 65-57 millones de años **Dominan los mamíferos multituberculados.** Casi todos los mamíferos herbívoros son chicos, pero aparecen los primeros mamíferos grandes, que incluyen el *Coryphodon,* similar al hipopótamo, en América del Norte, Europa y Asia, y los *astraphotheres* en América del Sur, herbívoros con colmillos y trompas pequeñas, algunos del tamaño de los rinocerontes modernos.

El supercontinente de Gondwana empieza a separarse.

Hace 34-23 millones de años **Se extinguen los multituberculados** y los roedores los reemplazan en la mayoría de los nichos. En el mar, aparecen las ballenas barbadas. Surgen los primeros cerdos, gatos y rinocerontes.

Hace 23-5 millones de años Se unen América del Norte y del Sur, lo que origina una afluencia de mamíferos placentarios hacia el sur, donde desplazan a los marsupiales. **Los marsupiales se extinguen en Europa y en América del Norte.**

En todo el mundo se extienden los pastizales, originando la evolución de especies más veloces de mamíferos.

Hace 5 millones de años **Aparecen los primeros homínidos** en África.

Hace 1.8 millones de años Aparece el ***Homo habilis,*** el primer miembro conocido del género *Homo.*

Hace 120,000 años **Surgen los primeros humanos modernos.**

**Ballena Minke *(Balaenoptera acutorostrata)***

***Aetiocetus***

vea también

64 **Eras de vida en la Tierra**
66 **Evolución explicada**
114-119 **Mamíferos**
126-129 **Evolución del hombre**

*Con más de 1.5 millones de especies nombradas, el reino animal es el grupo de seres vivos más grande y diverso en la Tierra. Más de 1 millón de éstos son insectos. Se considera que pertenecen al reino animal sólo los organismos multicelulares, pero hay multitud de organismos unicelulares, los protozoarios, que comparten muchas características animales.*

## ¿QUÉ ES UN ANIMAL?

Todos los animales, al igual que las plantas, tienen células con núcleo. Difieren de las plantas en que:

- **son móviles** durante parte de su ciclo de vida.
- **no pueden fabricar su propio alimento,** sino que necesitan consumir materia orgánica producida por otros seres vivos.
- **tienen células** sin paredes rígidas.
- **tienen órganos sensoriales** y alguna clase de sistema nervioso con un punto central coordinador (el cerebro) para controlar los movimientos y las funciones corporales.
- **no tienen** puntos específicos de crecimiento; el desarrollo tiene lugar en todo el cuerpo y cesa en la edad adulta.

**Todas las criaturas, grandes y pequeñas**
Los animales colonizaron todo hábitat en la Tierra, desde cimas de montañas hasta profundidades de los océanos. Esto originó la evolución de una gran variedad de formas corporales y estrategias de vida para enfrentar las condiciones que imponen los hábitats.

## Cómo se ordenan a sí mismas las células

Los animales multicelulares más simples, las esponjas, son poco más que colecciones de células individuales unidas al azar. Si se licua una esponja, finalmente se recuperará, porque sus células se reacomodan. Las esponjas tienen células especializadas, pero no se combinan para formar estructuras organizadas específicas. En todos los demás animales, las células se ordenan en formas más complejas para formar tejidos y órganos.

**Doble yema embrionaria**
Aguamalas, hidras y anémonas de mar son algunos de los animales más simples con estructuras especializadas. Como embriones, tienen dos capas: una externa, de la que se forma el cuerpo externo, y una interna, de la que se desarrollan órganos específicos, como el intestino. Debido a este desarrollo a partir de dos capas se llaman animales diploblásticos (del griego; significa "doble yema").

**Triple yema embrionaria**
Todos los demás animales, desde los platelmintos hasta los humanos, son triploblásticos ("triple yema"); tienen tres capas cuando son embriones. La capa media adicional se desarrolla en órganos y sistemas complejos.

**Estructura más simple** Las esponjas no tienen órganos.

**DATO**
El gusano más largo conocido es el gusano nermetino gigante *(Lineus longissimus)*. Uno encontrado en 1864 medía más de 55 m de largo.

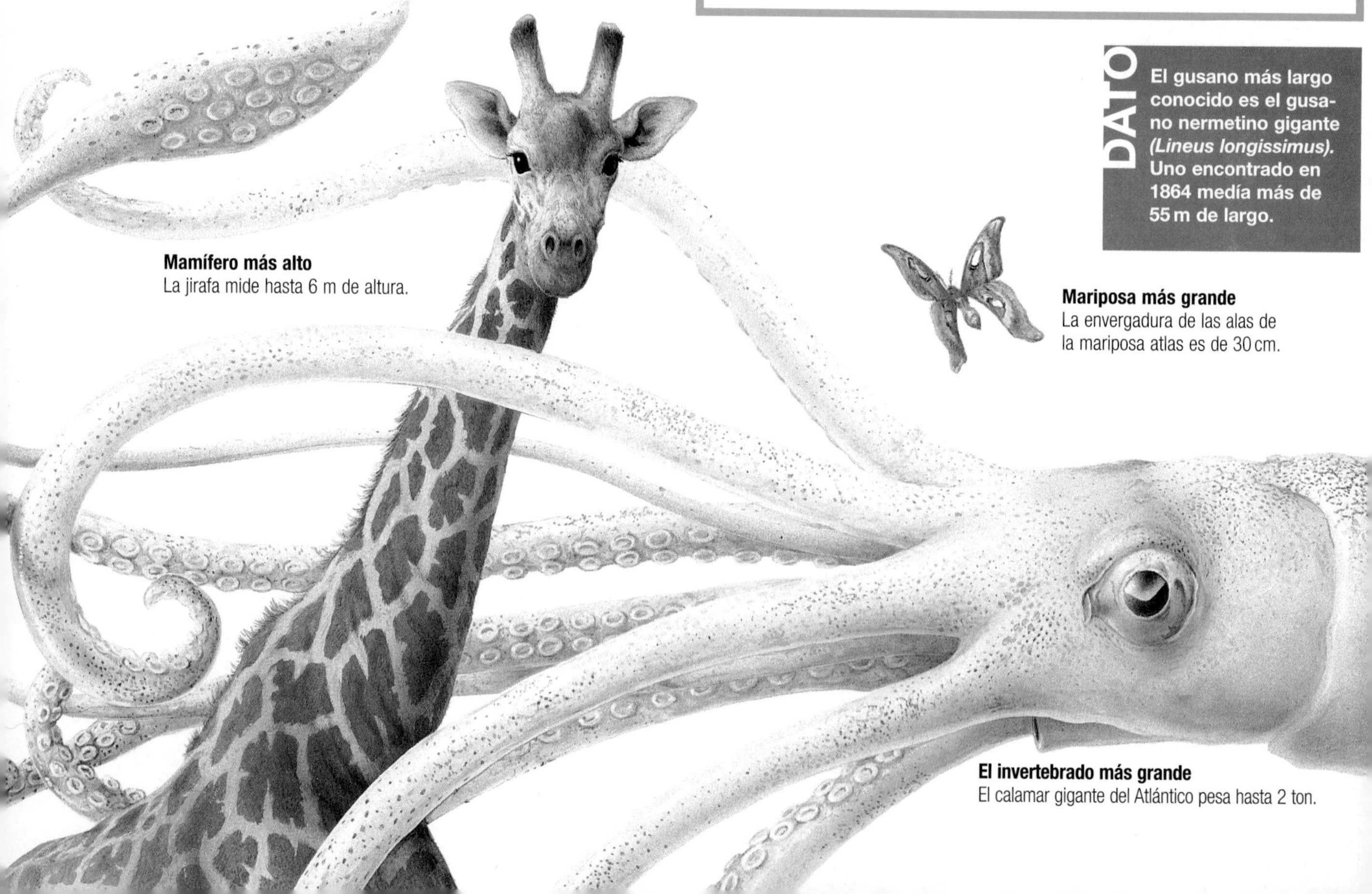

**Mamífero más alto**
La jirafa mide hasta 6 m de altura.

**Mariposa más grande**
La envergadura de las alas de la mariposa atlas es de 30 cm.

**El invertebrado más grande**
El calamar gigante del Atlántico pesa hasta 2 ton.

**Clasificación de la vida animal** Los taxonomistas clasifican a los seres vivos colocándolos en una jerarquía de grupos basada en características compartidas, como la posesión de espina dorsal o amamantamiento de las crías. Este diagrama muestra la clasificación de un tigre desde el grupo más grande, el fílum, hasta las especies más pequeñas.


vea también
112 **Registros de animales**
122 **Especies en peligro**
124 **Protección de especies**
532-537 **Biología**


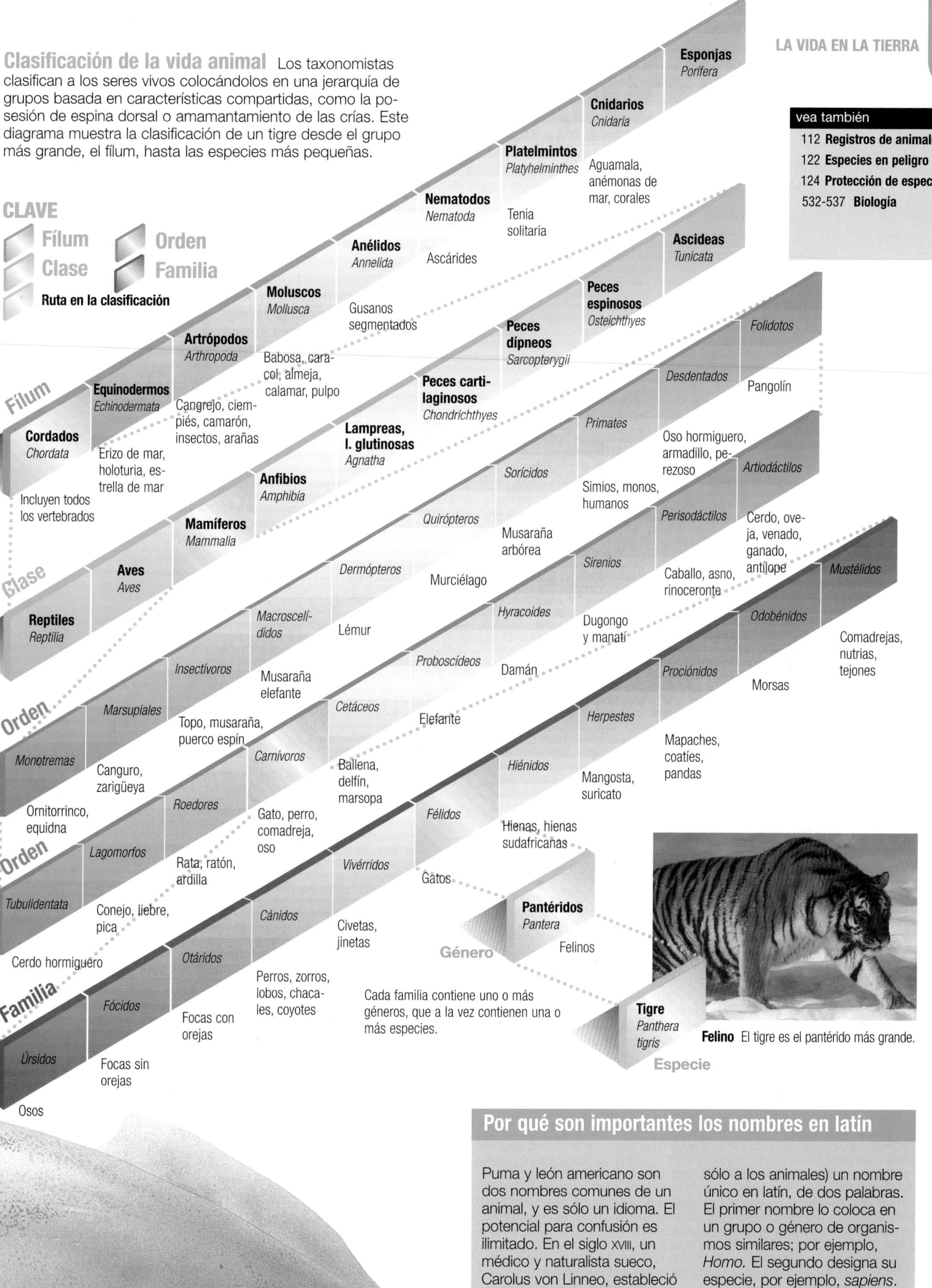


**Felino** El tigre es el pantérido más grande.

## Por qué son importantes los nombres en latín

Puma y león americano son dos nombres comunes de un animal, y es sólo un idioma. El potencial para confusión es ilimitado. En el siglo XVIII, un médico y naturalista sueco, Carolus von Linneo, estableció un sistema de nombres para evitar tal confusión. Su sistema da a cada organismo vivo (no sólo a los animales) un nombre único en latín, de dos palabras. El primer nombre lo coloca en un grupo o género de organismos similares; por ejemplo, *Homo.* El segundo designa su especie, por ejemplo, *sapiens*. Más de 200 años después, el sistema de nombres de Linneo aún se usa.

# Moluscos y artrópodos ▶ Dos ramas del árbol genealógico de los invertebrados

*Los moluscos y los artrópodos son dos grupos principales de invertebrados, animales sin espina dorsal. Los invertebrados representan 95% de todas las especies animales. Tienen cuerpos blandos, pero algunos tienen un esqueleto externo duro, llamado exoesqueleto, que sirve como punto de soporte para los músculos y como protección para el resto del cuerpo.*

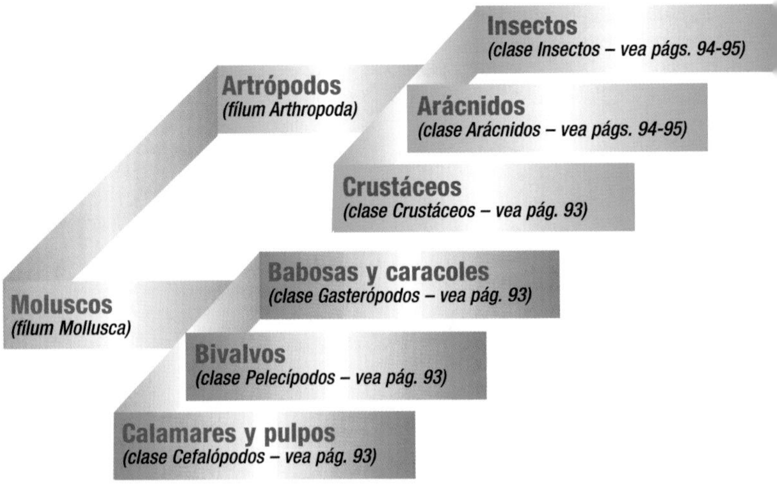

**Artrópodos** *(fílum Arthropoda)*

**Insectos** *(clase Insectos –* *vea págs. 94-95)*

**Arácnidos** *(clase Arácnidos –* *vea págs. 94-95)*

**Crustáceos** *(clase Crustáceos –* *vea pág. 93)*

**Moluscos** *(fílum Mollusca)*

**Babosas y caracoles** *(clase Gasterópodos –* *vea pág. 93)*

**Bivalvos** *(clase Pelecípodos –* *vea pág. 93)*

**Calamares y pulpos** *(clase Cefalópodos –* *vea pág. 93)*

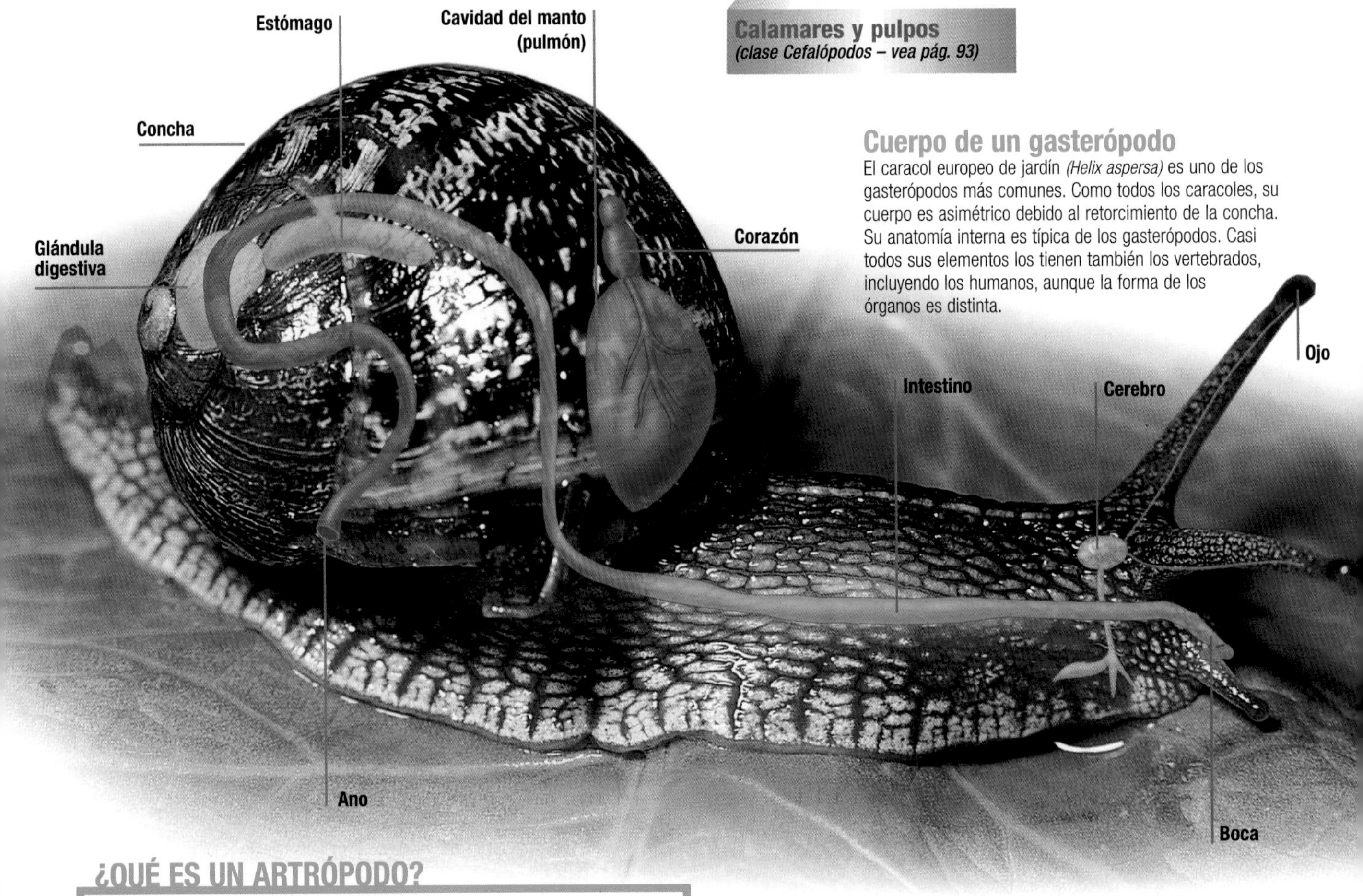

Estómago

Cavidad del manto (pulmón)

Concha

Glándula digestiva

Corazón

Intestino

Cerebro

Ojo

Ano

Boca

## Cuerpo de un gasterópodo

El caracol europeo de jardín *(Helix aspersa)* es uno de los gasterópodos más comunes. Como todos los caracoles, su cuerpo es asimétrico debido al retorcimiento de la concha. Su anatomía interna es típica de los gasterópodos. Casi todos sus elementos los tienen también los vertebrados, incluyendo los humanos, aunque la forma de los órganos es distinta.

## ¿QUÉ ES UN ARTRÓPODO?

**Caparazón** Los artrópodos tienen un esqueleto articulado externo duro hecho de quitina, un compuesto orgánico fibroso.

- Artrópodo significa "pie articulado". Los artrópodos tienen pares múltiples de **patas articuladas** flexibles.
- Tienen **cuerpos segmentados,** cubiertos por un esqueleto duro llamado cutícula o exoesqueleto.
- Para crecer, **periódicamente renuevan sus exoesqueletos.** Este proceso se llama ecdisis.

## ¿QUÉ ES UN MOLUSCO?

- Los moluscos son **invertebrados con cuerpos blandos;** muchos están cubiertos por una concha dura generada por un doblez de la piel llamado manto. Los calamares, los pulpos y las jibias tienen estructuras internas duras, como el jibión.
- Los moluscos son de **sangre fría y producen huevos.**
- El cuerpo del molusco está formado por **tres partes:** cabeza; la masa central que contiene los órganos vitales; y una pata muscular u otros medios de locomoción.
- Casi todos los moluscos **viven en el mar;** algunos viven en agua dulce; la mayoría de babosas y caracoles vive en tierra.

## BABOSAS Y CARACOLES

Gasterópodos
Aproximadamente 50,000 especies

**Dónde viven:**
Mar, agua dulce y ambientes húmedos en la tierra

**Características:**
- Los caracoles de tierra y las babosas se deslizan mediante un pie muscular plano. Gasterópodo significa "pie en la panza". El pie de los gasterópodos marinos es chico.
- La concha de los caracoles es espiral o semiespiral. Babosas y babosas marinas (nudibranquios) no tienen concha.
- Ubicación de los ojos de los caracoles terrestres y de agua dulce: en tentáculos oculares.

**Especies:**
Lapa *(Patella vulgata)*
Caracol marino común *(Littorina littorea)*
Babosa gris *(Lireak maximus)*
Babosa de mar cuadricolor *(Chromodoris quadricolor)*

## BIVALVOS

Pelecípodos
Aproximadamente 8,000 especies

**Dónde viven:**
Agua salada y dulce

**Características:**
- Cuerpos cubiertos por dos conchas con charnela (o valvas).
- Se alimentan y respiran pasando agua entre las valvas y branquias grandes, que extraen el oxígeno y las partículas de comida.
- La mayoría tiene sexos separados, pero algunos pueden ser masculinos y femeninos, alternando entre sexos de acuerdo con la temperatura del agua a su alrededor.
- Tienen un pie que pueden sacar y meter para moverse.
- Algunos nadan libremente; otros se refugian en arena, lodo o roca.

**Especies:**
Mejillón *(Mytilus edulis)*
Berberecho *(Cardium edule)*
Ostra común europea *(Ostrea edulis)*
Almeja *(Pisidium casertanum)*
Vieira *(Pecten jacobaeus)*
Broma *(Teredo navalis)*
Navaja *(Ensis ensis)*
Mejillón cisne *(Anodonta cygnaea)*
Chlamys varia *(Chlamys varius)*

## CALAMARES Y PULPOS

Cefalópodos
Aproximadamente 750 especies

**Dónde viven:**
Mares templados y tropicales

**Características:**
- Tienen cuerpos blandos sin concha y 8 tentáculos (octópodos) o 10 (sepia y calamares), cada uno equipado con hileras de ventosas.
- Dos de los tentáculos de los calamares y las sepias son retráctiles y largos, usados para atrapar a la presa. Los pulpos usan todos los tentáculos para este propósito.
- Todos se mueven velozmente mediante un efecto de sifón para producir un chorro de agua.
- Cuando están atemorizadas, la mayoría de las especies liberan nubes de tinta para cubrir su escape.

**Especies:**
Calamar gigante *(Architeuthis dux)*
Nautilo *(Nautilus pompilius)*
Sepia *(Sepia officinalis)*
Pulpo *(Octopus vulgaris)*
Calamar *(Loligo loligo)*
Calamar enano *(Alloteuthis subulata)*
Pulpo gigante *(Octopus apollyon)*
Calamar enjoyado *(Lycoteuthis diadema)*
Calamar norteamericano *(Loligo pealei)*
Volador *(Illex illecebrosus)*

## CANGREJO, CAMARÓN, LANGOSTINO Y LANGOSTA

Crustáceos
Aproximadamente 30,000 especies

**Dónde viven:**
Agua salada y dulce, sitios húmedos en tierra

**Características:**
- Cabezas con dos pares de antenas.
- Protegidos por exoesqueletos duros de proteína y sustancia calcárea llamada quitina.
- Apéndices en cada sección del exoesqueleto, modificados para actuar como antenas, región bucal, patas y pleópodos.
- Pasan por etapa larvaria antes de desarrollarse como adultos.

**Especies:**
Langosta espinosa *(Panulirus argus)*
Camarón de mar *(Artemia sacina)*
Gamba *(Palaemon serratus)*
Cangrejo *(Dromia vulgaris)*
Cangrejo comestible *(Cancer pagurus)*
Percebe *(Lepas anatifera)*
Cigala *(Nephrops norvegicus)*
Camarón antártico *(Euphausia superba)*
Esquila de agua *(Squilla empusa)*
Cangrejo ladrón *(Birgus latro)*
Crustáceo de arrecife *(Balanus balanoides)*
Camarón zafiro *(Sapphirina fulgens)*
Langosta *(Scyllarus arctus)*

vea también
90 **El reino animal**
112 **Registros de animales**
122 **Especies en peligro**
124 **Protección de especies**

## DATOS Y CIFRAS

- La almeja gigante *(Tridacna gigas)* es el bivalvo más grande del mundo. Vive en arrecifes de coral, en los océanos Índico y Pacífico; su concha mide hasta 1.4 m de largo.
- El caracol de mar *Bitium* vive cerca de China; es uno de los moluscos más chicos, con menos de 1 mm de largo.
- El crustáceo más pesado es la langosta del Atlántico Norte *(Homarus americanus)*. Un ejemplar pescado en 1977 pesó más de 20 kg.
- El pulpo gigante del Pacífico *(Octopus dofleini)* es el más grande. Con tentáculos extendidos mide 2.5 m.

**Cómo se forman las perlas**
Las ostras y otros moluscos crean perlas en respuesta a la irritación de su tejido corporal ocasionado por un grano de arena u otro objeto extraño. El animal aísla el objeto extraño cubriéndolo con una sustancia homogénea llamada nácar y se forma la perla.

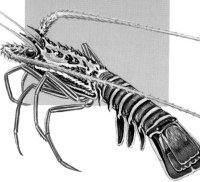

**Crustáceo atípico**
A diferencia de otras langostas, la langosta espinosa americana *(Panulirus argus)* no tiene pinzas.

# Arácnidos e insectos



*Los arácnidos y los insectos son artrópodos. Tienen cuerpos simétricos, segmentados y cubiertos con un exoesqueleto duro. Todos los arácnidos y los insectos respiran aire, incluso los que pasan la mayor parte de su vida bajo el agua. Los arácnidos respiran por pulmones simples y los insectos mediante un sistema de sacos aéreos y conductos que están conectados a orificios en el exoesqueleto.*

**Aguijón en la cola**
Los escorpiones atrapan a sus presas con sus pinzas. El aguijón ponzoñoso que tienen en la cola lo usan casi exclusivamente para defensa propia.

## ¿QUÉ ES UN ARÁCNIDO?

- **Los arácnidos** incluyen arañas, escorpiones, segadores, ácaros y garrapatas.
- Sus cuerpos se dividen en **dos secciones:** la cabeza y el tórax unidos (prosoma), y un abdomen.
- Tienen **cuatro pares de patas articuladas** unidas al prosoma.
- **Dos pares más de apéndices** están unidos al prosoma: el quelícero, que sostiene las mandíbulas adaptadas para asir, y los pedipalpos, usados como antenas, a veces equipados con pinzas (como en el escorpión).
- A diferencia de los insectos, los **arácnidos carecen de antenas y alas.**
- Los arácnidos son **carnívoros,** excepto algunas garrapatas herbívoras.

## ARAÑAS

Arácnidos
Unas 30,000 especies

**Dónde viven:**
En tierra, en todas partes, menos en los polos; hábitats de agua dulce

**Características:**
- Ocho patas y hasta ocho ojos.
- Tienen glándulas que producen seda. La seda pasa por estructuras llamadas hileras.
- La hembra siempre es más grande que el macho.

**Especies:**
Araña hormiguera *(Myrmarchne formicaria)*
Viuda negra *(Latrodectus mactans)*
Araña cardenal *(Tegenaria parietina)*
Araña común de jardín *(Araneus diadematus)*
Tarántula europea *(Lycosa tarentula)*
Araña de jardín *(Araneus diadmatus)*
Araña comedora de pájaros *(Theraphosa leblondi)*
Araña doméstica *(Tegenaria domestica)*
Araña mono (género *Dismodicus*, varias especies)
Araña de Sydney *(Atrax robustus)*
Araña avispa *(Ariope bruennichi)*
Araña acuática *(Argyroneta aquatica)*
Araña lobo *(Lycosa narbonensis)*
Araña saltadora *(Salticus scenicus)*

Glándula digestiva
Corazón
Aorta
Hilera
Pedipalpo
Glándula sericígena
Intestino
Pulmón
Pata
Cerebro
Estómago

**Interior de una araña**
Las arañas son los arácnidos más comunes y aparte de la glándula sericígena, su anatomía interna es típica de todos los miembros del grupo.

## DATOS Y CIFRAS

- La araña más grande es la tarántula comedora de pájaros *(Theraphosa leblondi)* de América del Sur. Sus patas se extienden más de 28 cm.
- El insecto al que se le ha registrado más tiempo de vida es el escarabajo esplendoroso *(Buprestis aurulenta):* 47 años.
- El veneno de la araña viuda negra norteamericana *(Latrodectus mactans)* es 15 veces más potente que el de una serpiente de cascabel.
- La seda de la araña es más resistente que cualquier otra fibra conocida de un grosor similar, natural o artificial.
- El insecto alado más chico es la avispa parásita de Tanzania *(Caraphractus cinctus).* La envergadura de sus alas es de sólo 0.2 mm.
- La cigarra africana *(Brevisana brevis)* es el insecto que emite el sonido más fuerte: 107 decibeles, como el del taladro.

**DATO**
**Se conocen más de un millón de especies de insectos. Miles más se descubren cada año.**

vea también
90 **El reino animal**
112 **Registros de animales**
122 **Especies en peligro**
124 **Protección de especies**

## ESCARABAJOS Y GORGOJOS

Coleópteros
Más de 370,000 especies

**Dónde viven:**
En la tierra y en agua dulce en todo el mundo, menos en los polos

**Características:**
- Los escarabajos y los gorgojos forman el orden más grande de insectos y representan una cuarta parte de todas las especies del reino animal.
- Tienen alas delanteras duras (élitros), que se se doblan hacia abajo para proteger las alas traseras.

**Especies:**
Abejorro
*(Melolontha melolontha)*
Escarabajo de la papa
*(Leptinotarsa decemlineata)*
Carcoma
*(Xestobium rufouillosum)*
Luciérnaga
*(Lampyris noctiluca)*
Calapatillo
*(Sitophilus granarius)*
Escarabajo goliat
*(Goliathus giganteus)*
Ditisco
*(Dystiscus marginalis)*
Mariquita
*(Adalia bipunctata)*

## MOSCAS

Dípteros
Unas 90,000 especies

**Dónde viven:**
En la tierra y en el aire en todo el mundo, excepto en los polos

**Características:**
- Las moscas tienen un par de alas, antenas y ojos compuestos.
- Tienen un par de alas modificadas (halterios) que usan para equilibrarse.
- Producen larvas sin apéndices, las ápodas.
- Son los principales insectos portadores de enfermedades humanas, como la malaria, el mal del sueño y la fiebre amarilla.

**Especies:**
Moscarda
*(Calliphora vomitoria)*
Zancudo o típula
*(Tipula maxima)*
Tábano *(Tabanus bromius)*
Mosca doméstica
*(Musca domestica)*
Mosquito
(familia Culicidae, muchos géneros y especies)
Asilo *(Asilus crabroniformis)*
Mosca tsetsé (género *Glossina,* muchas especies)

## ABEJAS, AVISPAS Y HORMIGAS

Himenópteros
Más de 120,000 especies

**Dónde viven:**
En la tierra y en el aire en todo el mundo, excepto en los polos

**Características:**
- Abejas y avispas tienen dos pares de alas.
- El primer segmento del abdomen es estrecho para formar una cintura.
- Abejas y avispas tienen un aguijón venenoso.
- Especies con estructuras sociales complejas.

**Especies:**
Hormiga devastadora
(género *Eciton,* varias especies)
Avispa común
*(Vespula vulgaris)*
Abejorro de jardín
*(Bombus hortorum)*
Avispón *(Vespa crabo)*
Abeja *(Apis mellifera)*
Hormiga cortahojas (género *Atta,* varias especies)
Abeja cortahojas
*(Megachile centuncularis)*
Avispa agalla del roble
*(Biorrhiza pallida)*
Abeja minera *(Andrena fulva)*
Hormiga roja *(Formica rufa)*

## MARIPOSAS Y POLILLAS

Lepidópteros
Unas 150,000 especies

**Dónde viven:**
En la tierra y en el aire en todo el mundo, excepto en los polos

**Características:**
- Pasan por un ciclo de vida de cuatro fases: huevo, larva (oruga), pupa o crisálida, adulto.
- Las mariposas son activas en el día y la mayoría de las polillas, por la noche.
- Las antenas de la mariposa tienen forma de maza; las de las polillas son plumosas.
- Los adultos tienen largas trompas tubulares que usan para alimentarse con el néctar.

**Especies:**
Polilla atlas *(Attacus atlas)*
Polilla de la ropa
*(Tineola bisselliella)*
Mariposa común
*(Libytheana bachmanii)*
Mariposa de la muerte
*(Acherontia atropos)*
Artia de jardín *(Arctia caja)*
Lagarta *(Porthetria dispar)*
Mariposa de cola de golondrina
*(Macroglossum stellatarum)*
Mariposa de la col
*(Pieris brassicae)*
Mariposa monarca *(Danaus plexippus)*
Dama pintada
*(Cynthia cardui)*
Mariposa reina Alejandra
*(Ornithoptera alexandrae)*
Almirante rojo
*(Vanessa atalanta)*

## ¿QUÉ ES UN INSECTO?

- El cuerpo de un insecto adulto se divide en **tres secciones:** cabeza, tórax y abdomen.
- Tienen **antenas o "antenas de insecto"** unidas a la cabeza.
- Tienen **tres pares de patas** unidas al tórax y, generalmente, dos pares de alas.
- Casi todos ponen huevos y **atraviesan por una o más etapas larvarias** antes de ser adultos. Como larvas, suelen tener una apariencia muy diferente a los adultos.

**Obtención de las alas**
Las mariposas y las polillas sufren una metamorfosis completa desde orugas hasta adultas, y sus cuerpos experimentan un cambio de forma total.

*Los peces evolucionaron y se adaptaron virtualmente a todos los hábitats de agua dulce y salada del mundo. Su tamaño varía desde el gobio marino enano en el archipiélago Chagos del océano Índico, que mide menos de 10 mm de cabeza a cola, hasta el tiburón ballena, que mide cerca de 20 m. Los peces representan el grupo más grande de vertebrados, con unas 25,000 especies conocidas.*

## ¿QUÉ ES UN PEZ?

- Los peces son **vertebrados de sangre fría** que habitan en mares, océanos y aguas dulces.
- Todos los peces, menos los dípneos, respiran por **branquias.**
- Se mueven en el agua con la ayuda de **aletas.**
- La mayoría tienen la piel cubierta de **escamas.**

## CLASIFICACIÓN DE LOS PECES

Los peces modernos se agrupan en cuatro divisiones:

**Lampreas y lampreas glutinosas** Pertenecen a la superclase agnatos, que significa "sin mandíbulas". Son primitivas, similares a anguilas (vea der.), con bocas redondas no articuladas con mandíbulas, pero con dientes. Otras características son: piel lisa, sin escamas y viscosa y aletas únicas o no pareadas.

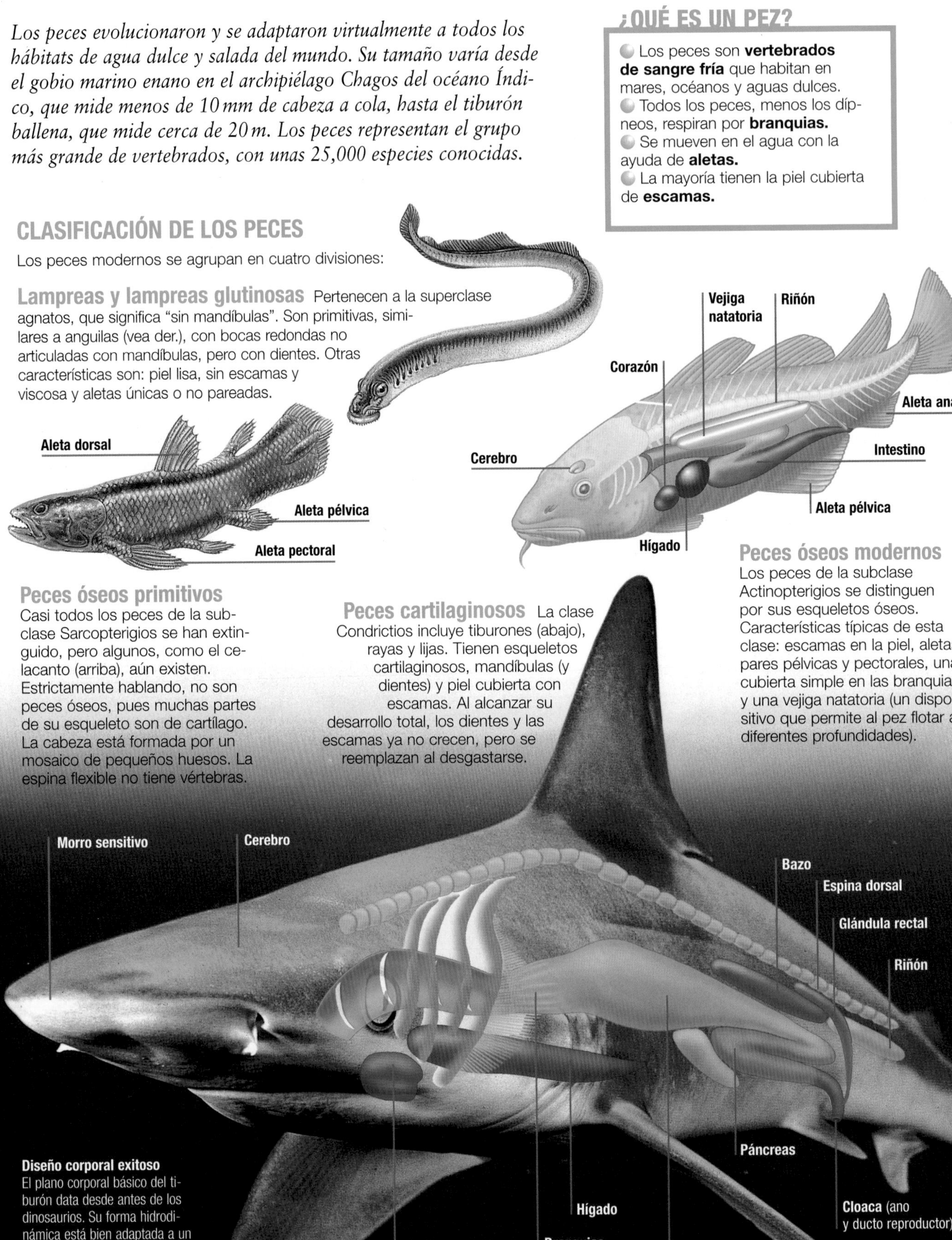


**Peces óseos primitivos**
Casi todos los peces de la subclase Sarcopterigios se han extinguido, pero algunos, como el celacanto (arriba), aún existen. Estrictamente hablando, no son peces óseos, pues muchas partes de su esqueleto son de cartílago. La cabeza está formada por un mosaico de pequeños huesos. La espina flexible no tiene vértebras.

**Peces cartilaginosos** La clase Condrictios incluye tiburones (abajo), rayas y lijas. Tienen esqueletos cartilaginosos, mandíbulas (y dientes) y piel cubierta con escamas. Al alcanzar su desarrollo total, los dientes y las escamas ya no crecen, pero se reemplazan al desgastarse.

**Peces óseos modernos**
Los peces de la subclase Actinopterigios se distinguen por sus esqueletos óseos. Características típicas de esta clase: escamas en la piel, aletas pares pélvicas y pectorales, una cubierta simple en las branquias y una vejiga natatoria (un dispositivo que permite al pez flotar a diferentes profundidades).

**Diseño corporal exitoso**
El plano corporal básico del tiburón data desde antes de los dinosaurios. Su forma hidrodinámica está bien adaptada a un estilo de vida acuático. La mayoría de los tiburones nunca están quietos; tienen que estar en movimiento para asegurar un flujo constante de agua en las branquias.

## TIBURONES

Pleurotremata
Más de 350 especies

**Dónde viven:**
Mares y océanos del mundo; algunos ríos

**Características:**

- Peces cartilaginosos con cuerpos hidrodinámicos y colas musculares, que usan para impulsarse en el agua.
- Piel grisácea, aleta dorsal alta. Hendiduras branquiales: 5-7 pares.
- Excelente sentido del olfato y células especiales en la cabeza para la detección cercana de electricidad producida por los músculos de la presa.
- Han permanecido sin cambios durante 400 millones de años.
- Peces de agua salada, aunque algunos pasan gran parte de su vida en agua dulce.

**Especies:**

Tiburón cesta *(Cerorhinus maximus)*
Tiburón toro *(Carcharhinus leucas)*
Tiburón martillo *(Sphyrna Zyganea)*
Tiburón feroz *(Carcharias ferox)*
Clamidoselacio *(Chlamydoselachus anguineus)*
Gran tiburón blanco *(Carcharodon carcharias)*
Lija pequeña *(Scyliorhinus canicula)*
Tiburón marrajo *(Isurus oxyrinchus)*
Tiburón nodriza *(Gingkymostoma cirratum)*
Zorro marino *(Alopias vulpinus)*
Tiburón tigre *(Galeocardo cuvieri)*
Tiburón ballena *(Rhincodon typus)*
Tiburón alfombra moteado *(Orectolobus maculatus)*
Tiburón cebra *(Stegotoma fasciatum)*

## RAYAS, MANTAS Y QUIMERAS

Rayiformes
Más de 400 especies

**Dónde viven:**
Mares templados y tropicales; algunos ríos

**Características:**

- Peces cartilaginosos, con cuerpo plano, aletas pectorales grandes aladas, larga cola afilada.
- Viven en el fondo, tienen dientes romos que trituran invertebrados y peces. Algunas especies viven cerca de la superficie y comen plancton (pequeños animales y plantas del mar).
- Aberturas branquiales debajo del cuerpo, como la boca de los que comen en el fondo del mar.

**Alas acuáticas** La mantarraya *(Manta birostris)* "vuela" a través de las aguas tropicales agitando sus grandes aletas pectorales. Con un largo máximo de 5 m, es la manta más grande.

**Especies:**

Raya común *(Raja batis)*
Pastinaca *(Dasyatis pastinaca)*
Torpedo *(Torpedo torpedo)*
Pez sierra *(Pristis microdon)*
Pez guitarra *(Rhinosatos productus)*
Mantarraya *(Manta birostris)*
Quimera *(Chimaera monstrosa)*

**Cazador oculto**
Las morenas viven en aguas templadas, pero son más comunes en los arrecifes de coral de los trópicos. Se ocultan en grietas y atrapan a los peces cercanos.

## ANGUILAS

Anguiliformes
Más de 500 especies

**Dónde viven:**
En arrecifes de coral, mar profundo y agua dulce

**Características:**

- Pez óseo serpentiforme; aletas dorsales y anales largas, sin escamas.
- Se alimentan de peces e invertebrados.
- Las anguilas de agua dulce *(Anguilla)* procrean en el mar y emigran grandes distancias. Las europeas y norteamericanas de agua dulce procrean en el Mar de los Sargazos del Atlántico Norte.

**Especies:**

Anguila americana *(Anguilla rostrata)*
Anguila espinosa *(Mastacembalus armatus)*
Falsa morena bicolor *(Chlopsis bicolor)*
Congrio *(Conger conger)*
Anguila de agua profunda *(Cyema atrum)*
Anguila europea *(Anguilla anguilla)*
Morena gigante *(Gymnothorax javanicus)*
Anguila asesina *(Synaphobranchus pinnatus)*
Anguila engullidora *(Eurypharynx pelecanoides)*
Anguila japonesa *(Anguilla japonica)*
Morena *(Muraena helena)*
Anguila pelícano *(Saccopharynx ampullaceus)*
Anguila serpiente *(Ophichthys gomesii)*
Anguila amarilla de jardín *(Heteroconger luteolus)*
Morena cebra *(Echidna zebra)*

## ARENQUES Y SARDINAS

Clupeiformes
Más de 400 especies

**Dónde viven:**
En mares de todo el mundo de aguas poco profundas; ríos y lagos

**Características:**

- Peces de color azul verdoso plateado.
- Nadan cerca de la superficie del agua para alimentarse de plancton.
- Los arenques viajan en cardúmenes de varios kilómetros de ancho y de largo.
- Incluyen muchas especies importantes para la alimentación humana.

**Especies:**

Boquerón *(Engraulis encrasiolus)*
Arenque *(Clupea harengus)*
Sábalo del Atlántico *(Brevoorta tyrannus)*
Sardina australiana *(Sardinops neo-pilcharus)*
Arenque denticulado *(Denticeps clupeoides)*
Sardina japonesa *(Sardinops melanosticta)*
Arenque del Pacífico *(Clupea pallasii)*
Sardina *(Sardina pilchardus)*
Sábalo *(Alosa alosa)*
Sardina sudafricana *(Sardinops ocellata)*
Sardina sudamericana *(Sardinops sagax)*
Espadín *(Sprattus sprattus)*

vea también
80 La era de los peces
90 El reino animal
112 Registros de animales
124 Protección de especies

## SALMÓN, TRUCHA, LUCIO Y EPERLANO

Salmoniformes
Unas 1,000 especies

**Dónde viven:**
Hemisferio Norte; alta mar, aguas costeras, ríos y lagos

**Características:**
- Las bocas del salmón y la trucha son anchas y con dientes fuertes. Las cabezas del lucio y del eperlano son angostas, puntiagudas y con dientes filosos.
- Todos nacen en agua dulce; el salmón emigra al mar al cumplir dos años.
- El salmón, la trucha y el eperlano regresan a desovar (de septiembre a enero) al sitio donde nacieron.

**Especies:**
Trucha alpina *(Salvelinus alpinus)*
Salmón *(Salmo salar)*
Keta *(Oncorhynchus keta)*
Trucha común *(Salmo trutta)*
Eperlano *(Osmerus eperlanus)*
Tímalo *(Thymallus thymallus)*
Lanceta feroz *(Alepisaurus ferox)*
Pez lanceta del Pacífico *(Alepisaurus borealis)*
Lucio *(Esox lucius)*
Salmón rosa o jorobado *(Oncorhynchus gorbuscha)*
Trucha arco iris *(Salmo gairdneri)*
Trucha de río *(Salmo trutta fario)*
Salmón plateado *(Oncorhynchus kitsutch)*
Salmón rojo *(Oncorhynsus nerka)*

## CARPA Y CARCINOS

Cipriniformes
Unas 3,500 especies

**Dónde viven:**
En agua dulce en todo el mundo, menos en la Antártida

**Características:**
- Peces de agua dulce omnívoros y carnívoros con cuerpos alargados.
- Aletas dorsales largas.
- Algunas especies hibernan en el fango en el lecho de ríos y arroyos.

**¡Piraña!**
La piraña roja sudamericana es un pez carnívoro peligroso, pero entre las 50 especies de pirañas algunas comen semillas y frutos que caen al agua.

**Especies:**
Rodeo *(Rhodeus sericeus)*
Locha payaso *(Botia macracantha)*
Carpa *(Cyprinus carpio)*
Pez dorado *(Carassius auratus)*
Piscardo *(Phoxinus phoxinus)*
Tetra neón *(Pracherodon innesi)*
Piraña roja *(Serrasalmus naterreri)*
Rutilo común *(Rutilus rutilus)*

## BAGRE

Siluriformes
Más de 2,500 especies

**Dónde viven:**
Lagos y ríos de todo el mundo; aguas costeras tropicales

**Características:**
- Carroñeros y cazadores que viven en el fondo del mar. En su mayoría son nocturnos.
- Cuerpos sin escamas o cubiertos por placas óseas acomodadas en hileras.
- Cabezas anchas y planas; cuerpos gruesos y barbas (palpos) sensibles.
- La mandíbula superior funciona como punto para la fijación de las barbas.

**Especies:**
Cabeza de toro marrón *(Ictalurus nebolosus)*
Bagre *(Ictalurus punctatus)*
Bagre crucifijo *(Arius proops)*
Siluro gigante *(Silurus glanic)*
Gimnoto *(Electrophorus electricus)*
Siluro *(Silurus glanis)*
Pez gato gigante *(Pangasianodon gigas)*
Pez gato cristal *(Kryptopterus bicirrhis)*
Pez gato rayado *(Mystus vittatus)*
Pez gato chupador *(Bagarius bagarius)*
Bagre panza arriba *(Synodontis multipunctatus)*

## BACALAO

Gadiformes
Unas 800 especies

**Dónde viven:**
Hemisferio Norte; en agua de mar fría, pero también en lagos y ríos

**Características:**
- Dos aletas anales, tres dorsales y una barba (palpo) en la mandíbula inferior.
- Color café moteado a gris, parte inferior blanca.
- Son carnívoros.
- Largo hasta 1.8 m.
- Incluyen varias especies para alimentación humana.

**Especies:**
Bacalao del Ártico *(Arctogadus glacialis)*
Bacalao del Atlántico *(Gadus morhua)*
Bacalao Atlántico chico *(Microgadus tomcod)*
Lota *(Lota lota)*
Molva *(Molva molva)*
Bacalao de Siberia *(Arctogadus borisovi)*
Bacalao de Groenlandia *(Gadus ogac)*
Abadejo *(Melanogramus aeglifinus)*
Merluza *(Merluccius merluccius)*
Bacalao del Pacífico *(Gadus macrophalus)*
Bacalao chico del Pacífico *(Microgadus proxismus)*
Pescadilla *(Merlangius merlangus)*

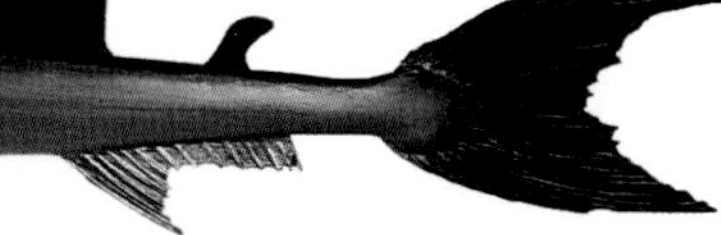

**Bigotes de pescado**
Los peces gato llevan ese nombre por las barbas como bigotes que usan para detectar la comida en el lecho de ríos y lagos.

**Monstruo submarino**
El pez lanceta del Pacífico, de extraña apariencia, mide hasta 1.8 0 m de largo. Como otros peces de aguas profundas, tiene dientes largos para atrapar peces.

vea también
90 El reino animal
112 Registros de animales
122 Especies en peligro
124 Protección de especies

## PLATEADOS

Aterinifomes
Unas 200 especies

**Dónde viven:**
Agua templada dulce, costera y océanos

**Características:**

- Peces chicos con cuerpos delgados y una banda plateada a cada lado.
- Dos aletas pectorales.
- Viven en cardúmenes grandes.
- La mayoría pone huevos en plantas acuáticas.

**Pez fuera del agua** El pez volador escapa de los depredadores saliendo del agua y planeando en el aire con sus aletas pectorales como alas.

**Especies:**
Pez volador del Atlántico *(Cypselurus melanurus)*
Gruñón *(Leuresthes tenuis)*
Gupy *(Lebistes reticulatus)*
Perro marino *(Tylosurus crocodilus)*
Eperlano de California *(Atherinopsis californiensis)*
Sardina plateada *(Hubbsiella sardina)*

## PECES ESPINOSOS, ESPETONES E HIPOCAMPOS

Gasterosteiformes
Unas 220 especies

**Dónde viven:**
Aguas costeras, lagos y ríos en regiones templadas y tropicales

**Características:**

- Los espinosos tienen espinas en el dorso, en lugar de aleta dorsal.
- Cabeza de espetones y caballitos de mar, similar a la del caballo. Los caballos de mar nadan en posición vertical con ayuda de una aleta dorsal ondulante. Los espetones, en posición horizontal.
- Los machos de todas las especies ayudan en la crianza. Espetones y caballos de mar machos tienen una bolsa abdominal para criar a los hijos.

**Especies:**
Espinoso moteado *(Gasterosteus wheatlandi)*
Espetón del Atlántico *(Syngnathus fuscus)*
Caballito de mar mediterráneo *(Hippocampus guttulatus)*
Hipocampo enano *(Hippocampus zosterae)*
Dragón marino en forma de hoja *(Phycodurus eques)*
Espinosillo *(Pungitius pungitius)*
Espinoso norteamericano *(Culaea inconstans)*
Caballito de mar oceánico *Hippocampus kuda)*
Espinoso *(Gasterosteus aculeatus)*
Espetón tigre *(Filicampus tigris)*

**Cola para asir** Los caballitos de mar tienen colas prensiles, que les permiten asirse de la vegetación en su hábitat de aguas poco profundas. Así se alimentan de animales chicos succionándolos con la boca.

## PERCA Y PECES SIMILARES

Perciformes
Más de 6,000 especies

**Dónde viven:**
Agua dulce, mares y océanos de todo el mundo

**Características:**

- La mayoría tiene espinas en las aletas dorsales pélvicas y anales.
- El grupo más grande de peces, con unas 150 familias diferentes.
- Incluyen muchos peces alimenticios y deportivos, como atún, caballa, pez vela, pez espada y lubina.

**Mascotas populares** Los peces ángel y otros miembros de este grupo son apreciados por sus colores.

**Familias:**
Peces ángel *(Pomacanthidae)*
Barracudas *(Sphyraenidae)*
Blenias *(Blennioidei,* varias familias)
Cíclidos *(Cichlidae)*
Gobios *(Gobiidae)*
Peces de agua helada *(Chaenichthyidae)*
Peces vela *(Istiophoridae)*
Peces saltadores *(Periophthalmidae)*
Lisas *(Mugilidae)*
Papagayos *(Scaridae)*
Percas *(Percidae)*
Lubinas *(Serranidae)*
Atunes, caballas *(Scombridae)*
Labros *(Labridae)*

## PLATIJA

Pleuronectiformes
Unas 500 especies

**Dónde viven:**
En todos los mares, en especial en regiones cálidas y templadas

**Características:**

- La platija tiene cuerpo aplanado, con aletas dorsales y anales.
- Durante la etapa larval, un ojo se mueve para unirse con el otro en el mismo lado de la cabeza.
- Acechan en el fondo de aguas arenosas o fangosas con superficies del color de los alrededores, como camuflaje.
- Carnívoros y óseos, en espera de la presa.

**Especies:**
Fletán *(Hippoglossus hippoglossus)*
Rodaballo negro *(Scophthalmus maeoticus)*
Rodaballo *(Scophthalmus rhombus)*
Halibut de California *(Parlichthys californicus)*
Lenguado común *(Solea solea)*
Barbado *(Limanda limanda)*
Hogchoker *(Trinectes maculatus)*
Fontanche noruego *(Phrynorhombus norvegicus)*
Platija pavo real *(Bothus lunatus)*
Platija *(Pleuronectes platessa)*
Platija de boca chica *(Paralichthys dentatus)*
Platija de verano *(Paralichtys dentatus)*
Turbo *(Scophthalmus maximus)*
Platija de invierno *(Pseudopleuronectes americanus)*

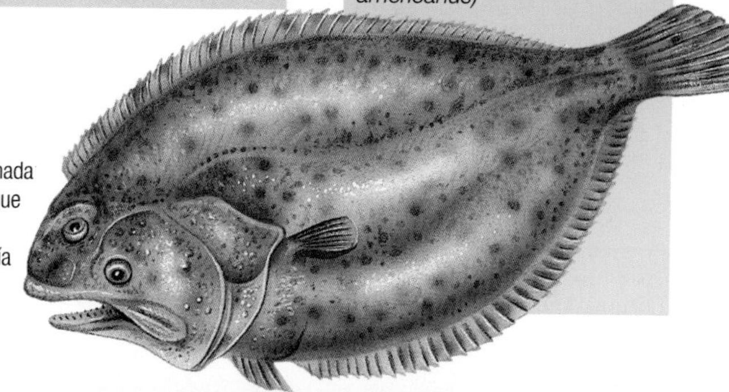

**Cabeza plana** La cabeza distorsionada de la platija indica que evolucionó de un antepasado que tenía el cuerpo redondo.

*La mayoría de los anfibios tienen dos fases distintas en su vida. Primero habitan en el agua y luego experimentan un cambio completo en su forma física, al transformarse en adultos terrestres. Durante esta metamorfosis, cambian lentamente de forma, se les desarrollan extremidades y reemplazan las branquias con pulmones que respiran aire.*

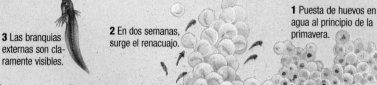

## ¿QUÉ ES UN ANFIBIO ?

- Anfibios adultos: vertebrados, **sangre fría, respiran aire, ponen huevos.**
- **Nacen en el agua,** pero la mayoría pasan su vida adulta en la tierra.
- Muchos anfibios **hibernan** durante los meses de invierno.
- Mayoría: **nocturnos.**

**1** Puesta de huevos en agua al principio de la primavera.

**2** En dos semanas, surge el renacuajo.

**3** Las branquias externas son claramente visibles.

**4** Extremidades posteriores: a las tres semanas de la eclosión.

**5** Extremidades delanteras aparecen a las cuatro o cinco semanas.

**6** En cinco o seis semanas los pulmones reemplazan a las branquias. Desaparece la cola.

## CICLO DE VIDA DE LA RANA

Las ranas pasan casi toda su vida adulta en tierra seca; la mayoría de las especies regresan al agua a procrear:

- El macho se acerca a la hembra por detrás y la sostiene por el cuerpo mientras ella pone los huevos (desove) en el agua.
- Una sustancia gelatinosa protectora que rodea los huevos se hincha al contacto con el agua y los huevos, a menudo en grupos de varios miles, flotan bajo la superficie, donde son fertilizados por el esperma que el macho libera en el agua.
- Después de dos semanas, los huevos incuban renacuajos, que se alimentan de algas y plantas acuáticas. Durante las semanas siguientes respiran mediante branquias externas.
- Gradualmente, las extremidades de la rana empiezan a tomar forma y la cola se reabsorbe.
- A las seis semanas, la rana joven está totalmente formada y lista para abandonar el agua. Sus branquias fueron reemplazadas por pulmones internos y la cola desapareció. En esta etapa, cambia de una dieta vegetariana a una de insectos y vive en la tierra el resto de su vida, cerca del agua.

corazón
estómago
pulmón
intestino
cloaca

**Anfibio típico** La mayoría de los anfibios tiene un ciclo de vida similar al de la rana común *(Rana temporaria,* izq.). Casi todas las especies, sin importar su forma adulta final, inician la vida sin extremidades, como renacuajos similares a peces. Las ranas comunes habitan en toda Europa y Asia. Su color y sus marcas son sumamente variables.

## Ranas venenosas

En los bosques tropicales de América Central y del Sur viven ranas de 5 cm. Las glándulas de la piel de estas coloridas criaturas producen un veneno muy tóxico, que las tribus indígenas de Colombia ponen en la punta de sus flechas; de ahí el nombre de ranas de dardos envenenados.

A diferencia de casi todas las ranas, las 100 especies venenosas están activas durante el día. Permanecen visibles, porque su piel llamativa advierte al atacante que se aleje o se arriesga a ser envenenado. Seguras de los agresores, recorren el suelo del bosque en busca de hormigas, su dieta principal. Algunas tienen carnosidades pegajosas en los dedos, con las que trepan en plantas y árboles en busca de comida.

**Mortal** Tocar la rana venenosa de la fresa de Costa Rica *(Dendrobates pumilio)* puede resultar fatal.

## DATOS Y CIFRAS

- El anfibio más grande es la salamandra gigante china *(Andrias davidianus)*, que mide 1.8 m de largo y pesa 60 kg.
- El anfibio más pequeño es la rana cubana *(Sminthillus limbatus)*, que mide 8.5 mm de largo.
- El anfibio más raro es la rana pintada *(Discoglossus nigriventer)*, nativa de Israel. Sólo se han visto cinco desde que se describió por primera vez en 1940.

vea también
82 **Migración a la tierra**
90 **El reino animal**
112 **Registros de animales**

### TRITONES Y SALAMANDRAS

Urodelos
Unas 360 especies

**Dónde viven:**
Regiones templadas, principalmente al norte del ecuador

**Características:**
- Patas cortas, cuerpos largos.
- Se alimentan de gusanos e insectos chicos.
- Piel tersa o verrugosa, no cubierta de escamas.
- Se mueven culebreando de un lado al otro en un patrón en forma de S.
- Tienden a estar ocultos en sitios húmedos.

**Especies:**
Tritón alpino
*(Triturus alpestris)*
Ajolote mexicano
*(Ambystoma mexicanum)*
Anguila del Congo
*(Amphiuma tridactylum)*
Salamandra europea
*(Salamandra salamandra)*
Salamandra gigante acuática *(Cryptobranchus alleganiensis)*
Salamandra gigante japonesa
*(Megalobatrachus japonicus)*
Tritón jaspeado
*(Triturus marmoratus)*
Salamandra de Norteamérica
*(Necturus maculosis)*
Salamandras acuáticas (género Sirenidae, tres especies)

### RANAS Y SAPOS

Anuros
3,500 especies

**Dónde viven:**
En regiones templadas y algunas tropicales

**Características:**
- Cuerpos achaparrados y cortos.
- Patas posteriores fuertes, adaptadas para saltar.
- Piel húmeda y dedos palmeados.
- Lengua larga extensible para atrapar presas.

**Especies:**
Sapo arborícola asiático
*(Pedostibes hosii)*
Rana toro
*(Rana catesbeiana)*
Rana común
*(Rana temporaria)*
Rana comestible
*(Rana esculenta)*
Sapo partero
*(Alytes obstetricians)*
Rana acuática gigante
*(Telematobius culeus)*
Rana arborícola
*(Limonaoedus ocularis)*
Sapo leopardo
*(Bufo pardalis)*
Sapo cornudo adornado
*(Ceratophrys ornata)*

### CECILIAS

Gimnofiones
200 especies

**Dónde viven:**
Regiones tropicales y subtropicales

**Características:**
- Totalmente sin extremidades.
- Pasan la mayor parte del tiempo bajo tierra.
- Pasan parte del tiempo excavando para obtener su dieta principal de termitas y gusanos de tierra.
- Piel estriada, que da la impresión de estar en segmentos.
- Rara vez se ven, por lo que muchas no tienen nombre común.

**Especies:**
Cecilia
*(Icythyophis gladulosus)*
Cecilia de Camerún
*(Geotrypetes seraphini)*
Cecilia ceilanesa
*(Icythyophis glutinosus)*
Cecilia koatao
*(Icythyophis kohtaonsis)*
Cecilia Lafrentz
*(Dermophis oaxacae)*
*Dermophis mexicanus*
*Icythyophis kohtaoensis*
*Typhlonectes natans*

**Renacuajo gigante** El ajolote mexicano rosa pálido *(Ambystoma mexicanum)* nunca crece. Adquiere cuatro patas y procrea, pero permanece en el agua y no pierde las branquias. Pocos sobreviven en la actualidad. Su único hábitat natural son los lagos cercanos a la ciudad de México.

**Estilo de vida secreto** La cecilia sudamericana *(Siphonops annulatus)* pasa la mayor parte del tiempo excavando en la tierra en busca de comida.

## Piel que respira

La familia más grande de salamandras son las que no tienen pulmones: respiran a través de la piel. Una delgada membrana húmeda, el epitelio, les recubre la superficie de la piel y la boca. Debajo hay una red de pequeños vasos sanguíneos. El oxígeno se disuelve en la humedad del epitelio y pasa a través de la membrana delgada hacia la sangre. Al mismo tiempo, los gases de desperdicio, como el bióxido de carbono, pasan en dirección opuesta. Este proceso requiere humedad continua, por lo que los animales con respiración cutánea tienden a vivir en sitios húmedos.

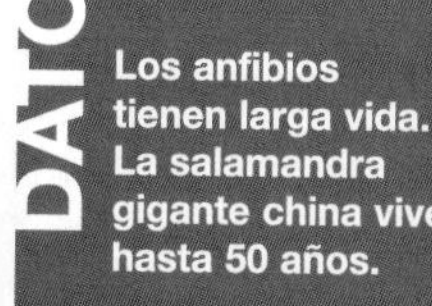

DATO
Los anfibios tienen larga vida. La salamandra gigante china vive hasta 50 años.

*Los reptiles viven en las regiones más cálidas y templadas. Abundan en los trópicos, donde se encuentra la mayor variedad. Como animales de sangre fría, dependen totalmente del calor transferido por el aire a su alrededor para mantener las funciones corporales. Muchas especies son trepadoras excelentes, ayudadas por garras (o escamas equipadas con pequeños ganchos) y fuertes colas que usan para asirse de las ramas.*

## ¿QUÉ ES UN REPTIL?

- Los reptiles son vertebrados de **sangre fría que respiran aire.**
- Ponen **huevos con yema y cascarón duro,** lo que permite que la reproducción se lleve a cabo en tierra.
- Tienen **escamas** en lugar de plumas o pelo.
- Su **piel es seca,** con pocas o ninguna glándula.
- Excepto las serpientes, se **mueven en cuatro patas,** que se proyectan desde el costado del cuerpo.
- Los miembros del orden escamosos, **lagartos y serpientes, mudan la piel** a intervalos.

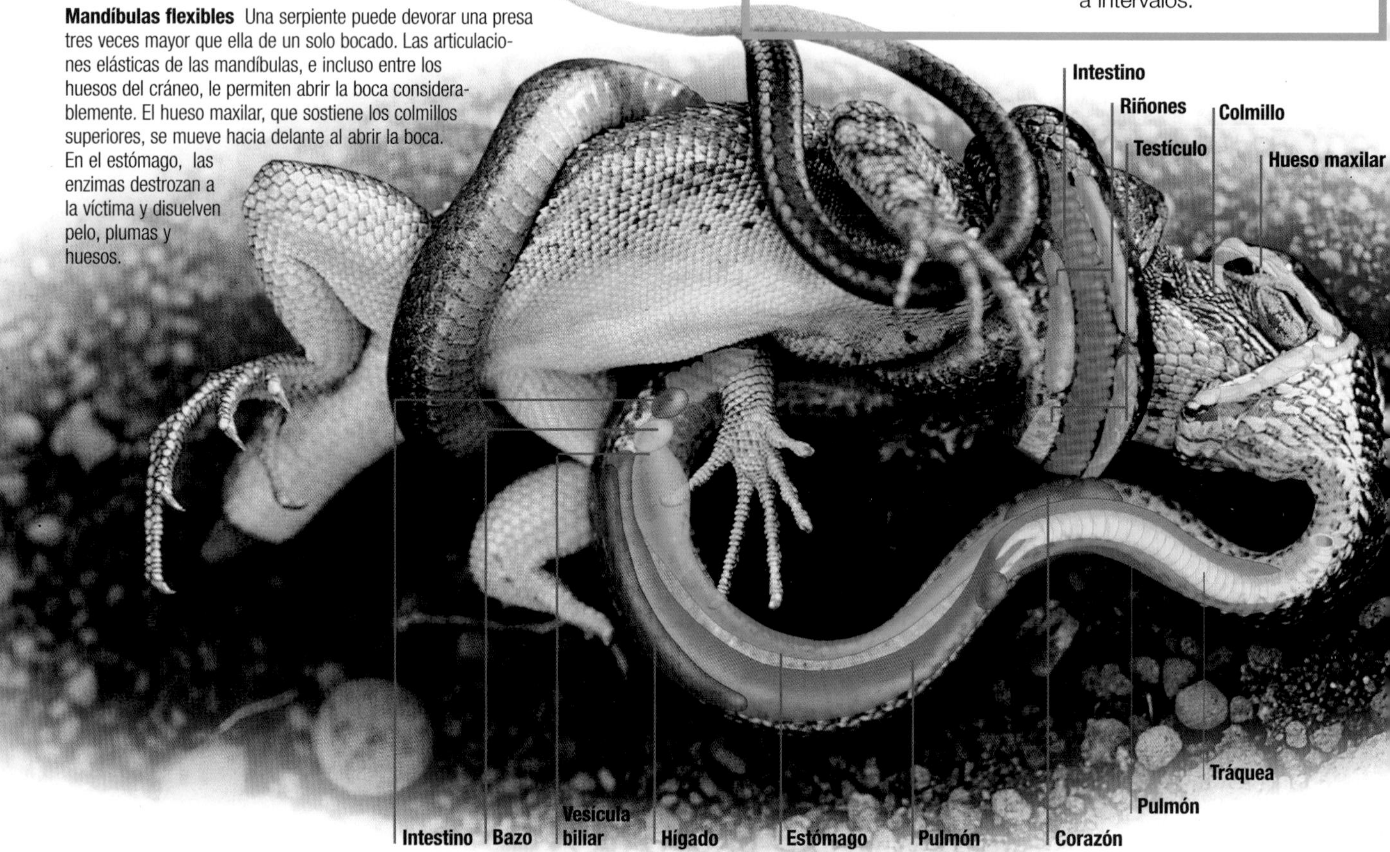


**Mandíbulas flexibles** Una serpiente puede devorar una presa tres veces mayor que ella de un solo bocado. Las articulaciones elásticas de las mandíbulas, e incluso entre los huesos del cráneo, le permiten abrir la boca considerablemente. El hueso maxilar, que sostiene los colmillos superiores, se mueve hacia delante al abrir la boca. En el estómago, las enzimas destrozan a la víctima y disuelven pelo, plumas y huesos.

## DATOS Y CIFRAS

- Hay reptiles de una gran variedad de tamaños. Desde el gecko *(Sphaerodactylus parthenopion)* de 3 cm de largo de las Islas Vírgenes Británicas, hasta la anaconda *(Eunectes murinus),* una serpiente nativa de Sudamérica, que llega a medir 9 m o más.
- El reptil más pesado es la tortuga marina *(Dermochelys coriacea).* Llega a pesar más de 700 kg.
- Dinosaurios, pterosaurios e ictiosaurios eran reptiles.
- Los mamíferos y las aves descienden de los reptiles.

## ¿Un fósil viviente?

La tuátara es el único sobreviviente del grupo de reptiles esfenodóntidos, que aparecieron hace 225 millones de años. Se encuentra sólo en algunos grupos de islas del Estrecho Cook, Nueva Zelandia. De unos 70 cm de largo, las tuátaras se parecen externamente a los lagartos, pero sus cráneos y dientes tienen marcadas diferencias. Son nocturnas y salen para alimentarse de insectos, animales chicos y huevos de aves. Algunas viven hasta 100 años.

## Las serpientes más peligrosas del mundo

Las serpientes más peligrosas, al atacar a sus víctimas, inyectan veneno por los conductos o canales de sus colmillos, que son como agujas hipodérmicas, al perforar la carne de la víctima; cuando la serpiente muerde, introduce el veneno en la corriente sanguínea de la presa.

**Mambas** Estas serpientes son comunes en los países cercanos al Sahara, en África. Son algunas de las serpientes más rápidas y agresivas. Su velocidad al atacar es tanta, que pueden atrapar un ave en vuelo y matarla inyectándole veneno casi antes de que toque el suelo.

**Cobras** Se encuentran en Asia y África. La cobra escupidora cuenta con la peor reputación, porque puede escupir veneno cegador en los ojos de la víctima desde una distancia de casi 3 m.

**Serpientes coralillo** El veneno tóxico de las relativamente pequeñas coralillo americanas es muy poderoso. Los posibles depredadores son advertidos del peligro potencial por las distintivas bandas de color rojo, negro, amarillo y blanco.

vea también
82 **Migración a la tierra**
84-87 **Los dinosaurios**
90 **El reino animal**
112 **Registros de animales**

## SERPIENTES

Serpientes
Más de 2,300 especies

**Dónde viven:**
En muchas zonas tropicales y templadas

**Características:**
- Visión limitada, armonizada con el movimiento.
- Oído restringido a vibraciones en el suelo; sentido del tacto agudo.
- Tienen sentido del olfato y pueden recoger partículas en el aire para analizarlas con la lengua.
- Hay especies con cavidad nasal entre los ojos y el orificio nasal, sensible a la radiación infrarroja; detectan seres de sangre caliente en la oscuridad.

**Especies:**
Anaconda *(Eunectes murinus)*
Serpiente rey *(Lampropeltis getulus)*
Cobra real *(Ophiophagus hannah)*
Boa constrictor de Madagascar *(Sanzinia madagascariensis)*
Pitón reticulado *(Python reticulatus)*
Pitón de las rocas *(Python sebae)*
Pitón de Gambia *(Python regius)*
Crótalo de viento de través *(Crotalus cerastes)*
Cobra escupidora *(Naja nigricollis)*
Serpiente de cascabel diamantada *(Crotalus adamanteus)*

## LAGARTOS

Lacértidos
Más de 3,700 especies

**Dónde viven:**
En todo el mundo, en especial en los trópicos

**Características:**
- Tienen tímpanos y párpados movibles.
- Ponen huevos de cascarón duro, en un nido.
- La mayoría es chica o mediana, excepto los lagartos monitores, como el dragón de Komodo, que mide más de 2 m.
- Se alimentan de insectos o vegetación.
- La mayoría tiene cuatro patas; los hay, como el lución europeo, sin ninguna, como serpientes.
- Muchos pueden mudar la cola si los atacan, y les vuelve a crecer.

**Especies:**
Lagarto común *(Lacerta vivipara)*
Lagarto esmeralda *(Lacerta viridis)*
Clamidosario *(Chlamydosaurus kingi)*
Lagarto de pulgares separados *(Acanthodactylus erythrurus)*
Lagarto ocelado *(Lacerta lepida)*
Dragón de Komodo *(Varanus komodoensis)*
Lagarto de arena *(Lacerta agilis)*
Lagarto de Schreiber *(Lacerta schreiberi)*
Lución *(Anguis fragilis)*
Lagarto de Stehlin *(Lacerta stehlinii)*
Lagartija *(Lacerta muralis)*

**Camina en agua** Las anchas patas y los largos dedos escamosos del lagarto basilisco *(Basiliscus plumiformes)* significan que puede correr por la superficie del agua para escapar de los depredadores. Esta habilidad le dio otro nombre: lagarto crucifijo.

## TORTUGAS Y GALÁPAGOS

Quelonios
Unas 270 especies

**Dónde viven:**
Sureste de Europa, oeste de Asia, norte de África, América, Australia

**Características:**
- Cuerpo protegido por un caparazón duro.
- Meten cabeza y extremidades dentro del caparazón cuando las atacan.
- El caparazón de la tortuga acuática es más ligero y aerodinámico que el de la terrestre.
- Las tortugas terrestres son herbívoras.
- Las tortugas marinas son herbívoras; las de agua dulce son carnívoras.
- Las tortugas pueden poner hasta 200 huevos a la vez.

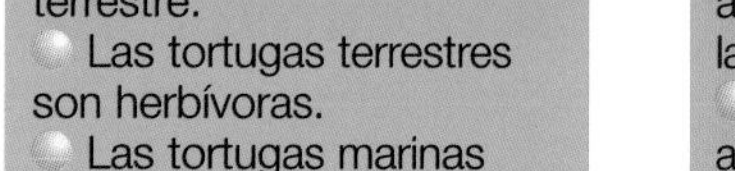

**Buceadora** Como las tortugas marinas, la tortuga verde (*Chelonia mydas*) pasa parte de su vida bajo el agua; contiene la respiración más de 30 minutos. Las patas planas son como aletas para impulsarse.

**Especies:**
Tortuga espolonada africana *(Testudo sulcata)*
Tortuga marina gigante *(Dermochelys coriacea)*
Tortuga verde *(Chelonia mydas)*
Tortuga de carey *(Eretmochelys imbricata)*
Tortuga boba *(Caretta caretta)*
Tortuga de patas rojas *(Testudo denticulata)*
Tortuga mordedora *(Chelydra serpentina)*
Tortuga mora o griega *(Testudo graeca)*
Tortuga estrellada *(Testudo elegans)*
Tortuga maloliente *(Sternotherus odoratus)*

## COCODRILOS Y CAIMANES

Cocodrilianos
22 especies

**Dónde viven:**
En la orilla del agua dulce en climas cálidos

**Características:**
- Forma como de lagarto, con piel cubierta con placas parcialmente óseas, grandes y resistentes.
- Los dientes están situados en huecos profundos (alveolos) en la mandíbula.
- Se mueven en el agua azotando la cola de un lado a otro.
- Los adultos se alimentan de peces y tortugas; los jóvenes, de insectos, gusanos y peces chicos.
- Son los reptiles modernos más grandes. Los cocodrilos machos de agua salada, de Asia tropical y el Pacífico, miden hasta 3.2 m de largo y en algunos casos el doble.

**Especies:**
Caimán americano *(Alligator mississippiensis)*
Cocodrilo australiano *(Crocodylus johnsoni)*
Cocodrilo cubano *(Crocodylus rhombifer)*
Gavial *(Gavialis gangeticus)*
Cocodrilo común *(Crocodylus palustris)*
Cocodrilo del Nilo *(Crocodylus niloticus)*
Cocodrilo marino *(Crocodylus porosus)*
Caimán de anteojos *(Caiman crocodilus)*

**Cocodrilo:** dientes visibles en las dos mandíbulas

**Caimán:** visibles sólo los dientes superiores

*Las plumas son la característica que separa a las aves de otros animales. Tienen la doble función de ayudar a volar y a regular la temperatura corporal. Las aves tienen la visión a color más aguda en el reino animal y son capaces de distinguir muchos más detalles que los seres humanos. La mayoría de las aves restringen sus actividades a las horas en que hay luz de día, pues así pueden explotar plenamente este sentido.*

## ¿QUÉ ES UN AVE?

- Un ave tiene **plumas y pico,** mas no dientes.
- Son vertebrados **de sangre caliente, respiran aire y tienen dos patas.**
- Se comunican mediante **demostraciones visuales o sonidos.**
- La **vista de las aves es aguda,** pero su sentido del olfato es limitado.
- **Casi todas las aves vuelan.** Tienen cuerpos aerodinámicos, extremidades delanteras adaptadas (alas) y huesos huecos.

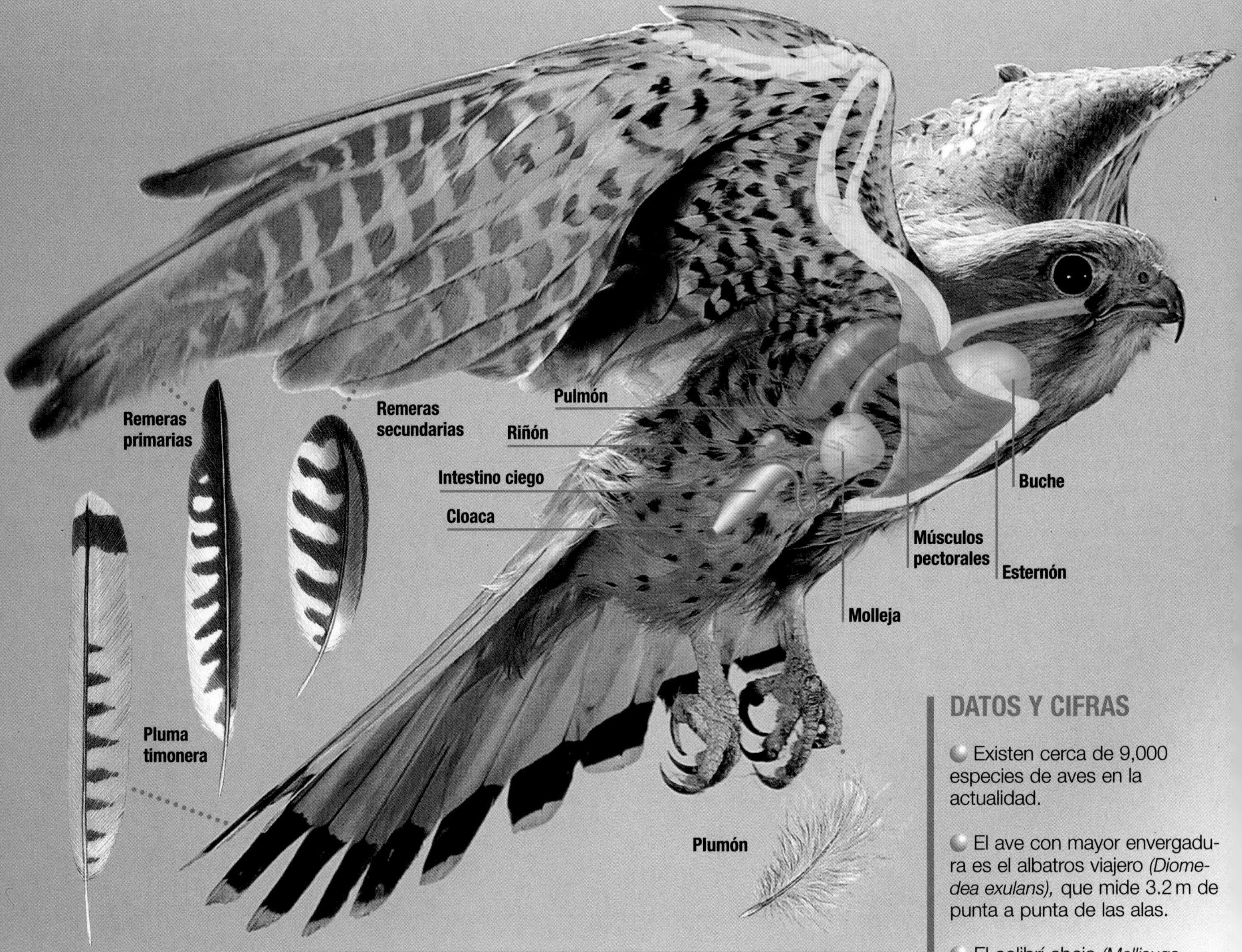

**Cada pluma remera** tiene un cañón central con una serie de barbas que le brotan. Éstas están unidas por pequeñas bárbulas que dan a la pluma su apariencia sólida. Las plumas remeras dan al ala una superficie resistente al aire que permite el vuelo. Los plumones, que mantienen la temperatura corporal del ave, carecen de bárbulas.

## Cómo vuelan las aves

Las aves pueden volar porque el aire proporciona resistencia al aleteo, en forma similar a como el agua proporciona resistencia contra los remos de una lancha. El golpe hacia abajo de las alas eleva. Por cada movimiento hacia abajo y hacia atrás de las alas, hay un movimiento correspondiente del ave hacia arriba y hacia delante. Toda la superficie del ala empuja contra el aire, como la pala de un remo empuja contra el agua. En el movimiento de regreso, el ala se inclina, de tal modo que su borde principal atraviesa el aire con menos resistencia. Las aves requieren músculos pectorales fuertes, unidos a un esternón grande, para mover las alas.

## DATOS Y CIFRAS

- Existen cerca de 9,000 especies de aves en la actualidad.
- El ave con mayor envergadura es el albatros viajero *(Diomedea exulans),* que mide 3.2 m de punta a punta de las alas.
- El colibrí abeja *(Mellisuga helenae)* tiene la envergadura más chica de cualquier ave, 5.5 cm.
- Las aves existen en todos los continentes. El pingüino emperador *(Aptenodytes forsteri)* es el único vertebrado que pasa el invierno en la Antártida.
- Más de 1,000 especies extintas de aves se identificaron gracias a fósiles.

## AVESTRUZ

Estrutioniformes
1 especie

**Dónde vive:**
En pastizales y regiones semidesiertas de África

**Características:**
- No vuela.
- Tiene cuello largo y flexible, cabeza chica y pico como de pato.
- Corre mucho; es capaz de recorrer 65 km/h.
- Tiene patas largas y resistentes, con dos dedos en cada una.
- El macho es negro y blanco con un plumaje grande blanco en la cola. La hembra es de color café pardusco.

**Especie:**
Avestruz *(Struthio camelus)*

**Huevo gigante** El avestruz tiene el huevo más grande (abajo) de cualquier ave viviente, con un peso promedio de 1.70 kg, equivalente a dos docenas de huevos de gallina. Su cascarón, aunque sólo tiene 1.50 mm de espesor, puede soportar a un hombre de 127 kg.

## ÑANDÚS

Reiformes
2 especies

**Dónde viven:**
En las planicies de América del Sur

**Características:**
- No vuelan.
- Son más chicos que el avestruz o el emú.
- Sus cabezas y pescuezos tienen plumas.
- Tienen tres dedos en cada pata.

**Especies:**
Ñandú común
*(Rhea americana)*
Ñandú petizo *(Pterocnemia pennata)*

**A la carrera**
El ñandú común (arriba), como sus parientes africanos y australianos, el avestruz y el emú, alcanza velocidades impresionantes. Sus largas patas le sirven como arma defensiva: pueden dar un fuerte golpe.

## EMÚS Y CASUARIOS

Casuariformes
4 especies

**Dónde viven:**
Desiertos, planicies y bosques de Australia y Nueva Guinea

**Características:**
- No vuelan.
- Miden 2 m de alto.
- El emú tiene plumaje café oscuro, con puntos azules desnudos a cada lado del pescuezo.
- La hembra emú tiene una bolsa en la garganta que le permite emitir una nota fuerte y retumbante.
- Las cabezas de los casuarios tienen un casquete óseo en la parte superior. Su plumaje es negro.
- El emú y los casuarios tienen tres dedos en cada pata.

**Especies:**
Emú
*(Dromaius novaehollandiae)*
Casuario común
*(Casuarius casuarius)*
Casuario enano
*(Casuarius bennetti)*
Casuario unicarunculado
*(Casuarius unappendiculatus)*

## KIWIS

Apterigiformes
3 especies

**Dónde viven:**
Bosques de Nueva Zelandia

**Características:**
- Los kiwis no vuelan.
- Tienen plumaje café largo, como pelo.
- Son nocturnos.
- Tienen vista débil, pero los sentidos del oído y el olfato bien desarrollados.
- Pico largo, usado para escarbar la tierra en busca de gusanos e insectos.
- Ponen los huevos más grandes en proporción con el tamaño del cuerpo de cualquier ave, igual a una cuarta parte del peso total de la hembra.

**Especies:**
Kiwi común
*(Apteryx australis)*
Kiwi moteado menor
*(Apteryx owenii)*
Kiwi moteado mayor
*(Apteryx hastii)*


vea también
86 **Últimos días de los dinosaurios**
90 **El reino animal**
112 **Registros de animales**


## Por qué las aves tienen picos distintos

**La forma de los picos de las aves** está relacionada con su tipo de alimento principal. Las aves de rapiña tienen picos en forma de gancho, ideales para rasgar la carne de sus víctimas. Los picos largos y rectos de muchas aves zancudas son adecuados para encontrar y remover la comida del lodo y la arena húmeda; el extremo curvo del pico del avoceta es una adaptación de esta forma para atrapar pequeñas criaturas en agua poco profunda. Uno de los picos de ave más extraños es el del rayador, que se alimenta de peces; caza volando bajo sobre el agua, con la mitad inferior del pico rastreando a través de la superficie. Tan pronto como hace contacto con una presa, el pico se cierra.

**Otras características de los picos de las aves** se deben a diferentes factores. El color ayuda a reconocer las especies y suele indicar la idoneidad como pareja. Los picos de los frailecillos son brillantes durante la temporada de reproducción; en otoño e invierno son opacos y grises. Otros factores afectan también el color. La mancha roja en el pico de la gaviota argéntea atrae a las crías para que la piquen, lo que hace que les regurgite comida.

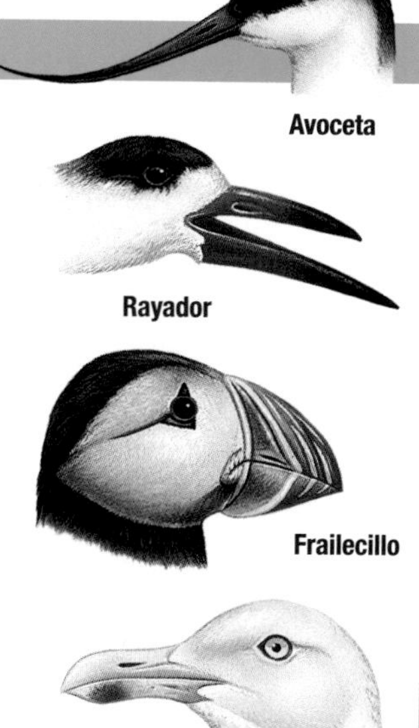


**DATO**
El huevo no fertilizado del avestruz africano es la célula animal única más grande del mundo.

**Desde las que no vuelan y habitan en el hielo hasta las cazadoras con ojos de halcón**

## PINGÜINOS

Esfenisciformes
18 especies

### Dónde viven:

Aguas costeras y océanos en el Hemisferio Sur

### Características:

- Los pingüinos no vuelan; sus alas están modificadas para servirles como aletas.
- Tienen plumas cortas, tiesas y muy juntas.
- Se alimentan de peces, calamares y crustáceos que nadan libremente, como el krill.
- Se reproducen en las costas, desde la Antártida hasta las islas Galápagos, a menudo en colonias de varios miles.

### Especies:

Pingüino de Adelie *(Pygoscelis adeliae)*
Pingüino barbijo *(Pygoscelis antarctica)*
Pingüino crestado *(Eudyptes pachyrhynchus)*
Pingüino emperador *(Aptenodytes forsteri)*
Pingüino juanito *(Pygoscelis papua)*
Pingüino de El Cabo *(Speniscus demersus)*
Pingüino rey *(Aptenodytes patagonica)*
Pingüino pequeño *(Eudyptula minor)*
Pingüino magallánico *(Speniscus magellanicus)*
Pingüino saltarrocas *(Eudyptes crestatus)*

**Adaptaciones especiales** Como en los demás pingüinos, las patas del pingüino crestado están colocadas atrás en su cuerpo, para ayudarlo a nadar. En tierra, esto lo hace caminar erguido. Sus alas se adaptaron como remos para nadar; los huesos de las alas se fusionaron para ayudarlo a endurecer estas aletas.

## COLIMBOS

Gaviiformes
4 especies

### Dónde viven:

Lagos fríos y aguas costeras en el Hemisferio Norte

### Características:

- Se alimentan de peces, crustáceos e insectos.
- Sus patas están colocadas atrás en sus cuerpos.
- Patas palmípedas.
- Sus cuerpos son aerodinámicos para bucear.
- Pueden bucear hasta 60 m de profundidad.
- Se les conoce también como somormujos.

### Especies:

Colimbo ártico *(Gavia arctica)*
Colimbo grande *(Gavia immer)*
Colimbo chico *(Gavia stellata)*
Colimbo de Adams *(Gavia adamsii)*

**Habitantes acuáticos**
Los colimbos, como este colimbo chico, están tan bien adaptados a la vida acuática, que se les dificulta mucho moverse en tierra. Sus patas están tan atrás en sus cuerpos, que sólo pueden deslizarse sobre el abdomen. Por esto, todos anidan muy cerca del agua.

## SOMORMUJOS

Podicipediformes
Unas 20 especies

### Dónde viven:

Lagos, ríos y aguas costeras en regiones templadas

### Características:

- Los somormujos no son buenos voladores.
- No tienen patas palmípedas, sino aletas óseas en los dedos para aumentar la superficie para nadar.
- Se alimentan con peces chicos y otros animales acuáticos.
- Muchos efectúan elaboradas "danzas" de cortejo.
- Construyen nidos flotantes en el agua o entre los cañaverales.

### Especies:

Somormujo garganta negra *(Podiceps novaehollandiae)*
Somormujo lavanco *(Podiceps cristatus)*
Huala *(Podiceps major)*
Somormujo canescente *(Podiceps poliocephalus)*
Somormujo menor *(Podiceps dominicus)*
Somormujo chico *(Podiceps ruficollis)*
Somormujo piquipinto *(Podilymbus podiceps)*
Somormujo garganta roja *(Podiceps griseigena)*
Somormujo plateado *(Podiceps occipitalis)*
Somormujo occidental *(Aechmophorus occidentalis)*

**Ataviado para impresionar** En comparación con todos los demás somormujos, el lavanco es más colorido en la temporada de reproducción que durante el resto del año. Cuando llega el otoño y termina la anidación, muda su brillante tocado.

## ALBATROS, PETRELES Y FULMAROS

Procellariiformes
Más de 100 especies

### Dónde viven:

Océanos y costas de todo el mundo

### Características:

**Planeador**
El fulmar boreal se asemeja superficialmente a una gaviota, pero se diferencia por sus alas largas y rectas y un único orificio nasal tubular. Anida en riscos en el Hemisferio Norte.

- Todos tienen pico en forma de gancho con una sola fosa nasal tubular que va desde arriba y se abre cerca del final.
- Patas palmeadas.
- Visitan la tierra sólo para procrear.
- Se alimentan de peces, calamares o carroña en la superficie del agua.

### Especies:

Albatros patas negras *(Diomedea nigripes)*
Petrel *(Pacyptila crassirostris)*
Fulmar boreal *(Fulmarus glacialis)*
Albatros real *(Diomedea epomophora)*
Albatros cola corta *(Diomedea albatrus)*
Pardela *(Puffinus tenuirostris)*
Albatros frentiblanco *(Diomedea cauta)*
Fulmar austral *(Fulmarus glacialoides)*
Fulmar gigante *(Macronectes gigantus)*
Albatros de Steller *(Diomedea albatrus)*
Albatros viajero *(Diomedea exulans)*
Albatros de las Galápagos *(Diomedea irrorata)*

## PELÍCANOS Y PLANGAS

Pelecaniformes
Unas 60 especies

**Dónde viven:**
En todo el mundo, excepto en el interior de continentes y los polos.

**Características:**

- Todos tienen membranas entre los cuatro dedos de las patas, no tres como las otras aves palmípedas.
- Se alimentan de peces. Algunos obtienen la comida sumergiéndose desde el aire, otros desde la superficie del agua. Los rabihorcados roban comida a otras aves marinas.
- Este grupo incluye también a los cormoranes, pájaros bobos, rabihorcados, tropicales y pájaros serpientes.

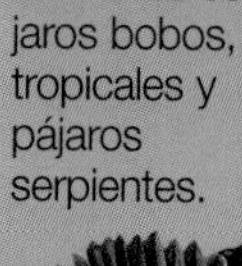

**Atacante aéreo** El pelícano café caza precipitándose sobre la cabeza del pez desde el aire. En este aspecto es único entre los pelícanos; las otras especies pescan desde la superficie del agua.

**Especies:**
Aninga americana
*(Anhinga anhinga)*
Piquero camanay
*(Sula nebouxii)*
Cormorán grande
*(Phalacrocorax carbo)*
Pelícano común
*(Pelecanus onocrotalus)*
Rabihorcado magnífico
*(Fregata magnificens)*
Alcatraz boreal
*(Morus bassanus)*
Rabicundo etéreo
*(Phaeton aethereus)*
Pelícano oriental
*(Pelecanus philippensis)*

## GARZAS, CIGÜEÑAS Y FLAMENCOS

Ciconiformes
Unas 120 especies

**Dónde viven:**
Hábitats de agua dulce y costeros en todo el mundo, menos los polos

**Características:**

- Aves acuáticas con patas y pescuezos largos.
- La mayoría se alimenta de peces y otros seres acuáticos. Algunas cigüeñas prefieren ambientes más secos; se alimentan de animales terrestres chicos, como ranas e insectos.
- El grupo incluye: ibis, cuchareta, airón y avetoro.

**Especies:**
Cigüeña africana
*(Anastromus lamelligerus)*
Garcilla bueyera
*(Bubulcus ibis)*
Avetoro común
*(Botaurus stellaris)*
Garza goliath
*(Ardea goliath)*
Flamenco
*(Phoenicopterus ruber)*
Garza real *(Ardea cinerea)*
Marabú africano
*(Leptoptilos crumeniferus)*
Tántalo indio
*(Mycteria leucocephala)*
Corocoro rojo
*(Eudocimus ruber)*
Gaceta nívea *(Egretta thula)*
Espátula común
*(Platalea leucorodia)*
Cigüeña blanca
*(Ciconia ciconia)*
Jabirú *(Mycteria americana)*

**Camina en zancos** Las largas y delgadas patas de las garzas, como ésta gris, les permiten caminar en agua poco profunda sin alertar a su presa.

## PATOS, GANSOS Y CISNES

Anseriformes
Más de 150 especies

**Dónde viven:**
En todo el mundo, excepto en la Antártida

**Características:**

- Cuerpos rollizos, patas cortas y pies palmípedos.
- Tienen una glándula sebácea cerca de la base de la cola, que picotean para transferir la grasa a las plumas e impermeabilizarlas.
- Hacen sus nidos con plumón. Casi todos anidan en el suelo.
- Los miembros de este grupo son aves acuáticas.

**Especies:**
Ánsar campestre
*(Anser fabalis)*
Cisne negro
*(Cygnus atratus)*
Barnacla canadiense
*(Branta canadensis)*
Eider común
*(Somateria mollissima)*
Ánade real
*(Anas platyrhynchos)*
Pato mandarín
*(Aix galericulata)*
Cisne vulgar *(Cygnus olor)*
Serrata mediana
*(Mergus serrator)*
Ánsar nival
*(Anser coerulescens)*
Ánsar cisnal
*(Anser cygonides)*

## AVES DE RAPIÑA

Falconiformes
Unas 280 especies

**Dónde viven:**
En todo el mundo, excepto en la Antártida

**Características:**

- Todas son carnívoras, con picos ganchudos y poderosas garras.
- Vista muy aguda; están activas durante el día.
- Alas largas en relación con el tamaño del cuerpo.
- Incluyen buitres, águilas, aguiluchos, cóndores, halcones, cernícalos, gavilanes, milanos y buitres.

**Especies:**
Cóndor andino
*(Vultur gryphus)*
Águila calva
*(Haliaeetus leucocephalus)*
Milano negro
*(Milvus migrans)*
Cernícalo vulgar
*(Falco tinnunculus)*
Caracara carancho
*(Polyborus plancus)*
Busardo ratonero
*(Buteo buteo)*
Aguilucho pardo
*(Circus cyaneus)*
Águila pescadora
*(Pandion haliaetus)*
Halcón peregrino
*(Falco peregrinus)*
Secretario
*(Sagittarius serpentarius)*
Águila gallipavo
*(Cathartes aura)*

**Ojo de águila** El águila marina vientre blanco atrapa peces cerca de la superficie del agua. Como todas las aves de presa, tiene vista aguda y pico fuerte y ganchudo.

vea también
90 El reino animal
112 Registros de animales
122 Especies en peligro
124 Protección de especies

**Una diversidad de formas, colores y estilos de vida**

## FAISANES, UROGALLOS Y PAVOS

Galliformes
Más de 230 especies

**Dónde viven:**
En todo el mundo, menos en la Antártida

**Características:**

- Tienen cuerpos pesados y no son buenos voladores.
- Están casi siempre en el suelo, donde buscan semillas, gusanos e insectos.
- El gallo rojo silvestre es antepasado del gallo doméstico.
- El grupo incluye codornices, pavo reales, gallinas de Guinea y perdices. Se llaman aves de caza.

**Especies:**

Urogallo negro *(Lyrurus tetrix)*
Colín de California *(Callipepla californica)*
Urogallo común *(Tetrao urogallus)*
Faisán vulgar *(Phasianus colchicus)*
Codorniz común *(Coturnix coturnix)*
Argos real *(Argusianus argus)*
Pavón norteño *(Crax rubra)*
Gallo de la pradera *(Tympanuchus cupido)*
Perdiz pardilla *(Perdix perdix)*
Pintada común *(Numidia meleagris)*
Urogallo himalayo *(Tetroagallus himalayensis)*
Latélago leipoa *(Leipoa ocellata)*
Pavo real común *(Pavo cristatus)*
Urogallo de Escocia *(Lagopus scoticus)*
Gallo bankiva *(Gallus gallus)*
Pavo silvestre *(Meleagris gallopavo)*

**Preparado para el invierno** El lagópodo está adaptado para sobrevivir en el norte helado. Su cuerpo rechoncho y patas emplumadas lo ayudan a retener el calor; en invierno se vuelve casi blanco.

## GRULLAS, RASCONES Y AVUTARDAS

Gruiformes
Unas 200 especies

**Dónde viven:**
En todo el mundo, menos en los polos

**Características:**

- Viven en diferentes hábitats, desde tierras pantanosas hasta planicies secas.
- Son omnívoras y anidan en el suelo.
- Las patas y pescuezos de grullas y avutardas son largos. El rascón tiene cuerpo redondo con patas y pescuezo más cortos.
- La grulla vuela con el pescuezo hacia afuera y las patas hacia atrás. El rascón no vuela bien. La avutarda sí, pero huye del peligro.

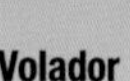

**Volador pesado** Con un peso de hasta 18 kg, la avutarda grande es una de las aves voladoras más pesadas del mundo.

**Especies:**

Grulla cuellinegra *(Grus nigricollis)*
Focha común *(Fulica atra)*
Grulla común *(Grus grus)*
Gallineta común *(Gallinula chloropus)*
Avutarda común *(Otis tarda)*
Grulla monje *(Grus monacha)*
Avutarda chica *(Otis tetrax)*
Grulla canadiense *(Grus candensis)*
Calamón takahe *(Porpyrio mantelli)*
Rascón europeo *(Rallus aquaticus)*
Grulla trompetera *(Grus americana)*

## ZANCUDAS, ALCAS, SKÚAS Y GAVIOTAS

Caradriiformes
Más de 300 especies

**Dónde viven:**
En todo el mundo, en hábitats de agua dulce y salada

**Características:**

- Gaviotas, gaviotines, alcas y skúas (araos, pardelas y mérgulos): son palmípedas; las aves zancudas, no.
- Gaviotas, gaviotines, alcas y skúas comen peces. Zancudas, invertebrados.
- Las zancudas tienen patas largas y picos angostos y largos.
- Casi todas migran.
- Zancudas: avocetas, ostreros, jacanas, frailecillos, lavanderas, cigüeñelas y vuelvepiedras.

**Especies:**

Cigüeña común *(Himantopus himantopus)*
Págalo parásito *(Stercorarius parasiticus)*
Charrán ártico *(Sterna paradisea)*
Frailecillo atlántico *(Fratercula arctica)*
Rayador americano *(Rhyncops niger)*
Jacana crestada *(Iredíparra gallinacea)*
Arao común *(Uria aalge)*
Gaviota cana *(Larus canus)*
Agachadiza común *(Gallinago gallinago)*
Zarapito real *(Numenius araquata)*
Ostrero eurasiático *(Haematopus ostralegus)*
Gaviota argéntea *(Larus argentatus)*
Gaviota tridáctila *(Rissa tridactyla)*
Mérgulo atlántico *(Alle alle)*
Avefría europea *(Vanellus vanellus)*
Gaviota pacífica *(Larus pacificus)*
Avoceta común *(Recurvirostra avosetta)*
Alca común *(Alca torda)*
Falaropo picofino *(Phalaropus lobatus)*
Combatiente *(Philomachus pugnax)*

## PICHONES Y PALOMAS

Columbiformes
Unas 300 especies

**Dónde viven:**
En todo el mundo, excepto en los polos

**Características:**

- Pichones y palomas tienen cuerpo rollizo, pescuezo corto, cabeza chica, pico delgado y redondo.
- Comen fruta y semillas.
- Vuelan muy bien.
- Ambos padres incuban los huevos.
- Producen un líquido nutritivo (leche de pichón) de la cubierta del buche para alimentar a las crías. Los flamencos son las únicas otras aves que hacen esto.
- El grupo incluye especies isleñas, como el extinto dodo *(Raphus cucullatus)* de Mauricio.

**Plumas fabulosas** Las palomas de zonas templadas tienen plumaje opaco, pero el de las tropicales es de brillantes colores.

**Especies:**

Tórtola turca *(Streptopelia decaocto)*
Tórtola plañidera *(Streptopelia lugens)*
Paloma cuello rojo *(Columba squamosa)*
Paloma moteada *(Columba maculosa)*
Tórtola frutera *(Ptilinopus superbus)*
Tórtola europea *(Streptopelia turtur)*
Gura Victoria *(Goura victoria)*
Paloma torcaz *(Columba palumbus)*

## LOROS

Psitaciformes
Unas 300 especies

**Dónde viven:**
Trópicos y algunas zonas templadas del Hemisferio Sur

**Características:**

**Hermosa cotorra** El guacamayo escarlata es uno de los loros más comunes, pero como otros loros, está amenazado por la demanda del comercio de mascotas.

- Este grupo incluye algunas de las aves de colores más brillantes.
- Tienen poderosos picos ganchudos, cuya mitad superior está unida al cráneo por una articulación como bisagra.
- Dos de sus dedos apuntan hacia delante y dos hacia atrás.
- Se alimentan de fruta, semillas y frutos secos.
- Muchas especies vuelan en grandes parvadas y se llaman ruidosamente.
- La mayoría anida en hoyos en los árboles.

**Especies:**
Loro yaco
*(Psittacus erithacus)*
Periquito común
*(Melopsittacus undulatus)*
Cacatúa galah
*(Cactua rosicapilla)*
Kakapú
*(Strigops habroptilus)*
Kea *(Nestor notabilis)*
Loro arco iris
*(Trichoglossus haematodus)*
Cacatúa galerita
*(Cacatua galerita)*

## CUCOS Y TURACOS

Cuculiformes
Unas 150 especies

**Dónde viven:**
Regiones templadas y tropicales

**Características:**
- Todo este grupo tiene cuerpos delgados, patas fuertes y colas largas.
- Los cucos son grises o cafés. Los turacos tienen colores muy brillantes.
- Los cucos tienen fama de poner sus huevos en nidos de otras aves; menos de la mitad de las especies de cucos lo hace.
- Casi todos los cucos son insectívoros; los correcaminos comen también lagartijas y serpientes. Los turacos, fruta.

**Especies:**
Cuco blanquinegro
*(Clamator jacobinus)*
Cuco común
*(Cuculus canorus)*
Cuco drongo
*(Surniculus lugubris)*
Gran turaco azul
*(Corythaeola cristata)*
Correcaminos grande
*(Geococcyx californiana)*
Críalo europeo
*(Clamator glandarius)*
Hoatzín
*(Opisthocomus hoatzin)*
Turaco knysa
*(Tauraco corythaix)*
Correcaminos veloz
*(Geococcyx velox)*
Cuco ardilla
*(Piaya cayana)*
Cuco rayado
*(Tapera naevia)*

**En el suelo** El correcaminos grande es un cuco que vive en el suelo. Usa su larga cola como contrapeso para dar giros violentos al perseguir a su presa.

## BÚHOS

Estrigiformes
130 especies

**Dónde viven:**
En todo el mundo, excepto en la Antártida

**Características:**
- Los búhos son nocturnos y carnívoros.
- Tienen picos ganchudos y fuertes patas equipadas con filosas garras.
- Su plumaje es suave para apagar el ruido al volar tras su presa.
- Tienen oído agudo y grandes ojos al frente, para ver a la presa casi en total oscuridad.
- Pueden girar la cabeza alrededor para mirar hacia atrás, sin mover el cuerpo.

**Especies:**
Lechuza común *(Tyto alba)*
Búho pescador
*(Ketupa ketupa)*
Mochuelo excavador
*(Athene cunicularia)*
Lechuza negruzca
*(Bubo coromandus)*
Mochuelo duende
*(Micrathene whitneyi)*
Cárabo lapón
*(Strix nebulosa)*
Búho nival
*(Nyctea scandiaca)*
Cárabo común *(Strix aluco)*
Buharro *(Otus sagittatus)*

## CHOTACABRAS

Caprimulgiformes
Más de 80 especies

**Dónde viven:**
En todo el mundo, excepto en los polos

**Características:**
- Chotacabras: nocturnos o activos al atardecer.
- Se alimentan de insectos que atrapan en vuelo.
- Alas largas y puntiagudas y patas chicas.
- Todos usan un camuflaje perfecto.
- Este grupo incluye a los podargos del sureste de Asia y de Australia. Se asemejan a los chotacabras. También son nocturnos, pero atrapan su comida en el suelo.

**Desaparecen** Los chotacabras pasan las horas de luz del día totalmente quietos. Su camuflaje es tan bueno, que rara vez son vistos.

**Especies:**
Añapero zumbón
*(Chordeiles minor)*
Chotacabras oscuro
*(Veles binotatus)*
Chotacabras gris
*(Caprimulgus europaeus)*
Chotacabras orejón
*(Eurostopodus macrotis)*
Guácharo
*(Steatornis caripensis)*
Chotacabras alas de hoz
*(Eleothreptus anomalus)*
Chotacabras moteado
*(Eurostopodus guttatus)*
Podargo australiano
*(Podargus strigoides)*

vea también
90 El reino animal
112 Registros de animales
122 Especies en peligro
124 Protección de especies

# Aves

**Desde los especialistas en alimentación hasta los grupos más diversos de aves en el mundo**

## VENCEJOS Y COLIBRÍES

Apodiformes
Unas 440 especies

**Dónde viven:**

Regiones tropicales y templadas en todo el mundo

**Características:**

- Todas estas aves son pequeñas. Los colibríes incluyen a los pájaros más chicos de la Tierra.
- Los vencejos cazan insectos voladores y pasan más tiempo en el aire que cualquier otra ave. Incluso duermen volando.
- El rápido aleteo de los colibríes les permite revolotear frente a las flores de cuyo néctar se alimentan.

**Especies:**

Vencejo real *(Apus melba)*
Colibrí abeja *(Calypte helenae)*
Frente azul *(Doryfera johanne)*
Vencejo común *(Apus apus)*
Colibrí gigante *(Patagonia gigas)*
Gran vencejo negruzco *(Cypseloides senex)*
Ermitaño hirsuto *(Glaucis hirsuta)*
Vencejo pálido *(Apus pallidus)*
Manchado de garganta picante *(Threnetes niger)*
Vencejo de frente manchada *(Cypseloides cherriei)*
Colibrí de pico dentado *(Androdon aequatorialis)*

## TROGONES

Trogoniformes
Unas 35 especies

**Dónde viven:**

Bosques tropicales de África, Asia y América

**Características:**

- La mayoría comen insectos que atrapan en vuelo, pero algunos comen fruta.
- Tienen plumaje de brillantes colores.
- Dos de los cuatro dedos apuntan hacia atrás.

**Especies:**

Quetzal mexicano *(Trogon mexicanus)*
Quetzal real *(Pharomachrus mocinno)*

**Colas indicadoras** Los quetzales machos usan sus colas para atraer a las hembras. El largo de la cola indica la capacidad de un individuo y su calidad como macho.

**Zambullida** El martín pescador común (der.) se zambulle desde una rama arriba del agua para atrapar su presa.

**Vuelo controlado** La habilidad de mantener su postura en el aire y volar hacia atrás permite a los colibríes, como este bermejo, explotar una fuente alimentaria a la que pocos vertebrados tienen acceso (néctar). Las diferentes especies se alimentan de distintas flores.

## CÁLAOS Y MARTÍN PESCADOR

Coraciiformes
190 especies

**Dónde viven:**

En regiones templadas y tropicales

**Características:**

- Este grupo incluye abejarrucos, canarios flauta, abubillas y tódidos.
- Casi todos tienen plumaje de color brillante.
- Todos son carnívoros, menos los cálaosn que también comen fruta.
- El martín pescador tiene pico como una daga.
- Los cálaos tienen picos macizos y curvos.

**Especies:**

Carraca de Abisinia *(Coracias abyssinica)*
Martín pescador del Amazonas *(Chloroceryle amazona)*
Alción *(Megaceryle alcyon)*
Abejaruco común *(Merops apiaster)*

Martín pescador común *(Alcedo atthis)*
Cálao bicorne *(Buceros bicornis)*
Martín pescador verde *(Chloroceryle americana)*
Cálao vigilante *(Rhinoplax vigil)*
Abubilla euroasiática *(Upupa epops)*
Tódido jamaicano *(Todus todus)*
Cucaburra gigante *(Dacelo novaeguineae)*
Martín pescador chico *(Ceyx pusillus)*

## CARPINTEROS Y TUCANES

Piciformes
400 especies

**Dónde viven:**

En todo el mundo, excepto Australia y la Antártida

**Características:**

- Todos los de este grupo, que incluye indicadores de la miel, jacamares, barbudos y picos, viven en los árboles y pasan solos la mayor parte de su vida.
- Todos tienen dos dedos que señalan hacia delante y dos hacia atrás.
- El carpintero picotea los árboles para comer larvas, con su pico aguzado.
- Los tucanes comen fruta; usan sus picos grandes de colores brillantes para alcanzar la comida

**Firmeza** El carpintero se sostiene con sus fuertes garras y usa su cola tiesa para apoyo. Con el pico agranda hoyos en los árboles para hacer su nido.

**Especies:**

Barbudo moteado *(Capito niger)*
Pico negro *(Dryocopus martius)*
Buco collarejo *(Bucco capensis)*
Indicador de la miel *(Indicator indicator)*
Aracarí verde *(Pteroglossus viridis)*
Pico real *(Picus viridis)*
Tucán estampado *(Pteroglossus inscriptus)*
Picamaderos americano *(Colaptes auratus)*
Jacamar del paraíso *(Galbula dea)*
Toco *(Rhamphastos toco)*
Torcecuellos *(Jynx torquilla)*

## EL PREDOMINIO DE LAS AVES TREPADORAS

### AVES TREPADORAS

Paseriformes
Unas 5,400 especies

**Dónde viven:**
En todo el mundo, excepto en los polos

**Características:**

- Este grupo incluye 60% de todas las especies de aves actuales.
- La gran mayoría son aves chicas, de menos de 25 cm de largo.
- Tienen dedos adaptados para asirse de ramitas y ramas. Los dedos pueden cerrarse y permiten a estas aves dormir mientras están trepadas.
- Todas son aves terrestres, aunque algunas especies vuelan sobre mares y océanos durante la migración.

**Familias:**
Las aves trepadoras se dividen en más de 50 familias:
Acentor (Prunélidos)
Orioles americanos (Ictéridos)
Toco tocos (Conopofágidos)
Hormigueritos (Formicaríidos)
Trepadores australianos (Climactéridos)
Aves del paraíso (Pardisaeidos)
Ave del paraíso australiana y tordo americano (Petilonorrínquidos)
Pico ancho (Euriláimidos)
Bulbules (Picnonótidos)
Cotingas (Cotíngidos)
Cuervos, cornejas y grajos (Córvidos)
Orugueros (Campefágidos)
Mirlos (Cínclidos)
Drongos (Dicrúridos)
Pinzones (Fringílidos)
Picaflores (Dicaeidos)
Monarcas, charlatanes y ratonas (Muscicápidos)
Mielero hawaiano (Drepanídidos)
Pájaro miel (Melifágidos)
Sabanero (Aláudidos)
Verdines (Irénidos)
Aves lira (Menúridos)
Bailarín (Pípridos)
Cenzontles (Mímidos)
Ratonas de Nueva Zelandia (Xenticidos)
Sitas (Sítidos)
Oropéndulas (Orióilidos)
Horneros (Furnáridos)
Pitas (Pítidos)
Cortaplantas (Fitotomidos)
Achaparrados (Atricornítidos)
Pico agudos (Oxiruncidos)
Alcaudón (Laníidos)
Alcaudón cantor (Cractícidos)
Gorriones y tejedores (Ploceidos)
Estorninos (Stúrnidos)
Nectarinos (Nectarínidos)
Golondrinas y aviones (Hirundínidos)
Fruteros, cardenales, pájaros azúcar y pinzones (Emberízidos)
Tapáculas (Rinocríptidos)
Carboneros y paro carboneros (Páridos)
Trepadores (Cértidos)
Atrapamoscas (Tiránidos)
Vireos (Vireónidos)
Lavanderas y bisbitas (Motacílidos)
Carunculados (Callaeidae)
Ampelis y ciguas palmeras (Bombicílidos)
Pinzón tejedor (Estríldidos)
Ojiblancos (Zosterópidos)
Trepatroncos (Dendrocoplápidos)
Golondrina del bosque (Artámidos)
Chipes (Parúlidos)
Chochines (Troglodítidos)

Las aves trepadoras incluyen a la mayoría de aves en el planeta. Entre ellas están todos los llamados "pájaros cantores", como pinzones, estorninos y ratonas, así como las aves del paraíso.

**A las aves trepadoras** se les considera las más evolucionadas entre todas las aves. Tienen tres dedos que apuntan hacia delante y uno hacia atrás y que les permiten asirse de las ramas y explotar los hábitats con maleza y boscosos. Su tamaño, generalmente chico, es causa de que prosperen en muchos hábitats de pastizales, así como en carrizales y pantanos.

Incluso donde no hay perchas, estas aves prosperan. Desde los escribanos nivales del Ártico, hasta las terreras y los camachuelos trompeteros del desierto del Sahara, sobreviven con muy poca comida o muy esparcida para alimentar a especies más grandes o variables.

**De todas las aves trepadoras** existentes en la actualidad, más de tres cuartas partes son pájaros cantores u "oscinas". Están separadas de las aves trepadoras "suboscinas" más primitivas debido a su órgano vocal o siringe, que puede producir el ininterrumpido sonido de canto característico de este grupo.

**Los fósiles más antiguos conocidos** de aves trepadoras datan de hace unos 40 millones de años, aunque los científicos creen que el grupo existió desde el periodo Cretácico. Su dominio global es más reciente. En el Mioceno, hace unos 25 millones de años, el grupo tuvo una explosión adaptativa, paralela a la extensión de pastizales debido al cambio climático global.

Hace 3 millones de años, se inició una segunda explosión adaptativa, que ocasionó un aumento en el número de especies. No se sabe lo que desencadenó esto, aunque el cambio ambiental pudo haber sido un factor, como sucedió durante el periodo de los cuatro ciclos principales de glaciación.

vea también
90 **El reino animal**
112 **Registros de animales**
122 **Especies en peligro**
124 **Protección de especies**

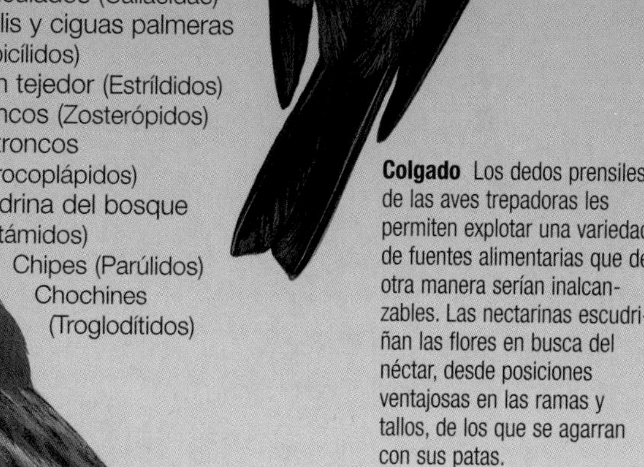

**Colgado** Los dedos prensiles de las aves trepadoras les permiten explotar una variedad de fuentes alimentarias que de otra manera serían inalcanzables. Las nectarinas escudriñan las flores en busca del néctar, desde posiciones ventajosas en las ramas y tallos, de los que se agarran con sus patas.

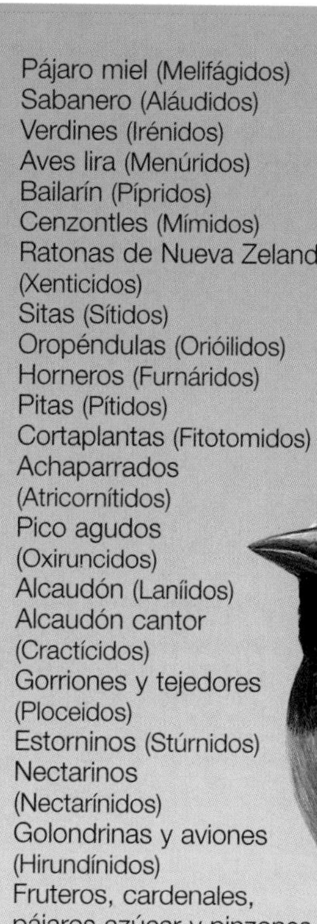

**Colonizadores comunes** Los gorriones caseros han explotado los asentamientos humanos de todo el globo en busca de comida y sitios para anidar.

# Registros de animales ▶

El más grande, el más pequeño, el más veloz, el más ruidoso...

*Los animales han desarrollado habilidades que les permiten vivir incluso en las condiciones más extremas. El pingüino emperador* (Aptenodytes forsteri) *puede reproducirse en el severo invierno antártico. Los machos son capaces de incubar su único huevo con temperaturas externas tan bajas como –60 °C y sobreviven tan sólo con las reservas de grasa entre 62 y 67 días sin interrupción.*

## SENTIDOS AGUDOS

### Canto más complicado

La ballena jorobada macho *(Megaptera novaeangliae)* tiene el canto más largo y complicado del mundo. Cada uno puede durar más de 30 minutos y lo escuchan otras ballenas hasta 160 km de distancia.

### Sonido más fuerte

Las pulsaciones de baja frecuencia que emiten el rorcual común *(Balaenoptera physalus)* y la ballena azul *(Balaenoptera musculus)* para comunicarse entre sí se han medido hasta 188 decibeles (el sonido más fuerte emitido por una fuente viva).

### Mejor sentido del olfato

Los tiburones tienen órganos para oler más desarrollados que cualquier otro pez. Detectan una parte de sangre de mamífero en 100 millones de partes de agua.

### Oído más agudo

La detección ultrasónica da a los murciélagos el oído más agudo que cualquier animal terrestre. Casi todas las especies pueden escuchar frecuencias hasta 80 kHz y algunas detectan sonidos a 250 kHz. El límite humano es de 20 kHz.

## EL MÁS GRANDE

### Animal terrestre

El animal terrestre más grande es el elefante africano *(Loxodonta africana africana)*. El espécimen más grande registrado pesó 12 toneladas.

### Carnívoro terrestre

El oso kodiak de Alaska es el carnívoro terrestre más grande. Estos osos pardos *(Ursus arctos)* pueden pesar más de media tonelada y tener una altura de 3.7 m.

### Carnívoro

El animal más grande que caza activamente su presa es el cachalote *(Physeter macrocephalus)*. Puede tener un largo de 26 m y pesar hasta 50 toneladas.

### Pez

El tiburón ballena *(Rhincodon typus)* llega a medir hasta 12 m. Se alimenta por filtración y utiliza sus branquias para filtrar crustáceos y peces fuera del agua.

### Reptil

El cocodrilo marino *(Crocodylus porosus,* abajo), de Asia y el Pacífico, es el reptil viviente más grande, con 6 m de largo y un peso hasta de 1.5 toneladas. El reptil más largo es la serpiente pitón reticulada *(Python reticulatus)*, que puede medir 10 m de largo.

### Ave

El ave viviente más grande es el avestruz *(Struthio camelus)*, que puede tener una altura de 2.7 m.

### Mamífero

La ballena azul *(Balaenoptera musculus)* es el mamífero viviente más grande y quizá el mayor que ha existido. El espécimen más pesado registrado pesó 190 toneladas, mientras que el más largo midió 33.5 m.

## EL MÁS PEQUEÑO

### Ave

El ave más chica del mundo es el zunzuncito *(Mellisuga helenae)* de Cuba, que se muestra

### Pez

El pez más pequeño y el invertebrado más chico conocido es el gobio enano *(Trimma-*

### Mamífero

El mamífero más chico es el murciélago abejorro *(Craseonycteris thonglongyai)* de

### Animal más eléctrico

La anguila eléctrica o gimnoto *(Electrophorus electricus)*, del norte de Sudamérica, efectúa una descarga hasta de 650 voltios, para inmovilizar y matar a su presa o aturdir a un adulto humano.

### Insecto más veloz

Las cucarachas corren hasta 5 km/h, la mayor velocidad terrestre en el mundo de los insectos. Es sorprendentemente rápido. En escala con el tamaño del humano, equivaldría a correr a 320 km/h.

### Animal terrestre más veloz

El guepardo *(Acinonyx jubatus)* se mueve más deprisa que ninguna criatura sobre tierra seca. En tres segundos, de estar inmóvil alcanza una velocidad de 96 km/h.

### Animal más fértil

Sin depredadores y con comida ilimitada, un áfido de la col podría crear un volumen de 822 millones de toneladas de crías cada año: tres veces el peso de la población humana.

**Mayor hibernación**
Las marmotas hibernan nueve meses al año; pasan 75% de sus vidas en sueño profundo. Perezosos, zarigüellas y armadillos duermen o dormitan 80% de sus vidas.

**Insecto más largo**
El insecto más largo del mundo es el *Pharnacia kirbyi*, de Borneo. Su cuerpo mide hasta 33 cm de largo y sus patas de 54.6 cm son tan largas, que se enredan cuando cambia de piel.

**Animal que vive más**
El animal terrestre que más años vive es la tortuga gigante. Una en Tonga tenía 193 años al morir en 1966. La edad mayor autentificada es 152, de un espécimen que murió en Mauricio en 1918.

**Preñez más larga**
Se han registrado periodos de gestación de hasta 38 meses entre las salamandras alpinas *(Salamandra atra)* en el sur de Europa. Nacen una o dos crías con diferencia de unas horas.

**Migración más larga**
Cada año, el gaviotín ártico *(Sterna paradisaea)* vuela 40,000 km desde el sur hasta su sitio de reproducción en el Ártico, y de regreso. En 25 años, esto equivale a un viaje de ida y vuelta a la Luna.

**Más patas**
Los centípodos y los milípedos tienen más patas que cualquier otro animal. El número registrado de patas contadas en un centípedo fue de 354; a los milípedos se les han contado 700 patas.

**Animal más glotón**
La larva de la polilla polifema *(Antheraea polyphemus)* consume 86,000 veces su peso al nacer en los primeros 56 días. Equivale a que un bebé humano de 3.17 kg tomara 273 toneladas de comida.

**Animal más ponzoñoso**
Las ranas venenosas, como la de franjas amarillas *(Dendrobates leucomelas*, arriba), secreta una de las toxinas biológicas más mortales del mundo. Los venenos más letales se encuentran en la piel de la rana kokoi *(Phyllobates terribilis)*, nativa de las selvas de América Central y del Sur.

vea también
90 **El reino animal**
112 **Registros de animales**
122 **Especies en peligro**
124 **Protección de especies**

*En la actualidad hay tres grupos de mamíferos: placentarios, marsupiales y monotremas. En los mamíferos placentarios, como los seres humanos, la cría se desarrolla en el interior del cuerpo de la madre. Los marsupiales (canguros, koalas y similares) paren crías inmaduras que continúan desarrollándose en la bolsa de la madre. Los monotremas, como los ornitorrincos, son los mamíferos más primitivos y antiguos; paren crías que eclosionan de huevos fuera del cuerpo de la madre.*

## ¿QUÉ ES UN MAMÍFERO?

- Mamífero: vertebrado de **sangre caliente.**
- Tienen **glándulas mamarias** que producen leche, así que los recién nacidos reciben alimento de inmediato.
- Con excepción de ballenas, marsopas y delfines maduros, tienen **pelo** en el cuerpo, que ayuda a mantener una temperatura estable.
- Tienen **oído medio,** que contiene tres huesos chicos que modifican y transmiten las ondas de sonido al oído interno.
- Tienen **siete vértebras en el cuello.**

## DATOS Y CIFRAS

- Hay más de 4,000 especies de mamíferos.
- El mamífero terrestre más chico es la musaraña pigmea o de Savi *(Suncus etruscus).* Su cuerpo mide 4-5 cm de largo. Puede entrar en hoyos hechos por gusanos de tierra grandes.
- Una cuarta parte de los mamíferos vuela. Los murciélagos representan 23% de las especies conocidas.
- No hay dos cebras con el mismo patrón de rayas, y no hay dos jirafas con el mismo patrón de manchas.

**DATO**

**Los mamíferos son los únicos animales que tienen diafragma, una pared muscular que divide el abdomen.**

## ORNITORRINCOS Y EQUIDNAS

Monotremas
3 especies

**Dónde viven:**
Australia y Nueva Guinea

**Características:**

- Monotremas: son los mamíferos más primitivos.
- Son los únicos mamíferos que ponen huevos. Tienen también glándulas mamarias y pelo.
- Actualmente hay tres especies: dos equidnas y los ornitorrincos.
- Los equidnas tienen largas lenguas pegajosas y fuertes, y extremidades cortas con garras para atrapar hormigas.

**Familias:**
Equidnas *(Tachyglossidae)*
Ornitorrincos
*(Ornithorhynchidae)*

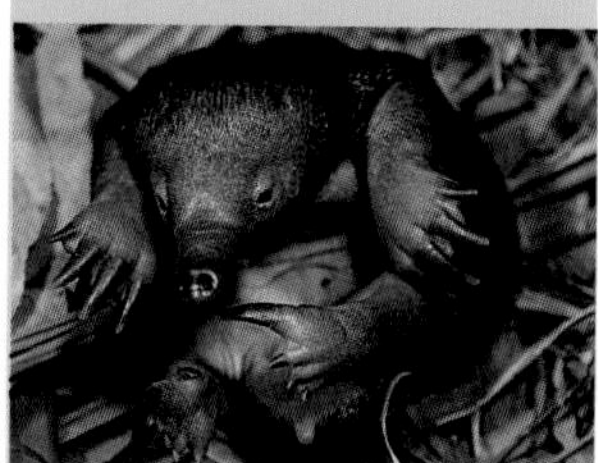

**Sin espinas** Un bebé equidna de nariz corta *(Tachyglossus aculeatus)* carece de la cubierta espinosa distintiva que lo protege de adulto.

## CANGUROS, ZARIGÜEYAS Y KOALAS

Marsupiales
Unas 250 especies

**Dónde viven:**
Australia, Nueva Guinea y América

**Características:**

- Los marsupiales tienen cerebros chicos.
- Las crías nacen pequeñas e inmaduras. En la mayoría de las especies, las hembras llevan a las crías en una bolsa durante varias semanas después del nacimiento.
- Las madres marsupiales pueden alimentar a tres generaciones de crías al mismo tiempo: una en el útero, una en la bolsa y otra alcanzando la independencia.

**Familias:**
Bandicuts (Perамélidos)
Canguros y ualabis (Macropódidos)
Numbats (Mirmecóbidos)
Gatos y ratones marsupiales (Dasiúridos)
Topos marsupiales (Notoríctidos)
Opósums (Didélfidos)
Falangeros y cuscús (Phalangéridos)
Comadrejitas (Cenoléstidos)
Vombats (Vombátidos)

## MUSARAÑAS, TOPOS Y ERIZOS

Insectívoros
Cerca de 400 especies

**Dónde viven:**
En todo el mundo, excepto los polos y Australia

**Características:**

- Se alimentan de insectos, de ahí su nombre.
- Son pequeños con hocicos delgados y dientes simples filosos.
- Su vista es mala. Tienen buen sentido del olfato.
- Muchos son nocturnos.

**Familias:**
Topos dorados (Chrisoclóridos)
Erizos (Erinaceidos)
Topos (Tálpidos)
Musarañas nutrias (Potamogálidos)
Musarañas (Sorícidos)
Almiquís (Solenodóntidos)
Tenrecs (Tenrécidos)

## MUSARAÑAS ELEFANTE

Macroscelídeaos
12 especies

**Dónde viven:**
África

**Características:**

- Asemejan ratas, con hocicos largos y sensibles.
- Comen insectos, huevos y mamíferos chicos.
- Solían incluir a los insectívoros, pero ya no se cree que estén muy relacionados con las verdaderas musarañas.

**Familia:**
Musarañas elefante (Macroscelídidos)

**Saltos y brincos** Aunque en general corren con las cuatro patas a la primera señal de peligro, las musarañas se sostienen sobre sus largas patas traseras y saltan a gran velocidad. Al hacerlo, parecen canguros en miniatura.

vea también

88 **Auge de los mamíferos**
90 **El reino animal**
122 **Especies en peligro**
124 **Protección de especies**


## Placentarios contra marsupiales

Durante el Cretácico, los marsupiales eran los mamíferos dominantes y coexistían con los placentarios explotando diferentes fuentes alimentarias. Al introducirse los mamíferos placentarios en las poblaciones de marsupiales, estos últimos tendieron a desaparecer, aunque no siempre. A pesar de la competencia, muchos marsupiales australianos aún medran.

| Placentarios | Marsupiales |
|---|---|
| Suelen tener cerebros más grandes | Suelen tener cerebros más pequeños |
| Regulan bien la temperatura | Se aletargan con frío extremo |
| Placenta grande: usa mucha energía | Placenta chica: conserva energía |
| Crías maduras al nacer | Crías inmaduras al nacer |
| El parto puede ser difícil: madre e hijos vulnerables | Parto fácil: protegen a sus crías en la bolsa hasta que maduran lo suficiente |

**Busca seguridad** El único objetivo de un canguro recién nacido es trepar hasta la seguridad de la bolsa de su madre, donde se pega a una de sus tetas y mama.

## COLUGOS

Dermópteros
2 especies

**Dónde viven:**
Sureste de Asia

**Características:**
- Planean más de 120 m a la vez con los colgajos de piel que se extienden a lo largo de cada lado del cuerpo, desde el cuello hasta la pata delantera, la trasera y la cola.
- Se cuelgan de cabeza para descansar.
- Comen botones y hojas.

**Familia:**
Lémures voladores o colugos (Dermoptéridos)

## MURCIÉLAGOS

Quirópteros
Cerca de 1,000 especies

**Dónde viven:**
En casi todas las regiones templadas y tropicales

**Características:**
- Nocturnos.
- Comen fruta, insectos, néctar, animales y sangre.
- Los insectívoros detectan a su presa ultrasónicamente.
- Son los únicos mamíferos realmente voladores.
- Sus alas son una extensión de la piel sostenida entre las extremidades anterior y posterior y la cola.

**Familias:**
Murciélagos bulldog (Noctiliónidos)
Murciélagos de alas de disco americano (Tiroptéridos)
Murciélagos de cola libre (Molósidos)
Zorros voladores (Pteropódidos)
Murciélagos orejas cónicas (Natalidae)
Murciélagos frugívoros (Harpiionícteridos)
Murciélagos de herradura (Rinolófidos)
Murciélagos de lengua larga (Macroglósidos)
Murciélagos de cola corta (Mistacindos)
Murciélagos de nariz decorada (Hiposidéridos)
Murciélagos cola de ratón (Rinopomátidos)
Murciélagos de cola plana (Emballonuridos)
Murciélagos de cara rayada (Nictéridos)
Murciélagos sin dedo pulgar (Furiptéridos)
Murciélagos de alas de disco (Mizopódidos)
Vampiros (Desmóntidos)
Murciélagos de nariz simple (Vespertiliónidos)

**Migración anual** El murciélago ratonero grande *(Myotis myotis)* migra entre sus hogares de verano e invierno y suele cubrir distancias de más de 260 km. Rara vez se le ve durante los meses fríos, cuando hiberna en cuevas.

## TUPAYAS

Escandentes
Unas 20 especies

**Dónde viven:**
Bosques tropicales de Asia

**Características:**
- Similares a ardillas con nariz larga.
- Comen insectos, fruta y semillas.
- Buen oído y visión.
- Unos 45 cm de largo, incluyendo las colas.
- Suelen clasificarse como primates chicos primitivos.

**Familia:**
Tupayas (Tupaidos)

## PROSIMIOS, MONOS Y SIMIOS

Primates
Unas 230 especies

**Dónde viven:**
Regiones tropicales y subtropicales. El hombre, en todo el mundo

**Características:**
- Ojos al frente.
- Manos que agarran; algunas tienen pulgares oponibles.
- Uñas planas, en lugar de garras.
- Están adaptados para poder trepar.
- Dos glándulas mamarias en el pecho.
- Tamaño del cerebro mayor en especies avanzadas.
- En primates más avanzados, cara desnuda o barbada; el hocico tiende a ser más corto que en los prosimios, como lémures, loris y tarseros.

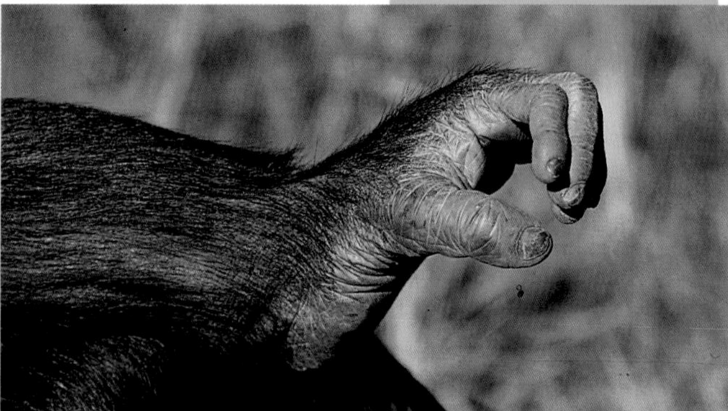

**Para asir** Casi todos los primates, como el chimpancé *(Pan troglodytes)*, tienen patas y manos con los pulgares oponibles, que pueden colocar opuestos a los otros dedos. Esto les permite asirse con firmeza de las ramas de los árboles donde viven. Debido a la mayor destreza que proporciona el pulgar, el hombre desarrolló habilidades complejas para fabricar herramientas.

**Familias:**
Aye-ayes (Daubentoníidos)
Gibones (Hilobátidos)
Simios grandes (Póngidos)
Indri y sifakas (Índríidos)
Lémures (Lemúridos)
Loris, potos y galagos (Lorísidos)
Hombre (Homínidos)
Monos del Nuevo Mundo y tités (Cébidos)
Monos del Viejo Mundo (Cercopitécidos)
Mono araña, mono aullador y sakí (Atélidos)
Tarseros (Tarsíidos)

## ARMADILLOS, PEREZOSOS Y HORMIGUEROS

Desdentados
30 especies

**Dónde viven:**
América del Sur

**Características:**
- Hocico largo; lengua larga y pegajosa.
- Sin dientes, o chicos.
- Por la columna vertebral reforzada excavan mejor al buscar hormigueros para comer.
- Sentido del olfato bien desarrollado.
- El cerebro más primitivo de cualquier mamífero del Nuevo Mundo.

**Familias:**
Hormigueros gigantes (Myrmecophagidae)
Armadillos (Dasyodidae)
Perezosos (Bradypodidae)

## PANGOLINES

Folidotos
7 especies

**Dónde viven:**
África y sureste de Asia

**Características:**
- Cola larga y prensil.
- Nocturnos.
- Cubiertos de escamas óseas sobrepuestas.
- Se alimentan de hormigas y termitas.
- Sin dientes; lengua larga y pegajosa; fuertes garras.

**Familia:**
Pangolines (Mánidos)

## CERDOS HORMIGUEROS

Tubulidentados
1 especie

**Dónde viven:**
Centro y sur de África

**Características:**
- Hocico largo, orejas y cuello gruesos.
- Sólo se alimentan de termitas y hormigas.
- Con las garras rompen los nidos de termitas; las atrapan con la lengua larga y pegajosa.
- Viven en pastizales y bosques.
- Nocturnos; de día duermen en madrigueras.

**Familia:**
Cerdo hormiguero (Oricterópidos)

## CONEJOS, LIEBRES Y PICAS

Lagomorfos
Unas 65 especies

**Dónde viven:**
En todos los continentes, menos en la Antártida

**Características:**
- Herbívoros que viven en el suelo.
- Al frente de la boca tienen un par extra de dientes incisivos superiores e inferiores filosos y como cincel, para cortar tallos de plantas.
- Vista y oído agudos, que les permiten escapar a tiempo de los depredadores.

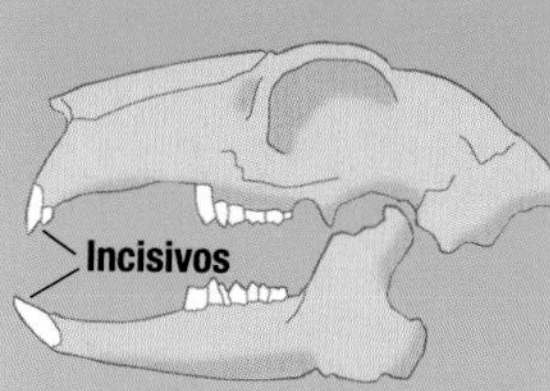


**Familias:**
Conejos y liebres (Lepóridos)
Pikas (Ocotónidos)


vea también
90 **El reino animal**
112 **Registros de animales**
122 **Especies en peligro**
124 **Protección de especies**

**Lento** En el día, el perezoso tridáctilo común *(Bradypus tridactylus)* se cuelga de una rama con sus garras largas y curvas. Al anochecer, se mueve unos metros en busca de comida.

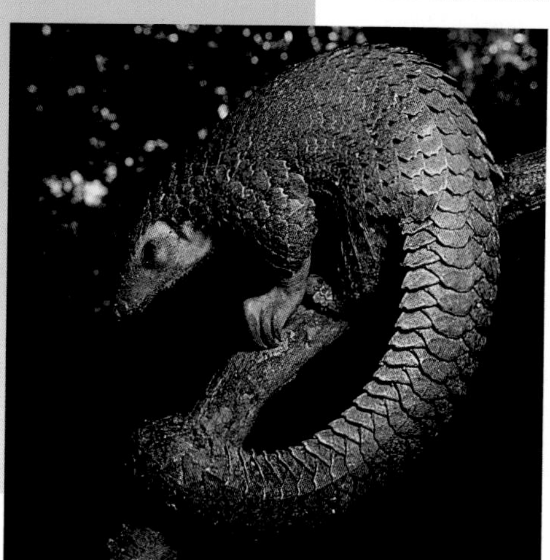

**Armadura** Escamas gruesas y sobrepuestas cubren casi todo el cuerpo del pangolín arbóreo *(Manis tricuspis)*. Si lo atacan, se enrolla, para que el borde cortante de sus escamas dañe al atacante.

**Habitante de la montaña** El pika del norte *(Ochotona princeps)*, pariente de conejos y liebres, vive en grandes colonias, principalmente en zonas rocosas y remotas del noroeste norteamericano.

**Máquina "alimentadora"** Al abrir el hogar de su presa con sus largas garras delanteras, el oso hormiguero gigante *(Myrmecophaga tridactyla)* se lleva los insectos a la boca con su pegajosa lengua.

**Acuáticos, herbívoros y carnívoros**

## RATAS Y RATONES

Roedores
Más de 1,800 especies

**Dónde viven:**
En todo el mundo, excepto en regiones polares

**Características:**
- Se conocen colectivamente como roedores. Incluyen a castores, ardillas y conejillos de Indias.
- En su mayoría herbívoros.
- Dientes incisivos como cincel para roer, que nunca dejan de crecer y se mantienen filosos.

**Familias:**
Ratas topo africanas, ratas del bambú (Rizómidos)
Castores (Castóridos)
Ratones saltadores (Zapódidos)
Ratas de los cañaverales (Thrionómidos)
Capibaras (Hidroquéridos)
Ratas chinchilla (Abrocómidos)
Chinchillas, viscachas (Chinchíllidos)
Lirones (Glíridos)
Ratón de campo, ratón venado, ratón de agua, lémming y almizcleras (Cricétidos)
Conejillos de Indias, cobayas, maras (Cavíidos)
Jutias, coipus (Caprómidos)
Jerbos (Dipódidos)
Ratas tioi (Espalácidos)
Puerco espín del Nuevo Mundo (Eretizóntidos)
Puerco espín del Viejo Mundo (Hystrícidos)
Ratas y ratones del Viejo Mundo (Múridos)
Pacaranás (Dinomíidos)
Paca común, agutíes (Dasipróctidos)
Ardillas con bolsa (Geómidos)
Ratón bolsillo, ratas y ratones canguro (Heteromíidos)
Ratón de las rocas, rata damán (Petromúridos)
Rata erizada (Equimíidos)
Ardillas, ardillas listadas y marmotas (Esciúridos)
Tuco-tucos (Ctenomíidos)

## BALLENAS, DELFINES Y MARSOPAS

Cetáceos
Unas 80 especies

**Dónde viven:**
En todos los océanos y en algunos ríos

**Características:**
- Mamíferos marinos.
- Conocidos colectivamente como cetáceos, se dividen en dos grupos: ballenas con dientes y ballenas barbadas.
- Las ballenas barbadas (gris, jorobada y rorcual) no tienen dientes, sino placas de material duro, como pelo (barbas), que filtran el plancton.
- Las ballenas dentadas, los delfines y las marsopas, persiguen a su presa.
- Orificios nasales (espiráculos) en la parte superior de la cabeza. Sin orejas externas y casi sin pelo.
- Muy sociables, se comunican con un gran repertorio de sonidos.

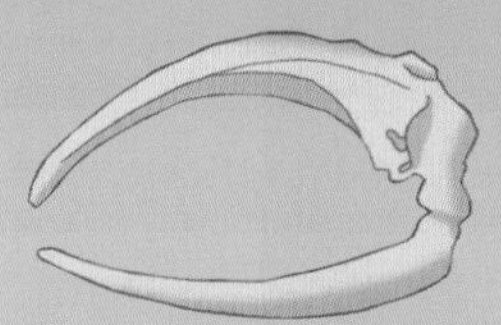

La mandíbula superior arqueada de la ballena barbada deja espacio para las barbas que cuelgan.

**Familias:**
Ballenas con pico (Hyperoodóntidos)
Delfines y orcas (Delfínidos)
Ballena gris (Escríctidos)
Delfines trompudos (Esténidos)
Ballenas narval y beluga (Monodóntidos)
Marsopas (Focénidos)
Ballenas verdaderas (Balénidos)
Delfines de río (Platanístidose)
Rorcuales y yubartas (Balenoptéridos)
Cachalotes (Fisetéridos)

## GATOS, PERROS Y OSOS

Carnívoros
270 especies

**Dónde viven:**
En todo el mundo, incluyendo Ártico y Antártida

**Características:**
- Se conocen como carnívoros. Incluyen zorros, lobos, hienas, nutrias, zorrillos y morsas.
- La mayoría son depredadores carnívoros; muchos cánidos (perros, chacales, lobos, zorras) son omnívoros y el panda gigante es casi totalmente herbívoro.
- Sus largos y picudos dientes caninos son buenos para morder.
- Muchos tienen dientes especiales para cortar la carne.
- Cerebros generalmente grandes en relación con el tamaño del cuerpo.

**Familias:**
Osos y panda gigante (Úrsidos)
Gatos (Félidos)
Civetos y jinetas (Vivérridos)
Perros, zorros, chacales, lobos (Cánidos)
Focas con orejas (Otaríidos)
Focas sin orejas (Fócidos)
Hienas y lobos de tierra (Hiénidos)
Mangostas y suricatos (Herpestinos)
Mapaches, coatíes, pandas chicos (Prociónidos)
Morsas (Odobénidos)
Comadreja, tejón, zorrillo, nutria (Mustélidos)

## ELEFANTES

Proboscídeos
2 especies

**Dónde viven:**
En África subsahariana, India, Sri Lanka, sureste de Asia

**Características:**
- Los mamíferos terrestres vivientes más grandes. Los adultos pesan hasta 6 ton.
- Herbívoros. Un macho adulto come hasta 180 kg de hierba al día.
- Larga trompa sin huesos (combinación de labio superior, paladar y fosas nasales). Colmillos: incisivos superiores alargados.
- En tiempos prehistóricos había 300 especies; sólo sobreviven 2.
- El elefante africano *(Loxodonta africana)* es más grande que el asiático *(Elephas maximus)*, con orejas más grandes.

**Familia:**
Elefantes (Elefántidos)

**Símbolos de estatus** Los colmillos de la morsa toro *(Odobenus rosmarus)* pueden medir hasta 90 cm de largo. Los usa en disputas de cortejo y para atraer a una pareja.

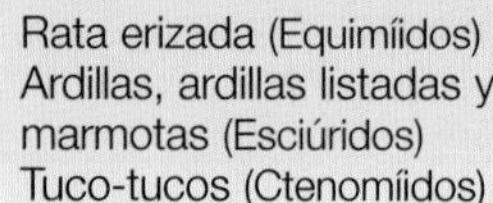

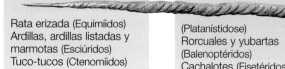

112 **Registros de animales**
122 **Especies en peligro**
124 **Protección de especies**

## DAMANES

Hiracoideos
7 especies

**Dónde viven:**
África, Arabia, Siria

**Características:**
- Cuerpo compacto, chico, como el del conejo.
- Cola no visible.
- Patas delanteras con cuatro dedos como pezuñas; las traseras, con tres dedos y una zarpa.
- Estómago con dos cámaras para digerir dieta vegetal.

**Familia:**
Damanes (Procávidos)

## DUGONGOS Y MANATÍES

Sirenios
4 especies

**Dónde viven:**
Aguas tropicales costeras y ríos adyacentes del Atlántico occidental, el Pacifico y el Índico

**Características:**
- Mamíferos marinos que viven casi siempre sumergidos.
- Se les conoce colectivamente como sirenios.
- Herbívoros, se alimentan de plantas marinas.
- Estómagos complejos con tres cámaras.
- Plácidos, lentos e indefensos.

**Familias:**
Dugongo (Dugóngidos)
Manatíes (Triquéquidos)

## CABALLOS, ASNOS Y RINOCERONTES

Perisodáctilos
15 especies

**Dónde viven:**
América tropical, este y sur de África, sur de Asia

**Características:**
- El grupo incluye cebras y tapires.
- Son herbívoros grandes. La hierba es una parte importante de su dieta.
- En cada pata trasera tienen uno o tres dedos con pezuña.
- Los perisodáctilos más primitivos son los tapires, que quizá se asemejan al antepasado común de la orden.

**Familias:**
Caballos, asnos, cebras (Équidos)
Tapires (Tapíridos)
Rinocerontes (Rhinoceróntidos)

## CERDOS, CABRAS, OVEJAS Y GANADO

Artiodáctilos
150 especies

**Dónde viven:**
Todos los continentes, menos en la Antártida

**Características:**
- El grupo incluye también jirafas, ciervos y camellos.
- Suele describírseles como "pezuñas hendidas", porque las pezuñas están divididas en dos. Cada pezuña hendida tiene dos dedos con pezuña.
- Herbívoros. Apacientan en grandes manadas en los pastizales.
- Estómago e intestino especialmente adaptados para digerir las grandes cantidades de celulosa que hay en las plantas.
- Muchos tienen cuernos.

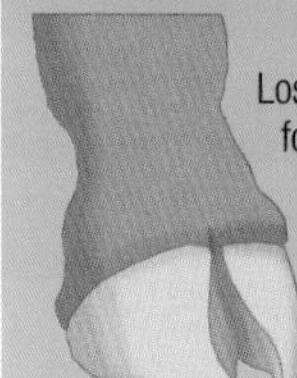

Los dos dedos forman la "pezuña hendida" de muchos artiodáctilos.

**Familias:**
Camellos y llamas (Camélidos)
Ganado, ovejas, cabras, antílopes (Bovinos)
Kanjiles (Tragúlidos)
Ciervo (Cérvidos)
Jirafas y okapis (Giráfidos)
Hipopótamos (Hipopotámidos)
Pecaríes (Tayasuidos)
Cerdos (Suidos)
Berrendo (Antilocápridos)

**Nadador solitario** A diferencia del dugongo de los océanos Índico y Pacífico, el manatí *(Trichechus manatus)* es un animal solitario, que vive en aguas tropicales del Atlántico occidental.

**Herbívoro oculto** El tapir malayo *(Tapirus indicus)* es un animal nocturno que vive en las áreas más densas de los bosques del sureste de Asia. La destrucción de su hábitat por el hombre amenaza con la extinción de esta especie.

**Bien armado** El colmillo del narval ártico *(Monodon monoceros)* es un diente modificado que brota de la mandíbula superior. Mide hasta 3 m y sólo lo tiene el macho.

**Seguridad en el número** La saiga antílope *(Saiga tatarica)* apacienta en grandes manadas en las estepas de Rusia y Asia Central.

*Las plantas pueden fabricar su alimento mediante la fotosíntesis, pero los animales no tienen esa habilidad. Necesitan encontrar la comida e ingerirla. Desarrollaron una amplia variedad de métodos para hacerlo. Algunos son parásitos: obtienen su comida adhiriéndose al cuerpo de otro animal, del que toman nutrientes vitales. Sin embargo, la mayoría toman material orgánico sólido o líquido, que digieren para descomponerlo en nutrientes solubles, que sus cuerpos puedan absorber y usar. Esta clase de alimentación se llama holozoica.*

**DATO** Un tipo de hiena, la proteles *(Proteles cristatus)*, es uno de los comedores más melindrosos del mundo. Vive sólo de las termitas de los géneros Hodotermes y Trinervitermes.

## TRES CLASES DE ALIMENTACIÓN

Hay tres tipos principales de consumidores holozoicos: **consumidores de líquidos, micrófagos** (se alimentan de partículas alimenticias microscópicas) y **macrófagos** (ingieren partículas grandes).

### 1 Consumidores de líquidos

Los líquidos orgánicos (néctar, sangre y savia) son sus fuentes alimentarias. La mayoría son insectos con bocas adaptadas para perforar y succionar (mosquitos) o lenguas largas (mariposas). Colibríes y vampiros son vertebrados alimentados con líquidos.

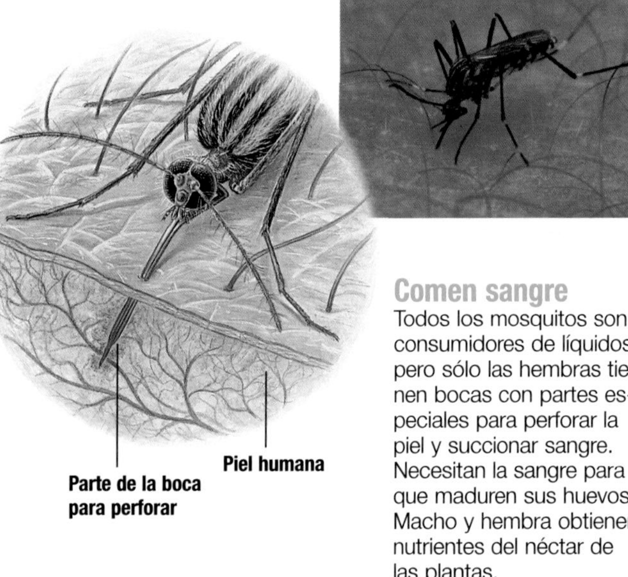


### Comen sangre

Todos los mosquitos son consumidores de líquidos, pero sólo las hembras tienen bocas con partes especiales para perforar la piel y succionar sangre. Necesitan la sangre para que maduren sus huevos. Macho y hembra obtienen nutrientes del néctar de las plantas.

### 2 Consumidores micrófagos

Como su comida consiste en pequeñas partículas y necesitan muchas, los **consumidores micrófagos** comen continuamente. Hay dos tipos.

- **Filtradores** Los hay desde invertebrados sedentarios chicos, como el percebe, hasta las ballenas barbadas, los animales más grandes de la Tierra.

Los filtradores cuelan su alimento del agua. El percebe usa proyecciones microscópicas llamadas cilios. Las ballenas barbadas tienen placas de sustancia córnea a cada lado de la mandíbula superior. Con la lengua pasan el agua a través de las placas, que cuelan las partículas de comida del agua.

Casi todos los consumidores que filtran viven en el agua de la que se alimentan; algunos son terrestres (flamencos).

- **Consumidores de depósitos** Se alimentan de materia orgánica de los sedimentos, o comen detritos que sacan o succionan del fondo del mar. Estrellas de mar, erizos de mar, otros moluscos y gusanos son consumidores de depósitos. La mayoría no tienen una estructura alimentaria especial.

### Filtran la comida

El interior del pico del flamenco está cubierto de pelos diminutos como terciopelo. Éstos filtran las algas y los invertebrados del agua que pasa a través de la lengua.

### Viven del animal huésped

Algunos parásitos, como tenias y ascárides, viven en el intestino del huésped. Los parásitos externos, como pulgas, piojos, garrapatas y ácaros, viven en la piel del huésped y encuentran su alimento en la superficie de la piel, o la perforan para succionarle la sangre.

**Vida especializada** El piojo de la cabeza humana tiene patas especiales para asirse del tallo del cabello. Toma nutrientes al succionar sangre.

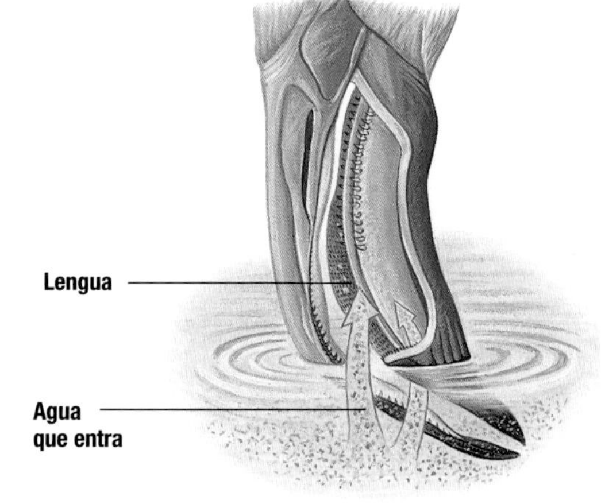

## Caracoles carnívoros

A diferencia de las babosas y los caracoles terrestres, los moluscos gasterópodos marinos, conocidos como heterópodos, son voraces carnívoros. Tienen una aleta natatoria y localizan a su presa con la vista. Cazan otros animales marinos, como peces chicos. Algunas especies miden hasta 30 cm de largo.

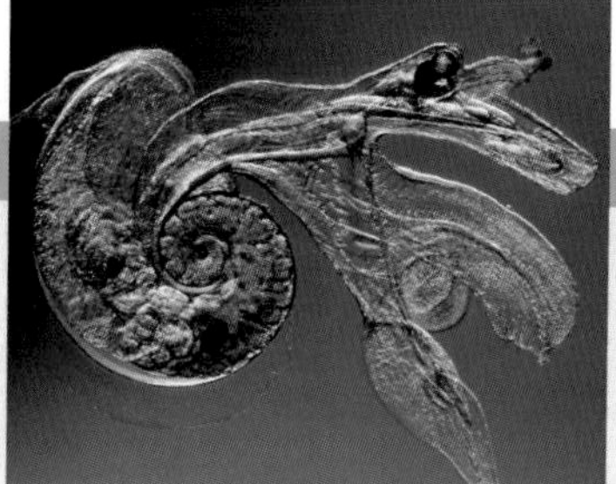

**Vista aguda** Como otros heterópodos, el *Atlanta peronii* tiene ojos grandes (visibles aquí arriba) para localizar a su presa.

## Búsqueda especializada de comida

Por necesidad, los carnívoros tienen que cazar su comida. La mayoría depende de la vista, el sonido o el olfato para detectar su presa, pero algunos usan técnicas más sofisticadas:

- **Calor** Dos familias de serpientes, boas y crótalos, desarrollaron detectores del calor tan sensibles que pueden ver a la presa en la oscuridad. Los crótalos detectan cambios de temperatura tan insignificantes como 0.0003 °C.
- **Electricidad** Algunos peces, como tiburones y rayas, tienen en la cabeza órganos especiales que detectan las tenues corrientes eléctricas generadas por seres vivos. Esto los ayuda a cazar en aguas lóbregas. El ornitorrinco pico de pato tiene detectores de electricidad.
- **Detección por ultrasonidos** La que usan los murciélagos insectívoros es tan certera, que pueden cazar insectos con precisión mortal en completa oscuridad, localizando insectos tan pequeños como los jejenes, desde 20 m de distancia. Emiten pulsos (unos 10 por segundo) de sonido de muy alta frecuencia (hasta 200,000 hercios) producidos en su laringe. Gran parte del cerebro del murciélago está dedicada a interpretar los ecos de estos sonidos.

### 3 Consumidores macrófagos

Al alimentarse con partículas grandes de comida, los **consumidores macrófagos** pueden seleccionar lo que comen y cuándo lo comen. Incluyen:

- **Carnívoros** Comen carne, como perros, gatos y cocodrilos. Atrapan a su presa o son carroñeros. Sus dientes están adaptados para picar, cortar y rasgar.
- **Omnívoros** Los omnívoros, como los humanos, comen una mezcla de carne y vegetales. Esto se refleja en la estructura de sus dientes, algunos adaptados para cortar y otros para moler.
- **Herbívoros** Los herbívoros viven sólo de plantas. Algunos, como conejos, vacas y borregos, comen hierba y otras plantas al nivel de la tierra y se les conoce como animales de pastoreo. Otros, como jirafas y cabras, toman su comida de arbustos y árboles y se conocen como animales que pacen.

### Mastican el bolo alimenticio

La materia vegetal es difícil de digerir. Las paredes celulares de las plantas contienen un azúcar compleja (celulosa), dura y fibrosa. Los herbívoros tienen tractos digestivos más largos que los carnívoros. El estómago de los rumiantes, como las vacas, tiene cuatro cámaras y divide la digestión en varias etapas.

vea también
74 **Vida vegetal**
532-537 **Biología**

Intestino
Esófago
Panza
Libro
Redecilla
Cuajar
Diafragma

**1** La comida entra en las primeras dos cavidades, la panza y la redecilla, donde la enzima celulosa, secretada por bacterias especializadas que están en el intestino, la digiere parcialmente. Algunos nutrientes se absorben en esta etapa.

**2** La vaca regurgita la comida a medio digerir o rumia para masticarla más..

**3** Traga de nuevo lo rumiado, que pasa a la redecilla para digerirlo más.

**4** Luego la masa rumiada pasa a la tercera cámara, el libro, donde se absorbe el agua.

**5** Al final, el residuo entra en el cuajar o estómago, donde tienen lugar la digestión y absorción finales de nutrientes.

*La extinción es un proceso natural: 95% de todas las especies que han existido, desde el* Tyrannosaurus rex *hasta el hombre de Neanderthal, murieron hace mucho tiempo. Cientos de especies desaparecieron en el siglo* XX *debido a la capacidad de destrucción sin precedente de la humanidad. Aquí se presentan algunas de las especies que es probable que no vivan mucho tiempo en el tercer milenio.*

## Hogar que se achica

El lémur dorado se descubrió en 1987. Su hábitat es un área chica en la selva tropical en el este de Madagascar, erosionada por la poda y quema para la agricultura. Su población total se calcula en 1,000. En la actualidad hay 5 lémures dorados en cautiverio.

## Cuantificación de los peligros

Los factores que afectan las probabilidades de supervivencia de un animal son variados y complejos. Incluyen muchas cosas no medibles. Por lo tanto, cualquier lista de especies en peligro es engañosa. Es imposible saber cuándo una de las especies casi extintas está más cerca del olvido que otra. Se sabe que las especies se recuperan inesperadamente y se benefician con los programas de cría en cautiverio que aumentan su número de ejemplares.

## Especie en extinción

A este yabí o lobo de Tasmania (izq.) lo mataron en 1930. El último yabí conocido murió en 1936, y la especie se declaró extinta en 1986. Miles de especies se extinguen cada año, la mayoría en selvas tropicales, donde perdemos especies nuevas para la ciencia, antes incluso de que hayan sido nombradas.

## POR QUÉ SE EXTINGUEN

El sapo dorado (der., en cautiverio) es una de las especies amenazadas por la pérdida de hábitat. No se han visto cinco en el mismo lugar en décadas, y ninguno desde 1989. Algunas especies están en decadencia natural. Las tres amenazas principales a las especies son resultado de la actividad humana: la caza, la contaminación y la destrucción de hábitats, en particular en bosques tropicales, explotados por la madera o talados para tierra de cultivo.

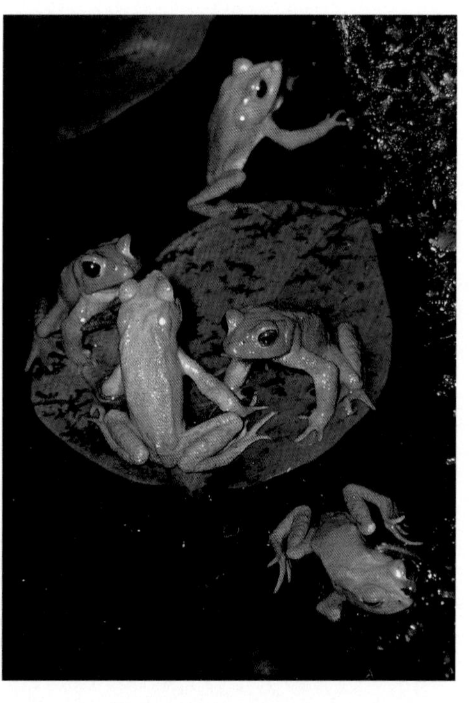

## Comen balas

La causa principal de la decadencia del cóndor de California es el envenenamiento por plomo, resultado de comerse las balas en la carroña. Se extinguió en terreno silvestre en 1987, cuando se capturó el último. Desde entonces, se han liberado cóndores criados en cautiverio. Se numeraron (vea der.) y se sabe que siete han sobrevivido.

Paloma silvestre norteamericana

## EXTINCIÓN EN AUMENTO

El hombre aniquiló unas 30 especies en el siglo XVII y el mismo número en el siglo XVIII. Unas 100 fueron destruidas en el siglo XIX y cientos más en el XX. Esta lista incluye algunos de los animales que se extinguieron, con el año exacto de la desaparición, cuando se conoce.

| Siglo XVII | Siglo XVIII | Siglo XIX | Siglo XX | |
|---|---|---|---|---|
| Bisonte europeo, 1627 | Antílope azul, 1799 | Alca gigante, 1844 | Paloma silvestre norteamericana, 1914 | León de Berbería, 1922 |
| Pájaro elefante de Madagascar | Gallina de agua de Leguat | Cebra de Burchell, 1883 | Rana pintada de Palestina, 1956 | Bilbi pata de cerdo, 1925 |
| Lémur gigante de Madagascar | Tortuga gigante de Mauricio | Cormorán con anteojos, *c.* 1850 | Bandicut dorado | Ciervo de Schomburgk |
| Dodo, 1662 | Vaca marina de Steller, 1768 | Pato labrador, 1875 | Rana torrente de Mount Glorious | Rana ornitorrinco |
| | | Bisonte de Oregon, *c.* 1800 | Bilbi menor | Almizclera de Martinica, 1902 |
| | | Rata canguro | Onagro sirio, 1928 | Lobo rojo de Texas, 1970 |
| | | Rémora boquiconejuna, 1893 | Tigre de Bali, 1937 | Carnero de Badlands, 1905 |
| | | Zorra Falklands, 1876 | Lobo japonés, 1905 | |

Dodo

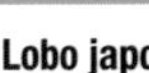

Lobo japonés

## Entre los más raros

| Peces y anfibios | Mamíferos | Aves | Insectos | Reptiles |
|---|---|---|---|---|
| Pez hoja chino | Foca monje del Mediterráneo | Guacamayo Spix | Piojo pigmeo del cerdo | Caimán chino |
| Esturión báltico | Delfín Changjiang | Cóndor de California | Escarabajo verde terrestre | Cocodrilo del Orinoco |
| Escorpina de Barnard | Orix cimitarra cornudo | Kauai oo | Abejorro de Cromwell | Iguana de Jamaica |
| Azulado aleta roja | Vombat nariz peluda del norte | Estornino de Bali | Tijereta de Santa Elena | Iguana terrestre de las islas Caimán |
| Ellinopygosteos de Aruba | Lobo de Etiopía | Zarapito esquimal | Mariposa alas de pájaro de la reina Alejandra | Serpiente de cascabel de Aruba |
| Asprete | Puerco pigmeo | Águila pescadora de Madagascar | Hormiga viuda de Sri Lanka | Tortuga marina Kemp's Ridley |
| Gobio pigmeo enano | Toro salvaje *(Bibus sauveli)* | Albatros de Amsterdam | Mosca damisela de Frey | Terrapene pintado |
| Tiburón del Ganges | Rinoceronte de Java | Perico de Mauricio | Saltamontes pigmeo Torrey | Culebra negra de San Vicente |
| Pez sierra dientes grandes | Lémur manso dorado | Cernícalo de Mauricio | | Tortuga cabeza de sapo de Dahl |
| Sapo dorado | | Paloma rosa | | |

**Ahogadas** La tortuga marina Kemp's Ridley anida sólo en Rancho Nuevo, en el Golfo de México. Hace 50 años, se contaron 42,000 hembras en un solo día; ahora sólo quedan unos cientos. Las tortugas corren riesgo debido a los pescadores, porque se ahogan al quedar enredadas en las redes de pesca.

**DATO** Aún no se conoce un crustáceo que se haya extinguido como resultado de la actividad humana.

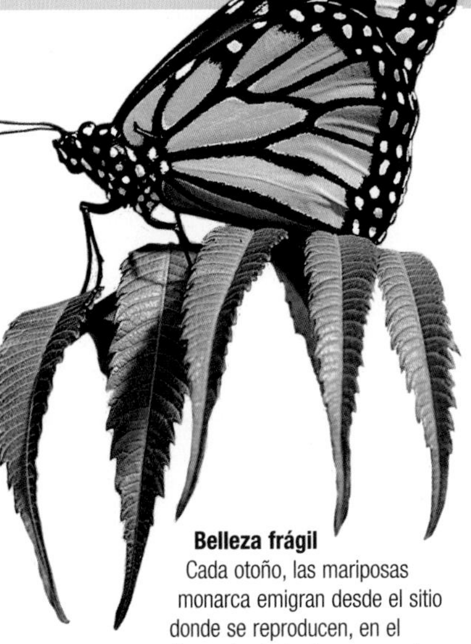

**Belleza frágil** Cada otoño, las mariposas monarca emigran desde el sitio donde se reproducen, en el noreste norteamericano, hacia los bosques en las montañas del centro de México. La tala amenaza estos sitios donde pasan el invierno, vitales para su supervivencia. Las mariposas monarca migratorias se consideran como una especie en peligro de extinción.

## Mueren en cantidad

En el conteo más reciente, el número de especies oficialmente anotadas como en peligro era de 5,205. Indonesia, China y Brasil tienen el mayor número de especies en peligro. Esta lista muestra el porcentaje del mundo animal amenazado:

**11%** de aves
**20%** de reptiles
**25%** de mamíferos
**25%** de anfibios
**34%** de peces

vea también
90 **El reino animal**
112 **Registros de animales**
124 **Protección de especies**

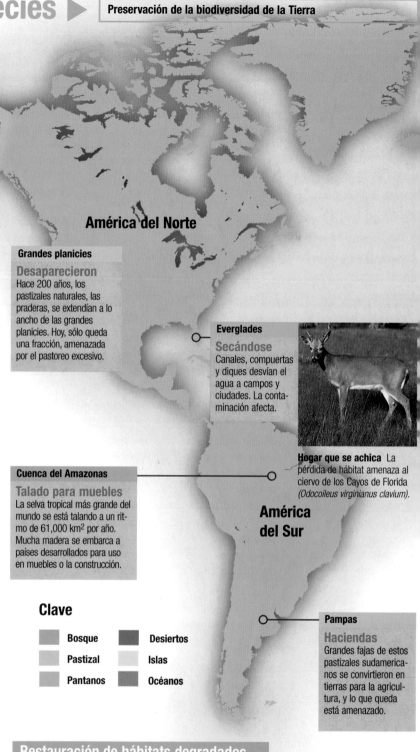

# Protección de especies



*Hace 100 años, la caza excesiva y la introducción de especies extranjeras fueron las causas de la mayor parte de las extinciones. Hoy, la amenaza mayor es la pérdida del hábitat. La demanda de madera y tierra para alimentar a la población humana que se expande significa que los bosques y otros hábitats naturales están desapareciendo con más rapidez que nunca.*

## CONSERVACIÓN

Los primeros pasos principales hacia la conservación de la naturaleza se dieron en América del Norte, en la segunda mitad del siglo XIX. En 1871, en respuesta a los reportes de las increíbles maravillas naturales, se llevó a cabo una expedición del gobierno estadounidense para investigar Yellowstone, en las Montañas Rocosas. Su reporte hizo que el presidente Ulysses S. Grant declarara, en 1872, esa área como el primer parque nacional del mundo.

**Protección de hábitats** Desde entonces, se han establecido parques naturales en todo el mundo. Junto con otras clases de santuarios, como los refugios de vida salvaje y las reservas naturales, protegen muchos de los hábitats del planeta más importantes y vulnerables biológicamente, de los asentamientos humanos y de la agricultura.

**Vedas de caza** Cuando surgieron los primeros parques nacionales, se cazaban algunos animales hasta extinguirlos. Proteger especies imponiendo restricciones de caza fue el paso siguiente, y uno de los primeros beneficiados fue el oso marino del norte *(Callorhinus ursinus)*. En 1911, Japón, Rusia, Canadá y Estados Unidos firmaron un tratado para controlar la caza y que las poblaciones aumentaran.

**Historia exitosa** Desde la veda de caza impuesta en 1911, el oso marino del norte *(Callorhinus ursinus)* ha repoblado las costas del Pacífico Norte.

**Cría en cautiverio y reintroducción**
Para algunos animales, la protección en su hábitat no es suficiente y la única forma de salvar las especies es criar animales de poblaciones cautivas. El objetivo de todos los programas de crianza en cautiverio es establecer un número suficiente de animales para que sea posible reintroducirlos en su hábitat. Para que esto resulte exitoso, se debe proteger el hábitat natural de las especies y evitar el riesgo de la caza. La crianza en cautiverio exitosa y los programas de reintroducción incluyen el del órix árabe. En 1972, este antílope se extinguió en su hábitat. Hoy, su población es de 1,500, todo como resultado de animales reintroducidos.

América del Norte

**Grandes planicies**

**Desaparecieron**
Hace 200 años, los pastizales naturales, las praderas, se extendían a lo ancho de las grandes planicies. Hoy, sólo queda una fracción, amenazada por el pastoreo excesivo.

**Everglades**

**Secándose**
Canales, compuertas y diques desvían el agua a campos y ciudades. La contaminación afecta.

**Hogar que se achica** La pérdida de hábitat amenaza al ciervo de los Cayos de Florida *(Odocoileus virginianus clavium)*.

**Cuenca del Amazonas**

**Talado para muebles**
La selva tropical más grande del mundo se está talando a un ritmo de 61,000 km² por año. Mucha madera se embarca a países desarrollados para uso en muebles o la construcción.

América del Sur

**Pampas**

**Haciendas**
Grandes fajas de estos pastizales sudamericanos se convirtieron en tierras para la agricultura, y lo que queda está amenazado.

**Clave**

Bosque
Pastizal
Pantanos
Desiertos
Islas
Océanos

## Restauración de hábitats degradados

La restauración de hábitats degradados por la actividad humana es una idea de conservación relativamente nueva. En áreas como las islas Mascareñas, en el océano Índico, fue una buena opción.

Después de la llegada de los europeos a Mauricio, en el siglo XVI, estas islas sufrieron la destrucción de la vegetación natural, la caza de animales nativos y la introducción de especies extranjeras. Desde la década de 1980, la creación de áreas protegidas, la reintroducción de especies nativas, resultado de los programas de crianza, y la erradicación de invasores extranjeros, como cabras y conejos, han tenido un éxito considerable.

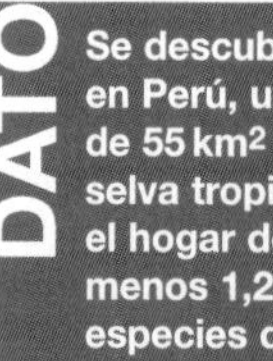

**DATO** Se descubrió que en Perú, un área de 55 km² de selva tropical es el hogar de al menos 1,200 especies de mariposas.

**Bosques españoles**
### Atacados por todas partes
Lluvia ácida, incendios forestales internacionales y la tala por granjeros degrada los bosques de España.

**Mar de Aral**
### Se evapora en el aire
El área del Mar de Aral se redujo 57%, debido a las presas y a la desviación de tributarios para irrigación.

**Rusia**
### Gobierno indiferente
Muchos de los hábitats rusos se dañaron durante la era comunista. Los prospectos para el futuro no parecen mejores, pues el gobierno elegido en 1999 empieza a desbaratar leyes ambientales.

**China**
### Ola de humanidad
Como su vecina, la India, China tiene una enorme población con gran demanda de su tierra y presión sobre los hábitats naturales.

Asia

Europa

**India**
### Pisoteado
Con una población humana de casi 1,000 millones y en aumento, todos los hábitats naturales de la India están muy amenazados.

**Sureste de Asia**
### Presiones de población
Por la tala para venta y la quema para tierra de cultivo, queda menos de la cuarta parte del bosque original.

**En las ramas** El gibón negro *(Hylobates concolor)* es uno de los animales amenazados por la deforestación en el sureste de Asia.

**Sahel**
### Mar de arena
Debido al pastoreo excesivo del ganado y a la tala para leña, el semiárido Sahel se está convirtiendo en un desierto.

**Altiplanicie etiope**
### Algo delicado
Pastoreo excesivo y pérdida de pastizales por cosechas amenazan el equilibrio natural de esta área.

África

**Cuenca de Zaire**
### Desaparece
Aunque sufre menos tala que otras selvas tropicales, la Cuenca de Zaire pierde casi 1% de sus árboles cada año.

**Isla Rodríguez**
### Arrasada
La deforestación y el pastoreo de ovejas y ganado (especies introducidas) destruyeron casi todos los hábitats naturales de la isla.

**Arrecifes filipinos**
### Volados y envenenados
La pesca con dinamita y cianuro destruyó grandes áreas de arrecifes de coral y continúa ilegalmente.

Australasia

**Sin lugar para ocultarse** Con un número ya reducido por la caza, el aye-aye *(Daubentonia madagascariensis)* podría quedarse pronto sin hogar.

**Madagascar**
### Desaparecen
Si continúa la tala actual, Madagascar habrá perdido todos sus bosques en 2006.

**Mauricio**
### Desaparece el dodo
Sólo queda 3% de los bosques que cubrían estas islas, aunque se intenta reparar el daño (vea recuadro "Restauración de hábitats degradados").

**Bosques de Tasmania**
### Bajo presión
Aunque mejor protegidas que antes, en las selvas tropicales templadas de Tasmania continúa la tala y la limpia para nuevas plantaciones.

## ¿Qué es la biodiversidad?

Biodiversidad es una expresión de la variedad de vida en cierta área. Puede significar el número de especies (riqueza de especies) y su abundancia, o variedad de tipos de organismos (diversidad de especies), o una combinación de ambos. Hábitats diferentes tienen distintos niveles naturales de biodiversidad. Las selvas tropicales, con su gran variedad y número de especies, tienen una biodiversidad mayor que los desiertos.

**Es importante mantener la biodiversidad** porque las especies que comparten un hábitat son interdependientes. Si una se extingue, afecta negativamente al resto. En casos extremos, la pérdida de una especie origina la extinción de otras que dependen de ella.

Desde la perspectiva humana, al perder especies perdemos fuentes de sustancias que salvan vidas (muchos medicamentos se obtienen de plantas silvestres).

vea también
90 **El reino animal**
112 **Registros de animales**
122 **Especies en peligro**

# Antepasados del hombre

*El* Homo sapiens sapiens *es el único representante de la familia homínida que vive hoy en día. Hace 1-2 millones de años coexistían varias especies de homínidos. Como el estudio de los primeros hombres se hizo principalmente mediante el registro fósil, que es incompleto, no se sabe con claridad cómo estaban relacionadas estas especies. Mucho de lo que se dedujo fue por conjetura, pero técnicas recientes, como la bioquímica comparativa, ayudan a llenar vacíos.*

## ¿QUÉ ES UN HOMÍNIDO?

- Un homínido es **un primate.** Los otros primates son prosimios, monos, gorilas, chimpancés y orangutanes.
- Es **bípedo,** es decir, tiene dos pies y, en consecuencia, **camina erguido.**
- Tiene un **cerebro relativamente grande.**

Hay dos géneros confirmados de homínidos: el *Australopithecus* y el *Homo*. El género *Ardipithecus* puede clasificarse finalmente como el primer homínido conocido.

**1** Hace 30 millones de años
El ***Aegyptopithecus,*** quizá el primer simio u hominoideo similar al hombre, vivía en lo que ahora es Egipto.

**2** Hace 20-16 millones de años
El **Procónsul,** un simio chico que se cree que fue un antepasado común de los simios modernos y de los humanos, vive en las selvas tropicales de África. Trepa por las ramas de los árboles con las cuatro extremidades.

Hace 10 millones de años
El ***Afropithecus*** aparece en el este de África, y en Asia y Europa. Tiene dientes con esmalte grueso, quizá como resultado del cambio a una dieta de fruta dura, raíces y frutos secos. Los dientes con mayor esmalte duran más y permiten al animal que los posee alimentarse eficientemente hasta una mayor edad. Esto lleva a un aumento en el promedio de vida.

30 20 10

Hace 10-5 millones de años
**Hueco en el registro fósil**

**A. ramidus**

Hace 4.4 millones de años
El ***Ardipithecus ramidus,*** similar a un simio, vive en lo que hoy es Etiopía. Quizá camina erguido en dos piernas, lo que hace que algunos expertos lo clasifiquen como el primer homínido verdadero.

**A. anamensis**

Hace 4.2-3.9 millones de años
El ***Australopithecus anamensis*** aparece en el este de África. Es el primer miembro conocido de australopitécidos, grupo de homínidos verdaderos (vea arriba), diferente de los simios parecidos a los hombres y de los hominoides. Aunque esta especie tiene mandíbula como de simio, los huesos de las piernas indican que caminaba erguido.

4

**3** Hace 4-3 millones de años
El ***Australopithecus afarensis*** vive en varias partes de África. Es el último antepasado común de todas las especies conocidas de homínidos que aparecen después. Tiene una altura promedio de menos de 1.50 m, con cerebro chico, brazos largos y piernas cortas. La evidencia sugiere una marcada diferencia en tamaño entre los sexos. "Lucy", el primer fósil encontrado de esta especie, medía 1.10 m.

**A. afarensis**

**A. bahrelg...**

Hace 3.5-3 millones de años
El ***Australopithecus bahrelghazali*** aparece en África. Es similar al *Australopithecus afarensis,* pero con quijada menos de simio.

## Dos buenas piernas...

Convertirse en bípedo (caminar erguido en dos piernas) tuvo un papel clave en la evolución de la inteligencia humana. Hay dos motivos: primero, el bipedismo requiere más coordinación, lo que lleva a un sistema nervioso más desarrollado y un cerebro más grande. Segundo, deja libres las manos para cargar y manipular. El desarrollo de habilidades para manipular (requeridas para fabricar herramientas) ayuda a desarrollar el cerebro.

El estar erguido proporciona otras ventajas. Aumenta la estatura, útil para espiar presas y depredadores en la sabana abierta. Ayuda también a mantener fresco el cuerpo, alejándolo del suelo caliente y acercándolo a las corrientes de aire de arriba. Minimiza el área del cuerpo expuesta al efecto de calentamiento de la fuerte luz del sol.

**Muy derecho** No sólo los humanos caminan erguidos. Los simios lo hacen ocasionalmente, con menos eficiencia. Su anatomía no está tan adaptada como la de los humanos para ser bípedos. Hay desventajas al estar erguido. Los bípedos no corren tan deprisa como los cuadrúpedos, y el desgaste extra en caderas, espalda y rodillas puede ocasionar incapacidad.

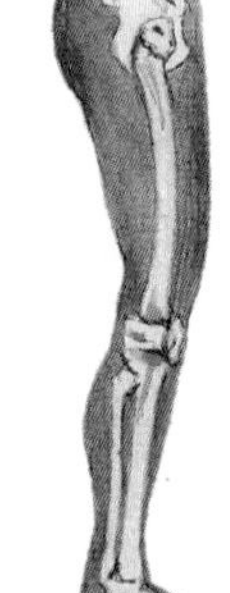

## La invención de la sociedad humana

Todos los primates llevan vidas sociales complejas. Ser versado socialmente es más importante que la apariencia o la habilidad física.

El desarrollo de las habilidades sociales requiere demandas intelectuales intensas, causa del desarrollo de la inteligencia de primates y humanos.

**Características del desarrollo de la organización social humana**

- El uso del fuego permite a los grupos permanecer en un lugar, al menos temporalmente, porque proporciona calor y protección.
- Cerebros más grandes y cambios en la caja de voz crean más habilidades manipuladoras y el desarrollo del habla.
- La fabricación y el uso de herramientas mejoran la eficiencia para conseguir comida.
- Las habilidades complejas de comunicación verbal y visual permiten la cooperación para encontrar comida.
- Jóvenes inmaduros, la infancia prolongada y la niñez crean la necesidad de supervisión de los padres y ayudan a la formación de grupos para compartir la educación de los niños.
- Compartir comida conduce a vivir en comunidad y a la organización social.
- División del trabajo: los hombres cazan juntos; las mujeres educan a los hijos.
- La vida comunal, mayor seguridad y habilidades complejas de comunicación conducen al surgimiento de la cultura, como arte, creencia espiritual y rituales.
- Una niñez prolongada da a los individuos tiempo para adquirir la cultura de su grupo social.

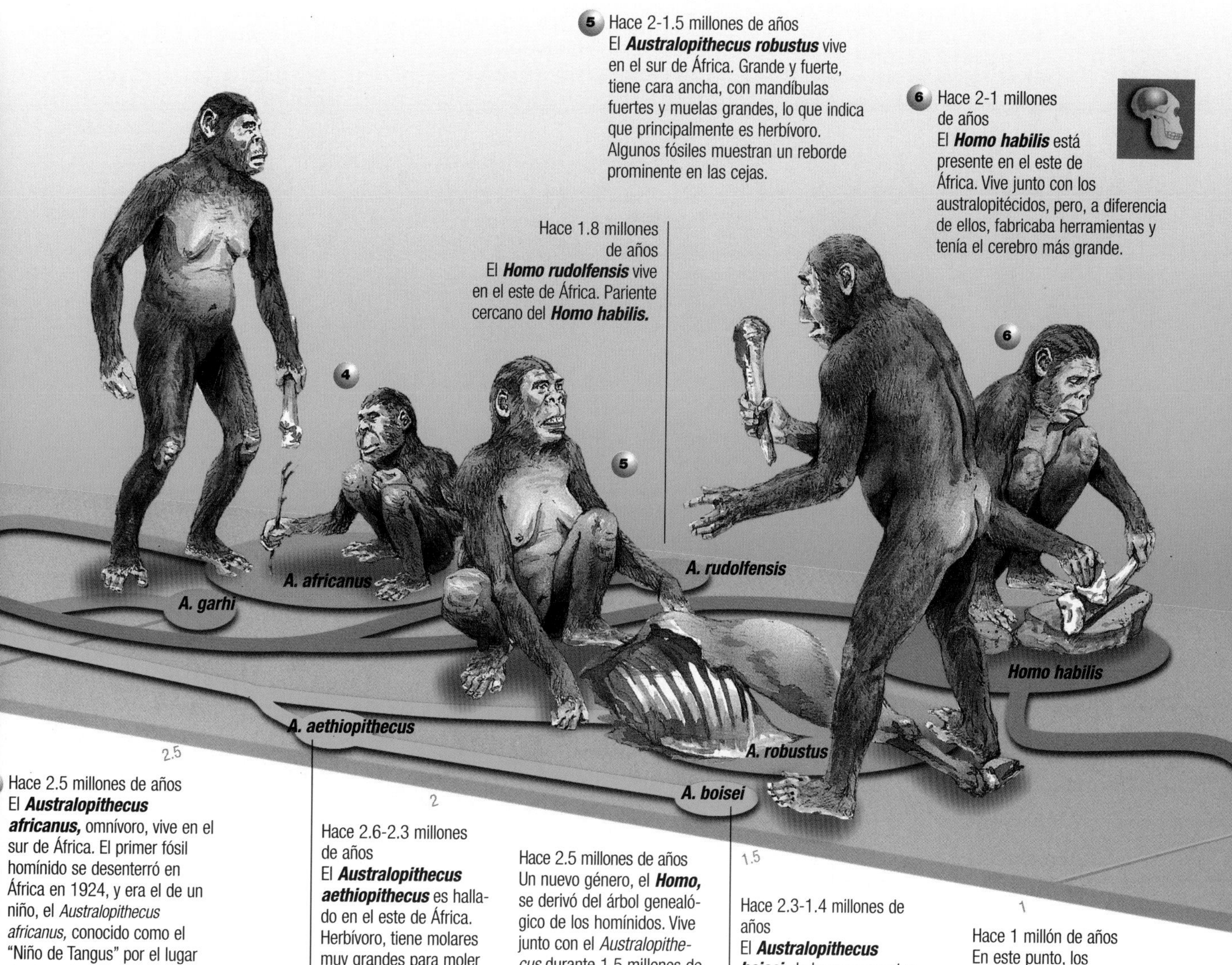


**5** Hace 2-1.5 millones de años
El ***Australopithecus robustus*** vive en el sur de África. Grande y fuerte, tiene cara ancha, con mandíbulas fuertes y muelas grandes, lo que indica que principalmente es herbívoro. Algunos fósiles muestran un reborde prominente en las cejas.

**6** Hace 2-1 millones de años
El ***Homo habilis*** está presente en el este de África. Vive junto con los australopitécidos, pero, a diferencia de ellos, fabricaba herramientas y tenía el cerebro más grande.

Hace 1.8 millones de años
El ***Homo rudolfensis*** vive en el este de África. Pariente cercano del ***Homo habilis.***

**4** Hace 2.5 millones de años
El ***Australopithecus africanus,*** omnívoro, vive en el sur de África. El primer fósil homínido se desenterró en África en 1924, y era el de un niño, el *Australopithecus africanus,* conocido como el "Niño de Tangus" por el lugar donde se le encontró.

Hace 2.6-2.3 millones de años
El ***Australopithecus aethiopithecus*** es hallado en el este de África. Herbívoro, tiene molares muy grandes para moler la materia vegetal, y un borde óseo distintivo en la frente.

Hace 2.5 millones de años
Un nuevo género, el ***Homo,*** se derivó del árbol genealógico de los homínidos. Vive junto con el *Australopithecus* durante 1.5 millones de años. Las principales diferencias físicas entre ambos son que el *Homo* tiene:

- cerebro más grande
- mandíbula más fina con dientes más chicos
- nueva posición de la caja de voz, que hace posible el habla.

Hace 2.3-1.4 millones de años
El ***Australopithecus boisei,*** de huesos pesados, vive en el este de África. Tiene un reborde en las cejas y molares enormes, que sugieren que es predominantemente herbívoro. Los machos son mucho más grandes y pesados que las hembras.

Hace 1 millón de años
En este punto, los **australopitécidos ya se han extinguido.**

vea también
66 **Evolución explicada**
88 **Auge de los mamíferos**
128 **Aparición del hombre moderno**

*Durante 200,000 años, la subespecie humana dominante en Europa, África, Medio Oriente y Lejano Oriente fue la* Homo sapiens neanderthalensis. *Los neandertales eran bajos y rechonchos, vivían en grupos sociales sofisticados y tenían cerebros más grandes que el del hombre moderno. Hace 30,000 años perdieron su posición dominante y se extinguieron, debido a los recién llegados de África: los* Homo sapiens.

## EL HOMBRE DE NEANDERTHAL

Los neandertales aparecieron en Europa hace 250,000 años. El nombre se debe al valle Neander, cerca de Dusseldorf, Alemania, donde se encontraron los primeros restos en 1856. Existe amplia evidencia que sugiere que los neandertales eran seres culturales. Se encontraron utensilios de piedra y joyería hábilmente

Hace 700,000 años
El ***Homo heidelbergensis*** evoluciona de poblaciones de *Homo erectus* en África y Europa. Es alto (más de 1.80 m), con anatomía poderosa y cerebro grande. Otras características:

- Controla el fuego.
- Es capaz de emplear un habla más competente que el *Homo erectus.*
- Fabrica más variedad de herramientas de piedra que el *Homo erectus,* incluyendo hachas, cuchillas y utensilios para carne.

Hace 600,000 años
El clima de la Tierra empieza a cambiar bastante, lo que deriva en una **serie de eras de hielo.** Para sobrevivir a este clima extremoso se requiere un comportamiento flexible y con recursos. Así, la selección natural favorece a los individuos con cerebro más grande, con más inteligencia y recursos.

9 Hace 200,000-140,000 años
El ***Homo sapiens sapiens*** evoluciona en el África subsahariana. Constitución más ligera que el *Homo sapiens neanderthalensis,* pero su nivel de cultura y tecnología es similar. Otras características:

- Es capaz de tener un habla compleja.
- Usa el fuego para cocinar y para ahumar y secar la carne para conservarla.
- Usa una amplia variedad de ropa.

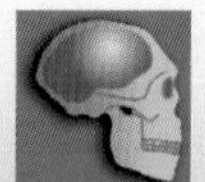

Unos 120,000 años atrás
El ***Homo sapiens sapiens*** (hombre moderno) evoluciona.

Hace 100,000 años
El ***Homo sapiens sapiens*** procedente de África, empieza a diseminarse por Europa y Asia, donde vive junto al *Homo neanderthalensis.*

7 Hace 1.8 millones de años-300,000 años
El ***Homo erectus*** aparece en África y gradualmente emigra a Europa y Asia. Tiene el cerebro más grande que el *Homo habilis.* Otras características:

- Fabrica utensilios: espátulas, hachas y cuchillas.
- Es carnívoro y quizá tiene una dieta más nutritiva que los primeros homínidos, la cual ayuda al desarrollo del cerebro.
- Los restos sugieren que tuvo un habla rudimentaria.
- Usó el fuego.
- Está bien adaptado para soportar variaciones importantes en el clima.

8 Hace 250,000-30,000 años
El ***Homo sapiens neanderthalensis*** vive en Europa y Asia. Es más regordete y bajo que los humanos modernos (1.68 m de estatura), pero tiene el cerebro más grande. Otras características importantes:

- Su anatomía implica que emplea un habla compleja.
- Muestra evidencia de desarrollo cultural en términos de arte y creencias espirituales.
- Usa el fuego para calentarse y quizá cocinar.
- Usa ropa hecha de cuero y piel, y también joyería.

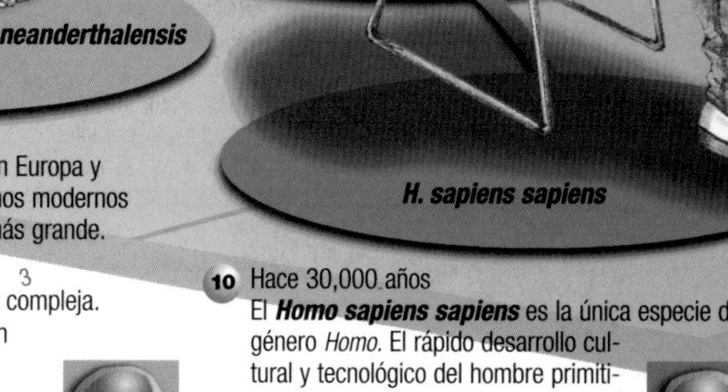

10 Hace 30,000 años
El ***Homo sapiens sapiens*** es la única especie del género *Homo.* El rápido desarrollo cultural y tecnológico del hombre primitivo al hombre moderno en sólo 30,000 años convierte al *Homo sapiens sapiens* en la especie dominante en la Tierra.

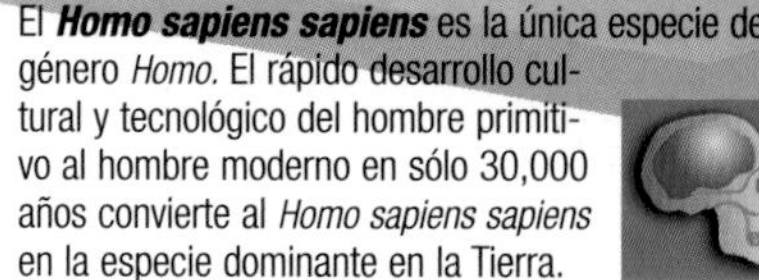

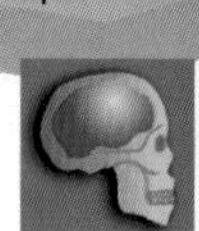

fabricados. Las tumbas indican que enterraban a sus muertos con cierta ceremonia. Los esqueletos con lesiones graves, pero curadas, y la artritis avanzada indican que cuidaban a los ancianos y a los enfermos. Usaban el fuego, vital para sobrevivir en el frío clima del periodo.

¿Por qué estos homínidos fuertes e inteligentes se extinguieron hace 30,000 años? La teoría más probable es que los aventajó el *Homo sapiens sapiens,* más adaptable, conocido como "Hombre de Cro-Magnon" por el sitio en Dordoña, Francia, donde se le halló por primera vez.

**Bajo la piel** Un arco superciliar marcado, frente baja y mandíbula inferior reculada distinguen el cráneo Neanderthal (arriba, izq.) del Cro-Magnon (arriba, der.).

**Auge del *Homo sapiens*** El hombre de Cro-Magnon empezó a diseminarse por Europa, procedente de África, hace 100,000 años e inicialmente vivía junto con los neandertales. Hace 40,000 años, la cultura Cro-Magnon avanzó con rapidez y les permitió finalmente desplazar a sus vecinos Neanderthal menos adaptables.

Se han propuesto dos teorías principales para explicar la evolución del *Homo sapiens.* La "Candelabra" (una referencia a diferentes ramas de evolución del *Homo)* dice que evolucionaron simultáneamente de poblaciones de diferentes especies de *Homo* en Asia, Europa y África. La teoría más favorecida, "Fuera de África", postula que evolucionaron de una sola rama africana y empezaron a diseminarse por el resto del mundo hace 100,000 años.

El análisis del ADN de los restos Neanderthal indica que no pueden ser antepasados del hombre moderno. Otra investigación de ADN (vea Eva mitocondria, der.) indica que todos los que ahora vivimos descendemos de una población que vivió en África hace 140,000-200,000 años.

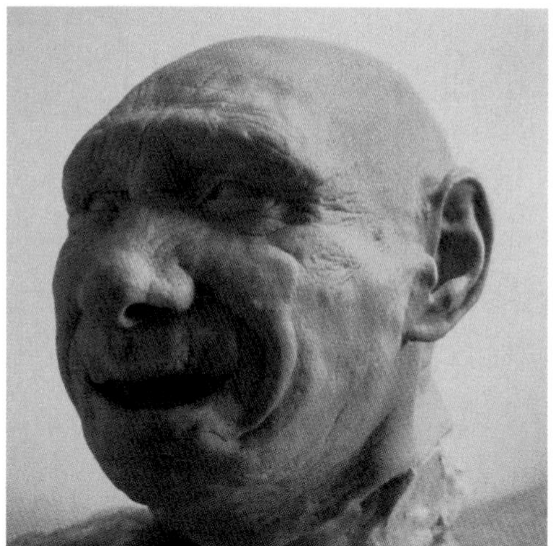

**Rostro del pasado** Esta reconstrucción basada en un cráneo hallado en Monte Circeo, Italia, indica que el rostro Neanderthal no era tan diferente del nuestro.

## Eva mitocondria

En 1986 los investigadores de la Universidad de California llegaron a la conclusión de que todos los humanos descienden de una sola mujer que vivió en África hace 200,000 años. Basan esto en el análisis del ADN tomado de las mitocondrias, partes específicas de la célula humana. Este ADN difiere del ADN del núcleo de la célula y pasa sólo a través de la línea femenina. Muta a un ritmo muy rápido, pero estable. Al comparar el ADN de las mitocondrias de las mujeres de varios grupos étnicos, pudieron calcular cuánto tiempo tardó cada grupo en divergir de un antepasado común. Construyeron un árbol genealógico de la humanidad, en cuya base estaba la Eva mitocondria, la 10,000 veces bisabuela de todos. Esto no significa que fuera la única mujer en existencia, sino que su linaje ha sobrevivido hasta hoy.

vea también
66 **Evolución explicada**
88 **Auge de los mamíferos**

## Origen de las razas

A pesar de las diferencias físicas entre los grupos étnicos que forman la especie *Homo sapiens,* todos los humanos modernos son muy similares genéticamente.

Hay varias teorías para explicar el origen de las razas. La teoría Candelabra propuso que asiáticos, aborígenes australianos y africanos modernos, entre otros, surgieron de poblaciones del *Homo erectus,* en tanto que los blancos evolucionaron de los neandertales europeos. La investigación reciente la desaprueba.

Ahora se considera que la categorización de los humanos por raza tiene poco significado. Las diferencias físicas en las que basamos la "raza" son adaptaciones menores a las condiciones ambientales. Por ejemplo, la nariz prominente es ventajosa en un clima frío, porque calienta mejor el aire helado que entra en el cuerpo. El color de la piel corresponde a la latitud. En regiones tropicales cálidas, mayores niveles del pigmento oscuro melanina protegen la piel de los efectos dañinos del sol. El color de la piel no es más significativo genéticamente que la diferencia entre un gato negro y un gato atigrado.

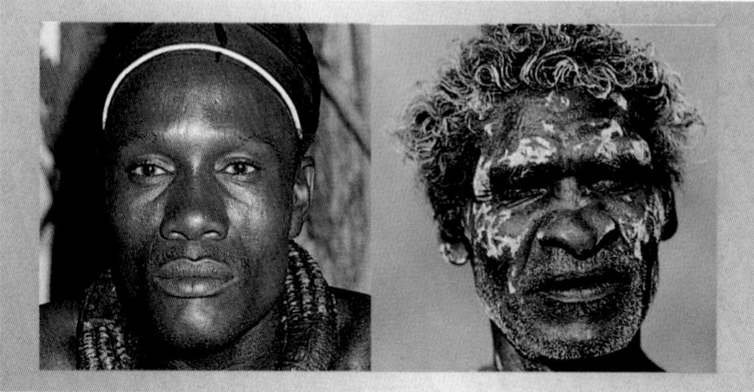

# El cuerpo humano

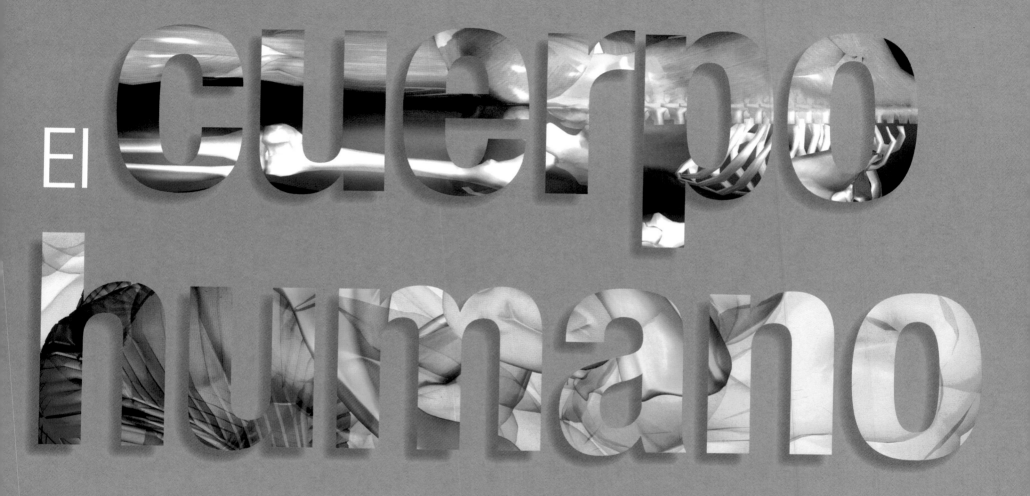

# El cuerpo humano

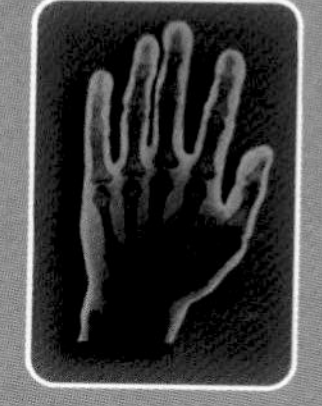

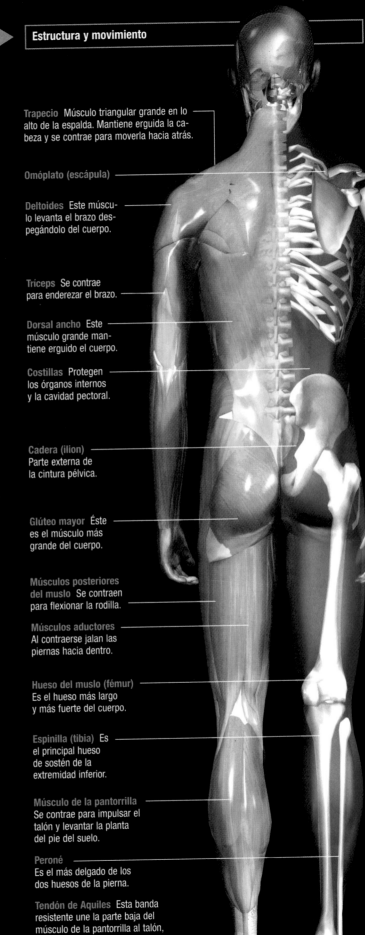

# Esqueleto y músculos



*El esqueleto adulto es el soporte interno del cuerpo; está integrado por 206 huesos y representa la quinta parte de todo el peso corporal. Los músculos controlan el movimiento del cuerpo, incluso acciones automáticas como el ritmo cardiaco, el movimiento intestinal o el de los párpados; constituyen más de la mitad del peso corporal.*

## El ESQUELETO

Sostiene el cuerpo, protege los órganos internos y facilita múltiples movimientos. Casi todos los huesos están unidos por ligamentos y forman articulaciones flexibles.

**Cartílago** Este tejido conjuntivo forma discos amortiguantes entre las vértebras, da elasticidad y fuerza a la articulación de la rodilla, y cubre los extremos de los huesos largos donde se unen con otros para formar una articulación. También une las costillas al esternón.

## LOS MÚSCULOS

Existen tres tipos de músculos. El estriado, llamado así por su aspecto rayado bajo el miscroscopio, integra la mayoría; se contrae al recibir mensajes del cerebro. El liso no tiene un control consciente. Regula los aparatos digestivo, urinario, reproductor y circulatorio, y reacciones inconscientes como ajustar el iris del ojo. El cardiaco sólo se encuentra en el corazón y es el único capaz de contraerse en forma rítmica y continua.

## LA COLUMNA VERTEBRAL

La columna de un adulto tiene 26 huesos llamados vértebras. Se divide en cuatro secciones.

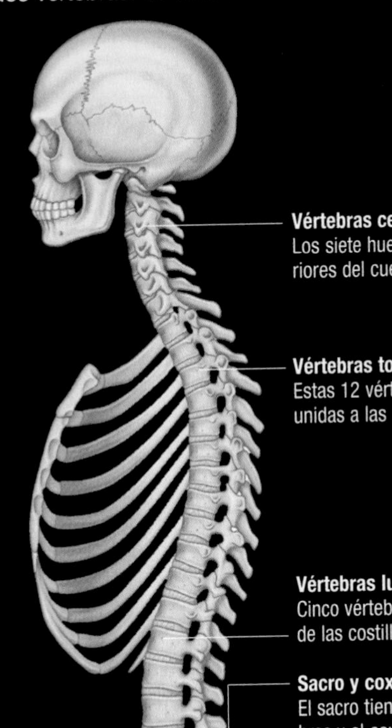

**Vértebras cervicales** Los siete huesos superiores del cuello.

**Vértebras torácicas** Estas 12 vértebras van unidas a las costillas.

**Vértebras lumbares** Cinco vértebras más abajo de las costillas.

**Sacro y coxis** El sacro tiene cinco vértebras y el coxis, cuatro. En los adultos, las vértebras se fusionan.

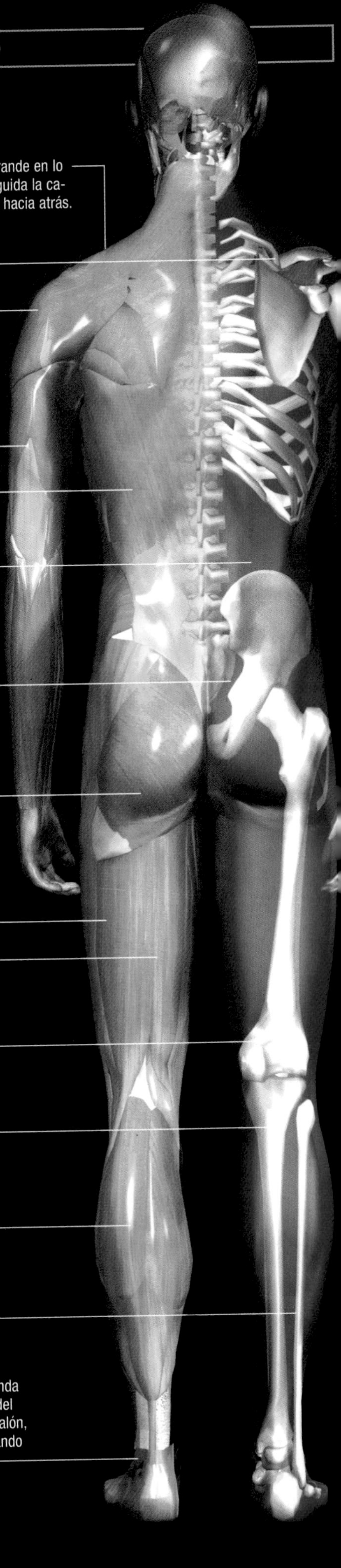

**Trapecio** Músculo triangular grande en lo alto de la espalda. Mantiene erguida la cabeza y se contrae para moverla hacia atrás.

**Omóplato (escápula)**

**Deltoides** Este músculo levanta el brazo despegándolo del cuerpo.

**Tríceps** Se contrae para enderezar el brazo.

**Dorsal ancho** Este músculo grande mantiene erguido el cuerpo.

**Costillas** Protegen los órganos internos y la cavidad pectoral.

**Cadera (ilion)** Parte externa de la cintura pélvica.

**Glúteo mayor** Éste es el músculo más grande del cuerpo.

**Músculos posteriores del muslo** Se contraen para flexionar la rodilla.

**Músculos aductores** Al contraerse jalan las piernas hacia dentro.

**Hueso del muslo (fémur)** Es el hueso más largo y más fuerte del cuerpo.

**Espinilla (tibia)** Es el principal hueso de sostén de la extremidad inferior.

**Músculo de la pantorrilla** Se contrae para impulsar el talón y levantar la planta del pie del suelo.

**Peroné** Es el más delgado de los dos huesos de la pierna.

**Tendón de Aquiles** Esta banda resistente une la parte baja del músculo de la pantorrilla al talón, jalando éste hacia arriba cuando el músculo se contrae.

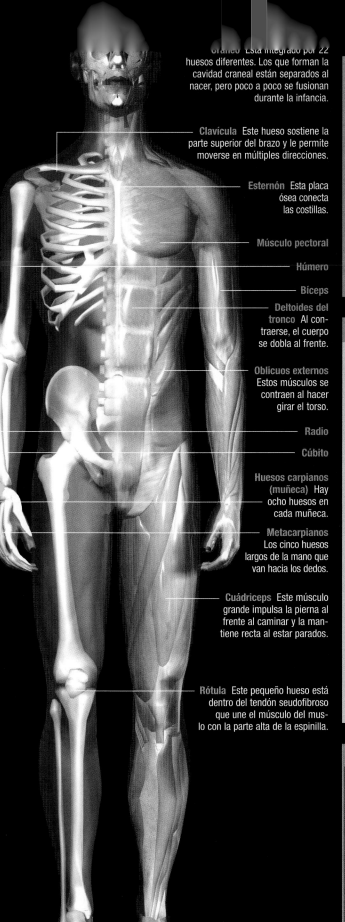

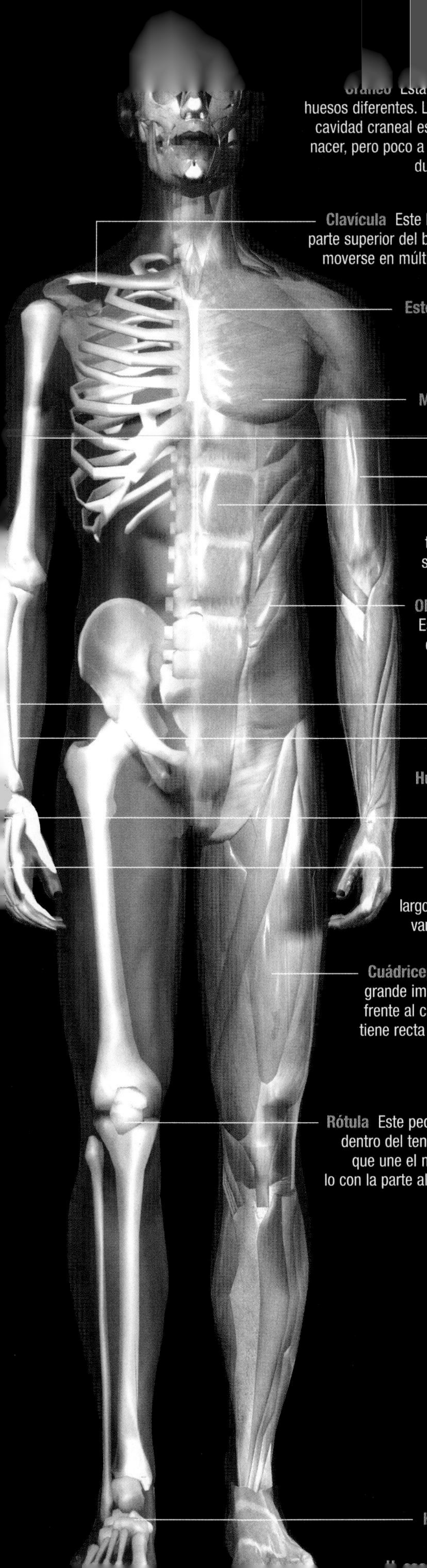

**Cráneo** Está integrado por 22 huesos diferentes. Los que forman la cavidad craneal están separados al nacer, pero poco a poco se fusionan durante la infancia.

**Clavícula** Este hueso sostiene la parte superior del brazo y le permite moverse en múltiples direcciones.

**Esternón** Esta placa ósea conecta las costillas.

**Músculo pectoral**

**Húmero**

**Bíceps**

**Deltoides del tronco** Al contraerse, el cuerpo se dobla al frente.

**Oblicuos externos** Estos músculos se contraen al hacer girar el torso.

**Radio**

**Cúbito**

**Huesos carpianos (muñeca)** Hay ocho huesos en cada muñeca.

**Metacarpianos** Los cinco huesos largos de la mano que van hacia los dedos.

**Cuádriceps** Este músculo grande impulsa la pierna al frente al caminar y la mantiene recta al estar parados.

**Rótula** Este pequeño hueso está dentro del tendón seudofibroso que une el músculo del muslo con la parte alta de la espinilla.

**Huesos del talón**

## ¿CÓMO TRABAJAN LOS MÚSCULOS?

Los músculos producen movimiento al contraerse, y están ordenados en pares o grupos. La ilustración muestra uno de estos pares. Al levantar el antebrazo, el bíceps frontal de la parte superior del brazo se contrae y acorta, mientras el tríceps dorsal se relaja y alarga. Al bajarlo, ambos músculos invierten su acción. El bíceps es más fuerte que el tríceps porque al levantar el brazo trabaja contra la fuerza de gravedad.

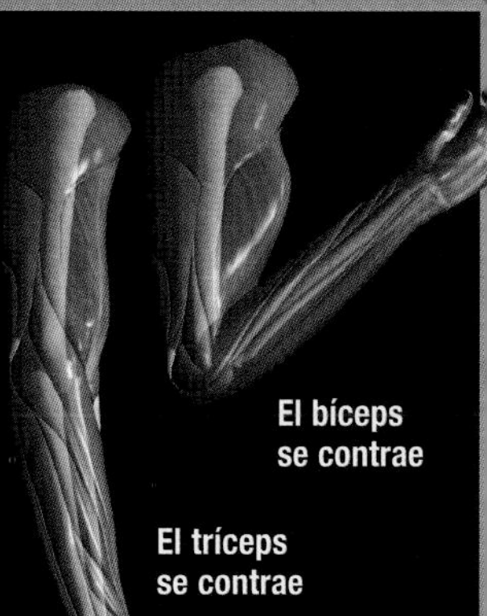

**El bíceps se contrae**

**El tríceps se contrae**

## Articulaciones entre los huesos

Existen dos tipos de articulación:
**Fijas** Sitios en que los huesos se fusionan y el movimiento es mínimo o nulo, como en el cráneo.
**Sinoviales** Como están lubricadas permiten el libre movimiento.

### Hay seis tipos de articulación sinovial

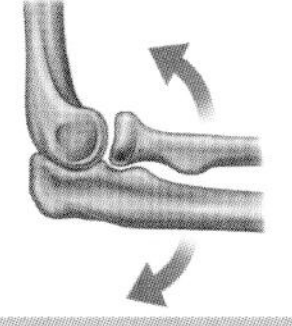

**Bisagra** De movimiento unidireccional, como el codo. Un hueso redondo encaja en otro cóncavo.

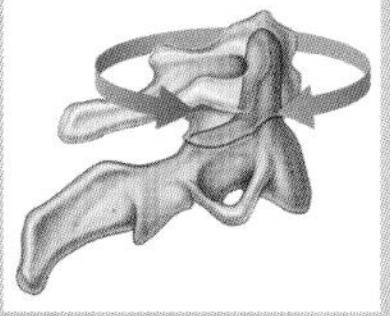

**Pivote** La proyección de un hueso gira en la cavidad circular de otro, como en las vértebras.

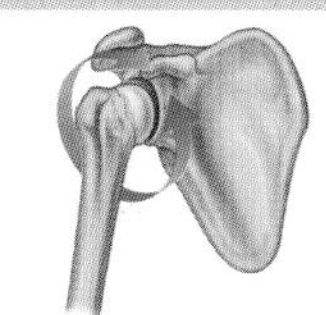

**Esférica** De movimiento circular como en la cadera. La cabeza de un hueso encaja ajustada en otro.

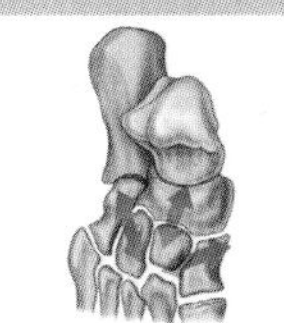

**Deslizante** Las superficies planas de los huesos se deslizan unas encima de otras, como en el pie.

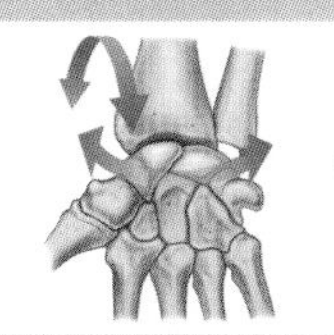

**Elipsoidal** El extremo ovoide de un hueso encaja en la cavidad elíptica de otro, como en la muñeca.

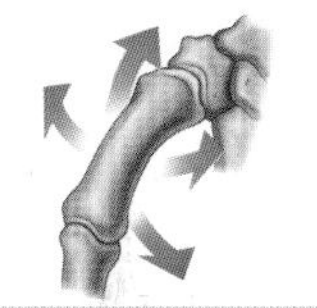

**Silla de montar** Existe en la base del pulgar. Permite un limitado movimiento en dos planos.

## Todos los huesos del cuerpo

Existen cuatro tipos de huesos: largos (extremidades); cortos (muñeca y tobillo); planos (cráneo), e irregulares (cara, vértebras). Los huesos de manos y pies constituyen la mitad de todos los huesos del cuerpo.

| | | | |
|---|---|---|---|
| Cráneo | 22 | Cintura escapular | 4 |
| Oídos | 6 | Hueso ilíaco | 2 |
| Vértebras | 26 | Brazos (2 x 30) | 60 |
| Costillas flotantes | 24 | Piernas (2 x 29) | 58 |
| Esternón | 3 | | |
| Garganta | 1 | **Total** | **206** |

vea también
134 **Cerebro y nervios**
138 **Glándulas y horm**
154 **Capacidad human**
160 **Trastornos y enfer**

# Cerebro y nervios

El sistema de control del organismo

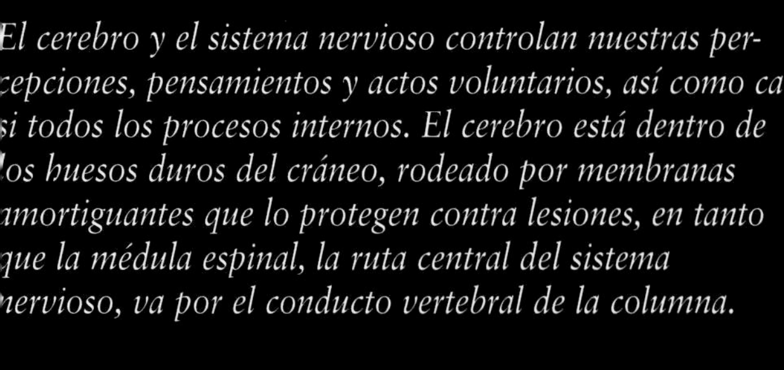

*El cerebro y el sistema nervioso controlan nuestras percepciones, pensamientos y actos voluntarios, así como casi todos los procesos internos. El cerebro está dentro de los huesos duros del cráneo, rodeado por membranas amortiguantes que lo protegen contra lesiones, en tanto que la médula espinal, la ruta central del sistema nervioso, va por el conducto vertebral de la columna.*

## EL CEREBRO

El cerebro tiene tres áreas importantes: el cerebro, el cerebelo y el encéfalo.

El cerebro es el más grande, y se le relaciona con las actividades conscientes y la inteligencia. Se divide en dos hemisferios y tiene sustancia gris (neuronas) y sustancia blanca (fibras nerviosas).

Está envuelto en tres membranas separadas. El espacio entre éstas contiene un líquido que permite flotar al cerebro, aislándolo así de los golpes en la cabeza. Esas mismas membranas se extienden sobre la médula espinal.

**Cerebro**

**Cuerpo calloso** Une los dos hemisferios del cerebro.

**Cerebelo** Esta parte del cerebro coordina el movimiento y el equilibrio.

**Bulbo raquídeo** Controla ritmo cardiaco y respiración.

**Tálamo** Actúa como zona de unión; envía estímulos nerviosos que recibe a distintas áreas del cerebro.

**Encéfalo** Une el cerebro con la médula espinal.

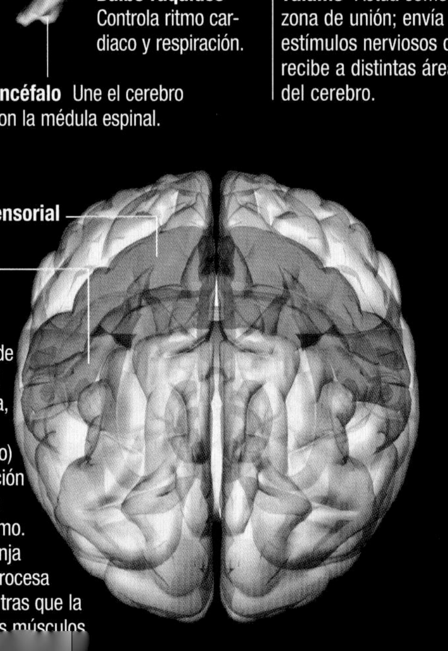

**Franja somatosensorial**

**Franja motora**

**Corteza cerebral** Diferentes partes de la corteza cerebral (vista, desde arriba, de la superficie externa del cerebro) procesan información de y para distintas partes del organismo. Por ejemplo, la franja somatosensorial procesa sensaciones, mientras que la motora controla los músculos

**Pares craneales** Doce nervios surgen del cerebro mismo. Éstos se subdividen para llegar a ojos, nariz, oídos, boca y todos los músculos faciales. Uno de los nervios desciende, independiente de la médula espinal, al corazón, laringe, pulmones y estómago; mientras que otro va a los músculos del cuello donde controla el aparato vocal.

**Médula espinal** Desciende del encéfalo por las vértebras exactamente hasta abajo de la 12ª costilla en la región lumbar de la espalda. Su longitud varía de 37 a 45 cm, según la estatura del sujeto, con un grosor aproximado al del dedo meñique.

**Nervios raquídeos** Son 31 pares de nervios grandes que salen de la médula espinal por orificios en la parte posterior de las vértebras. Éstos se dividen y subdividen para llegar a todo el organismo, desde la nuca y hacia abajo del cuello, exceptuando las partes controladas por los pares craneales.

**DATO**

**El cerebro apenas es 2% del peso adulto promedio, pero usa 20% del oxígeno inhalado.**

## EL SISTEMA NERVIOSO

Una red de nervios se extiende por nuestro cuerpo llevando información sensorial al cerebro e instrucciones de éste. El cerebro y la médula espinal integran el sistema nervioso central (SNC); el resto de esa red se conoce como sistema nervioso periférico (SNP).

**La médula espinal** Es una extensión del cerebro y está formada por las mismas sustancias gris y blanca, aunque dispuestas de modo diferente al del cerebro: la sustancia gris va en el interior y la blanca en el exterior.

La médula espinal encauza señales nerviosas de todo el cuerpo hacia el cerebro y porta mensajes de regreso. Pero es más que un mero cable de contacto. Muchas señales nerviosas se procesan en la misma médula espinal, como casi todos los actos reflejos. Al evitar al cerebro de ese modo, el tiempo de respuesta es mucho más breve, permitiendo que el cuerpo reaccione muy rápidamente al peligro potencial. La reacción rotuliana es el reflejo más conocido, pero otros incluyen quitar de inmediato la mano de un objeto caliente. Es sólo después de retirar la mano que el cerebro registra lo sucedido y sentimos dolor.

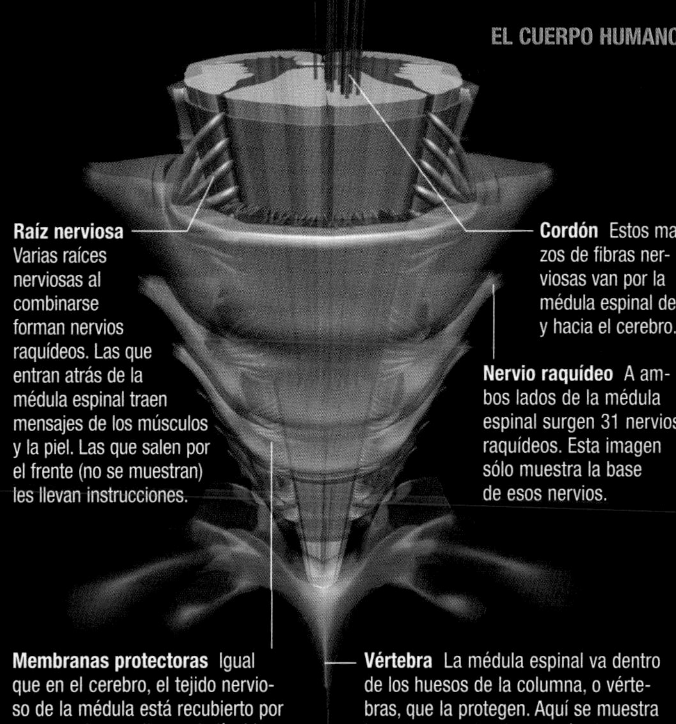
**Raíz nerviosa** Varias raíces nerviosas al combinarse forman nervios raquídeos. Las que entran atrás de la médula espinal traen mensajes de los músculos y la piel. Las que salen por el frente (no se muestran) les llevan instrucciones.
**Cordón** Estos mazos de fibras nerviosas van por la médula espinal de y hacia el cerebro.
**Nervio raquídeo** A ambos lados de la médula espinal surgen 31 nervios raquídeos. Esta imagen sólo muestra la base de esos nervios.
**Membranas protectoras** Igual que en el cerebro, el tejido nervioso de la médula está recubierto por tres membranas llenas de líquido.
**Vértebra** La médula espinal va dentro de los huesos de la columna, o vértebras, que la protegen. Aquí se muestra la parte posterior de una vértebra.

## ESTRUCTURA DE LOS NERVIOS

La célula nerviosa o neurona es la unidad básica del sistema nervioso. Cada una tiene un soma con un núcleo y estructuras metabólicas como otros tipos de células. Desde el soma se extiende una fibra de la célula nerviosa, o axón, que lleva señales a otras células. Los axones son microscópicamente delgados, pero algunos pueden tener hasta 1 m de longitud, como los que van de la médula espinal a las puntas de los dedos. Están recubiertos de una vaina mielínica que los aísla y ayuda a aumentar la velocidad a la cual llevan el estímulo nervioso.

Las neuronas no se conectan entre sí en forma directa. La información se pasa de una a otra en una superficie llamada sinapsis. Aquí se libera una sustancia química llamada neurotransmisor, que lleva los estímulos por el intervalo a una dendrita o ramificación de otra neurona. Cada axón puede terminar en varias sinapsis, permitiéndole unirse con más de una neurona.

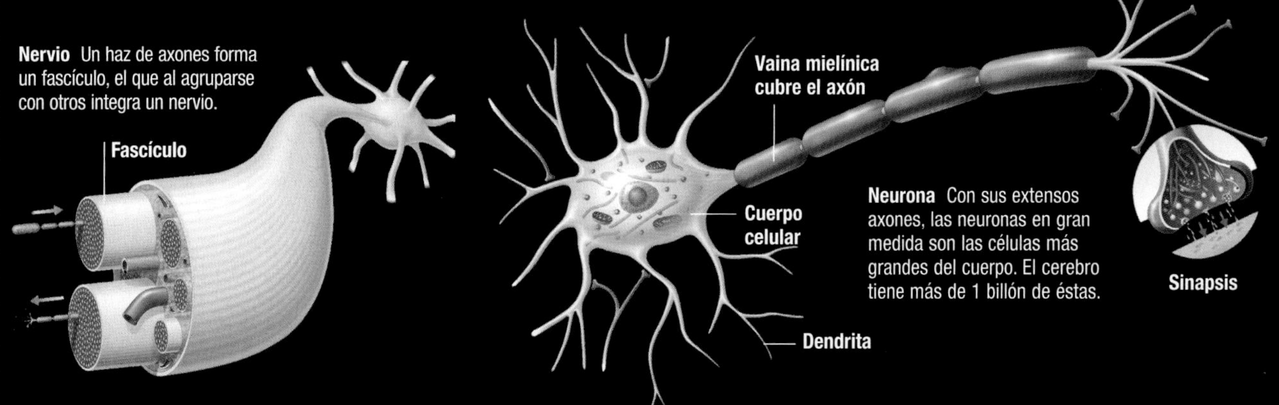
**Nervio** Un haz de axones forma un fascículo, el que al agruparse con otros integra un nervio.
Fascículo
Vaina mielínica cubre el axón
Cuerpo celular
Dendrita
**Neurona** Con sus extensos axones, las neuronas en gran medida son las células más grandes del cuerpo. El cerebro tiene más de 1 billón de éstas.
Sinapsis

### Diferentes tipos de neurona

Hay tres tipos de célula nerviosa o neurona:
**Neuronas sensoriales** Llevan información de los receptores sensoriales al sistema nervioso central (SNC).
**Neuronas motoras** Llevan información del SNC a los órganos y músculos.
**Neuronas asociativas** Presentes sólo en el SNC, unen los nervios motores y sensoriales; transportan los mensajes entrantes al cerebro, donde se interpretan y se envían las instrucciones adecuadas.

### DATOS Y CIFRAS

- El cerebro tiene cerca de 1 billón de neuronas.
- Las señales viajan por los nervios a 360 km/h: un mensaje de la cabeza al dedo del pie tarda 1/50 de segundo.
- El hemisferio izquierdo del cerebro controla el lado derecho del cuerpo y viceversa. Cerca del 90% de la población usa la mano derecha; eso significa que los hemisferios izquierdos son dominantes.
- El cerebro masculino adulto promedio pesa 1.4 kg; el femenino adulto promedio, 1.25 kg.
- La masa del tejido cerebral llega a su máximo a los 20 años; de ahí en adelante se reduce.
- La médula espinal deja de crecer al cumplirse los cuatro años. Después de eso, sólo siguen creciendo los nervios raquídeos.

vea también
144 **Vista**
145 **Oído y equilibrio**
152 **Las siete edades**
160 **Trastornos y enfermedades**

*Todas las células del organismo necesitan oxígeno para trabajar. El oxígeno del aire llega al torrente sanguíneo desde los pulmones. La sangre oxigenada entonces es bombeada por el corazón a todas las células. El aparato circulatorio también transporta sustancias nutritivas y se lleva los desechos, como el bióxido de carbono.*

## EL APARATO CIRCULATORIO

**Arterias** Son vasos que llevan sangre desde el corazón. Tienen paredes musculares que ayudan a bombear la sangre a una presión alta. Además de la arteria pulmonar, transportan sangre oxigenada, que es rojo brillante.
**Venas** Son vasos que devuelven la sangre al corazón a una presión baja. Las válvulas que hay en su camino evitan el reflujo. Además de la vena pulmonar, llevan sangre desoxigenada oscura que da a las venas un color azul.
**Capilares** En los tejidos, diminutos capilares conectan venas y arterias. El oxígeno y otras sustancias pasan entre la sangre y los tejidos por las delgadas paredes capilares.

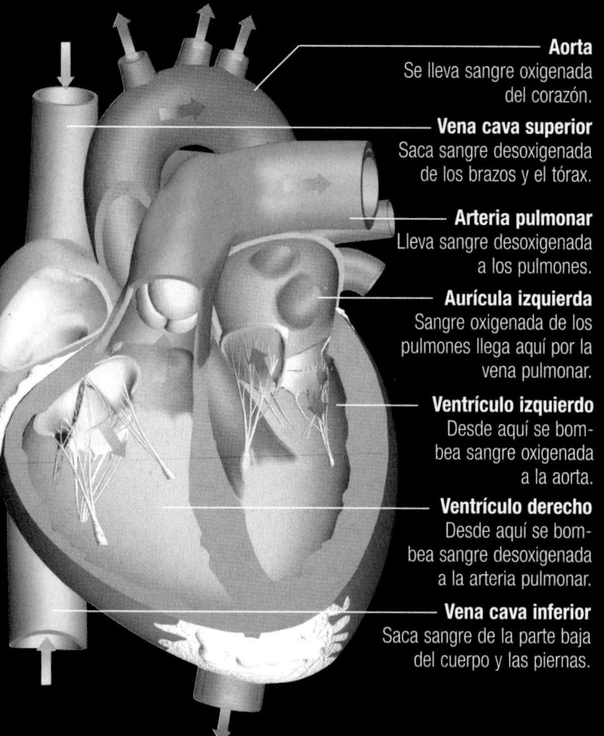
**Aorta**
Se lleva sangre oxigenada del corazón.
**Vena cava superior**
Saca sangre desoxigenada de los brazos y el tórax.
**Arteria pulmonar**
Lleva sangre desoxigenada a los pulmones.
**Aurícula izquierda**
Sangre oxigenada de los pulmones llega aquí por la vena pulmonar.
**Ventrículo izquierdo**
Desde aquí se bombea sangre oxigenada a la aorta.
**Ventrículo derecho**
Desde aquí se bombea sangre desoxigenada a la arteria pulmonar.
**Vena cava inferior**
Saca sangre de la parte baja del cuerpo y las piernas.

### Bombeo de sangre

Una pared muscular divide el corazón en un lado derecho y otro izquierdo.

- El lado izquierdo bombea sangre oxigenada desde los pulmones a todo el cuerpo.
- El lado derecho recibe sangre desoxigenada del cuerpo y la bombea a los pulmones para reoxigenarla.
- Cada lado del corazón tiene dos cámaras, una aurícula y un ventrículo.
- Las cámaras están separadas por válvulas, que se abren para que pase la sangre y se cierran para evitar que regrese.

**Arteria carótida primitiva**
Surte sangre a la cabeza.

**Arteria subclavia**
Surte sangre a los brazos.

**Vena cava superior**
Regresa sangre desoxigenada de la cabeza y los brazos.

**Aorta**
Lleva sangre oxigenada al cuerpo y la cabeza; es el vaso sanguíneo más grande.

**Arterias coronarias**
Surten oxígeno al músculo cardiaco.

**Corazón**

**Arteria renal**
Surte sangre oxigenada a los riñones.

**Vena cava inferior**
Lleva sangre desoxigenada desde la parte baja del cuerpo.

**Arteria ilíaca primitiva**
Lleva sangre oxigenada a las piernas.

**Vena ilíaca primitiva**
Regresa sangre desoxigenada desde las piernas y los pies.

**Arteria femoral**

**Vena femoral**

**Vena safena interna**

**Arteria tibial posterior**

**Vena tibial posterior**

**Arteria tibial anterior**

**Vena tibial anterior**

### Elementos de la sangre

Los principales elementos de la sangre son:

- **Glóbulos rojos** Llevan hemoglobina, que se combina con el oxígeno de los pulmones y lo transportan a todo el cuerpo.
- **Glóbulos blancos** Protegen el cuerpo contra ataques de microorganismos. Representan menos del 1% del volumen total de la sangre.
- **Plaquetas** Estas células ayudan en el proceso de la coagulación sanguínea.
- **Plasma** Es la parte fluida de la sangre. El plasma tiene 90% de agua; transporta glucosa y vitaminas, entre otras sustancias.

## APARATO RESPIRATORIO

La respiración es el proceso bioquímico que libera energía de los alimentos en las células del organismo. Es estimulado por el oxígeno del aire, y atraído a los pulmones por el movimiento del diafragma. El sistema también expele los residuos de la respiración, agua y bióxido de carbono.

**Gaznate (tráquea)** El aire inhalado desciende por la tráquea.

**Bronquio** La tráquea se divide en dos bronquios.

**Bronquiolo** Cada bronquio se ramifica en múltiples bronquiolos. Cada bronquiolo termina en un grupo de cámaras diminutas, los alveolos, que están rodeadas por microvasos sanguíneos. El oxígeno atraviesa las paredes alveolares por la sangre, que vuelve al corazón para ser bombeada a todo el cuerpo. Al mismo tiempo, el bióxido de carbono pasa de la sangre al aire de los alveolos para ser exhalado.

**Capilar** que lleva sangre desoxigenada del corazón a los alveolos para reoxigenarla.

**Capilar** que lleva sangre recién oxigenada de los pulmones al corazón para bombearla a todo el cuerpo.

**Alveolos** Son minúsculos sacos huecos en la punta de los bronquiolos ramificados, cubiertos de una membrana húmeda y delgada abastecida por una red de capilares. El oxígeno inhalado y el bióxido de carbono del torrente sanguíneo se intercambian aquí.

### Mecánica de la respiración

La respiración es controlada por el diafragma, una capa de músculo que separa las cavidades torácica y abdominal, y los músculos intercostales (entre las costillas). Juntos hacen que la cavidad torácica se contraiga y expanda, y que el diferencial de presión resultante dentro y fuera del cuerpo jale aire a los pulmones y luego lo obligue a salir.

**Habla** Las cuerdas vocales de la laringe vibran mientras el aire exhalado de los pulmones circula entre ellas. Estas vibraciones producen sonidos que podemos controlar.

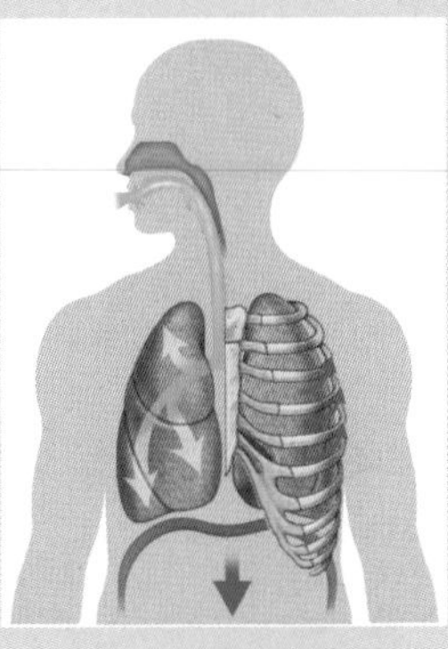

**Inhalación** El diafragma se contrae y aplana, aumentando el volumen de la cavidad torácica; mientras la contracción de los músculos intercostales hace subir y abrir las costillas. La presión interna disminuye y entra aire.

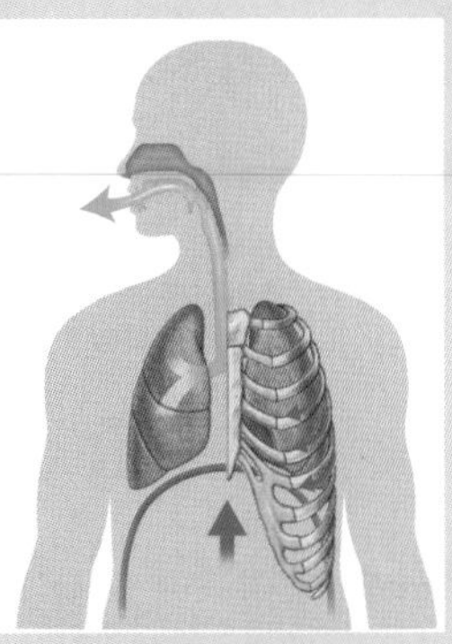

**Exhalación** El diafragma se relaja y sube, reduciendo el volumen de la cavidad torácica. Cuando los músculos intercostales se relajan, las costillas bajan y se cierran. La presión interna aumenta y el aire es expulsado.

**DATO**

Al combinar todas las arterias, venas y capilares del cuerpo humano, la longitud es de unos 150,000 km.

## DATOS Y CIFRAS

**El corazón**

- Los músculos del corazón se contraen 100,000 veces al día.

**La sangre**

- Los glóbulos rojos sobreviven alrededor de 80-120 días. Son sustituidos por los que produce la médula ósea a un ritmo de 2,500 millones al día.
- En promedio, la sangre tarda 1 minuto en completar todo un circuito del aparato circulatorio.
- Cuando es poco el abasto de oxígeno, los riñones indican a la médula ósea que produzca más glóbulos rojos.
- La sangre constituye cerca del 8% del peso total de una persona.
- Una sola gota de sangre contiene unos 250 millones de glóbulos rojos y más de 300,000 glóbulos blancos.
- Un cuerpo adulto contiene 5 litros de sangre.

**El aparato respiratorio**

- En promedio, respiramos 18 veces por minuto.
- Respiramos más de 25,000 veces al día, inhalando unos 14,200 litros de aire.
- Los pulmones no son del mismo tamaño ni forma. El derecho es más amplio y tiene tres lóbulos. El izquierdo sólo tiene dos.
- El aire inhalado contiene 21% de oxígeno; el aire exhalado, 16%.


vea también

138 Glándulas y horm[...]

139 Sistema inmunitar[...]

156 Necesidades vital[...]

160 Trastornos y enfermedades

# Glándulas y hormonas



*Las glándulas son grupos de células y varias de ellas, las endocrinas, producen sustancias químicas llamadas hormonas. Están diseminadas en el cuerpo y juntas integran el sistema endocrino. Cada hormona actúa en un punto específico: varias activan otras glándulas, otras controlan el trabajo de los órganos. A diferencia del sistema nervioso, que envía mensajes para actuar de inmediato, casi todas las hormonas surten efecto poco a poco.*

## EL SISTEMA ENDOCRINO

Casi todas las glándulas endocrinas secretan hormonas en la sangre, que las lleva a su objetivo. Otras secretan hormonas por un conducto directamente en su objetivo. Una zona del cerebro llamada hipotálamo controla las endocrinas. Las hormonas son muy específicas; sólo afectan las células de su propio objetivo. Se degradan poco a poco luego de liberarse.

### Principales glándulas y hormonas endocrinas

| Hormona | Objetivo | Funciones |
|---|---|---|
| **Hipófisis** | | |
| **Corticotropina** | Suprarrenales | Influye en la reacción del cuerpo al estrés; controla el uso de nutrientes. |
| **Antidiurética** | Riñones | Regula la producción de orina; ayuda a contraer arterias pequeñas. |
| **Tiroidea estimulante** | Glándula tiroidea | Estimula la tiroides, influye en metabolismo, circulación y crecimiento. |
| **Del crecimiento** | Músculo y hueso | Estimula crecimiento y metabolismo. |
| **Glándula pineal** | | |
| **Melatonina** | Hipotálamo | Afecta la temperatura corporal, el sueño y el apetito. |
| **Glándula tiroidea** | | |
| **Hormonas tiroideas** | Casi todas las células | Aumenta el metabolismo; controla el crecimiento. |
| **Suprarrenales** | | |
| **Adrenalina y noradrenalina** | Aparato circulatorio y músculos | Aumenta metabolismo, frecuencia cardiaca y flujo sanguíneo a los músculos. |
| **Páncreas** | | |
| **Insulina y glucagón** | Hígado, tejido adiposo y músculos | Regula la glucosa en la sangre. |
| **Ovarios** | | |
| **Estrógeno y progesterona** | Órganos sexuales y otros tejidos | Influye en el desarrollo de características y órganos sexuales femeninos; controla el ciclo menstrual. |
| **Testículos** | | |
| **Testosterona** | Órganos sexuales y otros tejidos | Influye en el desarrollo de características y órganos sexuales masculinos. |

**Sistema de control** La secreción hormonal tiene un sistema de retroalimentación que garantiza la cantidad adecuada de una hormona si se necesita, el cual tiene dos modalidades.

- **Retroalimentación negativa** Si la concentración de una hormona es muy alta, el exceso en la sangre indica a la glándula que la secreta que reduzca su producción.
- **Retroalimentación positiva** Algunas glándulas son estimuladas para tener una mayor producción de una hormona cuando el nivel en la sangre ya es alto. La oxitocina, liberada por la hipófisis

**Hipófisis** Esta glándula actúa como intermediaria entre el hipótalamo y el resto del sistema endocrino. Las hormonas que secreta influyen en las demás glándulas endocrinas. También libera hormonas que afectan tejidos y órganos.

**Glándula pineal** (No se muestra) Su función es secretar melatonina, que regula el ciclo luz-oscuridad, entre otros.

**Glándula tiroidea** Más grande en las mujeres que en los hombres, a veces se dilata durante la menstruación.

**Glándula suprarrenal** El cuerpo tiene dos, una arriba de cada riñón.

**Páncreas** Ésta es la glándula más grande del organismo y tiene dos funciones vitales: produce jugo pancreático, el más importante de los jugos digestivos, así como insulina y glucagón, que controlan la glucemia. Una producción insuficiente de insulina provoca diabetes.

**Testículos** Estas glándulas masculinas empiezan a producir testosterona entre los 9 y los 14 años, dando inicio a la pubertad.

**Ovarios** Glándulas femeninas situadas un poco arriba y a ambos lados de la vejiga. Empiezan a formar óvulos y producir hormonas sexuales entre los 8 y los 13 años.

**La sobreproducción de hormona del crecimiento humano que produce la pituitaria puede provocar gigantismo.**

*Las primeras líneas de defensa del organismo contra la infección y la enfermedad son barreras físicas y químicas, como la piel y los jugos digestivos del estómago. Si se rompen, interviene el sistema inmunitario. Eso incluye desplegar células sanguíneas especialistas que absorben y destruyen patógenos invasores. El sistema linfático crea esas células y también expulsa microbios infecciosos del fluido que lubrica los tejidos del cuerpo.*

## EL SISTEMA LINFÁTICO

El sistema linfático es una red de vasos y ganglios que se extiende por el cuerpo. Produce linfocitos, que eliminan organismos nocivos del líquido que filtran los capilares a los tejidos. Una vez que ese fluido entra en los vasos linfáticos, se le llama linfa. Mientras ésta pasa por los ganglios (hinchazón a lo largo de los vasos linfáticos), los linfocitos destruyen cualquier microorganismo dañino; entonces la linfa purificada vuelve al torrente sanguíneo por las venas que penetran al corazón.

**Combate la infección** El primer nivel de defensa del organismo incluye barreras físicas como la piel, y químicas como las enzimas antibacterianas de lágrimas y mucosidades. Si los microbios las burlan, son atacados por células defensoras llamadas leucocitos, producidas por el bazo, el sistema linfático y la médula ósea. Hay varios tipos de éstos, pero atacan a los microbios sobre todo de dos formas. Los fagocitos absorben y digieren patógenos. Los linfocitos producen moléculas de proteínas, llamadas anticuerpos, que se adhieren a microorganismos extraños.

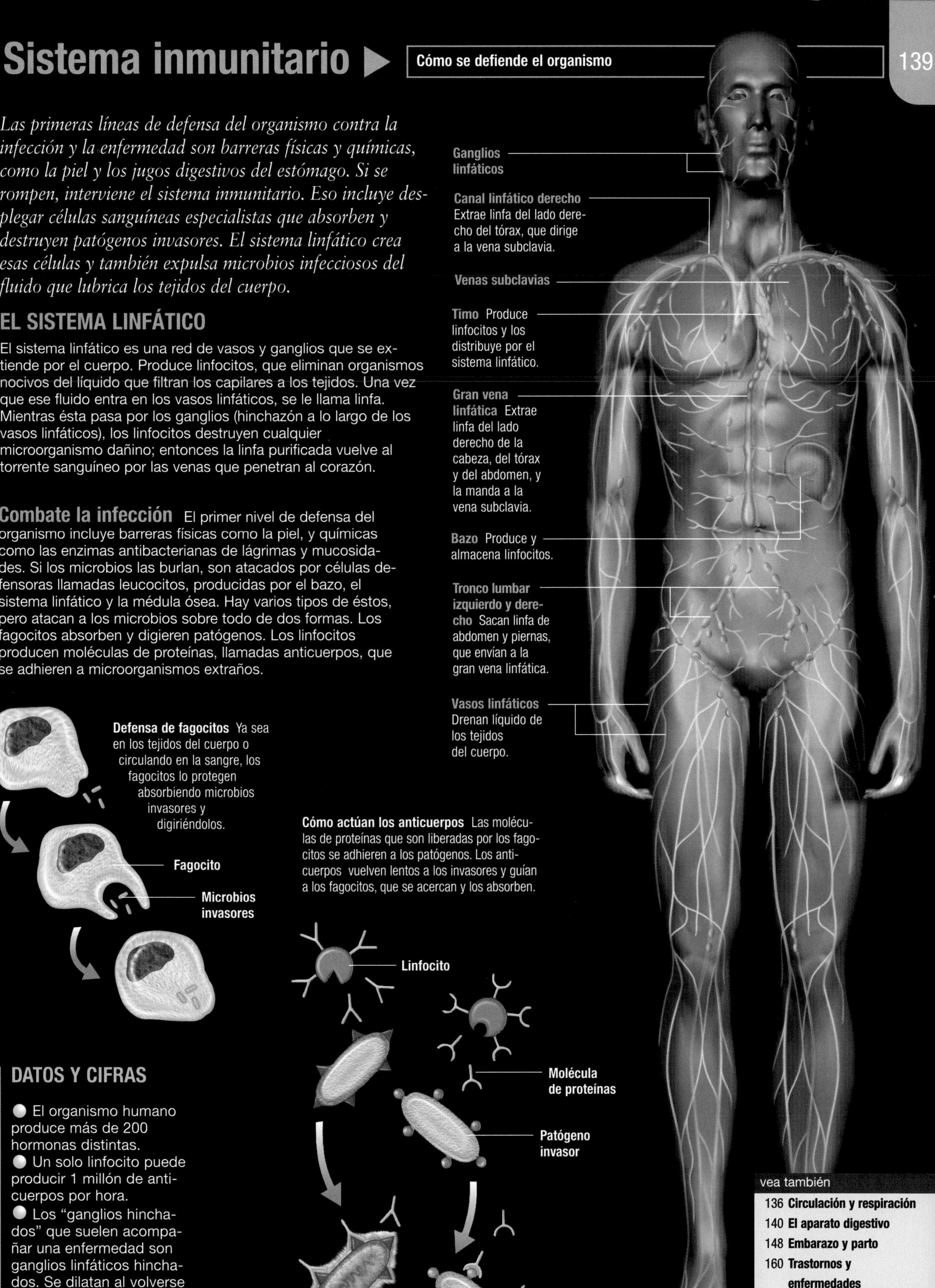
**Ganglios linfáticos**
**Canal linfático derecho** Extrae linfa del lado derecho del tórax, que dirige a la vena subclavia.
**Venas subclavias**
**Timo** Produce linfocitos y los distribuye por el sistema linfático.
**Gran vena linfática** Extrae linfa del lado derecho de la cabeza, del tórax y del abdomen, y la manda a la vena subclavia.
**Bazo** Produce y almacena linfocitos.
**Tronco lumbar izquierdo y derecho** Sacan linfa de abdomen y piernas, que envían a la gran vena linfática.
**Vasos linfáticos** Drenan líquido de los tejidos del cuerpo.
**Defensa de fagocitos** Ya sea en los tejidos del cuerpo o circulando en la sangre, los fagocitos lo protegen absorbiendo microbios invasores y digiriéndolos.
**Fagocito**
**Microbios invasores**
**Cómo actúan los anticuerpos** Las moléculas de proteínas que son liberadas por los fagocitos se adhieren a los patógenos. Los anticuerpos vuelven lentos a los invasores y guían a los fagocitos, que se acercan y los absorben.
**Linfocito**
**Molécula de proteínas**
**Patógeno invasor**

## DATOS Y CIFRAS

- El organismo humano produce más de 200 hormonas distintas.
- Un solo linfocito puede producir 1 millón de anticuerpos por hora.
- Los "ganglios hinchados" que suelen acompañar una enfermedad son ganglios linfáticos hinchados. Se dilatan al volverse más activos contra la infección y la enfermedad.

vea también

136 **Circulación y respiración**
140 **El aparato digestivo**
148 **Embarazo y parto**
160 **Trastornos y enfermedades**

# El aparato digestivo ▶ Extracción de nutrientes de los alimentos

*Cuanto la comida cruza los labios, el aparato digestivo empieza a convertirla en sustancias nutritivas básicas. La digestión y absorción de alimentos ocurre en los intestinos, un tubo que va de la boca hasta el ano. La actividad muscular y las enzimas los descomponen en moléculas que absorbe el torrente sanguíneo. Todo eso tarda unas 24 horas.*

## Estructura de los dientes

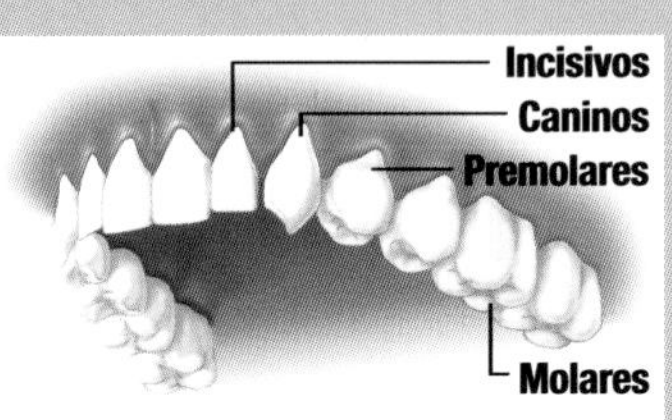


Los dientes van incrustados en la mandíbula y nacen como brotes en la sexta semana de gestación. Tenemos dos juegos de dientes, uno provisional (de leche) y otro fijo. Los 20 dientes de leche salen a partir de los 6 meses. Desde los 6 años, los ya formados dientes adultos expulsan a los de leche. Casi todos los adultos tienen 8 incisivos, 4 caninos, 8 premolares y 12 molares.

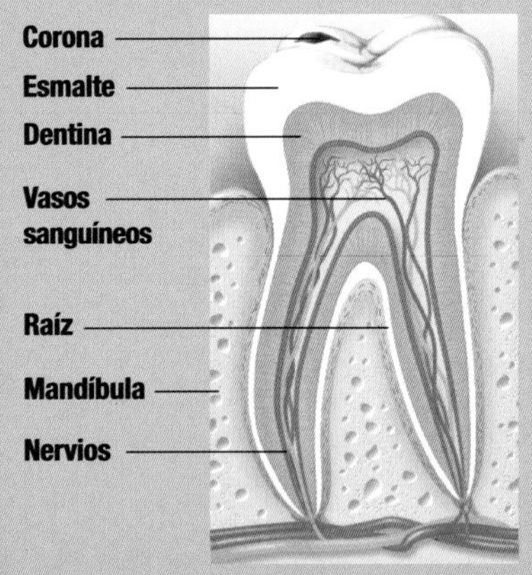


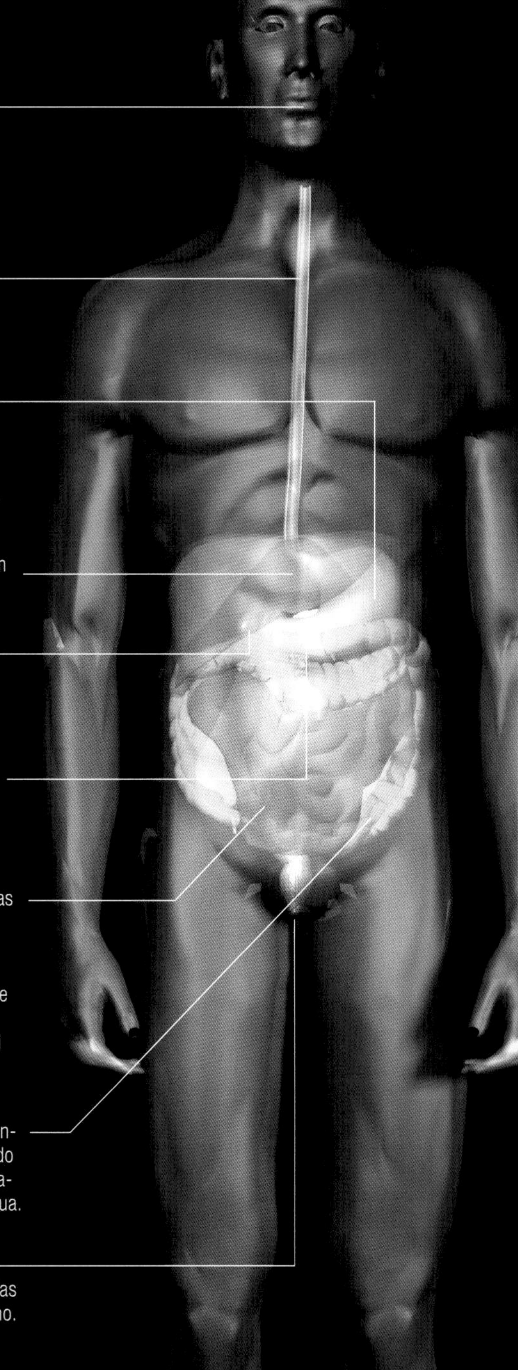

**1 Dientes, glándulas salivales y lengua** Los dientes muelen la comida. La saliva la ablanda y lubrica, y las enzimas de ésta empiezan la digestión de carbohidratos. La lengua levanta y empuja la comida enviándola hacia la garganta.

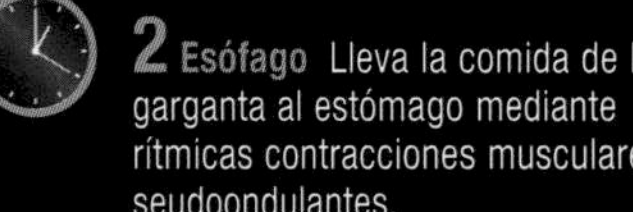

**2 Esófago** Lleva la comida de la garganta al estómago mediante rítmicas contracciones musculares seudoondulantes.

**3 Estómago** Produce ácido clorhídrico y pepsina, enzima que degrada proteínas. La enzima lipasa descompone grasas. La actividad muscular de sus paredes mezcla los alimentos y jugos gástricos en una pasta acuosa.

**4 Hígado** Produce bilis, una solución verde, espesa, que descompone las grasas.

**5 Vesícula biliar** La bilis se almacena en este saco. Al comer alimentos, aumenta la cantidad de bilis que entra al intestino delgado.

**6 Páncreas** Secreta enzimas que degradan proteínas, carbohidratos y grasas; y bicarbonato de sodio, que neutraliza ácidos gástricos.

**7 Intestino delgado** Secreta enzimas que, con la bilis y jugos pancreáticos, completan la digestión. Casi todos los nutrientes y agua que necesita el organismo se absorben aquí. El torrente sanguíneo absorbe aminoácidos y glucosa. Los ácidos grasos y el glicerol entran al torrente linfático, que los lleva al hígado.

**8 Colon** El movimiento muscular convierte los residuos del intestino delgado en heces. Los residuos avanzan despacio para permitir la reabsorción de agua.

**9 Recto** Los desechos activan contracciones reflejas que impulsan las heces por el canal anal y fuera del ano.

## FUNCIONES DEL HÍGADO

El hígado es la glándula más grande del cuerpo. Es una planta de procesamiento químico con varias funciones.

- **Elabora bilis** Algunos hepatocitos producen bilis; ésta se vacía en el intestino delgado donde descompone grasas.
- **Almacena combustible** La sangre tiene glucosa disuelta, azúcar que se usa como combustible. El hígado controla la glucosa: convierte el exceso en glucógeno que almacena. Si baja el nivel, convierte el glucógeno otra vez en glucosa.
- **Procesa grasas** Las grasas ingeridas van al hígado para que las procese. Éste las transforma para que el organismo pueda usarlas y también las almacena.
- **Procesa proteínas** El hígado procesa aminoácidos, unidades químicas que integran las proteínas. Como la degradación de aminoácidos produce amoniaco, una sustancia venenosa, el hígado lo convierte en urea, que se elimina sin riesgo en la orina y el sudor.
- **Produce sangre** En los fetos, el hígado produce glóbulos rojos. En niños y adultos almacena hierro y cobre, necesarios para elaborar hemoglobina, sustancia de la sangre portadora de oxígeno.
- **Purifica sangre** Los hepatocitos eliminan glóbulos blancos viejos y absorben bacterias y virus.
- **Almacena vitaminas** El hígado es un importante almacén de acopio; guarda vitaminas A, $B_{12}$, D, E y K.
- **Neutraliza toxinas** El hígado elimina sustancias como bebidas alcohólicas y fármacos de la sangre y las convierte en sustancias más inocuas.

# Las vías urinarias



*La principal función de las vías urinarias es eliminar desechos del organismo, mantener el equilibrio hídrico y ajustar la concentración de fluidos en la sangre. Los principales órganos son los dos riñones, que eliminan los desechos de la sangre y reabsorben los productos útiles. Esos desechos pasan a la vejiga y salen del cuerpo por la uretra.*

**Vías urinarias masculinas y femeninas** En los varones, la parte baja de la vejiga está junto a la próstata. La uretra pasa a lo largo del pene. En las mujeres, la vejiga está encima del útero y la vagina. La uretra sale del cuerpo frente a la vagina, entre los pliegues labiales.

## VISTA EN PRIMER PLANO DEL RIÑÓN

Cada riñón contiene como 1 millón de diminutas unidades para filtrar la sangre, las nefronas, que eliminan los desechos y el agua excesiva de la sangre para elaborar orina. Los túbulos la llevan a la pelvis renal; de ahí fluye a la vejiga, donde se acumula antes de ser evacuada.

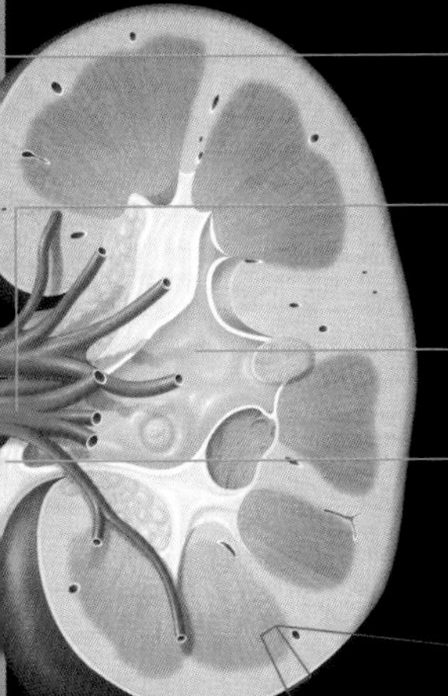

**Arteria renal** Alimenta al riñón con sangre desde la principal arteria del cuerpo, la aorta.

**Vena renal** Lleva sangre del riñón a la principal vena del cuerpo, la vena cava.

**Pelvis renal** Aquí se deposita la orina.

**Uréter** Lleva orina del riñón a la vejiga.

**Túbulo colector** Junta la orina, compuesta de sustancias residuales, y el agua sobrante.

**Túbulo contorneado proximal** Cubierto de capilares que, por sus paredes, reabsorben agua, glucosa y otras sustancias integrándolas a la sangre.

**Cápsula de Bowman** El plasma sanguíneo penetra a fuerza las delgadas paredes de los diminutos capilares agrupados en este saco. Luego entra al túbulo contorneado proximal.

**Riñón** Elimina urea, ácido úrico y exceso de agua de la sangre.

**Uréter** Lleva orina del riñón a la vejiga.

**Vejiga** Es una gran bolsa muscular que almacena orina. La salida de la vejiga tiene un esfínter circular que actúa como válvula, y que libera la orina en la uretra cuando se llena la vejiga.

**Uretra** Túbulo procedente de la vejiga, por el cual pasa la orina para salir del cuerpo.

## La importancia del agua

El agua es vital para el bienestar del organismo. Al pasar por los riñones diluye toxinas y permite que se produzca suficiente orina para mantener un correcto equilibrio químico del cuerpo. El agua es el medio en que se realizan todos los procesos químicos del metabolismo. Casi siempre se almacena en músculos, sangre y piel; integra 60% del peso corporal adulto.

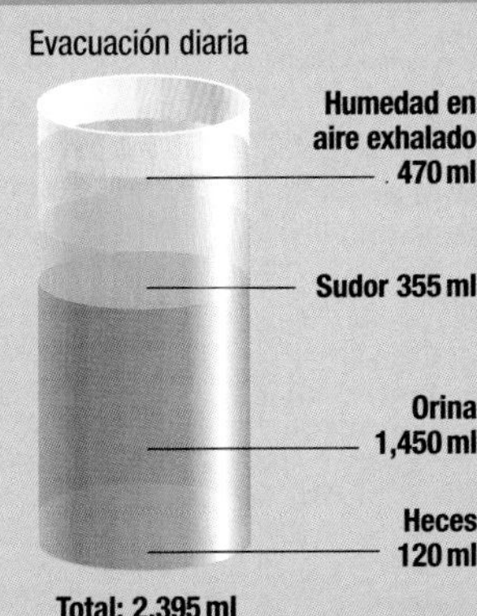


vea también
136 Circulación y respiración
138 Glándulas y hormonas
156 Necesidades vitales
160 Trastornos y enfermedades

*La piel es el órgano más grande del cuerpo. En un adulto tiene una superficie aproximada de 2 m². Forma una capa protectora, ayuda a controlar la temperatura, sintetiza la vitamina D y contiene los nervios que transmiten la sensación de tacto, dolor, calor o frío. Las uñas y el pelo están formados por piel y en buena parte son células muertas. Las uñas protegen las sensibles yemas y hacen que sea más fácil recoger objetos pequeños. El pelo es importante para regular la temperatura corporal.*

## ESTRUCTURA DE LA PIEL

La piel consta de dos importantes capas: una externa y delgada, la epidermis, y otra gruesa de base, la dermis.

- **La epidermis** tiene un grosor variable según la parte del cuerpo que cubra (las áreas más gruesas son espalda, manos y plantas de los pies) y no tiene vasos sanguíneos. Se regenera de manera constante a medida que las células muertas de la superficie se gastan y son sustituidas por otras nuevas que llegan de abajo.
- **La dermis,** de tejido elástico y fibroso, contiene nervios sensitivos de tacto, presión y temperatura, vasos sanguíneos y glándulas sudoríparas y sebáceas, además de unos 3 millones de folículos pilosos. La dermis incluye los numerosos pliegues permanentes que se ven en la superficie de la piel como huellas dactilares. Bajo la dermis hay una capa de tejido adiposo, la hipodermis, que proporciona aislamiento.

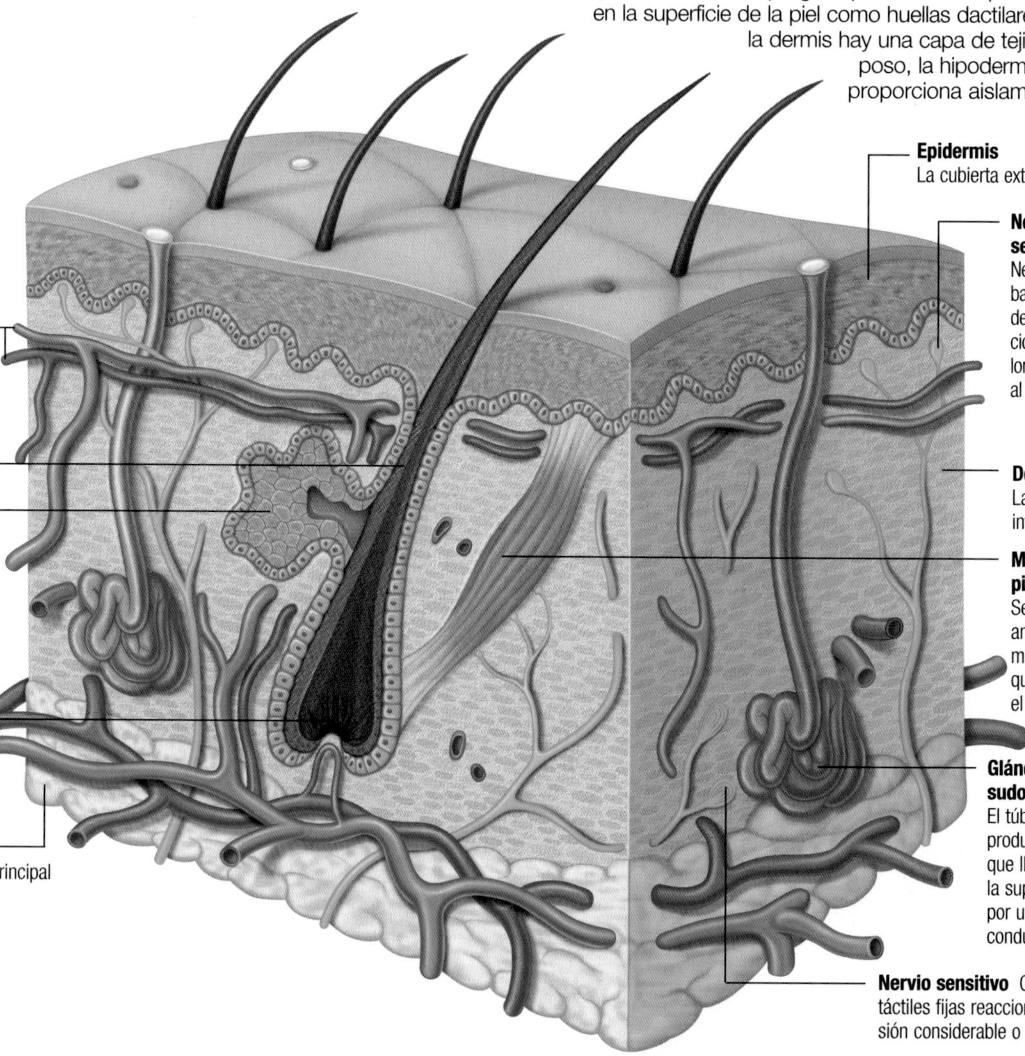

**Vasos sanguíneos** Ayudan a ajustar la temperatura corporal expandiéndose o contrayéndose para disipar o conservar el calor.

**Tallo del pelo** El pelo no deja de crecer, pero las células pilosas arriba del bulbo están muertas.

**Glándula sebácea** Secreta un líquido aceitoso (sebo), que lubrica el pelo y la piel y ayuda a mantener ésta flexible.

**Bulbo piloso** El saco alrededor del bulbo y el tallo se llama folículo piloso.

**Hipodermis** Esta capa subcutánea es el principal depósito de grasa del cuerpo.

**Epidermis** La cubierta externa.

**Nervio sensitivo** Neuronas bajo la epidermis reaccionan al dolor, al calor o al tacto leve.

**Dermis** La capa interna.

**Músculo piloerector** Se contrae ante frío o miedo; hace que se erice el cabello.

**Glándula sudorípara** El túbulo espiral produce sudor que llega a la superficie por un largo conducto.

**Nervio sensitivo** Células táctiles fijas reaccionan a presión considerable o continua.

## DAÑO LIMITADO

Cuando la piel se rompe, se forma una costra que sirve de capa protectora al área dañada mientras se regenera. Las costras son de una sustancia viscosa y fibrosa llamada fibrina, que se produce en la sangre siempre y dondequiera que se rompa un vaso sanguíneo. La fibrina forma una malla que retiene glóbulos rojos prófugos en un coágulo, y al secarse se hace costra. Como las cortadas y rasguños sanan de dentro hacia fuera, la costra se acerca a la superficie. Una vez que la piel se cura del todo, la costra se desprende.

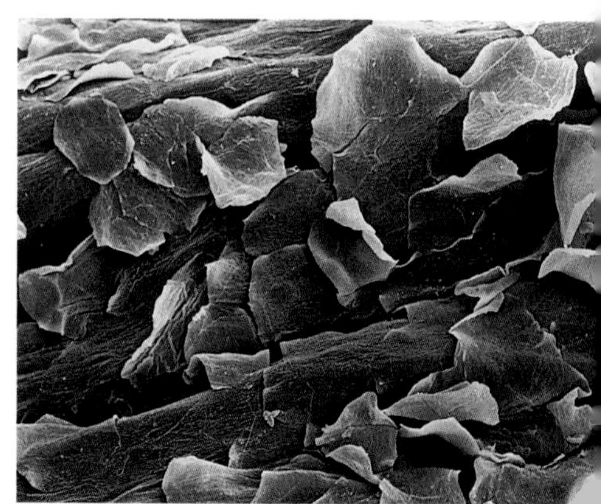

**Superficie escamosa** Una micrografía electrónica que amplificó la superficie de la piel unas 200 veces muestra cómo las capas de células muertas se despegan, se convierten en escamas y se desprenden. Éstas integran en gran medida el polvo de las casas; una persona suelta unos 4 kg por año.

## Control de la temperatura corporal

La piel ayuda a controlar la temperatura del cuerpo de tres maneras:

- **Transpiración** La evaporación del sudor enfría el cuerpo para mantener la temperatura de la piel entre 36.1-37.8 °C. Esa evaporación es constante e imperceptible. Pero la temperatura corporal puede subir rápidamente por la actividad muscular o un aumento en la temperatura ambiente. Si eso ocurre, las glándulas sudoríparas pueden secretar hasta 3 litros de sudor por hora en corto tiempo.
- **Circulación sanguínea** Al subir la temperatura, los capilares de la piel se dilatan y el mayor flujo sanguíneo deja escapar más calor. Al bajar, los capilares se contraen, conservando el calor.
- **Carne de gallina** Se contraen músculos piloerectores y se pone carne de gallina como respuesta al frío. Los huecos en la piel contraída conservan el calor y el vello erizado retiene una capa de aire más caliente contra la piel.

## COLOR DE LA PIEL

El color de la piel fluctúa de rosa pálido a café oscuro. Esta variación se debe a los distintos pigmentos de las células entre la dermis y la epidermis. Las capas oscuras en la ilustración de la derecha son células de melanina, que dan a la piel un color oscuro.

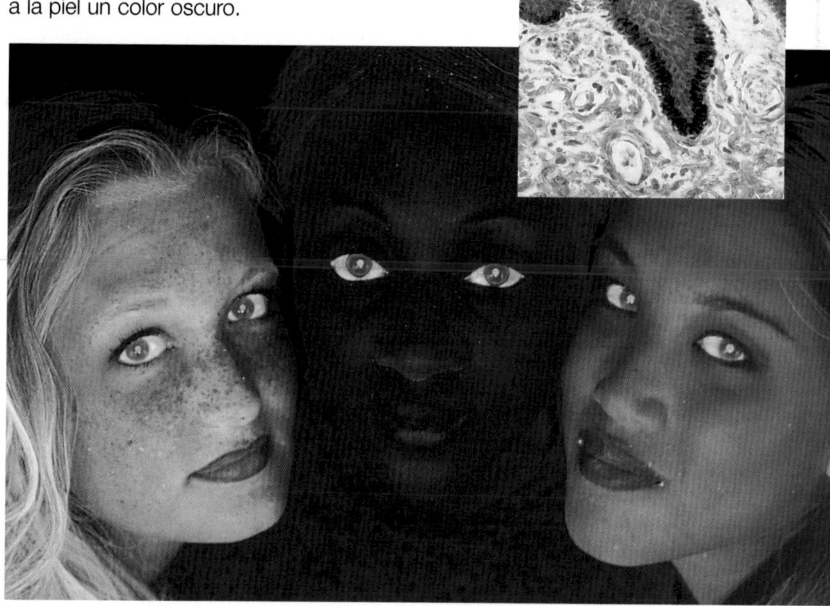

**Protector solar natural** La luz ultravioleta (UV) es potencialmente dañina para la piel; la luz solar intensa la tiene en niveles altos. La melanina obstruye el paso de la luz UV. Esta fotografía se tomó con luz UV. De izquierda a derecha, las tres mujeres son de origen europeo, africano y asiático. La piel africana parece la más violácea porque refleja la mayor cantidad de luz UV.

## GLÁNDULAS SUDORÍPARAS Y SUDOR

El sudor llega a la superficie de la piel por orificios diminutos (poros) en la epidermis, procedente de las glándulas sudoríparas. Éstas son de dos tipos:

- **Glándulas sudoríparas normales** Se trata de las glándulas exocrinas, que están en todo el cuerpo, pero se concentran en grandes cantidades en las plantas de los pies y palmas de las manos. Secretan un sudor un poco ácido, salado y acuoso que ayuda a regular la temperatura corporal enfriando la piel al evaporarse y expulsando pequeñas cantidades de desechos.
- **Glándulas sudoríparas sexuales** Se trata de las glándulas apocrinas, que empiezan a funcionar en la pubertad y producen un sudor viscoso rico en proteínas al reaccionar a estímulos emocionales como excitación sexual y miedo o ira. Son más grandes que las glándulas sudoríparas normales, están en los párpados, areola y pezones de las mamas, axilas y alrededor del ano y genitales externos. El sudor que secretan es inodoro, pero el efecto de las bacterias en éste puede darle un olor inconfundible.

## HUELLAS DACTILARES

Se forman crestas en la piel de las yemas de los dedos y palmas de las manos, y en la superficie inferior de los dedos y plantas de los pies. Su función es ayudar al agarrar. En los dedos de las manos, a ese modelo inmodificable se le conoce como huella dactilar. Cada cresta mide 0.2-0.4 mm de ancho, y los modelos se clasifican por sus principales rasgos: arcos, lazos y verticilos. Las huellas dactilares son exclusivas de cada individuo, aunque se trate de gemelos idénticos.

## DATOS Y CIFRAS

- El sujeto promedio tiene unos 2.5 millones de glándulas sudoríparas.
- Las palmas de las manos tienen la mayor concentración de esas glándulas, con un máximo de 500 por cm² de piel.
- El cuerpo produce más de 1 litro de sudor al día, incluso si está casi del todo inactivo.
- La epidermis tiene un grosor de 0.1 mm en la cara, y 1 mm en las plantas de los pies.
- La parte alta de la cabeza tiene hasta 1 millón de cabellos. Crecen aproximadamente 0.3 mm al día.
- La melanina y el caroteno dan su color al pelo. El encanecimiento se debe a la pérdida gradual de esos pigmentos y a una acumulación de burbujas de aire en el tallo del pelo.
- A la persona promedio se le caen unos 80 cabellos al día.
- En un año, las uñas de las manos crecen 2.5 cm, y lo hacen más rápidamente en verano que en invierno.
- El bronceado es una acumulación del pigmento melanina ante la exposición a la luz ultravioleta.
- El pigmento caroteno da un color amarillento a la piel.

## Uñas

Las uñas crecen desde la epidermis y están formadas de queratina, una proteína fibrosa. El crecimiento es en la raíz ungular bajo la piel de la cutícula. Como el pelo, sólo la raíz consta de células vivas: casi toda la uña es de células muertas. La aparente sensación táctil en las uñas se debe a los muchos nervios que hay en el lecho ungular y la piel circundante.

vea también
136 **Circulación y respiración**
138 **Glándulas y hormonas**
146 **Olfato, gusto y tacto**
160 **Trastornos y enfermedades**

*Los ojos tienen más del 70% de los receptores sensoriales del cuerpo. Los variables cambios de luz son detectados por el ojo y enviados como estímulos nerviosos al cerebro, que interpreta, evalúa y reacciona a las imágenes que recibe. El ojo humano funciona en muy diversas situaciones, adaptándose con rapidez a la poca luz, por ejemplo, mientras ojo y cerebro se coordinan para aprovechar al máximo la información disponible.*

## EL OJO: NUESTRA VENTANA AL MUNDO

Cada ojo va en una cuenca ósea y está asegurado por músculos. La luz entra al ojo por la córnea, transparente, donde se enfoca de manera brusca y pasa por la pupila hacia el cristalino. Éste enfoca la luz con más precisión, mediante el líquido transparente (humor vítreo) que llena el globo ocular. Forma la imagen en la retina, en la parte posterior del ojo. La retina es una pantalla curva que contiene células sensibles a la luz o fotorreceptores: bastones y conos. Los conos, que reaccionan a colores específicos, se aglomeran en la mitad de la retina; los bastones, que reaccionan al negro y el blanco, están en la periferia. Al reaccionar a la estimulación, ambos producen impulsos nerviosos que son transmitidos por el nervio óptico al cerebro.

**Cristalino** Está justo atrás de la pupila; proporciona excelente ajuste para enfocar.

**Iris** Este músculo pigmentado controla el tamaño (apertura) de la pupila.

**Pupila** El orificio por el cual entra la luz al ojo.

**Córnea** Abertura muy curva responsable de casi toda la capacidad de enfocar del ojo.

**Retina** La capa posterior del ojo donde se concentran los bastones y los conos.

**Nervio óptico** Haz que tiene cerca de 1 millón de fibras nerviosas separadas.

**Humor vítreo** Este líquido transparente, gelatinoso, llena el globo ocular y ayuda a mantener su forma esférica.

**Esclerótica** Esta resistente capa fibrosa forma el blanco del ojo.

## ADAPTÁNDOSE A LA LUZ

Podemos ver con muchos tipos de iluminación porque el iris se contrae o expande para cambiar el tamaño del orificio que tiene en el centro (la pupila). Con poca luz, la pupila se dilata para dejar pasar toda la luz posible; con mucha, se contrae para evitar que el exceso dañe el ojo.

- **Enfoque** Los músculos ajustan el cristalino al pasar por éste la luz para enfocarse hacia la retina, formando una imagen.
- **Vista corta (miopía)** La imagen se enfoca levemente delante de la retina; se corrige con anteojos de lentes cóncavos.

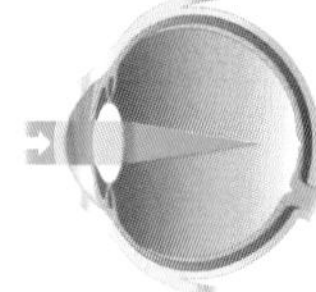

- **Presbicia (hipermetropía)** La imagen se enfoca levemente atrás de la retina; se corrige con anteojos de lentes convexos.

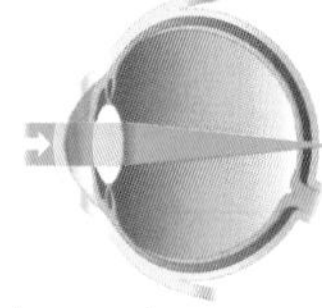

- **Astigmatismo** El globo ocular no es del todo esférico y los músculos oculares no pueden enfocar las imágenes con claridad. Afecta sobre todo al ver de cerca; se corrige con anteojos de curvatura cilíndrica.

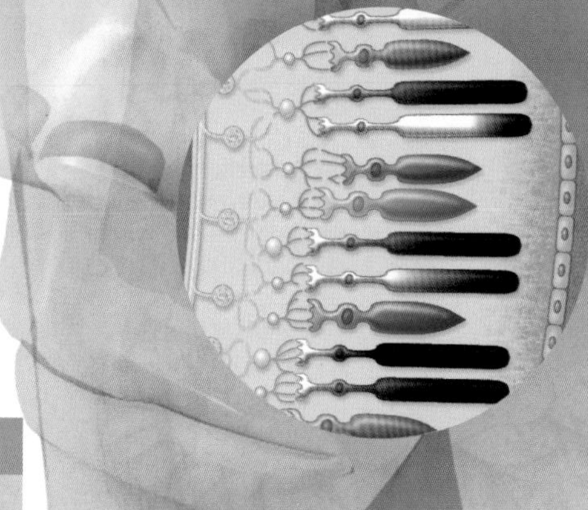

**Bastones y conos** Los bastones (células más oscuras y grandes) distinguen entre blanco y negro, y son los únicos receptores activos con poca luz. Los conos nos dejan ver los colores; para eso requieren luz intensa (natural).

## ¿Es usted daltónico?

La visión cromática normal necesita que las células fotorreceptoras del rojo, azul y verde trabajen perfectamente para detectar todos los colores del espectro. Algunas personas son incapaces de distinguir entre determinados colores porque les faltan ciertas células o funcionan mal. Esta enfermedad, llamada daltonismo, es más común en hombres que en mujeres porque los genes que la causan van en el cromosoma X. Entre los europeos, 8% de los varones la padecen, comparado con sólo 0.5% de las mujeres.

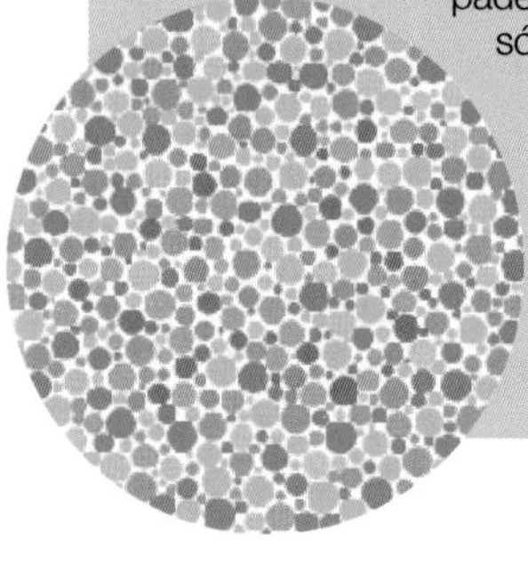

**Haga la prueba** Si no puede distinguir un número en este conjunto de puntos, es probable que sea usted daltónico.

## Protección y movilidad

- **Párpados y conjuntiva** Los párpados protegen al ojo por fuera. En el interior, una membrana transparente que se extiende sobre el globo ocular, la conjuntiva, ofrece mayor protección.
- **Lágrimas** La córnea debe estar despejada para que penetre la luz. El líquido de las glándulas lagrimales (contiene sustancias nutritivas y protege el ojo contra bacterias) lubrica el ojo al parpadear.
- **Músculos oculares** El globo ocular está sostenido por seis músculos suspendidos en la cuenca del ojo. Éstos le permiten girar en varias direcciones.

## DATOS Y CIFRAS

- Para que las células de la retina funcionen bien, la curva de luz que cae sobre ellas debe estar cambiando (si no, los nervios de las células dejan de excitarse). El ojo hace unos 50 movimientos oscilantes tenues por segundo para que eso suceda.
- Hay unos 125 millones de bastones en la retina, y como 7 millones de conos.
- El daltonismo lo sufre gente con visión normal al disminuir la luz. A medida que oscurece, primero perdemos la capacidad de ver el rojo, luego el naranja, el amarillo y el verde. El azul desaparece al último y es el primero en reaparecer con la luz matutina.

*El oído detecta el sonido y rige nuestros sentidos de equilibrio y movimiento. El tímpano vibra al reaccionar a las ondas sonoras del aire y pasa esas vibraciones al oído interno, donde se convierten en estímulos nerviosos. Los tipos de onda un poco diferentes que capta cada oído nos dejan percibir la dirección del sonido. Los conductos del oído interno, llenos de líquido, son muy sensibles al movimiento, y proporcionan al cerebro una señal instantánea de cualquier cambio en la posición de la cabeza.*

## CÓMO LLEGA EL SONIDO AL CEREBRO

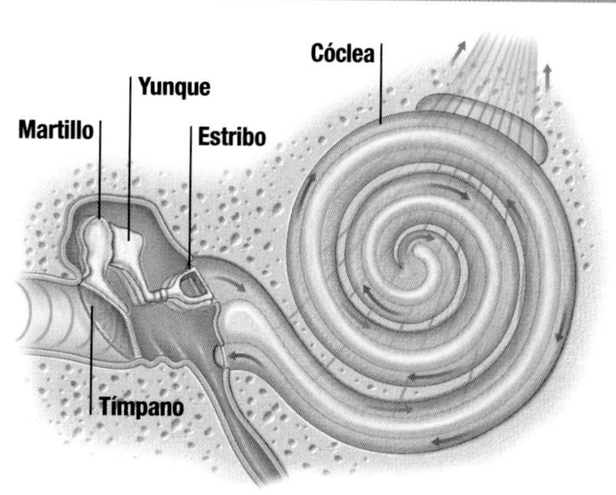


**1** Ondas sonoras golpean el tímpano, hacen vibrar el martillo, yunque y estribo; juntos, éstos modifican y transfieren las vibraciones al oído interno.
**2** Las cámaras llenas de líquido dentro de la cóclea llevan esas vibraciones a la corteza, conjunto de membranas que forman un laberinto interior.
**3** Diminuta vellosidad a lo largo de la corteza es estimulada por vibraciones de diferentes frecuencias, convirtiendo cada vello en un estímulo nervioso.
**4** Esos impulsos son llevados al nervio vestíbulo-coclear del lóbulo temporal del cerebro, donde son interpretados como sonidos.

## El equilibrio

Los conductos semicirculares llenos de líquido del oído interno están fijos en ángulos rectos entre sí; es decir, cualquier movimiento agita el líquido de uno o más conductos. Las células pilosas receptoras de cada conducto captan ese movimiento y envían información al cerebro. Las células pilosas del utrículo y sáculo presionan un conjunto de receptores si la cabeza está erguida, y otros si está inclinada. La información de esos órganos ayuda al cerebro a controlar movimientos oculares para que un objeto pueda mantenerse a la vista aunque se mueva la cabeza.

**Sexto sentido** El equilibrio es el sentido que menos consideramos.

## EL OÍDO: UN ÓRGANO EN TRES PARTES

El oído tiene tres secciones: oído externo, medio e interno. El externo consta de la aurícula o pabellón (de piel y cartílago) y el conducto auditivo curvo. La forma del pabellón guía las ondas sonoras al oído. La parte externa del conducto auditivo está recubierta de finos vellos y glándulas que secretan cera. El oído medio comprende el tímpano (membrana timpánica) que se extiende por el extremo interno del conducto auditivo. En el tímpano hay tres huesecillos: martillo (malleus), yunque (incus) y estribo (stapes), que transmiten vibraciones al oído interno. Ése está compuesto por la cóclea espiral, que convierte las vibraciones en estímulos electrónicos, y el aparato vestibular, que controla el equilibrio. El segundo posee tres conductos semicirculares llenos de líquido que captan el movimiento, y el utrículo y sáculo, que reaccionan a la gravedad.

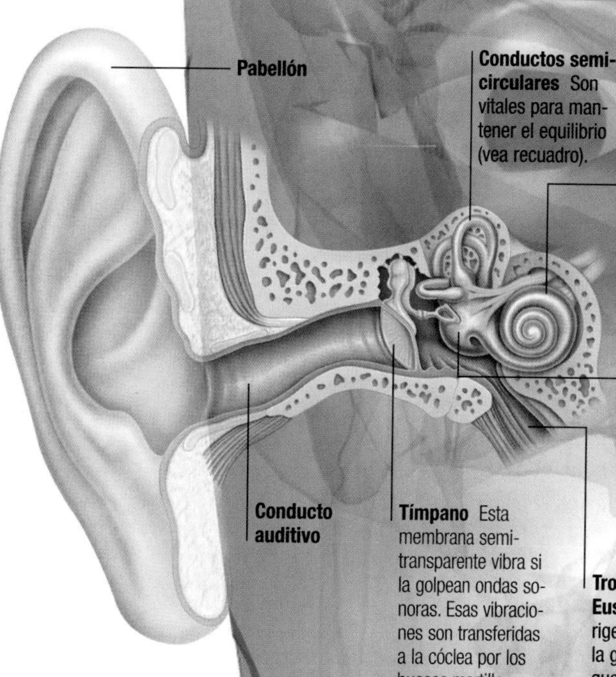


**Conductos semicirculares** Son vitales para mantener el equilibrio (vea recuadro).

**Cóclea** Parte del oído donde las vibraciones sonoras se transforman en estímulos nerviosos.

**Utrículo y sáculo** Parches sensibles en estas cámaras detectan la posición de la cabeza.

**Tímpano** Esta membrana semitransparente vibra si la golpean ondas sonoras. Esas vibraciones son transferidas a la cóclea por los huesos martillo, yunque y estribo.

**Trompa de Eustaquio** Se dirige hacia atrás de la garganta, asegura que la presión atmosférica sea igual en ambos lados del tímpano, condición vital para que éste funcione de manera adecuada.

## DATOS Y CIFRAS

- Casi todos podemos captar sonidos con un tono entre 20 y 20,000 hercios. El estruendo de un camión grande causa sonidos inferiores a 20 hercios, pero el chirrido de frenos puede rebasar los 20,000.
- Los sonidos superiores a 100 decibeles pueden causar daño permanente al oído. Un avión a chorro produce al despegar un ruido que fluctúa arriba de 120 decibeles de volumen.
- Los huesecillos más pequeños del cuerpo son el martillo, el yunque y el estribo.
- El tímpano mide unos 8 mm en diagonal.


vea también

134 **Cerebro y nervios**
154 **Capacidad humana**
160 **Trastornos y enfermedades**

# Olfato, gusto y tacto

**Abren mundos de aromas, sabores y sensaciones físicas**

*En el aire flotan libremente moléculas olorosas de miles de tipos y nuestro olfato nos permite captar la más acre de ellas desde lejos. Este sentido también actúa a la par de los calículos gustativos para que distingamos diferentes sabores en los alimentos. El tacto proporciona la información que el cerebro necesita para deducir otras propiedades de los objetos, como su temperatura, textura, dureza o peso.*

## OLFATO

Las terminales nerviosas de la nariz contienen células receptoras que detectan las moléculas químicas del aire. Éstas se concentran en una zona del tamaño de un timbre postal en la cavidad nasal a ambos lados de la nariz. Reaccionan a moléculas específicas y los nervios envían mensajes al cerebro mediante los bulbos olfatorios.

### ¿Qué es un olor?

Las sustancias químicas que se evaporan con facilidad en el aire, volátiles, son captadas por las células receptoras de la nariz. Diversas sustancias las producen en diferentes cantidades. Las que producen las cantidades más grandes son las más fáciles de oler. Una de las sustancias más olorosas de la Tierra es la vainilla: 1,000 veces más potente que el aceite de ajo y 15,000 veces más que la cáscara de limón.

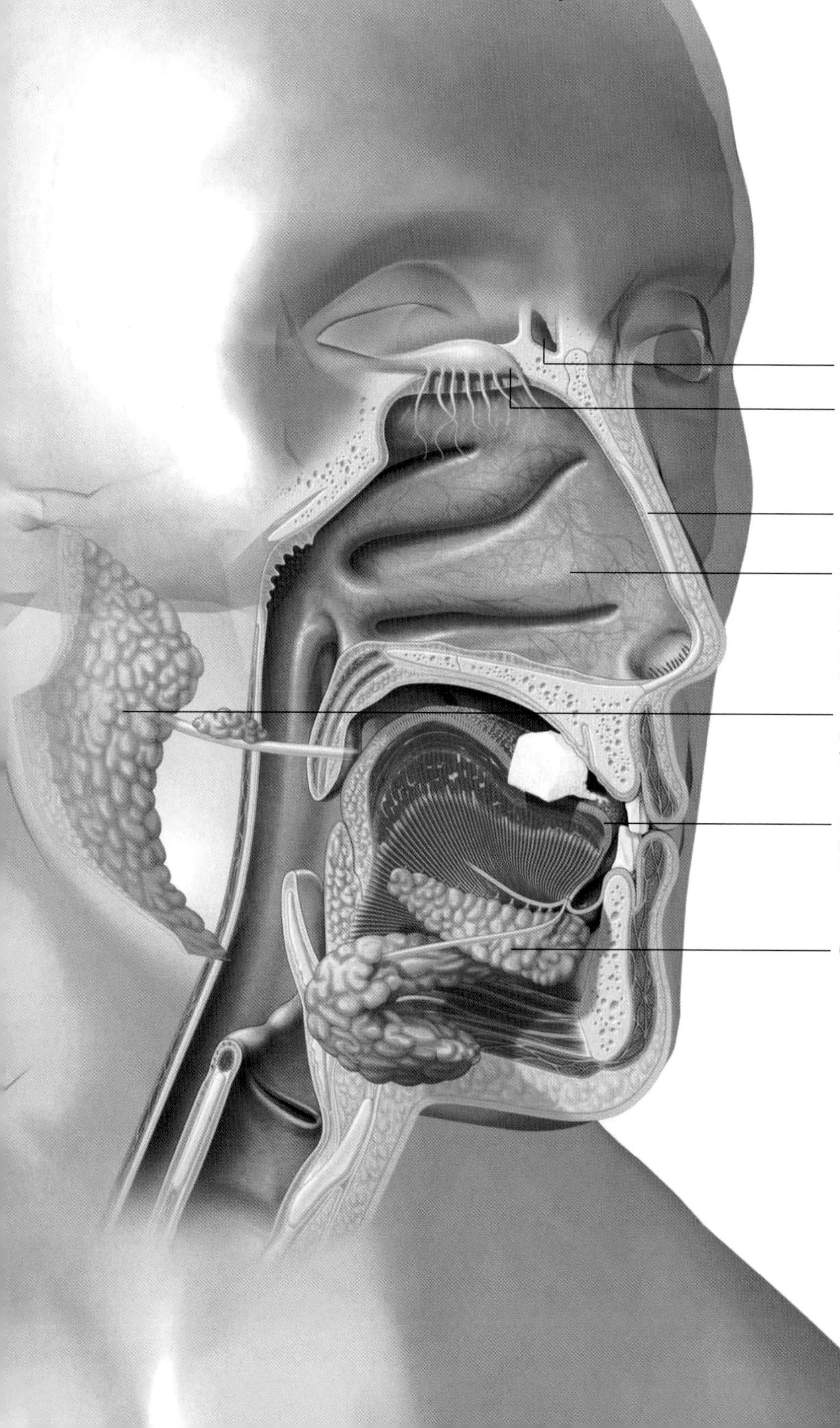

**Seno frontal**

**Bulbo olfatorio** Abajo de cada ojo está uno de estos manojos de tejido nervioso. De cada uno descienden nervios por el hueso del cráneo hacia la cavidad nasal.

**Cartílago nasal** El puente de la nariz. Éste es el cartílago que se daña al romperse la nariz.

**Cavidad nasal** Se trata de dos amplios espacios, uno para cada fosa nasal, entre las cuencas oculares y el paladar. Están separados por una delgada capa de cartílago y hueso. Bajo una capa de mucosidad protectora, la pared de la cavidad nasal está repleta de vasos sanguíneos para calentar el aire que se aspira.

**Glándula salival** La saliva disuelve las sustancias químicas de los alimentos, mantiene húmeda la boca y lubrica el paso de la comida hacia la garganta.

**Lengua** Las papilas gustativas se concentran en la superficie de la lengua; también ayudan a empujar la comida a la parte trasera de la boca, para digerirla.

**Glándula salival**

**DATO** La lengua es el único músculo del cuerpo humano que está fijo sólo en un extremo.

## GUSTO

Los calículos gustativos son pequeños órganos sensoriales concentrados en la lengua, pero también en la garganta y el paladar. En la lengua son pequeñas prominencias llamadas papilas, que varían en tamaño y ubicación. Los calículos son sensibles a cuatro sensaciones: amargo, agrio, salado y dulce. Todos los distintos sabores que reconocemos son combinaciones de esos cuatro olores detectados por la nariz. Las células receptoras del gusto son estimuladas por sustancias químicas de la comida disueltas por la saliva, y envían señales al cerebro para que las interprete.

**Zonas del gusto** Las papilas redondeadas (valadas) se sitúan cerca de la parte posterior de la lengua; las plegadas (foliadas), a los lados; las coniformes (fungiformes), en la superficie, y las seudovellosas (filiformes), en torno a la punta. Los calículos gustativos que reaccionan a los cuatro sabores se concentran en distintas partes de la lengua, aunque algunos pueden ser estimulados en menor grado por una o varias de las otras categorías gustativas.

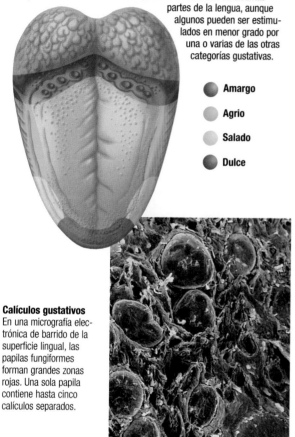

- Amargo
- Agrio
- Salado
- Dulce

**Calículos gustativos** En una micrografía electrónica de barrido de la superficie lingual, las papilas fungiformes forman grandes zonas rojas. Una sola papila contiene hasta cinco calículos separados.

## TACTO

La piel humana está llena de receptores sensoriales que dan al cuerpo su sentido del tacto. Los nervios sensoriales varían en estructura, pero todos reaccionan de inmediato a las sensaciones físicas, convirtiéndolas en estímulos nerviosos que serán transmitidos por el sistema nervioso central al área del cerebro llamada tálamo. Aquí los impulsos son seleccionados y enviados a las regiones sensoriales del cerebro.

Algunas células receptoras están cerca de la superficie cutánea y son sensibles al calor o al contacto leve; otras, ubicadas en niveles más profundos, reaccionan a la presión fuerte.

Los receptores táctiles no se distribuyen en forma pareja por el cuerpo. Las manos, los pies y los labios tienen muchos más que otras partes. Eso refleja la importancia del tacto en esas áreas, que pasan más tiempo en contacto con otros objetos que cualquier otra parte del cuerpo.

**Pasos minúsculos** Se concentran tantos sensores táctiles en las manos que podemos sentir insignificantes cambios de presión causados por un insecto al caminar sobre ellas. En cambio, la misma presión en la espalda casi no se sentiría en absoluto. Entre otras cosas, los sensores táctiles de las manos permiten que el cerebro sepa cuán duros o suaves son los objetos, y cuánta presión se debe ejercer para sostenerlos o levantarlos.

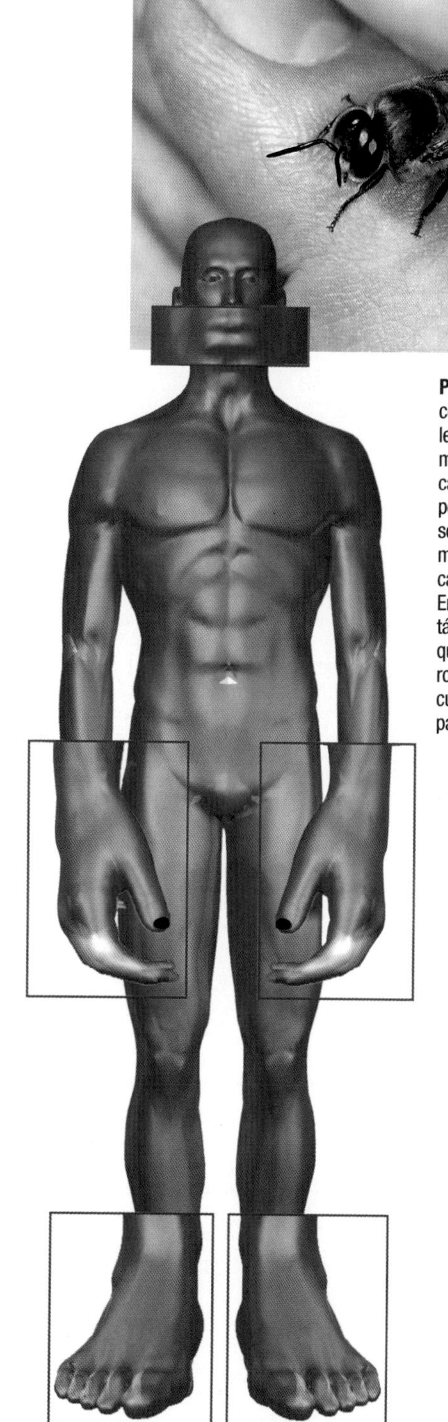

**Sensibilidad al tacto** Nuestra capacidad para sentir objetos es amplificada por la boca, las manos o los pies, que tienen una mayor concentración de receptores táctiles. Este diagrama ilustra la proporcionalmente mayor sensibilidad de esas áreas.

## DATOS Y CIFRAS

- Los 10,000 calículos gustativos de la lengua sólo sobreviven unos días; se regeneran constantemente.
- Demócrito, el primer filósofo griego en sugerir la presencia de los átomos, creía que los olores acres eran producidos por átomos puntiagudos y los dulces, por redondos.
- Los humanos pueden detectar hasta 10,000 olores distintos. Los niños reconocen más aromas que los adultos, ya que los receptores olfatorios empiezan a mermar desde el nacimiento.
- La nariz tiene unos 50 millones de receptores del olfato.
- El feto humano tiene "olfato" y "gusto". Los olores de los alimentos y bebidas que toma la madre llegan por el líquido amniótico. A las 12 semanas, el feto empieza a deglutir líquido amniótico, y se ha demostrado que hay una preferencia por los sabores dulces.

vea también
134 Cerebro y nervios
140 El aparato digestivo
148 Embarazo y parto
160 Trastornos y enfermedades

*En las primeras ocho semanas del embarazo el óvulo fecundado se transforma en embrión. Sus células se dividen a gran velocidad, produciendo grupos que crean órganos. Los vasos sanguíneos empiezan a formarse a los 17 días de la concepción. Los miembros aparecen como brotes a la tercera semana. A la octava, aunque el feto apenas mide 2.5 cm, se reconoce con claridad como un ser humano.*

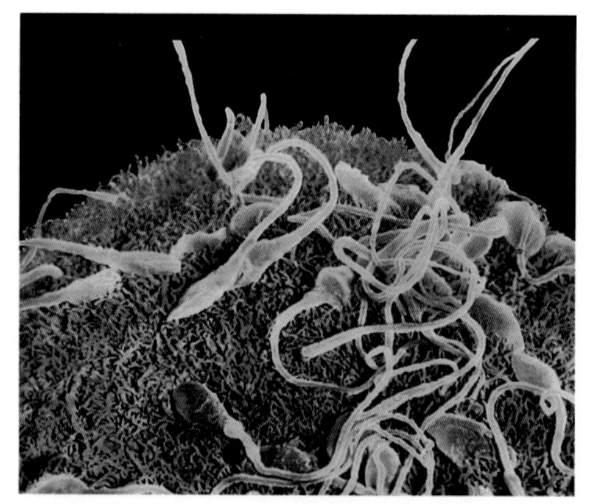

**Lucha por fecundar** Los espermatozoides culebrean en la superficie de un óvulo, que los eclipsa. Aunque sólo un espermatozoide logra penetrar el óvulo y fecundarlo, se necesitan muchos para degradar la cubierta externa del óvulo (liberando enzimas que disuelven proteínas) antes de que eso pueda suceder.

## JUSTO DESPUÉS DE LA FECUNDACIÓN

La rápida evolución del óvulo fecundado en embrión ocurre sobre todo dentro de las paredes del útero, pero de hecho empieza mientras el óvulo aún se desplaza bajando por la trompa de Falopio. Así como las células que forman el embrión (embrioblastocitos), el óvulo fecundado produce trofoblastos que se convierten en la placenta. Ésta surte oxígeno y sustancias nutritivas al feto por el cordón umbilical que lo une a la madre y se lleva los desechos.

**Momento de la concepción** En la parte alta de la trompa de Falopio, un solo espermatozoide con forma de renacuajo penetra la membrana externa del óvulo; luego desprende el cuerpo y la cola. La cabeza, con el núcleo y material genético del esperma, viaja al núcleo del óvulo.

**Ovario** Óvulos en varias etapas de desarrollo maduran en el ovario.

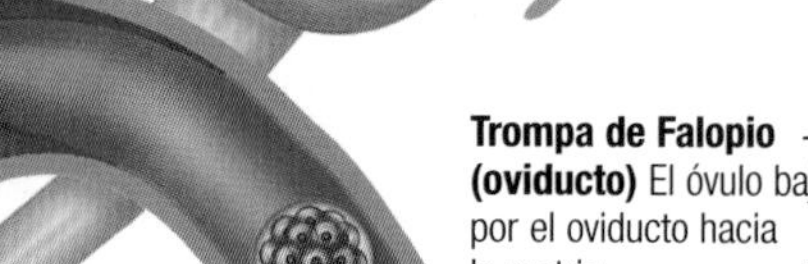

**Trompa de Falopio (oviducto)** El óvulo baja por el oviducto hacia la matriz.

**0-30 horas** Los núcleos del óvulo y el espermatozoide, con 23 cromosomas cada uno, se fusionan para formar un solo cigoto, que contiene 46 cromosomas: toda la información genética requerida para formar un nuevo ser. El cigoto baja por la trompa de Falopio al útero, o matriz, y empieza a dividirse; primero en 2 nuevas células (a las 30 horas de la concepción), luego en 4, después en 8 y así sucesivamente.

**Matriz (útero)** La pared externa de la matriz es musculosa y gruesa. Es el músculo más fuerte del cuerpo.

**30 horas-6 días** La división celular es un proceso que ocurre muchas veces antes de que se llegue a la matriz.

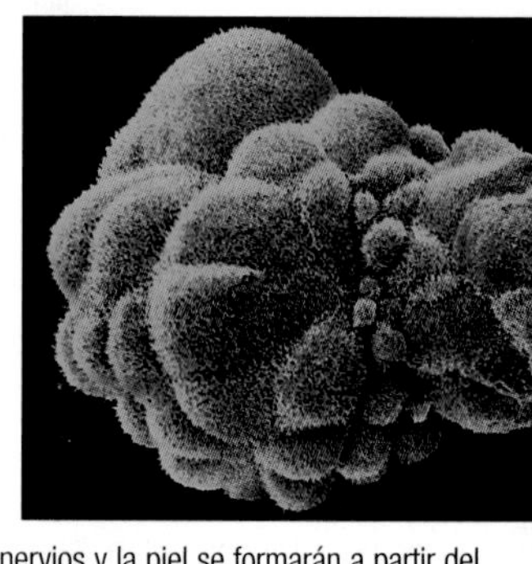

**Las células se especializan** La capa externa del blastocito penetra la pared uterina, formando lo que será la placenta. Las células dentro del blastocito se agrupan en tres capas: ectodermo, mesodermo y endodermo. Al recibir instrucciones de los genes: el cerebro y la médula espinal, los nervios y la piel se formarán a partir del endodermo; los músculos, los huesos, los vasos sanguíneos y los riñones, del mesodermo; y el esófago, el estómago,el intestino, la vejiga, el páncreas, el hígado y las paredes pulmonares, del endodermo.

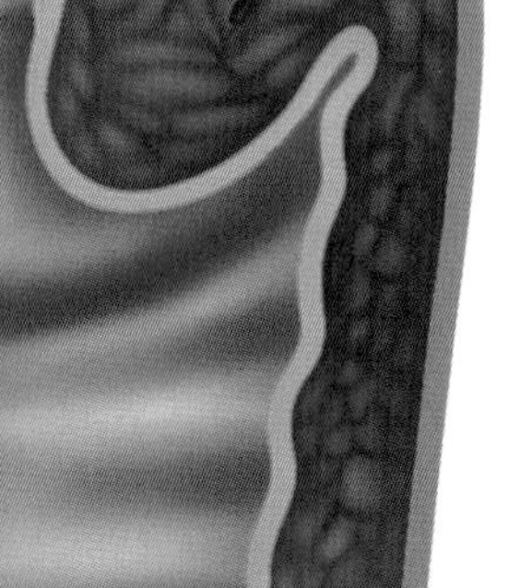

**6-8 días** El grupo de células, ahora llamado blastocito, ha formado una cavidad interna llena de líquido (ésta se convertirá en la bolsa amniótica en la que después flotará el embrión). Llega a la matriz y se implanta en la pared. En este punto empieza el embarazo.

## ETAPAS DEL EMBARAZO

Entre los 8 días y las 4 semanas, las células del blastocito se diversifican y los órganos empiezan a formarse poco a poco. A las 4 semanas el blastocito aún no tiene aspecto humano, pero es ya 80,000 veces más grande que el óvulo original. Al nacer, la criatura será otra vez como un millón de veces más grande.

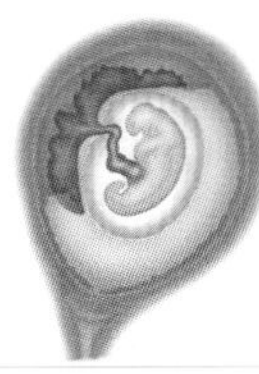

**4 semanas** El corazón empieza a latir. En este punto, el embrión apenas mide 5 mm.

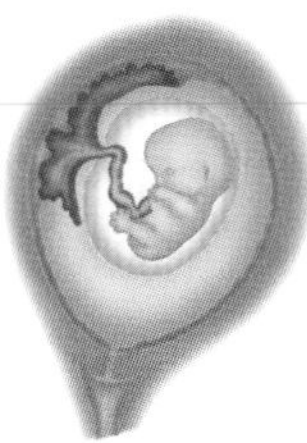

**6 semanas** El embrión obtiene todo su alimento y oxígeno de la placenta y el cordón umbilical. Ya tiene un cerebro sencillo.

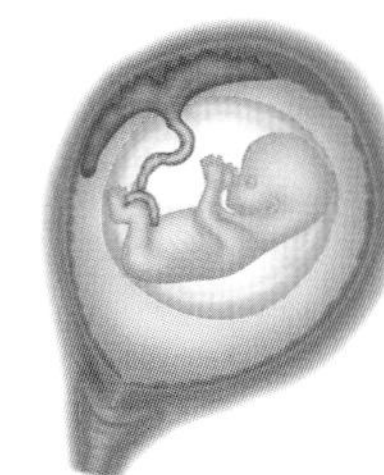

**8 semanas** Ahora llamado feto, tiene miembros reconocibles y mide 2.5 cm. Empieza a moverse, pero esto aún no lo siente la madre.

## LOS ÓRGANOS REPRODUCTORES

Los órganos reproductores (sexuales) femeninos son internos. Cada mes, uno de los ovarios libera un óvulo que se desplaza hacia la matriz (útero), donde se ha acumulado sangre enriquecida lista para nutrirlo. Si el óvulo no se fecunda, es expulsado con la sangre uterina del flujo menstrual (periodo o "regla").

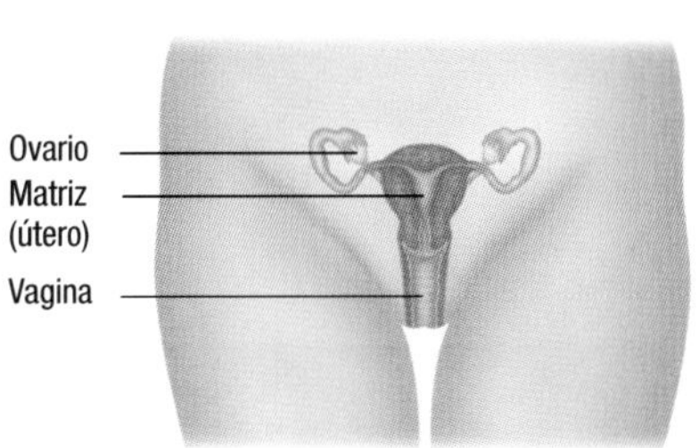


Los órganos sexuales masculinos son externos e internos. El esperma producido por los testículos madura en unas dos semanas y se almacena en conductos arriba de ellos. En la erección, el esperma pasa a la uretra, mezclándose con líquido en el camino para formar semen, que fluye al pene para ser eyaculado en el coito.

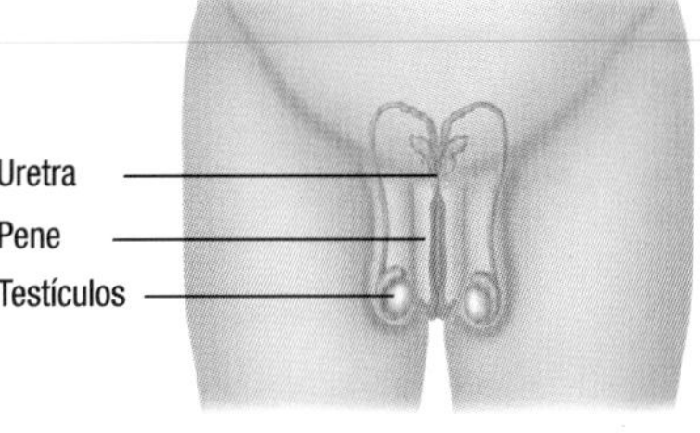


vea también
138 **Glándulas y hormonas**
150 **Células y ADN**
158 **Los adelantos de la medicina**
536 **Características heredadas**

**12 semanas** Se han desarrollado los principales órganos internos, han aparecido los brotes de los 32 dientes permanentes, y se han formado los párpados y la parte externa de los oídos . En esta etapa, los genitales externos son similares en ambos sexos (no es posible distinguir el sexo hasta el final del cuarto mes). Un vello aterciopelado cubre el feto, que mide 8-9 cm; ahora es capaz de deglutir.

**22 semanas** Todos los sistemas orgánicos se han constituido. De nacer prematuramente, el actual feto de 15-25 cm podría sobrevivir con ayuda médica.

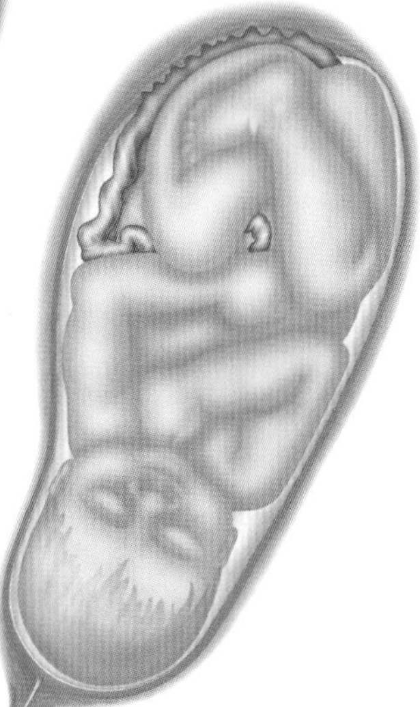

**38 semanas** El feto está totalmente formado, con la cabeza en posición (hacia abajo mirando a la pelvis), listo para nacer.

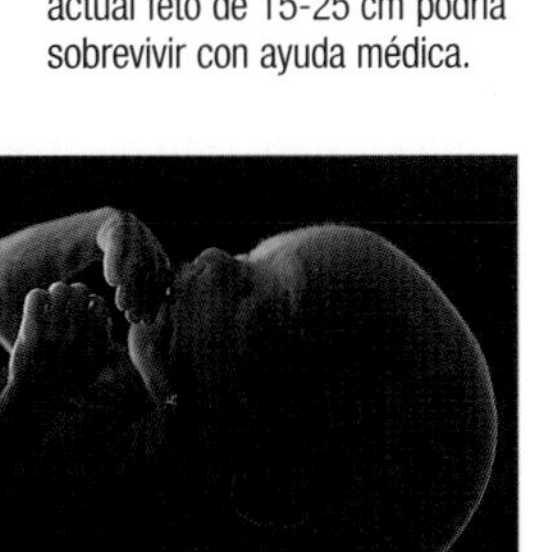

**A poco más de la mitad del camino** A los cinco meses, el feto se ve del todo formado. Pero antes del parto, duplicará su tamaño y se cubrirá de gruesas capas de grasa.

### Nacimiento

El parto ocurre en tres etapas:

- **Primera** La bolsa amniótica alrededor del feto se rompe y fluye el líquido (se revienta la fuente). Los músculos de la matriz empiezan a contraerse y la parte estrecha del cuello uterino se relaja y se dilata. Esta etapa puede tardar hasta 10 horas.
- **Segunda** Las contracciones son más frecuentes. El feto baja por la vía del parto (cuello uterino y vagina); sale primero la cabeza. La madre empuja con los músculos abdominales para ayudarlo a nacer. Esto puede durar 2 horas si es el primer hijo.
- **Tercera** La placenta es expulsada. Las hormonas liberadas durante el parto hacen que casi de inmediato las mamas empiecen a producir calostro, el rico líquido que precede a la leche.

#### Problemas

- **Recién nacido prematuro** Si nace antes de las 37 semanas, el feto no se ha formado del todo. Debe pasar tiempo en una incubadora, que lo ayuda a respirar y mantener la temperatura corporal.
- **Parto de nalgas** Primero asoman las nalgas o los pies, ya que no logró girarse durante el embarazo para que la cabeza bajara hacia la pelvis.
- **Cesárea** Si la madre o el feto corren riesgo durante el parto natural, se hace una incisión en el abdomen de la madre y se extrae la criatura.

*Las células son las unidades estructurales más pequeñas del cuerpo, y se agrupan en diferentes tejidos. Todos los tipos de células tienen una estructura interna similar sin importar su función, y casi todas ellas tienen un núcleo que contiene una sustancia llamada ADN, portadora de la información genética que pasa de padres a hijos. El ADN controla no sólo los rasgos distintivos de cada persona, sino también la forma en que funcionan las células individuales.*

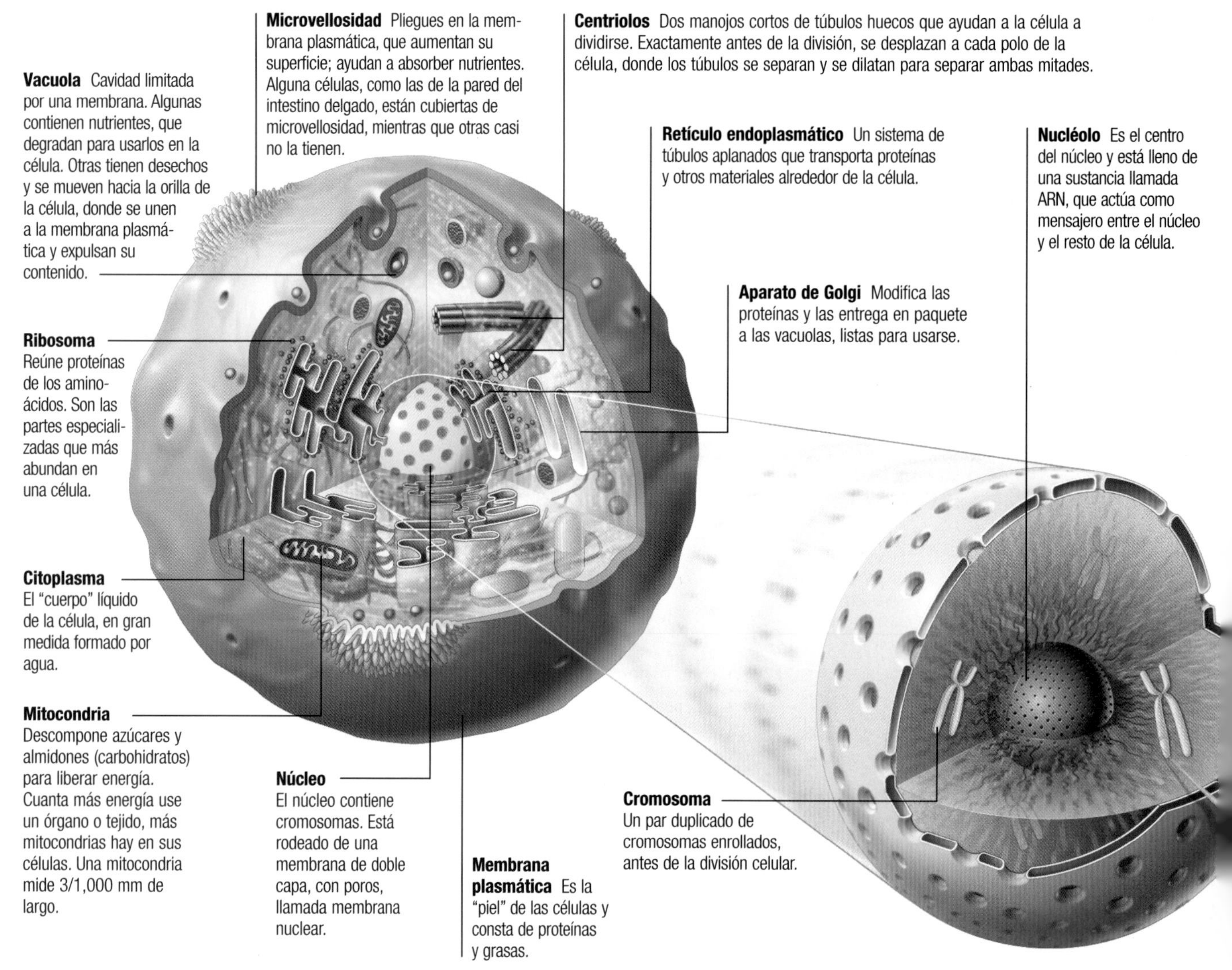

**Microvellosidad** Pliegues en la membrana plasmática, que aumentan su superficie; ayudan a absorber nutrientes. Alguna células, como las de la pared del intestino delgado, están cubiertas de microvellosidad, mientras que otras casi no la tienen.
**Centriolos** Dos manojos cortos de túbulos huecos que ayudan a la célula a dividirse. Exactamente antes de la división, se desplazan a cada polo de la célula, donde los túbulos se separan y se dilatan para separar ambas mitades.
**Vacuola** Cavidad limitada por una membrana. Algunas contienen nutrientes, que degradan para usarlos en la célula. Otras tienen desechos y se mueven hacia la orilla de la célula, donde se unen a la membrana plasmática y expulsan su contenido.
**Retículo endoplasmático** Un sistema de túbulos aplanados que transporta proteínas y otros materiales alrededor de la célula.
**Nucléolo** Es el centro del núcleo y está lleno de una sustancia llamada ARN, que actúa como mensajero entre el núcleo y el resto de la célula.
**Aparato de Golgi** Modifica las proteínas y las entrega en paquete a las vacuolas, listas para usarse.
**Ribosoma** Reúne proteínas de los aminoácidos. Son las partes especializadas que más abundan en una célula.
**Citoplasma** El "cuerpo" líquido de la célula, en gran medida formado por agua.
**Mitocondria** Descompone azúcares y almidones (carbohidratos) para liberar energía. Cuanta más energía use un órgano o tejido, más mitocondrias hay en sus células. Una mitocondria mide 3/1,000 mm de largo.
**Núcleo** El núcleo contiene cromosomas. Está rodeado de una membrana de doble capa, con poros, llamada membrana nuclear.
**Membrana plasmática** Es la "piel" de las células y consta de proteínas y grasas.
**Cromosoma** Un par duplicado de cromosomas enrollados, antes de la división celular.

## ESTRUCTURA Y FUNCIÓN DE LA CÉLULA

Todas las células tienen una membrana externa llena de líquido llamado citoplasma, así como estructuras especializadas, organelos, que realizan la tarea de las células. En el centro está el núcleo, que contiene material genético (ADN) en forma de cromosomas y actúa como el centro de control de las células. Casi todas las células tienen un conjunto completo de instrucciones genéticas, pero en cada célula sólo se activan las necesarias para una función específica. Por ejemplo, las instrucciones para elaborar insulina están en el ADN de cada célula, pero sólo se usan en las células del páncreas.

Aunque casi todas las células poseen el mismo tipo de organelos, son de tamaño y forma diferenteS; y su función determina su periodo de vida. Los adipoctos son redondos y tienen una gota de grasa, mientras que las neuronas tienen largos axones ramificados para transmitir mensajes. Algunas células pueden cambiar de forma. Por ejemplo, los glóbulos blancos se alargan y adelgazan para pasar apretadamente por capilares diminutos, o extienden "brazos" para atrapar y absorber microorganismos.

## CROMOSOMAS

Son estructuras filiformes presentes en el núcleo. Cada uno tiene una molécula gigante de ADN que rodea el centro de una proteína.

Como casi todos los cromosomas se separan, es fácil tener acceso al ADN. Justo antes de la división celular, se enrollan formando manojos bastante gruesos que se ven al microscopio. Cada uno se reproduce y forma dos versiones idénticas que al unirse forman una X. Al dividirse la célula, cada par de cromosomas se separa y queda una copia en cada célula. Luego, las nuevas células se apartan y los cromosomas en manojo vuelven a separarse.

Todas las células humanas con un núcleo tienen 46 cromosomas, menos el espermatozoide y el óvulo, con 23 cada uno. Los 46 cromosomas de las células no sexuales son copias de los 23 del óvulo y los 23 del espermatozoide. Los cromosomas de cada célula sexual son únicos (vea pág. 537); por eso los hermanos nunca son iguales. Los gemelos idénticos sí lo son, porque se desarrollan a partir de un solo óvulo que se divide luego de la fecundación, el punto en el que dos juegos de cromosomas parentales se amalgaman en un núcleo.

## ¿QUÉ ES EL ADN?

ADN significa ácido desoxirribonucleico, una sustancia química que existe en todos los organismos vivos (y puede sobrevivir en sus restos miles de años después de la muerte). Porta toda la información que requiere una célula para elaborar las proteínas que necesita para funcionar. Las moléculas de ADN están integradas por una serie de unidades más pequeñas que constan de pares de bases químicas. Hay cuatro bases: adenina (A), timina (T), guanina (G) y citosina (C). Siempre se combinan en los mismos pares: adenina-timina y guanina-citosina. El orden en que se presentan las cuatro bases a lo largo de la molécula proporciona el código genético. Para duplicarse antes de la división celular, una molécula de ADN se divide a lo largo y cada lado reproduce la parte faltante, duplicando la secuencia entera para usarla en la nueva célula.

**Genes** Un gen es un segmento de ADN con instrucciones para elaborar una proteína en particular. El término también se usa para describir una sección del ADN que determina una característica física específica, como el gen de los ojos azules; o una función, por ejemplo, producir insulina.

A fin de poner en marcha las instrucciones genéticas, una sustancia llamada ARN (ácido ribonucleico) abre la sección de la molécula de ADN portadora del gen que necesita la célula, y hace una copia de un lado de éste. Luego, esa copia de ARN viaja a los ribosomas de la célula que producen proteínas. Los aminoácidos de los ribosomas tienen marcadores químicos que les permiten reconocer las bases químicas en las copias de ARN que llegan del núcleo, y los aminoácidos adecuados se forman a lo largo. Luego se unen para formar una proteína.

Las unidades repetidoras de bases pares en el ADN aparecen en diversas secuencias distintas. El orden de las bases pares en una molécula de ADN (un cromosoma) es conocido como código genético. El orden combinado de los 46 cromosomas (un juego completo de ADN) se conoce como genoma.

### El Proyecto Genoma Humano

El Proyecto Genoma Humano empezó en 1990. Su meta es determinar la secuencia de los 3,000 millones de pares de bases del ADN humano e identificar todos nuestros genes. En febrero de 2001 se logró el primer objetivo, al menos en forma de proyecto. Ya se han determinado nueve décimas de la secuencia; una versión definitiva estará lista en el 2004.

Entender el genoma humano podría ser el fin de las enfermedades hereditarias. Al comparar la secuencia de una persona sana con la de quien padezca una enfermedad hereditaria, podrían identificarse las mutaciones responsables. Con eso, la terapia para sustituir genes no sólo podría curar síntomas, sino evitar que la enfermedad se siga transmitiendo.

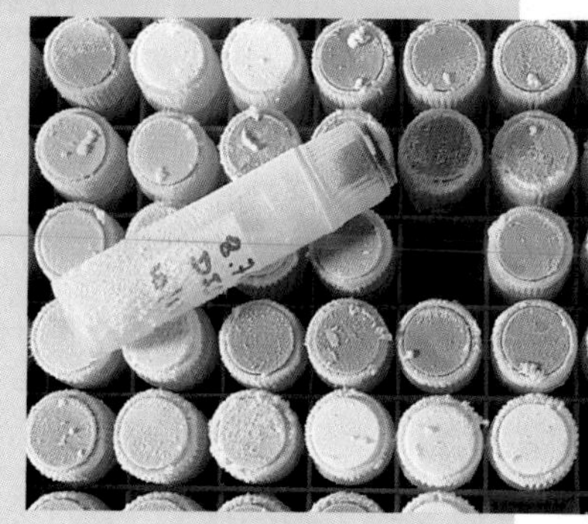

**En Francia** El ADN de gente con males hereditarios se congela en un banco genético.

### DATOS Y CIFRAS

- El cuerpo humano está integrado por cerca de 1 billón de células.
- La célula más grande del cuerpo humano es el óvulo, que puede medir hasta 0.035 mm de diámetro.
- Las células que recubren la boca suelen vivir menos de tres días, así que deben reponerse a ese ritmo.
- Tenemos unos 30,000 genes, si bien sólo integran 3% del ADN; el 97% restante, llamado ADN "chatarra", parece que no hace nada.
- No hay diferencias genéticas típicas entre gente de distinta raza. En realidad, a menudo hay mayor variación entre sujetos de la misma raza que de razas distintas.
- Un diente sano puede conservar ADN estable durante miles de años.
- Las bacterias comparten 20% de nuestros genes; los ratones, 90%, y los chimpancés, 99%.

**ADN desenrollado** El ADN está estructurado como una escalera espiral (doble hélice). Esta ilustración muestra una molécula de ADN extendida.

**Pares de bases** Bases químicas en pares que forman los peldaños de la escalera. El orden de los pares de bases proporciona las instrucciones o código genético.

**Tripleta** Cada tripleta de los pares de bases aporta el código de un aminoácido, a partir del cual se arman las proteínas.

**Cadena de azúcar** Cada base química se pega a una molécula de azúcar llamada desoxirribosa. Al unirse las moléculas de desoxirribosa forman los "escalones" de la escalera de ADN.

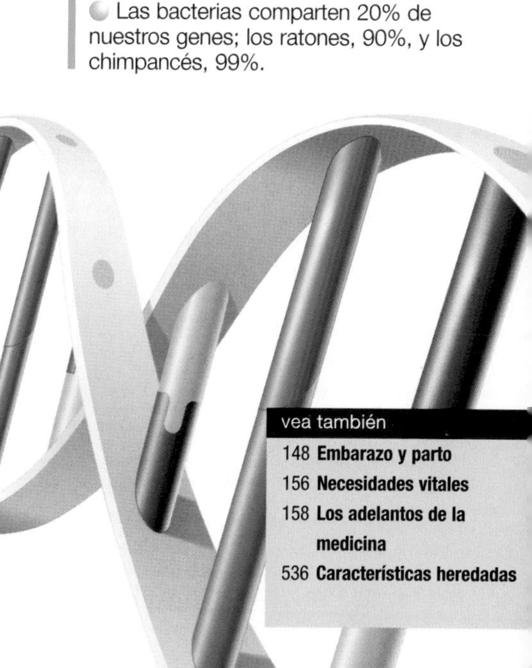


**DATO** Si se desenrollara el ADN de una célula, se extendería 2 metros.

vea también
148 Embarazo y parto
156 Necesidades vitales
158 Los adelantos de la medicina
536 Características heredadas

*William Shakespeare fue el primero en reconocer las siete edades del hombre, del nacimiento a la muerte. Lo que escribió aún es válido, pero desde entonces se han añadido varios acontecimientos importantes a su lista. Los mayores cambios del cerebro ocurren entre el nacimiento y los siete años. En ese tiempo nos desarrollamos, de tener sencillos hábitos de conducta, casi instintivos, a una comprensión equilibrada y consciente del mundo. Nuestro cuerpo se somete a cambios continuos, pero los más notables ocurren en la pubertad y al empezar a envejecer.*

## Jóvenes triunfadores

- **Fu Mingxia,** de China, sólo tenía 12 años y 141 días cuando se convirtió en campeona mundial de clavados de plataforma.
- **Michael Kearney** fue el más joven en recibir un título universitario, a la edad de 10 años 4 meses, cuando en 1994 se graduó de antropólogo en la Universidad de Alabama, EUA.

**Nacimiento** Un recién nacido ve (aunque no enfoca con claridad), oye y tiene reflejos primitivos, como mamar y agarrarse con los dedos. Reconoce el contorno de una cara y, a los tres días de nacido, puede distinguir la voz de su madre entre las demás.

**Hasta los 2 meses** Los lactantes aprenden a fijar la vista y a sonreír. Al principio sólo imitan los rostros de los adultos, pero pronto aprenden que sus sonrisas provocan respuestas positivas de otros y así relacionan ese proceso con el placer. Durante las primeras 8 semanas de vida, la memoria de la existencia de los objetos se limita a 15 segundos.

**2-6 meses** Durante este lapso, empiezan a surgir distintas emociones y se definen con claridad. El temor y la ira se separan y son obvios los primeros signos de satisfacción. A los cuatro meses, los bebés empiezan a reconocer objetos; y a los seis, empiezan a examinar la forma y el tamaño de las cosas usando la boca.

**6-9 meses** Empiezan a concentrarse en las expresiones faciales y no sólo en los rasgos de la persona, y aumenta su minuciosidad al percibir. Durante este periodo, se percatan de que los objetos ocultos siguen existiendo. Aprenden a sentarse y a gatear. Se fijan las bases del habla, pasando de los arrullos a balbuceos y a una imitación cada vez más exacta de los sonidos adultos.

**9-12 meses** Casi todos los lactantes articulan sus primeras palabras reconocibles, empiezan a imitar lo que hacen sus madres, como peinarse. Pueden caminar solos.

**1-2 años** Empiezan a dar pasos y aprenden a caminar. A los dos años pueden correr y patear una pelota sin perder el equilibrio; también pueden hilar dos palabras juntas (adjetivo y sustantivo). En cuanto a las emociones, sienten celos y culpa. Empieza el temor a la oscuridad y los monstruos imaginarios.

**2-3 años** Comienzan a entender el concepto de compartir y empiezan a jugar con otros. Cada vez más relacionan imágenes de objetos con pensamientos sobre éstos, y aumenta su capacidad para clasificar cosas.

**3-4 años** Los niños pasan de copiar líneas y círculos a letras completas. Su lenguaje es más gramatical y formulan oraciones más elaboradas. El sentido del equilibrio mejora, permitiéndoles trepar, brincar y correr de puntitas.

**4-5 años** Los demás niños se vuelven importantes y empiezan a tener amigos cercanos. Aumenta la coordinación y pueden escribir algunas letras sin necesidad de copiarlas. Durante este periodo, la identificación con su progenitor del mismo sexo llega a su punto culminante. A los cinco años, el cerebro ha alcanzado tres cuartas partes del tamaño adulto.

Nacimiento · 2 meses · 6 meses · 9 meses · 1 año · 2 años · 3 años · 4 años

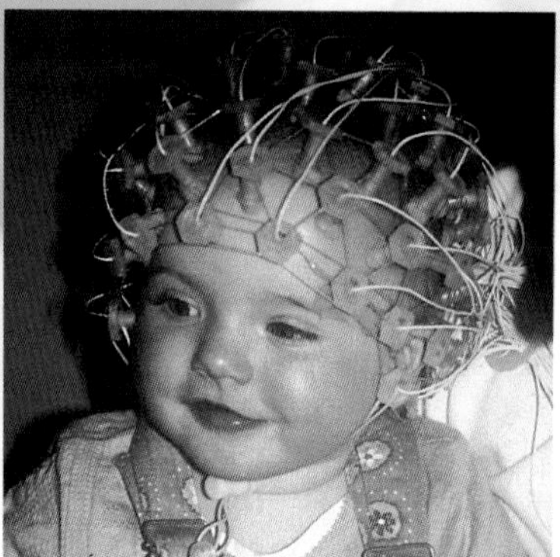

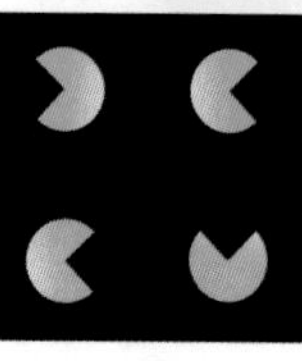

**Reconoce figuras** La investigación sobre la edad en que los pequeños empiezan a reconocer formas indica que a los ocho meses muestran más interés en una forma cuadrada (superior) que en una serie de elementos al azar. A los seis meses no tienen preferencia por una forma en especial.

## PUBERTAD

En la pubertad, las hormonas provocan cambios en el crecimiento y desarrollo de los órganos sexuales y preparan el cuerpo para la reproducción. Hay crecimiento y aumento de peso rápidos, y cambios psicológicos y emocionales. En las mujeres, eso empieza entre los 9 y los 13 años; en los varones, entre los 10 y los 15.

- **Varones** Los testículos secretan testosterona, la hormona responsable del crecimiento de vello en cara, cuerpo y zona del pubis, mayor volumen muscular, un tono más grave de voz, crecimiento de los órganos genitales y producción de esperma en los testículos.

- **Mujeres** Los ovarios secretan estrógeno y progesterona. Estas hormonas hacen crecer las mamas y ensanchar las caderas; aparece vello en el pubis y en las axilas, y la menstruación empieza alrededor de esa misma época.

**Mamá mayor** Una combinación de mejor nutrición y salud, los adelantos para tratar la fertilidad y el conocimiento médico se combinan para ampliar la edad en que las mujeres dan a luz ya entradas en la madurez.

## Ancianos destacados

- **Rosario Iglesias Rocha,** "Chayito", corrió a los 89 años en el Encuentro Internacional Kamloops Master 2000, y ganó una medalla de oro y dos de plata.
- **William Baldwin** caminó por la cuerda floja sobre el cañón Boulder, en Colorado, EUA, a los 82 años de edad.
- **Jack MacKenzie** esquió 150 km en el Polo Norte, a los 77 años.
- **Oscar Swahn** ganó una medalla olímpica de plata, en tiro, a los 72 años.
- **Wong Yui Hoi** empezó a practicar surf en nieve en 1995, a los 75 años.

**5-7 años** Los niños distinguen cada vez más las letras. Por vez primera, su mundo es dominado por otros niños y no por adultos, y aprenden a socializar y sus propios límites al jugar. A los cinco, el pensamiento se centra en el presente; pero a los siete, empiezan a formarse los conceptos de pasado y futuro.

**9-15 años** Empieza la pubertad, hay un crecimiento repentino y otros cambios físicos. Las mujeres comienzan a menstruar unos dos años y medio después de empezada esta etapa.

**15-20 años** El cuerpo alcanza su estatura máxima y el cerebro completa su tamaño.

**20-30 años** Aumenta el volumen del cuerpo con músculo y grasa adicionales.

**30-40 años** La testosterona en los hombres empieza a disminuir (a los 35).

**40-60 años** Empieza el deterioro fisiológico. Al aproximarse a los 60, muchos hombres tienen crecimiento de próstata. El cabello se adelgaza en ambos sexos, y mueren las células que suelen producir nutrimentos para los folículos capilares. El encanecimiento y la calvicie masculina empiezan o se activan en este periodo. La menstruación se suspende, por lo general entre los 45 y los 50 años, y empieza la menopausia.

**60-80 años** La vista y el oído se deterioran, la piel empieza a colgarse y aparecen las arrugas. La pérdida gradual de colágeno atrofia los músculos. Los pulmones no pueden contraerse y expandirse del todo porque pierden elasticidad, y los huesos se vuelven menos densos y más frágiles. Las paredes arteriales se hacen más gruesas y se endurecen, aumentando la presión arterial y el riesgo de cardiopatía.

**De los 80 en adelante** Los procesos fisiológicos decaen más, y aumenta mucho la frecuencia de la artrosis. La estructura del cerebro se deteriora, aunque eso no siempre va acompañado de una reducción en la capacidad mental.

5 años · 10 años · 20 años · 30 años · 40 años · 50 años · 60 años · 70 años · 80 años

## DATOS Y CIFRAS

- Jeanne Calment, de Arles, Francia, vivió 122 años: la vida más larga que se haya documentado. Murió en 1997.
- Los genes influyen en el lapso de vida. Algunos ciudadanos de Limone, Italia, han heredado una mutación genética que produce más colesterol benéfico y reduce el riesgo de cardiopatía.
- Las mutaciones genéticas pueden estimular el envejecimiento. Pacientes con el síndrome de Werner llevan una mutación que los envejece de manera prematura. En la adolescencia, tienen arrugas y canas de una ancianidad avanzada; sucumben a distintos tipos de cáncer o cardiopatía y mueren jóvenes.

**Se supera y salta** La edad no es obstáculo para una vida activa: Carol Johnston, californiano, a los 85 años aún participaba en competencias de salto con garrocha y tenía el récord mundial para su edad.

vea también

132 **Esqueleto y músculos**
138 **Glándulas y hormonas**
154 **Capacidad humana**
160 **Trastornos y enfermedades**

*Los atributos físicos del ser humano, comparados con los del resto del reino animal, más bien parecen escasos. Pero ha logrado algunas increíbles hazañas en velocidad, fuerza y resistencia, que siguen superándose casi cada año. Nuestro principal punto fuerte es la destreza intelectual y para fabricar cosas, que nos ha permitido modificar nuestro ambiente en vez de adaptarnos a él.*

## DIFERENCIAS FISIOLÓGICAS

Los humanos difieren de otros animales en sistemas y procesos vitales. Ejemplos de las diferencias más importantes:

**Número de neuronas**
Caracol marino: 20,000
Mosca mediterránea: 100,000
Ratón: 5 millones
Mono: 10,000 millones
Ser humano: 1 billón

**Temperatura corporal**
Tiburón: 25 °C
Serpiente: 31 °C
Ser humano: 37 °C
Elefante: 38 °C
Pato: 44 °C

**Latidos por minuto**
Elefante: 25-28
Ser humano: 70-80
Perro: 90-100
Ratón: 500-600
Colibrí: 1,000

**Lapso de vida típico (años)**
Tiburones y lagartijas: 25-30
Chimpancé: 35-40
Mejillón: 50-100
Ser humano: 70-85
Tortuga gigante: 100-150

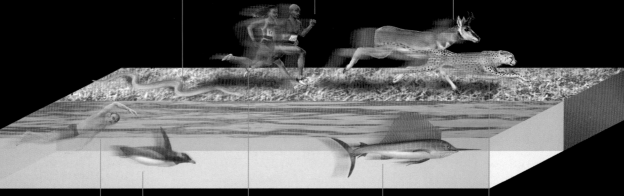

## COMPARACIONES DE VELOCIDAD

Los seres humanos parecen volverse más veloces, pero nunca alcanzarán a algunos animales: mientras que el rendimiento de nuestra especie mejora con el entrenamiento físico, el de ellos ha sido puesto a punto durante miles de años por la evolución.

**La serpiente de tierra más veloz:** Cobra negra *(Dendroaspis polylepis)*, 16-19 km/h.

**El hombre más veloz:** Maurice Greene, de EUA, corrió 100 m a 36.77 km/h, el 16 de junio de 1999, en Atenas, Grecia.

**El animal corredor de fondo más veloz:** El berrendo *(Antilocapra americana)*, 1.6 km a 67 km/h, o 6 km a 56 km/h. Es el animal más veloz del mundo en correr una distancia sostenida.

**El ave voladora más veloz:** El halcón peregrino *(Falco peregrinus)*, a 200 km/h al "encorvarse" o "lanzarse en picada" desde las alturas, la mayor velocidad alcanzada por cualquier animal vivo.

**El nadador más veloz:** Anthony Ervin, de EUA, 50 m a 8.49 km/h, el 23 de marzo de 2000, en Minneapolis, Estados Unidos.

**El ave nadadora más veloz:** Pingüino de pico rojo *(Pygoscelis papua)*, 27 km/h.

**La mujer más veloz:** Florence Griffith-Joyner, de EUA, corrió 100 m a 34.32 km/h, el 16 de julio de 1988, en Indianapolis, Estados Unidos.

**El pez más veloz:** El pez vela *(Istiophorus platypterus)*, 109 km/h.

**El animal terrestre más veloz en distancia corta:** Guepardo *(Acinonyx jubatus)*, 96-101 km/h; capaz de alcanzar 96 km/h en 3 segundos partiendo de un arranque estático. Es el animal terrestre más veloz.

## Áreas en que superamos a otros animales

- **Inteligencia** Los humanos no sólo tienen el cerebro muy grande para su tamaño, sino también los lóbulos frontales más desarrollados de cualquier especie (es donde la planificación, deliberación y otras funciones "intelectuales" se llevan a cabo).
- **Comunicación** El habla es exclusiva de los humanos. Nos permite comunicar pensamientos, ideas y conocimiento complejos. El lenguaje escrito nos permite transmitirlos estando ausentes.
- **Destreza** La mano humana es capaz de múltiples actividades; combina fuerza con sensibilidad. Eso nos permite hacer y usar todo tipo de objetos, herramientas, armas y maquinaria.
- **Cuidado paternal** Somos muy cuidadosos; la posibilidad de nuestros hijos de sobrevivir es superior a la de otras especies.

## Áreas en que vamos a la zaga de otros animales

- **Olfato** Podemos oler casi todo sólo si lo tenemos exactamente bajo la nariz. Muchos otros animales detectan e interpretan olores a varios kilómetros de distancia.
- **Oído** Nuestro oído es moderadamente bueno, pero la gama de frecuencias que captamos es mucho menor que la de múltiples animales. Por ejemplo, los perros, los murciélagos, las ballenas y los delfines pueden oír frecuencias mucho más altas.
- **Agudeza visual** Aunque somos capaces de entender lo que vemos, nuestros ojos no son especialmente aptos para registrar detalles mínimos, sobre todo en la oscuridad.
- **Termorregulación** El cuerpo es deficiente ante cambios térmicos súbitos: carece de capacidad aislante para guardar calor.

**Apretando el paso** En 1999, Maurice Green estableció un récord mundial para los 100 m con un tiempo de 9.79 segundos, superando por un segundo el fijado en 1900: 10.8 segundos. Llegará el momento en que factores como la frecuencia cardiaca limiten el rendimiento deportivo.

## DATOS Y CIFRAS

- En febrero de 2001, coronaron oficialmente al estadounidense Joe Decker como el hombre en mejor forma. En 24 horas hizo 161 km en bicicleta, corrió 16 km, hizo 8 km de caminata, 9.5 km en kayak y nadó 3 km; luego siguió con 3,000 abdominales, 1,100 *jumping jacks,* 1,100 planchas, 1,000 levantadas de pierna, 16 km en esquiadora mecánica, 16 km en remadora mecánica y una sesión de 3 horas de gimnasia en que levantó 126,371 kg en pesas.
- El 1º de junio de 1998, Susie Maroney se convirtió en la primera persona que nadó sin detenerse de México a Cuba. La australiana lo hizo en 38 horas con 33 minutos, estableciendo el récord para natación prolongada en mar abierto y sin aletas.
- El italiano Reinhold Messner ha escalado las 14 montañas del mundo superiores a 8,000 m de altura, sin oxígeno auxiliar. Es el único que ha logrado tal hazaña.

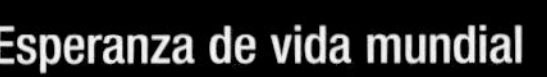

**Esperanza de vida mundial**

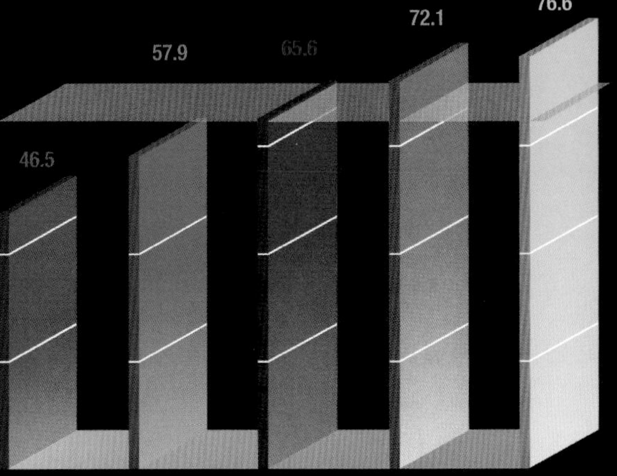


**Mundo antiguo** Entre 1950 y 2000, la esperanza de vida aumentó casi 20 años. Los científicos esperan que ese ritmo baje poco a poco, pero aun así pronostican que los nacidos en el año 2050 vivirán 11 años más, en promedio, que los nacidos en el 2000.

vea también
132 **Esqueleto y músculos**
134 **Cerebro y nervios**
144 **Vista**
152 **Las siete edades**

# Necesidades vitales ▶ Para mantener nuestro cuerpo funcionando bien

*Sin una amplia gama de nutrientes, el cuerpo enfermaría y moriría pronto. Algunos aportan la energía necesaria para funcionar, otros son importantes para crecer o sustentar órganos o tejidos. El cuerpo también necesita ejercicio para mantener en forma músculos, corazón y pulmones y, por razones desconocidas, suficiente sueño.*

## ENERGÍA Y ALIMENTACIÓN

Hasta en reposo, el organismo necesita energía para mantener la temperatura corporal y crear y regenerar células. Las principales fuentes energéticas son la glucosa y los ácidos grasos de los alimentos. La energía se libera mediante una compleja serie de reacciones químicas, el ciclo de Krebs, que ocurre en presencia de oxígeno. Ese proceso es conocido como respiración.

### Factores alimentarios

Los alimentos aportan cuatro importantes elementos:

- **Macronutrientes** Grasas, carbohidratos y proteínas.
- **Micronutrientes** Vitaminas y minerales.
- **Fibra** Alimento indigerible de alimentos vegetales. Vital para una digestión eficiente.
- **Agua** Presente en todo alimento. El cuerpo necesita a diario mínimo 1.5 litros.

### Equilibrio alimentario

Una salud óptima requiere que una persona se alimente todos los días con la siguiente proporción de grasas, proteínas y carbohidratos:

- **Carbohidratos** 58%
- **Grasas insaturadas y poliinsaturadas** 20%
- **Proteínas** 12%
- **Grasas saturadas** 10%

**Respiración celular** Reacciones químicas dentro de las células aportan la energía que mantiene funcionando el organismo.

**1** El torrente sanguíneo surte a una célula de glucosa, ácidos grasos y oxígeno.

**2** Las reacciones entre glucosa y oxígeno, y ácidos grasos y oxígeno, liberan energía. Ésta se almacena en la célula en una sustancia química llamada ATP; al necesitarla se libera de nuevo.

**3** El bióxido de carbono y el agua son residuos del proceso, y son acarreados fuera de la célula.

**Vitaminas y minerales** Las vitaminas son sustancias orgánicas (de carbono) vitales para la salud. Como el organismo no puede producirlas, excepto la vitamina D y la niacina, debe obtenerlas de los alimentos. El cuerpo puede almacenar las liposolubles, no así las hidrosolubles. Por lo tanto, a diario requiere vitaminas hidrosolubles.

Los minerales son sustancias orgánicas, como hierro, flúor, azufre, cinc y calcio, que no produce el organismo, pero que también son vitales para la salud. Los minerales necesarios sólo en minúsculas cantidades se conocen como oligoelementos. En las siguientes tablas, ADR es el consumo o aporte diario recomendado.

### Vitaminas liposolubles

| Vitamina | ADR | Alimentos | Funciones |
|---|---|---|---|
| **A (retinol o caroteno)** | 0.8-1 mg | Aceites de hígado de pescado, yema, lácteos, margarina enriquecida, verdura verde, anaranjada o amarilla, fruta anaranjada o amarilla | Crecimiento, vista, formación de huesos y dientes, protege contra infecciones en las vías urinarias y aparatos digestivo y respiratorio |
| **D** | 0.005-0.01 mg | La produce la piel expuesta a la luz solar, lácteos y margarina enriquecidos, aceite de hígado de bacalao o de pescado, hígado, yema | Asegura la coagulación sanguínea, actividad muscular y nerviosa sana, huesos y dientes fuertes |
| **E** | 8-10 mg | Verdura verde, leguminosas, aceite vegetal, cereal integral, nuez, huevo | Produce y protege glóbulos rojos, protege membranas plasmáticas |
| **$K_1$ y $K_2$** | 0.06-0.09 mg | Verduras de hoja verde, papas, germen de trigo, yema de huevo, cerdo, queso, hígado; la $K_2$ es producida en los intestinos por bacterias | Produce sustancias hepáticas que favorecen la coagulación sanguínea |

### Vitaminas hidrosolubles

| Vitamina | ADR | Alimentos | Funciones |
|---|---|---|---|
| **$B_1$ (tiamina)** | 1-1.4 mg | Hígado, pescado, leche, huevos, nueces, legumbres, pan integral | Ayuda a nervios y músculos a funcionar |
| **$B_2$ (riboflavina)** | 1.2-1.6 mg | Verdura c/hoja, chícharos, legumbres, hígado, carne, huevo, lácteos | Mantiene piel y mucosas sanas |
| **$B_2$ (niacina)** | 13-18 mg | Fruta, hígado, carne, huevo, pescado, nueces, chícharos, legumbres | Hormonas sexuales, mantenimiento de nervios y aparato digestivo |
| **$B_2$ (ácido pantoténico)** | 4-7 mg | Casi cualquier alimento, sobre todo verduras verdes, cacahuates, hígado, cereales integrales; también lo producen bacterias intestinales | Hormonas sexuales, mantenimiento de piel y sistema nervioso |
| **$B_6$ (piridoxina)** | 2 mg | Casi todos; más en plátano, papas, legumbres, hígado, carne, cereal integral, germen de trigo; también la producen bacterias intestinales | Producción de anticuerpos, producción de glóbulos rojos, piel sana |
| **$B_6$ (biotina)** | 0.03-0.2 mg | Casi todos; más en legumbres, hígado, huevo, avena, germen de trigo | Eliminación de desechos y degradación de proteínas |
| **$B_6$ (ácido fólico)** | 0.4 mg | Verd. verdes, fruta, nueces, legumbres, hígado, huevo, pan integral | Ayuda a producir ADN y glóbulos rojos; sistema nervioso sano |
| **$B_{12}$** | 0.003 mg | Carne, hígado, pescado, huevos, lácteos (excepto mantequilla) | Producción de glóbulos rojos, mantenimiento del sistema nervioso |
| **C** | 60 mg (100 mg si fuma) | Fruta y verdura cruda, sobre todo pimientos, papas, brócoli, cítricos, tomate, casis | Crea resistencia a infecciones, favorece el crecimiento y vasos sanguíneos, huesos, encías y dientes sanos |

## Minerales

| Mineral | ADR | Alimentos | Funciones |
|---|---|---|---|
| **Azufre** | 1.2 g | Los ricos en proteínas como huevos, leche, carne y legumbres | Constituyente de ciertas proteínas, como la insulina |
| **Calcio** | 0.8-1.2 g | Pescado, huevos, productos lácteos, legumbres, nueces, verduras verdes, productos de soya, agua dura | Activ. cardiaca normal, coagulación sanguínea, contracción muscular, transmisión de estímulos nerviosos, dientes y huesos sanos |
| **Cloro** | 2-3 g | Todo tipo de alimentos, sal | Constituyente de la sangre y de otros líquidos corporales |
| **Fósforo** | 0.8-1.2 g | Productos lácteos, huevos, pescado, carne, aves, legumbres, nueces, pan, cereales integrales | Huesos y dientes sanos, produce ADN, conversión y almacenamiento de energía en células, actividades muscular y nerviosa saludables |
| **Magnesio** | 0.3-0.35 g | Verd. verdes, carne, leche, pescado, nueces, legumbres, cereal integral | Huesos y dientes sanos, actividades nerviosa y muscular normales |
| **Potasio** | 2.5 g | Todo tipo de alimentos | Contracción muscular, transmisión de estímulos nerviosos |
| **Sodio** | 2.5 g | Casi todos los alimentos, sal | Contracción muscular, transmisión de estímulos nerviosos |

## Oligoelementos (microminerales)

| Mineral | ADR | Alimentos | Funciones |
|---|---|---|---|
| **Cinc** | 15 mg | Pescados, mariscos, huevos, leche, carne, hígado, legumbres | Curación, crecimiento, produce esperma, parte de muchas enzimas |
| **Cobalto** | – | Hígado, riñones, carne, huevos | Formación de glóbulos rojos |
| **Cobre** | 2-3 mg | Mariscos, carne, pescado, hígado, nueces, pan integral, legumbres | Formación de glóbulos rojos, actividad normal para ciertas enzimas |
| **Cromo** | 50-200 mg | Carne, hígado, levadura, fruta, nueces, pan y cereales integrales | Ayuda a degradar carbohidratos |
| **Flúor** | 1.5-4 mg | Sardinas, té, agua tratada con fluoruro | Favorece huesos y dientes sanos y previene la caries dental |
| **Hierro** | 10-18 mg | Mariscos, carne, hígado, huevo, nueces, legumbres, fruta, pan integral | Constituyente de moléculas portadoras de oxígeno en glóbulos rojos |
| **Molibdeno** | 0.15-0.5 g | Hígado, legumbres, cebada, trigo sarraceno | Elemento importante de muchas enzimas |

**Sueño** Sabemos qué sucede al dormir pero aún ignoramos por qué lo necesitamos. Al dormir, las funciones metabólicas son más lentas, mas no la actividad cerebral. El encéfalo controla el dormir y el despertar, y regula aquellos ciclos en que soñamos o no. Al dormir hay un lapso de movimiento ocular rápido (MOR); casi todos los sueños ocurren en esa etapa. Cuando se duerme sin movimiento ocular rápido (SMOR), la temperatura, presión arterial y frecuencia cardiaca bajan. La curva del sueño varía con la edad, condición física y nivel de actividad física, pero sigue el ciclo ilustrado abajo. La privación extrema de sueño puede causar cambios de personalidad y pérdida de memoria.

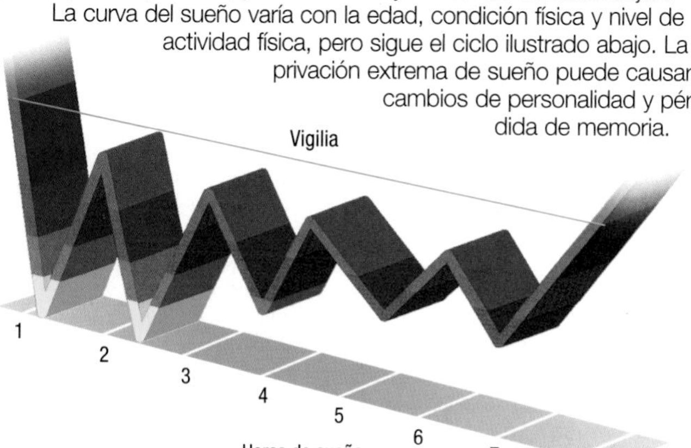


**SMOR Etapa 1:** El sueño más ligero.

**SMOR Etapa 2:** Respiración profunda.

**SMOR Etapa 3:** Se produce hormona del crecimiento; la duración de esta etapa se reduce en la edad adulta.

**SMOR Etapa 4:** Es el sueño más profundo; muy poca actividad cerebral. Esta etapa disminuye cuando el sujeto rebasa los 60 años de edad.

**MOR:** Movimiento ocular rápido; se está soñando.

## Quema de calorías

Esta tabla muestra la energía que un adulto de estatura y condición física promedio gasta en diferentes actividades:

| Actividad | Energía | Actividad | Energía |
|---|---|---|---|
| **Bádminton** | 340 kcal | **Jardinería ligera** | 270 kcal |
| **Caminata enérgica** | 300 kcal | **Jardinería pesada** | 420 kcal |
| **Caminata lenta** | 180 kcal | **Natación** | 720 kcal |
| **Ciclismo** | 660 kcal | **Squash** | 600 kcal |
| **Estar acostado** | 60 kcal | **Subir escaleras** | 620 kcal |
| **Estar de pie** | 120 kcal | **Tenis** | 480 kcal |
| **Futbol** | 540 kcal | **Trabajo doméstico** | 270 kcal |
| **Gimnasia** | 420 kcal | **Trote** | 630 kcal |

## DATOS Y CIFRAS

- La persona promedio pasa una tercera parte de su vida durmiendo.
- Al día, un niño de 1 año duerme 14 horas; uno de 5, 12 horas; y 90% de los adultos, de 6 a 9 horas.
- La persona promedio consume alrededor de 40 toneladas de alimentos en la vida.

vea también
134 **Cerebro y nervios**
136 **Circulación y respiración**
140 **El aparato digestivo**
532 **Los procesos de la vida**

*Los últimos cinco siglos han visto enormes saltos en nuestro saber sobre el funcionamiento del cuerpo humano y las causas, prevención y cura de las enfermedades. Por ejemplo, hace 500 años ni siquiera se comprendía la circulación sanguínea ni se conocía la existencia de microbios malignos. Hoy hemos descifrado todo el mapa genético humano, podemos crear vida en un tubo de ensayo y tenemos un arsenal de fármacos contra la enfermedad.*

**Auricular único** Los primeros estetoscopios se parecían poco a los actuales. Para usar éste del siglo XIX, el médico ponía el extremo redondeado en el pecho del paciente y el puntiagudo, que conducía el sonido, en su oído.

## COMPRENDER AL CUERPO

1500

**1543** Dibujos de la anatomía publicados por vez primera en *Los siete libros sobre la estructura del cuerpo humano,* por Andreas Vesalius.

1600

**1628** La teoría de William Harvey establece que la sangre, bombeada por el corazón, circula por todo el cuerpo.

**1661** Marcello Malpighi confirma la teoría de Harvey sobre la circulación.

1700

**1726** Stephen Hales mide la presión arterial.

**1761** B.G. Morgagni escribe *Sobre las causas de las enfermedades,* el principio del estudio anatómico científico usando cadáveres.

**1796** Edward Jenner presenta la vacuna contra la viruela loca.

1800

**1815** René Laënnec inventa el estetoscopio.

**1858** Rudolf Virchow, patólogo alemán, propone que las células del cuerpo surgen de una célula, el óvulo fertilizado, que a su vez se ha formado de células de ambos padres.

**1870-1880** Louis Pasteur demuestra que los microorganismos causan enfermedades infecciosas. Crea vacunas contra la rabia y el carbunco. Y también sienta las bases de la pasteurización, que mediante el calor elimina de los alimentos los organismos que enferman.

**1882** Walther Fleming descubre los cromosomas, portadores de la información genética.

**Louis Pasteur** Microbiólogo francés.

## Anticoncepción

**1220 a.C.** Uso del condón registrado en el antiguo Egipto.
**1844** Charles Goodyear patenta la vulcanización del caucho y se fabrican los condones.
**1909** El dispositivo intrauterino (DIU), anticonceptivo para las mujeres, lo inventó Richard Richter.
**1916** Margaret Sanger inaugura el primer consultorio de control natal en EUA.
**1959** La píldora femenina anticonceptiva es creada por Gregory Pincus. Un año después se vende en EUA.

**Llegada del dispositivo** Este DIU de principios del siglo XX fue uno de los primeros dispositivos anticonceptivos internos.

## Acontecimientos médicos importantes

***c.* 400 a.C.** Hipócrates observa que el paludismo está vinculado con cierta localidad y clima, y así sienta las bases de la epidemiología, el estudio de las causas y distribución de las enfermedades.
**1666** Thomas Sydenham publica un estudio sobre las epidemias, *Observationes Medicae,* estableciendo los principios de la revisión médica y epidemiología. También es el primero en usar la quinina para curar el paludismo; y hierro, para la anemia.
***c.* 1780** El físico inglés William Withering cura el edema (hidropesía) con digital.
**1796** Edward Jenner inocula a un niño con viruela loca leve como protección contra la viruela local mortal. La vacunación se convierte en práctica habitual contra esa enfermedad.
**1805** Friedrich Sertürner, farmacéutico alemán, extrae morfina del opio.
**1842** Crawford Long, cirujano estadounidense, anestesia con éter por vez primera, en una operación para extirpar un tumor.
**1899** La aspirina, derivada de extractos vegetales, es creada por el químico alemán Heinrich Dreser.
**1910** Paul Ehrlich, químico alemán, crea salvarsán, el primer antibacteriano sintético capaz de combatir una enfermedad específica, para curar la sífilis.
**1928** La penicilina, el primer antibiótico mundial, es descubierta por el bacteriólogo inglés Alexander Fleming. Es explotada como fármaco comercial por Howard Florey y Ernst Chain en 1940.
**1953** Jonas Salk, médico estadounidense, crea una vacuna contra la polio.
**1980** Se anuncia la erradicación mundial de la viruela por una vacunación colectiva.
**2001** Se crea una vacuna de ADN. Esta técnica, inyectar ADN de un microbio nocivo en un músculo, produce una inmunidad fuerte y duradera y tiene el potencial de protegernos contra todas las enfermedades.

## MIRADA AL INTERIOR DE UN CUERPO VIVO

En 1895, al investigar las propiedades de los rayos catódicos, el físico austriaco Wilhelm Röntgen registró un nuevo tipo de radiación que atravesaba carne y ropa. Lo llamó "rayos X", y tomó fotografías de las manos que mostraban los huesos. Los rayos X fueron el principio de una técnica de diagnóstico por imágenes, no agresiva. Desde entonces, las técnicas que revelan la estructura y química del cuerpo se han agregado a nuestro conocimiento de cómo funciona.

**1895 Rayos X** Por vez primera muestran imágenes bidimensionales de los huesos. Detectan fracturas, enfermedades óseas y cuerpos ajenos.

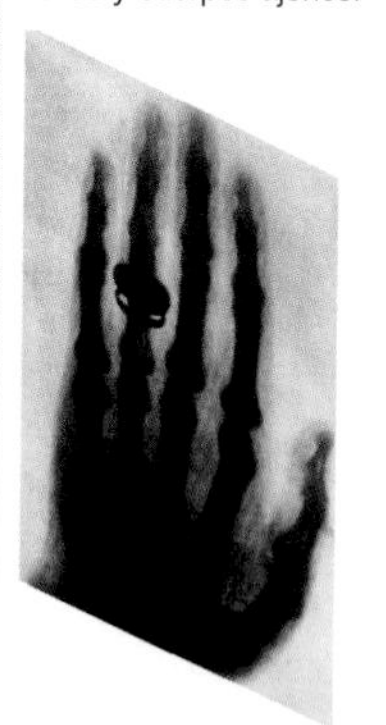

**1950 Ultrasonido** Ecos de ondas sonoras de alta frecuencia crean imágenes bidimensionales de partes internas blandas.

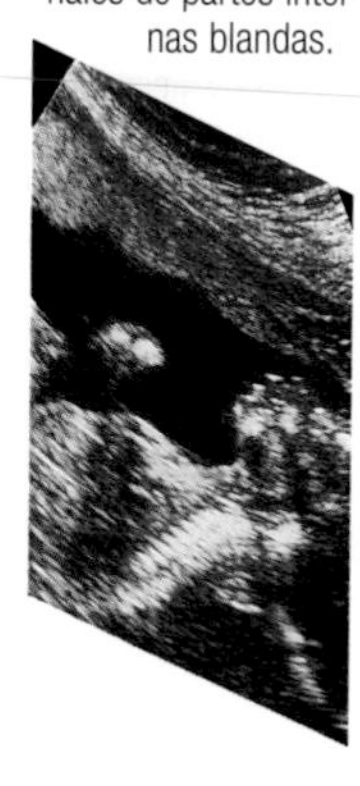

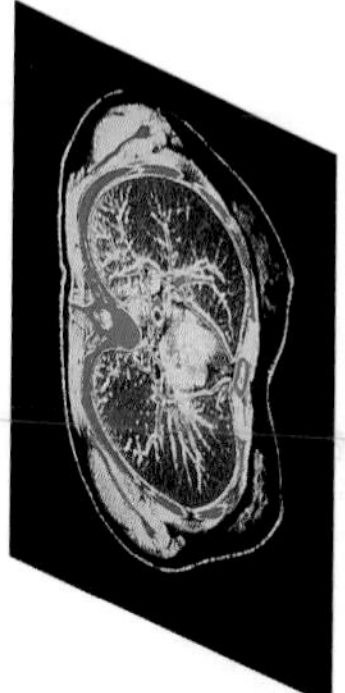

**1960 Termografía** Se crea para registrar las diferentes temperaturas corporales. Detecta inflamación y división celular rápida, indicando posible cáncer.

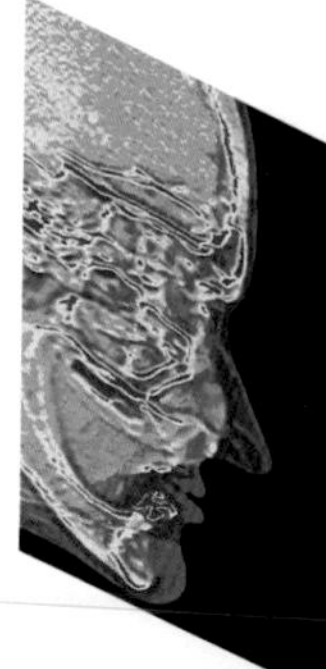

**1972 Tomografía axial computarizada (TAC)** Usa una computadora para convertir rayos X de corte transversal en imágenes 3-D de órganos y cavidades del cuerpo que muestran tumores y otros signos de enfermedad o lesión.

**1980 Resonancia magnética nuclear (RMN)** El cuerpo está rodeado por un fuerte campo magnético y es explorado por ondas de radio, para crear imágenes tridimensionales de corte transversal. Puede revelar todo el tejido del cuerpo, desde partes blandas, como las del cerebro, hasta el esmalte de los dientes.

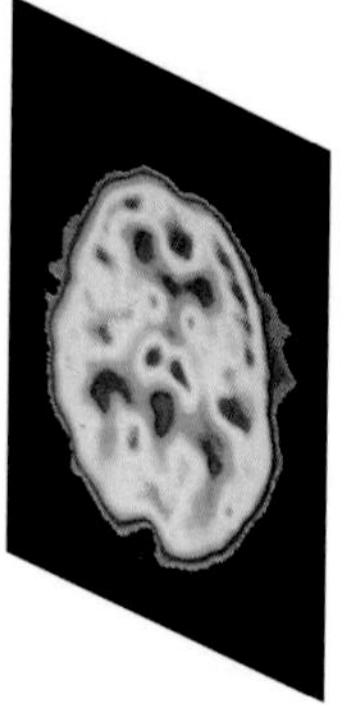

**1987 Tomografía por emisión de positrones (TEP)** Introduce elementos radiactivos en el cuerpo para mostrar su química, y se creó para revelar alteraciones del cerebro, como las causadas por derrames.

1900

**1900** Karl Landsteiner identifica grupos sanguíneos; eso garantiza transfusiones seguras.

**1921** Frederick Banting y Charles Best aíslan la hormona insulina, y la usan con éxito en el tratamiento de la diabetes.

**Frederick Banting y Charles Best**

**1929** Hans Berger descubre actividad eléctrica en el cerebro e inventa el electroencefalógrafo (EEG), que usa electrodos para registrarla.

**1944** Oswald Avery, Maclyn McCarty y Colin MacLeod descubren que el ADN lleva información genética.

1950

**1952** Amniocentesis (análisis de líquido amniótico de la matriz, aspirado con una aguja hueca), método creado por el genetista inglés Douglas Bevis.

**1953** La estructura de doble hélice del ADN es identificada por James Watson y Francis Crick.

**1973** Stanley Cohen y Herbert Boyer insertan nuevos genes en células bacterianas, el primer paso de la ingeniería genética.

**1984** La ingeniería genética produce insulina humana. El virus del sida (más tarde llamado VIH) es descubierto por el inmunólogo francés Luc Montaigner.

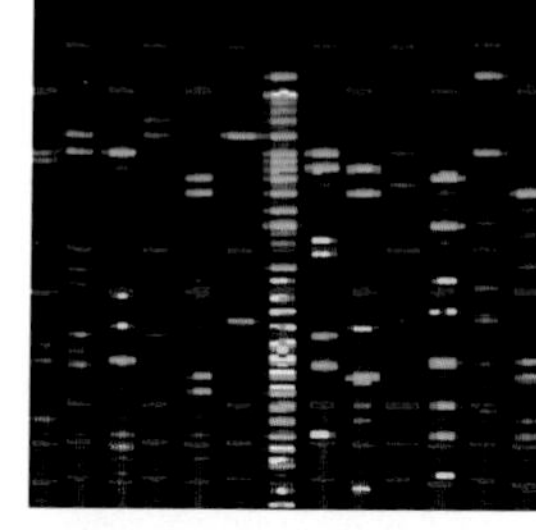

**Código de color** Secuencia de ADN en autorradiografia. Cada banda de color representa uno de los cuatro nucleótidos del ADN.

2000

**2000** Un proyecto de todo el genoma humano es lanzado por científicos de dos equipos rivales: el Human Genome Project, consorcio internacional no lucrativo, y Celera Genomics, empresa estadounidense privada.

**Primera etapa** Las células del óvulo fecundado se vuelven embriocitos a poco de la concepción.

### Uso de la clonación para curar enfermedades

Clonar embriones humanos es objeto de polémica en la investigación médica, pero esta tecnología podría tener importantes beneficios, por ejemplo, para curar el mal de Parkinson o lesiones de la médula espinal. Los embriocitos, células especiales de los embriones, pueden formar cualquier tipo de tejido. Al trasplantarlos de embriones clonados a pacientes con lesiones o enfermedades incurables, en 14 días estimulan el crecimiento de células sanas en órganos y tejidos.

vea también

148 **Embarazo y parto**
150 **Células y ADN**
160 **Trastornos y enfermedades**
558 **Origen de la medicina modena**
560 **Medicina en la era moderna**

*Aparte de lesiones físicas o el desgaste natural, existen tres causas principales de enfermedad: invasión de microorganismos, como los virus; errores en nuestra estructura genética, y exposición a factores externos como contaminación, distintos tipos de polen, alimentación deficiente o farmacodependencia.*

## Cómo se multiplican los virus

Los virus son los seres más sencillos. No se consideran vivos, pues no tienen ciclo de vida, no pueden reproducirse de manera autónoma ni tienen metabolismo propio.

**Todos los virus son parásitos.** Se reproducen al invadir una célula, mudar su cubierta externa protectora y con el ADN anfitrión multiplicar muchas veces su propio material genético. Cada hebra de material genético duplicada adquiere una cubierta proteínica para formar un nuevo virus.

## ENFERMEDADES INFECCIOSAS

Las enfermedades infecciosas son causadas por microorganismos. Los síntomas aparecen cuando empiezan a multiplicarse. Hay cuatro categorías importantes de microorganismos:

- **Virus** Están formados sólo por material genético rodeado de una capa protectora; dependen en forma absoluta de las células vivas de otros organismos para multiplicarse. En el proceso, causan una amplia gama de enfermedades, desde resfriado y gripe hasta sida y varicela; no son curables con antibióticos.
- **Bacterias** Organismos unicelulares sencillos. Viven en diferentes hábitats, como la superficie del cuerpo y los intestinos. Algunas bacterias son patógenas (provocan enfermedades). Los padecimientos causados por ellas suelen curarse con antibióticos.
- **Protistos** Organismos unicelulares mucho más complejos y más grandes que las bacterias. Centenares de especies son parásitas de otros organismos y causan enfermedades, como la del sueño.
- **Hongos** Organismos multicelulares o unicelulares; se alimentan de materia viva o desechos orgánicos. Algunos tipos parasitarios pueden provocar enfermedades si se establecen encima o dentro del cuerpo. Los hongos causan candidiasis bucal y pie de atleta.

**Las siete enfermedades infecciosas más devastadoras** Según estadísticas de la Organización Mundial de la Salud, las siguientes enfermedades explican hoy en día el elevado número de muertes en todo el mundo:

| Enfermedad | Agente infeccioso | Método de transmisión | Incubación | Síntomas | Tratamiento | Muertes anuales (est.) |
|---|---|---|---|---|---|---|
| **Neumonía** | Diversos virus | Aéreo | Variable | Tos, fiebre | Alivio de síntomas | 3,500,000 |
| **VIH/sida** | Virus | Contacto sexual, madre a hijo, transfusión sanguínea | Variable, unos 7 años | Menos peso, diarrea, letargo, fiebre, respiración entrecortada, infecciones | Tratamiento de infecciones, pero incurable | 2,285,000 |
| **Problemas diarreicos** | Bacterias | Contacto directo con persona infectada, comida | 1 a 2 días | Fuerte diarrea y deshidratación | Muchos líquidos, antibióticos si son fuertes | 2,219,000 |
| **Tuberculosis (TB)** | Bacteria | Leche de vacas infectadas, aéreo | De semanas a varios años | Tos con expulsión de moco con sangre, dolor de pecho | Antibióticos | 1,498,000 |
| **Paludismo** | Protisto | Picaduras de mosquitos | 10 a 14 días | Sudoración, fatiga, crisis febriles intensas y escalofríos | Fármacos antipalúdicos | 1,110,000 |
| **Sarampión** | Virus | Aéreo | 7 a 14 días | Erupción cutánea rojiza, fiebre, frío intenso | Alivio de síntomas | 888,000 |
| **Tos convulsiva** | Bacteria | Gotículas de persona infectada | 12 a 20 días | Estornudos, dolor de garganta, fiebre, prolongados accesos de tos con vómito | Antibióticos | 346,000 |

### Otras enfermedades infecciosas frecuentes

| Enfermedad | Agente infeccioso | Método de transmisión | Incubación | Síntomas | Tratamiento |
|---|---|---|---|---|---|
| **Varicela** | Virus | Contacto directo con persona infectada, aéreo | 11 a 21 días | Erupción cutánea, dolor de garganta, cefaleas, fiebre, letargo | Alivio de síntomas |
| **Cólera** | Bacteria | Agua o comida contaminada | 1 a 5 días | Fuerte diarrea y deshidratación | Líquidos, antibióticos |
| **Resfriado** | Diversos virus | Saludo de mano, aéreo | 1 a 3 días | Estornudos, nariz tapada o con escurrimiento, dolor de garganta, músculos doloridos | Alivio de síntomas |
| **Difteria** | Bacteria | Contacto con persona infectada, aéreo | 4 a 6 días | Fiebre, membrana gris en la garganta; en ocasiones, daño cardiaco | Antibióticos y antitoxina |
| **Gripe** | Virus | Aéreo | 1 a 3 días | Alternan sudoración y escalofrío, cefaleas, dolor de garganta, fiebre | Alivio de síntomas |
| **Tifoidea** | Bacteria | Agua o comida contaminada | 7 a 14 días | Molestia abdominal, diarrea, cefaleas, fiebre | Antibióticos |

# PROBLEMAS MÉDICOS FRECUENTES

El cuerpo humano está sujeto a muchos achaques o enfermedades.

## Esqueleto y músculos

**Artrosis** Degeneración del cartílago en los extremos de los huesos que causa hinchazón, rigidez y dolor articular.

**Artritis reumatoide** El sistema inmunitario del cuerpo ataca sus propios tejidos, inflama mucho el recubrimiento de las partes blandas que circundan articulaciones. Afecta caderas, pies, muñecas y dedos, causando dolorosa hinchazón y rigidez. Puede deformar los dedos.

**Reumatismo** Abarca todas las formas leves de artritis inflamatoria.

## Sentidos

**Anosmia** Se pierde el sentido del olfato a causa de una lesión cerebral.

**Catarata** El cristalino del ojo se empaña, causando visión borrosa.

**Glaucoma** Fuerte presión de líquidos dentro del ojo daña el nervio óptico y las fibras nerviosas de la retina, causando pérdida de visión.

**Retinitis pigmentaria** La degeneración de la retina causa visión nocturna deficiente y, en ocasiones, ceguera.

## Corazón y circulación sanguínea

**Angina de pecho** Al engrosarse las arterias coronarias disminuye el abasto de sangre al corazón, provocando fuertes dolores en el pecho. Los coágulos en las arterias obstruidas (trombosis coronarias) causan infartos. El estrés, tabaco, hipertensión arterial, colesterol alto, obesidad y falta de ejercicio pueden propiciarla; los factores genéticos y la diabetes, también.

**Hipertensión arterial** Si es superior a la presión normal dentro de las arterias, afecta la fuerza de bombeo del corazón. El músculo cardiaco se hace más grueso para compensar eso y, a la larga, todo el corazón aumenta de tamaño.

**Anemia** Esta enfermedad se debe a los bajos niveles de glóbulos rojos portadores de oxígeno en la sangre. Se caracteriza por piel pálida y cansancio extremo.

**Anemia drepanocítica** Los glóbulos rojos se vuelven "medias lunas" y causan obstrucción dentro de los vasos sanguíneos, afectando órganos como el cerebro y los riñones. Es hereditaria.

## Aparato respiratorio

**Bronquitis** Inflamación de los conductos que unen los pulmones y la tráquea; causa tos con esputo.

**Enfisema** Daño irreversible a los alveolos pulmonares; causa falta de aliento.

## Vías urinarias y aparato digestivo

**Cistitis** Infección bacteriana en la vejiga que crea una necesidad frecuente de orinar. La padecen más las mujeres que los hombres.

**Diarrea** Las heces se vuelven acuosas por micosis, infección bacteriana, viral o intoxicación alimentaria. La diarrea también puede relacionarse con males intestinales como colitis o la enfermedad de Crohn.

**Anemia perniciosa** En este tipo de anemia el intestino es incapaz de absorber la vitamina $B_{12}$, causando una escasez de glóbulos rojos.

**Úlceras** Al debilitarse la mucosa protectora de los intestinos se producen llagas en el estómago o el duodeno.

**Cálculos renales** Sustancias químicas de la orina se solidifican en el riñón causando dolor y dificultad al orinar.

**Insuficiencia renal** Los riñones no pueden filtrar bien la sangre, y producen una acumulación de residuos en el cuerpo.

## Piel y cabello

**Inflamaciones cutáneas** Algunas de las enfermedades más frecuentes son eccema (comezón y vesículas), también llamada dermatitis, que puede ser hereditaria o por una alergia; psoriasis (inflamación cutánea dolorosa con escamas plateadas), que suele heredarse; y urticaria (ronchas pruriginosas inflamadas, también conocidas como erupción), causada por alergia.

**Vitiligo (leucoderma)** Deficiencia de las células productoras de melanina; causa pérdida de color en partes de la piel.

## Glándulas y hormonas

**Diabetes mellitus** La glucemia muy alta inhibe la producción de insulina en el páncreas. Puede ser genética o causada por obesidad.

**Hipertiroidismo** La producción excesiva o insuficiente de hormonas tiroideas causa una gama de efectos. El exceso aumenta el metabolismo del cuerpo y causa sudoración exagerada, pérdida de peso y frecuencia cardiaca irregular; la falta produce aumento de peso, caída del cabello y fatiga.

**Enanismo o gigantismo hipofisario** La producción exagerada o escasa de la hormona pituitaria del crecimiento en la infancia causa, respectivamente, un crecimiento atrofiado o excesivo.

## Trastornos inmunitarios

Si nuestro sistema inmunitario falla, las células especializadas que en condiciones normales atacan partículas extrañas empiezan a atacar las propias células del organismo. Esto puede causar trastornos autoinmunitarios como esclerosis múltiple, artritis, diabetes insulinodependiente. Esta última, por ejemplo, se debe a la destrucción de células del páncreas que producen insulina.

Las alergias también son trastornos inmunitarios. Sustancias inocuas que respiramos, digerimos o entran al cuerpo por la piel, las identifica erróneamente nuestro sistema inmunitario como peligrosas y las ataca. Esto causa inflamación en el punto de contacto y síntomas como náuseas, comezón o estornudos. En casos extremos causa choque anafiláctico, una baja potencialmente mortal de la presión arterial. Alérgenos comunes incluyen polvo de las casas, polen y diversos alimentos.

## Trastornos del cerebro y el sistema nervioso

Casi todas las enfermedades del cerebro y el sistema nervioso se deben a desequilibrios químicos o daño al cerebro o nervios.

**Alzheimer** Degeneración progresiva del tejido cerebral que reduce la capacidad intelectual.

**Epilepsia** Actividad eléctrica local, repentina, de neuronas en el cerebro; produce ataques recurrentes o desmayos fugaces. La epilepsia puede tener muchas causas, como lesiones en el cerebro, fiebre alta o tumores.

**Enfermedad de la motoneurona** Degeneración de la médula espinal y células del cerebro; debilita y desgasta músculos.

**Esclerosis múltiple (EM)** La destrucción progresiva del sistema inmunitario de la capa protectora de fibras nerviosas hace que el sistema nervioso y el cerebro fallen.

**Mal de Parkinson** Causado por deficiencia en el cerebro de dopamina, sustancia química que ayuda a los nervios a transmitir mensajes, produce temblor nervioso, rigidez y pérdida de movimiento espontáneo.

**Esquizofrenia** Grupo de trastornos incapacitantes que se caracterizan porque es imposible reconocer la realidad.

**Derrame cerebral** La obstrucción o ruptura de un vaso sanguíneo causa daño cerebral. Mueren las células afectadas, y eso reduce la función en las áreas del cuerpo que controlan.

vea también

139 **Sistema inmunitario**
156 **Necesidades vitales**
158 **Los adelantos de la medicina**
558-561 **El ejercicio de la medicina**

# Historia de la humanidad

# Historia de la humanidad

**Desde las civilizaciones más tempranas hasta la actualidad**

2500 A.C. | 2000 A.C. | 1500 A.C. | 1000 A.C. | 500

**Antiguo Medio Oriente**

- **3500-2500** Fundación de las ciudades-Estado sumerias
- **2000** Los hititas invaden Anatolia (Turquía) 
- **1750** Fundación del Imperio Babilónico
- ***c.* 1200** Los hebreos fundan Israel
- **740-612** Imperios asirios amenazan a Medio Oriente
- **521** El Imp Persa se e del Nilo al

**Antiguo Egipto**

- ***c.* 2800-2160** Imperio Antiguo
- **2050-1780** Imperio Medio 
- **1720** Principia el dominio hicso
- **1560** Fundación del Imperio Nuevo
- **671-651** Los asirios invaden Egipto
- **525** Los conquis Egipto

**India**

- ***c.* 2500** Desarrollo de civilizaciones en el valle del Indo
- ***c.* 1550** Los arios invaden el norte de la India
- **1000-600** Se establecen los Estados hindúes
- ***c.* 525** B empieza enseñar

**Grecia antigua**

- ***c.* 2000** Surge la civilización minoica en Creta
- ***c.* 1900** Los micenos se asientan en Grecia 
- ***c.* 1500** Cae la civilización micénica
- ***c.* 1125** Los dorios invaden Grecia
- ***c.* 750** Fundación de las primeras colonias griegas

**América antigua**

- ***c.* 2600** Aparece en América Central la primera cultura neolítica
- ***c.* 1200-*c.* 400** Cultura olmeca en México
- ***c.* 900-*c.* 400** Cultura Chavin en Perú

**China**

- ***c.* 1600-1050** Primera civilización china
- ***c.* 1000-256** "Era Clásica"
- ***c.* 604-531** Vida de Lao-Tse
- **551-479** de Confuc 

**África**

- ***c.* 1000** Primera civilización cusita

**Roma**

- ***c.* 900** Llegan los etruscos a Italia
- **753** Fundación de Roma

**Bizancio**

**Japón**

**Europa medieval y moderna temprana**

**Medio Oriente islámico**

**Rusia**

**Civilización occidental moderna**

2500 A.C. | 2000 A.C. | 1500 A.C. | 1000 A.C. | 500

A.C. | 0 | 500 D.C. | 1000 D.C. | 1500 D.C. | 2000 D.C.

**334-326** Alejandro conquista Medio Oriente

**332-330** Alejandro conquista Egipto — **30 a.C.** Roma se anexa Egipto

**322-185** Imperio Maurya — **320-480** Imperio Gupta en el norte de la India — **1206-1526** Sultanato de Delhi — **1526-1707** Imperio Mogol — **1612-1858** Conquista británica — **1947** Independencia de la India

**469-429** "Edad de Oro" de Atenas — **334-146** Era Helenística — **146** Roma conquista Grecia

**100-300** Culturas mochica y nazca en Perú — **300-500** Cultura teotihuacana en México — **1000-1400** Imperio Chimú en Perú — **1325-1530** Imperio Azteca en México — ***c.* 1438-1533** Imperio Inca en Perú — **1530-1596** Conquista española

**221-210** Reinado de Qin Shi Huangdi — **304** Invasiones de hunos — **477** El budismo se convierte en religión de Estado — **850-900** Gobierno de jefes militares — **960-1279** Desarrollo cultural bajo la dinastía Song — **1275** Marco Polo llega a Pekín — **1557** Portugueses en Macao — **1839-1860** Guerras del Opio — **1900-1901** Rebelión Bóxer — **1949** República Popular

**500 a.C.-200 d.C.** Civilización Nok en Nigeria — **146** Se funda África romana — **50-400** Imperio de Axum — ***c.* 700** Surge el Imperio de Ghana — ***c.* 700-1000** Expansión del Islam — ***c.* 1100-1250** Civilización de Zimbabwe — ***c.* 1500** Empieza tráfico de esclavos — **1878** "Lucha por África" — **1945** La independencia colonial se expande

**0** Nace la epública omana — **264-146** Guerras Púnicas — **27 a.C.** Augusto es el primer emperador — **476** Derrocamiento del último emperador de Occidente

**330** Fundación de Constantinopla — **636-838** Amenaza árabe — **867** La Iglesia Ortodoxa rompe con Roma — **1453** Los otomanos toman Constantinopla

***c.* 300** El clan Yamato unifica Japón — **794-1185** Periodo Heiano — **1192-1333** Shogunado Kamakura — **1338-1586** Shogunado Ashikaga — **1598-1868** Shogunado Tokugawa — **1941-1945** Segunda Guerra Mundial

**500** Reinos bárbaros — **756** Estado moro en España — **1095-1272** Cruzadas — ***c.* 1300-1600** Renacimiento — ***c.* 1530-1650** Reforma — ***c.* 1700-1789** Ilustración

**630-660** Conquistas árabes — **909-1171** Califato Fatimita en Egipto — ***c.* 1300-1920** Imperio Otomano — **1923** Fundación de la República Turca

**988** Rusia de Kiev adopta el cristianismo bizantino — **1480** Unificación de Rusia en torno a Moscovia — **1917** Revolución Rusa

**1492** Colón llega al Nuevo Mundo — **1760** Máquina de vapor de James Watt — **1776** Revolución Norteamericana — **1789** Revolución Francesa — **1959** El chip de silicio se inventa

A.C. | 0 | 500 D.C. | 1000 D.C. | 1500 D.C. | 2000 D.C.

*Los primeros humanos modernos* (Homo sapiens sapiens) *aparecieron en el continente africano hace 100,000 años. En los siguientes 50,000 años colonizaron gran parte de Asia y Australia antes de llegar a Europa. Adquirieron nuevas habilidades, en diferentes grados, en regiones diferentes, pero los hitos del desarrollo siguieron un modelo similar: desde simples hojas de piedra hasta sofisticada joyería hecha de hierro.*

**Hace 100,000 años** El *Homo sapiens sapiens* aparece en África.

**Hace 50,000 años** Llegan los primeros humanos a Australia.

**Hace 45,000 años** Los primeros humanos modernos llegan a Europa desde Medio Oriente.

**Hace 40,000 años** Empiezan a aparecer en Europa utensilios del Paleolítico superior.

**Hace 30,000 años** Los neandertales desaparecen, incapaces de competir con los antepasados de los humanos modernos.

**Hace 25,000 años** Se hacen figuras femeninas de "Venus" en Europa.

25,000 años

Hace 20,000 años

**Hace 20,000 años** Empieza a florecer el arte en África y el suroeste de Europa, con pinturas rupestres y objetos tallados.

**Hace 18,000 años** Culmina la última Edad del Hielo.

**Hace 15,000 años** Empieza a mejorar el clima y se funde la capa de hielo.

15,000 años

**Hace 12,000 años** Se domestican animales y plantas; empieza la Era Neolítica.

**Hace 11,000 años** Los cazadores van al sur a través de América.

Hace 10,000 años

**Hace 10,000 años (8000 a.C.)** Se crean las primeras imágenes de dioses.

**7000 a.C.** Se usa cobre por primera vez en utensilios.

**Pinturas rupestres** Pinturas paleolíticas de animales adorna las paredes en Lascaux, Francia

**6000 a.C.** Se practica por primera vez la irrigación en Mesopotamia.

**5200 a.C.** Se expande la agricultura en Europa.

**4500 a.C.** Se construye el pri templo del mun en Eridu, Sumer

## La Edad de la Piedra

### Paleolítico Superior

*Hace 40,000-10,000 años*

Los primeros humanos eran ya expertos artesanos con pedernales en el periodo Paleolítico Superior. Se han hallado más de 100 diferentes útiles y armas en Europa y Cercano Oriente. Entre lo característico de las culturas de este periodo están:

- Puntas de lanza, de flecha y cuchillas.
- Útiles y armas (anzuelos, agujas y tiradores de lanza) de hueso y marfil.
- Joyería y vestido, hechos de pieles cosidas con agujas de hueso.
- Entierros ceremoniales.
- Arte cavernario y estatuas.

**Arte de la Edad de la Piedra** La "Venus de Willendorf", tallada hace 25,000 años, es una de las primeras esculturas conocidas.

### Neolítico

*A partir de hace 12,000 años*

La alta Edad de la Piedra presenció el desarrollo de la agricultura, que reemplazó la caza como modo de existencia. Hacia fines del Neolítico los humanos habían aprendido a cultivar muchas cosechas: trigo y cebada en el Cercano Oriente, maíz en América Central, arroz en China y papas en América del Sur. La agricultura originó excedentes, que permitieron a los pueblos crecer y establecer asentamientos permanentes. Son característicos del Neolítico:

- La domesticación de animales (hacia el año 6000 a.C. en China y Mesopotamia).
- Nuevos útiles; por ejemplo, hachas para desbrozar y obtener más tierra para cultivo, azadones, segadoras y piedras de amolar.
- Uso de cerámica para almacenaje.
- Construcción de las primeras aldeas y pueblos, a menudo rodeados de muros para encerrar ganado (Jericó y Catal Hüyük).
- Tumbas hechas de piedra.

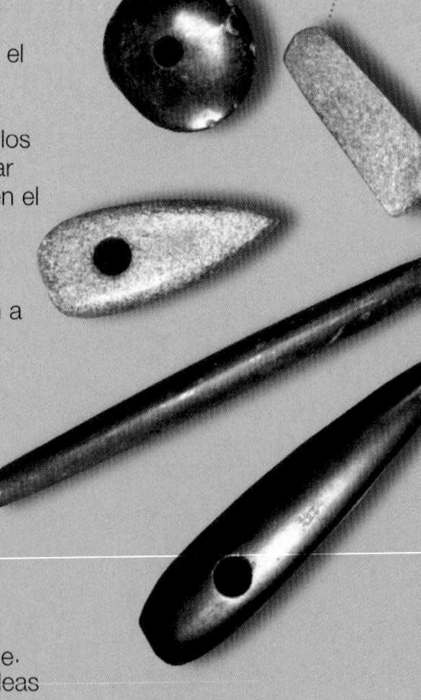

**Útiles de piedra** Los artesanos neolíticos eran expertos trabajadores de la piedra. Estos martillos y hachas datan de *c.* 5000 a.C.

## Las edades de los metales

### Edad del Bronce
*Desde 3000 a.C.*

Los primeros experimentos con metales se hicieron en Irán y Turquía hace unos 9,000 años. El bronce y el oro se usaron primero para utensilios y armas; les siguió el bronce (una aleación de cobre y estaño). La Edad del Bronce presentó:

- Útiles y armas de cobre y bronce (puntas de lanza y flecha, cinceles, sierras).
- Comercio por toda Europa.
- Primeras minas y métodos de extracción de mineral.
- Alta calidad de manufactura (joyería, estatuas, decoración).
- Creación de alineamientos de piedra.

**Escudo de bronce** Los artesanos creaban muchas armas bellamente decoradas.

### Edad del Hierro
*Desde 1200 a.C.*

El hierro se utilizaba mucho antes de esta era. Los hititas de Anatolia hicieron armas de hierro entre 2000 y 1200 a.C. El hierro llegó a Grecia hacia 1000 a.C., y al norte de Europa, Asia y África hacia 750 a.C. Lo llevaron a Britannia los celtas, miembros de una cultura de la Edad del Hierro originaria de los Alpes austriacos. El hierro tenía tres ventajas sobre el bronce: producía bordes más filosos y duraderos, no se necesitaba combinar con otro metal, y abundaba. Se le usó para clavos, herramientas, armas, utensilios de cocina, joyería y artículos religiosos. Se considera que la Edad del Hierro europea terminó a causa de la expansión del Imperio Romano. No hubo Edad del Hierro en América, y el hierro fue introducido en ese continente por los colonizadores europeos.

**Brasero de hierro** Esta obra de la Edad del Hierro tiene cabezas de buey estilizadas.

**4000 a.C.** Se empieza a hacer cerámica en el Amazonas, en América.

**3500 a.C.** Prosperan en Mesopotamia las primeras ciudades-Estado. Aparecen los primeros dólmenes.

**3000 a.C.** Surge la civilización en el valle del Indo. Se usa la rueda allí y en Mesopotamia.

3000 a.C.

**2686 a.C.** Empieza el Imperio Antiguo en Egipto (hasta 2181 a.C.).

**2100 a.C.** Stonehenge, en Inglaterra, llega al apogeo de su desarrollo.

**2000 a.C.** Se construyen en Creta los primeros palacios.

1500 a.C.

**1300 a.C.** Los pobladores de las islas del océano Pacífico empiezan a migrar hacia el este, a Fiji, Tonga y Samoa.

**1200 a.C.** La agricultura se difunde por América del Norte.

**1100 a.C.** Los pueblos europeos empiezan a construir acrópolis.

1000 a.C.

**1000 a.C.** La agricultura se difunde en América Central y del Sur.

**800 a.C.** Las primeras sociedades que usan hierro, en Hallstatt, Austria, son las precursoras de la Edad del Hierro en Europa.

100 a.C.

**1000 d.C.** Nueva Zelandia es ocupada por navegantes polinesios.

### Grandes migraciones
Los humanos modernos se diseminaron lentamente por el mundo desde sus orígenes en África. El Pacífico del Sur fue la última zona ocupada.

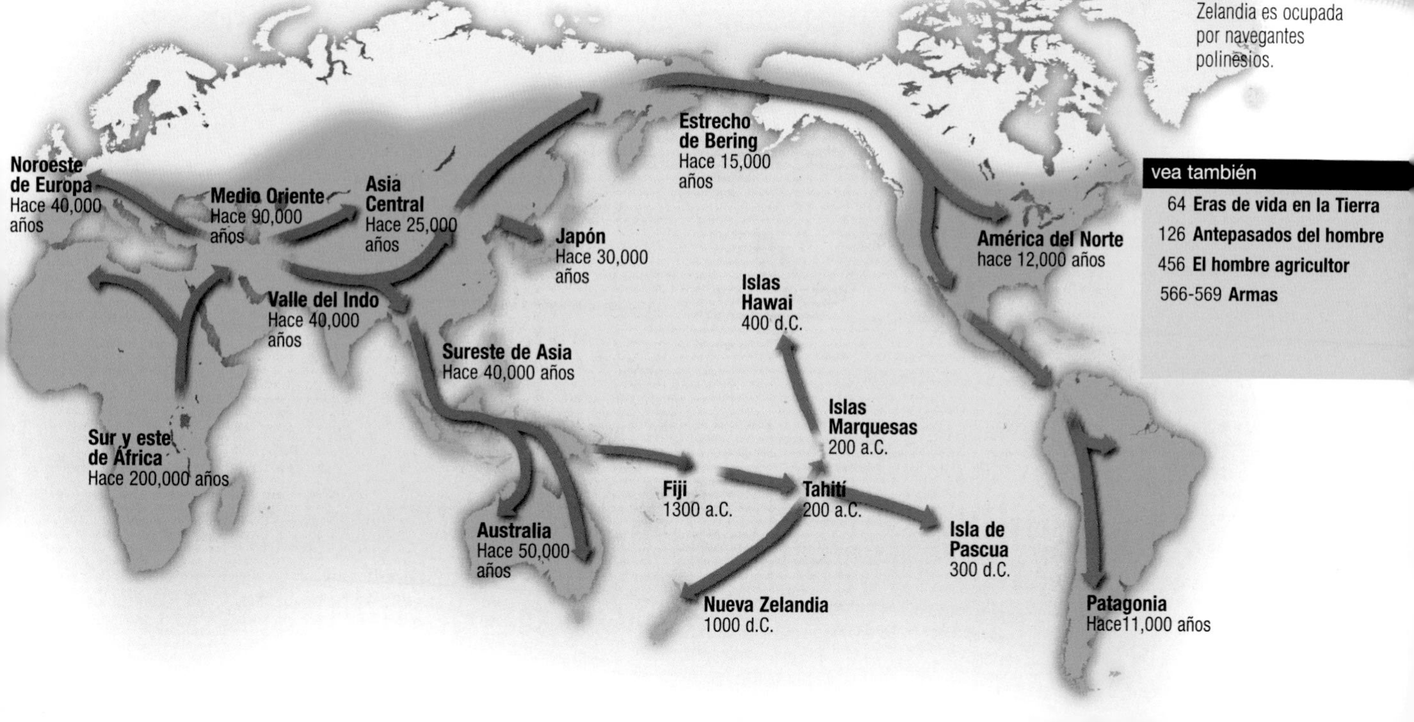

vea también
64 **Eras de vida en la Tierra**
126 **Antepasados del hombre**
456 **El hombre agricultor**
566-569 **Armas**

*La civilización está ligada al surgimiento de ciudades. La vida urbana apareció cuando la agricultura empezaba a sustentar a artesanos, comerciantes, gobierno y religión organizada, y al pueblo de cada lugar. A partir de 3000 a.C., se crearon ciudades a orillas de los ríos Tigris y Éufrates en Mesopotamia ("entre ríos"), parte del "Creciente Fértil". Primero eran ciudades-Estado independientes, luego parte de imperios. A la vez, Egipto aumentaba su poder, y el Mediterráneo oriental se convirtió en una encrucijada de comerciantes y forjadores de imperios.*

**Regreso a Canaán** Tras la huida de Egipto, los hebreos retornaron a la tierra ancestral de Canaán, estableciendo los reinos de Israel y Judá.

## Hogar de imperios

El "Creciente Fértil" de tierras bien irrigadas, en Medio Oriente, propició el desarrollo de una sucesión de imperios cuyas áreas principales se muestran aquí.

## Hitos de civilización

Muchos de los principales desarrollos asociados con la civilización occidental surgieron en el Creciente Fértil después de 10,000 a.C.

- **Ciudades** Algunas de las más antiguas del mundo están en Medio Oriente, como Jericó, fundada *c.* 8350 a.C. Catal Hüyük, en Anatolia, era la mayor del mundo y floreció entre 6250-5400 a.C.
- **Rueda** La rueda surgió en Mesopotamia *c.* 3500 a.C. como herramienta de ceramistas. Fue usada en vehículos después de *c.* 3200 a.C.
- **Sistemas legislativos** Hammurabi (*c.* 1792-1750 a.C.), rey de Babilonia, codificó las más antiguas leyes conocidas. La Torá judía data del siglo IV a.C.
- **Escritura** Alrededor de 3300 a.C., los sumerios idearon uno de los sistemas de escritura más antiguos, basado en figuras y llamado cuneiforme, impreso en tablillas de arcilla. Aproximadamente en 1100 a.C., los fenicios crearon un alfabeto basado en sonidos, fundamento de todas las escrituras europeas modernas.
- **Astronomía** Ur fue la cuna de la astronomía. Hacia 1000 a.C. los babilonios predecían eclipses lunares y rastreaban planetas.
- **Matemáticas** El sistema numérico de Mesopotamia nos dio la hora de 60 minutos y el círculo de 360 grados.
- **Monoteísmo** La creencia en un dios único y todopoderoso fue característico del judaísmo, y luego del cristianismo y el Islam.

**DATO** Los filisteos se asentaron en Gaza en los siglos XII u XI a.C., llegando quizá de Creta. La región se sigue llamando Palestina por ellos.

## Tierras de la Biblia

Los relatos históricos de la Biblia empiezan con Abraham, el primer patriarca. Los hebreos, o israelitas, dicen que descienden de su nieto Jacob. Tras la esclavitud en Egipto y su andar nomádico, se asentaron en Canaán, luchando contra los filisteos. Con el declive de los imperios egipcio e hitita, los israelitas se convirtieron en un poderoso reino bajo David. Luego fueron derrotados por los asirios (721 a.C.), estuvieron cautivos en Babilonia (*c.* 586-538 a.C.), y los conquistó Alejandro Magno (333 a.C.). En época de Jesús, Palestina formaba parte de la provincia romana de Judea.

Grandes líderes de los israelitas son:

- **Abraham** (*c.* 1800 a.C.) Padre fundador de la nación hebrea, se dice que Abraham emigró de Ur a Canaán en 1800 a.C.
- **Moisés** (*c.* 1200 a.C.) Según la Biblia, Moisés sacó a los hebreos de Egipto y recibió los Mandamientos en el Monte Sinaí.
- **David** (reinó *c.*1000-961 a.C.) David fundó la dinastía real israelita. Fue rey de Judá, luego de Israel, y unió a los israelitas. Convirtió a Jerusalén en su capital.
- **Salomón** (reinó *c.* 973-922 a.C.) Hijo de David, fue el rey más grande de Israel, afamado por su sabiduría. Fortaleció la milicia y el comercio, y construyó el primer Templo de Jerusalén.

**Deidad hitita** El judaísmo prohibió representaciones como ésta.

10,000 a.C.

***c.* 10,000 a.C.** La agricultura más antigua aparece en el norte y el noreste del Creciente Fértil.

***c.* 9000 a.C.** Jericó se convierte en una ciudad de 2,000 habitantes.

***c.* 8500 a.C.** Se domestican ovejas en el Creciente Fértil.

***c.* 7000 a.C.** Se utiliza por primera vez el cobre en la fabricación de utensilios.

***c.* 6500 a.C.** Catal Hüyük, Turquía, es una de las mayores ciudades de la Edad de la Piedra tardía.

***c.* 6000 a.C.** Con la irrigación la agricultura se expande más allá de las riberas de los ríos.

5000 a.C.

***c.* 3300 a.C.** La escritura cuneiforme más antigua se usa en Mesopotamia.

***c.* 3000 a.C.** Aparecen centros urbanos grandes en Mesopotamia.

***c.* 2350 a.C.** Sumeria se une como imperio bajo Sargón de Akkad.

***c.* 2200 a.C.** Surgimiento de Ur, la principal ciudad de Sumeria durante los dos siglos siguientes.

2000 a.C.

***c.* 1800 a.C.** Abraham y su familia emigran de Ur a Canaán, como se describe en el Antiguo Testamento.

***c.* 1300-1250 a.C.** Los hebreos salen de Egipto (el Éxodo).

**1285 a.C.** Los egipcios y los hititas luchan en Kadesh, junto al Mar de Galilea.

## Los fenicios

Durante varios milenios a partir de 3000 a.C., los fenicios fueron expertos constructores de barcos y marinos. Comerciaban por el Mediterráneo desde sus ciudades-Estado, Biblos, Tiro, Sidón y Beirut (en el Líbano actual), y fundaron colonias costeras como Cartago, en el norte de África. Fueron famosos por su cristalería, obras en marfil y teñido con la púrpura. Alejandro Magno saqueó sus ciudades.

**Cristalería fenicia**
Botella para incienso de los siglos III-I a.C.

## Los asirios

Luego de ser dominados por Babilonia, los asirios emergieron como poderío autónomo hacia 1350 a.C. Después de 740 a.C., bajo una sucesión de reyes poderosos, Asiria controló la mayor parte del área entre Egipto y el Golfo Pérsico. **Asurbanipal** (reinó en *c.* 668-627 a.C.), conquistador de Egipto, creó el mayor imperio conocido hasta esa fecha, el cual fue destruido por los medos y los caldeos en 612 a.C.

**Guerreros asirios**
Relieve en basalto que representa aurigas, del siglo VIII a.C.

## Los persas

En su origen una tribu nómada, los persas se asentaron en el Imperio Asirio hacia 850 a.C. Bajo **Ciro el Grande** (m. 529 a.C.) conquistaron Babilonia y crearon el Imperio Aqueménida, que se extendía desde Egipto hasta Afganistán. **Darío I** (el Grande, que reinó entre 521-486 a.C.) consolidó el Imperio, pero fue derrotado por los griegos en Maratón en 490 a.C. El Imperio Persa fue conquistado por Alejandro Magno en 330 a.C.

**Escena sacrificial**
Estatuilla de oro de *c.* 1150 a.C., de Susa, Irán, que representa a un devoto con una cabra.

## Los hititas

Desde aproximadamente 1700 hasta 1200 a.C., el noreste del Mediterráneo fue dominado por los hititas, con sede en Hattusa (el moderno Bogazköy). Se expandieron hasta Babilonia hacia 1595 a.C. La guerra con Egipto culminó con la conocida Batalla de **Kadesh,** en 1285 a.C., y un tratado sellado con el matrimonio entre una princesa hitita y el faraón Ramsés II. Después de 1200 a.C., los hititas fueron aplastados por los Pueblos del Mar, de Grecia y el Mediterráneo.

## Los babilonios

Babilonia era el poderío principal en 1750 a.C. El legista **Hammurabi** subió al poder en 1792 a.C., expandió el imperio y controló toda Mesopotamia bajo un solo gobierno. Babilonia cayó bajo el dominio asirio en 721 a.C., pero resurgió como Imperio Caldeo, o Neobabilonio, con **Nabucodonosor II** (que reinó *c.* 604-562 a.C.), que fue quien construyó los famosos Jardines colgantes. El Imperio cayó ante Ciro II de Persia en 539 a.C., y Alejandro Magno en 331 a.C.

## Los sumerios

Los sumerios establecieron la primera auténtica civilización del mundo. Sus ciudades-Estado, como Ur, Uruk, Eridu y Kish, florecieron en el sur de Mesopotamia (hoy Iraq) hacia 5000 a.C. **Sargón** (*c.* 2370-2315 a.C.) controló todas las ciudades del sur de Mesopotamia y fundó el Imperio Sumerio. Éste fue conquistado por los elamitas hacia 2000 a.C., y luego por los babilonios y los asirios.

vea también
332 **Sistemas de escritura**
456 **El hombre agricultor**
538-541 **Arqueología**

***c.* 1000-961 a.C.** David extiende Israel hasta Palestina y Siria.

***c.* 1200 a.C.** Los Pueblos del Mar se extienden por Medio Oriente; filisteos en Canaán.

1000 a.C.

***c.* 922** Israel y Judá se dividen tras la muerte del rey Salomón.

**922 a.C.** Jerusalén es saqueada por los egipcios.

*c.* 668-627 a.C. El Imperio Asirio alcanza su máxima extensión, pero empieza a perder superioridad militar, iniciando su decadencia.

**605 a.C.** Nabucodonosor II de Babilonia derrota a egipcios y asirios en Carquemish.

**586 a.C.** Destrucción de Jerusalén; 5,000 judíos son deportados a Babilonia (el "Cautiverio en Babilonia").

539 a.C. Ciro el Grande de Persia se apodera de Babilonia.

500 a.C.

**537 a.C.** Los judíos regresan de Babilonia y reconstruyen el Templo de Jerusalén.

**333 a.C.** Alejandro Magno derrota a Darío III de Persia en la Batalla de Iso.

**331 a.C.** Alejandro se apodera de Babilonia, asegurando la conquista del Imperio Persa.

**323 a.C.** Muere Alejandro Magno.

# Antiguo Egipto

*La civilización egipcia floreció en el Nilo durante 3,000 años. Muchos de sus grandes monumentos subsisten, y entre los más conocidos, las pirámides y la Esfinge. La sociedad egipcia fue muy constante en ese periodo: tenía forma de pirámide, con la solitaria figura del faraón en el vértice, y la masa de campesinos y agricultores en la base. La sociedad estaba sumamente organizada, hazaña que fue posible por la invención de la escritura. Tenía una sofisticada teología basada en un panteón de dioses y una elaborada mitología.*

**La Esfinge** Esculpida en un afloramiento de roca, la Gran Esfinge es un retrato del faraón Chefren, y se yergue frente a su pirámide en Giza.

## Gobernantes del más allá

**Osiris** Dios del inframundo, Osiris está vendado como momia y porta cetro y un látigo ceremonial.
**Horus** Horus es el dios del cielo con cabeza de halcón, y también la fuente de la autoridad real.
**Set** Dios de tormentas y caos, Set cortó en pedazos a Osiris y luego esparció las partes de su cuerpo.
**Isis** Esposa y a la vez hermana de Osiris, usó la magia para revivirlo después de que Set lo asesinó.
**Taweret** Protectora de las parturientas, tiene cuerpo de hipopótamo, garras de león y cola de cocodrilo.
**Bes** Es el dios enano del hogar.
**Tot** Dios de la Luna y el conocimiento, se representa como ibis o como mandril.
**Anubis** Es el dios de la momificación y se le representa con cabeza de chacal.
**Ra** El dios solar Ra (der.) se muestra con cabeza de halcón.

## LA MUERTE Y LAS MOMIAS

No sólo los faraones eran momificados. La preservación del cuerpo era un ritual religioso importante en todos los niveles de la sociedad, ya que se creía que el alma volvía al cuerpo para nutrirse. El proceso de momificación tardaba unos 70 días, antes de que el cuerpo se devolviera a los familiares para ser sepultado. El cuerpo se enterraba con encantamientos del *Libro de los muertos*, inscritos en papiro, y con *shabti* (estatuillas funerarias) que lo acompañarían en el más allá.

## Los grandes faraones

**Zoser (2668-2649 a.C.)** Primer constructor de pirámides, encargó la pirámide escalonada de Saqqara.

**Khufu (2589-2566 a.C.)** Construyó la Gran Pirámide de Keops en Giza.

**Pepi II (2278-2184 a.C.)** Subió al trono a los 6 años y gobernó hasta los 100. Pepi tuvo el más largo reinado de la historia que se conoce.

**Tutmosis III (1479-1423 a.C.)** Este faraón soldado extendió el territorio egipcio hasta su mayor extensión.

**Hatsepsut (1473-1458 a.C.)** Durante 15 años Hatsepsut gobernó como rey femenino (Egipto no reconocía entonces reinas). Usaba la barba falsa ritual para reducir la crítica antifeminista a su reinado, y a menudo se la representa como hombre.

**Akhenatón (1350-1334 a.C)** Con su esposa Nefertiti, Akhenatón prohibió el culto a todos los dioses excepto Atón, el disco solar. Construyó los grandes templos de Karnak y Luxor.

**Tutankamón (1334-1325 a.C.)** Un faraón de poca importancia que murió en su juventud, Tutankamón es conocido principalmente por su tumba y sus fabulosos tesoros, descubiertos por Howard Carter en 1922.

**Ramsés II (1279-1212 a.C.)** Construyó el templo en la roca de Abu Simbel, y edificó más monumentos que cualquier otro faraón en su reinado de 66 años.

**Cleopatra (51-30 a.C.)** Cleopatra fue amante de Julio César y Marco Antonio. Su Egipto fue conquistado por Roma en 30 a.C., dando fin a la era de los faraones.

**Abu Simbel** Las cuatro colosales estatuas sedentes de Ramsés II miden 20 m de altura. En la década de 1960 se colocaron a más altura para preservarlas de las aguas en ascenso del lago Nasser. Abu Simbel está a 250 km al sur de Philae.

5000 a.C.

*c.* **5000 a.C.** Pastores de ganado ocupan el fértil Sahara.

*c.* **3100 a.C.** Egipto es unificado por primera vez, por el rey Menes del Alto Egipto.

*c.* **2630 a.C.** Se construye en Saqqara la pirámide de Zoser.

*c.* **2600 a.C.** El Reino Antiguo alcanza su cénit con los reyes de la IV dinastía (2613-2498).

*c.* **2584-2565 a.C.** Se construye la Gran Pirámide de Khufu (Keops) en Giza.

*c.* **2558-2532 a.C.** Se construyen en Giza la pirámide de Chefren y la Esfinge.

2500 a.C.

**2498 a.C.** Los reyes de la V dinastía (hasta 2345 a.C.) adoptan el culto a Ra en Heliópolis.

**2181-2040 a.C.** El Primer Periodo Intermedio lleva el caos político a Egipto.

**2040 a.C.** Los reyes de la XI dinastía unifican Egipto como Imperio Medio (hasta 1782 a.C.).

2000 a.C.

**1782 a.C.** La decadencia de la autoridad real origina el Segundo Periodo Intermedio (hasta 1555).

**DATO** El científico alejandrino Eratóstenes demostró en el siglo III a.C. que el mundo era redondo. Calculó su circunferencia con un grado de precisión de 99%.

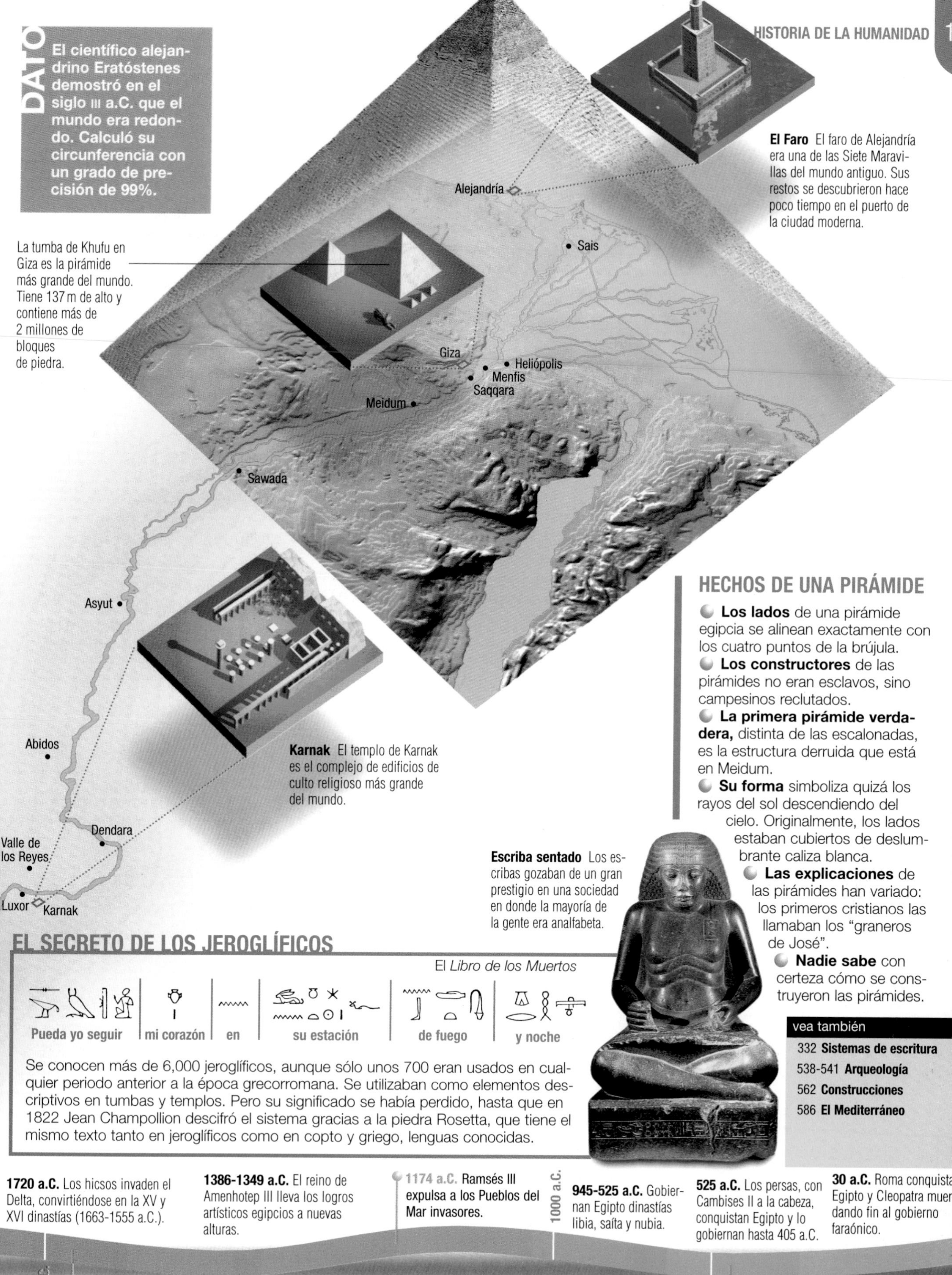


La tumba de Khufu en Giza es la pirámide más grande del mundo. Tiene 137 m de alto y contiene más de 2 millones de bloques de piedra.

**El Faro** El faro de Alejandría era una de las Siete Maravillas del mundo antiguo. Sus restos se descubrieron hace poco tiempo en el puerto de la ciudad moderna.

**Karnak** El templo de Karnak es el complejo de edificios de culto religioso más grande del mundo.

## HECHOS DE UNA PIRÁMIDE

- **Los lados** de una pirámide egipcia se alinean exactamente con los cuatro puntos de la brújula.
- **Los constructores** de las pirámides no eran esclavos, sino campesinos reclutados.
- **La primera pirámide verdadera,** distinta de las escalonadas, es la estructura derruida que está en Meidum.
- **Su forma** simboliza quizá los rayos del sol descendiendo del cielo. Originalmente, los lados estaban cubiertos de deslumbrante caliza blanca.
- **Las explicaciones** de las pirámides han variado: los primeros cristianos las llamaban los "graneros de José".
- **Nadie sabe** con certeza cómo se construyeron las pirámides.

**Escriba sentado** Los escribas gozaban de un gran prestigio en una sociedad en donde la mayoría de la gente era analfabeta.

## EL SECRETO DE LOS JEROGLÍFICOS

El *Libro de los Muertos*

| Pueda yo seguir | mi corazón | en | su estación | de fuego | y noche |
|---|---|---|---|---|---|

Se conocen más de 6,000 jeroglíficos, aunque sólo unos 700 eran usados en cualquier periodo anterior a la época grecorromana. Se utilizaban como elementos descriptivos en tumbas y templos. Pero su significado se había perdido, hasta que en 1822 Jean Champollion descifró el sistema gracias a la piedra Rosetta, que tiene el mismo texto tanto en jeroglíficos como en copto y griego, lenguas conocidas.


vea también

332 **Sistemas de escritura**
538-541 **Arqueología**
562 **Construcciones**
586 **El Mediterráneo**


**1720 a.C.** Los hicsos invaden el Delta, convirtiéndose en la XV y XVI dinastías (1663-1555 a.C.).

1500 a.C.

**1570 a.C.** Ahmoses expulsa a los hicsos de Egipto y crea el Imperio Nuevo (hasta 1070 a.C.).

**1386-1349 a.C.** El reino de Amenhotep III lleva los logros artísticos egipcios a nuevas alturas.

**1291-1278 a.C.** Seti I construye el gran Templo de Amón en Karnak y el Templo de Seti en Abidos.

**1174 a.C.** Ramsés III expulsa a los Pueblos del Mar invasores.

1000 a.C.

**1069 a.C.** Empieza el Tercer Periodo Intermedio cuando los sumos sacerdotes de Tebas usurpan el poder real.

**945-525 a.C.** Gobiernan Egipto dinastías libia, saíta y nubia.

500 a.C.

**525 a.C.** Los persas, con Cambises II a la cabeza, conquistan Egipto y lo gobiernan hasta 405 a.C.

**323 a.C.** Alejandro Magno conquista Egipto; sus sucesores tolomeicos son la última dinastía reinante.

**30 a.C.** Roma conquista Egipto y Cleopatra muere, dando fin al gobierno faraónico.

# Grecia antigua

*Muchas de las características esenciales de la cultura y la civilización europeas se forjaron en Grecia, incluso un nuevo sentido de identidad individual en relación con la sociedad, el mundo y los dioses. Tras las civilizaciones minoica y micénica, Grecia se convirtió en la fuerza dominante del Mediterráneo durante 400 años, antes de que Alejandro Magno creara por breve tiempo uno de los mayores imperios del mundo antiguo, llevando la cultura griega (helenística) a Egipto y al interior de Asia.*

**Fresco de delfines en Cnossos**
Una de las primeras culturas griegas apareció en Cnossos, Creta.

2000 a.C.

**2000 a.C.** Empieza en Creta la cultura minoica.

**1600-1400 a.C.** Se construye el palacio de Minos en Cnosos

**1500 a.C.** (o antes) Una gran erupción en la isla Santorini (Tera) destruye pueblos e islas minoicos.

*c.* 1250 a.C. Los griegos destruyen Troya, en Asia Menor.

***c.* 1125-1025 a.C.** Los dorios aparecen en el norte de Grecia.

1000 a.C.

***c.* 1000 a.C.** Empieza la colonización griega de Asia Menor.

***c.* 800 a.C.** El poeta Homero escribe *La Ilíada* y *La Odisea.*

**776 a.C.** Primeros Juegos Olímpicos.

**730 a.C.** Esparta es el poder principal tras derrotar a los mesenios.

***c.* 735 a.C.** Fundación de la primera colonia griega en Sicilia, en Naxos.

***c.* 508 a.C.** Aparece la democracia en las ciudades griegas.

500 a.C.

490 a.C. Los atenienses derrotan a los persas de Darío en Maratón, momento decisivo en las Guerras Médicas.

**483 a.C.** Temístocles crea la flota ateniense.

**480 a.C.** Los persas derrotados por la flo ateniense en Salami

## Grandes dirigentes griegos

**Solón *c.* 640-560 a.C.** El estadista ateniense Solón creó un código de leyes moderadas que fueron la base de todas las leyes griegas y romanas.

**Arístides *c.* 530-*c.* 467 a.C.** Este general ateniense derrotó a los persas en Maratón, Salamina y Platea. Conocido como "el Justo", Arístides influyó en la política ateniense y en la Liga de Delos contra los persas.

**Temístocles *c.* 525-*c.* 460 a.C.** Después de la batalla de Maratón, Temístocles propuso construir una flota que los resguardara de las invasiones persas. Ésta derrotó a la flota persa en Salamina.

**Pericles *c.* 495-429 a.C.** Pericles gobernó Atenas *c.* 460-429 a.C., y la llevó a la edad de oro del arte y la cultura y a su expansión imperial.

**Lisandro m. 395 a.C.** Comandante naval espartano cuya victoria en Egospótamos en 405 a.C. provocó la derrota de Atenas por los espartanos.

**Forjador de imperios**
Pericles llevó la democracia a todo el Imperio Ateniense.

## El mundo griego

La civilización griega se extendió por el Egeo hasta Jonia, en el Imperio Persa.

**Los micenos**
La primera civilización griega en tierra firme estuvo establecida cerca de Micenas, entre 1580 y 1100 a.C.

**Las ciudades-Estado**
La ciudad-Estado (*polis*) surgió en el siglo VIII a.C. La unidad política era una ciudad amurallada; Atenas, Esparta y Tebas fueron algunas de las principales ciudades-Estado, aunque hubo otras. Su independencia se vio reducida con la conquista macedonia.

**Los minoicos**
Los minoicos desarrollaron una de las civilizaciones mediterráneas más tempranas. Su cultura comercial floreció de 2000 a 1450 a.C.

**Los dorios**
Los dorios, de habla griega, eran invasores del norte que llegaron a Grecia, Creta y Asia Menor (Turquía) occidental, de 1125 a 1025 a.C. Su tecnología de la Edad del Hierro suplantó la Edad del Bronce micénica.

## El legado de Grecia

**Democracia** El gobierno *(kratos)* del pueblo *(demos)* apareció en Atenas bajo Clístenes (inicios del siglo VI a.C.), reemplazando el gobierno de los "tiranos". Todos los ciudadanos varones podían hablar y votar en la Asamblea.

**Filosofía y ciencia** El pensamiento griego combinaba el razonamiento con la indagación sobre el mundo y cómo se debía vivir. Sócrates (*c.* 470-399 a.C.), Platón (*c.* 428-348 a.C.) y Aristóteles (384-322 a.C.) pusieron la base de la filosofía occidental. Pitágoras (*c.* 582-*c.* 507 a.C.), Euclides (vivió *c.* 300 a.C.) y Arquímedes (*c.* 287-212 a.C.) hicieron adelantos significativos en matemáticas, ciencia y astronomía.

**Atletismo y deporte** El deporte griego incluía competencia en carreras, lanzamiento de disco y jabalina, lucha y boxeo. Había cuatro competencias, incluyendo los Juegos Panhelénicos en Olimpia (desde 776 a.C.).

**Teatro** Los cantos y danzas en festivales religiosos se desarrollaron hacia 530 a.C. en obras de teatro. Las tragedias, de Esquilo (*c.* 525-455 a.C.), Sófocles (*c.* 496-405 a.C.) y Eurípides (*c.* 485-406 a.C.) hablaban del destino; las comedias, como las de Aristófanes (*c.* 448-*c.* 380 a.C.), tenían un humor basto.

**Arte y arquitectura** La escultura griega influyó en el arte hasta el siglo XIX, en tanto que la elegancia de la arquitectura griega aún es considerada la ideal por algunos arquitectos.

**Medicina** Hipócrates (*c.* 460-377 a.C.), el "Padre de la medicina", de Kos, presentó las primeras teorías sobre enfermedad y curación basadas en la observación más que en la religión.

**Historia** Los autores griegos crearon la tradición occidental de separar los hechos históricos de los mitos, y el uso de testimonios de testigos y visitas a los sitios históricos. Los grandes historiadores griegos son Herodoto (*c.* 484-420 a.C.), Tucídides (*c.* 460-396 a.C.) y Jenofonte (*c.* 430-354 a.C.).

**Logro griego** (arriba) Doctor ateniense trabajando.
(izq.) La embriaguez ridiculizada en figuras de la comedia griega.


vea también

334 **Mitología griega y romana**
342 **Pensamiento occidental**
350 **Arte occidental**
364 **Arquitectura**


**479 a.C.** Los estados griegos con Esparta y Atenas a la cabeza derrotan a los persas en Platea, dando fin a la amenaza persa.

**478 a.C.** Atenas forma la Liga de Delos, una alianza griega contra Persia.

**447 a.C.** Se empieza el Partenón.

**431-404 a.C.** **Guerra del Peloponeso entre Atenas y Esparta; Esparta finalmente prevalece.**

**385 a.C.** Platón funda en Atenas la Academia.

**338 a.C.** Filipo II de Macedonia se convierte en el gobernante de Grecia tras derrotar a la Liga Helénica en Queronea.

**334-326 a.C.** **Alejandro Magno crea un imperio que se extiende de Grecia a la India.**

**300 a.C.**

**323 a.C.** Muere Alejandro Magno en Babilonia.

***c.* 276 a.C.** El imperio de Alejandro Magno se divide en Macedonia Antigónida, Asia Seléucida y Egipto Tolomeico.

**292-280 a.C.** Se construye el Coloso de Rodas.

**197 a.C.** Filipo V de Macedonia es derrotado por los romanos y pierde el control de Grecia.

**146 a.C.** **Los romanos saquean Corinto y hacen de Grecia una provincia romana.**

## Alejandro Magno

Alejandro (n. 356 a.C.), hijo de Filipo II y alumno de **Aristóteles,** se convirtió en rey de Macedonia en 336 a.C. Al morir, poco más de una década después, había conquistado virtualmente todo el mundo conocido al oriente de Grecia.

Las campañas de Alejandro empezaron en 334, al invadir el Imperio Persa con el mayor ejército salido de Grecia. Derrotó a Darío III al año siguiente, y fue hecho faraón en Egipto, donde fundó la ciudad de **Alejandría.**

Darío reunió un gran ejército contra Alejandro. La decisiva batalla de **Gaugamela** (en el moderno Iraq) en 331 fue una victoria griega total. Alejandro ocupó Babilonia y las capitales persas de **Susa** y **Persépolis.**

En 330, Alejandro atravesó la Persia oriental y fundó las ciudades de **Herat** y **Kandahar** (en el moderno Afganistán). Avanzó hasta Sogdiana, donde libró una campaña de dos años contra el rey Oxiartes (con cuya hija, **Roxana,** se casó). Tras cruzar las montañas Hindu Kuch, Alejandro invadió el valle del Indo en 327, derrotando al poderoso rajá **Poro** en el río **Hidaspes.** Su ejército se negó a avanzar más por la India y Alejandro tuvo que volver a Persia por la costa sur. Murió de una fiebre en Babilonia en 323 a.C., a los 32 años. Hacia 304 a.C. el Imperio había sido dividido entre sus pendencieros generales.

**Rey guerrero** Alejandro lucha junto a sus tropas.

### Ruta de Alejandro

En una serie de vertiginosas campañas, el ejército de Alejandro invadió Asia Central.

**Imperio de Alejandro**

**Ruta de Alejandro**

# Roma antigua ▶ De los etruscos al saqueo de Roma

*Roma floreció cerca de 800 años, desarrollando una sociedad sofisticada y avanzada técnicamente, como no se volvió a ver en el mundo occidental hasta el siglo XVI. El primer Estado romano era una república, gobernada por un senado de ciudadanos prominentes junto con magistrados o cónsules electos. Sin embargo, el muy eficiente ejército romano se había adueñado de un vasto territorio hacia el siglo I a.C., y los dominios conquistados requerían la autoridad de un emperador. A pesar de malos manejos, Roma conservó el imperio 400 años.*

## EL LEGADO DE ROMA

**Leyes** El sistema legislativo romano se codificó en 450 a.C., y se modificó con regularidad al crecer el Imperio. Muchas leyes occidentales de hoy se basan en sus principios.

**Edificación e ingeniería** La construcción romana no fue superada en 1,000 años. Sus arquitectos e ingenieros ampliaron las ideas griegas desarrollando el arco y el domo (como en el Panteón, Roma), y el uso del concreto. Los ingenieros idearon una red de caminos por el Imperio, muchos de ellos aún en uso.

**Pueblos y ciudades** Muchas ciudades europeas modernas (entre ellas Londres, París, Colonia y Toledo) fueron fundadas por los romanos.

**Preservación de culturas antiguas** Los romanos adoptaron y preservaron una parte muy importante de lo mejor que tenían las culturas que conquistaban, entre ellas tradiciones griegas de escultura, enseñanza y literatura.

**Lengua y literatura** El latín fue la lengua universal de la cristiandad hasta después del Renacimiento. Formó la base de las lenguas romances, como el italiano, el francés, el español, el portugués y el rumano. Las grandes obras de la literatura y la historia romanas, escritas por Virgilio, Tito Livio, Horacio, Ovidio, Plinio y Juvenal, inspiraron grandemente al Renacimiento.

**Cristianismo** Aunque al principio se opuso al cristianismo, el Imperio Romano era en su mayor parte cristiano cuando llegó a su término. A través de su red de iglesias y monasterios, y del uso universal del latín como lengua común, la Iglesia preservó las tradiciones de internacionalismo y enseñanza en Europa mucho después de que se hubiera colapsado el poder político romano.

**Ingeniería romana** El Pont du Gard, el mejor de los acueductos romanos existentes.

**Crece el Imperio** Roma obtuvo sus primeros territorios fuera de Italia tras la primera Guerra Púnica contra Cartago. El Imperio llegó a su máxima extensión en 117, bajo el emperador Trajano.

Territorio romano 201 a.C.
Provincias romanas 117 d.C.

HIBERNIA
Deva (Chester)
Eboracum (York)
BRITANNIA
Londinium (Londres)
GERMANIA INFERIOR
Colonia Agrippina (Colonia)
BÉLGICA
Durocortorum (Reims)
GALLIA LUGDUNENSIS
Lutetia (París)
Augusta Treverorum (Trier)
Augustodunum (Autun)
GERMANIA SUPERIOR
RHAETIA
NORICUM
AQUITANIA
Lugdunum (Lyon)
Burdigala (Burdeos)
Mediolanum (Milán)
PANNON
GALLIA NARBONENSIS
ALPES GRAIAE
ALPES COTTIAE
ALPES MARITIMAE
ILLYRIC
HISPANIA TARRACONENSIS
Baeterrae (Béziers)
Arelate (Arles)
Ravenna
Segovia
Massilia (Marsella)
Forum Iulii (Fréjus)
ITALIA
LUSITANIA
Toletum (Toledo)
Tarraco (Tarragona)
CÓRCEGA
Roma (Roma)
Emerita Augusta (Mérida)
Ostia
BAETICA
CERDEÑA
Pompeya
Hispalis (Sevilla)
Carthago Nova (Cartagena)
Caesarea (Cherchell)
SICILIA
MAURETANIA TINGITANIA
MAURETANIA CAESARIENIS
Thamugadi (Timgad)
Carthago (Cartago)
Siracusa
NUMIDIA
ÁFRICA
Leptis Magna

**Monedas imperiales** Dos áureos de oro, con los bustos de Calígula, emperador 37-41 d.C. (izq.), y Constantino el Grande.

**753 a.C.** Fundación de Roma (según la tradición).

**510 a.C.** El último rey etrusco, Lucio Tarquinio, es expulsado de Roma.

500 a.C.

**451-450 a.C.** Codificación de la ley romana, conocida como las "Doce Tablas".

**390 a.C.** Roma es saqueada por los galos.

300 a.C.

**264-241 a.C.** Primera Guerra Púnica entre Roma y Cartago, ganada por Roma.

**218 a.C.** Empieza la Segunda Guerra Púnica; dirigidos por Aníbal, los cartagineses invaden el norte de Italia.

**202 a.C.** Aníbal es derrotado en Zama, cerca de Cartago, terminándose así la Segunda Guerra Púnica.

**149-146 a.C.** Tercera Guerra Púnica: Roma destruye Cartago.

**130-120 a.C.** Roma se anexa partes de Galia (sur de Francia), Asia Menor (Turquía) y África del Norte.

100 a.C.

**72 a.C.** La revuelta del esclavo Espartaco es aplastada por Pompeyo y Craso.

**58-51 a.C.** Julio César conquista la Galia y ataca Britannia (55 a.C.).

**44 a.C.** Julio César es asesinado por los sena republicanos Bruto y C

## Cinco causas del florecimiento de Roma

1 **Ejército eficiente, disciplinado y profesional** El bien organizado ejército romano, con una tecnología de armamento muy superior, aventajaba a todos sus enemigos. Las colonias de antiguos soldados también ayudaban a mantener seguros los territorios imperiales.

2 **Comunicaciones excelentes** Los puertos, caminos y acueductos romanos aseguraban transporte y abasto eficientes.

3 **Buena administración** Una lengua común, un código legal en todo el Imperio y un eficaz sistema de gobernantes territoriales hicieron posible el control sobre territorios muy extensos y diversos.

4 **Paz y estabilidad** Largos periodos de relativa paz y estabilidad en el Imperio (la Pax Romana) permitieron el aumento del comercio y el desarrollo de una cultura imperial confiada e inclusiva. Después de 212 d.C., Roma concedía la ciudadanía a los hombres libres del Imperio, para aumentar su sentido de pertenencia al mundo romano.

5 **Orden económico** La enorme y eficiente red de comercio del Imperio alentaba la actividad económica, generando ingresos por impuestos, y prosperidad tanto privada como cívica.

## Cinco causas de la caída de Roma

1 **Defensas demasiado extendidas** Tras la crisis del siglo III, el Imperio perdió su capacidad de dominio más allá de sus fronteras.

2 **Gobierno opresor** Más que buscar colaboración de gobiernos locales, los emperadores intentaron mantener el poder romano sólo con la fuerza.

3 **División interna** Tras la división del Imperio en 330, el poderoso Imperio de Oriente se negó cada vez más a pagar al de Occidente por su defensa.

4 **Impuestos** La clase senatorial estaba exenta de impuestos, y el sistema central de recolección de impuestos se volvió opresivo e ineficiente.

5 **Ejércitos bárbaros** Desde el siglo III, el ejército romano se confiaba a soldados bárbaros. Varias tribus germanas fueron llevadas al Imperio, donde se asentaron en gran número, pero a la larga se convirtieron en una amenaza para Roma.

## Gobernantes romanos

**Julio César** ***c.*** **100-44 a.C.** General, político y escritor, Julio César obtuvo victorias militares en la Galia en 58-49 a.C., e hizo dos expediciones a Britannia. En 49 a.C., ocupó Roma con sus tropas. Gobernó como dictador y fue asesinado por los senadores republicanos Bruto y Casio.

**Augusto 63 a.C.-14 d.C.** Hijo adoptivo de Julio César, Augusto fue el primer emperador romano. A la muerte de César derrotó a Bruto y a Casio en 42 a.C., luego a Marco Antonio en 31 a.C. Político cruel, llevó paz, seguridad y prosperidad tras décadas de guerra civil.

**Calígula 12-41 d.C.** El tercer emperador (desde 37 d.C.) fue un gobernante mentalmente inestable y tiránico. Fue asesinado por la Guardia Pretoriana (cuerpo de guardias imperiales).

**Claudio 10 a.C.-54 d.C.** Claudio, el cuarto emperador (41-54 d.C.), era educado e inteligente. Reparó mucho del daño hecho por Calígula y anexó Britannia al Imperio.

**Nerón** ***c.*** **37-68 d.C.** Emperador 54-68 d.C., Nerón fue un tirano asesino. Persiguió a los cristianos, a quienes culpó del incendio que asoló Roma en 64 d.C.

**Trajano** ***c.*** **53-117 d.C.** Trajano reinó entre 98-117 d.C., llevando al Imperio a su máxima extensión.

**Adriano 76-138 d.C.** Adriano gobernó entre 117-138 d.C., la era de oro de Roma. Consolidó el Imperio tras fronteras defendibles, como la Muralla de Adriano.

**Diocleciano 245-231 d.C.** Restauró el orden tras un periodo de emperadores que reinaban muy poco tiempo. Gobernó de 284 a 305 d.C.

**Constantino el Grande** ***c.*** **274-337 d.C.** Emperador de 306 a 337, dividió el Imperio, fundó una nueva capital en Bizancio y la llamó Constantinopla (hoy Estambul). Su Edicto de Milán (313 d.C.) promulgó la tolerancia hacia el cristianismo.

vea también
334 **Mitología griega y romana**
364 **Arquitectura**
382 **Literatura occidental**
586 **El Mediterráneo**

.C. Octavio es el primer emperador, y toma ...mbre de Augusto.

0

**43 d.C.** Roma empieza la conquista de Britannia.

**64 d.C.** Roma arde; Nerón culpa a los cristianos y empieza a perseguirlos.

**79 d.C.** Erupción del Vesubio, que termina con Pompeya y Herculano.

**80 d.C.** Se termina en Roma el Coliseo, con capacidad de 50,000 espectadores.

**98-117 d.C.** Trajano hace caminos, puentes y acueductos en todo el vasto imperio.

100 d.C.

**192-197 d.C.** Guerra civil en el Imperio Romano.

**251 d.C.** La presión de los godos obliga a Roma a retirarse de sus provincias exteriores.

**312-337 d.C.** Tras años de fragmentación, el Imperio es reorganizado por Constantino.

**392 d.C.** El culto pagano es prohibido en el Imperio, en favor del cristianismo.

400 d.C.

**406 d.C.** Vándalos, alanos y suevos invaden el Imperio Romano.

**410 d.C.** Saqueo de Roma por los visigodos.

*El colapso del mundo romano puso a competir a varios reinos sucesores en Europa. Pero muchas de las tribus germanas estaban muy romanizadas, habían combatido por Roma como mercenarios y habían adoptado su religión cristiana. Sus cambios fueron a menudo más de evolución que repentinos. Fue una época de confusión, pero de ésta surgieron nuevos pueblos y poderes, así como una etapa nueva de la historia de Europa.*

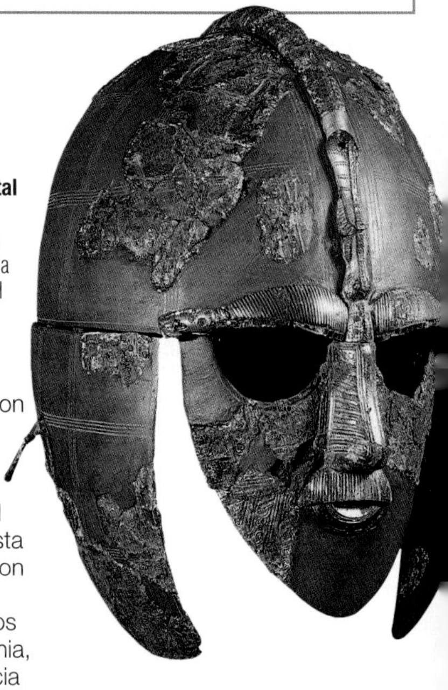

**Reino de Anglia oriental** Casco hallado en Sutton Hoo, uno de los muchos artefactos que muestran la riqueza de Anglia oriental a principios del siglo VII.

## Pueblos de la Edad Oscura

Las tribus bárbaras ayudaron a derrocar a Roma, pero también conservaron y difundieron mucho de la civilización romana, como el cristianismo y el latín. Al desintegrarse Roma, los líderes bárbaros locales sustituyeron la autoridad imperial, rehaciendo el mapa de Europa. Los "bárbaros" incluían a:

- **Anglos y sajones** Tribus paganas de Dinamarca, incluyendo anglos y sajones, llegaron a Britannia en el siglo V, echando al este a los pueblos celtas locales. Hicieron una literatura vernácula y su habla, el anglosajón, fue el antecesor del inglés. San Agustín los convirtió al cristianismo en el siglo VII.
- **Eslavos** Los eslavos eran originarios del sur del Báltico. Dominados por los godos y los hunos, fueron a Ucrania, Alemania y los Balcanes; son los antepasados de los rusos, polacos, ucranianos y serbios de hoy.
- **Francos** Fueron un pueblo germano que creó en el siglo V un reino que incluía grandes secciones de la Francia y la Alemania modernas. Hacia el siglo VIII gobernaban también el norte de Alemania.
- **Hunos** En el siglo IV, tribus nómadas llamadas hunos empezaron a aterrorizar el centro y el sureste de Europa, forzando migraciones y desestabilizando Roma. Llegaron a la cima con Atila (434-453); luego de 451 se volvieron facciones.
- **Lombardos** Los lombardos llegaron del área del Danubio a ocupar Italia, hasta que los francos los derrotaron en 774.
- **Ostrogodos** Los "Godos de Oriente" llegaron a Ucrania, pero fueron expulsados hacia el oeste por los hunos en 370. En el siglo V, con Teodorico, dominaron Italia.
- **Vándalos** La palabra vándalo es aún sinónimo de destrucción. Devastaron España en 409, y la provincia española de Andalucía se llama así por ellos. En 429 invadieron África del Norte; establecieron la capital en Cartago, desde donde saquearon Roma en 455.
- **Visigodos** Los "Godos de Occidente" se asentaron en el Imperio Romano, contribuyendo a su caída y al saqueo de Roma. Fundaron un reino en Francia y España, ocupando tierras españolas hasta que los árabes los conquistaron en 711.

## Migraciones bárbaras

Los pueblos germánicos empezaron a migrar hacia el occidente de Europa en el siglo I a.C. En 376 d.C., los visigodos cruzaron el Danubio en gran número, abriendo la ruta para un flujo de otras tribus a tierras de Roma, desde los Balcanes a Britannia y el Norte de África.

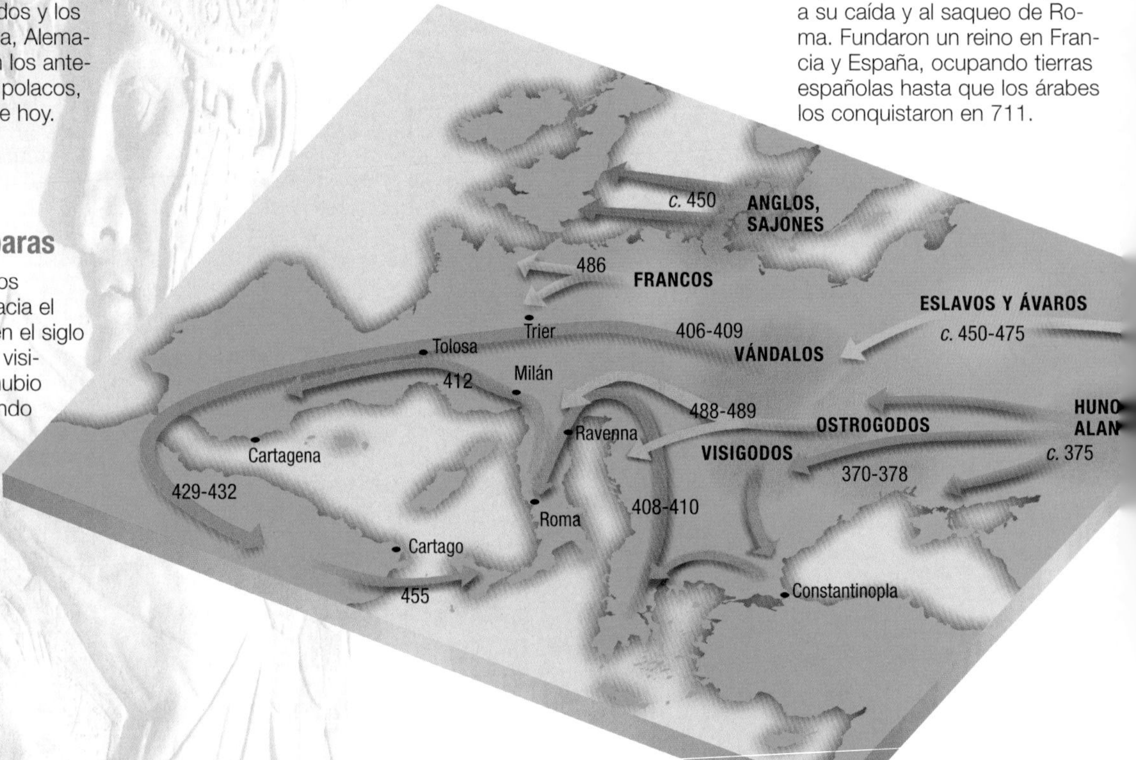

**402** El Imperio de Occidente traslada su corte de Milán a Ravenna.

**406-407** Los vándalos invaden el Imperio Romano.

**410** Alarico es rey de los visigodos y saquea Roma.

**435** San Patricio lleva el cristianismo a Irlanda.

***c.* 450** Anglos y sajones inician la conquista de Britannia.

**476** El último emperador romano, Rómulo Augústulo, es derrocado.

**493** El ostrogodo Teodorico el Grande se convierte en rey de Italia.

**496** Clodoveo, rey de los francos, se convierte al cristianismo.

**507** Los francos derrotan a los visigodos, uniendo la mayor parte de Francia.

**533** Los bizantinos empiezan a restaurar el poderío romano en Italia.

***c.* 550** Una peste bubónica asuela Europa.

**597** San Agustín de Canterbury va a cristianizar Inglaterra.

## VIKINGOS

Los vikingos eran marinos y comerciantes. Aparecieron en **Noruega, Dinamarca** y **Suecia** hacia fines del siglo VIII d.C., y aterrorizaron Europa durante más de 200 años. Su primera incursión importante registrada fue en 793, al monasterio de **Lindisfarne,** en el norte de Inglaterra. Sus naves alargadas y de poco calado podían navegar tierra adentro por los ríos, para saquear monasterios y capturar ganado y esclavos. Desde mediados del siglo IX ocuparon amplias áreas de Inglaterra (el **"Danelaw"),** el este de Irlanda, el oeste de Escocia y Normandía. Los vikingos suecos llegaron por los ríos de Europa oriental al Mar Negro, y comerciaban con árabes y bizantinos. Establecieron dinastías gobernantes en Kiev y Novgorod. Los vikingos noruegos llegaron a **Islandia** hacia 870 y a **Groenlandia** después de 982. En *c.* 1000 establecieron una efímera colonia en América del Norte. El rey **Cnut** ("Canuto") de Dinamarca (*c.* 994-1035) fue rey de Dinamarca, Inglaterra y Noruega. Durante el siglo X los vikingos poco a poco se convirtieron al cristianismo.

### Europa vikinga, *c.* 900

Los ataques vikingos de los siglos VIII a X destrozaron el Imperio Franco, junto con invasiones magiares en el oriente.

- Ataques vikingos
- Ataques magiares
- Reinos francos
- Áreas ocupadas por vikingos
- Estados árabes y moros

**Barca vikinga** Hechas para ser rápidas, las barcas de poco calado eran ideales para incursiones.

vea también
336 **Otras mitologías**
586 **El Mediterráneo**

### Europa en 800

La Europa de Carlomagno estaba dominada por los dos grandes imperios cristianos, el bizantino y el franco.

- Imperio Franco
- Imperio Bizantino
- Estados árabes y moros

**Forjador de imperios** Carlomagno duplicó las tierras francas e impuso sin piedad el cristianismo.

## Carlomagno

Carlos I el Grande (742-814), llamado Carlomagno, fue el más grande de los gobernantes germanos que dominaron Europa después del Imperio Romano. En 768 sucedió a su padre Pipino III el Breve como rey de los **francos,** y expandió la autoridad franca sobre los reinos germanos fuera de Inglaterra y Escandinavia. La Navidad de 800 el papa **León III** confirmó su supremacía coronándolo emperador: el primer emperador occidental desde la época romana, y primer gobernante del **"Sacro Imperio Romano".** Carlomagno luchó sin cesar contra los imperios enemigos, incluyendo a los atacantes árabes, magiares y vikingos. Mantuvo relaciones diplomáticas con Bizancio, Bagdad y los reinos ingleses, e impulsó la renovación del conocimiento llamada **Renacimiento carolingio.** Sus sucesores no pudieron mantener la autoridad central del Imperio, contribuyendo así directamente a la aparición del **feudalismo** en Europa.

700

***c.* 700** Evangelios Lindisfarne: magnífico manuscrito iluminado, anglosajón.

**732** Los francos derrotan una invasión árabe cerca de Poitiers, Francia.

**751** Pipino III, primer rey carolingio de los francos.

**793** Principian los ataques vikingos, en el monasterio de Lindisfarne.

**800** Carlomagno, rey de los francos, es coronado emperador de Occidente en Roma.

**860** Los vikingos de Kiev (Rus) atacan Constantinopla.

**865** El "Gran Ejército" vikingo invade Inglaterra.

**878** Wessex, dirigido por el rey Alfredo, rechaza a los vikingos daneses en Edington.

900

**965** El rey Harald del Diente Azul es bautizado, y los vikingos daneses se convierten al cristianismo.

**987** La coronación de Hugo Capeto en Francia marca el fin del dominio carolingio.

1000

**1000** Entra el cristianismo a Suecia, encabezado por el rey Olaf.

**1016** Los normandos inician conquista del sur de Italia.

**1054** La Iglesia Ortodoxa Oriental se separa de la Iglesia Romana (el "Gran Cisma").

**1066** Guillermo de Normandía derrota a Harold de Inglaterra en Hastings.

# El cristianismo

**Desde el ministerio de Jesús hasta la caída de Constantinopla**

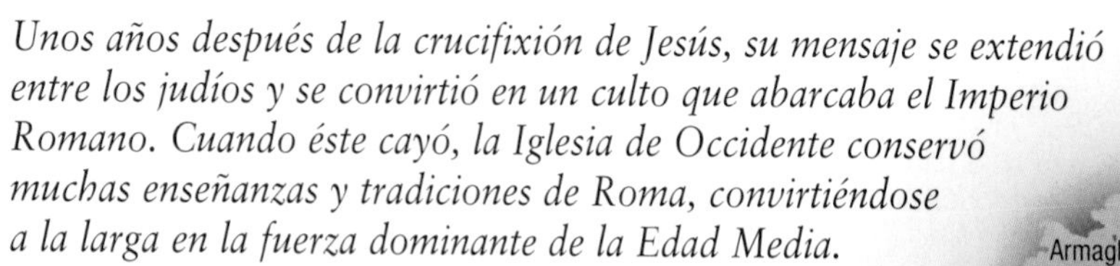

*Unos años después de la crucifixión de Jesús, su mensaje se extendió entre los judíos y se convirtió en un culto que abarcaba el Imperio Romano. Cuando éste cayó, la Iglesia de Occidente conservó muchas enseñanzas y tradiciones de Roma, convirtiéndose a la larga en la fuerza dominante de la Edad Media.*

## LEGADO CRISTIANO DE ROMA

A medida que se debilitaba el gobierno romano en Europa, la Iglesia cristiana tomaba un papel político y cultural además de espiritual. Hacia 600 una gran parte de Europa era cristiana (vea mapa) gracias a las actividades de los **misioneros** (vea abajo). La Iglesia era ya la única institución importante, de la época romana, en preservar la autoridad, y casi la única influencia unificadora y civilizadora de Europa. Desde el siglo IX su prestigio y poderío aumentaron por su asociación con el **Sacro Imperio Romano** de Carlomagno y sus sucesores.

Las relaciones entre el Papado y los sacros emperadores se deterioraron en la Edad Media, y la existencia de una tradición romana alternativa en el Oriente bizantino llevó a la separación de las Iglesias católica y **ortodoxa.** La división se agravó con la intervención de los **cruzados** contra los enemigos musulmanes de los bizantinos. La lucha de facciones en Roma llevó al establecimiento del Papado en Aviñón (1309-1377), y luego al **Gran Cisma** (1378-1417), cuando hubo papas rivales tanto en Roma como en Aviñón.

La autoridad del Papa se restauró en el Renacimiento, aunque dañada por ambiciones familiares, decadencia y corrupción, lo cual propició la **Reforma.**

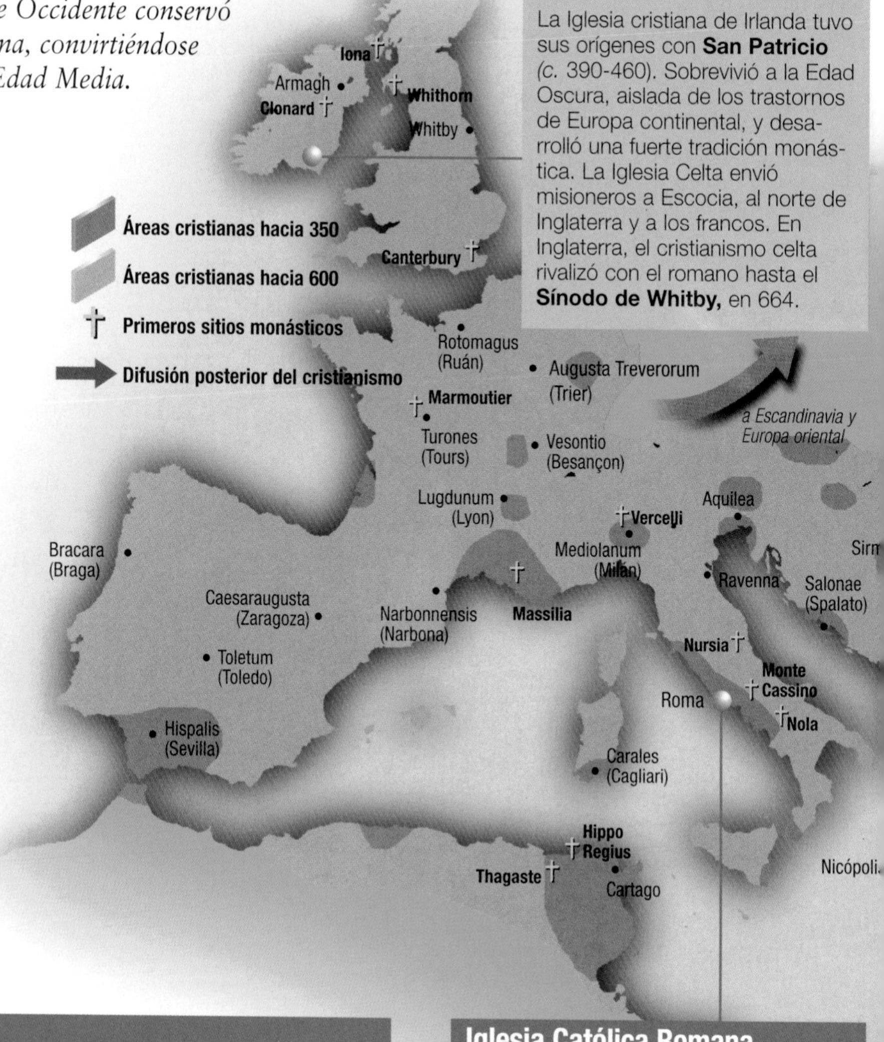


## Iglesia Celta

La Iglesia cristiana de Irlanda tuvo sus orígenes con **San Patricio** (*c.* 390-460). Sobrevivió a la Edad Oscura, aislada de los trastornos de Europa continental, y desarrolló una fuerte tradición monástica. La Iglesia Celta envió misioneros a Escocia, al norte de Inglaterra y a los francos. En Inglaterra, el cristianismo celta rivalizó con el romano hasta el **Sínodo de Whitby,** en 664.

## Misioneros de Europa

**San Pablo** (m. *c.* 67) Pablo tenía privilegios como ciudadano romano. Viajó mucho, llevando el mensaje cristiano a las islas del Egeo, Asia Menor, Grecia, Italia y posiblemente España.

**San Columba** (*c.* 521-597) Fue abad de Iona, un centro del cristianismo celta.

**San Columbano** (*c.* 540-615) Monje misionero irlandés que llevó el cristianismo a los francos; también estableció monasterios de gran ascecticismo en Francia y en el norte de Italia.

**San Agustín de Canterbury** (m. 605) Prior benedictino enviado por el papa Gregorio I a reevangelizar Britannia en 597. Fue el primer arzobispo de Canterbury.

**San Bonifacio** (675-754). El monje inglés Bonifacio fue conocido como el "Apóstol de Germania". Nombrado arzobispo de Maguncia en el año 751, fue asesinado cuando predicaba en Frisia.

## Iglesia Católica Romana

La Iglesia Católica Romana fue en su origen el equivalente geográfico del Imperio Romano de Occidente. Su cabeza, el Papa, alegaba sucesión directa desde **San Pedro** y el derecho de jurisdicción sobre todo el mundo cristiano. La organización de la Iglesia, su conservación del **latín** y de muchas enseñanzas romanas, su programa masivo de construcción de catedrales, su promoción de las Cruzadas, sus órdenes monásticas y su poderío y riqueza, definieron la Edad Media.

**c. 4-6 a.C.** Jesús de Nazaret nace en Palestina.

0

**c. 23-30 d.C.** Jesús empieza a predicar su mensaje públicamente.

**c. 26-34** Jesús es crucificado.

**c. 36** El mensaje "cristiano" de Jesús empieza a difundirse entre los no judíos.

**c. 46-57** San Pablo viaja por el Mediterráneo en sus viajes misioneros.

**c. 64** San Pedro es ejecutado en Roma; principia la persecución de los cristianos.

100

**c. 200** Líderes de la Iglesia reúnen escritos cristianos en el Nuevo Testamento.

**c. 300** La popular doctrina del arrianismo provoca divisiones entre los cristianos.

**313** El Edicto de Milán hace que el cristianismo sea formalmente tolerado en el Imperio Romano.

**325** El Concilio de Nicea rechaza el arrianismo como herejía.

**354-430** San Agustín de Hipona crea una teología cristiana coherente.

**380** El emperador Teodosio hace del cristianismo la religión oficial de Roma.

## Órdenes monásticas

Retirarse en busca de una vida espiritual auténtica pudo realizarse por la creación de comunidades monásticas en la Iglesia cristiana. Los originadores de este monaquismo formal ("regular") fueron San Basilio el Grande *(c.* 330-379) en Oriente y San Benito de Nursia *(c.* 480-547) en Occidente. Las órdenes monásticas tuvieron gran influencia en la Europa medieval.

**Benedictina** La orden de San Benito se difundió con rapidez a partir de su primera casa en Monte Cassino, Italia (525), hasta tener varios miles de ellas en el siglo XI. La de **Cluny** (inicios del s. X) fue resultado de la primera reforma mayor de la orden benedictina.

**Cartuja** La austera orden cartuja fue fundada en 1084 en La Chartreuse por San Bruno de Colonia.

**Cisterciense** Fundada en 1098 por Roberto de Molesme en Cîteaux, Francia, y basada en una interpretación estricta de la regla de San Benito. Fue una orden próspera con grandes propiedades agrícolas.

**Franciscana** Los franciscanos (frailes menores) fue la primera orden de frailes (monjes mendicantes), fundada en 1209 por San Francisco de Asís (1182-1226).

**Dominica** La orden de frailes predicadores, fundada en 1215 por Santo Domingo (1170-1221), enfatizaba la predicación.

**Agustina** Floreció esta orden alrededor de 1100. Su regla se basa en la de San Agustín.

**Franciscanos** Los frailes grises adoptaron la pobreza como señal de espiritualidad.

**Dominicos** Muchos eruditos y maestros importantes eran Frailes Negros.

**Benedictinos** Los Monjes Negros fueron la orden monástica más numerosa.

vea también
180 **Surgimiento del Islam**
338 **Religiones**
350 **Arte occidental**
586 **El Mediterráneo**

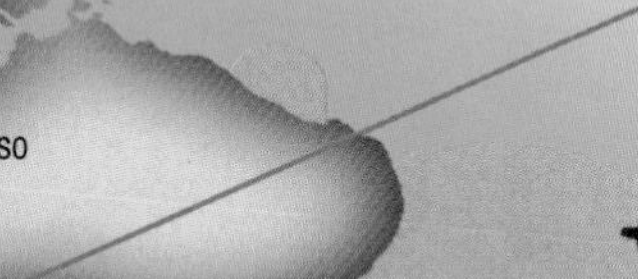

## Iglesia Ortodoxa Oriental

La tradición ortodoxa abarca un grupo de Iglesias centradas en el Patriarca de **Constantinopla** y que rechazaban la supremacía del Papa. Entre las primeras subdivisiones autónomas está la Iglesia Ortodoxa **Rusa** (fundada en 998).

## Iglesia Nestoriana

La Iglesia Nestoriana fue creada por los seguidores de **Nestorio** (m. 451), obispo de Constantinopla. Su creencia básica era que Jesús combinaba una naturaleza divina con otra humana. Fueron expulsados por la Iglesia Ortodoxa en 489, y se asentaron en **Persia;** sus misioneros fueron a la India, Sri Lanka y China.

## Iglesia Copta

La tradición dice que la fundó el evangelista **San Marcos.** La Iglesia Copta se desarrolló en **Egipto** (en particular en Alejandría) después del s. II. Se separó del resto de la Iglesia con motivo de la definición de la naturaleza de Cristo, y se asoció con un temprano **monaquismo.** Todavía existe en Egipto y es fuerte en Etiopía.

## El cisma Oriente-Occidente

Fuertes disputas doctrinarias y sobre la autoridad papal empezaron a dividir las Iglesias de Oriente y de Occidente a partir del siglo IX. Excomuniones mutuas se pronunciaron en Roma y Constantinopla en 1054 (levantadas apenas en 1965). Ésta fue la primera separación formal en la Iglesia, con la Católica Romana en Occidente y la Ortodoxa en Oriente.

**451** Los coptos se separan del resto de la Iglesia.

500

**496** Clodoveo, rey de los francos, se convierte al cristianismo.

**525** San Benito de Nursia funda el primer monasterio occidental de importancia, en Monte Cassino, Italia.

**596** El papa Gregorio Magno envía a San Agustín a Inglaterra.

**800** Carlomagno es coronado Emperador de Occidente por el Papa.

1000

**1054** La Iglesia Ortodoxa Oriental se separa de la Iglesia de Roma.

**1076-1077** El papa Gregorio VII excomulga a Enrique IV, emperador del Sacro Imperio Romano.

**1095** Primera Cruzada: los cristianos conquistan Tierra Santa.

**1202-1204** La Cuarta Cruzada saquea la capital bizantina, Constantinopla.

**1225-1274** Vida de Santo Tomás de Aquino, el más grande teólogo medieval.

**1291** Acre, último bastión cruzado, cae ante los musulmanes.

**1453** Constantinopla cae ante los otomanos.

1500

# Surgimiento del Islam



*En 610, tras revelaciones divinas, Mahoma fundó una religión basada en la fe en un dios único, claras reglas sociales y la promesa de una vida después de la muerte. Las conquistas árabes difundieron el Islam por el sureste de Asia, Medio Oriente y el Norte de África. La Europa cristiana le fue hostil, pero luego se benefició por la preservación de la cultura griega y el conocimiento científico y médico de los árabes musulmanes.*

## España y Portugal

La España y el Portugal visigodos fueron conquistados en 711-719 por un ejército árabe y berebere (moro) del Norte de África. Los moros tomaron Córdoba, Sevilla, Málaga, Toledo, Zaragoza y Granada, pero fueron derrotados en Poitiers, Francia, en 732 por los francos. El **Califato Omeya de Córdoba** gobernó hasta 1031, seguido por los **almorávides** (1090-1145), y los **almohades** (1145-1212). El norte de España siguió cristiano y poco a poco reconquistó el sur. El último reino moro, Granada, cayó en 1492.

**Fortaleza mora** Vista de la Alhambra, el mayor palacio fortaleza de la España islámica.

## Norte de África

Las fuerzas árabes musulmanas de Amr conquistaron Egipto en 639-640, y luego avanzaron al oeste. Hacia 710, África del Norte estaba en manos musulmanas. La dinastía berebere **almorávide** controló Marruecos y Argel en 1054, y España en 1090, creando un imperio que llegaba hasta el Estrecho de Gibraltar. En 1147-1172 la dinastía **almohade** suplantó a los almorávides, gobernando desde Marrakech hasta 1269.

## Medio Oriente

La expansión del Islam fuera de Arabia empezó con la conquista musulmana de Iraq sasánida (persa) y Siria bizantina en 633-641. **Jerusalén** fue tomada en 638, y se volvió la tercera ciudad del Islam. En 637, fuerzas musulmanas derrotaron a los sasánidas en Qadisiya, y hacia 650 toda Persia estaba bajo el Islam. La Primera **Cruzada** (1099) estableció territorios cristianos en Medio Oriente, pero fueron reconquistados por Saladino, el sultán **ayyubí** de Egipto, en 1187. Medio Oriente fue dominado por el Imperio Otomano a partir de 1516.

**Avance del Islam** El Islam se extendió rápidamente por Medio Oriente, África del Norte y Persia en el siglo VII, cuando los ejércitos árabes invadieron los imperios bizantino y persa. Su avance por la India y el sureste de Asia fue más gradual.

## Puntos clave islámicos

La muerte de Mahoma (632) fue seguida al principio por una sucesión ordenada, el llamado **Califato Ortodoxo.** Al primer califa, Abu Bakr, suegro de Mahoma, se le considera el fundador de la tradición **sunnita,** y el último fue Alí, de la **chiita.** En 681, la guerra civil llevó al califato **Omeya** al poder, pero siguió la lucha entre sunnitas y chiitas. La rebelión de los **abasíes** en 750 terminó por doquier con el gobierno Omeya, excepto en España, iniciando la fragmentación política del mundo islámico. Los abasíes presidieron la mayor era de la cultura islámica (incluyendo el reinado de **Harún al-Raschid,** de 786 a 809, inmortalizado en *Las mil y una noches*). Sin embargo, Persia se rebeló bajo los **safáridas** y los **samánidas** desde 874, y en 914 Egipto cayó ante el califato **Fatimita.** La autoridad de los califas abasíes se volvió en gran parte simbólica luego que Bagdad fue capturada por los **buwayhíes** chiitas en 950. Los abasíes fueron finalmente exterminados por los mongoles en 1258.

600

**570** Nace el profeta Mahoma en La Meca.

**610** Mahoma recibe revelaciones de la palabra de Dios.

**622 Mahoma se retira a Medina (la Hégira), iniciando la era islámica.**

**632** Muere Mahoma. Abu Bakr se convierte en su sucesor (califa).

**634-644** Bajo Omar, los musulmanes toman Jerusalén, e invaden Mesopotamia, Asia Menor, Persia y Egipto.

**661** La dinastía Omeya se establece en Damasco; gobierna hasta 750.

**670** El Islam avanza por el Norte de África.

700

**711 Fuerzas musulmanas árabes de África del Norte invaden España.**

**732** Los ejércitos árabes son derrotados por los francos en Poitiers.

**750 Los abasíes derrotan a los omeyas y gobiernan el mundo islámico hasta 1258.**

**762** Los abasíes hacen de Bagdad la capital islámica.

900

**909** Los chiitas fatimitas establecen un imperio en África del Norte (hasta 1171).

## Asia Menor y los Balcanes

Asia Menor (Turquía) fue el centro del poder bizantino durante el surgimiento del Islam; los sitios árabes a Constantinopla en 670-677 y 716-717 acabaron en derrota. Luego de 1038 los **selyúcidas turcos** musulmanes invadieron gran parte de Asia occidental y Asia Menor, derrotando a los bizantinos en Manzikert (1071) y resistiendo a los cruzados. El Imperio Selyúcida fue destruido por los mongoles en 1243. Su sucesor, el **Imperio Otomano,** se extendió a expensas de los bizantinos (Constantinopla cayó en 1453, convirtiéndose en la capital otomana). Fuerzas otomanas invadieron Medio Oriente, los Balcanes y gran parte de África del Norte en el siglo XVI.

## Asia Central y Asia del Sur

El dominio árabe de Persia después de 650 fue breve. De 977 a 1186, la región del este de Persia al norte de la India cayó ante los **gaznawíes** de Afganistán. Éstos perdieron parte de su Imperio ante los selyúcidas en 1040, y el resto ante los **guríes** en 1186. En 1206 surgió el **Sultanato Musulmán de Delhi,** que dominó el subcontinente indio con la dinastía Jalji hacia 1321. Fue derrotado por Tamerlán en 1398, y luego destruido por sus descendientes los **mongoles.**

Samarcanda
Kokand
Kashgar
Kabul
Multan
Delhi
Jaunpur
Gaur
Ahmadabad
Mandu
Surat
Bijapur
Golfo de Bengala
Mar de China Meridional
Luzón
Aceh
Malaca
Brunei
Tidore
Bantam
Madura
Macassar

**Decoración sagrada** Vista de parte del elaborado interior de la Mezquita Azul (Mezquita del sultán Ahmed), en Estambul.

## Sureste de Asia

El sureste de Asia era principalmente hindú y budista, hasta que comerciantes árabes y gujeratis llevaron el Islam en el siglo XIII. La nueva religión se adoptó en el norte de Sumatra, Java, el sur de las Filipinas, la península malaya y las Molucas.

## LEGADOS

El mundo occidental obtuvo muchos beneficios del Islam, entre ellos:

- **Erudición antigua** Los eruditos árabes preservaron muchas obras de Aristóteles, Platón, Euclides, Arquímedes y Ptolomeo, perdidas.
- **Matemáticas** El matemático árabe Al-Khuwarizmi inventó el álgebra y los "números arábigos" usados en Europa desde el siglo XIII.
- **Medicina** Traducciones de Hipócrates y Galeno, y préstamos indios y persas, dieron a los árabes una medicina superior durante 800 años.
- **Astronomía** Los astrónomos árabes avanzaron en navegación, relojes y calendarios.

Otros productos del mundo islámico que a la larga llegaron a Occidente incluyen: caña de azúcar, tapetes, palomas mensajeras, incienso, espejos, rosas y molinos de viento.

vea también
178 **El cristianismo**
38-341 **Religiones**
598 **El Mediterráneo**

1000

**1054** Los almorávides inician la conquista de Marruecos y Argel.

**1055** Los abasíes son derrotados por los selyúcidas de Asia Menor.

**1085** Los almorávides invaden España.

**1095** Primera Cruzada: los cristianos atacan Tierra Santa; toman Jerusalén en 1099.

**1147** Los almohades toman Marrakech y lo convierten en su capital.

**1172** Los almohades extienden su poder por España.

**1187** La reconquista musulmana de Jerusalén da origen a la Tercera Cruzada.

1200

**1206** Se funda el sultanato de Delhi (hasta 1526).

**1212** Los almohades empiezan a retirarse de España; en 1248 Granada es el único reino musulmán en España.

**1258** Los mongoles saquean Bagdad, terminando con el gobierno abasí, pero en 1260 son derrotados estrepitosamente en Ain Jalut.

**1299** Osmán I funda el Imperio Otomano, como sucesor del Imperio Selyúcida.

1400

**1453** Los otomanos toman Constantinopla.

**1492** El Islam es expulsado de Europa con la toma de Granada.

*Hacia el año 1000 Europa estaba dividida entre monarcas y señores regionales con autoridad variable sobre sus territorios. El comercio se amplió, los pueblos crecieron y obtuvieron su autonomía, los artesanos formaron gremios, y se fundaron universidades. Dante y Chaucer escribieron obras de arte, y se construyeron grandes catedrales para afirmar la fe en el poderío del orden divino.*

## Europa medieval

Los estados europeos empezaron a adquirir algo de su forma moderna hacia fines del siglo XIII, como aquí se muestra. La Iglesia, el comercio y los sistemas educativos, así como una cultura aristocrática común, unían Europa.

- **Territorios ingleses**
- **Territorios aragoneses**
- **Territorios venecianos**
- **Territorios genoveses**
- **Sacro Imperio Romano**

**Castillos principales**
Los señores edificaban castillos para controlar sus territorios locales.

**Catedrales**
Las catedrales fueron las obras arquitectónicas más ambiciosas de su época.

**Ferias comerciales**
Grandes ferias comerciales anuales atraían mercaderes de toda Europa.

**Universidades**
Durante el siglo XII se formaron las universidades, y suplantaron a los monasterios como centros de aprendizaje.

**La Liga Hanseática**
La Hansa era una alianza de ciudades alemanas del norte, formada en 1241 para proteger y promover los intereses comerciales hacia el exterior. Centrada en el Báltico, incluía cerca de 70 ciudades a fines del siglo XIV. La Hansa dirigía su propio ejército y armada, y tenía avanzadas en Londres, Brujas, Novgorod y Bergen.

## EUROPA FEUDAL

El poder en la Europa medieval estaba en manos de los reyes y los grandes aristócratas. En muchos sitios, como en Inglaterra, se afirmaba que toda la tierra pertenecía al rey. Muchos nobles poseían **feudos** (grandes propiedades) otorgados por el rey y los aristócratas a cambio de servicio militar (feudalismo). A veces los campesinos eran libres, pero por lo general debían rentas y servicios a los terratenientes. El poder político era inestable, y en el caótico siglo XI, la Iglesia llevó comuneros a movimientos de la "Paz de Dios", que obligaban a caballeros y nobles a treguas regionales.

1000

**1066** Guillermo de Normandía derrota a Harold II de Inglaterra en Hastings.

**1130** Los normandos, con Roger II a la cabeza, establecen un reino en Sicilia.

**1150** Se hace papel por primera vez en Europa, usando una técnica árabe.

**1170** Tomás Becket es asesinado en la catedral de Canterbury.

**1215** La Carta Magna establece límites consuetudinarios al poder real en Inglaterra.

**1236** Fernando III de Castilla y León les quita Córdoba a los moros.

**1241** Los mongoles invaden Polonia, Hungría y Bohemia, llegando a Viena antes de retirarse.

**1289** Se documenta el primer uso de anteojos.

**1299** El Imperio Otomano es fundado por Osmán I.

1300

***c.* 1300** Se fabrica pólvora en Europa por primera vez.

**1307** Dante empieza a escribir *La Divina Comedia*.

**1309** El papa Clemente V cambia el Papado a Aviñón, Francia (hasta 1377).

**1311** Se termina la catedral de Reims, obra maestra de la arquitectura gótica.

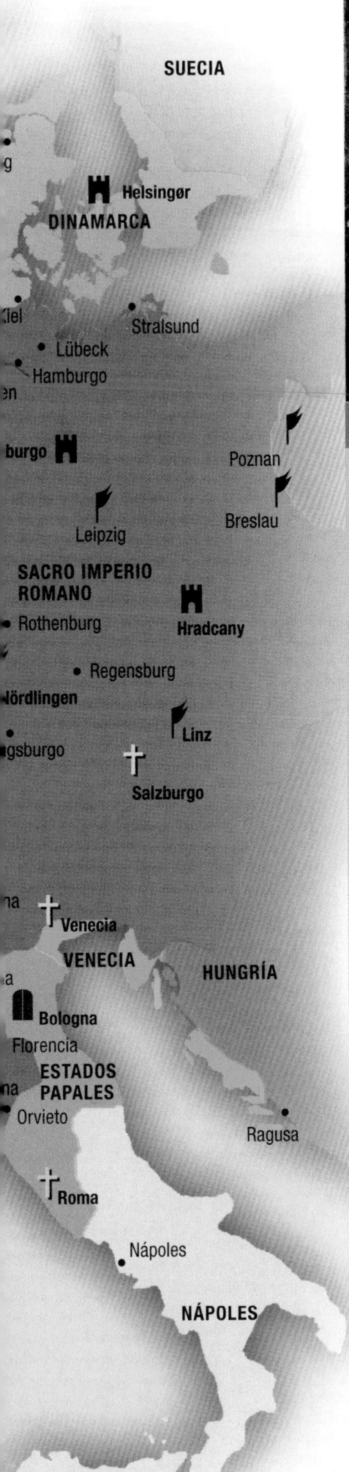

## La Peste Negra

Una peste bubónica atacó Europa en 1347, probablemente llevada de Asia Central por ratas y sus pulgas. Hacia 1351, el total de muertes era de cerca de 25 millones de personas: la tercera parte de la población de Europa. En su punto más alto en París, la "Peste Negra" mataba cerca de 800 individuos al día. El conocimiento médico era limitado: el médico del Papa consideraba posible el contagio con sólo mirar a una víctima. La peste provocó desempleo y un violento descontento, acelerando el fin del feudalismo. En algunas partes los niveles de población se recuperaron apenas hasta el siglo XVI.

**Piedad y saqueo**
Un caballero cruzado del siglo XII pide la bendición antes de su campaña.

## La Guerra de los Cien Años (1338-1453)

La Guerra de los Cien Años fue, de hecho, una serie de guerras entre Inglaterra y Francia a lo largo de 115 años. La causa principal fue una disputa de territorios en Francia, incluyendo Guiena, Aquitania, Normandía y Anjou. La guerra empezó cuando Eduardo III de Inglaterra reclamó su derecho al trono francés, y el rey de Francia respondió confiscando Aquitania, feudo hereditario de Eduardo. Hubo victorias inglesas en **Crécy** (1346) y **Poitiers** (1356), y en 1415 Enrique V de Inglaterra tomó Normandía tras ganar en **Agincourt.** Por el Tratado de Troyes (1420), el hijo de Enrique, Enrique VI, fue proclamado rey de Francia a la muerte de Carlos VI, en 1422. **Juana de Arco** persuadió al heredero francés a reclamar la corona como Carlos VII. Las tropas de Carlos gradualmente echaron a los ingleses de Francia. La guerra terminó con la captura francesa de Burdeos en 1453, dejando Calais como único territorio inglés en Francia.


vea también

178 **El cristianismo**
180 **Surgimiento del Islam**
566 **Armas de guerra**
570 **Consulta rápida**


## LAS CRUZADAS

Las Cruzadas fueron una serie de guerras de los cristianos europeos contra los estados musulmanes de Medio Oriente. Ostensiblemente, el objetivo era asegurar el acceso a los sitios de peregrinación en Tierra Santa, pero los motivos políticos y económicos eran igualmente importantes. La **Primera Cruzada** (1095-1099) surgió tras un llamado del papa Urbano III; 30,000 hombres avanzaron a través de Asia Menor (Turquía), tomaron Jerusalén (1099) y mataron a sus 40,000 habitantes. Los cruzados fundaron el Reino Cristiano de Jerusalén y otros estados cruzados. Éstos fueron casi completamente aplastados por el guerrero musulmán Saladino al fracasar una **Segunda Cruzada** (1147-1149). La **Tercera Cruzada** (1188-1192), conducida por el sacro emperador romano Federico Barbarroja, Ricardo I (Corazón de León) de Inglaterra y Felipe II de Francia, no pudo quitarle Jerusalén a Saladino. La **Cuarta Cruzada** (1202-1204) fue desviada por los venecianos, y los cruzados saquearon Constantinopla, capital del Imperio Bizantino. Las cruzadas continuaron hasta el siglo XIII, pero fracasaron al fortalecerse y unirse el mundo islámico. Jerusalén fue recuperada brevemente en la Sexta Cruzada (1228-1229), pero se perdió de nuevo en 1244. Acre, el último reducto cristiano en Medio Oriente, fue tomado por los musulmanes en 1291.

**1314** Robert Bruce asegura la independencia escocesa al derrotar a los ingleses en Bannockburn.

**1315-1319** Hambruna, inundaciones y una plaga del ganado devastan gran parte de Europa occidental.

**1337** Felipe VI de Francia confisca Guiena, iniciando la Guerra de los Cien Años.

**1348** La Peste Negra llega a Florencia, París y Londres.

**1353** El poeta inglés Geoffrey Chaucer empieza a escribir *Los Cuentos de Canterbury*.

**1378-1417** La Iglesia se divide entre papas rivales en Roma y Aviñón.

**1389** Los otomanos invaden los Balcanes tras la Batalla de Kosovo.

1400

**1415** Enrique V de Inglaterra derrota a los franceses en Agincourt.

**1429** Fuerzas francesas dirigidas por Juana de Arco terminan el sitio inglés de Orleáns.

**1453** Los turcos otomanos toman Constantinopla, dando fin al Imperio Bizantino.

**1455-1485** Las dinastías York y Lancaster luchan por el trono inglés (la "Guerra de las Dos Rosas").

**1485** Enrique Tudor derrota a Ricardo III de Inglaterra en Bosworth.

1500

*Existió una floreciente civilización en el valle del Indo hacia el año 2500 a.C. Continuas invasiones de Asia Central dieron lugar a una sucesión de imperios, influidos al principio por el hinduismo y el budismo, y más tarde por el Islam. El último de éstos fue el Imperio Mogol (también llamado Mogul). Pero las riquezas y la sofisticada economía de la India siguieron atrayendo tanto comercio como invasiones militares de oriente y de occidente, y de manera espectacular en forma de la soberanía británica.*

## El Imperio Gupta

Los reyes gupta encabezaron una edad de oro en que florecieron la ciencia, la filosofía y las artes. Su imperio a lo largo del Ganges alcanzó su mayor extensión bajo **Chandra Gupta II** (reinó de 376 a 401), pero fue destruido a fines del siglo V por los hunos blancos.

Indo
Gandhara
Barbaricum
Panchala
Mathura
Mar Arábigo
Ujjain
Kosala
Ganges
Varanasi
Pataliputra
Nalanda
Pundra
Machilipatnam
Kalinga
Utkala
Vanga
Simhapura
Golfo de Bengala

**c. 5000 a.C.** Agricultores de las anegadas llanuras del valle del Indo se establecen en aldeas.

**c. 2500 a.C.** La civilización del valle del Indo incluye al menos cinco grandes ciudades.

**c. 1500 a.C.** La civilización del valle del Indo desaparece por causas desconocidas.

c. 1500 a.C. Los arios se extienden del valle del Indo a la región del Ganges, fundando el hinduismo.

**563-483 a.C.** Siddharta Gautama (Buda) vive y enseña en la India.

500 a.C.

**518 a.C.** Darío I, rey de Persia, conquista el valle del Indo.

**c. 500 a.C.** Se escribe parte del poema épico *Ramayana.*

321 a.C. Chandragupta Maurya funda la dinastía Maurya.

**326-325 a.C.** Alejandro Magno ocupa el valle del Indo.

**c. 269-238 a.C.** El control maurya se extiende por la India bajo Asoka.

**c. 185 a.C.** Los mauryas son reemplazados por la dinastía Sunga.

**c. 135-158 a.C.** Los sakas nómadas invaden el norte de la India.

0

**c. 78-102 d.C.** Los kushanas ocupan el valle del Indo y Punjab.

**c. 200** Los poemas épicos *Ramayana* y *Mahabharata* toman su forma final.

319 Chandragu funda el In Gupta en e Ganges.

## El Imperio Maurya

El primer gran imperio del subcontinente indio se desarrolló tras el retiro de los ejércitos de Alejandro Magno del valle del Indo, en 325 a.C. Llamado así por **Chandragupta Maurya** (reinó *c.* 321-297 a.C.), el Imperio Maurya se extendió por el norte de la India, incluyendo al moderno Pakistán y a Afganistán. Llegó a su máxima extensión y a su cima cultural bajo el rey **Asoka** (reinó *c.* 269-238 a.C.). La primera experiencia de Asoka de conquista militar lo horrorizó tanto que hacia 263 a.C. se convirtió al budismo y renunció a la guerra. Desarrolló un sistema de gobierno basado en principios budistas: los gobernantes son responsables del bienestar del pueblo, y deben comportarse con respeto, tolerancia, honestidad y compasión, preceptos que grabó en piedra. El Imperio se fragmentó tras la muerte de Asoka. El último emperador maurya fue muerto en 185 a.C., y reemplazado por la dinastía hindú Sunga.

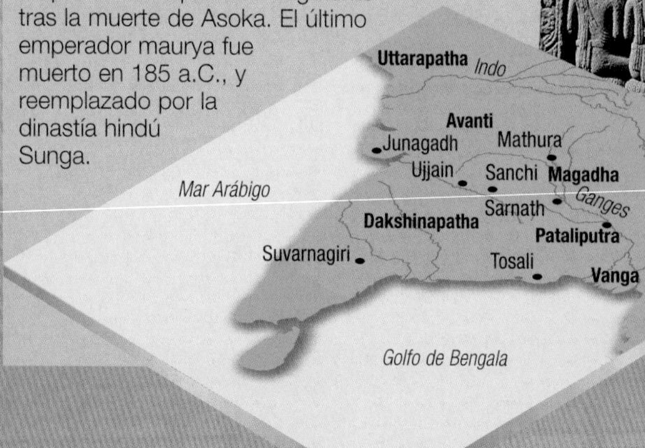

Uttarapatha
Indo
Avanti
Junagadh
Mathura
Ujjain
Sanchi
Magadha
Mar Arábigo
Sarnath
Ganges
Dakshinapatha
Pataliputra
Suvarnagiri
Tosali
Vanga
Golfo de Bengala

**Árbol bodhi** Motivos budistas en un santuario de Asoka.

## TEMPLOS PRINCIPALES

**Cuevas de Ajanta** Las 29 cuevas de Ajanta, en el norte de Maharashtra, fueron excavadas en roca sólida entre los siglos I a.C. y VII d.C. Eran morada y capillas de monjes budistas, y se decoraron con frescos y esculturas.

**Khajuraho** Sitio de 50 templos hindúes y jainitas, de 950 a 1050; Khajuraho está cerca de Kanpur, en el norte de la India. Los 22 templos que quedan tienen esculturas eróticas.

**Mahabalipuram** Complejo religioso hindú al sur de Madras, construido durante la dinastía Pallava en el siglo VII. Incluye los restos de las "Siete Pagodas", hechas de grandes bloques de piedra.

**Taj Mahal** Gran obra maestra de la arquitectura mongola, el Taj-Mahal fue construido al lado del río Jumna, en Agra, en 1632-1648. Es un homenaje a Mumtaz Mahal, esposa del emperador Shah Jahan, la cual murió de parto en 1629. Diseñado por un arquitecto turco, está hecho de mármol blanco y piedras semipreciosas.

## Los Chola y el sureste de Asia

La influencia india llegó más allá del subcontinente. Hinduismo y budismo se infiltraron en el sureste de Asia desde la India en los siglos II y III. El templo budista de Borobudur, Java, fue construido durante el Imperio Sailendra (*c.* 750-850), en tanto que los khmers hindobudistas dominaron el sureste de Asia desde 900 hasta 1431. Los Chola, una civilización tamil marítima (los tamiles son una población étnicamente diferente, del sur de la India hindú), difundieron la influencia india en una serie de expediciones en los siglos X y XI. **Rajaraja I** (reinó en 985-1016) conquistó Kerala y el norte de Ceilán (Sri Lanka); su hijo **Rajendra** (reinó en 1016-1044) tomó Malaca y la Península de Malaya.



**Siva como señor de la danza** Bronce chola de Tamil Nadu, en el sur de la India.

**…5-376** Samudra …nde el Imperio Gupta … el valle del Indo.

**c. 480** Los hunos blancos destruyen el Imperio Gupta.

**…350** Se escribe …clásico erótico …*masutra.*

500

**c. 711** Fuerzas musulmanas de Iraq entran al norte de la India.

1000

**1081** Los Chola conquistan Ceilán (Sri Lanka).

**1186** Los gaznawíes pierden Lahore ante los ghóridas afganos.

**1206** Se funda el sultanato de Delhi (hasta 1526).

**c. 1321** El sultanato de Delhi se extiende hasta el sur de la India.

**1398** El sultanato de Delhi es destruido por Tamerlán.

1500

**1498** El navegante portugués Vasco da Gama llega a la India.

**1526** Babar derrota al sultanato de Delhi en Panipat, y funda el Imperio Mogol.

**1565** Los mogoles derrotan al Imperio de Vijayanagar, del sureste de la India.

**1632** Shah Jahan empieza la construcción del Taj-Mahal.

**1700** La Compañía Inglesa de las Indias Orientales controla muchos puertos mercantiles indios.

**1746-1761** Gran Bretaña y Francia compiten por el control de la India.

**1803** Delhi, la capital mogola, cae ante la Compañía Inglesa de las Indias Orientales.

**1857** El último emperador mogol es exiliado por los británicos.

## El Imperio Mogol

**Miniatura mogola** Shah Jahan con uno de sus hijos; pintada en 1615 por Manohar.

Los mogoles fueron una dinastía musulmana de ascendencia turca y mongola, fundada por el conquistador timúrida **Babar** el Tigre (1483-1530). Babar capturó Delhi en 1526 y su ejército invadió la mayor parte del norte de la India. La edad de oro del Imperio Mogol (vea mapa) fue bajo **Akbar** (reinó en 1556-1605), cuya ilustrada corte en Fatehpur Sikri promovió la tolerancia religiosa y promovió los grandes logros del arte y la arquitectura mogola; **Jehangir** (reinó en 1605-1627), y **Shah Jahan** (1628-1658). **Aurangzeb** (1659-1707) extendió el Imperio hasta casi la punta sur de la India, pero persiguió a sijs e hindúes, causando fricciones internas muy extendidas. Luchas religiosas y rivalidades cortesanas lo hicieron vulnerable a la agresión británica y francesa. Los británicos mantuvieron el Imperio, de nombre, hasta 1857.



vea también
306 **India**
338-341 **Religiones**

# China y Japón ▶ De la Edad de la Piedra a la independencia como nación moderna

*Durante gran parte de la historia del mundo, China fue la nación más rica y poderosa de la Tierra. Hasta el siglo XIX, era casi autosuficiente, amasando enormes riquezas nacionales con la exportación de seda, especias y (más tarde) porcelana. Japón permaneció culturalmente a la sombra de su poderosa vecina durante muchos siglos, pero era igualmente insular y seguro de sí mismo.*

## Dinastías gobernantes chinas

El poder político de China estuvo en manos de una sucesión de grandes dinastías; el control central de una nación tan grande era posible sólo porque la vasta, sofisticada y muy intelectual administración pública china se seguía manteniendo durante los cambios de gobierno. El caos en que cayó China en los periodos de los "Tres Reinos" y las "Cinco Dinastías y Diez Reinos" puso de relieve el valor de esta continuidad.

**Qin** (Ch'in) 221-206 a.C. Los Ch'in dieron su nombre a China. Qin Shi Huangdi, el "Primer Emperador" (reinó en 221-210 a.C.), creó un fuerte estado centralizado con un lenguaje escrito estandarizado, y construyó gran parte de la Gran Muralla.

**Imágenes de vida y más allá** (arriba) Los guerreros de terracota, de tamaño natural y todos con rostros distintos, de la tumba del emperador Qin Shi Huangdi, *c.* 210 a.C. (abajo) Figura de un guardián de tumbas, de loza de barro, de la dinastía Tang, 618-907.

**Shang** *c.* 1600-1050 a.C. Los gobernantes Shang controlaron la mayor parte del norte de China. Sus logros: escritura, calendario, clases sociales, burocracia, fundición de bronce, tallado de jade, y cerámica.

**Zhou** *c.* 1000-256 a.C. Los Zhou presidieron la "Era Clásica China", la de Confucio (*c.* 551-479 a.C.), Lao-Tse (*c.* 604-531 a.C.), el hierro y el arado tirado por bueyes.

**Han** 206 a.C.-220 d.C. Los Han mantuvieron un gobierno muy centralizado usando los principios de moderación de Confucio. Tuvieron un periodo de prosperidad y florecimiento cultural, comerciando seda con el Imperio Romano por la "Ruta de la Seda".

**Tang** 618-907 d.C. Los Tang lograron controlar China desde la dinastía Sui, tras cerca de 400 años de alborotos en la era de los "Tres Reinos". La estabilidad y una cultura cosmopolita ayudaron al comercio, se desarrolló la imprenta, se difundió el budismo y la poesía tuvo ur

China

***c.* 6000 a.C.** Aparecen en China la cerámica, los animales domesticados y las plantas.

***c.* 551-479 a.C.** Vida de Confucio.

***c.* 353 a.C.** Se empieza la Gran Muralla.

***c.* 50 d.C.** Llega el budismo a China.

**220-280** El periodo de disturbios los "Tres Reinos" da fin al gobierno Han.

**304** Los hunos (Xiongnu) invaden China.

**850-900** Revueltas de campesinos traen un gobierno de jefes militares a China.

**979** La dinastía Song reunifica China.

5000 a.C. — 1000 a.C. — 250 a.C. — 0 — 250 — 1000

Japón

***c.* 5000-250 a.C.** La cultura neolítica Jomon produce cerámica y joyería en Japón.

**660 a.C.** Se funda la nación de Japón, según una leyenda.

**250 a.C.-250 d.C.** La cultura japonesa Yayoi produce hierro y bronce, y textiles, y cultiva arroz.

**405** La corte Yamato, en Nara, unifica Japón.

***c.* 550** Llega el budismo a Japón.

**900-1100** Surge una cultura completamente japonesa, con escritura y lenguaje.

## La turbulenta historia de Japón

Los primeros estados reconocibles en Japón empezaron a surgir hacia el año 300 d.C., dentro de la cultura **Yayoi.** Sin embargo, los intentos por construir un estado unificado y centralizado empezaron en el periodo **Yamato** (300-710). La corte se trasladó de Nara a **Heian** (Kioto) en 794 para escapar de la creciente influencia budista sobre el shogun (emperador). El periodo Heian duró hasta 1185, dominado por la poderosa familia **Fujiwara.** El declive de la autoridad central a fines del periodo permitió el surgimiento del **feudalismo.**

Los shogunes **Kamakura** (1185-1333) fueron dominados por las familias Minamoto y Hojo, y Japón repelió dos invasiones mongolas (1274 y 1281). De 1336 a 1568 gobernaron los shogunes **Ashikaga** (o Muromachi), pero tuvieron inestabilidad política, descontento campesino y guerra civil, ello aumentado por monjes budistas militantes "Tierra Pura". En 1467-1477 resultó en la **Guerra Onin** y el periodo de los Estados Guerreros, de un siglo.

La reunificación la lograron **Oda Nobunaga, Hideyoshi Toyotomi** y **Tokugawa Ieyasu** entre 1568 y 1600. El shogunato Tokugawa que fue resultado de ello duró hasta 1868. A su conservadurismo lo igualaba un creciente **aislacionismo,** que excluía a comerciantes europeos y perseguía a cristianos japoneses. La política antiextranjeros de Japón fue finalmente abandonada hasta el periodo **Meiji** (1868-1912).

**Ceremonia del té** El servicio ritual del té (que se cree que tiene propiedades medicinales) llegó de China a Japón en el siglo XIII.

**DATO**

**La religión nativa de Japón, el Shinto, viene de tiempos prehistóricos. No tiene fundador ni texto sagrado, pero muchos japoneses de hoy siguen adorando en santuarios shinto.**

## Logros artísticos de China

**Cerámica** Los objetos de la alfarería neolítica muestran estilo y uso temprano del torno. Se ve un diseño delicado, por ejemplo, en los caballos de cerámica del periodo Tang, decorados con un brillo tricolor característico.

**Jade** Verde, blanco, gris –aun azul, rojo y amarillo–, el jade fue importado a China en tiempos prehistóricos, sobre todo de Asia Central. Se tallaba en finas joyas y ornamentos, y era muy solicitado pues se creía que la piedra tenía el poder de curar o incluso de conferir la inmortalidad.

**Laca** La dura resina negra del árbol de la laca se usaba en la decoración antes de 400 a.C. Se aplicaban capas de laca a una base, y luego se cortaban y tallaban para crear elaboradas escenas y diseños. Se laqueaban cajas, platos, utensilios de cocina, y hasta los tronos.

**Metalurgia** El fundido de bronce data de *c.* 2000 a.C., a menudo en forma de vasijas usadas para ofrendas de comida y vino en ceremonias sacrificiales.

**Pintura** En el periodo Tang aparecieron exquisitas pinturas hechas con pincel y tinta, superiores al arte occidental en observación, técnica y delicadeza. El paisajismo era común en el siglo X.

## PRIMICIAS CHINAS

**Ábaco** El ábaco se usó en China hacia 500 a.C.

**Brújula magnética** La aguja magnetizada la usaron por primera vez los navegantes chinos, hacia el año 1000.

**Hierro fundido** China desarrolló el hierro fundido hacia 600 a.C.

**Imprenta** Los chinos empleaban métodos de impresión ya desde el siglo II d.C. La impresión con bloques de madera empezó en el siglo VI.

**Papel** China hizo el primer papel del mundo en *c.* 105 d.C.

**Pólvora** Se usaban explosivos en fuegos de artificio durante el periodo Tang, y en armas durante el Song.

**Porcelana** En China se hacía cerámica dura, fina y blanca desde cerca de 50 a.C.

**Seda** Según la leyenda, el tejido de la seda se inició en el año 2640 a.C.

**Song** (Sung) 960-1279 Los Song tuvieron un periodo de logros culturales y creciente prosperidad gracias al comercio. Apareció la moneda de papel y se usó ampliamente; la imprenta difundió la educación; hubo avances en pintura, escultura y filosofía.

**Yuan** (Mongoles) 1280-1368 Gengis Kan (*c.*1167-1227) unificó Mongolia, tomando Pekín en 1215; el Imperio Qin del norte de China se destruyó hacia 1234. Su sucesor, Kublai Kan, invadió el sobreviviente Imperio Song del sur en 1268-1279, y fundó la dinastía Yuan con capital en Pekín. En 1335-1368 los Yuan fueron derrocados por rebeliones populares.

**Ming** 1368-1644 La dinastía Ming fue fundada por el rebelde Zhu Yuanzhang, quien reconquistó la China mongola en 1368-1388. El dominio chino llegó a los actuales Corea, Mongolia, Turkestán, Vietnam y Birmania. China estuvo en paz durante la mayor parte de los siglos XV y XVI.

**Arte Ming** Jarra con motivo floral, siglo XVI.

**Qing** (Manchú) 1644-1912 Los manchúes tomaron control de China en 1616-1652 y crearon el mayor de los imperios chinos. China resistió la influencia europea hasta el siglo XIX, cuando declinó el poder Manchú. Pu Yi, el último emperador, de sólo seis años de edad, abdicó en 1912.

**1126** Tribus Jurzhen invaden el norte de China, estableciendo el Imperio Qin.

**1211** Los mongoles invaden el Imperio Qin.

**1275** Marco Polo llega a Pekín.

1300

**1405-1433** El almirante Zheng He zarpa hacia la India, el Golfo Pérsico y África oriental.

**1514** Llegan a China los primeros comerciantes portugueses .

1500

**1542-1550** Los Ming derrotan dos invasiones mongolas.

**1644** Los manchúes (Qing) derrocan la dinastía Ming.

***c.* 1800** Gran Bretaña inicia la exportación de opio indio a China.

**1899-1901** Derrota del levantamiento Bóxer contra Occidente.

**1912** Los Qing son derrocados y se declara la república.

1900

**c. 1100** Los *daimyo* (barones feudales) toman el poder en Japón.

**1274 y 1281** Las invasiones mongolas a Japón son evitadas, a causa de tifones.

**1467-1477** La Guerra Onin antecede el periodo de los "Estados Guerreros" en Japón.

**1542** Llegan a Japón los primeros comerciantes europeos

**1582** Hideyoshi Toyotomi empieza a unificar Japón.

**1639** Japón adopta políticas aislacionistas hacia Occidente.

**1853** Japón es obligado a abrir sus puertos al comercio.

**1905** Japón se convierte en el poder dominante en Asia oriental.

## Samurai

También conocidos en japonés como *bushi,* los samurai (literalmente "aquel que sirve") surgieron como clase guerrera en el tardío periodo Heian (siglos XI y XII). La aparición de los samurai sucedió en paralelo con el surgimiento de los *sengoku daimyo,* los barones feudales que eran sus patrones.

Los samurai eran guerreros profesionales altamente adiestrados, sujetos a su patrón por un estricto código de lealtad, muy parecido al de los caballeros medievales europeos. Por 700 años los samurai dominaron Japón como élite militar; su monopolio terminó con la creación de un ejército imperial moderno en el siglo XIX.

vea también

310 **China**
332 **Sistemas de escritura**
338-341 **Religiones**
590 **De otros países**

*El vasto tamaño y la riqueza natural de África son iguales a la diversidad y riqueza de sus culturas. Del Reino de Meroë en el sur de Egipto, que duró 1,000 años, y de las fabulosas riquezas de la Costa de Oro occidental a los misteriosos constructores de la gran Zimbabwe, los pueblos africanos comerciaron, adoraron y edificaron imperios en todo el vasto continente. Los árabes llegaron desde el siglo VII y los europeos desde el XV, primero para comerciar y luego como colonizadores, agricultores y aventureros atraídos por historias de minerales, gemas y oro.*

**Figura de terracota** Escultura de un hombre sentado, hallada cerca de Djenné, Mali; de hacia el año 1400.

## Mali

Mali fue un imperio musulmán que dominó África occidental en los siglos XIII y XIV. Fue eclipsado por el Imperio Songhai en el siglo XV. **Tombuctú**, su capital, se fundó alrededor de 1100, y del siglo XIII al XVI floreció como centro del comercio del oro y de la cultura islámica; cayó ante un ataque Songhai en 1468. **Mansa Musa** (reinó *c.*1312-1337) fue emperador de Mali en la cúspide de su poderío. Sus espléndidos derroches de oro durante su peregrinación a La Meca causaron sensación en todo el Islam.

## Imperios africanos

El África precolonial contempló la aparición y la caída de muchos Estados, cuya ubicación se muestra aquí. Su poder se basaba sobre todo en el comercio.

Mali
Nigeria
Nubia
Zimbabwe
Etiopía
Otros Estados
Khoisan Pueblos

Tánger
Túnez
CALIFATO OMEYA (756-1054)
Fez
EMIRATO ALMORÁVIDE (1054-1147)
CALIFATO ALMOHADE (1147-1172)
Bereberes
Tuareg
GHANA (*c.*1000)
Tombuctú
SONGHAI
AIR
TAKRUR (*c.*1000)
Kumbi Saleh
Gao
MALI (*c.*1000)
Jenne
Katsina
Niani
ESTADOS MOSSI
ESTADOS HAUSA
Kano
Ngarz
Zaria
OYO
NOK
Ashanti
IFE
BENIN
AKAN
Ife
Benin

**Imperio de Kanem-Bornu** Alrededor de 1070, Kanem-Bornu se volvió el primer estado subsahariano en convertirse al Islam. Dominó el comercio en el Sahara en el siglo XIII, pero decayó en el XIX.

**Songhai** El Imperio Songhai surgió alrededor de 800 d.C. Sus gobernantes se convirtieron al Islam en el siglo XI, y controlaron el comercio en el río Níger en los siglos XV y XVI.

**Ashanti** El pueblo ashanti de Kumasi subió al poder en el siglo XVIII gracias al tráfico de esclavos con ingleses y holandeses. Pelearon varias guerras contra Gran Bretaña en el siglo XIX.

## Nigeria

Floreció una cultura del hierro fundido en torno a Nok entre 500 a.C. y 200 d.C. Los **Estados Hausa** aparecieron alrededor de 1200, y se introdujo el Islam en el siglo XIV. Pueblos como Kano y Katsina se volvieron grandes centros mercantiles hasta su conquista por los Songhai, en 1513. Los **reinos Yoruba** florecieron en los siglos XI a XVI, en torno a Ife y Oyo. **Benin** era un grupo de reinos fundados por los pueblos Ibo (Edo) que dominaron el delta del Níger en los siglos XIV a XVII. Se volvieron poderosos con el comercio con los europeos, pero decayeron tras la abolición del tráfico de esclavos.

**Culturas khoisianas** Los khoisianos son un grupo de culturas indígenas del sur de África, que comparten lenguajes característicos. Los khoikhoi comerciaban ganado con los marinos europeos, pero fueron devastados por una epidemia de viruela en 1713. Los san (bosquimanos) fueron empujados al desierto del Kalahari por los colonos europeos.

COLONI

7000 a.C.

***c.* 7000 a.C.** Campesinos pastoriles habitan Libia y Argelia.

***c.* 5000 a.C.** Pastores de ganado ocupan el Sahara fértil.

***c.* 3100 a.C.** Egipto se unifica bajo el rey Menes.

***c.* 2584-2465 a.C.** Se construyen las pirámides en Giza.

**1567-1320 a.C.** "Imperio Nuevo" en Egipto; Napata (Nubia) se vuelve un centro importante.

1000 a.C.

***c.* 590 a.C.** Los egipcios saquean Napata; Meroë se convierte en la capital de Nubia.

***c.* 500 a.C.-200 d.C.** La civilización Nok se desarrolla en Nigeria.

**146 a.C.** Se establece la provincia romana de África.

0

**300-400 d.C.** El reino de Axum llega a la cúspide.

***c.* 400** Se desarrollan los primeros pueblos en el África subsahariana.

***c.* 500** Agricultores y pastores bantú llegan a Sudáfrica.

**642** Los árabes conquistan Egipto.

***c.* 700** Surge el Imperio de la antigua Ghana.

## Nubia

Nubia era conocida como **Kush** por los antiguos egipcios. El rey Piye de Kush conquistó todo el valle del Nilo alrededor de 732 a.C., fundando la XXV dinastía de Egipto. El reino de **Meroë** surgió en el siglo VI a.C. y sobrevivió por casi 1,000 años, desarrollando una cultura y una religión que combinaban elementos locales y egipcios. Nubia se volvió cristiana hacia el año 540 d.C., pero el norte fue conquistado por Egipto en 652 y el sur se convirtió en parte del reino islámico Funj de Sudán en el siglo XVI.

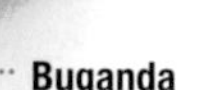


**Águila mítica**
Escultura del Gran Zimbabwe (*c.* 1200-1400), que se cree que representa a un mensajero de los dioses.

**Buganda**
Poderoso comerciante en esclavos y marfil, se convirtió en protectorado británico en 1900.

## Etiopía

Conocida por los antiguos egipcios como **Punt,** Etiopía albergó al poderoso reino de **Aksum** durante los siglos II a VIII. Fue el primer reino africano que adoptó el cristianismo (en 321), y se convirtió en un baluarte de la Iglesia Copta; fue aislado por los vecinos estados islámicos, hostiles, por cerca de 300 años, desde 702. La dinastía **Salomónida** subió al poder en 270. En el siglo XVI, el disminuido reino consiguió ayuda de los portugueses contra los ataques musulmanes. El último emperador salomónida, Haile Selasie, murió en 1975.

**Iluminación etíope**
Cristo entre el Cielo, el Infierno y el mundo; de un manuscrito etíope del siglo X.

## Estados orientales comerciantes

Desde el siglo VIII llegaron a África oriental comerciantes de Arabia. Crearon asentamientos costeros como **Malindi, Mombasa** y **Kilwa,** que atrajeron a emigrantes árabes y persas desde el siglo XII, y se volvieron poderosas ciudades-Estado islámicas independientes. Éstas comerciaban utensilios y armas, textiles, cuentas de cristal indias, cerámica islámica y porcelana china por marfil, ámbar gris (para perfumería), conchas de tortuga y oro. En 1498 los portugueses las obligaron a pagar tributo; les impusieron un gobierno colonial tras los ataques otomanos a fines del siglo XVI. El **Sultanato de Omán** expulsó a los portugueses en el siglo XVII y controló la costa, aumentando el tráfico de esclavos desde 1780. Gran Bretaña y Alemania se encargaron de tomar el control de gran parte de África oriental a partir de la década de 1880.

## Zimbabwe

El sureste de África fue ocupado por campesinos de habla bantú en los siglos V a X d.C.; exportaban oro y cobre a comerciantes árabes en la costa a partir del año 900, aproximadamente. El reino Shona de los Mwene Mutapa surgió para formar un imperio con sede en la **Gran Zimbabwe,** un complejo palaciego amurallado que floreció entre 1250 y 1450. Hacia fines del siglo XV, éste estaba en decadencia (quizá por cambios en el comercio del oro), pero el imperio Mwene Mutapa abarcaba gran parte del sureste de África. Su caída la causaron las incursiones portuguesas del siglo XVII.

vea también
180 **Surgimiento del Islam**
206 **Nuevas naciones e imperios**
216 **El fin de los imperios**
276-295 **África**

*c.* 700-1000 El Islam se extiende por el noroeste de África.

**900** Mercaderes árabes colonizan el este de África.

***c.* 1300** Se desarrolla el imperio de Benin.

**1488** Bartholomeu Dias rodea el Cabo de Buena Esperanza.

1500

*c.* 1500 Se inicia el tráfico europeo de esclavos africanos.

**1652** Los holandeses fundan una colonia en El Cabo.

**1698** Los árabes omaníes expulsan a los portugueses del este de África.

**1835-1839** Los bóers van al norte desde la colonia Británica de El Cabo.

1900

***c.* 850** Kanem-Bornu se convierte en un imperio comercial mayor.

1000

*c.* 1250 El Imperio de Mali llega a la cima.

***c.* 1400** Se completa la Gran Zimbabwe.

**1505** Los portugueses saquean Kilwa.

**1546** Songhai destruye el Imperio Mali.

***c.* 1700** Surge el poder ashanti en la Costa de Oro (hasta 1901).

Naciones europeas se reparten el continente en la “Rebatiña por África”.

# América antigua ▶ De los primeros agricultores a la llegada de los europeos

*Los pueblos de la antigua América desarrollaron civilizaciones características en un aislamiento casi total respecto al resto del mundo. En México, América Central y los Andes, los pueblos agrícolas establecieron complejas sociedades urbanas centradas en cultos religiosos. Sus culturas se extendieron hasta las sociedades cazadoras y agrícolas de América del Norte. Estas culturas fueron sometidas con la llegada de los europeos en 1492.*

## Olmecas

La primera civilización americana surgió hacia 1200 a.C. en las costas orientales de México. Las ciudades olmecas se concentraban en templos de plataforma y montículos piramidales. Esculpían jade, obsidiana, serpentina y basalto en escala monumental. Su comercio y su política llegaron a América Central, y fueron la base de muchas civilizaciones posteriores de la región, como la azteca, que adoptaron a los dioses olmecas. Hacia 400 a.C. ya habían desaparecido, y sus ciudades fueron destruidas y abandonadas.

**Cabeza de basalto** Los olmecas hicieron enormes cabezas de piedra, quizá de dioses, de hasta 20 ton.

## Aztecas

El Imperio Azteca fue fundado por los mexicas hacia 1325. Establecieron la capital en **Tenochtitlán,** en el lago de Texcoco (la ciudad de México se construyó posteriormente en ese sitio). Conquistaron gran parte de América Central, imponiendo grandes tributos. Hernán Cortés llegó a Tenochtitlán en 1519, y el poderío azteca fue destruido en los siguientes 20 años por los conquistadores, a quienes prestaron ayuda pueblos indígenas sometidos que se rebelaban contra el Imperio Azteca.

**Culto** El templo era el centro de la vida azteca, y los rituales religiosos daban forma a todos los aspectos de la existencia.



**Guerreros toltecas** Los penachos de plumas distinguen a los nobles de alto rango.

## Toltecas

Los invasores toltecas del norte crearon un imperio en gran parte de América Central después del año 900, con sede en **Tula** (Tollan). Las antiguas tierras mayas de Yucatán se convirtieron en el centro de una cultura que combinaba lo tolteca con lo maya, con ciudades como **Chichén Itzá** (con su Templo de los Guerreros y la pirámide de El Castillo) y **Mayapán.** La influencia tolteca declinó desde 1200; las regiones altas fueron ocupadas por los mixtecos.

**Arte maya** Incensario del periodo tardío.

## Mayas

La cultura maya temprana data de hacia el año 2600 a.C. Desde 200 a.C., aproximadamente, una sociedad sustentada en los templos se organizó en ciudades-Estado (como **Tikal).** Los mayas crearon una escritura jeroglífica y tenían un avanzado calendario astronómico. Tuvieron una liga política y comercial con varias ciudades del sur y el centro de México, y un imperio establecido de gran influencia. La civilización cayó hacia 750-900 por razones desconocidas. La cultura posclásica revivió en Yucatán con apoyo tolteca después de 1200, pero hubo una guerra civil luego de 300 años.

5000 a.C.

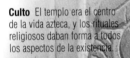

**c. 5000 a.C.** Empieza el cultivo del maíz en las tierras altas de América Central.

**c. 2500 a.C.** Los primeros inuit se extienden en las costas de América del Norte.

**c. 1200 a.C.** Surge en la costa del Golfo de México la cultura olmeca (hasta *c.* 400 a.C.).

1000 a.C.

**c. 900 a.C.** Cultura Chavín en Perú (hasta *c.* 400 a.C.).

*c. 700 a.C.* **El pueblo Adena de los bosques orientales de América del Norte empieza a hacer montículos.**

**c. 100 a.C.** La cultura Hopewell reemplaza a la Adena en el oriente de América del Norte.

0

**c. 100 d.C.** La cultura Mochica aparece en la costa de Perú (hasta *c.* 600).

**c. 150 d.C.** Teotihuacán, México, es la primera ciudad verdadera de América Central.

**c. 400-800** El arco y la flecha empiezan a sustituir al lanzador de venablos en América del Norte.

**c. 650** Teotihuacán declina por razones que se desconocen, y queda en ruinas.

*c. 750-900* **Se derrumba la cultura maya clásica; sus ciudades quedan abandonadas.**

**c. 900** Los Anasazi de América del Norte inician asentamientos Pueblo.

## Imperios americanos

Antes de las conquistas europeas, el continente americano era el hogar de muchas culturas, entre ellas la azteca, en México, y la inca, en Perú.

## América del Norte

Pocas culturas norteamericanas fueron urbanas, así que no hay muchos restos, excepto terraplenes. Los pueblos **Adena** y **Hopewell** dominaron el Oeste Medio (de EUA) casi 1,000 años desde 700 a.C., haciendo grandes montículos rituales y tumbas, como en Serpent Mound, Ohio. La cultura del **Mississippi** siguió a la de Hopewell hacia 600 d.C., cultivando maíz y legumbres en el valle del Mississippi; su ciudad, Cahokia, tenía 30,000 habitantes hacia 1050, y sus armas fueron el arco y la flecha. Las culturas del maíz, **Anasazi** y **Pueblo,** surgieron en el suroeste después del año 600, con sus característicos pueblos de adobe y piedra. Las culturas nativas ya habían sido destruidas para el año 1900.

## Incas

La civilización inca surgió en Perú en los siglos XIII y XIV, datando sus orígenes del semilegendario dios-rey ("Inca") **Manco Capac.** Varias campañas expansionistas de **Pachacuti Inca Yupanqui** (reinó en 1438-1471) y sus sucesores crearon un imperio que dominaba los Andes de Ecuador a Chile. Los incas desarrollaron una administración poderosa y centralizada, e impusieron el uso de su lengua. Una red de caminos llevaba a la capital religiosa y política, **Cuzco,** el "Ombligo [del mundo]", cuyas grandes murallas de piedras de corte poligonal se unían sin argamasa. El espectacular **Machu Picchu** era un pueblo y centro ceremonial en lo alto de los Andes. La religión inca se basaba en la adoración del Sol y de antiguos gobernantes que, se decía, provenían de ese astro. El Imperio Inca se volvió vulnerable por una disputa de sucesión tras la muerte del inca Huayna Capac en 1525. Se desintegró ante la invasión de un pequeño grupo de conquistadores españoles dirigidos por **Francisco Pizarro** en 1532-1533. Pizarro ejecutó al pretendiente al trono, **Atahualpa,** tras ayudarlo a derrocar a su medio hermano Huáscar. La última dinastía inca terminó en 1572 con la decapitación de **Túpac Amaru** por los españoles, en Cuzco.

**Figurilla inca** Estatuilla de oro que representa a una concubina, enterrada junto con un emperador inca.

vea también


192 **La era de las exploraciones**
228-247 **América**
336 **Otras mitologías**


## Principales sitios religiosos

**Palenque, México** Templos mayas con esculturas e inscripciones, siglos VII y VIII.

**Tikal, Guatemala** Pirámide monumental hecha por reyes mayas, *c.* siglo VIII.

**Teotihuacán, México** Enorme pirámide de *c.* siglo I.

**Tenochtitlán, México** Complejo de templos aztecas del siglo XIV.

**Machu Picchu, Perú** Sitio inca *c.* 1300, con la piedra Intihuatana, quizá dedicada a la adoración del Sol.

**c. 950** Los toltecas surgen como gran poder militar en América Central.

**c. 1000** Los vikingos establecen una efímera colonia en L' Anse aux Meadows, Terranova.

**c. 1050** La ciudad de montículos de Cahokia florece en Illinois.

**c. 1200** Cae la cultura tolteca y es sustituida por los mixtecas. Se construye la pirámide más grande del mundo en Cholula.

**c. 1325** Se funda Tenochtitlán, capital de los aztecas.

1472 El Imperio Inca llega a su cénit en Perú.

1492 Cristóbal Colón, que busca ir a Asia, llega a las Bahamas.

1519 Hernán Cortés llega a México. En 1521 toma Tenochtitlán tras un sitio de 93 días.

**1531-1533** Pizarro conquista a los incas. España gobierna Perú.

**1607** Primer asentamiento europeo permanente en América del Norte, en Jamestown, Virginia.

1625 La población nativa de América Central baja a 1.25 millones, la décima parte de la de 1500.

**1700** El número de colonos que hay en Norteamérica excede los 250,000.

**1890** La masacre de los sioux en Wounded Knee, Dakota del Sur, marca el final de la subyugación de los nativos de América.

1000 1500 1900

*En el siglo XV, las mejoras en barcos y la demanda de sedas y especias del Lejano Oriente llevaron a los navegantes europeos a la exploración de nuevas aguas. Los portugueses buscaron en torno a África hasta la India y más allá, mientras que Colón cruzó el Atlántico. El mundo se abrió a la exploración, el comercio y la colonización europeos.*

**Los grandes viajes** Durante 300 años, de Colón en 1492 a Cook en 1768, los exploradores marítimos europeos dieron a conocer el mundo entero, lo que dio como resultado imperios comerciales y colonizadores europeos.

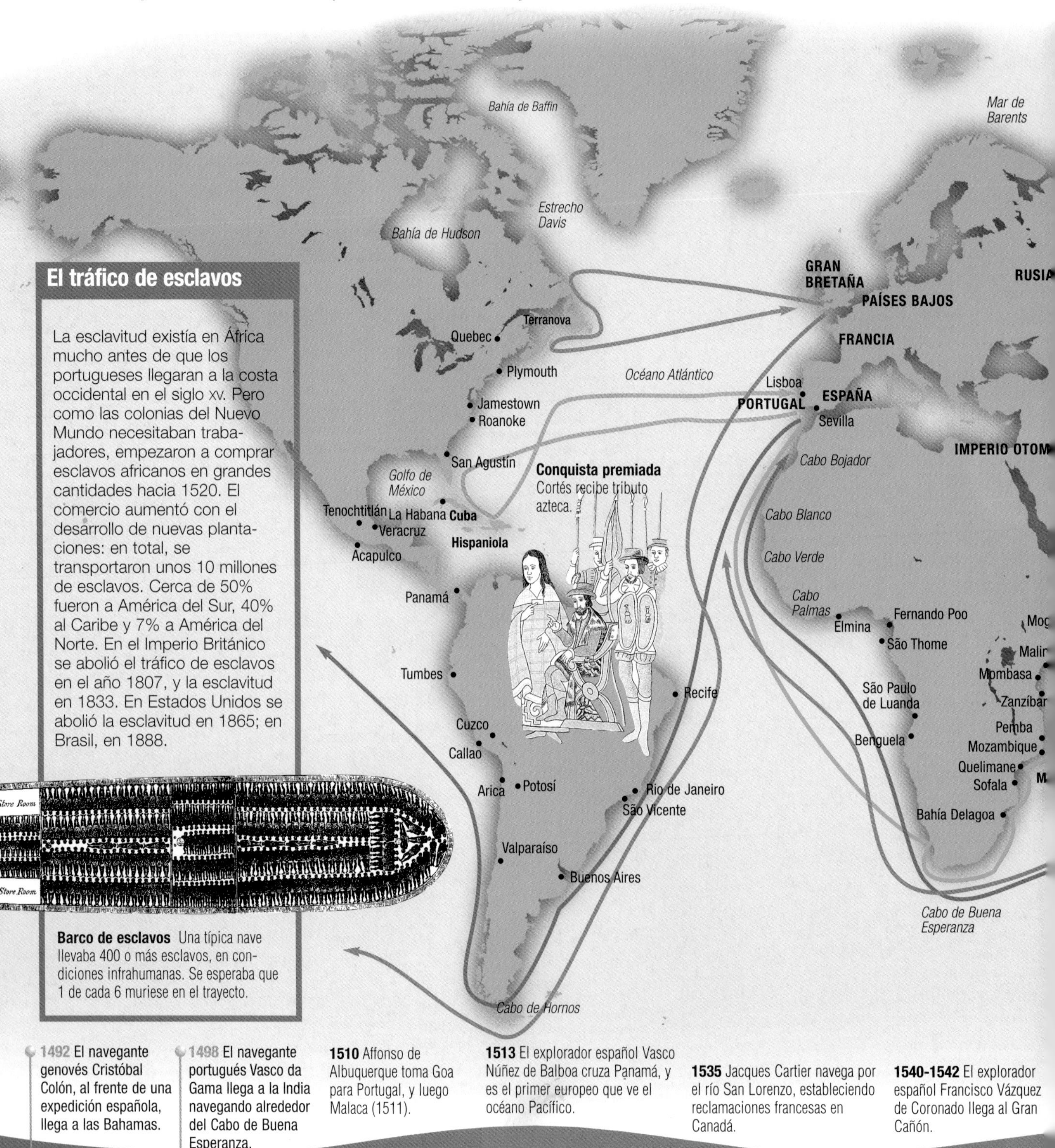


## El tráfico de esclavos

La esclavitud existía en África mucho antes de que los portugueses llegaran a la costa occidental en el siglo XV. Pero como las colonias del Nuevo Mundo necesitaban trabajadores, empezaron a comprar esclavos africanos en grandes cantidades hacia 1520. El comercio aumentó con el desarrollo de nuevas plantaciones: en total, se transportaron unos 10 millones de esclavos. Cerca de 50% fueron a América del Sur, 40% al Caribe y 7% a América del Norte. En el Imperio Británico se abolió el tráfico de esclavos en el año 1807, y la esclavitud en 1833. En Estados Unidos se abolió la esclavitud en 1865; en Brasil, en 1888.

**Barco de esclavos** Una típica nave llevaba 400 o más esclavos, en condiciones infrahumanas. Se esperaba que 1 de cada 6 muriese en el trayecto.

**1492** El navegante genovés Cristóbal Colón, al frente de una expedición española, llega a las Bahamas.

**1497** El navegante genovés Juan Cabot, al frente de una expedición inglesa, llega a Terranova.

**1498** El navegante portugués Vasco da Gama llega a la India navegando alrededor del Cabo de Buena Esperanza.

1500

**1500** Pedro Alvares Cabral llega a Brasil. Lo reclama para Portugal.

**1510** Affonso de Albuquerque toma Goa para Portugal, y luego Malaca (1511).

**1512** El navegante portugués Francisco Serrão explora las Islas de las Especias (Molucas).

**1513** El explorador español Vasco Núñez de Balboa cruza Panamá, y es el primer europeo que ve el océano Pacífico.

**La expedición del potugués Fernando de Magallanes circunnavega el mundo.**

**1535** Jacques Cartier navega por el río San Lorenzo, estableciendo reclamaciones francesas en Canadá.

**1538-1542** El conquistador españ Hernando de Soto explora la Florid y el sureste norteamericano.

**1540-1542** El explorador español Francisco Vázquez de Coronado llega al Gran Cañón.

## Especias y papas

Uno de los objetivos de los exploradores europeos era el comercio de las especias, que se usaban en gran cantidad en Europa para conservar y dar sabor a los alimentos, y además eran productos que dejaban muchos beneficios. Encontraron canela en Ceilán (Sri Lanka), pimienta en el sureste de Asia, nuez moscada y clavos en las Molucas (las "Islas de las Especias"), y jengibre en China. También hallaron nuevos alimentos en América, como papa, maíz, tomate, pavo, calabaza, chile y chocolate. El tabaco fue otro lucrativo producto nuevo de América.

**Planta del cacao** Acuarela de un álbum francés, fechado en 1686, que presenta plantas de las Antillas.

**DATO**

**El cálculo exacto de la longitud fue posible hasta la década de 1760. Antes, la navegación era incierta para cualquier barco que perdía de vista la tierra.**

JAPÓN
Nagasaki
Kagoshima
CHINA
OLES
Macao
Golfo de Bengala
Madras
Colombo
Manila
Filipinas
Islas Ladrones
Océano Pacífico
Malaca
Brunei
Islas de las Especias (Molucas)
Tidore
Sumatra
Batavia
Java
Índico
Nueva Guinea
Islas Fiji
Nueva Holanda (Australia)
Van Diemen's Land (Tasmania)
Nueva Zelandia

Colón 1492-1493
Da Gama 1497-1498
Cabot 1497-1498
Magallanes/Elcano 1519-1522
Cook 1768-1771

## NUEVOS PODERES IMPERIALES

Varios estados europeos vieron en la exploración la manera de aumentar su poder económico y político. Los imperios comerciales que crearon se convirtieron en los grandes imperios territoriales del siglo XIX.

**Portugal** Bajo el patronazgo del príncipe Enrique el Navegante (1394-1460), Portugal fue pionero de la exploración marítima europea. Los portugueses abrieron la ruta del mar hacia las riquezas del Lejano Oriente, creando estaciones comerciales como Luanda, Mozambique, Goa, Malaca y Macao. Al principio se creyó que Brasil no valía mucho, pero llegó a convertirse en la posesión colonial más importante de Portugal.

**España** Los viajes de Cristóbal Colón auspiciados por España no llegaron a Oriente, pero dieron lugar a un enorme imperio español en América. Grandes cantidades de plata de las minas de Potosí, en Perú, se embarcaban anualmente a España, financiando el dominio político español en Europa e impulsando el comercio de Europa con Asia. El imperio español en América y las Filipinas fue más duradero que el mismo poder español.

**Vasco da Gama** El navegante portugués, según una ilustración contemporánea.

**Países Bajos** Una larga guerra contra España (1567-1648) alentó a los marineros holandeses a atacar posesiones coloniales españolas y portuguesas. Tuvieron éxito en el sureste de Asia, guiados por la Compañía Holandesa de las Indias Orientales (fundada en 1602). Durante gran parte del siglo XVII, los holandeses tuvieron el mayor imperio comercial que se conocía, de Amsterdam a Ciudad del Cabo y Japón.

**Inglaterra** La expansión colonial inglesa empezó con la ocupación de la costa este de América del Norte desde 1607, pero tomó impulso hasta el siglo XVIII, tras una serie de guerras con los Países Bajos. La Compañía de las Indias Orientales (1600-1873) impulsó una gran expansión territorial en la India; los franceses fueron expulsados de América del Norte; los holandeses, de África, y los viajes de James Cook abrieron el Pacífico del Sur. La expansión británica se vio contenida sólo en América del Norte, y ello por los mismos colonos americanos.

**Francia** Tras el declive del imperio holandés, el único rival serio de Gran Bretaña era Francia. Los exploradores franceses habían creado un imperio en el interior de América del Norte, y a principios del siglo XVIII la influencia francesa en la India era igual que la inglesa. En la Guerra de los Siete Años (1756-1763), Gran Bretaña sistemáticamente sobrepasó al imperio francés.

vea también
184 **La India**
188 **África**
190 **América antigua**
472 **Barcos de vela**

**1540-1543** El conquistador español Francisco de Orellana cruza los Andes y navega por el Amazonas.

**1545-1552** El misionero español Francisco Javier viaja a Goa, Sri Lanka, Japón y China.

1550

**1577-1580** El navegante inglés Francis Drake hace la segunda circunnavegación del mundo.

**1596-1597** El navegante holandés Willem Barents muere mientras busca una ruta a Asia por el norte de Rusia.

1600

**1608** Samuel de Champlain funda una colonia francesa en Quebec, Canadá.

**1610** El navegante inglés Henry Hudson explora la Bahía de Hudson y el río Hudson.

**1619** Los holandeses fundan una colonia en Batavia como capital de sus posesiones en las Indias Orientales.

**1620** Los Padres Peregrinos fundan una colonia en Nueva Plymouth, Massachusetts.

**1642-1644** El navegante holandés Abel Tasman visita Tasmania, Nueva Zelandia, Nueva Guinea y Australia.

1650

**1679-1682** Robert de la Salle reclama para España todo el valle del río Mississippi.

**1768-1779** James Cook hace tres expediciones al Pacífico, y reclama Australia para Gran Bretaña.

*En el siglo XI, un nuevo tipo de investigación agitaba Italia y se extendía por toda Europa. Inspirados por el redescubrimiento del saber clásico, eruditos y artistas empezaron a revalorar el mundo, lo que llevó a una confianza mayor en las capacidades humanas, y al florecimiento de las artes. Ese cambio se conoce como Renacimiento; duró cerca de 200 años y representa la transición del mundo medieval al mundo moderno.*

## EL RENACIMIENTO EN EL NORTE

Hacia el siglo XIV surgió en el norte de Europa un nuevo concepto, el **humanismo,** inspirado en autores clásicos y desarrollado por eruditos como Erasmo y Tomás Moro. Era una filosofía seglar, no incompatible con el cristianismo, pero que rechazaba el dogma y la obediencia incuestionable a la autoridad. Hacia el siglo XVII, su espíritu de investigación convirtió a Europa en el crisol de la **ciencia** moderna. También la tecnología floreció. A mediados del siglo XV, Johann Gutenberg inventó los tipos móviles, revolucionando la **imprenta** y la dispersión del conocimiento. Jan van Eyck (1390-1441) desarrolló la **pintura al óleo,** revolucionando el detalle, los efectos de luz y los colores disponibles para los artistas. Las pinturas se convirtieron en un producto para una nueva clase de clientes, privados y ricos. Los temas clásicos se hicieron cada vez más prominentes en la **arquitectura.** El escepticismo provocó la crítica a la Iglesia, aunque los pensadores querían un cambio, no el torbellino de la Reforma que siguió.

**Instantánea familiar** La escala humana y los colores brillantes como joyas hacen del *Retrato Arnolfini* (1434), de Van Eyck, una obra renacentista.

## EL RENACIMIENTO EN EL SUR

Arquitectos como Filippo Brunelleschi empezaron a estudiar las ruinas romanas a principios del siglo XV, usándolas como base para una **nueva arquitectura** que también fue apoyada por los pintores (empezó a verse arquitectura clásica en las pinturas). El arquitecto Andrea **Palladio** (1508-1580) creó palacios y villas semejantes a templos, caracterizados por una simetría clásica. A partir de Giotto (*c.* 1267-1337), la **pintura** fue cada vez más **naturalista,** preocupada más por un retrato exacto de la realidad que por su significado simbólico. Los temas se volvieron más seculares en el siglo XV, reflejando una nueva actitud por el lugar del hombre en el cosmos. La **escultura** fue muy influida por las obras romanas, y escultores como **Donatello** y **Miguel Ángel** aspiraban a alcanzar la creatividad clásica. Los descubrimientos de obras romanas, como el Laocoonte en 1506, siguieron atizando la inspiración.

**Ciudades-Estado** prósperas y competitivas (como Florencia, Milán y Venecia), dirigidas por una sofisticada nobleza, cultivaron eruditos, músicos, pintores y arquitectos. Se dejó de considerar a los artistas como simples artesanos: el anonimato de los gremios medievales se reemplazó poco a poco por un nuevo **individualismo.** Además, los mecenas permitían a los artistas (en especial a Leonardo da Vinci) dedicarse a otros intereses, como la ciencia, la ingeniería, la poesía y la música. Se lograron grandes avances en **medicina** gracias a las actitudes progresistas de las universidades italianas, especialmente en lo referente a la disección humana. El médico flamenco Andreas **Vesalio** (1514-1564) publicó su innovadora *La estructura del cuerpo humano* (1543) en Italia; fue el primer avance de importancia en el conocimiento médico desde la época romana.

**Hazaña de ingeniería** El domo de la catedral de Florencia –el mayor del mundo– fue el primero que se construyó sin andamios de madera.

1300

***c.* 1305-1306** Giotto pinta los frescos de la capilla Arena.

***c.* 1340** Petrarca escribe el poema épico *África* al estilo del poeta latino Virgilio.

***c.* 1345-1438** Se construye en Venecia el palacio de los Dogos.

1400

***c.* 1415** Jan van Eyck domina el uso del óleo.

**1420-1436** Se construye el domo de la catedral de Florencia.

**1430-1432** Brunelleschi y Donatello estudian las ruinas de la Roma antigua.

**Empieza el gobierno Medici en Florencia.**

1450

**1456 Gutenberg revoluciona la imprenta al usar tipos móviles.**

**1472** Se imprime en Bolonia, Italia, la primera hoja de papel pautado.

**1479** Nace la Inquisición Española.

**1480** Botticelli pinta *El nacimiento de Venus.*

**1495-1497 Leonardo da Vinci pinta *La Última Cena.***

dC 1500

**1503** Leonardo da Vinci pinta la *Mona Lisa* (la *Gioconda).*

**1504** Miguel Ángel termina su escultura *David.*

**Un nuevo estilo de pintar** El arte se transformó en el Renacimiento. Se desarrollaron métodos nuevos, se exploraron temas nuevos y se descubrieron las leyes de la perspectiva. La maestría llegó a cimas no soñadas. La pintura religiosa empezó a medirse con los estándares de la existencia de carne y hueso.

***La Flagelación*** Pintada hacia 1458 para la sacristía de la catedral de Urbino, Italia, *La Flagelación*, de Piero della Francesca *(c.* 1420-1492), es una de sus obras más misteriosas. La indiferencia de las tres figuras contemporáneas ante la flagelación de Cristo (a sus espaldas) es un notable cambio que se aparta de lo convencional.

Las actitudes estáticas de las figuras, sus poses cuidadosas y el espacio que las separa son artificios que usa el artista para producir un efecto de calma y grandiosidad, recordando deliberadamente las esculturas del pasado clásico.

Cristo es colocado en un mundo realista y creíble, con seres humanos comunes en torno a él. Ello refleja la revalorización renacentista de la historia cristiana, y era una forma de hacer que el mensaje cristiano estuviera más cerca de los espectadores.

La inclusión de la arquitectura clásica (columnas y capiteles) refleja el interés renacentista por el pasado griego y romano. El ambiente clásico expresa también la naturaleza histórica de la escena.

La observación del detalle es muy completa, como se nota en la caída de la tela, lograda gracias a un sombreado cuidadoso. El uso de luces y sombras es una contribución importante para dar la ilusión de profundidad.

La composición es compleja, con dos centros focales que aparecen casi sin relación, aunque el ojo del espectador es llevado de uno a otro por el decorado arquitectónico. La pintura de la Edad Media tendía a composiciones mucho más simples y centradas.

El uso de la perspectiva y del escorzo crea la ilusión de profundidad. Este efecto distingue las pinturas del Renacimiento de las obras medievales, pero en esta pintura es socavado por la arquitectura, exagerada y demasiado precisa.

Las figuras reflejan la cuidadosa observación de la anatomía. Los pintores y escultores querían representar el mundo con naturalismo. Los subsecuentes avances de la pintura hicieron que gradualmente las figuras fueran más conmovedoras y expresivas.

**1505** Erasmo publica *Elogio de la locura.*

**1508-1512** Miguel Ángel pinta la Capilla Sixtina.

**1510-1512** Rafael pinta *La escuela de Atenas.*

**1513** Maquiavelo termina de escribir *El Príncipe.*

**1517 Lutero inicia la Reforma en Wittenberg, Alemania.**

**1543** Copérnico argumenta que el Sol es el centro de nuestro sistema planetario.

1550

**1551** Palladio diseña la Villa Rotunda.

**1558 Isabell sube al trono de Inglaterra.**

**1562** Empiezan las guerras de religión en Francia (hasta 1598).

**1582** Los países católicos adoptan el calendario gregoriano.

***c.* 1590** Hans y Zacarías Jansen hacen el primer microscopio.

1600

**1600-1608** El pintor flamenco Rubens trabaja en Italia.

**1633** La Inquisición condena la idea de Galileo de que la Tierra orbita al Sol.

vea también
348 **Pensadores científicos**
350-353 **Arte occidental**
364 **Arquitectura**

*Hacia 1500 todos los cristianos de Europa pertenecían a la Iglesia Católica Romana. Pero en los siguientes 50 años, el continente se dividió entre católicos y protestantes (que rechazaban la autoridad religiosa de Roma). Cientos de miles de individuos quedaron presos en la lucha entre las dos fes.*

**Principales reformadores** La presión por el cambio religioso fue articulada por numerosos pensadores religiosos después de Martín Lutero. Unos, como el mismo Lutero o Enrique VIII, querían reformas específicas. Otros, como Zwingli o Calvino, pedían una espiritualidad nueva que sería un rompimiento completo con Roma.

**Ulrich Zwingli (1484-1531)** Zwingli fue un sacerdote reformista suizo. Hacia 1517, argumentaba que las escrituras son la única autoridad religiosa. Convirtió al pueblo de Zürich al protestantismo, y sus 67 tesis de reforma fueron adoptadas por el gobierno del cantón de Zürich. Murió en una batalla contra los cantones católicos.

**Enrique VIII (1491-1547)** Fue rey de Inglaterra de 1509 a 1547. Al rechazar el Papa su petición de divorcio de Catalina de Aragón, rompió con Roma y fundó la Iglesia de Inglaterra (protestante), con él mismo como cabeza de ella (1534). Disolvió también los monasterios ingleses (1536-1540) y expropió sus propiedades. El conflicto religioso resultante duró más de 100 años.

**Juan Calvino (1509-1564)** Legista y teólogo francés, Calvino impulsaba una forma estricta de protestantismo, basada en la idea de que todo suceso es planeado por Dios (predestinación). Desde 1536 dirigió Ginebra, a la que volvió asilo de los protestantes europeos.

**John Knox (*c.* 1513-1572)** Knox fue uno de los fundadores de la Iglesia de Escocia (protestante) en 1560. Se había convertido al protestantismo en la década de 1540 y, tras ser encarcelado por los franceses por una conspiración anticatólica, fue el capellán de Eduardo VI de Inglaterra. Al subir al trono la católica María I, Knox huyó a Frankfurt y luego a Ginebra, donde conoció a Calvino. Regresó a Escocia en 1559 para dirigir la Reforma.

**Enrique IV (1553-1610)** Era líder hugonote, y fue rey de Francia de 1589 a 1610. Para protegerse, profesó dos veces el catolicismo; promulgó el Edicto de Nantes (1598), que dio libertad religiosa e impuso la paz tras las guerras de religión.

**Zwingli** Ulrich Zwingli hizo del cantón suizo de Zürich un centro protestante.

1500

**1415** El bohemio Juan Hus es quemado por herejía, desencadenando las Guerras Husitas (1419-1434).

**1514** Los Fuggers, una familia de banqueros alemanes, tienen licencia del papa León X para vender indulgencias.

**1517 Martín Lutero clava sus 95 tesis en la puerta de la iglesia de Wittenberg.**

**1521** Excomunión de Lutero tras escribir folletos que atacan al Papado y el dogma católico.

**1523** En los Países Bajos españoles queman a dos protestantes acusados de herejía: es el principio de 30 años de persecución.

1525

**1528** Enrique VIII despide al cardenal Wolsey por no haberle conseguido el permiso papal para su divorcio.

**1534** Ignacio de Loyola funda la Compañía de Jesús (jesuitas). Enrique VIII encabeza la Iglesia de Inglaterra.

**1535** Tomás Moro es ejecutado por negarse a aceptar a Enrique VIII como jefe de la Iglesia de Inglaterra.

**1536-1540 Enrique VIII cierra 800 monasterios católicos en Inglaterra.**

**1541** Juan Calvino funda una Iglesia Reformada en Ginebra.

## Martín Lutero

Martín Lutero (1483-1546) era un fraile agustino de origen humilde. En 1512 era profesor de teología en la Universidad de Wittenberg, Alemania. Enfurecido por la venta de indulgencias (perdón del castigo por haber cometido un pecado), retó a la Iglesia Católica Romana a que respondiera a sus 95 tesis (propuestas acerca del estado de la Iglesia), clavándolas en la puerta de una iglesia de la ciudad en 1517. Buscó restaurar la pureza de la fe, basada en los Evangelios, e invocó a los príncipes gobernantes alemanes a unirse a su causa protestante. Sin embargo, se alarmó ante las interpretaciones de su doctrina del "sacerdocio de todos los creyentes", y a partir de entonces enfatizó el orden y la obediencia dentro de la Iglesia.

Excomulgado en 1521, Lutero fue convocado a la Dieta (parlamento) de Worms por el emperador Carlos V, pero se negó a retractarse de sus creencias. Se casó con una ex monja en 1525, y pasó el resto de su vida impulsando su causa y traduciendo la Biblia, lo que ayudó a difundir sus ideas y a unificar la lengua alemana.

**La Noche de San Bartolomé** Los hugonotes franceses (protestantes) son asesinados en 1572 por tropas católicas, tras los rumores de una conspiración protestante.

## Críticas de la Reforma a la Iglesia

Al avanzar la Reforma, los asuntos políticos se volvieron tan importantes como los argumentos religiosos para determinar las alianzas europeas. Sin embargo, el protestantismo se basaba en una serie de profundas críticas a la Iglesia.

**Corrupción eclesiástica** Muchos pensaban que la opulencia de la Iglesia renacentista era contraria a las enseñanzas evangélicas.

**Falta de autoridad bíblica** El humanismo alentó una actitud inquisitiva y llamó la atención al abismo que existía entre prácticas como la venta de indulgencias y las enseñanzas de Jesús.

**Baja calidad del sacerdocio** Muchos cristianos empezaron a cuestionar la calidad y la aptitud de los sacerdotes, el valor de su regla de celibato obligatorio y, finalmente, la afirmación de que el Papa fuera "el Vicario de Cristo en la Tierra".

**Valor de doctrinas no bíblicas** Los protestantes refutaban la insistencia de la Iglesia en el alto nivel y los poderes intercesores de María, madre de Jesús, y de los santos; también cuestionaban el valor de las peregrinaciones y las reliquias.

**Control eclesiástico de acceso a la Biblia** Los protestantes pedían que la Biblia y los servicios fueran hechos en los lenguajes hablados por la gente. El uso del latín, junto con el control de la Iglesia Católica Romana en la educación, daban a aquélla el monopolio de la interpretación bíblica e impedían a la gente oír el mensaje cristiano excepto a través del filtro de la misma Iglesia.

## Respuestas de la Contrarreforma

La respuesta del Papado a la crítica protestante fue una combinación de reforma y defensa vigorosa, encabezada por el Concilio de Trento. Esta "Contrarreforma" impidió la desintegración de la Iglesia, y produjo un catolicismo más estricto y reformado.

**Estilo barroco** En el siglo XVI se desarrolló un estilo artístico más grandioso, que expresaba la nueva confianza de la Iglesia.

**Nuevas instituciones** La Compañía de Jesús (jesuitas), fundada en 1534, incorporó puntos de vista humanistas a la doctrina católica, haciéndola más atractiva para los cristianos laicos influyentes.

**Nuevas órdenes religiosas** El Concilio de Trento estableció una nueva y dinámica orden, los capuchinos, para responder a las demandas del laicado por una instrucción religiosa. También creó un programa mejorado de educación para los sacerdotes.

**Una exposición precisa de la doctrina católica** El mayor logro del Concilio de Trento fue la definición más clara, hasta entonces, de las creencias requeridas de todos los católicos, incluyendo una insistencia en todos los sacramentos establecidos.

**Aumento del control eclesiástico** La reactivación de la Inquisición y la creación del primer "Índice de libros prohibidos" aumentó el control de la Iglesia sobre la educación de sus miembros. El católico que quisiera leer obras de cualquier reformista (o de ciertos autores laicos como Maquiavelo) debía obtener un permiso específico de la Iglesia para poder hacerlo.

**1542** La Inquisición es reestablecida por el papa Paulo III para frenar el aumento del protestantismo.

**1545-1563** El Concilio de Trento inicia la Contrarreforma.

1550

**1555** La Paz de Augsburgo: el emperador Carlos V permite a los príncipes alemanes elegir la religión de sus súbditos.

**1558** La protestante Isabel I sube al trono de Inglaterra.

**1562** Empiezan en Francia las guerras de religión (hasta 1598).

**1563** Se concede a los protestantes franceses (hugonotes) una tolerancia limitada.

**1566** Revuelta de los Países Bajos contra sus gobernantes españoles (hasta 1609).

**1572** Unos 30,000 hugonotes son asesinados la noche de San Bartolomé.

1575

**1593** Enrique IV de Francia se vuelve a convertir al catolicismo.

**1598** El Edicto de Nantes concede libertad de culto a los protestantes franceses.

1600

**1618** Comienza la Guerra de los Treinta Años: incita a los protestantes contra los Habsburgo católicos (hasta 1648).

**1642-1646** Estallan guerras civiles en Gran Bretaña, algunas por disputas religiosas.

## Guerras de religión

El torbellino religioso de la Reforma estalló en guerras declaradas en numerosas ocasiones en el siglo XVI y principios del XVII. Entre los conflictos mayores estuvieron:

**Guerras de religión francesas** Las diferencias religiosas provocaron una serie de guerras en 1562-1598 entre las casas francesas de Borbón y de Guisa. La facción católica de Guisa intentó destruir a los hugonotes protestantes, muchos de los cuales huyeron a Inglaterra, los Países Bajos y Suiza.

**Revuelta Holandesa** Los protestantes holandeses lucharon contra el gobierno español de los Países Bajos (1566-1609).

**Armada Española** Felipe II de España intentó en 1588 conquistar y reconvertir la Inglaterra protestante. Su enorme armada fue empujada al Mar del Norte, y destruida por las tormentas en costas de Escocia e Irlanda.

**Guerra de los Treinta Años** Serie de guerras religiosas que devastaron Alemania de 1618 a 1648. Los católicos eran conducidos por los emperadores Habsburgo y sus seguidores españoles; los protestantes recibían apoyo de Cristián IV de Dinamarca, Gustavo II Adolfo de Suecia y el cardenal católico Richelieu, de Francia, quien temía al poder de los Habsburgo y del Sacro Imperio Romano.

vea también
194 **El Renacimiento**
338 **Religiones**
408 **La imprenta**

*La declaración de Luis XIV "L' état, c'est moi" (El Estado soy yo) expresaba toda la arrogancia de un rey absoluto. Pero ese poder también dio a algunos monarcas la confianza para otorgar libertades, y provocar un nuevo movimiento intelectual: la Ilustración. Se jactaban de su tolerante patrocinio de los movimientos intelectuales y culturales, pero fueron implacables cuando el libre pensamiento empezó a parecer descontento revolucionario.*

**El Rey Sol** El sobrenombre de Luis XIV reflejaba su poder absoluto, la suntuosidad de su corte (en Versalles desde 1682), y su era de deslumbrantes logros culturales.

## Guerras anglo-holandesas

Hubo tres guerras entre Gran Bretaña y las Provincias Unidas de los Países Bajos. La primera se inició en 1652-1654, cuando Gran Bretaña cerró sus posesiones a barcos holandeses. Los holandeses controlaron el Canal de la Mancha, pero los ingleses bloquearon la costa de Holanda y obligaron a un tratado de paz. Rivalidades comerciales y la toma de Nueva York por los británicos provocaron un nuevo conflicto en 1665-1667. La Plaga y el Incendio de Londres debilitaron a Gran Bretaña, y los holandeses ganaron concesiones. La guerra volvió en 1672-1674, luego que Carlos II ayudó a Luis XIV contra los holandeses, antes de ser rechazado en Texel (1673).

## Guerra de la Sucesión Española

Carlos II de España murió en 1700 sin heredero; Felipe de Anjou (nieto de Luis XIV) lo sucedió. Inglaterra, Austria y otros temían la ambición francesa y se aliaron. Felipe concedió los Países Bajos Españoles a Luis, pero en 1704-1709 los aliados derrotaron a Francia en **Blenheim** y en otras batallas. Entonces Carlos de Austria (rival de Felipe por el trono español) se convirtió en Sacro Emperador Romano, y pudo reclamar Austria y España. El **Tratado de Utrecht** (1713) confirmó a Felipe como rey de España a cambio de que renunciara a Francia; los Países Bajos se volvieron austriacos. Carlos se negó al principio, pero firmó en 1714, equilibrando así el poder en Europa.

**1643** Luis XIV sube al trono de Francia, a los 5 años.

**1648** Fin de la Guerra de los Treinta Años; los holandeses se independizan de España.

**1649** Carlos I de Inglaterra es decapitado, y se establece el Commonwealth (la república) (hasta 1653).

1650

**1652** Inicio de la primera guerra anglo-holandesa.

**1660** Se restaura la monarquía en Inglaterra, con el ascenso al trono de Carlos II.

**1666** Gran parte de Londres se destruye con el Gran Incendio.

**1684** Isaac Newton propone su teoría de la gravitación.

**1685** Los hugonotes (protestantes franceses) son perseguidos por los católicos y huyen de Francia.

**1688-1689** Guillermo III (de Orange) y María II (hija de Jacobo II) suben al trono de Inglaterra en la "Revolución Gloriosa".

**1697** Eugenio de Saboya da fin a la guerra de Austria con los turcos, venciendo en Zenta: los Habsburgo recuperan Hungría.

1700

**1700** Se inicia la Gran Guerra del Norte entre Suecia y Rusia (hasta 1721).

**1701** Se inicia la guerra de la Sucesión Española (hasta 1714).

**1703** Pedro el Grande funda San Petersburgo, que se convierte en la capital rusa en 1712.

**1704** La victoria aliada en Blenheim frena la expansión francesa en Europa.

## FLORECEN NUEVAS IDEAS

La Ilustración fue un movimiento intelectual producido por el descubrimiento científico y la investigación escéptica. Liberó el pensamiento de la lealtad renacentista hacia el saber clásico, y cuestionó religión, sociedad y política. Los pensadores creían que un enfoque científico revelaría un orden universal sobre el cual basar gobierno, moral y religión. Esta "Edad de la Razón" trajo nuevos prospectos de igualdad y progreso humanos. Las figuras clave son:

**Francis Bacon (1561-1626)** Bacon era un abogado, político y pensador inglés. Fue un temprano partidario del enfoque científico a la investigación, y precursor de la Ilustración.

**Thomas Hobbes (1588-1679)** Hobbes fue un matemático y filósofo inglés que sostenía que la vida natural era "detestable, tosca y corta".

**René Descartes (1596-1650)** Filósofo y matemático francés que fundó el Racionalismo: la idea de que todo conocimiento se deriva sólo de la razón.

**Baruch Spinoza (1632-1677)** Este filósofo holandés identificaba a Dios con la naturaleza, y creía que los humanos estaban sujetos a la ley natural. El rechazo al deseo personal es la base de una buena sociedad.

**John Locke (1632-1704)** Adalid de la libertad, el filósofo inglés Locke argüía que los gobiernos existen sólo por consentimiento de los gobernados.

**Barón de Montesquieu (1689-1755)** Este filósofo francés propuso la separación de los poderes gubernamentales (legislativo, ejecutivo y judicial) para asegurar la libertad del individuo.

**David Hume (1711-1776)** El filósofo antirracionalista escocés Hume sostenía que el saber viene de una especie de instinto, basado en la percepción, no en la razón pura.

**Jean-Jacques Rousseau (1712-1778)** Su libro *El contrato social* sostiene que el gobierno existe para mantener justicia, igualdad y libertad.

**Denis Diderot (1713-1784)** El filósofo y escritor francés Diderot editó (con Jean d'Alembert) los 35 volúmenes de la *Encyclopédie ou Dictionnaire Raisonné* (1751-1780), la primera enciclopedia general.

**Adam Smith (1723-1790)** Este filósofo escocés inventó la economía del "laissez-faire", arguyendo que el libre mercado impulsaba la prosperidad en la sociedad.

**Immanuel Kant (1724-1804)** Este filósofo alemán argüía que las leyes de la moral universal se encontraban más en la razón que en el dogma y en la fe.

**Franco radical** En obras como *Candide* (1759), Voltaire (1694-1778) ridiculizó abiertamente las pretensiones de filósofos, clérigos, monarcas y nobles. Pugnaba por la justicia, la tolerancia y la libertad, y proporcionó fundamentos intelectuales para la Revolución Francesa.

## Imperios de Europa, 1715

Habsburgos austriacos
Habsburgos españoles
Francia
Gran Bretaña
Rusia
Imperio Otomano
Estados no alineados
Estados Papales
Polonia
Suecia
República Holandesa
Prusia

★ Batallas

Lisboa · Madrid · París · Dettingen · Londres · Texel · Amsterdam · Berlín · Estocolmo · Narva · Riga · San Petersburgo · Moscú · Praga · Blenheim · Viena · Milán · Venecia · Buda · Varsovia · Kiev · Poltava · Roma · Nápoles · Belgrado · Estambul

**Luis XIV (1638-1715)** Luis subió al trono a los cinco años y fue rey de Francia de 1643 a 1715. Tomó el control total del Estado a la muerte del cardenal Mazarino en 1661, y gobernó con firme convicción en su poder absoluto y en el derecho divino de los reyes. Creó el ejército francés, e impulsó campañas expansionistas hasta ser contenido por la Guerra de la Gran Alianza (1688-1697) y la Guerra de la Sucesión Española (1701-1714).

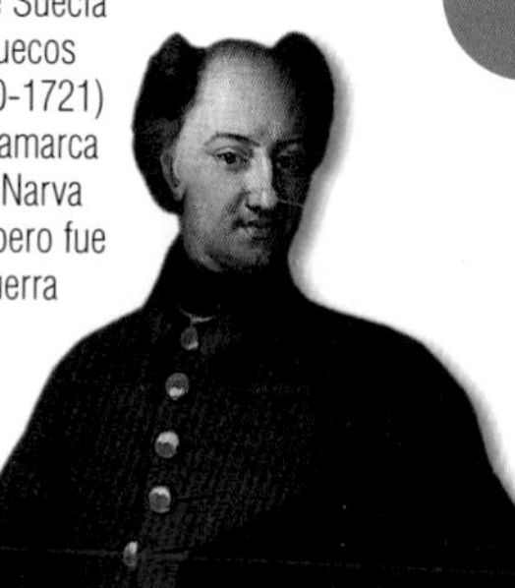

**Carlos XII (1682-1718)** Rey de Suecia de 1697 a 1718, defendió a los suecos en la Gran Guerra del Norte (1700-1721) del ataque de Rusia, Polonia, Dinamarca y Sajonia. Derrotó a los rusos en Narva (1700) e invadió Rusia en 1709, pero fue vencido en Poltava. Terminó la guerra cinco años después, pero fue muerto al invadir Noruega. La guerra le costó a Suecia su posición de potencia líder.

**María Teresa (1717-1780)** Hija de Carlos VI, María Teresa se convirtió en soberana Habsburgo al cumplir los 23 años (vea *Guerra de la Sucesión Austriaca).* Gobernó como "déspota ilustrada" apoyando las artes, introduciendo algunas reformas y reorganizando instituciones como la milicia. Su reino fue sobre todo conservador y los cambios más radicales se hicieron sólo bajo su hijo José II.

**Federico II el Grande (1712-1786)** Rey de Prusia en 1740-1786, Federico hizo de su país una potencia mayor al obtener Silesia de los Habsburgo en la Guerra de la Sucesión Austriaca. Se alió con Rusia para dividirse Polonia (1772), y adquirió Brandenburgo y Pomerania. Brillante soldado, fue un reformador y el mecenas de Voltaire, aunque también un soberano absoluto.

**Pedro I el Grande (1672-1725)** Pedro gobernó Rusia de 1682 a 1725. Buscó el acceso ruso al Mar Negro (Guerras Ruso-turcas) y al Báltico (Gran Guerra del Norte), aumentando el poder militar y naval ruso más de lo que se había visto. Fundó San Petersburgo en 1703 y la hizo su capital. Una gira por Europa en 1697-1698 llevó a la modernización de la industria, la sociedad y la burocracia rusas. Como emperador (zar) sus métodos eran a veces brutales, pero sentó las bases de la Rusia moderna haciéndola una potencia mayor.

**1707** El Acta de la Unión une Inglaterra y Escocia.

**1709** Los suecos son detenidos por los rusos en Poltava.

**1720** J.S. Bach compone los Conciertos de Brandenburgo.

**1739** Empieza la guerra entre Inglaterra y España por el comercio de América del Sur (hasta 1748).

**1740** Federico II el Grande sube al trono de Prusia.

1740

**1740** Empieza la Guerra de la Sucesión Austriaca (hasta 1748).

**1745** Una segunda rebelión jacobita, terminada en Culloden (1746), no puede devolver el trono inglés a los Estuardo.

1750

**1755** Un terremoto en Lisboa mata a 60,000 personas.

1756

**1756** Empieza la Guerra de los Siete Años (hasta 1763). Nace Wolfgang Amadeus Mozart.

**1757** Robert Clive toma Calcuta e impone el dominio inglés en la India.

**1759** Fuerzas británicas bajo James Wolfe quitan Quebec a los franceses.

**1761 Paz de París: Se reconoce la supremacía de Gran Bretaña en la India y América del Norte.**

**1762** Catalina II la Grande es gobernante única de Rusia tras el asesinato de su esposo Pedro III.

**1772** Polonia es repartida entre Prusia, Rusia y Austria.

## Guerra de la Sucesión Austriaca

La disputa por la sucesión austriaca llevó a una guerra que involucró a seis potencias mayores y precipitó cambios a largo plazo en las relaciones europeas. Carlos VI de Austria murió en 1740 sin heredero varón. Quería que la sucesión pasase por su hija María Teresa, cuyo marido Francisco se volvería Sacro Emperador Romano. A ello se oponían Baviera, Prusia y Francia. España negó el derecho de María Teresa al territorio italiano y Gran Bretaña impugnó a Francia por territorio indio y americano. Austria perdió Silesia ante Prusia, y España ganó tres ducados en el norte de Italia.

Carlos Alberto de Baviera se volvió Sacro Emperador en 1743. Gran Bretaña y Austria vencieron a Francia en Dettingen (1743) y Francia tomó el Madras británico (1746). Carlos Alberto murió en 1745 y Francisco se convirtió en Sacro Emperador Romano, como se había planeado originalmente. La guerra acabó al firmarse la paz en Aquisgrán (1748). Prusia era ahora un gran poder y la Guerra Anglofrancesa por las colonias había empezado.

## Guerra de los Siete Años

La Guerra de los Siete Años siguió a la de la Sucesión Austriaca. Austria, Francia, Rusia, Sajonia, Suecia y España lucharon contra Prusia, Gran Bretaña y Hannover; Francia y Gran Bretaña también combatieron en América del Norte y la India. La guerra estalló al invadir Prusia a Sajonia (1756); Prusia iba mal hasta que Rusia se retiró. Gran Bretaña derrotó a Francia en 1759 en Europa y ultramar. La guerra terminó con la posesión de Silesia por Prusia, y con Gran Bretaña ganando parte del territorio francés en el este de América del Norte, el control de la India y varias islas del Caribe.

vea también
344 **Pensamiento occidental**
588 **Dirigentes europeos**

*El violento contraste entre una gran injusticia social y los ideales de libertad e igualdad de la Ilustración precipitaron una creciente inestabilidad en la Francia del siglo XVIII. Al desmoronarse la confianza en el viejo orden y en la monarquía absoluta, las peticiones de reformas se convirtieron en disturbios, luego en rebelión, después en una revolución. De ese caos surgió uno de los gigantes más controvertidos de la historia moderna, Napoleón Bonaparte.*

## CAUSAS DE LA REVOLUCIÓN FRANCESA

1. **Bancarrota del gobierno** El costo de las guerras hizo que Luis XVI pidiera fondos a los Estados Generales (parlamento) por primera vez desde 1614. A cambio, le pidieron reformas.
2. **La Ilustración** Los intelectuales franceses propusieron formas de gobierno más igualitarias, provocando un mayor descontento por las estructuras sociales y políticas que existían.
3. **Desigualdad social** Los pobres del campo y la ciudad tenían que pagar el grueso de los impuestos, y la aristocracia, nada.
4. **Revolución en América del Norte** Los participantes franceses en esa revolución (1775-1783) vieron triunfar la libertad y la democracia. Volvieron para pedir reformas en su patria.
5. **Malas cosechas** La mala cosecha de 1788 hizo subir los precios, sobre todo el del pan. Eso se sumó a los problemas de los pobres, que seguían pagando derechos e impuestos feudales.
6. **Debilidad de Luis XVI** Luis era popular pero indeciso, e hizo repetidas concesiones que minaron el prestigio real. Su esposa María Antonieta era detestada por su frivolidad.

**1775-1783** La Revolución Norteamericana independiza a EUA, basándose en principios de la Ilustración.

**1787** Fallan los intentos de reformar las finanzas y los impuestos franceses.

**1789** Disturbios en París llevan al asalto de la prisión de la Bastilla el 14 de julio; principio de la Revolución.

**1790** Una nueva Asamblea Nacional suprime la nobleza en Francia.

**1791** Luis XVI intenta huir de París. Se le obliga a aprobar una nueva constitución que da fin a la monarquía absoluta.

**1792** Se declara la República Francesa. Empiezan las guerras revolucionarias al intervenir potencias extranjeras (hasta 1802).

**1793** Fuerzas francesas ocupan los Países Bajos Austriacos (Bélgica). Guillotinan a Luis XVI.

**1793-1794** Se expulsa a diputados moderados de la Convención; empieza el Terror, encabezado por Robespierre.

**1793-1796** Se detiene una contrarrevolución en la región de la Vendée, en el oeste de Francia.

**1795-1799** Se formaliza el gobierno revolucionario con el Directorio.

**1796-1797** Fuerzas francesas (dirigidas por Napoleón) derrotan a los austriacos en Italia.

**1798** Napoleón intenta conquistar Egipto, pero es vencido por Nelson en la batalla del Nilo.

**1799** Un golpe de Estado hac Napoleón Prim Cónsul, terminando la Revolución.

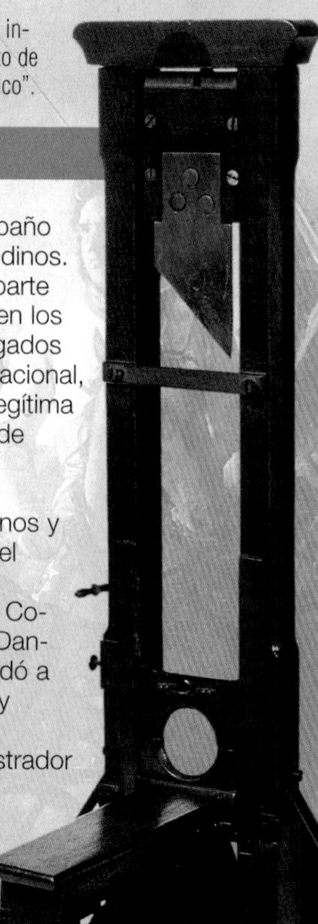

**La gran niveladora** La guillotina fue introducida en 1792 como un instrumento de ejecución rápido, piadoso y "democrático".

## Figuras clave de la Revolución Francesa

**Georges Danton (1759-1794)** Abogado y militante antirrealista, miembro del grupo jacobino radical. Pidió el juicio de Luis XVI y la creación de la República. Fue exiliado en 1791-1792, pero volvió como ministro de justicia, sólo para renunciar por los severos juicios del consejo revolucionario. Danton dirigió el gobierno desde abril de 1793, pero se opuso al Terror. Un conflicto con Robespierre hizo que lo ejecutaran un año después.

**Jean-Paul Marat (1743-1793)** Doctor y periodista, Marat entró a la Asamblea Nacional en 1792. Su popularidad con los *sans-culottes* (los pobres) alarmó a los girondinos, quienes lo consideraban un peligroso demagogo. Fue asesinado en el baño por Charlotte Corday, que apoyaba a los girondinos.

**Dirigente osado** Danton pidió "arrojo, más arrojo y siempre arrojo", e hizo más que los demás para crear la República.

**Conde de Mirabeau (1749-1791)** Tomó parte como comunero (miembro del Tercer Estado) en los Estados Generales de 1789. Cuando los delegados del Tercer Estado lo renombraron Asamblea Nacional, ayudó a obligar al Rey a aceptarla como voz legítima del gobierno, aunque fracasó en convencerlo de formar una monarquía constitucional.

**Maximilien de Robespierre (1758-1794)** Robespierre dirigió a los revolucionarios jacobinos y elaboró la caída de los girondinos, que tenían el apoyo de las provincias y trataban de frenar el poder de la Asamblea de París. Fue elegido al Comité de Salud Pública y lo dirigió después de Danton. Era famoso por su incorruptibilidad y ayudó a dar forma al Terror. Robespierre fue arrestado y ejecutado tras un golpe de Estado en 1794.

**Louis de Saint-Just (1767-1794)** Administrador al inicio de la Revolución, Saint-Just apoyó a Robespierre. Cooperó a la caída de Danton y apoyó el Terror. Fue arrestado y guillotinado en el mismo golpe que Robespierre.

## La Europa de Napoleón

En la cima de su poder, Napoleón controló directa o indirectamente la mitad de Europa. Llevó la guerra desde España hasta las afueras de Moscú.

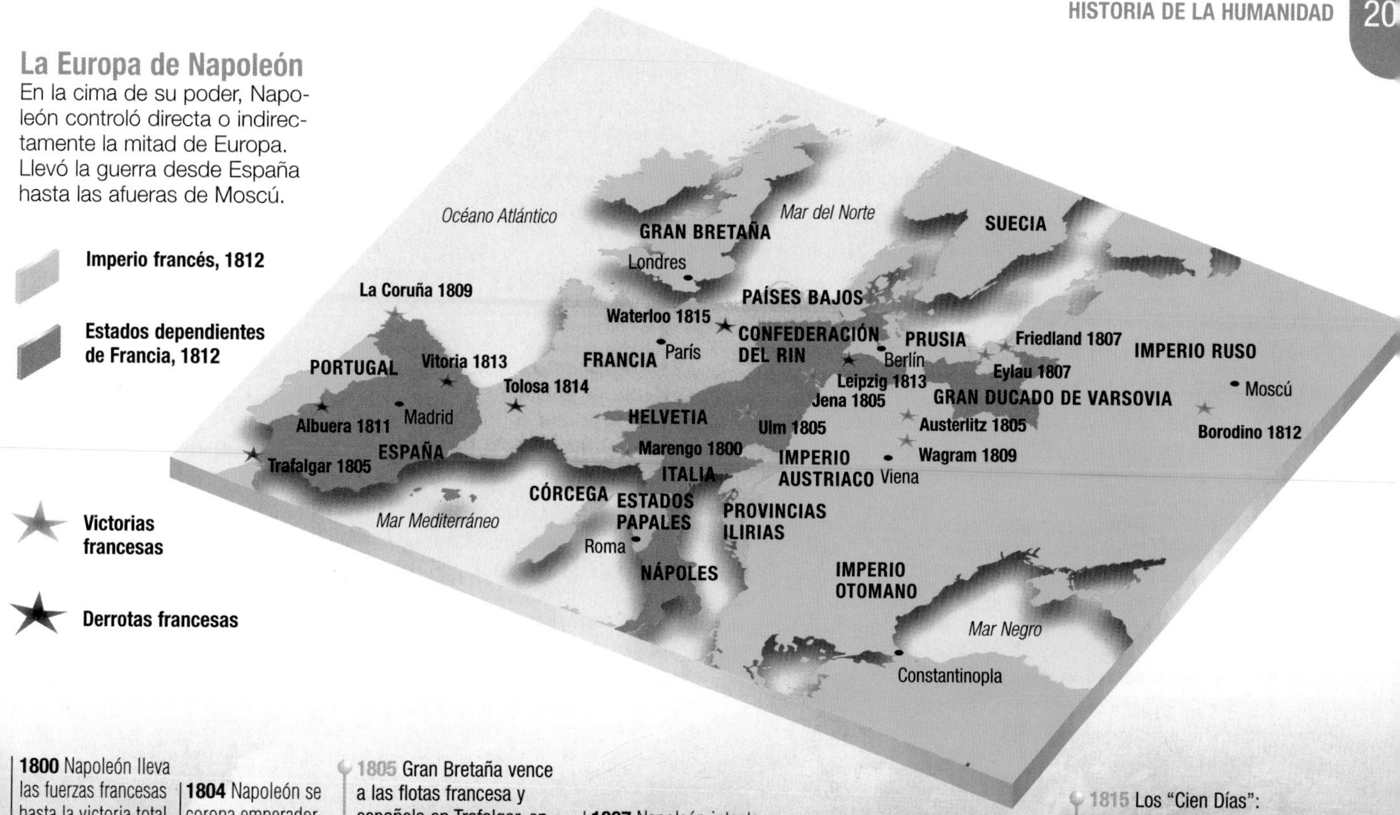

Imperio francés, 1812

Estados dependientes de Francia, 1812

Victorias francesas

Derrotas francesas

Océano Atlántico
GRAN BRETAÑA
Mar del Norte
SUECIA
Londres
La Coruña 1809
PAÍSES BAJOS
Waterloo 1815
CONFEDERACIÓN DEL RIN
PRUSIA
Friedland 1807
IMPERIO RUSO
París
FRANCIA
Berlín
Eylau 1807
PORTUGAL
Vitoria 1813
Leipzig 1813
Tolosa 1814
Jena 1805
GRAN DUCADO DE VARSOVIA
Moscú
Madrid
HELVETIA
Albuera 1811
Ulm 1805
Austerlitz 1805
Borodino 1812
ESPAÑA
Marengo 1800
Wagram 1809
Trafalgar 1805
ITALIA
IMPERIO AUSTRIACO
Viena
CÓRCEGA
ESTADOS PAPALES
PROVINCIAS ILIRIAS
Mar Mediterráneo
Roma
NÁPOLES
IMPERIO OTOMANO
Mar Negro
Constantinopla

**1800** Napoleón lleva las fuerzas francesas hasta la victoria total en Italia.

**1802** Paz entre Francia y Gran Bretaña por el Tratado de Amiens, pero ésta reanuda la guerra en 1803.

**1804** Napoleón se corona emperador de Francia.

**1805** Gran Bretaña organiza una nueva coalición contra Francia (con Austria, Suecia, Rusia y Nápoles).

**1805** Gran Bretaña vence a las flotas francesa y española en Trafalgar, en tanto que Napoleón vence a Austria y Rusia en Ulm y Austerlitz.

**1806** Prusia se une a la guerra contra Francia, pero es derrotada en Jena.

**1807** Napoleón intenta bloquear el comercio británico e invade Portugal por España.

**1808-1814** La Guerra Peninsular: Gran Bretaña contra Francia en España y Portugal.

1810

**1812** Napoleón invade Rusia, pero al final es obligado a retroceder en invierno con grandes bajas.

**1813** Las fuerzas francesas son vencidas en Vitoria, España (junio) y en Leipzig, Alemania (octubre).

**1814** Tropas aliadas invaden Francia; Napoleón es exiliado.

**1815** Los "Cien Días": Napoleón vuelve al poder en Francia, pero es derrotado en Waterloo (Bélgica). El Congreso de Viena restaura las monarquías europeas.

## EFECTOS DE LA REVOLUCIÓN FRANCESA

1. **Abolición del feudalismo** La abolición de las últimas ligas "feudales" de los campesinos con sus señores puso a Francia entre los Estados europeos más progresistas.
2. **Declaración de los Derechos del Hombre** El concepto revolucionario de derechos garantizando la libertad individual es la base de la legislación moderna de derechos humanos.
3. **Destrucción del poder de la Iglesia** Al terminar el poder político de la Iglesia en Francia se abrió el camino hacia una sociedad más seglar y una educación liberal.
4. **Dos décadas de guerra** La Revolución trajo trastornos económicos y políticos a Europa. Las fuerzas revolucionarias eran recibidas como libertadoras, pero luego desilusionaban.
5. **Un mensaje simbólico** La Revolución hizo temblar a las clases gobernantes de Europa. Tras la caída de Napoleón, muchos gobiernos impusieron medidas represivas para invalidar el liberalismo y las reformas.
6. **Inspiración** Siendo la primera revolución moderna que intentaba transformar toda la sociedad y la estructura política de una nación, la Revolución sirvió de modelo a luchas de liberación en América del Sur y Europa en los siglos XIX y XX.

## El "Pequeño Cabo"

Napoleón Bonaparte (1769-1821) nació en Córcega. Ascendió pronto a general del Ejército Revolucionario. Fue líder en el golpe de 1799 y se convirtió en Primer Cónsul. Se coronó emperador en 1804 e introdujo reformas populares en el gobierno, la ley y la educación. Sus guerras tuvieron éxito al principio y hacia 1812 había creado el mayor imperio europeo desde la antigua Roma. Pero la Guerra Peninsular (1807-1813) terminó en derrota, y en 1812 decidió invadir Rusia. Tras su derrota en Leipzig (1813), fue destronado. Fue vencido en Waterloo (1815).

vea también
198 **La era de los reyes**
202 **La creación de Estados Unidos**
342 **Pensamiento occidental**
588 **Dirigentes europeos**

# La creación de Estados Unidos



*Las prósperas colonias británicas en América del Norte se enriquecieron al aumentar los impuestos y el control. El resentimiento contra el lejano gobierno aumentó y más tarde se volvió rebelión. La Revolución Norteamericana consiguió la libertad y una constitución democrática ilustrada. En las siguientes décadas Estados Unidos se extendió por todo el continente, desatando las Guerras Indias. Norte y Sur estaban muy divididos, y el precio de una futura unidad fue una amarga y costosa guerra civil.*

**"Boston Tea Party"**
Ciudadanos disfrazados de mohawks suben a barcos británicos y lanzan el odiado té al río Charles.

## Causas de la Revolución Norteamericana

1. **Impuestos** Inglaterra quería recuperar en las colonias el costo de la Guerra de los Siete Años, pero les negaba el parlamento. Esta "tributación sin representación" causó desagrado.
2. **Comercio colonial** El RU intentó restringir el comercio entre los estados de América del Norte y otros comerciantes.
3. **Prohibición de expansión** Los colonizadores resintieron la prohibición británica de extenderse hacia el Oeste.
4. **Desacuerdos religiosos** Muchos colonizadores habían llegado a América en busca de libertad religiosa. La posición de la Iglesia Anglicana se consideraba una amenaza.
5. **Propaganda** Propagandistas en favor de la independencia atizaban la opinión pública en contra del gobierno británico.

**1607** El primer asentamiento permanente inglés se establece en Jamestown, Virginia.

**1620** Los Padres Peregrinos fundan el asentamiento de Plymouth en Massachusetts.

**1664** Inglaterra quita Nueva Amsterdam a los holandeses y la llama Nueva York.

1700

**1763** Francia cede a Inglaterra sus territorios de América del Norte tras la Guerra de los Siete Años.

**1764-1765** Las Leyes del Timbre y del Azúcar imponen nuevas tasas, dividiendo a los colonizadores en Leales y "Patriotas" separatistas.

**1770** "Matanza de Boston": la multitud provoca a soldados británicos; mueren cinco colonizadores.

**1773** Protesta llamada "Boston Tea Party" por tasas de importación. Las colonias aceptan un gobierno provisional en el Primer Congreso Continental.

**1775** Fuerzas británicas luchan contra milicias coloniales en Lexington y Concord.

**1776** El Segundo Congreso Continental aprueba una Declaración de Independencia (4 de julio).

**1777** Fuerzas británicas al mando de Burgoyne se rinden en Saratoga. Francia ofrece ayuda militar a los colonizadores.

**1781** Británicos al mando de Cornwallis se rinden en Yorktown, dando fin a la guerra.

**1783** Gran Bretaña reconoce la Independencia Norteamericana por el Tratado de París.

**Llamado a las armas**
Estatua a los hombres que dispararon contra los británicos en Concord.

## Figuras clave de la Revolución Norteamericana

**John Adams (1735-1826)** Adams influyó en el diseño de la Declaración de Independencia y en la Constitución. Más tarde ayudó a negociar el Tratado de París, y fue el segundo presidente de EUA (1797-1801).

**Marqués de Cornwallis (1738-1805)** Cornwallis fue comandante británico en Carolina del Sur. Tras varios éxitos iniciales, partió al norte y fue aislado y derrotado en Yorktown en 1781.

**Benjamin Franklin (1706-1790)** Impresor, editor, científico y estadista, Franklin ayudó a redactar la Declaración de Independencia. Llamó a los franceses a ayudar a los colonizadores y negoció el Tratado de París.

**Thomas Jefferson (1743-1826)** Rico plantador y estadista, Jefferson fue el principal autor de la Declaración de Independencia. Fue también el tercer presidente de EUA (1801-1809).

**Lord North (1732-1792)** North era primer ministro británico en 1770-1782. Intentó aplacar a los colonos, pero Jorge III le impidió transigir durante la guerra.

**Thomas Paine (1737-1809)** Su panfleto *Sentido común* (1776) volvió la opinión pública hacia la independencia. Su texto *Los Derechos del Hombre* (1791) influyó en los revolucionarios.

**Paul Revere (1735-1818)** Herrero e impresor de Boston, Revere advirtió la llegada de los británicos a Lexington y Concord en abril de 1775.

**George Washington (1732-1799)** Washington dirigió los Ejércitos Continentales, expulsando a los británicos de Boston en 1776 y forzando su rendición final en Yorktown. Fue elegido primer presidente de EUA en 1789.

## Efectos de la Revolución Norteamericana

1. **Nueva Constitución** Los colonizadores hicieron un documento basado en principios de la Ilustración. Para 1790, Estados Unidos era el país más democrático del mundo.
2. **Liberalización** La Iglesia Anglicana de EUA fue separada del Estado, y se garantizó la libertad de cultos. La esclavitud fue abolida gradualmente en los estados del Norte. Se prohibieron los títulos nobiliarios hereditarios.
3. **Expansión de EUA** Los asentamientos fueron cada vez más lejos hacia el Oeste, ocupando territorios indios.
4. **Ideas revolucionarias** La experiencia norteamericana probó por primera vez en la era moderna que la revuelta contra el viejo orden podía triunfar; esa idea inspiró revoluciones en Francia (1789) y luego en el resto de América.

**Estados Unidos crece** El moderno EUA surgió de 13 colonias británicas en la costa este que declararon su independencia en 1776. En el siglo siguiente el país se expandió al sur y al oeste por medio de conquista, compra y colonización. Ahora tiene 50 estados; el último, Hawai, desde 1959.

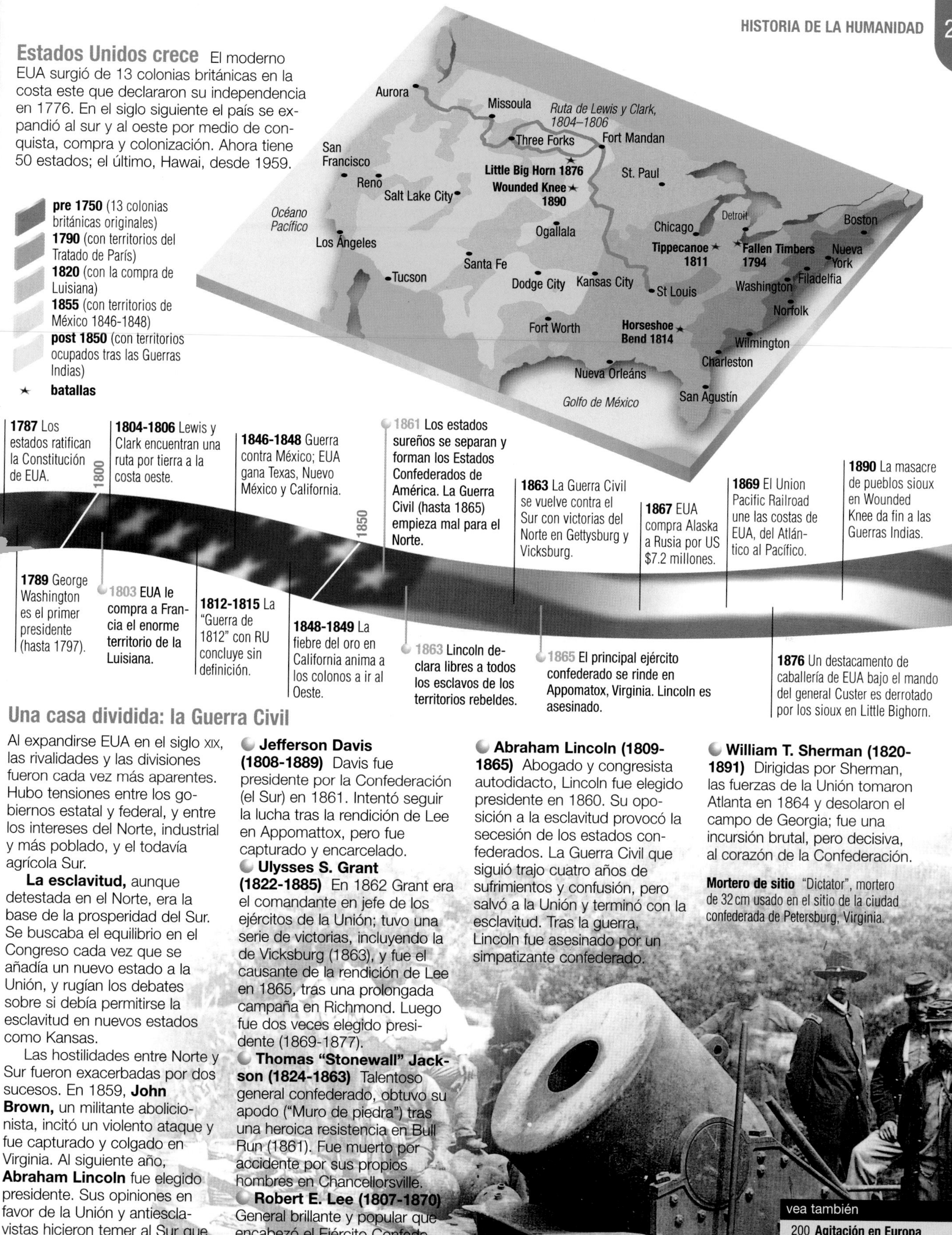


**pre 1750** (13 colonias británicas originales)
**1790** (con territorios del Tratado de París)
**1820** (con la compra de Luisiana)
**1855** (con territorios de México 1846-1848)
**post 1850** (con territorios ocupados tras las Guerras Indias)
★ **batallas**

**1787** Los estados ratifican la Constitución de EUA.

**1789** George Washington es el primer presidente (hasta 1797).

**1803 EUA le compra a Francia el enorme territorio de la Luisiana.**

**1804-1806** Lewis y Clark encuentran una ruta por tierra a la costa oeste.

**1812-1815** La "Guerra de 1812" con RU concluye sin definición.

**1846-1848** Guerra contra México; EUA gana Texas, Nuevo México y California.

**1848-1849** La fiebre del oro en California anima a los colonos a ir al Oeste.

**1861 Los estados sureños se separan y forman los Estados Confederados de América. La Guerra Civil (hasta 1865) empieza mal para el Norte.**

**1863 Lincoln declara libres a todos los esclavos de los territorios rebeldes.**

**1863** La Guerra Civil se vuelve contra el Sur con victorias del Norte en Gettysburg y Vicksburg.

**1865 El principal ejército confederado se rinde en Appomatox, Virginia. Lincoln es asesinado.**

**1867** EUA compra Alaska a Rusia por US $7.2 millones.

**1869** El Union Pacific Railroad une las costas de EUA, del Atlántico al Pacífico.

**1876** Un destacamento de caballería de EUA bajo el mando del general Custer es derrotado por los sioux en Little Bighorn.

**1890** La masacre de pueblos sioux en Wounded Knee da fin a las Guerras Indias.

## Una casa dividida: la Guerra Civil

Al expandirse EUA en el siglo XIX, las rivalidades y las divisiones fueron cada vez más aparentes. Hubo tensiones entre los gobiernos estatal y federal, y entre los intereses del Norte, industrial y más poblado, y el todavía agrícola Sur.

**La esclavitud,** aunque detestada en el Norte, era la base de la prosperidad del Sur. Se buscaba el equilibrio en el Congreso cada vez que se añadía un nuevo estado a la Unión, y rugían los debates sobre si debía permitirse la esclavitud en nuevos estados como Kansas.

Las hostilidades entre Norte y Sur fueron exacerbadas por dos sucesos. En 1859, **John Brown,** un militante abolicionista, incitó un violento ataque y fue capturado y colgado en Virginia. Al siguiente año, **Abraham Lincoln** fue elegido presidente. Sus opiniones en favor de la Unión y antiesclavistas hicieron temer al Sur que perdería poder ante el Norte.

En 1861 siete estados del Sur ("Confederados") se salieron de la Unión y pronto se desató la guerra contra el Norte.

**Jefferson Davis (1808-1889)** Davis fue presidente por la Confederación (el Sur) en 1861. Intentó seguir la lucha tras la rendición de Lee en Appomattox, pero fue capturado y encarcelado.

**Ulysses S. Grant (1822-1885)** En 1862 Grant era el comandante en jefe de los ejércitos de la Unión; tuvo una serie de victorias, incluyendo la de Vicksburg (1863), y fue el causante de la rendición de Lee en 1865, tras una prolongada campaña en Richmond. Luego fue dos veces elegido presidente (1869-1877).

**Thomas "Stonewall" Jackson (1824-1863)** Talentoso general confederado, obtuvo su apodo ("Muro de piedra") tras una heroica resistencia en Bull Run (1861). Fue muerto por accidente por sus propios hombres en Chancellorsville.

**Robert E. Lee (1807-1870)** General brillante y popular que encabezó el Ejército Confederado de Virginia del Norte y obtuvo victorias en Fredericksburg y Chancellorsville. Fue vencido en Gettysburg (1863) y se rindió en Appomattox en 1865.

**Abraham Lincoln (1809-1865)** Abogado y congresista autodidacto, Lincoln fue elegido presidente en 1860. Su oposición a la esclavitud provocó la secesión de los estados confederados. La Guerra Civil que siguió trajo cuatro años de sufrimientos y confusión, pero salvó a la Unión y terminó con la esclavitud. Tras la guerra, Lincoln fue asesinado por un simpatizante confederado.

**William T. Sherman (1820-1891)** Dirigidas por Sherman, las fuerzas de la Unión tomaron Atlanta en 1864 y desolaron el campo de Georgia; fue una incursión brutal, pero decisiva, al corazón de la Confederación.

**Mortero de sitio** "Dictator", mortero de 32 cm usado en el sitio de la ciudad confederada de Petersburg, Virginia.

vea también
200 **Agitación en Europa**
230 **Estados Unidos**
590 **De otros países**

*Gran Bretaña, sin haber sufrido grandes daños por las guerras y revoluciones de la Europa continental, fue líder del mundo en los siglos XVIII y XIX al hacer el cambio de la agricultura a la economía industrial. La demanda por bienes aumentó, atizando la mecanización y nuevas formas de usar el agua, el carbón y el vapor para la producción. Los logros llegaron hasta Europa, América del Norte y con el tiempo a cualquier parte del mundo al sucederse las innovaciones.*

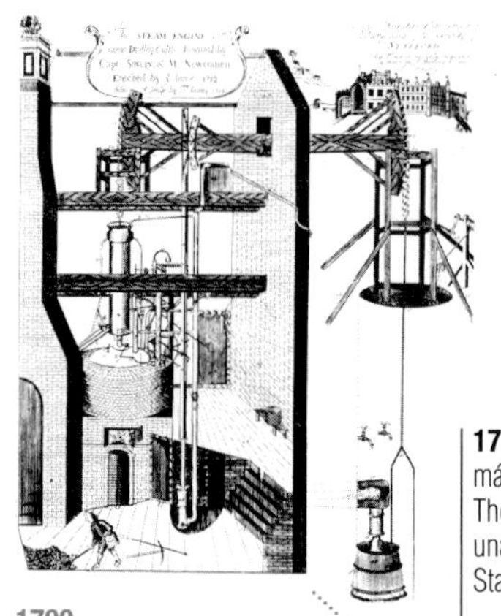

**Poder revolucionario** Thomas Newcomen construyó la primera máquina de vapor que funcionó, en 1712. Se usó para bombear agua de una mina de carbón.

**Hidráulica** Richard Arkwright inventó su máquina de hilar –movida por una rueda hidráulica y llamada *water frame*– hacia 1768. Con ella hacía una hilaza resistente para tela tejida.

1700

**1701** La primera sembradora mecánica es inventada por Jethro Tull, de Berkshire, Inglaterra.

1709 Abraham Darby, de Coalbrookdale, Shropshire, usa carbón de coque para producir hierro más barato.

**1712** Se instala la máquina de vapor de Thomas Newcomen en una mina de carbón de Staffordshire.

**1733** La lanzadera voladora de John Kay acelera el proceso de hilado.

1750

**1761** Se termina el Canal Bridgewater, primera vía navegable artificial de Gran Bretaña.

1765 El condensador de James Watt vuelve más eficientes las máquinas de vapor.

**1767** James Hargreaves inventa el huso giratorio jenny *(spinning jenny)*.

1771 La hilandería de Richard Arkwright, en Cromford, Derbyshire, establece el sistema fabril.

**1779** Abraham Darby termina el primer puente de hierro fundido, en Ironbridge, Shropshire.

**1785** Edmund Cartwright, de Leicestershire, patenta el primer telar mecánico.

**1793** Eli Whitney introduce la despepitadora de algodón en Georgia, EUA.

1800

**1800** Alessandro Volta construye la primera batería eléctrica, en Italia.

**1807** Se instala el alumbrado de gas en Pall Mall, Londres.

**1808** Richard Trevithick hace la demostración de una locomotora de ferrocarril, en Londres.

## POR QUÉ SUCEDIÓ LA REVOLUCIÓN INDUSTRIAL

1. **Riqueza y recursos** En el siglo XVIII, Gran Bretaña era el país más rico de Europa, con la agricultura más eficiente. Tenía la base económica, el capital y la demanda de mercado para cambiar de cosechas a productos manufacturados, y también los recursos energéticos –en carbón– para lograrlo.
2. **Rápido aumento de la población** En el RU, luego por doquier, la población aumentaba rápidamente en el siglo XVIII, creando necesidades de cosechas más eficientes. La mecanización agrícola aumentó la producción, reduciendo el costo de la mano de obra, abaratando los productos... y aumentando la demanda.
3. **Aumento de demanda** Una mayor necesidad de ropa no podía satisfacerse con la producción tradicional y propició inventos mecánicos como el huso giratorio jenny para acelerar el procesado del algodón de Estados Unidos. Esto sentó un precedente para la mecanización de la industria.
4. **Nuevas fuentes de energía** Las ruedas hidráulicas, el carbón y el vapor proporcionaban la energía para accionar la maquinaria y eliminaron el trabajo físico.
5. **Nuevos mercados** Las colonias extranjeras y el crecimiento de pueblos y ciudades proporcionaron nuevas oportunidades para el comercio.
6. **Mejoría del transporte** Nuevos sistemas de transporte permitieron el movimiento eficiente de materias primas y la distribución de bienes terminados, primero con canales (desde 1760) y luego ferrocarriles (desde 1830).
7. **Cambios políticos y económicos** La tierra dejó de ser el único recurso de riqueza y poder. Los cambios sociales y las ganancias de los empresarios fueron incentivos para invertir.

**Separadora mecánica** La despepitadora de algodón de Eli Whitney (1793) aumentó la velocidad de separación de semillas y fibras, convirtiendo a Estados Unidos en el primer productor de algodón del mundo.

**DATO**

**El término "revolución industrial" fue acuñado por observadores franceses de los revolucionarios cambios que sucedían en la Gran Bretaña del siglo XVIII.**

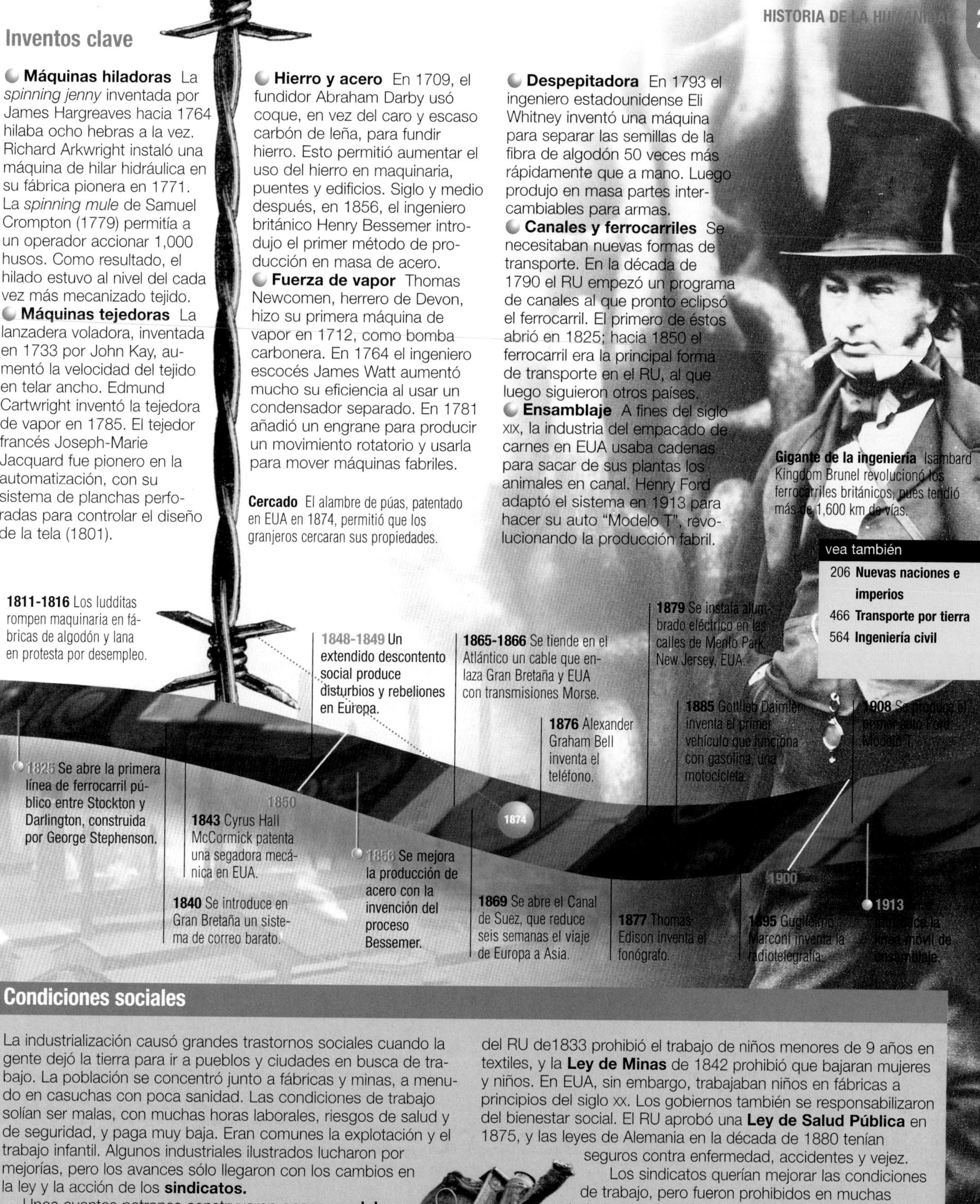

## Inventos clave

**Máquinas hiladoras** La *spinning jenny* inventada por James Hargreaves hacia 1764 hilaba ocho hebras a la vez. Richard Arkwright instaló una máquina de hilar hidráulica en su fábrica pionera en 1771. La *spinning mule* de Samuel Crompton (1779) permitía a un operador accionar 1,000 husos. Como resultado, el hilado estuvo al nivel del cada vez más mecanizado tejido.

**Máquinas tejedoras** La lanzadera voladora, inventada en 1733 por John Kay, aumentó la velocidad del tejido en telar ancho. Edmund Cartwright inventó la tejedora de vapor en 1785. El tejedor francés Joseph-Marie Jacquard fue pionero en la automatización, con su sistema de planchas perforadas para controlar el diseño de la tela (1801).

**Hierro y acero** En 1709, el fundidor Abraham Darby usó coque, en vez del caro y escaso carbón de leña, para fundir hierro. Esto permitió aumentar el uso del hierro en maquinaria, puentes y edificios. Siglo y medio después, en 1856, el ingeniero británico Henry Bessemer introdujo el primer método de producción en masa de acero.

**Fuerza de vapor** Thomas Newcomen, herrero de Devon, hizo su primera máquina de vapor en 1712, como bomba carbonera. En 1764 el ingeniero escocés James Watt aumentó mucho su eficiencia al usar un condensador separado. En 1781 añadió un engrane para producir un movimiento rotatorio y usarla para mover máquinas fabriles.

**Cercado** El alambre de púas, patentado en EUA en 1874, permitió que los granjeros cercaran sus propiedades.

**Despepitadora** En 1793 el ingeniero estadounidense Eli Whitney inventó una máquina para separar las semillas de la fibra de algodón 50 veces más rápidamente que a mano. Luego produjo en masa partes intercambiables para armas.

**Canales y ferrocarriles** Se necesitaban nuevas formas de transporte. En la década de 1790 el RU empezó un programa de canales al que pronto eclipsó el ferrocarril. El primero de éstos abrió en 1825; hacia 1850 el ferrocarril era la principal forma de transporte en el RU, al que luego siguieron otros países.

**Ensamblaje** A fines del siglo XIX, la industria del empacado de carnes en EUA usaba cadenas para sacar de sus plantas los animales en canal. Henry Ford adaptó el sistema en 1913 para hacer su auto "Modelo T", revolucionando la producción fabril.

**Gigante de la ingeniería** Isambard Kingdom Brunel revolucionó los ferrocarriles británicos, pues tendió más de 1,600 km de vías.

vea también
206 **Nuevas naciones e imperios**
466 **Transporte por tierra**
564 **Ingeniería civil**

**1811-1816** Los ludditas rompen maquinaria en fábricas de algodón y lana en protesta por desempleo.

**1825** Se abre la primera línea de ferrocarril público entre Stockton y Darlington, construida por George Stephenson.

**1840** Se introduce en Gran Bretaña un sistema de correo barato.

**1843** Cyrus Hall McCormick patenta una segadora mecánica en EUA.

**1848-1849** Un extendido descontento social produce disturbios y rebeliones en Europa.

1850

**1856** Se mejora la producción de acero con la invención del proceso Bessemer.

**1865-1866** Se tiende en el Atlántico un cable que enlaza Gran Bretaña y EUA con transmisiones Morse.

**1869** Se abre el Canal de Suez, que reduce seis semanas el viaje de Europa a Asia.

1874

**1876** Alexander Graham Bell inventa el teléfono.

**1877** Thomas Edison inventa el fonógrafo.

**1879** Se instala alumbrado eléctrico en las calles de Menlo Park, New Jersey, EUA.

**1885** Gottlieb Daimler inventa el primer vehículo que funciona con gasolina, una motocicleta.

**1895** Guglielmo Marconi inventa la radiotelegrafía.

1900

**1908** Se produce el primer auto Ford Modelo T.

**1913** Introduce la línea móvil de ensamblaje.

## Condiciones sociales

La industrialización causó grandes trastornos sociales cuando la gente dejó la tierra para ir a pueblos y ciudades en busca de trabajo. La población se concentró junto a fábricas y minas, a menudo en casuchas con poca sanidad. Las condiciones de trabajo solían ser malas, con muchas horas laborales, riesgos de salud y de seguridad, y paga muy baja. Eran comunes la explotación y el trabajo infantil. Algunos industriales ilustrados lucharon por mejorías, pero los avances sólo llegaron con los cambios en la ley y la acción de los **sindicatos.**

Unos cuantos patrones construyeron **casas modelo** para sus obreros. Un ejemplo fue **Robert Owen,** quien creó la comunidad de New Lanark, en Escocia, en 1783. Otros ejemplos son la ciudad jardín de Cadbury, **Bournville,** y las comunidades establecidas por el fabricante **Krupp** en Essen, Alemania.

Poco a poco los gobiernos empezaron a actuar para mejorar el trabajo y las condiciones de vida, y para erradicar los peores abusos. La **Ley de Fábricas** del RU de1833 prohibió el trabajo de niños menores de 9 años en textiles, y la **Ley de Minas** de 1842 prohibió que bajaran mujeres y niños. En EUA, sin embargo, trabajaban niños en fábricas a principios del siglo XX. Los gobiernos también se responsabilizaron del bienestar social. El RU aprobó una **Ley de Salud Pública** en 1875, y las leyes de Alemania en la década de 1880 tenían seguros contra enfermedad, accidentes y vejez.

Los sindicatos querían mejorar las condiciones de trabajo, pero fueron prohibidos en muchas ciudades tras la Revolución Francesa. En el RU tuvieron derechos limitados después de 1825, pero las huelgas eran ilegales. Los **"Mártires de Tolpuddle",** seis campesinos de Dorset, fueron llevados a Australia en 1834 por actividad sindical, lo que provocó críticas. Los sindicatos obtuvieron más derechos y crecieron en el siglo XIX.

**Trabajo infantil** Niños de 13 y 14 años todavía trabajaban en las minas de Estados Unidos a principios del siglo XX.

*La Revolución Francesa y las Guerras Napoleónicas cambiaron tanto Europa como el equilibrio del poder. Los grandes imperios Español y Otomano se eclipsaron, en tanto que Alemania e Italia empezaron a unificarse hasta convertirse en potencias mundiales. Naciones-Estado avanzadas, como Gran Bretaña y Francia, competían para obtener más territorios, hasta la "Rebatiña por África" de la década de 1880, que reformó todo un continente.*

## En busca de colonias

Hacia 1900 las potencias coloniales europeas se afanaban por adquirir territorios en todo el globo.

## Los que abrieron el mundo

**Heinrich Barth (1821-1865)** Era un erudito alemán que cruzó el Sahara hacia África Occidental en 1849-1855 con una expedición del gobierno británico.

**Sir Richard Burton (1821-1890)** Viajó por Arabia en 1853-1854, disfrazado de musulmán, y llegó a La Meca. En 1857-1859 exploró África Oriental desde Zanzíbar, buscando las fuentes del Nilo.

**René Caillié (1799-1838)** En 1826-1827 este explorador francés fue el primer europeo en llegar a la fabulosa ciudad de Tombuktú.

**David Livingstone (1813-1873)** Era un médico y misionero inglés que se convirtió en el primer europeo en cruzar África desde la costa atlántica hasta el océano Índico en 1853-1856.

Sir Richard Burton

**Mungo Park (1771-1806)** Fue el primer europeo que exploró el río Níger, en África Occidental. Hizo su primera expedición en 1795-1796 y la segunda en 1805-1806.

**John Hanning Speke (1827-1864)** Viajó con Burton en busca de las fuentes del Nilo en 1857-1859. Siguió solo hasta el lago Victoria, e hizo el viaje de regreso en 1860-1862.

**Henry Morton Stanley (1841-1904)** Era un periodista angloamericano que encontró a David Livingstone cuando éste se había perdido en 1871. Stanley demostró que del lago Victoria salía el río Nilo, y cruzó África a través del Congo hasta la costa atlántica.

## GUERRAS COLONIALES DE GRAN BRETAÑA

La resistencia de las poblaciones locales ocasionó conflictos.

**Guerras afganas** El RU tuvo guerras en 1838-1842, 1878-1880 y en 1919 para controlar Afganistán y asegurar la frontera noroeste de la India. De 1880 a 1919 Gran Bretaña controló el paso Khyber e influyó en la política exterior afgana.

**Guerras del Opio** El RU luchó en 1839-1842 y 1856-1860 para proteger su tráfico ilegal de opio hacia China. El comercio dañaba a la sociedad china, pero las victorias británicas aumentaban el acceso a los mercados y permitieron la posesión de Hong Kong.

**Motín indio** En 1857-1858 se extendió la rebelión contra el gobierno británico, dirigida por soldados de la Compañía de las Indias Orientales. Luego de dominar el motín, el gobierno británico reinó sobre toda la India.

**Guerra zulú** El RU intentó anexarse Zululandia en enero de 1879, pero los zulúes, dirigidos por el rey Cetshwayo, le ofrecieron resistencia, y casi destrozaron una columna británica de 1,700 soldados en Isandhlwana. Los británicos triunfaron después de una nueva campaña en marzo.

**Guerras Bóer de África del Sur** El RU intentó anexarse las repúblicas bóer en 1877. La guerra de 1880-1881 produjo una victoria bóer y paz inestable. La guerra estalló otra vez en 1899-1902. Tras derrotas, Gran Bretaña impuso el gobierno colonial.

**Guerras ashanti** Gran Bretaña peleó varias guerras en la Costa de Oro (Ghana), logrando la disolución de la confederación ashanti en 1896, y la toma de sus territorios como protectorado.

**Espíritu de lucha** Los bóers ragtag fueron todo un reto para el ejército británico.

- **1783** El RU pierde sus colonias en América al lograrse la Independencia Norteamericana.
- **1788** Llega el primer barco británico de convictos a Botany Bay, Australia.
- **1796-1799** El RU controla Ceilán y el sur de la India.
- 1800
- **1804** Una revuelta de esclavos convierte a Haití en el primer país independiente de América Latina.
- **1806** El RU ocupa la Provincia del Cabo, en África.
- **1819-1826** Simón Bolívar lleva a América del Sur a la independencia, pero no logra unir las nuevas repúblicas.
- **1821** El RU toma la Costa de Oro y Gambia, en África Occidental.
- **1826** El RU se anexa Birmania Inferior y Assam.
- **1830** Francia conquista Argelia.
- **1831-1836** Charles Darwin hace el viaje alrededor del mundo en el HMS *Beagle*.
- **1840** El RU se anexa Nueva Zelandia, pero lo colonización precipita la Primera Guerra Maorí (1843-1848).
- 1850
- **1853-1856** Gran Bretaña, Francia, Turquía y el Piamonte retan a Rusia en la Guerra de Crimea.

## NACIMIENTO DE LA ALEMANIA MODERNA

A diferencia de Francia e Inglaterra, el Sacro Imperio Romano no pudo desarrollar en la Edad Media un poder central fuerte bajo una sola monarquía fuerte. Hasta el siglo XVII, Alemania seguía siendo un mosaico de estados regidos por príncipes menores, cada uno con sus fronteras, leyes, aduanas y estructuras políticas. Justo después de la Guerra de los Treinta Años (1618-1648), Prusia tomó la preeminencia como el más poderoso, pero la integración no empezó sino hasta el siglo XIX. Napoleón unió por la fuerza todos los estados de habla alemana, excepto Prusia y Austria, en la **Confederación del Rin** (1806-1813). En 1814-1815, en el Congreso de Viena, el príncipe conservador **Clemens von Metternich** manipuló una **Confederación Alemana** de 39 estados que incluía a Austria y Prusia. Aparecieron lazos económicos bajo la forma de un **Zollverein** (Unión Aduanera) dirigido por Prusia. La unificación política fue buscada por el "Canciller de Hierro" prusiano, **Otto von Bismarck,** que estableció la **Confederación Alemana del Norte** tras la Guerra Franco-Prusiana de 1866 y la extendió luego de la Guerra Franco-Prusiana de 1870-1871 para incluir el sur de Alemania, unión conocida como **Segundo Reich.** El rey de Prusia, **Guillermo I** (1797-1888), fue el primer Kaiser (emperador) en 1871. Bismarck introdujo leyes de bienestar social y una moneda común, pero fue destituido por el Kaiser **Guillermo II** (reinó en 1888-1918) en 1890. Empezó entonces un periodo de expansión colonial bajo el sucesor de Bismarck, Leo von Caprivi (1890-1894), y Guillermo II.

**Otto von Bismarck**

vea también
188 África
192 La era de las exploraciones
208 La Primera Guerra Mundial

## LA UNIFICACIÓN DE ITALIA

Durante más de 1,000 años tras la caída de Roma, Italia fue una mezcla de ciudades-Estado y pequeños reinos, a menudo bajo el dominio extranjero. Las esperanzas por la unificación crecieron tras la invasión de Napoleón en 1796-1797, a la cual siguió una efímera unión parcial. Pero para 1815 fue de nuevo dividida en muchos estados. Bajo el mando del nacionalista radical **Giuseppe Mazzini,** el movimiento **Risorgimento** ("resurrección") pronto ganó apoyo. En 1859, fuerzas italianas y francesas expulsaron a los austriacos de Lombardía, y en 1861 los voluntarios "Camisas Rojas" de **Giuseppe Garibaldi** derrocaron la monarquía napolitana. **Víctor Manuel II,** de Piamonte-Cerdeña, se convirtió en rey de Italia. La unificación total llegó en 1870, cuando se anexaron Venecia y la Roma Papal, y Roma se volvió la capital nacional.

## Australia: de colonia penal a Commonwealth

La parte oriental de Australia fue reclamada para el RU por **James Cook** en 1770, y llamada Nueva Gales del Sur. Gran Bretaña usó el territorio para llevar allí convictos: la primera **colonia penal** se estableció en 1778. Australia, asentamiento libre con ayuda del gobierno británico, empezó en la década de 1830, cuando las ricas praderas al oeste de las Blue Mountains se abrieron para **criar ovejas y cultivar trigo.** Se añadieron cinco colonias más: Tasmania en 1825, Australia Occidental en 1829, Australia Meridional en 1834, Victoria en 1851 y Queensland en 1859. Las **fiebres de oro** de las décadas de 1850 y 1860 llevaron más inmigrantes europeos, en particular a Nueva Gales del Sur y Victoria. Las colonias se autogobernaban desde 1850 y fueron federadas como el Commonwealth de Australia en 1901.

**1857-1858** Estalla el motín indio contra los británicos en la India.

**1860-1870** La Segunda Guerra de Nueva Zelandia levanta a maorís contra los colonos europeos.

**1862** Francia crea un protectorado en Indochina (Vietnam, Camboya).

**1867** El Canadá oriental se vuelve dominio autogobernado dentro del Imperio Británico.

**1870-1871** La Guerra Franco-Prusiana lleva al sitio de París y a la Comuna. Alemania se une bajo Prusia.

**1877** La reina Victoria, emperatriz de la India.

**1882** El RU ocupa Egipto para proteger sus propios intereses en el Canal de Suez.

**1883** Túnez se vuelve protectorado francés.

**1885** Leopoldo II de Bélgica adquiere el Congo como feudo personal.

**1898** EUA toma Cuba, Puerto Rico, Guam y Filipinas en la Guerra Hispano-Norteamericana.

**1899-1902** El RU vence al fin a los bóers en la Guerra de África del Sur ("Guerra Bóer").

1900

**1901** Australia se vuelve un Commonwealth autogobernado.

# La Primera Guerra Mundial ▶ Del inicio de la guerra al Tratado de Versalles

*El asesinato en Sarajevo del archiduque Francisco Fernando de Austria-Hungría sumió en la guerra a Europa. Se movilizaron grandes ejércitos con la esperanza de una victoria decisiva, pero la guerra se volvió un sangriento y horrible punto muerto que duró cuatro años y destruyó tres imperios.*

## CINCO CAUSAS DE LA GUERRA

1. **Ambición alemana** Al buscar Alemania el poder mundial, llegó a choques de interés con Gran Bretaña, Francia y Rusia.
2. **Carrera de armas navales** El intento alemán de tener una armada de primera clase causó paranoia al RU, el mayor poder naval.
3. **El sistema de alianzas** Este sistema europeo significaba que cualquier crisis arrastraría a todo el continente a la guerra.
4. **Movilización en masa** El Schlieffen Plan alemán hacía imparable la movilización y requirió invadir a la neutral Bélgica, lo que hizo imposible que fuera un conflicto limitado.
5. **Nacionalismo patriotero** Poderosos elementos de varios gobiernos europeos querían una guerra decisiva que concentrara el patriotismo y redujera el descontento político.

## Frente occidental 1914-1918

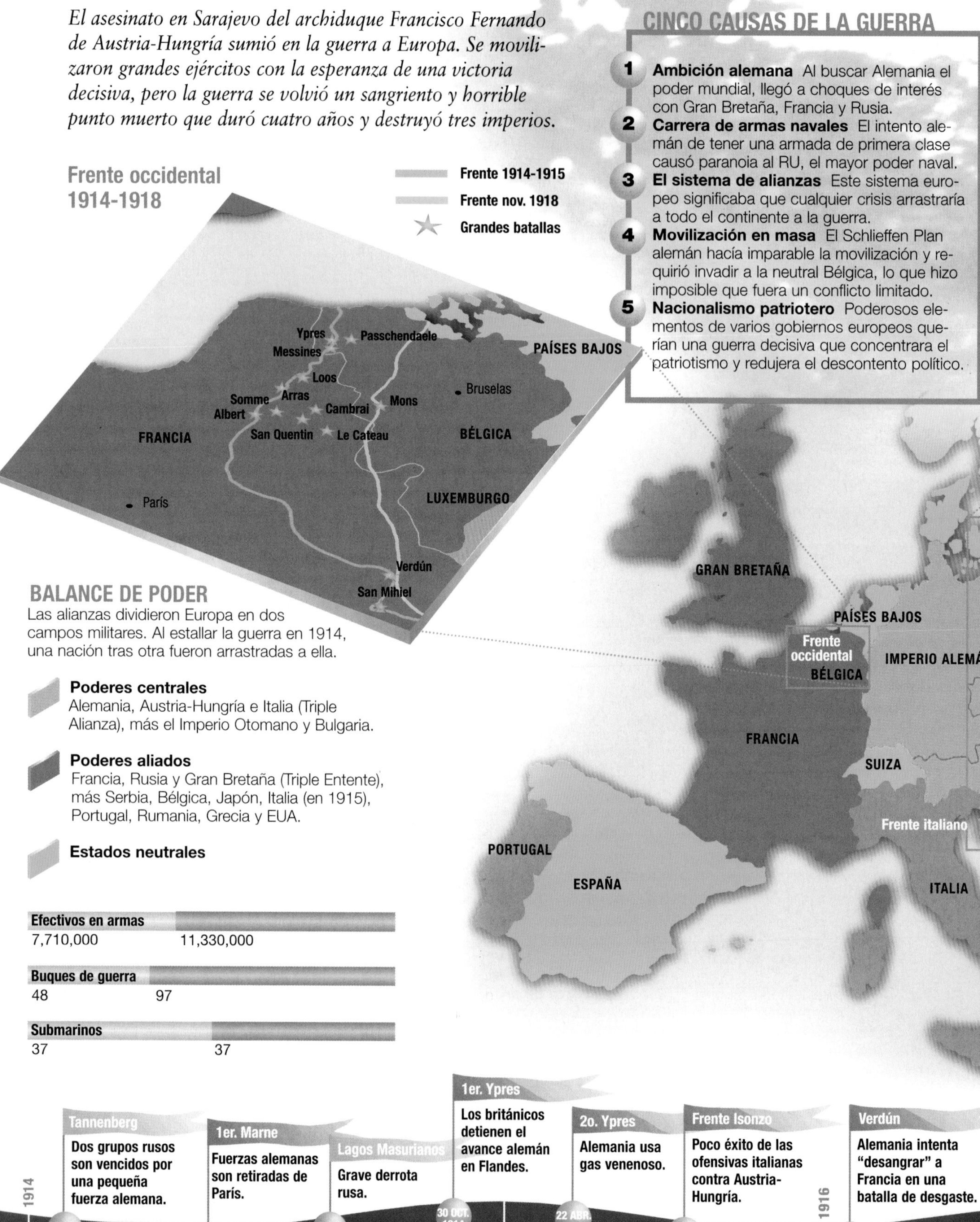


## BALANCE DE PODER

Las alianzas dividieron Europa en dos campos militares. Al estallar la guerra en 1914, una nación tras otra fueron arrastradas a ella.

**Poderes centrales**
Alemania, Austria-Hungría e Italia (Triple Alianza), más el Imperio Otomano y Bulgaria.

**Poderes aliados**
Francia, Rusia y Gran Bretaña (Triple Entente), más Serbia, Bélgica, Japón, Italia (en 1915), Portugal, Rumania, Grecia y EUA.

**Estados neutrales**

| | Poderes centrales | Poderes aliados |
|---|---|---|
| **Efectivos en armas** | 7,710,000 | 11,330,000 |
| **Buques de guerra** | 48 | 97 |
| **Submarinos** | 37 | 37 |

1914

- **Tannenberg** (30 AGO. 1914) Dos grupos rusos son vencidos por una pequeña fuerza alemana.
- **1er. Marne** (5-12 SEP. 1914) Fuerzas alemanas son retiradas de París.
- **Lagos Masurianos** (15 SEP. 1914) Grave derrota rusa.
- **1er. Ypres** (30 OCT. 1914) Los británicos detienen el avance alemán en Flandes.
- **2o. Ypres** (22 ABR. 1915) Alemania usa gas venenoso.
- **Frente Isonzo** (23 JUN. 1915) Poco éxito de las ofensivas italianas contra Austria-Hungría.
- **Verdún** (21 FEB. 1916) Alemania intenta "desangrar" a Francia en una batalla de desgaste.

**28 jun.** Matan a Francisco Fernando; Austria-Hungría declara la guerra a Serbia.

**1º ago.** Alemania declara la guerra a Rusia; **3 ago.** a Francia; **4 ago.** invade Bélgica; Gran Bretaña declara la guerra a Alemania.

1915

**19 feb.** Primer *raid* de zepelín sobre Inglaterra.

**25 abril** Entran en Gallipoli tropas aliadas.

**7 mayo** Un submarino hunde el *Lusitania.*

**7 dic.** Turcos capturan a británicos en Kut. **19 dic.** Aliados evacuan los Dardanelos.

1916

**29 abril** La guarnición angl india se rinde e

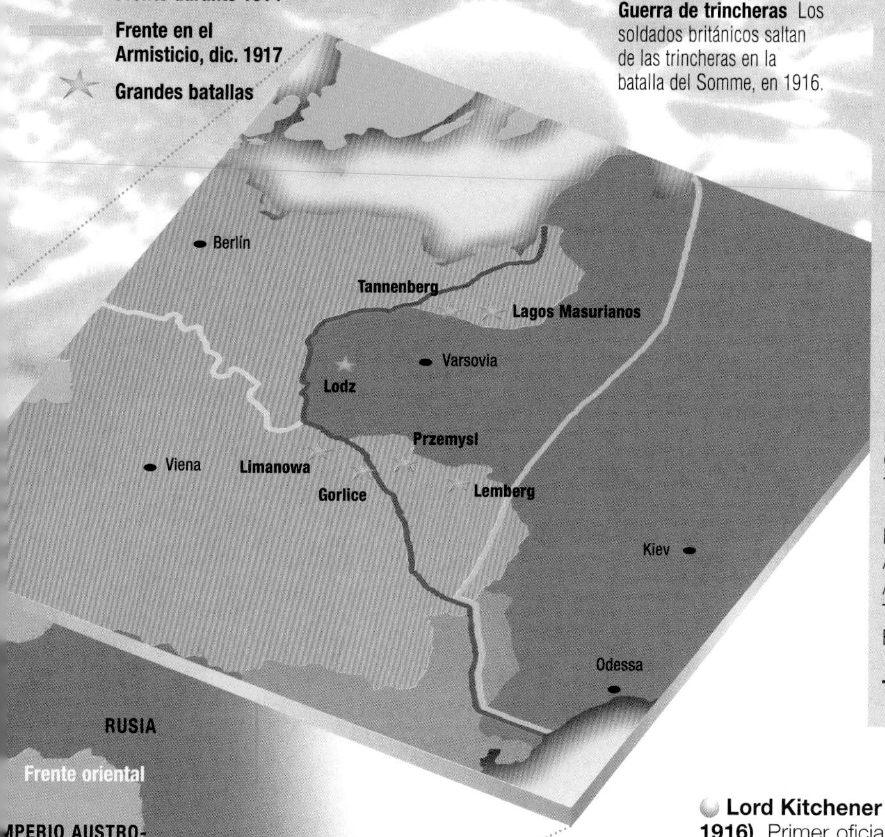

## El costo en vidas humanas

Los cálculos de las muertes varían mucho. Éstas son cifras conservadoras basadas en los mejores estudios modernos.

| | Hombres movilizados | Muertos | Heridos |
|---|---|---|---|
| **Aliados** | | | |
| Rusia | 12,000,000 | 1,700,000 | 4,950,000 |
| Francia | 8,410,000 | 1,357,000 | 4,266,000 |
| Italia | 5,615,000 | 650,000 | 947,000 |
| Gran Bretaña | 4,970,000 | 743,000 | 1,662,000 |
| EUA | 4,355,000 | 48,000 | 204,000 |
| India | 1,440,400 | 65,400 | 69,000 |
| Canadá | 995,000 | 56,600 | 149,700 |
| Japón | 800,000 | 300 | 900 |
| Rumania | 750,000 | 335,700 | 120,000 |
| Serbia | 700,000 | 45,000 | 133,000 |
| Australia | 420,600 | 59,300 | 152,100 |
| Bélgica | 267,000 | 13,000 | 45,000 |
| Grecia | 230,000 | 5,000 | 21,000 |
| Sudáfrica | 136,000 | 7,100 | 12,000 |
| Nueva Zelandia | 124,200 | 16,700 | 41,300 |
| Portugal | 100,000 | 7,000 | 14,000 |
| Montenegro | 50,000 | 3,000 | 10,000 |
| Colonias | 12,000 | 500 | 800 |
| Terranova | 11,900 | 1,200 | 2,300 |
| **Poderes centrales** | | | |
| Alemania | 11,000,000 | 1,774,000 | 4,216,000 |
| Austria-Hungría | 7,800,000 | 1,200,000 | 3,620,000 |
| Turquía | 2,850,000 | 325,000 | 400,000 |
| Bulgaria | 1,200,000 | 87,500 | 152,000 |
| **Totales** | **64,238,000** | **8,501,000** | **21,189,000** |

**Guerra de trincheras** Los soldados británicos saltan de las trincheras en la batalla del Somme, en 1916.



## LOS GENERALES

**Paul von Hindenburg (1847-1934)** Mariscal de campo que dirigió las fuerzas alemanas tras derrotar a los rusos en Tannenberg.

**Erich Ludendorff (1865-1937)** Dirigió la lucha alemana desde 1916.

**Sir Douglas Haig (1861-1928)** Comandante en jefe británico en 1915-1918, fue criticado por sus pérdidas en el Somme y Passchendaele.

**Lord Kitchener (1850-1916)** Primer oficial en servicio en dirigir el Ministerio de la Guerra. Aumentó el ejército británico de 20 a 70 divisiones. Quiso atacar Turquía y fue criticado por Gallipoli.

**Joseph-Jacques-Césaire Joffre (1852-1931)** Comandante francés 1914-1916. Detuvo el avance inicial de los alemanes en la primera batalla del Marne.

**Ferdinand Foch (1851-1929)** Comandante general de las fuerzas aliadas en 1918, derrotó la ofensiva alemana de 1918 asegurando la victoria.

**Alexei Brusilov (1853-1926)** Tras una campaña de cuatro meses que acabó con las fuerzas austriacas –único gran éxito ruso–, Brusilov se volvió comandante supremo de las fuerzas rusas.

**John Joseph Pershing (1860-1948)** Pershing dirigió la fuerza expedicionaria norteamericana que ayudó a derrotar la ofensiva final de Alemania en 1918.


vea también
212 **Entre dos guerras**
568 **Rumbo a la era nuclear**


**Jutlandia** (31 MAY. 1916) El RU y Alemania pelean la mayor batalla naval de la guerra.

**Junio** Rusia inicia la ofensiva bajo Brusilov, que destroza el frente austriaco.

**Somme** (1 JUL. 1916) Empieza la ofensiva del Somme. Dura hasta el 18 nov., con saldo de 600,000 aliados y 500,000 alemanes muertos.

1917

**8 ene.** Alemania inicia la guerra con submarinos.

**6 abr.** EUA declara la guerra a Alemania.

**Passchendaele** (31 JUL. 1917) Se atasca en lodo la ofensiva bitánica en Ypres.

**6-7 oct.** La Revolución de Octubre saca a Rusia de la guerra, liberando tropas alemanas para Occidente.

**Cambrai** (20 NOV. 1917) El RU usa tanques por primera vez, con resultados variados.

1918

**3 mar.** Alemania y Rusia firman el Tratado de Brest-Litovsk.

**2o. Marne** (15 JUL. 1918) Las fuerzas aliadas detienen la última gran ofensiva alemana.

**4 oct.** Alemania solicita un armisticio.

**Vittoria Veneto** (24 OCT. 1918) Los ejércitos austriacos fracasan en el frente italiano.

**11 nov.** (11 a.m.) Un armisticio detiene la lucha en el frente occidental.

# La Revolución Rusa ▶ Orígenes y consecuencias

*Rusia entró al siglo XX como una monarquía absoluta gobernada por los zares Romanov desde hacía 300 años. Junto a la inmensa riqueza de unos pocos, millones de personas vivían en la pobreza. El descontento aumentaba y los gritos por las reformas no se oían, lo que provocó movimientos radicales e ideas de cambio social. En 1905 la revolución forzó a Nicolás II a establecer un parlamento, y en 1917 se instaló el primer gobierno socialista del mundo. Hacia 1922 nacía la URSS, con Vladimir Ilych Lenin al frente.*

**DATO** Alemania ayudó a Lenin a volver a Rusia en 1917. Se le creía tan peligroso que su tren fue sellado hasta cruzar la frontera.

## CAUSAS PRINCIPALES DE LA REVOLUCIÓN

1. **Oposición liberal** Liberales e intelectuales se oponían a la autocracia zarista. Ya desde 1825, militares moderados trataron de tomar el poder y hacer reformas (la revuelta de diciembre).
2. **Rápidos cambios económicos** La industrialización produjo un proletariado urbano oprimido que se politizó cada vez más.
3. **Gobierno represivo** Las duras medidas impuestas por gobernantes como Alejandro III en la década de 1880 tuvieron apoyo público y crearon un campo fértil para ideas revolucionarias.
4. **Debilidad de Nicolás II** Nicolás II ignoró las demandas de reformar el sistema político, y su indecisa creación de una Duma (parlamento) sin poder en 1905 no hizo nada por restaurar la confianza en su reinado. La influencia de Rasputín en la zarina pareció a muchos ser símbolo de la degeneración de la corte.
5. **Derrota militar** La derrota de Rusia por Japón en 1904-1905 y los grandes fracasos en la Primera Guerra Mundial (con un resultado de casi 7 millones entre muertos y heridos) acrecentaron la opinión pública hostil.
6. **Racionamientos** La inflación y el racionamiento por la guerra crearon sufrimiento y penas, en especial en las ciudades rusas.

**Fiero orador** Lenin se dirige a las tropas rusas en 1920.

**1861** Alejandro II emancipa a los siervos rusos.

**1881** Alejandro II es asesinado por revolucionarios, y lo sucede su hijo Alejandro III.

**1894** Nicolás II sube al trono de Rusia.

**1902-1903** Hay huelgas y disturbios civiles en los centros industriales rusos.

**1903** El Partido Socialdemócrata Obrero Ruso se divide en las facciones bolchevique y menchevique.

**1904-1905** Rusia es humillada al ser derrotada en la Guerra Ruso-Japonesa.

**1905** Estalla la revolución tras la matanza de manifestantes en San Petersburgo. Nicolás accede a una Duma electa.

**1914** Rusia entra a la Primera Guerra Mundial contra los Poderes Centrales.

**8 mar. 1917** (CJ 23 feb.) Revueltas por pan en Petrogrado (San Petersburgo).

**12 mar. 1917** (CJ 27 feb.) Un motín en la guarnición de Petrogrado convierte una revuela en la "Revolución de Febrero" dirigida por mencheviques.

**13-15 mar. 1917** Soviets (consejos) de obreros, soldados y campesinos se crean en toda Rusia.

**15 mar. 1917** Nicolás II abdica; la Duma establece un gobierno provisional moderado y multipartidista.

**16 abril 1917** Lenin regresa de Suiza a Petrograd y pide una revolución contra el gobierno provisional.

**3-4 mayo 1917** [CJ 20-21 abril] Las manifestaciones de los "Días de abril" sc por el fracaso de gobierno para sa de la guerra.

## La Revolución de 1905: el "ensayo general"

Huelgas, altos impuestos y disgusto por la ineptitud en la **Guerra Ruso-Japonesa** bullían en 1905. Una manifestación en San Petersburgo el 22 de enero (CJ 9 de enero) le pidió reformas al zar Nicolás II, pero los cosacos dispararon contra la multitud indefensa que se dirigía al Palacio de Invierno, matando entre 50 y 1,000 (los cálculos varían). El resentimiento por este **"Domingo sangriento"** produjo huelgas, asesinatos y revueltas en Polonia, Letonia, Georgia y Finlandia. Nicolás reinó 12 años más, pero la devoción de su pueblo estaba herida de muerte. Fue obligado a reformas y creó un parlamento electo, la Duma. Una huelga convocada por León Trotski y el motín del acorazado ***Potemkin*** dieron más concesiones, como libertad de conciencia, palabra y asociación. Los moderados quedaron satisfechos y acabó la revuelta: habían muerto 15,000.

## LA GUERRA CIVIL RUSA (1918-1920)

Muchos, incluyendo nacionalistas, republicanos, demócratas y hasta revolucionarios radicales socialistas, se opusieron a los bolcheviques cuando éstos tomaron el poder en 1917. Se formó una alianza –el **"Ejército Blanco"–** en oposición al **"Ejército Rojo"** bolchevique creado por Trotski a fines de 1917. Los Blancos estaban en contra de Lenin y el tratado de paz con Alemania, pero no se coordinaban. Se luchó desde el norte de Rusia hasta el Cáucaso y Ucrania. Gran Bretaña, Francia, Japón y EUA ayudaron a los Blancos, pero perdieron territorio ante los Rojos. La resistencia Blanca bajó debido a divisiones internas e incapacidad para dar una alternativa popular al bolcheviquismo. En 1920 los Blancos fueron derrotados en Crimea, y los levantamientos antibolcheviques posteriores fueron vencidos. Las repúblicas transcaucásicas fueron derrotadas en 1922, y a ello siguió la creación de la URSS. Los disturbios posrevolucionarios terminaron y su costo fue de cerca de 13 millones de vidas.

## Figuras clave

**Aleksandr Kerenski (1881-1970)** Encabezó el gobierno provisional de julio-octubre de 1917. Fracasó en sacar a Rusia de la Primera Guerra Mundial o introducir reformas.

**Vladimir Ilych Lenin (1870-1924)** Político teórico y revolucionario marxista, dedicó su vida a establecer un Estado comunista ruso. Dirigió la revolución bolchevique de 1917, fundó el Partido Comunista y fue el primer jefe de Estado de la URSS. Líder pragmático, permitió algunas reformas capitalistas en su Nueva Política Económica de 1921.

**Nicolás II (1868-1918)** Nicolás fue el último zar y reinó de 1894 a 1917. Abdicó luego de la Revolución de Febrero y fue ejecutado.

**Rasputín (1872-1916)** Grigori Rasputín, un monje siberiano, aseguraba que podía curar la hemofilia del hijo del zar, Alexei. Dominó brevemente los asuntos de Estado por su influencia sobre la zarina, pero fue muerto por monárquicos.

**José Stalin (1879-1953)** Tuvo poco papel en la Revolución de Octubre; dirigió el Partido Comunista desde 1922. Sucedió a Lenin como jefe de Estado y convirtió la URSS en potencia mundial. Fue un dictador que eliminaba a sus rivales en "purgas" asesinas. Su reinado de terror y su política de colectivismo obligatorio costó cerca de 25 millones de vidas.

**Pyotr Stolypin (1862-1911)** Primer ministro de Rusia tras la revolución de 1905; introdujo reformas –sobre todo en tenencia de la tierra–, aunque no logró satisfacer a los radicales. Fue impopular con la derecha y con la izquierda. Renunció en marzo de 1911 y fue asesinado seis meses después.

**León Trotski (1879-1940)** Teórico comunista, Trotski conoció a Lenin en Londres en 1902. Volvió a Rusia en 1905 y dirigió el Soviet de San Petersburgo (consejo obrero) en una huelga que logró grandes reformas. En 1917 fundó el Ejército Rojo y lo dirigió en la Guerra Civil. Era el sucesor obvio de Lenin, pero perdió ante Stalin y fue exiliado en 1929. Siguió escribiendo y promoviendo la causa de la "revolución mundial" hasta que fue asesinado en México por orden de Stalin.

**León Trotski (1879-1940)**

## Fuerzas políticas de Rusia

**Narodniki ("Populistas")** Socialistas que en las décadas de 1860 y 1870 favorecieron un gobierno republicano y liberal y tecnología occidental. Algunos formaron parte del movimiento terrorista Deseo del Pueblo que asesinó a Alejandro II en 1881.

**Octubristas** Políticos moderados, quedaron satisfechos con las concesiones que hizo el Zar en octubre de 1905.

**Kadets (Demócratas Constitucionales)** Consideraban inadecuados los cambios de 1905. Querían más reformas, incluyendo una monarquía limitada. Dominaron la primera Duma, pero luego su influencia fue declinando.

**Liga del Pueblo Ruso** Tras la revolución de 1905, unos nacionalistas que se decían "Centenares Negros" atacaban a revolucionarios y a judíos.

**Partido Revolucionario Socialista** Herederos del movimiento Narodniki, buscaban la revolución movilizando al campesinado y usando el terrorismo si era necesario. Formaron la mayoría en el gobierno provisional, pero se desbandaron después de la guerra civil.

**Partido Socialdemócrata de los Obreros** Partido marxista fundado por Georgi Plejanov en 1898, este partido promovía una revolución dirigida por trabajadores industriales. En 1903 se dividió en las facciones bolchevique y menchevique.

**Bolcheviques ("Mayoría")** Dirigidos por Lenin, se consideraban la vanguardia de una revolución popular socialista. Apoyaban la violencia para derrocar al Estado y establecer una "dictadura del proletariado".

**Mencheviques ("Minoría")** Eran socialistas moderados que favorecían una acción pacífica a través de la Duma.

**Julio 1917** El partido bolchevique es proscrito tras manifestaciones armadas (los "Días de Julio"); los líderes son arrestados o se ocultan.

**8-12 sep. 1917** Falla un intento de golpe contrarrevolucionario por el comandante general Kornilov.

**Sep. 1917** Los bolcheviques controlan los Soviets de Petrogrado y Moscú.

**Oct 20. 1917** Lenin regresa de su escondite en Finlandia y exige la revolución armada.

**6-7 nov. 1917** (CJ 24-25 oct.) Los bolcheviques derrocan al gobierno provisional en la "Revolución de Octubre".

**Dic. 1917** Los bolcheviques anulan la propiedad privada, redistribuyen tierras, nacionalizan bancos y dan el control de la industria a los obreros.

**3 mar. 1918** El gobierno bolchevique firma un humillante tratado de paz con Alemania. Estalla la guerra civil (hasta 1920).

**Julio 1918** Asesinan a la familia real.

**Ago. 1918** Un intento por asesinar a Lenin produce el "Terror Rojo", una tentativa para acabar con toda oposición antibolchevique.

**1920** Fracasan los Blancos en capturar Moscú, y el Ejército Rojo vence un invasión polaca.

1920

**1921** Lenin introduce la Nueva Política Económica.

**1922** Lenin proclama la fundación de la Unión de Repúblicas Socialistas Soviéticas (URSS).

**1924** Muere Lenin; hacia 1929, Stalin ha superado a Trotski y se convierte en líder de la URSS.

**Ídolo caído** Unos niños contemplan una estatua desmantelada del zar Alejandro III en 1918. Tras la Revolución, muchos monumentos zaristas fueron destruidos.

**NOTA:** Rusia abandonó el calendario juliano en febrero de 1918. Cuando es pertinente, se indican con (CJ) las fechas de este calendario.

vea también

208 **La Primera Guerra Mundial**

212 **Entre dos guerras**

272 **Rusia**

344 **Pensamiento occidental**

# Entre dos guerras

*Los ecos de la Primera Guerra Mundial siguieron sacudiendo a Europa durante dos décadas. La economía mundial pasaba de la alza a la quiebra en la década de 1920, y las ideas radicales tentaban a los votantes, en particular a los de la derecha militarista. A fines de la década de 1930, el agresivo régimen Nazi de Alemania se reflejó en Japón e Italia, empujando al mundo a otra gran guerra.*

## PUNTOS CLAVE DE ALEMANIA

El Tratado de Versalles (firmado el 28 de junio de 1919) no sólo cargó a Alemania con la culpa de la Primera Guerra Mundial y con grandes pagos por concepto de indemnización, sino que también rehízo partes del mapa de Europa. Austria-Hungría y los imperios Ruso y Otomano desaparecieron, en tanto que Alemania perdió territorios, como se ve en el mapa. En muchas de esas zonas había desde hacía mucho tiempo poblaciones y centros industriales alemanes; su ocupación o adquisición por otros Estados causó un amargo resentimiento, y ese sentimiento de injusticia fue explotado por los nazis.

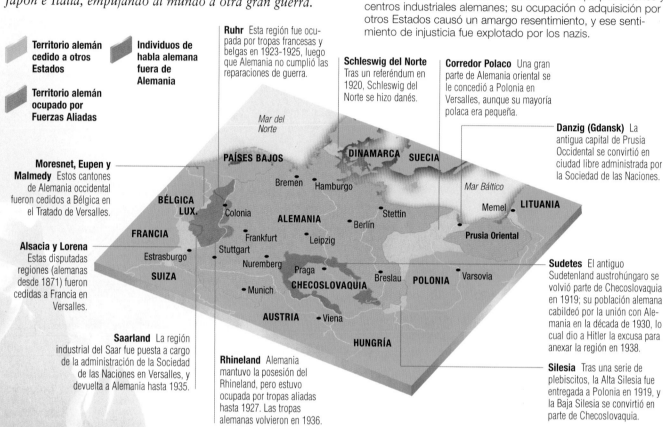

**Territorio alemán cedido a otros Estados**

**Individuos de habla alemana fuera de Alemania**

**Territorio alemán ocupado por Fuerzas Aliadas**

Mar del Norte
PAÍSES BAJOS
DINAMARCA
SUECIA
Bremen
Hamburgo
Mar Báltico
Memel
LITUANIA
BÉLGICA
LUX.
Colonia
ALEMANIA
Stettin
Berlín
Prusia Oriental
FRANCIA
Frankfurt
Leipzig
Stuttgart
Estrasburgo
Nuremberg
Praga
SUIZA
Breslau
POLONIA
Varsovia
Munich
CHECOSLOVAQUIA
AUSTRIA
Viena
HUNGRÍA

**Ruhr** Esta región fue ocupada por tropas francesas y belgas en 1923-1925, luego que Alemania no cumplió las reparaciones de guerra.

**Schleswig del Norte** Tras un referéndum en 1920, Schleswig del Norte se hizo danés.

**Corredor Polaco** Una gran parte de Alemania oriental se le concedió a Polonia en Versalles, aunque su mayoría polaca era pequeña.

**Danzig (Gdansk)** La antigua capital de Prusia Occidental se convirtió en ciudad libre administrada por la Sociedad de las Naciones.

**Moresnet, Eupen y Malmedy** Estos cantones de Alemania occidental fueron cedidos a Bélgica en el Tratado de Versalles.

**Alsacia y Lorena** Estas disputadas regiones (alemanas desde 1871) fueron cedidas a Francia en Versalles.

**Sudetes** El antiguo Sudetenland austrohúngaro se volvió parte de Checoslovaquia en 1919; su población alemana cabildeó por la unión con Alemania en la década de 1930, lo cual dio a Hitler la excusa para anexar la región en 1938.

**Saarland** La región industrial del Saar fue puesta a cargo de la administración de la Sociedad de las Naciones en Versalles, y devuelta a Alemania hasta 1935.

**Rhineland** Alemania mantuvo la posesión del Rhineland, pero estuvo ocupada por tropas aliadas hasta 1927. Las tropas alemanas volvieron en 1936.

**Silesia** Tras una serie de plebiscitos, la Alta Silesia fue entregada a Polonia en 1919, y la Baja Silesia se convirtió en parte de Checoslovaquia.

## CRISIS ECONÓMICA

La Primera Guerra Mundial tuvo un gran impacto en la economía mundial. Muchas economías habían crecido artificialmente con la guerra, llevando a un colapso de la demanda al terminar ésta. Varios países habían pedido prestado y no podían respaldar los préstamos con reservas de oro, y causaron un colapso en el **patrón oro** y **devaluación.** Los bancos de EUA se vieron sobreexpuestos en el boom especulativo de valores de fines de la década de 1920. En la de 1930 tuvo problemas con la agricultura (el **"Dust Bowl")** causados por inflación y tierras sobretrabajadas.

Al caer el mercado de valores el **24 de octubre de 1929,** los especuladores trataban de vender a cualquier precio, produciendo un colapso que se extendió a todo el mundo. En 1931 había 8 millones de desempleados en EUA, 5 millones en Alemania y 2.75 millones en Gran Bretaña.

Además de dar mayor apoyo a la política extremista, la Gran Depresión impulsó al presidente de EUA, Roosevelt, a introducir su **"New Deal",** un programa de grandes obras públicas para crear empleos que tuvo mucho éxito. En la Alemania de Hitler, un enorme programa de **rearme** le dio un impulso similar a su economía (y a la de los rivales de Alemania), al precio de una carrera armamentista que aceleró la tendencia hacia la guerra.

**Granjeros en apuros** Problemas agrícolas durante la Gran Depresión.

**1918** Da fin la Primera Guerra Mundial; Conferencia de Paz en París sin Alemania.

**1919** El levantamiento izquierdista "espartaquista" fracasa en Alemania.

**1920** Primera reunión de la Sociedad de las Naciones; EUA rehúsa unirse.

**1921** Las reparaciones alemanas de guerra se fijan en 269,000 millones de marcos.

**1922** Mussolini forma un gobierno fascista en Italia.

**1923** Francia y Bélgica ocupan el Ruhr. Se devalúa la moneda alemana.

**1925** Hitler publica *Mein Kampf (Mi lucha).*

**1926** Una huelga general en Gran Bretaña dura sólo nueve días, aunque los mineros hacen huelga seis meses.

**1928** El volumen comercial de la Bolsa de Valores de Nueva York logra un récord histórico.

**1929** El derrumbe de Wall Street desata una depresión económica mundial.

**Surgimiento de los dictadores** El periodo entre las dos guerras tuvo dictaduras de partido en toda Europa. En la URSS, Stalin inició la política de eliminación sistemática de críticos y rivales. En Alemania, Hitler sucedió a la República de Weimar por medio de elecciones, pero luego utilizó a asesinos nazis para acabar con sus opositores políticos. Mussolini desarmó la democracia italiana y usó la milicia fascista Camisas Negras para intimidar a otros políticos. Por doquier en las décadas de 1920 y 1930 se vio el ascenso de hombres autoritarios, de Horthy en Hungría (1920) y Salazar en Portugal (1928) al rey Alejandro en Yugoslavia (1929) y Franco en España (1939).

**José Stalin (1879-1953)**
Nacido Joseph Dzhugashvili en Georgia, Stalin ("hombre de acero") se volvió secretario-general del Comité Central del Partido Comunista de la URSS en 1922. Subió a jefe de Estado en 1927, presidiendo un reinado de terror en la década de 1930 que incluyó varios juicios falsos, purgas, campos de prisioneros y la ejecución de cerca de 10 millones de individuos. En 1941, dirigió la titánica lucha de la Unión Soviética contra la Alemania nazi y dominó el arreglo aliado de la posguerra, imponiendo un gobierno soviético en Europa Oriental.

**Benito Mussolini (1883-1945)**
Mussolini era periodista antes de fundar el Partido Nacional Fascista. Gobernó Italia desde 1922, imponiéndose como dictador en 1926. Inicialmente tuvo apoyo absoluto por sus reformas económicas y por su anexión de Etiopía en 1936 y Albania en 1939. Pero apenas se inició la guerra, Italia sufrió una serie de desastrosas derrotas. Mussolini fue derrocado en 1943 y ejecutado por partisanos en 1945.

**Adolfo Hitler (1889-1945)**
Hitler nació en Austria, y sirvió con distinción en la Primera Guerra Mundial. Se unió al Partido de los Trabajadores Alemanes Nacionalsocialistas (nazis) en 1919, y se hizo su líder en 1921. Un golpe fallido en 1923 lo llevó a dos años de prisión durante los cuales escribió su manifiesto *Mein Kampf.* Obtuvo apoyo militar a su convocatoria para exterminar a los judíos, crear una Alemania mayor expandiéndose hacia el este, y refutar el Tratado de Versalles. Ya en 1933 los nazis eran el partido mayoritario en el gobierno y Hitler se convirtió en canciller y luego en dictador *(Führer).* Bajo su autocrático liderazgo en la Segunda Guerra Mundial, Alemania sufrió una derrota catastrófica.

vea también
208 **La Primera Guerra Mundial**
214 **La Segunda Guerra Mundial**
452 **Principios de economía**

## La Guerra Civil Española (1936-1939)

En 1931 se declaró una república en España y empezó una crisis política que se convirtió en un campo de pruebas para un mayor conflicto europeo entre la derecha y la izquierda. Los **republicanos** incluían socialistas, comunistas, anarquistas y separatistas. Se les oponían los **nacionalistas** –monárquicos, católicos conservadores y el partido fascista de la Falange–. En 1936 el levantamiento pronacionalista dirigido por Franco hundió a España en una guerra civil. Alemania e Italia ayudaron a los nacionalistas, y la URSS a los republicanos. El RU y Francia no intervinieron, aunque muchos voluntarios se enrolaron en las **Brigadas Internacionales** a favor de la República. Los republicanos perdían y en abril de 1939 cayó Madrid. La Falange se volvió el único partido legal y Franco, cabeza de un estado fascista hasta su muerte en 1975.

**Francisco Franco**

1930

**1930** Los nazis ganan 100 escaños en las elecciones.

**1931** España es declarada república.

**1932** El Partido Nazi es el partido político mayoritario en Alemania después de las elecciones.

1933 Hitler se convierte en canciller de Alemania.

**1934** Hitler arresta a rivales y oponentes políticos en la "Noche de los cuchillos largos".

1935

**1935** Se les retiran los derechos a los judíos alemanes, y se da sanción legal al antisemitismo.

**1936** Italia y Alemania forman un "Eje Roma-Berlín".

**1936** Abdica el rey Eduardo VIII de Inglaterra.

1936-1939 La Guerra Civil devasta España.

**1937** Bombarderos alemanes destruyen la ciudad española de Guernica.

**1938** Alemania ocupa Austria y los Sudetes. El 9 de noviembre los nazis atacan a los judíos en "La noche de los cristales".

1939 Invasiones alemanas a Checoslovaquia y Polonia desencadenan la guerra mundial.

# La Segunda Guerra Mundial

De la invasión de Polonia a la bomba de Hiroshima

*La guerra más costosa de la historia involucró a más de las tres cuartas partes de la población del mundo. Poblados enteros fueron blanco de ataques aéreos, acciones de tierra abrasada, campos de concentración y genocidio, mucho de lo cual se justificaba con credos de superioridad racial. Al final –notable por el primer uso devastador de las armas atómicas–, los victoriosos Aliados tuvieron que enfrentarse a un nuevo orden mundial, que incluía la desaparición de los antiguos imperios coloniales y un poderío soviético muy intensificado.*

## CINCO CAUSAS DE LA GUERRA

1. **Resentimiento en Versalles** El Tratado de Versalles humilló a Alemania, que tuvo que perder territorio y sufrir prolongados apuros económicos. Un resentimiento profundo alimentaba las políticas nacionalistas extremistas.
2. **Preocupación con el anticomunismo** Las potencias occidentales toleraron partidos de extrema derecha como contrapeso del comunismo, pero no consideraron toda la implicación de sus ambiciones dictatoriales.
3. **Ambiciones territoriales** El Eje buscaba nuevos territorios: Alemania en Europa oriental, Italia en África y en el Mediterráneo oriental, Japón en el sureste de Asia.
4. **Carrera armamentista** El rearme estimuló la deprimida economía de la década de 1930, pero creó una carrera armamentista y desconfianza entre las potencias europeas.
5. **Fracaso del internacionalismo** La Sociedad de las Naciones no pudo detener la agresión. Los líderes, obsesionados por el horror de la Gran Guerra, preferían compromiso y apaciguamiento y no confrontar a los agresores.

1939

**31 marzo** El RU y Francia prometen auxiliar a Polonia.

**23 agosto** El pacto nazi-soviético de no agresión permite a Hitler invadir Polonia.

**1º septiembre** Alemania invade Polonia.

**3 septiembre** Gran Bretaña, Francia, Canadá, Australia y Nueva Zelandia declaran la guerra a Alemania.

1940

**9 abril** Tropas alemanas invaden Dinamarca y Noruega.

**10-14 mayo** Alemania invade los Países Bajos, Bélgica, Luxemburgo y Francia.

**28 mayo-4 junio** 338,000 soldados británicos y franceses son evacuados de Dunkerque, en el norte de Francia.

**Versalles, vengado** Adolfo Hitler frente a la Torre Eiffel de París, 1940.

**10 julio-agosto** Batalla de Inglaterra: aviones de combate ingleses resisten ataques aéreos alemanes.

1941

**17 abril** Yugoslavia se rinde a las fuerzas alemanas.

**22 junio** Alemania inicia la invasión de la URSS (Operación Barbarroja).

**7 diciembre** Japón lanza un ataque sorpresa a la base naval de EUA en Pearl Harbor, Hawai.

1942

**15 febrero** Singapur cae ante las fuerzas japonesas, con 70,000 prisioneros británicos y del Commonwealth.

## ESCENARIOS DE LA GUERRA

**Europa** A la victoria alemana sobre Polonia (1939) en el verano de 1940 siguió la ocupación de Dinamarca, Noruega, los Países Bajos, Bélgica y parte de Francia. A inicios de 1941, la conquista de Yugoslavia y Grecia completó el dominio alemán. El contraataque aliado empezó en Italia en 1943, seguido por los desembarcos del Día D en Francia, en 1944. El avance aliado en Alemania en 1944-1945 sólo fue detenido en Arnhem (septiembre de 1944) y en las Ardenas.

**África del Norte** Las fuerzas italianas sufrieron allí grandes derrotas hasta la llegada del Afrika Korps de Rommel (febrero de 1941). Los Aliados superaron a Rommel apenas a fines de 1942, tras derrotarlo en El Alamein y con desembarcos en África del Norte.

**Frente ruso** La Unión Soviética ganó en el este la guerra contra Alemania. A pesar de victorias iniciales, ésta vio sus fuerzas arrastradas a una guerra que no podía ganar, en un frente a veces de 2,700 km de largo y un enemigo que no se rendía. La derrota en Stalingrado (1943) fue crucial, y el fracaso de la ofensiva Kursk en 1943, el principio del fin.

**El Pacífico** Japón debía derrotar rápidamente a EUA en el Pacífico, antes de que su producción industrial se demostrara decisiva. Pero al sorpresivo golpe de Pearl Harbor (dic. 1941) siguió la pérdida de los mejores portaaviones japoneses en Midway (junio 1942) y una contraofensiva de EUA en Guadalcanal, Islas Salomón (agosto 1942). Los restos de la Armada japonesa fueron destruidos en el Golfo de Leyte (octubre 1944), dejando al mismo Japón abierto al ataque.

**Lejano Oriente** Al mismo tiempo que atacaba Pearl Harbor, Japón asaltó las posesiones coloniales europeas en el Lejano Oriente y el sureste de Asia: Hong Kong y Malasia (dic. 1941), Indias Orientales Holandesas (ene. 1942) y Filipinas (dic. 1941). Ocupó Birmania (ene.-mar. 1942), y amenazó a la India. Su avance se vio al fin detenido en Imphal y Kohima, India (abril 1944). Los avances aliados en China, Birmania y Borneo a principios de 1945 pusieron fin al imperio japonés en Asia.

**Pearl Harbor** El sorpresivo ataque a la flota de EUA en 1941 fue triunfo táctico, pero desastre político para Japón. EUA entró de inmediato a la guerra con todo su poder industrial, y empezó la batalla por el Pacífico.

## Líderes de la guerra

**Winston Churchill**
**1874-1965** Churchill era un político británico de 64 años al principio de la guerra. Oponente de largo plazo de la pacificación, fue primer ministro de un gobierno de coalición en 1940. Inspiró una clara resistencia a Hitler por medio de discursos incitantes, determinación política, sólido dominio de la estrategia y hábil diplomacia.

**Douglas MacArthur**
**1880-1964** MacArthur, un general de EUA ya retirado, fue llamado a defender Fiipinas en 1941. Nombrado comandante supremo aliado en el suroeste del Pacífico, dirigió la campaña, isla por isla, que llevó a la derrota japonesa.

**Franklin Delano Roosevelt**
**1882-1945** Roosevelt estaba en su tercer periodo presidencial cuando EUA entró a la guerra. Había preparado al país

**Espíritu indomable** La inflexible postura de Churchill ante los nazis unió a los británicos los seis años de la guerra.

para una guerra antijaponesa desde 1937, y dirigió el esfuerzo nacional por la guerra. Murió 26 días antes de la rendición de Alemania.

**Tojo Hideki 1884-1948** Tojo era un soldado profesional de ascendencia samurai, que fue ministro de guerra (1940-1944) y primer ministro (1941-1944) de Japón. Ordenó el ataque a Pearl Harbor y dirigió las conquistas japonesas en el Pacífico, antes de renunciar por las pérdidas militares. Fue ahorcado como criminal de guerra.

**Bernard Montgomery**
**1887-1976** Comandante del 8° Ejército británico en África del Norte e Italia, Montgomery derrotó a Rommel en 1942 en El Alamein. El Día D encabezó fuerzas de tierra aliadas.

**Charles de Gaulle 1890-1970** Soldado profesional con distinguida carrera en la Primera Guerra Mundial, dirigió el gobierno francés en el exilio (Francia Libre) durante la guerra e inspiró la resistencia antialemana en la Francia ocupada.

**Dwight D. Eisenhower**
**1890-1969** Supremo Comandante de las fuerzas aliadas en Europa (1942-1945), dirigió los desembarcos "Torch" en África del Norte en 1942 y en Italia en 1943, y luego los del Día D en 1944.

**Erwin Rommel 1891-1944**
Rommel fue un soldado profesional con excelente historial en la Primera Guerra Mundial. Dirigió a una división en la invasión alemana a Francia. En 1941, era comandante del Afrika Korps y obtuvo una serie de victorias, hasta El Alamein. Implicado en un complot contra Hitler en 1944, se suicidó.

**Hermann Göring**
**1893-1946** Piloto de la Primera Guerra Mundial, fue Ministro del Interior y del Aire en 1933. Rehízo la Luftwaffe (fuerza aérea), pero perdió prestigio tras la Batalla de Inglaterra. Condenado en 1946 como criminal de guerra, se envenenó antes de su ejecución.

**Georgi Zhukov 1895-1974**
Zhukov fue un conscripto zarista antes de alistarse en el Ejército Rojo en 1918. Fue el comandante ruso más importante de la guerra. Tras la invasión alemana a la URSS, supervisó la defensa de Leningrado y Moscú, y fue nombrado comandante en jefe de las tropas soviéticas. Obtuvo victorias decisivas en Stalingrado y Kursk en 1943, y condujo el avance soviético rumbo a Berlín.

**4-5 junio** Aviones de EUA hunden cuatro portaaviones japoneses en la Batalla de Midway.

**13 septiembre** Los alemanes atacan Stalingrado.

**4 noviembre** Fuerzas británicas y del Commonwealth vencen finalmente al Afrika Korps de Rommel en El Alamein, Egipto.

**1943**

**31 enero** Cerca de 80,000 integrantes del 6º Ejército alemán se rinden en Stalingrado.

**5-17 julio La ofensiva Kursk logra una derrota alemana decisiva en el frente ruso.**

**10 julio** Desembarco en Sicilia de tropas británicas y de EUA.

**3 septiembre** Italia se rinde cuando las fuerzas aliadas avanzan hacia el norte desde Sicilia.

**1944**

**6 junio (Día D) Las fuerzas aliadas logran desembarcar en el noroeste de Francia.**

**17-25 octubre** EUA destruye lo que queda de la flota japonesa en el Golfo de Leyte, la mayor batalla naval de la historia.

**1945**

**8 mayo** Día VE (Victoria en Europa): Alemania se rinde incondicionalmente.

**14 agosto Japón se rinde incondicionalmente, tras la destrucción de Hiroshima (6 agosto) y de Nagasaki (9 agosto) por bombas atómicas de EUA.**

**Día D** Las tropas aliadas desembarcan en Normandía, Francia (6 junio, 1944) para abrir el "Segundo Frente" contra Alemania.

**Arma decisiva** La bomba atómica lanzada sobre Hiroshima tenía más poder de destrucción que todos los demás armamentos de esa época, juntos.

## El Holocausto

"Holocausto" se refiere a la persecución nazi de los judíos, aunque también otros grupos fueron víctimas del credo de pureza racial, como gitanos, homosexuales y enfermos mentales. La persecución de la década de 1930 fue ya un abierto genocidio en la guerra, y unos 6 millones de judíos murieron en la llamada "solución final".

**Muertes en el Holocausto judío (1939-1945)**

| País | Muertes | País | Muertes |
|---|---|---|---|
| Alemania | 180,000 | Italia | 9,000 |
| Austria | 65,000 | Letonia | 8,000 |
| Bélgica | 50,000 | Lituania | 135,000 |
| Checoslovaquia | 277,000 | Países Bajos | 106,000 |
| Francia | 83,000 | Polonia | 3,000,000 |
| Grecia | 71,000 | Rumania | 370,000 |
| Hungría | 450,000 | URSS | 1,000,000 |

vea también
212 **Entre dos guerras**
566-569 **Armas**

# El fin de los imperios



*El mapa del mundo se alteró tras la Segunda Guerra Mundial, al deshacerse los imperios coloniales europeos. Surgieron líderes nacionalistas de las élites locales educadas y los soldados africanos volvieron del frente con muchas expectativas. Las colonias, debilitadas por la guerra, no pudieron reafirmar su autoridad, y Rusia y China ofrecieron visiones políticas alternativas. La India ganó su libertad en 1947, sentando precedente para gran parte de Asia y África.*

## Argelia

Argelia había sido gobernada por Francia desde 1848. El Front de Libération Nationale **(FLN)** empezó una violenta campaña de independencia en 1954, y provocó una dura respuesta francesa. Los colonos querían mantener francesa a Argelia, y causaron una crisis política en Francia y en el nuevo gobierno (1958) bajo **De Gaulle.** En abril de 1961, el grupo antiindependentista **OAS** intentó dar un golpe en Francia. El 18 de marzo de 1962 se concedió la independencia y los colonos fueron evacuados.

**Mayoría de edad** Grandes áreas de África y Asia se independizaron de sus gobernantes coloniales después de 1945. En la mayoría de los casos, la independencia llegó apaciblemente, como se muestra en el mapa.

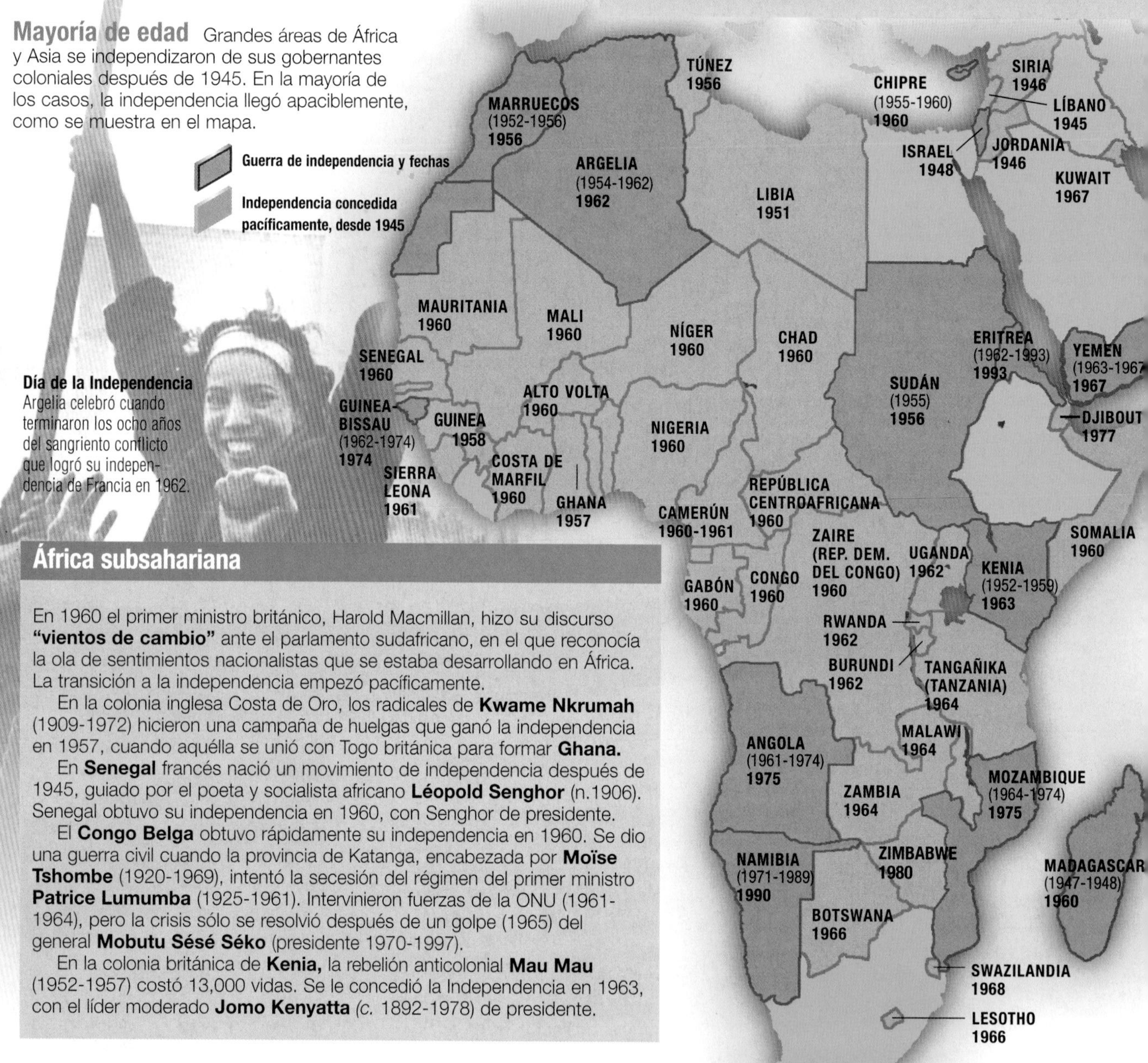


**Día de la Independencia** Argelia celebró cuando terminaron los ocho años del sangriento conflicto que logró su independencia de Francia en 1962.

## África subsahariana

En 1960 el primer ministro británico, Harold Macmillan, hizo su discurso **"vientos de cambio"** ante el parlamento sudafricano, en el que reconocía la ola de sentimientos nacionalistas que se estaba desarrollando en África. La transición a la independencia empezó pacíficamente.

En la colonia inglesa Costa de Oro, los radicales de **Kwame Nkrumah** (1909-1972) hicieron una campaña de huelgas que ganó la independencia en 1957, cuando aquélla se unió con Togo británica para formar **Ghana.**

En **Senegal** francés nació un movimiento de independencia después de 1945, guiado por el poeta y socialista africano **Léopold Senghor** (n.1906). Senegal obtuvo su independencia en 1960, con Senghor de presidente.

El **Congo Belga** obtuvo rápidamente su independencia en 1960. Se dio una guerra civil cuando la provincia de Katanga, encabezada por **Moïse Tshombe** (1920-1969), intentó la secesión del régimen del primer ministro **Patrice Lumumba** (1925-1961). Intervinieron fuerzas de la ONU (1961-1964), pero la crisis sólo se resolvió después de un golpe (1965) del general **Mobutu Sésé Séko** (presidente 1970-1997).

En la colonia británica de **Kenia,** la rebelión anticolonial **Mau Mau** (1952-1957) costó 13,000 vidas. Se le concedió la Independencia en 1963, con el líder moderado **Jomo Kenyatta** (*c.* 1892-1978) de presidente.

1940

**1940-1941** Italia renuncia a Eritrea, Somalia y Etiopía.

**1945** Japón abandona sus conquistas del este asiático.

**1946** Filipinas se independiza de EUA.

**1947** La India y Pakistán se independizan de Gran Bretaña (15 agosto).

**1948** Birmania se vuelve independiente de Gran Bretaña.

**1948-1960** Los comunistas malayos hacen guerra de guerrillas contra el RU.

**1949** Indonesia se independiza de los Países Bajos.

1950

**1952-1957** Rebeldes Mau Mau de Kenia luchan contra fuerzas coloniales británicas.

**1954** Las fuerzas vietnamitas derrotan a Francia en Dien Bien Phu.

**1954-1962** Francia al borde de la guerra civil por la lucha argelina independentista.

**1955-1959** La campaña terrorista EOKA pro Grecia divide Chipre.

**1956** El RU y Francia intervienen sin éxito en la crisis de Suez, Egipto

**1957** Malasia y Ghana obtienen la independencia de Gran Bretaña.

## Israel

La inmigración judía hacia Palestina empezó en el periodo otomano (hasta 1918), inspirada por el **sionismo,** movimiento político en pro de una patria judía. Aumentó durante el **Mandato Británico** (desde 1923), y produjo disturbios entre judíos y árabes palestinos. En 1947, tras una **campaña terrorista** judía, la ONU ideó dividir Palestina en dos estados separados, uno judío y el otro árabe. El 14 de mayo de 1948 se proclamó el Estado de Israel bajo **David Ben-Gurion** (1886-1973), y sobrevivió a un ataque inmediato de la **Liga Árabe** (Egipto, Transjordania, Siria, Iraq y Líbano). Israel ganó otras guerras en 1967 **(Guerra de los Seis Días)** y en 1973 **(Guerra de Yom Kippur).**

**Líder perdido** Durante un tiempo Sukarno fue venerado por el pueblo de Indonesia, pero su adopción de ideas maoístas lo llevó a la caída.

## Indonesia

Los Países Bajos gobernaron las Indias Orientales desde inicios del siglo XVII. El Partai Nasional Indonesia (PNI) lo formó en 1927 **Sukarno** (1901-1970); con él, Indonesia ganó una casi independencia en 1942, durante la ocupación japonesa. Sukarno declaró una total independencia al rendirse Japón en 1945. Al volver los holandeses, se enfrentaron a una guerra de guerrillas (1945-1959) y concedieron la independencia en 1949, pero reteniendo **Ambon** (hasta 1950) y **Nueva Guinea Occidental** (hasta 1963). El gobierno autocrático de Sukarno provocó un golpe militar en 1965 que lo quitó del poder.

A **Timor Oriental** lo gobernó Portugal desde 1702. Tras la revolución portuguesa de 1974, el movimiento **Fretilin** proclamó la independencia, pero el país fue invadido por **Indonesia.** La intervención de la ONU en 1999 trajo al fin la independencia.

PAKISTÁN (OCCIDENTAL) 1947
PAKISTÁN ORIENTAL 1947 (BANGLADESH (1971) 1971)
INDIA 1947
BIRMANIA 1948
LAOS 1954
VIETNAM (1946-1954) 1954
CAMBOYA 1953
FILIPINAS 1946
BRUNEI 1984
MALASIA (1948-1966) 1957-1963
INDONESIA (1945-1949) 1949-63
TIMOR ORIENTAL (1975-1999) 1975, 1999
PAPÚA-NUEVA GUINEA 1975

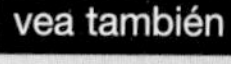

vea también
214 La Segunda Guerra Mundial
218 La Guerra Fría
220 El nuevo orden mundial

## La India y Pakistán

La India había sido controlada por Gran Bretaña desde el siglo XVIII. El **Congreso Nacional Indio** se fundó en 1885, y en las décadas de 1920 y 1930 luchó por la independencia, dirigido por **Jawaharlal Nehru** (1880-1964) y **Mohandas Gandhi** (1869-1948). Entre tanto, la **Liga Musulmana** (fundada en 1905) pidió un estado musulmán separado **(Pakistán).** Entre una escalada de violencia después de 1945, Gran Bretaña propuso dos estados separados; la independencia fue efectiva el 15 de agosto de 1947.

## Malasia

Malaya estuvo gobernada por el RU desde principios del siglo XIX. En 1946, se ofreció su control a los sultanes malayos, pero hubo disturbios y guerrillas dirigidos por el Partido Comunista **(Emergencia Malaya,** 1948-1960). Se independizó el 31 de agosto de 1957, pero la guerra siguió. **Malasia** se formó en 1963 con Malaya, Sabah, Sarawak y Singapur (expulsado en 1965).

**Emergencia malaya** Se sospechaba que todos los campesinos eran comunistas.

1960

**1960** Chipre se independiza de Gran Bretaña.

**1961** Fuerzas indias toman las colonias portuguesas de Goa, Daman y Diu.

**1963** Indonesia les quita Nueva Guinea Occidental (Irian Jaya) a los holandeses.

**1964** Malta se independiza de Gran Bretaña.

**1965** Singapur se independiza de Malasia.

**1965-1975** EUA es arrastrado a la guerra de Vietnam.

**1967** Gran Bretaña se retira de Adén, importante base estratégica.

**1968** El RU anuncia el retiro de todas sus fuerzas al este de Suez.

1970

**1971** Pakistán Oriental (Bangladesh) se independiza de Pakistán.

**1974** Una revolución izquierdista en Portugal pone fin al colonialismo portugués.

**1975** Indonesia toma Timor Oriental, portugués.

1980

**1980** Rhodesia del Sur se independiza con el nombre de Zimbabwe.

1990

**1997** El RU devuelve Hong Kong a China.

**1999** Portugal devuelve Macao a China.

*Estados Unidos y la URSS surgieron de la Segunda Guerra Mundial como las superpotencias del planeta. Sus ideologías opuestas conformaron la política internacional durante 45 años. La amenaza de la destrucción nuclear mantuvo a ambas alejadas de la guerra; en vez de ello, mantuvieron una tregua nerviosa e incómoda, una "guerra fría" de posturas políticas y espionaje, así como guerritas sustitutas peleadas en territorios ajenos.*

## Tras la Cortina de Hierro

Winston Churchill mencionó la expresión "Cortina de Hierro" en 1946 en Fulton, EUA, al referirse a la división entre el bloque soviético (URSS y sus satélites) y Occidente. Esto se hizo realidad cuando el Este se replegó tras sus fronteras.

El **puente aéreo de Berlín** fue una confrontación de la Guerra Fría. Berlín tenía cuatro zonas aliadas, pero la ciudad estaba en el bloque soviético. En represalia por las reformas monetarias en Alemania Occidental, la URSS cortó los accesos terrestres a Berlín Occidental (junio 1948). Los Aliados lo mantuvieron abastecido con un puente aéreo, hasta que se levantó el bloqueo en mayo de 1949.

A la muerte de Stalin algunos países de Europa del Este intentaron una política comunista más liberal.

En octubre de 1956 hubo un **levantamiento en Hungría** en apoyo al gobierno reformista de **Imre Nagy** (1896-1958), quien anunció el retiro de Hungría del Pacto de Varsovia. Las tropas soviéticas invadieron el 4 de noviembre, para acallar la revuelta.

En 1968 Checoslovaquia tuvo una época de liberalización **(Primavera de Praga)** con **Alexander Dubcek,** que quería un "socialismo con rostro humano". La URSS invadió el 20 de agosto para acabar con la revuelta. Dubcek fue reemplazado en abril de 1969.

## Corea

Corea, territorio que había sido ocupado por Japón, se dividió en 1946 en Corea del Norte (pro soviética) y Corea del Sur (pro occidental). En junio de 1950, la del Sur fue invadida por la del Norte, y las **Naciones Unidas** intervinieron con tropas sobre todo estadounidenses. Una gran contraofensiva **china** de apoyo al Norte (enero 1951) provocó un punto muerto en la frontera. En 1953 se firmó un **armisticio** y las dos Coreas siguen divididas por una Zona Desmilitarizada (ZDM).

## Balance militar a principios de la década de 1960

**OTAN**
Fundadores (1949): Bélgica, Canadá, Dinamarca, Francia (retiró fuerzas en 1966), Islandia, Italia, Luxemburgo, Países Bajos, Noruega, Portugal, RU, EUA; más Grecia (1952), Turquía (1952), Alemania Occidental (1955), España (1982)

**Tratado de Varsovia**
(creado 1955, cancelado 1991)
URSS, Bulgaria, Alemania del Este, Checoslovaquia, Hungría, Polonia, Albania (hasta 1968), Rumania

| | OTAN | Tratado de Varsovia |
|---|---|---|
| **Fuerzas terrestres** | 8 millones | 7.7 millones |
| **Acorazados y portaaviones** | 76 | |
| **Submarinos** | nuclear 32 convencional 260 | nuclear 12 convencional 495 |
| **Tanques** | 16,000 | 38,000 |
| **Bombarderos** | 2,260 | 1,600 |
| **Misiles balísticos intercontinentales y de medio alcance** | 700 | 776 |

## Cuba y la crisis de los misiles

En 1959 una revolución de izquierda dirigida por **Fidel Castro** (1927-    ) derrocó el régimen corrupto del dictador **Fulgencio Batista** en Cuba. Castro era un abogado que había estado exiliado en EUA y México. La revolución fue aceptada al principio por EUA, pero las relaciones se enturbiaron cuando Castro nacionalizó propiedades de estadounidenses y se declaró marxista. Su camarada **Ernesto "Ché" Guevara** (1928-1967) transfirió a la URSS los lazos económicos entre Cuba y EUA.

Luego que los exiliados cubanos con apoyo de EUA fracasaron en invadir la **Bahía de Cochinos** (1961), Castro buscó cada vez más el apoyo político de la URSS. En 1962 permitió la construcción de **bases de misiles** en Cuba, que fueron detectadas por EUA (vea der.) el 14 de octubre. EUA bloqueó entonces a Cuba: el presidente **John F. Kennedy** pidió al líder soviético **Nikita Jruschov** que retirara los misiles o se enfrentara a un ataque nuclear. Parecía que se estaba al borde de un conflicto extremo, pero la URSS se retractó (26 de octubre) y retiró los misiles. Ése fue el momento más peligroso de la Guerra Fría: luego EUA y la URSS buscaron la **"coexistencia pacífica".**

El régimen de Castro influyó en movimientos de liberación, de izquierda, en América Latina y en África. El Ché Guevara fue muerto en Bolivia mientras planeaba una revuelta comunista. Y la desintegración de la URSS en 1990 dejó aislada a Cuba.

1945

**1945** La cumbre aliada de Yalta divide Europa en zonas de influencia de posguerra.

**1946-1949** Empiezan gobiernos comunistas en Bulgaria, Hungría, Rumania y Polonia.

**1948** Los comunistas toman el poder en Checoslovaquia.

**1948-1949** El bloqueo soviético de Berlín es roto con el "puente aéreo".

**1949** Los comunistas ganan la guerra civil china; la URSS detona su primera bomba atómica.

1950

**1950** China apoya a Corea del Norte contra las fuerzas de la ONU en la guerra de Corea (hasta 1953).

**1955** La URSS y sus aliados firman el Pacto de Varsovia.

**1956** Tropas soviéticas aplastan una revuelta popular en Hungría.

**1959** Las fuerzas de izquierda de Fidel Castro toman el poder en Cuba.

1960

**1962** EUA y URSS al borde de una guerra nuclear en la crisis de misiles cubanos.

**1964** EUA interviene militarmente en Vietnam contra fuerzas comunistas.

## África

Gran parte de África obtuvo la independencia en la década de 1960. Los principales conflictos fueron en las colonias portuguesas, independizadas en 1975.

Hubo guerra civil en **Angola** desde 1974 entre el MPLA de izquierda (apoyado por URSS y Cuba) y UNITA (apoyo de Sudáfrica y EUA). El MPLA subió al poder en 1975, y aún siguen luchas esporádicas.

El movimiento marxista de independencia de **Mozambique** FRELIMO tomó el poder en 1975. Sudáfrica apoyó las guerrillas RENAMO en una guerra civil de 16 años (hasta 1992).

El régimen socialista de **Gamal Abdul Nasser** (1918-1970) en **Egipto** tuvo ayuda soviética tras la Crisis de Suez (1956). **Anwar Sadat** (1918-1981) cultivó lazos con EUA desde 1972.

El emperador Haile Selassie de **Etiopía** fue derrocado por el coronel socialista **Haile Mariam Mengistu** en 1974, con apoyo soviético. El gobierno represivo de Mengistu duró hasta 1991.

## Indochina

Vietnam, Camboya y Laos **(Indochina Francesa)** fueron ocupados por los **japoneses** en la Segunda Guerra Mundial. En cada uno hubo movimientos comunistas de independencia que se oponían al regreso del gobierno francés.

La **República Vietnamita** dirigida por **Ho Chi Minh** (1890-1969) derrotó a los franceses en **Dien Bien Phu** (1954). Se dividió entonces al país en Vietnam del Norte (comunista) y Vietnam del Sur (no comunista). La intervención de EUA para evitar la reunificación originó la **Guerra de Vietnam** (1964-1973). Vietnam del Norte invadió al del Sur en 1975.

En la guerra civil de **Laos** venció el **Pathet Lao** comunista en 1975.

En **Camboya,** la victoria del **Khmer Rojo** comunista en 1975 llevó a un régimen de extrema brutalidad que causó la muerte de 2 millones de personas. Vietnam invadió en 1979 para derrocar al Khmer Rojo, y finalmente se retiró en 1989.

vea también
214 **La Segunda Guerra Mundial**
216 **El fin de los imperios**
220 **El nuevo orden mundial**
568 **Rumbo a la era nuclear**

## América Latina

Según la Doctrina Monroe de 1823, EUA se opone a toda intervención exterior en América, pero desde 1945 esa doctrina significa resistencia a regímenes comunistas, aunque estén respaldados por la gente del país.

Las reformas izquierdistas en **Guatemala** llevaron en 1954 a un golpe inspirado en EUA. Las guerrillas (1960-1996) vieron nacer escuadrones de la muerte y terrorismo, derechistas.

La guerra civil (1980-1992) en **El Salvador** entre el gobierno respaldado por EUA y las guerrillas de izquierda del FMLN costó 75,000 vidas.

En **Nicaragua** se derrocó en 1970 al gobierno corrupto de Somoza, apoyado por EUA. Luego éste respaldó a los "Contras" rebeldes en una brutal guerra civil que duró 10 años.

En **Chile** se eligió un gobierno comunista, en 1970, con **Salvador Allende.** El golpe de **Augusto Pinochet,** apoyado por EUA, originó represión y eliminación de los oponentes políticos.

**El rostro de la resistencia** Un guerrillero sandinista usa máscara para ocultar su identidad. El popular movimiento de izquierda tomó el poder en Nicaragua en 1979, provocando una violenta reacción financiada por EUA.

## China

Los comunistas chinos de **Mao Zedong**(1893-1976) emergieron victoriosos de la guerra civil de 1946-1949. Los comunistas empezaron campañas encabezadas por el **Ejército de Liberación Popular** para purgar a China de "enemigos de clase", incluyendo el **Gran Salto Adelante** de 1958-1960 (programa de colectivización de la tierra) y la desastrosa **Revolución Cultural** (1965-1976), que casi produjo la anarquía. China cortó con la URSS a fines de la década de 1950 por disputas ideológicas y territoriales. Las relaciones con EUA se ablandaron luego de una visita del presidente **Richard Nixon** en 1972. La ideología comunista se suavizó al morir Mao, inclinándose por una **economía de mercado.**

**Mao Zedong**

1970

**1968** La URSS aplasta un gobierno reformista en Checoslovaquia.

**1972** EUA inicia una política de *détente* hacia la URSS y China.

**1975** Fuerzas comunistas derrotan al régimen de apoyo de EUA en Vietnam del Sur.

**1979** Tropas soviéticas invaden Afganistán.

1980

**1981** Se implanta en Polonia la ley marcial para doblegar al sindicato Solidaridad.

**1983** EUA anuncia su iniciativa de defensa estratégica "Guerra de las Galaxias", basada en satélites.

**1985** El reformista Mijail Gorbachov sube al poder en la URSS.

**1987** EUA y la URSS sacan de Europa las armas nucleares de rango intermedio.

**1989** Tropas chinas aplastan una protesta estudiantil en la Plaza Tiananmen, Beijing.

**1989** Derrocamiento de regímenes comunistas en Europa Oriental.

1990

**1990** Se pone fin a la Guerra Fría.

# El nuevo orden mundial



*En las últimas décadas del siglo XX, la Guerra Fría dejó su lugar a una era de* glasnost *y* perestroika *(apertura y reforma) en la URSS, seguida del colapso del comunismo en Europa del Este. Parecía que llegaba un "nuevo orden mundial" de cooperación. Pero al asentarse las cosas, emergió un panorama más complejo. Las naciones nuevas querían estabilidad, el Islam se volvió una fuerza política, EUA buscaba un nuevo papel. El mundo de bloques de poder dio paso a uno de perspectivas y ambiciones en competencia.*

## Medio Oriente

La guerra civil entre milicias cristianas y musulmanas ocurrió en **Líbano** en 1975-1976. Israel lo invadió en 1978 y en 1982. Grupos terroristas como **Jihad Islámica** y **Hezbollah** secuestraron a rehenes occidentales a fines de la década de 1980, e Israel finalmente se retiró del sur de Líbano en 2000.

El resentimiento **palestino** contra **Israel** se tornó en abierta rebelión en diciembre de 1987. El **Acuerdo de Oslo** de 1993 estableció un autogobierno palestino limitado, pero siguió la violencia. En 1995, el primer ministro de Israel, **Yitzhak Rabin,** fue asesinado por un radical judío. **Ehud Barak** (elegido en 1999) ofreció a los palestinos una generosa ubicación, pero siguieron las revueltas y aun se intensificaron, provocando la elección de **Ariel Sharon,** de mano dura, como líder de Israel en 2001.

## Afganistán

En 1973 un golpe militar del general izquierdista **Mohammed Daud Khan** derrocó a la monarquía de Afganistán. Cinco años después Daud fue asesinado, y se instaló un régimen marxista. En 1979 la URSS ocupó el país, temerosa de que los islámicos derribaran un gobierno cliente.

Los soviéticos se enfrentaron a una guerra de guerrillas islámica **(mujaheddin)** armada por EUA. Unos 14,000 murieron, hasta que Mijail Gorbachov, bajo presión política local y en espera de ayuda económica de Occidente, retiró las tropas en 1988-1989. Siguió una guerra civil, ganada efectivamente cuando los **talibán** tomaron Kabul en 1996.

El sha de Irán huye, cediendo el poder a la revolución islámica del ayatolá Jomeini.

1980

**1980** Se funda el sindicato Solidaridad en Polonia.

**1981** Ronald Reagan es presidente de EUA (hasta 1988).

**1982** Guerra entre Argentina y el RU por la posesión de las Islas Malvinas.

**1983** La "Guerra de las Galaxias", iniciativa de EUA, pone presión en el presupuesto de defensa soviético.

1985

**1985** Mijail Gorbachov es líder de la URSS.

1986 Una explosión en el rector nuclear de Chernobyl, en la URSS, acelera las demandas por apertura gubernamental.

**1987** EUA y la URSS aceptan reducir misiles nucleares intermedios en Europa.

**1988** La URSS inicia el retiro de sus tropas de Afganistán (terminados en 1989).

**1989** Los regímenes comunistas de Europa del Este son derrocados uno tras otro por sus mismos ciudadanos.

1990

**1991** Boris Yeltsin es el primer líder elegido en la República Rusa.

## Irán e Iraq

Desde 1960, **Muhammad Reza Shah Pahlavi** inició un programa de reforma para lograr un estado civil moderno en Irán. Pero la inflación, la corrupción y la supresion brutal de la oposición produjeron disturbios en 1977-1978.

El Sha tuvo que huir en 1979 y se implantó una república islámica fundamentalista bajo el **ayatolá Ruholla Jomeini.** La hostilidad hacia Occidente llevó a la toma de la embajada de EUA en Teherán en 1979. En 1989 se nombró al moderado **Hashemi Rafsanjani** presidente civil.

En 1980, el presidente **Saddam Hussein** de Iraq aprovechó los disturbios de Irán para invadirlo, en represalia por su ayuda a los rebeldes curdos en Iraq. Esto inició la **Guerra Irán-Iraq** (1980-1988), peleada sobre todo en el canal **Shatt al'Arab.**

Aunque Iraq tenía armamento proporcionado por Occidente y la URSS, Irán se sostuvo. Había más de 1 millón de muertos antes de la paz en 1988. Justo dos años después, Iraq invadió Kuwait y estaba de nuevo en guerra (vea *La Guerra del Golfo*).

## LA GUERRA DEL GOLFO

Hacia el fin de la guerra Irán-Iraq, Iraq había acumulado una deuda de cerca de US$80,000 millones. El rechazo de ayuda de Kuwait fue pretexto para otra guerra. En agosto de 1990, Iraq invadió Kuwait y lo declaró provincia iraquí. Una coalición internacional de la ONU, dirigida por EUA, reunió fuerzas en Arabia Saudita para liberar Kuwait (arriba). A la "Operación Tormenta del Desierto", una campaña de 39 días de bombardeos aéreos, siguió una terrestre de 4 días para liberar Kuwait; Iraq capituló (feb. 1991). Murieron más de 200,000 iraquíes, en tanto que las fuerzas aliadas tuvieron menos de 300 bajas.

## PERESTROIKA Y GLASNOST

Mijail **Gorbachov** llegó a líder de la URSS en 1985, luego que una sucesión de líderes soviéticos envejecidos y no reformistas habían llevado al país a un **estancamiento económico.**

Gorbachov intentó modernizar el comunismo soviético con la bandera de la **perestroika** (reestructuración económica y social) y el **glasnost** (apertura y responsabilidad gubernamental). Pero la introducción de democracia limitada, libertad de prensa y de empresa, y la liberación de los disidentes llevó a una inclinacion hacia el derrocamiento del gobierno comunista. Al liberalizarse la URSS, los estados satélites de Europa del Este y Central votaron uno por uno en elecciones libres por gobiernos no comunistas (1989-1990). Luego los estados empezaron a separarse de la Unión. En 1991 ya no existía la URSS, y en su lugar nació una **"Comunidad de Estados Independientes"** (CEI).

**Mijail Gorbachov** Gorbachov desató las fuerzas que ocasionaron el fin de la URSS.

vea también
216 **El fin de los imperios**
218 **La Guerra Fría**

1991 Se deshace la URSS y Gorbachov renuncia.

**1992** Bosnia-Herzegovina se declara independiente de Yugoslavia; la guerra civil resultante dura hasta 1995.

**1994** Nelson Mandela se vuelve presidente de Sudáfrica (hasta 1999). La ONU no puede detener las matanzas en Rwanda.

**1995** Las tropas de la ONU no pueden dar fin a la guerra civil en Somalia.

1995

**1996** Yasser Arafat se convierte en presidente de Palestina. Los talibán (fundamentalistas sunnitas) toman Afganistán.

**1997** El presidente Mobutu, de Zaire, es depuesto por la oposición encabezada por Laurent Kabila.

**1998** El presidente Suharto, de Indonesia, es destituido tras 30 años en el poder.

1999 Tropas serbias son expulsadas de Kosovo por bombardeos de la OTAN.

2000

**2000** Vladimir Putin es elegido presidente de Rusia; tropas israelíes se retiran de Líbano.

**2001** George W. Bush es presidente de EUA; Ariel Sharon es elegido primer ministro de Israel.

## Colapso del comunismo en Europa del Este

El descontento con el gobierno comunista surgió a principios de la década de 1980 en **Polonia,** en los astilleros de Gdansk donde operaba el sindicato **Solidaridad.** Éste fue prohibido en 1982, pero ese veto se levantó en abril de 1989, originando una victoria de Solidaridad en las elecciones libres de junio, y el primer gobierno no comunista en el bloque soviético. En septiembre, **Hungría** abrió la frontera con Austria y empezó un éxodo masivo de alemanes del Este hacia Occidente. El gobierno húngaro declaró una nueva república, prometiendo elecciones multipartidistas (en 1990) y desintegrando el Partido Comunista. La chispa de la reforma se volvió llama. A fines de 1989 **Erich Honecker** renunció en Alemania del Este, y se derribó el **Muro de Berlín** (abajo). En 1990 Checoslovaquia, Rumania y varias repúblicas yugoslavas pusieron en el poder gobiernos no comunistas. Algunos estados de la URSS, como **Lituania** y **Letonia,** buscaron la independencia, y en 1991, tras un fracasado golpe comunista, se disolvió la URSS. Los nuevos gobiernos tuvieron muchos problemas. Había que reestructurar las economías centralizadas y establecer nuevas instituciones políticas. Alemania luchaba con la inmensa obra de la reunificación, y renacieron tensiones regionales en varios lugares, produciendo guerras en los Balcanes y en Chechenia.

## Sudáfrica

La presión internacional para que Sudáfrica abandonara el **apartheid** (segregación racial inclinada hacia la minoría blanca) aumentó en la década de 1980. Muchos países impusieron sanciones comerciales y proscripciones culturales y deportivas, creando un sentimiento de aislamiento y dañando la economía. En 1989 **P. W. Botha** renunció como líder del Partido Nacional en el gobierno, para ser reemplazado por el moderado y reformista **F. W. de Klerk.** En 1990, De Klerk levantó la prohibición al **Congreso Nacional Africano** (CNA) –el principal partido negro– y liberó a su líder, **Nelson Mandela,** tras 27 años de prisión. El resto de la legislación del apartheid se eliminó en julio de 1991. Hubo por primera vez **elecciones libres** en abril de 1994, que ganó el CNA, y Nelson Mandela se convirtió en presidente.

## Pueblos y naciones

# Pueblos y naciones

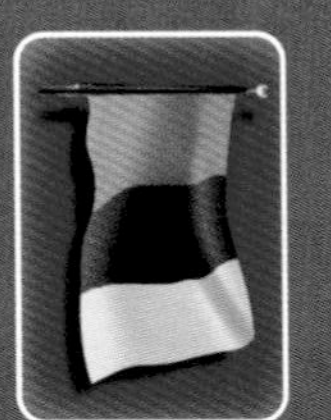

*Hace un siglo, una gran parte del mundo estaba dividida entre imperios; hoy dominan estados soberanos. Con un área total de 148 millones de km², la Tierra es hoy el hogar de 6,000 millones de individuos, más del triple de la cifra de 1900 y el doble de la de 1960.*

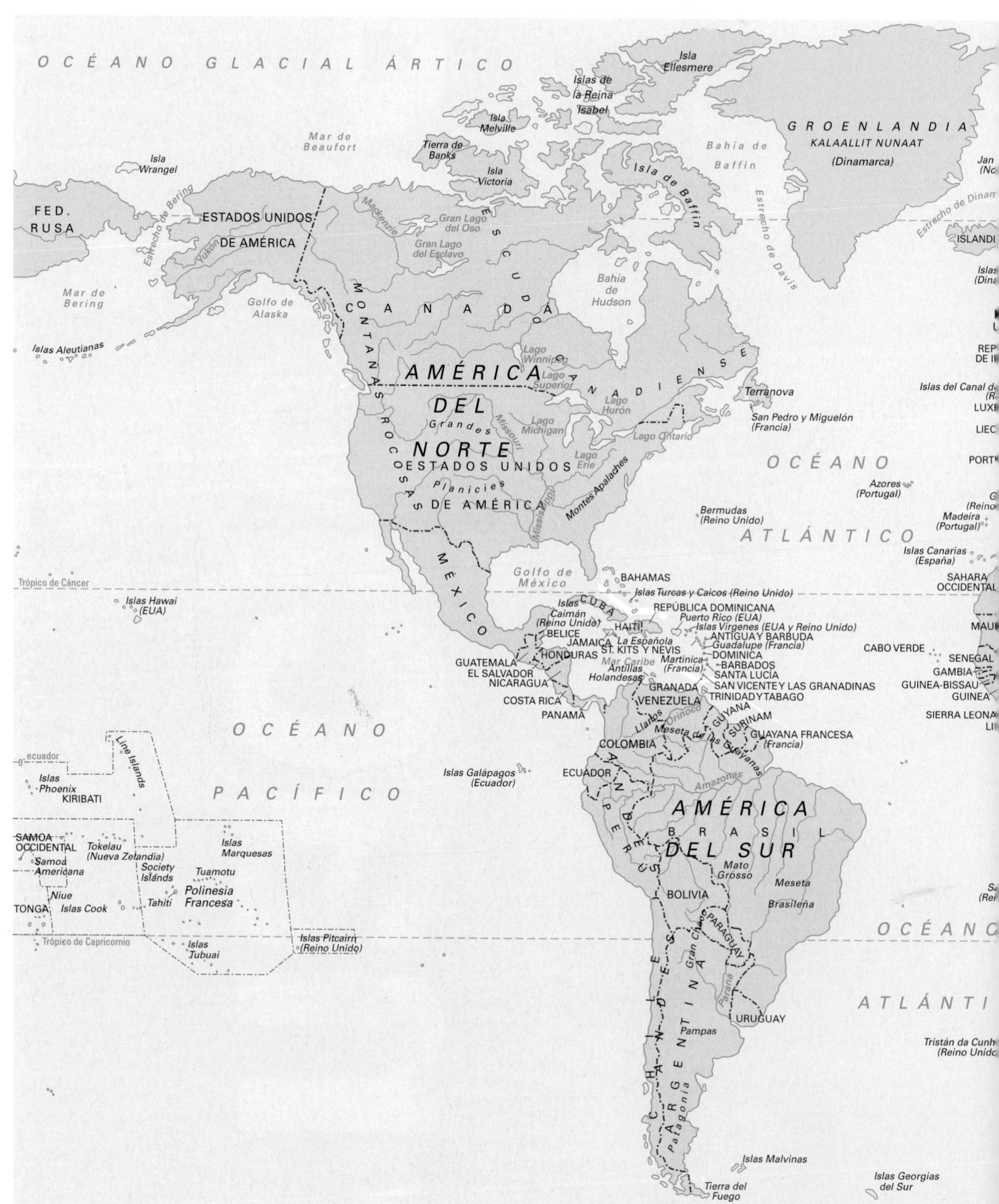

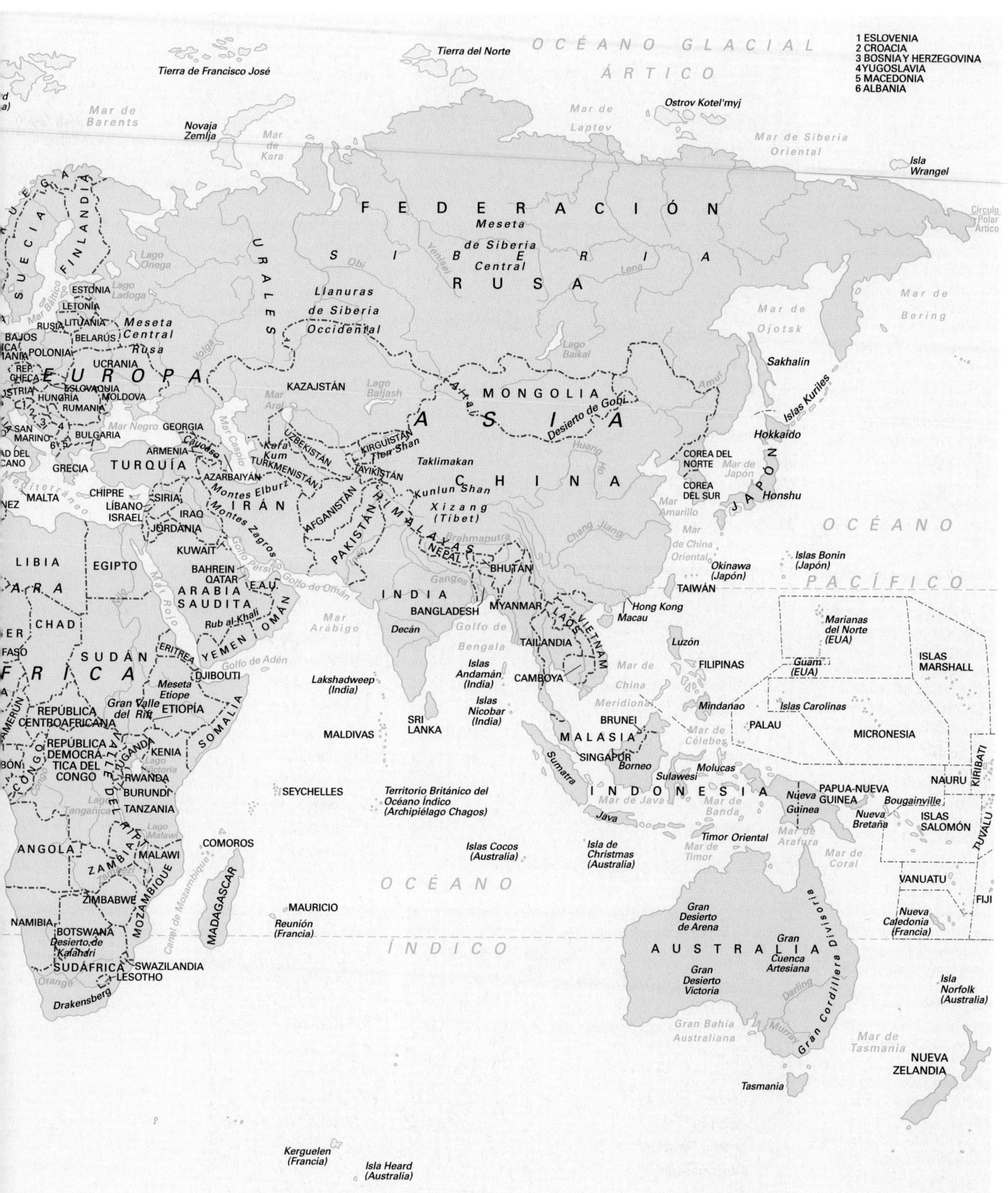
1 ESLOVENIA
2 CROACIA
3 BOSNIA Y HERZEGOVINA
4 YUGOSLAVIA
5 MACEDONIA
6 ALBANIA
OCÉANO GLACIAL ÁRTICO
Tierra del Norte
Tierra de Francisco José
Mar de Barents
Novaja Zemlja
Mar de Kara
Mar de Laptev
Ostrov Kotel'myj
Mar de Siberia Oriental
Isla Wrangel
Círculo Polar Ártico
FEDERACIÓN RUSA
SIBERIA
Meseta de Siberia Central
Llanuras de Siberia Occidental
URALES
Obi
Yenisei
Lena
Mar de Bering
Mar de Ojotsk
Sakhalin
Islas Kuriles
Hokkaido
Lago Baikal
Lago Onega
Lago Ladoga
FINLANDIA
SUECIA
ESTONIA
LETONIA
LITUANIA
RUSIA
BELARÚS
Meseta Central Rusa
Volga
POLONIA
REP. CHECA
UCRANIA
EUROPA
ESLOVAQUIA
HUNGRÍA
MOLDOVA
RUMANIA
SAN MARINO
BULGARIA
Mar Negro
GEORGIA
ARMENIA
Cáucaso
AZARBAIYÁN
TURQUÍA
GRECIA
MALTA
CHIPRE
SIRIA
LÍBANO
ISRAEL
IRAQ
JORDANIA
KUWAIT
BAHREIN
QATAR
E.A.U.
ARABIA SAUDITA
Rub al-Khali
OMÁN
YEMEN
Golfo Pérsico
Golfo de Omán
Golfo de Adén
Mar Rojo
Nilo
Mar Caspio
Mar Aral
KAZAJSTÁN
Lago Baljash
UZBEKISTÁN
Kara Kum
TURKMENISTÁN
KIRGUISTÁN
Tien Shan
TAYIKISTÁN
AFGANISTÁN
PAKISTÁN
IRÁN
Montes Elburz
Montes Zagros
Indo
HIMALAYAS
NEPAL
BHUTÁN
Brahmaputra
Ganges
INDIA
Decán
BANGLADESH
MYANMAR
LAOS
VIETNAM
TAILANDIA
CAMBOYA
Mar Arábigo
Golfo de Bengala
Lakshadweep (India)
Islas Andamán (India)
Islas Nicobar (India)
SRI LANKA
MALDIVAS
MONGOLIA
Altai
Desierto de Gobi
ASIA
Taklimakan
Kunlun Shan
Xizang (Tíbet)
CHINA
Huang Ho
Chang Jiang
Amur
COREA DEL NORTE
COREA DEL SUR
Mar de Japón
JAPÓN
Honshu
Mar Amarillo
Mar de China Oriental
Okinawa (Japón)
Islas Bonin (Japón)
TAIWÁN
Hong Kong
Macau
OCÉANO PACÍFICO
Marianas del Norte (EUA)
Guam (EUA)
ISLAS MARSHALL
Islas Carolinas
PALAU
MICRONESIA
KIRIBATI
NAURU
Luzón
FILIPINAS
Mar de China Meridional
Mindanao
BRUNEI
MALASIA
SINGAPUR
Borneo
Sumatra
Mar de Célebes
Sulawesi
Molucas
INDONESIA
Mar de Java
Java
Mar de Banda
Nueva Guinea
PAPUA-NUEVA GUINEA
Bougainville
Nueva Bretaña
ISLAS SALOMÓN
TUVALU
Timor Oriental
Mar de Timor
Mar de Arafura
Mar de Coral
VANUATU
FIJI
Nueva Caledonia (Francia)
Isla de Christmas (Australia)
Islas Cocos (Australia)
Territorio Británico del Océano Índico (Archipiélago Chagos)
SEYCHELLES
OCÉANO ÍNDICO
MAURICIO
Reunión (Francia)
Gran Desierto de Arena
Gran Cuenca Artesiana
Gran Cordillera Divisoria
AUSTRALIA
Gran Desierto Victoria
Darling
Murray
Gran Bahía Australiana
Mar de Tasmania
Tasmania
NUEVA ZELANDIA
Isla Norfolk (Australia)
Kerguelen (Francia)
Isla Heard (Australia)
LIBIA
EGIPTO
CHAD
SUDÁN
ÁFRICA
ERITREA
DJIBOUTI
Meseta Etíope
ETIOPÍA
Gran Valle del Rift
SOMALIA
REPÚBLICA CENTROAFRICANA
REPÚBLICA DEMOCRÁTICA DEL CONGO
Congo
UGANDA
KENIA
Lago Victoria
RWANDA
BURUNDI
Lago Tanganica
TANZANIA
VALLE DEL RIFT
Lago Malawi
ANGOLA
ZAMBIA
Zambeze
MALAWI
MOZAMBIQUE
Canal de Mozambique
COMOROS
MADAGASCAR
ZIMBABWE
NAMIBIA
BOTSWANA
Desierto de Kalahari
SUDÁFRICA
SWAZILANDIA
LESOTHO
Orange
Drakensberg
Mar Báltico
Mediterráneo

# Estadísticas mundiales

**Área terrestre** La nación más grande, Rusia, cuenta con más del 11% del área terrestre total del mundo, y es mayor que Europa o la Antártida. La más pequeña, Ciudad del Vaticano, abarca sólo 44 hectáreas. Las cifras incluyen lagos interiores y otras vías de agua.

## Los 10 países más grandes

| | País | Área (km²) |
|---|---|---|
| 1. | **Rusia** | 17,075,400 |
| 2. | **Canadá** | 9,958,319 |
| 3. | **Estados Unidos** | 9,809,155 |
| 4. | **China** | 9,571,300 |
| 5. | **Brasil** | 8,511,996 |
| 6. | **Australia** | 7,682,300 |
| 7. | **India** | 3,287,263 |
| 8. | **Argentina** | 2,766,889 |
| 9. | **Kazajstán** | 2,717,300 |
| 10. | **Sudán** | 2,505,813 |

## Los 10 países más pequeños

| | País | Área (km²) |
|---|---|---|
| 1. | **Ciudad del Vaticano** | 0.44 |
| 2. | **Mónaco** | 1.95 |
| 3. | **Nauru** | 21.3 |
| 4. | **Tuvalu** | 26 |
| 5. | **San Marino** | 61 |
| 6. | **Liechtenstein** | 160 |
| 7. | **Islas Marshall** | 180 |
| 8. | **St. Kitts y Nevis** | 261 |
| 9. | **Maldivas** | 298 |
| 10. | **Malta** | 316 |

**Población** Entre los países más poblados del mundo están muchos, aunque no todos, de los que tienen una amplia extensión territorial. No es de sorprender que las poblaciones menores estén en las islas más pequeñas y los países sin litoral. Las cifras son cálculos correspondientes al año 2000.

## Las 10 poblaciones más grandes

| | País | Población |
|---|---|---|
| 1. | **China** | 1,274,115,000 |
| 2. | **India** | 1,030,000,000 |
| 3. | **Estados Unidos** | 281,421,906 |
| 4. | **Indonesia** | 207,437,000 |
| 5. | **Brasil** | 165,371,000 |
| 6. | **Rusia** | 145,943,000 |
| 7. | **Pakistán** | 134,510,000 |
| 8. | **Bangladesh** | 126,947,000 |
| 9. | **Japón** | 126,505,000 |
| 10. | **Nigeria** | 108,945,000 |

## Las 10 poblaciones más pequeñas

| | País | Población |
|---|---|---|
| 1. | **Ciudad del Vaticano** | 870 |
| 2. | **Nauru** | 11,000 |
| 3. | **Tuvalu** | 11,000 |
| 4. | **Palau** | 18,000 |
| 5. | **San Marino** | 26,000 |
| 6. | **Liechtenstein** | 32,000 |
| 7. | **Mónaco** | 33,000 |
| 8. | **St. Kitts y Nevis** | 41,000 |
| 9. | **Islas Marshall** | 61,000 |
| 10. | **Antigua y Barbuda** | 67,000 |

**Densidad de población** Este indicador del carácter social nacional es mejor que el que se aplica únicamente al área terrestre o a la población. Algunos de los países más pequeños del mundo son los más populosos, y algunos de los más grandes se cuentan entre los menos densamente poblados.

## Los 9 países más poblados

| | País | Habitantes por km² |
|---|---|---|
| 1. | **Mónaco** | 16,410 |
| 2. | **Singapur** | 5,991 |
| 3. | **Ciudad del Vaticano** | 1,977 |
| 4. | **Malta** | 1,203 |
| 5. | **Bahrein** | 921 |
| 6. | **Maldivas** | 916 |
| 7. | **Bangladesh** | 845 |
| 8. | **Mauricio** | 569 |
| 9. | **Nauru** | 516 |

## Los 10 países menos poblados

| | País | Habitantes por km² |
|---|---|---|
| 1. | **Mongolia** | 1.53 |
| 2. | **Namibia** | 2.01 |
| 3. | **Australia** | 2.44 |
| 4. | **Mauritania** | 2.45 |
| 5. | **Surinam** | 2.51 |
| 6. | **Islandia** | 2.63 |
| 7. | **Botswana** | 2.7 |
| 8. | **Libia** | 3.01 |
| 9. | **Canadá** | 3.04 |
| 10. | **Guyana** | 3.95 |

**Índice de crecimiento poblacional** Por sí mismo, este índice dice poco de un país. Una tasa alta puede referirse a prosperidad o relacionarse con problemas económicos serios. Así, mientras muchas naciones ricas tienen un índice bajo o negativo, también pueden tenerlo las que sufren hambre o guerra. Las cifras corresponden a los cinco años anteriores a 1999, para naciones con poblaciones de más de 15 millones.

## Países con más aumento poblacional

| | País | Índice de crecimiento (%) |
|---|---|---|
| 1. | **Egipto** | 3.4 |
| 2. | **Tanzania** | 3.3 |
| 3. | **República Democrática del Congo** | 3.0 |
| 4. | **Etiopía** | 2.9 |
| 5. | **Kenia** | 2.9 |
| 6. | **Yemen** | 2.9 |
| 7. | **Uganda** | 2.8 |
| 8. | **Arabia Saudita** | 2.7 |
| 9. | **Madagascar** | 2.6 |
| 10. | **Siria** | 2.5 |

## Países con menos aumento poblacional

| | País | Índice de crecimiento (%) |
|---|---|---|
| 1. | **Kazajstán** | –1.5 |
| 2. | **Ucrania** | –0.6 |
| 3. | **Rumania** | –0.2 |
| 4. | **Rusia** | –0.1 |
| 5. | **Sudán** | 0.1 |
| 6. | **España** | 0.1 |
| 7. | **Italia** | 0.1 |
| 8. | **Alemania** | 0.1 |
| 9. | **Japón** | 0.1 |
| 10. | **Reino Unido** | 0.2 |

**Riqueza nacional** Desde el punto de vista del producto interno bruto (PIB), que es el valor total de todos los bienes y servicios producidos en un año en un país, dominan las grandes naciones industrializadas. El bajo PIB de Ciudad del Vaticano se debe a su diminuta extensión y al hecho de tener muy poca industria.

## Los 10 países más ricos

| | País | PIB (millones de US$) |
|---|---|---|
| 1. | Estados Unidos | 9,178,000 |
| 2. | Japón | 4,368,300 |
| 3. | Alemania | 2,149,600 |
| 4. | Reino Unido | 1,463,800 |
| 5. | Francia | 1,445,000 |
| 6. | Italia | 1,176,400 |
| 7. | China | 993,500 |
| 8. | Canadá | 638,900 |
| 9. | España | 588,300 |
| 10. | Brasil | 518,900 |

## Los 10 países más pobres

| | País | PIB (millones de US$) |
|---|---|---|
| 1. | Tuvalu | 9 |
| 2. | Ciudad del Vaticano | 19 |
| 3. | Santo Tomé y Príncipe | 35 |
| 4. | Kiribati | 51 |
| 5. | Islas Marshall | 91 |
| 6. | Palau | 109 |
| 7. | Samoa | 179 |
| 8. | Guinea-Bissau | 205 |
| 9. | Comoras | 207 |
| 10. | Dominica | 244 |

**Riqueza per cápita** Este indicador de prosperidad es mejor que las cifras generales del PIB. Pero no es una forma satisfactoria para comparar estándares relativos de vida, pues no considera las diferencias en el costo de la vida. Casi todas las diez naciones más ricas son sociedades industrializadas o "postindustriales" avanzadas, pero Nauru tiene una población pequeña que goza de grandes ingresos mineros.

## Las 10 poblaciones más ricas

| | País | PIB per cápita (US$) |
|---|---|---|
| 1. | Luxemburgo | 45,348 |
| 2. | Liechtenstein | 42,416 |
| 3. | Suiza | 37,428 |
| 4. | Japón | 34,556 |
| 5. | Noruega | 34,356 |
| 6. | Dinamarca | 33,981 |
| 7. | Estados Unidos | 33,922 |
| 8. | Nauru | 33,476 |
| 9. | Islandia | 30,627 |
| 10. | Suecia | 27,536 |

## Las 10 poblaciones más pobres

| | País | PIB per cápita (US$) |
|---|---|---|
| 1. | República Democrática del Congo | 18 |
| 2. | Etiopía | 94 |
| 3. | Myanmar (Birmania) | 122 |
| 4. | Bhután | 147 |
| 5. | Burundi | 152 |
| 6. | Sierra Leona | 153 |
| 7. | Tayikistán | 163 |
| 8. | Malawi | 173 |
| 9. | Guinea-Bissau | 176 |
| 10. | Corea del Norte | 187 |

**Esperanza de vida** Se relaciona con la prosperidad, forma de vida, alimentación, servicios médicos y otros factores. En parte del África subsahariana el VIH/sida ha causado efectos en años recientes. Las cifras son cálculos de esperanza de vida al nacer en el 2000; en los países con menor esperanza de vida mueren muchos niños, por lo que la esperanza de vida para los adultos es mayor que lo que implican las cifras.

## Países con mayor esperanza de vida

| | País | Esperanza de vida (años) (promedio de hombres y mujeres) |
|---|---|---|
| 1. | Japón | 79.5 |
| 2. | Andorra | 79 |
| 3. | Suecia | 78.5 |
| 4. | Suiza | 78.5 |
| 5. | Islandia | 78 |
| 6. | Mónaco | 78 |
| 7. | Australia | 77.5 |
| 8. | Canadá | 77.5 |
| 9. | Grecia | 77.5 |
| 10. | Iraq | 77.5 |

## Países con menor esperanza de vida

| | País | Esperanza de vida (años) (promedio de hombres y mujeres) |
|---|---|---|
| 1. | Sierra Leona | 34 |
| 2. | Uganda | 41 |
| 3. | Guinea-Bissau | 42.5 |
| 4. | Afganistán | 43.5 |
| 5. | Burundi | 44.5 |
| 6. | Guinea | 44.5 |
| 7. | Malawi | 44.5 |
| 8. | Gambia | 45 |
| 9. | Etiopía | 45.5 |
| 10. | Mozambique | 45.5 |

**Alfabetismo** La educación deficiente es otro resultado común de un bajo índice de ingresos, ya sea nacional o individual, y es una de las causas principales que impiden el mejoramiento económico. Las cifras son de la UNESCO para los años 1996-1998.

## Las 10 tasas de alfabetismo más bajas

| | País | Tasa de alfabetismo en adultos (%) |
|---|---|---|
| 1. | Níger | 13.6 |
| 2. | Burkina Faso | 19.2 |
| 3. | Eritrea | 20 |
| 4. | Somalia | 24.1 |
| 5. | Nepal | 27.5 |
| 6. | Malí | 31 |
| 7. | Sierra Leona | 31.4 |
| 8. | Afganistán | 31.5 |
| 9. | Senegal | 33.1 |
| 10. | Camboya | 35 |

vea también
444 Mapa de la riqueza mundial

## CANADÁ

**NOMBRE OFICIAL**
Canadá

**CAPITAL**
Ottawa

### Fechas clave

**1497** John Cabot toma Canadá para Inglaterra.
**1534-1535** Jacques Cartier remonta el río San Lorenzo.
**1604** Se funda "Nueva Francia".
**1663** Nueva Francia es "provincia real" francesa.
**1670** La Hudson's Bay Co. establece factorías.
**1713** Tratado de Utrecht: Inglaterra adquiere Nueva Escocia, Terranova y la bahía de Hudson.
**1759** Batalla de Quebec: los ingleses derrotan a los franceses.
**1760** Los ingleses toman Montreal.
**1763** Nueva Francia se vuelve inglesa.
**1774** Acta de Quebec preserva derechos franceses.
**1791** Acta Constitucional divide Quebec.
**1867** Se establece el Dominio de Canadá.
**1914-1918** Aliada en Primera Guerra Mundial.
**1931** Independiente dentro de la Commonwealth Británica.
**1939-1945** Aliada en Segunda Guerra Mundial.
**1949** Terranova: décima provincia canadiense.
**1950-1953** Guerra de Corea: se une a las fuerzas de la ONU.
**1959** Canal de San Lorenzo une los Grandes Lagos con el Atlántico.
**1980** Quebec vota contra la secesión.
**1982** Termina el control legal inglés.
**1987** Fracaso de acuerdo para proteger cultura e idioma de Quebec.
**1994** Tratado de Libre Comercio con EUA y México.
**1995** Quebec rechaza de nuevo la independencia.
**1999** Se establece Nunavut, tierra inuit autónoma, en los Territorios del Noroeste.

**Área** 9,958,319 km²
**Población** 30,491,000
**Densidad de población** 3 por km²
**Índice de crecimiento poblacional** 1.3%
**Esperanza de vida** 74 (h); 81 (m)
**Idiomas** Inglés, francés
**Alfabetismo (adultos)** 99%
**Moneda** Dólar canadiense (US$1 = 1.54 dólares canadienses)
**PIB (millones US$)** 638,900
**PIB per cápita (US$)** 21,085

### El movimiento separatista en Quebec

Dos veces en 15 años, la provincia francófona de Quebec ha votado a favor de seguir siendo parte de Canadá, rechazando la independencia. Pero la segunda vez, en 1995, el margen fue de menos de 1%. La exhortación para la independencia estaba arraigada en un ardiente orgullo por su pasado. Canadá continental había sido reclamada para Francia por el explorador Jacques Cartier en 1534. "Nueva Francia" se volvió una provincia real francesa, pero una victoria inglesa cerca de Quebec en 1759 terminó con el dominio francés.

Charles de Gaulle encendió antiguas emociones en 1967 al declarar: "¡Viva Quebec libre!" En la década de 1960 también hubo algo de actividad terrorista. Entre los dos referendos, el gobierno de Canadá dio a Quebec más poder y dinero que a cualquier otra provincia, y declaró el francés lengua oficial. Toda la publicidad y carteles exteriores debían estar en francés y una "policía del idioma" vigilaba su cumplimiento.

En los tiempos prósperos y pacíficos actuales, Quebec insiste en ser reconocida como una "sociedad distinta" con derechos especiales, y está a discusión la realización de un nuevo referéndum.

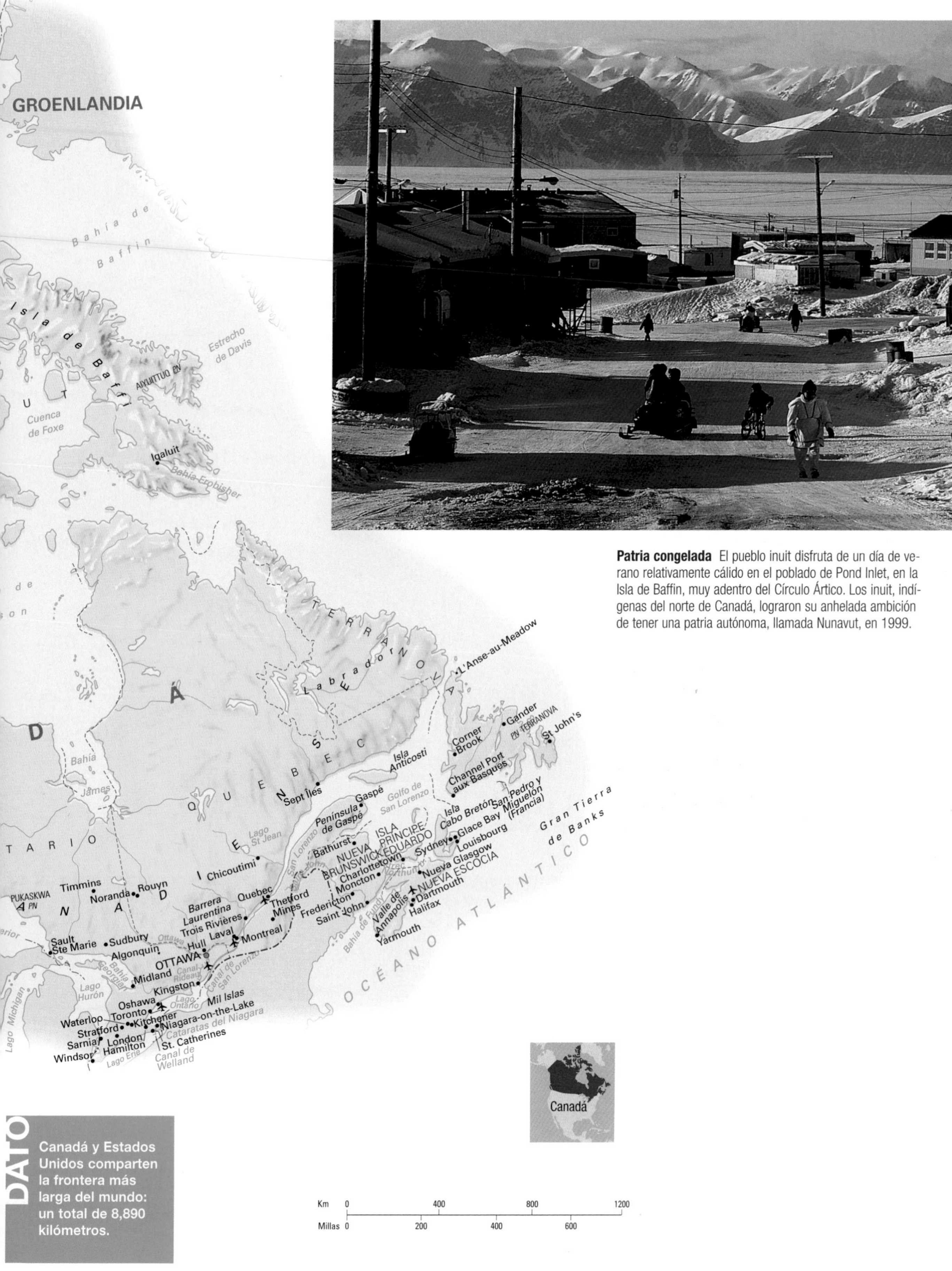


**Patria congelada** El pueblo inuit disfruta de un día de verano relativamente cálido en el poblado de Pond Inlet, en la Isla de Baffin, muy adentro del Círculo Ártico. Los inuit, indígenas del norte de Canadá, lograron su anhelada ambición de tener una patria autónoma, llamada Nunavut, en 1999.

**DATO**

**Canadá y Estados Unidos comparten la frontera más larga del mundo: un total de 8,890 kilómetros.**

## ESTADOS UNIDOS

**NOMBRE OFICIAL**
Estados Unidos de América

**CAPITAL**
Washington, D.C.

**Área** 9,809,155 km²
**Población** 281,421,906
**Densidad de población** 28 por km²
**Índice de crecimiento poblacional** 1%
**Esperanza de vida** 72 (h); 79 (m)
**Idiomas** Inglés, español y muchas lenguas nativas
**Alfabetismo (adultos)** 95%
**Moneda** Dólar de EUA
**PIB (millones US$)** 9,178,000
**PIB per cápita (US$)** 33,922

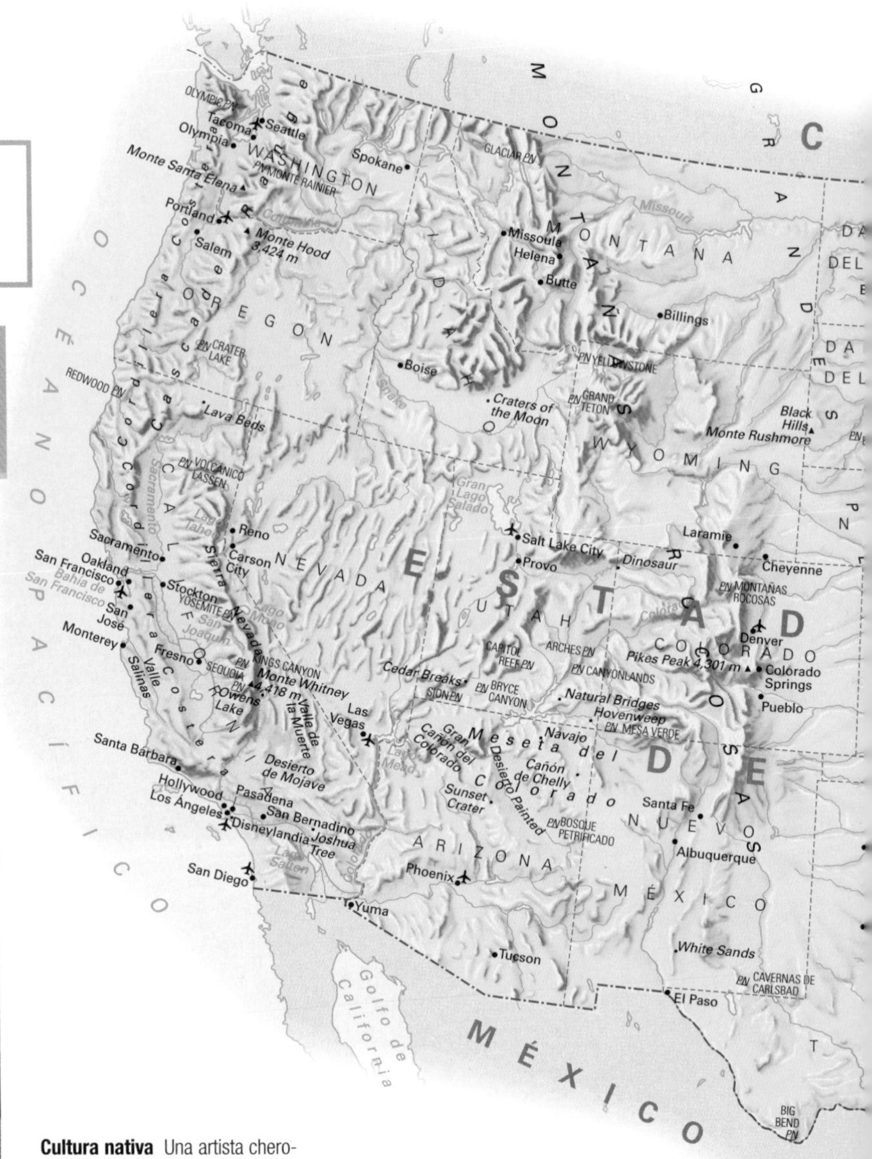

OCÉANO PACÍFICO
Seattle
Tacoma
Olympia
Spokane
WASHINGTON
Monte Santa Elena
Portland
Salem
Monte Hood 3,424 m
OREGÓN
Missoula
Helena
Butte
Billings
MONTANA
Boise
IDAHO
Craters of the Moon
Lava Beds
Reno
Carson City
Sacramento
Oakland
San Francisco
Bahía de San Francisco
Stockton
San José
Monterey
Fresno
Monte Whitney 4,418 m
NEVADA
CALIFORNIA
Valle de la Muerte
Las Vegas
Desierto de Mojave
Santa Bárbara
Hollywood
Pasadena
Los Ángeles
San Bernardino
Disneylandia
Joshua Tree
San Diego
Yuma
Phoenix
Tucson
ARIZONA
Gran Cañón del Colorado
Meseta del Colorado
Desierto Painted
Sunset Crater
Cañón de Chelly
Salt Lake City
Provo
Gran Lago Salado
UTAH
Dinosaur
Black Hills
Monte Rushmore
WYOMING
Laramie
Cheyenne
Denver
Pikes Peak 4,301 m
Colorado Springs
Pueblo
COLORADO
Navajo
Hovenweep
Santa Fe
Albuquerque
NUEVO MÉXICO
White Sands
El Paso
Golfo de California
MÉXICO
ESTADOS UNIDOS

Km 0 200 400 600
Millas 0 200 400

**Cultura nativa** Una artista cherokee de Nuevo México posa junto al retrato de un guerrero. Los motivos de búfalos enfatizan la importancia del animal como fuente de alimento y de pieles para ropas y armaduras.

## Legado lingüístico de los nativos norteamericanos

Los primeros europeos que se establecieron en lo que ahora es Estados Unidos hallaron más de 200 grupos nativos. Colón (quien pensó que había llegado a las Indias, o sureste de Asia) los llamó indios. Sus antepasados cruzaron el Estrecho de Bering desde Siberia decenas de miles de años antes. Tenían un vago parecido con los pueblos asiáticos, pero en los milenios de aislamiento habían desarrollado idiomas y culturas distintos. En 1492 vivían unos 15 millones de nativos norteamericanos en América del Norte; en la actualidad esa cifra se ha reducido a unos 2 millones.

El legado más firme de los nativos norteamericanos han sido sus dialectos. Los primeros colonos adoptaron muchas palabras de las más de 20 lenguas habladas por el grupo étnico algonquino: nombres de alimentos nativos como pone (pan de maíz) y pecan (pacana), y de animales, como oposum. Otras palabras nativas norteamericanas familiares en Estados Unidos incluyen caucus (reunión política), podunk (pueblo pequeño y monótono), hickory (nogal americano), mocasín y tobogán, así como las palabras más conocidas tomahawk, tipi y tótem.

Los nombres nativos norteamericanos más obvios son aquellos que se dieron a lugares, incluidos 26 de los 50 estados. Por ejemplo, el nombre de Texas viene del dialecto caddo, y significa "amigos" o "aliados". Tennessee fue nombrado en honor de una aldea cherokee, mientras que Ohio es una palabra iroquesa para "buen río". Massachusett era el nombre de un grupo que vivía alrededor de la Bahía de Massachusetts, mientras que el nombre de Wyoming viene de las palabras algonquinas "en la gran pradera". Muchas ciudades, pueblos y ríos también deben su nombre a palabras nativas norteamericanas descriptivas, como Chicago (algonquino para "lugar de la cebolla") y Mississippi (algonquino para "gran río"). Entre los individuos inmortalizados está Guerrero Negro, jefe choctaw cuyo nombre en su propia lengua se le dio a Tuscaloosa.

Y muy pocos estadounidenses, cuando salen de vacaciones en una casa rodante, saben que Winnebago era el nombre de un grupo de las praderas y que significa "pueblo de las aguas fangosas", o que Winnipeg, en Canadá, significa de forma análoga "aguas sucias".

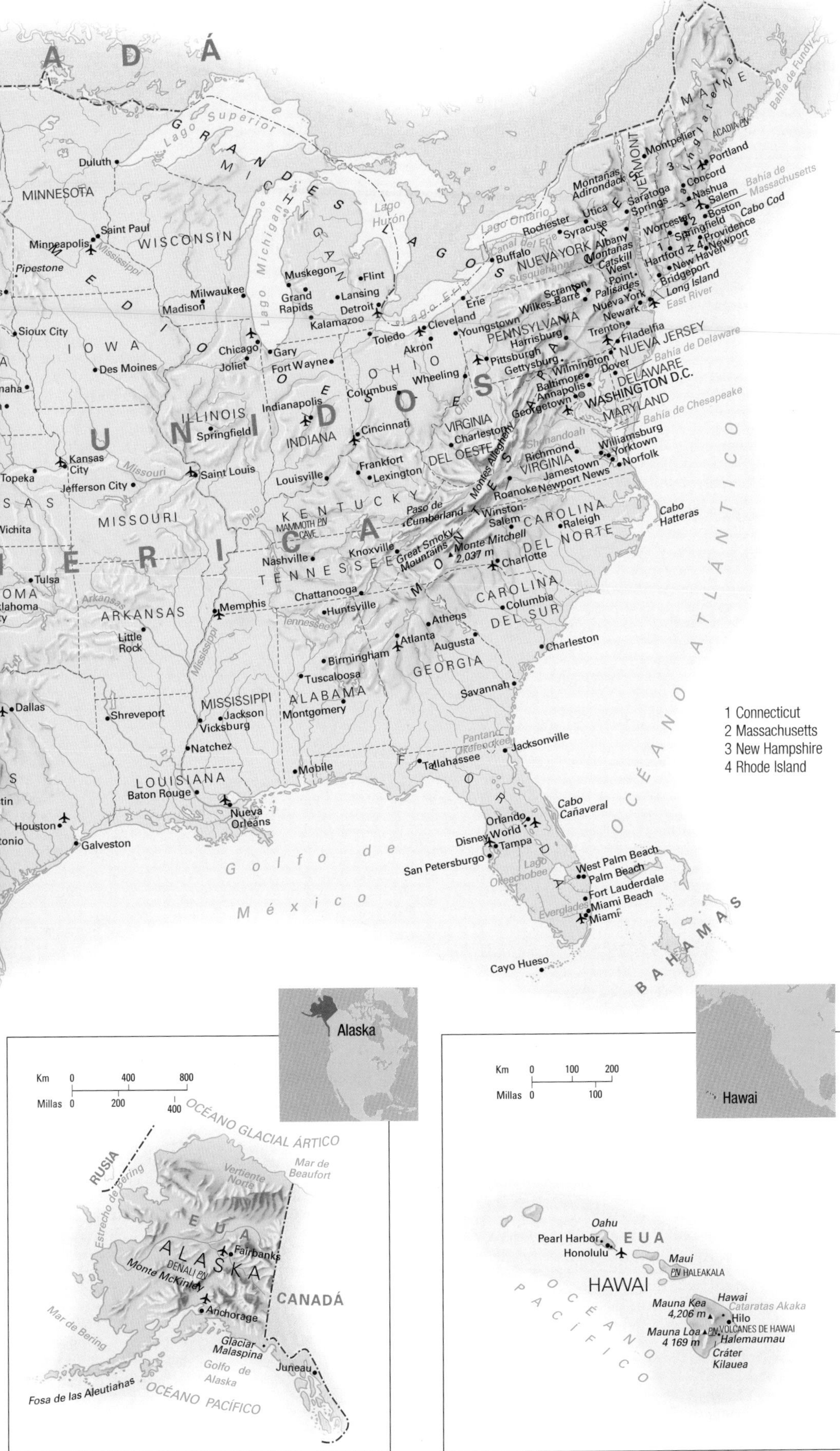


## Fechas clave

**s. XVI** Españoles, ingleses y franceses exploran América del Norte.
**1607** Colonia en la Bahía de Chesapeake.
**1620** Los "peregrinos" fundan la colonia de Plymouth.
**1624** Los holandeses fundan Nueva York.
**1682** Los franceses reclaman el valle del Mississippi.
**1775-1783** Guerra de Independencia.
**1776** Declaración de Independencia formal.
**1783** Tratado que reconoce la independencia.
**1803** Compra de Louisiana a Francia.
**1846-1848** Guerra con México: EUA gana vastos territorios al oeste de las Rocosas.
**1861-1865** Guerra Civil: la Unión lucha contra los Estados Confederados secesionistas.
**1865** Esclavitud ilegal.
**1917-1918** Aliada en Primera Guerra Mundial.
**1929** Caída de la bolsa lleva a la Depresión.
**1941** Japoneses atacan Pearl Harbor, Hawai.
**1941-1945** Aliada en Segunda Guerra Mundial.
**1950-1953** Dirige fuerzas de la ONU en la Guerra de Corea.
**1963** Asesinato del presidente Kennedy.
**1964** Entra a la Guerra de Vietnam para apoyar a Vietnam del Sur contra Vietnam del Norte.
**1969** Neil Armstrong desciende en la Luna.
**1973** Alto el fuego en Vietnam; las tropas se retiran.
**1974** Renuncia el presidente Nixon por el escándalo Watergate.
**1991** Dirige a la coalición internacional en la Guerra del Golfo.
**1994** Tratado de Libre Comercio con Canadá y México.
**2001** El presidente Bush resucita el Sistema Nacional de Misiles de Defensa.

# MÉXICO

**NOMBRE OFICIAL**
Estados Unidos Mexicanos

**CAPITAL**
Ciudad de México

**Área** 1,958,201 km$^2$
**Población** 97,361,711
**Densidad de población** 49 por km$^2$
**Índice de crecimiento poblacional** 1.5%
**Esperanza de vida** 68 (h); 74 (m)
**Idiomas** Español y muchas lenguas locales
**Alfabetismo (adultos)** 89.6%
**Moneda** Peso mexicano (US$1 = 10 pesos mexicanos)
**PIB (millones US$)** 474,900
**PIB per cápita (US$)** 4,926

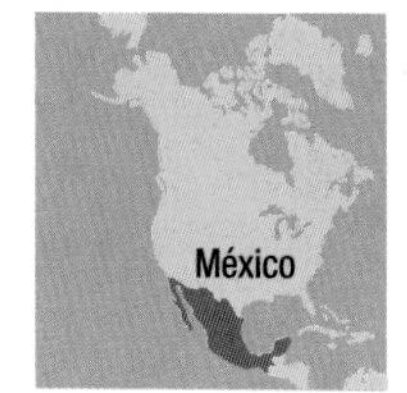


**DATO**

El Imperio Mexicano de Iturbide, que duró 10 meses, abarcaba de Nuevo México a Panamá.

## Estados de la República Mexicana

| Nombre | Capital | Área (km$^2$) | Población (2000) |
|---|---|---|---|
| Aguascalientes | Aguascalientes | 5,471 | 944,285 |
| Baja California | Mexicali | 69,921 | 2,487,367 |
| Baja California Sur | La Paz | 73,475 | 424,041 |
| Campeche | Campeche | 50,812 | 690,689 |
| Chiapas | Tuxtla Gutiérrez | 74,211 | 3,920,892 |
| Chihuahua | Chihuahua | 244,938 | 3,052,907 |
| Coahuila de Zaragoza | Saltillo | 149,982 | 2,298,070 |
| Colima | Colima | 5,191 | 542,627 |
| Distrito Federal | Ciudad de México | 1,479 | 8,605,239 |
| Durango | Durango | 123.181 | 1,448,661 |
| Guanajuato | Guanajuato | 30,491 | 4,663,032 |
| Guerrero | Chilpancingo | 64,281 | 3,079,649 |
| Hidalgo | Pachuca | 20,813 | 2,235,591 |
| Jalisco | Guadalajara | 80,836 | 6,322,002 |
| México | Toluca | 21,355 | 13,096,686 |
| Michoacán | Morelia | 59,928 | 3,985,667 |
| Morelos | Cuernavaca | 4,950 | 1,555,296 |
| Nayarit | Tepic | 26,979 | 920,185 |
| Nuevo León | Monterrey | 64,924 | 3,834,141 |
| Oaxaca | Oaxaca | 93,952 | 3,438,765 |
| Puebla | Puebla | 33,902 | 5,076,686 |
| Querétaro | Querétaro | 11,449 | 1,404,306 |
| Quintana Roo | Chetumal | 50,212 | 874,963 |
| San Luis Potosí | San Luis Potosí | 63,068 | 2,299,360 |
| Sinaloa | Culiacán | 58,328 | 2,536,844 |
| Sonora | Hermosillo | 182,052 | 2,216,969 |
| Tabasco | Villahermosa | 25,267 | 1,891,829 |
| Tamaulipas | Ciudad Victoria | 79,384 | 2,753,222 |
| Tlaxcala | Tlaxcala | 4,016 | 962,646 |
| Veracruz | Jalapa | 71,699 | 6,908,975 |
| Yucatán | Mérida | 38,402 | 1,628,210 |
| Zacatecas | Zacatecas | 73,252 | 1,353,610 |

## Fechas clave

**1000 a.C.** Cultura olmeca.
**250-900** Florecen la civilización maya y otras.
**s. x-xiii** Imperio tolteca.
**s. xiv** Se funda Tenochtitlán (ciudad de México); Imperio Azteca.
**1519-1521** Cortés dirige la conquista española.
**1821** Independencia.
**1823** República.
**1836** Pierde Texas con Estados Unidos.
**1846-1848** Guerra con Estados Unidos; pierde mucho más territorio.
**1863-1867** Tropas francesas ocupan la ciudad de México.
**1911** Revolución derroca al dictador Porfirio Díaz.
**1917** Nueva constitución introduce reformas.
**1924-1928** Plutarco Elías Calles institucionaliza el régimen revolucionario.
**1929** Crean el Partido Nacional Revolucionario; luego Partido Revolucionario Institucional (PRI).
**1938** Lázaro Cárdenas nacionaliza los ferrocarriles y las compañías petroleras extranjeras.
**1939-1945** Aliado en Segunda Guerra Mundial.
**1953** Voto a la mujer.
**1970-1979** Se hallan reservas de petróleo.
**1985** Terremoto mata a 10,000 personas.
**1994** Tratado de Libre Comercio con Estados Unidos y Canadá.
**2000** Gana elecciones Vicente Fox, primer presidente no vinculado al PRI en más de 70 años.

**¡Fiesta!** Los niños desfilan en la ciudad de San Cristóbal de las Casas, Chiapas, para celebrar el Día de la Independencia, que conmemora el 15 de septiembre de 1810 en que Miguel Hidalgo, un sacerdote, emitió el primer grito de desafío contra el dominio español, provocando el levantamiento que llevó a la independencia 11 años después. Cada año, en la capital, el presidente de México revive el llamado a la rebelión de Hidalgo.

# CUBA

**NOMBRE OFICIAL**
República de Cuba

**CAPITAL**
La Habana

**Área** 110,860 km²
**Población** 11,160,000
**Densidad de población** 100 por km²
**Índice de crecimiento poblacional** 0.9%
**Esperanza de vida** 74 (h); 77 (m)
**Idiomas** Español
**Alfabetismo (adultos)** 95.7%
**Moneda** Peso cubano (US$1 = 21 pesos cubanos)
**PIB (millones US$)** 21,800
**PIB per cápita (US$)** 1,960

## Fechas clave

**1492** Colón llega y la reclama para España.
**1886** Se anula esclavitud.
**1898** Control militar de EUA al ganar la Guerra Hispano-Americana.
**1902** Independencia.
**1906-1909** La ocupa EUA.
**1933** Batista toma poder.
**1959** Revolución: Castro derroca a Batista.
**1960** Pacto con URSS. Toman compañías de EUA; embargo comercial de EUA.
**1961** Falla la invasión de Bahía de Cochinos.
**1962** Crisis de los misiles EUA-URSS.
**1976** Constitución: república socialista.
**1987** Acuerdo con EUA sobre migración.
**1991** Salen tropas rusas.
**1992** Sanciones más rígidas.

## El turismo ayuda a vencer el embargo comercial

El colapso del imperio soviético en 1989 fue un duro golpe para la economía cubana. Los subsidios soviéticos, incluido el pago de precios inflados por el azúcar cubana, ascendían a US$5,000 millones al año.

Cuba acudió a la URSS en busca de ayuda a principios de la década de 1960, tras un embargo comercial de EUA. Éste fue una respuesta al programa de nacionalización y redistribución de la tierra establecido por Fidel Castro después de derrocar al dictador Fulgencio Batista en 1959. La revolución de Castro dañó los negocios estadounidenses en Cuba e hizo sentir a EUA que el comunismo estaba en su "patio trasero".

Las relaciones empeoraron después del fracaso de un intento de invasión respaldado por Estados Unidos en Bahía de Cochinos en 1961, y durante la crisis de los misiles de 1962, cuando el presidente Kennedy obligó a la URSS a retirar sus misiles de suelo cubano. La efectividad de las sanciones comerciales de EUA puede verse en la actualidad en las calles de La Habana, donde por medio de ingenio e improvisación cientos de automóviles de EUA siguen funcionando.

Pero todo aquello que ha detenido el bloqueo de bienes lo ha reemplazado el turismo, al menos en parte. Para 1997, el turismo le aportaba a Cuba más de US$1,000 millones al año. Puede ser que no corresponda con la imagen de una sociedad comunista fortificada, pero atrajo dólares muy necesarios cuando, en 1998, se abrió a orillas del mar, en Varadero, un campo de golf que costó US$5 millones.

En 1997, una cifra récord de 1.2 millones de extranjeros visitó Cuba. Significativamente, 20,000 de ellos eran ciudadanos estadounidenses. Las relaciones entre los dos países comenzaron a animarse en 2000 y Castro preveía una mayor afluencia. "Dejen que vengan", dijo. "Los trataremos de manera excelente."

# JAMAICA

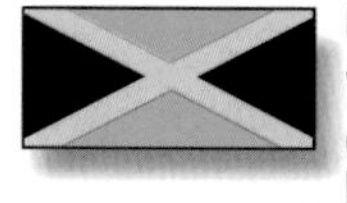

**NOMBRE OFICIAL**
Jamaica

**CAPITAL**
Kingston

**Área** 10,991 km²
**Población** 2,590,000
**Densidad de población** 231 por km²
**Índice de crecimiento poblacional** 0.9%
**Esperanza de vida** 71 (h); 76 (m)
**Idiomas** Inglés y lenguas locales
**Alfabetismo (adultos)** 85%
**Moneda** Dólar de Jamaica (US$1 = 45 dólares de Jamaica)
**PIB (millones US$)** 6,700
**PIB per cápita (US$)** 2,637

## Fechas clave

**1494** Colón llega y la reclama para España.
**1655** Control inglés.
**1833** Fin de esclavitud.
**1944** Parlamento representativo.
**1958-1962** Es parte de la Federación de las Indias Occidentales.
**1959** Autonomía.
**1962** Independencia en la Commonwealth; entra a la ONU.
**1976** Participa de las minas de bauxita canadienses y estadounidenses.
**1988** El huracán Gilbert causa graves daños.

# HAITÍ

**NOMBRE OFICIAL**
República de Haití

**CAPITAL**
Puerto Príncipe

**Área** 27,750 km²
**Población** 7,803,000
**Densidad de población** 276 por km²
**Índice de crecimiento poblacional** 2%
**Esperanza de vida** 52 (h); 56 (m)
**Idiomas** Francés, criollo
**Alfabetismo (adultos)** 45%
**Moneda** Gourde (US$1 = 24 gourdes)
**PIB (millones US$)** 4,300
**PIB per cápita (US$)** 562

## Fechas clave

**1492** Llega Colón.
**1697** Control francés.
**1804** Independencia.
**1915-1934** Control EUA.
**1957** Dictador "Papa Doc" Duvalier al poder.
**1971** "Baby Doc" Duvalier sucede a su padre.
**1986** Golpe militar depone a "Baby Doc".
**1988-1991** Serie de elecciones y golpes.
**1994** Tropas de EUA imponen gobierno civil.
**1995** Tropas de la ONU reemplazan a las estadounidenses.

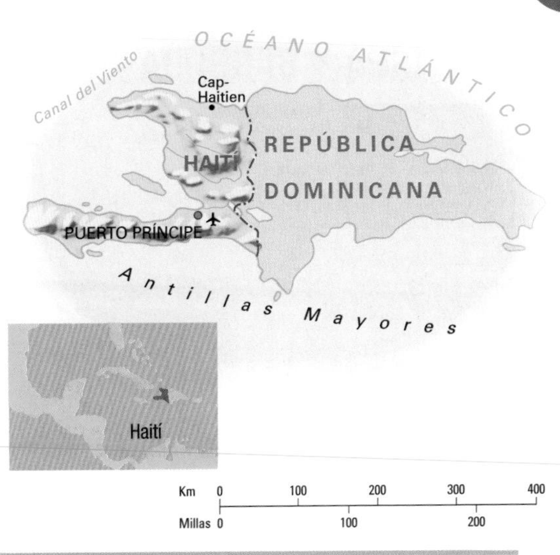


# REPÚBLICA DOMINICANA

**NOMBRE OFICIAL**
República Dominicana

**CAPITAL**
Santo Domingo

**Área** 48,422 km²
**Población** 8,348,000
**Densidad de población** 167 por km²
**Índice de crecimiento poblacional** 2.1%
**Esperanza de vida** 68 (h); 72 (m)
**Idioma** Español
**Alfabetismo (adultos)** 82.1%
**Moneda** Peso dominicano (US$1 = 16 pesos dominicanos)
**PIB (millones US$)** 16,900
**PIB per cápita (US$)** 2,083

## Fechas clave

**1492** Llega Colón.
**1496** Colonia española.
**1821** Independiente, pero la invade Haití.
**1844** Independencia.
**1916-1924** Marinos de EUA la ocupan para mantener la paz.
**1930-1961** Trujillo es dictador.
**1962** Elecciones libres.
**1963** Golpe militar.
**1965** EUA reprime revuelta.
**1966** Se restaura el gobierno constitucional.
**1979** El huracán David causa daños graves.

# BAHAMAS

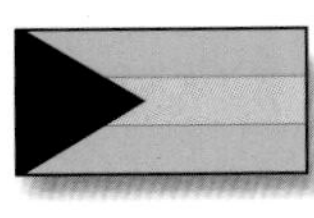

**NOMBRE OFICIAL**
Commonwealth de las Bahamas

**CAPITAL**
Nassau, en Nueva Providencia

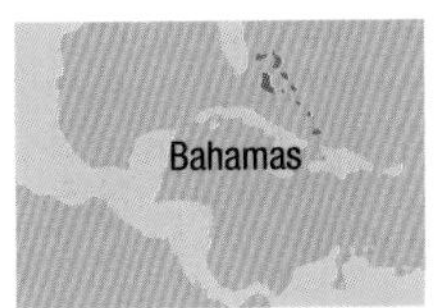


**Área** 13,939 km²
**Población** 301,000
**Densidad de población** 22 por km²
**Índice de crecimiento poblacional** 1.7%
**Esperanza de vida** 68 (h); 75 (m)
**Idioma** Inglés
**Alfabetismo (adultos)** 98.2%
**Moneda** Dólar de las Bahamas (US$1 = 1 dólar de las Bahamas)
**PIB (millones US$)** 3,946
**PIB per cápita (US$)** 13,153

## Fechas clave

**1492** Colón llega y la reclama para España.
**S. XVII** Se asientan ingleses, pero los atacan españoles.
**1717** Colonia inglesa.
**1783** España renuncia a su reclamación.
**1834** Fin de esclavitud.
**1964** Autonomía.
**1973** Independencia en la Commonwealth; entra a la ONU.
**1995** Llegan refugiados de Cuba y Haití.

# Caribe meridional

## ANTIGUA Y BARBUDA

**NOMBRE OFICIAL**
Antigua y Barbuda

**CAPITAL**
Saint John's, en Antigua

**Área** 442 km²
**Población** 67,000
**Densidad de población** 152 por km²
**Índice de crecimiento poblacional** 0.5%
**Esperanza de vida** 74 (h); 74 (m)
**Idiomas** Inglés, inglés patois
**Alfabetismo (adultos)** 90%
**Moneda** Dólar del Caribe Oriental (US$1 = 2.70 dólares del Caribe Oriental)
**PIB (millones US$)** 603
**PIB per cápita (US$)** 9,000

### Fechas clave

**1632** Colonia inglesa.
**1834** Fin de esclavitud.
**1967** Autonomía.
**1981** Independencia dentro de la Commonwealth.
**1983** Se une a EUA en la invasión a Granada.
**1995** Acepta refugiados de Montserrat tras la erupción de un volcán.

## ST. KITTS Y NEVIS

**NOMBRE OFICIAL**
Federación de St. Kitts y Nevis

**CAPITAL**
Basseterre, en St. Kitts

**Área** 261 km²
**Población** 41,000
**Densidad de población** 157 por km²
**Índice de crecimiento poblacional** 0.5%
**Esperanza de vida** 67 (h); 70 (m)
**Idiomas** Inglés
**Alfabetismo (adultos)** 97.3%
**Moneda** Dólar del Caribe Oriental (US$1 = 2.70 dólares del Caribe Oriental)
**PIB (millones US$)** 264
**PIB per cápita (US$)** 6,439

### Fechas clave

**1623** Poblado inglés.
**1834** Fin de esclavitud.
**1967** Autonomía.
**1969** Anguila es colonia inglesa de facto.
**1980** Anguila se separa.
**1983** Independencia dentro de la Commonwealth.
**1998** Referéndum en Nevis rechaza la secesión.

## PUERTO RICO

**NOMBRE OFICIAL**
Estado Libre Asociado de Puerto Rico

**CAPITAL**
San Juan

**Condición** Estado libre asociado a Estados Unidos (dependencia)
**Área** 9,103 km²
**Población** 3,522,000
**Densidad de población** 387 por km²
**Índice de crecimiento poblacional** 0.56%
**Esperanza de vida** 71 (h); 80 (m)
**Idiomas** Español, inglés
**Alfabetismo (adultos)** 89%
**Moneda** Dólar de EUA
**PIB (millones US$)** 34,700
**PIB per cápita (US$)** 9,108

### Fechas clave

**1493** Colón llega y la reclama para España.
**1870** Fin de esclavitud.
**1898** Control militar de EUA al ganar la Guerra Hispano-Americana.
**1917** Se da ciudadanía estadounidense a los puertorriqueños.
**1947** Eligen a su propio gobernador.
**1952** Autonomía como dependencia de EUA.
**1989** El huracán Hugo causa daños graves.
**1998** Vota contra independencia y contra ser estado pleno.

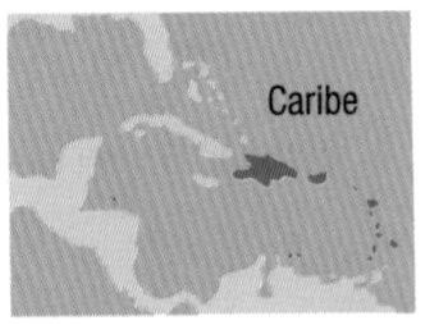


## SANTA LUCÍA

**NOMBRE OFICIAL**
Santa Lucía

**CAPITAL**
Castries

**Área** 616 km²
**Población** 146,000
**Densidad de población** 237 por km²
**Índice de crecimiento poblacional** 1.7%
**Esperanza de vida** 69 (h); 75 (m)
**Idiomas** Inglés, francés patois
**Alfabetismo (adultos)** 81.5%
**Moneda** Dólar del Caribe Oriental (US$1 = 2.7 dólares del Caribe Oriental)
**PIB (millones US$)** 609
**PIB per cápita (US$)** 4,171

### Fechas clave

**1650** Colonia francesa tras larga resistencia de los pueblos caribes.
**S. XVII-XVIII** Francia e Inglaterra luchan por el control.
**1814** Cedida a Inglaterra.
**1834** Fin de esclavitud.
**1958-1962** Parte de la Federación de las Indias Occidentales.
**1967** Autonomía.
**1979** Independencia en la Commonwealth.

Km 0 100 200 300 400
Millas 0 100 200

# GRANADA

**NOMBRE OFICIAL**
Granada

**CAPITAL**
St. George's

**Área** 344 km²
**Población** 93,000
**Densidad de población** 270 por km²
**Índice de crecimiento poblacional** 0.2%
**Esperanza de vida** 71 (h); 71 (m)
**Idiomas** Inglés, francés patois
**Alfabetismo (adultos)** 90%
**Moneda** Dólar del Caribe Oriental (US$1 = 2.7 dólares del Caribe Oriental)
**PIB (millones US$)** 333
**PIB per cápita (US$)** 3,580

## Fechas clave

**1650** Colonia francesa.
**1793** Control inglés.
**1834** Fin de esclavitud.
**1967** Autonomía.
**1974** Independencia en la Commonwealth.
**1979** Golpe incruento.
**1983** Golpe marxista reprimido por EUA.
**1984** Elecciones restauran democracia.

# BARBADOS

**NOMBRE OFICIAL**
Barbados

**CAPITAL**
Bridgetown

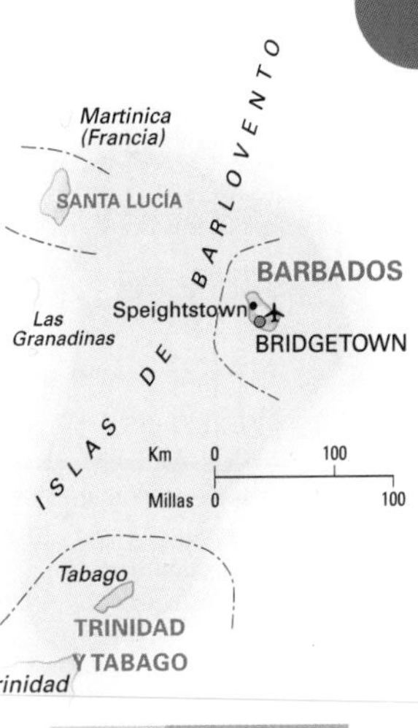


**Área** 431 km²
**Población** 267,000
**Densidad de población** 617 por km²
**Índice de crecimiento poblacional** 0.55%
**Esperanza de vida** 70 (h); 76 (m)
**Idioma** Inglés
**Alfabetismo (adultos)** 97%
**Moneda** Dólar de Barbados (US$1 = 1.99 dólares de Barbados)
**PIB (millones US$)** 2,393
**PIB per cápita (US$)** 8,962

## Fechas clave

**1627** Colonia inglesa.
**1838** Fin de esclavitud.
**1951** Introducción del sufragio universal.
**1958-1962** Parte de la Federación de las Indias Occidentales.
**1966** Independencia en la Commonwealth.
**1983** Se une a EUA en la invasión de Granada.

# TRINIDAD Y TABAGO

**NOMBRE OFICIAL**
República de Trinidad y Tabago

**CAPITAL**
Puerto España, en Trinidad

**Área** 5,128 km²
**Población** 1,289,000
**Densidad de población** 250 por km²
**Índice de crecimiento poblacional** 1.2%
**Esperanza de vida** 72 (h); 72 (m)
**Idiomas** Inglés, francés, español, hindi, chino
**Alfabetismo (adultos)** 97.9%
**Moneda** Dólar de Trinidad y Tabago (US$1 = 6.2 dólares de Trinidad y Tabago)
**PIB (millones US$)** 6,700
**PIB per cápita (US$)** 5,234

## Fechas clave

**1498** Colón reclama Trinidad para España.
**1797** Inglaterra toma Trinidad.
**1814** Ceden Tabago a Inglaterra.
**1958-1962** Entra a la Federación de las Indias Occidentales.
**1959** Autonomía.
**1962** Independencia en la Commonwealth.
**1976** República.
**1990** Intento de golpe de extremistas musulmanes.

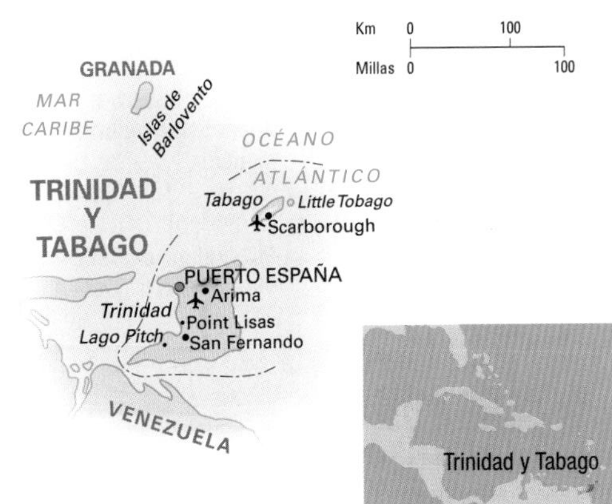


# DOMINICA

**NOMBRE OFICIAL**
Commonwealth de Dominica

**CAPITAL**
Roseau

**Área** 750 km²
**Población** 71,000
**Densidad de población** 107 por km²
**Índice de crecimiento poblacional** 0.2%
**Esperanza de vida** 72 (h); 72 (m)
**Idiomas** Inglés, francés patois
**Alfabetismo (adultos)** 94.4%
**Moneda** Dólar del Caribe Oriental (US$1 = 2.7 dólares)
**PIB (millones US$)** 244
**PIB per cápita (US$)** 3,050

## Fechas clave

**S. XVII** Asentamientos franceses e ingleses.
**1805** Posesión inglesa.
**1834** Fin de esclavitud.
**1967** Autonomía.
**1978** Independencia en la Commonwealth.
**1979** Huracán severo.
**1983** Se une a EUA en la invasión a Granada.

# SAN VICENTE Y LAS GRANADINAS

**NOMBRE OFICIAL**
San Vicente y las Granadinas

**CAPITAL**
Kingstown, en San Vicente

**Área** 389 km²
**Población** 112,000
**Densidad de población** 288 por km²
**Índice de crecimiento poblacional** 0.9%
**Esperanza de vida** 72 (h); 72 (m)
**Idiomas** Inglés, francés
**Alfabetismo (adultos)** 82%
**Moneda** Dólar del Caribe Oriental (US$1 = 2.7 dólares)
**PIB (millones US$)** 300
**PIB per cápita (US$)** 2,678

## Fechas clave

**1783** Colonia inglesa.
**1834** Fin de esclavitud.
**1958-1962** Parte de la Federación de las Indias Occidentales.
**1969** Autonomía.
**1979** Independencia en la Commonwealth.
**1983** Se une a EUA en la invasión a Granada.

## HONDURAS

**NOMBRE OFICIAL**
República de Honduras

**CAPITAL**
Tegucigalpa

**Área** 112,088 km²
**Población** 6,385,000
**Densidad de población** 55 por km²
**Índice de crecimiento poblacional** 3%
**Esperanza de vida** 65 (h); 70 (m)

**Idiomas** Español, inglés y lenguas locales
**Alfabetismo (adultos)** 72.7%
**Moneda** Lempira (US$1 = 15.29 lempiras)
**PIB (millones US$)** 5,500
**PIB per cápita (US$)** 889

### Fechas clave

**1502** Colón llega y la reclama para España.
**1821** Independencia.
**1823** Parte de Provincias Unidas del Centro de América.
**1838** Se separa.
**1969** Expulsa a salvadoreños; guerra breve.
**1980-1989** "Contras" atacan Nicaragua desde bases en Honduras.
**1992** Resuelve disputa con El Salvador.

## BELICE

**NOMBRE OFICIAL**
Belice

**CAPITAL**
Belmopan

**Área** 22,965 km²
**Población** 235,000
**Densidad de población** 10 por km²
**Índice de crecimiento poblacional** 2.6%
**Esperanza de vida** 70 (h); 74 (m)

**Idiomas** Inglés, español, criollo, garifuna, maya, ketchi, dialecto alemán
**Alfabetismo (adultos)** 90%
**Moneda** Dólar de Belice (US$1 = 1.97 dólares de Belice)
**PIB (millones US$)** 646
**PIB per cápita (US$)** 2,691

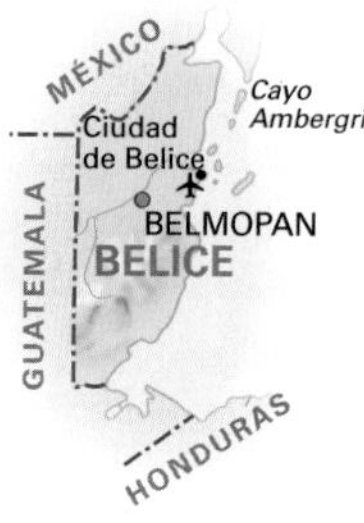


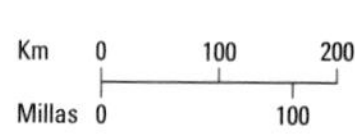

### Fechas clave

**1520** Es reclamada por España.
**1862** Honduras Británica.
**1964** Autonomía.
**1973** Nombrada Belice.
**1975** Tropas inglesas defienden frontera disputada por Guatemala.
**1981** Independencia.
**1991** Guatemala abandona reclamaciones.
**1993** Termina disputa.
**1994** Salen tropas inglesas.

## COSTA RICA

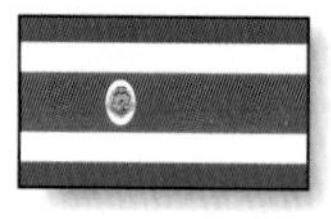

**NOMBRE OFICIAL**
República de Costa Rica

**CAPITAL**
San José

**Área** 51,100 km²
**Población** 3,589,000
**Densidad de población** 69 por km²
**Índice de crecimiento poblacional** 1.5%
**Esperanza de vida** 73 (h); 78 (m)

**Idiomas** Español, inglés patois
**Alfabetismo (adultos)** 94.8%
**Moneda** Colón costarricense (US$1 = 323 colones)
**PIB (millones US$)** 10,600
**PIB per cápita (US$)** 3,002

### Fechas clave

**1502** Colón llega y la reclama para España.
**1821** Independencia.
**1823** Parte de Provincias Unidas del Centro de América.
**1838** Se separa.
**1948-1949** Guerra civil tras elección disputada.
**1949** Constitución; abolición del ejército.
**1987** El presidente Óscar Arias gana el premio Nobel de la Paz.

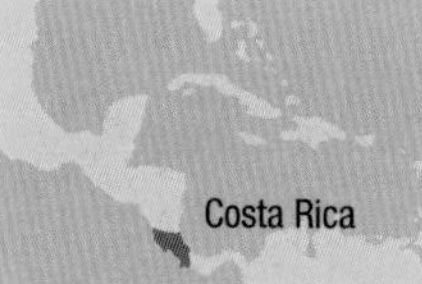


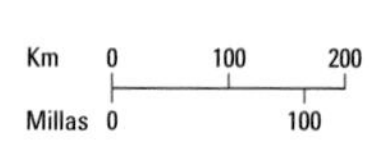


### Un respiro en los años difíciles en América Central

Las décadas de 1980 y 1990 trajeron una pausa inesperada a los conflictos en la atribulada América Central y un premio Nobel de la Paz para el presidente de Costa Rica, Óscar Arias Sánchez, quien elaboró y presentó un plan de paz que fue firmado en el año de1987 por El Salvador, Costa Rica, Guatemala y Nicaragua.

Las naciones centroamericanas, después de independizarse de España en 1821, habían sufrido más de 150 años de golpes militares, guerras civiles, conflictos fronterizos y guerrillas insurgentes.

En Nicaragua, las guerrillas sandinistas habían derrocado la dictadura de la familia Somoza en 1979, pero su política de reforma agraria y nacionalización alarmó a Estados Unidos y fueron atacados por "contras" de derecha, entrenados y financiados por la CIA. Con el país sumido en una recesión grave, los sandinistas perdieron las elecciones de 1990. Los enfrentamientos continuaron, pero en 1994 se firmó un acuerdo de alto el fuego.

Guatemala, que había conocido disturbios y escuadrones de la muerte desde un golpe respaldado por la CIA en 1954, hizo la paz con los rebeldes izquierdistas en 1996. En 1992, El Salvador y Honduras llegaron a un acuerdo sobre una antigua disputa fronteriza. El plan de Arias había establecido las condiciones para la paz.

# GUATEMALA

**NOMBRE OFICIAL**
República de Guatemala

**CAPITAL**
Ciudad de Guatemala

**Área** 108,889 km²
**Población** 11,088,000
**Densidad de población** 99 por km²
**Índice de crecimiento poblacional** 2.9%
**Esperanza de vida** 62 (h); 67 (m)
**Idiomas** Español y muchas lenguas locales
**Alfabetismo (adultos)** 55.6%
**Moneda** Quetzal (US$1 = 7.77 quetzales)
**PIB (millones US$)** 18,100
**PIB per cápita (US$)** 1,675

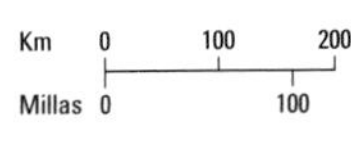

## Fechas clave

**1523** Invasión española.
**1821** Independencia.
**1823** Parte de Provincias Unidas del Centro de América.
**1840** Se separa.
**1945** Nueva constitución; reformas políticas.
**1952** Reforma agraria.
**1954** EUA respalda golpe militar que lleva al poder a Castillo Armas.
**1985** Otra constitución restaura el poder civil.
**1991** Fin de disputa fronteriza con Belice.
**1993** Ejército remueve presidente dictatorial.
**1996** Acuerdo de paz con rebeldes izquierdistas.

# EL SALVADOR

**NOMBRE OFICIAL**
República de El Salvador

**CAPITAL**
San Salvador

Km 0 100 200
Millas 0 100

**Área** 21,041 km²
**Población** 6,154,000
**Densidad de población** 287 por km²
**Índice de crecimiento poblacional** 1.9%
**Esperanza de vida** 51 (h); 64 (m)
**Idiomas** Español y lenguas locales
**Alfabetismo (adultos)** 71.5%
**Monedas** Dólar de EUA y colón salvadoreño (US$1 = 8.74 colones)
**PIB (millones US$)** 12,000
**PIB per cápita (US$)** 1,990

## Fechas clave

**1524** Invasión española.
**1821** Independencia.
**1823** Parte de Provincias Unidas del Centro de América.
**1840** Se separa.
**1931** Golpe militar.
**1969** Breve guerra fronteriza con Honduras.
**1979** Guerrilla izquierdista.
**1980** Asesinato del arzobispo Romero.
**1983** Constitución.
**1992** Paz con guerrilla.

# NICARAGUA

**NOMBRE OFICIAL**
República de Nicaragua

**CAPITAL**
Managua

**Área** 120,254 km²
**Población** 4,936,000
**Densidad de población** 40 por km²
**Índice de crecimiento poblacional** 1.8%
**Esperanza de vida** 63 (h); 69 (m)
**Idiomas** Español, inglés y lenguas locales
**Alfabetismo (adultos)** 65.6%
**Moneda** Córdoba oro (US$1 = 13.2 córdobas oro)
**PIB (millones US$)** 2,200
**PIB per cápita (US$)** 457

## Fechas clave

**1502** Colón llega y la reclama para España.
**1821** Independencia.
**1826** Parte de Provincias Unidas del Centro de América.
**1838** Se separa.
**1912-1933** Ocupación estadounidense.
**1937** Anastasio Somoza es dictador.
**1956** Matan a Somoza; lo sucede su hijo Luis.
**1967** Muere Luis Somoza; lo sucede su hermano Anastasio.
**1979** Sandinistas ganan guerrilla de 17 años; Somoza huye. Apoyo a rebeldes en El Salvador.
**1982** Ofensiva "contra".
**1989** Fallan pláticas de paz.
**1990** Derrota sandinista en elecciones. Paz con los "contras".
**1998** El huracán Mitch causa daños graves.

Km 0 100 200
Millas 0 100

## PANAMÁ

**NOMBRE OFICIAL**
República de Panamá

**CAPITAL**
Ciudad de Panamá

**Área** 75,517 km²
**Población** 2,809,000
**Densidad de población** 37 por km²
**Índice de crecimiento poblacional** 1.3%
**Esperanza de vida** 71 (h); 76 (m)
**Idiomas** Español y lenguas locales
**Alfabetismo (adultos)** 90.8%
**Monedas** Dólar de EUA y balboa (US$1 = 1 balboa)
**PIB (millones US $)** 9,500
**PIB per cápita (US$)** 3,442

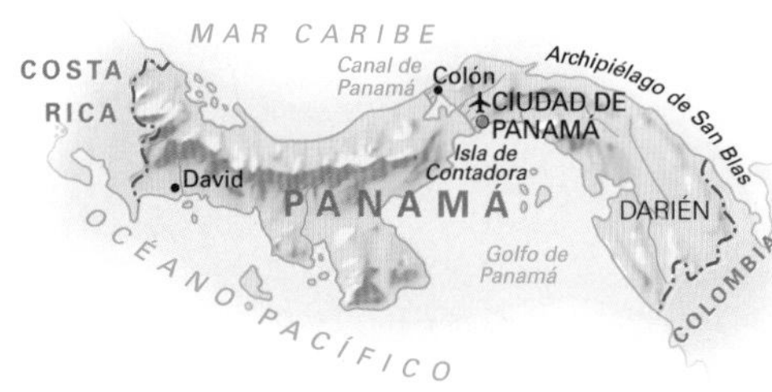


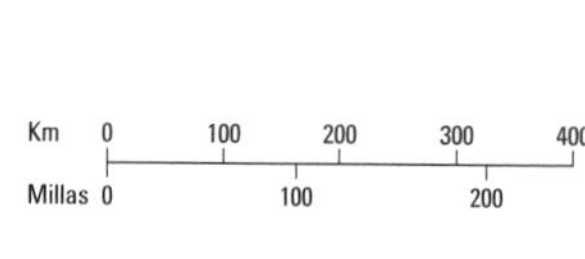

## Fechas clave

1502 Balboa la reclama para España.
1821 Independencia como parte de Colombia.
1855 Construyen ferrocarril interoceánico.
1903 Independencia de Colombia apoyada por EUA, que controla la Zona del Canal.
1908-1928 EUA supervisa todas las elecciones.
1914 Se completa Canal.
1960-1969 Disputa con EUA por tratado de la Zona del Canal.
1968 Golpe militar.
1977 Nuevo tratado con EUA por el Canal.
1979 Recupera el control de la Zona del Canal.
1983 General Noriega gana poder efectivo.
1988 Corte de EUA acusa a Noriega de tráfico de drogas; inician sanciones económicas.
1989 Asamblea Nacional nombra a Noriega jefe del gobierno y declara estado de guerra con EUA. Tropas de EUA la invaden para arrestar a Noriega.
1990 Noriega se rinde.
1992 Juicio de Noriega en EUA; es sentenciado a 40 años de prisión.
1999 Panamá gana control operacional del Canal; EUA conserva derechos de defensa.

## Dos océanos unidos

Un político inglés lo llamó “la mayor libertad que se ha tomado el hombre con la naturaleza”. El Canal de Panamá, que une los océanos Atlántico y Pacífico, requirió 40,000 hombres y 10 años para completarse. De 1904 a 1914, el equipo de construcción estadounidense removió 315 millones de m³ de tierra; 6,000 hombres murieron en el proceso. Pero el gobierno de EUA pensó que valía el precio: el Canal acortó los viajes por mar entre Nueva York y San Francisco en unos 13,000 km. Para fines del siglo xx había revolucionado el desarrollo económico global al impulsar el comercio mundial y crear nuevos mercados. Cuando EUA devolvió el control del Canal a Panamá en 1999, más de 700,000 barcos habían completado el paso de 24 horas, incluyendo 13,025 en 1998.

El primer intento de construir un canal en el Istmo de Panamá, por una compañía francesa en la década de 1880, costó 22,000 vidas antes de terminar en bancarrota. El éxito llegó luego de que Theodore Roosevelt, presidente de EUA, aceptara el reto. En ese momento Panamá era parte de Colombia, la cual no autorizó a EUA a construir el canal. Entonces EUA apoyó una revuelta panameña. Con la aprobación entusiasta de Panamá independiente, Roosevelt gastó US$387 millones y proveyó los mejores ingenieros estadounidenses. También envió a sus mejores oficiales médicos: el doctor William C. Gorgas eliminó la fiebre amarilla y la malaria al erradicar a los mosquitos en la zona.

**Paso estrecho** Un trasatlántico navega en la Esclusa Pedro Miguel del Canal de Panamá. Hay tres esclusas en el Canal; en su punto más alto, los barcos están a 26 m sobre el nivel del mar.

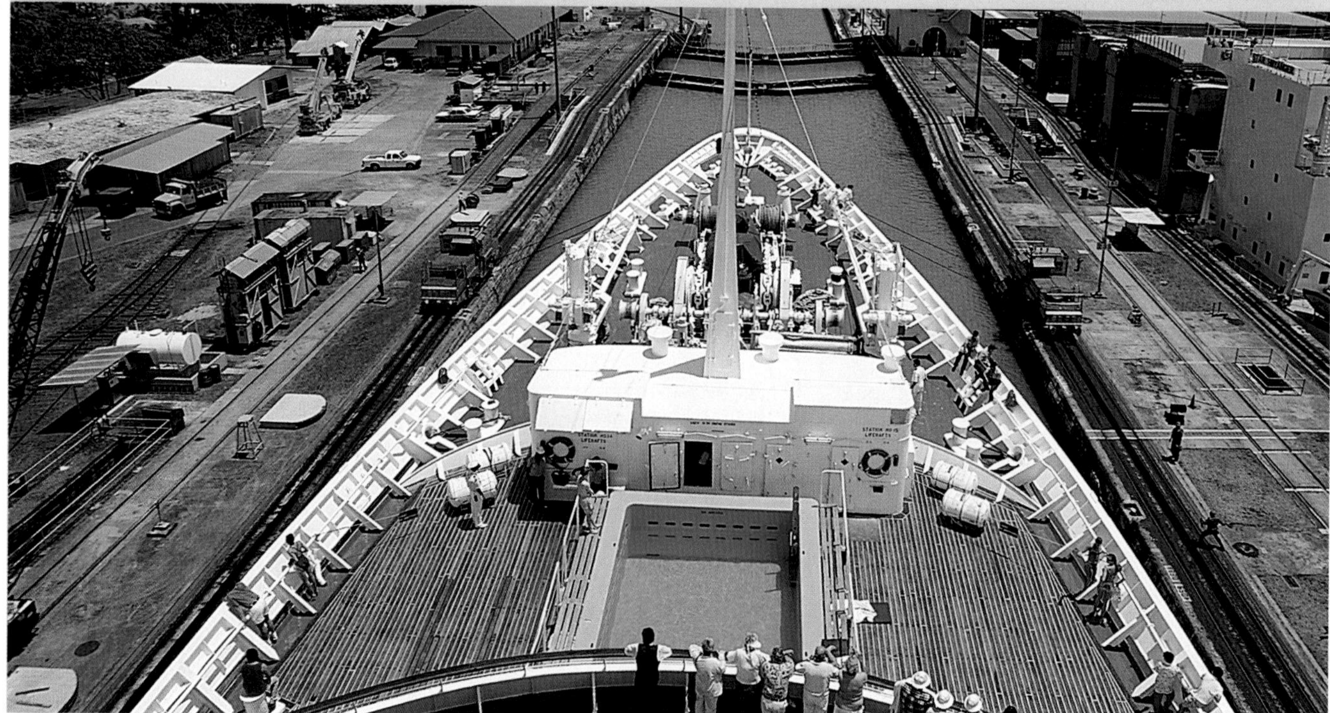

# VENEZUELA

**NOMBRE OFICIAL**
República de Venezuela

**CAPITAL**
Caracas

**Área** 912,050 km²
**Población** 23,706,000
**Densidad de población** 25 por km²
**Índice de crecimiento poblacional** 1.7%
**Esperanza de vida** 69 (h); 75 (m)
**Idiomas** Español y lenguas locales
**Alfabetismo (adultos)** 91.1%
**Moneda** Bolívar (US$1 = 710 bolívares)
**PIB (millones US$)** 102,800
**PIB per cápita (US$)** 4,423

## Fechas clave

**1498** Colón la reclama para España.
**1811-1821** Liberada por Simón Bolívar; parte de la Gran Colombia.
**1829** Independencia.
**1917** Inicia producción de petróleo.
**1958** Protestas violentas obligan a huir al dictador Marcos Pérez Jiménez; gobierno democrático.
**1976** Nacionaliza 21 compañías petroleras.
**1989** Mueren 300 en motines por alza de precios; ley marcial.
**1992** Fallan dos golpes militares.
**1994-1995** Crisis económica; suspenden derechos civiles.

# COLOMBIA

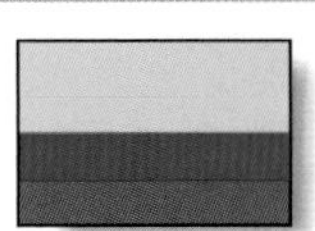

**NOMBRE OFICIAL**
República de Colombia

**CAPITAL**
Bogotá

**Área** 1,141,748 km²
**Población** 41,589,000
**Densidad de población** 36 por km²
**Índice de crecimiento poblacional** 1.5%
**Esperanza de vida** 66 (h); 72 (m)
**Idioma** Español
**Alfabetismo (adultos)** 91.3%
**Moneda** Peso colombiano (US$1 = 2,328 pesos colombianos)
**PIB (millones US$)** 77,100
**PIB per cápita (US$)** 1,888

## Fechas clave

**1525** Colonia española.
**1538** Nombrada Nuevo Reino de Granada.
**1819** La libera Simón Bolívar: Gran Colombia.
**1829-1830** Venezuela y Ecuador se separan.
**1903** Pierde Panamá.
**1948-1962** "La Violencia": mueren 200,000 en motines políticos y rebeliones.
**1957-1974** Gobierno de coalición.
**1978** Ofensiva contra el tráfico de drogas.
**1989-1990** Matan a tres candidatos presidenciales.
**1993** Muere el capo Pablo Escobar.
**1996** Emergencia para luchar contra guerrilla.

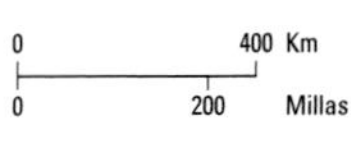

# Chile, Bolivia, Ecuador y Perú

## CHILE

**NOMBRE OFICIAL**
República de Chile

**CAPITAL**
Santiago

**Área** 756,626 km²
**Población** 15,018,000
**Densidad de población** 20 por km²
**Índice de crecimiento poblacional** 1.7%
**Esperanza de vida** 72 (h); 77 (m)

**Idiomas** Español, araucano
**Alfabetismo (adultos)** 95.2%
**Moneda** Peso chileno (US$1 = 602 pesos chilenos)
**PIB (millones US$)** 66,900
**PIB per cápita (US$)** 4,514

### Fechas clave

**1541** Colonia española; fundan Santiago.
**1818** Independencia de España tras ocho años de lucha.
**1879-1883** Chile gana territorio de Perú en la Guerra del Pacífico.
**1891** Guerra civil; mueren más de 10,000.
**1970** Eligen al presidente Salvador Allende.
**1973** Allende muere en golpe militar apoyado por EUA. Pinochet dirige junta militar.
**1980** Nueva constitución.
**1989** Elecciones reponen gobierno civil.
**1998** Pinochet arrestado en Inglaterra.
**2000** Gobierno inglés permite que Pinochet regrese a casa; acusado en Chile de asesinato y secuestro.

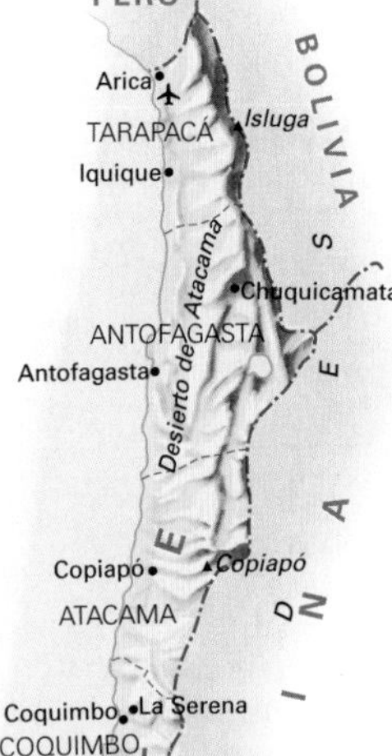


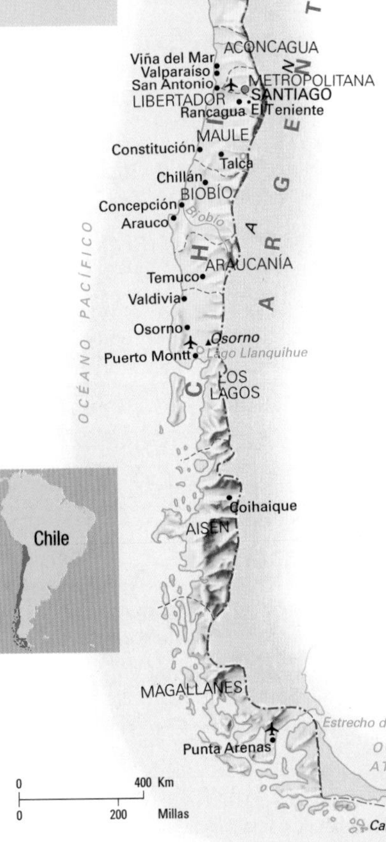


## LA COLUMNA VERTEBRAL DE UN CONTINENTE

La cordillera de los Andes en América del Sur siempre ha ofrecido protección, pero también ha creado problemas. La gente se resguardaba de la persecución en las montañas inaccesibles aun antes de que los incas formaran su gran civilización en el Altiplano hace 800 años. Pero la barrera física de la cordillera de los Andes, que abarca toda la longitud del continente cerca de la costa occidental, ha bloqueado las comunicaciones e impide que llegue la modernidad a las aldeas alejadas del mar.

El transporte es difícil (aún se usan animales de carga) y la dificultad para construir carreteras y vías férreas obstaculiza el crecimiento económico en países como Bolivia, Perú y Ecuador. (Una sola línea férrea, la Central, sube a 4,816 m y es la más alta del mundo.)

La cordillera de los Andes, la más larga del mundo (7,200 km) y la segunda en altitud (6,100 m), es la fuente del extenso Amazonas y de muchos otros ríos. Su fértil suelo es excelente para cultivos como cereales, maíz, papa, café, tabaco y caña de azúcar, y la tierra es rica en minerales: petróleo en las estribaciones, oro y esmeraldas en Colombia, plata en Perú y Chile, y estaño en Bolivia.

Pero la cordillera geológicamente joven está llena de actividad tectónica. Sus desastres naturales incluyen un terremoto en Perú en 1970 que mató a 50,000 personas, y la erupción volcánica de 1985 en Colombia que costó 23,000 vidas.

**Juventud inquieta** Los Andes aún están creciendo, conforme el suelo del Pacífico se adentra bajo América del Sur. El resultado son frecuentes terremotos y desastres volcánicos a lo largo de la cordillera.

## BOLIVIA

**NOMBRE OFICIAL**
República de Bolivia

**CAPITALES**
La Paz y Sucre

**Área** 1,098,581 km²
**Población** 8,137,000
**Densidad de población** 7 por km²
**Índice de crecimiento poblacional** 2.2%
**Esperanza de vida** 59 (h); 63 (m)

**Idiomas** Español, quechua, aimara
**Alfabetismo (adultos)** 83.1%
**Moneda** Boliviano (US$1 = 6.50 bolivianos)
**PIB (millones US$)** 8,400
**PIB per cápita (US$)** 1,056

### Fechas clave

**s. XV** Gobierno inca.
**1534** Colonia española.
**1825** Independencia.
**1879-1883** Guerra del Pacífico: pierde territorio con Chile.
**1932-1935** Guerra del Chaco: pierde territorio con Paraguay.
**1964-1982** Control militar.
**1967** Capturan y matan al "Che" Guevara.
**1980-1983** Sin ayuda de EUA/CE por corrupción.
**1982** Gobierno civil democrático.

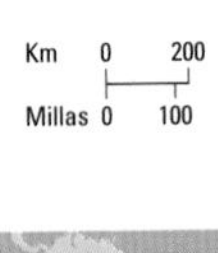

# ECUADOR

**NOMBRE OFICIAL**
República del Ecuador

**CAPITAL**
Quito

**Área** 272,045 km²
**Población** 12,411,000
**Densidad de población** 45 por km²
**Índice de crecimiento poblacional** 2.3%
**Esperanza de vida** 67 (h); 72 (m)
**Idiomas** Español, quechua y otros dialectos locales
**Alfabetismo (adultos)** 90.1%
**Moneda** Dólar de EUA
**PIB (millones US$)** 12,700
**PIB per cápita (US$)** 1,043

1 Chimborazo
2 Bolívar
3 Tungurahua

Km 0 100 200
Millas 0 100

## Fechas clave

**s. xv** Control inca.
**1534** Colonia española.
**1822** Independencia como parte de Colombia.
**1830** Independencia.
**1925-1948** Muchos gobiernos inestables.
**1941** Guerra con Perú: pierde territorio en la Cuenca del Amazonas.
**1963** Golpe militar.
**1966** Vuelve el control civil; nueva constitución.
**1972** Golpe militar.
**1979** Constitución democrática.
**1995** Lucha con Perú por frontera disputada.
**1998** Medidas económicas de emergencia.
**2000** Golpe depone al presidente; protestas por austeridad.

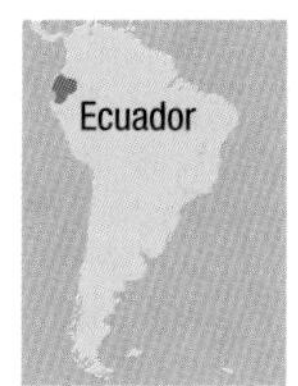

**Una ciudad con todas las estaciones** Debido a su ubicación en el ecuador y a su altitud de 2,775 m, el clima de Quito puede abarcar toda la gama de las estaciones en 24 horas.

# PERÚ

**NOMBRE OFICIAL**
República del Perú

**CAPITAL**
Lima

**Área** 1,285,216 km²
**Población** 25,232,000
**Densidad de población** 19 por km²
**Índice de crecimiento poblacional** 2%
**Esperanza de vida** 66 (h); 70 (m)
**Idiomas** Español, quechua, aimara
**Alfabetismo (adultos)** 88.7%
**Moneda** Nuevo sol (US$1 = 3.58 nuevos soles)
**PIB (millones US$)** 56,200
**PIB per cápita (US$)** 2,266

## Fechas clave

***c.* 1200** Se establece el reino inca.
**1532-1533** Conquista española bajo Pizarro.
**1824** Independencia tras cuatro años de guerra.
**1879-1883** Guerra del Pacífico: pierde territorio ante Chile.
**1930** Golpe militar lleva a la represión política.
**1941** Guerra con Ecuador: gana territorio en el Amazonas.
**1945** Elecciones libres.
**1948** Golpe militar.
**1963** Gobierno civil; inician reformas sociales.
**1968** Golpe militar; nacionalizan industrias.
**1980** Elecciones. Guerrilla comunista "Sendero Luminoso".
**1992** Capturan al líder de "Sendero Luminoso".
**1995** Lucha fronteriza con Ecuador.
**1996-1997** Guerrilla izquierdista Túpac Amaru toma rehenes; el ejército los rescata; guerrilla aniquilada.
**2000** El presidente Fujimori es acusado de corrupción y se le obliga a renunciar.

# Guyana, Surinam y Brasil

## GUYANA

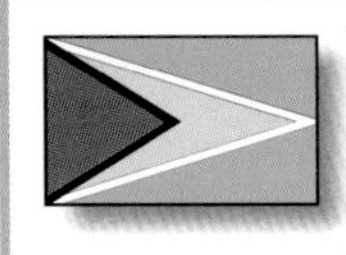

**NOMBRE OFICIAL** República Cooperativa de Guyana

**CAPITAL** Georgetown

**Área** 214,969 km²
**Población** 855,000
**Densidad de población** 4 por km²
**Índice de crecimiento poblacional** 0.5%
**Esperanza de vida** 62 (h); 68 (m)
**Idiomas** Inglés, hindi, urdu y dialectos locales
**Alfabetismo (adultos)** 98.1%
**Moneda** Dólar de Guyana (US$1 = 180 dólares de Guyana)
**PIB (millones US$)** 690
**PIB per cápita (US$)** 811

**DATO** En Guyana hablan inglés y juegan cricket para las Antillas o Indias Occidentales, aunque es nación sudamericana.

### Fechas clave

**1581** Colonia holandesa.
**1814** Control inglés.
**1831** Se establece Guayana Británica.
**1838** Liberan esclavos; traen braceros de la India para reemplazarlos.
**1961** Autonomía.
**1962-1964** Violencia política y racial entre negros e indios demora la independencia.
**1964** Congreso Nacional Popular (principalmente negro) gana la elección al Partido Progresista del Pueblo, marxista (principalmente indio).
**1966** Independencia en la Commonwealth; la llaman Guyana.
**1970** República.
**1978** "Masacre de Jonestown": suicidio masivo y asesinato de 911 miembros del Templo del Pueblo, culto religioso estadounidense.
**1988** Reformas económicas y privatización.

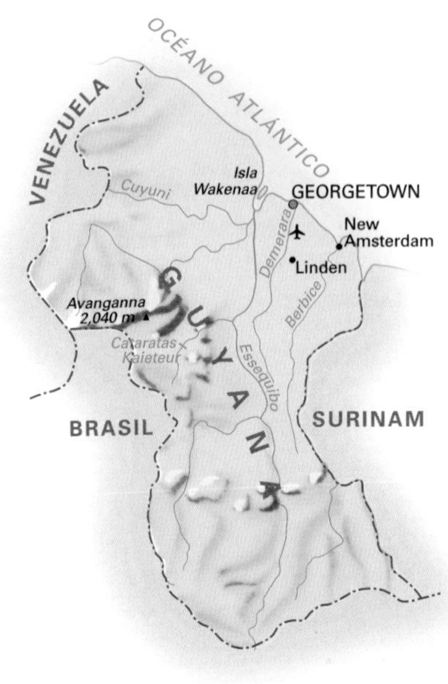

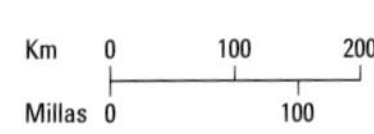


## SURINAM

**NOMBRE OFICIAL** República de Surinam

**CAPITAL** Paramaribo

**Área** 163,265 km²
**Población** 415,000
**Densidad de población** 3 por km²
**Índice de crecimiento poblacional** 1.1%
**Esperanza de vida** 64 (h); 71 (m)
**Idiomas** Holandés, hindi, javanés, sranang tongo, chino, inglés
**Alfabetismo (adultos)** 93%
**Moneda** Florín de Surinam (US$1 = 981 florines de Surinam)
**PIB (millones US$)** 842
**PIB per cápita (US$)** 2,053

**DATO** Surinam es uno de los países más boscosos del mundo: 96% de su territorio está cubierto de árboles.

### Fechas clave

**1651** Colonia inglesa.
**1667** Control holandés a cambio de Nueva York.
**1863** Fin de esclavitud; traen braceros de la India e Indonesia para reemplazar esclavos.
**1954** Autonomía de Guayana Holandesa.
**1975** Independencia; dos quintos de la población emigra a los Países Bajos. La llaman Surinam.
**1980** Golpe incruento.
**1982-1987** Gobierna el Consejo Militar Nacional.
**1987** Rebeldes causan caos económico.
**1987** Se unen los tres partidos principales y ganan elecciones; nueva constitución.
**1990** Golpe militar; dimite el gobierno civil.
**1991** Nueva elección.
**1992** Tratado de paz con grupos guerrilleros.

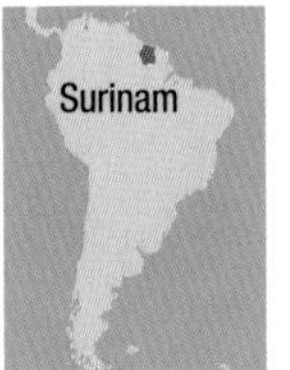


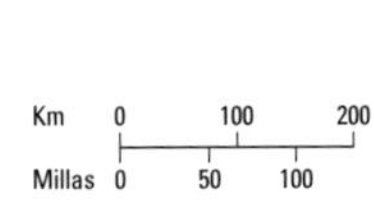

# BRASIL

**NOMBRE OFICIAL**
República Federativa de Brasil

**CAPITAL**
Brasilia

**Área** 8,511,996 km²
**Población** 165,371,000
**Densidad de población** 19 por km²
**Índice de crecimiento poblacional** 1%
**Esperanza de vida** 64 (h); 70 (m)
**Idiomas** Portugués y lenguas locales
**Alfabetismo (adultos)** 85.2%
**Moneda** Real (US$1 = 2.22 reales)
**PIB (millones US$)** 518,900
**PIB per cápita (US$)** 3,207

## Fechas clave

**1500** La toma Portugal.
***c.* 1700** Descubren oro y diamantes.
**1750** Tratado con España confirma control portugués.
**1808-1821** Río de Janeiro es capital del imperio portugués cuando Francia invade Portugal.
**1815** Declarada reino.
**1822** Independencia; Pedro I, emperador.
**1828** Pierde Uruguay en guerra contra Argentina.
**1865-1870** Guerra (con Argentina y Uruguay) contra Paraguay; se establece frontera actual.
**1888** Fin de esclavitud.
**1889** Golpe militar depone al emperador; se establece la república.
**1917-1918** Aliada en Primera Guerra Mundial.
**1930** Golpe; Vargas se convierte en presidente.
**1934** Nueva constitución; derecho universal al voto.
**1937** Crisis económica; una nueva constitución impone a Vargas como dictador.
**1942-1945** Aliada en Segunda Guerra Mundial.
**1945** Ejército obliga a Vargas a renunciar.
**1946** Nueva constitución restaura la democracia.
**1951** Vargas es electo presidente.
**1954** Golpe militar; Vargas se suicida.
**1960** Cambia capital de Río de Janeiro a Brasilia.
**1964-1985** Control militar.
**1989** Primera elección directa de presidente con nueva constitución.
**1992** El presidente Collor de Melo es acusado de corrupción; renuncia.
**1994** Collor absuelto.

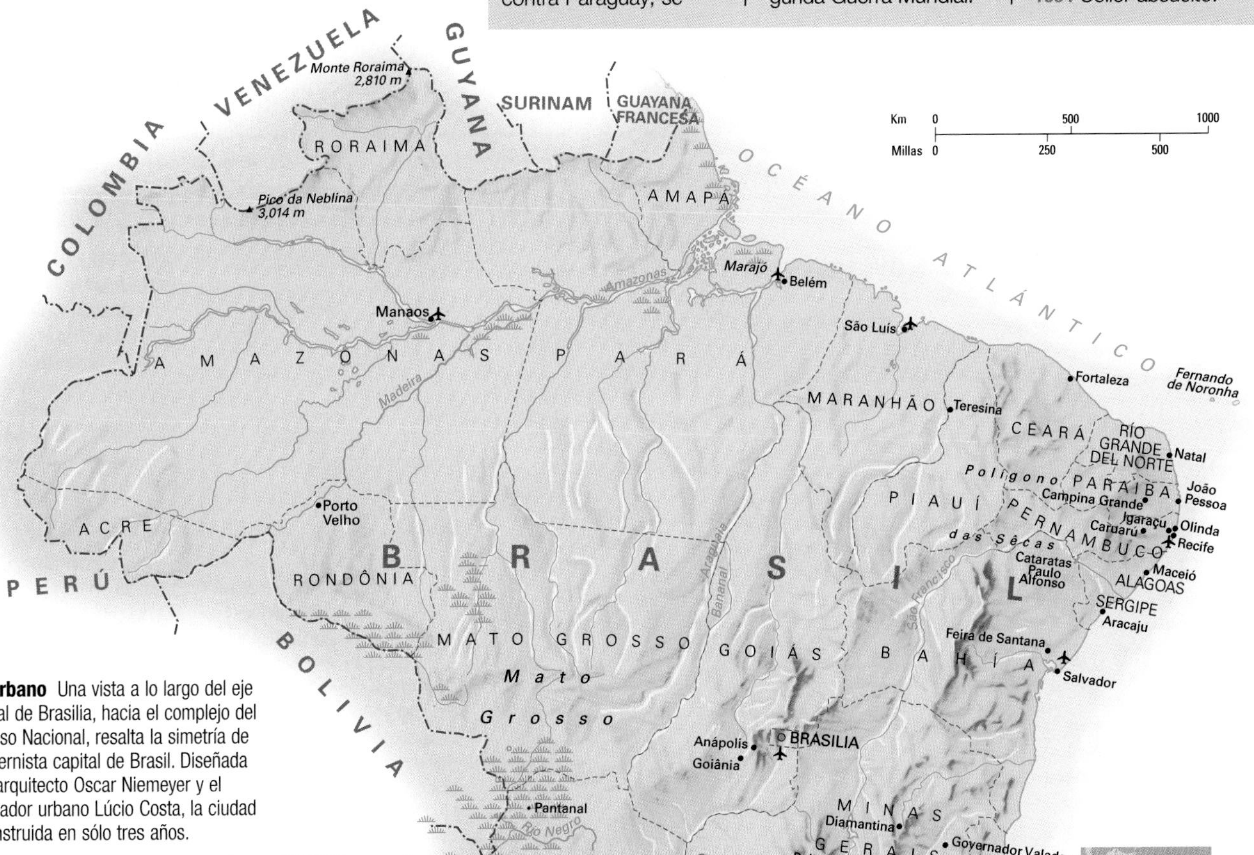

**Plan urbano** Una vista a lo largo del eje principal de Brasilia, hacia el complejo del Congreso Nacional, resalta la simetría de la modernista capital de Brasil. Diseñada por el arquitecto Oscar Niemeyer y el planificador urbano Lúcio Costa, la ciudad fue construida en sólo tres años.

# Paraguay, Uruguay y Argentina

## PARAGUAY

**NOMBRE OFICIAL**
República del Paraguay

**CAPITAL**
Asunción

**Área** 406,752 km²
**Población** 5,356,000
**Densidad de población** 13 por km²
**Índice de crecimiento poblacional** 2.2%
**Esperanza de vida** 66 (h); 70 (m)

**Idiomas** Español, guaraní
**Alfabetismo (adultos)** 92.1%
**Moneda** Guaraní (US$1 = 3,805 guaraníes)
**PIB (millones US$)** 7,600
**PIB per cápita (US$)** 1,455

### Fechas clave

**1537** Primera colonia española.
**1588** Llegan los jesuitas; los expulsan 179 años después.
**1811** Independencia.
**1865-1870** Guerra de la Triple Alianza: pierde territorio ante Brasil, Argentina y Uruguay.
**1932-1935** Guerra del Chaco: gana territorio en el Gran Chaco, Bolivia.
**1954** General Alfredo Stroessner en el poder.
**1989** Golpe derroca a Stroessner.
**1992** Nueva constitución.
**1993** Primera elección presidencial democrática.

## URUGUAY

**NOMBRE OFICIAL**
República Oriental del Uruguay

**CAPITAL**
Montevideo

**Área** 176,215 km²
**Población** 3,313,000
**Densidad de población** 19 por km²
**Índice de crecimiento poblacional** 0.6%
**Esperanza de vida** 68 (h); 74 (m)
**Idiomas** Español, portugués
**Alfabetismo (adultos)** 96.8%
**Moneda** Peso uruguayo (US$1 = 12.9 pesos uruguayos)
**PIB (millones US$)** 19,400
**PIB per cápita (US$)** 5,896

### Fechas clave

**1680** Colonia portuguesa.
**1726** Españoles fundan Montevideo.
**1777** Control español.
**1811-1820** La lucha por la independencia con fuerzas españolas, argentinas y portuguesas termina con su anexión a Brasil.
**1825-1828** Revuelta (con apoyo de Inglaterra y Argentina) contra Brasil le da su independencia.
**1836-1852** Guerra civil entre el Partido Blanco de Oribe, principalmente rural, y el Partido Colorado, principalmente urbano; gana el Colorado.
**1865-1870** Guerra de la Triple Alianza: apoya a Argentina y Brasil para derrotar a Paraguay.
**1903** Presidente Batlle inicia reformas para una democracia estable.
**1942-1945** Aliada en Segunda Guerra Mundial.
**1967** Los tupamaros inician guerrilla.
**1972** Guerra interna contra tupamaros; el ejército sofoca el terrorismo urbano.
**1973** Fuerzas armadas controlan el gobierno.
**1976** Golpe depone gobierno represivo.
**1984** Gobierno civil electo democráticamente.

## LA RIQUEZA DE LA PAMPA

A pesar de que Argentina significa "Tierra de la Plata", su verdadera riqueza está en su suelo. La pampa, enorme extensión de pastizales, abarca 777,000 km² de la región central de Argentina y llega a Uruguay. Los españoles llevaron ganado y caballos a estas vastas planicies a mediados del siglo XVI, los que por siglos erraron allí en estado casi salvaje. También habita la pampa una fauna variada: ñandú (parecido al avestruz), venado, guanaco (semejante a una llama), oso hormiguero gigante y lobo.

Hasta el siglo XIX fue colonizada en forma extensa por granjeros, sobre todo de Europa, quienes establecieron grandes *estancias* (ranchos ganaderos) y granjas. Durante aquellos años, los gauchos, hábiles jinetes, comenzaron a domar caballos salvajes y a arrear ganado. Como los vaqueros del salvaje Oeste de EUA, se deleitan con la libertad de los espacios abiertos. Para los citadinos, y para las generaciones posteriores, se volvieron símbolos culturales.

Los argentinos son grandes consumidores de carne, con 70 kg per cápita al año. También son prodigiosos exportadores de carne, aunque fue hasta fines del siglo XIX, con el desarrollo de los ferrocarriles y los barcos de vapor refrigerantes, cuando se elevaron las exportaciones de carne de res, y Argentina amasó una riqueza con los productos de la pampa. Sus empresas ganaderas siguen siendo inmensas, pero la maquinaria y los vehículos modernos han relegado al gaucho a un pasado nebuloso y legendario.

# ARGENTINA

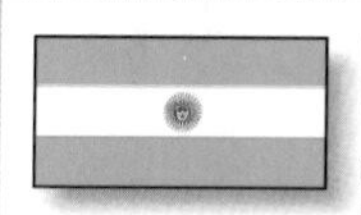

**NOMBRE OFICIAL**
República Argentina

**CAPITAL**
Buenos Aires

## Fechas clave

**1516-1526** Solís, Magallanes y Caboto exploran el Río de la Plata.
**1536** Breve colonia española en Buenos Aires; 1580: se refunda.
**1776** Virreinato de La Plata.
**1812-1816** José de San Martín dirige la lucha de independencia; nuevo estado: Provincias Unidas del Río de La Plata.
**1853** Nueva constitución; Buenos Aires se separa.
**1862** Buenos Aires se reintegra como capital.
**1916** Primeras elecciones democráticas.
**1939-1945** Segunda Guerra Mundial: simpatiza con Alemania, pero le declara la guerra al Eje en 1945.
**1943** Golpe militar.
**1946** Coronel Juan Perón, presidente; junto con su esposa Eva reforma la economía, pero reprime libertades.
**1952** Eva Perón muere.
**1955** Perón depuesto; se exilia en España.
**1973** Perón regresa del exilio; gana elección.
**1974** Perón muere; su tercera esposa, María Estela, presidenta.
**1976** Golpe militar depone a María Estela Perón.
**1982** Invade las Islas Malvinas; pierde la Guerra de las Malvinas con Inglaterra. Renuncia el presidente Galtieri.
**1983** Elección democrática; primera derrota del Partido Peronista.
**1985** Juzgan a cinco ex miembros de junta militar por muertes y abuso de derechos humanos.
**1989** Carlos Menem es electo presidente.
**1990** Reanuda relaciones con Inglaterra. Falla golpe militar.
**1994** Nueva constitución.

**Área** 2,766,889 km²
**Población** 36,578,000
**Densidad de población** 13 por km²
**Índice de crecimiento poblacional** 1.4%
**Esperanza de vida** 68 (h); 73 (m)
**Idiomas** Español y otras lenguas europeas y locales
**Alfabetismo (adultos)** 96.2%
**Moneda** Peso argentino (US$1 = 1 peso argentino)
**PIB (millones US$)** 281,900
**PIB per cápita (US$)** 7,804

## Un pedazo de Europa en América del Sur

Argentina es el único país de América del Sur cuya población es de origen predominantemente europeo. El 85% de sus habitantes tienen antepasados en Europa, sobre todo en Italia (35%) y España (25%). Otros los tienen en Polonia, Francia, Rusia, Alemania y las Islas Británicas. El español es el idioma oficial, pero a menudo se escucha alemán, inglés, francés e italiano. Un grupo de inmigrantes galeses cuyos antepasados se establecieron en Patagonia en la década de 1860 nunca han olvidado sus raíces. Aún traen maestros desde el otro lado del Atlántico, para mantener vivo el idioma galés.

Los mismos orígenes europeos se reflejan en la cultura argentina. La ópera de la capital, el *Teatro Colón*, fue traída, piedra por piedra, de Europa. Se inauguró en 1908 con *Aída*, de Verdi. A través de su contacto con los ingleses amantes del deporte los argentinos adoptaron el futbol soccer, el rugby, el tenis y el polo. Pero Europa no es la única influencia.

El tango, el producto más conocido de la cultura popular argentina, combina elementos cubanos, españoles, africanos y gauchos, y se acompaña con bandoneón, inventado por un alemán.

El 15% no europeo incluye nativos amerindios, negros de origen africano, inmigrantes de Medio Oriente y mestizos.

**De alegres colores** Muchos de los inmigrantes italianos de Buenos Aires se establecieron primero en La Boca y le dieron al barrio sus casas y restaurantes de brillantes colores.

# Gran Bretaña, Irlanda e Islandia

## ISLANDIA

**NOMBRE OFICIAL**
República de Islandia

**CAPITAL**
Reikjavik

**Área** 103,000 km²
**Población** 279,000
**Densidad de población** 3 por km²
**Índice de crecimiento poblacional** 1.1%
**Esperanza de vida** 76 (h); 80 (m)
**Idioma** Islandés
**Alfabetismo (adultos)** 99%
**Moneda** Corona islandesa (US$1 = 93 coronas)
**PIB (millones US$)** 8,300
**PIB per cápita (US$)** 30,627

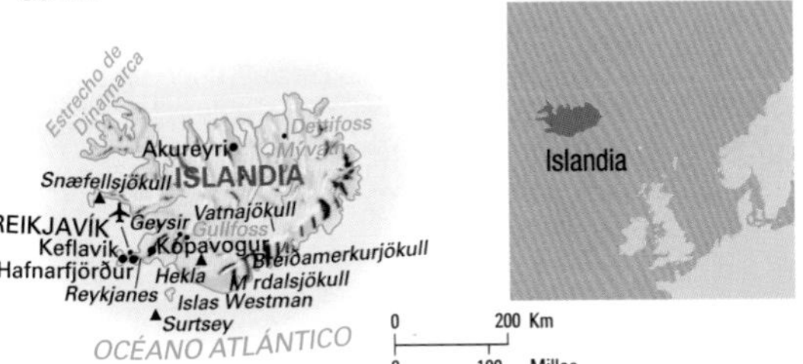


### Fechas clave

**c. 870** Primeros asentamientos vikingos.
**930** Se crea el Althing, primer parlamento mundial.
**1262** El Althing acepta el gobierno real noruego.
**1380** Dominio danés.
**Fines s. XVIII** Hambruna tras la pérdida de cosechas por erupciones.
**1918** Independencia de la corona danesa.
**1940-1945** Guarnición británica y de EUA para prevenir la invasión alemana en la Segunda Guerra Mundial.
**1944** Se declara república independiente.
**1976** "Guerra del bacalao" con el Reino Unido por derechos de pesca.

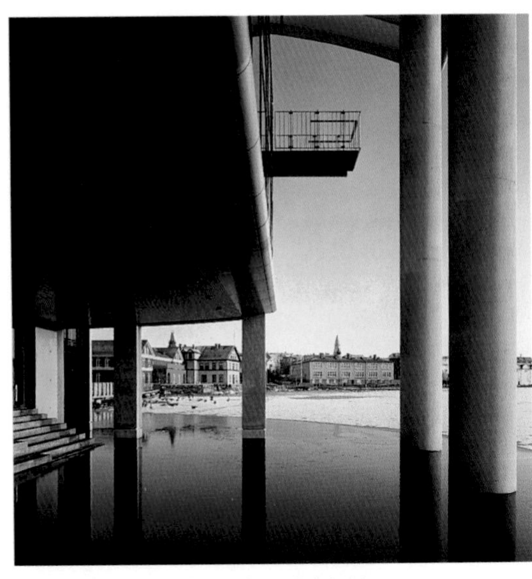

**Calefacción central** Reikjavik, capital de Islandia, disfruta de calefacción proporcionada por la energía geotérmica, que también produce gran parte de la energía eléctrica del país.

## IRLANDA

**NOMBRE OFICIAL**
República de Irlanda

**CAPITAL**
Dublín

**Área** 70,285 km²
**Población** 3,745,000
**Densidad de población** 53 por km²
**Índice de crecimiento poblacional** 0.6%
**Esperanza de vida** 72 (h); 78 (m)
**Idiomas** Irlandés, inglés
**Alfabetismo (adultos)** 99%
**Moneda** Euro
**PIB (millones US$)** 86,900
**PIB per cápita (US$)** 23,486

### Fechas clave

**1601** Dominio británico por la batalla de Kinsale.
**1690** La batalla de Boyne lleva a la supremacía protestante.
**1801** Irlanda se vuelve parte del Reino Unido.
**1846-1851** Muere de hambre 1 millón; emigra más de 1 millón.
**1916** Gran Bretaña detiene el Levantamiento de Pascua en Dublín.
**1919** Los nacionalistas forman un parlamento (Dail) y el Ejército Republicano Irlandés.
**1921** Un tratado angloirlandés crea el Estado Libre Irlandés (bajo dominio inglés). Irlanda del Norte aún es inglesa.
**1937** Se funda Eire Independiente.
**1949** Se hace república.
**1969-1994** "Problemas" en Irlanda del Norte.
**1973** Se une a la Comunidad Europea.
**1998** Acuerdo de paz del Viernes Santo.

**DATO** Los irlandeses adoptaron el arpa como símbolo luego que los ocupantes ingleses les prohibieron tocar la gaita.

# REINO UNIDO

**NOMBRE OFICIAL**
Reino Unido de Gran Bretaña e Irlanda del Norte

**CAPITAL**
Londres

**Área** 241,752 km²
**Población** 59,200,000
**Densidad de población** 245 por km²
**Índice de crecimiento poblacional** 0.2%
**Esperanza de vida** 74 (h); 79 (m)
**Idiomas** Inglés, galés
**Alfabetismo (adultos)** 99%
**Moneda** Libra esterlina (£) (US$1 = £0.69)
**PIB (millones US$)** 1,463,800
**PIB per cápita (US$)** 24,726

## Fechas clave

**a.C. 43** Invasión romana.
**c. 410** Los romanos abandonan Britannia.
**1066** Invasión normanda.
**1215** La Carta Magna limita el poder del rey.
**1337-1453** Guerra de los Cien Años en Francia.
**1588** Derrota de la Armada española.
**1603** Unión de los reinos inglés y escocés bajo Jacobo I y VI.
**1642-1651** Guerras civiles; derrocan al rey.
**1660** La Restauración.
**1688** El Parlamento derroca a Jacobo II.
**1707** Inglaterra y Escocia forman el Reino Unido de Gran Bretaña.
**1801** Irlanda forma parte del Reino Unido.
**1815** La batalla de Waterloo termina las Guerras Napoleónicas.
**1914-1918** Primera Guerra Mundial.
**1939-1945** Segunda Guerra Mundial.
**1945-1951** Se crea el "Estado benefactor".
**1960** Miembro fundador de la Asociación Europea de Libre Comercio.
**1973** Se une a la Comunidad Europea.
**1982** Guerra de las Malvinas.
**1999** Se crean el parlamento escocés y la asamblea galesa.

# Noruega, Dinamarca y Suecia

## NORUEGA

**NOMBRE OFICIAL**
Reino de Noruega

**CAPITAL**
Oslo

**Área** 323,877 km²
**Población** 4,462,000
**Densidad de población** 14 por km²
**Índice de crecimiento poblacional** 0.4%
**Esperanza de vida** 74 (h); 80 (m)
**Idiomas** Noruego, lapón
**Alfabetismo (adultos)** 99%
**Moneda** Corona noruega (US$1 = 9.02 coronas)
**PIB (millones US$)** 152,200
**PIB per cápita (US$)** 34,356

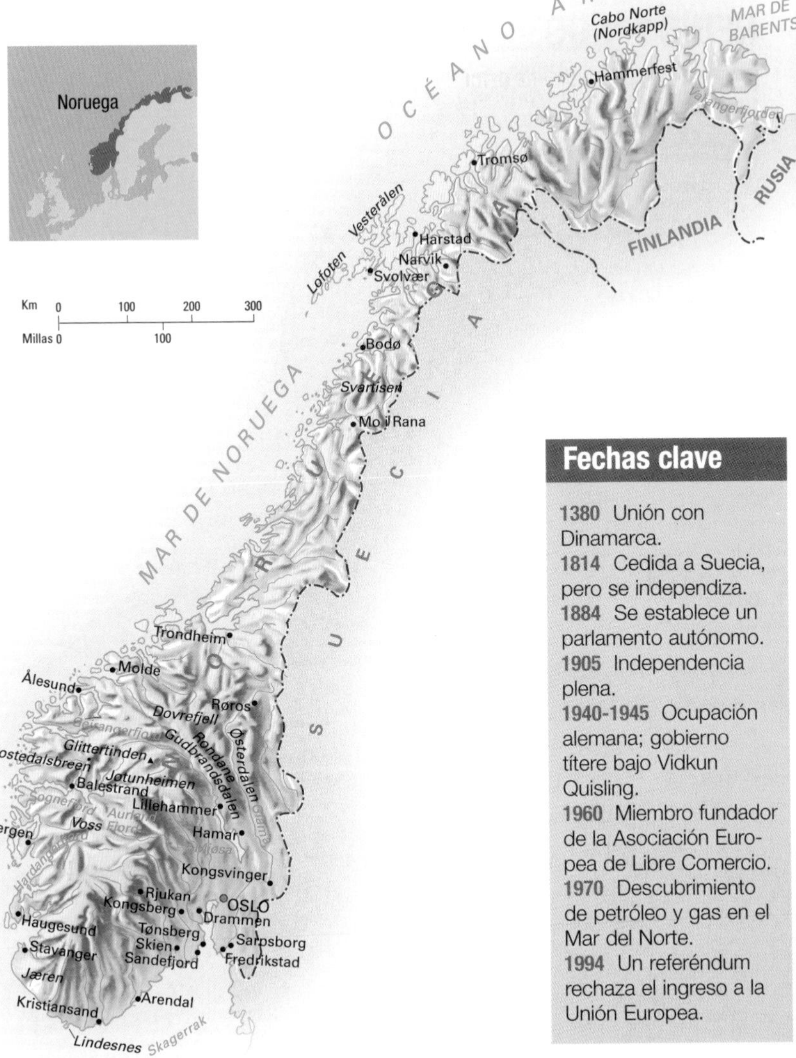


### Nómadas del sol de medianoche

La vida está cambiando para los lapones que viven en la "Tierra del Sol de Medianoche", en el norte de Noruega, Suecia, Finlandia y Rusia. Hace mucho que recorren las tierras con sus renos, pero casi la mitad está ahora en comunidades, dedicados a cultivar, pescar, cazar, armar trampas y plantar árboles. El mundo exterior también los ha influido: el desastre nuclear de Chernobyl en 1986 contaminó a sus renos, y los proyectos mineros e hidroeléctricos han cambiado sus tierras.

Los lapones, que se hacen llamar "saami", son uno de los pueblos más antiguos de Europa. Emigraron de Asia central poco después de la última era del hielo. Hoy casi 60,000 viven en cerca de 388,500 km², principalmente en el Círculo Polar Ártico y la mitad de ellos en Noruega. Varios gobiernos desean "normalizar" la sociedad lapona, pero los lapones se mantienen independientes y tienen parlamentos propios en Noruega, Finlandia y Suecia.

### Fechas clave

**1380** Unión con Dinamarca.
**1814** Cedida a Suecia, pero se independiza.
**1884** Se establece un parlamento autónomo.
**1905** Independencia plena.
**1940-1945** Ocupación alemana; gobierno títere bajo Vidkun Quisling.
**1960** Miembro fundador de la Asociación Europea de Libre Comercio.
**1970** Descubrimiento de petróleo y gas en el Mar del Norte.
**1994** Un referéndum rechaza el ingreso a la Unión Europea.

## DINAMARCA

**NOMBRE OFICIAL**
Reino de Dinamarca

**CAPITAL**
Copenhague

**Área** 43,094 km²
**Población** 5,327,000
**Densidad de población** 123 por km²
**Índice de crecimiento poblacional** 0.1%
**Esperanza de vida** 72 (h); 77 (m)
**Idioma** Danés
**Alfabetismo (adultos)** 99%
**Moneda** Corona danesa (US$1 = 8.28 coronas)
**PIB (millones US$)** 180,100
**PIB per cápita (US$)** 33,981

### Fechas clave

***c.* 950** Dinamarca unida.
**1380** Unión con Noruega.
**1397** Unión con Suecia.
**1523** Cede Suecia.
**1814** Pierde Noruega.
**1849** Primera constitución democrática.
**1940-1945** Neutral, pero ocupada por Alemania.
**1960** Miembro fundador de la Asociación Europea de Libre Comercio.
**1973** Se une a la Comunidad Europea.

# SUECIA

**NOMBRE OFICIAL**
Reino de Suecia

**CAPITAL**
Estocolmo

**Área** 449,964 km²
**Población** 8,861,000
**Densidad de población** 20 por km²
**Índice de crecimiento poblacional** 0.1%
**Esperanza de vida** 76 (h); 81 (m)
**Idiomas** Sueco, finés, lapón
**Alfabetismo (adultos)** 99%
**Moneda** Corona sueca (US$1 = 10.09 coronas)
**PIB (millones US$)** 243,700
**PIB per cápita (US$)** 27,536

## Fechas clave

**1397** Unión de Suecia, Dinamarca y Noruega.
**1523** Se independiza de Dinamarca.
**1809** Pierde Finlandia ante Rusia.
**1814** Adquiere Noruega en las Guerras Napoleónicas.
**1860-1900** Emigra casi un millón de suecos, la mayoría a EUA.
**1905** Pierde Noruega.
**1914-1918** País neutral.
**1939-1945** País neutral.
**1960** Miembro fundador de la Asociación Europea de Libre Comercio.
**1995** Ingresa a la UE.

**Vecinos unidos** Después de 600 años de haberse unido políticamente por primera vez los reinos de Suecia y Dinamarca (y casi 500 de haberse vuelto a separar), un gran puente nuevo cruza el Estrecho Øresund para unir la ciudad sueca de Malmo con Copenhague, la capital danesa. Inaugurado en julio de 2000, el puente tiene un piso superior para el tráfico de autos y camiones, y un piso inferior para trenes. Tiene una longitud de 7.7 km y un claro principal de 490 m.

## ALEMANIA

**NOMBRE OFICIAL**
República Federal de Alemania

**CAPITAL**
Berlín

**Área** 356,974 km²
**Población** 82,087,000
**Densidad de población** 230 por km²
**Índice de crecimiento poblacional** 0.1%
**Esperanza de vida** 72 (h); 79 (m)

**Idioma** Alemán
**Alfabetismo (adultos)** 99%
**Moneda** Euro
**PIB (millones US$)** 2,149,600
**PIB per cápita (US$)** 26,208

**DATO**
La región del Ruhr tiene la línea de tranvía más grande del mundo; conecta ocho ciudades en sus 120 km.

### Fechas clave

**800-843** El imperio de Carlomagno abarca Alemania.
**942** Otto I se corona emperador; nace el Sacro Imperio Romano.
**1438** Inicia el imperio de los Habsburgo.
**1806** Napoleón da fin al Sacro Imperio Romano.
**1815** Se funda la Confederación Alemana.
**1870-1871** Guerra Franco-Prusiana; Guillermo I es káiser del Imperio Alemán; Bismarck es su canciller.
**1914-1918** Pierde en Primera Guerra Mundial.
**1919** Se establece la República de Weimar.
**1933** Adolfo Hitler se convierte en canciller.
**1934** Hitler se nombra Führer; establece el Tercer Reich.
**1939-1945** Inicia y pierde la Segunda Guerra Mundial; Alemania es dividida en cuatro zonas de ocupación.
**1948-1949** Los rusos bloquean Berlín.
**1949** Se forman Alemania Occidental y Alemania Oriental.
**1957** Alemania Occidental es miembro fundador de la Comunidad Económica Europea.
**1961** Se alza el muro de Berlín.
**1989** Caída del muro.
**1990** Se unen Alemania Oriental y Occidental.
**1999** La sede del gobierno regresa a Berlín.

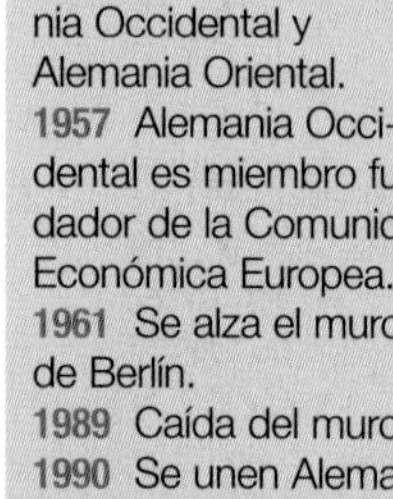

## RDA: la otra Alemania

En 1949 los Aliados occidentales y la URSS declararon estado a sus zonas de ocupación en Alemania. En el occidente del país aparece la República Federal y en el oriente soviético la República Democrática Alemana.

La dirección del nuevo estado de Alemania Oriental era leal a la URSS, percatándose de que ésa era la línea frontal de la confrontación ideológica con Occidente. La barrera de concreto, levantada apresuradamente en 1961 en torno al enclave de Berlín Occidental controlado por Occidente, fue llamada oficialmente "muro de protección antifascista".

Pero el pueblo de Alemania Oriental nunca estuvo contento con el socialismo soviético. En 1953 un levantamiento contra el estalinismo fue reprimido brutalmente y el escape de obreros calificados hacia Occidente llevó a la economía casi a un colapso en 1960. Éste era el verdadero propósito del muro: impedir que la gente valiosa escapara.

El gobierno luchó por hacer la vida confortable en el país. Hacia la década de 1970, el estándar de vida era mucho más alto que en la mayoría de los países socialistas. Pero el pueblo comparaba su vida con la de los alemanes occidentales, cuya opulencia observaban indirectamente por medio de la televisión. La mayoría de los ciudadanos de la RDA se alegraron cuando el líder reformista soviético Mijail Gorbachov dejó de apoyar al régimen de línea dura. En pocas semanas la presión popular en ambas Alemanias logró que se derribara el muro, lo que permitió que pronto se concretara la reunificación del país.

# PAÍSES BAJOS

**NOMBRE OFICIAL**
Reino de los Países Bajos

**CAPITAL**
Amsterdam (gob. en La Haya)

**Área** 33,939 km²
**Población** 15,810,000
**Densidad de población** 463 por km²
**Índice de crecimiento poblacional** 0.7%
**Esperanza de vida:** 74 (h); 80 (m)

**Idioma** Holandés
**Alfabetismo (adultos)** 99%
**Moneda** Euro
**PIB (millones US$)** 384,100
**PIB per cápita (US$)** 24,449

## Fechas clave

**S. XIV-XV** Los duques de Borgoña unen los Países Bajos.
**1516** Los gobierna la monarquía española.
**1581** Los holandeses se independizan; se les reconoce en 1648.
**1652-1674** Tres guerras navales contra Inglaterra.
**1795-1813** Gobierno francés.
**1815** Reino independiente (con Bélgica).
**1830** Bélgica se independiza.
**1940-1945** Alemania los ocupa a pesar de su neutralidad.
**1948** Forma con Bélgica y Luxemburgo la unión aduanera Benelux.
**1949** Se independiza Indonesia, su mayor colonia.
**1957** Es miembro fundador de la Comunidad Económica Europea.
**1992** Patrocina la conferencia Maastricht para la unión europea.

**El viento contra el agua** Esta granja de viento en Polders es el ejemplo más reciente del uso holandés de la energía eólica. Casi la mitad de los Países Bajos está debajo del nivel del mar, por lo que desde hace más de 500 años se han usado bombas impulsadas por aire para drenar el agua.

# Francia, Bélgica y Luxemburgo

## FRANCIA

**NOMBRE OFICIAL** República Francesa

**CAPITAL** París

**Área** 543,965 km²
**Población** 59,099,000
**Densidad de población** 108 por km²
**Índice de crecimiento poblacional** 0.5%
**Esperanza de vida** 73 (h); 81 (m)
**Idiomas** Francés, bretón, vasco y varios dialectos regionales
**Alfabetismo (adultos)** 95%
**Moneda** Euro
**PIB (millones US$)** 1,445,000
**PIB per cápita (US$)** 24,553

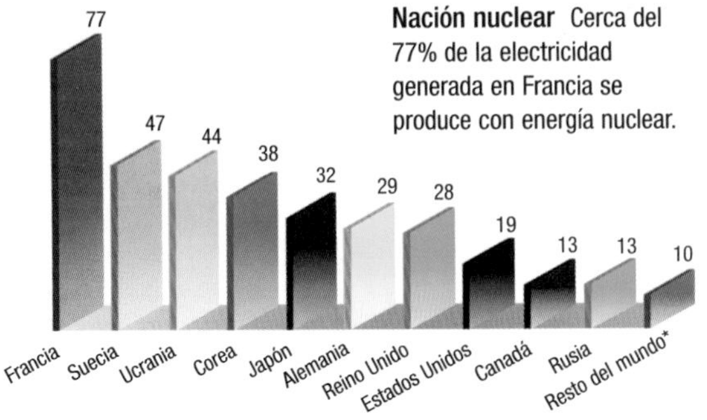

**Nación nuclear** Cerca del 77% de la electricidad generada en Francia se produce con energía nuclear.

| País | % |
|---|---|
| Francia | 77 |
| Suecia | 47 |
| Ucrania | 44 |
| Corea | 38 |
| Japón | 32 |
| Alemania | 29 |
| Reino Unido | 28 |
| Estados Unidos | 19 |
| Canadá | 13 |
| Rusia | 13 |
| Resto del mundo* | 10 |

Porcentaje de electricidad producida con energía nuclear, por país. *Indica los países que tienen instalaciones de producción nuclear.

### Fechas clave

**486** El rey franco Clodoveo derrota a romanos.
**1302** Primer Estado General (parlamento).
**1337-1453** Guerra de los Cien Años con Inglaterra.
**1789-1799** La Revolución establece la república.
**1799** Napoleón sube al poder como emperador.
**1815** Derrota de Napoleón; se restaura la monarquía.
**1848** II República.
**1852** Segundo Imperio bajo Luis Napoleón.
**1870-1871** Derrota en la Guerra Franco-Prusiana.
**1871** III República.
**1914-1918** Primera Guerra Mundial casi sólo en Francia; mueren 1.4 millones de franceses.
**1940-1944** Derrota y ocupación por Alemania.
**1946** IV República.
**1946-1954** Revolución en Indochina francesa.
**1956** Independencia de Marruecos y Túnez.
**1957** Miembro fundador de la CEE.
**1958** V República; De Gaulle, presidente.
**1962** Argelia se independiza.
**1966** Deja la OTAN.
**1968** Protestas en favor de reformas educativas y políticas.
**1969** Dimite De Gaulle.
**1995-1996** Nuevas pruebas nucleares en el Pacífico.

**DATO** Los franceses llaman a la Francia continental el "Hexágono", por su forma de seis lados.

FRANCIA
BÉLGICA
ALEMANIA
LUX
SUIZA
ITALIA
ESPAÑA
ANDORRA
MÓNACO
Canal de la Mancha
GOLFO DE VIZCAYA
Golfo de Lyon
MAR MEDITERRÁNEO
Mar de Liguria
CÓRCEGA (CORSE)
París
Francia

Km 0 100 200
Millas 0 50 100

## Alsacia y Lorena

Durante siglos, el control de las provincias de Alsacia y de su más grande vecino occidental, Lorena, iba y venía entre los gobernantes de Francia y Alemania. Ambas naciones peleaban la riqueza en hierro, carbón y potasio de la región. Alsacia y Lorena siguen siendo industriales, pero las industrias pesadas tradicionales han dado paso a las químicas, textiles y electrónicas. Y la fértil tierra aún sustenta el cultivo de los viñedos de Alsacia y los huertos y campos de cereales de Lorena.

Alsacia y Lorena fueron parte de la Galia romana y después del Sacro Imperio Romano medieval. Francia adquirió el territorio en los siglos XVII y XVIII. Alemania se anexó Alsacia y parte de Lorena en 1871, tras ganar la Guerra Franco-Prusiana.

Se devolvieron a Francia en 1919, al final de la Primera Guerra Mundial, y empezó un movimiento por la autonomía. Luego que de nuevo las ocupó Alemania durante la Segunda Guerra Mundial, y que cerca de 20,000 de sus ciudadanos murieron en el ejército alemán del frente oriental, las dos provincias se alegraron de volver a ser parte de Francia.

Hoy día, Alsacia y Lorena se han vuelto símbolo de la unidad Europea. Su turbulenta historia ha creado una región en donde se hablan dos idiomas con relativa igualdad y cuyas tradiciones, cultura y arquitectura reflejan influencias tanto francesas como alemanas.

Como signo de reconciliación, al terminar la Segunda Guerra Mundial, Estrasburgo, la capital alsaciana, fue la primera sede del Consejo de Europa y después del Parlamento Europeo.

# BÉLGICA

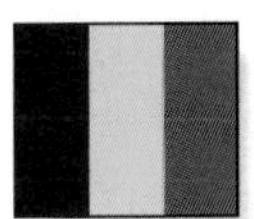

**NOMBRE OFICIAL**
Reino de Bélgica

**CAPITAL**
Bruselas

**Área** 30,528 km²
**Población** 10,152,000
**Densidad de población** 334 por km²
**Índice de crecimiento poblacional** 0.2%
**Esperanza de vida** 72 (h); 79 (m)
**Idiomas** Flamenco, francés, alemán
**Alfabetismo (adultos)** 99%
**Moneda** Euro
**PIB (millones US$)** 244,200
**PIB per cápita (US$)** 23,917

### Fechas clave

**1830** Se independiza de los Países Bajos.
**1914-1918** Neutral, pero ocupada por Alemania.
**1940-1945** Neutral, pero ocupada por Alemania.
**1948** Unión con Países Bajos y Luxemburgo en la unión Benelux.
**1957** Miembro fundador de la Comunidad Económica Europea.
**1993** Transfiere poder a tres regiones: Bruselas, Flandes y Wallonia.

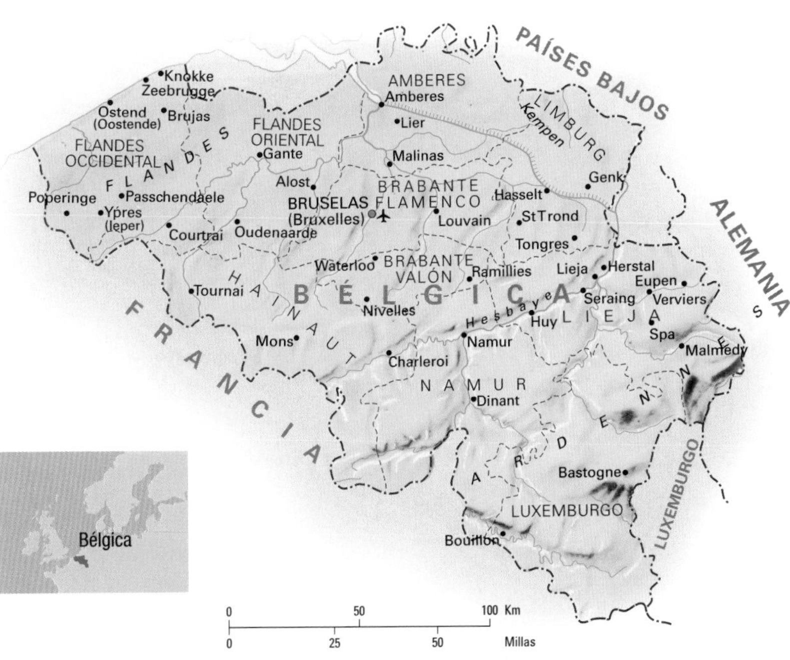


# LUXEMBURGO

**NOMBRE OFICIAL**
Gran Ducado de Luxemburgo

**CAPITAL**
Luxemburgo

**Área** 2,587 km²
**Población** 429,000
**Densidad de población** 166 por km²
**Índice de crecimiento poblacional** 1.5%
**Esperanza de vida** 70 (h); 77 (m)
**Idiomas** Luxemburgués (dialecto germano-franco-moselés), francés, alemán
**Alfabetismo (adultos)** 99%
**Moneda** Euro
**PIB (millones US$)** 19,500
**PIB per cápita (US$)** 45,348

### Fechas clave

**1815** Gran Ducado bajo un rey holandés.
**1890** Se independiza de los Países Bajos.
**1914-1918** Neutral, pero ocupado por Alemania.
**1940-1945** Neutral, pero ocupado por Alemania.
**1948** Se une a Bélgica y los Países Bajos en la unión aduanal Benelux.
**1952** Sede de la Comunidad Europea del Carbón y el Acero.
**1957** Miembro fundador de la Comunidad Económica Europea.

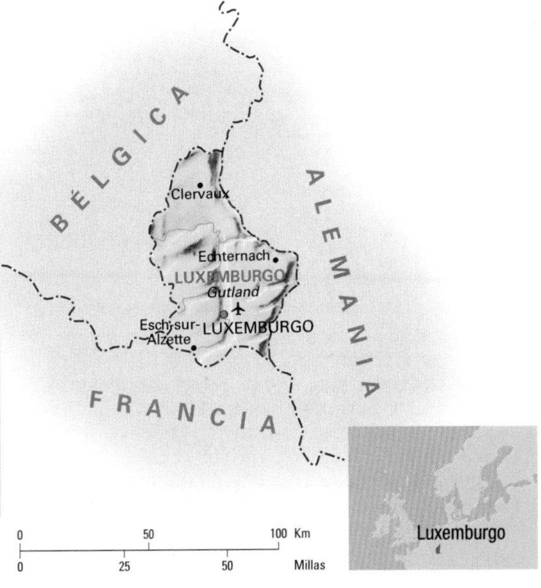

## ESPAÑA

**NOMBRE OFICIAL** Reino de España

**CAPITAL** Madrid

**Área** 504,782 km²
**Población** 39,418,000
**Densidad de población** 78 por km²
**Índice de crecimiento poblacional** 0.1%
**Esperanza de vida** 73 (h); 80 (m)
**Idiomas** Español (castellano), catalán, gallego, vasco
**Alfabetismo (adultos)** 95.8%
**Moneda** Euro
**PIB (millones US$)** 588,300
**PIB per cápita (US$)** 14,942

**Construyendo una nueva España** El Museo Guggenheim de Bilbao, diseñado por el arquitecto Frank Gehry e inaugurado en 1997, simboliza la regeneración de la cultura española posfranquista.

### Las inquietas nacionalidades españolas

Las dos principales minorías étnicas de España, los pueblos vasco y catalán, buscan la autonomía desde hace mucho tiempo. Ambos fueron reprimidos durante la dictadura de Francisco Franco, pero en 1980 obtuvieron la autonomía regional, cada uno con su propio parlamento.

El País Vasco cruza sobre los Pirineos occidentales hasta Francia, con 620,000 individuos en sus tres provincias españolas. Los vascos hablan una lengua autónoma distinta a cualquier otra. Un grupo terrorista, ETA (*Euzkadi ta Azkatasuna:* "Euzkadi y Libertad"), ha matado a más de 800 personas desde 1968, con breves treguas en los años 1989 y 1998-1999.

Las cuatro provincias nororientales de Cataluña son hogar de 6 millones de personas, la mayoría de las cuales habla catalán, una lengua romance distinta. Cataluña fue independiente de 1932 a 1939. Hoy es la principal región industrial y Barcelona, su capital, es una de las ciudades más vibrantes de España.

### Fechas clave

**711-718** Los moros ocupan España.
**s. XI** Los reyes católicos combaten a los moros.
**1492** Derrota de los moros en Granada; unificación española.
**s. XVI** España establece un imperio en América.
**1588** Inglaterra derrota a la Armada española.
**1898** Guerra Hispano-Americana; España pierde Cuba, Puerto Rico y las Filipinas.
**1936-1939** Guerra civil; dictadura de Franco.
**1968** Terrorismo vasco.
**1975** Muere Franco; se restaura la monarquía.
**1980** Autonomía limitada del País Vasco y Cataluña.
**1981** Falla golpe militar.
**1986** Se une a la Comunidad Europea.

# PORTUGAL

**NOMBRE OFICIAL**
República Portuguesa

**CAPITAL**
Lisboa

**Área** 92,270 km²
**Población** 9,989,000
**Densidad de población** 108 por km²
**Índice de crecimiento poblacional** 0.1%
**Esperanza de vida** 71 (h); 78 (m)
**Idioma** Portugués
**Alfabetismo (adultos)** 85%
**Moneda** Euro
**PIB (millones US$)** 108,900
**PIB per cápita (US$)** 10,922

Km 0 100
Millas 0 50

Portugal

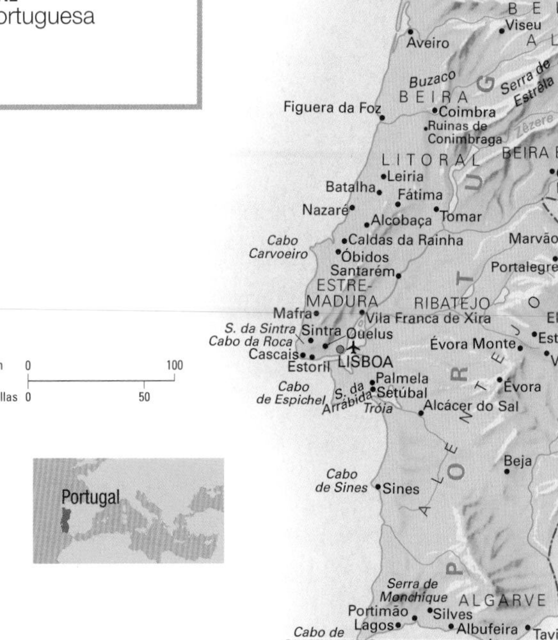


## Fechas clave

**1143** Se establece reino independiente.
**1419** Inicia expansión ultramarina.
**1580** Dominio español.
**1640** Nueva independencia de España.
**1822** Brasil declara su independencia.
**1910** Derrocan al rey; se proclama la república.
**1916-1918** Pelea con los Aliados en la Primera Guerra Mundial.
**1926** Golpe militar.
**1928** Dictadura de Antonio de Oliveira Salazar.
**1974** Golpe militar restaura derechos civiles.
**1974-1976** Se separa de las otras colonias.
**1976** Elecciones libres.
**1986** Se une a la Comunidad Europea.

# ANDORRA

**NOMBRE OFICIAL**
Principado de Andorra

**CAPITAL**
Andorra-la-Vella

**Área** 468 km²
**Población** 80,000
**Densidad de población** 158 por km²
**Índice de crecimiento poblacional** 3.3%
**Esperanza de vida** 79 (h); 79 (m)
**Idiomas** Catalán, francés, español
**Alfabetismo (adultos)** 99%
**Moneda** Euro
**PIB (millones US$)** 1,200
**PIB per capita (US$)** 15,000

## Fechas clave

**819** Donada al obispo de Urgel por Luis I el Piadoso (Ludovico Pío).
**1278-1288** Gobierno conjunto del obispo (español) y un conde francés (luego rey y más tarde presidente).
**1970** Voto a mujeres.
**1993** Inicia gobierno parlamentario.
**1993** Se une a la ONU.

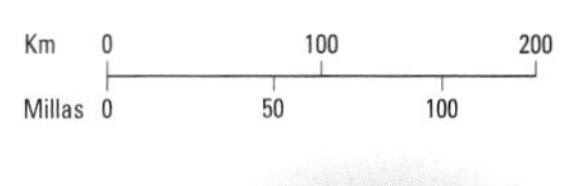

# MALTA

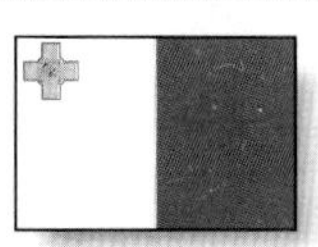

**NOMBRE OFICIAL**
República de Malta

**CAPITAL**
Valletta

**Área** 316 km²
**Población** 386,000
**Densidad de población** 1,203 por km²
**Índice de crecimiento poblacional** 1.1%
**Esperanza de vida** 75 (h); 79 (m)
**Idiomas** Maltés, inglés, italiano
**Alfabetismo (adultos)** 87.9%
**Moneda** Lira maltesa (US$1 = 0.45 de lira)
**PIB (millones US$)** 3,400
**PIB per cápita (US$)** 8,947

**DATO**
A Malta se le concedió la Cruz de San Jorge en 1942 por el valor de su pueblo bajo el bom bardeo alemán.

## Fechas clave

**1520** Es feudo de la Orden de San Juan.
**1798** La ocupa Francia.
**1800** Se vuelve protectorado británico.
**1814** Se vuelve colonia de la corona británica.
**1947** Una nueva constitución le concede el autogobierno.
**1956** Referéndum para integrarse a Gran Bretaña, pero la negociación se estanca.
**1964** Independencia total de los ingleses.
**1974** Se establece la República de Malta.
**1990** Solicita entrar a la Comunidad Europea.

# Italia, Mónaco, San Marino y Ciudad del Vaticano

## ITALIA

**NOMBRE OFICIAL**
República Italiana

**CAPITAL**
Roma

**Área** 301,323 km²
**Población** 57,343,000
**Densidad de población** 191 por km²
**Índice de crecimiento poblacional** 0.1%
**Esperanza de vida** 74 (h); 80 (m)
**Idiomas** Italiano, alemán, francés, otros
**Alfabetismo (adultos)** 97.1%
**Moneda** Euro
**PIB (millones US$)** 1,176,400
**PIB per cápita (US$)** 20,427

### Fechas clave

**Desde c. 1000** Ciudades-Estado suben al poder.
**S. XVI-XVIII** La mayoría de estados bajo control español y luego austriaco.
**1796-1815** Francia rige a casi toda Italia.
**1848** Revoluciones en principales ciudades.
**1861** La mayor parte de Italia unida como reino.
**1866** Adquiere Mantua y Venecia tras la Guerra Austro-Prusiana.
**1870** Roma es la capital.
**1915-1918** Se une a los aliados en la Primera Guerra Mundial.
**1922** El fascista Mussolini es primer ministro.
**1925** Mussolini dictador.
**1929** Se concede la independencia a Ciudad del Vaticano.
**1936** Invade Etiopía.
**1939** Invade Albania.
**1940-1943** Se une al Eje en la Segunda Guerra Mundial.
**1943** Nuevo gobierno se une a los Aliados y declara guerra a Alemania.
**1946** Se hace república.
**1957** Miembro fundador de la Comunidad Económica Europea.
**1997** Dirige pacificación en Albania.

**DATO**

**Italia tuvo 34 primeros ministros entre 1946 y 2000, la mayoría por sólo unos meses.**

# CIUDAD DEL VATICANO

**NOMBRE OFICIAL**
Estado de Ciudad del Vaticano

**CAPITAL**
Ciudad del Vaticano

**Área** 0.44 km²
**Población** 870
**Densidad de población** 1,977 por km²
**Índice de crecimiento poblacional** 0%
**Esperanza de vida** 74 (h); 80 (m)
**Idiomas** Italiano, latín
**Alfabetismo (adultos)** 100%
**Moneda** Euro
**PIB (millones US$)** 19
**PIB per cápita (US$)** 19,121

## Fechas clave

**756** Primero de los Estados Pontificios.
**1377** Se funda la residencia papal en Roma.
**1870** Abolición de los Estados Pontificios.
**1929** Italia admite la soberanía del papa sobre Ciudad del Vaticano.
**1978** Juan Pablo II es elegido primer papa no italiano en 456 años.

## Pequeño centro del mundo católico

La Ciudad del Vaticano (Stato della Citta del Vaticano) es la nación más pequeña del mundo. El gobernante absoluto es el Papa, quien es electo de por vida; la población es menor a los 1,000 habitantes; el latín es la lengua oficial; su tasa de natalidad es cero; no hay impuestos. La diminuta ciudad-Estado tiene su propio cuerpo diplomático, bandera, banca, radiodifusora y estampillas postales. Al país lo protege la Guardia Suiza, corporación de guardias papales fundada en el Renacimiento.

La Ciudad del Vaticano es lo que subsiste de los Estados Pontificios que dominaron gran parte del centro de Italia; en 1859, antes de la unificación italiana, el territorio papal cubría cerca de 44,000 km².

Aunque los Estados Pontificios se abolieron en 1870, el dictador Benito Mussolini garantizó la independencia vaticana en 1929. Situado en el centro de Roma, en la colina del Vaticano a la orilla del Tíber, el estado cubre ahora únicamente 44 ha. Sus edificios incluyen la basílica de San Pedro, la iglesia más grande del mundo, el Palacio Vaticano, sede de los papas desde 1377 y el mayor palacio residencial del mundo.

Entre las obras de arte que se pueden admirar en el Vaticano se encuentran los frescos de Miguel Ángel en la Capilla Sixtina. En otros edificios hay obras de arte, manuscritos, mapas, monedas y medallas.

**Soldados cristianos** La Guardia Suiza Papal, fundada en 1505, desfila en uniformes que se dice fueron diseñados por Miguel Ángel.

# SAN MARINO

**NOMBRE OFICIAL**
República de San Marino

**CAPITAL**
San Marino

**Área** 61 km²
**Población** 26,000
**Densidad de población** 492 por km²
**Índice de crecimiento poblacional** 1.5%
**Esperanza de vida** 73 (h); 79 (m)
**Idioma** Italiano
**Alfabetismo (adultos)** 98.4%
**Moneda** Euro
**PIB (millones US$)** 500
**PIB per cápita (US$)** 19,230

## Fechas clave

**s. IV** Marino de Dalmacia, un cantero, funda la república.
**1631** El Papado reconoce la independencia de la república.
**1862** Se firma el tratado de amistad con Italia.
**1960** Se concede a las mujeres el derecho al voto.
**1992** Se une a la ONU.

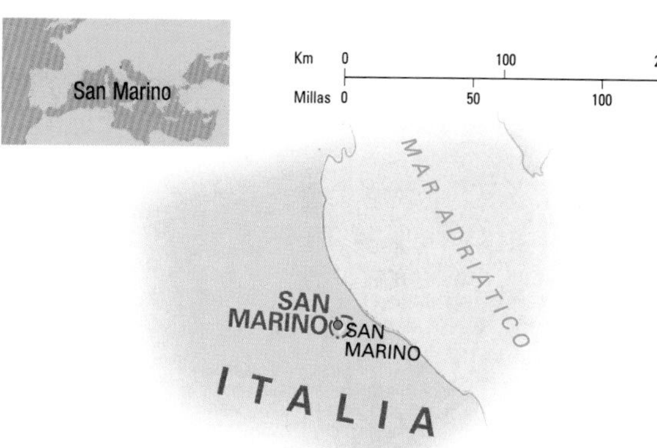


# MÓNACO

**NOMBRE OFICIAL**
Principado de Mónaco

**CAPITAL**
Mónaco

**Área** 1.95 km²
**Población** 33,000
**Densidad de población** 16,410 por km²
**Índice de crecimiento poblacional** 0%
**Esperanza de vida** 78 (h); 78 (m)
**Idiomas** Francés, monegasco, italiano, inglés
**Alfabetismo (adultos)** 99%
**Moneda** Euro
**PIB (millones US$)** 847
**PIB per cápita (US$)** 26,470

## Fechas clave

**1297** Empieza a gobernar la familia Grimaldi.
**1798-1814** Gobernado por Francia.
**1848-1861** Gobernado por Francia.
**1861** Independencia.
**1940-1945** Lo ocupa Italia y luego Alemania.
**1956** Boda del príncipe Rainiero III con Grace Kelly.
**1993** Se une a la ONU.

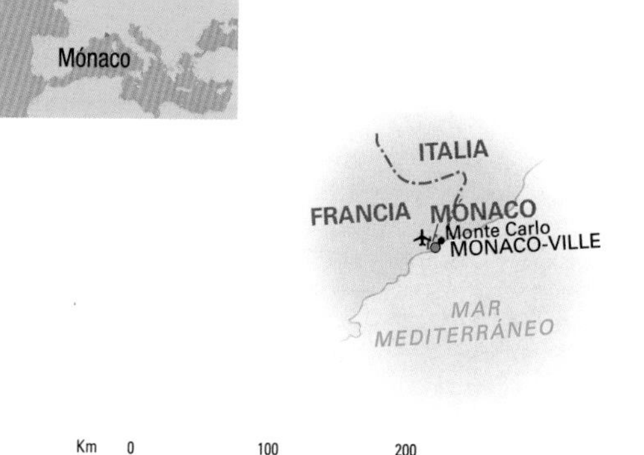

# Los Países Bálticos

## ESTONIA

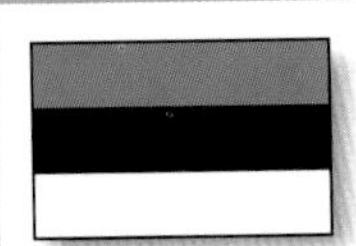

**NOMBRE OFICIAL**
República de Estonia

**CAPITAL**
Tallinn

**Área** 45,227 km²
**Población** 1,370,500
**Densidad de población** 32 por km²
**Índice de crecimiento poblacional** 0.6%
**Esperanza de vida** 62 (h); 73 (m)

**Idiomas** Estonio, ruso
**Alfabetismo (adultos)** 99.7%
**Moneda** Corona (US$1 = 17.36 coronas)
**PIB (millones US$)** 5,400
**PIB per cápita (US$)** 3,703

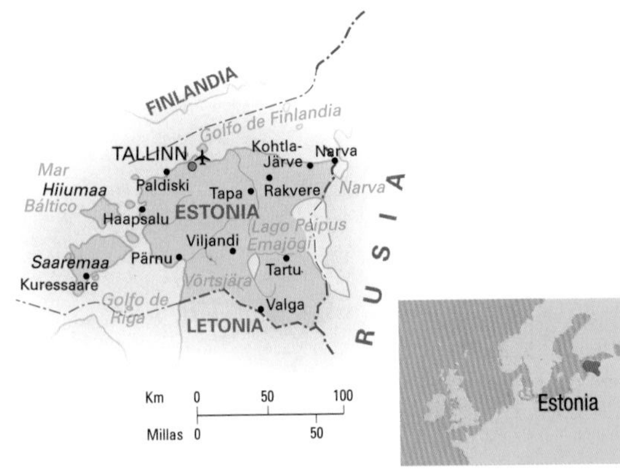


### Fechas clave

**1625** Gobierno sueco.
**1721** Control ruso.
**1918** Se independiza.
**1940** Anexión a URSS.
**1941-1944** Ocupación alemana.
**1990** Se declara "ocupada" por la URSS.
**1991** La URSS reconoce su independencia. Se une a la ONU.
**1993** Salen las tropas soviéticas.

## LETONIA

**NOMBRE OFICIAL**
República de Letonia

**CAPITAL**
Riga

**Área** 64,589 km²
**Población** 2,432,000
**Densidad de población** 38 por km²
**Índice de crecimiento poblacional** 0.1%
**Esperanza de vida** 60 (h); 73 (m)

**Idiomas** Letón, ruso
**Alfabetismo (adultos)** 98%
**Moneda** Lat (US$1 = 0.62 lats)
**PIB (millones US$)** 6,568
**PIB per cápita (US$)** 2,680

### Fechas clave

**1800** Control ruso.
**1918** Proclamación de independencia.
**1940** Anexión a URSS.
**1941-1944** Ocupación alemana.
**1990** Demanda independencia de la URSS.
**1991** Independencia reconocida por la URSS. Se une a la ONU.
**1993** Salen las tropas soviéticas.

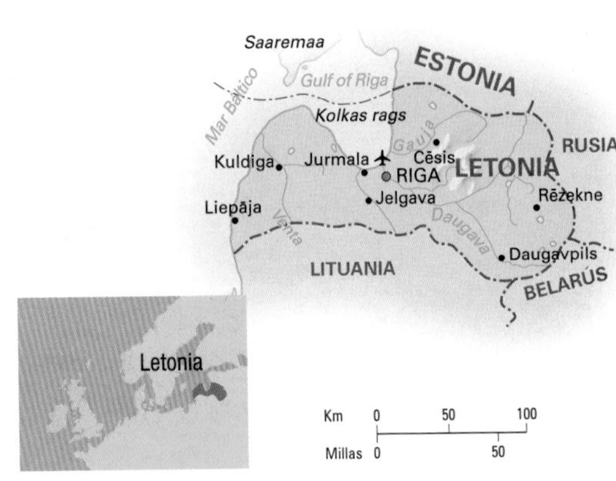


## La larga lucha por la independencia del Báltico

Estonia, Letonia y Lituania fueron los últimos estados que se unieron a la URSS y los primeros en abandonarla. Siempre fueron miembros renuentes del club soviético. Independientes en las guerras mundiales, los tres fueron asignados a la esfera de influencia soviética por los términos del protocolo secreto del tratado nazi-soviético de no agresión de 1939. Fueron anexados en 1940 y sujetos a una perversa purga de antiestalinistas.

Durante los 50 años de dominio soviético se asentaron millones de rusos étnicos en los estados del Báltico. Pocos fueron los que aprendieron los idiomas locales o se integraron a la cultura de los pueblos bálticos, y esta insensibilidad del centro de Rusia provocó un profundo resentimiento. Pero durante sus años soviéticos, los estados del Báltico sirvieron como una especie de sustituto de Occidente: la vida en ciudades como Vilnius y Tallinn era confortable, civilizada y siempre un poco más liberal que en el centro de Rusia.

Surgieron movimientos de independencia en los estados del Báltico casi tan pronto como apareció la política de la *glasnost* de Gorbachov. Cuando Moscú permitió que cayeran regímenes comunistas en Europa Oriental, los impulsores de la independencia declararon que sus pueblos tenían tanto derecho a la autodeterminación como los checos o los polacos, ya que también eran víctimas de la captura estaliniana de tierras en época de guerra. La lógica era impecable, pero Gorbachov no aceptaba la idea de que una república de la URSS pudiese separarse. En enero de 1991, tropas rusas atacaron a manifestantes a favor de la independencia y cinco resultaron muertos.

La independencia llegó, a pesar de Gorbachov, más adelante ese mismo año. Los rusos que vivían en los estados del Báltico se volvieron extranjeros incómodos y fueron discriminados. Pero las nuevas autoridades consideraron vitales para la salvación de su cultura nativa las medidas contenciosas (como la exigencia de idioma para tener la ciudadanía). También impulsaron la reconstrucción de la economía de mercado libre. A Estonia en particular la ayudó Finlandia, su vecina y pariente étnica.

Los tres se beneficiaron de que su ímpetu empresarial no se hubiera extinguido totalmente por la economía soviética, y de que los años democráticos entre las guerras siguieran en su memoria.

Los tres estados del Báltico expresaron el deseo de unirse a la Unión Europea y a la alianza de defensa de la OTAN. La unión con cualquiera de estos organismos fortalecería a países que, durante los pasados ocho siglos, habían tenido mucha más ocupación que independencia.

Estonia y Letonia fueron invadidas en el siglo XIII por los Caballeros Teutónicos y por la Hermandad Livonia de la Espada, cuyo gobierno fue reemplazado más adelante por el de los suecos y el de los polacos. En el siglo XVIII ambos países cayeron bajo el dominio de la Rusia zarista. El colapso de Rusia y Alemania al final de la Primera Guerra Mundial permitió su independencia en 1918, pero la libertad no duró mucho: el pacto nazi-soviético de 1939 puso a los tres países del Báltico bajo el control soviético.

Lituania, para protegerse contra incursiones de los Caballeros Teutónicos y de la Hermandad de la Espada, formó alianzas que se convirtieron en el Gran Ducado de Lituania, un imperio que en la Edad Media se extendía por Europa, desde el Báltico hasta el Mar Negro. En el siglo XVIII Lituania, al igual que Estonia y Letonia, desapareció bajo el abrazo zarista.

# LITUANIA

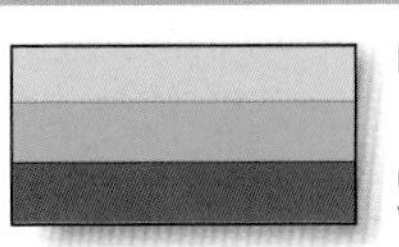

**NOMBRE OFICIAL**
República de Lituania

**CAPITAL**
Vilnius

**Área** 65,300 km²
**Población** 3,699,000
**Densidad de población** 57 por km²
**Índice de crecimiento poblacional** 0.1%
**Esperanza de vida** 63 (h); 75 (m)
**Idiomas** Lituano, ruso, polaco
**Alfabetismo (adultos)** 98.4%
**Moneda** Lita (US$1 = 4 litas)
**PIB (millones US$)** 10,472
**PIB per cápita (US$)** 2,825

**Llamas de libertad** Un joven conscripto lituano muestra su desagrado por la URSS quemando el pasaporte militar durante las manifestaciones por la independencia en 1990.

## Fechas clave

*c.* **1200** Lituania unida como reino.
**S. XIV** Gran expansión.
**1385** Unión con Polonia.
**1795** Gobierno ruso.
**1919-1920** Independencia tras guerra con Rusia.
**1926** Golpe militar.
**1940** Anexión a URSS.
**1941-1944** Ocupación alemana.
**1972** Manifestaciones antisoviéticas.
**1990** Declara independencia formal.
**1991** Independencia reconocida por la URSS. Se une a la ONU.
**1993** Salen tropas rusas.

# FINLANDIA

**NOMBRE OFICIAL**
República de Finlandia

**CAPITAL**
Helsinki

**Área** 338,144 km²
**Población** 5,165,000
**Densidad de población** 15 por km²
**Índice de crecimiento poblacional** 0.4%
**Esperanza de vida** 72 (h); 80 (m)
**Idiomas** Finés, sueco, lapón
**Alfabetismo (adultos)** 99%
**Moneda** Euro
**PIB (millones US$)** 129,000
**PIB per cápita (US$)** 25,048

## Fechas clave

**S. XIII** Dominio sueco.
**1809** Dominio ruso tras guerras prolongadas.
**1917** Se independiza tras la Revolución Rusa.
**1918** Guerra civil.
**1919** Se establece la república.
**1939-1940** "Guerra de Invierno" contra la URSS: derrota y pérdida de territorio.
**1941-1944** Aliada a Alemania contra la URSS.
**1944** Derrota; armisticio con la URSS.
**1946** Declara neutralidad.
**1948** Firma tratado con la URSS.
**1955** Se une a la ONU.
**1992** Nuevo tratado con Rusia.
**1995** Entra a la Unión Europea.

**Influencia rusa** Finlandia fue gobernada por Rusia casi todo el siglo XIX. Aun ahora su historia compartida se refleja en la arquitectura finlandesa.

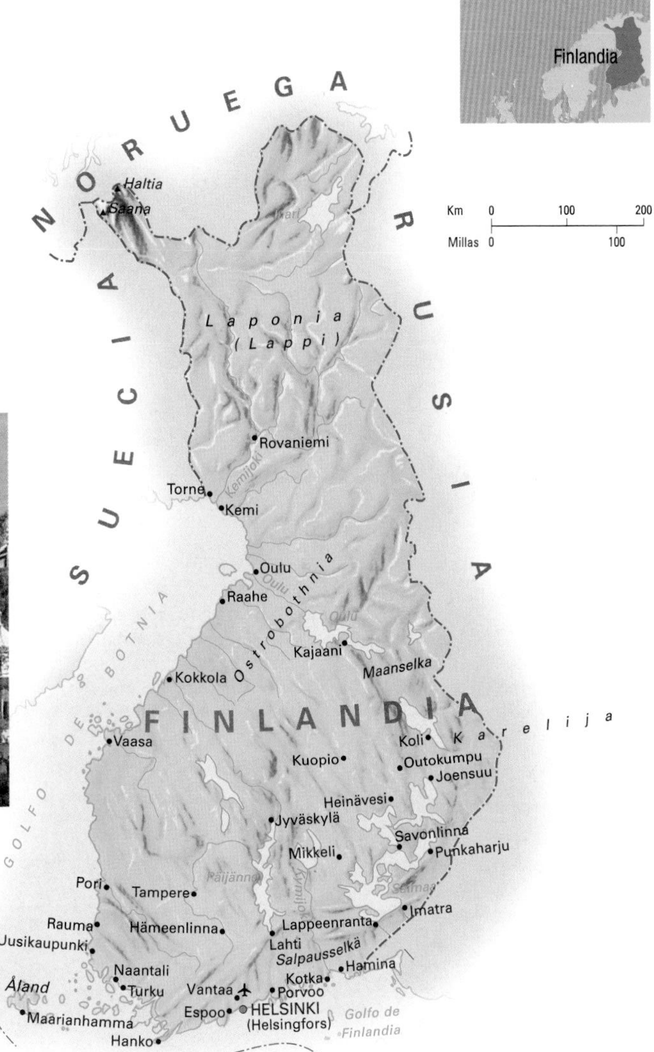

# Polonia, República Checa y Eslovaquia

## POLONIA

**NOMBRE OFICIAL**
República de Polonia

**CAPITAL**
Varsovia

**Área** 312,685 km²
**Población** 38,654,000
**Densidad de población** 124 por km²
**Índice de crecimiento poblacional** 0.3%
**Esperanza de vida** 67 (h); 76 (m)
**Idiomas** Polaco, alemán
**Alfabetismo (adultos)** 99%
**Moneda** Zloty (US$1 = 4 zlotys)
**PIB (millones US$)** 155,400
**PIB per cápita (US$)** 4,018

### Fechas clave

**966** Polonia nace bajo el rey Mieszko I.
**1385** Unión lituana.
**1772-1795** Repartida entre Rusia, Prusia y Austria.
**1918** Se independiza.
**1939** Invasión alemana.
**1947** Se establece gobierno comunista.
**1980** Fundación del sindicato Solidaridad.
**1981** Ley marcial; se suspende Solidaridad.
**1989** Elecciones libres.
**1990** Disolución del Partido Comunista.
**1997** Nueva constitución.
**1999** Se une a la OTAN.

## La cambiante historia de Polonia

Las fronteras de Polonia han cambiado con frecuencia, pues sus territorios han sido codiciados por otras naciones. Pero gracias a su sentido de identidad nacional, Polonia siempre se ha reconstituido.

Territorialmente, el punto culminante de Polonia fue en la Edad Media. Bajo la dinastía Jagiello, el Imperio Polaco-Lituano se extendió hasta el Mar Negro, pero perdió la mayor parte de ese territorio con Rusia en siglos posteriores. A fines del siglo XVIII, Polonia fue dividida entre Rusia, Prusia y Austria, y desapareció del mapa.

Un estado polaco independiente, con nuevas fronteras, se restableció al término de la Primera Guerra Mundial. En 1920 una disputa con la Rusia soviética por su frontera terminó en guerra, de la que Polonia salió con una nueva faja de tierra en el oriente. Pero perdió esto, y más, en 1939. Alemania invadió Polonia por el oeste y la Unión Soviética por el este. En 1941, con el ataque alemán a la URSS, toda Polonia cayó bajo control nazi. Durante la ocupación, el país se conocía bajo la fórmula burocrática de "Gobierno General".

Al terminar la guerra, la URSS reclamó las tierras que había tomado en 1939. Éstas fueron asimiladas por las repúblicas soviéticas de Belarús y Ucrania. Polonia recibió una faja de territorio alemán. En efecto, la totalidad del país fue transpuesta 240 km al oeste. Tras la caída de la Cortina de Hierro, la nueva república democrática de Polonia se encontró en el corazón de una Europa renacida.

**La cambiante Polonia** En la Segunda Guerra Mundial y después, las fronteras de Polonia se movieron al oeste.

Gdańsk
Brest-Litovsk
Varsovia
Cracovia

- Gran Ducado de Varsovia 1815
- Fronteras nacionales 1921-1939
- Fronteras nacionales 1945-al presente

# REPÚBLICA CHECA

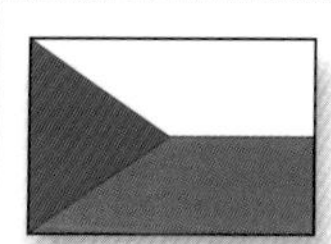

**NOMBRE OFICIAL**
República Checa

**CAPITAL**
Praga

**Área** 78,864 km²
**Población** 10,283,000
**Densidad de población** 130 por km²
**Índice de crecimiento poblacional** 0.1%
**Esperanza de vida** 70 (h); 77 (m)

**Idiomas** Checo, alemán, otros
**Alfabetismo (adultos)** 99%
**Moneda** Corona checa (US$1 = 38 coronas checas)
**PIB (millones US$)** 53,800
**PIB per cápita (US$)** 5,228

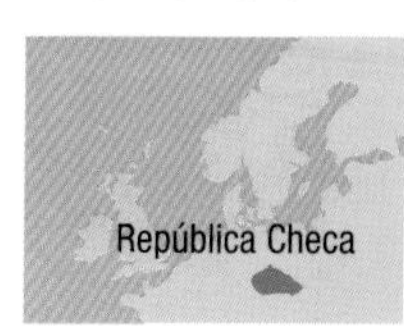


## Fechas clave

**s. X** Reino autónomo de Bohemia.
**1212** Reino casi independiente en el Sacro Imperio Romano.
**1526** Reinado Habsburgo.
**1867** Es parte del Imperio Austro-Húngaro.
**1918** Independencia; se une a Eslovaquia como Checoslovaquia.
**1938** La Alemania nazi se anexa los Sudetes.
**1939** Invasión alemana. El país se divide.
**1945** Reunión como Checoslovaquia.
**1948** Los comunistas toman el poder.
**1968** "Primavera de Praga": liberación reprimida por invasión dirigida por el Soviet.
**1989** Manifestaciones y huelgas prodemocráticas; renuncian líderes comunistas.
**1990** Elecciones multipartidistas; nombre oficial de República Federal Checa y Eslovaquia.
**1993** La República Checa se separa pacíficamente de Eslovaquia. Se une a la ONU.
**1999** Unión a la OTAN.

**Producción local** Un hombre de Praga saborea su cerveza pilsner. La pilsner, o pils, tipo lager clara y fuerte, toma su nombre del pueblo checo de Pilsen (Plzen), donde se creó.

**DATO**
El "Buen Rey Wenceslao", el santo patrono checo, fue Duque de Bohemia de 925 a 929 d.C.

# ESLOVAQUIA

**NOMBRE OFICIAL**
República de Eslovaquia

**CAPITAL**
Bratislava

**Área** 49,036 km²
**Población** 5,395,000
**Densidad de población** 110 por km²
**Índice de crecimiento poblacional** 0.4%
**Esperanza de vida** 68 (h); 76 (m)
**Idiomas** Eslovaco, húngaro, checo y otros
**Alfabetismo (adultos)** 93%
**Moneda** Corona eslovaca (US$1 = 48 coronas eslovacas)
**PIB (millones US$)** 19,500
**PIB per cápita (US$)** 3,617

## Fechas clave

**907-1867** Dominación húngara.
**1867-1918** Existe como parte del Imperio Austro-Húngaro.
**1918** Creación de Checoslovaquia.
**1939-1945** Independencia de Checoslovaquia bajo control nazi.
**1945** Reunión como Checoslovaquia.
**1992** Eslovaquia declara su independencia.
**1993** Se separa pacíficamente de la República Checa. Se une a la ONU.

# Austria, Hungría, Suiza y Liechtenstein

## AUSTRIA

**NOMBRE OFICIAL**
República de Austria

**CAPITAL**
Viena

**Área** 83,858 km²
**Población** 8,177,000
**Densidad de población** 96 por km²
**Índice de crecimiento poblacional** 0.5%
**Esperanza de vida** 73 (h); 80 (m)
**Idioma** Alemán
**Alfabetismo (adultos)** 99%
**Moneda** Euro
**PIB (millones US$)** 215,300
**PIB per cápita (US$)** 26,646

**DATO**
En 1998 los Niños Cantores de Viena celebraron su aniversario 500. Schubert y Haydn cantaron alguna vez en ese coro.

### Fechas clave

**955** Empieza gobierno del rey alemán Otto.
**962** Otto es Sacro Emperador Romano.
**1278** Primer emperador Habsburgo.
**1806** Imperio austriaco.
**1867** Monarquía doble de Austria-Hungría.
**1914** Invade Serbia e inicia la Primera Guerra Mundial; es uno de los Poderes Centrales.
**1918** Derrota; fin del imperio; inicia república.
**1938** Ocupación nazi: se une a Alemania.
**1939-1945** Forma parte del Eje en la Segunda Guerra Mundial.
**1945** Ocupación aliada.
**1955** Es independiente; fin de la ocupación. Ingresa a la ONU.
**1995** Ingresa a la Unión Europea.

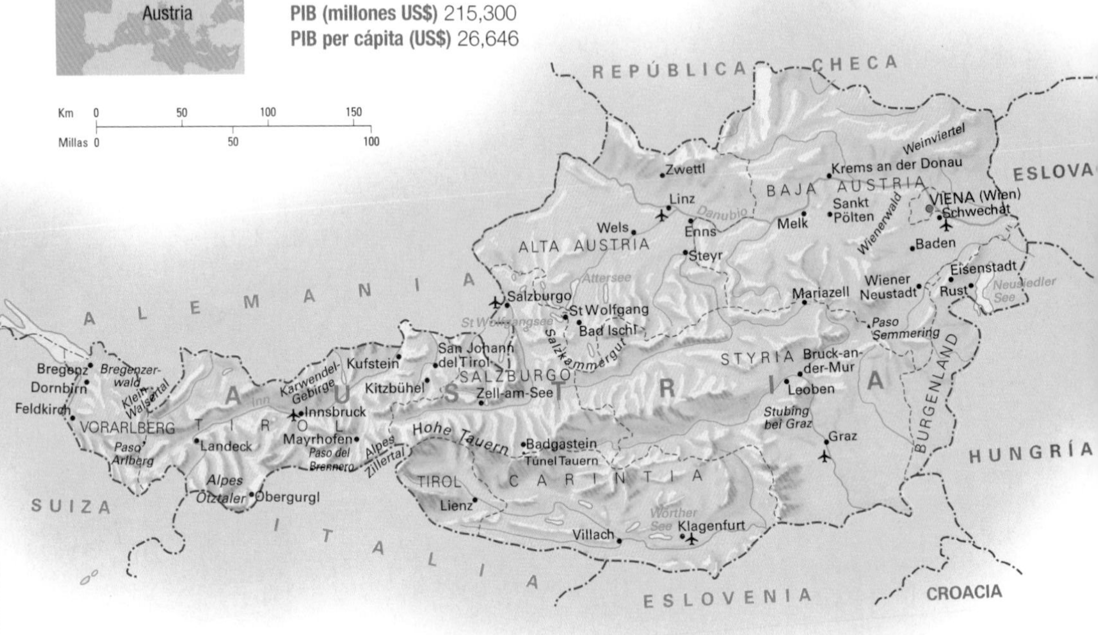


## HUNGRÍA

**NOMBRE OFICIAL**
República de Hungría

**CAPITAL**
Budapest

**Área** 93,030 km²
**Población** 10,068,000
**Densidad de población** 109 por km²
**Índice de crecimiento poblacional** 0.4%
**Esperanza de vida** 65 (h); 74 (m)
**Idioma** Húngaro
**Alfabetismo (adultos)** 99%
**Moneda** Forint (US$1 = 296 forints)
**PIB (millones US$)** 48,500
**PIB per cápita (US$)** 4,797

### Fechas clave

**s. IX** Invasión magiar.
**1000** Esteban, primer rey de Hungría.
**1526** Dominio otomano.
**c. 1700** Gobierno de los Habsburgo.
**1867** Monarquía doble Austria-Hungría.
**1914-1918** Poder Central en la Primera Guerra Mundial; se hace república al ser derrotada.
**1919** Regente Horthy.
**1941-1944** Segunda Guerra Mundial del lado del Eje.
**1944** Ocupación rusa.
**1947-1949** Los comunistas toman el poder.
**1956** Tropas soviéticas dan fin a protestas antisoviéticas del gobierno.
**1968** Reforma económica.
**1989** Nueva constitución.
**1990** Elecciones libres.
**1991** Salen tropas soviéticas. Se asocia con la Comunidad Europea.

# SUIZA

**NOMBRE OFICIAL**
Confederación Suiza

**CAPITAL**
Berna

**Área** 41,284 km²
**Población** 7,140,000
**Densidad de población** 172 por km²
**Índice de crecimiento poblacional** 0.3%
**Esperanza de vida** 75 (h); 82 (m)

**Idiomas** Alemán, francés, italiano, otros
**Alfabetismo (adultos)** 99%
**Moneda** Franco suizo (US$1 = 1.69 francos suizos)
**PIB (millones US$)** 261,400
**PIB per cápita (US$)** 37,428

Suiza

## Fechas clave

**962** Parte del Sacro Imperio Romano.
**1291** Se funda la Confederación Suiza.
**1499** Se independiza.
**1798-1815** Gobierno francés.
**1848** Nueva constitución federal.
**1914-1918** Es neutral.
**1920** Se funda la Sociedad de las Naciones en Ginebra.
**1939-1945** Es neutral.
**1960** Miembro fundador de la Asociación Europea de Libre Comercio.
**1963** Entra al Consejo de Europa.
**1971** Voto a la mujer.
**1986** Rechazan el ingreso a la ONU.
**1992** Rechazan un lazo mayor con la Comunidad Europea.

**DATO**
Aunque Suiza tiene la tasa más alta del mundo en posesión de armas de fuego, casi no se usan en delitos.

## La neutralidad armada suiza

Casi la única evidencia de las fuerzas armadas suizas en el exterior es la navaja militar suiza. La famosa neutralidad del país, proclamada por primera vez en el siglo XVI, ha sido mantenida por una milicia en todo el país; ésta cuenta con armas, pertrechos y uniformes, listos para una rápida movilización.

El ejército se reforzó durante las dos guerras mundiales para cuidar las fronteras y estuvo en alerta durante la Guerra Fría. Hoy los gastos militares alcanzan casi un tercio del presupuesto nacional. Eso incluye equipos como los 400 aviones modernos de la Fuerza Aérea Suiza, así como equipo para la milicia.

La constitución federal suiza establece que "todo varón suizo está obligado al servicio militar" y puede ser reclutado de los 20 a los 42 años. Todo incapacitado para el servicio militar debe pagar un impuesto militar, pero se le concede la opción de un servicio civil. Las mujeres pueden reclutarse, pero no para combate. Los cantones –regiones que constituyen la Confederación Suiza– entrenan físicamente a sus soldados locales bajo supervisión del gobierno federal; el departamento de defensa imparte luego un entrenamiento militar regular. Todo el personal militar hace prácticas regulares de tiro fuera de servicio. También cumplen labores de "protección civil" en catástrofes y otras emergencias.

Al inicio del siglo XXI, Suiza se preparaba para suavizar su política de "seguridad por la autonomía" y reemplazarla con "seguridad por la cooperación", motivada parcialmente por los eventos en los Balcanes, apenas a una hora de vuelo de ahí. Planea cooperar con naciones amigas en ejercicios de entrenamiento militar y operaciones en apoyo de la paz, y podría extender su participación en organizaciones de seguridad internacional.

**Soldados de tiempo parcial**
Reservistas en ejercicios militares. Suiza defiende con firmeza su neutralidad.

# LIECHTENSTEIN

**NOMBRE OFICIAL**
Principado de Liechtenstein

**CAPITAL**
Vaduz

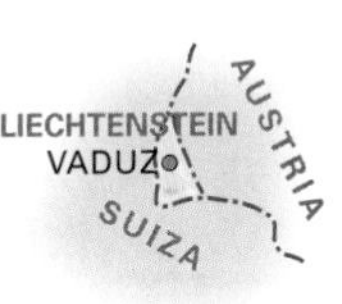


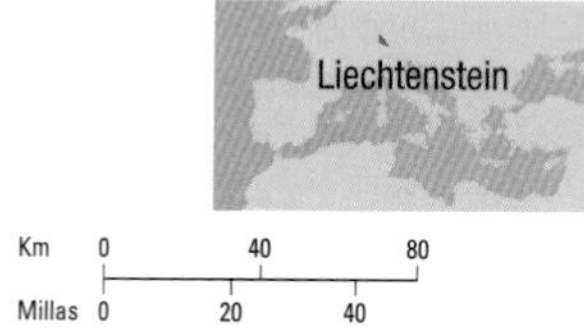


**Área** 160 km²
**Población** 32,000
**Densidad de población** 200 por km²
**Índice de crecimiento poblacional** 0%
**Esperanza de vida** 66 (h); 73 (m)
**Idioma** Alemán (dialecto)
**Alfabetismo (adultos)** 95%
**Moneda** Franco suizo (US$1 = 1.69 francos suizos)
**PIB (millones US$)** 1,315
**PIB per cápita (US$)** 42,416

## Fechas clave

**Hasta 1719** Parte del Sacro Imperio Romano.
**1719** Independencia plena.
**1815-1866** Miembro de la Confederación Alemana.
**1924** Unión económica con Suiza.
**1984** Voto a la mujer.
**1990** Se une a la ONU.
**1991** Se une a la Asociación Europea de Libre Comercio.

# Los Balcanes

## YUGOSLAVIA

**NOMBRE OFICIAL**
República Federal de Yugoslavia

**CAPITAL**
Belgrado

**Área** 102,173 km²
**Población** 10,637,000
**Densidad de población** 104 por km²
**Índice de crecimiento poblacional** 0.1%
**Esperanza de vida** 68 (h); 74 (m)
**Idioma** Serbocroata (escritura cirílica)
**Alfabetismo (adultos)** 89%
**Moneda** Nuevo dinar yugoslavo (US$1 = 66.94 nuevos dinares)
**PIB (millones US$)** 15,243
**PIB per cápita (US$)** 1,435

### Fechas clave

**1389** Dominio otomano.
**1914** Austria-Hungría declara guerra a Serbia; Primera Guerra Mundial.
**1918** Se funda reino de serbios, croatas y eslovenos (llamado Yugoslavia en 1929).
**1941-1944** Invasión nazi.
**1943** Los partisanos de Tito liberan Belgrado.
**1945** Gobierno comunista.
**1980** Muerte de Tito.
**1990** Se disuelve el gobierno de Kosovo.
**1991** Eslovenia y Croacia se independizan; guerra en Croacia.
**1992** Macedonia y Bosnia y Herzegovina se independizan; guerra en Bosnia.
**1995** Acuerdo de paz.
**1997-1999** Guerra en Kosovo.
**2000** Derrota electoral de Milosevic.

## CROACIA

**NOMBRE OFICIAL**
República de Croacia

**CAPITAL**
Zagreb

**Área** 56,610 km²
**Población** 4,554,000
**Densidad de población** 81 por km²
**Índice de crecimiento poblacional** 0.7%
**Esperanza de vida** 68 (h); 76 (m)
**Idioma** Serbocroata (escritura romana)
**Alfabetismo (adultos)** 93%
**Moneda** Kuna (US$1 = 8.39 kunas)
**PIB (millones US$)** 20,100
**PIB per cápita (US$)** 4,396

### Fechas clave

**1102** Dominio húngaro.
**1526-1699** Dominio otomano parcial.
**1918** Reino de serbios, croatas y eslovenos (Yugoslavia).
**1990** Gana elecciones el nacionalista Tudjman.
**1991-1992** Se independiza; guerra civil.
**1992** Acuerdo de paz; despliegue de tropas de la ONU.
**1993-1994** Nueva lucha.
**1996** Se une al Consejo de Europa.
**1998** Se recupera el último enclave serbio.

## YUGOSLAVIA FRAGMENTADA

Yugoslavia era una federación de seis repúblicas tras la guerra. Por tradición, los serbios son ortodoxos; los croatas y eslovenos, católicos, y en Macedonia, Montenegro y Bosnia vivían grandes comunidades musulmanas. Esta mezcla fue la que llevó al conflicto de los Balcanes en la década de 1990. En 1991, Croacia y Eslovenia se independizaron, lo que provocó una guerra entre los croatas y el ejército yugoslavo dominado por los serbios. En 1992, la guerra cambió a Bosnia, que también se independizó. Se hizo una "limpieza étnica" de dos millones de musulmanes. El presidente Milosevic proclamó un estado serbio. En 1995, la OTAN bombardeó posiciones serbias en Bosnia para obligar a la paz. En 1998, el conflicto en Kosovo trajo de nuevo a los bombarderos de la OTAN. En 2000, el pueblo serbio votó contra Milosevic. Pero la tragedia está lejos de terminar.

**Antiguas repúblicas yugoslavas**

# ESLOVENIA

**NOMBRE OFICIAL**
República de Eslovenia

**CAPITAL**
Ljubljana

**Área** 20,253 km²
**Población** 1,986,000
**Densidad de población** 98 por km²
**Índice de crecimiento poblacional** 0.1%
**Esperanza de vida** 70 (h); 77 (m)

**Idiomas** Esloveno, serbocroata (escritura romana), húngaro, italiano
**Alfabetismo (adultos)** 99%
**Moneda** Tolar (US$1 = 240 tolares)
**PIB (millones US$)** 19,700
**PIB per cápita (US$)** 9,914

## Fechas clave

**1278** Dominio Habsburgo.
**1809-1815** Control francés.
**1867** Parte del Imperio Austro-Húngaro.
**1918** Es parte del reino de serbios, croatas y eslovenos (luego Yugoslavia).
**1990** Una coalición nacionalista gana las elecciones; votan por la independencia.
**1991** Se independizan; la lucha con el ejército yugoslavo dominado por los serbios termina con un alto el fuego.
**1992** Se une a la ONU.
**1996** Solicita afiliarse a la Unión Europea.

Eslovenia

# BOSNIA Y HERZEGOVINA

**NOMBRE OFICIAL**
República de Bosnia y Herzegovina

**CAPITAL**
Sarajevo

**Área** 51,129 km²
**Población** 3,839,000
**Densidad de población** 82 por km²
**Índice de crecimiento poblacional** 1.1%
**Esperanza de vida** 69 (h); 75 (m)
**Idiomas** Serbocroata (los musulmanes y los croatas usan escritura romana; los serbios, cirílica)

**Alfabetismo (adultos)** 93%
**Moneda** Marka (US$1 = 2.17 markas)
**PIB (millones US$)** 4,200
**PIB per cápita (US$)** 997

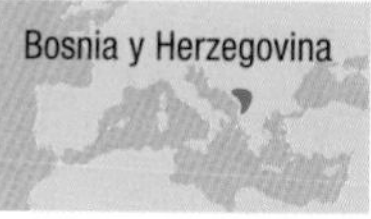

## Fechas clave

**1463** Dominio otomano.
**1878** Control austro-húngaro.
**1918** Es parte del reino de serbios, croatas y eslovenos (Yugoslavia).
**1992** Croatas y musulmanes votan por la independencia; los serbios los boicotean. Se inicia la guerra civil; los serbios hacen "limpieza étnica".
**1995** Bombardeo de la OTAN. Acuerdo de paz; se forman dos estados con gobierno central vigilados por la ONU.
**1996** Relaciones plenas con Yugoslavia.

# MACEDONIA

**NOMBRE OFICIAL**
República de Macedonia

**CAPITAL**
Skopje

**Área** 25,713 km²
**Población** 2,011,000
**Densidad de población** 78 por km²
**Índice de crecimiento poblacional** 1.5%
**Esperanza de vida** 69 (h); 73 (m)

**Idiomas** Macedonio, albano, serbocroata (escritura cirílica)
**Alfabetismo (adultos)** 93%
**Moneda** Denar macedonio (US$1 = 64.04 denares)
**PIB (millones US$)** 3,200
**PIB per cápita (US$)** 1,600

## Fechas clave

**1371** Dominio otomano.
**1912-1913** Guerra de los Balcanes por el territorio de Macedonia.
**1918** Es parte del reino de serbios, croatas y eslovenos (Yugoslavia).
**1991** Declara su independencia; una disputa con Grecia demora su reconocimiento.
**1994** El altercado lleva a un embargo comercial griego.
**1995** Nuevo acuerdo con Grecia termina el embargo.
**2000** Conflicto con la población albanesa.

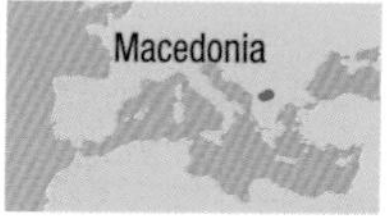

## GRECIA

**NOMBRE OFICIAL**
República Helénica

**CAPITAL**
Atenas

**Área** 131,957 km²
**Población** 10,626,000
**Densidad de población** 80 por km²
**Índice de crecimiento poblacional** 0.5%
**Esperanza de vida** 75 (h); 80 (m)

**Idioma** Griego (demótico o griego moderno)
**Alfabetismo (adultos)** 95.2%
**Moneda** Euro
**PIB (millones US$)** 123,400
**PIB per cápita (US$)** 11,727

**Orígenes olímpicos**
El templo de Hera en Olimpia (izq.), de hace 2,600 años, es el templo más antiguo del complejo religioso donde se celebraron los primeros juegos olímpicos. Los juegos se realizaban cada cuatro años, desde el siglo VIII a.C. hasta fines del siglo IV d.C.

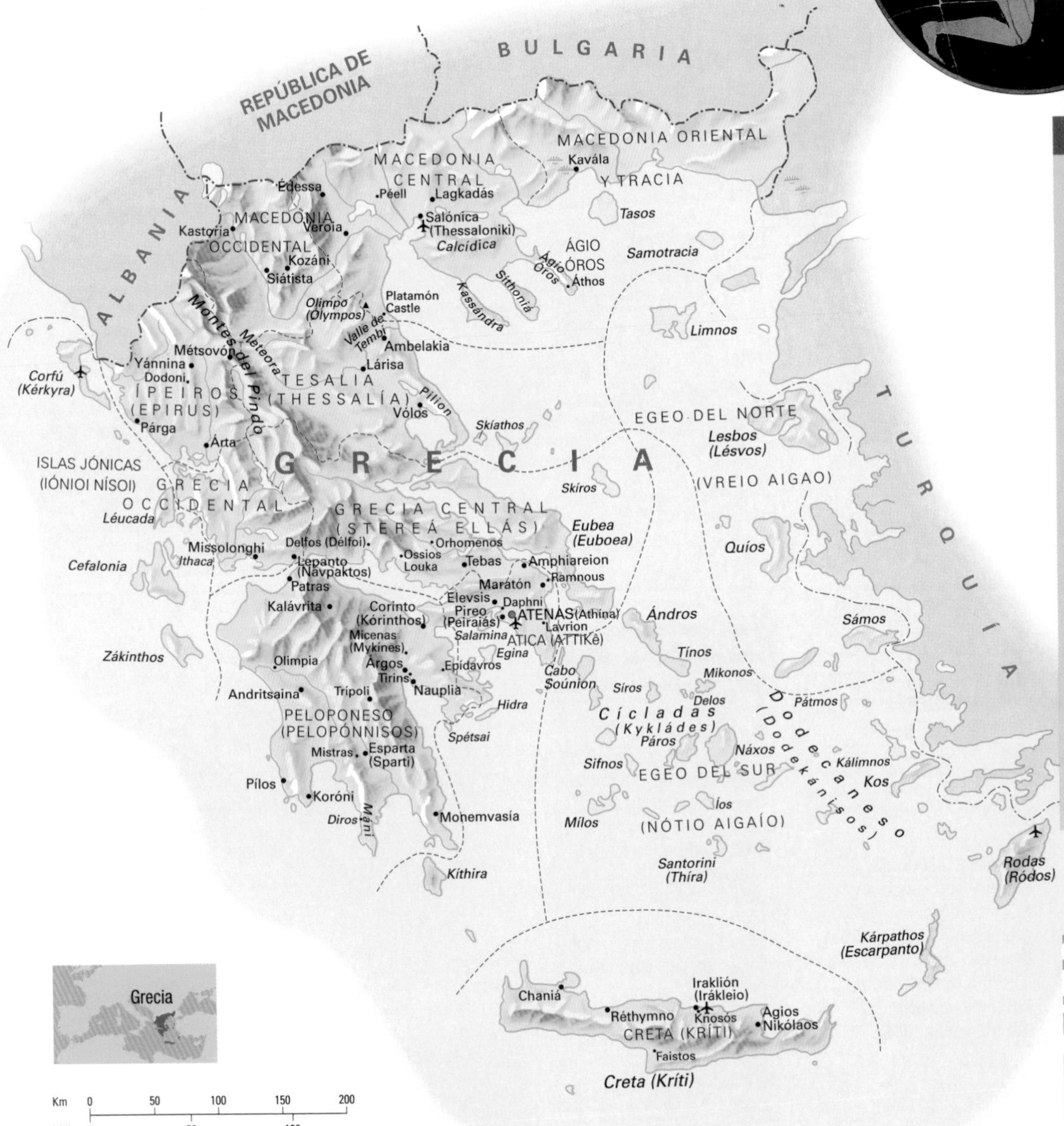

### Fechas clave

**s. v a.C.** "Edad de Oro" de la antigua Grecia.
**146 a.C.** Dominio romano.
**1453** Conquistada por el Imperio Otomano.
**1829** Independencia.
**1912-1913** Guerra de los Balcanes: victoria sobre Turquía y Bulgaria.
**1924** Se hace república.
**1941-1944** Ocupada por los alemanes.
**1946-1949** Guerra civil: derrota de rebeldes comunistas.
**1949** Vuelve la monarquía.
**1967** Golpe militar; ley marcial.
**1973** Se declara república.
**1974** Fin de la ley marcial; gobierno civil y elecciones libres.
**1981** Se une a la Comunidad Europea.
**1995** Relaciones normales con Macedonia.

**DATO**
Grecia tiene unas 2,000 islas y casi 15,000 km de costas.

# TURQUÍA

**NOMBRE OFICIAL** República de Turquía

**CAPITAL** Ankara

**Área** 779,452 km²
**Población** 64,385,000
**Densidad de población** 81 por km²
**Índice de crecimiento poblacional** 1.2%
**Esperanza de vida** 63 (h); 66 (m)
**Idiomas** Turco, curdo

**Alfabetismo (adultos)** 82.3%
**Moneda** Lira turca (US$1 = 1,240,000 liras)
**PIB (millones US$)** 209,200
**PIB per cápita (US$)** 3,297

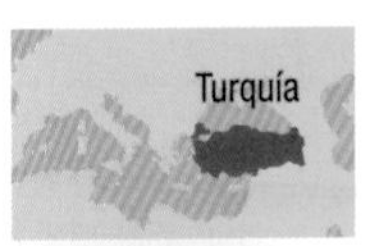


## Fechas clave

**1299** Imperio Otomano.
**1912** Primera Guerra de los Balcanes contra Grecia: derrota y pérdida de territorio.
**1914-1918** Primera Guerra Mundial; aliada de Alemania; es derrotada.
**1923** Atatürk proclama la república; se inicia la modernización.
**1960-1961** Gobierno militar.
**1974** Invade el norte de Chipre.
**1980** Golpe militar.
**1983** Gobierno civil.
**1984** Se inicia campaña terrorista curda.
**1999** Líder curdo Abdullah Ocalan sentenciado a muerte.

# CHIPRE

**NOMBRE OFICIAL** República de Chipre

**CAPITAL** Nicosia

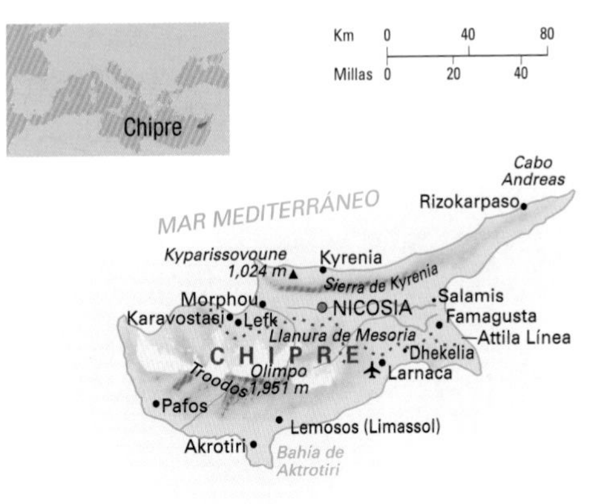


**Área** 9,251 km²
**Población** 753,000
**Densidad de población** 81 por km²
**Índice de crecimiento poblacional** 1.1%
**Esperanza de vida** 75 (h); 79 (m)

**Idiomas** Griego, turco
**Alfabetismo (adultos)** 94%
**Moneda** Libra chipriota (US$1 = 0.64 libras chipriotas)
**PIB (millones US$)** 9,200
**PIB per cápita (US$)** 12,266

## Fechas clave

**1489** Control veneciano.
**1570** Dominio otomano.
**1878** Dominio británico.
**1950** Ataques terroristas a Gran Bretaña y entre griegos y turcos.
**1960** Independencia.
**1963** Lucha entre griegos y turcos.
**1964** Llega una fuerza de paz de la ONU.
**1974** Golpe militar griego; Turquía invade el norte.
**1983** Los turcos declaran república a Chipre del Norte (sin validez).

## CONTACTOS TENTATIVOS A TRAVÉS DEL EGEO

Se necesitaron violentos terremotos para mejorar las relaciones entre Turquía y Grecia tras siglos de enemistad. Cuando Estambul y Atenas sufrieron daños graves en 1999, la tragedia humana compartida aumentó el contacto entre las dos naciones.

Apenas dos años antes habían acordado hallar soluciones pacíficas a conflictos futuros, y en 2000 firmaron acuerdos comprometiéndose a la paz. Estos avances fueron bien recibidos por los aliados de las dos naciones en la OTAN, ya que Turquía y Grecia tienen una larga historia como vecinos incómodos.

Los turcos otomanos derrocaron al Imperio Bizantino en los siglos XIV y XV, y para 1460 gobernaban toda Grecia. A fines del siglo XVIII se inició un resurgimiento nacional griego, pero hasta 1821 hubo una revuelta exitosa. En represalia, los turcos masacraron a 25,000 personas y vendieron a 45,000 como esclavas, lo que provocó que ingleses, rusos y franceses ayudaran a Grecia a ganar su Guerra de Independencia en 1829.

Grecia no ganó áreas fronterizas disputadas en una guerra desastrosa contra los otomanos en 1897, pero la victoria en la Guerra de los Balcanes, de 1912-1913, le dio posesión de Creta y partes de Macedonia. En la Primera Guerra Mundial, Grecia se unió de mala gana a los aliados, mientras que Turquía apoyaba a Alemania. Como resultado, Grecia ganó Tracia con el colapso final del Imperio Otomano. En 1919, fuerzas griegas invadieron Izmir, en Asia Menor, pero fueron repelidas por tropas dirigidas por Kemal Atatürk, fundador de la moderna Turquía, en 1922.

El último conflicto entre los dos países fue en 1974 en Chipre, dominado por Grecia, cuando fuerzas turcas invadieron el norte tras un golpe militar de inspiración griega. En 1983, los chipriotas turcos independizaron su parte de la isla (40% del total). Si continúa la paz grecoturca, Chipre también podría estabilizarse.

## BULGARIA

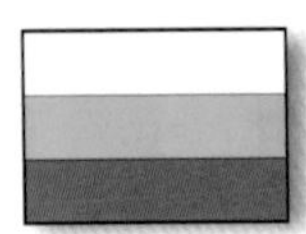

**NOMBRE OFICIAL**
República de Bulgaria

**CAPITAL**
Sofía

**Área** 110,994 km²
**Población** 8,208,000
**Densidad de población** 74 por km²
**Índice de crecimiento poblacional** 0.2%
**Esperanza de vida** 67 (h); 74 (m)

**Idiomas** Búlgaro, turco
**Alfabetismo (adultos)** 92%
**Moneda** Lev (US$1 = 2.16 levs)
**PIB (millones US$)** 11,900
**PIB per cápita (US$)** 1,442

**Visitas de antes y de hoy** La costa del Mar Negro de Bulgaria era un destino favorito para los vacacionistas de toda Europa Oriental en la era comunista. En la década de 1990 procuró ampliar su atractivo, con algún éxito, y en la actualidad se conoce por tener quizá la mejor industria turística del antiguo bloque soviético.

### Fechas clave

**1018-1186** Es parte del Imperio Bizantino.
**1396** Dominio otomano.
**1908** Independencia plena del control turco.
**1912-1913** Guerra de los Balcanes.
**1914-1918** Primera Guerra Mundial; aliada de Alemania.
**1939-1944** Segunda Guerra Mundial; aliada de Alemania.
**1944** Ocupación soviética tras no lograr la paz con Gran Bretaña y EUA.
**1946** Abolición de la monarquía; gobierno comunista.
**1948** Control comunista.
**1980** Supresión de la etnia turca; muchos huyen.
**1990** Cancelación de la supresión étnica por un gobierno reformista.
**1990** Elecciones libres.
**1991** Nueva constitución; república parlamentaria.

## MOLDOVA

**NOMBRE OFICIAL**
República de Moldova

**CAPITAL**
Chisinau

**Área** 33,700 km²
**Población** 4,380,000
**Densidad de población** 108 por km²
**Índice de crecimiento poblacional** 0.5%
**Esperanza de vida** 62 (h); 69 (m)

**Idiomas** Moldavo, ruso
**Alfabetismo (adultos)** 96.4%
**Moneda** Leu moldavo (US$1 = 12.89 leus moldavos)
**PIB (millones US$)** 1,049
**PIB per cápita (US$)** 287

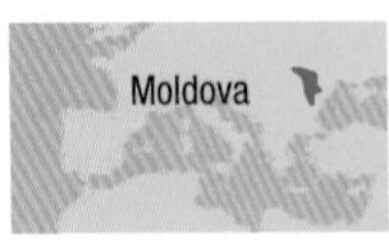


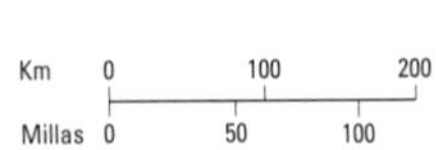

### Fechas clave

**s. XVI** Dominio turco.
**1812** Control ruso.
**1918-1940** Es parte de Rumania.
**1940** Se vuelve parte de la Unión Soviética.
**1990** Se declara autónoma; es nombrada República de Moldova.
**1991** Independencia plena; se une a la Comunidad de Estados Independientes.
**1992** Se afilia a la ONU.
**1992-1993** Intranquilidad étnica.
**1994** Elecciones libres.

## RUMANIA

**NOMBRE OFICIAL**
Rumania

**CAPITAL**
Bucarest

**Área** 238,391 km²
**Población** 22,458,000
**Densidad de población** 94 por km²
**Índice de crecimiento poblacional** –0.2%
**Esperanza de vida** 65 (h); 73 (m)
**Idiomas** Rumano, húngaro, alemán y otros
**Alfabetismo (adultos)** 96.7%
**Moneda** Leu rumano (US$1 = 28,005 leus rumanos)
**PIB (millones US$)** 32,400
**PIB per cápita (US$)** 1,440

### Fechas clave

**s. xv** Dominio otomano.
**1829** Control ruso.
**1861** Rumania unida.
**1878** Independencia.
**1916-1918** Se une a Gran Bretaña en la Primera Guerra Mundial; gana Transilvania.
**1941-1944** Se une a Alemania en la Segunda Guerra Mundial.
**1944** Se une a los Aliados; ocupación soviética.
**1947** Régimen comunista.
**1989** Derrocan a Nicolae Ceausescu.
**1990** Elecciones libres.

## ALBANIA

**NOMBRE OFICIAL**
República de Albania

**CAPITAL**
Tirana

**Área** 28,748 km²
**Población** 3,113,000
**Densidad de población** 132 por km²
**Índice de crecimiento poblacional** 1.6%
**Esperanza de vida** 69 (h); 75 (m)
**Idiomas** Albanés (dialectos: ghego en el norte, tosco en el sur)
**Alfabetismo (adultos)** 95%
**Moneda** Lek (US$1 = 144 leks)
**PIB (millones US$)** 3,555
**PIB per cápita (US$)** 937

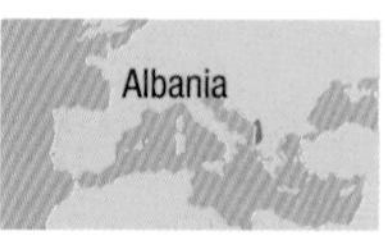


**DATO**
Albania tiene el índice de mortandad infantil más alto de Europa; 37 bebés de cada 1,000 sobreviven menos de un mes.

### Fechas clave

**s. xv** Dominio otomano.
**1912** Guerra de los Balcanes: independencia.
**1914-1920** Ocupada por Italia en la Primera Guerra Mundial.
**1925** Se hace república.
**1928** Presidente Zogu proclamado rey Zog.
**1939-1944** Ocupada por Italia y luego Alemania.
**1944** Partisanos comunistas toman el poder.
**1961** Rompe con URSS.
**1991** Elecciones libres.
**1992** Se inician reformas.
**1997** Motines por caída de inversiones.
**1999** Afluencia de refugiados de Kosovo.

### El largo aislamiento de Albania

Mientras que la mayor parte de Europa progresaba económica y socialmente a fines del siglo xx, Albania, el menor de los Estados de los Balcanes, parecía estática. Era el legado de su régimen estalinista extremo de 45 años, el de mayor duración en Europa. Hoy, con controles gubernamentales estrictos, inestabilidad política y una infraestructura débil, Albania aún es el país más pobre y menos desarrollado de Europa, aunque ha avanzado hacia la democracia.

Tras ser ocupada en la Segunda Guerra Mundial por Italia y luego, al rendirse Italia, por Alemania, Albania inició su independencia en 1945 bajo el comunismo del ex líder partisano Enver Hoxha, quien encabezó un gobierno represivo de 1945 a 1985, el cual encarceló a 200,000 personas y ejecutó a 5,000, y además prohibió todas las religiones y la barba. Aunque había sido cercano a Stalin, Hoxha rompió con la URSS en 1961, después de que Nikita Jruschov denunció a su predecesor. Hoxha se alió con China, pero esa relación falló en 1978 cuando el sucesor de Mao introdujo reformas.

Tras la muerte de Hoxha en 1985, su sucesor Ramiz Alia relajó el aislacionismo de Albania al establecer relaciones diplomáticas con varios países. El régimen se volvió menos duro, permitiendo religiones y partidos de oposición en 1990; dos años después, los socialistas (comunistas) fueron derrrotados en las urnas.

Las reformas económicas dieron algunos frutos: había más de 50,000 empresas privadas para 1993, pero pronto regresaron los problemas. Hubo violencia tras el colapso de los esquemas piramidales de inversión en 1997, y miles de personas huyeron a Italia. Un año después, la crisis de Kosovo vio entrar a raudales al país a miles de albaneses étnicos.

Albania sigue siendo inestable y sufre de un gangsterismo extendido. Pero sus décadas en el desierto político han terminado. Su futuro parece parte de Europa más que aparte de ella.

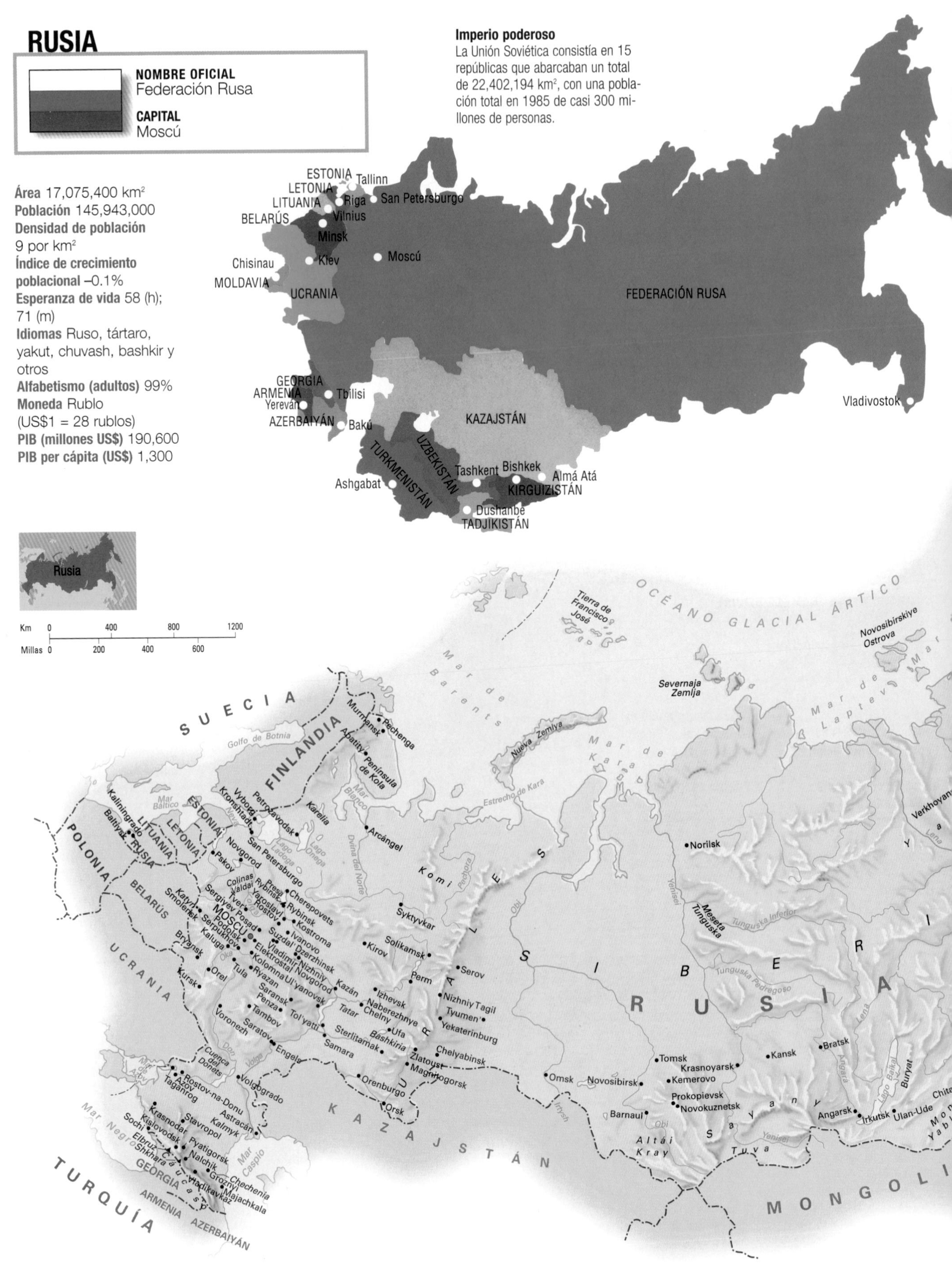

## RUSIA

**NOMBRE OFICIAL**
Federación Rusa

**CAPITAL**
Moscú

**Área** 17,075,400 km²
**Población** 145,943,000
**Densidad de población** 9 por km²
**Índice de crecimiento poblacional** –0.1%
**Esperanza de vida** 58 (h); 71 (m)
**Idiomas** Ruso, tártaro, yakut, chuvash, bashkir y otros
**Alfabetismo (adultos)** 99%
**Moneda** Rublo (US$1 = 28 rublos)
**PIB (millones US$)** 190,600
**PIB per cápita (US$)** 1,300

**Imperio poderoso**
La Unión Soviética consistía en 15 repúblicas que abarcaban un total de 22,402,194 km², con una población total en 1985 de casi 300 millones de personas.

## Gran agitación en Rusia

En el clímax de su éxito, de 1945 a 1985, Rusia disfrutó de gran influencia en el mundo. Moscú, el antiguo corazón de las tierras rusas, era la capital del país más grande del mundo, que abarcaba 15 repúblicas (de las cuales la propia Rusia era la más grande, con casi la mitad de la población soviética total), y disponía de enormes recursos naturales e industriales.

La influencia rusa se extendía más allá de sus fronteras hasta el centro de Europa. La Unión Soviética tenía tres escaños en la ONU (uno para Ucrania, uno para Belarús y un tercero para Rusia y las demás repúblicas) y una gran capacidad militar. Rusia, en su encarnación soviética del siglo XX, era más fuerte que en cualquier momento de su historia, temida o respetada por todo el mundo. Pero el totalitarismo comunista la congeló en un gran iceberg ideológico, y una prolongada guerra fría con Occidente la tenía casi en bancarrota.

Mijaíl Gorbachov, nombrado en 1985 secretario general del Partido Comunista en el poder, introdujo en la URSS la *perestroika* (reestructuración) y la *glasnost* (apertura). Estas concesiones animaron a los satélites y repúblicas soviéticas a demandar su independencia, y a alejarse a la deriva como témpanos de hielo: primero los países de Europa Oriental, luego los estados del Báltico, luego las otras 14 repúblicas soviéticas. Estallaron guerras étnicas en pequeña escala en varios rincones del antiguo estado soviético. La más sangrienta fue en Chechenia, en el Cáucaso.

Con la pérdida de las repúblicas, los intereses de Rusia en Europa se redujeron a menos de lo que habían sido en época de Catalina la Grande en el siglo XVIII. La economía rusa, expuesta al mercado libre, declinó en forma pronunciada y Rusia se volvió entonces dependiente de la ayuda de Occidente. Millones de ciudadanos comunes se quedaron amargados, desvalidos y nostálgicos de la certeza del pasado soviético.

Desde el colapso del imperio comunista a principios de la década de 1990, Rusia se ha visto acosada por crímenes violentos y corrupción, al igual que por problemas económicos. La desconcertante pérdida del imperio y el prestigio ocurrieron en apenas una década.

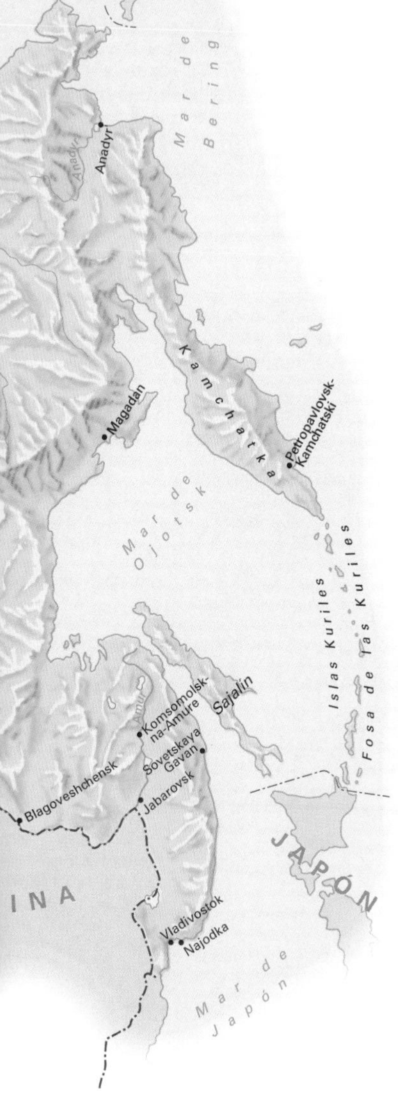

**Luchadores rudos** Los rebeldes chechenos (arriba) pelearon con fiereza por su independencia de Rusia en la década de 1990. Resistieron al mucho más poderoso ejército ruso aun después de que su capital, Grozni, fue casi destruida.

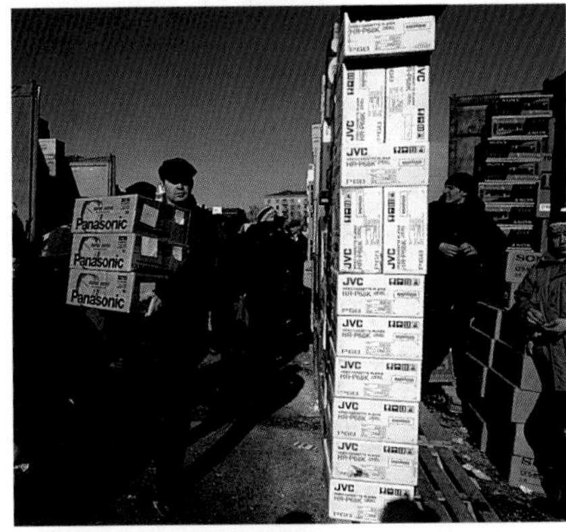


**Economía de mercado** Al colapsarse el comunismo en Rusia, ocurrió lo mismo con las industrias y tiendas estatales. La gente tuvo que comerciar con empresas privadas (der.) o hacer trueques.

**DATO** El Ferrocarril Transiberiano, el más largo del mundo, se extiende 9,438 km hacia el este desde Moscú.

## Fechas clave

**s. IX** Se funda el Estado de Kievan Rus.
**s. XIII** Invasión mongola.
**1480** Termina el dominio mongol.
**1905** Japón la derrota; primer parlamento.
**1914-1917** Lucha en la Primera Guerra Mundial contra Alemania y Austria.
**1917** La "Revolución de Febrero" derroca al zar; los bolcheviques toman el poder en la "Revolución de Octubre".
**1918-1920** Los comunistas ganan la guerra civil.
**1922** Se establece la URSS; Stalin sube al poder.
**1930** Industrialización; granjas colectivas; Stalin purga a sus rivales.
**1939** Stalin y Hitler acuerdan dividirse Polonia.
**1941** Invasión alemana.
**1945** Derrota a Alemania en el Frente Oriental; ocupa el este de Europa. Miembro fundador de la ONU.
**1953** Muere Stalin; Jrushchov se vuelve primer secretario.
**1956** Invade Hungría para suprimir manifestaciones antisoviéticas.
**1958** Jrushchov es primer ministro.
**1962** Crisis con EUA por los misiles soviéticos en Cuba.
**1964** Brezhnev, luego Kosiguin reemplazan a Jrushchov.
**1968** Fuerzas soviéticas invaden Checoslovaquia para aplastar reformas.
**1979-1989** Invade y ocupa Afganistán.
**1985** Gorbachov es secretario general; se inician la *glasnost* (apertura) y la *perestroika* (reestructuración).
**1989** Elecciones libres.
**1991** Se disuelve la URSS; Rusia (dirigida por Yeltsin) se une a la Comunidad de Estados Independientes.
**1994-2000** Invasiones de Chechenia.
**2000** Putin, presidente.

## UCRANIA

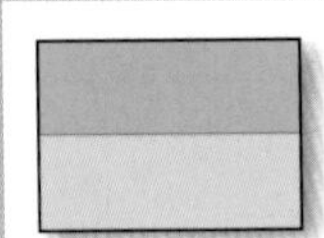

**NOMBRE OFICIAL**
República de Ucrania

**CAPITAL**
Kiev

**Área** 603,700 km²
**Población** 50,106,000
**Densidad de población** 84 por km²
**Índice de crecimiento poblacional** –0.6%
**Esperanza de vida** 62 (h); 73 (m)

**Idiomas** Ucraniano, ruso, rumano, húngaro, polaco
**Alfabetismo (adultos)** 96%
**Moneda** Grivna (US$1 = 5.41 grivnas)
**PIB (millones US$)** 30,800
**PIB per cápita (US$)** 609

### DATO

Los ucranianos afirman que en el mundo hay más estatuas de su poeta Taras Shevchenko que de cualquier otro.

### Fechas clave

**s. IX** Se funda el Estado de Kievan Rus en Kiev.
**s. XIV** Dominio polaco y lituano.
**1667-1790** Control ruso.
**1918** Se independiza.
**1920** Rusia la invade.
**1922** República fundadora de la Unión Soviética.
**1941-1944** Segunda Guerra Mundial: ocupada por Alemania. Resistencia a Alemania y la URSS.
**1945** Miembro fundador de la ONU.
**1954** Crimea transferida de Rusia a Ucrania.
**1986** Desastre nuclear de Chernobyl.
**1990** Declara soberanía sobre leyes soviéticas.
**1991** Independencia; se une a la Comunidad de Estados Independientes.
**1992** Disputa sobre la autonomía de Crimea.
**1995** Transfiere cabezas nucleares a Rusia para su destrucción.

## BELARÚS

**NOMBRE OFICIAL**
República de Belarús

**CAPITAL**
Minsk

**Área** 207,595 km²
**Población** 10,159,000
**Densidad de población** 49 por km²
**Índice de crecimiento poblacional** 0.2%
**Esperanza de vida** 62 (h); 74 (m)
**Idiomas** Bielorruso, ruso
**Alfabetismo (adultos)** 97.9%
**Moneda** Rublo bielorruso (US$1 = 1,345 rublos bielorrusos)
**PIB (millones US$)** 11,991
**PIB per cápita (US$)** 1,180

### DATO

"Bielorrusia" es la forma rusa del nombre del país. Se derogó en la independencia.

### Fechas clave

**s. XIII** Parte de Lituania.
**1569** Parte de Polonia.
**1772-1795** Control ruso.
**1918-1919** Independencia.
**1919** Dividida entre Polonia y Rusia.
**1922** República fundadora de la Unión Soviética.
**1939** Recupera áreas ocupadas por Polonia.
**1941-1944** Ocupada por Alemania.
**1945** Miembro fundador de la ONU.
**1990** Declara soberanía sobre leyes soviéticas.
**1991** Se independiza y se une a la Comunidad de Estados Independientes.
**1996** Acuerda unión económica con Rusia.

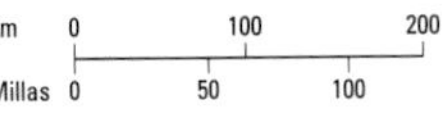

# GEORGIA

**NOMBRE OFICIAL**
República de Georgia

**CAPITAL**
Tbilisi

**Área** 69,700 km²
**Población** 5,399,000
**Densidad de población**
73 por km²
**Índice de crecimiento poblacional** 1.3%
**Esperanza de vida** 68 (h); 76 (m)
**Idioma** Georgiano
**Alfabetismo (adultos)** 99%
**Moneda** Lari
(US$1 = 1.97 laris)
**PIB (millones US$)** 4,400
**PIB per cápita (US$)** 869

**DATO**

Se dice que la costa del Mar Negro de Georgia es la antigua Cólquida, adonde fue Jasón en su búsqueda del Vellocino de oro.

## Fechas clave

*c.* **1800** Dominio ruso.
**1918** Independencia.
**1921** Rusia la invade.
**1922** Unión con URSS.
**1936** Se vuelve república independiente dentro de la URSS.
**1990** Elecciones libres.
**1991** Independencia. Se inician guerras civiles étnicas al declarar su independencia Osetia del Sur y Abjasia.
**1992** Se afilia a la ONU.
**1993** Se une a la Comunidad de Estados Independientes.
**1994** Pacto militar con Rusia.

# ARMENIA

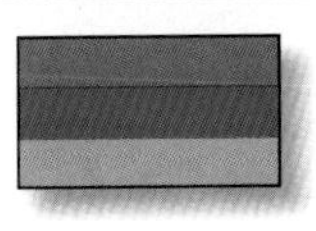

**NOMBRE OFICIAL**
República de Armenia

**CAPITAL**
Yerevan

**Área** 29,800 km²
**Población** 3,795,000
**Densidad de población**
119 por km²
**Índice de crecimiento poblacional** 1.1%
**Esperanza de vida** 67 (h); 74 (m)
**Idiomas** Armenio, kurdo
**Alfabetismo (adultos)** 98.8%
**Moneda** Dram
(US$1 = 548 drams)
**PIB (millones US$)** 1,880
**PIB per cápita (US$)** 531

**DATO**

En el siglo IV Armenia fue el primer país en el mundo que adoptó el cristianismo como su religión oficial.

## Fechas clave

*c.* **100** Imperio armenio.
**1514** Control otomano.
**1639** Los persas invaden el este de Armenia.
**1828** Rusia se anexa el este de Armenia.
**1915** Turquía deporta a armenios occidentales; muchos masacrados.
**1918** Independencia.
**1920** Rusia la invade.
**1922** Fusión con URSS.
**1936** República separada dentro de la URSS.
**1989-1994** Guerra con Azerbaiyán por el enclave de Nagorno-Karabakh.
**1991** Independencia; se une a la Comunidad de Estados Independientes.

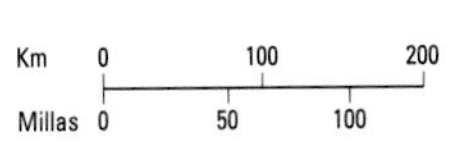


# AZERBAIYÁN

**NOMBRE OFICIAL**
República de Azerbaiyán

**CAPITAL**
Baki

**Área** 86,600 km²
**Población** 7,983,000
**Densidad de población**
88 por km²
**Índice de crecimiento poblacional** 0.4%
**Esperanza de vida** 65 (h); 74 (m)
**Idioma** Azerbaiyano (azerí)
**Alfabetismo (adultos)**
97.3%
**Moneda** Manat
(US$1 = 4,579 manats)
**PIB (millones US$)** 3,600
**PIB per cápita (US$)** 471

Km 0 100 200
Millas 0 50 100

## Fechas clave

**S. XVI-XIX** Control alterno de persas y turcos otomanos.
**1813** Control ruso.
**1918** Estado independiente.
**1920** Rusia lo invade.
**1922** Fusión con URSS.
**1936** República separada dentro de la URSS.
**1989-1994** Guerra con Armenia por el enclave de Nagorno-Karabakh.
**1991** Independencia; se une a la Comunidad de Estados Independientes.
**1992** Se afilia a la ONU.
**1994** Alto el fuego en Nagorno-Karabakh.

# Marruecos, Argelia, Libia y Túnez

## MARRUECOS

**NOMBRE OFICIAL**
Reino de Marruecos

**CAPITAL**
Rabat

**Área** 710,850 km²
**Población** 28,238,000
**Densidad de población** 39 por km²
**Índice de crecimiento poblacional** 1.4%
**Esperanza de vida** 62 (h); 66 (m)
**Idiomas** Árabe, bereber, español, francés
**Alfabetismo (adultos)** 43.7%
**Moneda** Dirham de Marruecos (US$ 1 = 10.86 dirhams de Marruecos)
**PIB (millones US$)** 36,500
**PIB per cápita (US$)** 1,313

### Fechas clave

**680** Invasión árabe.
**s. XIX** Francia y España establecen control.
**1912** Dividida entre franceses y españoles.
**1953-1955** Guerrilla de liberación.
**1956** Independencia de Francia (queda un pequeño enclave español).
**1957** El sultán es rey.
**1962** Nueva constitución.
**1965-1970** Estado de emergencia.
**1975** Se cede el Sahara Occidental a Marruecos y Mauritania, pero el Frente Polisario busca la independencia.
**1979** Marruecos ocupa Sahara Occidental; cesa reclamación Mauritania.
**1991** Alto el fuego en Sahara Occidental.
**2001** Frente Polisario amaga con otra guerra.

## ARGELIA

**NOMBRE OFICIAL**
República Argelina Democrática y Popular

**CAPITAL**
Argel

**Área** 2,381,741 km²
**Población** 30,774,000
**Densidad de población** 13 por km²
**Índice de crecimiento poblacional** 1.6%
**Esperanza de vida** 65 (h); 66 (m)
**Idiomas** Árabe, francés, bereber
**Alfabetismo (adultos)** 61.6%
**Moneda** Dinar de Argelia (US$1 = 75 dinares de Argelia)
**PIB (millones US$)** 47,200
**PIB per cápita (US$)** 1,583

### Fechas clave

**s. VII** Invasión árabe.
**1518** Control otomano.
**1830-1914** Control colonial francés.
**1954** Frente de Liberación Nacional (FLN) inicia guerra de liberación.
**1962** Independencia de Francia.
**1965** Golpe militar.
**1967** Declara guerra a Israel; rompe relaciones diplomáticas con EUA.
**1989** Nueva constitución multipartidista. Se funda el Frente Islámico de Salvación (FIS).
**1991** FIS gana elección.
**1992** Golpe militar; anulan elección. FIS amenaza con guerra santa.
**1996** Nueva constitución.
**1999** Amnistía terrorista, pero continúa violencia.

# LIBIA

**NOMBRE OFICIAL**
Jamahiriya Árabe Libia Popular y Socialista

**CAPITAL**
Trípoli

**Área** 1,775,500 km²
**Población** 5,471,000
**Densidad de población** 3 por km²
**Índice de crecimiento poblacional** 3.6%
**Esperanza de vida** 62 (h); 65 (m)
**Idiomas** Árabe, inglés, italiano
**Alfabetismo (adultos)** 76.2%
**Moneda** Dinar libio (US$ 1 = 0.55 de dinar libio)
**PIB (millones US$)** 34,970
**PIB per cápita (US$)** 6,393

## Fechas clave

**640** Invasión árabe.
**1551** Parte del Imperio Otomano.
**1911** Invasión italiana.
**1951** Gana independencia como reino.
**1969** Golpe militar de Gadafi; se forma la República Árabe.
**1977** Guerra fronteriza con Egipto.
**1983** Invade Chad.
**1986** EUA rompe relaciones diplomáticas debido a su apoyo a terroristas. EUA ataca barcos y bases libios.
**1987** Tropas de Chad obligan a Libia a retirarse.
**1989** Más ataques de EUA.
**1992** ONU impone sanciones cuando no entregan a sospechosos de bombazo en avión de EUA sobre Escocia.
**1996** ONU extiende sanciones a paises que invierten en Libia.

# TÚNEZ

**NOMBRE OFICIAL**
República de Túnez

**CAPITAL**
Túnez

**Área** 163,610 km²
**Población** 9,457,000
**Densidad de población** 57 por km²
**Índice de crecimiento poblacional** 1.1%
**Esperanza de vida** 69 (h); 73 (m)
**Idiomas** Árabe, bereber, francés
**Alfabetismo (adultos)** 66.7%
**Moneda** Dinar de Túnez (US$ 1 = 1.41 dinares de Túnez)
**PIB (millones US$)** 20,700
**PIB per cápita (US$)** 2,218

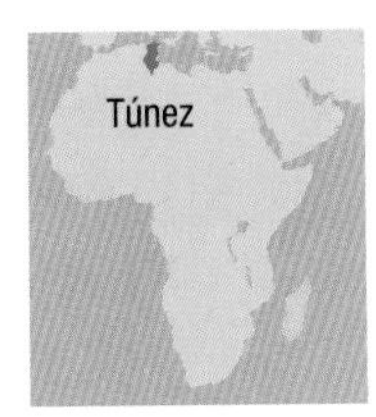


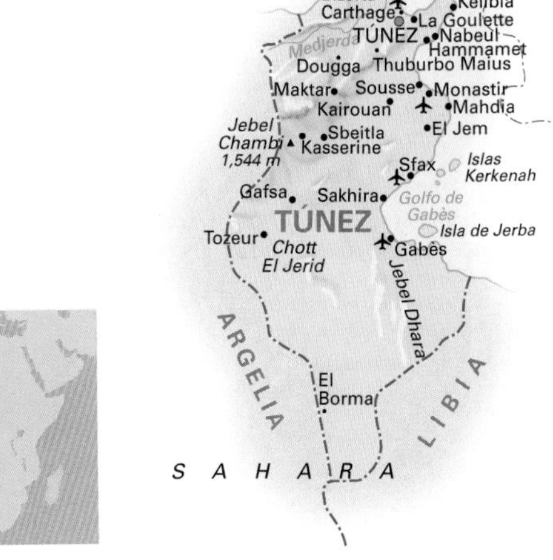


## Fechas clave

**s. VII** Invasión árabe.
**1574** Parte del Imperio Otomano.
**1881** Protectorado francés.
**1955** Autonomía interna.
**1956** Independencia de Francia.
**1957** República; Habib Bourguiba, presidente.
**1967** Se une a fuerzas árabes en Guerra de Seis Días contra Israel.
**1975** Bourguiba, presidente vitalicio.
**1985-1988** Rompe relaciones diplomáticas con Libia.
**1987** Primer ministro Ben Ali depone a Bourguiba.
**1991** Medidas contra fundamentalismo islámico.
**1995** Firma acuerdo de asociación con la Unión Europea.

## PASTORES DEL DESIERTO ADAPTABLES

Los beduinos, pastores nómadas de los desiertos de Arabia, Sahara y Siria, se han adaptado poco a poco a la vida moderna. Algunos aún viven en tiendas y vagan por áreas tradicionales, criando camellos, caballos, cabras, ovejas y ganado. Sus tribus aún las rigen un jeque y un consejo de ancianos. Pero los gobiernos modernos desean ciudadanos asentados, así que la mayoría de los beduinos tienen ahora un estilo de vida más sedentario. Aunque muchos beduinos urbanos se ganan la vida con artesanías o trabajo manual, hay muchos doctores, abogados, científicos y empresarios.

Los beduinos se hacen llamar *Ahl-el-beit* (Pueblo de la Tienda). Provienen de Arabia, pero para el siglo VII ya se habían extendido a Siria y Egipto y luego, por el año 1050, a Túnez. Vivían del comercio de camellos, la protección a caravanas en rutas comerciales y las incursiones a territorios vecinos. Desde 1920 el transporte motorizado empezó a mover las mercancías.

Los beduinos se han adaptado al cambio sin renunciar a sus valores tradicionales de honor, dignidad, valor y hospitalidad.

# Egipto, Sudán, Eritrea, Etiopía y Djibouti

## EGIPTO

**NOMBRE OFICIAL**
República Árabe de Egipto

**CAPITAL**
El Cairo

**Área** 997,738 km²
**Población** 67,226,000
**Densidad de población** 66 por km²
**Índice de crecimiento poblacional** 3.4%
**Esperanza de vida** 63 (h); 66 (m)
**Idiomas** Árabe, inglés, francés
**Alfabetismo (adultos)** 51.4%
**Moneda** Libra de Egipto (US$1 = 3.88 libras de Egipto)
**PIB (millones US$)** 89,400
**PIB per cápita (US$)** 1,354

### Fechas clave

**c. 3100 a.C.** Antigua civilización egipcia.
**639 d.C.** Invasión árabe.
**1517** Control otomano.
**s. XIX** Control inglés.
**1869** Construcción del Canal de Suez.
**1914** Protectorado inglés.
**1922** Se independiza de Inglaterra.
**1923** Rey Fuad I.
**1948** Guerra con Israel.
**1952** Golpe militar; deponen al rey Farouk.
**1956** Toma el Canal de Suez; Inglaterra, Francia e Israel lo invaden.
**1967** Derrota en Guerra de Seis Días con Israel.
**1973** Pierde con Israel en Guerra del Yom Kippur.
**1978** Acuerdo de Campo David con Israel.
**1979** Hace la paz con Israel; expulsado de la Liga Árabe (LA).
**1981** Extremistas matan al presidente Sadat.
**1982** Recupera el Sinaí.
**1989** Reingresa a LA.
**1991** Se une a EUA en la Guerra del Golfo.
**1997** Fanáticos musulmanes matan a 58 turistas extranjeros.

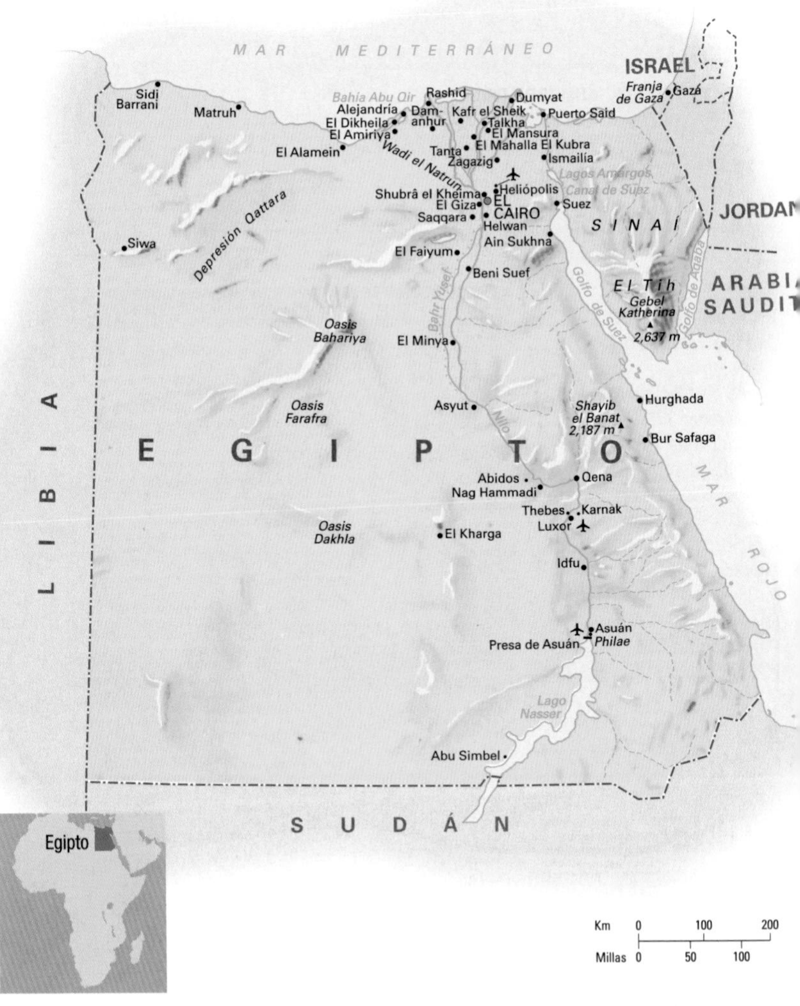

## SUDÁN

**NOMBRE OFICIAL**
República de Sudán

**CAPITAL**
Jartum

**Área** 2,505,813 km²
**Población** 28,883,000
**Densidad de población** 12 por km²
**Índice de crecimiento poblacional** 0.1%
**Esperanza de vida** 49 (h); 52 (m)
**Idiomas** Árabe, inglés y lenguas locales
**Alfabetismo (adultos)** 46.1%
**Moneda** Dinar de Sudán (US$1 = 258 dinares de Sudán)
**PIB (millones US$)** 12,300
**PIB per cápita (US$)** 424

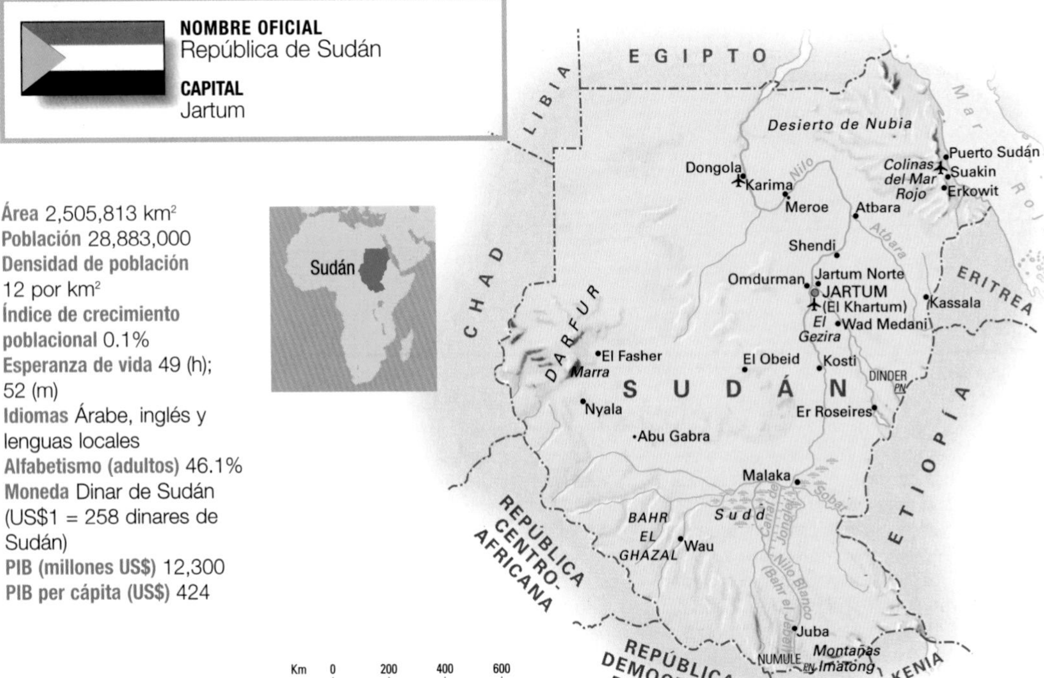


### Fechas clave

**s. XIV** Control islámico.
**1821** Egipto lo invade.
**1881** Revuelta de Mahdi.
**1898** Victoria anglo-egipcia en Omdurman.
**1956** Se independiza de Inglaterra.
**1958** Golpe militar.
**1973** Unipartidista.
**1980-1999** Sequías causan hambrunas graves.
**1983** Ley islámica; el Ejército de Liberación del Pueblo de Sudán (ELPS) inicia guerra civil.
**1985** Golpe militar: sistema multipartidista.
**1986** Elecciones.
**1989** Golpe militar; consejo militar reemplaza a legislatura.
**1993** Alto el fuego del ELPS.
**1994** Se reinicia lucha.
**1998** Nueva constitución islámica.

# ERITREA

**NOMBRE OFICIAL**
Estado de Eritrea

**CAPITAL**
Asmara

**Área** 121,144 km²
**Población** 3,719,000
**Densidad de población** 31 por km²
**Índice de crecimiento poblacional** 2.7%
**Esperanza de vida** 48 (h); 51 (m)
**Idiomas** Árabe, tigré, inglés
**Alfabetismo (adultos)** 20%
**Moneda** Nakfa (US$1 = 9.7 nakfas)
**PIB (millones US$)** 800
**PIB per cápita (US$)** 215

## Fechas clave

**s. VII** Control musulmán.
**s. XVI** Control otomano.
**1882-1889** Conquista italiana.
**1941** La invade Inglaterra.
**1952** Es parte autónoma de Etiopía.
**1961** Guerra civil iniciada por separatistas.
**1962** Anexión a Etiopía.
**1991** Rebeldes eritreos ayudan a derrocar al gobierno etíope.
**1993** Referéndum; república independiente.
**1998-2000** Guerra fronteriza con Etiopía.

# ETIOPÍA

**NOMBRE OFICIAL**
República Federal Democrática de Etiopía

**CAPITAL**
Addis Abeba

**Área** 1,133,380 km²
**Población** 61,672,000
**Densidad de población** 53 por km²
**Índice de crecimiento poblacional** 2.9%
**Esperanza de vida** 46 (h); 49 (m)
**Idiomas** Amárico, inglés y muchas lenguas locales
**Alfabetismo (adultos)** 35.5%
**Moneda** Birr (US$1 = 8.26 birrs)
**PIB (millones US$)** 5,675
**PIB per cápita (US$)** 94

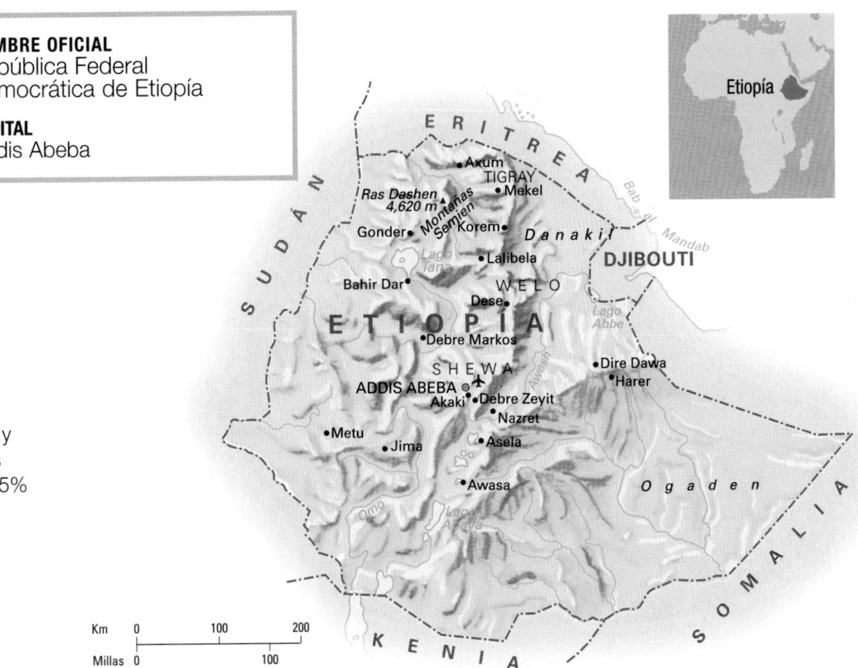


## Fechas clave

**1889** Imperio Etíope unido.
**1930** El ras Tafari se vuelve emperador como Haile Selassie I.
**1935** Invasión italiana.
**1941** La liberan ingleses en la Segunda Guerra Mundial.
**1962** Se anexa Eritrea.
**1974** Golpe militar derroca a Haile Selassie. Inicia reforma agraria.
**1977-1978** Guerra con Somalia en Ogaden.
**1980-1999** Sequías y hambruna graves.
**1991** Cae gobierno ante tigreanos, eritreos y otros rebeldes.
**1993** Eritrea se separa.
**1995** Elecciones libres.
**1998-2000** Guerra fronteriza con Eritrea.

# DJIBOUTI

**NOMBRE OFICIAL**
República de Djibouti

**CAPITAL**
Djibouti

**Área** 23,200 km²
**Población** 629,000
**Densidad de población** 27 por km²
**Índice de crecimiento poblacional** 4.1%
**Esperanza de vida** 47 (h); 50 (m)
**Idiomas** Árabe, francés
**Alfabetismo (adultos)** 46.2%
**Moneda** Franco de Djibouti (US$ 1 = 175 francos de Djibouti)
**PIB (millones US$)** 524
**PIB per cápita (US$)** 845

## Fechas clave

**s. IX** Se vuelve islámica.
**s. XIX** Control francés.
**1967** Vota por mantener lazos con Francia; nombrado Territorio de los Afars e Issas.
**1977** Independencia; nombrada Djibouti.
**1979** Se unen partidos y forman la Unión Popular para el Progreso.
**1992** Sistema multipartidista.
**1994** Acuerdo de paz con rebeldes afar.

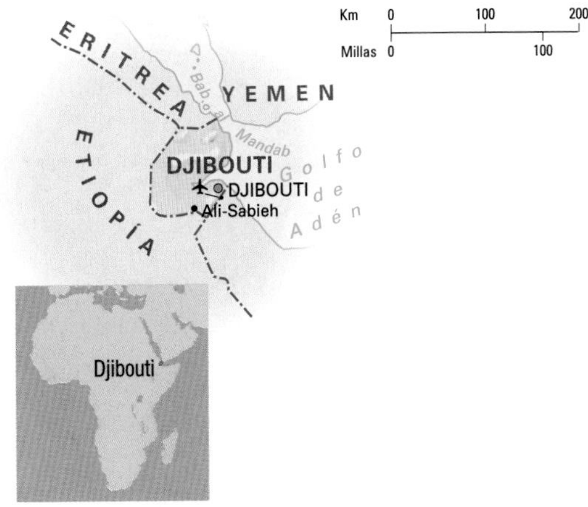

# Kenia, Tanzania, Uganda, Somalia y Seychelles

## KENIA

**NOMBRE OFICIAL**
República de Kenia

**CAPITAL**
Nairobi

**Área** 580,367 km²
**Población** 29,549,000
**Densidad de población** 50 por km²
**Índice de crecimiento poblacional** 2.9%
**Esperanza de vida** 57 (h); 61 (m)
**Idiomas** Kiswahili, inglés, kikuyu, luo
**Alfabetismo (adultos)** 78.1%
**Moneda** Chelín de Kenia (US$1 = 77.45 chelines de Kenia)
**PIB (millones US$)** 9,042
**PIB per cápita (US$)** 311

### Fechas clave

**1895** Control inglés.
**1952-1960** Grupo terrorista kikuyu lucha contra el control inglés.
**1963** Independencia de Inglaterra.
**1964** Unipartidista.
**1990** Manifestaciones democráticas violentas.
**1991** Multipartidista.
**1992** Primeras elecciones libres.

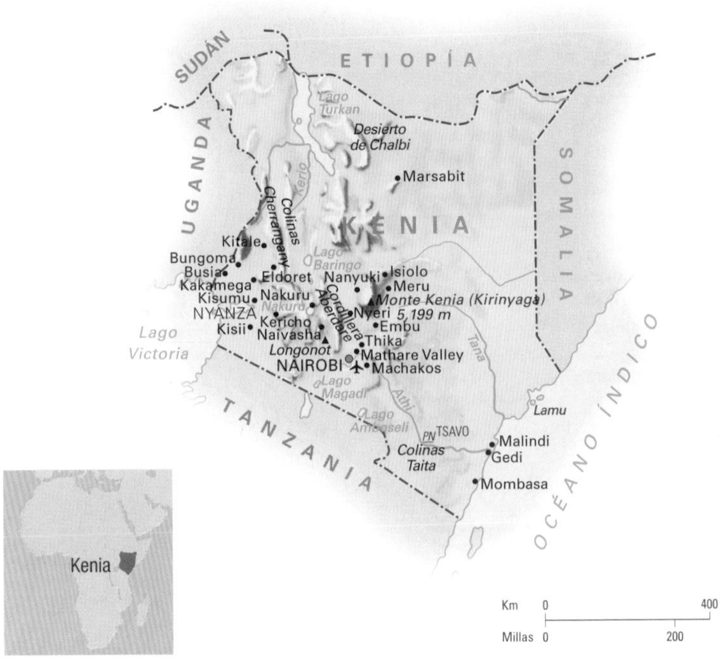


## TANZANIA

**NOMBRE OFICIAL**
República Unida de Tanzania

**CAPITAL**
Dodoma

**Área** 945,087 km²
**Población** 32,793,000
**Densidad de población** 34 por km²
**Índice de crecimiento poblacional** 3.3%
**Esperanza de vida** 52 (h); 55 (m)
**Idiomas** Kiswahili, inglés y muchas lenguas locales
**Alfabetismo (adultos)** 67.8%
**Moneda** Chelín de Tanzania (US$1 = 889 chelines de Tanzania)
**PIB (millones US$)** 8,500
**PIB per cápita (US$)** 264

### Fechas clave

**1880** Control alemán del territorio continental.
**1890** Zanzíbar se vuelve protectorado inglés.
**1918** Control inglés continental (Tangañica) tras la Primera Guerra Mundial.
**1961** Tangañica se independiza.
**1962** República en la Commonwealth.
**1963** Zanzíbar se independiza.
**1964** Unión de Zanzíbar y Tangañica crea Tanzania.
**1979** Invade Uganda y depone a Idi Amin.
**1992** Se propone sistema multipartidista.
**1995** Elecciones democráticas.

**Alegre tierra de apacentamiento** Los elefantes vagan seguros en el Parque Nacional Amboseli de Kenia, con el Kilimanjaro –el pico más alto de África– al fondo. Los elefantes africanos aún son cazados en forma extensa (e ilegal) por su marfil, pero su poder para atraer turistas ha logrado que los gobiernos les brindaran mayor protección en décadas recientes.

# UGANDA

**NOMBRE OFICIAL**
República de Uganda

**CAPITAL**
Kampala

**Área** 241,139 km²
**Población** 21,620,000
**Densidad de población** 87 por km²
**Índice de crecimiento poblacional** 2.8%
**Esperanza de vida** 40 (h); 42 (m)
**Idiomas** Inglés, luganda y otras lenguas locales
**Alfabetismo (adultos)** 61.8%
**Moneda** Nuevo chelín de Uganda (NCU) (US$1 = 1,785 NCU)
**PIB (millones US$)** 6,000
**PIB per cápita (US$)** 285

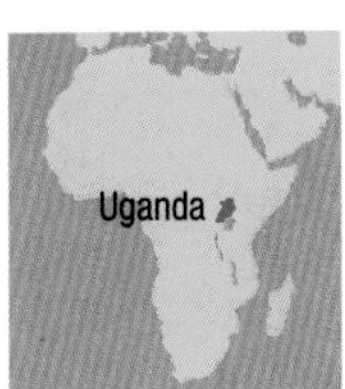


## Fechas clave

**s. XIX** Poderoso reino de Buganda.
**1894** Protectorado inglés.
**1962** Independencia de Inglaterra.
**1963** República; kabaka (rey) electo presidente.
**1967** Kabaka depuesto.
**1971** Idi Amin se vuelve dictador; mata más de 300,000 ugandeses y expulsa a los asiáticos.
**1979** Tropas de Tanzania y exiliados ugandeses deponen a Amin.
**1985** Golpe militar.
**1986** Museveni presidente; restablece la paz.
**1995** Nueva constitución.
**1996** Elecciones libres.

# SOMALIA

**NOMBRE OFICIAL**
República Democrática Somalí

**CAPITAL**
Mogadiscio

**Área** 637,657 km²
**Población** 9,240,000
**Densidad de población** 14 por km²
**Índice de crecimiento poblacional** 2.9%
**Esperanza de vida** 45 (h); 49 (m)
**Idiomas** Somalí, árabe, inglés, italiano
**Alfabetismo (adultos)** 24.1%
**Moneda** Chelín de Somalia (US$1 = 2,620 chelines de Somalia)
**PIB (millones US$)** n/a
**PIB per cápita (US$)** n/a

## Fechas clave

**s. XIX** Inglaterra e Italia establecen colonias.
**1960** Independencia de Inglaterra e Italia.
**1969** Golpe militar; república socialista.
**1970-1979** Gran sequía.
**1977-1978** Invade región de Ogaden, Etiopía, pero es rechazada.
**1991** Lucha entre guerrilleros. El norte busca su independencia como Somalilandia (no reconocida). Grave hambruna por sequía.
**1992** Tropas de paz apoyan en hambruna.
**1994-1995** Parten tropas de la ONU; sigue lucha rebelde.

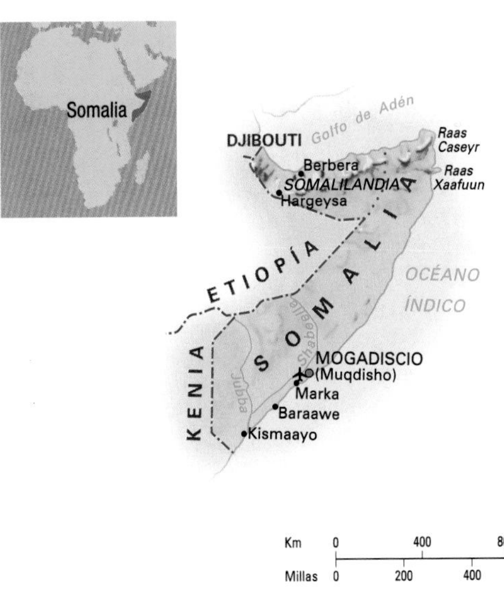


# SEYCHELLES

**NOMBRE OFICIAL**
República de Seychelles

**CAPITAL**
Victoria, en Mahé

**Área** 454 km²
**Población** 80,000
**Densidad de población** 176 por km²
**Índice de crecimiento poblacional** 1.3%
**Esperanza de vida** 65 (h); 74 (m)
**Idiomas** Criollo, inglés, francés
**Alfabetismo (adultos)** 85%
**Moneda** Rupia de Seychelles (US$1 = 6.05 rupias de Seychelles)
**PIB (millones US$)** 579
**PIB per cápita (US$)** 7,237

## Fechas clave

**s. XVI** Portugueses descubren islas deshabitadas.
**1770** Colonia francesa.
**1814** Pasa a Inglaterra.
**1976** Independencia; se convierte en república en la Commonwealth.
**1977** Golpe socialista depone a primer presidente.
**1979** Unipartidista.
**1993** Nueva constitución: multipartidista.

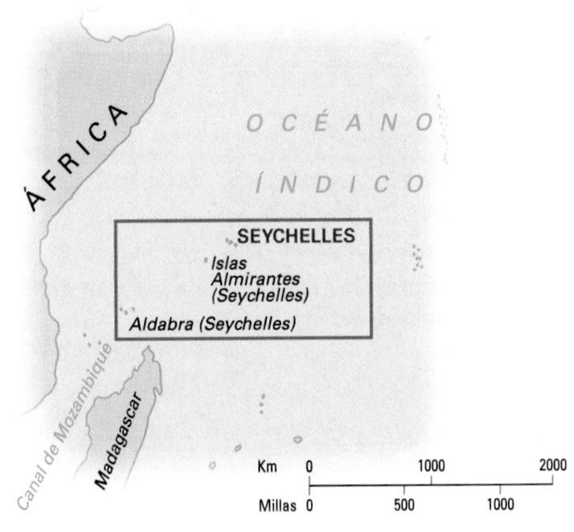

## MALÍ

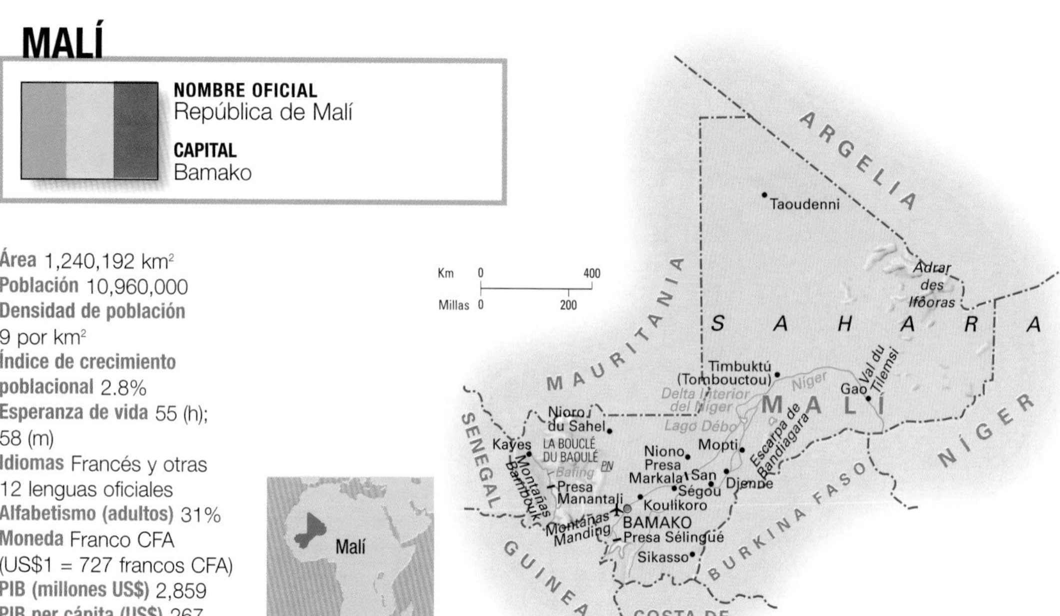


**Área** 1,240,192 km²
**Población** 10,960,000
**Densidad de población** 9 por km²
**Índice de crecimiento poblacional** 2.8%
**Esperanza de vida** 55 (h); 58 (m)
**Idiomas** Francés y otras 12 lenguas oficiales
**Alfabetismo (adultos)** 31%
**Moneda** Franco CFA (US$1 = 727 francos CFA)
**PIB (millones US$)** 2,859
**PIB per cápita (US$)** 267

### Fechas clave

**S. IV-XVI** Parte de imperios de Ghana, Malí y Songhai.
**1895** Control francés.
**1904** Sudán Francés.
**1958** Autonomía bajo gobierno francés.
**1959** Se une a Senegal en Federación de Malí.
**1960** Se deshace Federación de Malí; independencia como República de Malí.
**1968** Golpe derroca gobierno socialista.
**1974** Unipartidista.
**1991** Golpe militar.
**1992** Nueva constitución; elección multipartidista. Paz con grupo guerrillero tuareg.

## SENEGAL

**NOMBRE OFICIAL**
República de Senegal
**CAPITAL**
Dakar

**Área** 196,722 km²
**Población** 9,279,000
**Densidad de población** 47 por km²
**Índice de crecimiento poblacional** 2.7%
**Esperanza de vida** 48 (h); 50 (m)
**Idiomas** Francés y muchas lenguas locales
**Alfabetismo (adultos)** 33.1%
**Moneda** Franco CFA (US$1 = 727 francos CFA)
**PIB (millones US$)** 5,000
**PIB per cápita (US$)** 538

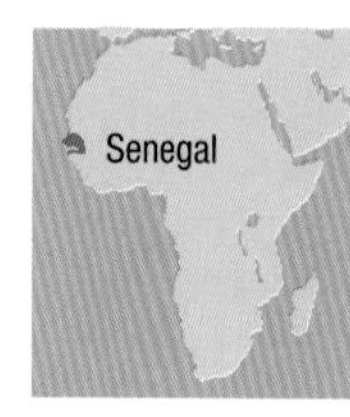

### Fechas clave

**S. IV-XVI** El este forma parte de imperios de Ghana, Malí y Songhai.
**S. XVII** Factorías europeas en la costa.
**1882** Colonia francesa.
**1895** Dakar, capital de África Occidental Francesa.
**1959** Senegal y República Sudanesa forman la Federación de Malí.
**1960** Independencia.
**1982-1989** Con Gambia, forma la Confederación de Senegambia.
**1998** Envía tropas a Guinea-Bissau para derrotar revuelta armada.

## GAMBIA

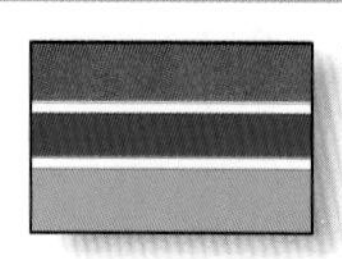

**NOMBRE OFICIAL**
República de Gambia
**CAPITAL**
Banjul

**Área** 11,295 km²
**Población** 1,385,000
**Densidad de población** 109 por km²
**Índice de crecimiento poblacional** 4.1%
**Esperanza de vida** 43 (h); 47 (m)
**Idiomas** Inglés, mandinka, fula, wolof y otras lenguas locales
**Alfabetismo (adultos)** 38.6%
**Moneda** Dalasi (US$1 = 15.6 dalasis)
**PIB (millones US$)** 375
**PIB per cápita (US$)** 304

### Fechas clave

**S. XIII-XV** Parte del Imperio de Malí.
**S. XV-XVIII** Puestos europeos de esclavos.
**S. XIX** Posesión inglesa parte de Sierra Leona; se separa en 1888.
**1965** Independencia.
**1970** República en la Commonwealth.
**1982-1989** Se une a Senegal como parte de Senegambia.
**1994** Golpe incruento.
**1996** Nueva constitución.

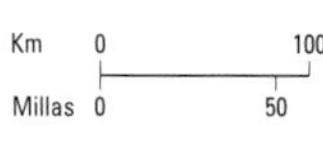

## GUINEA-BISSAU

**NOMBRE OFICIAL**
República de Guinea-Bissau

**CAPITAL**
Bissau

**Área** 36,125 km²
**Población** 1,187,000
**Densidad de población** 32 por km²
**Índice de crecimiento poblacional** 1.1%
**Esperanza de vida** 41 (h); 44 (m)
**Idiomas** Portugués, criollo
**Alfabetismo (adultos)** 54.9%
**Moneda** Franco CFA (US$1 = 727 francos CFA)
**PIB (millones US$)** 205
**PIB per cápita (US$)** 176

### Fechas clave

**S. XVII-XIX** Base portuguesa para comercio de esclavos.
**1879** Colonia portuguesa independiente.
**1951** Provincia de Portugal en ultramar.
**1974** Independencia tras guerrilla.
**1980** Golpe militar.
**1984** Nueva constitución.
**1994** Elecciones libres.
**1998** Revuelta armada derrotada con ayuda de Senegal y Guinea.

## MAURITANIA

**NOMBRE OFICIAL**
República Islámica de Mauritania

**CAPITAL**
Nouakchott

**Área** 1,030,700 km²
**Población** 2,598,000
**Densidad de población** 2 por km²
**Índice de crecimiento poblacional** 2.5%
**Esperanza de vida** 50 (h); 53 (m)
**Idiomas** Árabe, francés y muchas lenguas locales
**Alfabetismo (adultos)** 37.7%
**Moneda** Ouguiya (US$1 = 252 ouguiyas)
**PIB (millones US$)** 1,825
**PIB per cápita (US$)** 721

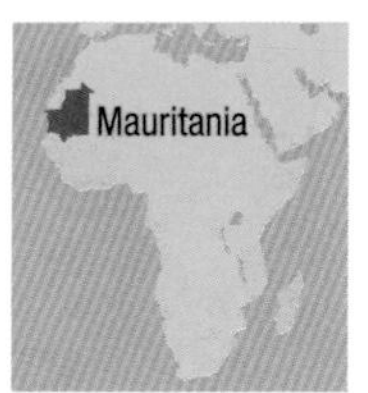


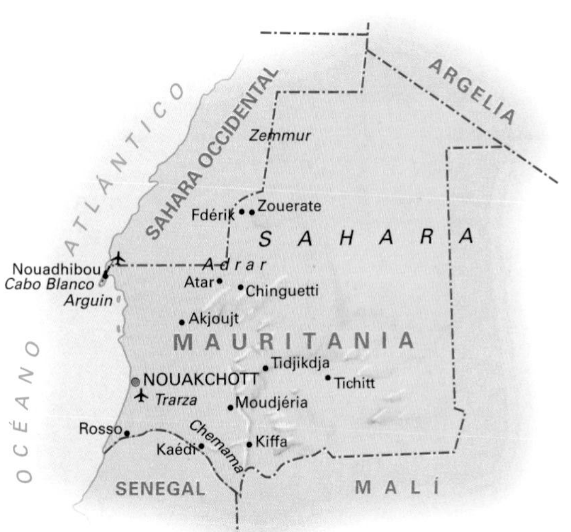


### Fechas clave

**S. IV-XVI** Áreas forman parte de imperios de Ghana, Malí y Songhai.
**S. XVII-XVIII** Factorías europeas.
**1903** Protectorado francés.
**1958** Autonomía.
**1960** Independencia; no reconocida por Marruecos.
**1965** Unipartidista.
**1970** Marruecos reconoce su independencia.
**1975** Sahara Occidental cedido a Mauritania (sur) y Marruecos (norte), pero el Frente Polisario se resiste.
**1978** Golpe militar.
**1979** Mauritania renuncia a pretensiones en Sahara Occidental.
**1996** Elecciones libres.

## CABO VERDE

**NOMBRE OFICIAL**
República de Cabo Verde

**CAPITAL**
Praia

**Área** 4,033 km²
**Población** 418,000
**Densidad de población** 104 por km²
**Índice de crecimiento poblacional** 2.3%
**Esperanza de vida** 64 (h); 71 (m)
**Idiomas** Portugués, criollo
**Alfabetismo (adultos)** 71.6%
**Moneda** Escudo de Cabo Verde (US$1 = 122 escudos de Cabo Verde)
**PIB (millones US$)** 468
**PIB per cápita (US$)** 1,114

### Fechas clave

**1460** Descubierto y colonizado por Portugal.
**S. XVI-XVII** Prospera como puesto de comercio de esclavos.
**1879** Colonia portuguesa separada.
**1975** Independencia.
**1981** Fin a planes para unirse a Guinea-Bissau.
**1990** Nueva constitución.
**1991** Primeras elecciones multipartidistas.

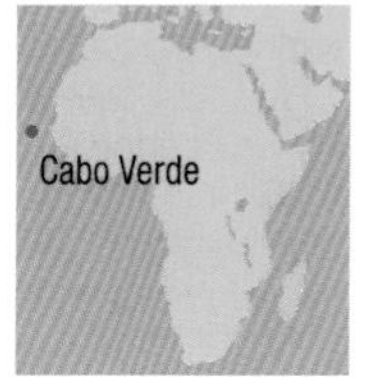


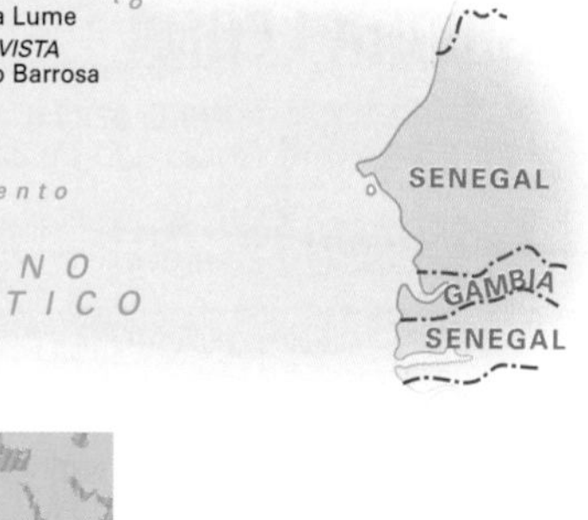

# África sudoccidental

## GUINEA

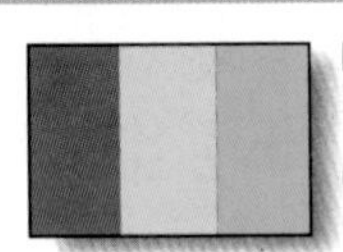

**NOMBRE OFICIAL** República de Guinea

**CAPITAL** Conakry

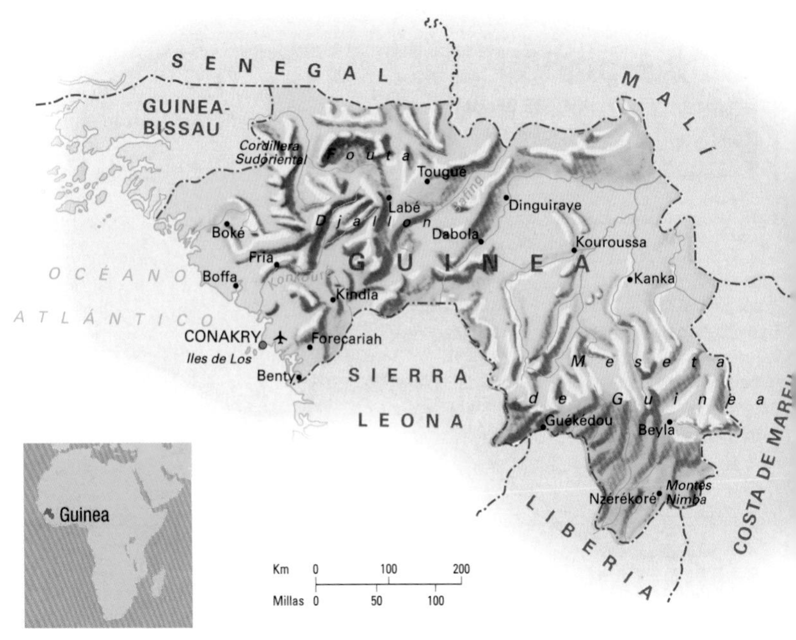


**Área** 245,857 km²
**Población** 7,360,000
**Densidad de población** 30 por km²
**Índice de crecimiento poblacional** 2.9%
**Esperanza de vida** 44 (h); 45 (m)
**Idiomas** Francés, soussou, manika y lenguas locales
**Alfabetismo (adultos)** 35.9%
**Moneda** Franco de Guinea (US$1 = 1,895 francos de Guinea)
**PIB (millones US$)** 3,290
**PIB per cápita (US$)** 448

### Fechas clave

**s. XIII-XVI** Parte del Imperio de Malí.
**1890** Colonia francesa.
**1958** Independencia; Sékou Touré dirige estado unipartidista.
**1984** Golpe incruento tras muerte de Touré.
**1990** Nueva constitución.
**1993** Elecciones libres.
**1996** Gobierno derrota revuelta de rebeldes.

## GHANA

**NOMBRE OFICIAL** República de Ghana

**CAPITAL** Accra

**Área** 238,537 km²
**Población** 19,678,000
**Densidad de población** 80 por km²
**Índice de crecimiento poblacional** 2.3%
**Esperanza de vida** 54 (h); 58 (m)
**Idiomas** Inglés y muchas lenguas locales
**Alfabetismo (adultos)** 64.5%
**Moneda** Nuevo cedí (NC) (US$1 = 7,485 NC)
**PIB (millones US$)** 7,885
**PIB per cápita (US$)** 411

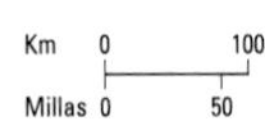


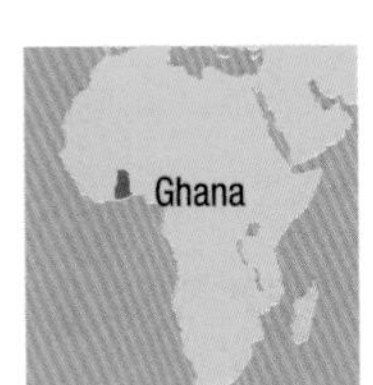


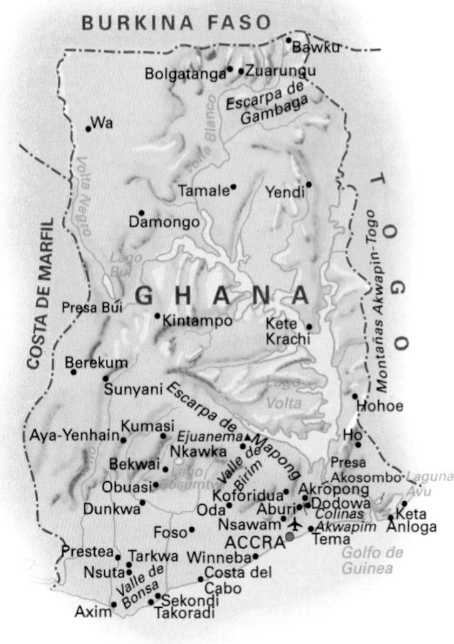


### Fechas clave

**s. XV** Comercio portugués; es Costa de Oro.
**1642** Control holandés.
**1874** Colonia inglesa.
**1954** Autonomía.
**1957** Independencia (con Togo inglés).
**1960** República; Kwame Nkrumah, presidente.
**1964** Estado socialista unipartidista dirigido por Nkrumah.
**1966** Golpe militar.
**1969** Nueva constitución; gobierno civil.
**1972-1981** Cuatro golpes militares.
**1992** Nueva constitución: multipartidista.
**1993** Violencia étnica; más de 1,000 muertos.

## SIERRA LEONA

**NOMBRE OFICIAL** República de Sierra Leona

**CAPITAL** Freetown

**Área** 71,740 km²
**Población** 4,717,000
**Densidad de población** 64 por km²
**Índice de crecimiento poblacional** 2.5%
**Esperanza de vida** 32 (h); 36 (m)
**Idiomas** Inglés, mende, temne, krio (criollo)
**Alfabetismo (adultos)** 31.4%
**Moneda** Leone (US$1 = 1,894 leones)
**PIB (millones US$)** 702
**PIB per cápita (US$)** 153

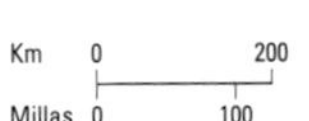


### Fechas clave

**1808** Colonia inglesa.
**1961** Independencia.
**1971** República.
**1978** Unipartidista.
**1990-1999** Serie de golpes militares y guerra civil de grupos rivales.
**1996** Ahmad Kabbah electo presidente.
**1997** Golpe militar.
**1998** Tropas nigerianas restauran a Kabbah.
**1999-2000** Fuerzas de la ONU tratan de restablecer la paz.

# LIBERIA

**NOMBRE OFICIAL** República de Liberia

**CAPITAL** Monrovia

**Área** 97,754 km²
**Población** 2,930,000
**Densidad de población** 27 por km²
**Índice de crecimiento poblacional** 1.1%
**Esperanza de vida** 54 (h); 57 (m)
**Idiomas** Inglés y muchas lenguas locales
**Alfabetismo (adultos)** 38.3%
**Moneda** Dólar liberiano (US$1 = 41.5 dólares liberianos)
**PIB (millones US$)** 517
**PIB per cápita (US$)** 176

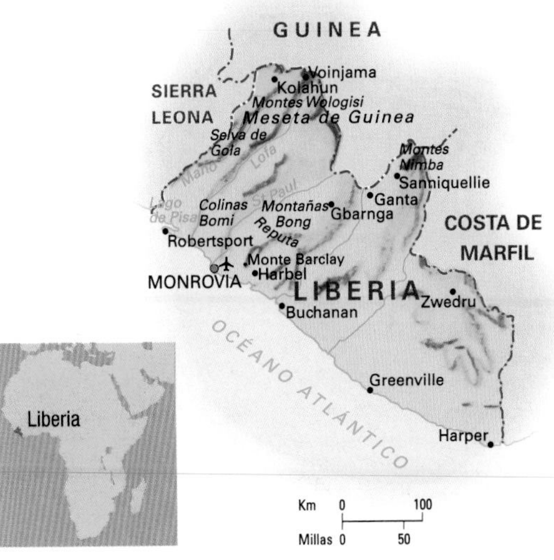


## Fechas clave

**1822** Fundada por esclavos estadounidenses liberados y reubicados.
**1847** República independiente; constitución según la de EUA.
**1980** Golpe militar.
**1989** Guerra civil entre el gobierno y dos grupos rebeldes.
**1990** Matan al presidente. Alto el fuego.
**1992** Reinicia la lucha.
**1996** Acuerdo de paz.
**1997** Elecciones libres.

# COSTA DE MARFIL

**NOMBRE OFICIAL** República de Costa de Marfil

**CAPITAL** Yamoussoukro

**Área** 322,462 km²
**Población** 14,526,000
**Densidad de población** 44 por km²
**Índice de crecimiento poblacional** 0.8%
**Esperanza de vida** 50 (h); 54 (m)
**Idiomas** Francés y muchas lenguas locales
**Alfabetismo (adultos)** 40.1%
**Moneda** Franco CFA (US$1 = 727 francos CFA)
**PIB (millones US$)** 11,411
**PIB per cápita (US$)** 798

## Fechas clave

**1842** Protectorado francés.
**1893** Colonia francesa.
**1958** Autonomía.
**1960** Independencia; unipartidista con Felix Houphouet-Boigny.
**1990** Elecciones multipartidistas tras mítines.
**1993** Muere en el cargo Houphouet-Boigny.
**1999** Golpe militar.

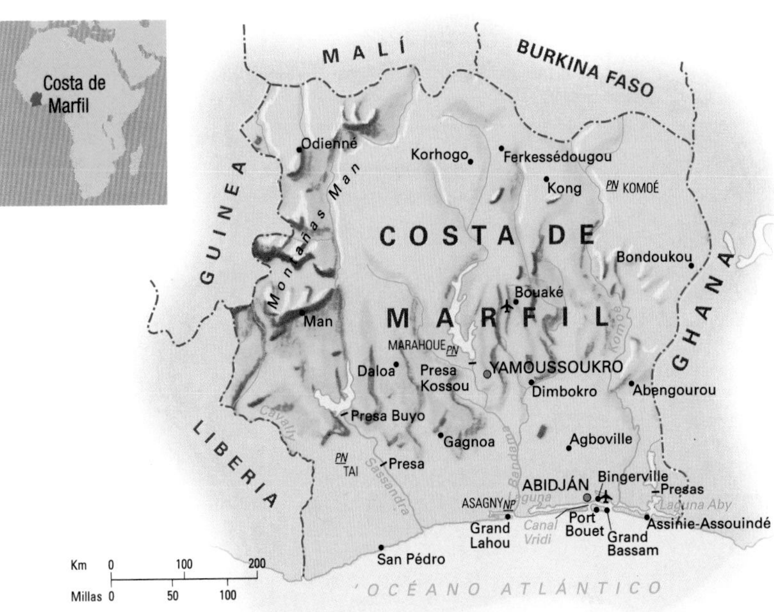


# BURKINA FASO

**NOMBRE OFICIAL** República de Burkina Faso

**CAPITAL** Ouagadougou

Burkina Faso

**Área** 274,200 km²
**Población** 11,616,000
**Densidad de población** 39 por km²
**Índice de crecimiento poblacional** 1.5%
**Esperanza de vida** 45 (h); 47 (m)
**Idiomas** Francés, mossi y muchas lenguas locales
**Alfabetismo (adultos)** 19.2%
**Moneda** Franco CFA (US$1 = 727 francos CFA)
**PIB (millones US$)** 2,499
**PIB per cápita (US$)** 233

## Fechas clave

**s. XIV** Reino mossi.
**mediados s. XV** Capital mossi en Ouagadougou.
**1896** Franceses capturan Ouagadougou; protectorado.
**1919** Fundan colonia francesa de Alto Volta.
**1932-1947** Dividida entre colonias francesas.
**1960** Independencia.
**1980** Primero de varios golpes militares.
**1984** Cambia su nombre a Burkina Faso.
**1991** Nueva constitución; elecciones multipartidistas.

# Togo, Benin, Níger, Chad, Nigeria

## TOGO

**NOMBRE OFICIAL** República de Togo

**CAPITAL** Lomé

**Área** 56,785 km²
**Población** 4,512,000
**Densidad de población** 77 por km²
**Índice de crecimiento poblacional** 2.3%
**Esperanza de vida** 49 (h); 52 (m)
**Idiomas** Francés, kabiye, ewe y otras lenguas locales
**Alfabetismo (adultos)** 51.7%
**Moneda** Franco CFA (US$1 = 727 francos CFA)
**PIB (millones US$)** 1,464
**PIB per cápita (US$)** 332

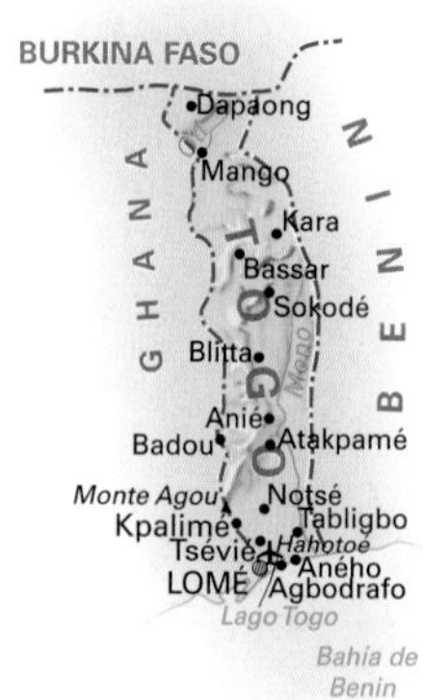

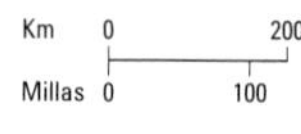


### Fechas clave

**1884** Protectorado alemán.
**1919** Dividido entre Francia e Inglaterra.
**1957** El sector inglés se une con Ghana.
**1960** El francés se independiza como Togo.
**1967** Golpe militar.
**1992** Elecciones multipartidistas.
**1993** Huyen 25,000 tras mítines violentos.
**1994-1998** Elecciones libres.

## BENIN

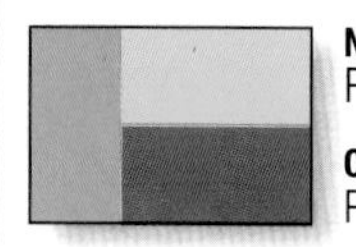

**NOMBRE OFICIAL** República de Benin

**CAPITAL** Porto Novo

**Área** 112,622 km²
**Población** 6,059,000
**Densidad de población** 54 por km²
**Índice de crecimiento poblacional** 3%
**Esperanza de vida** 51 (h); 56 (m)
**Idiomas** Francés, bariba, fulani, fon, yoruba
**Alfabetismo (adultos)** 37%
**Moneda** Franco CFA (US$1 = 727 francos CFA)
**PIB (millones US$)** 2,261
**PIB per cápita (US$)** 374

### Fechas clave

**s. XVII** Florece reino de Dahomey con la venta de esclavos.
**1904** Colonia francesa de Dahomey.
**1958** Autonomía.
**1960** Independencia.
**1972** Golpe militar.
**1974** Estado unipartidista marxista.
**1975** Nombrada Benin.
**1978** Nueva constitución restituye control civil.
**1991** Elecciones libres.

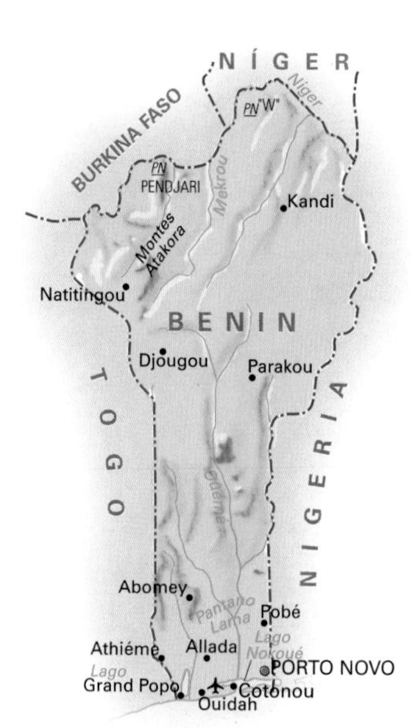


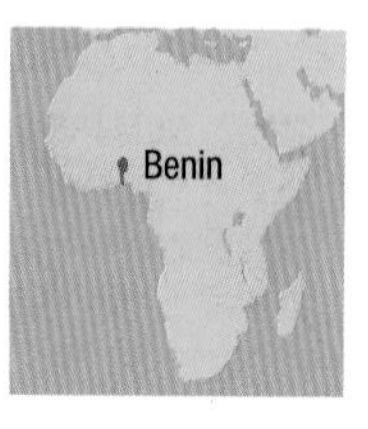


Km 0 100
Millas 0 50

**DATO** Benin recibió su nombre en honor de un antiguo reino, centrado en Nigeria, famoso por sus esculturas en bronce.

## NÍGER

**NOMBRE OFICIAL** República de Níger

**CAPITAL** Niamey

**Área** 1,267,000 km²
**Población** 10,400,000
**Densidad de población** 8 por km²
**Índice de crecimiento poblacional** 3.2%
**Esperanza de vida** 45 (h); 48 (m)
**Idiomas** Francés y muchas lenguas locales
**Alfabetismo (adultos)** 13.6%
**Moneda** Franco CFA (US$1 = 727 francos CFA)
**PIB (millones US$)** 2,000
**PIB per cápita (US$)** 198

**DATO** El Parque Nacional "W", en Níger, Burkina Faso y Benin, recibe su nombre por la forma de los meandros del río Níger.

### Fechas clave

**s. XI-XV** Los tuareg establecen imperio alrededor de Agadez.
**s. XVI** Imperio Songhai de Malí conquista a los tuareg.
**1890** Control francés.
**1922** Colonia francesa.
**1960** Independencia.
**1960-1979** Sequía grave causa escasez de alimentos.
**1974** Golpe militar; suspenden constitución.
**1992** Nueva constitución.
**1993** Primeras elecciones democráticas.
**1996** Golpe militar.

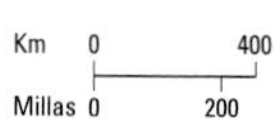


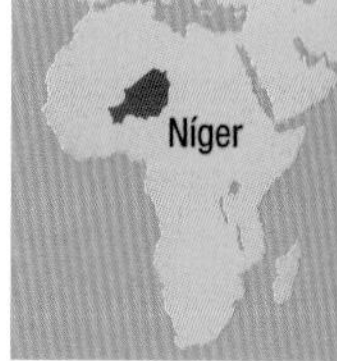

# CHAD

**NOMBRE OFICIAL**
República del Chad

**CAPITAL**
N'Djamena

**Área** 1,284,000 km²
**Población** 7,458,000
**Densidad de población** 6 por km²
**Índice de crecimiento poblacional** 3.4%
**Esperanza de vida** 45 (h); 51 (m)
**Idiomas** Francés, árabe y muchas lenguas locales
**Alfabetismo (adultos)** 48.1%
**Moneda** Franco CFA (US$1 = 727 francos CFA)
**PIB (millones US$)** 1,743
**PIB per cápita (US$)** 239

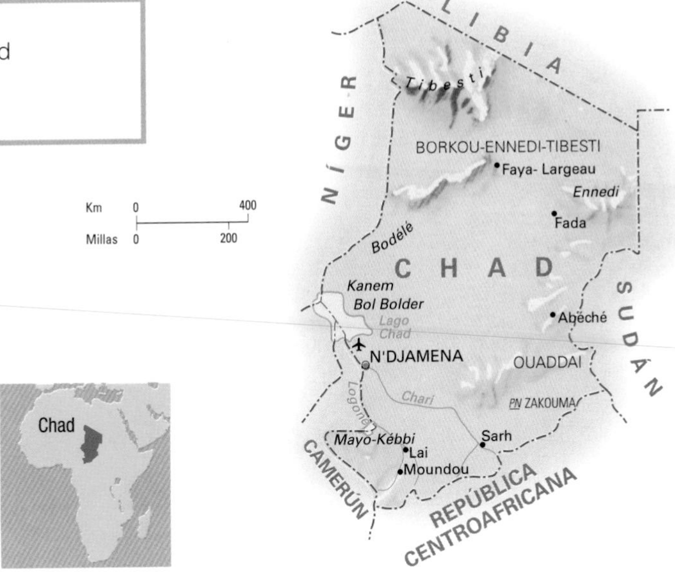


## Fechas clave

**s. VIII-XVII** Reinos poderosos en las rutas comerciales del Sahara.
**1880** Francia lo reclama.
**1920** Colonia francesa.
**1960** Independencia.
**1966-1986** Guerra civil.
**1975** Golpe militar.
**1983** Libia ocupa norte; Francia apoya a Chad.
**1987** Grupos rivales de Chad se unen para expulsar a fuerzas libias.
**1989** Alto el fuego entre Chad, Libia y Francia.
**1990** Rebeldes derrocan al gobierno.
**1996** Constitución.
**1996-1997** Elecciones presidenciales y legislativas.

# NIGERIA

**NOMBRE OFICIAL**
República Federal de Nigeria

**CAPITAL**
Abuja

**Área** 923,768 km²
**Población** 108,945,000
**Densidad de población** 115 por km²
**Índice de crecimiento poblacional** 2%
**Esperanza de vida** 49 (h); 52 (m)
**Idiomas** Inglés, hausa, yoruba, ibo
**Alfabetismo (adultos)** 57.1%
**Moneda** Naira (US$1 = 124 nairas)
**PIB (millones US$)** 43,700
**PIB per cápita (US$)** 410

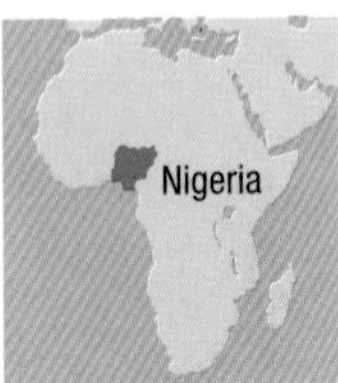


## Fechas clave

**s. XIV-XVII** Se forman reinos; incluyen el musulmán Bornu al noreste y Benin al sur.
**s. XV-XVIII** Puestos europeos de esclavos.
**inicio s. XIX** Los fulani derrotan a los hausa y controlan la mayor parte del norte.
**1807** Inglaterra prohíbe comercio de esclavos.
**1861** Inglaterra ocupa Lagos.
**1900-1906** Colonia y protectorado inglés.
**1954** Autonomía en federación de cuatro regiones.
**1960** Independencia en la Commonwealth.
**1960-1969** Rivalidades étnicas llevan a guerra civil.
**1966** Golpe militar; motines y contragolpe por la abolición del sistema federal.
**1967** Cuatro regiones son divididas en 12 estados. Guerra civil al separarse región oriental de Ibo como Biafra.
**1970** Biafra derrotada.
**1976** El número de estados aumenta a 19.
**1979** Gobierno civil.
**1983** Golpe militar.
**1991** Cambian capital de Lagos a Abuja.
**1993** Elección seguida por golpe militar.
**1995** Ejecución del escritor Ken Saro-Wiwa y otros ogoni que protestaban por daño ambiental. Suspensión de la Commonwealth.
**1998** Muere gobernante militar.
**1999** Elección presidencial; reingreso a la Commonwealth.
**2000** Introducción de ley islámica en el norte crea tensiones étnicas.

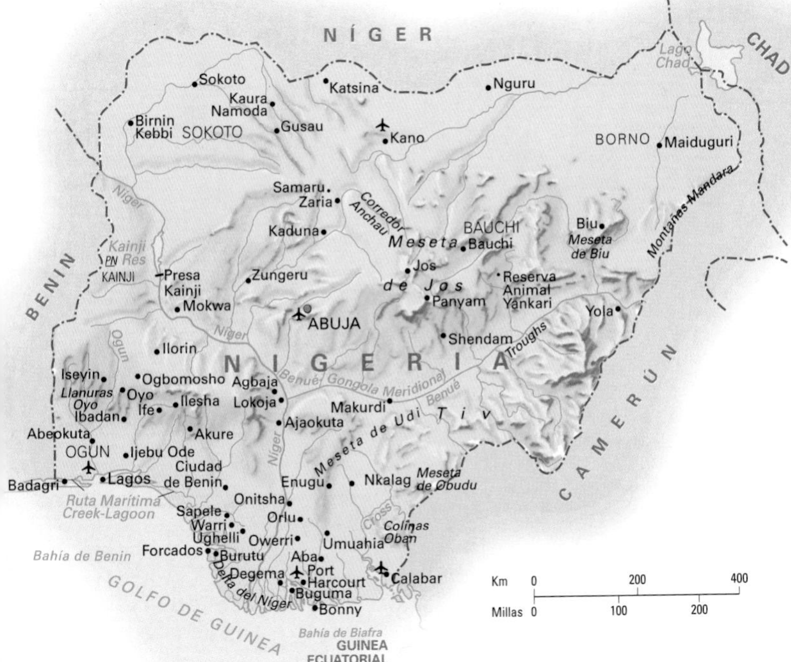

# África central

## CAMERÚN

**NOMBRE OFICIAL**
República del Camerún

**CAPITAL**
Yaoundé

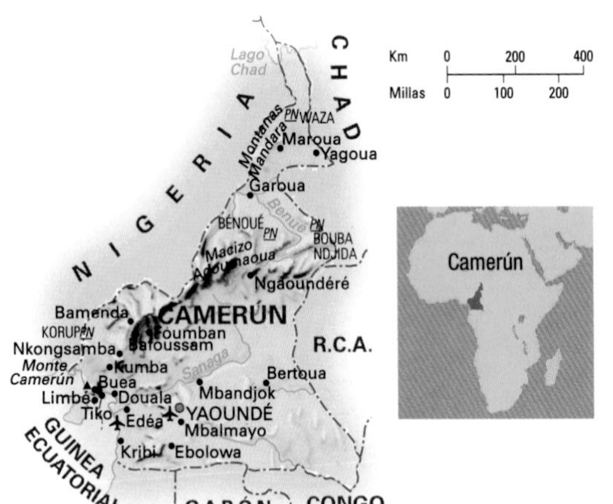


**Área** 475,442 km²
**Población** 14,693,000
**Densidad de población** 30 por km²
**Índice de crecimiento poblacional** 2.8%
**Esperanza de vida** 53 (h); 56 (m)
**Idiomas** Inglés, francés y muchas lenguas locales
**Alfabetismo (adultos)** 63.4%
**Moneda** Franco CFA (US$1 = 727 francos CFA)
**PIB (millones US$)** 9,221
**PIB per cápita (US$)** 644

### Fechas clave

**s. xv** Primeros europeos traficantes de esclavos.
**1884** Protectorado alemán.
**1922** Dividida entre Francia e Inglaterra.
**1960** Camerún francés independiente.
**1961** Camerún inglés independiente; parte se une a Camerún, parte a Nigeria. Federación.
**1972** República unitaria.
**1992** Elecciones.
**1995** Nueva constitución; se integra a la Commonwealth.

## GABÓN

**NOMBRE OFICIAL**
República Gabonesa

**CAPITAL**
Libreville

**Área** 267,667 km²
**Población** 1,385,000
**Densidad de población** 4 por km²
**Índice de crecimiento poblacional** 2.6%
**Esperanza de vida** 52 (h); 55 (m)
**Idiomas** Francés, fang, dialectos bantúes
**Alfabetismo (adultos)** 63.2%
**Moneda** Franco CFA (US$1 = 727 francos CFA)
**PIB (millones US$)** 5,086
**PIB per cápita (US$)** 4,273

### Fechas clave

**s. xv** Primeros europeos traficantes de esclavos.
**1883** Colonia francesa.
**1957** Autonomía.
**1960** Independencia.
**1964** Intento de golpe.
**1968** Unipartidista.
**1990** Nueva constitución: multipartidista.
**1993** Elección; motines por fraude electoral.
**1995** Nueva constitución.

## REPÚBLICA CENTROAFRICANA

**NOMBRE OFICIAL**
República Centroafricana

**CAPITAL**
Bangui

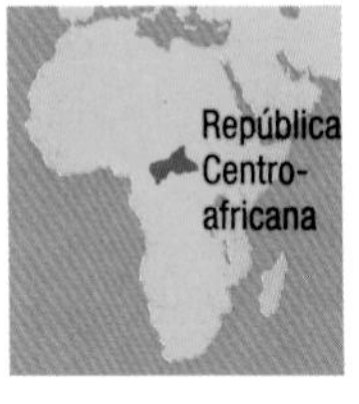


**Área** 622,984 km²
**Población** 3,550,000
**Densidad de población** 6 por km²
**Índice de crecimiento poblacional** 1.6%
**Esperanza de vida** 47 (h); 52 (m)
**Idiomas** Francés, sango
**Alfabetismo (adultos)** 60%
**Moneda** Franco CFA (US$1 = 727 francos CFA)
**PIB (millones US$)** 1,128
**PIB per cápita (US$)** 323

### Fechas clave

**1894** Colonia francesa de Ubangi-Shari.
**1958** Autonomía; República Centroafricana.
**1960** Independencia.
**1962** Unipartidista.
**1966** Golpe militar; Jean-Bedel Bokassa, presidente.
**1976** Bokassa se declara emperador.
**1979** Golpe incruento.
**1993** Elecciones libres; gobierno civil.
**1996-1997** Francia ayuda a aplastar revueltas militares.

# GUINEA ECUATORIAL

**NOMBRE OFICIAL**
República de Guinea Ecuatorial

**CAPITAL**
Malabo

**Área** 28,051 $km^2$
**Población** 442,000
**Densidad de población** 15 por $km^2$
**Índice de crecimiento poblacional** 2.5%
**Esperanza de vida** 46 (h); 50 (m)

**Idiomas** Español, francés, fang y muchas lenguas locales
**Alfabetismo (adultos)** 78.5%
**Moneda** Franco CFA (US$1 = 727 francos CFA)
**PIB (millones US$)** 751
**PIB per cápita (US$)** 1,746

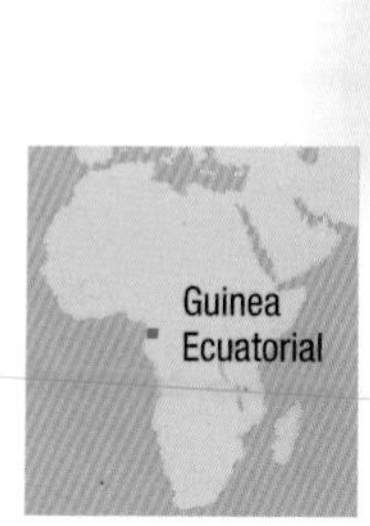


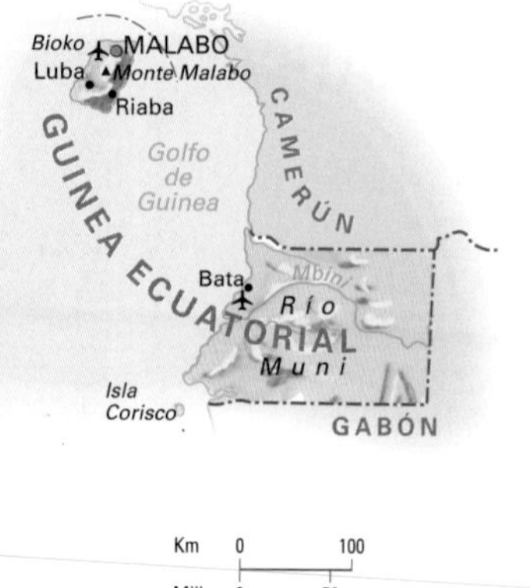


## Fechas clave

**1471** Llegan exploradores portugueses; reclaman territorio.
**s. XIX** Control español.
**1959** Colonia española.
**1968** Independencia de España. Macias Nguema toma el poder.
**1979** Golpe militar; Obiang Nguema Mbasogo, presidente.
**1991** Nueva constitución.
**1996-1999** Elecciones estropeadas por alegatos de fraude.

# SANTO TOMÉ Y PRÍNCIPE

**NOMBRE OFICIAL**
República Democrática de Santo Tomé y Príncipe

**CAPITAL**
Santo Tomé

**Área** 1,001 $km^2$
**Población** 144,000
**Densidad de población** 140 por $km^2$
**Índice de crecimiento poblacional** 2.1%
**Esperanza de vida** 67 (h); 57 (m)

**Idiomas** Portugués y muchos dialectos locales
**Alfabetismo (adultos)** 25%
**Moneda** Dobra (US$1 = 8,203.5 dobras)
**PIB (millones US$)** 35
**PIB per cápita (US$)** 250

## Fechas clave

**s. XV** Llegan exploradores portugueses.
**1522** Provincia portuguesa.
**s. XVI** Centro esclavista.
**1953** Tropas portuguesas matan a obreros en "masacre de Batepa".
**1975** Independencia.
**1988** Intento de golpe.
**1991** Elección multipartidista.
**1995** Mediación de Angola da fin a golpe militar incruento tras una semana.

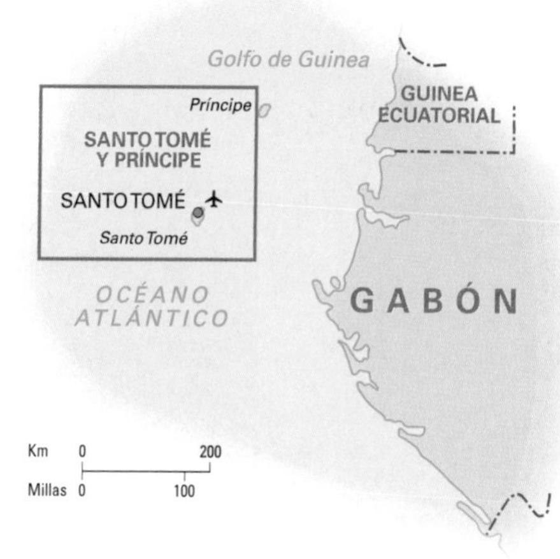


# CONGO

**NOMBRE OFICIAL**
República del Congo

**CAPITAL**
Brazzaville

**Área** 342,000 $km^2$
**Población** 2,864,000
**Densidad de población** 8 por $km^2$
**Índice de crecimiento poblacional** 3%
**Esperanza de vida** 48 (h); 4 (m)
**Idiomas** Francés, kikongo, lingala y otras lenguas locales
**Alfabetismo (adultos)** 74.9%
**Moneda** Franco CFA (US$1 = 727 francos CFA)
**PIB (millones US$)** 3,075
**PIB per cápita (US$)** 1,102

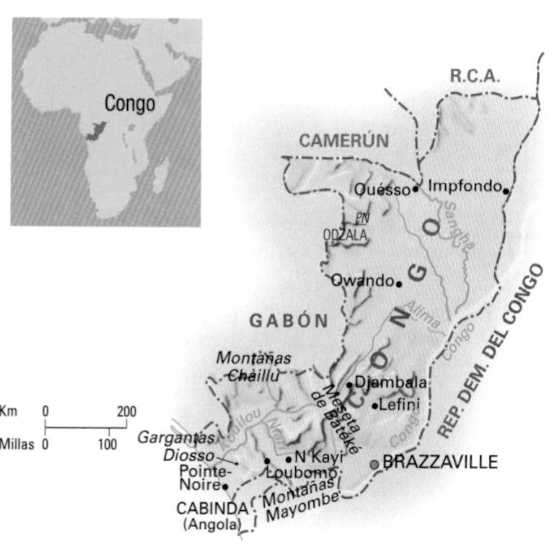


## Fechas clave

**s. XV-XIX** Centro esclavista.
**1880** Protectorado francés.
**1903** Colonia francesa de Medio Congo.
**1958** Autonomía.
**1960** Independencia.
**1969** Golpe militar.
**1970** Gobierno marxista lo renombra República Popular del Congo.
**1990** El gobierno abandona el marxismo.
**1992** Nueva constitución; nombre regresa a República del Congo. Primera elección presidencial multipartidista.
**1993** Elecciones legislativas.
**1997** Guerra civil restaura al antiguo marxista Sassou-Nguesso como presidente.

## CONGO (REPÚBLICA DEMOCRÁTICA)

**NOMBRE OFICIAL**
República Democrática del Congo

**CAPITAL**
Kinshasa

**Área** 2,344,885 km²
**Población** 50,335,000
**Densidad de población** 21 por km²
**Índice de crecimiento poblacional** 3%
**Esperanza de vida** 50 (h); 54 (m)
**Idiomas** Francés, lingala, kingwana, tshiluba y otras lenguas locales
**Alfabetismo (adultos)** 77.3%
**Moneda** Franco congoleño (US$1 = 4.50 francos congoleños)
**PIB (millones US$)** 926
**PIB per cápita (US$)** 18

### Fechas clave

**s. XV** Se establecen el reino Kongo y otros.
**s. XVI-XIX** Extenso comercio de esclavos.
**1885** Estado Libre del Congo, bajo gobierno del rey belga.
**1908** Gobierno belga asume el control.
**1960** Independencia. Katanga, rica en cobre, se separa; guerra civil entre grupos rivales.
**1963** Tropas de la ONU terminan secesión de Katanga.
**1965** Golpe militar; Mobutu, presidente.
**1971** Llamado Zaire.
**1977-1978** Reinicia guerra con exiliados de Katanga.
**1996** Guerra civil en el este con rebeldes y refugiados de Rwanda.
**1997** Rebeldes deponen a Mobutu; Laurent Kabila, presidente. Llamado República Democrática del Congo.
**2001** Matan a Kabila; lo sucede su hijo.

## RWANDA

**NOMBRE OFICIAL**
República de Rwanda

**CAPITAL**
Kigali

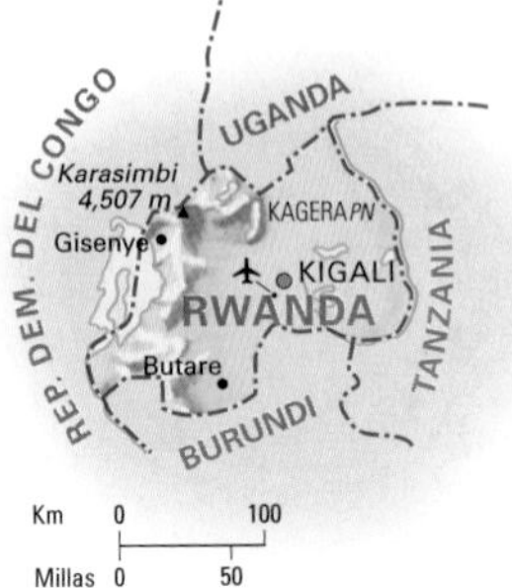


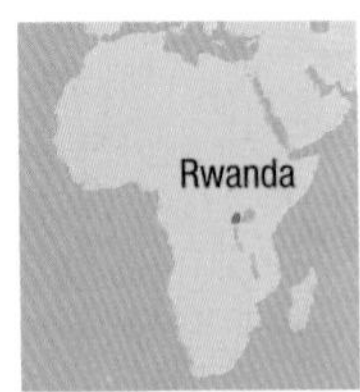


**Área** 26,338 km²
**Población** 7,235,000
**Densidad de población** 251 por km²
**Índice de crecimiento poblacional** 2.7%
**Esperanza de vida** 45 (h); 48 (m)
**Idiomas** Francés, inglés, kinyarwanda, kiswahili
**Alfabetismo (adultos)** 60.5%
**Moneda** Franco de Rwanda (US$1 = 431 francos de Rwanda)
**PIB (millones US$)** 2,255
**PIB per cápita (US$)** 341

### Fechas clave

**1897** Es parte de África Oriental alemana.
**1923** Control belga; parte de Ruanda-Urundi.
**1959** Los hutu se rebelan contra los tutsi; muchos mueren o se exilian.
**1962** Independencia bajo presidente hutu.
**1963** Tutsi masacrados tras golpe fallido.
**1973** Golpe militar.
**1990** Exiliados tutsi atacan desde Uganda.
**1993** Tratado de paz.
**1994** Muere presidente en accidente aéreo. Extremistas hutu inician guerra civil; 500,000 masacrados (sobre todo tutsi) y 2 millones de tutsi y hutu huyen a Zaire. Rebeldes tutsi derrotan a hutu; gobierno con presidente hutu.
**1995** Soldados tutsi matan a refugiados hutu.
**1996** Muchos refugiados regresan a Rwanda.

## Violencia étnica en África central

El mundo se conmocionó en 1994 por las imágenes horrendas de Rwanda, cuando más de 450,000 tutsi y hutu moderados fueron masacrados por extremistas hutu. Las masacres se desataron después de que los presidentes hutu de Rwanda y Burundi murieron cuando el avión en que viajaban se estrelló en circunstancias misteriosas. Pero el conflicto entre hutu y tutsi, los principales grupos étnicos en ambos países, se remonta a hace más de 500 años. Los tutsi criadores de ganado llegaron a la región desde Etiopía en el siglo XV y establecieron su autoridad sobre la mayoría de agricultores hutu.

Varios levantamientos hutu en el siglo XX provocaron asesinatos masivos en ambos bandos. En 1994, más de un millón de tutsi huyeron a Zaire, junto con otros hutu que escapaban de las represalias, pero los campos de refugiados insalubres produjeron más muertes por las enfermedades y la inanición. Cuando más de un millón de refugiados regresaron a Rwanda en 1996, los hutu encontraron sus granjas ocupadas por tutsi. Hoy los tutsi controlan ambos gobiernos, y extremistas hutu vagan por sus tierras asoladas, atacando a tutsi y turistas occidentales por igual.

## BURUNDI

**NOMBRE OFICIAL**
República de Burundi

**CAPITAL**
Buyumbura

**Área** 27,834 km²
**Población** 6,483,000
**Densidad de población** 226 por km²
**Índice de crecimiento poblacional** 1.4%
**Esperanza de vida** 43 (h); 46 (m)
**Idiomas** Francés, kirundi, swahili
**Alfabetismo (adultos)** 35.3%
**Moneda** Franco burundiano (US$1 = 806 francos burundianos)
**PIB (millones US$)** 959
**PIB per cápita (US$)** 152

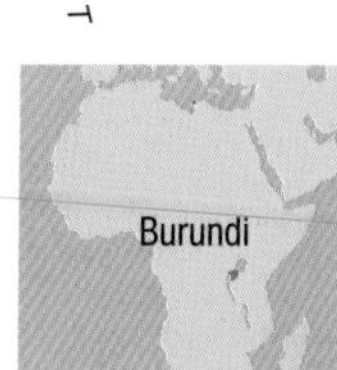


### Fechas clave

**1897** Parte del África Oriental alemana.
**1923** Control belga; parte de Ruanda-Urundi.
**1962** Independencia bajo control tutsi.
**1972-1973** Falla revuelta hutu; mueren 150,000 hutu y 10,000 tutsi.
**1976** Golpe militar.
**1981** Nueva constitución.
**1988** Ejército masacra a miles de hutu.
**1993** Primera elección presidencial multipartidista: gana candidato hutu, pero muere luego en golpe.
**1993-1996** Mueren cerca de 150,000 en choques étnicos tras golpe de 1993.
**1994** Presidente (hutu) muere en un accidente aéreo; mítines violentos.
**1996** Golpe militar tutsi no puede detener la violencia étnica.

## ANGOLA

**NOMBRE OFICIAL**
República de Angola

**CAPITAL**
Luanda

**Área** 1,246,700 km²
**Población** 12,479,000
**Densidad de población** 10 por km²
**Índice de crecimiento poblacional** 3.2%
**Esperanza de vida** 45 (h); 48 (m)
**Idiomas** Portugués, umbundo, kimbundo, chokwe, ganguela
**Alfabetismo (adultos)** 41.7%
**Moneda** Nuevo kwanza (US$1 = 18.24 nuevos kwanzas)
**PIB (millones US$)** 4,776
**PIB per cápita (US$)** 395

### Fechas clave

**1648** Control portugués; comercio de esclavos.
**1961** Guerra libertaria. Lucha entre grupos, incluidos MPLA y UNITA.
**1975** Se independiza de Portugal.
**1976** MPLA gana guerra civil con respaldo ruso.
**1991** Tratado de paz con UNITA, respaldada por Occidente.
**1992** Elecciones. Reinicia lucha al rechazar UNITA resultados.
**1994** Acuerdo de paz negociado por la ONU.
**1998** Vuelve guerra civil.

## ZAMBIA

**NOMBRE OFICIAL**
República de Zambia

**CAPITAL**
Lusaka

**Área** 752,614 km²
**Población** 10,407,000
**Densidad de población** 14 por km²
**Índice de crecimiento poblacional** 1.95%
**Esperanza de vida** 37 (h); 37 (m)
**Idiomas** Inglés, bemba, kaonda, lozi, tonga y otras lenguas locales
**Alfabetismo (adultos)** 78.2%
**Moneda** Kwacha de Zambia (US$1 = 3,150 kwachas)
**PIB (millones US$)** n/a
**PIB per cápita (US$)** n/a

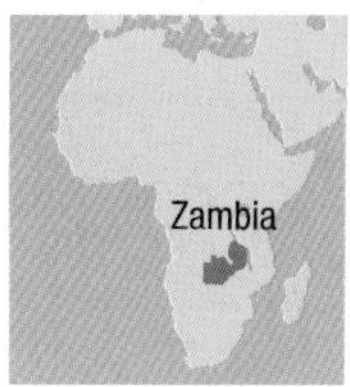

### Fechas clave

**1924** Protectorado inglés de Rhodesia del Norte.
**1953** Federación formada con Rhodesia del Sur y Nyasalandia.
**1964** Independencia en Commonwealth como Zambia; Kenneth Kaunda, presidente.
**1970** Expropia minas de cobre extranjeras.
**1972** Unipartidista.
**1991** Reanuda multipartidismo; Kaunda es derrotado.
**1997** Falla golpe.

# África meridional

## MALAWI

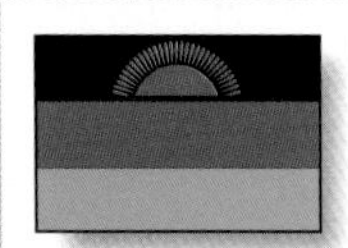

**NOMBRE OFICIAL**
República de Malawi

**CAPITAL**
Lilongwe

**Área** 118,484 km²
**Población** 10,640,000
**Densidad de población** 87 por km²
**Índice de crecimiento poblacional** 1.8%
**Esperanza de vida** 43 (h); 46 (m)
**Idiomas** Inglés, chichewa y otras lenguas locales
**Alfabetismo (adultos)** 56.4%
**Moneda** Kwacha de Malawi (US$1 = 79 kwachas de Malawi)
**PIB (millones US$)** 1,792
**PIB per cápita (US$)** 173

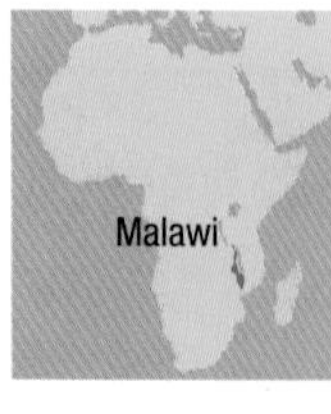


Km 0 100 200
Millas 0 100

### Fechas clave

**1891** Protectorado inglés de Nyasalandia.
**1953** Federación con Rhodesia del Norte y del Sur.
**1964** Independencia como Malawi.
**1966** República unipartidista en la Commonwealth.
**1971** Hastings Banda, presidente vitalicio.
**1993** Multipartidista.
**1994** Banda pierde primera elección libre.

## ZIMBABWE

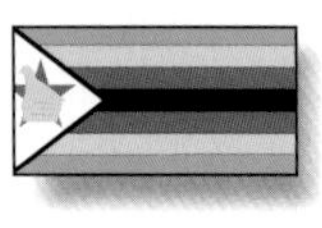

**NOMBRE OFICIAL**
República de Zimbabwe

**CAPITAL**
Harare

**Área** 390,759 km²
**Población** 13,079,000
**Densidad de población** 32 por km²
**Índice de crecimiento poblacional** 3%
**Esperanza de vida** 58 (h); 62 (m)
**Idiomas** Inglés, chishona, sindebele y otras lenguas locales
**Alfabetismo (adultos)** 85.1%
**Moneda** Dólar de Zimbabwe (US$1 = 55 dólares de Zimbabwe)
**PIB (millones US$)** 5,300
**PIB per cápita (US$)** 417

### Fechas clave

**1888** Cecil Rhodes gana derechos mineros.
**1923** Colonia inglesa de Rhodesia del Sur.
**1953** Federación con Rhodesia del Norte y Nyasalandia.
**1961** Nueva constitución restringe voto negro.
**1963** Termina federación.
**1964** Llamada Rhodesia.
**1964-1974** Encarcelan a activistas negros.
**1965** Independencia sin reconocimiento.
**1966** Sanciones de la ONU.
**1969** Constitución refuerza control blanco.
**1970-1979** Guerrilla de grupos negros.
**1979** Gobierno de mayoría negra. Alto el fuego.
**1980** Elecciones libres; Robert Mugabe primer ministro. Independencia como Zimbabwe.
**2000-2001** Mugabe redistribuye tierra entre población negra.

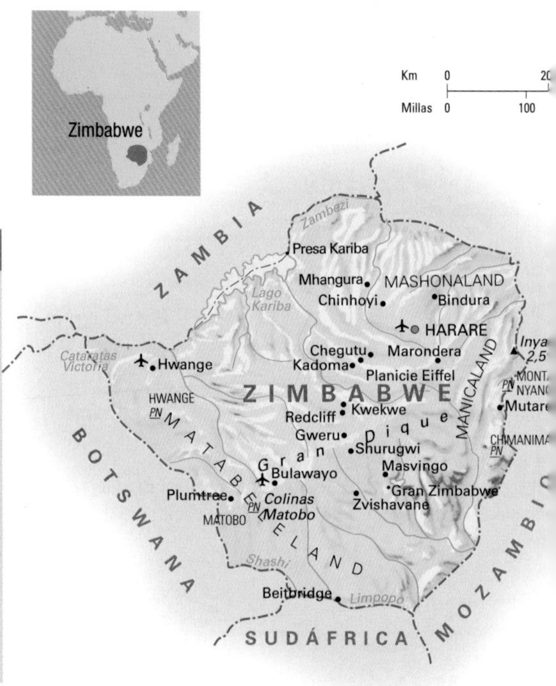


## MOZAMBIQUE

**NOMBRE OFICIAL**
República de Mozambique

**CAPITAL**
Maputo

### Fechas clave

**1505** Mercado portugués de esclavos.
**1885** Colonia portuguesa reconocida.
**1960-1969** Frelimo inicia guerra de liberación.
**1974** Alto el fuego; autonomía interna.
**1975** Independencia como república socialista.
**1986** Accidente aéreo mata al presidente Machel.
**1990** Fin a unipartidismo.
**1994** Elección multipartidista.
**1995** Se integra a la Commonwealth.
**2000-2001** Inundación grave.

**Área** 799,380 km²
**Población** 17,299,000
**Densidad de población** 21 por km²
**Índice de crecimiento poblacional** 2%
**Esperanza de vida** 44 (h); 47 (m)
**Idiomas** Portugués y muchas lenguas locales
**Alfabetismo (adultos)** 40.1%
**Moneda** Metical (US$1 = 19,075 meticales)
**PIB (millones US$)** 4,037
**PIB per cápita (US$)** 238

# MADAGASCAR

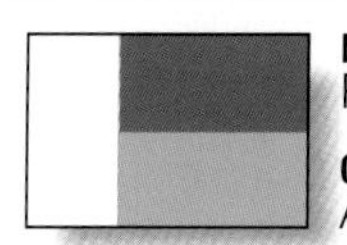

**NOMBRE OFICIAL**
República de Madagascar

**CAPITAL**
Antananarivo

**Área** 587,041 km²
**Población** 15,497,000
**Densidad de población** 26 por km²
**Índice de crecimiento poblacional** 2.6%
**Esperanza de vida** 55 (h); 58 (m)
**Idiomas** Malgache, francés, hova y otras lenguas locales
**Alfabetismo (adultos)** 45.7%
**Moneda** Franco malgache (US$1 = 6,320 francos malgaches)
**PIB (millones US$)** 3,752
**PIB per cápita (US$)** 249

## Fechas clave

**s. XVII-XVIII** Piratería y comercio de esclavos.
**1810** Reino de Merina prohíbe trata de esclavos.
**1895** Colonia francesa.
**1947-1949** Guerrilla contra los franceses.
**1958** Autonomía.
**1960** Independencia; República Malgache.
**1972** Control militar.
**1975-1980** Marxista; nombrado Madagascar.
**1990** Multipartidista.
**1992-1993** Elección democrática.
**2000** Ciclón Eline causa daños graves.

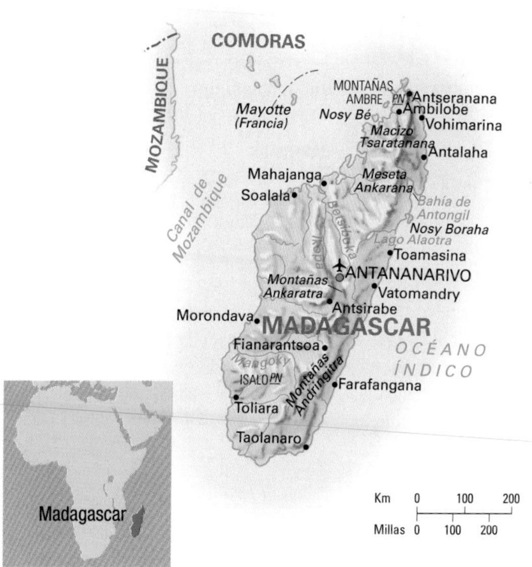


# COMORAS

**NOMBRE OFICIAL**
República Federal Islámica de las Comoras

**CAPITAL**
Moroni, en Gran Comora (Njazidja)

**Área** 1,862 km²
**Población** 676,000
**Densidad de población** 354 por km²
**Índice de crecimiento poblacional** 2.7%
**Esperanza de vida** 55 (h); 56 (m)
**Idiomas** Comorano (swahili y árabe), francés, árabe
**Alfabetismo (adultos)** 57.3%
**Moneda** Franco de Comoras (FC) (US$1 = 546 FC)
**PIB (millones US$)** 207
**PIB per cápita (US$)** 313

## Fechas clave

**s. XV** Control árabe.
**1843-1886** Francia toma el control.
**1961** Autonomía.
**1974** Mayoría cristiana de la isla Mayotte vota por seguir franceses; otros votan por la independencia.
**1989** Asesinan al presidente Ahmed Abdallah.
**1995** Tropas francesas invaden para derrocar golpe militar.
**1997** Anjouan (Nzwami) y Mohéli (Mwali) declaran la secesión.
**1999** Golpe militar (19° golpe o intento desde la independencia).

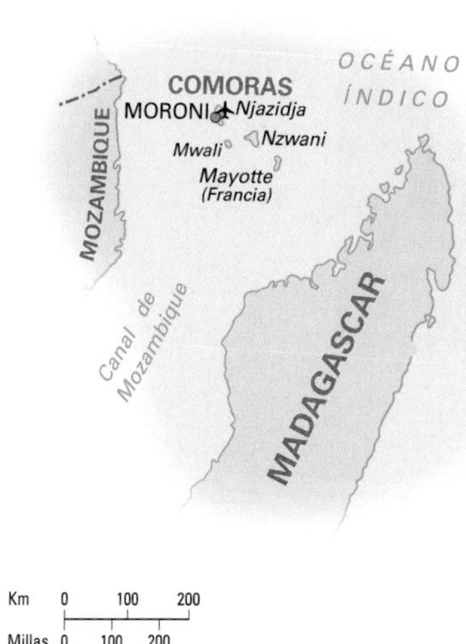


# MAURICIO

**NOMBRE OFICIAL**
República de Mauricio

**CAPITAL**
Port Louis

**Área** 2,040 km²
**Población** 1,174,000
**Densidad de población** 569 por km²
**Índice de crecimiento poblacional** 0.9%
**Esperanza de vida** 66 (h); 74 (m)
**Idiomas** Inglés, criollo, francés y varios dialectos indios y chinos
**Alfabetismo (adultos)** 82.9%
**Moneda** Rupia de Mauricio (US$1 = 28 rupias)
**PIB (millones US$)** 4,574
**PIB per cápita (US$)** 3,943

**DATO**
Casi 68% de los habitantes de Mauricio descienden de indios que llegaron a trabajar allí en el siglo XIX.

## Fechas clave

**1598** Colonia holandesa.
**1715** Francia toma posesión.
**1810** Tomada por Inglaterra.
**1814** Colonia inglesa.
**1833** Abolición de la esclavitud.
**1965** La isla Diego García se separa como parte del Territorio Británico del Océano Índico.
**1967** Autonomía interna.
**1968** Independiente en la Commonwealth.
**1992** Se vuelve república.

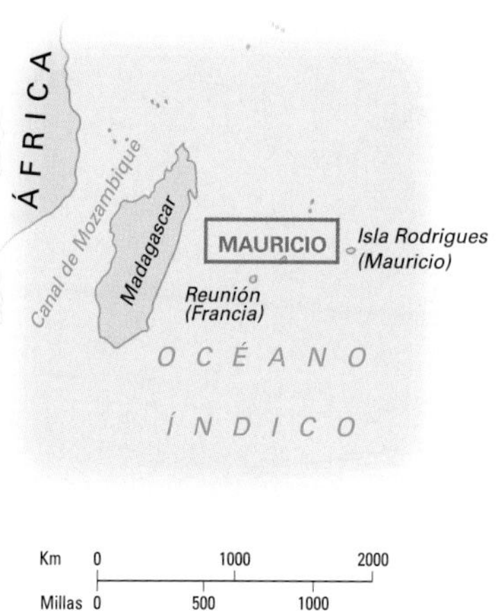

## SUDÁFRICA

**NOMBRE OFICIAL**
República Sudafricana

**CAPITALES**
Pretoria (administrativa), Ciudad del Cabo (legislativa), Bloemfontein (judicial)

**Área** 1,219,080 km²
**Población** 43,054,000
**Densidad de población** 35 por km²
**Índice de crecimiento poblacional** 2.4%
**Esperanza de vida** 60 (h); 66 (m)
**Idiomas** Afrikaans, inglés y nueve lenguas africanas
**Alfabetismo (adultos)** 81.8%
**Moneda** Rand (US$1 = 8.15 rands)
**PIB (millones US$)** 130,100
**PIB per cápita (US$)** 3,085

### Fechas clave

**1652** Holandeses colonizan El Cabo.
**1814** Transfieren El Cabo a Inglaterra.
**1836-1838** Inicia la "Larga Marcha" bóer al norte; colonizan Natal.
**1852-1854** Transvaal y Estado Libre de Orange, colonias bóer.
**1868** Hallan diamantes.
**1873-1886** Hallan oro.
**1877** Inglaterra se anexa Transvaal.
**1879** Derrota zulú en la guerra anglo-zulú.
**1880-1902** Control inglés tras guerras anglo-bóer.
**1910** Se forma la Unión Sudafricana con las colonias bóer e inglesa.
**1912** Congreso Nacional Africano [nativo] (CNA).
**1914-1918** Aliada en Primera Guerra Mundial.
**1931** Independencia dentro de la Commonwealth.
**1939-1945** Aliada en Segunda Guerra Mundial.
**1948** Inicia la política de *apartheid*.
**1960** Masacre de Sharpeville: mueren 69 manifestantes contra el *apartheid*. Se proscribe al CNA.
**1961** República; deja la Commonwealth.
**1962** Nelson Mandela, líder del CNA, preso.
**1976** Alzamiento de Soweto contra enseñanza obligatoria del afrikaans; la policía mata a 600 estudiantes negros.
**1986** Sanciones comerciales internacionales. Fuerzas sudafricanas atacan bases del CNA en Botswana, Zambia y Zimbabwe.
**1990** Acaba prohibición del CNA; Mandela es liberado; inician negociaciones de reforma.
**1991** Fin del *apartheid*.
**1993** Mandela y presidente F. W. de Klerk ganan premio Nobel de la paz. Abolición de las "Patrias" (territorios negros semiautónomos).
**1994** Mandela electo presidente en primera elección multirracial. Se integra de nuevo a la Commonwealth.
**1995** Comisión de la Verdad documenta abusos contra los derechos humanos.

**DATO**
El agujero más grande del mundo hecho por el hombre es una vieja mina de diamantes en Kimberley, de 500 m de diámetro y 400 m de hondo.

## SWAZILANDIA

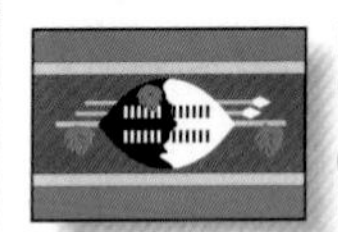

**NOMBRE OFICIAL**
Reino de Swazilandia

**CAPITAL**
Mbabane

**Área** 17,363 km²
**Población** 980,000
**Densidad de población** 55 por km²
**Índice de crecimiento poblacional** 1.5%
**Esperanza de vida** 55 (h); 60 (m)
**Idiomas** Inglés, siswati
**Alfabetismo (adultos)** 76.7%
**Moneda** Lilangeni (plural emalangeni; US$1 = 8.15 emalangeni)
**PIB (millones US$)** 1,206
**PIB per cápita (US$)** 1,269

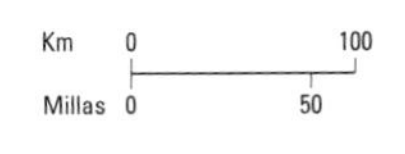


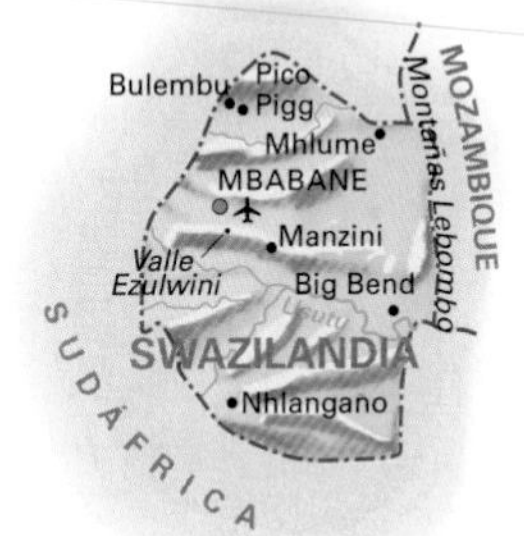


### ◀ Fechas clave

**1902** Control inglés.
**1968** Independencia dentro de la Commonwealth.
**1973** Rey absolutista.
**1978** Prohíben partidos políticos.
**1993** Elecciones libres.

### Fechas clave ▶

**1868** Protectorado inglés de Basutolandia.
**1966** Independencia como Reino de Lesotho.
**1986** Sudáfrica bloquea frontera contra guerrilla del Congreso Nacional Africano.
**1991** Golpe militar.
**1993** Elecciones libres.

## LESOTHO

**NOMBRE OFICIAL**
Reino de Lesotho

**CAPITAL**
Maseru

**Área** 30,355 km²
**Población** 2,108,000
**Densidad de población** 68 por km²
**Índice de crecimiento poblacional** 1.9%
**Esperanza de vida** 56 (h); 59 (m)
**Idiomas** Inglés, sesotho
**Alfabetismo (adultos)** 71.3%
**Moneda** Loti (plural maloti; US$1 = 8.15 maloti)
**PIB (millones US$)** 983
**PIB per cápita (US$)** 477

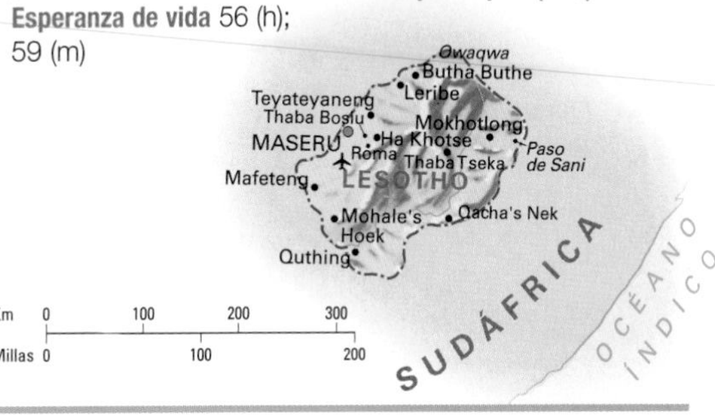


## BOTSWANA

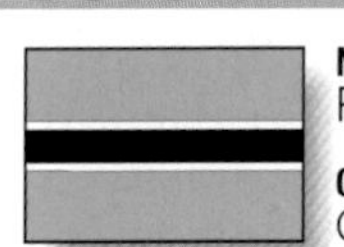

**NOMBRE OFICIAL**
República de Botswana

**CAPITAL**
Gaborone

**Área** 581,730 km²
**Población** 1,611,000
**Densidad de población** 3 por km²
**Índice de crecimiento poblacional** 2.1%
**Esperanza de vida** 56 (h); 62 (m)
**Idiomas** Inglés, setswana
**Alfabetismo (adultos)** 69.8%
**Moneda** Pula (US$1 = 5.68 pulas)
**PIB (millones US$)** 4,700
**PIB per cápita (US$)** 2,993

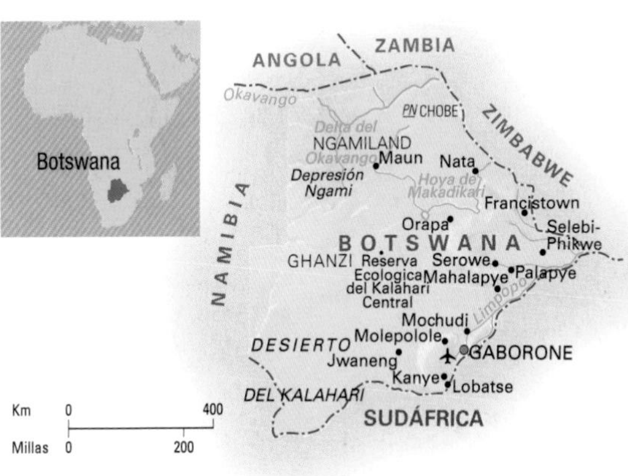


### Fechas clave

**1885** Protectorado inglés de Bechuanalandia.
**1965** Autonomía.
**1966** Independencia como Botswana dentro de la Commonwealth.
**1985-1986** Tropas sudafricanas atacan bases del Congreso Nacional Africano en Gaborone.
**1994** Se normalizan relaciones con Sudáfrica.

## NAMIBIA

**NOMBRE OFICIAL**
República de Namibia

**CAPITAL**
Windhoek

**Área** 824,292 km²
**Población** 1,695,000
**Densidad de población** 2 por km²
**Índice de crecimiento poblacional** 2.7%
**Esperanza de vida** 54 (h); 57 (m)
**Idiomas** Inglés, afrikaans, alemán y lenguas locales
**Alfabetismo (adultos)** 62%
**Moneda** Dólar de Namibia (US$1 = 8.15 dólares de Namibia)
**PIB (millones US$)** 3,000
**PIB per cápita (US$)** 1,807

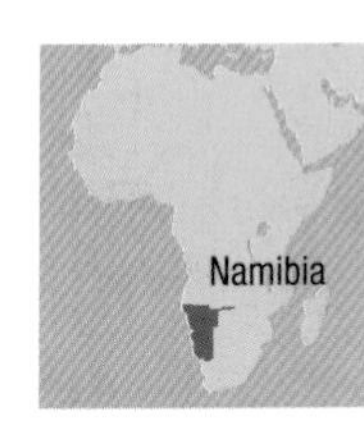


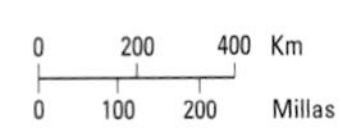

### Fechas clave

**1884** Como África del Suroeste, alemana.
**1915** Primera Guerra Mundial: la invade Sudáfrica.
**1920** La Sociedad de las Naciones le da mandato a Sudáfrica, que toma control total.
**1966** Organización Popular de África del Suroeste (SWAPO) lucha por la independencia.
**1968** ONU cambia nombre a Namibia.
**1989** Alto el fuego y fin de control sudafricano.
**1990** Independencia en la Commonwealth.
**1994** Sudáfrica regresa control del puerto Walvis Bay a Namibia.

# Siria, Israel, Líbano y Jordania

## SIRIA

**NOMBRE OFICIAL**
República Árabe Siria

**CAPITAL**
Damasco

**Área** 185,180 km²
**Población** 16,110,000
**Densidad de población** 87 por km²
**Índice de crecimiento poblacional** 2.5%
**Esperanza de vida** 64 (h); 68 (m)
**Idiomas** Árabe, kurdo
**Alfabetismo (adultos)** 79.4%

**Moneda** Libra siria (US$1 = 52.5 libras sirias)
**PIB (millones US$)** 16,500
**PIB per cápita (US$)** 1,024

**DATO** Damasco, capital de Siria, fundada hace 5,000 años, es una de las ciudades más antiguas del mundo.

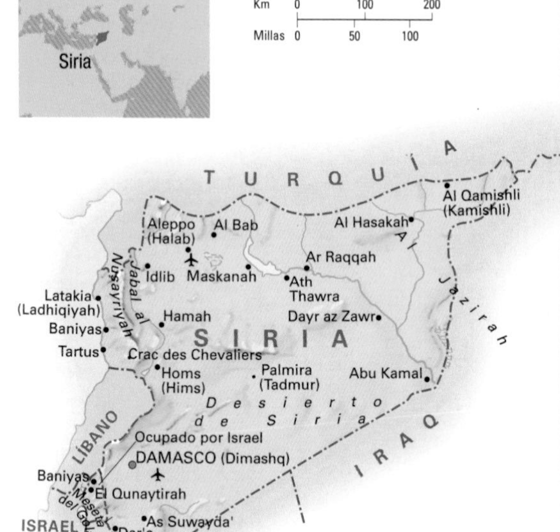


## Fechas clave

**1516** Dominio otomano.
**1920** Sociedad de Naciones da control a Francia.
**1946** Independencia tras control francés e inglés en la Segunda Guerra Mundial.
**1958-1961** Se une a Egipto en la República Árabe Unida.
**1967** Guerra de los Seis Días contra Israel. Pierde las Alturas de Golán.
**1970** Golpe militar del general Assad.
**1971** Assad, presidente.
**1973** Guerra del Yom Kippur contra Israel; no recupera el Golán.
**1976** Fuerzas de paz en Líbano.
**2000** Muere Assad.

## ISRAEL

**NOMBRE OFICIAL**
Estado de Israel

**CAPITAL**
Jerusalén

**Área** 21,946 km²
**Población** 6,125,000
**Densidad de población** 272 por km²
**Índice de crecimiento poblacional** 2.1%
**Esperanza de vida** 75 (h); 79 (m)

**Idiomas** Hebreo, ruso, árabe, idiomas europeos
**Alfabetismo (adultos)** 95.6%
**Moneda** Nuevo shekel (US$1 = 4.15 nuevos shekels)
**PIB (millones US$)** 95,400
**PIB per cápita (US$)** 15,979

**Frontera violenta** Generadores eólicos construidos por un judío emprendedor dominan las trincheras israelíes abandonadas en las Alturas de Golán. Tropas de las Naciones Unidas guarnecen un cruce fronterizo entre Israel y Siria unos cuantos cientos de metros más abajo.

## Fechas clave

**1517** Dominio otomano.
**1920** La Sociedad de las Naciones da el control de Palestina a Gran Bretaña (Israel y Cisjordania).
**1948** Estado independiente; los árabes la invaden sin éxito.
**1956** Guerra de Suez: ocupa el Sinaí.
**1967** Guerra de los Seis Días: victoria sobre árabes; ocupa Franja de Gaza, Sinaí, Cisjordania, el Golán y Jerusalén.
**1973** Guerra del Yom Kippur: falla el ataque de Egipto y Siria.
**1978** Ataca bases de la OLP en Líbano. Acuerdos de Campo David con Egipto.
**1979** Acuerdo de paz israelí-egipcio.
**1980** Cambia capital de Tel Aviv a Jerusalén.
**1982** Retiro del Sinaí. Invade el sur de Líbano.
**1987** Levantamiento árabe en Gaza y Cisjordania.
**1993** Acuerdo de Oslo reconoce a Israel; palestinos autónomos.
**1994** Acuerdo de paz con Jordania. Autonomía palestina en Gaza y Jericó; Arafat gobierna a los palestinos.
**2000** Retiro del sur de Líbano; nueva intifada.

## CONFLICTO EN TIERRAS BÍBLICAS

El conflicto entre israelíes y palestinos es uno de los problemas más insolubles en la actualidad. Ambos pueblos afirman que gran parte del territorio israelí moderno era suyo en la antigüedad y reclaman jurisdicción en Jerusalén, donde están sus santuarios.

El conflicto moderno se inició en 1947 con la decisión de la ONU de dividir Palestina entre judíos y árabes. Ésta había quedado bajo supervisión inglesa en 1920 y cientos de miles de judíos habían emigrado a ella bajo la "declaración de Balfour" hecha por Gran Bretaña en 1917 a favor de una "nación" judía en Palestina. Israel se declaró independiente el 14 de mayo de 1948 y las fuerzas árabes la invadieron al día siguiente en la primera de varias guerras contra el nuevo estado. En 1964 se formó la Organización para la Liberación de Palestina (OLP) para recuperar la independencia de los palestinos, y Yasser Arafat se volvió su líder en 1969. En 1987, tras manifestaciones palestinas en la franja de Gaza y Cisjordania, ocupadas por los israelíes, la OLP declaró un estado palestino independiente. Dos años después, los palestinos iniciaron una sublevación general (intifada).

En 1993, tras pláticas secretas en Oslo (Noruega), Israel y la OLP firmaron un acuerdo reconociéndose formalmente el derecho a existir. Se acordó una autonomía palestina limitada y un retiro escalonado de las tropas israelíes de los territorios palestinos. Se firmaron otros acuerdos, pero los extremistas de ambos bandos han extendido el conflicto hasta el siglo XXI.

## LÍBANO

**NOMBRE OFICIAL**
República del Líbano

**CAPITAL**
Beirut

**Área** 10,452 km²
**Población** 3,236,000
**Densidad de población** 305 por km²
**Índice de crecimiento poblacional** 1.8%
**Esperanza de vida** 66 (h); 70 (m)
**Idiomas** Árabe, francés, kurdo, armenio
**Alfabetismo (adultos)** 92.4%
**Moneda** Libra libanesa (US$1 = 1,514 libras libanesas)
**PIB (millones US$)** 17,476
**PIB per cápita (US$)** 5,478

### Fechas clave

**1516** Dominio otomano.
**1920** La Sociedad de las Naciones da el control a Francia.
**1943** Independencia.
**1975-1976** Guerra civil.
**1976** Ocupación siria.
**1978** Israel invade para atacar bases de OLP; fuerza de paz de ONU.
**1982** Israel invade de nuevo el sur.
**1985-1992** Grupos musulmanes chiitas toman rehenes occidentales.
**1993** Israel ataca a terroristas del Hezbolá en el sur.
**2000** Israel se retira.

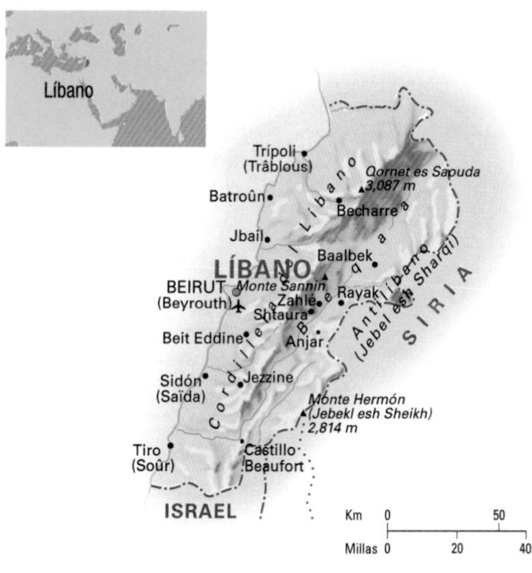


## JORDANIA

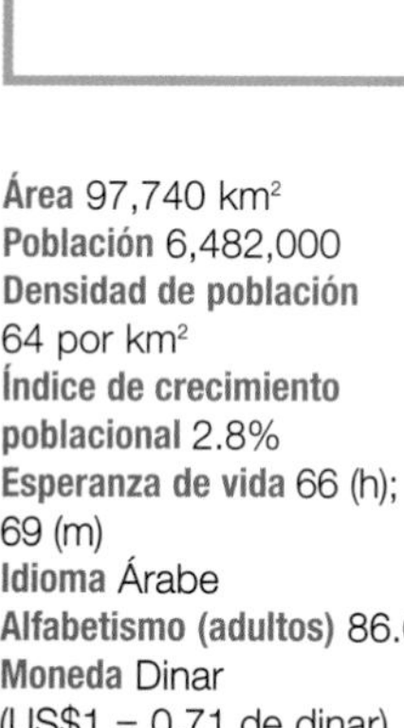

**NOMBRE OFICIAL**
Reino Hachemí de Jordania

**CAPITAL**
Amman

**Área** 97,740 km²
**Población** 6,482,000
**Densidad de población** 64 por km²
**Índice de crecimiento poblacional** 2.8%
**Esperanza de vida** 66 (h); 69 (m)
**Idioma** Árabe
**Alfabetismo (adultos)** 86.6%
**Moneda** Dinar (US$1 = 0.71 de dinar)
**PIB (millones US$)** 7,500
**PIB per cápita (US$)** 1,190

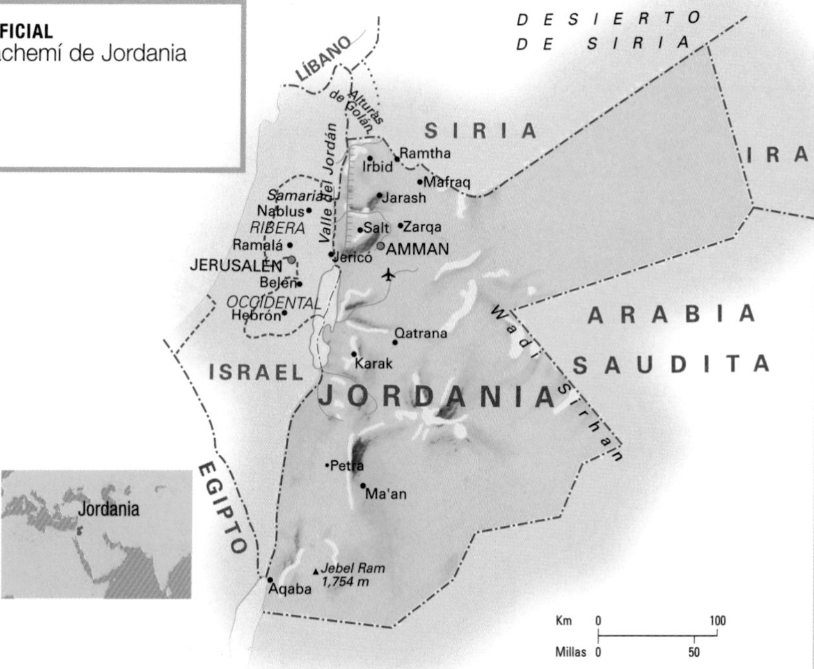


### Fechas clave

**1517** Dominio otomano.
**1921** Autonomía parcial (como Transjordania) bajo control británico.
**1946** Independencia.
**1948** Guerra con Israel: gana Cisjordania y el este de Jerusalén.
**1967** Guerra de los Seis Días: Israel recupera los territorios.
**1988** Cede la responsabilidad de Cisjordania a la OLP.
**1994** Paz con Israel.
**1999** Muere Hussein tras reinar 46 años.

# Iraq, Kuwait y Arabia Saudita

## IRAQ

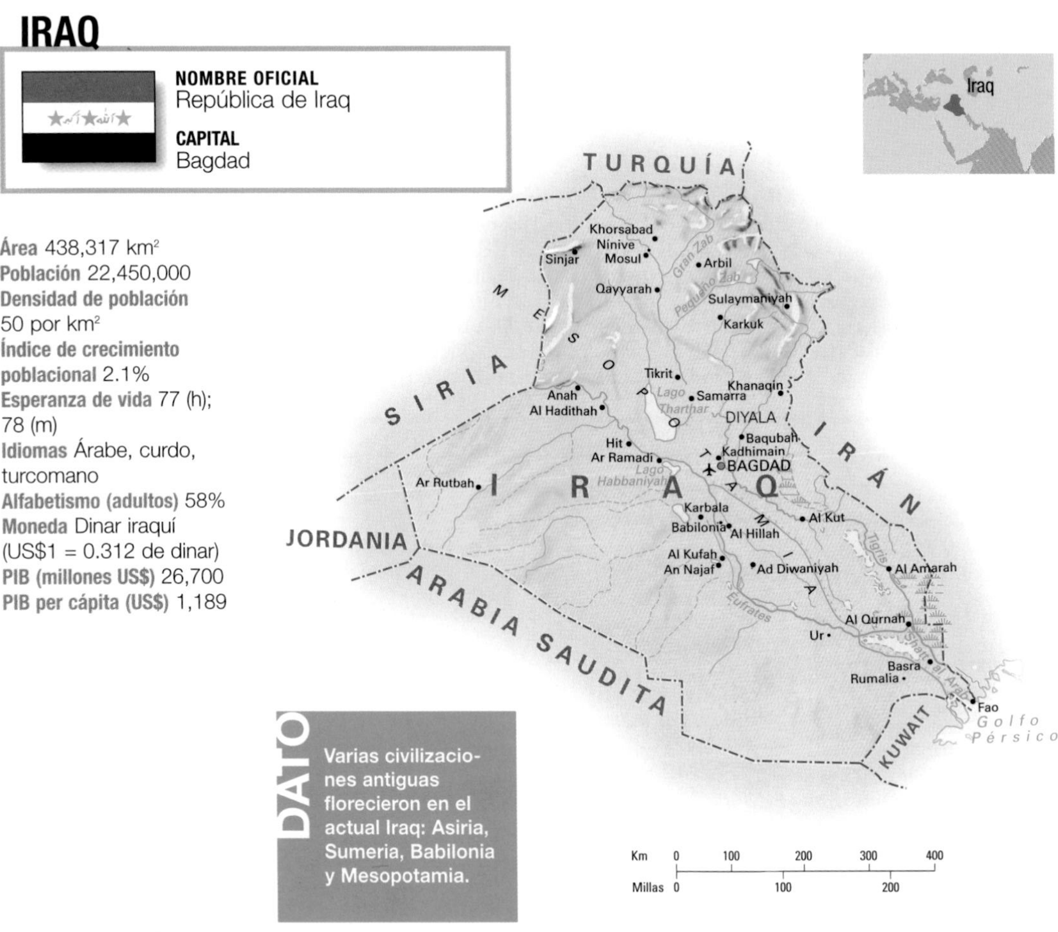


**NOMBRE OFICIAL** República de Iraq

**CAPITAL** Bagdad

**Área** 438,317 km²
**Población** 22,450,000
**Densidad de población** 50 por km²
**Índice de crecimiento poblacional** 2.1%
**Esperanza de vida** 77 (h); 78 (m)
**Idiomas** Árabe, curdo, turcomano
**Alfabetismo (adultos)** 58%
**Moneda** Dinar iraquí (US$1 = 0.312 de dinar)
**PIB (millones US$)** 26,700
**PIB per cápita (US$)** 1,189

**DATO** Varias civilizaciones antiguas florecieron en el actual Iraq: Asiria, Sumeria, Babilonia y Mesopotamia.

### Fechas clave

**539 a.C.** Dominio persa.
**637 d.C.** Conquista árabe.
**1534** Dominio otomano.
**1920** Control británico.
**1932** Independencia.
**1945** Miembro fundador de la Liga Árabe.
**1958** Derrocan la monarquía; república.
**1961-1975** Revuelta curda; luchas esporádicas.
**1979** Saddam Hussein llega a la presidencia.
**1980-1988** Guerra inconclusa tras invadir Irán.
**1987-1988** Usan gas venenoso contra curdos.
**1990** Invade Kuwait.
**1991** Pierde Guerra del Golfo ante coalición dirigida por EUA. Sanciones de la ONU y "zona segura" curda.
**1992** Aliados imponen zona sin vuelos en el sur para proteger a la minoría chiita.
**1996** EUA bombardea blancos militares tras entrada de tropas iraquíes en territorio curdo.
**1997** Disputa con ONU por obstrucción de inspectores de armas.

## KUWAIT

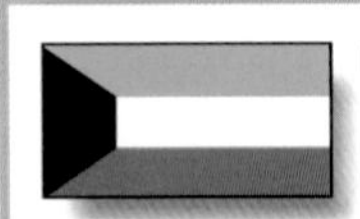

**NOMBRE OFICIAL** Estado de Kuwait

**CAPITAL** Kuwait

**Área** 17,818 km²
**Población** 2,107,000
**Densidad de población** 114 por km²
**Índice de crecimiento poblacional** 5%
**Esperanza de vida** 71 (h); 73 (m)
**Idiomas** Árabe, inglés
**Alfabetismo (adultos)** 78.6%
**Moneda** Dinar de Kuwait (US$1 = 0.30 de dinar)
**PIB (millones US$)** 28,600
**PIB per cápita (US$)** 14,088

**Legado de la guerra** La Guerra del Golfo dejó a Kuwait llena de desechos de equipo militar, como este tanque iraquí. Cerca de 600 pozos petroleros fueron incendiados por las tropas iraquíes antes de irse.

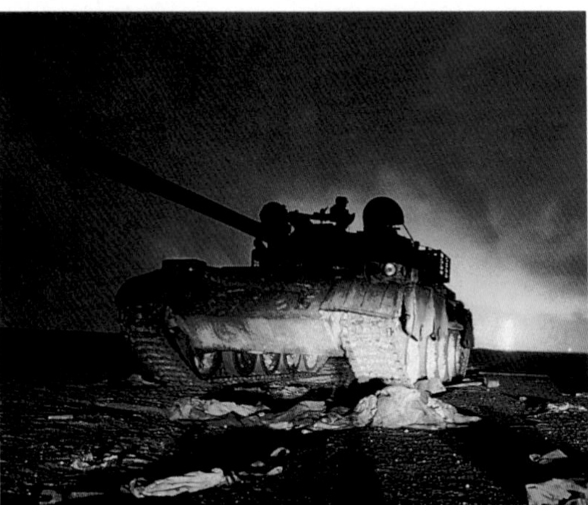

### Fechas clave

**1710** Colonos árabes.
**1775** Estación de correo británica.
**1899** Protectorado inglés autónomo.
**1934** Se halla petróleo.
**1961** Independencia.
**1973-1974** Embargo petrolero a los que apoyan a Israel en la Guerra del Yom Kippur.
**1976-1981, 1986** Se cancela Asamblea Nacional.
**1980-1989** Apoya a Iraq en su guerra con Irán.
**1981** Fundadora del Consejo de Cooperación del Golfo.
**1990** Iraq la invade; gobierno en Arabia Saudita.
**1991** Guerra del Golfo: expulsión de iraquíes, que sabotean pozos petroleros al retirarse.
**1992** Nueva Asamblea Nacional; elecciones.
**1993** Ataques aéreos de EUA repelen a iraquíes.

# ARABIA SAUDITA

**NOMBRE OFICIAL**
Reino de Arabia Saudita

**CAPITAL**
Riyad

**Área** 2,240,000 km²
**Población** 19,895,000
**Densidad de población** 9 por km²
**Índice de crecimiento poblacional** 2.7%
**Esperanza de vida** 68 (h); 71 (m)

**Idioma** Árabe
**Alfabetismo (adultos)** 63%
**Moneda** Riyal saudí (US$1 = 3.75 riyales)
**PIB (millones US$)** 132,900
**PIB per cápita (US$)** 6,585

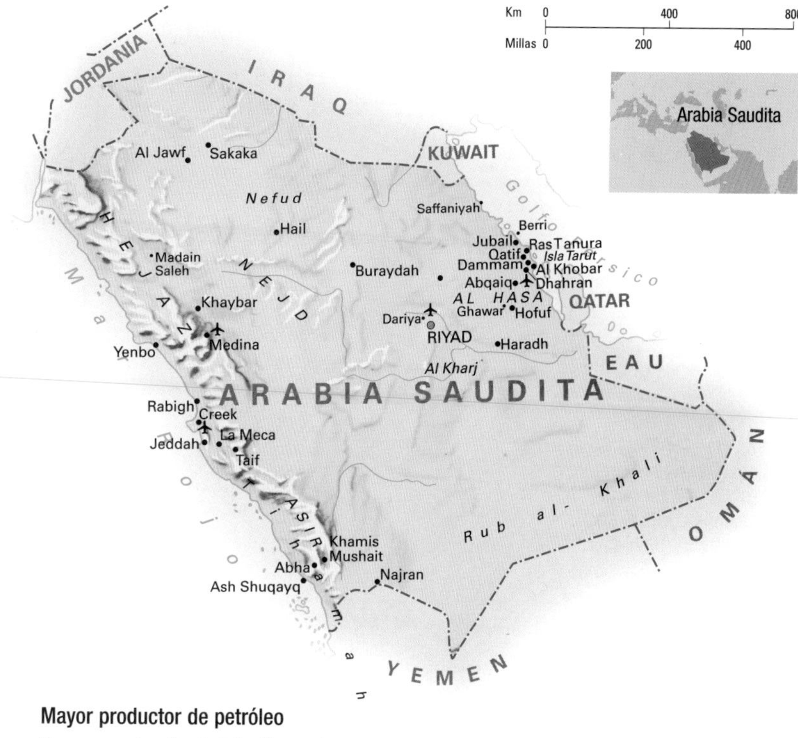


## Fechas clave

**1906-1932** Ibn Saúd une el reino de Arabia Saudita.
**1933** Se halla petróleo.
**1945** Miembro fundador de la Liga Árabe.
**1948** Guerra con Israel.
**1973-1974** Embargo petrolero a los que apoyan a Israel.
**1975** Asesinan al rey.
**1981** Miembro fundador del Consejo de Cooperación del Golfo.
**1987** Rompe relaciones diplomáticas con Irán.
**1991** Se une a la coalición dirigida por EUA en la Guerra del Golfo.
**1992** El rey establece un consejo consultivo.
**1996** Una bomba mata a 19 soldados de EUA en una base militar.

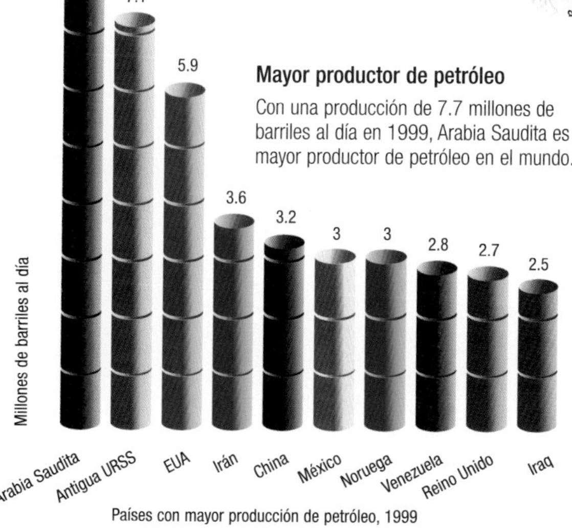


Países con mayor producción de petróleo, 1999

**Mayor productor de petróleo**

Con una producción de 7.7 millones de barriles al día en 1999, Arabia Saudita es el mayor productor de petróleo en el mundo.

**DATO**

**Arabia Saudita tiene alrededor de 300,000 conductores. A las mujeres no se les permite conducir automóviles.**

## LA POLÍTICA DEL PETRÓLEO

El petróleo se volvió al mismo tiempo una fuente de conflicto y un arma en el siglo xx. Con las mayores reservas de petróleo en Medio Oriente, esa región se convirtió en un foco de rivalidad económica y militar global.

El primer petróleo que se descubrió en Medio Oriente fue en Persia (Irán) en 1908, seguido por Iraq en 1927 y Bahrein, Kuwait, Arabia Saudita y Qatar en la década de 1930. Al principio se contentaron con compartir las ganancias de las compañías occidentales que explotaban sus vastos recursos, pero pronto vieron las ventajas de la posesión: Irán nacionalizó su industria petrolera en 1951 e Iraq en 1972. Arabia Saudita y sus vecinos empiezan a ser países influyentes y el paso final fue convertir el petróleo en poder y dinero.

El poder político del petróleo se vio con más claridad en 1973-1974, cuando la Organización de Países Exportadores de Petróleo (OPEP), dominada por los árabes, causó una crisis petrolera al prohibir exportaciones a las naciones occidentales que apoyaron a Israel en la Guerra del Yom Kippur. Su importancia estratégica fue evidente cuando Iraq invadió Kuwait en 1990, provocando una rápida respuesta militar de Occidente. Los iraquíes derrotados incendiaron unos 600 pozos kuwaitíes al retirarse. El subsiguiente embargo internacional al petróleo iraquí mostró que el poder del petróleo podía revertirse.

Medio Oriente no tiene un monopolio sobre los suministros de petróleo crudo. Después de la crisis de la OPEP, las principales naciones occidentales aceleraron su búsqueda de petróleo más cerca de casa. Gran Bretaña comenzó a explotar sus campos petrolíferos en el Mar del Norte en 1976. Estados Unidos halló grandes reservas en Alaska e impulsó los pozos marítimos en el Golfo de México. El deseo de independencia energética y la preocupación por el impacto ambiental por el consumo de petróleo han motivado a buscar energía alternativa. Aun así, en 2000, el aumento de los precios del petróleo por la reducción de la producción mostró que sigue siendo un arma poderosa.

# Bahrein, Qatar, EAU, Omán y Yemen

## BAHREIN

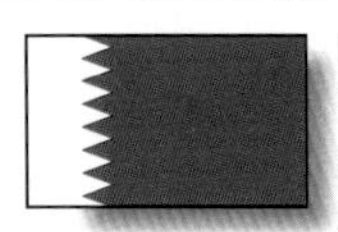

**NOMBRE OFICIAL**
Estado de Bahrein

**CAPITAL**
Al Manamah

**Área** 695 km²
**Población** 666,000
**Densidad de población** 921 por km²
**Índice de crecimiento poblacional** 3.1%
**Esperanza de vida** 66 (h); 69 (m)
**Idiomas** Árabe, inglés
**Alfabetismo (adultos)** 85.2%
**Moneda** Dinar de Bahrein (US$1 = 0.37 de dinar)
**PIB (millones US$)** 6,800
**PIB per cápita (US$)** 10,625

### Fechas clave

**s. XVII** Dominio persa.
**1782** El clan al-Jalifa desplaza a los persas.
**1861** Se vuelve protectorado británico.
**1931** Se halla petróleo.
**1971** Independencia.
**1973** Asamblea Nacional electa.
**1975** El Emir disuelve la Asamblea Nacional. Compra acciones en compañías petroleras.
**1981** Miembro fundador del Consejo de Cooperación del Golfo.
**1991** Se une a la coalición de EUA contra Iraq en la Guerra del Golfo.

## QATAR

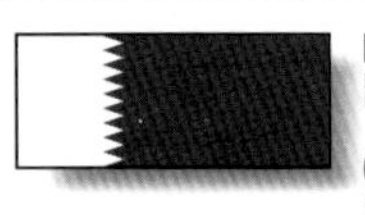

**NOMBRE OFICIAL**
Estado de Qatar

**CAPITAL**
Doha

**Área** 11,437 km²
**Población** 589,000
**Densidad de población** 47 por km²
**Índice de crecimiento poblacional** 1.6%
**Esperanza de vida** 68 (h); 74 (m)
**Idiomas** Árabe, inglés
**Alfabetismo (adultos)** 79%
**Moneda** Riyal de Qatar (US$1 = 3.64 riyales)
**PIB (millones US$)** 10,100
**PIB per cápita (US$)** 18,703

### Fechas clave

**1872** Dominio otomano.
**1916** Se vuelve protectorado británico.
**1939** Se halla petróleo.
**1971** Independencia.
**1972** Golpe incruento: el jeque Khalifa depone a su primo, el jeque Ahmad.
**1977** Nacionalización del petróleo.
**1981** Miembro fundador del Consejo de Cooperación del Golfo.
**1991** Guerra del Golfo: se une a la coalición contra Iraq; provee base aérea.

Qatar

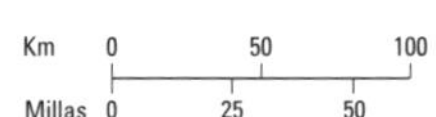


## EMIRATOS ÁRABES UNIDOS

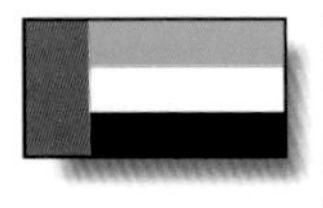

**NOMBRE OFICIAL**
Emiratos Árabes Unidos

**CAPITAL**
Abu Dhabi

**Área** 77,700 km²
**Población** 2,938,000
**Densidad de población** 35 por km²
**Índice de crecimiento poblacional** 5.1%
**Esperanza de vida** 72 (h); 75 (m)
**Idiomas** Árabe, inglés
**Alfabetismo (adultos)** 79.2%
**Moneda** Dirham (US$1 = 3.67 dirhams)
**PIB (millones US$)** 50,200
**PIB per cápita (US$)** 18,455

Emiratos Árabes Unidos

### Fechas clave

**s. VII** Control árabe islámico.
**1820** Inglaterra firma treguas entre jeques. Protectorado británico.
**1958** Se halla petróleo.
**1971** Independencia; seis de los Estados de la Tregua, incluyendo Abu Dhabi y Dubai, forman los Emiratos Árabes Unidos.
**1972** Ras al-Jaima se une a los EAU.
**1981** Miembro fundador del Consejo de Cooperación del Golfo.
**1991** Se une a la coalición dirigida por EUA en la Guerra del Golfo.

# OMÁN

**NOMBRE OFICIAL**
Sultanato de Omán

**CAPITAL**
Mascate

**Área** 309,500 km²
**Población** 2,460,000
**Densidad de población** 7 por km²
**Índice de crecimiento poblacional** 2.3%
**Esperanza de vida** 67 (h); 71 (m)
**Idiomas** Árabe, inglés
**Alfabetismo (adultos)** 41%
**Moneda** Rial omaní (US$1 = 0.38 de rial)
**PIB (millones US$)** 14,500
**PIB per cápita (US$)** 6,782

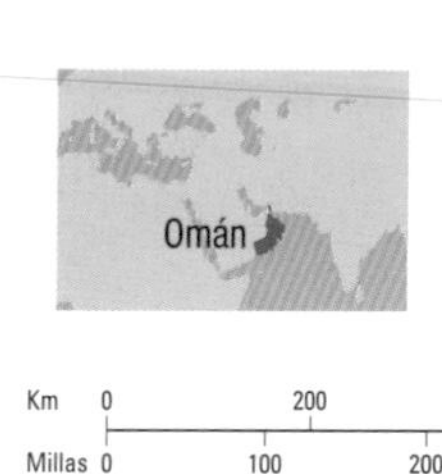


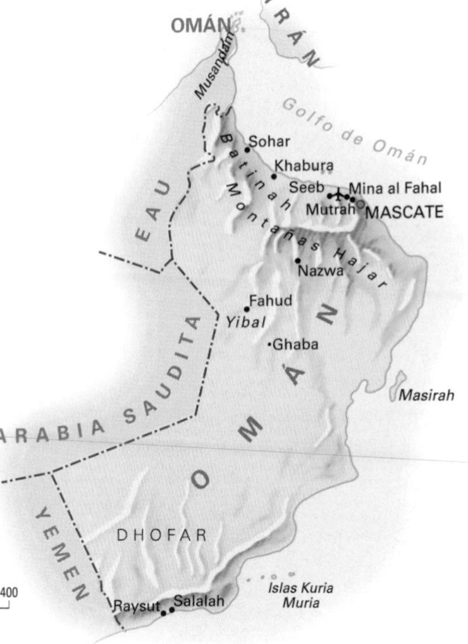


## Fechas clave

**s. VII** Adopta islamismo.
**1507-1650** Control portugués.
**fines s. XVII** Puestos de esclavos africanos.
**1957** Gran Bretaña ayuda a derrotar revuelta religiosa.
**1970** Inicia modernización; cambia su nombre a Omán (antes Mascate y Omán).
**1981** Miembro fundador del Consejo de Cooperación del Golfo.
**1991** Se une a la coalición contra Iraq en la Guerra del Golfo.
**1992** Termina disputa fronteriza con Yemen.

# YEMEN

**NOMBRE OFICIAL**
República de Yemen

**CAPITAL**
San'a

**Área** 527,968 km²
**Población** 17,676,000
**Densidad de población** 32 por km²
**Índice de crecimiento poblacional** 2.9%
**Esperanza de vida** 55 (h); 56 (m)
**Idioma** Árabe
**Alfabetismo (adultos)** 38%
**Moneda** Riyal yemenita (US$1 = 166.4 riyales)
**PIB (millones US$)** 5,200
**PIB per cápita (US$)** 304

## Fechas clave

**1839** El Reino Unido toma Adén.
**1918** Independencia de Yemen del Norte.
**1968** Independencia de Adén y Yemen del Sur.
**1971-1972** Guerra entre el Norte y el Sur.
**1978-1979** Se renueva la guerra.
**1990** Unión de Yemen del Norte y del Sur.
**1994** Supresión de la secesión del Sur.

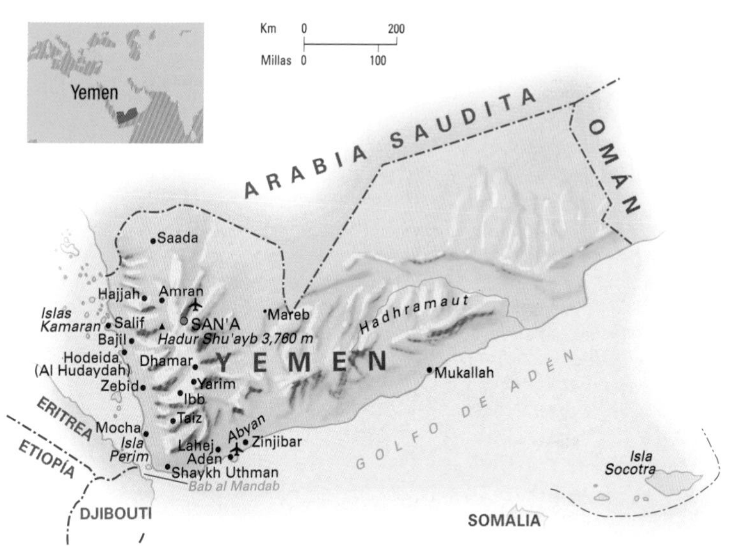


**Capital en el desierto** San'a, la capital del unificado Yemen en el borde del "Barrio Vacío", adquirió importancia en la Edad Media como puesto de comercio en la ruta a través de la Península Arábiga al puerto de Adén.

# Irán, Pakistán y Afganistán

## IRÁN

**NOMBRE OFICIAL**
República Islámica del Irán

**CAPITAL**
Teherán

**Área** 1,648,000 km²
**Población** 62,746,000
**Densidad de población** 38 por km²
**Índice de crecimiento poblacional** 1.2%
**Esperanza de vida** 58 (h); 59 (m)
**Idiomas** Farsi (iraní), turkic y otros dialectos locales
**Alfabetismo (adultos)** 72.3%
**Moneda** Rial iraní (US$1 = 1,747 riales)
**PIB (millones US$)** 54,700
**PIB per cápita (US$)** 1,207

## Fechas clave

**c. 550 a.C.** Se forma el Imperio Persa.
**s. VII d.C.** Dominio árabe.
**1220** Invasión mongola.
**1501** Dominio saváfida.
**1826** Invasión rusa.
**1906** Primera constitución y parlamento.
**1908** Se halla petróleo.
**1925** Reza Khan se convierte en sha.
**1935** Se le da el nombre de Irán (antes Persia).
**1941-1945** Ocupación británica y soviética.
**1951** Nacionalización del petróleo.
**1953** Boicot al petróleo. Breve exilio del Sha.
**1961** Se moderniza con "revolución blanca".
**1979** El Sha huye; república islámica dirigida por el ayatolá Jomeini. Toma rehenes de EUA.
**1980-1988** La invade Iraq; guerra inconclusa.
**1981** Liberan rehenes.
**1989** Muere Jomeini.
**1991** Entran refugiados curdos de Iraq.
**1997** El moderado Khatami llega a la presidencia.

## Los curdos y Kurdistán

Los 20 millones de curdos, que afirman ser descendientes de Noé, son el grupo étnico más grande del mundo sin un estado propio. La mayoría han cambiado una vida tradicional de pastoreo nómada por la de agricultores, pero son ardientemente leales a su cultura e idioma de 3,000 años de antigüedad. Kurdistán nunca ha existido como un estado diferenciado, pero los curdos han desempeñado un papel importante en la historia del occidente de Asia cuando menos desde el siglo VII.

Después de la Primera Guerra Mundial, los aliados propusieron un estado curdo independiente, pero Turquía se rehusó a ceder territorio. En la década de 1980 comenzó una campaña terrorista curda contra el gobierno turco. Se estableció una república curda en Irán en 1946, pero fue abolida por el Sha. Los curdos que había en Iraq fueron víctimas de genocidio entre 1988 y 1989.

Después de la Guerra del Golfo de 1991, las fuerzas iraquíes atacaron de nuevo centros curdos, y alrededor de 1.4 millones de refugiados huyeron a Turquía e Irán. La ONU ha establecido "refugios seguros" curdos en el norte de Iraq, pero en la actualidad los curdos siguen aislados en núcleos de sus territorios tradicionales, sin tener todavía una patria reconocida.

**Sin lugar adonde ir** Refugiados curdos, que huyeron de los ataques del ejército iraquí, reunidos en el campo de Siranbar (izq.) en la vecina Irán en 1996. Los "refugios seguros" de la ONU no bastaron para dar protección permanente.

**Patria fantasma** El área que quieren los curdos como nación (arriba) se extiende por el territorio de seis países. A pesar del apoyo internacional general para los curdos, ninguno de los seis está preparado para ceder tierra.

# PAKISTÁN

**NOMBRE OFICIAL**
República Islámica del Pakistán

**CAPITAL**
Islamabad

**Área** 796,095 km²
**Población** 134,510,000
**Densidad de población** 164 por km²
**Índice de crecimiento poblacional** 0.6%
**Esperanza de vida** 59 (h); 59 (m)
**Idiomas** Urdú, penjabo, pushtu, sindhi, saraiki, inglés
**Alfabetismo adultos** 37.8%
**Moneda** Rupia de Pakistán (US$1 = 61 rupias)
**PIB (millones US$)** 66,000
**PIB per cápita (US$)** 500

## Fechas clave

**s. XVIII-XIX** Se vuelve parte de la India Británica.
**1947** Se crea Pakistán musulmán (dos territorios) con parte de India.
**1947-1949** Guerra con India por Cachemira.
**1956** Se vuelve república.
**1958** Golpe militar.
**1965** Guerra con India por Cachemira.
**1971** Pakistán Oriental gana independencia como Bangladesh.
**1977** Golpe militar.
**1979** Ejecutan al ex presidente Bhutto.
**1985** Control civil.
**1988** Matan al presidente Zia. Benazir Bhutto, primera mujer que dirige una nación islámica.
**1998** Realiza pruebas con armas nucleares.

# AFGANISTÁN

**NOMBRE OFICIAL**
Estado Islámico de Afganistán

**CAPITAL**
Kabul

**Área** 652,225 km²
**Población** 18,800,000
**Densidad de población** 29 por km²
**Índice de crecimiento poblacional** 1%
**Esperanza de vida** 43 (h); 44 (m)
**Idiomas** Pashtu, dari (farsi o iraní) y dialectos locales
**Alfabetismo adultos** 31.5%
**Moneda** Afgani (US$1 = 4,750 afganis)
**PIB (millones US$)** 20,000
**PIB per cápita (US$)** 937

**DATO**
Afganistán tiene la proporción más alta del mundo de personas incapacitadas: más de 17%.

## Fechas clave

**s. XIX** Rusia e Inglaterra luchan por el control.
**1880** Protectorado inglés.
**1919** Independencia.
**1973** Golpe militar depone la monarquía.
**1978** Golpe prosoviético; guerra contra rebeldes islámicos.
**1979** Invasión soviética de apoyo al gobierno.
**1989** Retiro soviético.
**1992** Rebeldes toman el poder y adoptan la ley islámica; sigue la lucha.
**1996** Fundamentalistas talibán en el poder.

# Asia Central

## KAZAJSTÁN

**NOMBRE OFICIAL**
República de Kazajstán

**CAPITAL**
Astana

**Área** 2,717,300 km²
**Población** 14,942,000
**Densidad de población** 6 por km²
**Índice de crecimiento poblacional** 1.5%
**Esperanza de vida** 64 (h); 73 (m)

**Idiomas** Kazajo, ruso
**Alfabetismo (adultos)** 97.5%
**Moneda** Tengue (US$1 = 145 tengues)
**PIB (millones US$)** 15,900
**PIB per cápita (US$)** 1,055

Km 0 400 800 1200
Millas 0 200 400 600

**DATO**

**Dennis Tito, el primer turista espacial, despegó de la plataforma de Baikonur, en Kazajstán, en abril de 2001.**

### Fechas clave

**s. XIII** Control mongol.
**1731** Protectorado ruso.
**1920** República comunista autónoma.
**1936** Se integra a la Unión Soviética.
**1950-1959** Proyecto "Tierras Vírgenes" para cultivar las estepas.
**1991** Independencia; se une a la Comunidad de Estados Independientes.
**1992** Se afilia a la ONU.
**1993** Aprueba el Tratado de No Proliferación Nuclear.
**1998** Astana (antes Akmola) es declarada capital en lugar de Almaty (antes Alma Atá).

## KIRGUISTÁN

**NOMBRE OFICIAL**
República de Kirguistán

**CAPITAL**
Bishkek

Km 0 100 400
Millas 0 200

**Área** 198,500 km²
**Población** 4,822,938
**Densidad de población** 24 por km²
**Índice de crecimiento poblacional** 1%
**Esperanza de vida** 61 (h); 70 (m)

**Idiomas** Kirguiz (escritura cirílica; se reintroducirá la escritura latina), ruso
**Alfabetismo (adultos)** 97%
**Moneda** Som (US$1 = 49 soms)
**PIB (millones US$)** 1,200
**PIB per cápita (US$)** 255

### Fechas clave

**s. XIII** Dominio mongol.
**s. XVII** Inicia islamismo.
**1758** Control chino.
**1864** Rusia reemplaza a China en el control.
**1922** Se fusiona con la URSS.
**1936** República separada dentro de la URSS.
**1990-1995** Disputa territorial con uzbekos.
**1991** Independencia; se une a la Comunidad de Estados Independientes.
**1992** Se afilia a la ONU.

## TAYIKISTÁN

**NOMBRE OFICIAL**
República de Tayikistán

**CAPITAL**
Dushanbe

**Área** 143,100 km²
**Población** 6,237,000
**Densidad de población** 43 por km²
**Índice de crecimiento poblacional** 1.2%
**Esperanza de vida** 65 (h); 71 (m)

**Idiomas** Tayikistaní (escritura cirílica), ruso
**Alfabetismo (adultos)** 97.7%
**Moneda** Rublo tayikistaní (US$1 = 1,260 rublos)
**PIB (millones US$)** 1,000
**PIB per cápita (US$)** 163

### Fechas clave

**s. XIII** Dominio mongol.
**s. XIV-XIX** Dominio uzbeko.
**fines s. XIX** Una parte bajo control ruso.
**1922** Se fusiona con la URSS.
**1929** República separada dentro de la URSS.
**1991** Independencia; se une a la Comunidad de Estados Independientes.
**1992** Se afilia a la ONU. Rebeldes islámicos inician guerra civil.
**1997** El gobierno logra acuerdo de paz con los rebeldes.

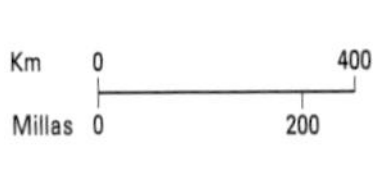

# TURKMENISTÁN

**NOMBRE OFICIAL**
República de Turkmenistán

**CAPITAL**
Ashgabat

**Área** 488,100 km²
**Población** 4,384,000
**Densidad de población** 10 por km²
**Índice de crecimiento poblacional** 2.5%
**Esperanza de vida** 62 (h); 68 (m)
**Idiomas** Turcomano (escritura de base latina), ruso, uzbeko, kazajo

**Alfabetismo (adultos)** 98%
**Moneda** Manat turcomano (US$1 = 5,275 manats)
**PIB (millones US$)** 3,600
**PIB per cápita (US$)** 740

## Fechas clave

**s. x** Asentamiento turco.
**s. xiii** Dominio mongol.
**s. xiv** Inicia islamismo.
**1885** Control ruso.
**1922** Parte de la URSS.
**1925** República separada dentro de la URSS.
**1991** Independencia; se une a la Comunidad de Estados Independientes.
**1992** Se afilia a la ONU y a la Organización de Cooperación Económica Musulmana. Nueva constitución; elecciones.
**1997** Aprueba la propiedad privada de la tierra.

# UZBEKISTÁN

**NOMBRE OFICIAL**
República de Uzbekistán

**CAPITAL**
Tashkent

**Área** 447,400 km²
**Población** 23,954,000
**Densidad de población** 54 por km²
**Índice de crecimiento poblacional** 1.6%
**Esperanza de vida** 66 (h); 72 (m)
**Idiomas** Uzbeko (escritura cirílica; vuelta a la escritura latina), ruso, kazajo

**Alfabetismo (adultos)** 97%
**Moneda** Sum (US$1 = 337 sums)
**PIB (millones US$)** 11,400
**PIB per cápita (US$)** 474

## Fechas clave

**s. vii** Conquista árabe.
**s. xiii** Dominio mongol.
**s. xiv** Tamerlán funda la capital del Imperio Mongol en Samarkanda.
**s. xv** Invasión uzbeka.
**s. xix** Control ruso.
**1924** República separada de la URSS.
**1991** Independencia; se une a la Comunidad de Estados Independientes.
**1992** Se afilia a la ONU.
**1997** Las leyes prohíben los partidos políticos que representan a grupos étnicos o grupos religiosos.

Uzbekistán
Mar de Aral
KAZAJSTÁN
Meseta Usturt
Turanskaya Nizmennost
Kyzylkum
Nukus
UZBEKISTÁN
Khiva
Urgench
TASHKENT
KIRGUISTÁN
Namangan
Andizhan
Almalyk
Fergana
Kokand
Navoi
Bukhara
Samarkanda
Karshi
TAYIKISTÁN
TURKMENISTÁN
Termez
AFGANISTÁN
Km 0 400
Millas 0 200

# MONGOLIA

**NOMBRE OFICIAL**
Mongolia

**CAPITAL**
Ulan Bator

**Área** 1,566,500 km²
**Población** 2,382,525
**Densidad de población** 2 por km²
**Índice de crecimiento poblacional** 2.8%
**Esperanza de vida** 62 (h); 65 (m)
**Idiomas** Mongol, kazajo

**Alfabetismo (adultos)** 82.9%
**Moneda** Tughrik (US$1 = 1,094 tughriks)
**PIB (millones US$)** 953
**PIB per cápita (US$)** 397

## Fechas clave

**s. xiii** Gengis Kan crea el Imperio Mongol.
**1680-1689** Control chino.
**1911** Expulsan a chinos.
**1913** Gobierno de rey sacerdote ("Buda Viviente"); control ruso.
**1924** Muere el "Buda Viviente"; se establece república comunista.
**1961** Se afilia a la ONU.
**1966** Tratado con la URSS; 60,000 tropas soviéticas en Mongolia.
**1989** La URSS se retira.
**1990** Elecciones libres.
**1992** Nueva constitución.
**1996** Pacto de defensa con EUA.

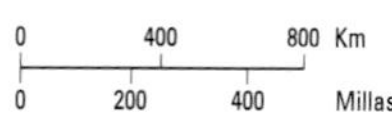

# India, Sri Lanka y las Maldivas

## INDIA

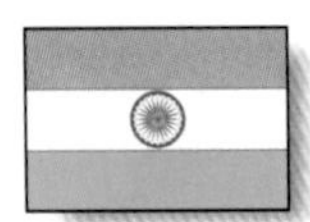

**NOMBRE OFICIAL**
República de la India

**CAPITAL**
Nueva Delhi

**Área** 3,287,263 km²
**Población** 1,030,000,000
**Densidad de población** 295 por km²
**Índice de crecimiento poblacional** 1.4%
**Esperanza de vida** 57 (h); 58 (m)
**Idiomas** Hindi, inglés y muchas lenguas locales
**Alfabetismo (adultos)** 52%
**Moneda** Rupia (US$1 = 46.8 rupias)
**PIB (millones US$)** 468,300
**PIB per cápita (US$)** 482

## Fechas clave

**c. 3500 a.C.** Cultura del valle del Indo.
**c. 1500 a.C.** Colonos arios.
**530 a.C.** Invasión persa.
**326 a.C.** La invade Alejandro Magno.
**1526** Imperio Mogol.
**1757** La Compañía Británica de las Indias Orientales gana Bengala.
**1858** Control británico tras motines; la reina Victoria es emperatriz de la India.
**1885** Fundan el Congreso Nacional Indio.
**1906** Se funda la Liga Musulmana.
**1920** Campaña pacífica de Mahatma Gandhi para terminar dominio británico.
**1939-1945** Lucha del lado de los Aliados en la Segunda Guerra Mundial.
**1947** Independencia de India y Pakistán.
**1947-1949** Guerra con Pakistán por Cachemira.
**1948** Matan a Mahatma Gandhi.
**1950** Es república.
**1962** Lucha fronteriza con China.
**1965** Guerra con Pakistán por Cachemira.
**1975-1977** Crisis política; estado de emergencia.
**1984** Más de 450 muertos en ataque al Templo Dorado de los sijs en Amritsar. Matan a la primera ministra Indira Gandhi; la sustituye su hijo Rajiv.
**1990** Control directo en Cachemira tras motines. Motines étnicos en Punjab; más de 3,500 muertos.
**1991** Matan a Rajiv Gandhi.
**1992** Destruyen la mezquita Ayodhya; mueren 1,200 personas en motines.
**1998** Pruebas nucleares; acepta el Tratado de Prohibición de Pruebas.

**DATO**

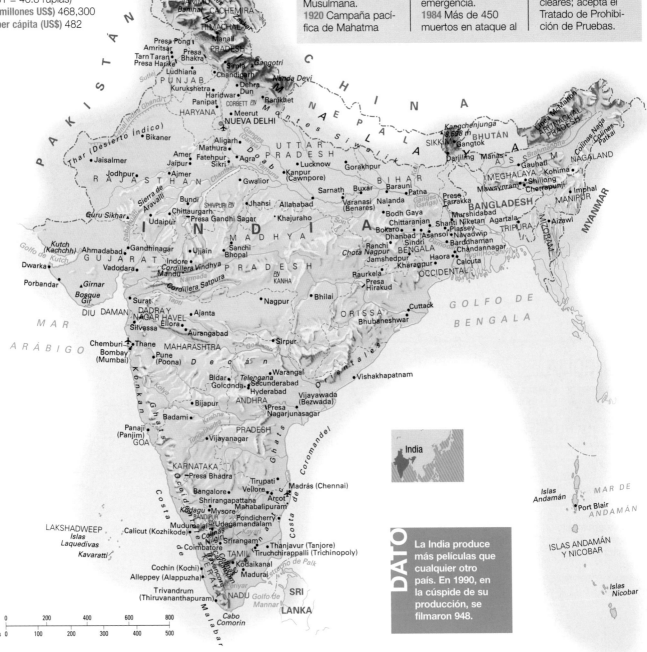

**La India produce más películas que cualquier otro país. En 1990, en la cúspide de su producción, se filmaron 948.**

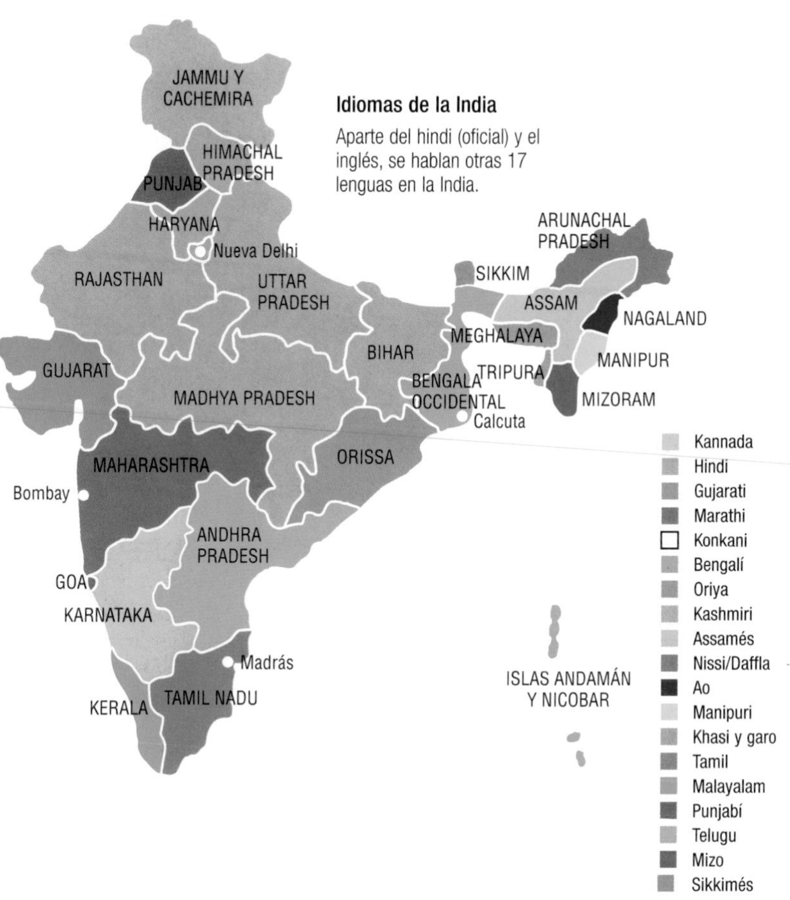


**Idiomas de la India**

Aparte del hindi (oficial) y el inglés, se hablan otras 17 lenguas en la India.

## CONFLICTO EN EL HIMALAYA

La prueba de armas nucleares de la India y Pakistán en 1998 marcaba la última y más peligrosa etapa de una turbulenta relación de 50 años. El conflicto empezó al dividir la India británica en 1947 en Pakistán (musulmán) y la India (hindú). Entonces, al igual que ahora, el conflicto fue Cachemira.

Los 222,236 km² de montañas y valles de Cachemira los ocupa una mayoría musulmana. No obstante, en 1947 la regía un príncipe hindú que al independizarse se unió a la India. En 1949 la ONU detuvo una guerra que ya había durado dos años, lo que dividió a Cachemira en lo que es su actual frontera. Pakistán obtuvo el control de un tercio de la región, hogar de 2 de 6 millones de cachemiros. El resto formó el estado indio de Jammu y Cachemira.

La lucha entre los dos países estalló de nuevo en 1965-1966 y en 1971. En esta última ocasión, fue en Pakistán Oriental donde la India vio la oportunidad de debilitar a su vecino ayudando a independizarse a Pakistán Oriental.

La India aún tiene un ejército en su parte de Cachemira para suprimir la violencia separatista islámica que empezó en 1990. El alto el fuego se ha violado regularmente; 100 murieron por bombardeos en 1998. Sin embargo, las pláticas iniciadas en 1999 dan una esperanza de que se resuelva el conflicto.

# SRI LANKA

**NOMBRE OFICIAL**
República Socialista Democrática de Sri Lanka

**CAPITAL**
Colombo

**Área** 65,610 km²
**Población** 19,043,000
**Densidad de población** 286 por km²
**Índice de crecimiento poblacional** 1.3%
**Esperanza de vida** 67 (h); 71 (m)
**Idiomas** Cingalés, tamil, inglés
**Alfabetismo (adultos)** 90.2%
**Moneda** Rupia de Sri Lanka (US$1 = 88 rupias)
**PIB (millones US$)** 16,000
**PIB per cápita (US$)** 852

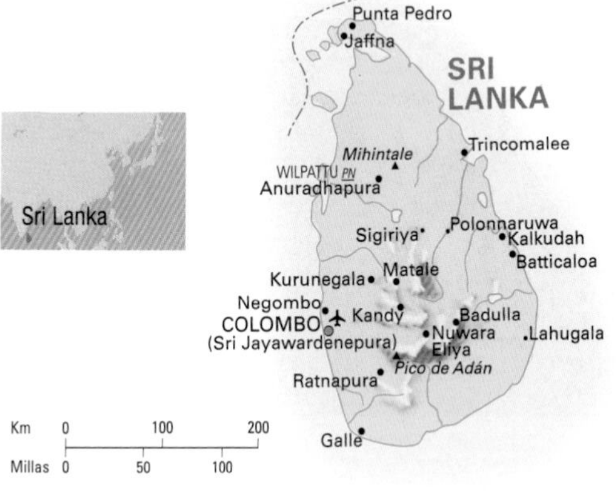


## Fechas clave

**1600-1658** Portuguesa.
**1658-1795** Holandesa.
**1802-1948** Inglesa.
**1948** Independencia.
**1959** Extremista cingalés mata al primer ministro Solomon Bandaranaike.
**1972** Cambia de nombre, de Ceilán a Sri Lanka.
**1983** Separatistas tamil inician guerrilla; estado de emergencia.
**1993** Rebelde tamil mata al presidente Ranasinghe Premadasa.

# MALDIVAS

**NOMBRE OFICIAL**
República de Maldivas

**CAPITAL**
Malé

**Área** 298 km²
**Población** 278,000
**Densidad de población** 916 por km²
**Índice de crecimiento poblacional** 3.2%
**Esperanza de vida** 67 (h); 67 (m)
**Idioma** Divehi (maldivo, relacionado con el cingalés)
**Alfabetismo (adultos)** 93.2%
**Moneda** Rufiyaa (US$1 = 11.77 rufiyaas)
**PIB (millones US$)** 274
**PIB per cápita (US$)** 1,079

## Fechas clave

**1558-1573** Portuguesa.
**1573-1887** Islámica.
**1887** Protectorado inglés.
**1965** Independencia; deja la Commonwealth.
**1968** Sultán depuesto; se hace república.
**1982** Reingresa a la Commonwealth.
**1988** Un golpe de mercenarios de Sri Lanka es derrotado por el ejército indio.

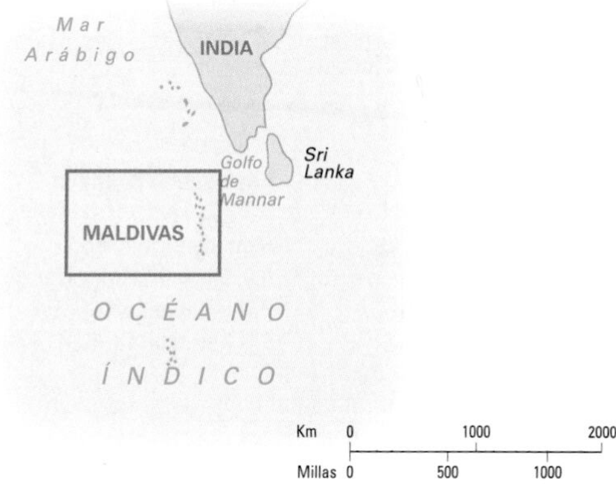

# Nepal, Bhután, Bangladesh y Myanmar

## NEPAL

**NOMBRE OFICIAL**
Reino de Nepal

**CAPITAL**
Katmandú

**Área** 147,181 km²
**Población** 22,367,000
**Densidad de población** 148 por km²
**Índice de crecimiento poblacional** 1.9%
**Esperanza de vida** 50 (h); 48 (m)
**Idiomas** Nepalés, maithir, bhojpuri
**Alfabetismo (adultos)** 27.5%
**Moneda** Rupia de Nepal (US$1 = 74 rupias)
**PIB (millones US$)** 4,400
**PIB per cápita (US$)** 201

**Devoción elevada** El Everest, de 8,848 m, se eleva sobre el Tengboche Gompa (monasterio) budista y las casas vecinas en Khumbu Himal, en el este de Nepal.

### Fechas clave

**1769** Rey de Gurka conquista Katmandú.
**1775** Se unifica el reino.
**1814-1816** Guerra con ingleses al intentar expandirse a la India; protectorado inglés.
**1846** Primer miembro de la familia Rana toma el poder como primer ministro.
**1923** Independencia.
**1951** La revolución devuelve el poder al rey.
**1960** Prohíben partidos políticos.
**1962** Nueva constitución; continúa el rey.
**1963** Abolición de castas y poligamia.
**1980** Motines prodemocracia; referéndum; voto a favor del statu quo.
**1990** Más motines; nueva constitución; monarquía democrática.
**1995** El rey disuelve el parlamento; lo anula la Suprema Corte.

## BHUTÁN

**NOMBRE OFICIAL**
Reino de Bhután

**CAPITAL**
Thimphu

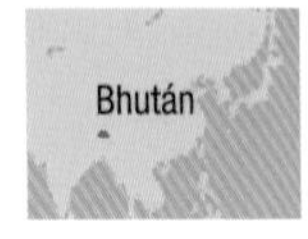


**Área** 46,500 km²
**Población** 2,064,000
**Densidad de población** 43 por km²
**Índice de crecimiento poblacional** 2.2%
**Esperanza de vida** 49 (h); 52 (m)
**Idiomas** Dzongkha (dialecto tibetano), nepalés y otros
**Alfabetismo (adultos)** 42.2%
**Moneda** Ngultrum (US$1 = 46.8 ngultrums)
**PIB (millones US$)** 294
**PIB per cápita (US$)** 147

### Fechas clave

***c.* 1630** Estado separado dirigido por el lama tibetano.
**1907** Monarquía.
**1910** Protectorado inglés.
**1949** Independencia; recibe ayuda de la India.
**1953** Asamblea nacional.
**1959** Asilo para 4,000 refugiados cuando China se anexa Tíbet.
**1990** Manifestaciones de nepaleses por la obligatoriedad de las costumbres bhutanesas.

# BANGLADESH

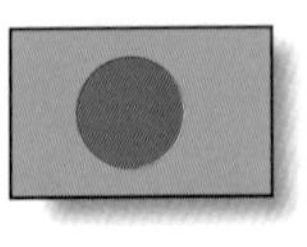

**NOMBRE OFICIAL**
República Popular de Bangladesh

**CAPITAL**
Dhaka

**Área** 147,570 km²
**Población** 126,947,000
**Densidad de población** 845 por km²
**Índice de crecimiento poblacional** 1.2%
**Esperanza de vida** 57 (h); 56 (m)
**Idioma** Bengalí
**Alfabetismo (adultos)** 38%
**Moneda** Taka (US$1 = 54 takas)
**PIB (millones US$)** 36,400
**PIB per cápita (US$)** 291

## Fechas clave

**1858** Inicia control británico.
**1947** División de India; Bengala oriental independiente como parte de Pakistán.
**1971** Gana guerra contra Pakistán Occidental (con ayuda de la India); independiente como Bangladesh.
**1975** Golpe militar; matan al presidente Mujib.
**1975-1979** Ley marcial.
**1979** Elecciones.
**1981** Ejército rebelde mata al presidente Zia.
**1982** Golpe militar incruento.
**1982-1986** Ley marcial.
**1986** Ex dirigente militar, Ershad, electo presidente.
**1990** Se acusa de corrupción a Ershad, que renuncia.
**1996** Fallan elecciones por violencia y supuesto fraude.

# MYANMAR

**NOMBRE OFICIAL**
Unión de Myanmar

**CAPITAL**
Yangón (Rangún)

**Área** 676,553 km²
**Población** 45,059,000
**Densidad de población** 71 por km²
**Índice de crecimiento poblacional** 2.1%
**Esperanza de vida** 57 (h); 63 (m)
**Idiomas** Myanmarés (birmano) y otros dialectos locales
**Alfabetismo (adultos)** 83.1%
**Moneda** Kyat (US$1 = 6.6 kyats)
**PIB (millones US$)** 5,916
**PIB per cápita (US$)** 122

## Fechas clave

**1886** Control inglés de Birmania tras tres guerras; provincia de India.
**1937** Separada; autonomía parcial.
**1942-1845** Ocupada por los japoneses.
**1948** Independencia.
**1962** Golpe incruento.
**1974** Nueva constitución.
**1988** Golpe militar; mueren muchos manifestantes prodemocracia.
**1989** Cambia de nombre, de Birmania a Myanmar.
**1990** Arrestan al líder opositor Aung San Suu Kyi; gana elección en forma aplastante, pero la junta gobernante no reconoce la victoria.
**1991** Suu Kyi gana el premio Nobel de la Paz.
**1997** Se une a ASEAN.

**DATO**
Myanmar es el segundo productor de opio para el tráfico de heroína, después de Afganistán.

# CHINA

**NOMBRE OFICIAL**
República Popular de China

**CAPITAL**
Beijing

**Área** 9,571,300 km²
**Población** 1,274,115,000
**Densidad de población** 132 por km²
**Índice de crecimiento poblacional** 1.4%
**Esperanza de vida** 66 (h); 70 (m)
**Idiomas** Chino del norte (mandarín), min, wu, yue (cantonés) y otros
**Alfabetismo (adultos)** 82.2%
**Moneda** Yuan, dólar de Hong Kong y pataca de Macau (US$1 = HK$7.79 o 7.95 patacas)
**PIB (millones US$)** 993,500
**PIB per cápita (US$)** 786

## Fechas clave

**c. 1766 a.C.** Dinastía Shang: primer escrito.
**202 a.C.-220 d.C.** Imperio poderoso bajo los Han.
**1279-1368** Mongoles.
**1644-1912** Manchúes.
**1839-1942** Guerra del Opio; Inglaterra gana Hong Kong.
**1900-1901** Potencias de Occidente aplastan la Rebelión Bóxer.
**1911** República.
**1931** Los japoneses ocupan Manchuria.
**1937** Invasión japonesa.
**1941-1945** Aliada en Segunda Guerra Mundial.
**1946-1949** Guerra civil.
**1949** Comunistas de Mao Zedong vencen a nacionalistas de Chiang Kai-chek. Se proclama República Popular.
**1950-1951** Toman Tíbet.
**1959** Abaten revuelta en Tíbet; huye el Dalai Lama.
**1966** Revolución Cultural.
**1969** Conflicto fronterizo con la URSS.
**1971** Se hizo miembro de la ONU.
**1979** Reformas económicas.
**1989** Masacre de estudiantes en la Plaza Tiananmen, Beijing.
**1997** Gran Bretaña devuelve Hong Kong a China.

## Diversidad étnica de China

El gobierno chino reconoce 56 grupos étnicos entre los cientos que viven en su país. El pueblo han constituye 91% del total; las "minorías nacionales" incluyen mongoles, manchúes, tártaros, tibetanos, coreanos, salares, rusos, kazakos y qiangs, que viven en todas las provincias y ascienden a 108 de los 1,300 millones de habitantes de China.

Esta diversidad existe en China desde la dinastía Qin en 221 a.C., pero nunca han desaparecido las rivalidades y tensiones. El gobierno proclama la igualdad, pero las minorías sufren discriminación. En particular en las provincias occidentales, donde las minorías étnicas a veces corresponden a grupos religiosos, la discriminación ha llevado a disturbios civiles. En 1993, la policía disolvió motines de musulmanes en la provincia de Qinghai. La política declarada de Beijing es aplastar cualquier agitación y ordenó "luchar inflexiblemente contra los separatistas".

### Diversidad religiosa de China

Alrededor de 31% de la población de China practica alguna de las religiones nativas del país, confucianismo o taoísmo, o alguna de las principales religiones del mundo.

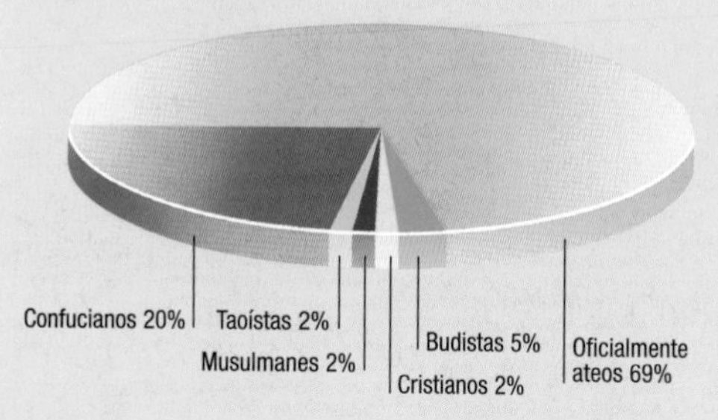


**Récord** China es el país más poblado del mundo y Hong Kong (abajo), su ciudad más hacinada. Hoy viven más personas en China que las que habitaban el mundo entero hace 150 años. En partes de Hong Kong, la densidad de población excede los 55,000 por km².

RUSIA
MONGOLIA
MONGOLIA INTERIOR
HEILONGJIANG
DONGBEI (MANCHURIA)
JILIN
LIAONING
HEBEI
SHANXI
SHAANXI
SHANDONG
HENAN
JIANGSU
ANHUI
HUBEI
SICHUAN
HUNAN
JIANGXI
ZHEJIANG
FUJIAN
GUIZHOU
YUNNAN
GUANGXI ZHUANG
GUANGDONG
NINGXIA-HUI
QINGHAI
CHINA
COREA DEL NORTE
COREA DEL SUR
VIETNAM
LAOS
MAR DE JAPÓN
MAR AMARILLO
MAR DE CHINA ORIENTAL
MAR DE CHINA MERIDIONAL
Bahía de Corea
Bo Hai
Liaodong Wan
Golfo de Tonkín
Estrecho de Hainan
Estrecho de Taiwan
Estrecho de Corea
Península Liaodong
Península Shandong
Península Leizhou
Archipiélago Zhoushan
Hainan
Qiqihar
Daqing
Harbin
Changchun
Siping
Liaoyuan
Presa Fengman
Shenyang
Fushun
Benxi
Liaoyang
Fuxin
Anshan
Presa Supung
Chengde
Qinhangdao
Beidaihehaibin
Dalian
Lüshun
Tangshan
Tianjin
Xingang
BEIJING (Pekín)
Puente Lugou
Shijingshan
Xuanhua
Zhangjiakou
Tierras Altas Rehe
Datong
Hohhot
Baotou
Bayan Obo
Yin Shan
Mu Us Shamo
Gran Muralla
Pingluo
Yinchuan
Shijiazhuang
Taiyuan
Yangquan
Dazhai
Taihang Shan
Meseta del Norte de China
Qiu Xian
Handan
Fengfeng
Anyang
Jinan
Zibo
Shengli
Weifang
Yidu
Tai Shan
Yantai
Weihai
Qingdao
Jining
Da Yunhe (Gran Canal)
Kaifeng
Zhengzhou
Luoyang
Garganta Sanmen
Pingdingshan
Shangtang
Yan'an
Xi Xian
Xi'an
Baoji
Wei He
Qin Ling
Meseta de Loess
Lanzhou
Baiyin
Xining
Qinghai Hu
Dunhuang
Yumen
Qilian Shan
Huang He
Fen He
Huai He
Han Shui
Daba Shan
Nanjing
Zhenjiang
Changzhou
Wuxi
Suzhou
Yixing
Baoshan
Shanghai
Ma'anshan
Hefei
Tai Hu
Huangpu Jiang
Hangzhou
Ningbo
Wenzhou
Huang Shan
Jingdezhen
Wuhan
Huangshi
Daye
Lu Shan
Jiujiang
Poyang Hu
Yichang
Presa de las Tres Gargantas
Shashi
Yueyang
Dongting Hu
Nanchang
Changsha
Xiangtan
Shaoshan
Zhuzhou
Pingxiang
Hengyang
Luoxiao Shan
Chang Jiang (Yangtse)
Chengdu
Emei Shan 3,099 m
Chongqing
Zunyi
Wu Jiang
Guiyang
Meseta Dongchuan
Yungui
Kunming
Dali
Er Hai
Gejiu
Xishuangbanna
Qam'do
Salween
Mekong (Lancang Jiang)
Nanping
Fuzhou
Xiamen
Shantou
Guilin
Yangshuo
Nan Ling
Luizhou
Nanning
Xi Jiang
Guangzhou (Cantón)
Conghua
Foshan
Zhu Jiang (Río Perla)
Shenzhen
Hong Kong (Xianggang)
Jiangmen
Zhuhai
Macau (Aomen)
Maoming
Zhanjiang
Haikou
China
Km 0 200 400 600 800
Millas 0 200 400

# Japón, Corea del Norte y Corea del Sur

## JAPÓN

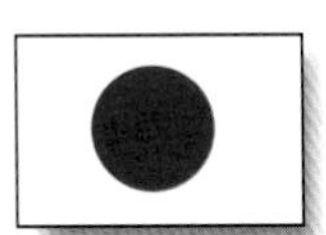

**NOMBRE OFICIAL**
Japón

**CAPITAL**
Tokio

**Área** 377,750 km²
**Población** 126,505,000
**Densidad de población** 335 por km²
**Índice de crecimiento poblacional** 0.4%
**Esperanza de vida** 76 (h); 83 (m)
**Idioma** Japonés
**Alfabetismo (adultos)** 99%
**Moneda** Yen (US$1 = 122 yenes)
**PIB (millones US$)** 4,368,300
**PIB per cápita (US$)** 34,556

### Fechas clave

**645** Primer emperador.
**710** Capital en Nara.
**794** Capital en Kioto.
**1192-1867** Gobierno shogun (jefes militares).
**1639-1853** Japón se aísla.
**1867-1868** Una revolución restaura al emperador; Edo cambia su nombre a Tokio y es la capital.
**1889** Nueva constitución.
**1904-1905** Guerra con Rusia.
**1910** Se anexa Corea.
**1914-1918** Se une a los aliados en la Primera Guerra Mundial; gana territorios en el Pacífico.
**1931** Invade Manchuria.
**1937** Ataca China.
**1941** Segunda Guerra Mundial: ataca flota de EUA en Pearl Harbor.
**1945** Bombas atómicas destruyen Hiroshima y Nagasaki; se rinde.
**1946** Nueva constitución: monarca constitucional.
**1952** Termina ocupación.
**1956** Se afilia a la ONU.
**1972** Recupera Okinawa y otras islas perdidas durante la Segunda Guerra Mundial.
**1990-1999** Enfrenta crisis financiera.

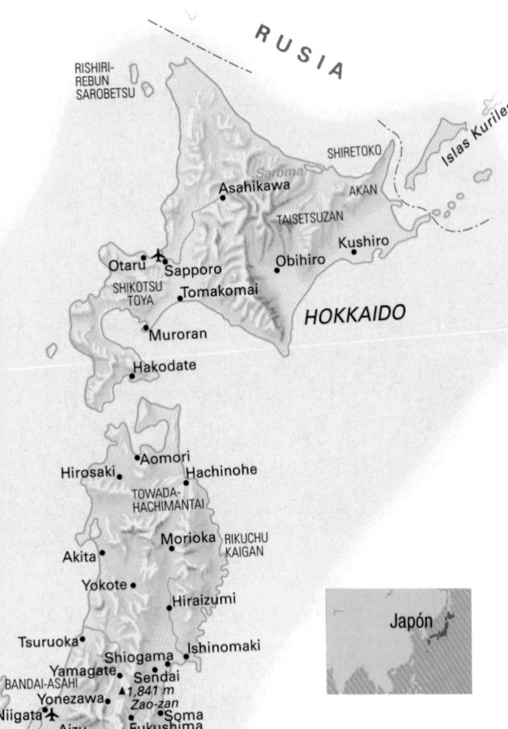

### Renace Hiroshima

El 6 de agosto de 1945 fue destruida la ciudad japonesa de Hiroshima por una bomba atómica; murieron 78,150 personas en un instante, y luego más de 100,000 a causa de la radiación.

En esa época nadie esperaba que Hiroshima se recuperara, pero hoy es tan animada y bulliciosa como otras ciudades de Japón. La reconstrucción comenzó en 1949 y ahora alberga a 1,120,000 personas. Procesa alimentos, construye barcos y produce maquinaria, acero, automóviles y muebles.

No es que Hiroshima desee olvidar su pasado. En el mismo corazón de la ciudad hay un monumento conmemorativo: el "Parque de la Paz", con un edificio en ruinas, tal como quedó después del primer ataque nuclear del mundo. Ninguna reconstrucción puede borrar lo que le sucedió.

## LA LARGA ESPERA DE COREA PARA LA RECONCILIACIÓN

El primer conflicto importante después de la Segunda Guerra Mundial dejó a Corea dividida. Pero en agosto de 2000 algunos sudcoreanos pudieron abrazar a sus parientes. A 200 les permitió cruzar la frontera fuertemente armada un régimen norcoreano conmocionado por la desintegración de la URSS, la muerte de su dictador y el colapso de su economía. Los líderes de Corea del Norte y del Sur ya se habían reunido, y había empezado la construcción de un enlace ferroviario entre los antes enemigos. La frontera más peligrosa de Asia empezaba a abrirse.

Medio siglo antes, el norte comunista invadió el sur de Corea. Una fuerza de la ONU dirigida por Estados Unidos los rechazó y avanzó casi hasta la frontera china. China intervino y repelió a la ONU. El conflicto de tres años vio la amenaza de una guerra nuclear. En 1953, una tregua dividió a la península; a pesar de la muerte de 37,000 soldados, fue la primera guerra sin victoria de Estados Unidos; pero al bloquear la expansión comunista había logrado su principal objetivo, lo que le dio confianza para implicarse en una guerra similar en Vietnam una década después.

**Emotiva reunión** Dos familiares, separados 50 años por la división de Corea, se saludan en una breve apertura de la frontera en agosto de 2000.

# COREA DEL NORTE

**NOMBRE OFICIAL**
República Popular Democrática de Corea

**CAPITAL**
Pyongyang

**Área** 120,538 km²
**Población** 23,702,000
**Densidad de población** 194 por km²
**Índice de crecimiento poblacional** 1.8%
**Esperanza de vida** 68 (h); 74 (m)
**Idioma** Coreano
**Alfabetismo (adultos)** 99%
**Moneda** Won norcoreano (US$1 = 2.20 wons)
**PIB (millones US$)** 4,381
**PIB per cápita (US$)** 187

# COREA DEL SUR

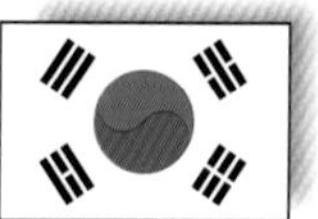

**NOMBRE OFICIAL**
República de Corea

**CAPITAL**
Seúl

**Área** 99,392 km²
**Población** 46,858,000
**Densidad de población** 467 por km²
**Índice de crecimiento poblacional** 1%
**Esperanza de vida** 67 (h); 75 (m)
**Idioma** Coreano
**Alfabetismo (adultos)** 98%
**Moneda** Won sudcoreano (US$1 = 1,313 wons)
**PIB (millones US$)** 395,300
**PIB per cápita (US$)** 8,513

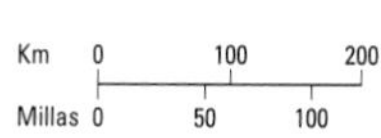

## Fechas clave

**1259-1368** Dominio mongol.
**1392-1910** Dinastía Yi.
**1910** Anexión de Japón.
**1945** Fin de la Segunda Guerra Mundial: fuerzas soviéticas ocupan el norte de Corea; fuerzas de EUA, el sur.
**1948** Repúblicas separadas en norte y sur.
**1950** Corea del Norte invade el sur; inicia la guerra; los chinos ayudan a Corea del Norte contra la fuerza de la ONU dirigida por EUA.
**1953** Alto el fuego que divide a Corea del Norte y del Sur.
**1961** Golpe militar en Corea del Sur.
**1979** Matan al presidente sudcoreano Park.
**1987** Nueva constitución en Corea del Sur tras protestas violentas.
**1991** Se afilian ambas a la ONU. Firman un pacto de no agresión.
**1994** Muere Kim Il Sung, líder norcoreano; lo sucede su hijo, Kim Jung Il.
**2000** Cumbre Norte-Sur; se abre la frontera para celebrar reuniones familiares.

# Tailandia, Malasia y Singapur

## TAILANDIA

**NOMBRE OFICIAL**
Reino de Tailandia

**CAPITAL**
Bangkok

**Área** 513,115 km²
**Población** 60,606,947
**Densidad de población** 119 por km²
**Índice de crecimiento poblacional** 0.8%
**Esperanza de vida** 64 (h); 69 (m)
**Idiomas** Thai, chino, malayo
**Alfabetismo (adultos)** 93.8%
**Moneda** Baht (US$1 = 45 bahts)
**PIB (millones US$)** 126,200
**PIB per cápita (US$)** 2,062

### Fechas clave

**1238** Reino Sukhotai.
**1350** Reino Ayutthaya.
**s. XIX** Se reconoce independencia de Siam.
**1914-1918** Apoya a los aliados en la Primera Guerra Mundial.
**1932** Se proclama monarquía constitucional.
**1939** Cambia su nombre de Siam a Tailandia.
**1941-1945** Segunda Guerra Mundial: la ocupa Japón; aliada sin quererlo.
**1947** Golpe militar.
**1965-1972** Se une a EUA en la Guerra de Vietnam.
**1973** Gobierno civil.
**1976-1980** Gobierno militar.
**1991** Golpe militar sin violencia.

**DATO**
Tailandia es el único país del sureste de Asia que nunca ha sido colonizado.

## LAS "ECONOMÍAS DEL TIGRE" DEL ESTE DE ASIA

Gran parte del sureste y el este de Asia tuvo un crecimiento económico "milagroso" en la década de 1980, sólo para verlo detenerse a mediados de la década de 1990 tras varios fracasos financieros y la caída de la bolsa de valores y de las tasas de cambio. A la cabeza de la expansión estaban Tailandia, Malasia, Indonesia y Corea del Sur, todos en una etapa de desarrollo incipiente en la década de 1970, así como las economías establecidas de Hong Kong y Singapur. Se conocieron como las "economías del tigre".

Tailandia, por ejemplo, tenía un índice de crecimiento del PIB de hasta 10% al año, varias veces mayor que el de Estados Unidos. Singapur se convirtió en una ciudad moderna y limpia y en uno de los grandes centros comerciales y financieros del mundo, con el segundo lugar en el nivel de vida de Asia, después de Japón. Y detrás de estas potencias venía China, nación con el potencial de rebasar a todas.

El éxito de las economías del tigre se benefició de los "valores asiáticos": una combinación de trabajo duro, ahorro y liderazgo fuerte, incluso autoritario. Muchos gobiernos crearon mercados financieros robustos fomentando el ahorro y promoviendo la inversión. También apoyaron a ciertos negocios con créditos y subsidios fiscales.

La mayoría de los "tigres" mejoraron la vida material de sus ciudadanos, reduciendo la brecha entre ricos y pobres. Por ejemplo, entre 1960 y 1990 el número de personas que vivían en la pobreza en Malasia descendió de 37% a menos de 5%. La esperanza de vida se incrementó de 56 a 71 años entre 1960 y 1990. Pero entonces la quiebra siguió al auge. La crisis comenzó en 1997 y fue desencadenada por una devaluación de las monedas del área, por lo que no se pagaron préstamos en moneda extranjera. El valor de la tierra cayó tan rápidamente como los especuladores lo habían elevado . Las autoridades ayudaron a algunas industrias en problemas, pero entonces los bancos quebraron. Al iniciarse el siglo XXI, la asistencia internacional estaba ayudando a la región a recuperar su confianza. Pero algunos economistas advierten que habrá más problemas.

**Porcentaje de crecimiento anual en el PIB**

El PIB de las "economías del tigre" creció mucho más rápidamente que el promedio mundial en 1980-1990 (izq.) y 1990-1998 (der.).

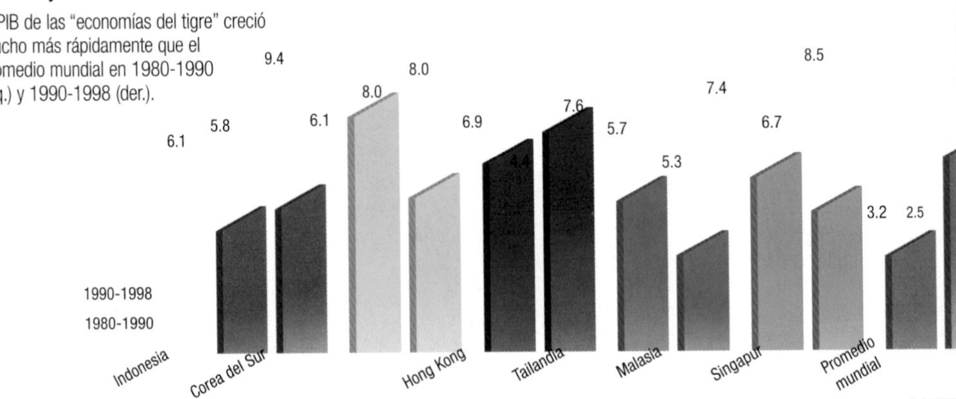

# MALASIA

**NOMBRE OFICIAL**
Malasia

**CAPITAL**
Kuala Lumpur

**Área** 329,758 km²
**Población** 22,712,000
**Densidad de población** 67 por km²
**Índice de crecimiento poblacional** 2.5%
**Esperanza de vida** 68 (h); 73 (m)
**Idiomas** Malayo bahasa, inglés, chino, tamil, iban
**Alfabetismo (adultos)** 83.5%
**Moneda** Ringgit (US$1 = 3.80 ringgits)
**PIB (millones US$)** 81,700
**PIB per cápita (US$)** 3,683

## Fechas clave

**s. XVI-XVII** Colonia portuguesa, holandesa e inglesa.
**1867** Se extiende el gobierno colonial inglés.
**1941-1945** Ocupación japonesa.
**1948-1954** Lucha contra guerrillas comunistas.
**1957** Malaya independiente.
**1963** Se funda Malasia (Malaya, Sabah, Sarawak y Singapur).
**1963-1965** "Confrontación" con Indonesia.
**1965** Se separa Singapur.
**1967** Miembro fundador de la ASEAN.
**1969** Motines antichinos.
**1987** Arrestan a activistas de oposición.

**Hacia las alturas** Las Torres Petronas en Kuala Lumpur, el edificio más alto del mundo en el año 2000, simbolizan el crecimiento económico de Malasia.

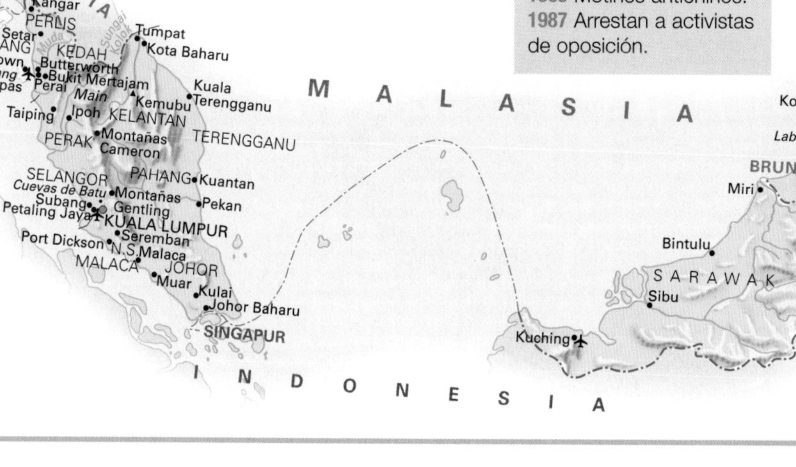


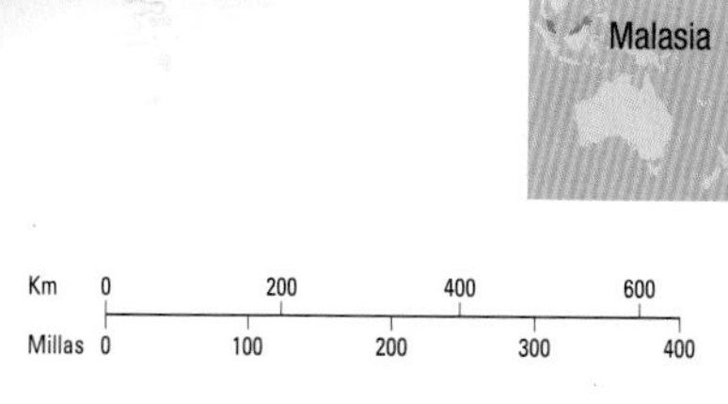

# SINGAPUR

**NOMBRE OFICIAL**
República de Singapur

**CAPITAL**
Singapur

**Área** 646 km²
**Población** 3,894,000
**Densidad de población** 5,991 por km²
**Índice de crecimiento poblacional** 3%
**Esperanza de vida** 74 (h); 78 (m)
**Idiomas** Malayo, chino (mandarín), tamil, inglés
**Alfabetismo (adultos)** 91.1%
**Moneda** Dólar de Singapur (US$1 = 1.81 dólares de Singapur)
**PIB (millones US$)** 91,800
**PIB per cápita (US$)** 23,720

## Fechas clave

**1819** Raffles funda la moderna Singapur.
**1867** Los Establecimientos de los Estrechos se vuelven colonia inglesa.
**1942-1945** Ocupación japonesa.
**1946** Colonia separada.
**1959** Autonomía.
**1963** Se une a Malaya, Sarawak y Sabah para formar Malasia.
**1965** Se separa de Malasia; república independiente.
**1991** Aumento de poderes de la presidencia.
**1993** Primera elección directa para presidente.

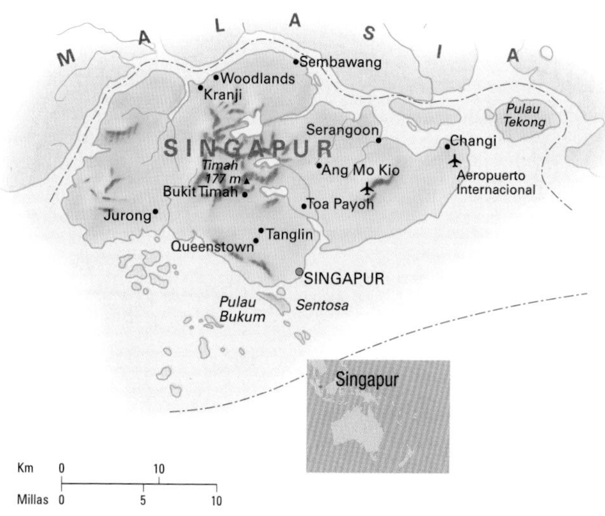

# 16 Vietnam, Camboya y Laos

## VIETNAM

**NOMBRE OFICIAL**
República Socialista de Vietnam

**CAPITAL**
Hanoi

**Área** 331,114 km²
**Población** 76,324,753
**Densidad de población** 234 por km²
**Índice de crecimiento poblacional** 1.3%
**Esperanza de vida** 63 (h); 67 (m)
**Idioma** Vietnamita y muchos dialectos locales
**Alfabetismo (adultos)** 93.7%
**Moneda** Dông (US$1 = 14,561 dôngs)
**PIB (millones US$)** 27,800
**PIB per cápita (US$)** 358

### Fechas clave

**111 a.C.** Control chino.
**939 d.C.** Independencia.
**1858-1883** Control francés.
**1941-1945** Segunda Guerra Mundial: control japonés.
**1945** Ho Chi Minh proclama la República Democrática de Vietnam.
**1946** Francia lucha contra las fuerzas de Vietminh.
**1954** Derrota francesa en Dien Bien Phu; Vietnam dividido; control comunista de Vietnam del Norte.
**1957** Guerrilla del Vietcong en Vietnam del Sur.
**1964** EUA inicia ataques aéreos contra el norte.
**1973** Alto el fuego; retiro de tropas de EUA.
**1975** Comunistas toman Saigón; fin de la guerra.
**1976** Se proclama la República Socialista de Vietnam.
**1978-1979** Ataca al Khmer Rojo en Camboya.
**1979** Guerra fronteriza con China.
**1989** Se retira de Camboya.
**1995** Establece relaciones diplomáticas con EUA.

**DATO**
El Sendero Ho Chi Minh, utilizado para abastecer a las fuerzas del Vietcong, incluía más de 300 km de túneles.

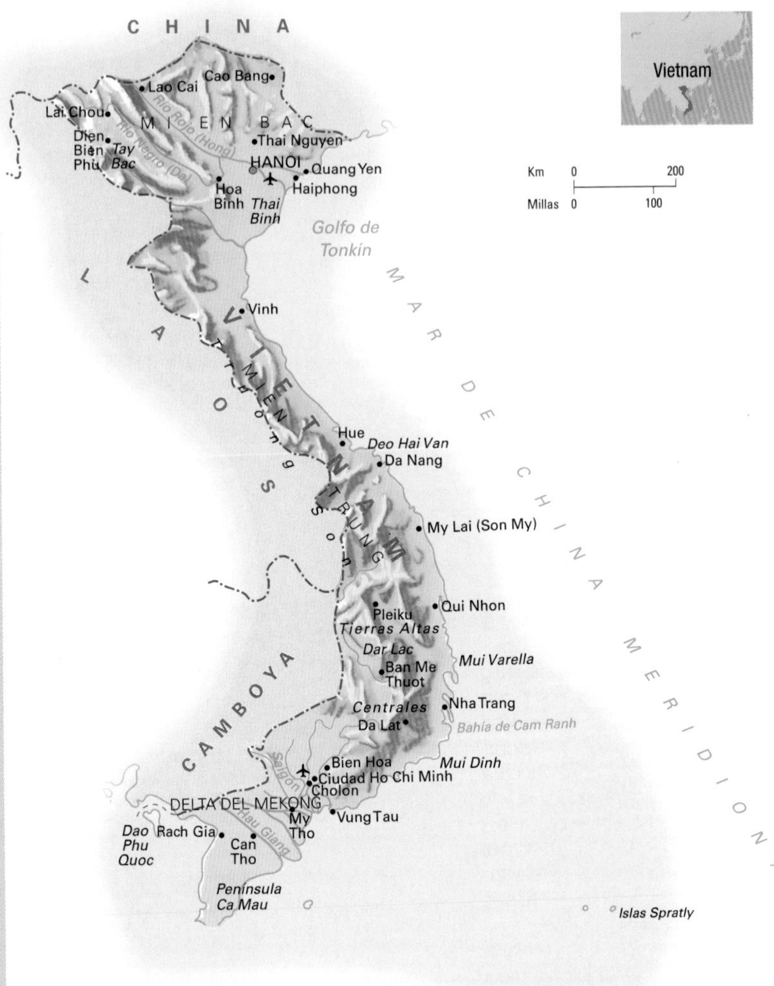


## CAMBOYA

**NOMBRE OFICIAL**
Reino de Camboya

**CAPITAL**
Phnom Penh

**Área** 181,035 km²
**Población** 10,945,000
**Densidad de población** 63 por km²
**Índice de crecimiento poblacional** 4.1%
**Esperanza de vida** 50 (h); 52 (m)
**Idioma** Khmer
**Alfabetismo (adultos)** 35%
**Moneda** Riel (US$1 = 3,835 riels)
**PIB (millones US$)** 3,100
**PIB per cápita (US$)** 270

### Fechas clave

**s. VII** Imperio Khmer.
**1863** Protectorado francés.
**1941-1945** Segunda Guerra Mundial: control japonés.
**1953** Independencia.
**1970** Golpe; abolición de la monarquía. Guerra civil.
**1975** El Khmer Rojo de Pol Pot toma el poder.
**1976-1978** El Khmer Rojo mata a más de 2.5 millones de personas.
**1978-1979** Vietnam ayuda a deponer al Khmer Rojo.
**1992** Inicia guerrilla contra el Khmer Rojo.
**1993** Se restaura al rey.
**1999** Se une a la ASEAN.

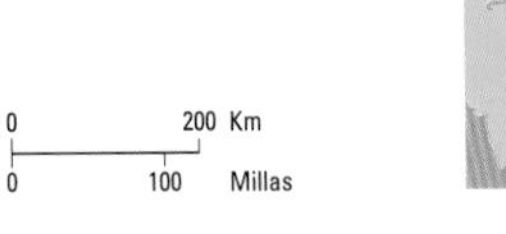


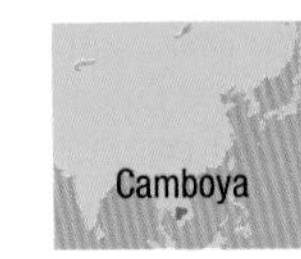


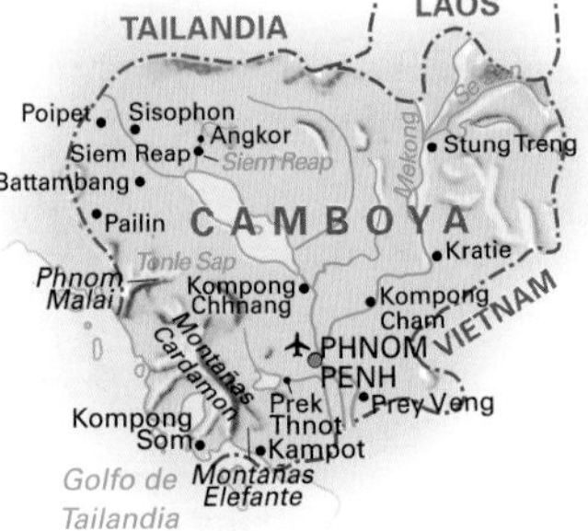

# LAOS

**NOMBRE OFICIAL**
República Democrática Popular de Laos

**CAPITAL**
Vientiane

**Área** 236,800 km²
**Población** 5,297,000
**Densidad de población** 22 por km²
**Índice de crecimiento poblacional** 2.1%
**Esperanza de vida** 49 (h); 52 (m)

**Idiomas** Lao (laotiano), francés y muchas lenguas locales
**Alfabetismo (adultos)** 56.6%
**Moneda** Nuevo kip (US$1 = 7,600 nuevos kip)
**PIB (millones US$)** 1,500
**PIB per cápita (US$)** 290

## Fechas clave

**1893** Protectorado francés.
**1941-1945** Segunda Guerra Mundial: control japonés.
**1949** Autonomía dentro de la Unión Francesa.
**1954** Independencia.
**1960-1973** Guerra civil entre comunistas y fuerzas de derecha.
**1975** Comunistas en el poder; Vietnam apoya.
**1989** Elecciones libres.
**1991** Nueva constitución.
**1997** Entra a la ASEAN.

## EL CAMINO HACIA LA PAZ DEL SURESTE DE ASIA

La antigua Indochina francesa quedó muy marcada por la guerra en el siglo XX. Pero, al comenzar el nuevo siglo, las antiguas colonias de Laos, Camboya y Vietnam disfrutaban de paz y progreso económico.

Camboya y Laos se democratizaron con elecciones multipartidistas. Vietnam se esforzó por estimular su economía y fomentar el turismo y una industria petrolera. Estados Unidos ayudó poniendo fin en 1994 a su embargo comercial de 30 años, y al siguiente año los dos antiguos enemigos reestablecieron relaciones diplomáticas.

El viaje del gobierno colonial hacia una independencia próspera fue a menudo violento para los tres países. Después de la Segunda Guerra Mundial, el ofrecimiento de Francia de autonomía para su imperio asiático fue aceptado por Laos y Camboya. Pero los vietnamitas querían la independencia total y lucharon con éxito contra los franceses, sólo para ver a su país dividido por un movimiento anticomunista en el sur.

Las guerras civiles llevaron a victorias comunistas en 1975 en las tres antiguas colonias. Los vietnamitas del norte y el Vietcong (guerrilla comunista de Vietnam del Sur) prevalecieron en los 18 años que duró la Guerra de Vietnam, a pesar de la intervención estadounidense. En Laos, el Pathet Lao comunista tomó el poder, pero 10 años después introdujo la liberalización política, una economía de mercado y, en 1989, elecciones multipartidistas. En Camboya, el régimen extremista del Khmer Rojo mató a más de 2.5 millones de personas de su propio pueblo antes de ser depuesto por la intervención militar vietnamita. En 1993 se celebraron elecciones libres y ese mismo año una nueva constitución restauró la monarquía.

**El pasado a sus espaldas** Una estatua de Ho Chi Minh eclipsa a Bill Clinton. Su visita a Vietnam en 2000 fue la primera de un presidente estadounidense desde la Guerra de Vietnam.

# Filipinas, Indonesia y Brunei

## FILIPINAS

**NOMBRE OFICIAL**
República de Filipinas

**CAPITAL**
Manila

**Área** 300,000 km²
**Población** 74,746,000
**Densidad de población** 251 por km²
**Índice de crecimiento poblacional** 2.1%
**Esperanza de vida** 63 (h); 67 (m)
**Idiomas** Filipino (basado en el tagalo), inglés y muchas lenguas locales

**Alfabetismo (adultos)** 94.6%
**Moneda** Peso filipino (US$1 = 50 pesos filipinos)
**PIB (millones US$)** 77,500
**PIB per cápita (US$)** 1,031

**DATO**

El Jeepney, un jeep del ejército convertido en taxi, es un pilar del sistema de transporte público de Manila.

### Fechas clave

**1521** Tierras de Magallanes.
**1565** Colonia española.
**1898** Guerra Hispano-Norteamericana: cedida a EUA.
**1942-1945** Ocupación japonesa.
**1946** Independencia de Estados Unidos.
**1967** Miembro fundador de la ASEAN.
**1972-1981** Ley marcial por lucha contra separatistas musulmanes y guerrillas comunistas.
**1983** Matan al opositor Benigno Aquino.
**1986** Deponen al presidente Marcos; la viuda de Aquino, presidenta.
**1992** Salen tropas estadounidenses.
**1996** Tratado de paz con separatistas islámicos.
**2000** Separatistas islámicos declaran la *jihad* (guerra santa); extremistas toman rehenes filipinos y occidentales.
**2001** Deponen al presidente Estrada; el presidente Arroyo asume el poder.

## PIRATAS DEL MAR DE CHINA MERIDIONAL

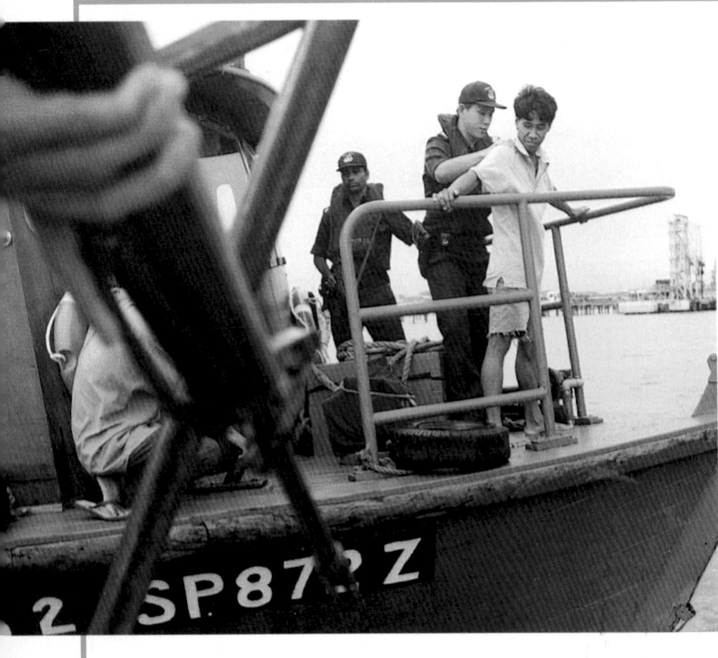

**Patrulla contra la piratería** Guardacostas de Singapur revisan a unos sospechosos de piratería o contrabando. Las miles de islas deshabitadas de estos mares son buen escondite para los piratas.

La piratería tiene una larga historia en las aguas del este y sureste de Asia, la cual aún no termina. En 1998, un barco chino, el *Cheung Son,* fue abordado cerca de Shanghai por 32 piratas. Mataron a sus 23 tripulantes y arrojaron sus cuerpos por la borda. Oficiales chinos detuvieron después al barco y ejecutaron a 13 de los piratas. Pero la mayor parte de los 98 ataques de ese año en el Mar de China Meridional quedaron impunes. Los barcos desaparecen, son pintados, les cambian de nombre y navegan de nuevo con otra bandera. El petrolero *Global Mars,* de 3,356 toneladas, secuestrado en febrero de 2000, se recuperó cerca de Hong Kong cuatro meses después con otra bandera bajo el nombre de *Bulawan*.

El mar entre Hong Kong, la isla filipina de Luzón y la isla china de Hainán, apodado "Triángulo HLH", se ha convertido en el lugar más peligroso del mundo para ataques piratas desde 1992, cuando se introdujeron patrullas navales en el Estrecho de Malaca, lo que obligó a los piratas a marcharse. Como resultado, aumentaron 61% los ataques en el Mar de China Meridional durante la década pasada.

Para combatir el problema, la Oficina Marítima Internacional estableció en 1992 un Centro de Reportes de Piratería, y los países asiáticos están coordinando sus medidas contra la piratería.

# INDONESIA

**NOMBRE OFICIAL**
República de Indonesia

**CAPITAL**
Yakarta

**Área** 1,919,317 km²
**Población** 207,437,000
**Densidad de población** 107 por km²
**Índice de crecimiento poblacional** 0.9%
**Esperanza de vida** 61 (h); 64 (m)
**Idiomas** Indonesio bahasa (variante del malayo) y muchas lenguas locales
**Alfabetismo (adultos)** 83.8%

**Moneda** Rupia indonesia (US$1 = 11,775 rupias indonesias)
**PIB (millones US$)** 153,400
**PIB per cápita (US$)** 750

**DATO**
El 20 de mayo de 2002 Timor Oriental se convirtió en el primer país independizado en el siglo XXI.

## Fechas clave

**s. XVI-XVII** Factorías portuguesas y holandesas.
**1799** Control holandés.
**1942-1945** Ocupación japonesa.
**1949** Independencia.
**1950** Se afilia a la ONU.
**1963** Holanda cede Nueva Guinea. Sukarno, "presidente vitalicio".
**1963-1965** "Confrontación" con Malasia.
**1965** Falla golpe comunista. Suharto al poder.
**1967** Miembro fundador de la ASEAN.
**1976** Toma Timor Oriental.
**1991** Rebelión en Sumatra; masacre en Timor Oriental.
**1998** Motines en Yakarta; Suharto renuncia.
**1999** Deja Timor Oriental.

**Después del fuego** Una aldeana de Borneo reforesta tras el gran daño causado por los incendios forestales a fines de la década de 1990. El humo se extendió sobre gran parte del sureste de Asia.

# BRUNEI

**NOMBRE OFICIAL**
Negara Brunei Darussalam

**CAPITAL**
Bandar Seri Begawan

**Área** 5,765 km²
**Población** 331,000
**Densidad de población** 54 por km²
**Índice de crecimiento poblacional** 3%
**Esperanza de vida** 70 (h); 73 (m)
**Idiomas** Malayo, chino, inglés

**Alfabetismo (adultos)** 89%
**Moneda** Dólar de Brunei (US$1 = 1.81 dólares de Brunei)
**PIB (millones US$)** 4,850
**PIB per cápita (US$)** 15,645

## Fechas clave

**s. XV** Primer sultanato.
**s. XV-XVI** Controla la mayor parte del norte de Borneo y parte de Filipinas.
**s. XIX** Pierde mucho territorio con Inglaterra.
**1888** Protectorado inglés.
**1929** Se halla petróleo.
**1942-1945** Ocupación japonesa.
**1962** Abandona planes de unirse a Malasia.
**1984** Independencia; se une a ASEAN y a ONU.

# Australia y Nueva Zelandia

## AUSTRALIA

**NOMBRE OFICIAL**
Commonwealth de Australia

**CAPITAL**
Canberra

**Área** 7,682,300 km²
**Población** 18,967,000
**Densidad de población** 2 por km²
**Índice de crecimiento poblacional** 0.8%
**Esperanza de vida** 75 (h); 80 (m)
**Idiomas** Inglés, más unas 200 lenguas aborígenes y muchos idiomas europeos y asiáticos
**Alfabetismo (adultos)** 95%
**Moneda** Dólar australiano (US$1 = 1.92 dólares australianos)
**PIB (millones US$)** 389,800
**PIB per cápita (US$)** 20,811

### Fechas clave

**1770** Inglaterra la ocupa.
**1788** Primera colonia penal.
**1850-1890** Seis colonias ganan autonomía.
**1870** Envían a los últimos convictos.
**1901** Las colonias se unen como Commonwealth de Australia.
**1902** Voto a las mujeres.
**1914-1918** Aliada en Primera Guerra Mundial.
**1927** Canberra, capital.
**1939-1945** Aliada en Segunda Guerra Mundial.
**1942** Independiente como parte de la Commonwealth.
**1951** Pacto de seguridad ANZUS con Nueva Zelandia y EUA.
**1965-1972** Pelea en Vietnam junto a EUA.
**1967** Ciudadanía a aborígenes.
**1986** Fin del poder legal de Inglaterra.
**1992** Derecho a la tierra para aborígenes.
**1999** Votan contra la república en referéndum.

### El poblamiento de Australia

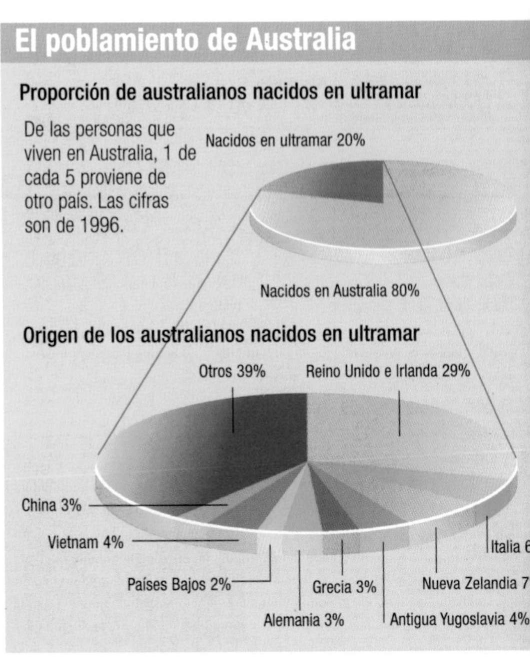


Islas del Estrecho de Torres
Cabo York
Península del Cabo York
Weipa
Gran Barrera de Arrecifes
Darwin
Rum Jungle
PN PARQUE NACIONAL KAKADUN
Tierra de Arnhem
Garganta Katherine
Meseta Kimberley
TERRITORIO DEL NORTE
Broome
Wolf Creek
Tennant Creek
Cairns
Meseta Atherton
Gran Cordillera Divisoria
Townsville
Mount Isa
Mackay
QUEENSLAND
Islas Montebello
Gran Desierto Arenoso
Port Hedland
Isla Barrow
Dampier
Cabo Noroeste
Exmouth
Cordillera Hamersley
Pilbara
Cordillera Macdonnell
Alice Springs
Desierto
Rockhampton
Gladstone
AUSTRALIA OCCIDENTAL
Desierto de Gibson
Kata Tjuta
Uluru (Roca de Ayers)
Gran Cuenca Artesiana
Simpson
Carnarvon
AUSTRALIA
Isla Fraser
Gran Desierto Victoria
Coober Pedy
Darling Downs
Moonie
Brisbane
Toowoomba
Gold Coast
Cabo Byron
AUSTRALIA MERIDIONAL
Cordillera de Flinders
Maralinga
Lightning Ridge
Bourke
Armidale
Nueva Inglaterra
Kalgoorlie
Llanura de Nullarbor
Woomera
NUEVA GALES DEL SUR
Broken Hill
Cordillera Middleback
Whyalla
Port Pirie
Valle de Barossa
Adelaide
Perth
Kwinana
Wave Rock
Dubbo
Valle Hunter
Parkes
Bathurst
Montañas Azules
Newcastle
Parramatta
Sydney
Playa Bondi
Cuevas Jenolan
Wollongong
Port Kembla
CANBERRA
TERRITORIO DE LA CAPITAL AUSTRALIANA
Wagga Wagga
Aldbury
Wodonga
Beechworth
Bendigo
VICTORIA
Ballarat
Melbourne
Geelong
Snowy Mountains
Monte Kosciuszko 2,228 m
Gippsland
Cuevas de Yallingup
Cabo Leeuwin
Albany
Australia
Isla Kangaroo
Mount Gambier
Murray
Darling
Cooper Creek
Bahía Port Phillip
Wilsons Promontory
Estrecho de Bass
Launceston
TASMANIA
Richmond
Hobart
Port Arthur

Km 0 200 400 600 800
Millas 0 200 400

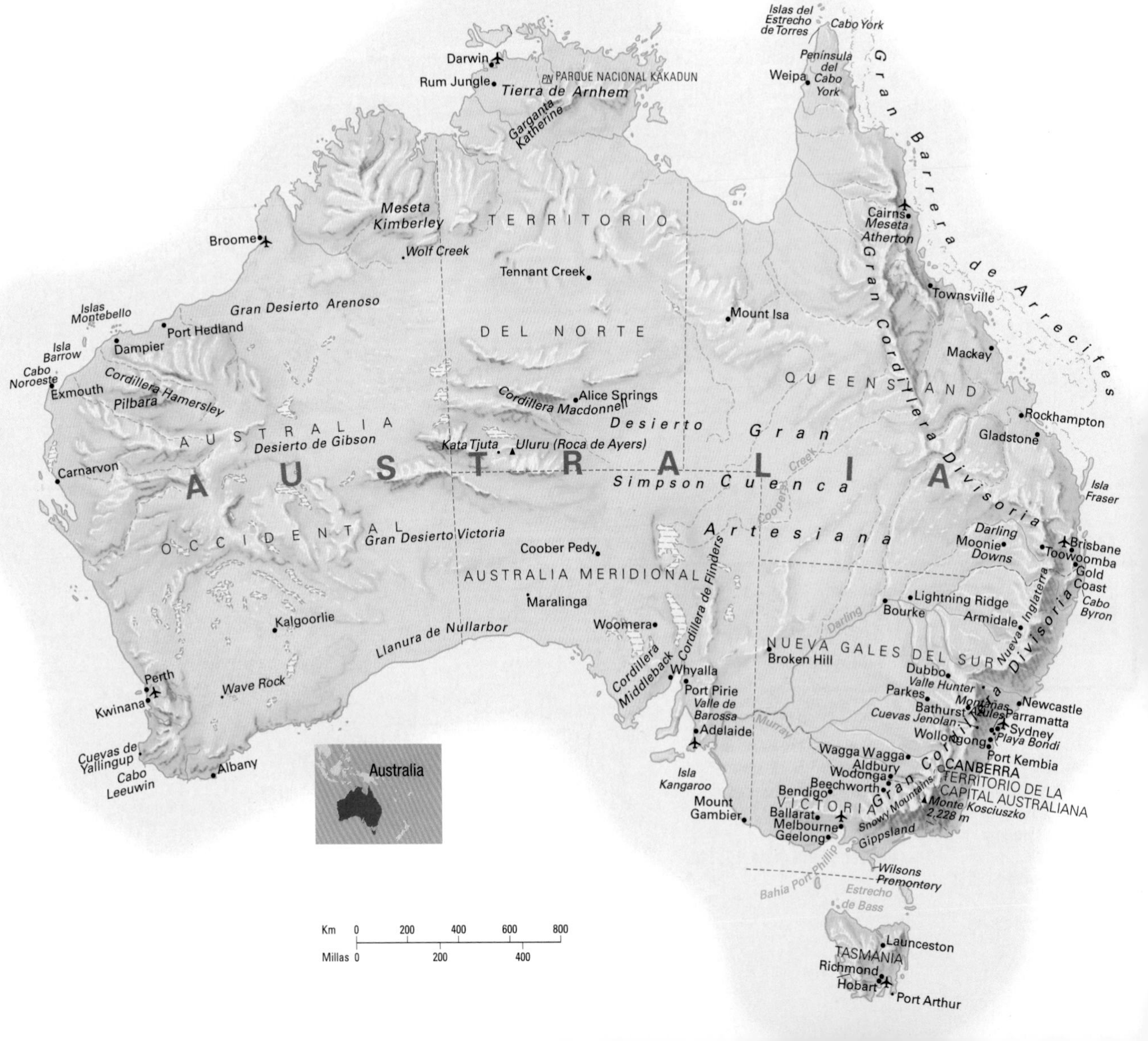

Cuando la primera flota inglesa con convictos desembarcó en Sydney el 26 de enero de 1788, Australia era considerada *terra nullius* (tierra desocupada). Esa definición de Australia permaneció fija en la ley durante más de 200 años.

El aniversario del primer desembarco de convictos se ha celebrado cada año desde 1833; en 1931 fue declarado Día de Australia. Pero cuando se aproximaba el bicentenario del Día de Australia en 1988, varios grupos indígenas proclamaban una visión bastante diferente de la de 1788. Lejos de estar "desocupada", señalaban, Australia tenía una población nativa de al menos 750,000 en el momento de la colonización inglesa.

Los aborígenes de Australia declararon 1988 como "un año de luto", y realizaron su propia marcha de protesta por "Libertad, Justicia y Esperanza". Desde entonces, el Día de Australia se ha convertido en un día de la comunidad que celebra la diversidad cultural de la nación. En 1992, la Suprema Corte australiana derogó el concepto de *terra nullius* y decretó que los aborígenes podían reclamar la posesión de la tierra.

Desde la Segunda Guerra Mundial, oleadas de nuevos colonos, al principio sólo de Europa, pero más tarde de orígenes más amplios, han propiciado una sociedad más diversa. Alrededor de 20% de los australianos actuales nacieron en el extranjero. Además del inglés, ahora se hablan más de 100 idiomas. A éstos se agregan unas 200 lenguas indígenas habladas por los 386,000 aborígenes y habitantes de las Islas del Estrecho de Torres.

Australia aprovechó los Juegos Olímpicos de 2000 en Sydney para resaltar su diversidad cultural, y Canberra celebra su propio Festival Multicultural Nacional cada año. El país también ha hecho esfuerzos para corregir las injusticias históricas soportadas por los pueblos indígenas, que van desde masacres en los primeros años de la colonia hasta el "robo" de niños aborígenes para que fueran criados por padres adoptivos a mediados del siglo xx. En 1996 una declaración parlamentaria se comprometió a la reconciliación con los aborígenes y los pueblos de las Islas del Estrecho de Torres, "reparando su profunda desventaja social y económica".

Los procesos de integración étnica y reconciliación no siempre han sido tranquilos, y con frecuencia han encontrado oposición política. Pero Stephen Fitzgerald, un antiguo embajador australiano en China, dijo: "No podemos aferrarnos… a un mundo de hombres blancos ahora extinto… Tenemos que ser australianos y no europeos."

# NUEVA ZELANDIA

**NOMBRE OFICIAL**
Nueva Zelandia

**CAPITAL**
Wellington

**Área** 270,534 km²
**Población** 3,811,000
**Densidad de población** 14 por km²
**Índice de crecimiento poblacional** 0.9%
**Esperanza de vida** 73 (h); 79 (m)
**Idiomas** Inglés, maorí
**Alfabetismo (adultos)** 99%
**Moneda** Dólar de Nueva Zelandia (US$1 = 2.41 dólares de Nueva Zelandia)
**PIB (millones US$)** 52,400
**PIB per cápita (US$)** 13,825

## Fechas clave

**s. x** Primeros maoríes de las islas del Pacífico.
**1769** Desembarca el capitán Cook.
**1840** Tratado de Waitangi: colonia inglesa.
**1852** Autonomía.
**1860-1872** Guerras por el derecho a comprar tierra maorí.
**1893** Voto a mujeres.
**1914-1918** Aliada en Primera Guerra Mundial.
**1939-1945** Aliada en Segunda Guerra Mundial.
**1947** Independiente como parte de la Commonwealth.
**1951** Pacto de seguridad ANZUS con Australia y EUA.
**1985** Política contra armas nucleares. Agentes franceses hunden el *Rainbow Warrior,* barco de Greenpeace, en Auckland.
**1988** Acuerdo de libre comercio con Australia.
**1993** Voto a favor de la representación proporcional.

**DATO**

**Más o menos 75% de los neozelandeses viven en la Isla Norte, con casi un tercio agrupados alrededor de Auckland.**

# Islas del Pacífico

## KIRIBATI

**NOMBRE OFICIAL**
República de Kiribati

**CAPITAL**
Bairiki, en Tarawa

**Independencia** 1979
**Área** 810 km²
**Población** 82,000
**Densidad de población** 100 por km²
**Índice de crecimiento poblacional** 1.5%
**Esperanza de vida** 58 (h); 58 (m)
**Idiomas** I-kiribatí (gilbertiano), inglés
**Alfabetismo (adultos)** 90%
**Moneda** Dólar australiano
**PIB (millones US$)** 51
**PIB per cápita (US$)** 654

## ISLAS MARSHALL

**NOMBRE OFICIAL**
República de las Islas Marshall

**CAPITAL**
Dalap-Uliga-Darrit, en Majuro

**Independencia** 1986
**Área** 180 km²
**Población** 61,000
**Densidad de población** 339 por km²
**Índice de crecimiento poblacional** 3%
**Esperanza de vida** 64 (h); 68 (m)
**Idiomas** Inglés, marshalés, japonés
**Alfabetismo (adultos)** 91%
**Moneda** Dólar de EUA
**PIB (millones US$)** 91
**PIB per cápita (US$)** 1,649

## FIJI

**NOMBRE OFICIAL**
República de Fiji

**CAPITAL**
Suva, en Viti Levu

**Independencia** 1970
**Área** 18,376 km²
**Población** 806,000
**Densidad de población** 44 por km²
**Índice de crecimiento poblacional** 1.4%
**Esperanza de vida** 70 (h); 74 (m)
**Idiomas** Fijiano, hindi, inglés
**Alfabetismo (adultos)** 91.6%
**Moneda** Dólar de Fiji (US$1 = 2.28 dólares de Fiji)
**PIB (millones US$)** 1,808
**PIB per cápita (US$)** 2,260

## MICRONESIA

**NOMBRE OFICIAL**
Estados Federados de Micronesia

**CAPITAL**
Palikir, en Pohnpei

**Independencia** 1986
**Área** 700 km²
**Población** 116,000
**Densidad de población** 157 por km²
**Índice de crecimiento poblacional** 1.8%
**Esperanza de vida** 71 (h); 71 (m)
**Idiomas** Inglés, trukese, pohnpeiano, yapese
**Alfabetismo (adultos)** 90%
**Moneda** Dólar de EUA
**PIB (millones US$)** 259
**PIB per cápita (US$)** 2,104

## PALAU

**NOMBRE OFICIAL**
República de Palau

**CAPITAL**
Koror, en la isla Koror

**Independencia** 1994
**Área** 508 km²
**Población** 18,000
**Densidad de población** 39 por km²
**Índice de crecimiento poblacional** 2.1%
**Esperanza de vida** 60 (h); 63 (m)
**Idiomas** Palauano, inglés
**Alfabetismo (adultos)** 92%
**Moneda** Dólar de EUA
**PIB (millones US$)** 109
**PIB per cápita (US$)** 5,450

## NAURU

**NOMBRE OFICIAL**
República de Nauru

**CAPITAL**
Sin capital oficial

**Independencia** 1968
**Área** 21 km²
**Población** 11,000
**Densidad de población** 516 por km²
**Índice de crecimiento poblacional** 2.3%
**Esperanza de vida** 57 (h); 65 (m)
**Idiomas** Nauruano, inglés
**Alfabetismo (adultos)** 99%
**Moneda** Dólar australiano
**PIB (millones US$)** 368
**PIB per cápita (US$)** 33,476

## SAMOA

**NOMBRE OFICIAL**
Estado Independiente de Samoa

**CAPITAL**
Apia, en Upolu

**Independencia** 1962
**Área** 2,831 km²
**Población** 169,000
**Densidad de población** 59 por km²
**Índice de crecimiento poblacional** 0.5%
**Esperanza de vida** 64 (h); 70 (m)
**Idiomas** Samoano, inglés
**Alfabetismo (adultos)** 97%
**Moneda** Tala (dólar samoano) (US$1 = 3.05 talas)
**PIB (millones US$)** 179
**PIB per cápita (US$)** 1,065

## PAPUA-NUEVA GUINEA

**NOMBRE OFICIAL**
Estado Independiente de Papua-Nueva Guinea

**CAPITAL**
Port Moresby

**Independencia** 1975
**Área** 462,840 km²
**Población** 4,702,000
**Densidad de población** 10 por km²
**Índice de crecimiento poblacional** 2.2%
**Esperanza de vida** 55 (h); 57 (m)
**Idiomas** Pidgin, inglés, motu y muchas lenguas locales
**Alfabetismo (adultos)** 72.2%
**Moneda** Kina (US$1 = 3.07 kinas)
**PIB (millones US$)** 3,600
**PIB per cápita (US$)** 782

## TUVALU

**NOMBRE OFICIAL**
Tuvalu

**CAPITAL**
Vaiaku, en el atolón Funafuti

**Independencia** 1978
**Área** 26 km²
**Población** 11,000
**Densidad de población** 385 por km²
**Índice de crecimiento poblacional** 0%
**Esperanza de vida** 64 (h); 69 (m)
**Idiomas** Tuvaluano, inglés
**Alfabetismo (adultos)** 95%
**Moneda** Dólar australiano
**PIB (millones US$)** 9
**PIB per cápita (US$)** 900

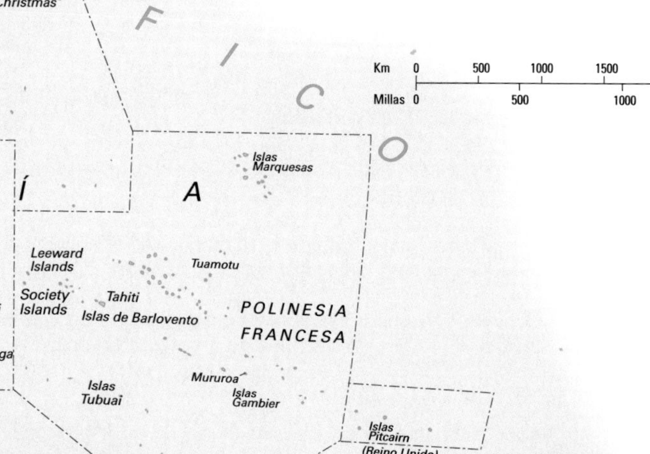


## TONGA

**NOMBRE OFICIAL**
Reino de Tonga

**CAPITAL**
Nuku'alofa, en Tongatapu

**Independencia** 1970
**Área** 748 km²
**Población** 98,000
**Densidad de población** 134 por km²
**Índice de crecimiento poblacional** 0.8%
**Esperanza de vida** 66 (h); 70 (m)
**Idiomas** Tongano, inglés
**Alfabetismo (adultos)** 93%
**Moneda** Pa'anga (dólar tongano) (US$1 = 1.92 pa'angas)
**PIB (millones US$)** 279
**PIB per cápita (US$)** 2,790

## VANUATU

**NOMBRE OFICIAL**
República de Vanuatu

**CAPITAL**
Port Vila, en Éfaté

**Independencia** 1980
**Área** 12,190 km²
**Población** 186,000
**Densidad de población** 15 por km²
**Índice de crecimiento poblacional** 2.5%
**Esperanza de vida** 63 (h); 67 (m)
**Idiomas** Bislama, inglés, francés y muchas lenguas locales
**Alfabetismo (adultos)** 53%
**Moneda** Vatu (US$1 = 146 vatus)
**PIB (millones US$)** 245
**PIB per cápita (US$)** 1,376

## ISLAS SALOMÓN

**NOMBRE OFICIAL**
Islas Salomón

**CAPITAL**
Honiara, en Guadalcanal

**Independencia** 1978
**Área** 27,556 km²
**Población** 430,000
**Densidad de población** 15 por km²
**Índice de crecimiento poblacional** 3.4%
**Esperanza de vida** 68 (h); 73 (m)
**Idiomas** Inglés, melanesio, pidgin y otras lenguas locales
**Alfabetismo (adultos)** 60%
**Moneda** Dólar de las Islas Salomón (US$1 = IS$5.27)
**PIB (millones US$)** 319
**PIB per cápita (US$)** 759

# Organismos internacionales

*Desde el siglo XIX, los países han reconocido cada vez más los beneficios de la cooperación internacional en materia económica, cultural, social, ambiental y de seguridad. Tras el fracaso de la Sociedad de las Naciones para impedir la Segunda Guerra Mundial, se establecieron organismos internacionales más eficaces.*

## Organización de las Naciones Unidas

La ONU es el ejemplo más importante de la colaboración global. Desde el final de la Segunda Guerra Mundial ha sido el principal foro internacional para ventilar preocupaciones y quejas de los Estados, mantener la paz y la seguridad (ya sea por medios diplomáticos, arbitraje, operaciones de pacificación o intervención militar directa) y tratar problemas que desafían a toda la humanidad (como el calentamiento global).

La ONU fue establecida el 24 de octubre de 1945, por 51 estados. En la actualidad casi todos los países en el mundo son miembros, un total de 189 a principios de 2001. No es un gobierno mundial y no hace leyes, pero los estados miembros acuerdan aceptar las obligaciones de la Carta de la ONU, la cual establece las "reglas" básicas que rigen las relaciones internacionales.

**El sistema de la ONU** Las Naciones Unidas tienen seis ramas principales (der.): cinco con sede en Nueva York, EUA, y una –el Tribunal Internacional de Justicia– en La Haya, Países Bajos. Los organismos especializados (abajo) realizan numerosas funciones particulares.

**Consejo de Seguridad** Órgano de la ONU responsable c la paz. Cinco de los 15 miembros (EUA, Reino Unido, Franc Rusia y China) son "permanentes", con poder de veto.

**Asamblea General** Foro para tratar asuntos mundiales. Todos los miembros de la ONU están representados y tienen un voto. A diferencia del Consejo de Seguridad, no puede imponer las decisiones.

**Consejo Económico y Social** Coordina el trabajo económico y social de la ONU, supervisando asuntos como los derechos humanos, la situación de las mujeres, las drogas y el ambiente.

**Consejo de Fideicomisos** Supervisó la administración de los territorios bajo tutela de la ONU (dependencias de Estados derrotados en la Segunda Guerra Mundial), conduciéndolos a la independencia. Esta tarea se completó en 1994: el Consejo suspendió operaciones, acordando reunirse de nuevo sólo en caso necesario.

**Tribunal Internacional de Justicia** Principal órgano judicial de la ONU, que resuelve disputas legales entre Estados. Sólo puede intervenir si las partes están de acuerdo.

**Secretaría General** Centro administrativo de la ONU, donde se realizan el trabajo diario y la administración. Lo encabeza el secretario general, nombrado por la Asamblea General a propuesta del Consejo de Seguridad.

### Secretarios generales de la ONU

| | |
|---|---|
| 1946-1952 | **Trygve Lie** (Noruega) |
| 1953-1961 | **Dag Hammarskjöld** (Suecia) |
| 1961-1971 | **U Thant** (Myanmar) |
| 1972-1981 | **Kurt Waldheim** (Austria) |
| 1982-1991 | **Javier Pérez de Cuéllar** (Perú) |
| 1992-1996 | **Boutros Boutros-Ghali** (Egipto) |
| 1997- | **Kofi Annan** (Ghana) |

## Organismos autónomos vinculados con la ONU por medio de acuerdos especiales

| | Nombre | Fundación; sede | Principales actividades y propósitos |
|---|---|---|---|
| | **Agencia Internacional de Energía Atómica (IEAE)** | 1957 Viena | Promover el uso seguro y pacífico de la energía atómica. |
| IFAD | **Fondo Internacional para el Desarrollo de la Agricultura (IFAD)** | 1977 Roma | Organizar los fondos para elevar la producción de alimentos y los niveles de nutrición en los países en desarrollo. |
| IMF | **Fondo Monetario Internacional (FMI)** | 1947 Washington, DC | Promover la cooperación monetaria, la estabilidad del tipo de cambio y la expansión del comercio entre las naciones. |
| | **GRUPO DEL BANCO MUNDIAL** | Washington, DC | |
| | **Agencia Multilateral de Garantía a la Inversión (MIGA)** | 1988 | Proporcionar préstamos y asistencia técnica a los gobiernos miembros. |
| | **Asociación Internacional de Desarrollo (AID)** | 1960 | Ofrecer financiamiento para proyectos de desarrollo sin intereses a los países menos desarrollados. |
| | **Banco Internacional para la Reconstrucción y el Desarrollo (BIRD)** | 1945 | Fomentar las empresas privadas en países en desarrollo. |
| | **Corporación Financiera Internacional (CFI)** | 1956 | Promover el flujo de inversión extranjera directa hacia los países en desarrollo miembros, y entre ellos mismos. |
| UNIDO | **Organización de las Naciones Unidas para el Desarrollo Industrial (UNIDO)** | 1966 Viena | Avance de la industria en países en desarrollo por medio de asistencia técnica y asesoría. |
| | **Organización Internacional de Aviación Civil (ICAO)** | 1947 Montreal | Establecer normas internacionales para la seguridad y eficiencia del transporte aéreo. |
| ILO | **Organización Internacional del Trabajo (OIT)** | 1919 Ginebra | Establecer normas laborales y generar programas para mejorar las condiciones de trabajo en todo el mundo. |

## Otros organismos y alianzas internacionales (vea también Instituciones europeas, págs. 326-327)

| | Nombre | Fundación; sede | Principales actividades y propósitos |
|---|---|---|---|
| | **Asociación de Naciones del Sureste de Asia (ASEAN)** | 1967<br>Yakarta | Promoción del desarrollo económico regional y el comercio entre los países miembros (10 miembros). |
| | **Commonwealth (Mancomunidad Británica de Naciones)** | 1931<br>Londres, Reino Unido | Asociación de estados independientes (incluyendo el Reino Unido), casi todos ex territorios ingleses (54 miembros). |
| | **Comunidad del Pacífico** | 1947<br>Nueva Caledonia | Cooperación y asistencia regional (antes Comisión del Pacífico Sur; 27estados y territorios miembros). |
| CARICOM | **Comunidad y Mercado Común Caribeños (CARICOM)** | 1973<br>Georgetown, Guyana | Coordinación de la política económica y exterior (15 miembros; 3 asociados). |
| | **Liga de Estados Árabes (Liga Árabe)** | 1945<br>El Cairo, Egipto | Estrechar los vínculos entre miembros y coordinar políticas económicas, culturales y de seguridad (22 miembros). |
| | **Organismo de Cooperación Económica Asia-Pacífico (APEC)** | 1989<br>Singapur | Principal organismo regional para la promoción del libre comercio y la cooperación económica (21 miembros). |
| | **Organización de Estados Americanos (OEA)** | 1948<br>Washington, DC, EUA | Fortalecer la paz y la seguridad de América y promover el desarrollo económico (35 miembros). |
| OAU | **Organización de la Unidad Africana (OUA)** | 1963<br>Addis Abeba, Etiopía | Coordinar políticas económicas, políticas y de defensa y erradicar el colonialismo en África (53 miembros). |
| | **Organización del Tratado del Atlántico Norte (OTAN)** | 1949<br>Bruselas, Bélgica | Defensa de Europa Occidental y América del Norte; ahora tiene algunos miembros de Europa central (19 miembros). |
| | **Organización de Países Exportadores de Petróleo (OPEP)** | 1960<br>Viena, Austria | Coordinar las políticas de precios y de suministro de los principales productores de petróleo (11 miembros). |
| OECD | **Organización para la Cooperación y el Desarrollo Económicos (OECD)** | 1961<br>París, Francia | Organización de países industrializados para la cooperación en políticas sociales y económicas (29 miembros). |

| | Nombre | Fundación; sede | Principales actividades y propósitos |
|---|---|---|---|
| IMO | **Organización Marítima Internacional (IMO)** | 1958<br>Londres | Mejorar procedimientos internacionales de embarque, elevar normas de seguridad marítima y reducir contaminación marina. |
| | **Organización Meteorológica Mundial (WMO)** | 1950<br>Ginebra | Cooperación global en observaciones del clima e intercambio rápido de información meteorológica. |
| WTO OMC | **Organización Mundial de Comercio (WTO)** | 1995<br>Ginebra | Asegurar el comercio justo entre los países (sucesor del Acuerdo General sobre Aranceles y Comercio [GATT]). |
| | **Organización Mundial de la Propiedad Intelectual (WIPO)** | 1970<br>Ginebra | Protección de la propiedad intelectual, incluyendo derechos de autor, marcas registradas, diseños industriales y patentes. |
| | **Organización Mundial de la Salud (OMS)** | 1948<br>Ginebra | Elevar el estándar de salud de todos los pueblos promoviendo la atención primaria de la salud. |
| | **Organización para la Alimentación y la Agricultura (FAO)** | 1945<br>Roma | Mejorar la productividad agrícola, la alimentación, la seguridad y los estándares de vida de las poblaciones rurales. |
| | **Organización para la Educación, la Ciencia y la Cultura (UNESCO)** | 1946<br>París | Colaboración en ciencia, comunicaciones, educación y cultura; protección de la herencia natural y cultural del mundo. |
| | **Unión Internacional de Telecomunicación (ITU)** | 1865<br>Ginebra | Cooperación para mejorar las telecomunicaciones y construcción de instalaciones técnicas relacionadas. |
| | **Unión Postal Universal (UPU)** | 1875<br>Berna, Suiza | Coordinar la colaboración internacional de los servicios postales. |

Además, diversas oficinas, programas y fondos de la ONU (por ejemplo, el Programa de Desarrollo de la ONU, el Fondo de la ONU para la Infancia y el Programa Mundial de Alimentación) trabajan para mejorar la condición económica y social de los pueblos alrededor del mundo. Son responsables ante la Asamblea General de la ONU o el Consejo Económico y Social de la ONU.

*La integración europea surgió de la desolación de dos guerras mundiales y una depresión económica grave en la primera mitad del siglo XX. En 1952 comenzó una serie de acuerdos internacionales que llevaron a una mayor cooperación entre la mayoría de las naciones, proceso por el cual surgió la actual Unión Europea (UE). Al mismo tiempo, se han creado diversos organismos supranacionales.*

## La Unión Europea

**Orígenes** En 1952, Bélgica, Francia, Alemania, Italia, Luxemburgo y los Países Bajos (los "Seis") establecieron la Comunidad Económica del Carbón y el Acero (CECA), mercado conjunto de carbón y acero. En 1958 las mismas naciones establecieron la Comunidad Económica Europea (CEE, o "Mercado Común") y la Comisión Europea para la Energía Atómica (Euratom), extendiendo la cooperación, haciendo políticas comunes y eliminando barreras comerciales. Estos tres organismos formaron lo que se llamó colectivamente Comunidad Europea (CE) y, desde 1993, Unión Europea.

Los beneficios de la integración atrajeron a otros países. Tras cuatro oleadas de adhesiones (en 1973, 1981, 1986 y 1995), la UE tiene ahora 15 estados miembros (vea abajo), con 13 países solicitantes del este y del sur de Europa que esperan unirse.

**Tratados** Los tratados de París (1951; estableciendo la CECA) y Roma (1957; CEE y Euratom) se han complementado con otras medidas constitucionales que definen las relaciones y poderes de la UE en relación con los estados miembros:

- Acta Única Europea (1986): define el mercado interno de la UE como un área sin fronteras; incrementó los poderes del Parlamento Europeo;
- Tratado de Maastricht (1992): estableció un calendario para la Unión Monetaria Europea (UME);
- Tratado de Amsterdam (1997): incluyó la responsabilidad de elevar los niveles de empleo en los estados miembros.

**Organización** Al igual que cualquier gobierno, la UE es un sistema para tomar decisiones y gastar el dinero en forma conjunta. Es regida por cinco instituciones:

- **Consejo de la UE (Consejo de Ministros)** Cuerpo de toma de decisiones, formado por los ministros de gobierno de los estados miembros (que participan según el tema a discusión). Las decisiones son por unanimidad o por mayoría "calificada" ponderada según la población.
- **Comisión Europea** Ejecutivo independiente con sede en Bruselas. Consta de 20 comisionados nombrados por los gobiernos miembros, cada uno responsable de un área de política. Propone leyes (que se someten al Consejo de Ministros y al Parlamento Europeo), maneja las políticas de la UE y las relaciones comerciales internacionales, y actúa como guardián de los tratados que crearon la UE.
- **Parlamento Europeo (PE)** Tiene 626 miembros (eurodiputados), elegidos directamente cada cinco años por los ciudadanos de los estados miembros. Se reúne una semana al mes en Estrasburgo, Francia. Opina, sugiere enmiendas a las propuestas de la comisión y a veces aprueba leyes junto con el Consejo de Ministros.
- **Tribunal de Justicia** Corte suprema de la UE con sede en Luxemburgo, tiene 15 jueces (uno por cada estado miembro).
- **Tribunal de Cuentas** Fiscaliza la administración financiera de la UE.

La UE tiene además varios órganos de apoyo. El **Consejo Económico y Social,** cuerpo asesor, con representantes de grupos económicos y sociales (obreros, empleados, consumidores y otros intereses).

El **Comité de las Regiones,** con representantes de autoridades locales y regionales, para darles voz en el sistema de la UE.

El **Banco Europeo de Inversiones,** institución financiera de la UE, presta para promover el desarrollo equilibrado de la UE.

El **Banco Central Europeo,** con sede en Frankfurt, Alemania, es responsable de la estabilidad de la moneda común (el euro).

El **ombudsman** es un funcionario que investiga la supuesta mala administración de instituciones u organismos de la UE.

**Financiamiento** Los ingresos de la UE vienen de aranceles, impuestos a importaciones agrícolas de no miembros, un porcentaje del impuesto al valor agregado y contribuciones de los miembros de acuerdo con su producto interno bruto.

### Estados miembros de la Unión Europea, con fechas de adhesión

| | Escaños en el PE | Votos en el Consejo |
|---|---|---|
| **1958** | | |
| Bélgica | 25 | 5 |
| Francia | 87 | 10 |
| Alemania* | 99 | 10 |
| Italia | 87 | 10 |
| Luxemburgo | 6 | 2 |
| Países Bajos | 31 | 5 |
| **1973** | | |
| Dinamarca | 16 | 3 |
| Irlanda | 15 | 3 |
| Reino Unido | 87 | 10 |
| **1981** | | |
| Grecia | 25 | 5 |
| **1986** | | |
| Portugal | 25 | 5 |
| España | 64 | 8 |
| **1995** | | |
| Austria | 21 | 4 |
| Finlandia | 16 | 3 |
| Suecia | 22 | 4 |

*República Federal de Alemania hasta 1990.

Cada estado miembro nombra a un miembro de la Comisión Europea, excepto Francia, Alemania, Italia, España y el Reino Unido, los que nombran a dos.

**Países aspirantes** Bulgaria; Chipre; República Checa; Estonia; Hungría; Letonia; Lituania; Malta; Polonia; Rumania; Eslovaquia; Eslovenia; Turquía.

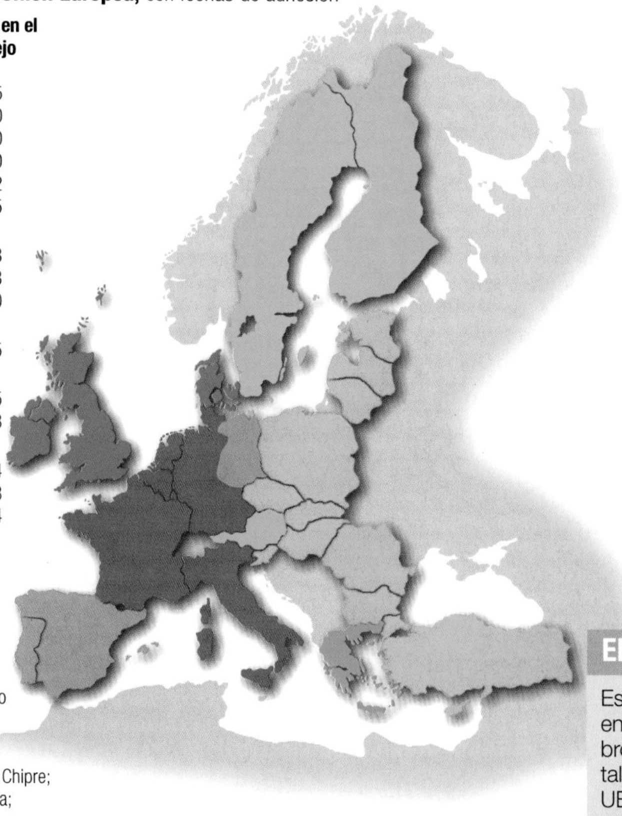

### Presidentes de la Comisión Europea

| | |
|---|---|
| 1958-1967 | **Walter Hallstein** (Alemania Occidental) |
| 1967-1970 | **Jean Rey** (Bélgica) |
| 1970-1972 | **Franco Malfatti** (Italia) |
| 1972-1973 | **Sicco Mansholt** (Países Bajos) |
| 1973-1977 | **François-Xavier Ortoli** (Francia) |
| 1977-1981 | **Roy Jenkins** (Reino Unido) |
| 1981-1985 | **Gaston Thorn** (Luxemburgo) |
| 1985-1995 | **Jacques Delors** (Francia) |
| 1995-1999 | **Jacques Santer** (Luxemburgo) |
| 1999- | **Romano Prodi** (Italia) |

### El Acuerdo Schengen

Este acuerdo elimina los controles de inmigración en las fronteras internas entre los estados miembros. Comenzó como un arreglo intergubernamental (y no de la UE) en 1995 y fue incorporado a la UE en el Tratado de Amsterdam de 1997. Pero no todos los países de la UE lo aplican.

## Principales políticas de la Unión Europea

| Nombre | Principales actividades y propósitos |
|---|---|
| **Política Agrícola Común (PAC)** | Regula el mercado agrícola con precios de apoyo, impuestos a importaciones e intervención. |
| **Política Común de Asuntos Exteriores y Seguridad (PCAES)*** | Logra acuerdos unánimes entre estados miembros en políticas comunes y/o acciones conjuntas sobre asuntos internacionales. |
| **Política de Competencia** | Garantiza la competencia económica sin distorsión entre participantes iguales en el mercado. |
| **Unión Económica y Monetaria (UEM)** | Promueve la convergencia económica; crea una política monetaria común y moneda única. Esa moneda, el euro, se introdujo en los países miembros de la UEM el 1 de enero de 2002. |
| **Política de Empleo y Social** | Mejora las condiciones de vida y laborales; estimula el empleo; extiende la protección social. |
| **Ampliación** | Prepara a otras naciones europeas democráticas, con mercado libre, para ingresar a la UE. |
| **Política Ambiental** | Preserva la calidad del ambiente; protege la salud; conserva los recursos naturales. |
| **Relaciones exteriores** | Desarrolla vínculos económicos y comerciales más estrechos con países no miembros y con otras organizaciones internacionales. |
| **Política de Industria Pesquera Común (PIPC)** | Regula el acceso a aguas pesqueras; conserva y administra recursos; organización común de mercados. |
| **Mercado interno (o único)** | Crea un área de la UE sin fronteras internas y sin obstáculos para el libre movimiento de bienes, personas, servicios y capital. |
| **Justicia y asuntos internos*** | Cooperación en el asilo, inmigración y otros asuntos relacionados con el libre movimiento de personas y en el combate al crimen internacional. |
| **Política Regional** | Promueve el desarrollo equilibrado en la UE, sobre todo con los Fondos Estructurales (Fondo de Desarrollo Regional Europeo; Fondo Social Europeo; sección de guía del Fondo Agrícola). |
| **Investigación y tecnología** | Coordina la investigación para fortalecer la base científica y tecnológica de la industria de la UE, sobre todo por medio de programas estructurales conjuntos. |
| **Redes transeuropeas** | Mejora la interconexión e interoperabilidad de las redes de transporte, energía y telecomunicaciones nacionales. |
| **Política de Transporte Común** | Elimina restricciones y barreras nacionales en la operación de diversos medios de transporte. |

*Políticas coordinadas por cooperación intergubernamental más que centralmente a través de instituciones de la UE (bajo los términos del Tratado de Maastricht).

## Instituciones europeas que no pertenecen a la Unión Europea

| Nombre | Fundación; sede | Principales actividades y propósitos |
|---|---|---|
| **Asociación Europea de Libre Comercio (AELC)** | 1960<br>Ginebra, Suiza | Originalmente organización “rival” de la CEE; todos los miembros, salvo Noruega, Dinamarca, Suiza y Liechtenstein, la dejaron para unirse a la UE. |
| **Banco Europeo para la Reconstrucción y el Desarrollo (BERD)** | 1991<br>Londres, Inglaterra | Ayuda a la reestructuración económica de los ex estados comunistas en Europa central y oriental y en la Unión Soviética (60 miembros). |
| **Consejo de Estados del Mar Báltico** | 1992<br>Estocolmo, Suecia | Cooperación entre los 12 estados del Mar Báltico en los campos de protección ambiental, comercio, turismo e infraestructura de transporte. |
| **Consejo de Europa** | 1949<br>Estrasburgo, Francia | Protección de la democracia plural, los derechos humanos y la aplicación de la ley (41 miembros). |
| **Consejo Nórdico** | 1952<br>Estocolmo, Suecia | Promueve la cooperación entre los parlamentos y gobiernos de Escandinavia e Islandia (cinco miembros). |
| **Organización para la Seguridad y Cooperación en Europa (OSCE)** | 1975<br>Viena, Austria | Principal instrumento regional para advertencia pronta, prevención de conflictos, manejo de crisis y rehabilitación posconflicto (55 miembros). |
| **Unión Europea Occidental (UEO)** | 1954<br>Bruselas, Bélgica | Foro para la cooperación en cuestiones de defensa y seguridad (diez miembros plenos). |

## Cultura



## Entretenimiento

y

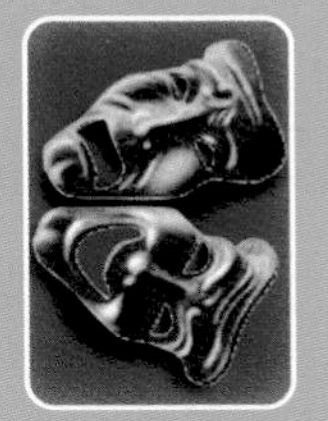

*Aunque los animales se comunican, sólo los seres humanos poseen las facultades mentales y físicas para usar un lenguaje capaz de transmitir ideas y conocimientos, lo que hace posible la civilización. Es probable que el lenguaje y el pensamiento hayan evolucionado juntos, estimulándose entre sí. Los científicos creen que el lenguaje surgió hace 100,000 años, cuando la primera especie humana, el* Homo sapiens, *abandonó África, y que las formas escritas aparecieron hace 5,000 años.*

## FAMILIAS DE LENGUAS

Las lenguas que parecen estar históricamente relacionadas se agrupan en familias. Se cree que todas las de una misma familia se desarrollaron de una lengua madre común. Tienden a compartir rasgos comunes, como palabras con características fonológicas similares, que describen conceptos similares. Por ejemplo, "padre" en latín, *pater,* suena parecido a la palabra equivalente en muchos otros idiomas, como *padre* en italiano y en español, *père* en francés y *fadar* en alemán antiguo. Esto sugiere que todas esas lenguas tienen un antepasado común.

Al final de la última Edad del Hielo, hace 12,000 años, la elevación de los niveles del mar separó a muchos grupos humanos de otros, lo que promovió la evolución de diferentes lenguas y familias lingüísticas. La migración originó más adaptaciones y fusiones. Los lingüistas calculan que han existido decenas de miles de lenguas, pero que poco más de 5,000 se han identificado con claridad.

## DISTRIBUCIÓN DE LAS FAMILIAS DE LENGUAS

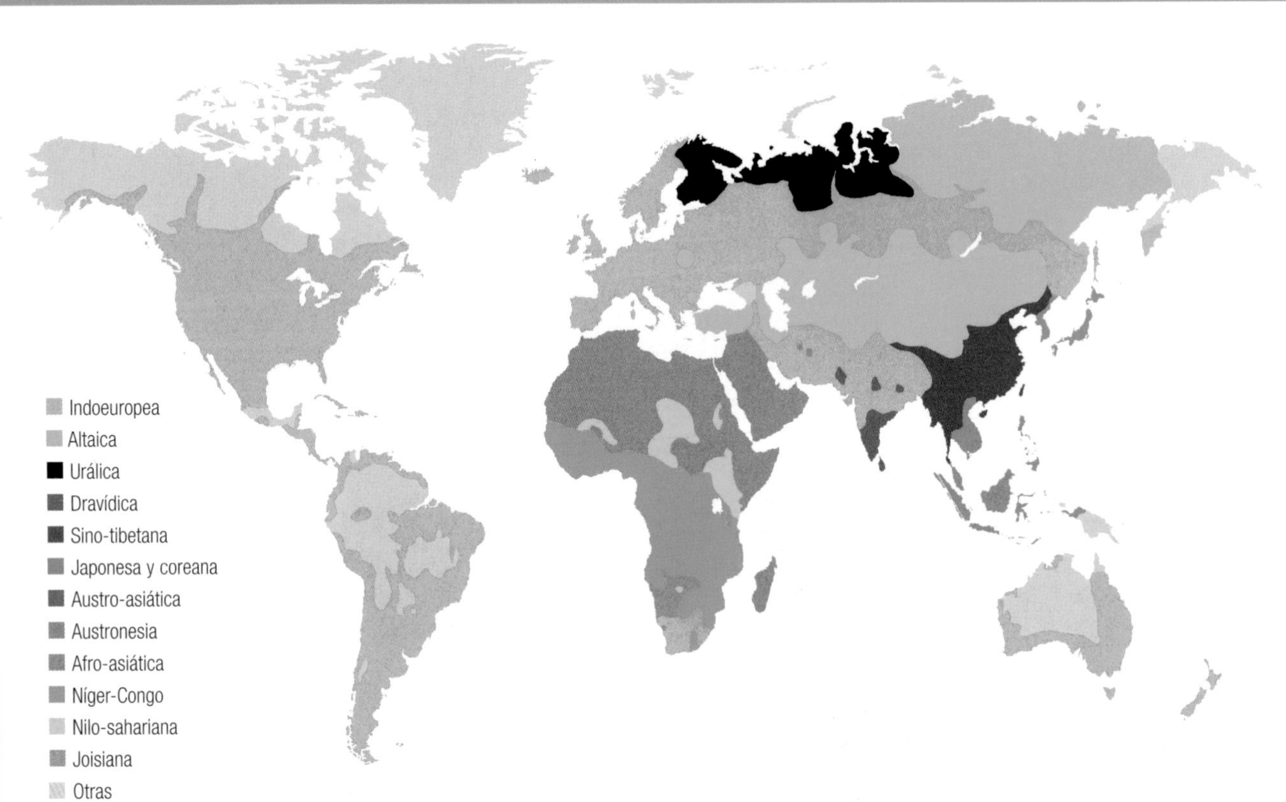


Las familias mencionadas a continuación son grupos de lenguas relacionadas por similitudes en palabras, frases e inflexión.

**Indoeuropea** Hablada por la mitad de la población del mundo (vea pág. opuesta).
**Altaica** Más de 50 lenguas; incluye mongol, tongús (Siberia/norte de China) y turco. Son habladas por unos 135 millones de personas.
**Urálica** Más de 20 lenguas, incluyendo estonio, finlandés y húngaro; habladas por unos 24 millones de personas.
**Dravídica** 24 lenguas; incluye tamil y teluga. Son habladas por 220 millones de personas en el sur de la India y Sri Lanka.
**Sino-tibetana** Más de 130 lenguas habladas por 1,200 millones de personas en China, Tíbet y países vecinos del Lejano Oriente.
**Japonesa y coreana** Lenguas sin vínculos obvios con otras familias, con un total de 200 millones de hablantes.
**Austro-asiática (Mon-Khmer)** Vietnamita, khmer (camboyano) y las numerosas lenguas mundau de la India, que hablan 110 millones de personas.
**Austronesia (malayo-polinesias)** Más de 1,000 lenguas; incluye malayo, javanés, hawaiano y maorí. Tiene 270 millones de hablantes.
**Afro-asiática** Una familia de 371 lenguas identificadas a la fecha. Incluye árabe, hebreo, bereber, hausa y amárico en Etiopía. Son habladas por unos 200 millones de personas.
**Níger-Congo** Unas 1,400 lenguas. El swahili, hablado por 35 millones en el este de África, es la más usada.
**Nilo-sahariana** Más de 30 lenguas habladas por 23 millones de personas en el este de África.
**Joisiana** Lenguas de los bosquimanos del suroeste africano, incluyendo el nama.
**Otras** Grupos americanos, caucásico, europeo del sureste, tailandés, laosiano, lenguas aborígenes australianas, etcétera.

**Familia indoeuropea** La familia indoeuropea de lenguas es la más hablada. A ella pertenecen muchos idiomas europeos y asiáticos. Al inicio de la Era Cristiana, los hablantes de sus variadas lenguas ocupaban desde Irlanda hasta Bengala. El vasco es la única lengua europea sobreviviente que no forma parte del grupo indoeuropeo. Hace cinco siglos, desde que se inició la expansión europea a otros continentes, cuatro lenguas indoeuropeas (francés, portugués, español e inglés) se convirtieron en los códigos de comunicación en muchas partes del mundo. A menudo eliminaron las lenguas nativas. En realidad, es fuera de Europa y Asia donde más personas hablan una lengua indoeuropea: América del Norte tiene la mayor población de habla inglesa, y en América del Sur se encuentra el mayor número de hispanoparlantes.

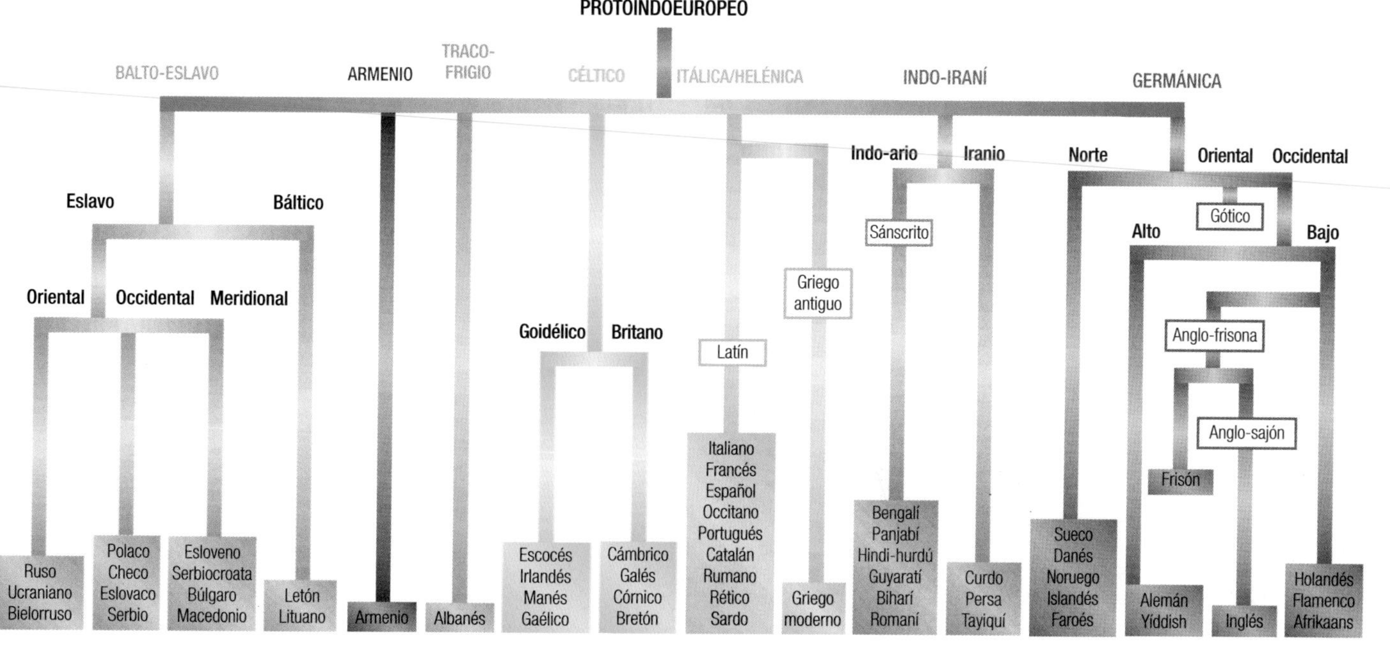


**Idiomas más hablados** De las 6,000 lenguas que se hablan hoy en el mundo, sólo 200 son habladas por más de 1 millón de personas, y únicamente 23 por más de 50 millones. El mandarín es el idioma que hablan más personas en el mundo, pero el inglés es el que se usa más para la comunicación internacional.

- **Chino mandarín** Hablado en el norte de China y por minorías chinas en el sureste asiático.
- **Español** Mayoría de hablantes en América del Sur y América Central.
- **Inglés** EUA tiene el mayor número de hablantes nativos. El inglés es el idioma principal de la ciencia y la diplomacia.
- **Hindi** Usado en la India y en las comunidades hindúes en todo el mundo.
- **Árabe** Usado en el mundo árabe y como lengua sagrada del Corán.
- **Bengalí** Hablado en Bengala y Bangladesh, así como por las comunidades bengalíes en todo el mundo.
- **Portugués** La mayoría de personas que lo hablan viven en Brasil.
- **Ruso** Muy usado en las repúblicas de la antigua URSS y en Rusia.
- **Japonés** La mayoría de hablantes se ubica en Japón.
- **Alemán** Idioma oficial de Alemania, Austria, Liechtenstein y Suiza. Ampliamente usado en Europa.
- **Francés** Además de hablarse en Europa, es un idioma importante en Canadá, el Caribe y antiguas colonias francesas en África y Asia.

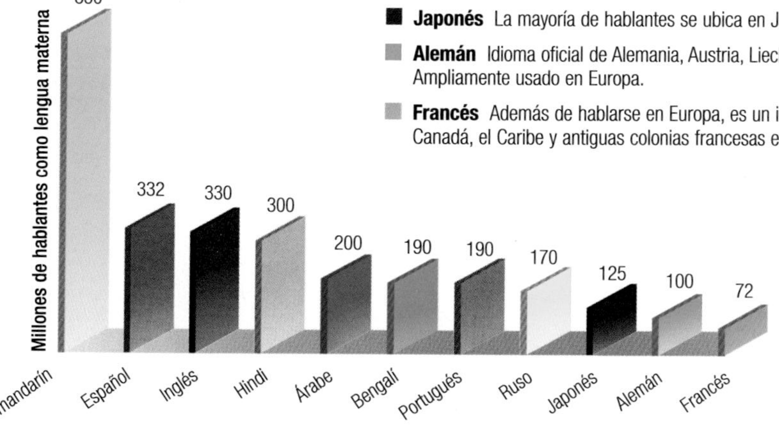


## TÉRMINOS CLAVE

- **Cognados** Palabras en diferentes idiomas que tienen la misma raíz.
- **Etimología** Estudio del origen y desarrollo de las palabras.
- **Fonética** Estudio de cómo se articulan, perciben y combinan los sonidos.
- **Fonología** Estudio del sistema de sonidos de una lengua.
- **Semántica** Estudio del significado de las palabras.
- **Semiótica** Estudio de la comunicación humana, en particular del uso de signos y símbolos.
- **Sintaxis** Estudio de la estructura de frases y oraciones.

vea también
166 **El mundo prehistórico**
332 **Sistemas de escritura**

*Las escrituras más antiguas que se conocen, sobre discos de barro, datan del 8000 a.C., en Mesopotamia. Son símbolos dibujados (pictogramas), que registran existencias de vino y aceite y reflejan la complejidad comercial de esta área. La invención de la escritura permitió guardar registros detallados e impulsó la civilización.*

**ASIA**

**Medio Oriente**

**Pictogramas del Indo**

*c.* **2500 a.C.** Las ciudades del valle del Indo adaptan pictogramas sumerios y crean su propia escritura.

**Pictogramas chinos**

**1500 a.C.** Los chinos crean su propia escritura de pictogramas, dispuesta en columnas de derecha a izquierda. Los pictogramas, originalmente simples, se desarrollan en un vocabulario de unos 4,000 signos de uso común llamados caracteres.

**Arameo**

**1000 a.C.** Un nuevo alfabeto se crea en Aram (parte de Siria moderna). No tiene vocales y se lee de derecha a izquierda. Parte del Antiguo Testamento se escribe en arameo.

**Sabeo**

**1000 a.C.** Los árabes sabeos crean un alfabeto, que llega al sur, hasta África.

**Protoalfabeto**

**Nabateo**

*c.* **1000 a.C.** Los nabateos del norte de Arabia crean su propio sistema de escritura.

**3500 a.C.** Los sumerios desarrollan un sistema de pictogramas, que se extiende por el comercio con Egipto y el valle del Indo en Pakistán.

**2500 a.C.** Los sumerios desarrollan un sistema de signos sin relación visual con los objetos. Escrita con trazos en forma de cuña, se conoce como escritura cuneiforme, del latín *cuneus,* "cuña".

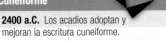

**Pictogramas sumerios**

**Cuneiforme**

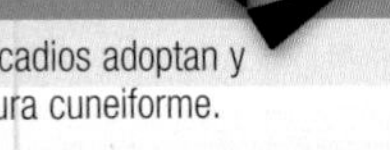

**2400 a.C.** Los acadios adoptan y mejoran la escritura cuneiforme.

**ÁFRICA**

**Jeroglíficos egipcios**

**3400 a.C.** Los escribas egipcios mejoran los pictogramas para producir una escritura con 2,500 signos o jeroglíficos, capaz de registrar frases completas. Esta escritura sigue en uso durante 36 siglos, más tiempo que cualquier otra.

**Escritura hierática**

*c.* **2000 a.C.** Los escribas egipcios desarrollan la escritura hierática, más abstracta.

**Escritura der**

*c.* **600 a.C.** L escritura dem tica, forma m rápida y abreviada de la hi rática, es la escritura egip más usada.

**Escritura fenicia**

*c.* **1300 a.C.** Los fenicios crean un sistema de 22 letras.

**1500 a.C.** Los griegos micénicos adaptan la escritura cuneiforme a su lenguaje.

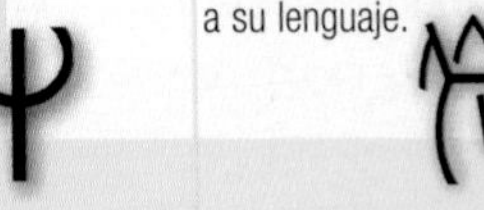

**EUROPA**

**1750 a.C.** En Creta se usan los ideogramas lineales "A".

**1400 a.C.** La escritura lineal B se usa mucho en la Grecia minoica.

**Griego clásico**

**1000 a.C.** El alfabeto fenicio se difunde en la Grecia de la "Edad Oscura", donde se había olvidado la escritura, tras la caída de Micenas.

**800 a.C.** Los griegos añaden signos para las vocales al alfabeto fenicio. Cambian la dirección de la escritura: ahora se lee de izquierda a derecha. La colonización difunde la escritura griega por el Mediterráneo.

**Etrusco**

**600 a.C.** Lo etruscos del centro de Italia adoptan e alfabeto grie que ahora tie 24 letras: 17 consonantes y 7 vocales.

## EL DESARROLLO DE LA ESCRITURA

Los primeros mensajes escritos se enviaban usando dibujos y de ellos surgieron sistemas de pictogramas o representaciones abstractas de objetos. Luego se combinaron con ideogramas, símbolos de ideas, con un significado exacto vinculado al contexto. Al inicio del tercer milenio a.C., los sumerios usaban un sistema muy estilizado de ideogramas: la escritura cuneiforme. Durante los siguientes 1,000 años evolucionó para representar los sonidos del lenguaje hablado, pero los cientos de signos dificultaron su dominio y su uso fracasó. En el segundo milenio a.C., los fenicios inventaron un conjunto de símbolos fonéticos más concisos, del que se derivan todos los alfabetos modernos.

3500 a.C. | 3000 a.C. | 2000 a.C. | 1500 a.C. | 1000 a.C. | 750 a.C. | 600 a.C

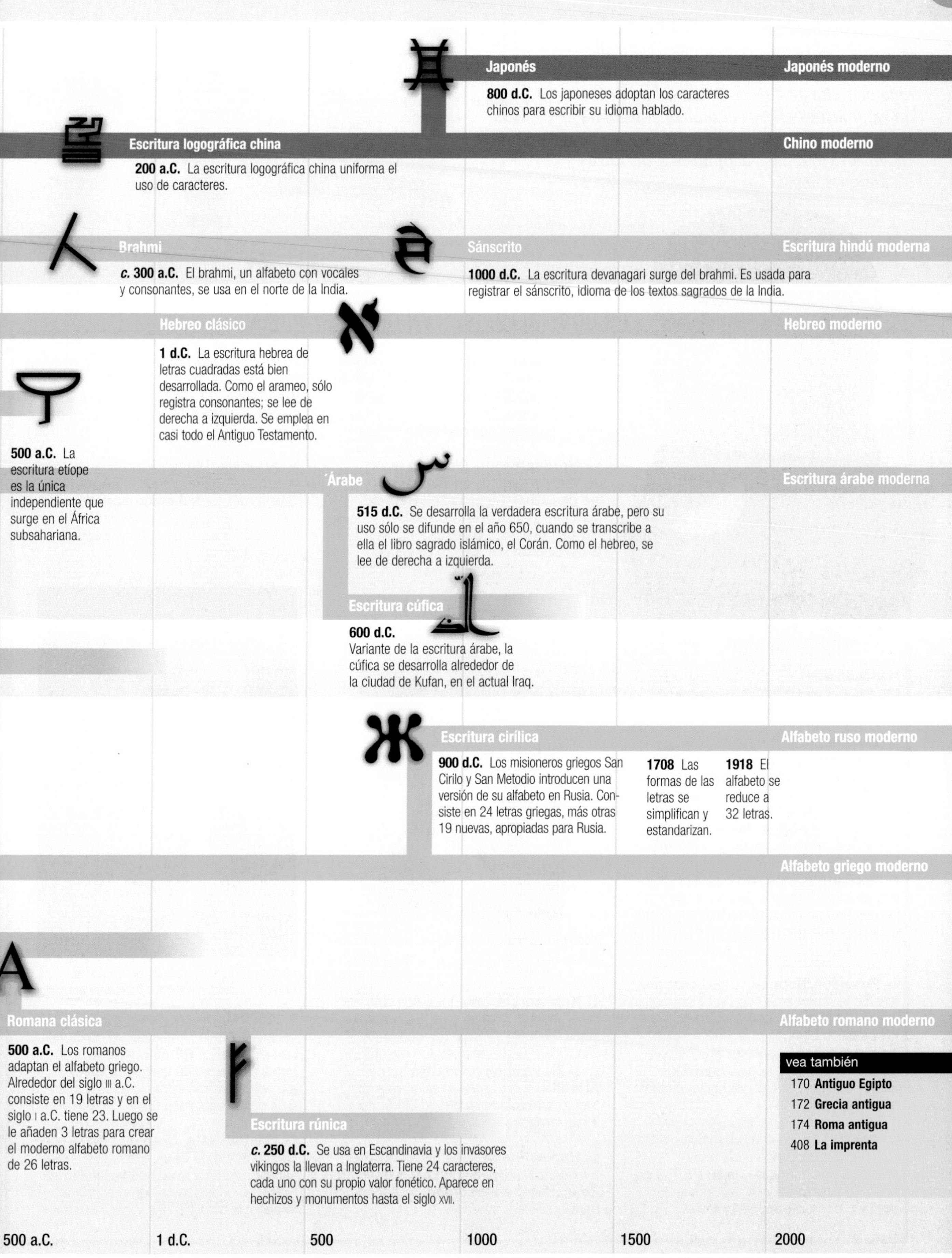

Japonés
Japonés moderno
**800 d.C.** Los japoneses adoptan los caracteres chinos para escribir su idioma hablado.
Escritura logográfica china
Chino moderno
**200 a.C.** La escritura logográfica china uniforma el uso de caracteres.
Brahmi
*c.* **300 a.C.** El brahmi, un alfabeto con vocales y consonantes, se usa en el norte de la India.
Sánscrito
Escritura hindú moderna
**1000 d.C.** La escritura devanagari surge del brahmi. Es usada para registrar el sánscrito, idioma de los textos sagrados de la India.
Hebreo clásico
Hebreo moderno
**1 d.C.** La escritura hebrea de letras cuadradas está bien desarrollada. Como el arameo, sólo registra consonantes; se lee de derecha a izquierda. Se emplea en casi todo el Antiguo Testamento.
**500 a.C.** La escritura etíope es la única independiente que surge en el África subsahariana.
Árabe
Escritura árabe moderna
**515 d.C.** Se desarrolla la verdadera escritura árabe, pero su uso sólo se difunde en el año 650, cuando se transcribe a ella el libro sagrado islámico, el Corán. Como el hebreo, se lee de derecha a izquierda.
Escritura cúfica
**600 d.C.** Variante de la escritura árabe, la cúfica se desarrolla alrededor de la ciudad de Kufan, en el actual Iraq.
Escritura cirílica
Alfabeto ruso moderno
**900 d.C.** Los misioneros griegos San Cirilo y San Metodio introducen una versión de su alfabeto en Rusia. Consiste en 24 letras griegas, más otras 19 nuevas, apropiadas para Rusia.
**1708** Las formas de las letras se simplifican y estandarizan.
**1918** El alfabeto se reduce a 32 letras.
Alfabeto griego moderno
A
Romana clásica
Alfabeto romano moderno
**500 a.C.** Los romanos adaptan el alfabeto griego. Alrededor del siglo III a.C. consiste en 19 letras y en el siglo I a.C. tiene 23. Luego se le añaden 3 letras para crear el moderno alfabeto romano de 26 letras.
Escritura rúnica
*c.* **250 d.C.** Se usa en Escandinavia y los invasores vikingos la llevan a Inglaterra. Tiene 24 caracteres, cada uno con su propio valor fonético. Aparece en hechizos y monumentos hasta el siglo XVII.
500 a.C.
1 d.C.
500
1000
1500
2000

vea también
170 **Antiguo Egipto**
172 **Grecia antigua**
174 **Roma antigua**
408 **La imprenta**

# Mitología griega y romana



*La mitología griega se enfoca en las actividades de los 12 "dioses del cielo", que, según ella, vivían en la cima del Monte Olimpo, la montaña más alta de Grecia. Fuera del panteón oficial, muchos griegos adoraban a deidades más antiguas. Los romanos conquistaron Grecia en el siglo II a.C., adoptaron a sus dioses y les dieron nombres latinos.*

**El panteón griego** Los dioses en la línea superior del esquema son hermanos y hermanas. Zeus, dios supremo, era el padre de las deidades menores, con su hermana y consorte, Hera, y con otras diosas y mortales.

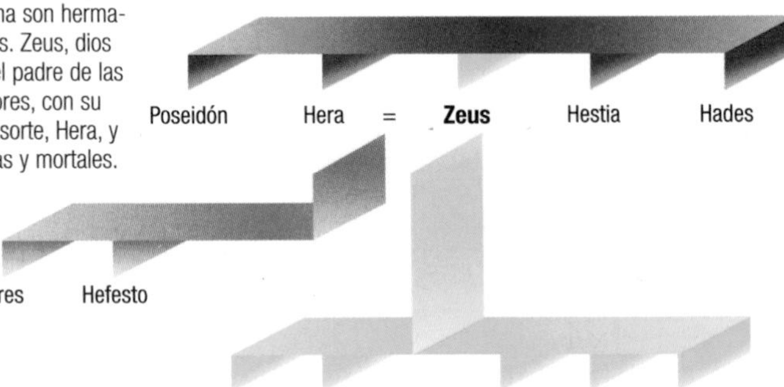


## LOS DOCE OLÍMPICOS EN GRECIA Y ROMA

**Inspiración divina** El arte griego antiguo, como este Zeus de bronce del siglo V, representa a los dioses inmortales con apariencia humana.

**Zeus/Júpiter** Rey de los dioses y amo del viento y el rayo. Se le suele representar con un rayo en la mano. Se casó con su hermana, **Hera,** pero le fue infiel. Tuvo muchos hijos, incluyendo a los dioses **Afrodita, Apolo, Ares, Artemisa, Atenea, Hefesto** y **Hermes.**

**Hera/Juno** Diosa del matrimonio y la maternidad. Estaba celosa de las numerosas amantes de su esposo **Zeus** e ideó formas para dañarlas a ellas y a sus hijos.

**Poseidón/Neptuno** Dios de los mares. Se le representa con un tridente en la mano, y a menudo con el carro de oro y los caballos blancos que tenía en su palacio submarino. Era irascible y siempre estaba en conflicto con su hermano **Zeus.** Se decía que su ira hacía temblar la tierra.

**Apolo** Dios de la medicina, la poesía y la ciencia, que encantaba a los animales con la música de su lira. Era gemelo de **Artemisa** y se le conocía también como **Febo,** "el brillante".

**Atenea/Minerva** Diosa de la sabiduría y protectora de arquitectos y escultores. Nació totalmente formada de la frente de **Zeus.** Era una diosa guerrera y suelen representarla con lanza y escudo.

**Afrodita/Venus** Diosa del amor, nació de la espuma del mar cerca de la isla de Chipre. Se casó con **Hefesto,** pero lo engañó con Ares, Hermes y otros dioses menores. Su séquito incluía a **Eros/Cupido** y a las tres **Gracias.**

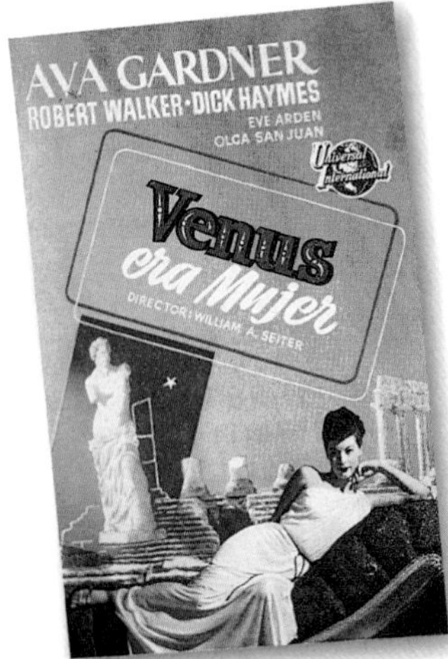


**Diosa de la pantalla** En el siglo XX, la deidad romana Venus aún era símbolo de amor y belleza.

**Hefesto/Vulcano** Herrero protector de la industria. Nació cojo. Su madre, **Hera,** lo consideró tan feo que lo arrojó a la Tierra, pero después fue reinstalado en el Monte Olimpo. Se casó con **Afrodita.** Los romanos creían que su fragua principal estaba bajo el Monte Etna, en Sicilia.

**Hades/Plutón** Dios del mundo de los muertos (el inframundo) y hermano de **Zeus.** Raptó a **Perséfone,** su sobrina, para que fuera su consorte.

**Hermes/Mercurio** Perspicaz "mensajero de dios", hijo de **Zeus** y la ninfa **Maya.** Se le representa con sandalias aladas. Llevaba mensajes del Cielo a la Tierra.

**Artemisa/Diana** Diosa virginal de la caza, hermana gemela de **Apolo.** Castigó al mortal **Acteón** porque la espió mientras se bañaba. Lo convirtió en ciervo, para que sus propios perros lo atacaran.

**La cazadora** Artemisa protegía su castidad y castigaba a sus pretendientes por acercarse a ella.

**Ares/Marte** Dios de la guerra, muy venerado por los romanos. Lo consideraban el padre de **Rómulo y Remo,** fundadores de Roma. En la antigua religión romana, los agricultores lo adoraban como dios de la vegetación.

**Hestia/Vesta** Diosa del fuego y el hogar, hermana de **Zeus.** Era casta y reservada. La llama sagrada de su templo en Roma se consideraba como el "hogar" del Imperio; la cuidaban las vírgenes vestales.

## OTROS INMORTALES

Además de los 12 dioses del Olimpo, había otras deidades menores. Algunas compartían la Tierra con el hombre.

**Dioniso/Baco** Dios del teatro, el vino y el éxtasis; hijo de **Zeus** y **Semele,** princesa de Tebas. Dioniso creció en el Monte Nisa, donde aprendió a hacer vino. Era el foco de un culto importante. Las devotas ebrias se conocían como **bacantes.**

**Pan/Fauno o Silvano** Protector de los pastores y dios de los bosques. Se le representa con cuernos y piernas de cabra, y tocaba flautas de caña. Le gustaba perseguir a las ninfas, como **Siringe,** que se convirtió en junco para escapar de él.

**Prometeo y los Titanes** Los 14 Titanes fueron destronados por los **Olímpicos.** Cuando desafiaron el nuevo orden, **Zeus** los encerró bajo la Tierra. Sólo Prometeo permaneció leal y fue admitido en el Olimpo. Pero robó el fuego a los dioses y se lo dio a los humanos. Como castigo, lo encadenaron a un pilar, en las montañas cáucasas. Un buitre le comía a diario el hígado.

**Deméter/Ceres** Diosa de la agricultura y la fertilidad. Cuando **Hades** raptó a su hija, **Perséfone,** Ceres impidió que todas las cosechas crecieran, hasta que Hades prometió devolverla. Impuso la condición de que Perséfone pasara cuatro meses al año con él en el inframundo. Estos meses son el invierno, cuando la tierra permanece yerma.

**Sátiros** Mitad hombres y mitad cabras, eran espíritus de la fertilidad que perseguían a las ninfas en el bosque y se embriagaban.

**Ninfas** Hermosos espíritus del aire, la tierra, los árboles y el agua, amadas por los dioses. Una ninfa, **Eco,** se enamoró de un mortal, **Narciso,** cautivado por la belleza de su propio reflejo.

**Musas** Nueve diosas tutelares de las artes que acompañaban a **Apolo.**

**Centauros** Mitad hombres, mitad caballos, se creía que poseían la brutalidad animal y la sabiduría humana.

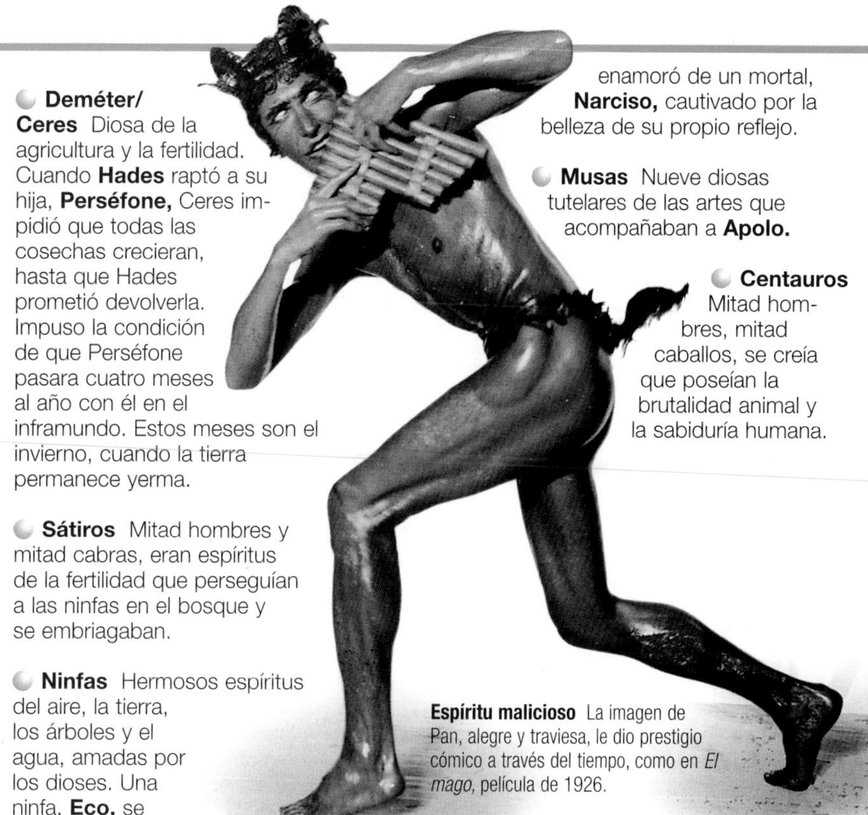

**Espíritu malicioso** La imagen de Pan, alegre y traviesa, le dio prestigio cómico a través del tiempo, como en *El mago,* película de 1926.

## HÉROES Y HEROÍNAS

Los héroes tenían ascendencia divina y poderes sobrehumanos, pero eran mortales.

**Heracles/Hércules** Hijo de **Zeus** y **Alcmena,** reina de Tebas. Destacaba por su gran fuerza. Enloquecido por la celosa **Hera,** mató a su familia y para expiar su culpa llevó a cabo **12 trabajos,** que incluían: capturar a las yeguas antropófagas de **Diomedes,** rey de Argos; limpiar los **establos de Augías,** hogar de 3,000 bueyes, y atrapar al perro de tres cabezas, **Cerbero,** que vigilaba el Tártaro. Murió al usar una túnica envenenada que hizo el centauro **Neso.** Después de su muerte, Zeus lo convirtió en dios.

**Teseo y Ariadna** Teseo, hijo del rey de Atenas, **Egeo,** se ofreció para ser uno de los siete jóvenes y doncellas enviados a Creta como tributo anual al **Minotauro,** un monstruo mitad toro, mitad hombre. Ayudado por la princesa de Creta, Ariadna, entró en el laberinto del Minotauro, lo mató y salió. Huyó con Ariadna, pero la abandonó en Naxos, donde **Dioniso** la consoló.

**Favorecido por los dioses** Teseo se convirtió en héroe al matar al Minotauro.

**Jasón y los Argonautas** Hera y Afrodita ordenaron a Jasón conseguir el famoso **Vellocino de Oro.** Navegó en su búsqueda con una tripulación de héroes, incluyendo a **Teseo.** En Cólquide, el destino de Jasón, el rey prometió entregar el Vellocino si aquél podía arar con toros sobrenaturales y sembrar dientes de serpiente. Cuando lo hizo, muchos hombres armados salieron de los surcos para atacarlo, pero los engañó para que lucharan entre sí y ganó el premio.

**Eneas** Hijo de **Afrodita** y el troyano **Anquises.** Eneas escapó del saqueo de Troya (vea der.) y después de muchas aventuras llegó a Italia. Ahí se casó con una princesa, **Lavinia,** y fundó la ciudad de **Lavinium.** Muchos nobles romanos aseguraban que descendían de él.

**Rómulo y Remo** Hijos gemelos de **Marte.** Los amamantó una loba. Cuenta la leyenda que fundaron **Roma** en 753 a.C. Los hermanos riñeron; dominado por la ira, Rómulo mató a su hermano y se convirtió en el primer gobernante.

### El caballo de Troya

Cuando el príncipe troyano **Paris** raptó a la princesa griega **Helena,** los ejércitos griegos se reunieron para vengarse. La guerra duraba ya 10 años y los griegos no podían conquistar la ciudad de **Troya.** Los troyanos vieron que las naves griegas se alejaban, dejando tras de sí un enorme **caballo de madera,** aparentemente para calmar a los dioses. Regocijados, lo metieron en la ciudad. Esa noche, varios soldados griegos, ocultos en el interior del caballo, abrieron las puertas a su ejército, que regresó y saqueó la ciudad.

vea también
172 **Grecia antigua**
174 **Roma antigua**
352 **Arte occidental**
382 **Literatura occidental**

*Todas las culturas tienen leyendas y mitos relacionados con creencias religiosas. Gracias a los diferentes métodos para registrarlos y al desarrollo de religiones posteriores, en la actualidad algunas mitologías son más conocidas que otras. En Europa, la mitología teutónica-escandinava y la celta sobrevivieron junto con las historias bien documentadas de los griegos y los romanos. En América, las historias de los dioses aztecas y los dioses mayas son algunas de las más conocidas.*

## MITOLOGÍA TEUTÓNICA/ESCANDINAVA

Los pueblos germánicos y escandinavos de los siglos V-IX tenían una mitología común. Sobrevivió principalmente en las sagas escandinavas, pues los vikingos que las crearon conservaron sus creencias más tiempo que sus vecinos alemanes. Cuando difieren los nombres germánico y escandinavo, asentamos primero este último.

**Odín/Wotán** Jefe del **Vanir,** los dioses terrestres y acuáticos, creador del mundo. Era el dios de la sabiduría, la guerra, el arte y la cultura. También establecía las leyes. A los que morían heroicamente en batalla les daba la bienvenida al **Valhala,** o al gran salón festivo de **Asgard,** hogar de los dioses. Odín podía transformarse, pero lo representaban como un peregrino tuerto con capa y sombrero de ala ancha.

**Tor/Donar** Dios del trueno, la fertilidad y, hasta cierto punto, la guerra. Iracundo y lerdo, lo representaban mientras aplastaba a sus oponentes con su mazo mágico, **Miolnir.** Los vikingos usaban pequeños martillos como amuletos, para invocar la protección y la ayuda de Tor y derrotar a los enemigos en batalla.

**Loki** Este perverso dios sólo aparece en la mitología nórdica. Era tramposo, fraudulento y ladrón. Lo consideraban el creador del caos.

**Balder** Hijo de **Odín** y **Frigga.** Dios de la paz y la luz. Frigga logró que todas las cosas en la Tierra prometieran nunca dañarlo, pero se olvidó del muérdago. El perverso **Loki** dio una lanza al dios ciego **Hoder,** y lo engañó para que matara con ella a Balder. Su muerte señaló la llegada del **Ragnarok.**

**Freya** Diosa principal en el Vanir, Freya (Dama) está asociada con la fertilidad y el amor. Es la hermana gemela o el aspecto femenino del dios **Frey,** portador de la paz y la abundancia.

**Frigga** Reina del Cielo y esposa de Odín, Frigga estaba, como **Freya,** asociada con la fecundidad y el matrimonio. Es la jefa de los dioses celestiales escandinavos, conocidos como los **Ases.**

**En busca del valor** Algunas valkirias podían matar a los guerreros indignos y proteger a los valientes. Esta pintura de 1865 representa a una de ellas rumbo al campo de batalla.

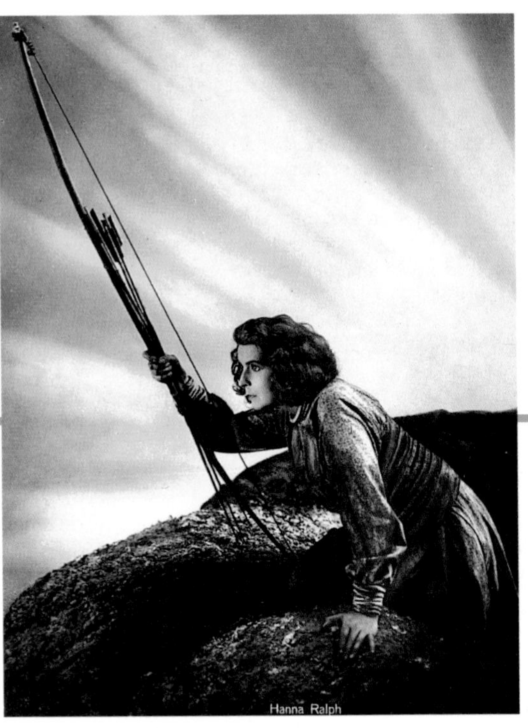


**Ópera mítica** Wagner, compositor alemán, retomó mitos escandinavos. Brunilda, hija de Odín, aparece en *El anillo de los nibelungos.*

**Las Valkirias** Doncellas guerreras con cabello dorado y brillante armadura. Servían a **Odín.** Algunos mitos las consideraban sobrenaturales, otros sugieren su mortalidad. Cabalgan sobre tierra y mar para dar la victoria a los héroes elegidos por Odín y llevar a los caídos al **Valhala.**

**Asgard** Hogar celestial de los dioses, construido por gigantes y unido a la tierra por un puente llamado **Byfrost,** que se identifica con el arco iris o la Vía Láctea.

**Ragnarok** Nombre dado al apocalipsis final u "Ocaso de los dioses", en el que toda la creación, incluyendo a los dioses, perecerá. Surgirá un nuevo mundo, que según descripciones posteriores del Ragnarok incluye a una sola deidad. Se trata quizá de una mezcla del mito escandinavo y el cristianismo, que reemplazó a la religión pagana en el siglo XI.

**Sigurd/Sigfrido** Descendiente de **Odín,** persuadido por el herrero **Regin** para que mate al dragón **Fafner** y obtenga su tesoro de oro. Al bañarse en la sangre del dragón, Sigurd se hizo invulnerable, excepto en un punto.

**Beowulf** La saga ejemplar sobre la matanza de monstruos, *Beowulf,* del siglo VIII, procede de este mito. El héroe mata al monstruo **Grendel,** que atacó la corte de Dinamarca. Se convierte en rey de los **geatas** y muere defendiendo a su pueblo contra un dragón.

## DIOSES Y LEYENDAS CELTAS

Los celtas habitaron gran parte del oeste de Europa antes de las grandes migraciones germanas que hubo de 200 a.C. a 400 d.C. Ciertos elementos de su cultura sobrevivieron en Escocia, Gales, Cornualles y Bretaña. Irlanda es la mejor fuente de mitos celtas, pues Roma nunca la conquistó y se convirtió tarde al cristianismo.

**Tuatha dé Danaan** Los "Hijos de la diosa **Danu"** llegaron a Irlanda en una nube mágica y expulsaron a los habitantes previos, los **Fir Bolg.** Tenían cuatro armas mágicas: la **Piedra del Destino** (Lia Fail), que se achicaba si la tocaba un verdadero rey; la **lanza de Lug;** la **espada de Nauda** y el caldero inagotable llamado **Dagda.** Cuando los invasores llamados **"Milesios"** los expulsaron, se retiraron al mundo de los muertos y se convirtieron en la **"Gente Pequeña",** las hadas.

**Cuchulain** El personaje principal de la epopeya ***Tain bo Cuilagne*** (la *Incursión de ganado de Cooley),* Cuchulain, hijo del dios **Lug,** era un guerrero sobrehumano. A los 5 años derrotó a 150 niños que lo atacaron con lanzas. Su furia en la batalla era tan grande que hacía hervir el agua. Fue un personaje trágico. Por error mató a su hijo **Conloach** y perdió sus poderes cuando lo engañaron para que comiera perro, una carne tabú.

**Tir nan Og** Isla de los muertos en el lejano oeste o inframundo. Era un sitio bendito de felicidad suprema al que los dioses invitaban a los héroes selectos. Se identificó con **Avalón,** "la isla de las manzanas", último descanso del rey **Arturo.**

**Arturo** La leyenda de Arturo se basó quizá en la vida de un líder romano-británico real. Hijo del rey **Uther Pendragón,** fue educado por **Merlín** y declarado rey después de sacar de su piedra la espada mágica **Excálibur.** Tenía su esplendorosa corte en Camelot, de donde partieron sus caballeros en busca del **Santo Grial.** Su mejor amigo, **Lancelot,** se enamoró de su esposa **Ginebra.** Cuando era anciano, su hijo **Mordred** dirigió una rebelión contra él. Arturo la sometió, pero lo hirieron de muerte y navegó hasta **Avalón.** Se dijo que el que "fue y será rey" sanó y algún día regresará a gobernar.

**Romance de Arturo** La leyenda de Arturo inspiró este vitral de Sir Lancelot, del artista William Morris.

**Merlín (Myrddin)** Un mago sabio, Merlín ayudó a construir Stonehenge. A pesar de su sabiduría, se enamoró de la hechicera **Nimue,** quien lo encarceló dentro de una espiral de cristal.

## DIOSES Y LEYENDAS AZTECAS Y MAYAS

**Poseedor de conocimiento** Las imágenes del dios Quetzalcóatl suelen mostrarlo saliendo de las fauces de un animal en su regreso de la tierra de los muertos. Trajo consigo las habilidades de las artes, la escritura, la agricultura y la construcción.

Olas sucesivas de invasores ocuparon México y América Central. Cada una absorbió los mitos anteriores. Los últimos y más temibles fueron los aztecas o mexicas, que hacían sacrificios a sus dioses. Los mayas adoraban a dioses semejantes, cuyos nombres se dan después de los nombres aztecas cuando difieren.

**Huitzilopochtli** Feroz rey de la guerra. Nació vestido con armadura y de inmediato mató a sus 400 hermanos y hermanas. Uno de sus símbolos era la mariposa, considerada el alma de un guerrero muerto.

**Tezcatlipoca** Hasta que lo destronó Quetzalcóatl, Tezcatlipoca, el "Espejo Humeante", era el dios Sol. Luego se convirtió en dios de la Noche y patrono de brujas y ladrones. Se le representa como jaguar o sombra voladora.

**Quetzalcóatl/Kukulcán** La "Serpiente Emplumada" era el dios de la Vida, el dios Sol y salvador de los hombres. Expulsado por las intrigas de Tezcatlipoca, navegó hacia el este y prometió regresar. Muchos mexicas pensaron que había vuelto cuando los españoles, bajo el mando de Hernán Cortés, llegaron a México en 1519.

**Tláloc/Chac** Dios de las montañas, la lluvia y los manantiales. Vivía con su esposa **Coatlicue,** diosa del parto. A cambio de la lluvia, exigía que se le ofrendaran sacrificios rituales.

### La semana

Las mitologías romana y nórdica dieron origen a nombres de la semana en español y en inglés.

**Lunes** Día de la luna, del latín *lunae dies. Monday,* día de la luna.

**Martes** Día de Marte, dios de la guerra. *Tuesday,* día de Tiu o Tyr, dios nórdico de la guerra.

**Miércoles** Día de Mercurio. *Wednesday,* día de Wotan.

**Jueves** Día de Júpiter. *Thursday,* día de Tor o Donar.

**Viernes** Día de Venus. *Friday,* día de Frigga.

**Sábado** Día de descanso, del hebreo *shabbath. Saturday,* día de Saturno.

**Domingo** Día del Señor, del latin *Dominus dei. Sunday,* día del sol.

vea también
176 **La formación de Europa**
190 **América antigua**
334 **Mitología griega y romana**
382 **Literatura occidental**

# Religiones ▶ Una búsqueda para satisfacer las necesidades espirituales de la humanidad

*La religión es una de las características más distintivas y antiguas de la humanidad. Los arqueólogos han descubierto objetos en tumbas que datan de hace 60,000 años, colocados allí para su uso en otra vida, lo que indica creencias religiosas de las que a veces no sobrevive otro rastro. Muchas culturas han carecido de ciudades o escritura o incluso de la rueda, pero todas han tenido alguna forma de religión.*

## Árbol genealógico

Casi todas las principales religiones del mundo se agrupan en "familias", pues comparten raíces comunes. Por ejemplo, el judaísmo, el cristianismo y el slam, aunque ahora son muy diferentes, provienen de creencias y rituales comunes a varios pueblos que vivieron en las civilizaciones antiguas de Medio Oriente. De igual forma, el budismo y el jainismo surgieron de las enseñanzas de varios hombres educados en la tradición del hinduismo.

Algunas religiones, como confucianismo, taoísmo y shintoísmo, se desarrollaron en forma independiente, pero muestran muchas similitudes, quizá porque están muy vinculadas con las creencias primitivas del sureste asiático. Las tres se practican, junto con el budismo, en sus respectivos países de origen.

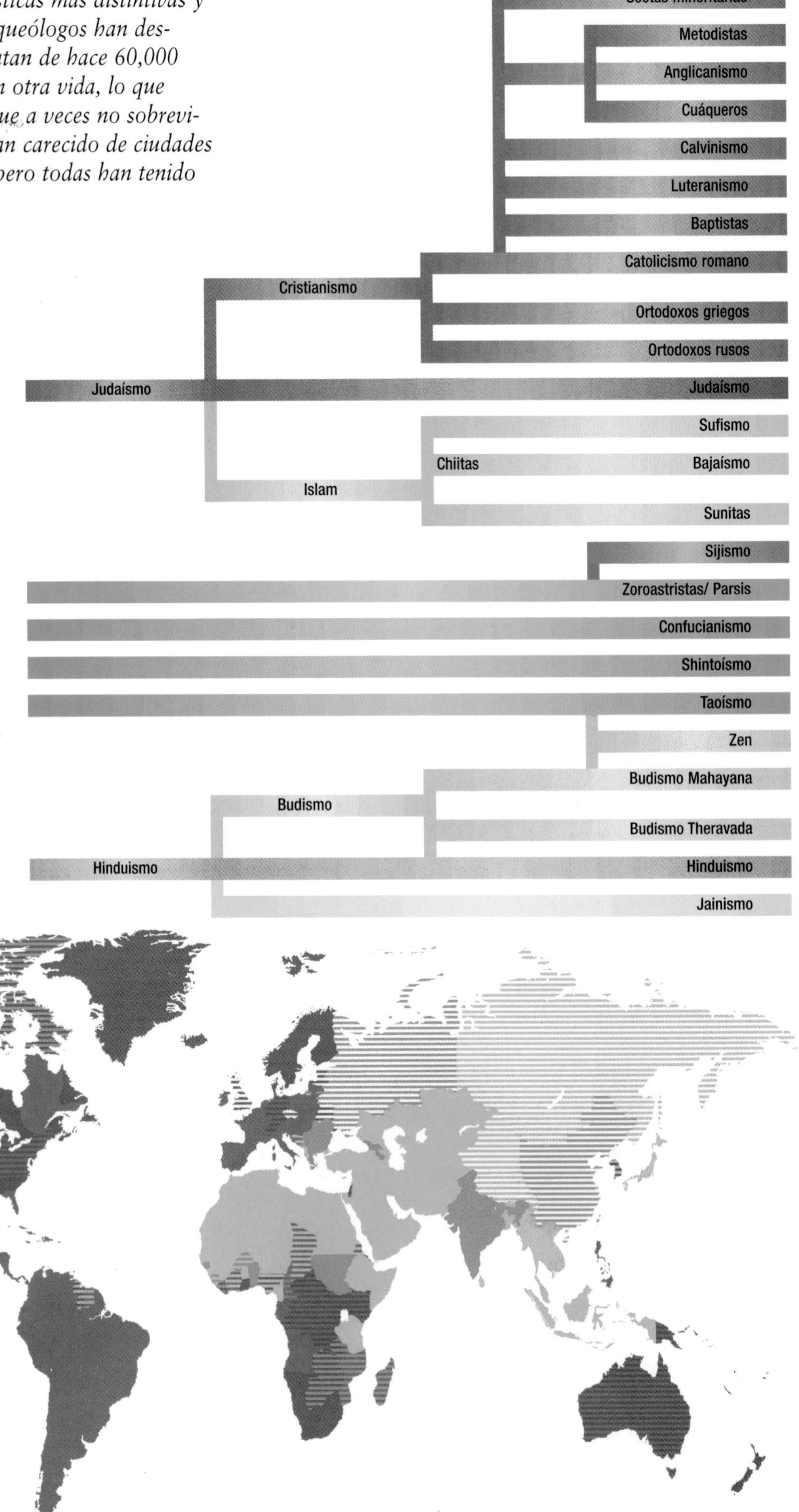


**Distribución geográfica de las principales religiones del mundo**

- Catolicismo romano
- Protestantismo
- Cristianismo ortodoxo
- Islam
- Hinduismo
- Creencias tradicionales
- Budismo
- Judaísmo
- Otras

## JUDAÍSMO

El judaísmo, primera de las grandes religiones monoteístas (que adoran a un dios único), se formalizó como una fe distintiva con Moisés, quien se cree que recibió los **Diez Mandamientos** de Dios en el Monte Sinaí en 1200 a.C. Unió al pueblo judío, ayudando a su sucesor, Josué, a conquistar la tierra prometida de Canaán, que los judíos renombraron **Israel.** El levantamiento contra el gobierno romano terminó con la destrucción del Templo de Jerusalén, en 70 d.C. El judaísmo se extendió por el mundo gracias a los exiliados.

**Principales creencias** Los judíos consideran bueno el mundo creado y ven en la historia humana el plan divino de Dios.

**Adoración** Los judíos devotos asisten a la sinagoga tres veces al día.

- Por la mañana y la noche recitan la afirmación básica del judaísmo, el **Shema,** de la Torá (vea abajo).
- El **Sabbat** (día de descanso), el principal de la semana. Inicia en el ocaso del viernes, cuando se encienden velas, seguido por plegarias y comida en familia.

**Libros sagrados** El principal libro sagrado, la **Torá,** es el **Pentateuco** de la Biblia hebrea, que Moisés recibió en el Monte Sinaí. Las leyes básicas de la vida judía se fundan en la Torá. También el **Talmud,** una colección de comentarios sobre éstas, es sagrado.

**Ley de Dios** La Torá, copiada a mano en pergamino, se lee en la sinagoga. En el estuche ricamente ornado no aparecen personas, en obediencia a la ley de no representar la figura humana.

vea también
178 **El cristianismo**
196 **Creencias en pugna**
342 **Pensamiento occidental**
414 **La comida**

## CRISTIANISMO

Jesucristo (6 a.C.-30 d.C.), fundador de la religión que lleva su nombre, era judío. Sus polémicas enseñanzas, sumadas al hecho de que aseguraba ser hijo de Dios, lo pusieron en conflicto con las autoridades judías y romanas. Fue crucificado en Jerusalén. Cuando el emperador Constantino se convirtió al cristianismo en 311, éste fue la religión oficial del Imperio Romano. Sus seguidores llevaron su mensaje a todos los rincones del mundo y hoy en día el cristianismo es la religión monoteísta más extendida (vea mapa).

**Catolicismo romano** Los católicos romanos reconocen la autoridad del Papa, considerado como sucesor directo de San Pedro, primer obispo de Roma.

**Iglesia Ortodoxa** El desafío a la autoridad del Papa en Roma por parte de la Iglesia Ortodoxa, establecida en Constantinopla, culminó con su separación, el Gran Cisma de 1054. Los ortodoxos se apegan a la tradición, y sus iconos desempeñan un papel importante en la adoración. Un icono es considerado una ventana hacia Dios, que pone al adorador ante la presencia "real" de la figura representada.

**Iglesias protestantes** En el siglo XVI, la autoridad de la Iglesia Católica Romana fue desafiada, en un movimiento conocido como la **Reforma.**

**Luteranismo:** data de 1517, cuando Martín Lutero atacó la corrupción en la Iglesia Católica Romana alemana. Enfatiza el estudio de la Biblia y la relación personal con Dios como vía de salvación.

**Calvinismo:** la forma más puritana y autoritaria del protestantismo. Lo fundó Juan Calvino hacia 1540. Sus seguidores creen que la salvación está en manos de un Dios omnisciente y omnipotente.

**Anglicanismo:** forma flexible del protestantismo, establecida por Enrique VIII en Inglaterra. Se extendió por el mundo entre los pueblos de habla inglesa.

Las sectas **anabaptistas** aparecieron en Alemania a principios del siglo XVI. Sólo bautizaban a adultos, como lo hacen sus sucesores, los **baptistas.** En el siglo XVII, los **cuáqueros** buscaron un camino más directo hacia Dios prescindiendo de iglesias, liturgia y clero. Los **metodistas** no tomaron medidas tan extremas al separarse de la Iglesia Anglicana en 1729, pero simplificaron los servicios para dar un mayor papel a los laicos.

**Creencias principales** Todos los cristianos creen en la divinidad de Jesucristo, como hijo del Dios que es tres personas en una (trinidad). El tercer elemento de la **Santísima Trinidad** es el Espíritu Santo.

- Con su **crucifixión y resurrección,** Cristo mostró a la humanidad el camino hacia la vida eterna.
- Casi todos los cristianos creen que Cristo regresará a la Tierra para juzgar a vivos y muertos en el **Juicio Final.**

**Adoración** El ritual principal, la **Eucaristía,** llamada también **Sagrada Comunión,** conmemora la Última Cena de Jesús. Los ortodoxos y los católicos romanos creen que en la Misa el pan se transforma en el cuerpo de Cristo, y el vino en su sangre. Los protestantes los consideran símbolos.

**Libros sagrados** Los cristianos aceptan el **Antiguo y el Nuevo Testamento** de la Biblia. El último narra la vida de Cristo.

Católicos y ortodoxos cristianos aceptan las **enseñanzas de los primeros Padres de la Iglesia,** como los santos Jerónimo y Agustín. El único libro sagrado para los protestantes es la Biblia.

**Expiación** Para los cristianos, con su muerte –representada en un retablo de Rogier van der Weyden (1399-1464)– Cristo pagó por los pecados del hombre. Al sufrir, abrió a todos la vía a la salvación.

## ISLAMISMO

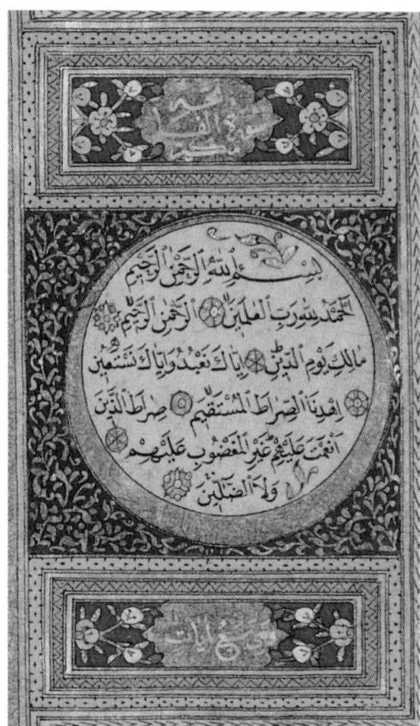

**Acto de devoción** Los calígrafos musulmanes copian el Corán como expresión personal de fe. Se prohíbe representar al hombre.

Islam significa "sumisión a Dios". Data de 622 d.C., cuando el profeta Mahoma huyó de la persecución en La Meca (ahora Arabia Saudita) a Medina, un viaje conocido como la **Hégira.** Cuando murió en 632, toda Arabia practicaba la nueva religión. Un siglo después, se extendió a España y el centro de Asia. En la actualidad, 20% del mundo es musulmán y esta fe se extiende con más rapidez que otras.

El Islam se divide en dos ramas: **sunnitas** (80% de los musulmanes) y **chiitas** (la minoría). Difieren en opiniones sobre la línea correcta de descendencia del Profeta.

**Principales creencias** Los musulmanes consideran bueno este mundo y lo ven como preparación para la vida futura. Perciben la presencia de Dios en todas partes.

- Todos los musulmanes creen que Dios **(Alá)** es único y omnipotente.
- Abraham, Moisés y Jesús fueron precursores de Mahoma, con inspiración divina. Los musulmanes niegan la divinidad de Cristo; como los otros profetas, fue humano. El profeta final, y más grande, es Mahoma.

**Culto** El rito islámico se basa en el desempeño de los **Cinco Pilares,** o deberes:

- Al menos una vez en la vida, un musulmán debe recitar, con total convicción y comprensión, el shahadah o profesión de fe: "El único Dios es Dios y su profeta Mahoma."
- Los musulmanes deben orar cinco veces al día: al amanecer, al mediodía, a media tarde, al ocaso y antes de dormir. Se postran hacia La Meca, sitio de la tumba del Profeta.
- Los musulmanes deben dar limosna (2.5% de todas sus posesiones) cada año al pobre y al necesitado.
- Deben ayunar durante el **Ramadán,** mes santo que conmemora la revelación del Corán. Entre el amanecer y el ocaso, no debe pasar por sus labios comida, bebida o humo.
- Cada musulmán que pueda, debe visitar La Meca al menos una vez en la vida.

**Libro sagrado** Se cree que el **Corán** es la palabra de Alá revelada al profeta Mahoma. Contiene 114 capítulos **(azoras)** que dan reglas detalladas sobre cada aspecto de la vida humana.

## HINDUISMO

El hinduismo se originó en el norte de la India hace 4,000 años. En el siglo XI d.C. reemplazó al budismo como religión dominante en la India.

**Principales creencias** Detrás de los numerosos dioses y diosas hindúes está **Brahmán,** realidad suprema infinita, incorpórea, ingénita, innominable. En el interior de cada ser humano está la chispa divina **atman,** oculta bajo capas de egoísmo.

- Los principales dioses hindúes, adorados como manifestaciones de Brahmán, son: Brahma el Creador, Vishnú el Preservador y Shiva el Destructor, que forman la **trinidad hindú;** Kali es diosa de la muerte.
- El objetivo es unir el atman con Brahmán escapando del ciclo infinito de vida, muerte y reencarnación **(samsara)** a través de la liberación espiritual **(moksha).** Se logra mediante distintos pasos o **yogas:** conocimiento espiritual a través de la meditación (jnana yoga); yoga de la devoción a un dios particular (bakhti yoga), y el yoga del buen trabajo (karma yoga).
- Al universo (humano y no humano) lo gobiernan las leyes de acción **(karma).** Cada acción tiene un efecto, bueno o malo, en esta vida o en la siguiente.
- Cada persona tiene un alma eterna que puede **reencarnar** millones de veces y en millones de formas.

**Culto** Toma tres formas:

- Culto cotidiano o **puja,** se lleva a cabo fuera de casa, en una capilla decorada con cuadros de los dioses.
- También tiene lugar en templos, dirigido por un sacerdote o **brahmán.**
- Los hindúes hacen peregrinaciones a los sitios sagrados, como la ciudad santa de Varanasi (Benares) en el Ganges, donde muchos van a bañarse en las aguas sagradas.

**Libros sagrados** El hinduismo tiene varios libros considerados sagrados: una colección de himnos, los **Vedas;** los poemas épicos **Ramayana** y **Mahabharata,** que incluye el Bhagavad-Gita, un largo relato de Krishna, dios del amor, y escritos filosóficos, como los **Upanishad.**

**Dios elefante** Ganesh, uno de los dioses hindúes más populares, es venerado como el Señor del Aprendizaje y Removedor de Obstáculos. Su padre, Shiva, le cortó la cabeza por error; luego ofreció reemplazarla con la cabeza del primer ser vivo que viera, que resultó ser un elefante.

## BUDISMO

Gautama, el Buda o El Iluminado, nació alrededor de 563 a.C. en la tierra baja de Nepal. Rompió con su tradición hinduista y rechazó los extremos del ascetismo y la sensualidad por el **Término Medio,** basado en las Cuatro Nobles Verdades. El budismo se extendió por la India y llegó hasta Japón e Indonesia.

Al inicio de su historia, el budismo se dividió en budismo theravada y mahayana:

**Budismo theravada** Theravada, la "Enseñanza de los Ancianos" (conocida también como hinayana, el "Pequeño Vehículo"), predomina en Sri Lanka y el sureste asiático. Asegura estar más cerca de las enseñanzas originales de Buda y enfatiza la importancia de la meditación.

**Budismo mahayana** Mahayana, el "Gran Vehículo", se practica en China, el Tíbet, Corea y Japón. Enfatiza la devoción y la compasión. Se divide en varias escuelas:

**Budismo tibetano** o lamaísmo. Tiene rituales elaborados, escritos y órdenes monásticas. Lo dirige el Dalai Lama.

**Budismo Zen** o **Ch'an.** Se originó en China y Japón. Sus seguidores buscan la iluminación a través de la meditación.

**Budismo Tierra Pura.** Se originó en China y Japón. Considera que los devotos con verdadera fe renacerán en el paraíso, la Tierra Pura o el Reino.

**Principales creencias** El budismo no tiene un dios personal. Los boddhisattvas venerados en el budismo mahayana son similares a santos católicos o a dioses hindúes.

- **Boddhisattvas.** Son budas (hay muchos) que al alcanzar máxima iluminación, regresaron al mundo para ayudar a otros.
- Gautama predicó las **Cuatro Nobles Verdades,** que son la base del budismo:

1 Toda existencia es sufrimiento o **dukkha** (abarca todo lo malo de la vida, todo dolor, frustración y pena).
2 La causa del sufrimiento es el deseo insaciable o egoísta **(tanha).**
3 Apartar los anhelos lleva a la iluminación.
4 El mejor camino hacia la iluminación es la **Sublime Senda Óctuple:** Buenas Opiniones; Buenas Intenciones; Lenguaje Apropiado; Buena Conducta, incluyendo la bondad; Medios de Vida Honestos (las armas o el negocio de drogas son inaceptables); Esfuerzo Legítimo (desear abrirse paso); Atención Correcta (comprender la vida y a uno mismo), y Verdadera Concentración, incluyendo la meditación.

Otros aspectos de las creencias budistas:

- Los budistas no creen en el alma **(anatta);** la idea de un "yo" separado es ilusoria.
- Los budistas buscan el **nirvana,** el escape del ciclo de muerte y reencarnación **(samsara)** haciendo a un lado la existencia individual, sus deseos y debilidades.
- Gautama alcanzó el nirvana; otros pueden y deben seguir su ejemplo.
- Todos los budistas aceptan **cinco principios básicos de vida:** no matar (son vegetarianos); no robar; no mentir; ser castos; no consumir enervantes.

**Libros sagrados** Los budistas Zen rechazan todo escrito y enfatizan la experiencia directa, pero otras formas de budismo tienen libros sagrados importantes.

El libro principal del budismo theravada es el **Canon Pali,** de tres partes, escrito hace 2,000 años en la antigua lengua pali del norte de la India. El budismo mahayana tiene muchos documentos sagrados en diferentes lenguas; los dos principales son el **Canon Chino** y el **Canon Tibetano.** Los budistas tibetanos estudian textos como el **Lotus Sutra.**

**Ponen el ejemplo** Las imágenes de Buda toman muchas formas. El elegante Buda reclinado es de Bangkok, Tailandia. Estas representaciones sirven como inspiración, puesto que el objetivo de todos los budistas es esforzarse para convertirse en iluminados o "budas".

## SIJISMO

El sijismo se originó en el siglo XV, a causa de los conflictos entre musulmanes e hindúes, en el norte de la India. Es un monoteísmo simple y su fundador, el Guru Nanak Dev (1469-1539), tenía la intención de que fuera un medio pacífico. La persecución por los musulmanes en el siglo XVII elevó el número de seguidores.

**Principales creencias** Los sijs buscan la unión con Dios **(Satguru)** al adorar el Nombre Santo, con el trabajo arduo y sirviendo a los demás **(seva),** especialmente a su propia familia.

- Los sijs creen en la igualdad y dan 10% de sus ingresos a los pobres.
- Entre los sijs no hay castas; hombres y mujeres comen y trabajan juntos.
- Los sijs deben levantarse temprano, bañarse y meditar sobre Dios, antes de trabajar.
- Los sijs evitan las sustancias enervantes, incluyendo el tabaco.
- Los hombres sijs no se cortan el cabello; lo llevan oculto debajo de un turbante y usan barba. Llevan consigo una daga ceremonial.
- Evitan cinco vicios: lujuria, ira, avaricia, apego a lo mundano y orgullo.

## TAOÍSMO

El taoísmo, lo más cercano a una religión nativa en China, originalmente no tenía dioses, templos ni sacerdotes; era un sistema filosófico más que una religión. Enfatizaba la aceptación, en forma de una actitud condescendiente y alegre hacia la vida. Fundado en el siglo VI por el solitario poeta y erudito Lao-Tse, supuesto autor de su libro principal, el **Tao-te-King.** Se desarrolló más bajo Zhuang Zi (Chuang-Tse) 200 años después y rivalizó con el budismo. El taoísmo se prohibió oficialmente en China, pero sobrevive entre los chinos en el extranjero.

**Dirigen la fe** Los sacerdotes taoístas (arriba) desempeñan un papel principal en los eventos comunitarios, como los festivales. Los llaman para que lleven a cabo ritos propiciatorios que aseguren a todos salud, larga vida y prosperidad.

vea también
180 **Surgimiento del Islam**
184 **La India**
186 **China y Japón**
414 **La comida**

*Filosofía significa "amor a la sabiduría". Los filósofos cuestionan el mundo y la vida humana: ¿Por qué suceden las cosas como suceden? ¿Qué podemos saber y cómo podemos saberlo? ¿Cómo debemos vivir? Tratan de responder estas preguntas con el poder de la razón renunciando a las doctrinas religiosas y los hallazgos científicos.*

**Aristóteles** (384-322 a.C.) ▼
Griego Alumno de Platón, creía que el único mundo del que podemos estar seguros es el mundo en que vivimos y descubrimos a través de la observación y la experiencia. Todas las cosas tienen dos cualidades (materia y forma). La forma organiza a la materia en objetos reconocibles. Sólo Dios existe como "forma perfecta sin materia".

**Agustín de Hipona** ▼
(354-430 d.C.) Norafricano Platónico, fusionó ideas dominantes en su tiempo (incluyendo la idea de que la disciplina moral e intelectual nos acerca más a Dios) con las primeras creencias cristianas. Su pensamiento fue la base de la filosofía cristiana de la Edad Media y de las creencias protestantes de la Reforma.

**Platón** ▶
(*c.* 427-347 a.C.) Griego
Su creencia principal era que todos los objetos del mundo son copias de "Formas Ideales" en un mundo sin cambio, más allá del tiempo y el espacio. Su conocimiento se implantó en nuestras almas y el aprendizaje consiste en recordarlas. Sus ideas fundaron la filosofía occidental.

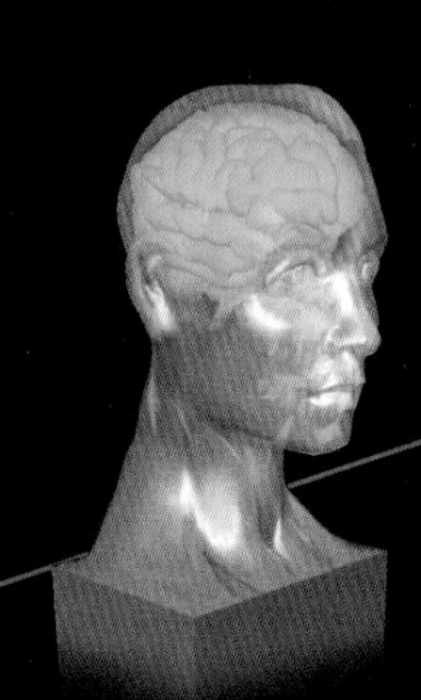

▲
**Sócrates** (*c.* 469-399 a.C.)
Griego Conocemos las ideas de Sócrates a través de los escritos de su alumno Platón. Creía que el verdadero conocimiento surge del cuestionamiento y el diálogo. Con ellos creó el "método mayéutico" para que sus alumnos "nacieran en espíritu".

**Tomás de Aquino** ▶
(*c.* 1225-1274) Italiano
Aquino se inspiró en las nuevas traducciones disponibles de las obras de Aristóteles. Creía que los sentidos proporcionan el conocimiento de la realidad. Su fusión del cristianismo y las ideas aristotélicas es la base de la doctrina católica que hace compatibles la fe y la razón.

**René Descartes** ▶
(1596-1650) Francés
Su obra marca el inicio de la filosofía moderna. Estableció un sistema de conocimiento basado sólo en sus propios poderes de razonamiento. Creía que mente y cuerpo son sustancias distintas (teoría llamada dualismo) y que Dios implanta en nuestras mentes ideas que podemos descubrir mediante la razón. Pensar comprueba que existimos.

## ALGUNOS MOVIMIENTOS FILOSÓFICOS

| Escuela | Fechas | Lugar | Tesis principal |
|---|---|---|---|
| **Cinismo** | Siglo IV a.C. | Grecia | La distinción entre valores verdaderos y falsos es lo único importante. |
| **Empirismo** | Siglo XVIII | Inglaterra | Las ideas no son innatas; se adquieren a través de los sentidos y la experiencia. |
| **Epicureísmo** | Siglos IV-III a.C. | Grecia | Evitar el sufrimiento es el objetivo principal de la vida. |
| **Escepticismo** | Siglos IV-II a.C. | Grecia | Sentidos y razón nos engañan. No podemos estar seguros de nada. |
| **Estoicismo** | Siglos III a.C.-II d.C. | Grecia y Roma | Las leyes de la naturaleza gobiernan el mundo. Debemos aceptar el destino. |
| **Existencialismo** | Siglos XIX-XX | Europa | En un mundo sin verdades fijas, debemos inventarnos y reinventarnos. |
| **Filosofía analítica** | Siglo XX | Europa y EUA | Los problemas pueden aclararse y solucionarse analizando el lenguaje que los expresa. |
| **Filosofía escolástica** | Edad Media | Europa | El razonamiento de Aristóteles no es incompatible con la fe cristiana; la razón exige la fe en Dios. |
| **Posmodernismo** | Siglo XX | Europa | Los significados de palabras e ideas sólo se encuentran analizando hipótesis (estructuras de pensamiento) que fundamenten lo que se dice. |
| **Pragmatismo** | Siglo XIX | EUA | La verdad de una creencia depende de la utilidad de su aplicación práctica. |
| **Racionalismo** | Siglo XVIII | Europa | Las únicas verdades confiables son las que pueden probarse lógicamente. |
| **Utilitarismo** | Siglo XIX | Gran Bretaña | Una acción es moralmente correcta si crea más felicidad a más personas. |

**John Locke** (1632-1704) Inglés
Creía que la mente era una tabla rasa y que todas las ideas proceden de las impresiones de los sentidos. Dividió las ideas en simples y complejas. Las simples no se imaginan, se reciben pasivamente, como la idea de una piedra, una casa, etc. Las complejas, como el honor o la justicia, se forman de ideas simples que imaginamos activamente. Al descubrir que sin la idea de Dios la moral se reducía al gusto personal, buscó una orientación religiosa.

**Baruch Spinoza** (1632-1677) Holandés Según su pensamiento panteísta sólo hay una sustancia única, Dios, que tiene infinitos atributos. Mente, cuerpo y naturaleza son sólo algunos de ellos.

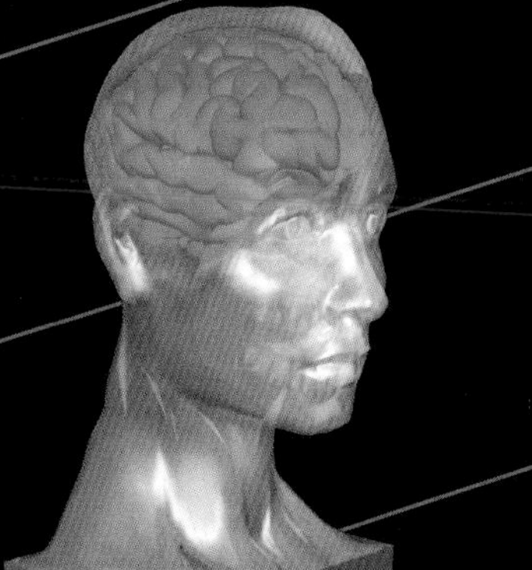

**Gottfried Wilhelm Leibnitz** (1646-1716) Alemán Leibnitz, el último gran racionalista, creía que hay dos clases de verdades: verdades de razonamiento y verdades de hecho. Un enunciado puede ser verdad si tiene lógica interna (enunciado "analítico") o si se relaciona con hechos externos que son ciertos y verificables (enunciado "sintético").

**David Hume** (1711-1776) Escocés
Adaptó la filosofía de Berkeley a fines escépticos. Como no podemos saber si el mundo material existe realmente, no podemos estar seguros de nada. Hume aplicó su escepticismo para cuestionar la existencia de Dios, las ideas de la causalidad, la sustancia y la identidad personal manejadas por el sentido común, y amparadas sólo en la costumbre. En la práctica, Hume relajó su escepticismo y aceptó que la vida humana sí existe.

**George Berkeley** (1685-1753) Irlandés Berkeley, obispo de la Iglesia Irlandesa, discutía que sólo el "contenido" de la experiencia percibido en nuestras mentes existe realmente. Por lo tanto, para que las cosas existan, debe haber quien las perciba. Como las cosas continúan existiendo haya o no haya quien las perciba, debe haber un Percibidor omnipresente. Así, todo es una idea en la mente de Dios.

**Immanuel Kant** (1724-1804) Prusiano
Considerado el principal filósofo del siglo XVIII, Kant sintetizó el racionalismo y el empirismo. Existe una realidad incognoscible en forma directa (noúmeno) a la que nos aproximamos (fenómeno) mediante los sentidos y las estructuras de la razón. Las nociones de Dios, el alma y el mundo rebasan los límites de la razón y la experiencia, pero pueden existir.

**MOVIMIENTOS**

- No perteneció a ningún movimiento
- Empirista
- Racionalista
- Escolástico

vea también
172 **Grecia antigua**
182 **La Edad Media**
198 **La era de los reyes**
338 **Religiones**

*A mediados del siglo XVIII, cuando prosperó el conocimiento científico, la filosofía ya no trató de resolver todos los misterios del mundo. Se centró cada vez más en el análisis de los procesos del pensamiento y el razonamiento, examinando cómo nuestro acercamiento al mundo determina nuestra comprensión de éste y limita la anhelada objetividad.*

▼ **Georg Wilhelm Friedrich Hegel** (1770-1831) **Alemán** Reaccionó contra Kant, pues creía que la realidad no es cognoscible; si no, ¿cómo podemos decir que existe? Pensaba que la historia tiene una estructura racional comprensible que lleva todo consigo, en un proceso de destrucción y creación que conduce a un estado superior, el Espíritu Absoluto; gran síntesis del enfrentamiento de tesis y antítesis (proceso dialéctico) en el que el sujeto se realiza.

**John Stuart Mill** (1806-1873) ▼ **Británico** Gran economista del utilitarismo y filósofo político, defendió la libertad individual frente al estado y la sociedad siempre que no se le perjudicara. Fue uno de los primeros en abogar por la igualdad de derechos para las mujeres.

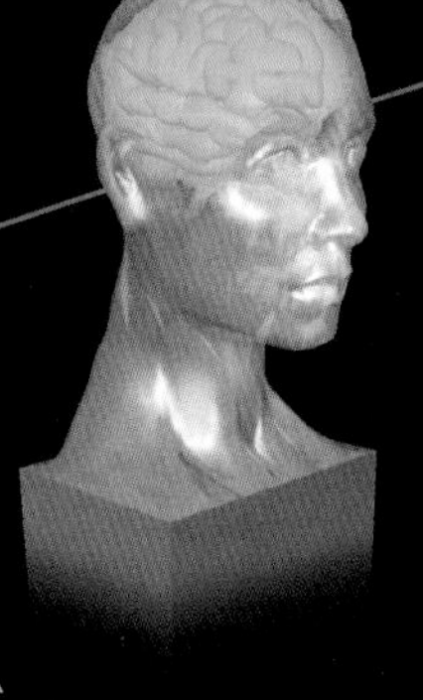

◀ **Søren Kierkegaard** (1813-1855) **Danés** Kierkegaard rechazó el concepto hegeliano de la inevitabilidad histórica. Enfatizó la primacía de la experiencia individual y la vivencia religiosa. Se le considera precursor del existencialismo.

▲ **Arthur Schopenhauer** (1788-1860) **Alemán** Despreciaba a Hegel y admiraba a Kant. Fue el gran pesimista de la filosofía. Creía que el trasfondo de la realidad es una Voluntad ciega que sólo "quiere querer" y esclaviza al hombre para ese propósito. Podemos liberarnos de ella a través de su negación sistemática ("Noluntad"), el arte o la muerte.

◀ **Karl Marx** (1818-1883) **Alemán** Marx retomó la idea hegeliana del proceso dialéctico y la adaptó para explicar toda la Historia como el resultado de fuerzas materiales (económicas). Llamó a este proceso materialismo dialéctico, siguiendo las leyes "científicas" del desarrollo. Sus ideas originaron el socialismo, que transformó la historia del siglo XX.

**John Dewey** (1859-1952) ▶ **Estadounidense** Inicialmente fue seguidor de las ideas de Hegel, pero luego las rechazó. Sostenía que la naturaleza que experimentamos comúnmente es la realidad última. Las ideas y las creencias sólo son verdad mientras tengan efectos observables en el mundo, en el momento presente.

## TÉRMINOS CLAVE

**Dialéctica** Razonamiento a base de preguntas y respuestas, como el usado por Sócrates. También designa el proceso identificado por Hegel mediante el cual los aspectos aparentemente contradictorios del conocimiento y la experiencia ("tesis" y "antítesis") se resuelven en un todo inclusivo ("síntesis").
**Enunciado a posteriori** Un enunciado validado por la verificación de los hechos.
**Enunciado a priori** Un enunciado validado por su lógica interna, sin referencia a hechos externos o a la experiencia.
**Enunciado sintético** Un enunciado cuya verdad se determina al contrastarla con hechos externos.
**Epistemología** Rama de la filosofía que trata sobre cómo adquirimos conocimiento.
**Estética** Estudio filosófico de la experiencia artística y la belleza.
**Ética** Rama de la filosofía que aborda las acciones, los valores y la moral.
**Lógica** Rama de la filosofía que estudia la estructura, los métodos y las reglas de los razonamientos.
**Materialismo dialéctico** Aplicación marxista de la dialéctica hegeliana al análisis de la historia humana y la política.
**Metafísica** Rama abstracta de la filosofía relacionada con la naturaleza final del ser trascendente.
**Ontología** Rama de la filosofía que estudia al ser en cuanto tal.

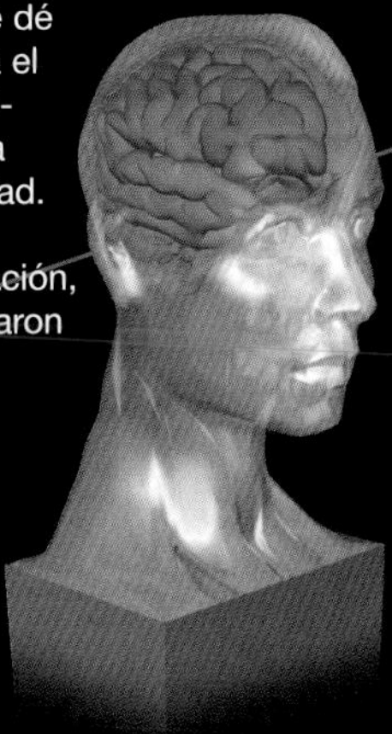

**Friedrich Nietzsche** (1844-1900) Alemán Nietzsche rechazó los valores establecidos, en especial los valores cristianos. Difundió su idea de un Superhombre con voluntad fuerte, que reconociera que el Universo no tiene significado hasta que él le dé valor. Exaltaba el arte como actividad suprema de la humanidad. Por desgracia para su reputación, los nazis falsearon sus doctrinas para sus propios fines y proyectos políticos.

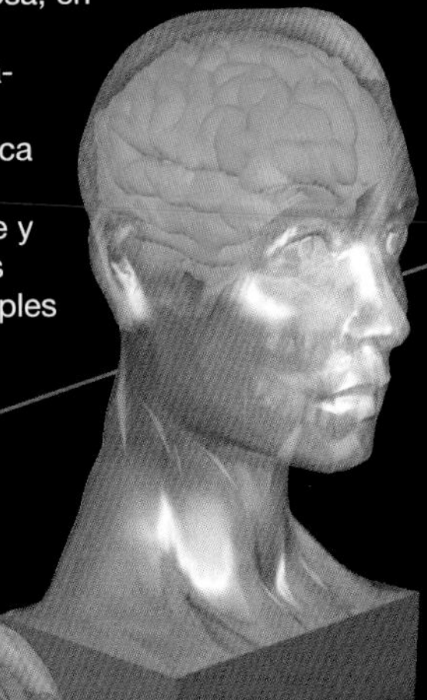

**Bertrand Russell** (1872-1970) Inglés Russell, en una etapa maestro de Wittgenstein, profundizó en las matemáticas. Mediante el uso de una lógica rigurosa, en parte derivada de las propias matemáticas, intentó una reducción sistemática del conocimiento humano, el lenguaje y la experiencia a sus elementos más simples o axiomas.

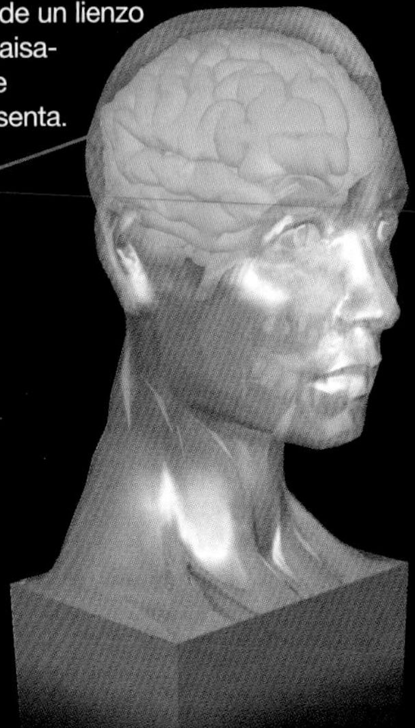

**Ludwig Wittgenstein** (1889-1951) Alemán El objeto de la primera obra de Wittgenstein fue completar la obra de Kant y Schopenhauer, dando, mediante el análisis del lenguaje, una base filosófica a la idea del mundo incognoscible. Consideró que la relación entre el mundo y las formas lógicas de las palabras que lo describían a través del lenguaje es semejante a la que existe entre los colores de un lienzo y el paisaje que representa.

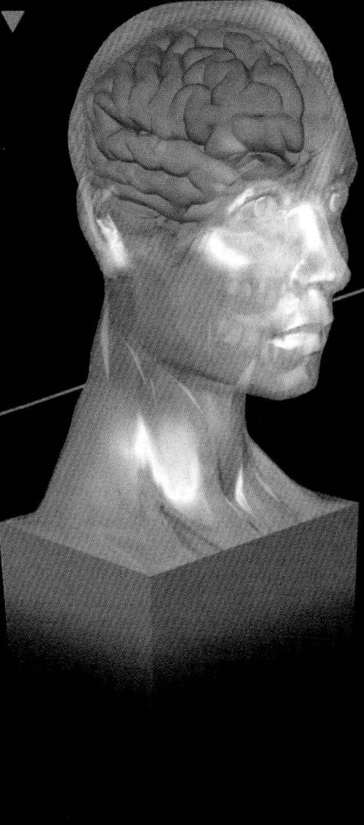

**Jean-Paul Sartre** (1905-1980) Francés Como Kierkegaard, Sartre discutió que en un mundo al que hemos sido arrojados, sin ningún propósito aparente, estamos "condenados a ser libres" y debemos crearnos creando nuestros propios valores. Lo logramos mediante lo que elegimos, o evitamos hacer, en cada momento y aspecto de la vida.

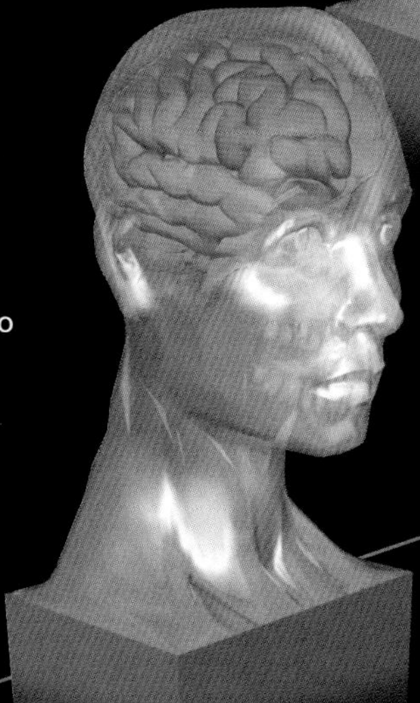

**Jacques Lacan** (1900-1980) Francés Filósofo y psicoanalista, creía que el yo, incluyendo el inconsciente, es inestable, y está formado por una red de lenguaje y costumbres sociales. La deconstrucción del lenguaje y otros signos es, por lo tanto, la llave de toda comprensión del sujeto y, con éste, del mundo.

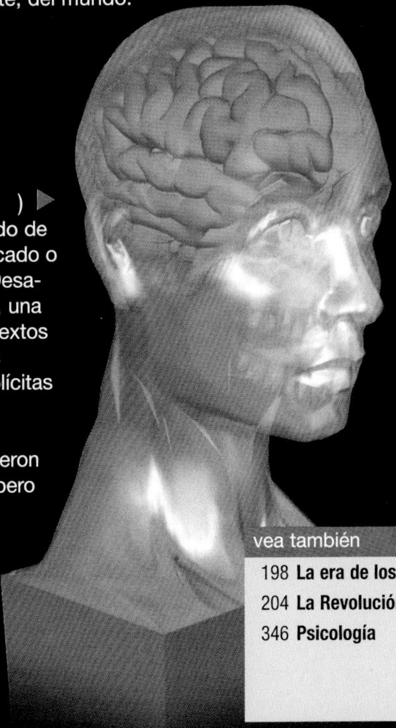

**Jacques Derrida** (1930- ) Francés Oponente decidido de la búsqueda de un significado o verdad filosófica última. Desarrolló la "deconstrucción", una técnica para analizar los textos filosóficos e identificar las creencias metafísicas implícitas en éstos. La dificultad de su estilo y la oscuridad de su pensamiento lo hicieron una figura controvertida, pero muy influyente.

**MOVIMIENTOS**

- No perteneció a ninguno
- Pragmatista
- Filósofo analítico
- Posmodernista
- Utilitarista
- Existencialista

vea también

198 **La era de los reyes**
204 **La Revolución Industrial**
346 **Psicología**

*La psicología es el estudio de la mente. Su campo de investigación es muy amplio, desde el aprendizaje y la percepción, hasta los aspectos del comportamiento en los negocios y la educación. La aplicación de las ideas de la psicología al tratamiento de las enfermedades mentales se llama psiquiatría. La psicología y la psiquiatría son disciplinas nuevas. Antes de la década de 1880, no existía un concepto claro de que los procesos de la mente podían observarse y documentarse.*

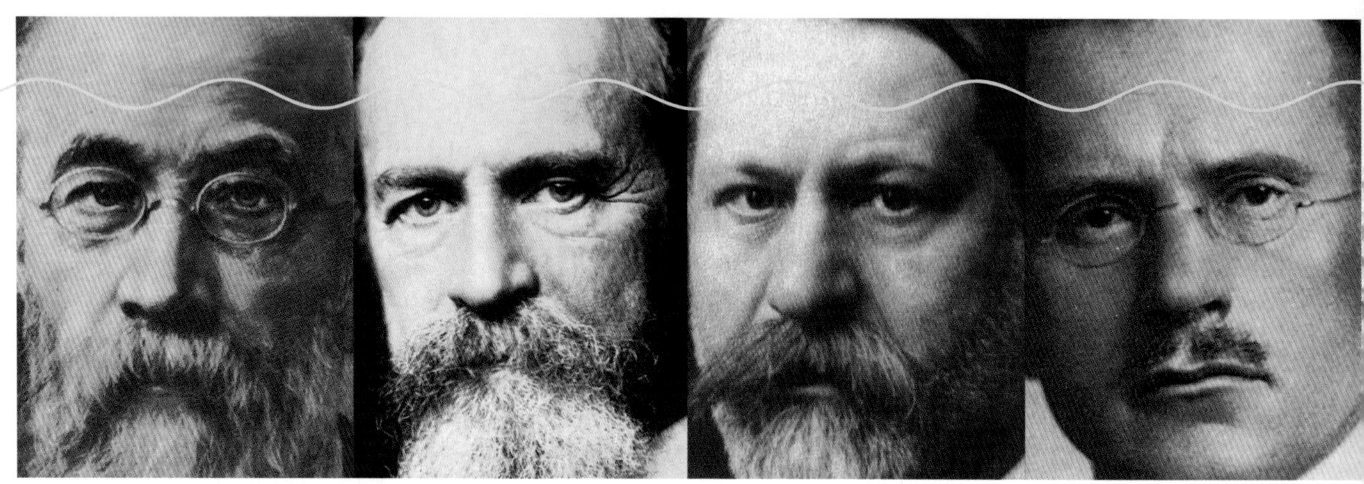

**Wilhelm Wundt** (1832-1920) Alemán Profesor de psicología, estableció el primer "laboratorio para la mente" en Leipzig, en 1879. Impulsó la práctica de la **"introspección"** o autoanálisis, con guías estrictas, el registro y el cotejo de todo hallazgo. Su libro, *Fundamentos de la psicología fisiológica* (1874), ayudó a establecer la psicología como una ciencia y a vincularla con el estudio del funcionamiento del organismo humano.

**William James** (1842-1910) Estadounidense Su libro *Principios de psicología,* publicado en 1890, fue el primero de los mejores estudios sobre el tema. Fue creador del concepto **"corriente del pensamiento"** *(stream of consciousness,* aplicado por literatos como Virginia Woolf y James Joyce), y exploró la naturaleza de la individualidad, la alternativa y el propósito. Desarrolló la teoría de que las emociones son en realidad la sensación de cambios físicos en el cuerpo, causados por eventos externos o percepciones.

**Sigmund Freud** (1856-1939) Austriaco Freud, inventor del **psicoanálisis** (vea abajo), creó gran parte de la terminología que aún se usa en psicología. Su teoría del desarrollo de la psique se basa en la idea de que reprimimos los recuerdos tempranos traumáticos, lo que potencial-mente provoca neurosis. Consideró que en la psique se mantienen en juego tres fuerzas: el primitivo e instintivo **"id"** (ello), el **"ego"** principio de equilibrio (que se desarrolla a partir de los dos años de edad) y el **"superego",** integrado por las normas externas.

**Carl Jung** (1875-1961) Suizo Apartándose de Freud, enfatizó la importancia de la experiencia filosófica, religiosa y sexual. Su concepto de la mente humana se basó en la interacción entre la percepción individual (el **"inconsciente individual")** y los recuerdos, ideas, imágenes y modos de pensamiento heredados y compartidos (el **"inconsciente colectivo").** Fue el primero en analizar las personalidades en una escala que va de extrovertido (sociable, impulsivo y despreocupado) a introvertido (solitario, reservado y preocupado por el yo).

## Psicoanálisis

El psicoanálisis es la técnica desarrollada por Freud y sus seguidores, para la comprensión y tratamiento de la neurosis. El principal método empleado es el análisis de lo que el paciente dice (o evita decir) durante la asociación libre de ideas (el paciente se recuesta en un diván y habla libremente de lo que pasa por su mente). Es importante interpretar los sueños y otras manifestaciones del inconsciente. Es un proceso prolongado y en la actualidad se practica poco en su forma clásica. El objetivo es descubrir el recuerdo de experiencias (a menudo de la primera infancia) que se reprimieron, dar solución a los sentimientos que generan y retirar así la causa del comportamiento neurótico. La resolución de los sentimientos expuestos así ocurre generalmente a través del proceso de transferencia, con las explosiones emocionales del paciente dirigidas al psicoanalista.

## Otras terapias

Terapeutas y consejeros usan gran variedad de técnicas para solucionar problemas psicológicos y de comportamiento. Hay dos formas dominantes:

**La terapia cognitiva-conductual** surgió del trabajo de los conductistas (vea Pavlov, pág. opuesta.). Se basa en que los problemas son producto del mal aprendizaje y los trata condicionando al paciente en nuevas formas de comportamiento.

**La terapia centrada en el cliente** se originó del trabajo de Carl Rogers. Renuncia al concepto de paciente y anima a los "clientes" para que solucionen sus problemas mediante el uso de tres capacidades clínicas:

- *congruencia:* respuestas genuinas, francas y honestas;
- *empatía:* ver el mundo desde la perspectiva del cliente;
- *interés positivo incondicional:* tratar al cliente con respeto, sin juzgarlo.

## RAMAS ESPECIALES DE LA PSICOLOGÍA

**Animal** Trata de comprender el comportamiento animal.
**Anormal** Estudia comportamiento o experiencias poco habituales o anormales.
**Clínica** Trata problemas de salud mental, como neurosis y psicosis.
**Cognoscitiva** Estudia procesos de la mente como el aprendizaje, la memoria y la adquisición del lenguaje en el hombre.
**De desarrollo** Estudia los cambios psicológicos de la persona durante la vida.
**De negocios** Aplica ideas psicológicas a la administración y la publicidad.
**Educativa** Aplica ideas y técnicas psicológicas para la valoración y el consejo educativos.
**Experimental** Aplica métodos y análisis científicos experimentales al estudio de la mente.
**Social** Estudia el comportamiento grupal y la interacción humana.
**Vocacional** Emplea técnicas psicológicas para determinar y desarrollar la elección de carrera.

**Ivan Pavlov** (1849-1936) Ruso Demostró que al tocar una campana **("estímulo")** antes de alimentar a los perros, éstos empezaban a salivar **("respuesta").** El descubrimiento de que una respuesta física se desata mediante un estímulo no vinculado directamente se llamó "acondicionamiento". Luego, los psicólogos pensaron que las respuestas condicionadas, en un nivel mucho más complejo, podrían ser la clave de todo el comportamiento humano. Pavlov rechazó mucho de lo que decían los **behavioristas.**

**Max Wertheimer** (1880-1943) Checo Él y sus colegas, Kurt Koffka y Wolfgang Köhler, discutieron con los behavioristas, asegurando que la percepción humana incluye el aislamiento de patrones de información significativos, en una masa caótica de estímulos que compiten entre sí. En la década de 1950, sus ideas llevaron al surgimiento de la terapia **Gestalt** ("forma" o "patrón"). Los terapeutas gestalt creen que en una mente sana, la información está organizada en estructuras que provocan respuestas apropiadas.

**Carl Rogers** (1902-1987) Estadounidense Durante las décadas de 1940 y 1950, creó un enfoque **centrado en el paciente** en la práctica de la **psicoterapia,** que quizá ahora es el estilo adoptado por la mayoría de los profesionales. En vez de que sólo se les ofrezca una "cura", enfatizó la importancia de que los pacientes se involucren activamente en el proceso y la dirección de su propia terapia, para que tengan la sensación de desarrollar en forma positiva su potencial.

**R.D. Laing** (1927-1989) Británico Con Thomas Szasz fue una figura principal en las décadas de 1960 y 1970 en el **movimiento "antipsiquiatría",** que enfatizaba cómo crea la sociedad muchas de las llamadas "enfermedades mentales". Fue uno de los terapeutas de más renombre en su época. Desarrolló varias teorías muy accesibles basadas en el uso de los **"guiones"** *(scripts)* personales y los **"juegos"** interpersonales, como medio de comprender y solucionar problemas del comportamiento.

## TÉRMINOS CLAVE

- **Arquetipo** En la psicología junguiana, imágenes o ideas fundamentales y colectivas que son la base de nuestras nociones de dioses, héroes o santos.
- **Complejo** Conjunto de ideas o percepciones con carga emocional que afecta el comportamiento o la salud.
- **Complejo de Edipo** Teoría freudiana (nombrada así por un mito griego) sobre la enemistad inconsciente que un hijo siente hacia su padre, como rival en el afecto de su madre; el correspondiente femenino se conoce como "complejo de Electra".
- **Ego** En la teoría freudiana, la parte de la psique que interactúa conscientemente con el mundo exterior, equilibrando el id y el superego.
- **Etapas oral/anal/fálica** Etapas del desarrollo sexual que, según Freud, atraviesan los niños, desde el nacimiento hasta los seis años.
- **Id** En la teoría freudiana, los sentimientos libidinales instintivos en la base de toda psique humana, que buscan satisfacción inmediata, sin control de la razón o la moralidad.
- **Libido** En la teoría freudiana, el deseo sexual innato; en otras escuelas de psicología, un deseo más general de supervivencia.
- **Masoquismo** Placer sexual o alivio psicológico derivado de sufrir humillaciones o torturas.
- **Neurosis** Trastorno psíquico sin una alteración orgánica demostrable que se manifiesta como histeria, fobias y obsesiones-compulsiones.
- **Paranoia** Tendencia injustificada a interpretar las acciones de los demás como amenazas o humillaciones deliberadas.
- **Represión** Mecanismo mediante el cual se apartan de la memoria consciente las ideas y los recuerdos dolorosos o embarazosos, que desde el inconsciente siguen influyendo en el comportamiento.
- **Sadismo** Placer sexual o alivio psicológico derivado de torturar o humillar a los demás.
- **Superego** En la terminología freudiana, la parte de la psique vinculada con sentimientos superiores (altruismo, ética, leyes, conciencia y culpa).

vea también
344 **Pensamiento occidental**
358 **Arte occidental**
386 **Literatura occidental**

*La búsqueda de un marco de conocimiento sobre el mundo que nos rodea empezó con las teorías de los filósofos antiguos. En el siglo XVII, la experimentación y la observación eran las herramientas esenciales de la deducción. En ambos enfoques, el progreso ha dependido de pensadores muy creativos.*

**Pitágoras** Creía en la armonía de los números.

## MATEMÁTICAS

Hace 5,000 años, egipcios y babilonios solucionaban problemas de aritmética y geometría, pero los griegos fueron los primeros en estudiar las matemáticas puras. **Tales** (*c.* 625-*c.* 546 a.C.) mostró quizá las primeras pruebas matemáticas basadas en la deducción. **Pitágoras** (*c.* 580-*c.* 500 a.C.) creía que los números eran la esencia de todo en la naturaleza. Él o sus seguidores idearon el teorema del triángulo de ángulo recto que lleva su nombre, aprovechando conocimientos de Egipto y Babilonia. **Euclides** (*c.* 300 a.C.) escribió uno de los primeros libros comprensibles de geometría, *Los elementos*. En parte resumía trabajo anterior, pero daba pruebas de muchos teoremas geométricos. Su obra es la base de la geometría actual.

El indio **Brahmagupta** (598-670) fue el primero en tratar al cero como un número con propiedades aritméticas. Anteriormente, no se podía hacer distinción entre, por ejemplo, 45 y 450. El erudito árabe **Khwarizmi** (*c.* 800-*c.* 850) reunió ideas babilonias, griegas e indias en sus tratados de aritmética y álgebra. El uso de los números arábigos llegó a Europa en el siglo XI, a través de las traducciones de la obra de Khwarizmi.

Los mayores avances matemáticos en Europa se iniciaron en el siglo XVII. **René Descartes** (1596-1650) inventó la geometría analítica. **Pierre de Fermat** (1601-1665) fundó la moderna teoría de los números, y **Gottfried Wilhelm Leibnitz** (1646-1716) e **Isaac Newton** (1642-1727) inventaron, independientemente, la teoría del cálculo.

En el siglo XIX, **August Möbius** (1790-1868) ayudó a establecer la topología, que estudia ciertas propiedades de las figuras geométricas; **George Boole** (1815-1864) fundó la lógica simbólica, y **Henri Poincaré** (1854-1912), en Francia, explicó cómo las pequeñas variaciones en las condiciones iniciales de un objeto (como un planeta o una masa de aire), afectan su comportamiento posterior (base de la teoría del caos).

## MATERIA Y ENERGÍA

Los filósofos griegos **Leucipo** (siglo V a.C.) y **Demócrito** (*c.* 460-*c.* 370 a.C.) sostuvieron que todo está formado por diminutas partículas invisibles e indivisibles, o átomos. Esta filosofía, base de la química moderna, quedó relegada cerca de 2,000 años por la creencia de **Aristóteles** (384-322 a.C.) de que cuatro elementos componían la materia: tierra, aire, fuego y agua.

Se avanzó poco en el estudio de la química hasta 1803, cuando **John Dalton** (1766-1844) expuso la teoría atómica que explica cómo se combinan los elementos químicos para formar compuestos en proporciones fijas. En la década de 1860, **Dmitri Mendeleyev** (1834-1907) relacionó las propiedades químicas de los elementos con su masa atómica relativa. Creó la tabla periódica, que enumera los elementos en orden ascendente de peso atómico.

El físico británico **J.J. Thomson** (1856-1940) descubrió en 1897 que los átomos pueden dividirse por medios físicos y que están formados por partículas más chicas. **Ernest Rutherford** (1871-1937) y **Niels Bohr** (1885-1962) explicaron entre 1911 y 1913 cómo se forman los átomos de partículas subatómicas. Su obra dependió del descubrimiento de la radiactividad por **Henri Becquerel** (1852-1908) en 1896.

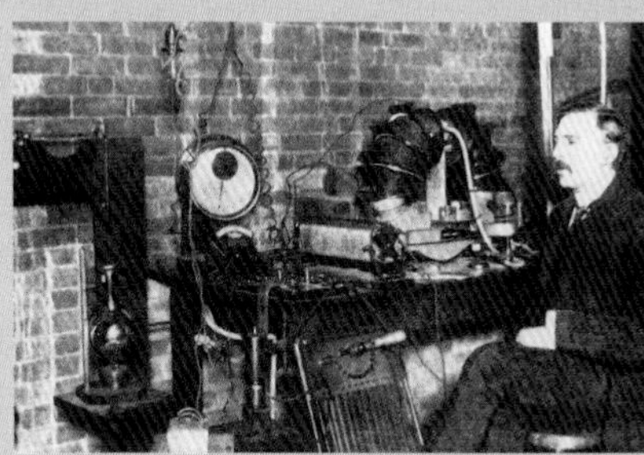

**Interior del átomo** Ernest Rutherford descubrió la estructura del átomo.

El físico alemán **Max Planck** (1858-1947) creó la teoría cuántica: los átomos emiten y absorben energía en forma de impulsos llamados "cuantos".

En 1905, **Albert Einstein** (1879-1955) formuló la Teoría Especial de la Relatividad, que expresaba la equivalencia de materia y energía mediante la ecuación $E = mc^2$. El significado de la ecuación se comprendió a fines de la década de 1930, cuando los experimentos de **Otto Hahn** (1879-1968) y **Fritz Strassmann** (1902-1980), interpretados por **Otto Frisch** (1904-1979) y **Lise Meitner** (1878-1968), demostraron la fisión nuclear (dividiendo el átomo) y cómo liberaba energía.

## CIENCIAS DE LA TIERRA

Durante muchos siglos, el relato bíblico de la creación de la Tierra se tomó como verdad literal. Se pensaba que el mundo tenía sólo 6,000 años.

En 1830, el geólogo escocés **Charles Lyell** (1797-1875), después de estudiar fósiles y medir la velocidad con que cambian las rocas, dedujo que la Tierra tenía muchos millones de años más. También dijo que los sucesos geológicos pasados resultaron de los mismos procesos que ocurren hoy en día lentamente. En escala mayor, el geólogo alemán **Alfred Wegener** (1880-1930) vio cómo las costas de África y América del Sur encajan como partes de un rompecabezas. En 1912, sugirió que los continentes eran los restos fracturados de una vasta masa de tierra (que llamó Pangea) que empezó a separarse hace 200 millones de años. Su teoría fue ridiculizada hasta 1960, cuando nuevas evidencias comprobaron la verdad de la "deriva continental".

Los estudios ambientales deben mucho a **Rachel Carson** (1907-1964), que creó el término "ecosistema" e inspiró el movimiento ambientalista con su libro *Silent Spring*, y a **James Lovelock** (1919- ), cuya "Hipótesis Gaia" de 1972 propuso que la Tierra, sus criaturas y sus plantas operan como un solo organismo.

## COSMOLOGÍA

Los filósofos antiguos observaron que las estrellas se movían en el cielo y asumieron que la Tierra era el centro del Universo, con otros cuerpos celestes girando a su alrededor. Esta creencia, establecida por el astrónomo griego **Claudio Ptolomeo** (*c.* 90-*c.* 168), influyó en los astrónomos europeos durante casi 1,500 años. Algunos griegos, principalmente **Heráclides del Ponto** (siglo IV a.C.) y **Aristarco de Samos** (siglo III a.C.) insistieron correctamente en que los planetas giraban alrededor del Sol, no de la Tierra.

**Libro revolucionario** Páginas del libro de Copérnico muestran las órbitas de los planetas alrededor del Sol.

**Nicolás Copérnico** (1473-1543), primer astrónomo europeo que sostuvo esta opinión, creía que la órbita y la rotación de la Tierra explicaban la forma en que los planetas y las estrellas parecían moverse. Su libro, *De las revoluciones de los mundos celestes,* se publicó en el año de su muerte. La Iglesia Católica Romana condenó sus ideas por más de un siglo.

**Galileo Galilei** (1564-1642) observó con un telescopio las manchas solares, las lunas de Júpiter y otros fenómenos astronómicos. Vio que Venus tiene fases, como la Luna, y probó que gira alrededor del Sol, como dijo Copérnico. La Iglesia prohibió sus *Diálogos* (1632) y la Inquisición lo obligó a retractarse de sus ideas. Él afirmó: "Sin embargo, se mueve".

Antes que Galileo, el astrónomo alemán **Johannes Kepler** (1571-1630) halló las leyes físicas que gobiernan las órbitas de los planetas alrededor del Sol. Seguidor de Copérnico, pensó que los planetas se movían en órbitas circulares, pero luego refinó su teoría y demostró que éstas son elípticas. Dijo que entre el Sol y los planetas debía haber una fuerza para mantenerlos en órbita (primera descripción de la gravedad).

Los mayores avances en cosmología los logró **Isaac Newton** (1642-1727). Aparte de sus descubrimientos sobre la óptica y su invención del cálculo, Newton propuso leyes del movimiento y la gravitación que no cambiaron durante 230 años. Su libro, *Principios matemáticos de filosofía natural* (1687), definió tres leyes del movimiento que explican las propiedades de las fuerzas y la relación entre fuerza, masa y aceleración, así como las propiedades de la gravedad. Sus ideas explicaron al fin el movimiento de los planetas y otros cuerpos celestes, fueron la base de la física "clásica" y permitieron predecir el movimiento de toda clase de cuerpos.

Las leyes de Newton sólo fueron superadas cuando **Albert Einstein** (1879-1955) publicó su Teoría General de la Relatividad en 1916. Esta versión ampliada de su Teoría Especial de la Relatividad (pág. opuesta) cubría la aceleración, incluyendo el efecto de la gravedad. Einstein dedujo que tiempo y espacio deben estar distorsionados alrededor de los objetos masivos que no son constantes en todas las situaciones. Ello invalidó la física de Newton, aunque la diferencia pronosticada por las ecuaciones de Newton y Einstein es mínima, excepto en la escala más pequeña (atómica) o más grande (cósmica), o a velocidades cercanas a la de la luz.

Los científicos no comprendieron el tamaño real del Universo hasta 1925, cuando el astrónomo estadounidense **Edwin Hubble** (1889-1953) descubrió galaxias más allá de la nuestra. Al medir el cambio de color de la luz en su espectro, comprendió que todas las estrellas se alejan de nosotros y entre sí (mientras más lejos, más rápidamente). Dedujo que el Universo se expande y que surgió de un punto específico en el pasado (el *big bang).* Esto formó la base de la cosmología moderna.

La mayor contribución en este campo, desde la obra de Einstein, la hizo el físico británico **Stephen Hawking** (1942- ). Hawking examinó el concepto del *big bang* y trató de combinar la mecánica cuántica y la teoría de la relatividad en una sola teoría para explicar la naturaleza y los orígenes del Universo.

**Ojo espacial** El Telescopio Espacial Hubble, llamado así en honor de Edwin Hubble, encontró evidencia de hoyos negros y otros objetos cósmicos extraños.

## CIENCIAS DE LA VIDA

El relato bíblico de la Creación (los seres vivos han existido siempre, sin cambios) dominaba la biología y la geología. El primer paso hacia un cambio radical lo dio el botánico sueco **Carolus von Linneo** (1707-1778), la primera persona que clasificó sistemáticamente a los seres vivos y fundó la ciencia de la taxonomía.

A finales del siglo XVIII, el naturalista francés **Jean Lamarck** (1744-1829) desarrolló ideas sobre la evolución de los organismos. El naturalista británico **Charles Darwin** (1809-1882) revolucionó la biología (y las ideas sobre el lugar de la humanidad en la creación) cuando, en 1858, propuso una teoría para la evolución en términos de la selección natural. Sus estudios de plantas y animales mostraron que las características que ayudan a sobrevivir en un hábitat se transmiten y son base de una nueva especie o variedad.

Se descubrieron más principios biológicos al estudiar organismos individuales. **Gregor Mendel** (1823-1884) inició el estudio de la herencia al experimentar con plantas de chícharo. Investigó cómo el tamaño, el color y otras características se heredan intactas de generación en generación, sin importar el hábitat en que crecen las plantas. Sesenta años después, el biólogo estadounidense **Thomas Hunt Morgan** (1866-1945) demostró que los genes (unidades de la herencia) se encuentran en estructuras diminutas llamadas cromosomas, en el interior de las células. Esto fue el inicio de la moderna ciencia de la genética.

En 1953, **James Watson** (1928- ) y **Francis Crick** (1916- ) miraron el interior de los cromosomas. Estudiaron imágenes de difracción de rayos X creadas por **Rosalind Franklin** (1920-1958), que mostraban material genético (moléculas de ADN), y notaron la precisa estructura de doble hélice de las moléculas. Descubrieron que las moléculas de ADN pueden copiarse a sí mismas y transmitir la información genética mediante secuencias químicas. Esta teoría se confirmó luego con experimentos y abrió el camino hacia la ingeniería genética, el perfil del ADN y otros avances.

vea también

14 **La Tierra**
180 **Surgimiento del Islam**
512 **La mecánica**
524 **La relatividad**

# Arte occidental 500 a.C.-1500



*Desde la época prehistórica, la figura humana ha sido inspiración central para muchos artistas. Fueron los antiguos griegos los primeros en llevar la escultura a un nivel trascendental. Las primeras figuras en mármol de Grecia, llamadas cicládicas, datan de c. 2500-1400 a.C. Sus formas abstractas simples aún resultan atractivas en la actualidad. En el siglo V a.C., el arte griego había adquirido una nueva sofisticación, que influyó en los artistas del siglo XV y posteriores.*

**Helenístico y romano** En el siglo III a.C., los escultores del mundo helenístico copiaron principalmente a los primeros maestros. Los romanos adoptaron el arte griego y también desarrollaron géneros propios: los bustos como retratos fieles, la escultura narrativa en relieve (como la campaña militar registrada en la Columna de Trajano) y el mosaico. La pintura romana se conoce sólo a partir de los murales del siglo I a.C. hallados en Pompeya y Herculano, que incluyen frescos decorativos con paisajes y características arquitectónicas simuladas.

**Arte romano** Las pinturas murales de Pompeya incluyen retratos.

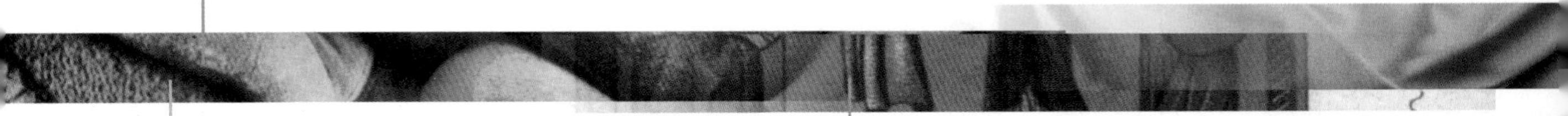

500 a.C. | 0 | 250 | 500 | 750 | 1000

**Clásico** Alrededor de 480 a.C., los escultores griegos desarrollaron una nueva forma realista de representar el cuerpo humano, apegándose a su forma (naturalismo). Los escultores clásicos se apegaron a estándares estéticos estrictos (sus estatuas bien definidas y equilibradas representan el ideal griego de belleza y fuerza. El primer estilo surgió con el *Apolo* de Piombino (*c.* 490 a.C.) y un majestuoso dios en bronce (quizá Zeus) de un escultor desconocido. El desnudo masculino lo perfeccionaron dos escultores: **Polícleto** y **Fidias,** pero sólo quedan malas copias romanas de sus obras. En el siglo IV a.C., se usaron como tema las formas más suaves del desnudo femenino. **Praxíteles** creó el primer desnudo femenino en tamaño real, la *Afrodita* de Cnido. Rivalizaba con **Lisipo,** que "modelaba el bronce como si fuera cera". El estilo clásico desapareció después de la muerte de Alejandro Magno, en 323 a.C, cuando dio inicio el periodo helenístico.

**Simetría clásica** El *Apolo* de bronce de Piombino muestra el equilibrio y la belleza del ideal griego.

## TÉRMINOS CLAVE DE ESCULTURA

- **Camafeo** Escultura en piedras preciosas, vidrio o cerámica, cuyo fondo se ha tallado para que el diseño surja en relieve.
- **Crisoelefantina** Estatua elaborada con oro y marfil.
- **Entalla** Figura o diseño grabado bajo la superficie de un bloque de metal, piedra o madera.
- **Friso** Banda horizontal en la parte superior de un muro, decorada a menudo ya sea con alto o bajorrelieves.
- **Móvil** Escultura con partes individuales suspendidas de alambres o hilos y movidas por corrientes de aire o motores.
- **Relieve** Escultura con formas proyectadas desde un fondo. En el **bajorrelieve** las formas se proyectan a menos de la mitad de su profundidad; en el **altorrelieve** se proyecta más de la mitad.

**Altura gótica** Altas estatuas con ropajes elegantes representan *La visitación* (*c.* 1220), en la Catedral de Chartres.

**Bizantino y medieval** El trabajo romano de mosaico se desarrolló más en el Imperio Bizantino, en el siglo V d.C. La técnica añadió color y esplendor a los grandes edificios religiosos. El naturalismo dio cabida a imágenes simplificadas o "estilizadas" de iconos religiosos y complejos patrones decorativos. En Europa Occidental, las principales formas de arte que sobrevivieron fueron la iluminación de libros y la escultura en relieve en las iglesias. Desde el siglo XII, se decoraron las catedrales europeas con vitrales y grabados de figuras demasiado altas, en un nuevo estilo llamado gótico, que enfatizaba la espiritualidad y su tendencia hacia el cielo.

**Iconografía gótica** Las elegantes figuras del *Díptico de Wilton* retratan la presentación de Ricardo II de Inglaterra a la Virgen.

**Gótico internacional**
La elaborada y graciosa obra de los artistas de Siena como **Simone Martini** creó un nuevo estilo que combinó el detalle del naturalismo italiano con la elegancia de las formas góticas del norte de Europa. El estilo fue popular en las cortes del norte, como la del Duque de Berri, donde los hermanos **Limbourg** crearon pinturas en miniatura con rico colorido. Una de las mejores piezas de este estilo es el *Díptico de Wilton* conservado en la Galería Nacional, en Londres. El anonimato de su creador, típico de la Edad Media, distingue más a esta obra del verdadero arte del Renacimiento.

1200 1300 1350

**Renacimiento temprano** En general se considera que el Renacimiento se inició en Italia con el pintor **Giotto,** a finales del siglo XIII. Los artistas del Renacimiento volvieron al estilo natural del arte clásico, con la esperanza de reproducir su grandeza y belleza. Los pintores experimentaron con la luz y la sombra para dar profundidad real a su obra e inventaron un sistema matemático para crear la ilusión de espacio tridimensional (perspectiva lineal). El primero en usar la perspectiva con éxito fue **Masaccio.** Los artistas italianos de la época emplearon la pintura al temple. El pintor flamenco **Van Eyck** fue pionero en el uso de la pintura al óleo, que capta mejor efectos de luz y textura.

Los escultores italianos experimentaron también la influencia clásica. A finales del siglo XIII, Nicola **Pisano** y su hijo Giovanni estudiaron las formas esculturales griegas y romanas, cuando trabajaban en edificios religiosos góticos. Modelaron imágenes de santos cristianos con el naturalismo de la época clásica. El *David* (1430-1432) de **Donatello,** primer desnudo masculino erguido desde la época romana, capturó un realismo y una vitalidad totalmente nuevos.

**Nueva profundidad** *San Francisco honrado por un hombre común* (1296-1297) muestra la habilidad de Giotto para sugerir la forma tridimensional.

## Datos y cifras de la escultura

- La aclamada escultura de Moisés, de Miguel Ángel, en la enorme tumba del papa Julio II, originalmente iba a ser una de 40 figuras monumentales esculpidas por el artista. La falta de financiamiento arruinó los planes para las otras 39.
- La escultura más controversial del mundo son los 75 m que quedan de un friso de 160 m del Partenón de Atenas, del siglo V a.C. En 1805, Lord Elgin, embajador británico en Constantinopla, lo embarcó a Inglaterra. El gobierno griego intenta recuperarlo.
- Una escultura aún inconclusa del héroe y jefe sioux Caballo Loco, en la Montaña Thunderhead, Dakota del Sur, EUA, será la estatua más alta del mundo: medirá 172 m de altura por 195 de ancho. Su autor: Korezac Ziolkowski.

## Artistas A-C

Las principales figuras del arte occidental son aclamadas por su visión, habilidad, innovación y la influencia que ejercieron en otros artistas.
□ Indica una obra clave.

**Gianlorenzo Bernini**
(1598-1680) Italiano
Una serie de estatuas de tamaño natural (1618-1625) aseguró a Bernini la reputación como el principal artista barroco italiano. En 1623 fue arquitecto de la Basílica de San Pedro en Roma.
□ Escultura *El éxtasis de Santa Teresa*

**Joseph Beuys**
(1921-1986) Alemán
Beuys influyó mucho en el arte conceptual de la década de 1960 con su oposición al formalismo y al profesionalismo. Su obra varía desde colecciones de basura, hasta el *performance.*
□ *Performance Cómo explicar cuadros a una liebre muerta*

**Sandro Botticelli**
(1445-1510) Italiano
Botticelli pintó las primeras mujeres desnudas en 1,000 años. De 1481 a 1482 trabajó en el techo de la Capilla Sixtina. Sus pinturas representan escenas religiosas y mitológicas; influyeron en los estilos prerrafaelista y Art Nouveau.
□ *Primavera; Nacimiento de Venus*

**Louise Bourgeois**
(1911- )
Francoestadounidense
Sus turbadoras obras exploran la angustia de las relaciones humanas. Su espectáculo en Nueva York, en 1982, la estableció como una de las principales escultoras contemporáneas.
□ *Aquí estoy, aquí me quedo*

**Constantin Brancusi**
(1876-1957) Rumano
Creó sus elegantes esculturas geométricas de formas puras y simples, principalmente en mármol o bronce. Su obra contribuyó a la evolución de la escultura abstracta.
□ *El beso*

**Georges Braque**
(1882-1963) Francés
Sus paisajes de 1908, influidos por Picasso, crearon el término "cubismo". Sus pinturas posteriores, menos angulares, recibieron aclamación mundial.
□ *El portugués*

**Pieter Bruegel el Viejo**
(1525-1569) Flamenco
Bruegel fue uno de los primeros pintores que enfocaron paisajes y escenas de aldeas, combinando la observación con la fantasía.
□ *Banquete de bodas; Cazadores en la nieve*

**Caravaggio**
(1571-1610) Italiano
Caravaggio impactó a sus contemporáneos barrocos con el realismo revolucionario que empleaba en pinturas de temas sagrados. Su uso del claroscuro con fines dramáticos influyó en los pintores europeos: muchos viajaron a Roma para ver su obra.
□ *Conversión de San Pablo*

**Benvenuto Cellini**
(1500-1571) Italiano
Fue un importante escultor de la tradición manierista (estilo del Renacimiento definido por su gracia y sofisticación). Sus elegantes bronces y las delicadas obras de metal forjado representan el lujo en la vida de la corte italiana.
□ *Perseo*

**Paul Cézanne**
(1839-1906) Francés
En sus pinturas quiso captar estructura e intensidad más que sensaciones subjetivas. Fue uno de los principales contribuyentes al desarrollo del cubismo y el arte abstracto, por su enfoque postimpresionista.
□ *Los jugadores de cartas; Monte Santa Victoria*

vea también
172 **Grecia antigua**
174 **Roma antigua**
182 **La Edad Media**
194 **El Renacimiento**

# Arte occidental 1500-1700



*En el siglo XVI, el rechazo a los ideales griegos de equilibrio y naturalismo dio origen al manierismo, caracterizado por escenas llenas de gente, gestos muy dramáticos y perspectiva deficiente. El equilibrio y la elegancia sobrevivieron en el siglo XVII en el barroco y el clasicismo. Pronto, los artistas holandeses dejaron la forma humana y eligieron un nuevo tema, el paisaje.*

**Barroco** Al inicio del siglo XVII, los artistas dejaron las exageraciones del manierismo por representaciones más reales del mundo. El estilo puede verse en el gran movimiento "vivo" de las esculturas de **Bernini.** En la pintura, el barroco destaca por gran unidad (equilibrio general en lugar del enfoque en el aspecto particular de una escena) y las fuertes diagonales, curvas y contrastes de tono ejemplificados por la obra de **Caravaggio.** Los elegantes y sobrios retratos del periodo, de **Rubens, Van Dyck** y **Velázquez,** influyeron en retratistas posteriores como Gainsborough.

**Velázquez** Retrato de la Infanta Doña Margarita de Austria.

1500

1600

**Renacimiento tardío** Dos siglos de experimentos con formas de representar la figura humana, la perspectiva y óleos, culminaron en el Renacimiento tardío, de 1500 a 1520. Las principales figuras fueron **Leonardo da Vinci, Miguel Ángel** y **Rafael.** Todos produjeron obras ambiciosas y complejas en gran escala. Casi toda la pintura se hacía en paneles de madera o en paredes y techos; **Giorgione** y **Tiziano** introdujeron la práctica de pintar en lienzos. Las ideas del Renacimiento italiano influyeron en los artistas alemanes y holandeses, incluyendo a **Durero.**

En Italia, algunos artistas se apartaron de las ideas de equilibrio y naturalismo establecidas por el Renacimiento, y prefirieron los efectos dramáticos. Este estilo "manierista" influyó la obra de escultores como **Bellini.**

**Miguel Ángel** La figura de *David* (1501-1504) se convirtió en un símbolo de la ciudad de Florencia.

**Caravaggio** El contraste tonal añade dramatismo a *La cena de Emaús* (1601). Caravaggio usó como modelos a gente real de las calles de Roma.

## TEMAS DE LA PINTURA

**Religión** En la Edad Media, las historias religiosas fueron el tema principal de los artistas. A partir de 1800, escasearon los encargos y obras religiosas, aunque Matisse, en la década de 1950, diseñó murales y vitrales para la Capilla de Vence, en Francia.

**Historia y mitos** Las escenas de gran valor, sacrificio o generosidad, basadas en historia y mitos antiguos, se consideraban el arte más valioso. Algunas fueron excusa para el arte erótico, con mujeres desnudas que representaban a diosas. Artistas del siglo XX, como Picasso, llegaron a pintar minotauros y otras criaturas de sus propias mitologías privadas.

**Retratos** Los retratos individuales surgieron en el Renacimiento. Leonardo da Vinci fue el primer retratista destacado. El *Retrato del papa León X,* de Rafael, inició otro tipo de realismo, al mostrar con gran detalle el rostro pensativo de su mecenas. Los autorretratos de Rembrandt son fieles, incluso "con verrugas", estilo que adoptó Lucian Freud, retratista del siglo XX.

**Naturaleza muerta** Las primeras pinturas de objetos surgieron en el siglo XVII, en España, con escenas de cocina (bodegones). Las naturalezas muertas del siglo XVIII de Chardin inspiraron a impresionistas, cubistas y a Cézanne.

**Pintura de género** Obras en pequeña escala que suelen representar la vida y los alrededores cotidianos. El veneciano Jacopo Bassano pintó animales en este estilo en el siglo XVI, pero en Holanda, en el siglo XVII, surgió como movimiento en forma. Los pintores solían especializarse en temas particulares (escenas de tabernas, cocinas o veladas musicales). En el siglo XVIII, Chardin y Hogarth pintaron famosas escenas de género.

**Paisaje** La pintura de paisajes se consideraba inferior a la histórica o la religiosa. Empezó a cobrar fuerza en el siglo XVII, en Holanda, con las obras de Hobbema, Vermeer y Ruisdael. Influyeron en paisajistas ingleses como Gainsborough y Constable que, a su vez, marcaron a los impresionistas franceses.

**Arte abstracto** Usa forma y color; renuncia a la representación. Surgió en 1920, encabezado por pintores como Vasili Kandinsky. Se diversificó durante los siguientes 30 años, cuando Ben Nicholson creó relieves de formas geométricas y Jackson Pollock, pinturas con gotas de color.

**Clasicismo** En los siglos XVI y XVII, una familia de tres pintores boloñeses, llamados los **Carracci,** regresó a Miguel Ángel y a Rafael en un intento por revivir la armonía y el equilibrio del Renacimiento tardío. Influyeron en dos pintores franceses en la Roma del siglo XVII, **Nicolás Poussin** y Claude Lorrain (conocido como **Claude).** Poussin fundó el clasicismo francés con escenas austeras, planeadas geométricamente, de la mitología clásica ubicadas en paisajes idealizados.

**Poussin** Nicolás Poussin pintó *La muerte de Germanicus* (1627) en Roma, donde pasó 17 años desarrollando su estilo clásico.

**1700**

**Pintura holandesa del siglo XVII** La pintura en la Holanda protestante del siglo XVII se derivó principalmente del realismo flamenco temprano, pero también estuvo marcada por el estilo barroco de Caravaggio. La República Holandesa no tenía cortes reales ni iglesias que patrocinaran grandes obras de arte; sus artistas pintaron gente común y escenas cotidianas. **Rembrandt,** que fue el principal retratista de Amsterdam, registró con gran agudeza el progreso de su propia vida, en una serie de autorretratos. **Frans Hals** pintó a dignatarios holandeses. **Vermeer** creó interiores tranquilos, mientras que **Ruisdael, Cuyp** y **Hobbema** fueron pioneros de una nueva forma de arte: el paisaje simple.

**Hobbema** *La avenida de Middelharnis* (1689), la obra más conocida de Meindert Hobbema, ayudó a popularizar el género del paisaje entre los viajeros ingleses.

## Datos y cifras de la pintura

- La pintura más grande del mundo es el fresco de 600 m² en el techo del Palacio del Obispo, en Würzburg, Alemania. Representa los Cuatro Continentes. La pintó el veneciano Gianbattista Tiepolo, entre 1750 y 1751.
- Pablo Picasso (1881-1973) fue el artista más versátil y prolífico del siglo XX. Su obra consta de 13 ,500 pinturas, 100,000 grabados, 34,000 ilustraciones y 300 esculturas.
- La pintura que ha alcanzado el mayor precio en una subasta es el *Retrato del Dr. Gachet* (1890), de Van Gogh, que llegó a un precio de US$82.5 millones en mayo de 1990, en Christie's de Nueva York.
- Se supone que la pintura más valiosa del mundo es la *Mona Lisa (c.* 1504), de Leonardo da Vinci, que está en el Louvre, París. En 1960, cuando se exhibió en Estados Unidos, se valuó para propósitos del seguro en US$100 millones.

## Artistas C-E

**Jean-Baptiste-Siméon Chardin** (1699-1779) Francés
El pintor más exitoso en pintura de género y naturaleza muerta de Francia, por su pericia con el color y hábil composición.
*Dando gracias; La mesa del almuerzo*

**Claude Lorrain**
(*c.* 1600-1682) Francés
Desde su casa en Roma, Claude se especializó en obras que ilustraban la mitología antigua. Los fondos de estas escenas (enormes paisajes romanos, ricos en luz, sombra y ambiente) influyeron en paisajistas posteriores, como Turner.
*Céfalo y Procris*

**John Constable**
(1776-1837) Británico
Sus observaciones del cambio de luz y atmósfera en la campiña inglesa influyeron en pintores románticos y en los impresionistas del siglo XIX.
*La carreta de heno*

**Salvador Dalí**
(1904-1989) Español
Exponente principal del surrealismo, que representa imágenes de la mente inconsciente. Describió sus cuadros alucinantes como "fotografías de sueños pintadas a mano".
*El nacimiento de los deseos líquidos*

**Jacques Louis David**
(1748-1825) Francés
Figura central en el movimiento neoclásico. Sus temas heroicos expresan autosacrificio y devoción al deber, y capturan la atmósfera de la Francia revolucionaria.
*Juramento de los Horacios; Coronación de Napoleón*

**Edgar Degas**
(1834-1917) Francés
Destacó entre los impresionistas por sus representaciones de temas de interiores, como ballet y teatro, más que paisajes. Sus pinturas de la figura humana captan la sensación de movimiento.
*Ajenjo; Ensayo en el foyer de la Ópera*

**Eugène Delacroix**
(1798-1863) Francés
Sus obras fueron notables por su violencia y exotismo, influidas por una visita a Marruecos. Su tema principal y el uso del color lo convirtieron en uno de los pintores románticos más influyentes.
*Muerte de Sardanápalo; Mujeres de Argel*

**Donatello**
(1386-1466) Italiano
Tuvo un papel importante en la creación del estilo del Renacimiento temprano en Florencia. Sus esculturas eran independientes del entorno, cualidad no vista desde la época clásica.
*San Jorge*

**Marcel Duchamp**
(1887-1968) Francés
Aunque produjo pocas obras, su influencia como primer "antiartista" ayudó a cambiar la percepción de lo que es el arte, a través de actos tales como exhibir un mingitorio.
*Desnudo bajando una escalera*

**Alberto Durero**
(1471-1528) Alemán
Visitó Italia para aprender la perspectiva del Renacimiento y cómo dibujar desnudos. Su sentido del color y la proporción, así como su técnica para el grabado, lo convirtieron en el artista más importante del norte de Europa en su época.
*Autorretrato; Caballero*

**Jacob Epstein**
(1880-1959)
Estadounidense-británico
Criticaron sus esculturas (desnudos distorsionados de apariencia primitiva) por ofensivas. Sus bustos posteriores, naturalistas, se consideran los mejores del género moderno.
*La barrena*

vea también
194 **El Renacimiento**
196 **Creencias en pugna**
334 **Mitología griega y romana**

*El rococó y el romanticismo desecharon los temas históricos y religiosos del arte anterior. Aunque los neoclásicos conservaron parte de la influencia griega, otros artistas empezaron a inspirarse en la literatura, la poesía y la "vida real", y rechazaron el idealismo de los primeros movimientos artísticos.*

**Neoclasicismo** A partir de la década de 1760, Europa empezó a descubrir cómo habían sido en realidad el arte griego y el romano. La información se obtuvo de las excavaciones en Pompeya y de los relatos de quienes visitaban Grecia. Ello llevó al rechazo del rococó en favor de un estilo simple y grandioso, la escultura clásica como modelo. Pintores franceses como **David** y sus seguidores, **Gérard, Gros** e **Ingres,** crearon obras que glorificaban la Revolución Francesa. El artista italiano **Canova,** cuyas obras incluyen la tumba del papa Clemente XIV, fue el principal escultor neoclásico.

**Canova** La equilibrada belleza de las *Tres Gracias* (1813-1816) hace eco de los antiguos ideales clásicos.

1700

1750

**Rococó** A principios del siglo XVIII, la alta sociedad se aburrió de los temas históricos y nobles del barroco. Los mecenas ricos empezaron a apreciar el arte íntimo y amoroso de **Watteau,** que pintó escenas de personas con ropa a la moda, que se divertían. El nuevo estilo rococó (elegante, sensual y ornamental) pronto se extendió por Europa. Sólo las escenas serias y majestuosas de **Chardin** se apartaron del nuevo estilo.

**Fragonard** *El columpio* (*c.* 1766), pintura frívola y festiva, epítome del estilo rococó.

**Romanticismo** Los románticos rechazaron el enfoque intelectual del neoclasicismo, en favor de la expresión directa de los sentimientos y la experiencia individual. Para **Friedrich,** artista alemán, el paisaje debía expresar el estado espiritual del pintor y los paisajes románticos solían tener elementos simbólicos (como ruinas y árboles retorcidos). **Delacroix** pintó enormes lienzos inspirados en la literatura. Los románticos experimentaron con un estilo de pincelada más libre y formas variadas de aplicar la pintura. Para **Constable** y **Turner,** los paisajes holandeses fueron los primeros modelos. Turner fue pionero de un tratamiento de la luz, el color y el espacio casi abstracto.

**Turner** En *Lluvia, vapor y velocidad* (1844), los tonos nebulosos dan la sensación de ímpetu.

## TÉRMINOS CLAVE DE PINTURA

- **Alla prima** Método de pintura al óleo en el que los aceites se aplican sin base.
- **Cartón** Diseño de tamaño natural para una pintura.
- **Claroscuro** Pronunciado contraste de luces y sombras.
- **Díptico** Pintura al óleo sobre dos tablas plegables; un **tríptico** tiene tres partes, un **políptico,** cuatro o más.
- **Escorzo** Perspectiva aplicada a un solo objeto, como un brazo que señala directamente al observador.
- **Fondo** "Base" de una pintura, aplicada al preparar un lienzo.
- **Fresco** Pintura ejecutada sobre yeso.
- **Grisalla** Pintura en sombras de gris.
- **Icono** Imagen de una persona santa.
- ***Impasto*** Pintura espesa que conserva marcas de brocha u otro utensilio.
- ***Pentimento*** Área donde la capa superior de un óleo se torna transparente con el tiempo y permite ver una pintura anterior.
- ***Pietà*** Pintura o escultura de la Virgen María con Cristo muerto en su regazo.
- **Plano del cuadro** Plano imaginario ocupado por la superficie física de la pintura. Las líneas de perspectiva parecen alejarse de la pintura.
- **Plumeado** Uso de líneas paralelas finas para sugerir sombreado.
- **Primitivo** Designa a los pintores italianos medievales; hoy se aplica a artistas que pintan con simplicidad infantil.
- **Sanguina** Gis café rojizo.
- **Sección áurea** Proporción de una línea o rectángulo dividido para que la parte pequeña sea a la mayor lo que la mayor es a ambas. Poseía fuerza estética.
- **Suavizar** Aplicar ligeramente un color opaco sobre una capa previa.
- ***Trompe l'oeil*** Pintura que engaña al observador y lo hace pensar que los objetos representados son tridimensionales.
- **Yeso mate** Mezcla de pigmento de gis y cola, para preparar lienzos o tablas.

**Realismo** El rechazo al neoclasicismo y al romanticismo en favor de la observación directa de la vida real fue su objetivo principal. **Courbet** creía que "la pintura es arte concreto y debe aplicarse a cosas reales". Sus lienzos representan escenas cotidianas, a veces en una escala épica. *Entierro en Ornans* muestra a un grupo de aldeanos ante una tumba. El arte establecido lo consideró "vulgar". No hubo una escuela realista reconocida, pero el rechazo de Courbet a lo establecido influyó en otros movimientos de arte, desde el impresionismo hasta el cubismo y más allá.

**Courbet** Los críticos rechazaron *Entierro en Ornans* (1849-1850) por apartarse de la tradición artística de idealizar la vida.

1800 1850

**Prerrafaelistas y simbolistas** La hermandad prerrafaelista estaba formada por jóvenes pintores obsesionados con la poesía romántica, que deseaban volver a la simplicidad del arte antes de Rafael. Incluía a **Rossetti, Millais** y **Holman Hunt.** El estilo medieval romántico de **Burne-Jones** se asoció con el movimiento por su similitud con la obra posterior de Rossetti. En la década de 1880, los simbolistas recurrieron a fuentes literarias. Inspirados por los poetas Baudelaire y Mallarmé, **Moreau, Puvis de Chavannes** y **Redon** eligieron sus temas de la mitología y la fantasía. Mediante la luz y la distorsión buscaban un impacto psicológico.

**Burne-Jones** *Laus Veneris* (1873-1875) representa al caballero alemán Tannhäuser al descubrir el hogar de Venus.

## Tipos de pintura

**Acrílico** Pintura sintética inventada en la década de 1960. Soluble en agua y de secado rápido, se usa como acuarela aguada o *impasto* opaco espeso.

**Acuarela** Se trata de pigmentos fijados con un medio soluble al agua (generalmente goma). Los tonos más claros se obtienen adelgazando la pintura con agua, para que luzca el blanco del papel. Es popular entre los paisajistas, pues se usa bien en exteriores.

**Gouache** Llamado también aguazo o pintura de cartel, es una acuarela opaca.

**Óleo** El pigmento se mezcla con aceite secante, normalmente de linaza. Las pinturas al óleo, desarrolladas en Flandes alrededor de 1420, permiten mayor profundidad, sutileza y riqueza de color, así como distintas texturas, desde el *impasto* áspero, hasta la textura sedosa. Tiziano fue el primero en explotar el potencial del óleo en el siglo XVI, retrabajando sus cuadros.

**Pastel** El pigmento en polvo se mezcla con goma o resina para fijarlo y formar barras. Fue una técnica favorecida por los impresionistas.

**Témpera** El pigmento de la pintura se disuelve en agua y se mezcla o templa con yema de huevo. Se seca con mucha rapidez y no permite que se hagan cambios en el diseño original.

## Artistas G-K

**Paul Gauguin** (1848-1903) Francés
Las pinturas postimpresionistas de Gauguin muestran influencias primitivas de Tahití, donde pasó los últimos años de su vida. Su uso de patrones de color para incitar la imaginación lo convirtieron en un artista simbolista influyente.
*Mujeres tahitianas; Ia Orana María*

**Giotto di Bondone** (1267-1337) Italiano
Giotto introdujo profundidad y dramatismo a la pintura con su sentido de la perspectiva y figuras humanas expresivas y realistas. Fue el primer artista en liberarse del arte bidimensional medieval.
*Frescos,* Capilla Arena, Padua, Italia

**Francisco de Goya** (1746-1828) Español
Fue un retratista penetrante que pintó con detalle cruel a quienes posaron para él. Fue también un visionario romántico, cuyas representaciones de los males de la guerra no han sido superadas.
*Familia de Carlos IV; La maja desnuda*

**Barbara Hepworth** (1903-1975) Británica
La principal escultora abstracta británica del siglo XX exploró la relación entre espacio y forma. Basó su obra en formas de objetos erosionados naturalmente.
*Forma única*

**David Hockney** (1937- ) Británico
En la década de 1960, surgió como artista pop (término que nunca aceptó). Desde los 25 años, la calidad de su obra (desde la pintura y el dibujo de línea fina, hasta el collage y el arte gráfico) obtuvo elogios críticos.
*Un manchón más grande*

**William Hogarth** (1697-1764) Británico
Sus brillantes grabados satíricos y sus retratos informales lo convirtieron en el primer gran artista británico.
*Carrera de un libertino*

**Hans Holbein el Joven** (*c.* 1497-1543) Alemán
El sorprendente realismo del estilo de Holbein lo ayudó a ser el principal retratista nórdico del Renacimiento. Se estableció en Inglaterra y fue pintor de la corte de Enrique VIII.
*Los embajadores*

**Edward Hopper** (1882-1967) Estadounidense
Sus pinturas y grabados presentan una visión atmosférica de la vida citadina. Muestran los interiores urbanos estadounidenses con figuras humanas solitarias. Se le considera un gran grabador y pintor figurativo sobresaliente.
*Los noctámbulos*

**Jean-Auguste-Dominique Ingres** (1780-1867) Francés
Su gran dominio del dibujo lo convirtió en el principal exponente del neoclasicismo francés. Se dedicó a representar grandes temas mitológicos, pero es más conocido por sus desnudos y retratos.
*La bañista; Mme. Rivière*

**Vasili Kandinsky** (1866-1944) Ruso-alemán
Fue el teórico y pintor más influyente del abstraccionismo. Creía que el arte debía reflejar los sentimientos interiores y que la forma y el color podían crear solos una respuesta emocional.
*Boceto para Composición IV*

**Paul Klee** (1879-1940) Suizo
El estilo original e inventivo de Klee lo convirtió en un artista único del siglo XX. Su forma poética del arte abstracto recuerda los garabatos.
*Ante las puertas de Kairouan*

vea también
172 **Grecia antigua**
200 **Agitación en Europa**
204 **La Revolución Industrial**
384-387 **Literatura occidental**

*El cambio de las visiones subjetivas del entorno, que distinguieron a los impresionistas, a las composiciones objetivas y estructuradas de los postimpresionistas señaló el inicio del arte moderno. Los colores intensos y alejados de la realidad de los expresionistas y las formas distorsionadas del cubismo y el surrealismo liberaron al arte de sus limitaciones tradicionales.*

**Postimpresionismo** Después de 1880, algunos pintores sintieron que la fidelidad a la naturaleza que tenían los impresionistas restringía su libertad, y que la forma y el color podían usarse de forma diferente. **Seurat** colocó los colores como puntos, para que se "mezclaran" en la vista del observador (puntillismo); **Gauguin** usó formas aplanadas y colorido irreal; **Van Gogh** utilizó atrevidos colores vibrantes y capas espesas de pintura, y **Cézanne** creó vívidos paisajes muy estructurados, naturalezas muertas y figuras. **Rodin** devolvió seriedad heroica a la escultura, con pasión y realismo excepcionales. En su bronce *Las puertas del infierno* (*c.* 1880), aparecen unas 200 figuras dramáticas.

**Rodin** *El beso* (1888), a partir de un concepto para *Las puertas del infierno.*

1850 1875 1900

**Impresionismo** Los impresionistas rechazaron el exotismo y la emotividad del romanticismo; deseaban capturar "impresiones" visuales inmediatas de otros temas y sugerir formas a través de fugaces efectos de luz. **Monet, Pissarro** y **Sisley** pintaron repetidamente los mismos paisajes con diferente luz. **Manet** y **Degas** pintaron escenas urbanas o interiores, al igual que **Berthe Morisot** y **Mary Cassatt.** El "Salón" oficial vetó la obra de los impresionistas. El grupo organizó ocho exposiciones, de 1874 a 1886, y luego se disolvió.

**Monet** Después de crear un jardín acuático en su casa en Giverny, en 1890, Monet pasó 20 años pintando sus vivos colores.

**Fauvismo** En una exhibición en París en 1905, gracias a la energía salvaje, las formas simplificadas y las combinaciones discordantes de colores intensos en los cuadros de **Matisse, Vlaminck, Derain, Rouault** y **Dufy,** un crítico de arte los llamó *fauves* ("bestias salvajes" en francés). El movimiento sólo duró tres años, pero marcó profundamente a los expresionistas y los expresionistas abstractos.

## PICASSO: ARTISTA DEL SIGLO XX

Ningún artista del siglo XX rivaliza en fama, versatilidad, influencia o número de obras con el español Picasso. Su primera obra se cataloga en el "Periodo Azul" (pinturas de marginados sociales en tonos azules) y el "Periodo Rosa", que representa bailarines y acróbatas en tonos rosados. Sus estudios de Cézanne y de la escultura africana lo condujeron a la primera pintura cubista. *Las señoritas de Avignon* (1907) impactó las ideas occidentales de forma y belleza, con sus cuerpos distorsionados y rostros como máscaras. Luego se dedicó a la escultura y fue pionero en las obras tridimensionales, al combinar diferentes objetos en formas ingeniosas, en lugar de grabar o modelar. Creó la *Cabeza de un toro, Metamorfosis* (1943) con partes de una bicicleta. Muchas de sus obras obtienen fuerza emocional con imágenes de desesperación, pero el contraste festivo y ecléctico de otros trabajos abrió caminos al arte moderno.

**Guernica (1937)** La respuesta emocional de Picasso al bombardeo alemán de la capital vasca, Guernica, durante la Guerra Civil Española, expresa el horror del conflicto armado.

**Franz Marc** *El destino de los animales* (1913) expresa el sentimiento de Marc por el "lado espiritual intrínseco de la naturaleza".

**Expresionismo** Cualquier obra que emplea la distorsión para reflejar el estado mental del artista puede etiquetarse como "expresionista". El objetivo principal es la comunicación de emociones subjetivas a través de colores fuertes y formas dinámicas o fantásticas. El estilo tuvo un desarrollo intenso en Alemania entre 1905 y 1930 con artistas como **Kirchner, Klee, Macke** y **Marc.**

**Cubismo** Los pintores cubistas de principios del siglo XX representaban las tres dimensiones de un objeto sin perspectiva ilusoria o colores precisos. El cubismo marcó una separación radical de la idea del Renacimiento, según la cual el arte debe reflejar la naturaleza. Tuvo dos fases. En el cubismo analítico, los diferentes aspectos de un objeto (lados, parte superior y base) podían mostrarse a la vez y el proceso llegó casi a la abstracción total. En el cubismo sintético, elementos como materiales texturizados y letras se combinaron (o sintetizaron) con la pintura (una nueva técnica conocida como collage).

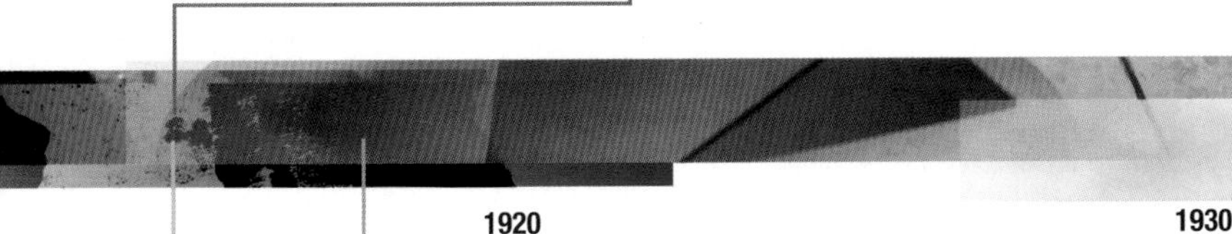

1920

1930

**Futurismo** Movimiento italiano que se originó alrededor de 1909. Desechó en lo posible el abrumador pasado artístico de Italia, y se inspiró en la rapidez y la maquinaria contemporánea. El estilo copió los repetidos planos geométricos usados por los cubistas para representar movimiento y velocidad. **Boccioni,** pintor y escultor, fue el artista sobresaliente del futurismo; creó pinturas borrosas con movimiento y esculturas de figuras dinámicas. El futurismo murió con la Primera Guerra Mundial, pero influyó en el arte posterior en Gran Bretaña y Rusia, y en el dadaísmo.

**Giacomo Balla** *Velocidad de los automóviles y luz* (1913) representa el movimiento con líneas y tonalidades puras. Fue contemporáneo de Boccioni.

**Salvador Dalí** *La metamorfosis de Narciso* (1937) yuxtapone objetos mundanos e incongruentes. Dalí aseguraba que cultivaba deliberadamente la paranoia como fuente de creatividad.

**Dadaísmo y surrealismo** En 1915, surgió un movimiento que rechazaba todo lo establecido hasta entonces. Su nihilismo, humor y deseo urgente de impactar prosperaron en la atmósfera desilusionada de la posguerra. El principio característico del dadaísmo, expuesto por su figura más influyente, **Marcel Duchamp,** fue que el arte era lo que el artista decía que era. Después de Duchamp, cualquier objeto, de cualquier material, era potencialmente una obra de arte. El surrealismo, cuyo objetivo fundamental era crear arte a partir del inconsciente, surgió en París, en la década de 1920. Artistas surrealistas como **Magritte** y **Dalí** usaron obsesivamente imágenes y objetos detallados en formas oníricas y perturbadoras.

**DATO** Cinco de las diez pinturas más costosas que se han vendido en subasta son de Pablo Picasso.

## Artistas K-P

**Jeff Koons** (1955- ) Estadounidense
Convierte temas banales en grandes objetos iconográficos, a menudo comisionando a fabricantes tradicionales para que trabajen con materiales como metal o porcelana. Su arte ayudó a establecer el término neogeometrismo (o "Neo-Geo"), que se refiere a su contenido impersonal y sin emoción.
▫ *Cachorro*

**Leonardo da Vinci** (1452-1519) Italiano
Suele describírsele como el genio artístico y científico del Renacimiento. En sus pinturas maneja con sutileza luz y sombra, creando paisajes misteriosos y hermosas figuras humanas muy expresivas.
▫ *Mona Lisa*

**Roy Lichtenstein** (1923-1997) Estadounidense
Fundador y exponente principal del arte pop. Usa imágenes inspiradas en tiras cómicas, para crear pinturas originales y bien compuestas.
▫ *Wham!*

**Édouard Manet** (1832-1883) Francés
El primer impresionista (aunque nunca expuso con otros del grupo). Se le conoce como el "primer pintor moderno" por su elección de temas. Pintó la vida contemporánea, en lugar de basar su trabajo en asuntos tradicionales o morales.
▫ *Desayuno sobre la hierba; Olimpia*

**Henri Matisse** (1869-1954) Francés
La Riviera Francesa fue una rica fuente de color para Matisse. Tuvo fama internacional como un pintor moderno igualado sólo por Picasso. Su uso de tonos puros y vívidos, en lugar de sombras naturales, inspiró el movimiento del fauvismo.
▫ *El caracol*

**Miguel Ángel** (1475-1564) Italiano
Poco después de los 20 años, ya había mostrado dominio técnico en sus esculturas de la figura humana. La composición y la expresividad de sus estatuas, frescos y edificios elevó el perfil del arte como profesión.
▫ Techo de la Capilla Sixtina

**Piet Mondrian** (1872-1944) Holandés
Su arte rigurosamente abstracto, con composiciones de colores primarios bordeados por líneas, influyó en el diseño gráfico, el diseño industrial y en el arte abstracto posterior.
▫ *Composición con rojo, negro, azul y gris*

**Claude Monet** (1840-1926) Francés
Fue la pintura de Monet, *Impresión: Amanecer*, la que dio su nombre a los impresionistas. Se especializó en representar variaciones de la luz y la atmósfera.
▫ *La estación San Lázaro; Catedral de Ruán*

**Henry Moore** (1898-1986) Británico
Las principales obras del escultor quizá más conocido del siglo XX representan la forma humana en un estilo audaz semiabstracto. Las figuras reflejan las formas curvas del paisaje.
▫ *Rey y reina*

**Piero della Francesca** (*c.* 1415-1492) Italiano
Pintor del Renacimiento, combinó la grandeza solemne con el color puro y usó la arquitectura clásica para enfatizar la perspectiva matemática. Aunque fue influyente en su época, el nivel de sus logros se reconoció hasta el siglo XX.
▫ Ciclo de frescos *Leyenda de la verdadera cruz; El bautismo de Cristo*

vea también
194 **El Renacimiento**
346 **Psicología**
360 **Historia de la fotografía**

*Conforme transcurrió el siglo XX, la simplicidad y el minimalismo fueron las características principales de la pintura y la escultura. Las definiciones del arte se ampliaron para incluir grabaciones de video, acciones escénicas y ensamblaje de objetos naturales. El acto creativo en sí mismo es hoy tan importante como la obra artística que produce.*

**Expresionismo abstracto** A partir de la década de 1940, el expresionismo abstracto fue el primer movimiento estadounidense no influenciado por la pintura europea, aunque se inspiró en las ideas del surrealismo sobre la creación artística. Los expresionistas abstractos buscaron la expresión espontánea a costa del diseño realista. **Jackson Pollock** desarrolló la técnica de arrojar o gotear pintura sobre un lienzo (conocida como "pintura gestual" o *action painting).* Los brillantes despliegues de color de **Mark Rothko** se conocen como "pintura de abstracción cromática". Otros exponentes son **Willem de Kooning** y **Barnett Newman.**

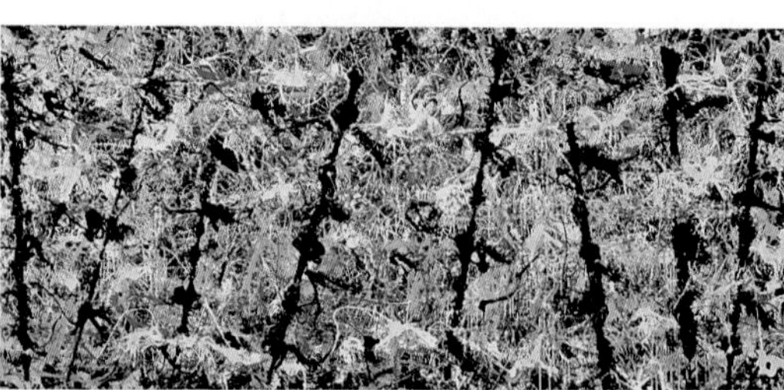

**Pollock** Las formas dentro de *Polos azules: Número II* (1952) "extraen" imágenes de la mente inconsciente del observador.

1930 1940 1950 1960

**Brancusi** La cabeza de *Mademoiselle Pogany III* (1933) está formada por curvas simples.

**Modernismo** En pintura, el término resume una variedad de estilos que fueron, de 1920 a 1960, caracterizados por abstracción, colores mates y énfasis en el lienzo como superficie artificial. El pintor más puramente modernista fue **Piet Mondrian.** En la escultura, el modernismo fue un movimiento distinto, que experimentó con forma y estructura. **Constantin Brancusi,** considerado uno de los mejores escultores del siglo xx, redujo sus formas a una simplicidad casi abstracta. **Henry Moore** rechazó los ideales clásicos de la belleza por figuras más toscas y vitales, basadas en formas naturales (cuerpos humanos, conchas, huesos). **Barbara Hepworth** buscó la naturaleza de una forma totalmente abstracta. El modernismo de **Anthony Caro** siguió las ideas del arte pop y usó componentes industriales comunes (placas de acero, tubos de aluminio soldados y pintados con brillo).

**Conceptualismo** Sus seguidores afirman que el acto creativo es más importante que el objeto creado; en su punto más extremo, podría consistir tan sólo en una idea para una obra de arte. Incluye: *performance* (eventos escenificados por el artista), arte corporal (expresión de ideas, a veces polémica, que el artista hace con su cuerpo) y arte del paisaje (interacción del artista con el ambiente urbano o natural).

**Koons** *Cachorro* (creada por primera vez en 1992) es una escultura conceptual de 13 m de alto hecha con plantas vivas.

**Arte pop** "Efímero, de bajo costo, producido en masa, joven... sexy, con artimañas", así definió **Richard Hamilton** el movimiento que ayudó a crear. Influenciado por el dadaísmo, el arte pop recuperó emblemas del mundo moderno (tiras cómicas y anuncios) y usó sus ideas e imágenes. Sus principales exponentes fueron **Warhol** y **Lichtenstein** en EUA; Hamilton, **Peter Blake** y **Allen Jones** en Gran Bretaña.

**Lichtenstein** *En el auto* (1963) expresa tensión entre dos personajes, en una imagen gráfica y simple.

## ¿QUÉ ES UNA INSTALACIÓN?

Las instalaciones son obras de arte creadas en armonía con su ambiente o como parte de éste (una galería). Surgieron en la década de 1960, al considerarse que el contexto en el que se ve una obra es tan importante como su contenido. Los artistas dedicados a las instalaciones reconstruyen una sala (como en la obra del ruso **Ilya Kabakov)** o componen una obra de arte con varios objetos con la sala como "lienzo" (método de la artista británica **Cornelia Parker).**

**Parker** *Materia fría y oscura – Una vista que explota* (1991) fue creada colgando piezas de madera entre el suelo y el techo.

## VIDEO

Desde la década de1960 se ha explotado el potencial expresivo de la videotecnología: repetición instantánea y continua, cámara lenta, proyección en gran escala y en pantallas múltiples, y pistas sonoras. Artistas como **Bill Viola** y **Sam Taylor Wood** producen acerca de comportamiento, relaciones e identidad humanos con efecto intimista, intenso y a veces perturbador.

**Pintura figurativa** A pesar de los cambios radicales aceptados en las nociones del arte y las obras de arte, la tendencia que representa personas, animales u objetos (arte figurativo) continúa con éxito, aunque con formas modificadas. Junto con **Francis Bacon, Lucian Freud** y **David Hockney,** la pintura figurativa ha incluido desde la década de 1970 a los posmodernistas llamados "neoexpresionistas", como **Anselm Kiefer** y **Julian Schnabel.**

**Hockney** *Coleccionistas americanos* (1968) muestra el talento de Hockney como dibujante y su capacidad de expresar la personalidad humana en estilo gráfico.

1970 1980 1990 2000

**Minimalismo** Algunos artistas reaccionaron contra la falta de emotividad del expresionismo abstracto y creyeron que la materia prima colocada en configuraciones geométricas podría "hablar" directamente con el observador. Esto no siempre fue así: en 1976, la obra de **Carl Andre** *Equivalente VIII* (120 ladrillos dispuestos en forma rectangular) provocó burlas y actos vandálicos durante su exhibición en la Galería Tate, en Londres.

**Arte contemporáneo** A finales de la década de 1980, el arte alcanzó la conclusión lógica del dadaísmo de Duchamp y se convirtió en lo que el artista deseaba que fuera. **Rachel Whiteread** logró fama instantánea en 1992 con *Sin título (Casa),* pieza fundida del interior de una casa victoriana. Gran parte de su obra se concentra en los espacios entre los objetos, que llena con yeso o cera, para revelar un "negativo fotográfico" del espacio original. **Damien Hirst** mostró animales muertos conservados en tanques de formaldehído, para explorar la vida y la muerte. La nueva tecnología también ha estimulado desarrollos: grabaciones de video, películas e imágenes generadas en computadora son hoy otros medios artísticos comunes.

**Hirst** Gran parte de la obra de Hirst, incluyendo *La imposibilidad física de la muerte en la mente de alguien vivo* (1991), despierta "los peores temores".

## Arte del paisaje

Algunos proyectos de arte del paisaje consisten en excavar y reacomodar tierra y rocas. *Espigón espiral,* del estadounidense **Robert Smithson,** era una larga espiral de roca y cristales de sal, en la orilla del Gran Lago Salado, en Utah. El artista británico **Andy Goldsworthy** creó patrones y formas con materiales como hojas, hielo y piedras, para expresar la fuerza de la naturaleza.

**Goldsworthy** Hito de piedras construido en la Isla Canguro, Australia.

## Artistas P-Z

**Jackson Pollock** (1912-1956) Estadounidense
El principal expresionista abstracto que buscó la manifestación directa del inconsciente. Sus pinturas sugieren gestos o formas entre sus gotas o rastros de colores.
*Número 14*

**Rafael** (1483-1520) Italiano
Los colores límpidos, las figuras con gracia y los fondos arquitectónicos simétricos de sus pinturas convirtieron a Rafael en uno de los principales artistas del Renacimiento tardío. Su obra inspiró a todos los pintores clásicos.
*La escuela de Atenas; Madona de la silla*

**Rembrandt** (1606-1669) Holandés
El pintor holandés más apreciado, maestro de la pintura y el grabado en aguafuerte. Fue el primero en establecer un estilo de retrato profundamente perceptivo y expresivo.
*La lección de anatomía del Dr. Tulp; Autorretrato (1658)*

**Diego Rivera** (1886-1957) Mexicano
Miembro de la escuela nacionalista, realizó notables pinturas murales que recrean la vida, la historia y las contradicciones sociales de México. Trabajó el óleo, el dibujo, la acuarela y el retrato.
*Los alcatraces*

**Auguste Rodin** (1840-1917) Francés
Sus expresivas formas naturales revivieron la popularidad de la escultura entre el público. Fue el principal escultor postimpresionista francés.
*El pensador*

**Peter Paul Rubens** (1577-1640) Flamenco
"Padre del estilo del gran periodo barroco", famoso por sus enormes lienzos dramáticos para las cortes europeas.
*Autorretrato con Isabella Brant; Llegada de la Reina a Marsella*

**Tiziano** (*c.* 1483-1576) Italiano
Uno de los grandes artistas del Renacimiento. Su estilo de pinceladas gruesas revolucionó la pintura al óleo. Influyó en otros pintores, incluyendo a Rubens y Velázquez.
*Pietà*

**Jan van Eyck** (1390-1441) Flamenco
Pintor de principios del Renacimiento. Fue el primero en mostrar destreza técnica con la pintura al óleo. Sus obras muestran detalles finos y ricos colores.
*El matrimonio Arnolfini*

**Vincent van Gogh** (1853-1890) Holandés
Postimpresionista, se esforzó por expresar su visión interior con colores turbulentos y trabajo de pincel, base del Expresionismo.
*Campo de trigo y cipreses; Girasoles*

**Diego Velázquez** (1599-1660) Español
Retratista barroco de la corte. Eliminó los accesorios y las alegorías para concentrarse en sus modelos. Sus técnicas influyeron en pintores como Goya y Manet.
*Las Meninas*

**Jan Vermeer** (1632-1675) Holandés
Fue el principal pintor de género holandés por su gran habilidad para componer y su uso de luz y sombra en escenas domésticas.
*Joven leyendo; La moza de la cocina*

**Andy Warhol** (1928-1987) Estadounidense
En su estudio "Fábrica", produjo imágenes gráficas carentes de emoción, que formaron parte de la iconografía de EUA.
Pintura/grabado *Marilyn Monroe dorada*

vea también
194 **El Renacimiento**
346 **Psicología**
360 **Historia de la fotografía**
410 **Diseño y publicidad**

*A los primeros fotógrafos les tomaba mucho tiempo realizar su trabajo, ya que una placa fotográfica necesitaba varios minutos de exposición para formar una imagen clara. Los más hábiles captaban el carácter y el estado de ánimo. Hoy las exposiciones de fracciones de segundo requieren una mente ágil para capturar la esencia de los momentos fugaces.*

## LOS PIONEROS

En 1826 el químico francés **Joseph Nicéphore Niepce** (1765-1833) captó la primera imagen fija en una placa de peltre sensible a la luz. Era necesario exponerla a una escena por 8 horas. En 1838, **Louis-Jacques-Mandé Daguerre** (1787-1851) redujo el tiempo de exposición a entre 20 y 30 minutos, al usar varias sustancias químicas en una placa de cobre fotosensible. Estas imágenes son los **daguerrotipos.** Dos años después, **William Henry Fox Talbot** (1800-1877) inventó la **calotipia** (sistema para producir múltiples copias de una imagen con un solo negativo). En las décadas de 1870 y 1880, **Eadweard Muybridge** usó mayor tiempo del obturador y cámaras múltiples para captar claras secuencias de movimiento.

**August Sander** Su serie de retratos de los habitantes de Colonia en la década de 1920 incluía a *El pastelero* (1928).

**Ansel Adams** *El Gran Cañón desde Punta Imperial,* tomado en 1942, muestra su uso del tono y el contraste para delinear las formas del paisaje y enfatizar los detalles del fondo.

## Retrato

El retrato fotográfico desarrolló un estilo distintivo al inicio de la década de 1840. El prolongado tiempo de exposición hacía el trabajo formal y tenso. Los mejores retratistas, como **David Octavius Hill** (1802-1870) y su socio, **Robert Adamson** (1821-1848), crearon piezas que expresan la personalidad y el ambiente social de quien posaba. Cientos de retratos tomados en su estudio de Edimburgo revelan la vida en la Inglaterra victoriana.

En la década de 1850, se estableció un gran número de estudios fotográficos. A mediados del siglo XIX, **Gaspard-Félix Turnachon** (1820-1910) retrató a muchas celebridades en París. Sus poses sencillas tienen un fondo simple, con luz natural. Los principales personajes de la época también posaron para **Julia Margaret Cameron** (1815-1879), que adoptó la fotografía como pasatiempo en 1864. Su trabajo tiene fallas técnicas, pero su uso de acercamientos *(close-ups)* evoca el carácter y el estado de ánimo de quienes posaban.

Otro fotógrafo importante de la sociedad fue **August Sander** (1876-1964). Sus retratos documentan la vida alemana en las décadas de 1920 y 1930, durante el ascenso nazi.

Las cámaras más ligeras y la película más sensible posibilitaron retratos menos estáticos, como los retratos de **Richard Avedon** (1923- ), quien solía fotografiar a las personas en poses de confrontación, y en la obra de **Robert Mapplethorpe** (1946-1989).

## Paisaje y arquitectura

El equipo lento y pesado hizo que los temas estáticos, como edificios y paisajes, fueran favoritos en los inicios de la fotografía. Cuando había pocas oportunidades de viajar, éstos ampliaron la idea de la gente sobre el mundo.

Por ejemplo, en la década de 1850, la obra técnicamente sofisticada de **Francis Frith** (1822-1894) ofreció vistas de Medio Oriente, región poco conocida en Occidente.

En esa época se descubrieron los grandes espacios de EUA. En las expediciones del gobierno enviadas a explorar nuevos territorios viajaban fotógrafos. En 1867, **Timothy O'Sullivan** (1840-1882) fotografió los vastos espacios al oeste del Mississippi, y en 1870, **William Henry Jackson** (1843-1942) cubrió el Oeste estadounidense. Gracias a sus fotos, el Congreso hizo a Yellowstone el primer Parque Nacional de ese país.

Con su énfasis en el detalle, **Edward Weston** (1886-1958) sumó un elemento de abstracción a sus paisajes, como su serie de fotografías del Desierto de Mojave (1937). La obra de su contemporáneo **Ansel Adams** (1902-1984) también puso atención a la definición. Sus fotos del Valle Yosemite, en California, se centran en la textura y los matices de la luz.

Un tema común de la posguerra es la ciudad y su invasión de la naturaleza. **Gabriele Basilico** (1944- ) se centra en ello, como lo hace **Stephen Shore** (1947- ) con sus paisajes urbanos.

## LA GENERACIÓN QUE SIGUIÓ

En la primera mitad del siglo xx, varios artistas, en particular los involucrados en nuevos movimientos como el **dadaísmo** y el **surrealismo** (vea pág. 357), experimentaron con la fotografía. Evitaron deliberadamente el realismo, objeto primario de la fotografía. La meta principal de casi todos ellos era producir imágenes abstractas o surrealistas usando técnicas y materiales fotográficos.

Al inicio de la década de 1920, **Man Ray** (1890-1976), pintor estadounidense, desarrolló una nueva técnica que manipulaba la luz para proyectar directamente el contorno de los objetos en papel fotográfico. El contorno se revelaba después, creando imágenes abstractas e irreales, que llamó **rayografías.** Al mismo tiempo, **Laszlo Moholy-Nagy** (1895-1946) produjo obras similares que llamó **fotogramas.**

El **fotomontaje** fue otra técnica nueva, inventada y desarrollada en 1920 por **John Heartfield** (1891-1968). Sus cuadros, creados reuniendo imágenes de diferentes fotografías, solían ser de una fantasía brutal. Heartfield y otros artistas, como **Max Ernst** (1891-1976), usaron este estilo para manifestar posturas sociales y políticas. Gran parte de la obra de Heartfield critica al fascismo.

Otros produjeron cuadros que enfatizaban las cualidades decorativas y abstractas de vistas y objetos cotidianos. Los paisajes del italiano **Franco Fontana** (1933- ) son célebres por seguir esta línea.

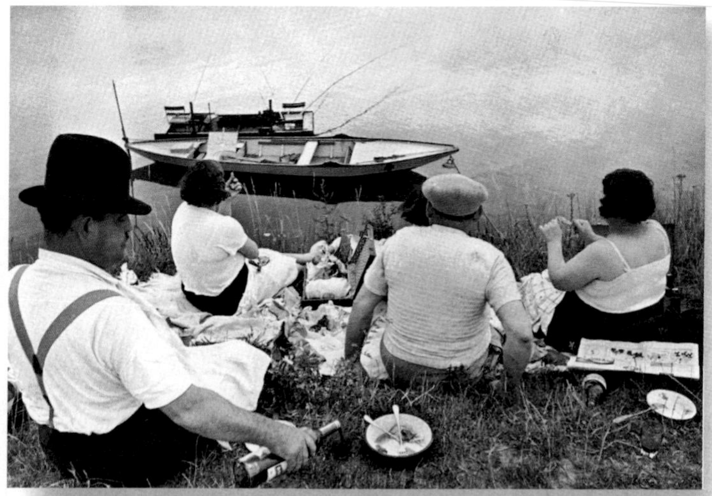

**Henri Cartier-Bresson** *Domingo en el río Marne,* tomada en 1938. Cartier-Bresson esperó momentos significativos que captaran la esencia de la escena.

**Robert Capa** Un francotirador alemán mata a un soldado estadounidense en abril de 1945. El trabajo de Capa en el frente retrató la brutalidad de la guerra.

### El paisaje social

Desde su inicio, la fotografía se usó como medio de comentario social. En 1878, **John Thomson** (1837-1921) publicó una serie de escenas de la vida diaria en Londres. En la década de 1880, **Peter Emerson** (1856-1936) retrató a campesinos y pescadores de Norfolk.

París fue el tema principal de **Eugène Atget** (1857-1927) entre 1898 y 1921. La calidad de sus fotos de escaparates, tenderos, edificios históricos y prostíbulos fue aclamada por los críticos después de su muerte.

Las fotos de barrios neoyorquinos de **Jacob Riis** (1849-1914) en la década de 1880 originaron reformas en las viviendas. La vida de Nueva York también aparece en la obra de **Alfred Stieglitz** (1864-1946). Entre 1890 y 1930, sus fotografías y escritos influyeron en otros colegas, como **Paul Strand** (1890-1976). La carrera de Strand como camarógrafo de documentales lo inspiró a dedicar su tiempo libre a tomar fotos de la vida cotidiana en EUA y Europa.

En la década de 1920 aparecieron las cámaras chicas y rápidas, que permitían fotos más espontáneas, como las de **Bill Brandt** (1906-1983), que muestran a los ingleses en el trabajo. El fotógrafo de reportajes **Henri Cartier-Bresson** (1908- ) usó una cámara pequeña para pasar inadvertido (la llamó su "libreta de notas"); destacó por su capacidad para preservar momentos significativos. **Diane Arbus** (1923-1971) mostró esa tendencia en 1960, en sus contrastantes de ricos y pobres.

### Fotoperiodismo

Las fotografías se han usado como medio para dar a conocer noticias. En 1861, enviaron a **Mathew Brady** (1823-1896) a retratar el conflicto de la Guerra Civil estadounidense. Sus fotos de los caídos son impactantes, pero no hay escenas de batallas: el equipo era demasiado pesado para llevarlo al centro de la acción.

Las cámaras en miniatura posteriores a la Primera Guerra Mundial revolucionaron el fotoperiodismo; hicieron posible que pioneros como **Alfred Eisenstaedt** (1898-1995) y **Margaret Bourke-White** (1904-1971) tomaran fotos más cerca de los temas. Bourke-White tomó impresionantes fotos de indigentes en la década de 1930, en EUA, y de la Segunda Guerra Mundial.

**Walker Evans** (1903-1975) explotó las nuevas cámaras portátiles para llevar un registro íntimo de la lucha cotidiana por la supervivencia en los años de la Gran Depresión.

La guerra pudo captarse de cerca. **Robert Capa** (1913-1954), quizá el fotógrafo más célebre del género, se acercó al frente tanto como un soldado. Sus fotos inspiraron la obra de **Don McCullin** (1935- ), conocido por sus elocuentes imágenes de la Guerra de Vietnam.

vea también

356 **Arte occidental**
362 **Técnicas de la fotografía**
406 **Diarios, revistas y tiras cómicas**

*Hoy, las cámaras son automáticas, pero las que usan película sensible a la luz operan con los mismos principios que las cajas del siglo XIX. El mayor adelanto reciente ha sido la tecnología del microchip, que permite registrar digitalmente las imágenes y transferirlas a una computadora para verlas y manipularlas.*

1800

1850

**c. 1725** Johann Schultze descubre que la exposición a la luz oscurece las sales de plata.

**1800** Humphrey Davy y Thomas Wedgwood usan sales de plata para crear una imagen fotográfica, pero no logran hacerla permanente ni "fijarla".

**1826** Joseph Nicéphore Niépce toma la fotografía del patio de su granja, que será la **más antigua existente.** La exposición dura varias horas.

**1839** Louis Daguerre patenta el primer proceso de revelado práctico, el **daguerrotipo** (arriba). La exposición dura menos de 30 minutos.

**1839-1841** W.H. Fox Talbot desarrolla la **calotipia,** primer proceso fotográfico negativo-positivo que permite múltiples impresiones de un negativo. La exposición toma de 1 a 2 minutos.

**1841** Josef Petzval diseña objetivos especiales para realizar retratos, en Hungría. El tiempo de exposición se reduce mucho.

**1851** Frederick Archer inventa el **proceso colodión,** con negativos muy detallados en placas de vidrio y exposiciones breves.

**1854** Aparece una cámara que usa rollos de papel **sensible a la luz,** en lugar de placas individuales.

**1861** Se fabrica la primera cámara **reflex de un objetivo.**

## ¿Qué es la velocidad de la película?

La velocidad de una película refleja su sensibilidad a la luz y se indica por un número ASA (en un sistema de graduación establecido por la American Standard Association).

**Las películas lentas** (ASA 25-64) son poco sensibles a la luz por lo que necesitan más tiempo de exposición a la luz. Dan una imagen de calidad fina, que se amplía sin parecer granulosa. Se usan mejor con luz brillante o para retratar un objeto estático, ya que requiere un tiempo de exposición largo.

**Las películas de velocidad media** (ASA 100) son las más flexibles; se usan en una amplia variedad de condiciones de luz.

**Las películas rápidas** (ASA 200-400-1600) son las más sensibles a la luz. Funcionan con luz tenue para captar objetos en movimiento o condiciones de luz difícil, con tiempo de exposición breve. Las impresiones pueden resultar granulosas.

## Objetivos de la cámara

Un objetivo tiene la forma adecuada para que los rayos de luz paralelos que lo atraviesan converjan en un punto que hay detrás de él, llamado "foco". La distancia entre el foco y el objetivo (distancia focal) afecta la escala de la imagen formada y su perspectiva.

**Objetivo normal** (distancia focal 40-55 mm): tiene un ángulo de visión de unos 60 grados y forma una imagen similar a la que ve el ojo humano.

**Teleobjetivo** (distancia focal 85-400 mm): tiene un ángulo de visión angosto, que permite acercamientos de objetos lejanos. La perspectiva se acorta y los efectos de profundidad se reducen; sólo son nítidos los objetos cercanos al punto de enfoque.

**Gran angular** (distancia focal 15-35 mm): vista panorámica, aleja al objeto y lo hace parecer más pequeño; mayor ángulo y campo visual.

**Zoom** capacidad de alejar y acercar; distancia focal variable. Ángulo visual cambia de gran angular a teleobjetivo ajustando la posición relativa de los componentes internos del objetivo.

**28 mm**

**135 mm**

## Abertura y profundidad de campo

El objetivo de una cámara sólo se enfoca con precisión a una distancia, y los objetos más cercanos o lejanos aparecen borrosos. La distancia entre los objetos más cercanos y los más lejanos que aún están en foco se llama profundidad de campo. Varía según la abertura del objetivo (que admite la luz). El tamaño de la abertura se ajusta para variar la exposición, y de acuerdo con la profundidad de campo requerida. Se indica con números f (grados de abertura útil).

**f22, diafragma cerrado,** da gran profundidad de campo. Los objetos que están en el fondo siguen nítidos.

**f1.4, diafragma abierto,** da poca profundidad de campo. Sólo los objetos enfocados aparecen nítidos.

## Tiempo de exposición

Al tomar una foto, el obturador de la cámara abre la cortinilla y expone la película al paso de la luz para registrar la imagen. Muchas cámaras permiten controlar el tiempo de exposición según lo que se quiera fotografiar, el efecto que se quiera dar y las condiciones de luz. Un tiempo de exposición largo hace que el objeto fotografiado salga borroso si está en movimiento.

**Más de una centésima de segundo** Un sujeto que se mueve con rapidez parece casi quieto o "inmóvil".

**Menos de una centésima de segundo** La imagen es borrosa e implica movimiento, a veces un efecto deseable.

**1871** Richard Maddox reemplaza el colodión húmedo con **emulsión seca de gelatina** de sales de plata, empleada aún en la película.

**1888** Kodak crea la cámara de **caja "Brownie"** (arr.). Contiene un rollo de papel negativo que se envía a revelar e imprimir.

**1893** Harold Taylor diseña el objetivo de tres partes **"Cooke Triplet",** base de diseños posteriores.

**1912** Oskar Barnack crea el prototipo de la primera cámara fotográfica **miniatura,** base de casi todas las cámaras.

**1947** Edwin Land inventa la cámara "instantánea" blanco y negro **Polaroid.** La película a color Polaroid aparece en 1963.

**1969** Se inventa el **dispositivo de carga acoplado CCD** sensible a la luz; marca el primer paso en el desarrollo de las cámaras **digitales** (vea abajo).

1900 1950 2000

**1873** Se introduce el papel de **bromuro de plata** para realizar impresiones.

**1880-1890** Las mejoras a la emulsión de gelatina reducen el tiempo de exposición a una fracción de segundo.

**1903** Auguste y Louis Lumière toman las primeras fotografías de **color verdadero** en Francia, usando el proceso **autocromo.**

**1935** Se inventa el **disparador de destello electrónico** *(flash).*

**1936** En Alemania, la firma Ihagee lanza la primera **cámara reflex de un objetivo de 35 mm** (Kiné Exacta). La película de **color de 35 mm** eleva el interés por la fotografía.

**1960-1970** Salen a la venta **lentes zoom** de alta calidad para cámaras fijas.

**1996** Las primeras cámaras fotográficas **digitales** para el gran público se venden en tiendas.

## Diferentes tipos de cámaras

### Cámara de placa

Son similares a las grandes cámaras del siglo XIX. Al frente se monta un objetivo y un obturador, con una delgada caja de luz atrás. Las primeras cámaras tenían una placa de vidrio sensible a la luz. Las versiones modernas tienen una hoja de película; se usa una para cada fotografía.

Los profesionales usan cámaras de placa para trabajo arquitectónico, naturaleza muerta, paisaje y publicidad. La película de 13 x 10 cm da impresiones de calidad.

La posición del objetivo puede ajustarse para que el objeto, desde acercamientos hasta edificios altos, se fotografíe sin distorsión.

### Cámara reflex de un objetivo

Tienen un mecanismo a base de espejos en el cuerpo de la cámara que permite ver por el visor la imagen correcta a través del lente u objetivo, lo que permite encuadrar, enfocar y lograr la composición fotográfica deseada.

El objetivo se cambia para lograr un propósito específico.

Casi todas usan película de 35 mm; otros tipos de cámara usan la de 5.5 x 5.5 cm, para lograr mejores impresiones.

Las cámaras modernas suelen tener

un microprocesador que ajusta el tiempo de exposición y el enfoque automático.

### Cámara compacta

Las cámaras compactas miniatura tienen visores "ópticos" simples, a través de los cuales el usuario compone una foto antes de tomarla. Esto da una vista un poco diferente de la que capta el objetivo.

Generalmente el objetivo no puede cambiarse. Tiene una distancia focal fija o es un zoom motorizado.

La mayoría usa la misma película que las reflex, pero su mecanismo es más simple y pueden llevarse en el bolsillo.

Casi todas las funciones, como tiempos de exposición y enfoque automáticos, están controladas por un microchip.

El bobinado y rebobinado suelen ser motorizados.

### Cámara con fotosistema avanzado (APS)

Son esencialmente compactas; usan película de 24 mm en un cartucho chico autocargable, en lugar de la película común de 35 mm. Eso permite que la cámara sea más pequeña.

Una característica única es la posibilidad de tomar imágenes del "ancho de la pantalla", panorámicas y de formato normal.

Algunas cámaras permiten que la película se rebobine cuando sólo se ha utilizado una parte. Luego se reinserta y automáticamente se mueve a la posición correcta. Esto es posible porque el cartucho registra todos los detalles de la exposición conforme la película se mueve en la cámara.

### Cámara digital

Guardan las imágenes mediante un dispositivo de carga acoplado (CCD), en lugar de usar película. Éste tiene millones de celdas sensibles a la luz, que producen señales que varían de acuerdo con la luz a la que se exponen.

Un convertidor cambia la imagen formada por las señales eléctricas al formato digital y la reconvierte en imagen para poder verla.

Las imágenes se ven en una pantalla atrás de la cámara y no tanto a través de un visor.

Un dispositivo de memoria fijo o removible almacena las

imágenes mientras la cámara está en uso. Al descargarlas en una computadora, se almacenan como cualquier archivo y se manipulan e imprimen.

### Cámara Polaroid

Usan placas de película "instantánea" que aporta una imagen impresa terminada, minutos después de la exposición.

Cada hoja de película tiene un pequeño tanque con sustancias químicas para revelar. Después de la exposición, la película pasa entre rollos de presión que descargan tales sustancias.

Terminado el revelado inicial, el papel que cubre la impresión se separa.

vea también
360 **Historia de la fotografía**

*Los edificios son las creaciones humanas más visibles y a menudo más duraderas (la mayor escala de todas las obras artísticas), y revelan mucho sobre la cultura en que fueron creados. La arquitectura, como cualquier otra forma de arte, está sujeta a la moda. El estilo de una construcción puede derivarse de un arquitecto, de un grupo específico o de las técnicas de construcción características de una era y cultura en particular.*

**Románico** (1000-1100) Llamado también normando, fue el segundo estilo medieval que, cronológicamente, siguió al estilo bizantino (450-600) del Imperio Romano de Oriente. Usó elementos clásicos (arcos redondos en edificios de muros gruesos). La solidez masiva de columnas y muros románicos era necesaria para sostener los techos, al principio con bóvedas de cañón y luego con bóvedas nervadas. Las iglesias románicas las decoraban con tallas religiosas.

**El Coliseo,** Roma Arquitectos desconocidos El primer anfiteatro autoestable, 70-72 d.C.

**Templo Concordia, Partenón,** Grecia Construido por Ictino y Calícrates, 447-432 a.C.

**San Vitale,** Ravena, Italia, iglesia bizantina del siglo VI.

**Catedral de Chartres,** Francia *c.* 1194-1260.

**Griego clásico** (*c.* 600-300 a.C.) Los griegos crearon una belleza ideal en el diseño de sus edificios públicos. Al principio construyeron con madera y empezaron a usar piedra en 600 a.C. Incluso los primeros templos tienen una simetría perfecta, derivada de una estricta proporción matemática. En 490 a.C., construyeron con mármol y doraban los templos, o los pintaban de rojo y azul. La arquitectura griega alcanzó su apogeo con construcciones como el Partenón en Atenas, en el que muchas líneas aparentemente rectas son en realidad curvas precisas, diseñadas para contrarrestar la distorsión óptica. Fueron pioneros en la construcción de teatros semicirculares al aire libre.

**Romano** (*c.* 200 a.C.-400 d.C.) Los arquitectos romanos copiaron muchas técnicas (domos de los persas, arcos de los etruscos y varios motivos arquitectónicos de los griegos). Desarrollaron nuevos tipos de construcciones: anfiteatros, basílicas y acueductos. Inventaron el concreto, con el que construyeron domos y bóvedas y convirtieron la arquitectura en una forma de ingeniería, más que en un arte. El Coliseo (72-82 d.C.) es el anfiteatro romano más grande, con cupo para 55,000 personas en filas. Los grandes edificios de techos planos, llamados basílicas, se usaban para reuniones públicas. Los acueductos, como el de Pont du Gard de 47 m (14 d.C.), cerca de Nîmes, Francia, llevaban agua sobre elevadas hileras de arcos.

**Gótico** (1150-1500) Fue el tercer estilo medieval; surgió en el norte de Francia, quizá por influencia de los arcos construidos por los moros en España. Su característica distintiva fue el arco ojival, que hizo posibles techos y ventanas más altos. Los contrafuertes con arbotantes sólidos o arqueados transmiten el peso del techo (y en particular las fuerzas laterales ejercidas por el arco ojival) al piso. Pronto se le reconoció internacionalmente, como en la Catedral de Colonia, Alemania.

## LOS CINCO ÓRDENES

Los arquitectos griegos y romanos clásicos establecieron relaciones estándar entre varios elementos, en particular la base, los soportes estructurales (columnas) y el entablamento (cornisas) que llevaban. Estos estilos se conocen como órdenes e incluyen reglas precisas para la decoración y otros elementos. Los tres órdenes griegos son dórico, jónico y corintio. Los romanos adaptaron estos estilos y añadieron dos propios: el toscano y el compuesto.

## Ventanas y arcos góticos

El arco y la ventana ojivales fueron las características principales de la arquitectura gótica, y pudieron llevarse a cabo gracias al arbotante, otra innovación gótica. En esencia un andamiaje externo permanente, el arbotante lleva el peso del techo directamente al suelo. Ello permitió a los arquitectos reducir el grosor de los muros y aumentar la altura y el tamaño de arcos y ventanas.

El mejor ejemplo de la ventana gótica está en la Sainte Chapelle, la capilla que mandó construir Luis IX en París, terminada en 1248. Los muros son meros marcos alrededor de enormes vitrales, lo que crea una construcción fresca y diáfana, inundada de luz.

En las catedrales góticas las ventanas más altas y el techo más alto y ligero denotan una construcción más reciente.

**Catedral de Florencia,** Italia La cúpula la diseñó Brunelleschi, *c.* 1420.

**Villa Rotunda,** Vicenza Casa diseñada por Palladio, 1550-1551.

**Renacimiento** (1400-1600) Durante el Renacimiento, las ruinas romanas en Italia inspiraron a los arquitectos para crear un estilo basado en el restablecimiento de los principios griegos y romanos. Se dio énfasis a la proporción geométrica, la luz y la decoración clásica auténticas. Volvieron a usarse las cúpulas, los arcos redondos y los cinco órdenes (vea izq.). Por primera vez desde el periodo romano se realizó una planeación urbana en gran escala.

**Palladianismo** (1550-1750) El arquitecto Andrea **Palladio** creó un estilo renacentista simplificado, que enfatizaba las proporciones armónicas y la simetría, y restringía la decoración. Fue el primero en usar el diseño de un templo con columnas como fachada (el aspecto más imitado de su estilo). Su influencia en Inglaterra, Irlanda y EUA continuó en el siglo XIX.

## Términos clave de arquitectura

**Arbotante** Contrafuerte en forma de medio arco.
**Arquitrabe** En la arquitectura clásica, reborde o dintel apoyado en las columnas.
**Bóveda de cañón** Bóveda arqueada semicircular sobre muros de contención.
**Clave** Piedra central en forma de cuña, en la parte superior de un arco.
**Contrafuerte** Estructura construida contra un muro para dar soporte extra o transmitir el empuje de una bóveda o arco.
**Cornisa** Parte superior proyectada de un entablamento o proyección horizontal en la parte superior de un muro.
**Cúpula** Domo chico en un techo o torre.
**Dintel** Viga o losa sobre una abertura.
**Enjuta** Espacio triangular entre dos arcos o entre un arco, techo y muro.
**Éntasis** Abultamiento ligero en una columna para contrarrestar la ilusión óptica de que es más delgada en el centro.
**Estuco** Recubrimiento que imita piedra.
**Frontón** Estructura triangular sobre una puerta o peristilo de edificio clásico o del Renacimiento.
**Gablete** Extremo triangular de un techo.
**Galería** Muro con ventanas arriba del nivel del techo principal, que permite la entrada de luz adicional en un edificio.
**Mainel** Divisor vertical de una ventana.
**Montante** Divisor horizontal de una ventana.
**Peristilo** Hilera de columnas.
**Pilastra** Columna rectangular, con base y capitel, unida a una pared.
**Tímpano** Espacio entre un dintel y el arco que hay arriba de éste.
**Tracería** Marco decorativo de piedra de una ventana grande, generalmente gótica.

## Arquitectos A-H

Esta lista cubre los arquitectos de mayor éxito, innovadores e influyentes de los últimos 600 años en la arquitectura occidental.
▫ Indica obra clave.

**Leon Battista Alberti** (1404-1472) Italiano
Importante por difundir el conocimiento de la arquitectura clásica y proponer la idea de que la belleza en la arquitectura se deriva de la armonía y la proporción.
▫ Capilla Malatesta, Rimini, Italia

**Gian Lorenzo Bernini** (1598-1680) Italiano
Transformó Roma al construir en gran escala palacios, iglesias y plazas en el estilo barroco. Influyó en la planeación de ciudades en Europa.
▫ Baldaquín, San Pedro, Roma

**Donato Bramante** (1444-1514) Italiano
Principal arquitecto del Renacimiento tardío en Roma. Prefirió formas elegantes y simples en un estilo clásico sobrio. Inició la reconstrucción de San Pedro.
▫ Iglesia de San Pietro en Montorio, Roma

**Filippo Brunelleschi** (1377-1446) Italiano
Considerado el fundador del estilo renacentista italiano. Su domo para la catedral de Florencia (el Duomo) fue un triunfo de ingeniería. Sus edificios posteriores fueron más puramente clásicos.
▫ Domo de la catedral de Florencia

**Norman Foster** (1935- ) Británico
Sus edificios posmodernistas emplean la ingeniería de precisión y la tecnología más reciente; muchos fueron construidos con componentes modulares.
▫ Aeropuerto de Hong Kong

**Ange-Jacques Gabriel** (1698-1782) Francés
Influido por Palladio, su obra fue típica del esplendor mesurado y sobrio del clasicismo francés. Ejemplo: la Plaza de la Concordia, París (iniciada en 1757).
▫ Petit Trianon, Versalles, Francia

**Antoní Gaudí** (1852-1926) Español
Muy individual y original, fue pionero en el uso de variadas formas orgánicas en edificios en el estilo Art Nouveau. Su influencia fue muy grande.
▫ Iglesia de la Sagrada Familia (iniciada en 1874), Barcelona, España

**Frank Gehry** (1929- ) Estadounidense
Sus edificios posmodernistas osados, originales y enormes desafían casi toda convención arquitectónica. Ha usado una amplia variedad de materiales de construcción.
▫ Museo Guggenheim, Bilbao, España

**Walter Gropius** (1883-1969) Alemán
Director de la escuela de arquitectura y diseño de la Bauhaus en 1919-1928. Emigró a EUA en 1937. Insistió en que las artes se unificaran y en el uso de formas y materiales modernos. A través de sus enseñanzas tuvo gran influencia en el desarrollo del modernismo.
▫ Obras Fagus, Alfeld-an-der-Leine, Alemania

**Jules Hardouin-Mansart** (1646-1708) Francés
Su fuerte sentido del dramatismo y esplendor visuales lo convirtió en el arquitecto más exitoso del reinado de Luis XIV. Al inicio de su carrera trabajó en el estilo barroco. Hacia el final de su vida, adoptó un estilo que representó el primer paso hacia el rococó.
▫ Salón de los Espejos, Versalles, Francia

vea también
172 **Grecia antigua**
174 **Roma antigua**
194 **El Renacimiento**
562 **La construcción**

# Arquitectura 1600-2002

Del barroco al posmodernismo

*Durante el siglo XVII, la pureza del Renacimiento empezó a dar paso a estilos más ornados: barroco y rococó. Después de revivir los estilos clásico y gótico durante el siglo XIX, los arquitectos de finales del siglo XIX y el XX empezaron a usar una variedad de nuevos materiales y tecnologías para crear nuevos estilos de construcción.*

**Romanticismo/Historicismo** (1800-1900) Las nuevas influencias de Egipto (llevadas por los eruditos franceses que iban con el ejército de Napoleón) y Asia, y el interés popular en el "gótico" medieval, impulsaron un movimiento imitativo opuesto al estilo puro del neoclasicismo. Llamado "Renacimiento gótico", tuvo tendencias religiosas. Sus características incluyen arcos ojivales, murallas almenadas y elaborada decoración.

**Art Déco** (1918-1940) También llamado "Style Moderne", se caracteriza por las formas lineales, mecánicas y la decoración repetitiva y geométrica del Centro Rockefeller, el edificio Chrysler y el Empire State, en Nueva York. Empleó cromo, esmalte y vidrio para los acabados.

**Columnata de San Pedro,** Roma La novedosa columnata de Bernini proporciona un fondo a la Plaza de San Pedro.

**Galería Nash,** Regent's Park, Londres John Nash fue un gran exponente del neoclasicismo.

**Cámaras del Parlamento,** Londres Diseñadas por Charles Barry en estilo gótico.

**Iglesia de la Sagrada Familia,** Barcelona Gaudí usó concreto para moldear formas orgánicas.

**Barroco y rococó** (1600-1760) **Bernini,** arquitecto y escultor italiano, estableció el estilo teatral, el detalle elaborado en la superficie y vívidas pinturas barrocas en muros, que fueron populares en Europa. En el siglo XVIII, la riqueza de la expansión colonial y la creciente demanda de edificios cívicos, más que religiosos, dio a los arquitectos mayor libertad. Se desarrolló entonces una variante exagerada del barroco: el rococó. Líneas fluidas y elegantes patrones decorativos se combinaron con interiores iluminados gracias a sus muchas ventanas.

**Neoclasicismo** (1750-1850) En parte como reacción a los excesos del barroco, arquitectos europeos como Claude **Ledoux** buscaron en la arquitectura griega y romana un estilo clásico "puro". La inspiración provino de excavaciones arqueológicas, como las de Pompeya (1748). El nuevo movimiento buscó recrear la grandeza clásica usando diseños geométricos, elevadas columnas clásicas y copiando la decoración griega y romana.

**Art Nouveau** (1890-1914) Se extendió más allá de la arquitectura, principalmente en muebles y diseño de interiores. Sus raíces fueron las formas sinuosas y fluidas del diseño celta. Los desarrollos tecnológicos en el trabajo del metal y el concreto vaciado hicieron posible el uso de tales motivos a principios del siglo XX. Algunos ejemplos importantes son las entradas al metro de París de Hector **Guimard** y los edificios con apariencia orgánica de Antoní **Gaudí** en Barcelona, España.

## Detalles y decoración

**Ajedrezado** Patrón de cuadros en colores o materiales, como piedra y ladrillo, que se alternan y producen el efecto de un tablero de ajedrez. Se usa en muros y pisos.
**Arabesco** Decoración con líneas curvas, espirales y zarcillos, a menudo con un patrón repetitivo.
**Cabrío** Patrón repetitivo de formas en V o en zigzag, común en la arquitectura románica y revivido en el Art Déco.
**Concha** Ornamento grabado o modelado con forma marina.
**Dovela** Ornamento escultural suspendido del punto central de un domo o techo.
**Festón** Guirnalda labrada con frutas o flores; suele incluir un listón o moño; patrón de ondas repetitivo, usado en frisos de la arquitectura clásica.
**Florón** Objeto grabado o moldeado en el vértice de un gablete o pináculo.
**Friso** Banda decorativa grabada cerca de la parte superior de un muro.
**Gárgola** Desagüe a nivel del techo; suele representar una figura grotesca.
**Greca** Líneas rectas horizontales y verticales usadas para crear un patrón geométrico repetitivo.
**Grotesco** Decoración que combina formas humanas, animales y vegetales.
**Modillón** Panel en forma de pieza de papel enrollado, generalmente con una inscripción.
**Mosaico** Piezas chicas de vidrio o piedra, llamadas teselas, colocadas en mastique para formar patrones geométricos o cuadros representativos. Se usan en pisos o muros y son característicos de edificios romanos y bizantinos.
**Rosetón** Disco decorado con rosas, común en la arquitectura neoclásica.
**Voluta** Adorno enrollado en una moldura con relieve, usado en un patrón repetitivo. Aparece en columnas clásicas y bóvedas góticas.

**Modernismo internacional** (1920-1975) Rechazó adornos y vínculos con estilos pasados; desechó todo, excepto lo necesario funcionalmente. Su mayor influencia está en edificios comerciales e industriales. La escuela de diseño Bauhaus, fundada por **Walter Gropius** en Alemania, fue el centro del diseño modernista. Los principios de **Le Corbusier** incluían el "plano libre" (muros independientes del marco estructural) y la "fachada libre" (ventanas colocadas con independencia de la estructura).

**Edificio Chrysler,** Nueva York (William Van Alen). Las hileras en forma de abanico son típicas de la decoración del Art Déco.

**Pluralismo** (1975- ) Una mezcla de estilos que suele describirse con el término "posmodernismo". Surgió de una insatisfacción con el diseño modernista. En la actualidad existen dos escuelas importantes. En la escuela **High Tech,** se reutilizan elementos de estilos previos en nuevas combinaciones, posibles por los adelantos tecnológicos. En la escuela de **Deconstrucción,** se enfatiza el movimiento y la desorientación, al expandir o fragmentar espacios mediante el tratamiento no convencional de elementos básicos, como pisos y muros.

**Robie House,** Chicago La primera "casa de la pradera", de Frank Lloyd Wright, tiene simplicidad escultural.

**La Pirámide,** el Louvre, París (I.M. Pei). Puntales de acero y más de 900 piezas de cristal se usaron para construir una pirámide moderna.

## ARQUITECTURA ACTUAL

La arquitectura de inicios del siglo XXI comparte la creencia del siglo XX: la función de un edificio debe dictar la tecnología y los materiales usados en su construcción.

Dominan dos temas. Primero: en una era de cambios permanentes y más rápidos, la arquitectura debe ser flexible y dar respuestas, sin estar restringida por la teoría. El arquitecto holandés **Rem Koolhaas** resume este enfoque. Sus edificios son formas abstractas, a veces dos o más, que no parecen relacionadas, pero cuyo diseño interno es lógico y funcional.

El segundo tema de la arquitectura contemporánea es fusionar conservación e innovación, para usar la arquitectura en la regeneración urbana y salvaguardar el ambiente. El muy original Museo Guggenheim, del estadounidense **Frank Gehry,** en Bilbao, da vida a una ciudad industrial y alberga obras de arte. Sus planes para el nuevo Museo Guggenheim en Nueva York siguen este tema en mayor escala. La moderna Galería Tate, del arquitecto suizo **Jacques Herzog,** fuera de la abandonada central eléctrica Bankside, en Londres, conjunta la cultura y la renovación urbana. El Reichstag (Parlamento) de **Norman Foster** en Berlín usa 94% menos energía que su predecesor del siglo XIX. Su proyecto para la central de la Greater London Authority promete un edificio que no contamina.

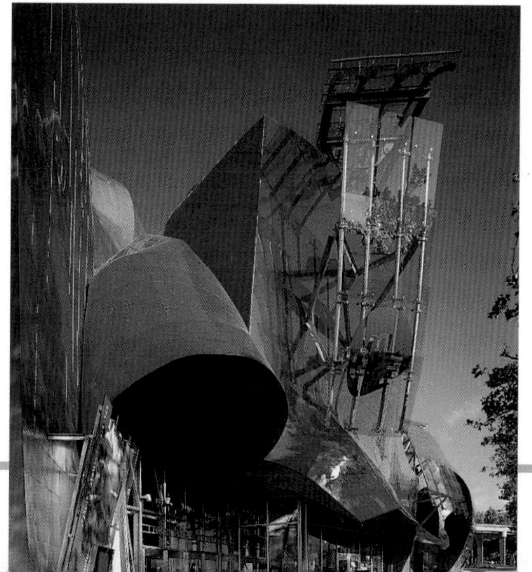

**Proyecto Experiencia Musical,** Seattle (Gehry)

## Arquitectos L-Z

**Le Corbusier**
(1887-1975) Suizo nacido francés Charles-Edouard Jeanneret, le Corbusier, fue un campeón del modernismo. Al inicio de su carrera, diseñó influyentes casas blancas en forma de cubo. Fue pionero de un estilo más expresivo y escultural basado en formas abstractas, realizado en concreto.
▫ Villa Savoie, Poissy, Francia

**Louis Le Vau**
(1612-1670) Francés
El primero de los grandes arquitectos franceses del barroco y el creador original de Versalles. Su obra más impresionante la hizo en gran escala.
▫ Castillo de Vaux-le-Vicomte, cerca de Melun, Francia

**Adolf Loos**
(1870-1933) Austriaco
Uno de los primeros modernistas. Construyó audaces edificios cuadrados (muchos de éstos, simples cubos) sin decoración, a menudo usando hormigón.
▫ Casa Steiner, Viena

**Miguel Ángel [Buonarroti]**
(1475-1564) Italiano
Rechazó las nociones clásicas de proporción y armonía, en favor de efectos espaciales complejos y variables. Usó características tales como columnas y arquitrabes por su efecto visual y apoyo estructural. Sus espacios dinámicos influyeron en los arquitectos del siglo XVII, en especial en Bernini.
▫ Contribución principal a la Basílica de San Pedro, Roma

**Ludwig Mies van der Rohe**
(1886-1969) Germanoestadounidense
Defensor del estilo modernista internacional, creó elegantes edificios usando materiales tales como vidrio y acero. Enfatizó la simplicidad del diseño, una buena mano de obra y terminados inmaculados; su estilo lo han imitado en todo el mundo.
▫ Casa Lever, Nueva York

**Andrea Palladio**
(1508-1580) Italiano
En una serie de villas, palacios e iglesias, combinó las ideas clásicas de simetría y proporciones armoniosas con la simplicidad del diseño y la decoración mínima. Sus contemporáneos consideraron sus edificios insuperables y su influencia se extendió por Europa, con la publicación de sus *Cuatro libros de arquitectura* (1570).
▫ Iglesia de San Giorgio Maggiore, Venecia

**Richard Rogers**
(1933- ) Británico/italiano Explotó la tecnología moderna, seleccionando técnicas y materiales más adecuados para la función de un edificio. Su preocupación particular ha sido la renovación urbana y el uso de técnicas eficientes en energía.
▫ Edificio Lloyd, Londres

**Christopher Wren**
(1632-1723) Inglés
En un estilo clásico influido por el barroco, construyó más de 50 iglesias en Londres, después del gran incendio de 1666. Diseñó también una serie de palacios. Era igualmente hábil en pequeña y gran escala.
▫ Catedral de San Pablo, Londres

**Frank Lloyd Wright**
(1867-1959) Estadounidense
El principal modernista de principios del siglo XX. Creó espacios elegantes y fluidos, más que la rigurosa geometría de sus contemporáneos europeos.
▫ Casa Robie, Chicago

vea también
368 **Diseño de mobiliario**
562 **La construcción**

*Las tendencias más importantes en la fabricación de muebles han nacido en Occidente. Los diseños populares, en particular de sillas, han reflejado el estilo de las épocas. Su relación cercana con los temas arquitectónicos puede verse en la proporción clásica y los motivos del barroco, las curvas y formas orientales del Art Nouveau, y el minimalismo y el enfoque práctico del modernismo.*

## China y Japón

La civilización china aventajó técnicamente a la occidental casi hasta finales del siglo XVIII; sin embargo, su mobiliario (aunque muy hermoso) no era tan complejo como los mejores diseños europeos. Ello se debió, en parte, a las costumbres diferentes de China (las sillas eran poco comunes antes del siglo XIX y la mayoría de las mesas eran muy bajas), y a que la simplicidad y la mano de obra se valoraban más que la decoración. Los biombos decorados y laqueados fueron la excepción a esta regla. El mobiliario japonés era más austero; la casa ideal sólo contenía algunos muebles simples de exquisita elaboración.

## Principales tendencias del mobiliario occidental

**Renacimiento** (1450-1600) La riqueza exigía muebles sofisticados. Los diseños italianos intentaban aplicar una ornamentación con estilo arquitectónico desproporcionado; se difundieron por España y Francia. El nogal fue muy usado.

**Barroco** (siglo XVII) La marquetería estuvo en boga. La madera se tallaba en columnas y frontones clásicos. La madera pulida se incrustaba con maderas contrastantes o doradas. La rica decoración caracterizó el mobiliario Luis XIV.

**Georgiano** (siglo XVIII) El término cubre una amplia variedad de estilos en uso en Inglaterra, como clásico, rococó y gótico. El diseño se basó en las reglas arquitectónicas que regían la proporción y la ornamentación. La caoba importada reemplazó al nogal en la fabricación de muebles finos.

**Rococó francés** (siglo XVIII) El elaborado estilo barroco dio paso al estilo Regencia, más ligero y curvilíneo. Después de 1735 éste, a su vez, dio origen al rococó. Bajo Luis XV y Luis XVI, los muebles fueron más elegantes, con volutas, conchas y adornos florales. Se usó el bronce dorado, el laqueado y la marquetería.

***Arts and Crafts*** (1880-1900) Como reacción contra la industrialización, el movimiento encabezado por William Morris abogó por la artesanía tradicional. Surgió un nuevo estilo de costosos muebles hechos a mano, con decorado simple, que otros copiaban a menor costo.

**Art Nouveau** (1890-1910) La madera tomó con facilidad las formas del Art Nouveau, curvas orgánicas basadas en formas naturales, como troncos de árboles, a menudo combinadas con líneas japonesas más simples. Los tapices eran de terciopelo y piel. Fue bien acogido en Francia y Bélgica.

**Art Déco** (1930-1940) El diseño de muebles se basó en formas geométricas, como círculos, zigzag y triángulos. El estilo sugería lujo con madera laqueada, plata y obsidiana. Sus estilizados motivos decorativos eran rayos de sol, hojas y animales.

**Modernismo** (1920-1950) El mobiliario modernista se originó en la escuela Bauhaus, Alemania, en 1920: ahí se usaron armazones tubulares de acero como base de diseños ligeros y funcionales. Rechazó la ornamentación en favor de lo práctico. El tapizado se realizaba aparte de la base.

## Mobiliario Shaker

El mobiliario Shaker se desarrolló separado de la evolución de los diseños europeos. Los Shakers eran un grupo religioso, establecido a finales del siglo XVIII, que rechazaba lo mundano en favor de un estilo de vida austero. Los muebles reflejan sus creencias espirituales. Es parco y funcional, pero siempre de fabricación exquisita. Cualquier forma de trabajo se consideraba como un acto de devoción a Dios, por lo que un objeto práctico era hermoso, por definición. Esta idea se acercaba a la filosofía de William Morris, pero fue también un principio central del modernismo, casi dos siglos después.

**Estilo Shaker** Simplicidad funcional.

**Neoclasicismo** (1800-1830) El término neoclasicismo cubre tres estilos correspondientes: Imperio en Francia, Regencia en Inglaterra y Biedermeier en Alemania. Todos produjeron exquisitos muebles con simetría estricta y decoraciones como jarras y medallones. El Imperio (nombrado por el reinado de Napoleón) combinó elementos egipcios y el diseño clásico tradicional.

**Victoriano** (1830-1900) Se copiaron y combinaron los estilos isabelino, georgiano y otros anteriores. Los muebles eran más ornamentados. La maquinaria empezó a reemplazar la mano de obra y se introdujeron nuevos materiales, como el hierro. Las sillas de esta época a menudo tenían un tapizado elaborado.

**Posguerra** (1945 en adelante) Luego de la Segunda Guerra Mundial, diseñadores estadounidenses, italianos y escandinavos usaron nuevos materiales y métodos de fabricación, creando muebles prácticos y simples, para fabricación masiva. La madera laminada flexible, estructuras de acero, plásticos moldeados y cojines de hule espuma tapizados daban formas más versátiles.

**Posmodernismo** (1945 en adelante) Tender un puente entre la innovación artística y las demandas del mercado fue su propósito central. Muchos diseñadores eligieron estilos tradicionales y usaron elementos de periodos anteriores, como barroco, *Arts and Crafts* y Art Déco, y los interpretaron con materiales modernos, como triplay (contrachapado). Otros crearon diseños prácticos con pocos decorados.

## Diseñadores de muebles A-Z

**Alvar Aalto**
(1898-1976) Finlandés
Como arquitecto, trabajó con formas asimétricas y materiales naturales, como la madera. En la década de 1930 fue pionero del diseño de muebles ligeros de contrachapado para producción en masa.

**Robert Adam**
(1728-1792) Escocés
Consideró arquitectura, decoración y mobiliario como parte de un todo armonioso. Sus diseños de muebles complementaron sus edificios neoclásicos con motivos de hojas de palma, urnas y camafeos.

**André-Charles Boulle**
(1642-1732) Francés
Las elaboradas incrustaciones de latón y carey creadas por Boulle se conocieron como *Boullework*. Los fabricantes de muebles continuaron usando su técnica en el siglo XIX.

**Thomas Chippendale**
(1718-1779) Inglés
Su libro, *Directorio del caballero y el ebanista* (1754), contiene 160 diseños góticos, rococó y chinos que influyeron en ebanistas posteriores, como Hepplewhite y Sheraton.

**George Hepplewhite**
(m.1786) Inglés
Creó elegantes sillas con patas delgadas y respaldos en forma de escudo. Su *Guía del ebanista y el tapicero* contiene 300 diseños, muy copiados.

**Arne Jacobsen**
(1902-1971) Danés
Conocido por sus muebles de la década de 1950, en particular sus sillas "cisne" y "huevo" (nombradas así por su forma), creadas para el SAS Royal Hotel en Copenhague.

**Charles Rennie Mackintosh**
(1868-1928) Escocés
Líder de la escuela de diseño "Glasgow School". Las líneas japonesas y los motivos orgánicos de sus sillas angostas, con respaldos altos, fueron emblemas del estilo Art Nouveau.

**Ludwig Mies van der Rohe** (1886-1969)
Germanoestadounidense
Su silla cantilever "Barcelona", en acero cromado y piel negra, se convirtió en un diseño clásico después de su aparición en la Exposición Internacional de 1929, en Barcelona.

**Jean-Henri Riesener**
(1734-1806)
Germanofrancés
Fue ebanista del rey Luis XVI. Su obra fue insuperable por su mano de obra y sofisticación técnica.

**Gerrit Rietveld**
(1888-1964) Holandés
Sus muebles rigurosamente geométricos, pintados en colores brillantes, fueron eco de la pintura abstracta del grupo de artistas "de Stijl", al que pertenecía.

**Eero Saarinen**
(1910-1961) Finlandés/estadounidense
Trabajó con el estadounidense **Charles Eames** (1907-1978) y fue el primero en usar materiales nuevos, como tubos de metal, tapicería de hule espuma y madera contrachapada moldeada.

**Thomas Sheraton**
(1751-1806) Inglés
No se conoce nada creado por Sheraton, pero su *Libro de dibujo para el ebanista y el tapicero,* una colección de diseños muy imitada, contiene delicados muebles carentes de ornamentación superflua.

**Philippe Starck**
(1949- ) Francés
Sus muebles mezclan el minimalismo con el entusiasmo por las formas orgánicas. Su estilo distintivo y su interés en el diseño para la fabricación en masa lo hicieron el diseñador contemporáneo más conocido.

vea también
186 **China y Japón**
364 **Arquitectura**
410 **Diseño y publicidad**

*La cerámica, la cristalería y la joyería representan una mezcla de arte y tecnología que data de las primeras civilizaciones. Las técnicas de la cerámica se perfeccionaron en China, y la fabricación de cristalería en Medio Oriente, pero en los últimos siglos, las mayores innovaciones de éstas se dieron en Europa.*

## PRINCIPALES TIPOS DE CERÁMICA

Toda la cerámica se fabrica modelando el objeto en barro húmedo; luego se hornea para endurecerlo. La técnica se refinó con la aplicación de una capa (vidriado), después de hornearla, para lograr una superficie impermeable, como cristal.

**Loza de barro** En Turquía se hallaron piezas de loza de barro de 9,000 años de antigüedad, uno de los antecedentes más remotos. Hoy día la loza se hornea a 800 °C y se mantiene porosa. Casi toda es café o gris. Hay varios tipos:

- **Loza estañada** Tiene un vidriado blanco opaco, de óxido de estaño. Mayólica, Faenza y Delft son algunos tipos, a veces diseñados para imitar la porcelana china.
- **Creamware** Es una loza refinada de color crema, con un vidriado transparente de plomo.

**Gres** El barro horneado a 1,300 °C produce gres, muy duro, de grano fino y blanquecino, gris o café. Se originó en China en 1400 a.C. y es impermeable; se le puede aplicar un vidriado decorativo.

**Porcelana** La inventaron los alfareros de la dinastía Tang en China, al hornear a más de 1,400 °C una mezcla de petuntsé molido y caolín. Es dura, generalmente translúcida y a menudo vidriada para decorarla. La porcelana china se llama **pasta dura.** Desde 1710, Meissen la fabricó en Alemania.

- A finales del siglo XVI, en Europa, los intentos por emular la pasta dura crearon la porcelana artificial o **pasta suave.**
- En 1794, Spode, en Inglaterra, creó la **porcelana translúcida,** menos frágil, con arcilla y hueso.

La cerámica y la porcelana china evolucionaron a través de fases técnicas y artísticas, durante miles de años. Se distinguen por la dinastía imperial en la que se fabricaron.

- **618-907 Tang** Surgió el primer uso conocido de la porcelana. En este periodo también evolucionaron los vidriados de color, con los que se moteaba o "manchaba" la cerámica.
- **960-1279 Song (o Sung)** Se considera el periodo clásico, con formas y decoración simples. Entre los múltiples vidriados, muy apreciados, de este periodo destacó el verde transparente llamado celadón. La más fina se fabricó cerca de la capital imperial, Hangzhow.
- **1280-1368 Yuan** Se introdujo una decoración más elaborada, incluyendo los primeros modelos en azul y blanco. La porcelana blanca translúcida se fabricó en mayores cantidades.
- **1368-1644 Ming** Famosa por ser la primera porcelana china que se exportó a Occidente, los artículos de la dinastía Ming tienden a ser grandes, elaborados y coloridos. Las imperfecciones se apreciaban como evidencia de la espontaneidad del alfarero.
- **1644-1912 Qing (Ch'ing)** De delicada elaboración inspirada en Ming, su variedad azul y blanca tuvo gran demanda en Europa.

**Perros Staffordshire** A partir del siglo XVII, las alfarerías Staffordshire, en el noroeste de Inglaterra, produjeron gran número de figuras ornamentales (humanas y animales) en gres y arcilla. Muchas, como estos galgos del siglo XIX, son conmemorativas.

## Principales fábricas europeas de loza y porcelana

| Fábrica | Ubicación | Fundación | Productos notables y características especiales |
|---|---|---|---|
| Delft | Holanda | Siglo XVII | Imitaciones de porcelana china, mosaicos. Decoración azul sobre estañado blanco. |
| Staffordshire | Inglaterra | Siglo XVII | Cerámica vidriada, roja y café que alcanzó calidad de porcelana hacia 1690. |
| Meissen | Dresde, Alemania | 1710 | Figuras elaboradas, de colores brillantes; pionera europea de la pasta dura. |
| Chelsea | Londres, Inglaterra | 1743 (1784) | Grupos de figuras de estilo ligero, informal. Primera fábrica de porcelana inglesa. |
| Sèvres | París, Francia | 1756 | Grupos de figuras, servicios, jarrones. Principal fábrica europea hasta la Revolución. |
| Wedgwood | Staffordshire, Inglaterra | 1759 | Creamware; cerámica de gres blanca sin vidriar; basalto negro; jaspe de color. |
| Minton | Staffordshire, Inglaterra | 1796 | Vajillas de loza, porcelana translúcida y porcelana. Popularizó el diseño de sauces. |
| Doulton | Lambeth, Londres | 1818 | Cerámica artística de "estudio" (1860), porcelana fina (1882), azulejos (1900). |

## FABRICACIÓN DEL CRISTAL

El cristal se fabrica calentando una mezcla de material que contiene sílice (por lo general arena) y un agente alcalino, como sosa o potasa. La mezcla se derrite y "vitrifica" (se vuelve cristalina) a 1,100 °C, debajo del punto de fusión normal del sílice. Pueden añadirse ingredientes adicionales para obtener propiedades especiales. El cristal caliente se moldea, se deja endurecer y luego puede decorarse.

**Craquelure** En la superficie de una pieza se hacen, de intento, pequeñas fisuras, como hielo estrellado. Decoración popular en Venecia, en el siglo XVI; renació en Inglaterra, en el siglo XIX.

**Cristal cortado** Con una rueda esmerilada se da al cristral formas facetadas que lo hacen brillar. Surgió en el siglo VIII, pero se perfeccionó hasta el siglo XVIII, en Inglaterra.

**Cristal de plomo** A la mezcla de vidrio se añade óxido de plomo para crear un cristal grueso, brillante y transparente. Fue una invención inglesa del siglo XVII e imita al "cristallo" veneciano del siglo XV.

**Cristal esmaltado** El cristal se decora con esmalte. Usaron la técnica los antiguos romanos y prosperó en Venecia en el siglo XV. Hoy aún es popular.

**Cristal grabado** La superficie de una pieza se decora con un diseño finamente detallado, realizado con una punta filosa, a menudo un diamante, o al rotar un esmeril de cobre. Alcanzó gran sofisticación en Alemania, en los siglos XVII y XVIII.

**Cristal prensado** El vidrio fundido se moldea para darle forma al exterior; un brazo de metal moldeado o émbolo da forma al interior. Es una técnica simple y rápida desarrollada en EUA al inicio del siglo XIX. Imita al cristal cortado, pero los bordes moldeados de las facetas aparecen menos marcados.

**Vidrio moldeado y camafeo** Se superponen dos capas o más de vidrio fundido de diferentes colores. El objeto se corta para mostrar las capas interiores. En el vidrio camafeo, las capas suelen ser opacas y la decoración, elaborada. Lo conocían los egipcios y los romanos, y en el siglo XIX se popularizó en Francia.

**Vidrio soplado** Un objeto se forma con cristal derretido al introducir aire a través de un tubo. Se inventó en Siria hacia 50 a.C. y permite crear una gran variedad de formas y estilos.

**Encuentro de colores** Flavio Poli usó la antigua técnica del vidrio moldeado para crear estos modernos jarrones en la década de 1950.

## JOYERÍA

Durante miles de años, en casi todas las sociedades, la joyería se ha usado como adorno personal, señal de poder o nivel social, o con propósitos religiosos o mágicos. Hasta el siglo XIX, muchas piezas incorporaban un tema o mensaje (a menudo grabado o indicado por el acomodo de las gemas).

La emergente y próspera clase media de los siglos XIX y XX impulsó el uso de la joyería. Las técnicas industriales y los nuevos materiales permitieron que una mayor variedad fuera accesible. En el siglo XX, se popularizó la joyería de fantasía de buen precio.

**Leopardo enjoyado** Entre 1949 y 1966, Cartier creó los "grandes felinos" de la Duquesa de Windsor.

Algunos joyeros y firmas famosos han sido:

**Cartier** (fundada en 1847) Francesa Al inicio del siglo XX, la firma fue famosa en el mundo por su joyería Art Déco y diseño de relojes.

**Peter Carl Fabergé** (1846-1920) Ruso Sus obras más famosas fueron los huevos de Pascua enjoyados que creó para la familia real rusa.

**Alphonse Fouquet** (1828-1911) Francés Creó diseños estilo Renacimiento con gemas grabadas. Su hijo **Georges** (1862-1957) diseñó piezas de estilo Art Nouveau.

**René Lalique** (1860-1945) Francés Joyero importante del Art Nouveau. Diseñó cristalería desde 1910.

**Alphonse Mucha** (1860-1939) Nacido checo Mejor conocido por sus ilustraciones Art Nouveau. Diseñó joyería para Fouquet en París, y luego para Tiffany.

**Tiffany & Co** (fundada en 1837) El estadounidense **Louis Comfort Tiffany** (1848-1933), dio fama a la firma fundada por su padre. Famosa por su cristalería y lámparas, desde 1902, se centró en la joyería.

**Van Cleef & Arpels** (fundada en 1906) Francesa La firma introdujo engastes "invisibles", en los que las uñas metálicas que sostienen las gemas permanecen ocultas.

### Récords de joyería

La **venta de joyas más grande,** la de la finada Duquesa de Windsor, en Ginebra, Suiza, 1987, sumó US$53 millones.
El **diamante en bruto más grande,** el Cullinan, se halló en Sudáfrica en 1905; pesó 3,106 quilates (621 g). De ahí se sacó el **diamante tallado más grande,** la Estrella de África, de 530 quilates (106 g), parte de las joyas de la corona británica.
La **perla de mayor precio** fue La Regente, de 75 quilates (15 g). Se vendió en casi US$865,000, en 1988.

**Moderna habilidad artística** Los joyeros de finales del siglo XX usaban habilidades similares a las de un ingeniero. Jacqueline Mina creó este collar que cuelga de un lado y se extiende al subir.

vea también
38 Tesoros de la Tierra
186 China y Japón
410 Diseño y publicidad

*La iglesia cristiana primitiva absorbió y adaptó la música pagana de la Antigüedad y de Oriente. El desarrollo de la iglesia occidental condujo a nuevos campos de expresión y técnica de la música profana en los siglos siguientes. Alcanzaron su punto máximo durante el periodo clásico del siglo XVIII, con las obras de Mozart.*

**Edad Media** La primera música eclesiástica medieval era el canto llano, interpretado en forma alternada por el sacerdote y el coro. Casi toda la música tenía una sola línea melódica (monofonía), pero a partir del siglo IX, se desarrolló música con dos o más melodías cantadas al mismo tiempo (polifonía). En 1100 se creó un sistema de notación musical (antes se transmitía oralmente).

**Renacimiento** En el Renacimiento, la música instrumental surgió como un estilo separado de la música vocal. Comenzó a componerse para instrumentos particulares. La tradición del norte de Europa, de elaborada polifonía, se fusionó con el gusto del sur (principalmente italiano) por los acordes y las armonías. El madrigal, una canción profana en cinco o seis partes, se inventó en 1530 en los Países Bajos e Italia. Se popularizó en la Inglaterra isabelina e impulsó la tendencia hacia la música profana.

**Barroco temprano** El estilo barroco surgió en Italia a principios del siglo XVII. Rechazó la serenidad del Renacimiento por contrastes dramáticos en tono, volumen y ritmo. Se desarrolló un nuevo estilo de música religiosa (oratorio) escrita para solistas, coro y orquesta. También surgieron nuevas formas instrumentales: la sonata (para un solo instrumento) y el concierto (para un instrumento solista con orquesta). La música instrumental ganó popularidad con el uso del clavicordio y el órgano. Los violines y violonchelos más célebres que ha habido fueron fabricados en este periodo por Nicolo Amati de Cremona, en Italia. Uno de sus alumnos fue Antonio Stradivari.

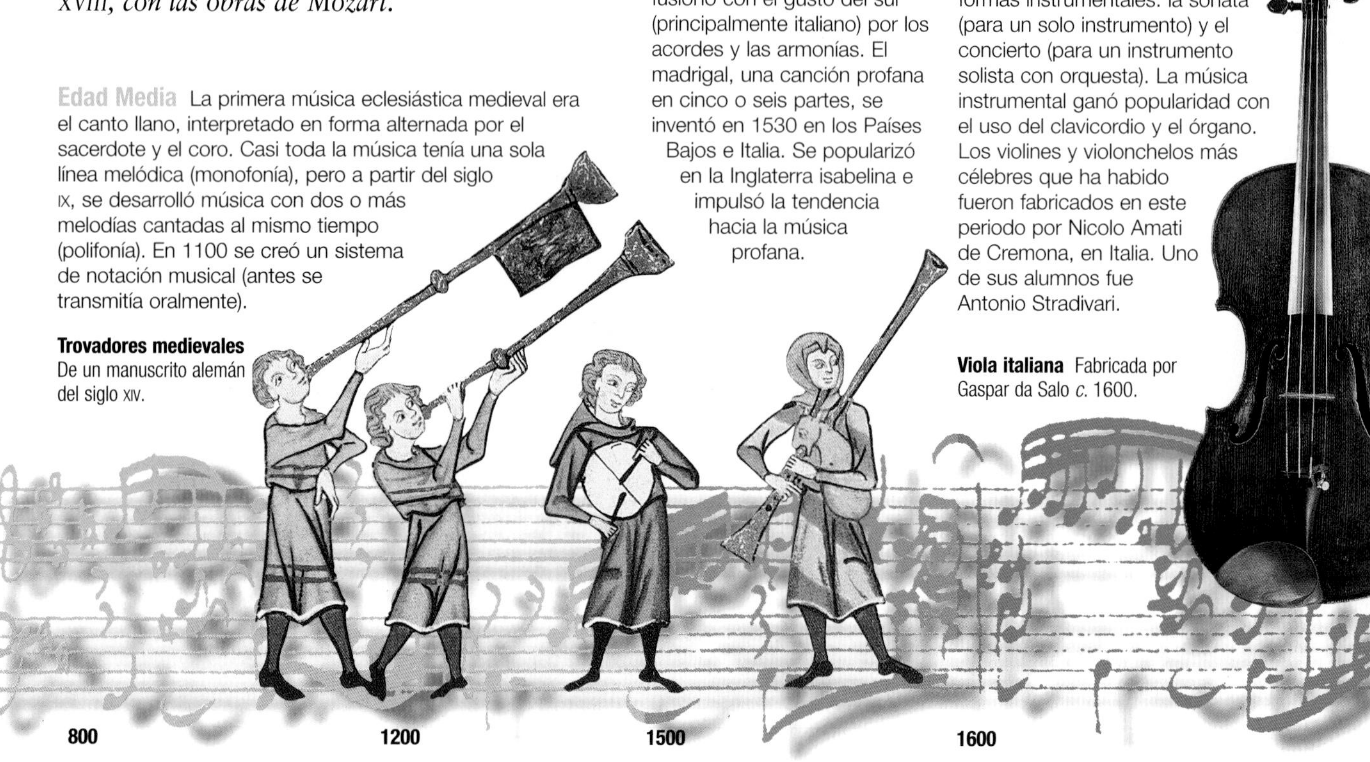

**Trovadores medievales** De un manuscrito alemán del siglo XIV.

**Viola italiana** Fabricada por Gaspar da Salo *c.* 1600.

**800**

**840-850** Primer tratado sobre canto gregoriano.
***c.* 1100** Aparecen los trovadores (poetas-compositores errantes) en el sur de Francia.

**1200**

**Siglo XII** Hildegarda de Bingen publica 77 poemas musicales.
**Inicio del siglo XIV** Philippe de Vitry publica *Ars Nova*, tratado con nuevas formas de armonía musical.

**1500**

**1570** Se ejecuta por primera vez la *Misa Breve* de Palestrina.
**1573** Thomas Tallis compone *Spem in alium,* un motete para 40 voces.
**1592-1595** William Byrd compone sus tres Misas.

**1600**

**1607** La ópera *Orfeo,* de Monteverdi, se escenifica en Mantua.

## TÉRMINOS CLAVE DE MÚSICA

**Alto** Abreviatura de contralto.
**Aria** Solo vocal, a menudo con acompañamiento de orquesta, en ópera, oratorios y cantatas.
**Bagatela** Pieza instrumental ligera y corta; suele componerse para piano.
**Bajo** Tesitura masculina más grave.
**Bajo continuo** Acompañamiento continuo de teclado del que sólo se escribe la parte baja. El intérprete completa la armonía. Común en el barroco.
**Barítono** Voz masculina de tesitura media, entre el tenor y el bajo.
**Cantata** Música vocal con acompañamiento orquestal.
**Canto gregoriano** Canto llano que lleva el nombre del papa Gregorio Magno, que revisó la música eclesiástica en el siglo VI.
**Contralto** Tesitura femenina más baja.
**Contratenor** Tesitura masculina más aguda.
**Cuarteto** Grupo de cuatro músicos; pieza escrita para cuatro instrumentos.
**Diapasón** La altura de una nota.
**Dueto** Pieza musical escrita para dos intérpretes o instrumentos.
**Fantasía** Pieza en un estilo improvisado.
**Fuga** Pieza de música con varias líneas melódicas en secuencia que se repiten y se superponen.
**Impromptu** Pieza corta improvisada.
**Libreto** El texto de una ópera u oratorio.
***Lieder*** Canciones alemanas del s. XIX.
**Madrigal** Canto sin acompañamiento para cuatro o cinco voces, con texto seglar.
**Mezzosoprano** Tesitura femenina intermedia.
**Movimiento** Secciones en que se dividen diversos géneros musicales como la sinfonía, el concierto y la sonata.
**Música de cámara** Música escrita para un grupo de tres a ocho intérpretes. El término significaba originalmente música para interpretarse en salón o sala privada.
**Nocturno** Pieza que evoca la noche. Género creado por John Field.
**Preludio** Pieza instrumental corta.
**Quinteto** Grupo de cinco músicos; pieza escrita para cinco instrumentos.
**Réquiem** Misa de difuntos.
**Septeto** Grupo de siete músicos; pieza escrita para siete instrumentos.
**Sexteto** Grupo de seis músicos; pieza escrita para seis instrumentos.
**Síncopa** Sonido sobre un tiempo débil, alargado sobre el tiempo fuerte siguiente.
**Sinfonía** Pieza orquestal, generalmente en tres o cuatro movimientos.
**Soprano** Tesitura femenina más alta.
**Tenor** Tesitura masculina más alta.
**Tiple** Tesitura infantil similar a soprano.
**Tocata** Pieza para teclado que muestra la destreza y sensibilidad del intérprete.
**Trío** Grupo de tres músicos; pieza escrita para tres instrumentos.

**Barroco tardío** La música barroca alcanzó su mejor expresión al final del siglo XVII y principios del XVIII, en la obra de **Bach** y **Händel.** Bach escribió principalmente música sacra (cantatas religiosas, oraciones y piezas para órgano). La obra de Händel fue en su mayoría dramática (ópera, oratorios y cantatas profanas). Ambos compositores trataron las tradiciones de la melodía polifónica y los acordes armónicos en forma muy sofisticada. Los dos ayudaron a desarrollar un sistema claro y formal de cambios de tono y escalas que dio a la música mayor precisión técnica.

**Clásica** Durante el siglo XVIII y principios del XIX, la música conservó mucho de la formalidad barroca. Estaba restringida emocionalmente, con nuevo énfasis en una sola melodía armoniosa, en lugar de la polifonía barroca. La sinfonía fue la forma orquestal más importante; la sonata surgió como la forma más importante de la música instrumental. Alcanzó su perfección al final del siglo XVIII en Viena (entonces capital mundial de la música), en las obras de **Haydn, Mozart, Gluck** y el joven **Beethoven.**

**Estilo barroco** La música del siglo XVII se creó alrededor de líneas base tocadas en teclado, como este órgano de *c.* 1627.

**Mozart** Desde los cuatro años, Mozart era un notable pianista. Empezó a componer a los cinco.

**1650**

**1674** Se interpreta por primera vez la ópera *Alcestes,* de Jean-Baptiste Lully.
**1689** Henry Purcell escribe la ópera *Dido y Eneas.*

**1700**

**1721** Se interpretan por primera vez los *Conciertos de Brandenburgo,* de J.S. Bach.
**1721** Se publica las *Cuatro estaciones* de Vivaldi.
**1742** Estreno del *Mesías* de Händel.
**1791** En el año de la muerte de Mozart, se interpreta por primera vez *La flauta mágica.*

## GLOSARIO DE NOTACIÓN

Las notas simbolizan la duración de un sonido y el pentagrama indica el diapasón (su nivel en la escala). Las claves son símbolos en el pentagrama, al inicio de una pieza musical, que marcan su tonalidad y hacen que los sonidos de las notas sean complementarios.

**Redonda** nota entera (4 tiempos)

= **Blanca** ½ nota

= **Negra** ¼ de nota

= **Corchea** ⅛ de nota

= **Semicorchea** 1/16 de nota

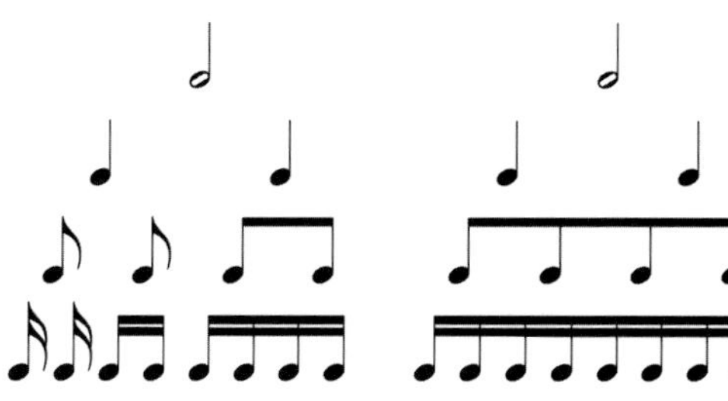

♭ bemol (1/2 tono más bajo)

♯ sostenido (1/2 tono más alto)

**Clave de sol**

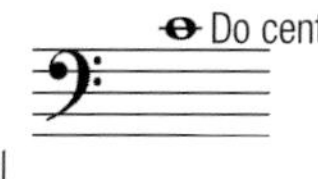


**Clave de fa**

**Armadura** Mi bemol mayor

## Compositores A-H

La siguiente lista es una guía de los principales compositores clásicos.
▪ Indica una obra clave.

**J.S. Bach**
(1685-1750) Alemán
Organista destacado. Dominó el contrapunto (combinación de melodías), una característica del barroco tardío. Entre sus obras hay fugas, preludios para órgano y cantatas sacras.
▪ *Conciertos de Brandenburgo; Misa en Si menor*

**Ludwig van Beethoven**
(1770-1827) Alemán
Su creación progresó de obras clásicas a composiciones apasionadas que impactaron a sus contemporáneos y fueron un puente hacia el romanticismo. Es conocido por sus sinfonías, conciertos y sonatas. Escribió muchas de sus composiciones después de quedar sordo.
▪ *Sinfonía No. 3* (Eroica), *Sonata para piano No. 14* (Claro de Luna)

**Johannes Brahms**
(1833-1897) Alemán
Es conocido por sus ritmos originales y uso del contrapunto. Compuso sinfonías, conciertos, música para piano y de cámara, y muchas canciones. Escribió la canción de cuna más famosa del mundo.
▪ *Quinteto para piano, Un réquiem alemán*

**Benjamin Britten**
(1913-1976) Inglés
Su música modernista suele usar sonidos discordantes para crear estados de ánimo, como en sus óperas; también escribió música sacra.
▪ Óperas *Peter Grimes, Billy Budd*

**Piotr I. Chaikovski**
(1840-1893) Ruso Su música melódica y emotiva le dio fama con ballets como *El lago de los cisnes.* Su *Concierto para piano No. 1* es tal vez el más popular del mundo y uno de los más grabados.
▪ *Concierto para violín y orquesta*

**Frédéric Chopin**
(1810-1849) Polaco
Romántico que combinó la técnica excepcional del piano con hermosas melodías. Escribió muchas piezas cortas, incluyendo valses, polonesas, conciertos, nocturnos, preludios y mazurkas.
▪ *Nocturnos*

**Aaron Copland**
(1900-1990)
Estadounidense Sus composiciones se inspiraron en el jazz, canciones de vaqueros y música folclórica estadounidense. Además de sinfonías y obras para piano, escribió música para ballet y bandas sonoras para Hollywood.
▪ Ballet *Primavera apalache*

**Antonin Dvorak**
(1841-1904) Checo
Inspirado autor romántico, renovó la música de su país y usó motivos folclóricos. Compuso sinfonías, óperas, oratorios, conciertos, música de cámara y canciones.
▪ *Serenata para cuerdas*

**Edward Elgar**
(1857-1934) Inglés
Romántico tardío, creó obras introspectivas y melancólicas, en contraste con el brillo militar de sus marchas *Pompa y circunstancia.* Escribió sinfonías, canciones, oratorios y música de cámara.
▪ *Variaciones "El enigma"*

**Georg Friederich Händel** (1685-1759)
Germanoinglés
Es mejor conocido por el *Mesías* y otros oratorios religiosos. Escribió muchas óperas, himnos de coronación y música que antecede al poema sinfónico.
▪ *Música acuática*

vea también
182 **La Edad Media**
194 **El Renacimiento**
382 **Literatura occidental**
554 **Grabación de sonidos**

# Música clásica 1800-2002



*La belleza formal de las composiciones del siglo XVII dio paso al periodo romántico, en el que la expresión emocional era de capital importancia. La sinfonía sobresalió y se escribieron las mejores óperas. El siglo XX atestiguó el desarrollo de la música en una variedad de formas: la escala de 12 tonos, las influencias populares, el sonido electrónico e incluso la música sacra ortodoxa fueron significativos.*

**Romanticismo** Los compositores románticos trabajaron en la primera mitad del siglo XIX; buscaban formas dramáticas para expresar sus sentimientos. La energía rítmica y la experimentación fueron importantes, como los acordes disonantes usados por **Beethoven.** Las sinfonías empezaron a tener una duración de más de una hora, en contraste con las del periodo clásico, de 20 a 30 minutos. La música de cámara y la coral tuvieron menos importancia y la canción secular mantuvo popularidad.

**Beethoven** Sus composiciones y enorme influencia le aseguraron la reputación de máximo compositor de todos los tiempos.

**Romanticismo tardío** Al finales del siglo XIX, los románticos componían para orquestas cada vez más grandes y experimentaban nuevos efectos expresivos. Mientras que los compositores previos habían usado cambios de tonalidad y acordes disonantes para conseguir efectos expresivos, **Wagner** los usó en forma continua para crear peso y tensión. **Debussy** y **Ravel** introdujeron patrones rítmicos novedosos y nuevos tipos de armonía, basados en escalas no convencionales. El nacionalismo tuvo un gran impacto. Las melodías y las canciones populares inspiraron la música de **Sibelius, Dvorak, Elgar** y **Richard Strauss.**

**Strauss** Composiciones como *El Danubio Azul* (1867) dieron a Johann Strauss el apodo de "rey del vals".

**1800**

**1800** Con la *Sinfonía No. 1*, de Beethoven, se introdujo el estilo romántico.
**1816** Estreno de *El Barbero de Sevilla*, de Rossini.
**1830** Berlioz compone la *Sinfonía Fantástica;* Chopin compone su primera mazurka.

**1850**

**1853** Estreno de la ópera *Rigoletto*, de Verdi.
**1859** Estreno de *Tristán e Isolda*, de Wagner.
**1871** Estreno de *Aida*, de Verdi.
**1892** Estreno del ballet *El Cascanueces*, de Chaikovski.

## GUÍA DE UNA ORQUESTA

Los músicos de una orquesta completa siempre se acomodan de la misma forma, por instrumento. Los instrumentos agudos suelen estar a la izquierda y los instrumentos bajos, a la derecha. El arreglo exacto depende de la pieza que se va a ejecutar: los instrumentos de percusión pueden, por ejemplo, ocupar más espacio.

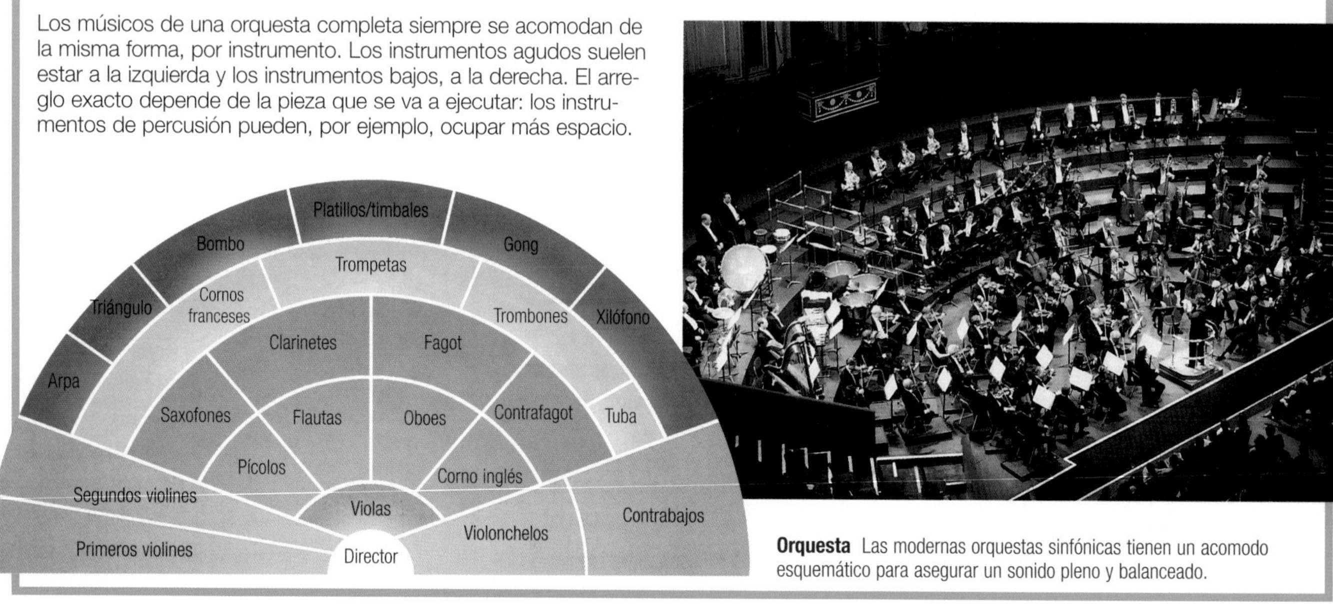


**Orquesta** Las modernas orquestas sinfónicas tienen un acomodo esquemático para asegurar un sonido pleno y balanceado.

**Modernismo** En 1913 *La consagración de la primavera,* de **Stravinski,** causó una revuelta en su estreno en París, porque rechazaba todo el ritmo tradicional y yuxtaponía "bloques" de música discordantes. Otros compositores, como **Schoenberg,** adoptaron la escala de 12 tonos para piezas enteras, ya no sólo para secciones cortas. O como **Bartók** y **Gershwin,** añadieron influencias de la música popular o el jazz. A partir de 1945, **Stockhausen** y otros llevaron esta experimentación modernista a nuevos niveles, con música compuesta con una gran variedad de sonidos electrónicos y mecánicos, no relacionados con los instrumentos musicales tradicionales.

**Stravinski** Ballets rusos como *El pájaro de fuego* (1910) popularizaron su estilo moderno.

**Posmodernismo** A fines del s. XX algunos compositores regresaron a una música más accesible y armónica. Entre los contemporáneos hay varias aproximaciones, desde el minimalismo que produce una especie de trance –en los casos de **Glass** o **Reich–,** hasta el rescate posmodernista de formas antiguas, como la música de la iglesia ortodoxa retomada por **Tavener.**

**Tavener** La música de Stravinski y la ortodoxia rusa inspiraron composiciones de John Tavener, como *El velo protector* (1989) y *María Egipciaca* (1992).

**1900**

**1913** Estreno de *La consagración de la primavera,* de Stravinski.
**1921** Arnold Schoenberg formula la escala de 12 tonos dodecafónica, luego adoptada por Berg y Webern.
**1924** Estreno de la *Rapsodia en azul,* de George Gershwin.

**1960**

**1961** Estreno del *Réquiem de guerra,* de Britten.
**1984** Estreno de la ópera *Akenathón,* de Philip Glass.
**1988** Steve Reich compone *Trenes diferentes.*
**1989** Estreno de *El velo protector,* de John Tavener.
**1992** Estreno de la *Sinfonía No. 3,* de Henryk Górecki.

## Ópera

Se dice que la ópera se originó con Monteverdi, hace 400 años. En el siglo XVIII, Händel desarrolló el género con magníficas arias para solista, y *Orfeo y Eurídice,* de Gluck, mostró cómo podían explotarse plenamente las posibilidades musicales y dramáticas de un libreto. Las óperas de Mozart eclipsaron a las de Haydn.

Los dos grandes compositores de ópera del siglo XIX fueron Verdi y Wagner. El genio de Verdi surgió en *Rigoletto, La Traviata, El Trovador* y *Aída*. Después de un lapso de 16 años, compuso *Otelo* (1887), con una partitura variada, dinámica y trágica.

**Ópera** La voz del tenor Luciano Pavarotti es aclamada por su pureza de tono.

Wagner compuso un "drama musical" de altos vuelos basado en la mitología nórdica. Las cuatro óperas de *El anillo de los nibelungos* (1850-1874) son consideradas por algunos como las mejores obras de la música occidental. En Francia, Berlioz compuso una ópera romántica, *Los troyanos* (1856-1858). En 1875 llegaron la ópera apasionada de Bizet, *Carmen;* la opereta vienesa de Johann Strauss, *Die Fledermaus* (El murciélago), y la sátira social de la opereta inglesa *HMS Pinafore,* de Gilbert y Sullivan. A fines del siglo, Puccini dominó la ópera italiana con las obras *La Bohemia* (1896) y *Tosca* (1900).

## Compositores H-Z

**Joseph Haydn**
(1732-1809) Austriaco
Llevó a su máximo desarrollo la sinfonía y el cuarteto de cuerdas durante la época clásica. Su música alegre, ingeniosa, elegante y juguetona retomaba sonidos cotidianos.
"Sinfonías París" Nos. 82-87

**Franz Liszt**
(1811-1886) Húngaro
Fue el inventor del poema sinfónico (composición orquestal inspirada por un tema, con la intención de evocar imágenes mentales).
Gran pianista, su obra incluye 20 rapsodias húngaras inspiradas en la música gitana.
*Estudios transcendentales*

**Felix Mendelssohn**
(1809-1847) Alemán
Su música combina la pasión romántica con la forma clásica. Creó melodías para oberturas, incluyendo la *Cueva de Fingal,* de inspiración escocesa, sinfonías, conciertos, sonatas y otras formas.
*Sinfonía italiana*

**Wolfgang Amadeus Mozart**
(1756-1791) Austriaco
Un prodigio musical. Desarrolló la forma del concierto y compuso óperas, como *La flauta mágica.* Su música emotiva enriqueció muchas otras formas musicales. Fue el único autor que compuso en todos los géneros musicales de su época.
*Concierto para piano No. 21 en do,* ópera *Las bodas de Fígaro*

**Giacomo Puccini**
(1858-1924) Italiano
Compositor de ópera muy conocido mundialmente por sus melodías hermosas y dramáticas. Basó su música emotiva en historias de amor, tragedia y muerte, en óperas como *Madama Butterfly.*
Ópera *La Bohemia*

**Franz Schubert**
(1797-1828) Alemán
Compuso más de 600 canciones, famosas por sus melodías memorables. Sus otras obras incluyen sinfonías, como la *Sinfonía inconclusa;* sonatas para piano; música de cámara y oberturas.
*Quinteto en do*

**Richard Strauss**
(1864-1949) Alemán
Director y compositor romántico, influido por Wagner. Destacó por sus óperas dramáticas. Desarrolló la forma del poema sinfónico y compuso canciones.
Ópera *El caballero de la rosa*

**Igor Stravinski**
(1882-1971) Ruso
Fue un modernista que usó innovaciones armónicas y rítmicas. Sus composiciones disonantes crearon un estilo musical totalmente nuevo.
Ballet *El pájaro de fuego*

**Giuseppe Verdi**
(1813-1901) Italiano
Sus óperas románticas mezclan arias memorables con modos italianos dramáticos. Popular y reconocido en su tiempo, se inspiró en novelas, piezas teatrales y culturas antiguas para sus óperas.
Ópera *La Traviata*

**Richard Wagner**
(1813-1883) Alemán
Su teoría sobre la composición, la armonía, la orquestación y la estructura de la ópera futura fueron muy influyentes. Unió música, teatro y otras artes para crear lo que llamó "drama musical", expresión que prefirió a la de "ópera".
Ciclo de ópera *El anillo de los nibelungos.*

vea también
336 **Otras mitologías**
380 **Los pasos de la danza**
554 **Grabación de sonidos**

*A inicios del siglo XX, la música popular existía en forma de ópera ligera u "opereta", así como en la zarzuela y el teatro de revista, géneros que atraían a audiencias grandes y entusiastas. Cincuenta años después, los adolescentes del mundo occidental bailaban al ritmo del rock'n'roll. Esta transformación en Estados Unidos obedeció a la introducción del jazz que hiciera la población afroamericana y que se difundió en otros países.*

## 1900-1919

El nuevo siglo inició con el apogeo del **teatro de revista** y el **vodevil**. En 1907, la opereta vienesa alcanzó su cima, con el estreno de *La viuda alegre,* de Franz Lehár. En Londres y Nueva York, Florenz Ziegfeld puso en escena la primera de sus revistas, las *Ziegfeld Follies*. La riqueza de los espectáculos creó la demanda de nuevas canciones. El negocio de la música popular empezó en Tin Pan Alley, Nueva York, donde se oía el sonido de los pianos que tocaban los compositores para promover sus canciones con los editores.

**Cantante** El actor y cantante Al Jolson, nacido en Srednik, Lituania, cobró fama en el vodevil. Su versión de 1919 de la canción "Swanee", de Gershwin, vendió más de 2 millones de copias.

Al mismo tiempo, la locura por el **ragtime** se apoderó de Estados Unidos. Las melodías con "ragged time" (sincopado) recibieron la influencia de la tradición popular, los espectáculos teatrales y las bandas marciales. "Hoja de maple", de Scott Joplin (escrita en 1899), vendió más de un millón de partituras. En 1911, se inició la larga carrera del cantante Irving Berlin, con el éxito "El ragtime de la banda de Alejandro" (Alexander's Ragtime Band).

Los ritmos llevados a Estados Unidos por los esclavos africanos se escuchaban en casas de mala reputación de Nueva Orleáns, donde los músicos negros entretenían a los clientes, y en todas partes. Su música improvisada, con antecedentes en el blues y el ragtime, se llamó **jazz.** El jazz no permaneció confinado en los salones: en 1912 un grupo de sureños blancos formó *The Original Dixieland Jazz Band* y tocó para toda la ciudad. El sonido del jazz llegó al norte, interpretado por bandas en los barcos del Mississippi. Cuando en 1917 cerró la "zona roja" de Nueva Orleáns, la banda Dixieland se trasladó a Nueva York.

Pronto, el jazz de Dixieland se conoció en todo Estados Unidos. En 1922, se inauguró en Nueva York el Cotton Club de jazz, y el ritmo se puso de moda. Las tropas estadounidenses llevaron el jazz a Europa, durante la Primera Guerra Mundial.

## 1920-1929

**La comedia musical** continuó su desarrollo junto con el jazz. Broadway, el distrito teatral de Manhattan, Nueva York, vivió su apogeo en la década de 1920. Canciones memorables captaron la imaginación del público en espectáculos ligeros, como *Lady Be Good* (1924), el primer gran musical de **George Gershwin.** La música de Gershwin fusionó la música clásica, la música popular y el jazz, para crear un sonido nuevo característico de Estados Unidos. En el mismo año, el director de banda estadounidense Paul Whiteman comisionó a Gershwin para que escribiera su pieza musical más famosa, *Rapsodia en azul.* En 1925, Broadway tenía 80 teatros, y entre 1927 y 1928 se estrenaron 280 nuevas producciones, incluyendo *Show Boat,* de **Jerome Kern,** con una trama y escenificación que establecieron nuevas bases para la escena musical.

En la década de 1920, el centro del mundo del jazz cambió de Nueva Orleáns a las tabernas clandestinas de la época de la prohibición del alcohol en Chicago, donde **Louis Armstrong, Bix Beiderbecke** y **Jelly Roll Morton** eran los nuevos gigantes del jazz. Un nuevo estilo de solo improvisado dio fama mundial a Louis Armstrong como trompetista y cantante de voz grave. La vocalista **Bessie Smith** hizo una serie de grabaciones con músicos importantes de la década, incluyendo a Armstrong, lo que le dio el apodo de "Emperatriz del Blues". En 1927, **Al Jolson** protagonizó la primera película sonora, *El cantante de jazz,* y Bix Beiderbecke grabó "Cantando el blues", clásico del jazz. La técnica musical del género alcanzó su apogeo y la década se conoció como la "Era del jazz". Conforme la "locura" por el jazz se extendía por Estados Unidos, se oía un nuevo tipo de música en el sur y el Medio Oeste, la **música country.**

La **canción romántica mexicana** de esa época tuvo sus antecedentes en la música culta del siglo XIX. La **trova yucateca** rebasó su lugar de origen. Sobresalieron varios cantantes como Alfonso Ortiz Tirado, Chela Campos, Lupita Palomera y las Hermanas Landín, y compositores como **Agustín Lara, Luis Alcaraz, Gonzalo Curiel** y **Francisco Gabilondo Soler.**

**Jazz hablado** El cantante y trompetista Louis "Satchmo" Armstrong creó el "scat", un estilo vocal que imitaba los instrumentos musicales.

## 1930-1939

Los musicales llegaron a la gran pantalla en las espléndidas producciones de Hollywood. **Bing Crosby,** estrella de la radio, introdujo su apariencia tranquila y su voz suave con *El rey del jazz* (1930). *La alegre divorciada* (1934), basada en un musical de **Cole Porter,** y *Sombrero de copa* (1935), de **Irving Berlin,** distraían como grandes entretenimientos. En 1935, *Porgy y Bess,* la "ópera popular" de Gershwin, se estrenó en Broadway: mezcla de estilo operístico, música popular y jazz.

El final de la prohibición del alcohol en 1933 obligó a los músicos a abandonar los clubes ilegales y a actuar abiertamente. El jazz adaptó su estilo para una mayor aceptación y se ajustó al salón de baile, en forma de grandes bandas y swing. Los directores de bandas **Count Basie, Duke Ellington** y **Paul Whiteman** encabezaron el cambio. La vocalista **Billie Holiday** dominó la década con sus interpretaciones en jazz de canciones populares; grabó con el saxofonista **Lester Young,** cuyo tono ligero influyó en solistas como Charlie Parker. En 1934, **Fats Waller** introdujo su estilo de jazz vocal y en 1937, **Glenn Miller** encabezaba las orquestas con su estilo de swing.

**Director de grandes bandas** El trombonista Glenn Miller llevó el swing a las orquestas de baile.

## 1940-1949

Hollywood siguió creando grandes estrellas vocales, como **Ella Fitzgerald** y **Frank Sinatra.** En 1942, el genio melódico de Irving Berlin produjo la canción "Blanca Navidad"; la versión de Bing Crosby ha vendido más de 30 millones de copias.

La serenidad del swing provocó una rebelión del jazz en forma de **bebop,** o "hot jazz", forma experimental con armonías y ritmos complejos, encabezada por el saxofonista **Charlie Parker,** el trompetista **Dizzy Gillespie** y el guitarrista **Charlie Christian** (primero en usar un amplificador electrónico). Al mismo tiempo, las canciones de **Woody Guthrie,** como "This Land is Your Land", provocaron una callada revolución en la música popular, expresando los sentimientos populares sobre la Gran Depresión y el sufrimiento de los pobres. Sus composiciones influyeron en Bob Dylan y multitud de cantantes populares, 20 años después.

La mezcla de estilos musicales abrió nuevos caminos. Bajo la influencia del swing, la música country se transformó: surgió el **western swing,** con guitarras amplificadas y movidos ritmos de baile; el **honky tonk** se desarrolló gracias a cantantes estadounidenses como **Hank Williams.**

En 1949, la revista *Billboard* dio nombre a una nueva fusión de blues, boogie-woogie, jazz y música pop: **rhythm and blues.**

***Ol' Blue Eyes*** Frank Sinatra grabó su primer éxito, "Todo o nada", en 1943. Siguió teniendo éxito hasta la década de 1990.

## 1950-1959

El rhythm and blues, caracterizado por los ritmos de la vibrante guitarra de **Jackie Wilson** y el relajante estilo de **B.B. King,** fue un éxito en Estados Unidos, al inicio de la década de 1950. El éxito comercial de la música country fue en aumento. **Johnny Cash** empezó a grabar en 1955; en 1957, **Patsy Cline** ganó el certamen de talento que inició su carrera.

Una mezcla de ritmo negro, blues y música country produjeron el estilo dominante de la nueva década, el **rock'n'roll.** El ritmo regular y la letra juvenil de las canciones agradó a los adolescentes. Las primeras listas de éxitos que aparecieron en Estados Unidos a finales de la década de 1940, y en Gran Bretaña en 1952, confirmaron su popularidad. En 1955, "Al compás del reloj", de **Bill Haley** y sus Cometas, alcanzó el primer lugar (las ventas sobrepasaron los 22 millones de copias). El mismo año, el alocado piano y la ropa extravagante de **Little Richard** hicieron un éxito de "Tutti Frutti"; **Chuck Berry** debutó con "Maybellene". El rock'n'roll de Berry y el rhythm and blues de B.B. King fueron dos de las influencias más importantes en la música popular de la década de 1960.

En 1956, **Elvis Presley** lanzó "Heartbreak Hotel". Su apostura, simpatía personal y la calidad de sus interpretaciones lo convirtieron en el artista con mayor venta en la historia de la música popular. En 1957, **Jerry Lee Lewis** lanzó "Great Balls of Fire", clásico del rock'n'roll. En el mismo año, **Buddy Holly** y Los Crickets lanzaron "Peggy Sue", con tendencias que aún persisten.

El rock'n'roll tuvo una gran acogida en México. Pronto surgieron grupos nacionales que adaptaban o traducían canciones estadounidenses, como **Los Locos del Ritmo** y los **Teen Tops.** Como solistas destacaron **Angélica María, César Costa, Alberto Vázquez** y **Johnny Laboriel.**

**"Sueño americano"** Elvis Presley vendió en forma consecutiva 14 millones de discos, antes de alistarse en el ejército en 1958.

vea también
380 Los pasos de la danza
392 Cine
486 Economía de la información
554 Grabación de sonidos

# Música popular 1960-2002



*En la década de 1960, la tradición popular dio un nuevo enfoque a la música popular, al crear conciencia social mediante la canción. Junto con el desasosiego adolescente, desembocó en la rebeldía del punk y rock pesado en la década de 1970. Como reacción contra tal intensidad, la música disco y la electrónica tuvieron gran aceptación. A fines del siglo XX, había gran variedad de estilos musicales para todos los gustos y culturas.*

## 1960-1969

En EUA, el rock'n'roll revivió los estilos **pop** y **rhythm and blues** puros, más adecuados a una década de protesta política. Los cantantes **Bob Dylan** y **Joan Baez** encabezaron el movimiento. "Blowin' in the Wind" (1962), de Dylan, fue un auténtico himno en favor de los derechos civiles.

**Voz de una generación** Las letras de Bob Dylan tuvieron marcadas influencias del estilo pro derechos civiles del cantante Woody Guthrie.

A mediados de la década, el auge de la pequeña compañía disquera Motown, en Detroit, hizo que su nombre se convirtiera en prototipo de la música **soul** (un nuevo estilo de canto con raíces en la tradición gospel, canto religioso de algunos protestantes afroamericanos). **Stevie Wonder,** las **Supremes, Marvin Gaye** y **Gladys Knight** popularizaron el "sonido Motown".

En Gran Bretaña, los **Beatles** crearon su propio estilo musical con una mezcla de melodías claras y ritmos complejos. Su disco sencillo de 1963, "From Me to You", inició su carrera continua de éxitos que se extendió hasta 1967 (se separaron en 1969). Paul McCartney y John Lennon fueron los principales letristas del grupo. Sus composiciones incluyeron: "Please Please Me" y "Hey Jude".

El rock continuó desarrollándose en Gran Bretaña, donde **Jimi Hendrix** trabajó su técnica de guitarra experimental y los **Rolling Stones** crearon una mezcla de rhythm and blues y rock'n'roll. En 1968, surgió un estilo de rock más pesado en la música de **Led Zeppelin.**

**Los Beatles** Crearon el primer álbum "concepto", *El club de los corazones solitarios del sargento Pimienta* (1967), canciones unidas por un hilo conductor.

## 1970-1979

El estilo de rock de Led Zeppelin se denominó **heavy metal;** durante la década de 1970, nuevos grupos, como **Van Halen** (1974) y **Def Leppard** (1977) adoptaron ese sonido. El **glam rock** de **Elton John** y **David Bowie**, con vestuario y maquillaje llamativos en el escenario, fue una mezcla de rock y pop melódico.

En contraste, la música disco se convirtió en una fuerza internacional, con ritmo pop diseñado para bailar y énfasis en una ingeniosa producción de estudio. Las notables armonías vocales del grupo sueco **Abba** les dieron éxito en Europa, con temas como "Dancing Queen" (1976).

Los ritmos caribeños fusionaron la música disco negra y el soul, creando el **reggae,** con marcado tiempo débil y una pesada línea de bajo. El músico jamaicano **Bob Marley** popularizó mundialmente el reggae con éxitos como "Get Up, Stand Up" (1973) y "No Woman No Cry" (1975).

Mientras tanto, los musicales se renovaron con *Jesucristo superestrella,* que se estrenó en Londres en 1973. En la segunda mitad de la década, el espíritu de rebelión juvenil resurgió, esta vez en forma del agresivo rock **punk. Sex Pistols** encabezó el nuevo género y atacó a Gran Bretaña con la letra de "Anarchy in the UK" (1976) y "God Save the Queen" (1977).

**Estrella del reggae** Bob Marley grabó su primer disco a los 19 años. En 1965 formó su grupo, The Wailers, con "Bunny" Livingstone y Peter Tosh.

## 1980-1989

El punk continuó en Gran Bretaña en la década de 1980 y se convirtió en un movimiento rápido, distorsionado y anticomercial que dio lugar a violentas reacciones en los clubes de Londres. **Spandau Ballet** y **Duran Duran** crearon el glam rock para interpretar la música pop melódica de los **Nuevos Románticos,** caracterizados con ropa y maquillaje rebuscados. **Depeche Mode** cambió las guitarras por sintetizadores y la banda alemana **Kraftwerk,** basada en la computadora, tuvo popularidad.

En EUA, los solistas vocales fueron a la vanguardia. El álbum con el que debutó **Madonna** en 1983 produjo cinco éxitos de popularidad en EUA, incluyendo "Holiday" y "Lucky Star". Sólo otros dos vocalistas pudieron competir: **Prince,** que tuvo los primeros lugares en EUA con "Let's Go Crazy" (1984) y "When Doves Cry" (1985), y **Michael Jackson,** cuyo *Thriller* (1982) fue el álbum más exitoso de todos los tiempos: al inicio de la década de 1990 había vendido 42 millones de copias.

**En vena** Madonna se dio a conocer por su ropa extravagante y personalidad provocativa durante la gira de 1990 de Blonde Ambition. La película de 1991, *In Bed With Madonna,* registró secuencias detrás del escenario de la gira.

En Nueva York, surgió el **rap:** canto de letra callejera, con patrón rítmico de sonsonete. Su estilo distintivo creó muchas subculturas pop, incluyendo el **hip-hop,** que tomó su efecto sonoro de los discos de acetato rotados a mano, empleando frases musicales ("muestras") para crear nuevas pistas, adaptadas al ritmo de un tambor electrónico.

Con el uso de la tecnología computarizada, las muestras digitales crearon nuevas formas de música para bailar. En Chicago, una mezcla de disco negro y pop, con muestras de estudio y dubbing, se denominó música **house,** por el nombre del club de baile Warehouse.

De la música house de Chicago surgió la música **acid house,** en que la letra y melodía se reemplazaban con el sonido ácido del sintetizador Roland 303.

Al final de la década de 1980, en el club de Nueva York Paradise Garage, nació un nuevo sonido para bailar: el rítmico y sentimental **garage.**

## 1990-1999

En Seattle, al inicio de la década de 1990, se combinaron el heavy metal y el punk para crear el **grunge** (rock rápido con inclinaciones líricas). El sonido dio éxito comercial a **Nirvana,** y su álbum *Nevermind* (1991) popularizó el grunge en todo el mundo.

Los músicos pop británicos reaccionaron contra el grunge con el sonido distintivo **Britpop.** El grupo **Oasis** (marcado por los Beatles) y **Blur** (influido por las primeras bandas británicas Madness y The Kinks) compitieron por el primer lugar en la lista de popularidad. Para 1997, las influencias estadounidenses habían dado fin al estilo.

La música de baile y el rap siguieron desarrollando estilos derivados. Al final de la década de 1980, el sonido electrónico minimalista del **tecno** pasó de Detroit, su lugar de origen, a Europa. Fortalecido con ritmos más fuertes y líneas bajas, evolucionó hacia el **hardcore** y, a mediados de la década de 1990, en música **jungle.** El rap se convirtió en **ragga** (rapping en la lengua criolla de Jamaica).

Los vocalistas y las bandas "adolescentes" dominaron los éxitos pop. El sonido de **Madonna** maduró con su álbum *Ray of Light* (1998), una selección de pistas introspectiva y "bailable".

En México la balada fue uno de los géneros más difundidos por intérpretes como **Luis Miguel, Thalía, Manuel Mijares, Lucero, Cristian Castro, Fey** y **Gloria Trevi.** También prosperaron grupos como Magneto, Mercurio, Garibaldi y Kairo, cuyos integrantes se convirtieron en símbolos sexuales. En un registro distinto, grupos como **Maná** y **La Ley** buscaban difundir ideas de contenido social.Todos ellos, gracias a la televisión, conquistaron al público de América Latina. Varios grupos del género "rock en tu idioma" alcanzaron fama por su espontaneidad, como **Cristal y Acero, Los Caifanes, Bon y los Enemigos del Silencio** y **La Maldita Vecindad.**

**Anhelar las estrellas** S-Club 7 es un ejemplo de la banda cuidadosamente formada y con hábil mercadotecnia de antes del año 2000.

vea también
380 Los pasos de la danza
392-397 Cine
486 Economía de la información
554 Grabación de sonidos

# Los pasos de la danza



*Las raíces del baile están en la celebración de rituales y la religión. Para los antiguos griegos, era parte vital de la educación. En la India, Corea y Manchuria aparecieron tradiciones formalizadas hace 2,000 años. El baile social surgió mucho después y, en Europa, el baile popular abarcó todos los niveles sociales en el siglo XIV. Las danzas surgidas y limitadas a las cortes reales se convirtieron en el ballet.*

## BAILE DE SALÓN

El baile de parejas se popularizó en Europa en el siglo XIV, y para el siglo XVII se habían desarrollado nuevos estilos. El ***minuet*** de la corte surgió en Francia en 1663, seguido en 1696 por la vivaz **gavota**. El **vals** surgió en Austria en 1781 a partir de las danzas campesinas alemanas. Durante el siglo XIX se bailó en salones especiales. El baile popular bohemio dio origen a los tres pasos rápidos y el salto de la **polka.**

Antes de la Primera Guerra Mundial, se popularizaron varios estilos nuevos. Harry Fox introdujo el **foxtrot** en la revista *Follies* de Ziegfeld, en 1913. Los movimientos corporales ladeados de la **machica,** una mezcla de polka y danza brasileña con influencia africana, fueron la base de la **samba.**

El **tango** llegó a los salones de baile en 1913, luego de haber surgido en Buenos Aires. Otros estilos evolucionaron en América Latina, incluyendo la **rumba** afrocubana (1922) y la moderna **salsa** (1962), influida por el jazz y el rock.

**El foxtrot** Una combinación de rápidos pasos caminados y giros se ejecuta con un ritmo sincopado.

**Pasos clásicos** Charle-Louis Beauchamp inventó las cinco posiciones del ballet clásico en 1661.

## BALLET

En 1832, con la producción de *La sílfide* en la Ópera de París, se inició la primera gran era del ballet de estilo romántico basado en historias de amor apasionado y casto, con una mujer en el papel principal. El género alcanzó su punto culminante con *Giselle* (1841). Maria Taglioni, que interpretó por primera vez *La sílfide,* introdujo la danza de "puntas" (zapatillas con punta rígida).

En Rusia, la Compañía de Ballet Imperial (fundada en 1738, ahora conocida como el Ballet Mariinski) y el Ballet Bolshoi (1776) establecieron el género formal del ballet clásico. El compositor ruso Piotr I. Chaikovski y el coreógrafo francés Marius Petipa caracterizaron el estilo con *La Bella Durmiente* (1890), *El cascanueces* (1892) y *El lago de los cisnes* (1895). Rusia continuó a la cabeza en los primeros años del siglo XX con la música y escenario innovadores de los Ballets Rusos fundados por Sergei Diaghilev en 1909. La compañía introdujo nuevas ideas usando influencias populares en *El pájaro de fuego* (1910) y separando la música y la narrativa en *La siesta de un fauno* (1912).

George Balanchine, nacido ruso, recreó el ballet clásico en un estilo moderno con el Ballet de la Ciudad de Nueva York (1948). En su *Serenata* (1934), la audiencia interpreta una narración abierta.

Al final del siglo XX, Twyla Tharp y Mark Morris, coreógrafos estadounidenses, llevaron el ballet a una audiencia mayor, al combinarlo con la danza contemporánea popular.

## BAILE TRADICIONAL

Hay estilos de baile particulares de comunidades específicas originados en danzas folclóricas nacionales. La tradición de danza clásica hindú, **Bharata natyam,** de hace 2,000 años, se basa en relatos de las proezas de dioses. Los gestos faciales son tan importantes como los movimientos y los ritmos marcados.

Las danzas de la corte aún se ejecutan en Japón, donde se conocen como **bugaku.** Los bailarines usan rebuscadas máscaras de personajes y hacen movimientos geométricos marcados por ritmos de tambor. El estilo tiene dos formas, que corresponden a las tradiciones musicales de China y Corea.

Una mezcla de tradiciones folclóricas árabes y españolas creó el **flamenco,** el baile de los gitanos andaluces, ejecutado profesionalmente por primera vez en el siglo XIX. El golpeteo de punta y talón y los graciosos movimientos de los brazos acompañan una canción *(cante)* y son *grande* (afligido) o *chicho* (ligero y vivaz).

**Bharata natyam** El movimiento expresivo y el ritmo improvisado narran una historia.

## EL BAILE EN MÉXICO

En México, la tradición del baile, como la música y la moda, estuvo sujeta a las influencias del exterior. En una primera etapa siguió las tendencias europeas, y luego las de EUA. En la época prehispánica las culturas indígenas ejecutaban danzas rituales durante sus ceremonias, a las que se asociaba una música específica con flautas y tambores: las danzas autóctonas. Con la Conquista llegaron los bailes europeos de la época, que fueron adquiriendo sabor local, como los jarabes. En el siglo XIX se practicaban refinados bailes de salón en las esferas sociales de mayores recursos, que se deleitaban con el vals vienés o mexicano, y el chotis, que llegó a través de España.

En el siglo XX otros ritmos extranjeros como el tango, el foxtrot, la música disco y el breakdance, cautivaron a los jóvenes. Los bailes tropicales y sudamericanos como el merengue, el mambo y el danzón, gozaban de incontables adeptos. La polka halló terreno fértil en el Norte.

El baile folclórico tuvo escuelas en todo el país. La Danza del Venado, el Jarabe Tapatío, la Raspa y la Danza de los Viejitos eran interpretados por el Ballet Folclórico de México, de Amalia Hernández. La danza clásica prosperaba gracias a la Compañía Nacional de Danza, y la danza contemporánea, por el esfuerzo de la Academia Mexicana de la Danza y figuras como Guillermina Bravo.

**Pasos sincronizados** El baile folclórico es uno de los que gozan de mayor popularidad en México.

vea también
374 **Música clásica**
376 **Música popular**
392 **Cine**

## EL BAILE EN EL CINE

Entre 1930 y 1940, Busby Berkeley creó una nueva tendencia en los musicales de Hollywood con escenarios espléndidos y gran número de bailarines. Con tomas en picada, las rutinas de baile de Berkeley solían crear un efecto caleidoscópico, como en ***Desfile de candilejas*** en 1933.

En el mismo año, la pareja formada por Ginger Rogers y Fred Astaire debutó en ***Volando a Río.*** Actuó en otras nueve películas, ocho de las cuales resultaron de la colaboración del coreógrafo Hermes Pan y Astaire. El baile de Astaire entre 1930 y 1939, y el de Gene Kelly entre 1940 y 1950, revolucionaron las películas musicales con innovadoras rutinas. Kelly codirigió y actuó en ***Cantando bajo la lluvia*** (1952), uno de los musicales más populares. En 1957, Jerome Robbins fue coreógrafo del musical de Broadway ***Amor sin barreras*** e introdujo una mezcla de jazz y ballet moderno a una gran audiencia. El coreógrafo Bob Fosse fue aclamado por sus rutinas estilizadas en ***Cabaret*** (1972).

**Dueto legendario** El estilo suave de Fred Astaire y Ginger Rogers marcó una era del baile.

## COREOGRAFÍA

Las figuras de mayor influencia en el ballet del siglo XX, **Michel Fokine** (1880-1942) y **George Balanchine** (1904-1983), trabajaron con los Ballets Rusos al inicio de sus carreras. Fokine se apartó del estilo clásico. Balanchine se concentró en la danza pura sin anécdota con trajes y escenarios mínimos.

El estilo más libre y natural de **Isadora Duncan** (1877-1927) estableció las bases de la danza moderna. La coreógrafa principal del estilo moderno, **Martha Graham** (1894-1991), expresó emociones a través del movimiento del plexo solar. Muchas de sus danzas se centraron en mujeres de la mitología griega. **Merce Cunningham** (1919- ) creó una alternativa posmoderna al estilo de Graham, con pasos separados de la partitura musical, libres de una narración dramática.

En la década de 1970, **Twyla Tharp** (1941- ) trabajó con jazz y ballet, y en Broadway, usando la técnica clásica en la danza moderna, al igual que **Mark Morris** (1956- ), con sus interpretaciones poco convencionales, a menudo cómicas.

**Frederick Ashton** Las readaptaciones románticas e ingeniosas del coreógrafo Ashton, de clásicos favoritos, ayudaron a popularizar el ballet a mediados del siglo *XX*.

*La literatura temprana de muchas culturas incluye mitos fundacionales reunidos en relatos épicos:* La Ilíada *(Grecia),* La Eneida *(Roma),* Beowulf *(Inglaterra), el* Poema de mío Cid *(España),* La Canción de Rolando *(Francia) y* Los Nibelungos *(Alemania). Se desarrollaron también otras formas de poesía, narrativa en prosa y no ficción. En el siglo* XIV*, los escritores europeos empezaron a redescubrir la literatura de los clásicos griegos y latinos y la usaron como modelo.*

**Cómo evolucionó la novela** La escritura en prosa surgió en la antigua Grecia, pero la novela tardó más tiempo en evolucionar como una forma de arte. Muchas tendencias contribuyeron a su surgimiento en el siglo XVI en Europa. Los escritores recurrieron a las tradiciones de sagas y romances, a ensayos biográficos, diarios y recuentos. El término "novela" se deriva de la *novella* italiana y significa "historia" o "noticia". Se empleó para describir historias sobre la vida cotidiana, a veces basadas en incidentes o hechos contemporáneos. Así se distinguían de los romances, que se desarrollaban en el pasado.

**800 a.C.** — **19 a.C.** — **900 d.C.** — **1300**

***c.* 800 a.C.** Homero recopila *La Ilíada* y *La Odisea,* los máximos poemas épicos griegos, base de la literatura occidental posterior.

***c.* 450 a.C.** Herodoto escribe el primer texto griego importante en prosa: su relato de las Guerras Médicas.

***c.* 300 a.C.** El poeta Teócrito inventa el pastoral, idilio campestre basado en un mundo fantástico, poblado por pastores y pastoras.

**19 a.C.** Virgilio muere antes de terminar su obra maestra épica, *La Eneida,* saga de Eneas versificada en latín.

**8 a.C.** Muere Horacio, famoso por sus *Odas* y *Sátiras.* Ovidio es exiliado, quizá por su escandaloso texto erótico *El arte de amar.* Muere en 18 d.C.

***c.* 900 d.C.** La saga inglesa *Beowulf,* que data de *c.* 750, toma forma escrita.

***c.* 1120** Aparece *La Canción de Rolando,* uno de los primeros romances franceses. Como muchas obras del periodo, es de autor desconocido.

**1307** Dante comienza *La Divina Comedia,* el primer gran poema alegórico en italiano.

**1387** Chaucer comienza los *Cuentos de Canterbury,* uno de los primeros poemas escritos en inglés.

**Literatura clásica** La antigua Grecia produjo parte notable de la primera poesía, principalmente con *La Ilíada* y *La Odisea,* dos obras épicas de **Homero** que exploraron el amor, el honor, la venganza y la muerte. Los poetas posteriores escribieron versos líricos más cortos, como las fantasías pastorales de **Teócrito.**

***La Odisea*** La obra de Homero relata cómo escapó Odiseo del cíclope.

A los griegos debemos los primeros textos de ciencia e historia. **Herodoto,** considerado el "padre de la historia", fue un gran prosista.

Roma intentó igualar la producción griega. Lo logró principalmente con los poetas **Virgilio, Horacio** y **Ovidio** bajo el auspicio del emperador Augusto (27 a.C.-14 d.C.). Se reconoce a Virgilio como el principal poeta de Roma, pero Horacio es el mejor estilista y, con Ovidio, influyó en la poesía inglesa del siglo XVIII.

Los romanos escribieron también historias en prosa. **César** narró sus proezas en la *Descripción de las guerras de las Galias;* **Tácito** y **Suetonio** relataron las vidas de los emperadores; en sus cartas, **Cicerón,** el maestro de la oratoria, hizo comentarios sociales.

**Romances y épica medievales** Las sagas, narraciones en prosa sobre las hazañas de conocidos reyes y guerreros, fueron populares en la Islandia y la Escandinavia medievales. Hasta el siglo XII sólo existieron en forma oral.

Los romances (largas historias poéticas de valor caballeresco) aparecieron en Francia y Alemania en el siglo XII. Aunque se escribieron para entretener, tienen también un contenido moral. Entre los más conocidos tenemos *La Canción de Rolando* y *El romance de la rosa,* con su tema de "amor cortesano" idealizado, asunto central de la poesía del siglo XII. Los romances ingleses surgieron en el siglo XIII e incluyen el quijotesco *Sir Gawain y el Caballero Verde.* En el siglo XV, los romances se escribían en prosa.

La nutrida práctica de la poesía narrativa culminó con la obra de **Dante** y **Chaucer,** que estuvieron entre los primeros poetas que escribieron poesía lírica para leerse y no para cantarse. En la Italia del siglo XIV, estuvo de moda la historia corta en prosa o **novela corta.** A menudo se publicaba en colecciones, como el *Decamerón* de **Boccaccio.**

## Seudónimos

**Anthony Burgess** John Wilson, que no podía escribir mientras estuviera en el servicio colonial británico, se hizo famoso como Anthony Burgess con *Naranja mecánica, Enderby* y *Poderes terrenales.*
**Isak Dinesen** Karen Blixen escribió *Siete cuentos góticos* como Isak Dinesen, para no emplear el apellido de su marido, con el que tenía problemas.
**George Eliot** Mary Ann Evans ocultó su género con un seudónimo masculino para asegurar la publicación de sus novelas. Las ventas disminuyeron cuando se reveló su verdadera identidad.
**George Orwell** Eric Blair eligió el apellido Orwell porque consideró que la "O" era la mejor inicial para atraer la atención del comprador.
**George Sand** Aurora Dupin adoptó un nombre masculino para que la respetaran cuando empezó a escribir novelas románticas en la década de 1830.
**Stendhal** Henri Beyle, autor de *Rojo y negro,* adoptó su *nom de plume* cuando era cónsul francés en Italia.
**Mary Westmacott** Agatha Christie lo usó para diferenciar sus novelas de amor de las policiacas.

William Shakespeare

**1400**

***c.* 1477** William Caxton establece una imprenta en Londres. Publica varias de sus traducciones de obras francesas, que influyeron mucho en la prosa inglesa del siglo XV.

**1500**

**1579** Se publica *Euphues o la anatomía del ingenio,* de John Lyly, la primera novela picaresca inglesa.

**1590** Se publican *Arcadia,* de Sir Philip Sidney, y los primeros tres libros de *La reina de las hadas,* de Edmund Spenser.

**1600**

**1605** Se publica la primera parte de *Don Quijote,* de Cervantes.

**1609** Se publican completos los *Sonetos* de William Shakespeare. Forman el ciclo de sonetos más largo en inglés.

**1667** Milton termina *El paraíso perdido,* su gran obra religiosa.

**El Infierno, de Dante** Uno de los castigos descritos por Dante, ilustrado por William Blake.

**El Renacimiento** El redescubrimiento de la literatura clásica se inició en el siglo XIV en Italia y resultó en una visión del mundo diferente de la del feudalismo medieval. La cultura clásica enfatizó la importancia del individuo, que contribuyó a dar un enfoque introspectivo a la escritura. Florecieron la poesía lírica (incluyendo las canciones), los poemas religiosos y místicos, así como el poema de amor en forma de soneto. El soneto fue desarrollado por **Petrarca** en el siglo XIV, en Italia, y por **Ronsard** en Francia; **Shakespeare** lo perfeccionó. *La reina de las hadas,* de **Spenser,** dio fin a la tradición épica quijotesca.

En 1554, con la publicación de *El lazarillo de Tormes* surgió la picaresca española, que influyó en Cervantes en su *Don Quijote.* Moralizante, satírica y de estructura abierta, fue uno de los primeros géneros novelísticos.

En el siglo XVII, los poetas ingleses **Donne, Marvell** y **Herbert** escribieron versos enfocados en el análisis de las intensas emociones producidas por el amor y la religión. El grupo fue conocido como los Poetas Metafísicos. **Milton** también abordó temas metafísicos en *El paraíso perdido.*

## Escritores A-G

Los siguientes poetas y novelistas marcaron el curso de la literatura occidental.
▫ Indica obra importante.

**Jane Austen** (1775-1817) Británica Centrada en personajes comunes y sus situaciones cotidianas, Austen creó un microcosmos que es reflejo fiel del mundo más grande.
▫ *Orgullo y prejuicio*

**Emily Brontë** (1818-1848) Británica Escribió poesía y novelas, en las que mostró amor profundo por la naturaleza y comprensión de la pasión humana. Fue una de las primeras novelistas que no juzgó el comportamiento de sus personajes.
▫ *Cumbres borrascosas*

**Lord Byron** (1788-1824) Británico Poeta romántico cuyos melodramas en verso cautivaron la imaginación de Europa. Su obra influyó en el romanticismo en poesía, música y pintura.
▫ *Don Juan*

**Miguel de Cervantes** (1547-1616) Español En *Don Quijote* ridiculizó el código caballeresco y toda la tradición del romance. Es el libro más traducido, después de la Biblia. También escribió piezas teatrales: entremeses.
▫ *Don Quijote*

**Geoffrey Chaucer** (1343-1400) Inglés Considerado uno de los mejores poetas de la literatura inglesa. Fue el primero de ellos en usar el verso de diez sílabas, que evolucionó en la copla heroica.
▫ *Cuentos de Canterbury*

**Dante Alighieri** (1265-1321) Italiano El primer autor importante que escribió en italiano y no en latín. Fue autor de uno de los mejores poemas narrativos e influyó en Chaucer, entre otros.
▫ *La Divina Comedia*

**Charles Dickens** (1812-1870) Británico En sus novelas, que se mueven entre la gran farsa y la difícil realidad, creó un fresco de la sociedad de su época.
▫ *Oliver Twist*

**Fiódor Dostoievski** (1821-1881) Ruso Uno de los primeros novelistas en explorar las incertidumbres del alma humana. Sus novelas tratan temas universales: pecado, sufrimiento, culpa, conciencia y búsqueda de la fe.
▫ *Crimen y castigo*

**George Eliot (Mary Ann Evans)** (1819-1880) Británica Introdujo varias líneas de trama y gran variedad de personajes, desarrollando su análisis psicológico. Usó su obra para discutir problemas morales y sociales en la Inglaterra victoriana.
▫ *Middlemarch*

**Thomas Stearns Eliot** (1888-1965) Estadounidense/británico Dramaturgo y poeta modernista fundacional. Revolucionó la poesía con su insistencia en el uso de nuevas formas, ritmos y temas modernos, como la ciudad industrial.
▫ *Tierra baldía*

**Gustave Flaubert** (1821-1880) Francés Perfeccionista, dedicaba horas a cada oración. Su percepción psicológica y abundancia de detalles precisos (basados en la investigación y observación detalladas) lo convirtieron en uno de los realistas más influyentes.
▫ *Madame Bovary*

**Gabriel García Márquez** (1928- ) Colombiano Recrea la realidad de América Latina en cuentos cortos y novelas. Es uno de los principales exponentes del realismo mágico.
▫ *Cien años de soledad: El amor en los tiempos del cólera*

vea también
174 **Roma antigua**
194 **El Renacimiento**
336 **Otras mitologías**
388-391 **Teatro**

*Los escritores del siglo XVIII estuvieron influidos por el clasicismo, regidos por el orden, la armonía y el sentido moral que encontraron en los primeros modelos latinos. La novela tomó su forma moderna. Hacia el final del siglo, hubo una reacción contra la disciplina del clasicismo y los escritores crearon obras que enfatizaban la importancia de la imaginación.*

## Formas de poesía

**Alegoría** Historia en verso o prosa en la que personajes e incidentes tienen uno o más significados simbólicos, además del significado literal.
**Elegía** Poema reflexivo que usualmente trata de la muerte y la mortalidad.
**Epigrama** Poema corto que concluye con un refrán ingenioso.
**Epopeya** Poema narrativo largo que celebra hazañas de héroes y, a veces, la fundación de una nación. *La Ilíada* de Homero y *La Eneida* de Virgilio son epopeyas antiguas; una epopeya moderna es *La guerra y la paz,* de Tolstoi.
**Lírica** Originalmente, poema cantado con lira; ahora, poema no narrativo que expresa ideas y sentimientos individuales.
**Monólogo dramático** Poema en el que un orador revela sus pensamientos e ideas a una audiencia.
**Soliloquio** Monólogo interior en el que un personaje examina sus pensamientos y sentimientos.
**Soneto** Poema de 14 líneas que suele ofrecer una conclusión lógica.
**Verso libre** Verso sin métrica fija.

**Voltaire** **Jane Austen**

**1700**

**1719** Se publica *Robinson Crusoe*, de Daniel Defoe.

**1726** Aparece *Los viajes de Gulliver,* obra maestra satírica de Jonathan Swift.

**1731** *Manon Lescaut,* del Abate Prévost, revitaliza la novela en Francia.

**1740** Se imprime *Joseph Andrews,* novela de Henry Fielding, seguida de *Tom Jones* en 1749.

**1747** Samuel Richardson escribe *Clarisa,* considerada su mejor obra.

**1755** Samuel Johnson, polígrafo y erudito, termina su *Diccionario del idioma inglés.*

**1759** Aparecen las primeras entregas de *Vida y opiniones del caballero Tristram Shandy,* de Laurence Sterne.

**1774** *Las cuitas del joven Werther,* de Goethe, da comienzo al romanticismo literario.

**1789** *El poder de la simpatía,* de William Hill Brown, es una de las primeras novelas estadounidenses.

**Clasicismo** A finales de los siglos XVII y XVIII, en particular en Inglaterra y Francia, la literatura se caracterizó por la claridad de forma y un fuerte sentido de la razón y el orden. Los estilos siguieron a los antiguos griegos y latinos, muy admirados. En Inglaterra, **Dryden** y **Pope** escribieron versos satíricos en la forma de *heroic couplets* (versos de cinco líneas que riman *aa bb cc dd)* basados en la poesía de Virgilio y Ovidio. El poeta clásico y erudito francés **La Fontaine** usó fórmulas clásicas en muchas de sus *Fábulas*.

La sátira fue común en la literatura de esta época. Además del verso, hubo mucha prosa satírica, como *Los caracteres o Las costumbres de este siglo,* de **De la Bruyère,** y *Los viajes de Gulliver,* de **Swift**. En general, floreció la prosa. Se desarrollaron muchas formas modernas, incluyendo la novela, la biografía, escritos sobre viajes y el periodismo.

El ensayo se popularizó y estuvo muy en deuda con el desarrollo del periodismo, con un mayor número de foros editoriales que ofrecían la oportunidad de publicación. **Johnson,** gran satírico y estilista en prosa, fue famoso por sus ensayos *El caminante* y *El holgazán.*

**El auge de la novela** La novela se estableció en su forma moderna en el siglo XVIII, principalmente en Inglaterra y Francia. **Defoe** y **Richardson** le dieron forma en Inglaterra y **Fielding** la amplió más aún, con tramas más complejas y mayor realismo. *Vida y opiniones del caballero Tristram Shandy,* de **Sterne,** eliminó el marco cronológico para presentar la vida como una mezcla de sucesos sin relación entre sí. Con el inicio del siglo XIX llegaron las disecciones irónicas e indiferentes de **Austen** sobre las motivaciones y la insensatez humanas.

La percepción psicológica fue ya una cualidad de las primeras novelas francesas, como *La princesa de Clèves* (1678) de **Madame de la Fayette.** *Manon Lescaut,* del **Abate Prévost,** publicada en 1731, prefiguró el romanticismo. A mitad del siglo XVIII, escritores políticos y filosóficos, como **Voltaire** y **Rousseau,** usaron situaciones ficticias para expresar sus ideas sobre las emociones y el individualismo.

***Tristram Shandy*** Una ilustración de 1786.

## Clásicos infantiles

Los libros escritos específicamente para niños surgieron en el siglo XVIII. En el siglo XIX se establecieron los principales géneros. F.R. Marryat fue pionero de las aventuras infantiles con *El capitán Ready* (1841), seguido por *La isla de coral* (1857), de R.M. Ballantyne. En 1857 *Los años escolares de Tom Brown,* de Thomas Hughes, puso de moda las historias escolares. *Aspiraciones* (1856) de C.M. Yonge, y *Mujercitas* (1868) de Louisa May Alcott, introdujeron la saga familiar. *Belleza negra* (1877), de Anna Sewell, fue modelo para las historias de animales.

Al inicio del siglo XX, *El viento en los sauces* (1908), de Kenneth Grahame, *Winnie the Pooh* (1926), de A.A. Milne, y *Golondrinas y amazonas* (1930), de Arthur Ransome, fueron libros clásicos. J.R.R. Tolkien dio a la fantasía carácter de género con *El Hobbit* (1937) y *El señor de los anillos* (1954-1955). C.S. Lewis combinó la fantasía con la aventura y la alegoría en *El león, la bruja y el armario* (1950).

A inicios del siglo XX, tuvo éxito la idea de Helen Bannerman y Beatrix Potter de crear libros en los que el texto y las ilustraciones tuvieran la misma importancia.

1800

1820

**1798** Ven la luz las *Baladas líricas,* de William Wordsworth. Samuel Taylor Coleridge impulsa el romanticismo inglés.

**1811** Se publica la primera obra importante de Jane Austen, *Sensatez y sentimientos.*

**1812** *La peregrinación de Childe Harold,* de Lord Byron, desencadena una nueva fase del romanticismo inglés.

**1818** Mary Shelley publica su novela gótica *Frankenstein o el moderno Prometeo.*

**1821** Aparece la primera gran novela estadounidense, *El espía,* de James Fenimore Cooper.

**1823** Alexandr Pushkin comienza a escribir la novela en verso *Eugenio Onegin.*

**Romanticismo** El romanticismo fue una violenta reacción contra la formalidad de los clasicistas. Idealizó la "naturaleza" y enfatizó la importancia de la experiencia individual. En Europa revivió la poesía lírica: los versos cortos fueron un medio perfecto para que los poetas presentaran ensayos delicados de emoción efímera. Poetas alemanes, como **Hölderlin** y **Goethe,** estaban a la cabeza, así como los primeros románticos ingleses importantes **(Coleridge, Blake** y **Wordsworth);** inspiraron a una segunda generación **(Byron, Shelley** y **Keats). Hugo** fue la principal influencia en Francia.

La idealización del pasado puso en boga la ficción histórica: las novelas y los poemas de **Scott** influyeron en el gran poeta ruso **Pushkin.** La obsesión por emociones más oscuras alimentó la novela gótica, como las de **Shelley** en Inglaterra y la obra de **Poe** en Estados Unidos.

En 1830, el romanticismo moldeó la obra de los autores estadounidenses. **Thoreau, Hawthorne** y **Melville** trataron el mundo natural como símbolo del espiritual.

***La peregrinación de Childe Harold*** El poema de Byron fue un modelo para el héroe romántico.

## Escritores G-M

**Johann Wolfgang von Goethe** (1749-1832)
**Alemán** Poeta, dramaturgo y novelista. Fue figura principal del movimiento romántico alemán, aunque sus versos dramáticos y líricos trascendieron cualquier división romántica clásica. Transformó la poesía alemana y la colocó entre las mejores del mundo.
□ *Las cuitas del joven Werther*

**Nathaniel Hawthorne**
(1804-1864)
**Estadounidense**
Uno de los grandes novelistas en su lengua. Se preocupó por temas como pecado, conciencia y culpa ancestral. Su estilo clásico y su uso de la alegoría influyó en otros escritores como Herman Melville y Henry James.
□ *La letra escarlata*

**Seamus Heaney**
(1939- ) **Irlandés**
Su primera poesía retrata la Irlanda rural y expresa un fuerte sentido del entorno físico. Sus obras posteriores tratan los problemas políticos de Irlanda.
□ *Poemas selectos 1966-1987*

**Ernest Hemingway**
(1899-1961)
**Estadounidense**
Escritor de novelas y cuentos cortos. Su estilo económico, diálogos breves y caracterizaciones lo convirtieron en uno de los escritores más influyentes e imitados de su época.
□ *Adiós a las armas*

**Homero**
(*c.* 800 a.C.) **Griego**
Las historias de sus epopeyas se habían relatado muchas veces, pero él transformó su material básico a través de la fuerza poética y el desarrollo del personaje. Los griegos lo admiraron por encima de todos los demás poetas.
□ *La Odisea*

**Victor Hugo**
(1802-1885) **Francés**
Figura central del movimiento romántico, considerado el mejor poeta lírico de Francia. Experimentó con el lenguaje y la métrica en su poesía; sus novelas alcanzan una envergadura épica.
□ *Los miserables*

**Henry James**
(1843-1916)
**Estadounidense** En sus novelas, cuentos cortos y comedias, exploró el choque entre el carácter estadounidense y el europeo, y el impacto mutuo de las culturas nueva y antigua. Exploró la interioridad de sus personajes, que enfrentan difíciles alternativas morales.
□ *El retrato de una dama*

**James Joyce**
(1882-1941) **Irlandés**
Modernista que revolucionó la estructura de la novela y llevó el lenguaje a los límites de la comunicación. Su uso de la "corriente del pensamiento" influyó en muchos escritores, incluyendo a Virginia Woolf y William Faulkner.
□ *Ulises*

**Thomas Mann**
(1875-1955) **Alemán**
Humanista que en profundas novelas narró el ocaso de la burguesía alemana, la angustia creativa de los artistas y los peligros del nazismo.
□ *La montaña mágica*

**Herman Melville**
(1819-1891)
**Estadounidense**
Creó la novela de género romántico-simbólico e incrementó la acción y el nivel estilístico de la ficción estadounidense.
□ *Moby Dick*

**John Milton**
(1608-1674) **Inglés**
Escribió poesía en una variedad de formas, incluso sonetos y una farsa. Su mayor logro: producir uno de los mejores poemas posclásicos. Su obra mezcla la pasión con el rigor e influyó en los románticos.
□ *El Paraíso Perdido*

vea también

198 **La era de los reyes**
388-391 **Teatro**

# Literatura occidental 1830-2002



*En una rápida era de industrialización, el romanticismo parecía una forma de escape. Los novelistas del siglo XIX deseaban describir el mundo real y las fuerzas sociales que actuaban en él. Esta tendencia cambió en el siglo XX, con escritores que intentaron romper del todo con el pasado. Al final del siglo, poetas y novelistas experimentaron con gran variedad de enfoques, incluyendo la parodia, el pastiche y una mezcla de tradiciones previas.*

## Términos principales

**Aliteración** Repetición de consonantes al inicio de vocablos cercanos: "…el ala aleve del leve abanico…"
**Asonancia** Dos o más palabras cercanas que contienen un sonido de vocal similar: "…hállome engalado y solo…"
**Hexámetro** Verso con línea de seis pies.
**Ironía** Burla o sarcasmo que da a entender lo contrario de lo que se dice.
**Metáfora** Transporte del significado de una palabra a otra por comparación mental: "Un caudal de hombres cruzó el puente".
**Metro** Patrón de sonido formado por sílabas acentuadas y no acentuadas. Base del ritmo y de casi toda la poesía.
**Pentámetro** Verso de cinco pies.
**Pie** Grupo de dos a cuatro sílabas que forman una unidad rítmica en el verso.
**Símil** Figura que usa una comparación para intensificar una imagen: "La luna colgaba como arete."
**Verso blanco** Verso que no rima, pero sigue una métrica.
**Yámbico** Pie de dos sílabas, en una combinación corto-largo.

León Tolstoi
James Joyce
Virginia Woolf

**1830** **1850** **1900**

**1837** Aparecen las primeras entregas de *Oliver Twist*. Confirman a Dickens como el escritor más popular del siglo.

**1855** La edición de *Hojas de hierba*, de Walt Whitman, es pionera del verso libre.

**1857** *Madame Bovary*, de Gustave Flaubert, ofende a la opinión pública con su visión no moralizante del adulterio.

**1863** Aparecen los primeros episodios de la novela épica *La guerra y la paz*, de León Tolstoi.

**1872** George Eliot termina *Middlemarch*, considerada la mejor novela inglesa de su época.

**1915** La policía confisca la novela de D.H. Lawrence, *El arco iris*, debido a su obscenidad.

**1922** Aparecen *Tierra baldía*, de T.S. Eliot, y *Ulises*, de James Joyce. Marcel Proust termina *En busca del tiempo perdido*.

**1926** *Ahora brilla el sol*, de Ernest Hemingway, retrata la desilusión de la generación de la posguerra.

**Realismo** Alrededor de 1830, muchos escritores, en particular novelistas de Inglaterra, Francia y EUA, empezaron a buscar sus temas en la gente común y la vida cotidiana de las clases media y baja. Algunos buscaban promover un cambio al exponer los males sociales.

La obra de **Dickens** enfoca la sociedad contemporánea. Fueron **Eliot** y luego **Hardy** quienes dieron una imagen más objetiva de la Inglaterra del siglo XIX, como lo hicieron **Balzac** y **Flaubert** en Francia. Muchos, como el estadounidense **Twain,** enfatizaron lo cómico y absurdo de la vida.

Al final del siglo XIX, **James** y **Dostoievski** enriquecieron la fuerte caracterización central del realismo con un profundo análisis psicológico. En Francia, el estilo documental de **Zolá** y **Maupassant** inició el naturalismo.

***Grandes esperanzas*** Pip habla con Miss Haversham.

**Modernismo** La Primera Guerra Mundial causó un gran cambio social y cultural y una sensación de ira. Los escritores rechazaron la tradición a favor de técnicas experimentales y temas contemporáneos.

**Proust** y **Conrad** se liberaron de la estructura cronológica en los argumentos de sus novelas. **Joyce** y **Woolf** representaron a sus personajes con la técnica de la "corriente del pensamiento" *(stream of consciousness,* retrato de la actividad mental de los personajes).

Poetas como **Pound** y **Eliot** se apartaron de la métrica tradicional. **Williams,** que escribió en prosa y en verso, surgió como un importante autor en Estados Unidos.

**The Museyroom** Una escena de *Finnegan's Wake*, de Joyce, ilustrada por John Glashan.

## Relatos de viajes

Desde que un egipcio desconocido escribió *Los viajes del jefe de los capitanes de Egipto,* en el siglo XIV a.C., autores, exploradores y científicos han registrado sus viajes. Los primeros ejemplos incluyen la *Historia* de Herodoto (*c.* 485-425 a.C.) que describe Egipto y África, así como la *Descripción de Hélade* (siglo II d.C.), del escritor griego Pausanias.

El mercader Marco Polo publicó un relato de sus 24 años de viajes por China y la India, en el siglo XIII. Los exploradores europeos del siglo XVI también registraron sus viajes. *Principales navegaciones, viajes y descubrimientos de la nación inglesa* (1598), de Hakluyt, es una gran colección de estos relatos.

Alexander von Humboldt, explorador y científico alemán del siglo XIX, publicó 35 volúmenes de sus viajes y reportes científicos, *Voyage aux régions equinoxiales du Nouveau Continent.* Es el relato escrito sobre viajes más amplio producido por una persona. En 1872 Francis Galton publicó la primera guía de supervivencia, *El arte de viajar o cambios y artilugios disponibles en los países salvajes.*

Algunos escritores de viajes del siglo XX fueron: Freya Stark, Wilfred Thesiger, Thor Heyerdahl y Eric Newby.

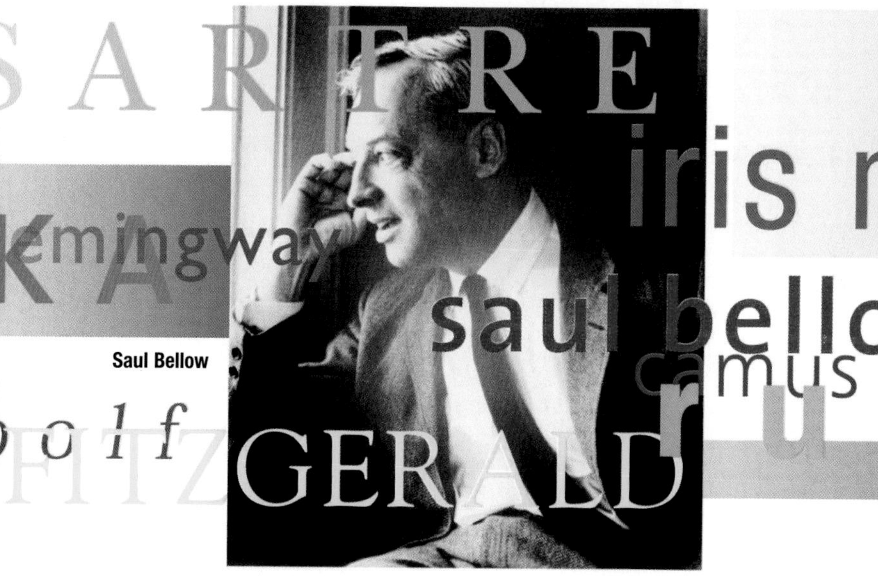

Saul Bellow

**1930** **1950** **1980**

**1937** *España,* el poema de W.H. Auden sobre la Guerra Civil Española, habla por una generación sobre el ascenso del fascismo.

**1949** Orwell publica *1984,* sátira política que advierte a Occidente sobre los males del estalinismo.

**1955** *Lolita,* de Vladimir Nabokov, crea gran revuelo por su precoz heroína.

**1968** *Cien años de soledad,* de Gabriel García Márquez, señala el surgimiento del realismo mágico.

**1981** *Hijos de la medianoche,* de Salman Rushdie, marca la llegada del posmodernismo a la ficción anglo-hindú.

Siglo XX Aunque los efectos del modernismo tuvieron largo alcance, muchos novelistas continuaron con formas más tradicionales. En Estados Unidos, **Dreiser** escribió novelas naturalistas basadas en evidencias documentales, como reportes de periódicos y archivos oficiales. **Lawrence** analizó el ánimo autodestructivo de su época. **Scott Fitzgerald** expresó la desilusión de la generación que vivió la Primera Guerra Mundial.

En la década de 1930, el poeta **Auden** reaccionó contra el modernismo; lo consideró académico, elitista y difícil de entender. Su obra trata temas políticos y sociales; usó formas poéticas, métrica y ritmos tradicionales para que su obra fuera inteligible para la mayor audiencia posible.

La tendencia hacia la inteligibilidad en la poesía continuó en las décadas siguientes, en el neorromanticismo de **Thomas** en la década de 1940 y en las protestas de los poetas beatnik de la de 1960. La obra de **Paz** cobró impulso en México.

En la década de 1950, el antihéroe y el nohéroe aparecieron en las novelas de los autores estadounidenses **Bellow, Roth** y **Updike.**

En Francia surgió el ***nouveau roman*** (la nueva novela o antinovela). Influidos por los modernistas, autores como **Duras** y **Mauriac** usaron un caleidoscopio de impresiones, en un intento por imitar la forma en que experimentamos la vida.

En la década de 1970, se dio el nombre de **realismo mágico** a un tipo de ficción en el que lo real se mezcla con lo fantástico, extraño e inexplicable. **García Márquez** fue uno de sus principales exponentes; **Fuentes, Grass** y **Rushdie** usaron sus técnicas.

## Escritores O-Z

**George Orwell**
(1903-1950) Británico
Sus primeras obras incluyen novelas autobiográficas y cómicas; es más conocido por sus novelas políticas y el periodismo.
*1984*

**Ezra Pound**
(1885-1972) Estadounidense
A través de su poesía, crítica y defensa de contemporáneos como Eliot y Joyce, ayudó a crear la revolución modernista. Sus traducciones de la poesía de antiguas civilizaciones, como Grecia y China, revivió el interés por estas culturas.
*Cantos*

**Marcel Proust**
(1871-1922) Francés
Escritor prolífico de gran profundidad psicológica. El tratamiento no lineal del tiempo, el análisis detallado de personajes y su estilo rico y original fueron influencias importantes en los escritores del siglo XX.
*En busca del tiempo perdido*

**Alexandr Pushkin**
(1799-1837) Ruso
Aunque estuvo marcado por modelos occidentales, creó un estilo ruso distintivo. Su poesía estableció el ruso como idioma literario; se le considera el fundador de la literatura rusa.
*Eugenio Onegin*

**Salman Rushdie**
(1947- ) Indobritánico
Uno de los más célebres y controvertidos escritores contemporáneos. Narra memorias y leyendas indias y musulmanas.
*Los hijos de la medianoche*

**William Shakespeare**
(1564-1616) Inglés
Considerado el principal dramaturgo del mundo. Fue también un verdadero poeta del Renacimiento. Su obra incluye poemas narrativos basados en la mitología clásica y un ciclo de 156 sonetos.
*Soneto XVIII*

**Alexandr Solzhenitsin**
(1918- ) Ruso
En sus novelas e historias que relatan la vida de la Rusia estalinista, busca hacer de la literatura un arma contra la opresión.
*El archipiélago Gulag*

**León Tolstoi**
(1828-1910) Ruso
Escribió novelas, cuentos cortos, comedias y ensayos. Sus principales novelas (retratos de la sociedad rusa) se consideran entre las mejor escritas.
*La guerra y la paz*

**Virgilio**
(70 a.C.-19 a.C.) Romano
El mejor poeta latino; creó una epopeya nacional para el nuevo Imperio Romano, comparable con la de Homero. Su poesía pastoral ha agradado a generaciones posteriores.
*La Eneida*

**Walt Whitman**
(1819-1892) Estadounidense
Su vigorosa poesía, en verso libre, celebra la homosexualidad. Su estilo influyó en los poetas modernistas.
*Hojas de hierba*

**William Wordsworth**
(1770-1850) Británico
Cofundador del romanticismo inglés, con Coleridge. Creó poesía simple empleando el lenguaje del habla cotidiana.
*El preludio*

**William Butler Yeats**
(1865-1939) Irlandés
De los temas románticos de sus primeras obras, cambió a asuntos tan diversos como el folclor irlandés, la política y lo oculto, que trató con dicción y rítmica evocadoras del habla común.
*La escalera de caracol*

vea también
204 **La Revolución Industrial**
346 **Psicología**
388-391 **Teatro**

*El teatro, como obras actuadas por intérpretes individuales, se inició con los antiguos griegos. La primera tragedia griega surgió en los festivales religiosos en los que coros masculinos enmascarados recitaban o cantaban los infortunios de los héroes de la mitología y la historia. En 550 a.C. el poeta griego Tespis avanzó para recitar al frente del coro y se convirtió en el primer actor. También intercambiaba palabras con el director del coro, creando así los primeros ejemplos de diálogo en un escenario.*

▲

**Clásico griego** El antiguo teatro griego tomó tres formas: tragedia, sátira y comedia. La tragedia incluía a un héroe que se oponía a las fuerzas del destino; así pasa en el ciclo de Edipo, de **Sófocles.** Exploró temas como la ley divina, el libre albedrío, el destino, la justicia y la retribución. **Esquilo** y **Eurípides** exploraron el uso del personaje y experimentaron con el coro. La sátira, como ahora, ridiculizaba y criticaba a figuras públicas, en las obras de dramaturgos como **Aristófanes. Menandro** fue el primer escritor famoso de comedias; en ellas, para burlarse, enfrentaba entre sí a los diferentes tipos de carácter que representaban los extravíos humanos.

**Romano** Los romanos construyeron teatros, pero su teatro se derivó de los griegos. **Plauto** es famoso por sus comedias temáticas. El filósofo y político **Séneca** escribió nueve tragedias; no se representaron entonces, pero fueron modelo para los dramaturgos del Renacimiento. Lo que más gustaba al público romano (aparte del combate de gladiadores) era la "pantomima" (mezcla de farsa, canto y mímica).

▼

▲

**Medieval** (siglos XI-XIV) A partir de 1100, se desarrollaron nuevas formas de teatro en Europa. Las obras basadas en historias de la Biblia (llamadas "misterios") primero se representaron como cuadros en las iglesias, y luego en el exterior. En algunos sitios, se reunían en ciclos, como el Ciclo York en Inglaterra. Las obras que representaban la crucifixión de Cristo se conocieron como "pasiones"; la Pasión de Oberammergau (1634) aún se representa cada siete años. Junto con éstas surgieron obras en las que se personificaban las virtudes y los vicios, para dar lecciones morales; se les conoció como "moralidades".

## Diseño del teatro: escenario y audiencia

**El antiguo anfiteatro griego** Foro grande al aire libre que sirvió de modelo para el posterior diseño de las salas.

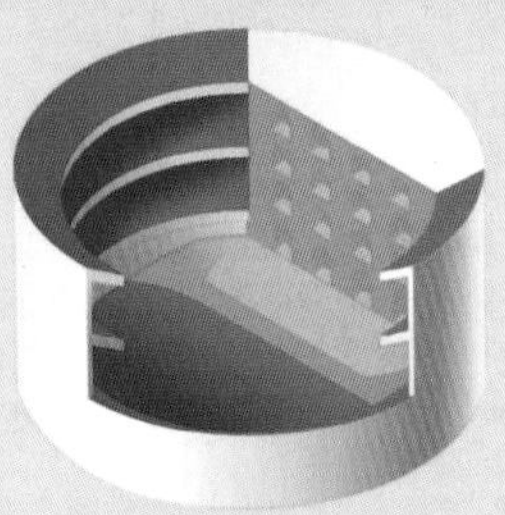

**Teatro isabelino** La audiencia (de pie) estaba separada de los actores, en un escenario elevado que creaba un fondo.

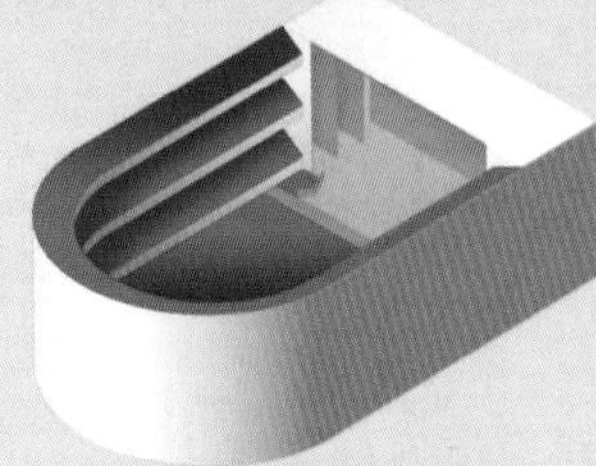

**Palais-Royal de París** (1641) Originó el diseño tradicional de un proscenio para enmarcar la acción, y un escenario móvil.

**Teatro "circular"** En uso desde la década de 1930, permite un mayor acercamiento entre la audiencia y los actores.

**sabelino** (siglos XVI-XVII) En Inglaterra surgió una gran tradición teatral a partir del renovado interés en el drama clásico, en especial el romano, combinado con la tradición medieval de los "misterios" y las "moralidades". Entre un grupo grande y diverso de dramaturgos surgieron varios comediógrafos. **Christopher Marlowe** revolucionó el teatro al tratar los conflictos internos de sus héroes trágicos y mostrar la versatilidad expresiva del verso blanco. El carácter poético de **William Shakespeare** dio a sus obras atmósfera y fuerza emotiva. Rompió las reglas del teatro clásico al intercalar tramas secundarias, desarrollar la acción en varios espacios e introducir elementos cómicos en las tragedias. Su rival, **Ben Jonson,** se apegó más a la tradición clásica y usó las comedias satíricas para atacar vicios como la avaricia y la hipocresía. Al inicio del siglo XVII, se popularizó la tragedia de "venganza", por ejemplo en las últimas tragedias de Shakespeare y las obras de **John Webster.**

vea también
172 Grecia antigua
174 Roma antigua
194 El Renacimiento
382-387 Literatura oc

**Restauración** (siglos XVII-XVIII) Al reinstalarse la monarquía inglesa, dramaturgos como **William Wycherley** y **William Congreve** escribieron comedias que caricaturizaban la moral y el comportamiento de las clases altas. Este tipo de comedia se llamó "comedia de costumbres". En el siglo XVIII, **Richard Sheridan** y **Oliver Goldsmith** continuaron esta tradición. La tragedia tomó la forma del "drama heroico" (obras escritas en dísticos rimados, con énfasis en el espectáculo, pasiones extremas y violentos diálogos entre los personajes). **John Dryden** fue su principal exponente.

**Época de oro francesa** (siglo XVII) El teatro en la Francia del siglo XVII se modeló con apego al teatro clásico. La tragedia señaló las consecuencias de la insensatez de la gente, y la comedia la ridiculizó. Las obras siguieron las reglas de Aristóteles: unidad de acción, tiempo y espacio (la acción debe abordar un solo incidente, sin tramas secundarias, y desarrollarse en un solo lugar y en un solo día). **Pierre Corneille** estableció la tradición clásica francesa, pero lo eclipsó **Jean Racine,** que escribió sus tragedias en verso formal. **Molière** escribió comedia satírica, como *El misántropo,* que atacó la hipocresía de grupos como el clero.

## SHAKESPEARE

**William Shakespeare** (1564-1616) escribió 37 obras entre 1590 y 1616, algunas en colaboración. Recurrió a una variedad de fuentes (obras de Séneca y Plauto, moralidades medievales, comedia del arte italiana, crónicas históricas y tradiciones populares). A partir de estos estilos, que influyeron en sus tramas, caracterizaciones y uso de recursos retóricos y teatrales, produjo un conjunto muy original.

**Comedias tempranas**
*Los dos hidalgos de Verona* (1590-1591)
*La fierecilla domada* (1593)
*La comedia de las equivocaciones* (1594)
*Trabajos de amor perdidos* (1594-1595)

**Teatro histórico**
*Enrique VI, Partes I, II y III* (1592)
*Ricardo III* (1592-1593)
*El rey Juan* (1595)
*Ricardo II* (1595)
*Enrique IV, Partes I y II* (1596-1597)
*Enrique V* (1598)

**Comedias posteriores**
*Sueño de una noche de verano* (1595-1596)
*El mercader de Venecia* (1596-1597)
*Las alegres comadres de Windsor* (1597-1598)
*Mucho ruido y pocas nueces* (1598)
*Como gustéis* (1599)
*Noche de Epifanía* (1601)
*Troilo y Cresida* (1602)
*Medida por medida* (1603)
*A buen fin no hay mal principio* (1604-1605)

**Tragedias**
*Tito Andrónico* (1592)
*Romeo y Julieta* (1595)
*Julio César* (1599)
*Antonio y Cleopatra* (1606)
*Coriolano* (1608)
*Hamlet* (1600-1601)
*Otelo* (1603-1604)
*Timón de Atenas* (1605)
*El rey Lear* (1605-1606)
*Macbeth* (1606)

**Últimas obras**
*Pericles* (1607)
*El cuento de invierno* (1609)
*Cimbelino* (1610)
*La tempestad* (1611)
*Enrique VIII* (1613)

# Teatro siglo XVIII-2002

**Del teatro Noh a los experimentos contemporáneos**

*Las reglas establecidas en la época clásica sobrevivieron hasta el siglo XIX, pero el teatro del siglo XX se apartó de las formas tradicionales para representar más fielmente lo que ocurre en la vida real. El énfasis se desplazó de la trama ingeniosa hacia la expresión de los sentimientos, o los comentarios satíricos y sociales. Al final del siglo XX, había gran variedad de grupos de teatro alternativo, junto a la línea convencional.*

**Teatro Noh japonés** (siglos XVII-XIX) Las obras Noh se originaron en los círculos cortesanos japoneses en el siglo XIV y florecieron del XVII al XIX. Tomaron sus temas de la literatura clásica japonesa, e incluían danzas solemnes ejecutadas con acompañamiento de tambores y flautas. El lenguaje de todos los personajes era sonoro y cortés.

**Realismo social** (fines del siglo XIX-inicios del XX) Los dramaturgos abordaron los males de la sociedad en obras fieles a la vida real, sólo concentradas en sus rasgos esenciales. **Henrik Ibsen, George Bernard Shaw, John Synge** y **Eugene O'Neill** escribieron piezas realistas. **Chéjov** llevó el realismo más allá en obras que presentan la vida con veracidad y detalle. En ellas la atmósfera y la vida interior de los personajes son más importantes que la trama (naturalismo). Otro estilo relacionado (algunas obras de **Strindberg)** fue el simbolismo, que representa la verdad con medios alegóricos.

**Romanticismo** (siglos XVIII a XIX) Los dramaturgos reaccionaron contra las virtudes de la razón y el respeto por las convenciones de la época clásica. En Alemania, **Johann Wolfgang von Goethe** y **Friedrich Schiller** crearon obras que despertaron los sentimientos y la imaginación. En Gran Bretaña y Estados Unidos, esta tendencia produjo un cambio de la tragedia al melodrama: piezas con trama simple y fuerte contenido emocional, acompañadas de música para enfatizar el estado de ánimo. Hacia el final del siglo se popularizaron las comedias satíricas de **Oscar Wilde** y **Arthur Pinero.**

## PRINCIPALES DRAMATURGOS

A partir de la expansión de las formas teatrales durante el siglo XVII, varios dramaturgos sobresalieron por su capacidad de interpretación dramática y por reflejar las preocupaciones de su tiempo.

**Samuel Beckett** (1906-1989) Irlandés Sus obras se caracterizan por sus temas (la imposibilidad de la comunicación y la inutilidad) y la prosa pulida. ■ *Esperando a Godot*

**Anton Chéjov** (1860-1904) Ruso La colaboración con Konstantin Stanislavski en 1898 produjo sus primeros éxitos. Su énfasis en la atmósfera más que en la acción influyó en dramaturgos posteriores, como Pinter. ■ *El jardín de los cerezos*

**Johann Wolfgang von Goethe** (1749-1832) Alemán Fue un gran dramaturgo, adaptó tragedias antiguas y reunió tradiciones en su obra romántica. ■ *Fausto*

**Máximo Gorki** (1868-1936) Ruso Fue activista político; escribió sobre los marginados sociales. Fue exiliado por su fervor revolucionario. ■ *Los bajos fondos*

**Henrik Ibsen** (1828-1906) Noruego El tema controvertido y los finales desagradables de sus obras fueron únicos en el teatro europeo. Fue padre

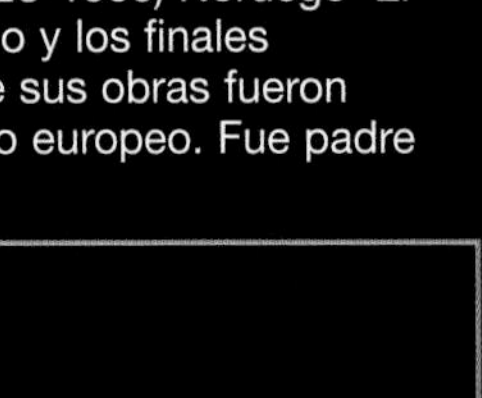

**El papel del actor** John Gielgud y Ralph Richardson dan vida a los personajes de David Storey en *Home.*

**Teatro del absurdo** En París, en la década de 1950, se desarrolló un tipo de teatro que presentaba personajes sin propósitos y una trama inexistente, para expresar la inutilidad de la vida. Los principales exponentes fueron el escritor irlandés **Samuel Beckett** y el rumano **Eugene Ionesco.** Otros dramaturgos vinculados con el teatro del absurdo son: **Harold Pinter, Edward Albee** y **Tom Stoppard.** Algunos dramaturgos de Europa Oriental, como **Vaclav Havel,** lo usaron para satirizar a la sociedad bajo el gobierno comunista y la lucha del individuo contra la burocracia.

**Sátira política** (inicios del siglo xx) Después de la Primera Guerra Mundial, el caos europeo se reflejó en el teatro. **Bertolt Brecht** surgió como el principal dramaturgo alemán. Introdujo el "distanciamiento" para que la audiencia presenciara una obra sin involucrarse emocionalmente en ella y pensara con objetividad en sus temas. Recursos como canciones, estandartes y máscaras crean un efecto que recuerda a la audiencia que la acción escénica es una mera representación. En la Rusia prerrevolucionaria, **Máximo Gorki** retrató la miseria social en *Los bajos fondos*. En la Rusia soviética, **Mijail Bulgakov** escribió obras satíricas como *Los días de los Turbin*. En París, **Alfred Jarry** atacó los convencionalismos burgueses en su farsa satírica *Ubú rey*.

**Desde 1950** **Arthur Miller** y **Tennessee Williams** surgieron como dramaturgos relevantes en la década de 1950, en EUA. Ambos representaron a una sociedad decadente y obsesionada con el poder. En Gran Bretaña, las obras de **John Osborne** desafiaron el orden social establecido. Durante las décadas de 1970 y 1980, el tema de la desilusión continuó en la obra de **David Mamet** en Estados Unidos y de **David Hare** en Gran Bretaña. **Neil Simon** (estadounidense) y **Alan Ayckbourn** (británico) escribieron comedias familiares sobre el deterioro de las relaciones. Durante la década de 1960, surgieron pequeñas compañías de teatro alternativo o experimental, en respuesta a los elevados costos de producción y a la competencia de la televisión. Usaron espacios alternativos, como cafés y bares; muchas trataron temas sociales y políticos, mientras que las minorías, como grupos étnicos y activistas contra el sida, usaron el teatro para combatir la discriminación. En México la escena teatral se enriqueció con las creaciones de **Rodolfo Usigli, Jorge Ibargüengoitia, Jesús González Dávila** y **Vicente Leñero,** entre otros.

del teatro realista moderno, pero su obra posterior se inscribe en el simbolismo. ■ *Hedda Gabler*

**Arthur Miller** (1915- ) Estadounidense Explora las relaciones humanas, la culpa y la responsabilidad con uno mismo y la sociedad. ■ *La muerte de un viajante*

**Molière (Jean-Baptiste Poquelin)** (1622-1673) Francés Sus representaciones de la insensatez humana dieron a la comedia la estatura de la tragedia. ■ *El misántropo*

**Eugene O'Neill** (1888-1953) Estadounidense Sus dramas realistas fueron la antítesis del melodrama contemporáneo de Broadway y del romanticismo. ■ *Viaje de un largo día*

**Harold Pinter** (1930- ) Británico Usa el lenguaje cotidiano y los silencios para expresar los pensamientos de sus personajes. Sus obras exploran los problemas de la identidad y la comunicación. ■ *El portero*

**Jean Racine** (1639-1699) Francés Sus tragedias, de impecable forma, retoman temas históricos y clásicos. ■ *Fedra*

**August Strindberg** (1849-1912) Sueco Experimentó varios estilos teatrales, incluyendo el naturalismo. Los temas de sus últimas obras fueron la religión y el simbolismo. ■ *La señorita Julie*

vea también
204 La Revolución Industrial
212 Entre dos guerras
382-387 Literatura occidental

# Cine 1890-1940 ▶ Los primeros días de las imágenes en movimiento

*La historia de la cinematografía está marcada por los rápidos cambios técnicos y la actividad de Hollywood: a 20 años de la invención del cine, la industria se había convertido en un gran negocio, con Hollywood como base. En la década de 1920, las películas eran el nuevo medio de difusión más importante del siglo XX.*

**Douglas Fairbanks** padre, cuyo elegante atletismo en películas como *La marca del Zorro* (1920, izq.) lo convirtió en ídolo, fue una de las primeras estrellas que percibieron el interés público en la vida privada de los actores.

**1893** En Estados Unidos, Thomas Alva Edison patenta el Kinetoscopio con mirilla y filma la primera imagen en movimiento del mundo (de un hombre que estornuda).
**1895** Louis y Auguste Lumière inauguran un cine en París.
**1897** Georges Méliès abre un estudio cinematográfico en París y filma 500 cortos.

**1903** *El gran asalto al tren,* en 12 minutos y 14 escenas, funda el cine narrativo.
**1905** Se inaugura un cine permanente en Pittsburgh, EUA.
**1908** D.W. Griffith, el "padre del cine", se incorpora como director al estudio Biograph.
**1909** Los estudios crean el *star system* al explotar la popularidad de los actores y actrices para atraer público.

**1911** Se crean estudios cinematográficos en Hollywood; entre los primeros está Keystone Pictures, fundado por los directores Cecil B. DeMille, D.W. Griffith y Mack Sennett.
**1914** Estreno de *The Squaw,* primer largometraje western de Hollywood.
**1915** Se estrenan *El nacimiento de una nación,* de Griffith, y *El vagabundo,* de Charlie Chaplin.
**1917** Chaplin firma el primer contrato de cine por 1 millón de dólares.

**1919** Chaplin, Mary Pickford y Douglas Fairbanks padre fundan el estudio United Artists: las estrellas de cine se convierten en superestrellas.

1890

1900

1920

**Nacimiento del cine** El cinematógrafo de los hermanos Lumière (izq.) podía grabar y proyectar imágenes en movimiento. Su primera película (1895) mostraba a un grupo de trabajadores que salían de la fábrica Lumière.

**1920** *La marca del Zorro* inicia la tendencia por el cine de héroes.
**1921** *Los cuatro jinetes del Apocalipsis* convierte en ídolo romántico a Rodolfo Valentino. Su muerte prematura en 1926 causa histeria colectiva en EUA.
**1923** *La caravana de Oregon* establece el western como género básico; hasta 1955, la cuarta parte de las películas de Hollywood eran westerns. Con la inauguración de Warner Bros. se funda el sistema de estudios de Hollywood.
**1924** Se establecen nuevos estudios: Columbia y MGM.
**1925** Chaplin dirige y actúa en *La quimera del oro.* Se estrena *El gran desfile,* película antibélica de King Vidor. Sergei Eisenstein es pionero de nuevas técnicas de ensamblado y montaje en *El acorazado Potemkin.*
**1927** Surgen las películas sonoras. *El cantante de jazz* es la primera.
**1928** Mickey Mouse debuta en *Willie, el barco de vapor,* primer dibujo animado sonoro.
**1929** *Alas* gana el primer Premio de la Academia ("Oscar") a la mejor película.

**DATO** En 1995, se subastaron el sombrero de copa y el bastón de Chaplin en casi 45,000 libras esterlinas.

**Celebridad global** Charlie Chaplin dirigió muchas de las películas en que actuó, incluyendo *La quimera del oro* (izq.) en 1925. Chaplin fue a Hollywood en 1914; en 1916 había hecho más de 50 películas mudas. El género mudo, sin la barrera del idioma, convirtió a Chaplin en la primera estrella internacional de cine.

## GRANDES DIRECTORES

Casi todos los directores de cine de las décadas de 1920 y 1930 eran meros técnicos empleados por los estudios para crear los escaparates de las estrellas. Algunos talentos excepcionales establecieron la importancia artística de la dirección de cine.

**D.W. Griffith,** en sus epopeyas *El nacimiento de una nación* (1915) e *Intolerancia* (1916), estableció el "lenguaje" básico de las películas: tomas largas, tomas de primer plano, disolvencias al inicio y final de las escenas, y montaje de escenas de diferentes locaciones. **Cecil B. DeMille,** famoso por dirigir epopeyas bíblicas como *Los diez mandamientos* (1923), produjo y escribió sus películas, al igual que el director francés **Jean Renoir** *(La gran ilusión*, 1937). El ruso **Sergei Eisenstein** tomó ideas del arte y la música modernos para montar juntas una serie de tomas diferentes en escenas "conceptuales" cuyos temas se perciben en la mente del espectador. La técnica se usó con su gran efecto para dramatizar una masacre en Odessa en *El acorazado Potemkin* (1925), película de propaganda de la Revolución Rusa.

En 1929, **Alfred Hitchcock** usó el sonido para dar un efecto dramático en *Chantaje*, primera película británica sonora, en la que la audiencia escucha los pensamientos de una mujer.

Al final de la década de 1950, se reconoció a los directores como fuerza creativa, cada uno con un estilo personal reconocible y maestría técnica. Hitchcock fue famoso por crear momentos de suspenso. **John Cassavetes** empleó técnicas de bajo presupuesto, como cámaras al hombro e imágenes de grano abierto. **François Truffaut** filmó fuera del estudio y dejó la narración uniforme por escenas aparentemente inconexas *(Jules y Jim,* 1962). En Italia, **Federico Fellini** sobresalió por su fantasía subversiva *(La dolce vita,* 1960).

En el cine contemporáneo, el nombre del director indica el estilo de la película y ayuda a calcular su destino comercial. **Steven Spielberg,** el director contemporáneo de mayor éxito comercial, es conocido por su mezcla de sentimentalismo y aventuras *(E.T. El extraterrestre,* 1982).

**Protagonista romántico** Errol Flynn fue elegido en vez de James Cagney para el papel protagónico de *Las aventuras de Robin Hood,* cinta de 1938.

**1930**

**1930** Inicio de la "época de oro" de Hollywood y del sistema de estudios: las películas son el entretenimiento favorito en el mundo. Greta Garbo pronuncia sus primeras palabras en la pantalla *(Anna Christie)*. Debuta Marlene Dietrich *(El ángel azul)*. Se inicia el cine de gángsters con *Sentenciado a muerte,* actuada por Edward G. Robinson. John Wayne es estrella de *The Big Trail.*

**1931** Surge el cine de horror con *Drácula,* estelarizada por Bela Lugosi, y *Frankenstein,* actuada por Boris Karloff.

**1932** Se inicia la serie de Tarzán con Johnny Weissmuller en *Tarzán el hombre mono.*

**1933** *Volando a Río* es la primera de diez películas de Ginger Rogers y Fred Astaire. *King Kong* establece nuevos efectos especiales. Estreno de *Sopa de pato,* de los Hermanos Marx.

**1934** El director francés Jean Vigo crea fama internacional con *L'Atalante.* Shirley Temple, de seis años de edad, es estrella de *Stand Up and Cheer.*

**1935** Con *Becky Sharp* llegan las películas a color. Se estrena *Los 39 escalones,* película de misterio y espionaje de Alfred Hitchcock.

**1937** Jean Renoir dirige una de las obras maestras francesas definitivas, *La gran ilusión.*

**1939** Se estrenan *Lo que el viento se llevó, La diligencia* y *El mago de Oz.*

## Quién es quién: nombres artísticos de algunas estrellas

| Nombre artístico | Nombre real | Nombre artístico | Nombre real |
|---|---|---|---|
| **Joan Crawford** | Lucille Le Sueur | **Groucho Marx** | Adolph Marx |
| **Tony Curtis** | Bernard Schwarz | **Marilyn Monroe** | Norma Jean Baker |
| **Marlene Dietrich** | Marie Losch | **Mary Pickford** | Gladys Smith |
| **Diana Dors** | Diana Fluck | **Ginger Rogers** | Virginia McMath |
| **Kirk Douglas** | Yussur Demsky | **Mickey Rooney** | Joe Yule |
| **Douglas Fairbanks** | Julius Ullman | **Barbara Stanwyck** | Ruby Stevens |
| **Greta Garbo** | Greta Gustafsson | **Robert Taylor** | Spangler Brough |
| **Cary Grant** | Alexander Leach | **John Wayne** | Marion Morrison |
| **Rita Hayworth** | Margarita Cansino | **Loretta Young** | Gretchen Belzer |
| **Carole Lombard** | Jane Peters | | |

vea también
376-379 **Música popular**
380 **Los pasos de la danza**
398 **Cine: detrás de las cámaras**
486 **Economía de la información**

*Durante la década de 1950, la epopeya en Technicolor y los adelantos técnicos como la tercera dimensión, Cinerama y Cinemascope, ampliaron las posibilidades de las películas. La década siguiente marcó el final del sistema de estudios y el auge de los productores independientes; aparecieron las primeras exploraciones de sexo y violencia en la pantalla grande.*

**1940** *Las viñas de la ira* refleja la época de la Gran Depresión. Bing Crosby y Bob Hope filman *Camino a Singapur,* la primera de siete *road pictures.*
**1941** En *El ciudadano Kane,* el director Orson Welles usa innovaciones como diálogos que se traslapan, puntos de vista de múltiples personajes y escenas retrospectivas en una atmósfera de humor negro.
**1942** Estreno de *Casablanca.*
**1945** Estreno de la epopeya histórica francesa *Los hijos del paraíso.*
**1946** El realismo estadounidense de la posguerra surge con temas de esperanza y desesperación en *Los mejores años de nuestras vidas* y *Qué bello es vivir. Grandes esperanzas* y *Breve encuentro* inauguran la "época de oro" del cine británico.
**1947** En EUA, la cacería de influencias comunistas termina con muchas carreras en Hollywood.
**1949** Las primeras comedias clásicas de Ealing se estrenan en Londres: *Pasaporte a Pimlico, Ocho sentencias de muerte* y *Whisky a gogo.*

**1950** Melodrama y humor negro en *El ocaso de una vida.* Marilyn Monroe debuta en *La malvada.*
**1951** Marlon Brando causa gran impacto en *Un tranvía llamado deseo.*
**1952** Auge de los musicales de Hollywood con *Cantando bajo la lluvia,* protagonizada por Gene Kelly. El western madura con *Solo ante el peligro.*
**1953** En la película japonesa *Cuentos de Tokio,* el director Yasujiro Ozu deja los movimientos de cámara, como el recorrido, e inmoviliza cada fotograma, para grabar las relaciones familiares con gran detalle.
**1955** James Dean actúa en *Al este del paraíso* y *Rebelde sin causa.*
**1956** Empieza el auge de ciencia ficción con *Usurpadores de cuerpos.* DeMille dirige su segunda versión de *Los diez mandamientos.*
**1958** María Félix protagoniza *La estrella vacía;* se encuentra en la cima de su carrera.
**1959** La "nouvelle vague" (nueva ola) francesa comienza con *Los cuatrocientos golpes,* de François Truffaut.

**Icono de Hollywood** Su muerte prematura hizo de Marilyn Monroe un símbolo de la explotación de la belleza física en Hollywood.

1940

1950

**Oriente y Occidente se encuentran** *Los siete samurais* (1954), del director japonés Akira Kurosawa, mezcla secuencias de acción con escenas de la vida campestre. En 1960 John Sturges filmó una nueva versión llamada *Los siete magníficos.*

## ACTORES DE CINE

En los inicios del cine, todas las técnicas de actuación del teatro se trasladaron a la pantalla. Sin embargo, los grandes gestos teatrales rara vez funcionan en el cine. Por eso el desarrollo de la actuación cinematográfica ha buscado una mayor naturalidad: los actores "reaccionan" más que "actúan".

Esta capacidad de parecer natural frente a la cámara (proyectar una personalidad con la que la audiencia se identifique y simpatice) ha sido el sello distintivo de casi todas las grandes estrellas de cine. Desde las comedias mudas de **Buster Keaton** hasta los héroes de acción de **John Wayne,** los mejores actores han tenido una presencia inconfundible en la pantalla. **Greta Garbo** no sobresalió como actriz teatral en su nativa Suecia, pero en el cine tuvo una personalidad magnética legendaria.

En la década de 1920, el cine alemán encabezó una reacción contra la actuación natural y usó gestos corporales y faciales exagerados, enfatizados por los ángulos de la cámara. Esta técnica fue empleada por el director ruso Sergei Eisenstein en *Iván el Terrible* (1944).

Al inicio de la década de 1950, muchos actores de cine estuvieron influenciados por el "Método", una técnica basada en las teorías del director de teatro ruso Konstantin Stanislavski. El Método requería que los actores recordaran emociones y reacciones de sus propias experiencias y que las usaran en sus actuaciones; en resumen, dar más realismo a los personajes.

El principal exponente del Método fue **Marlon Brando,** cuyas actuaciones que parecían inseguras en películas como *Nido de ratas* (1954) y *El padrino* (1972) eran en realidad producto del riguroso entrenamiento del polaco Lee Strasberg, fundador del Actors Studio en Nueva York. La idea era "fingir" lo menos posible. **Robert De Niro** (también entrenado por Strasberg) intensificó esta búsqueda años después, pues para encarnar al disipado boxeador de *Toro salvaje* (1980) en un papel que le merecería el Oscar, aumentó casi 27 kilos de peso.

La intimidad de la toma de primer plano en las películas y el interés público en la vida privada de las celebridades ha redundado en que muchos actores den su sello personal o imagen a un papel. Algunos quedan ligados a un personaje o arquetipo; por ejemplo, a John Wayne se le identificó repetidamente con un vaquero solitario, a **Arnold Schwarzenegger** se le asocia con películas de aventura y acción, y a **Jim Carrey** con comedias simplonas.

La tarea del actor de cine siempre se ha entorpecido por las demandas de la industria. En el teatro, la actuación se concentra en unas horas. En las películas, se monta pieza por pieza, a veces durante varios meses y en una secuencia diferente a la de la narración. En estas circunstancias, crear un personaje convincente es un desafío para el actor.

**1960**

**1960** Hitchcock estrena *Psicosis,* todo un clásico.
**1961** *Amor sin barreras* es el primer musical moderno.
**1962** Sean Connery estelariza la primera película de James Bond, *El satánico doctor No.* Vuelve la epopeya con *Lawrence de Arabia.*
**1963** *Cleopatra* (US$44 millones) casi hace quebrar a los estudios Fox.
**1965** Se estrena *La novicia rebelde,* el clásico de Julie Andrews.
**1966** El desenfreno de la década de 1960 se resume en *Blow-Up,* de Antonioni, y en el siguiente año en *El graduado,* de Nichols.
**1967** *Bonnie y Clyde* inaugura la violencia en el cine.
**1968** Un nuevo sistema de clasificación de películas introduce la categoría X.
**1969** El cine se encuentra con la contracultura en *Busco mi destino (Easy Rider).*

**Spaghetti Western** En *El bueno, el malo y el feo,* de Sergio Leone (1966), el personaje inquieto y justiciero de Clint Eastwood se convirtió en modelo para vaqueros y detectives privados.

**Control artístico** François Truffaut opinaba que el director debía ser la principal fuerza creativa detrás de una película, concepto enarbolado por la *nouvelle vague* (nueva ola). Mediante movimientos fluidos de la cámara y una voz en *off* captó los sentimientos en *Jules y Jim* (1962).

vea también
376-379 **Música popular**
380 **Los pasos de la danza**
398 **Cine: detrás de las cámaras**
486 **Economía de la información**

# Cine 1970-2002

De las cintas de desastre al cine digital moderno

*A partir de la década de 1970, la violencia explícita, el sexo y el terror fueron recurrentes y se convirtieron en los temas principales del cine contemporáneo. En la actualidad, la tecnología digital ha convertido las historias de aventuras en sorprendentes despliegues de efectos especiales.*

**1970** *Aeropuerto* inicia el cine de desastres.
**1971** Estreno de *La locura está de moda,* de Woody Allen. El público se sorprende con la violencia en *Harry el sucio, Contacto en Francia, Perros de paja* y *Naranja mecánica.*
**1977** *La guerra de las galaxias* pone a la alta tecnología al servicio de la ciencia ficción.
**1979** *Apocalipsis* explora el absurdo de la guerra de Vietnam.

**1981** Steven Spielberg colabora con George Lucas (productor) en la película de aventuras *Los cazadores del arca perdida.*
**1984** La violencia y los efectos especiales alcanzan nuevas alturas con *Terminator* (James Cameron).
**1985** La compañía de cine independiente Merchant Ivory inicia una serie de adaptaciones de la literatura clásica con *Un romance indiscreto,* según la novela de E.M. Forster. *El secreto de la pirámide* es la primera cinta con un personaje generado por computadora: un espadachín de vidrio de color.
**1989** En *El secreto del abismo* (James Cameron) se usan nuevas técnicas digitales para dar forma a una criatura del agua.

**Gran presupuesto** *Terminator 2: El juicio final* (1991), con Arnold Schwarzenegger (der.), fue la primera película con presupuesto de US$100 millones.

**1992** Quentin Tarantino usa la violencia como tema central en *Perros de reserva.*
**1993** La tecnología digital crea dinosaurios realistas y los mezcla con la acción viva en *Parque Jurásico,* de Steven Spielberg.
**1995** *Toy Story* es el primer largometraje de animación digital.
**1996** Por *Doctor Cable* el comediante Jim Carrey cobra el primer salario de US$20 millones.
**1997** *Titanic* (James Cameron) es la película más costosa (US$200 millones).
**1999** *La guerra de las galaxias Episodio 1: La amenaza fantasma* rompe la tradición narrativa de las series al presentar una "precuela" del clásico de la década de 1970.
**2000** Ridley Scott revive la epopeya al estilo de *Ben-Hur* en *Gladiador. El tigre y el dragón,* de Ang Lee, innova en el cine de artes marciales: los personajes principales son mujeres fuertes, y la cinta tiene una magia y una profundidad emocional de la que carecen otras películas de "acción".

1970 1980 1990

**Efectos digitales** En *Gladiador* (2000), la tecnología digital se usó para crear imágenes. En esta escena los actores luchan junto a un tigre "virtual".

## GÉNEROS CINEMATOGRÁFICOS

No hay una clasificación definitiva de géneros cinematográficos y sus límites son borrosos. Aquí se mencionan algunas cintas que fueron novedosas y muy imitadas.

**Películas de acción** De ritmo rápido, violentas y a menudo con escenas de sexo, son un fenómeno relativamente nuevo, iniciado por la serie de James Bond a principios de la década de 1960.
***Goldfinger*** (1964)
***Amarga pesadilla*** (1972)
***Duro de matar*** (1988)
***Terminator 2*** (1991)
***Máxima velocidad*** (1994)

**Aventura** Las improbables hazañas de personajes vigorosos formaron todo un género en Hollywood en la década de 1930, que se revitalizó con la trilogía de Indiana Jones en la de 1980.
***El pirata negro*** (1926)
***Motín a bordo*** (1935)
***El prisionero de Zenda*** (1937)
***Las aventuras de Robin Hood*** (1939)
***Los cazadores del arca perdida*** (1981)

**Aventura** Harrison Ford es Indiana Jones en *Los cazadores del arca perdida.*

**Dibujos animados** *Blancanieves y los siete enanos,* de Walt Disney, se realizó en una atmósfera de escepticismo para con el incipiente género.
***Blancanieves y los siete enanos*** (1937)
***¿Quién engañó a Roger Rabbit?*** (1988)
***Toy Story*** (1995)
***Pollitos en fuga*** (2000)

**Comedia** Las películas mudas se prestaban para la comedia visual. La llegada del cine sonoro a finales de la década de 1920 reorientó el énfasis hacia el diálogo.
***La General*** (1927)
***La adorable revoltosa*** (1938)
***Con faldas y a lo loco*** (1959)
***Annie Hall*** (1977)
***Cuatro bodas y un funeral*** (1994)

**Películas de culto** Esta categoría cubre películas con poco atractivo comercial, que suelen tratar temas extraños o excéntricos y cuentan con admiradores.
***Fenómenos*** (1932)
***El valle de las muñecas*** (1967)
***Pink Flamingos*** (1984)

**Drama** Como género, estas películas tratan con seriedad y cierto grado de realismo temas serios, normalmente de adultos. Es el género más grande y contiene algunas de las películas más memorables.
***Gran Hotel*** (1932)
***Las reglas del juego*** (1939)
***El ciudadano Kane*** (1941)
***Los inadaptados*** (1961)
***La lista de Schindler*** (1993)

**Fantasía** En estas cintas las leyes de la realidad se suspenden y cualquier cosa puede suceder (los efectos especiales ocupan el primer plano). Se dirigen al público infantil.
***King Kong*** (1933)
***El mago de Oz*** (1939)
***E.T. El extraterrestre*** (1982)
***Batman*** (1989)
***Parque Jurásico*** (1993)

**Gángsters** Las películas de gángsters y similares (de detectives y crímenes) surgieron en la década de 1930 en el ámbito de la prohibición de alcohol en Estados Unidos. Rivalizan con los westerns como género definitivo. En la década de 1940, muchas películas de gángsters resumían el estilo clásico del *film noir*.
***Cara cortada*** (1932)
***Pacto de sangre*** (1944)
***Al borde del abismo*** (1946)
***El padrino*** (1972)
***Los Ángeles al desnudo*** (1997)

**Horror** Por ser un medio visual, el cine es en particular adecuado para el horror. Algunas de las películas de horror más impactantes pueden considerarse thrillers psicológicos, pero las tendencias recientes alcanzan niveles de horror y violencia muy explícitos.
***Nosferatu, sinfonía del horror*** (1922)
***Psicosis*** (1960)
***El exorcista*** (1973)
***Halloween*** (1978)
***El silencio de los inocentes*** (1991)

**Musicales** El cine sonoro comenzó en 1927 con *El cantante de jazz,* una película muda con varios números musicales cantados por Al Jolson. Fue un éxito inmediato. El cine musical surgió a partir de una rica tradición teatral con secuencias de baile.
***La calle 42*** (1933)
***Sombrero de copa*** (1935)
***El canto de la victoria*** (1942)
***Cantando bajo la lluvia*** (1952)
***La novicia rebelde*** (1965)

**Películas de época** Coinciden con el drama y, a menudo, con la fantasía, pero su elemento recurrente es la epopeya: lujosa, espectacular y no siempre fiel a la historia.
***El nacimiento de una nación*** (1915)
***Anna Karenina*** (1935)
***Ben-Hur*** (1959)
***Lawrence de Arabia*** (1962)
***Shakespeare apasionado*** (1998)

**Cine romántico** El romanticismo es un elemento central de muchas películas, pero pocas son esencialmente películas de amor.
***Cumbres borrascosas*** (1939)
***El puente de Waterloo*** (1940)
***Breve encuentro*** (1946)
***Harry y Sally*** (1989)
***Los puentes de Madison*** (1995)

**Ciencia ficción** Desde fines de la década de 1960, la ciencia ficción superó la mediocridad del género gracias a la mayor sofisticación de los efectos especiales
***El planeta de los simios*** (1967)
***2001: Odisea del espacio*** (1968)
***La guerra de las galaxias*** (1977)
***Blade Runner*** (1982)
***El día de la independencia*** (1996)

**Guerra** Después de la Primera Guerra Mundial, la temática bélica se hizo común en el cine.
***Sin novedad en el frente*** (1930)
***La gran ilusión*** (1937)
***Apocalipsis*** (1979)
***El submarino*** (1981)
***Rescatando al soldado Ryan*** (1998)

**Western** El western fue el género clásico del cine estadounidense. Su época de oro terminó en la década de 1960.
***La diligencia*** (1939)
***A la hora señalada*** (1952)
***Centauros del desierto*** (1959)
***Por un puñado de dólares*** (1964)
***Los imperdonables*** (1992)

**Horror** Linda Blair en *El exorcista,* cinta de horror convertida en todo un fenómeno cultural.

*En la década de 1970, la industria fílmica compitió contra la televisión y el video. La nueva tecnología reavivó su fortuna: el abundante gasto en efectos de posproducción abrió una dimensión distinta de la experiencia cinematográfica. Estados Unidos es aún el principal inversionista de la industria.*

## PRODUCCIÓN DE PELÍCULAS

Pueden pasar varios años para que una película atraviese por sus tres etapas:

**Preproducción**

- Un productor (un director, actor u otra parte interesada) vende una idea o guión a un estudio. El productor es responsable de todo el negocio práctico al hacer la película.
- El productor supervisa la contratación de un director y actores.
- Se contrata personal técnico.
- Los escritores refinan o reescriben el guión.
- El productor y el estudio acuerdan presupuesto y finanzas.

**Producción**

- Los diseñadores crean la escenografía.
- El director y los técnicos determinan iluminación, sonido y posición de las cámaras.
- El director supervisa los aspectos creativos de la filmación y da instrucciones a los actores al filmarse las escenas.
- Se añaden diálogos y sonidos adicionales.
- Se agregan efectos especiales.

**Posproducción**

- El editor ordena y monta las tomas de la película; da forma al trabajo terminado.
- Se añade la música.
- Se hacen duplicados para distribución.
- Se organiza una campaña publicitaria.
- Se hacen estudios de mercado mediante proyecciones privadas, y algunos cambios.
- La película se estrena.
- Se producen y venden videos y DVD.
- Se negocian productos derivados.

## Audiencia cinematográfica

| | País | Millones de boletos vendidos (1999) |
|---|---|---|
| 1 | India | 7,700 |
| 2 | EUA | 1,377 |
| 3 | Indonesia | 247 |
| 4 | Francia | 169 |
| 5 | China | 159 |
| 6 | Japón | 153 |
| 7 | Alemania | 150 |
| 8 | Reino Unido | 135 |
| 9 | Italia | 120 |
| 10 | España | 112 |

## La industria fílmica en el mundo

La inversión en películas no siempre está vinculada con el número de cintas producidas en un país. La India produce más que otros países, pero los bajos presupuestos de producción mantienen la inversión anual en US$52.2 millones (1998).

| | País | Películas producidas (1998) |
|---|---|---|
| 1 | **India** | 693 |
| 2 | **EUA** | 661 |
| 3 | **Japón** | 249 |
| 4 | **Francia** | 182 |
| 5 | **Alemania** | 119 |
| 6 | **Italia** | 92 |
| 7 | **Hong Kong** | 91 |
| 8 | **Reino Unido** | 87 |
| 9 | **China** | 80 |
| 10 | **España** | 65 |

| | País | Inversión en largometrajes (1998), millones de dólares |
|---|---|---|
| 1 | **EUA** | 9,254.0 |
| 2 | **Francia** | 963.4 |
| 3 | **Japón** | 889.6 |
| 4 | **Reino Unido** | 717.3 |
| 5 | **Italia** | 361.6 |
| 6 | **Alemania** | 342.5 |
| 7 | **España** | 206.4 |
| 8 | **Canadá** | 193.0 |
| 9 | **Australia** | 104.6 |
| 10 | **Brasil** | 77.2 |

## EL COSTO DE UNA PELÍCULA

Una producción típica de Hollywood, *Miniespías* (2001), costó US$30 millones y empleó a un equipo de filmación de 200 personas. El término "blockbuster" se aplica a cualquier película que recaude más de US$100 millones. La película animada *Dinosaurios* (2000), de Disney, costó US$285 millones. En el otro extremo de la escala, el éxito independiente de 1999, *El proyecto de la bruja de Blair,* se produjo por sólo US$60,000. El éxito británico *The Full Monty* (1999) costó US$3.5 millones y se filmó en 40 días (las películas de Hollywood suelen filmarse en varios meses).

Las estrellas exigen grandes sumas. Mel Gibson ganó US$40 millones en *Arma mortal 4* (1998); Julia Roberts ganó US$17 millones en *Novia fugitiva* (1999). El joven Leonardo DiCaprio recibió sólo US$2.5 millones por *Titanic* (1997), pero US$20 millones por *La playa* (1999).

## CINEMATOGRAFÍAS DE OTROS PAÍSES

En la India, las películas musicales y las historias de amor originaron una redituable industria. Junto a cintas de gran calidad artística, como *Pather Panchali* (1955), dirigida por Satyajit Ray, destacan otras de innegable atractivo, como *Lagaan* (2001), protagonizada y producida por Aamir Khan.

En España, las dos últimas décadas del siglo xx estuvieron marcadas por las cintas de Pedro Almodóvar, que hizo de *Todo sobre mi madre* (2000) y *Hable con ella* (2001) creaciones irreverentes y sensibles a la vez.

A su vez, el cine mexicano ha producido originales películas como *Amores perros* (2000), de Alejandro González Iñárritu, y *Y tu mamá también* (2001), de Alfonso Cuarón.

**Cambio de gustos** Dramas familiares como *Papa Kahte Hain* (ab.), basado en la película estadounidense *Mi padre el héroe*, son más populares en "Bollywood" que las películas musicales.

## Películas de mayor éxito

| Ingreso en taquillas de EUA (precio promedio del boleto, 2000 = US$5.35) | Millones de dólares |
|---|---|
| 1 *Lo que el viento se llevó* (1939) | 1,083.3 |
| 2 *La guerra de las galaxias* (1977) | 968.9 |
| 3 *La novicia rebelde* (1965) | 803.5 |
| 4 *E.T. El extraterrestre* (1982) | 745.8 |
| 5 *Los diez mandamientos* (1956) | 718.5 |
| 6 *Tiburón* (1975) | 702.5 |
| 7 *Titanic* (1997) | 685.3 |
| 8 *Doctor Zhivago* (1965) | 664.1 |
| 9 *El libro de la selva* (1967) | 594.1 |
| 10 *Blancanieves y los siete enanos* (1937) | 583.2 |

| Ingreso en taquillas de todo el mundo | Millones de dólares |
|---|---|
| 1 *Titanic* (1997) | 1,835.4 |
| 2 *Episodio I: La amenaza fantasma* (1999) | 923.1 |
| 3 *Parque Jurásico* (1993) | 920.1 |
| 4 *El día de la independencia* (1996) | 813.2 |
| 5 *La guerra de las galaxias* (1977) | 798.0 |
| 6 *El rey león* (1994) | 766.9 |
| 7 *E.T. El extraterrestre* (1982) | 704.8 |
| 8 *Forrest Gump* (1994) | 679.7 |
| 9 *Sexto sentido* (1999) | 672.8 |
| 10 *El mundo perdido: Parque Jurásico 2* (1997) | 614.4 |

## EL EQUIPO DE RODAJE

**Accesorista** Persona que adquiere la utilería necesaria para una producción.

***Best boy*** Técnico asistente de iluminación, generalmente del supervisor. El término suele usarse para el segundo al mando de un grupo, ya sea hombre o mujer.

**Cargador de claqueta** Persona que carga la película en los cartuchos de la cámara y opera la claqueta (tabla filmada al inicio de una toma, que la identifica con un número, la fecha y la hora). Una tabla con bisagras se "cierra de golpe" para dar sincronización audiovisual.

**Electricista** Técnico principal de iluminación.

**Escenógrafo** Persona que acomoda cuadros, cortinas y otros objetos en el escenario para dar la atmósfera necesaria para la trama.

**Operador de cámara** Camarógrafo que ajusta el foco de la cámara en la filmación.

**Operador de micrófono** Miembro del equipo de sonido que opera una vara larga con un micrófono en el extremo.

**Operador de plataforma** Tramoyista que mueve las cámaras sobre plataformas con ruedas.

**Tramoyista** En EUA, persona responsable de producir y mantener el equipo de producción en el escenario. Levanta el andamiaje o coloca extensiones de la plataforma con ruedas (rieles sobre los que puede moverse la cámara).

**Tramoyista principal** Trabaja muy cerca del electricista. Actúa como coordinador de grúa o respaldando al equipo de camarógrafos.

## INNOVACIÓN TECNOLÓGICA

Las principales innovaciones en el cine al inicio del siglo XX fueron el sonido (1926) y el color (1932). La amenaza de la televisión a color en la década de 1950 causó más adelantos, como la cinematografía tridimensional, la pantalla curva del Cinerama de tres cámaras (1952) y la primera película en CinemaScope (1953). En la década de 1960 surgió la animación directa, con movimiento de modelos mecánicos, desarrollada por Disney.

El nuevo formato IMAX ("imagen máxima") surgió en la década de 1970, con película de 70 mm (diez veces más grande que la convencional de 35 mm); se proyecta en pantalla gigante, acompañada con sonido digital de seis canales.

La tecnología computarizada hizo más sofisticada la producción de películas, y la digital impulsó desarrollos espectaculares:

**animación** Las figuras en 3D se trazan y manipulan con programas de computadora. Para figuras complejas, se capturan modelos de arcilla en la computadora. *Parque Jurásico* (1993) incluye 6 minutos de animación digital. La primera película realizada por completo con esta técnica fue *Toy Story* (1995), de Disney, con duración de 77 minutos; se produjo en cuatro años. *Dinosaurios* (2000), de Disney (combinación de película de acción viva y figuras generadas por computadora), llevó 3.2 millones de horas de programación.

**efectos especiales** Los gráficos digitales crean variedad de efectos, como la transformación gradual de una imagen en otra, como las secuencias en la película *Terminator 2: El juicio final* (1991); y el duplicado de imágenes para crear escenas de multitudes o batallas, como las de la cinta histórica *Elizabeth* (1998).

**posproducción** Las imágenes de las cámaras digitales pueden montarse en computadora. En el futuro los cines usarán proyectores digitales, que eliminarán el copiado, embarque y almacenamiento de las cintas.

**realce** La película dañada se restaura con programas de computación. Las películas en blanco y negro se colorean.

**Proyección poderosa** Las pantallas usadas para exhibir películas IMAX miden 5.6 m de alto por 21.5 m de ancho.

**DATO** El notorio fracaso financiero de *La puerta del cielo* (1980) obligó a vender el estudio United Artists.

vea también
392-397 **Cine**
486 **Economía de la información**
552 **Comunicaciones digitales**
554 **Grabación de sonidos**

*:n México hay 150 televisores por cada 1,000 ɔabitantes, un promedio de 1.2 aparatos por hogar. En el año 2000, en todo el mundo, 33,000 televisoras emitieron 48 millones de horas de programas. La televisión ya ofrece servicios de Internet y correo electrónico; en el futuro cercano, será interactiva.*

## Récords de televisión

**Programa con más años al aire** *Meet the Press*, EUA (1947).
**Telenovela con más años al aire** *The Guiding Light*, EUA (1952); inició en la radio en 1937.
**Programa infantil con más años al aire** *Blue Peter*, de la BBC, Reino Unido (1958).
**Presentador con más años de servicio** Patrick Moore, en *The Sky at Night*, BBC (1957).

**Serie de mayor audiencia** *Guardianes de la bahía;* más de 1,100 millones a la semana en 142 países.
**Más episodios transmitidos** *Bozo the Clown;* más de 150,000 en Estados Unidos, desde 1949.
**Mayor contrato** Oprah Winfrey, US$150 millones por 4 años de trabajo.

**:oronación de Jorge IV** En 937, la BBC hizo una de as primeras transmisiones l extranjero.

**925** John Logie Baird (ingeniero escocés e inventor) transmite una imagen de televisión del mensajero William Taynton).
**928** En EUA, General Electric nicia programas regulares (tres a la semana, de media hora) en su estación de radio WGY en Schenectady, N.Y. La BBC ransmite a diario en el RU.
**936** La BBC inicia el servicio egular de TV pública.
**938** En EUA hay 00 televisores en uso; la NBC ransmite una película *(La pimpinela escarlata).*
**939** Por primera vez se hace na demostración masiva de elevisión en la Feria Mundial de Nueva York.

***Truth or Consequences,*** de la NBC, fue el primer programa de TV patrocinado en el mundo, en 1941. Entre los anunciantes: Sombreros Adam, Relojes Bulova, Estambres Worsted y Jabón Ivory.

**1940** Transmisiones experimentales a color, de la CBS, desde el Edificio Chrysler en Nueva York.
**1941** NBC y CBS inician transmisiones regulares en EUA.
**1944** En EUA se transmite la primera telenovela, *Painted Dreams,* que había sido la primera radionovela en 1930.
**1949** En EUA se introduce una red que conecta a las estaciones a lo largo del país, así como la televisión por cable.

***Yo quiero a Lucy*** A seis meses de su estreno, la serie era vista en más de 10 millones de hogares de EUA.

**1953** Los británicos compran 1 millón de televisores para ver la coronación de Isabel II.
Aumenta la popularidad del político de EUA, Richard Nixon, cuando 60 millones de estadounidenses lo ven decir que su único don político personal es su perro, Checkers.
**1955** La televisión comercial se inicia en el Reino Unido con ITV; la pasta dental Gibbs SR produce el primer comercial.

**El hombre en la Luna** En 1969, más de 500 millones de personas en el mundo vieron por televisión el descenso de la nave Apolo 11 en la Luna, y la caminata de Neil Armstrong.

**1962** Primera transmisión trasatlántica por satélite de programas de televisión. Emplea el satélite de comunicación Telstar, fabricado por la compañía norteamericana AT&T.
**1963** Millones en el mundo siguen el asesinato y el funeral del presidente de EUA, John F. Kennedy. También ven en vivo un asesinato transmitido por TV, cuando Jack Ruby mata a Lee Harvey Oswald, sospechoso de haber matado a Kennedy.
**1964** 73 millones de estadounidenses ven la primera presentación de los Beatles en la televisión de EUA, en el *Ed Sullivan Show.*
**1967** BBC2 inicia un servicio programado de TV a color, el primero en Europa.
400 millones de personas en el mundo miran el primer programa global de TV por satélite, *Our World,* que presenta a los Beatles y su canción "All You Need Is Love", en Inglaterra.

## Series de televisión

Los primeros teleteatros fueron versiones filmadas de producciones teatrales, como el programa de la BBC de 1937 basado en la obra de George Bernard Shaw *Cómo le mintió a su marido.* En la década de 1960 llegaron los melodramas y las series de acción. Hoy en día existen series de los más diversos géneros.

**1961** Se inicia *Los vengadores,* serie de aventuras y drama.
**1963** *Doctor Who* populariza la ciencia ficción; *Viaje a las estrellas* se inicia en Estados Unidos en 1966.
**1965** Estreno de *I Spy* en Estados Unidos.
**1970** *Las seis esposas de Enrique* VIII es la primera serie histórica que se transmite en el Reino Unido.
**1971** *Los de arriba y los de abajo* refleja los cambios en la sociedad británica. 300 millones de teleespectadores, de 50 países, la siguieron hasta 1975. Fue escrita específicamente para televisión.
**1972** *La guerra y la paz,* en 26 partes, establece una nueva forma de adaptar las obras literarias.
**1978** *Dallas* se estrena en EUA. Se exhibe durante 13 años en más de 130 países.
**1998** La primera comedia de 60 segundos se transmite por la red de EUA, TV Land.

## Documentales

El cine popularizó los documentales en la década de 1930. Dos décadas después, la televisión usó esta forma para destacar problemas políticos y sociales.

**1954** *Zoo Quest* presenta al naturalista David Attenborough en televisión.
**1958** Inicio de *Whicker's World* (viajes y entrevistas de celebridades), presentado por Alan Whicker.
**1964** La cámara capta la imagen íntima de una familia de la clase trabajadora en *The Family; Seven Up* sigue la vida de niños de diferentes niveles sociales.
**1969** *Civilisation* lleva arte y cultura a los británicos.
**1973** Se conoce la perspectiva de los países involucrados en la Segunda Guerra Mundial, gracias a *The World at War*.
**1974** *Ascent of Man* sigue la historia humana.
**1992** *The Secret History: Bloody Sunday* expone los acontecimientos en Irlanda del Norte.
**1999** El espacio exterior se explora en *The Planets*.
**2000** La BBC usa animación por computadora en su "docudrama" *Walking With Dinosaurs.*

## Transmisiones deportivas

Desde el inicio de la televisión han sido básicos los deportes. Hoy, el impacto de cada evento deportivo importante se mide por su audiencia televisiva (138.5 millones vieron el Super Tazón de EUA en 1996, y 38,000 millones, el final de la Copa Mundial de futbol).

**1931** El primer evento deportivo transmitido es el Derby, desde Epsom, por la BBC.
**1933** La primera pelea de box se televisa desde los estudios BBC.
**1936** Las Olimpiadas de Berlín se televisan en toda Alemania.
**1937** La BBC televisa los campeonatos de tenis de Wimbledon.
**1938** La BBC televisa la Carrera de Botes University, la Final de la Copa FA y el Encuentro de cricket.
**1958** La BBC inicia *Grandstand,* hoy en día el programa deportivo con mayor duración.
**1963** Se muestra la primera repetición instantánea; los espectadores de EUA que ven el partido de futbol entre el Ejército y la Armada ven dos veces el mismo touchdown.
**1964** Estreno de *Match of the Day* de la BBC.
**1968** La BBC muestra imágenes a color en vivo de los juegos olímpicos en México. En los juegos anteriores, en Tokio, se había enviado a Londres película en blanco y negro.
**1991** Sky Sports se inicia como el primer canal dedicado a deportes.
**1999** Sky transmite el primer partido de futbol en pago por evento: Oxford United-Sunderland a un precio de £7.95.

vea también
402 **Tecnología de la televisión**
486 **Economía de la información**
552 **Comunicaciones digit**

**Guerra de Vietnam** Al inicio de la década de 1970, la cobertura de noticias de EUA sobre desastres y las imágenes de la guerra en Vietnam aumentaron la presión pública para poner un alto al conflicto. En enero de 1973 un cese el fuego terminó con 12 años de guerra.

1970 El ataque terrorista palestino contra atletas israelíes en la Olimpiada de Munich se transmite a todo el mundo. En Alemania se muestra un videodisco.
1972 Home Box Office (HBO) en EUA es el primer servicio de televisión por cable en el mundo.
La BBC introduce la información por teletexto "Ceefax".
1973 Los estadounidenses ven las audiencias del Senado sobre el escándalo político Watergate, que obliga a renunciar al presidente Richard Nixon, ante las cámaras de televisión, al año siguiente.
En EUA, la saga *Raíces,* que aborda la esclavitud en episodios que suman 12

**Boda real** En 1981, la boda en Londres del príncipe Carlos y Lady Diana Spencer fue vista en todo el mundo por 700 millones de personas.

1980 Cable News Network (CNN) inicia transmisión de noticias las 24 horas en EUA.
1983 Más de 107 millones de personas en EUA ven el episodio final de la serie *M*A*S*H,* aún no superado en EUA por un solo programa.
1984 Los conciertos de rock de beneficencia, Live Aid, que unen por satélite de TV Londres y Boston, son vistos por 1,800 millones de personas en el mundo y recaudan US$50 millones para aliviar el hambre en África.
1985 Se inician en EUA los canales de compras por televisión por cable.
1989 Estreno de Sky TV, el primer canal de televisión por satélite del Reino Unido.

**Televisión interactiva** En 1999, Sky TV inició servicios a los que el espectador podía acceder empleando su control remoto. Hoy es posible intercambiar mensajes de correo electrónico por televisión.

1991 La Guerra del Golfo, cubierta por CNN, es la primera guerra seguida en vivo.
1997 El funeral de Diana de Gales es visto por 2,500 millones de personas.
1998 Se introduce la televisión

**Nuevo milenio** Fuegos artificiales para saludar al año 2000, en Sydney, Australia. Las celebracio-

# Tecnología de la televisión ▶ Transmisión de palabras e imágenes a los hogares

*En 1884, un estudiante alemán llamado Paul Nipkow inventó el disco Nipkow, un dispositivo que leía mecánicamente las imágenes y las convertía en impulsos eléctricos. Karl Ferdinand Braun, también alemán, inventó el tubo de rayos catódicos 13 años después. Transcurrió más de un cuarto de siglo antes de que se efectuara la primera transmisión por televisión.*

**Guillermo González Camarena** Llevó a cabo la primera transmisión de televisión en México el 31 de agosto de 1946, y entre 1940 y 1962 patentó sistemas de televisión a color.

1922 En Idaho, EUA, el estudiante Philo Farnsworth fabrica un **escáner electrónico de imagen,** con tubo de rayos catódicos.
1925 John Logie Baird prueba su **televisión mecánica,** con un disco Nipkow y lentes para escanear la imagen.
1927 Farnsworth crea la primera **televisión electrónica,** con un tubo "Disector de Imagen" en la cámara y tubo de rayos catódicos.
1929 Baird inicia transmisiones experimentales para la British Broadcasting Corporation (BBC).

**Primeras imágenes** El inventor escocés John Logie Baird (centro) fue el primero en transmitir por TV la imagen de un rostro.

1930 Farnsworth patenta su sistema electrónico. En los años siguientes, varias cámaras desarrolladas por otras compañías infringen sus patentes.
1936 La BBC inicia el primer servicio regular de **televisión de alta definición** (con imágenes de 405 líneas).

1948 En EUA, el cable lleva la señal de TV hasta áreas de mala recepción.

1920 — 1930 — 1940

## DE LA CÁMARA DE TV...

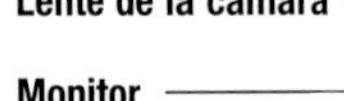

Al filmar una imagen, la cámara de TV la divide en fragmentos de información decodificables, antes de transmitirla por el aire a través de ondas de radio.

**Codificación del color** La luz de una imagen pasa a través de las lentes de la cámara y unos espejos especiales la dividen en sus componentes: rojo, verde y azul. Éstos se enfocan como imágenes rojas, verdes y azules en objetivos sensibles a la luz, en tres tubos separados.

**Escaneo de las imágenes** La imagen primaria a color en cada objetivo se escanea en 625 líneas horizontales. El brillo de cada línea se registra como una señal eléctrica. Un circuito de sincronización asegura que cada tubo lea la misma línea de la imagen al mismo tiempo, para que al combinarse los tres tubos, den información sobre la misma parte de la imagen.

**Transmisión de la imagen** Las señales rojas, verdes y azules de los tubos de la cámara se juntan y se codifican como color y brillo. Esta información se combina con una señal de audio, la señal de sincronización y una onda de radio para transmisión. La onda de radio tiene una frecuencia específica para el canal de televisión.

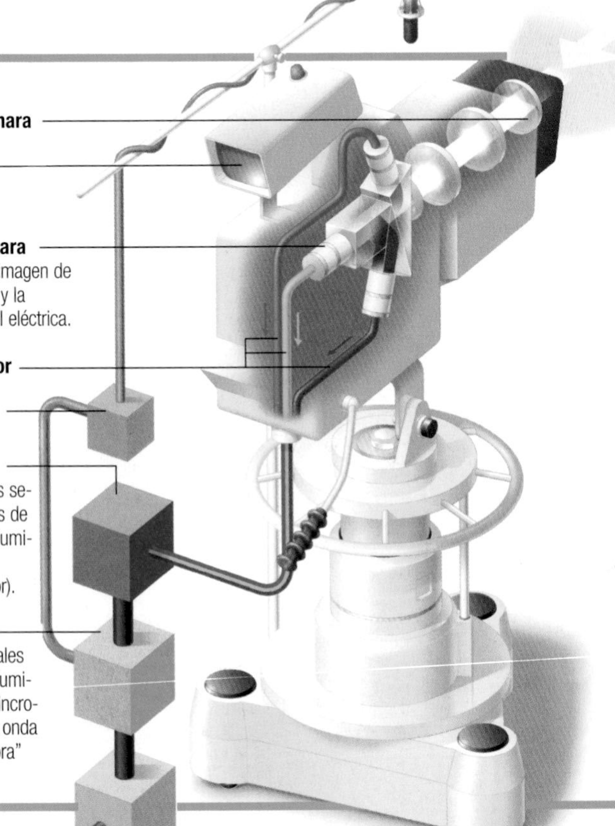
**Lente de la cámara**
**Monitor**
**Tubo de la cámara** Enfoca y lee una imagen de colores primarios y la convierte en señal eléctrica.
**Señales de color**
**Codificador de audio**
**Codificador de color** Codifica las señales de los tubos de la cámara como luminancia (brillo) y crominancia (color).
**Transmisor** Combina las señales de crominancia, luminancia, audio y sincronización con una onda de radio "portadora" para transmitir.

## Tecnología de la pantalla plana

Los televisores tradicionales son voluminosos porque tienen un tubo de rayos catódicos (vea abajo). En la década de 1980, los fabricantes presentaron televisores con pantallas de sólo unos centímetros de espesor. La mayoría de estos televisores de "pantalla plana" usan paneles de plasma, formados por miles de pequeñas unidades llamadas pixeles, acomodadas una junto a otra en líneas horizontales (un panel tiene 1,100 líneas, la pantalla de un tubo de rayos catódicos, 625). Cada pixel consiste en tres subpixeles con forma de ladrillos; uno rojo, uno verde y uno azul, colocados entre electrodos horizontales y verticales. La corriente que pasa entre tales electrodos hace brillar la capa roja, verde y azul del subpixel: a mayor corriente, mayor brillo. El brillo de cada subpixel define el brillo general y el color de un pixel. El arreglo de la iluminación de los pixeles en la pantalla crea la imagen.

**Electrodo vertical**
**Capa vertical de electrodos**
**Pixel**
**Subpixel azul**
**Subpixel verde**
**Subpixel rojo**
**Electrodo horizontal**
**Capa horizontal de electrodos**
**Sustrato de vidrio posterior**
**Sustrato de vidrio delantero**

1951 Se inician transmisiones regulares de **televisión a color** en Estados Unidos.
1956 La compañía Ampex de California demuestra una **videograbadora.** Pronto, la videocinta reemplaza a la película en la producción para televisión.

1962 El satélite Telstar transmite **televisión en vivo** entre Estados Unidos y Gran Bretaña.
1967 Primera transmisión regular a color en Europa a cargo de la BBC.
1969 George Smith y Willard Boyle, estadounidenses, inventan el **dispositivo de carga acoplado.**

1972 Surgen las videograbadoras domésticas.
1975 Primer servicio de **televisión vía satélite.** Se transmite localmente por cable en EUA. En 1980 se transmiten los servicios de satélite a televisores domésticos.

1986 En Europa se adopta el sistema de **sonido estéreo** Nicam, de la BBC.
1989 Primeras transmisiones, en Japón, de la TV de **alta definición** con 1,000 líneas (HDTV).

1994 Se inician en EUA las transmisiones de **televisión digital** vía satélite.
1998 La televisión digital se transmite desde emisores terrestres.

1950 1960 1970 1980 1990

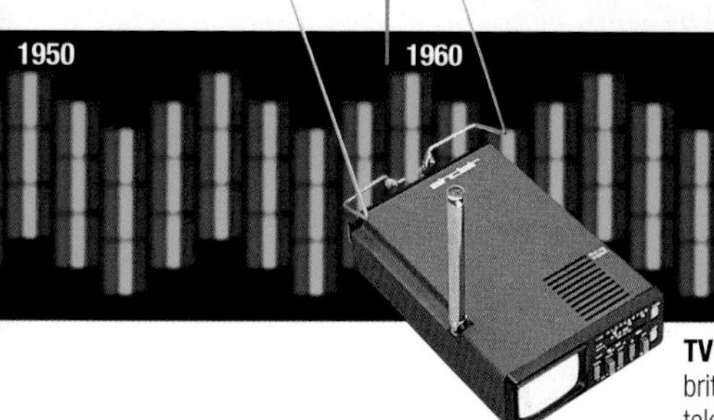

**TV en miniatura** El inventor británico Clive Sinclair introduce el televisor en miniatura en 1966.

**Transmisión global** La cobertura de noticias en vivo conecta a los principales países del mundo.

## ... AL TELEVISOR

Al encender un televisor, la señal compuesta enviada por la emisora se capta a través de una antena, antena parabólica o cable, y se separa de la onda de radio portadora. Los diferentes componentes de la señal se decodifican para reconstruir la imagen en pantalla.

**Decodificación del color** Un decodificador de color descifra las señales de color y brillo para el rojo, el verde y el azul, y las ingresa al cinescopio. En el interior del cinescopio, tres cañones de electrones (uno para cada color primario) emiten haces angostos de electrones, acelerados hacia la pantalla por el alto voltaje. Las bobinas de deflexión electromagnética inclinan los haces eléctricos para que la pantalla los transmita.

**Reconstrucción de la imagen** El interior de la pantalla está cubierto de tiras verticales muy delgadas de fósforo rojo, verde y azul, que brillan al recibir un haz de electrones. Entre los cañones de electrones y la pantalla hay placas con perforaciones verticales para que los haces de cada cañón sólo lleguen a las tiras de fósforo del color correspondiente. Cuando brillan los colores en el fósforo, la imagen se reconstruye.

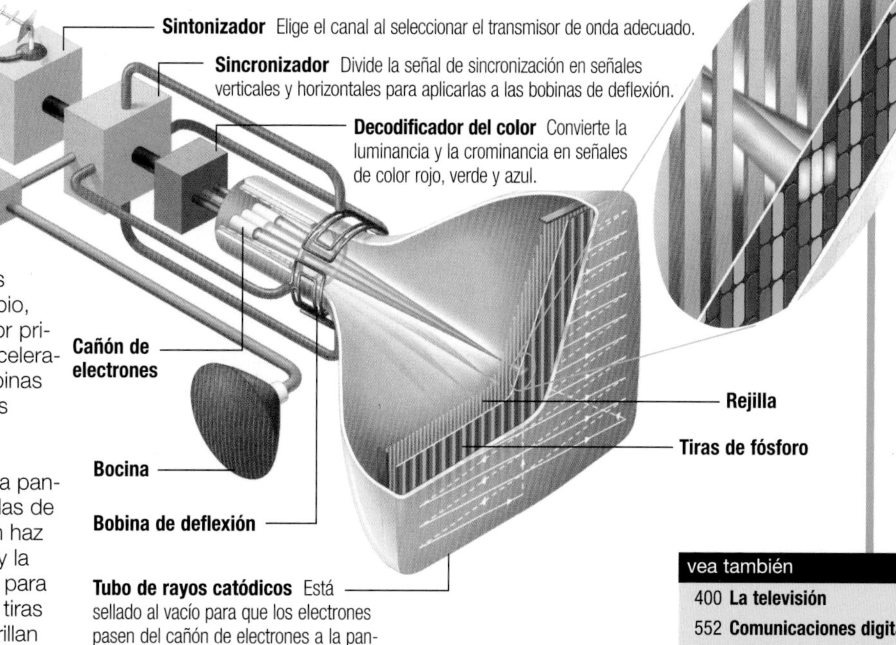

**Sintonizador** Elige el canal al seleccionar el transmisor de onda adecuado.

**Sincronizador** Divide la señal de sincronización en señales verticales y horizontales para aplicarlas a las bobinas de deflexión.

**Decodificador del color** Convierte la luminancia y la crominancia en señales de color rojo, verde y azul.

**Cañón de electrones**

**Rejilla**

**Tiras de fósforo**

**Bocina**

**Bobina de deflexión**

**Tubo de rayos catódicos** Está sellado al vacío para que los electrones pasen del cañón de electrones a la pantalla sin interferencia de otras partículas.

vea también
400 **La televisión**
552 **Comunicaciones digitales**

# Radiodifusión

**Transmisión del sonido a través del aire hacia un aparato receptor**

*Las ondas de radio, al igual que las de la luz y el sonido, son parte del espectro electromagnético. Están en un extremo de éste, donde las ondas tienen la frecuencia más baja y la longitud más amplia. A finales del siglo XIX se descubrió cómo utilizarlas para transmitir señales de sonido, al principio los puntos y rayas del código Morse, y luego la voz humana.*

## Transmisión y recepción

### Cómo se transmiten las señales de radio

Primero se crea una onda de radio u onda portadora, y luego se modula para transportar sonido. Esto crea una señal de radio, una antena se alimenta con ella y la transmite.

**Oscilador** Genera la onda portadora, una corriente eléctrica que oscila rápidamente a una frecuencia precisa de radio.
**Señal de sonido** Un micrófono convierte las ondas de sonido en señales eléctricas de diferente voltaje.
**Transmisor** Sobrepone la señal del sonido en la onda portadora. Luego alimenta con ella a la antena en el poste transmisor.

### Recepción de las señales de radio

Las señales captadas por la antena se sintonizan para filtrar las frecuencias no deseadas. La señal de sonido pasa a la bocina.

**Antena de radio** Las ondas de radio inducen pequeñas corrientes que oscilan a la misma frecuencia que las señales que llegan de la onda portadora.
**Sintonizador** Selecciona la frecuencia.
**Amplificador de frecuencia** Intensifica la señal.
**Demodulador** Separa la señal del sonido de la onda portadora.
**Amplificador de audio** Mejora la señal del sonido y alimenta con ella a la bocina.

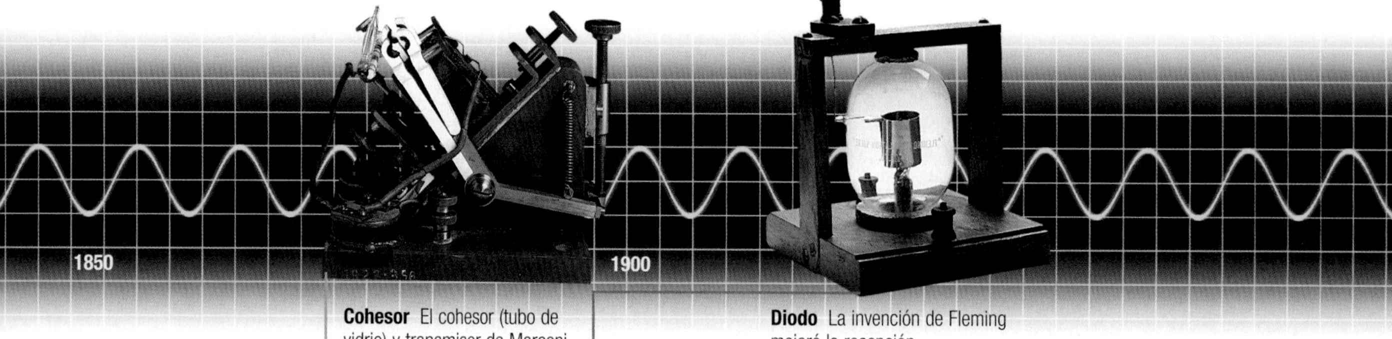


**Cohesor** El cohesor (tubo de vidrio) y transmisor de Marconi.

**Diodo** La invención de Fleming mejoró la recepción.

1864 El físico escocés James Clerk Maxwell publica su teoría de las **ondas electromagnéticas.**
*c.* 1888 Heinrich Rudolph Hertz, físico alemán, fabrica un **transmisor** simple (un transmisor de chispas) capaz de formar ondas de radio, y comprueba la teoría de Maxwell. Mide la longitud, velocidad y otras propiedades físicas de las ondas, pero no tiene uso práctico.

1890 Édouard Branly, ingeniero francés, inventa el **"cohesor",** que detecta ondas de radio.
1895 Por separado, el italiano Guglielmo Marconi y el ruso Alexander Popov son los primeros en usar un transmisor de chispas para enviar **ondas de radio** a distancia y luego detectarlas con un cohesor.

1901 Marconi envía una señal de radio **al otro lado del Atlántico,** de Cornualles a Terranova.
1902 Valdemar Poulsen, ingeniero danés, inventa un **oscilador electrónico** para generar ondas de radio.
1904 John Ambrose Fleming, ingeniero en electrónica británico, inventa el **diodo electrónico,** más sensible a las ondas de radio que el cohesor.

1905 Reginald Fessenden, antiguo profesor universitario canadiense, fabrica un dispositivo que puede usarse para transmitir la **voz humana.**
1906 El estadounidense H.H.C. Dunwoody inventa el **radiobuscador** de cristal y alambre.
1907 El inventor estadounidense Lee de Forrest descubre el **audión (válvula tríodo),** versión mejorada del diodo de Fleming para detectar ondas de radio.

*c.* **1909** En San Francisco, California, la estación KCBS efectúa las primeras **transmisiones de radio** regulares.

## Ubicación de frecuencias

Las ondas de radio son una forma de radiación electromagnética que ocurre en el extremo de longitud de onda más amplio del espectro. Las generan transmisores de radio, que emiten una onda portadora continua. La tierra o la atmósfera reflejan o inclinan las ondas de radio, dependiendo de la frecuencia o longitud de éstas. El espectro de las frecuencias se regula por un acuerdo internacional, con frecuencias reservadas para el ejército, la policía, el radar y otros servicios. Las estaciones de radio obtienen frecuencias de acuerdo con la disponibilidad y la potencia de su propio transmisor.

**Señales UHF (ultra alta frecuencia)** Se usan para transmisiones de televisión y radio digital. Su frecuencia está por arriba de los 300 MHz.

**Señales de onda corta** Se reflejan en el suelo y en una capa de la atmósfera terrestre llamada ionosfera; pueden viajar a cualquier parte del planeta. Se usan para transmisiones internacionales, pero están sujetas a interferencias. Frecuencia: 3-30 MHz.

**Señales de onda media** De noche, se reflejan en la parte más baja de la ionosfera y recorren varios cientos de kilómetros. De día, viajan por la Tierra. Son adecuadas para estaciones de radio que requieren sonido de calidad media, pero no lo son para la transmisión estereofónica. Frecuencia: 300 kHz-3 MHz.

## TRES OPCIONES DE MODULACIÓN: AM, FM Y DIGITAL

Para transportar una señal de sonido eléctrica, una onda de radio puede modularse de tres formas. Las más usadas son la amplitud modulada (AM) y la frecuencia modulada (FM), que modifican características de la onda portadora para que refleje las ondas de la señal del sonido:

**Amplitud modulada (AM)** Altera la amplitud o fuerza de la onda portadora para que varíe con el voltaje de la señal del sonido: a mayor voltaje, mayor amplitud de la onda portadora. La AM necesita receptores relativamente simples, pero está sujeta a la interferencia estática de las tormentas eléctricas.

**Frecuencia modulada (FM)** Altera la frecuencia de la onda portadora para que varíe con el voltaje de la señal del sonido: a mayor voltaje, frecuencia más alta. Los receptores son más complejos, pero producen un sonido de mejor calidad que la AM. Sin embargo, la interferencia, causada por señales que rebotan de colinas y edificios, sigue siendo un problema.

**Transmisión de audio digital** Usa tecnología digital para convertir detalles de una onda de sonido en una serie de bits y luego transmite la secuencia. Los receptores son complejos y usan microchips, pero la interferencia y la distorsión virtualmente se eliminan.

**Amplitud y frecuencia** Las ondas electromagnéticas tienen amplitud (reflejan el tamaño o potencia de la onda) y frecuencia. Las transmisiones de AM modifican la amplitud de la onda portadora de acuerdo con el voltaje de la señal del sonido; las transmisiones de FM modifican su frecuencia.

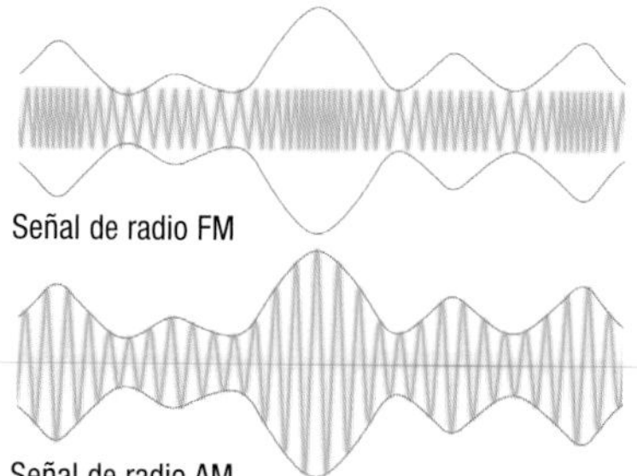

**Radios en miniatura** Revolucionaron la audición de radio.

**¡Mira! Sin pilas** Radio con mecanismo de reloj, de Baylis.

**1912-1923** El ingeniero estadounidense Edwin Howard Armstrong crea una sucesión de circuitos electrónicos que lo ayudan a producir el primer **radio portátil** en 1923.
**1929** Paul Gavin, estadounidense, hace el primer **radio para auto,** el Motorola.
**1930** El 18 de septiembre inicia transmisiones la legendaria estación radiofónica XEW, en la Ciudad de México.
**1930-1939** Edwin Armstrong patenta un sistema de **frecuencia modulada (FM).** Hace transmisiones por FM desde la estación W2XMN, cerca de Nueva York.

**1940** Primera **transmisión regular por FM** en la radio comercial estadounidense.
**1947** Los científicos estadounidenses John Bardeen, Walter Brittain y William Shockley inventan el **transistor** para amplificar señales. Éste elimina el voluminoso tubo de vacío.

**1950-1959** En Estados Unidos tienen lugar **transmisiones estereofónicas experimentales.**
**1955** **Radios de transistores miniatura** a la venta en EUA.
**1955** Tiene lugar la primera transmisión por FM de la BBC. **estéreo FM** sigue en 1962.

**1975** Transmisiones experimentales de **radio digital** en el RU.
**1988** Estaciones de la BBC lanzan el **Sistema de Información por Radio** (noticias del tráfico, información y sintonización automática para radios de autos).

**1991** El inventor británico Trevor Baylis crea su **radio con mecanismo de reloj.**
**1995** Inician transmisiones **regulares por radio digital** en Gran Bretaña y Canadá.
**1996** **Las estaciones de radio web** transmiten por Internet.

**Señales de onda larga** Se mantienen cerca de la superficie de la Tierra por largas distancias. No son muy usadas por las estaciones de radio, porque muchas no se adaptan a la banda de ondas y es necesaria una antena larga para una buena recepción. Se usan ondas muy largas para comunicaciones con submarinos, ya que viajan bajo el agua.
Frecuencia: 30-300 kHz.

**Señales VHF (frecuencia muy alta)** La radio FM funciona con señales VHF. Éstas viajan hasta el horizonte y pueden reflejarse en edificios o en el suelo, pero llevan mucha información, por lo que pueden usarse en transmisiones estéreo de alta calidad.
Frecuencia: 30-300 MHz.

vea también
552 **Comunicaciones digitales**
554 **Grabación de sonidos**

*Los reportes más antiguos de noticias escritas (los* Acta Diurna, *o "eventos diarios", de la antigua Roma) se colgaban en sitios prominentes para la lectura de los ciudadanos. Al desintegrarse el Imperio Romano, transcurrieron más de 1,200 años para que las noticias llegaran de nuevo al público en general.*

## Periódicos y revistas de mayor circulación por país

| País | Revista | Circulación | Periódico | Circulación |
|---|---|---|---|---|
| **Alemania** | *TV Movie* | 2.59 millones (quinc.) | *Bild* | 4.23 millones |
| **Brasil** | *Veja* | 1.12 millones (sem.) | *Folha de São Paulo* | 449,000 |
| **Canadá** | *Reader's Digest* | 1.01 millones (mens.) | *Toronto Star* | 460,000 |
| **España** | *Hola* | 760,000 (sem.) | *El País* | 410,000 |
| **EUA** | *Modern Maturity* | 20.6 millones (mens.) | *The Wall Street Journal* | 1.95 millones |
| **Francia** | *Télé 7 Jours* | 2.56 millones (sem.) | *Ouest France* | 758,000 |
| **Italia** | *L'Espresso* | 388,000 (sem.) | *Corriere della Sera* | 1.08 millones |
| **Japón** | *Young Jump* | 1.96 millones (sem.) | *Yomiuri Shimbun* | 10.22 millones |
| **RU** | *What's on TV* | 1.74 millones (sem.) | *News of the World* | 4.07 millones |

## PERIÓDICOS Y REVISTAS

En el siglo XVI, las noticias se conocían mediante panfletos que cubrían sucesos actuales. En el siglo siguiente, hubo periódicos, revistas y tiras narrativas ilustradas. En 1618, los holandeses fueron pioneros de los periódicos semanales con *corantos* ("noticias actuales"); traducidos al inglés y al francés, circulaban a través de vínculos comerciales. En Japón, los periódicos de formato grande surgieron en forma independiente en la misma época. El primer periódico británico fue *Weekley Newes* (1622) y el primero en México, el *Diario de México* (1805).

**Estilo francés** Hace más de 50 años, *Paris Match* introdujo el fotoperiodismo en Francia y sigue siendo una revista exitosa.

**Lectura por placer** Las gacetas intelectuales publicadas en Inglaterra, Francia, Alemania e Italia en la década de 1660 marcaron el inicio de la industria de las revistas. La primera revista de entretenimiento, *Le Mercure Galant,* con noticias de la corte, anécdotas y poesía, apareció en Francia en 1672. Al final del siglo XVII, Inglaterra había editado revistas como *Gentleman's Journal* (1692) y *Ladies' Mercury* (1693). *The Gentleman's Magazine* apareció en 1731. La primera de Estados Unidos, *American Magazine* (1741), duró sólo tres meses, pero al inicio del siglo XIX había en ese país más de 100 títulos.

**Hombre influyente** El trato sensacionalista de William Randolph Hearst a la lucha de Cuba por la independencia ayudó a provocar la Guerra Hispano-Norteamericana.

**La época de los magnates de la prensa** En 1855, los principales diarios británicos de calidad *(The Times*, *The Observer*, *The Guardian* y *The Daily Telegraph)* se habían establecido. En Estados Unidos crecía la reputación de *The New York Times* y *The Washington Post*. Al final del siglo, el periodismo moderno empezó a evolucionar, moldeado por un puñado de poderosos hombres de negocios. El decadente *New York World* se revitalizó gracias a Joseph Pulitzer. Bajo su dirección, el periódico editó el primer suplemento a color en el mundo (1893) y una tira cómica (1895). La competencia de Pulitzer fue William Randolph Hearst, con su *Morning Journal*. Hearst introdujo historias sensacionalistas con encabezados llamativos y fotografías espléndidas, estilo conocido como "amarillismo".

En Gran Bretaña, Lord Northcliffe (Alfred Harmsworth) introdujo el tabloide de formato chico estilo estadounidense, el *Daily Mail* (1896), primer periódico en el mundo que alcanzó una circulación de más de 1 millón de ejemplares diarios en 1914. Lord Beaverbrook (Max Aitken) se hizo cargo del rival *Daily Express* en 1919 y aumentó su circulación a 2.25 millones de copias al día, rompiendo el récord. La mayor circulación en la actualidad pertenece al tabloide *News of the World* (fundado en 1843), que vende más de 4 millones de ejemplares a la semana.

**El auge del fotoperiodismo**
El fotoperiodismo se inició en la década de 1920, con la aparición de *Time* (1923), *The New Yorker* (1925) y *Life* (1936) en Estados Unidos, y *Picture Post* (1938) en Gran Bretaña. En la posguerra la gente se reanimó en Alemania con la revista *Stern* (1948), y en Francia surgió *Paris Match* (1949).

The Washington Post

FINAL

Nixon Resigns

Ford Assumes Presidency Today

**Noticias** En 1972, la investigación realizada por *The Washington Post* en torno a una incursión de agentes republicanos en el edificio Watergate (de demócratas) hizo dimitir a Richard Nixon.

## El inicio de algunos periódicos

| Fecha | Periódico | País |
|---|---|---|
| **1785** | *The Times* | RU |
| **1791** | *The Observer* | RU |
| **1821** | *The Guardian* | RU |
| **1838** | *Bombay Times* | India |
| **1851** | *The New York Times* | EUA |
| **1855** | *The Daily Telegraph* | RU |
| **1874** | *Yomiuri Shimbun* | Japón |
| **1876** | *Corriere della Sera* | Italia |
| **1877** | *The Washington Post* | EUA |
| **1888** | *Financial Times* | RU |
| **1889** | *Wall Street Journal* | EUA |
| **1917** | *Excélsior* | México |
| **1923** | *Hindustan Times* | India |

## PERSONAJES DE TIRA CÓMICA

| Personaje | Caricaturista | Aparición | País |
|---|---|---|---|
| **Anita la huerfanita** | Harold Gray | 1924 | EUA |
| **Blondie** | Chic Young | 1929 | EUA |
| **Popeye** | Elzie C. Segar | 1929 | EUA |
| **Tintin** | Hergé | 1929 | Bélgica |
| **Dick Tracy** | Chester Gould | 1931 | EUA |
| **Los Supersabios** | Germán Butze | 1936 | México |
| **La familia Burrón** | Gabriel Vargas | 1948 | México |
| **Carlitos y Snoopy** | Charles Schulz | 1950 | EUA |
| **Astérix** | Albert Uderzo | 1959 | Francia |
| **Kalimán** | Modesto Vázquez | 1965 | México |
| **Garfield** | Jim Davis | 1978 | EUA |
| **Dilbert** | Scott Adams | 1988 | EUA |

## Récords de prensa

- **El país con mayor número de periódicos** es la India, con 4,235 títulos, en su mayoría regionales.
- **La revista de mayor venta en el mundo** es *Reader's Digest,* que vende 27 millones de ejemplares al mes, en 18 idiomas. La edición estadounidense se vende 15 millones de ejemplares mensuales.
- **El diario más antiguo en circulación** es el *Wiener Zeitung,* de Austria, fundado en 1703.
- **La publicación semanal más antigua en circulación** es *Post-och Inrikes Tidningar,* de Suecia.

vea también
386 Literatura occidental
400 La televisión
408 La imprenta
486 Economía de la información

## ILUSTRADORES Y CARICATURISTAS

La ilustración de publicaciones de gran circulación requirió de artistas con diferentes habilidades. La industria periodística necesitaba escenas realistas y enviaba a sus reporteros al lugar de la acción para dibujar lo que ocurría. En 1865 la tira cómica surgió en Alemania con *Max y Moritz,* de Wilhelm Busch, divertida historia de dos niños traviesos que reciben su merecido al terminar convertidos en galletas.

En México la caricatura política conformó todo un género. Periódicos como El *Hijo del Ahuizote* satirizaban a los políticos del momento. José Guadalupe Posada, por su parte, reflejó con humor negro a la sociedad de su tiempo a través de sus famosos grabados con calaveras coquetas y bailarinas. Ya en el siglo *xx* dibujantes como Abel Quezada, Magú y "El Fisgón" eran notables comentaristas de los acontecimientos nacionales, y sus imágenes movían la conciencia social del observador.

**Héroe de tira cómica** Tintin y su perro Milou iniciaron sus aventuras en 1929. Desde entonces, se han vendido 25 millones de ejemplares de las historias de la tira cómica.

### Principales ilustradores

- **George Cruikshank** (1792-1878) Británico  Su gran facilidad técnica y su sátira vigorosa lo convirtieron en el principal caricaturista político de su época. Ilustró más de 850 libros, entre ellos *Bosquejos de "Boz",* de Charles Dickens.
- **Ernesto García Cabral** (1890-1968) Mexicano  Periodista y pintor, fue dibujante de *El Ahuizote.* Su veta humorística para retratar a amigos y políticos del momento le dieron fama mundial.
- **Hergé (Georges Remi)** (1907-1983) Belga  Escritor e ilustrador que creó a Tintin y sus historias de aventuras. Hergé se considera el mejor exponente de la *bande dessinée* (tira cómica francesa).
- **Abel Quezada** (1920-1991) Mexicano  Experimentó con la historieta, el cartón editorial y la pintura de caballete. Creó inolvidables personajes como el millonario Gastón Billetes.
- **Norman Rockwell** (1894-1978) Estadounidense  Cronista del centro de Estados Unidos. Sus portadas para *The Saturday Evening Post,* dibujadas durante 47 años, fueron una institución estadounidense.
- **Charles Schulz** (1922-2000) Estadounidense  Creador y caricaturista de *Peanuts,* la tira cómica más popular del mundo, con su personaje Charlie Brown.

**Personajes singulares** *La familia Burrón,* creación de Gabriel Vargas, ha deleitado a varias generaciones de mexicanos desde su primera aparición, en 1948.

*La invención de la imprenta en el siglo XV fue crucial para el desarrollo de la civilización occidental. Permitió que se hicieran múltiples copias de libros, y aceleró así el flujo de nuevas ideas al mundo del Renacimiento, ansioso de conocimientos. Desde entonces, la creciente demanda de información ha impulsado las tecnologías de impresión. En la actualidad hay imprentas que producen 90,000 periódicos por hora.*

## Composición tipográfica

Tradicionalmente, el acomodo de las letras en palabras, líneas y páginas era un proceso mecánico; los cajistas (o tipógrafos) colocaban las líneas de tipos, que se fundían en metal derretido o caliente, para obtener una placa de impresión. La tecnología computarizada ha transformado este proceso:

- Los operadores usan computadoras personales y programas de cómputo para edición, con el fin de diseñar páginas, configurar fuentes e incorporar imágenes digitales obtenidas con el escáner. Las páginas se guardan como archivo informático.
- Los archivos se transfieren o descargan en un procesador de imagen para prepararlos para impresión. Cada página, integrada por elementos separados, como fuentes, fotografías e ilustraciones, se convierte en una sola imagen.
- Una máquina de composición tipográfica se emplea para imprimir la página en papel y revisarla, o para imprimirla en película fotográfica y hacer una prueba final de calidad.

## Tipos de letra

El alfabeto se ha diseñado en miles de formas para satisfacer los cambios en la moda y la tecnología. Las variedades se agrupan en ocho tipos básicos:
El tipo **gótico** refleja la escritura medieval de Alemania, donde se originó.
El tipo **romano antiguo** se basa en la escritura de los documentos formales italianos del siglo XVIII
El tipo de **transición,** con sus trazos horizontales y verticales distintivos y bien definidos, se relaciona con el creciente uso de la imprenta.
El tipo **moderno,** con sus contrastantes trazos gruesos y delgados, se apega a la moda clásica de fines del siglo XVIII.
El tipo **egipcio** es un estilo para máquina. Es bien delineado, con trazos terminales de un grueso similar al resto de la letra.
Los estilos **sans serif** son más gruesos, sin trazos terminales.
El tipo **script** es de máquina, pero imita la escritura manual.
El tipo de **reconocimiento óptico de caracteres (ROC)** tiene un estilo fácil de examinar y registrar digitalmente vía escáner.

| | |
|---|---|
| Aa | Letra gótica o negra<br>Inglés antiguo<br>(siglos XV-XVI) |
| Aa | Estilo antiguo<br>Caslon<br>(1722) |
| Aa | De transición<br>Baskerville<br>(1760) |
| Aa | Moderno<br>Bodoni<br>(1790) |
| Aa | Egipcio o serif grues<br>Rockwell<br>(1855) |
| Aa | Sans serif<br>Gill Sans<br>(1928) |
| Aa | Script<br>Kuenstler Script |
| Aa | ROC<br>Geneva |

**Tipo grueso y redondo**
Popular para carteles y anuncios en el siglo XIX. Era adecuado para tallarlo en bloques de madera para impresión.

c. siglo VIII d.C. — c. 1040 — c. siglo XII — 1400 — 1403 — 1453-1455 — 1476 — 1477 — 1600 — 1642 — 1700 — c. 1725 — 1768 — 1775

**c. siglo VIII d.C.** La impresión china en papel y tela (der.) usa **bojs** entintados, con una imagen especular del texto en relieve.

**c. 1040** Se desarrolla en China el **tipo móvil.** Cada carácter, moldeado con arcilla y goma, se hornea para formar un "tipo" duro, que se monta en la placa metálica.

**c. siglo XII** Los comerciantes árabes introducen el **papel** en Europa.

**1403** En Corea surge el **tipo metálico** vaciado.

**c. 1453-1455** Johann Gutenberg es pionero del **tipo metálico "móvil".** Dispuestos en un marco para impresión, los tipos se separan y reutilizan.

**1476** William Caxton instala la primera **prensa** en Londres. Entre los primeros 100 libros que publica están los *Cuentos de Canterbury,* de Chaucer.

**1477** Primer uso de placas metálicas grabadas **(calcografía)** que permite ilustraciones de línea fina, para mapas impresos.

**1642** Desarrollo del **proceso mezzotinta** para imprimir medios tonos, que permiten dar luz y sombra a los grabados.

**c. 1725** William Ged, escocés, crea el proceso para **placas de impresión duplicadas** de yeso mate, con área de impresión en relieve.

**1768** Se inventa el **grabado en aguatinta;** permite impresiones con apariencia de acuarelas.

**1775** François-Ambroise Didot introduce en Franci[a] los **tamaños de [ti]pos estándar,** us[a]dos mundialmente

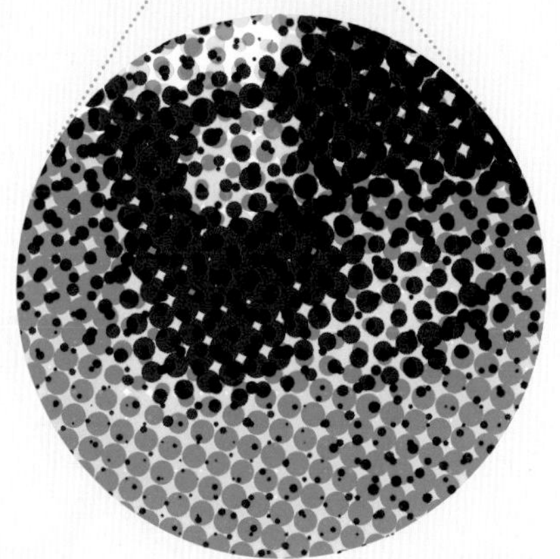


## Impresión a color

Para ajustar diferentes tonos de color, en la etapa de impresión una sola imagen de muchos colores se convierte en imágenes de color separadas, generalmente con los "cuatro colores de impresión": cian (azul verdoso), magenta (rojo púrpura), amarillo y negro. Cuando se imprimen juntos con diferente intensidad, dan toda la gama de tonos de color.

## Ilustraciones

Grabado (izq.) La placa de metal para imprimir tradicionalmente se preparaba a mano. En la actualidad, el diseño se graba fotográficamente y se imprime.

Medio tono (arriba) En la imagen, la densidad de color se convierte en puntos de diferentes tamaños. Para ello, se copia a través de una pantalla de medio tono, como rejilla, o electrónicamente, con un escáner digital.

## Procesos de impresión

**Litografía,** el proceso de impresión más versátil, se basa en el principio de que aceite y agua no se mezclan. Las áreas de la imagen (tipo e ilustraciones) se producen como película y se transfieren a una placa metálica plana, que se trata para que sólo las áreas de la imagen atraigan la tinta grasosa. En el proceso de "fotolitografía", la tinta se transfiere o calca en un rodillo de hule o "manta" y luego al papel. El resultado es más claro y nítido que la impresión directa de la placa.

**Tipografía** (primera forma de impresión) es un proceso de "relieve": los tipos se elevan de la superficie; un rodillo deposita tinta sólo en el área elevada, sobre la que se imprime el papel. Más costosa que la fotolitografía, se usa para impresiones especiales.

**Fotograbado (calcografía)** es lo contrario a la impresión tipográfica: la imagen por imprimir se graba fotográficamente en un cilindro, dejando huecos pequeños (celdas) donde la tinta se transferirá al papel. En la prensa, el cilindro se cubre con tinta, que se retira de la superficie, pero permanece en los huecos. El papel absorbe la tinta de éstos. La calcografía se usa para imprimir materiales que requieren gran calidad, como libros de arte y fotográficos.

vea también
332 **Sistemas de escritura**
486 **Economía de la información**

## El libro encuadernado

La "encuadernación fina" se usa en libros de alta calidad con pasta dura, como éste. Las páginas se cosen con hilo a máquina y la portada se pega al lomo del libro. La "encuadernación rústica" se usa en ediciones menos costosas y en casi todos los libros de bolsillo: las páginas se pegan al lomo. En las portadas de algunos libros se estampan palabras o decorados dorados o plateados (grabado).

1800 1810 1822 1852 c. 1855 1865 1880s 1900 1905 1939 c. 1980 1984 2000

***c.* 1810** En Alemania, la **prensa de rodillo** de vapor, de Friedrich Koenig, aumenta la eficiencia y claridad.

**1822** El estadounidense William Church inventa la **máquina tipográfica.**

**1852** William Fox Talbot desarrolla un **proceso de fotograbado** para reproducir imágenes.

***c.* 1855** Alphonse Poitevin desarrolla en Francia la **fotolitografía,** usando placas preparadas fotográficamente.

**1865** Se desarrolla papel de impresión para **prensa rotativa** de alta velocidad, alimentado por una bobina.

**1880-1890** Las máquinas de tipografía, como el **linotipo** (1884) y el **monotipo** (1887), traen avances.

**1905** La **litofotografía,** en la que la imagen entintada sobre una placa se transfiere a un rodillo, mejora de calidad.

**1939** La primera **máquina fototipográfica mecánica** transfiere los tipos a la película fotográfica, usada para hacer placas de impresión.

***c.* 1980** Se usan comercialmente **escáneres digitales de color,** que guardan imágenes en la computadora.

**1984** Los programas **de autoedición** permiten que la tipografía digital y la configuración de páginas se hagan en computadoras personales.

*El diseño consiste en el proyecto y la planeación de un producto para su producción industrial. Tres aspectos de un producto interesan en particular al diseñador: su apariencia, su funcionalidad y su nicho de mercado.*

## DISEÑO INDUSTRIAL

En 1907, la compañía eléctrica alemana AEG empleó al arquitecto y diseñador Peter Behrens (1868-1940) como asesor artístico. Durante los siguientes siete años, diseñó fábricas, productos, material publicitario, catálogos y listas de precios. Dio a AEG una imagen uniforme, o identidad corporativa, como una forma de promover las ventas, y definió el papel del diseñador en todo el proceso industrial y de mercadotecnia.

En las décadas de 1920 y 1930, los diseñadores europeos enfocaron los aspectos funcionales de los productos. En EUA se enfatizó el estilo y la apariencia de ellos, como forma de incrementar las ventas. En la década de 1950, la gente había adquirido los bienes básicos y el énfasis se orientó a la creación de versiones y modelos nuevos y mejorados, para mantener el interés del consumidor. Japón compitió con EUA en las áreas de tecnología de transistores y televisión, así como en el diseño en miniatura. Italia y los países escandinavos destacaron en el diseño. A finales del siglo XX, nuevos materiales y tecnologías y un mayor conocimiento del impacto del estilo de las ventas transformaron los productos tradicionales en todas las áreas.

Los diseños clásicos tienen una característica común: duración a largo plazo. La lámpara ajustable, diseñada en 1934 por George Carwardine, se basa en las articulaciones del brazo humano. Su diseño funcional y simple se ha copiado desde entonces. Alec Issigonis diseñó el miniauto BMC en 1959, para la British Motor Corporation. Al colocar el motor transversalmente, el auto de 3 m de largo pudo transportar a cuatro personas. La suspensión cónica de hule redujo drásticamente la vibración de sus pequeñas ruedas.

▲ **Revolución en las computadoras** El uso del plástico de color y translúcido revolucionó el diseño de iMac. Pocos cables afectan su forma compacta y elegante.

◀ **Exprimidor de jugos** En su diseño de un exprimidor de limones, Phillipe Starck transformó un utensilio común de cocina en un icono con estilo.

◀ **Fácil conducción** El uso de materiales ligeros, suspensión avanzada y ruedas dentadas traseras que dan hasta 30 velocidades, transformaron la bicicleta en un vehículo que puede conducirse por el terreno más accidentado e inclinado.

**Lámpara Tizio** Versión moderna de Richard Sapper de la lámpara ajustable, ▼ con brazos contrabalanceados que mejoran su estabilidad. No tiene cables internos: los brazos de metal conducen la energía eléctrica de un transformador en la base.

▲ **Fotografía sin película** La cámara digital regista una imagen en un dispositivo magnético y prescinde de la película.

**Mirador en Londres** Los arquitectos Julia Barfield y David Marks combinaron el diseño de alta tecnología y la ingeniería de precisión para crear la rueda de la fortuna más grande: 135 m de altura y un peso de 1,600 toneladas.

## UN MENSAJE VISUAL

El diseño gráfico cubre todas las áreas de la comunicación visual, incluyendo tipografía, anuncios, identidad corporativa y gráficas computarizadas.

La modernización del tipo y diseño de página fue iniciada por William Morris (1834-1896), líder del Movimiento de Artes Gráficas en Inglaterra. Su aproximación a la tipografía, en los libros editados por su Kelmscott Press, determinó que fuera clara, hermosa y sin adornos.

**Astucia efectiva** En 1960, el diseñador Paul Rand asoció el logotipo de IBM con la nueva tecnología al introducir rayas que sugieren líneas escaneadas.

En la época de Morris se inició la asociación de tipos, colores y logotipos particulares con productos específicos. Los primeros empaques de marcas como la Mostaza Colman (creado en 1823) aún son familiares. En el siglo xx, tipos derivados de la escuela alemana Bauhaus de la década de 1920 (clara y simple, con mensajes breves y enérgicos) influyeron en todas las áreas del diseño gráfico.

Los logotipos de las compañías representan un resumen del mensaje visual simple y los logotipos clásicos conservan su significado con el tiempo. La tipografía de Coca-Cola fue diseñada en 1887 por Frank M. Robinson y ahora asocia la bebida con tradición y autenticidad. En 1913 Pierre de Coubertin diseñó los aros olímpicos. Entrelazados, representan la unión de los cinco continentes; al menos uno de sus colores figura en la bandera de cada país. Gottlieb Daimler diseñó en 1890 la estrella de tres picos de Mercedes Benz. Originalmente la dibujó en una tarjeta postal, como símbolo de suerte para su nueva compañía; la usó como logotipo oficial en 1909. El símbolo creó una imagen corporativa tan fuerte, que Benz la conservó cuando las dos compañías se fusionaron, en 1924.

**Éxito de FedEx** Un cambio de colores en el logotipo de Federal Express ahorró a la compañía US$10 millones en costos de reproducción. Busque entre la E y la x un símbolo oculto.

## PUBLICIDAD

Las modernas técnicas de publicidad surgieron en la década de 1920, cuando la investigación psicológica indicó dos métodos para vender productos. La publicidad tipo "razone por qué" apeó a la mente racional al mencionar las ventajas prácticas de un producto. La publicidad de ambiente influyó en las emociones del consumidor. Junto con la llegada de la publicidad por televisión en la estación NBC en 1939, esas técnicas sentaron las bases de la industria actual.

Rosser Reeves, jefe de una agencia estadounidense, desarrolló en 1954 la publicidad "razone por qué" con el concepto de la Propuesta de Venta Única (PVU), que enfoca el beneficio específico que distingue a un producto de la competencia. Anunció el chocolate M&Ms con base en su cubierta azucarada única ("se derrite en su boca, no en su mano"). En 1959, William Bernbach usó esta técnica para la campaña publicitaria más éxitosa del Volkswagen Sedán en EUA. Invirtió la tendencia de promover la superioridad y erotismo de un auto y enfocó la calidad y tamaño reducido del Sedán, con el encabezado "Piense en pequeño".

Gran Bretaña siguió la tendencia de EUA. El primer comercial de televisión para la pasta dental Gibbs SR surgió en 1955. En la década de 1960, la televisión, junto con la proliferación de nuevos productos en el mercado, obligó a los publicistas a buscar nuevas formas de diferenciar productos. David Ogilvy, director de una agencia británica, se apartó del concepto PVU y se concentró en los rasgos de un producto o "imagen de marca". Creó iconos publicitarios: el presidente de Schweppes de EUA, el comandante Whitehead, se convirtió en "El Hombre de Schweppes", y un chofer de librea en el símbolo del Whiskey Imperial.

En la década de 1980, las aspiraciones sociales fueron la fuerza motriz de la publicidad de "estilo de vida". En 1987, luego de 20 años de anunciar Gold Blend como un café, Nescafé lo promovió como un artículo vital para una pareja sofisticada; eso elevó las ventas 70%. Los diseñadores realizaron anuncios de arte más elaborados, como la película de surfistas polinesios de Guinness (1999).

**Ponga un tigre en su tanque** El tigre ESSO, una metáfora de poder, surgió en 1951.

### Gasto global en publicidad

Compañías con mayor gasto en publicidad en 1999:

| Compañía | País | Millones |
|---|---|---|
| 1 Procter & Gamble | EUA | US $4,690 |
| 2 General Motors | EUA | US $4,100 |
| 3 Unilever | RU/Holanda | US $3,690 |
| 4 Ford | EUA | US $2,420 |
| 5 Philip Morris | EUA | US $2,120 |

### Inversión publicitaria, México

| Anunciante | Inversión en US$ (1999) |
|---|---|
| 1 Tiendas Aurrerá | 161,019,807 |
| 2 Comercial Mexicana | 159,653,304 |
| 3 Telcel | 103,231,244 |
| 4 Gigante | 99,069,416 |
| 5 Procter & Gamble | 97,501,646 |
| 6 Colgate Palmolive | 92,056,729 |
| 7 Telmex | 89,081,575 |
| 8 Coca Cola Export | 68,701,685 |
| 9 General Motors | 58,436,651 |
| 10 Nestlé | 51,468,944 |

**El surfista** Los televidentes británicos eligieron el anuncio de Guinness de 1999 como el mejor en la TV. Asociaba la expectativa de una gran ola para surfear con la espera de un tarro de cerveza Guinness.

vea también
368 **Diseño de mobiliario**
400 **La televisión**
408 **La imprenta**

*Durante siglos la moda fue creada por los ricos, para los ricos. A mediados del siglo XIX, Charles Worth abrió la primera casa de modas en París y así surgió la figura del diseñador profesional. Transcurrieron casi 100 años para que la moda fuera parte de la vida de la mayoría. Desde la década de 1950 la producción en masa y la publicidad han convertido a la moda en una industria global.*

## PEINADOS

Los peinados son reflejo de la moda en las prendas de vestir. A mediados del siglo XIX, los hombres usaban el cabello corto, y las patillas tupidas solían ser el único toque "decorativo". Las mujeres tenían el cabello largo y lo llevaban recogido.

Después de la Primera Guerra Mundial, el cabello corto simbolizó la independencia de las mujeres. La emancipación de los Años Veinte favoreció el cabello corto "estilo Eton", con "ondulación permanente". El permanente, surgido en 1872, era ideal para los estilos cortos.

En la década de 1960, las madres usaban "tubos" para ondular el cabello y las jóvenes lo preferían corto y asimétrico, complemento ideal de la minifalda. Los hombres usaban el cabello largo.

El deseo de impactar de la juventud llegó al máximo en la década de 1970 con el estilo punk.

**Estilo punk** La apariencia mohicana con crestas y colores brillantes tuvo atractivo unisex.

Moda masculina, 1850-1859

Falda con polisón

Falda de medio paso con volantes, de Poiret

Vestido de una *flapper*

**c. 1850** Los hombres usan sacos entallados y pantalones rectos, de colores oscuros y sobrios. Gradualmente se inicia la moda del traje de calle de tres piezas, corbata, bombín (sombrero de hongo en EUA), sombrero de fieltro (flexible) y canotié.

Las mujeres usan faldas largas con forma, sostenidas por capas de enaguas y relleno de tela de crin, reemplazadas después con una crinolina de aros de acero más ligera. Las faldas se decoran con encajes y volantes.

Para una buena apariencia es esencial una cintura muy estrecha. Las faldas son más anchas, a veces con 9 m de circunferencia; los corsés se usan más ceñidos. Completan el atuendo sombreros chicos y botines con agujetas.

La producción en masa permite que la última moda sea más accesible.

**c. 1870** Corsés ceñidos, mangas de globo, cuellos altos y faldas largas y amplias con polisón, son la moda femenina, poco práctica. Cualquier intento por introducir un atuendo femenino más cómodo, como los pantalones bombachos, es recibido con burlas.

**c. 1890** Surgen vestidos y faldas con una línea más angosta, aunque continúa la "tiranía del corsé".

**c. 1905** Las cinturas son más altas y rectas, las faldas y los vestidos, más sencillos. Los vestidos siguen siendo largos y los sombreros son más vistosos.

**1910-1919** **Paul Poiret** introduce la "falda de medio paso", estrecha en los tobillos. Las faldas suben un poco. Al final de la década, la ropa femenina es más funcional, con las pantorrillas, los brazos y el cuello descubiertos.

**1920-1929** Los dobladillos suben y se populariza la ropa menos formal, pero elegante. Las mujeres prefieren la imagen sin corsé y con pecho plano, así como las faldas cortas y rectas con cintura baja, de los sencillos diseños de **Coco Chanel.**

La apariencia informal masculina incluye pantalones de piernas anchas, pantalones bombachos, con valenciana, y sacos de tweed.

**1930-1939** Con las faldas más largas y rectas, vuelve una forma más femenina. Los hombros se ensanchan, las cinturas son más angostas y el busto reaparece. Las creaciones de **Elsa Schiaparelli** capturan la elegancia y el encanto de la época.

La producción en masa y el uso de telas sintéticas económicas, como el rayón, ponen la moda de los ricos al alcance de la joven clase rabajadora.

## Levi Strauss y la revolución de los pantalones de mezclilla

A mediados del siglo XIX, un inmigrante alemán en Estados Unidos, Levi Strauss, fabricó pantalones de uso rudo para los mineros de California. Usó una tela de cáñamo gruesa llamada *jene fustian* o tela *jean,* fabricada en Génova, Italia, que originalmente era para cubrir vagones.

En 1873, Levi Strauss patentó su diseño. Se conocieron como Levi's y servían para las labores de los obreros. Luego, la tela *jean* se reemplazó por una tela francesa, sarga de Nîmes, nombre que se corrompió a "denim" (dril de algodón).

En la década de 1930, los pantalones de mezclilla se adoptaron como ropa informal en EUA. En la de 1960, los jóvenes los usaban en señal de desafío. En la de 1970, fueron aceptados por todos los grupos y para toda ocasión. Los primeros *jeans* de "diseñador" surgieron hacia 1980.

vea también
204 **La Revolución Industrial**
212 **Entre dos guerras**

**"New Look" de Christian Dior** | **La minifalda** | **Smock y vuelos** | **Traje de Yves St. Laurent** | **Moda informal de 1990**

**1940-1949** La guerra ocasiona el racionamiento de ropa y el surgimiento de la moda "práctica" en 1942, con **Norman Hartnell** y otros que deseaban crear prendas prácticas y atractivas de bajo presupuesto.

La austeridad termina en 1947 con el elegante "New Look" de **Christian Dior.** Con cintura angosta, sus faldas amplias y largas necesitan hasta 25 m de tela.

**1950-1959** Auge de la moda del mercado en masa, con estilos "juveniles"; los *jeans* y playeras de manga corta tienen impacto en la tendencia. La gente de toda edad se viste con ropa más informal. Incluso el modisto **Hubert de Givenchy** diseña faldas, pantalones y blusas informales.

Con nuevos materiales, como nailon y sedas sintéticas, se crea ropa colorida que no se arruga.

**1960-1969** París también elige a la juventud. **Pierre Cardin** crea un saco sin cuello que popularizan los Beatles y, en 1965, **André Courrèges** lanza la minifalda. **Mary Quant** diseña ropa sencilla y colorida, que da a las mujeres apariencia juvenil.

La moda hippie al final de la década de 1960 induce a los hombres a usar seda y accesorios de mujer. Surgen la ropa suelta y las faldas largas.

**1970-1979** La década se inicia con pantalones ceñidos y muy cortos *(hot pants)* y botas con plataforma. Proliferan el smock, los pantalones acampanados y los volantes, influenciados por la moda musical "glam rock".

**Vivienne Westwood** y su socio **Malcolm McLaren** crean el estilo punk: ropa rasgada, unida con alfileres de seguridad y cadenas; el maquillaje es realmente extraño.

**1980-1989** Vuelve la minifalda. Los hombros se amplían, las cinturas se achican y desaparecen los volantes. Se pone de moda la ropa "Power-dressing", para ambos sexos, representada por trajes de **Giorgio Armani** e **Yves St. Laurent.**

El estilo japonés destaca en la ropa de **Issey Miyake** con capas y dobleces de tela.

Surgen "supermodelos" y marcan los cánones de belleza.

**1990-1999** Surge una variedad de estilos, con énfasis en la ropa suelta, sin estructura, informal. Los nuevos materiales elásticos son cómodos. Hay una mezcla de estilos: faldas rectas con zapatos tenis, sacos con faldas de encaje y botas de suela gruesa. Los adolescentes buscan los estilos unisex que se usaron en la década de 1970 (estilos hippie) y la ropa suelta, no ajustada.

*La comida evolucionó más allá de su función de mantener la vida. Define grupos sociales, refleja actitudes religiosas y códigos morales que rigen lo que puede comerse. La hora de los alimentos y su ritual promueven el trato social. La historia, la cultura y la tecnología han afectado mucho la obtención, preparación y consumo de la comida.*

## La comida y las principales religiones

**Budismo** No permite matar animales. Los budistas son vegetarianos.
**Cristianismo** No hay reglas generales, pero algunos evitan comer carne los viernes de Cuaresma y el Viernes Santo.
**Hinduismo** La carne de res está prohibida, pues consideran sagrado al ganado. Muchas sectas son vegetarianas.
**Islam** Prohibe el alcohol, la carne de cerdo y la de cualquier animal que encuentren muerto; la carne debe ser *halal* (proceder de animales que se mataron de una manera prescrita).
**Judaísmo** Leyes estrictas rigen la comida *kosher* ("pura" y permitida). La carne debe ser de animales rumiantes y de pata hendida, que mate un *shohet* (matarife entrenado en el ritual). Están prohibidos los mariscos y el pescado sin piel y escamas. No deben mezclarse los lácteos con la carne.

**Cocinas del mundo** Cada sociedad del mundo tiene su cocina distintiva, basada en el clima, los recursos disponibles y la cultura.

**Europa Occidental** Su cocina está dividida por el límite norte de los olivos. En el sur, la principal grasa para cocinar es el aceite de oliva; en el norte, mantequilla y grasas animales. Otras características que la definen son las verduras disponibles: en el norte, tubérculos estofados; en el sur, ajo y tomates.

**Europa Central** Aún está influida por el Imperio Austro-Húngaro, incluyendo variaciones del goulash con páprika. El vínculo de Austria con Alemania se nota en platillos como el *Apfelstrudel,* salchichas y milanesa. El café llegó a Europa de Turquía, a través de esta región.

**Medio Oriente y norte de África** Su cocina se deriva del Imperio Otomano. Predomina el cordero. Aceitunas, yogur, frutos secos, hojas de vid, cuscús y arroz son algunos de los ingredientes locales. Los postres son muy dulces, como el *halva,* que combina azúcar, ajonjolí y almendras.

**India** Es famosa por el uso de especias para cocinar platillos sazonados; en el sur, prefieren el sabor picante. El pollo y el cordero son ingredientes comunes, pero la pobreza y la religión restringen el consumo de carne a budistas, hinduistas y musulmanes. Consumen leche y requesón.

## COMIDA RÁPIDA

La primera "comida rápida" fue el sándwich, inventado hace 250 años por el IV Conde de Sandwich, que colocó una rebanada de carne de res entre dos piezas de pan, para evitar perder tiempo y seguir en la mesa de juego. La comida rápida actual es una invención estadounidense del siglo XX.

En 1921, la primera cadena de hamburguesas, White Castle, las vendía a 5 centavos; aún vende 500 millones al año. Hay cadenas de comida rápida que empezaron con poco. En 1952, a los 65 años, el coronel Harland Sanders abrió su primera tienda de pollo frito en Corbin, Kentucky, con US$105 del cheque del seguro social; 12 años después, vendió la empresa en US$2 millones. KFC sirvió en 2000 más de 2,000 millones de comidas en 82 países.

Dos estudiantes universitarios, Frank y Dan Carney, pidieron prestados US$600 a su madre para iniciar Pizza Hut en 1958, en Witchita, Kansas. En 2000, Pizza Hut tenía 12,000 sucursales en todo el mundo y vendía 1.7 millones de pizzas al día.

Las dos principales cadenas de hamburguesas se iniciaron en la década de 1950: Burger King en Miami, en 1954, y McDonald's en 1955, en San Bernadino, California. En 2000, 15 millones de clientes visitaron al día los 11,340 restaurantes de Burger King en el mundo, que vendieron 2,600 millones de hamburguesas. En 1999, McDonald's tuvo 15,000 millones de clientes (43 millones al día), en más de 28,000 restaurantes en el mundo. En el RU, 2.5 millones de personas visitan al día McDonald's.

## Fechas importantes

**s. VII** Se usan tenedores en Medio Oriente.
**s. XVI** Empieza a consumirse leche de vaca en México.
**1589** Se usan tenedores en la corte francesa.
**1609** El té chino llega a Europa.
**1809** Nicolas Appert (Francia) usa botellas esterilizadas con calor; se patenta el enlatado en Inglaterra.
**1851** Primer vagón frigorífico (EUA).
**1868** Primer vagón-restaurante "Pullman".
**1880** Se venden fruta y carne enlatadas.
**1890** Primeras cafeterías en EUA.
**1908** Primeras bolsitas de té en EUA.
**1914** Se funda en México la compañía Herdez, envasadora de alimentos.
**1930** Se introducen alimentos congelados.
**1936** American Airlines introduce la comida en vuelos. Aparece la licuadora.
**1937** En Suiza se inventa el café instantáneo.
**1939** José Leben instala en México la primera planta para el cultivo de champiñones.
**1954** En EUA se sirven alimentos congelados.
**1990** RU aprueba el primer alimento modificado genéticamente (una levadura).
**1994** EUA produce el primer tomate genéticamente modificado.

**Sellado en una lata** La comida enlatada añadió variedad a la dieta.

**China y Japón** Comparten arroz y fideos como alimento básico. China es tan grande que tiene muchas cocinas regionales. Pensando en la salud, la comida se balancea con la mezcla adecuada de granos básicos, carne y verduras (yin y yang). Para la cultura japonesa, la presentación es tan importante como el sabor.

**Sureste asiático** Es famoso por sus platillos de pescado y mariscos, arroz y fideos y especias como jengibre, galanga, limoncillo y chile. La cocina china ha influido en los platillos del sureste asiático y la francesa, en Indochina. Usa la salsa de pescado fermentada como sazonador.

**México** Tiene una de las gastronomías más ricas y variadas del mundo; emplea numerosos ingredientes regionales. Usa la masa de maíz de muy diversas formas (entre ellas la tortilla, conocida en muchos países) y el chile como condimento de la gran mayoría de sus platillos.

**América Central y del Sur** Combinaron las cocinas heredadas de España, Portugal y otros países europeos, con ingredientes locales como frijol, maíz, chile y plátano macho, de acuerdo con los métodos indígenas para cocinar. En el Caribe abundan los mariscos y en América del Sur el cordero.

## COMIDA Y EXPLORACIÓN

A través de la historia, los alimentos se han llevado de un lugar a otro. Como resultado, muchos de ellos se cosechan a miles de kilómetros de su lugar de origen.

Por ejemplo, Alejandro Magno introdujo los chabacanos en Grecia, procedentes de Asia, en 300 a.C., y los europeos llevaron el rábano a China en 700 d.C. Los romanos introdujeron alimentos en las tierras que conquistaban, como los naranjos de la India plantados en el norte de África en el siglo I. Los moros de África del Norte llevaron los naranjos a España en el siglo VIII (junto con los olivos y la espinaca). En 1493 Colón embarcó los naranjos españoles a las Antillas.

Colón era afecto a recolectar alimentos exóticos y envió a España maíz, piñas y frijol. En el siglo XVI, los españoles notaron que los mexicas usaban el chocolate y lo llevaron a su país. Los franceses introdujeron las grandes fresas estadounidenses en Europa en 1624.

La cocina mexicana ejemplifica el mestizaje cultural derivado de las exploraciones. El mole poblano y los chiles en nogada incorporan ingredientes de origen europeo y mexicano. El aguacate, los nopales, el huitlacoche, los acociles, los quelites y varios insectos comestibles aún se consumen.

Algunos alimentos hicieron un doble viaje. Los españoles llevaron el pavo de México en 1519 y los colonos ingleses lo embarcaron a sus colonias en América del Norte. En el siglo XVI, los españoles introdujeron la papa de América del Sur en Europa. Luego regresó a América del Norte gracias a los ingleses, como un "nuevo" cultivo. En 1550 los exploradores europeos enviaron a Italia tomates cosechados por los incas y los mexicas; los europeos los llevaron a Estados Unidos a finales del siglo XVIII.

vea también
192 **La era de las exploraciones**
338-341 **Religiones**
416 **Bebidas alcohólicas**

*Casi todos los países del mundo tienen sus propias bebidas alcohólicas. Los países europeos en particular siguen la antigua tradición de producir cervezas, vinos y licores. El clima tiene un papel importante en lo que se fabrica y se bebe, por su efecto en los cultivos.*

## PRINCIPALES REGIONES PRODUCTORAS DE VINO

La mayor parte del vino se produce entre los 30° y 50° N y 30° y 50° S del ecuador. Las áreas dentro de estas latitudes tienen veranos cálidos e inviernos relativamente benignos, necesarios para cultivar uvas para vino de alta calidad. La ubicación y el tipo de tierra también son importantes. Los valles protegen de las heladas y el viento, y la tierra fina con buen drenaje permite que la vid enraíce profundo, protegiéndola de la humedad excesiva y permitiéndole obtener agua del subsuelo durante la sequía.

**Francia** produce menos vino que Italia, pero es el principal productor de vino en términos de calidad y variedad. Burdeos (Bordeaux) y Borgoña (Bourgogne) son las dos regiones más importantes.

**Alemania** tiene un clima adecuado para el cultivo de la uva blanca. Los mejores viñedos se encuentran en el oeste del país. **Austria** produce vinos similares a los alemanes, aunque debido al clima más cálido tienden a ser ligeramente más ricos y concentrados.

**Sureste de Europa**
En el este de Europa se ha producido vino durante siglos, pero su calidad es muy variada.
**Hungría** es famosa por el vino tinto Sangre de Toro, fabricado cerca de la antigua ciudad fortaleza de Egar, y por el vino dulce Tokaji Aszú.
**Bulgaria,** desde la década de 1970, ha exportado bastante vino de las variedades de uva Western, como Cabernet Sauvignon.
**Rumania** produce vinos de la uva Pinot Noir y otras variedades Western; tiene gran potencial, de acuerdo con muchos expertos.

Saale-Unstrut
Sajonia
Ahr
Mittelrhein
Rheingau
Rheinhessen
Mosel-Saar-Ruwer
Pfalz
Franken
Württemberg
Baden
Hessische Bergstrasse
Champagne
Alsacia
Valle del Loira
Borgoña
Jura
Burdeos
Bergerac
Cahors
Saboya
Trentino-Alto Adige
Friul-Venecia Julia
Valle de Aosta
Véneto
Lombardía
Valle del Ródano
Piamonte
Emilia-Romaña
Gascuña y el suroeste
Languedoc-Rosellón
Provenza
Toscana
Duero
La Rioja y Navarra
Dão
Bairrada
Penedés y Cava
Marches
Córcega
Umbria
Tarragona
Abruzzi
La Mancha
Valdepeñas
Valencia
Montilla-Moriles
Jerez
Cerdeña
Campania
Apulia
Calabria
Sicilia

**Portugal** es un antiguo productor de vino, pero hasta hace poco casi todos sus vinos de mesa eran para consumo local. El Vinho Verde y el Dão son los estilos más conocidos fuera de Portugal, junto con los vinos fortificados Madeira (de la isla del mismo nombre) y el oporto (del valle del Duero).

**España** tiene más vides plantadas que cualquier otro país; sin embargo, las cosechas son pocas debido al ardiente calor del verano. El mejor vino se produce en el norte, más frío, y en el área de Jerez, donde se fabrica el jerez.

**Italia** fue llamada la "tierra del vino" por los antiguos griegos, por la facilidad con la que ahí crece la vid. Produce más vino cada año que cualquier otro país. Las regiones de mayor prestigio están en el norte, especialmente en Piamonte.

## Principales variedades de uvas

Sólo unas 50 de las 5,000 variedades de uvas conocidas se usan en la producción de vino. El vino tinto y el rosado se producen con uvas rojas ("negras"). El vino blanco, incluyendo el champán, puede prepararse con uvas blancas y rojas.

### Uvas rojas

**Cabernet Sauvignon** es la uva principal de la región de Burdeos, en Francia, ahora muy conocida en el mundo.
**Merlot** es otra uva principal de Burdeos que se cultiva en todo el mundo.
**Pinot Noir** es la uva roja grande de Borgoña. Se usa para el champán. Difícil de cultivar, no crece en otros sitios.
**Sangiovese** italiana, se usa para Chianti.
**Syrah** es la uva roja del norte del valle del Ródano, mejor conocida como Shiraz. Es una de las más exitosas de Australia.
**Tempranillo** delicada y aromática uva con la que se fabrica en España el tinto Rioja.

### Uvas blancas

**Chardonnay** se usa para blanco de Borgoña, champán y vinos del Nuevo Mundo.
**Chenin Blanc** es la principal uva blanca de la región del Loira, donde se usa para fabricar vinos secos y dulces.
**Riesling,** la excelente uva de Alemania, produce vinos blancos secos y dulces de calidad.
**Sauvignon Blanc** es una de las principales uvas francesas, plantada en Burdeos y el Loira. También se cosecha en América y Oceanía, en particular en Nueva Zelandia.
**Sémillon** se usa en los sauternes dulces de Burdeos; también se emplea para preparar vinos blancos secos y suaves en Francia, el Nuevo Mundo y Australia.

**Riesling** El valle del Rin alberga los mejores viñedos de Alemania.

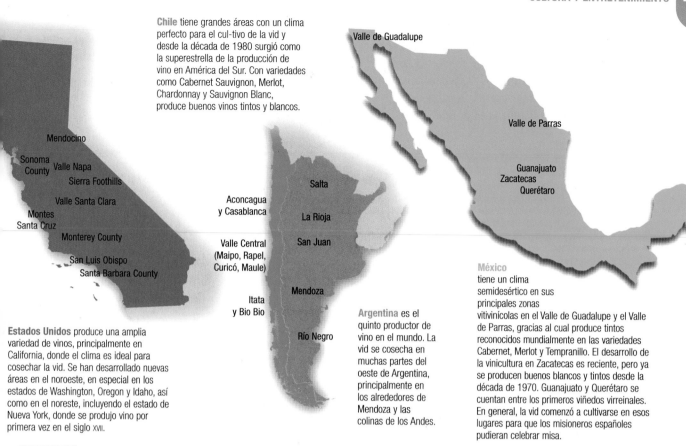

**Chile** tiene grandes áreas con un clima perfecto para el cul-tivo de la vid y desde la década de 1980 surgió como la superestrella de la producción de vino en América del Sur. Con variedades como Cabernet Sauvignon, Merlot, Chardonnay y Sauvignon Blanc, produce buenos vinos tintos y blancos.

Mendocino
Sonoma County
Valle Napa
Sierra Foothills
Valle Santa Clara
Montes Santa Cruz
Monterey County
San Luis Obispo
Santa Barbara County

Aconcagua y Casablanca
Valle Central (Maipo, Rapel, Curicó, Maule)
Itata y Bio Bio
Salta
La Rioja
San Juan
Mendoza
Río Negro

Valle de Guadalupe
Valle de Parras
Guanajuato
Zacatecas
Querétaro

**Estados Unidos** produce una amplia variedad de vinos, principalmente en California, donde el clima es ideal para cosechar la vid. Se han desarrollado nuevas áreas en el noroeste, en especial en los estados de Washington, Oregon y Idaho, así como en el noreste, incluyendo el estado de Nueva York, donde se produjo vino por primera vez en el siglo XVII.

**Argentina** es el quinto productor de vino en el mundo. La vid se cosecha en muchas partes del oeste de Argentina, principalmente en los alrededores de Mendoza y las colinas de los Andes.

**México** tiene un clima semidesértico en sus principales zonas vitivinícolas en el Valle de Guadalupe y el Valle de Parras, gracias al cual produce tintos reconocidos mundialmente en las variedades Cabernet, Merlot y Tempranillo. El desarrollo de la vinicultura en Zacatecas es reciente, pero ya se producen buenos blancos y tintos desde la década de 1970. Guanajuato y Querétaro se cuentan entre los primeros viñedos virreinales. En general, la vid comenzó a cultivarse en esos lugares para que los misioneros españoles pudieran celebrar misa.

## CERVEZA

La cerveza se fabrica y se bebe más que el vino, pues los granos con los que se prepara no necesitan un clima tan cálido como las uvas. China y Estados Unidos son los principales fabricantes de cerveza, pero quienes más la beben son los checos y los irlandeses. El checo promedio bebe 162 litros de cerveza al año; el irlandés, 151, y el habitante de Gran Bretaña, 99.

La cerveza se hace con cebada germinada y tostada para preparar malta; también con maíz, arroz o trigo. Se le añade lúpulo (las flores secas) para darle sabor, antes de fermentar con levadura.

**Celebración bávara** El Oktoberfest en Munich es el principal festival de la cerveza en el mundo. Los alemanes ocupan el tercer lugar mundial de consumo de cerveza (127 litros por persona al año).

**Tipos de cerveza** Los dos principales tipos son: las cervezas de fermentación alta (la levadura forma una masa espesa y espumosa en la parte superior del tanque de fermentación) y las cervezas de fermentación baja o lagers (la levadura se hunde hasta el fondo y ahí fermenta). "Ale" significaba cerveza sin lúpulo, pero ahora puede referirse a cualquier cerveza de fermentación alta.

**Amarga** es la clásica cerveza británica. Es de fermentación alta y le dan sabor con lúpulo inglés amargo. De color ámbar, tiene entre 3 y 5% de alcohol.

**Ale clara** es el nombre que se da a la cerveza amarga de color claro.

**Ale fuerte** es un tipo de cerveza amarga con más de 5% de alcohol y más sabor que se consigue con lúpulo extra.

**Ale negra** se prepara medio dulce al añadir malta cristalina y azúcar extra.

**Ale suave,** similar, más suave y oscura.

**Cerveza negra** tiene un rico sabor y es de color casi negro; es de fermentación alta.

**Lager o rubia** es la principal cerveza fabricada en Europa (sin el RU), Estados Unidos y la mayor parte del mundo. Se le da sabor con lúpulo menos amargo y más aromático que el inglés. El contenido de alcohol va de 3 a 7%.

## Licores

Los licores se preparan al destilar un líquido alcohólico suave o una mezcla fermentada de ingredientes vegetales y agua, para producir una bebida con un alto contenido alcohólico. El material fermentado es grano, fruta o verdura. El licor destilado puro contiene entre 60 y 80% de alcohol; antes de embotellarlo se suaviza.

| Licor | Ingredientes; saborizantes (en el caso) |
|---|---|
| **Aquavit** | Grano o papas; semilla de alcaravea |
| **Arrac** | Arroz, melaza o jugo de palma |
| **Bourbon** | Maíz, cebada malteada y/o centeno |
| **Brandy** | Uvas o vino |
| **Calvados** | Manzanas |
| **Ginebra** | Centeno, maíz, etc.; enebrina |
| **Grappa** | Piel de la uva |
| **Kirsch** | Cerezas |
| **Ouzo** | Uvas; anís |
| **Ron** | Azúcar de caña o melaza |
| **Schnapps** | Grano o papas |
| **Slivowitz** | Ciruelas |
| **Tequila** | Maguey (agave) |
| **Vodka** | Grano o papas |
| **Whisky** | Cebada (malteada o no) o centeno |

vea también
263 **República Checa**
414 **La comida**
530 **La química de los compuestos**

# Futbol

*El futbol es el deporte en equipo más popular en el mundo. En 1904, sólo siete países fundaron la organización que regula el juego, la FIFA (Federación Internacional de Futbol Asociación). Hoy cuenta con más de 200 países miembros en el mundo.*

**El objetivo del juego** Dos equipos compiten para anotar goles; se anota un gol cuando un jugador patea la pelota o la golpea con la cabeza o cualquier otra parte del cuerpo (excepto manos y brazos) y la envía más allá de la línea de gol, entre los postes y bajo el travesaño de la portería. Hay 11 jugadores en cada equipo: un portero y 10 jugadores de campo (delanteros, mediocampistas y defensas). Durante el partido, los jugadores pueden ser reemplazados; cada equipo puede emplear hasta tres sustitutos. El jugador reemplazado ya no toma parte en el juego. En el medio tiempo los equipos cambian de lado en la cancha.

**Duración y tiempo extra** Casi todos los partidos duran 90 minutos (dos tiempos de 45 minutos, con un descanso). Si al final de ese tiempo la anotación está nivelada, el juego se declara empatado. En un partido eliminatorio, si hay empate al final del juego, puede jugarse tiempo extra, generalmente de 30 minutos. Si continúa el empate puede haber una repetición del partido o "penalties": cada equipo tiene cinco tiros a gol. Si aún hay empate, el primer equipo en fallar un penalty pierde. En ocasiones, el primer gol anotado en tiempo extra (el llamado "gol de oro") se usa para decidir un partido.

**Árbitros y sanciones** El partido está controlado por un árbitro central, dos abanderados que vigilan las bandas y un árbitro asistente. Las sanciones más dictadas por el árbitro son:

- **Tarjeta amarilla** "Advertencia" que se hace al jugador por violar las reglas o por desacuerdo. Con dos tarjetas amarillas queda suspendido.
- **Tarjeta roja** Se muestra al jugador por dos faltas de tarjeta amarilla en el mismo juego o por una falta grave o violenta; se le expulsa de la cancha y no juega el siguiente partido.

Una falta (de tarjeta o no) se penaliza con un tiro libre del rival desde el punto donde se marcó la falta. El equipo rival debe retirarse 9 m del balón. Si se comete falta dentro del área de penalty, el rival tiene derecho a hacer un tiro desde la mancha de penal, frente a la portería.

## LEYENDAS

**Stanley Matthews**
*(1915-2000) Inglés*

Jugador delantero con excepcional habilidad para controlar el balón. Jugó 54 partidos para Inglaterra. El último de primera clase fue en 1965.

## Campeones Copa del Mundo

La Copa del Mundo se juega cada cuatro años: Japón y Corea fueron anfitriones en 2002, y Alemania en 2006.

| Año | Resultado de la final |
|---|---|
| 1934 | Italia 2-Checoslovaquia 1 |
| 1938 | Italia 4-Hungría 2 |
| 1950 | Uruguay 2-Brasil 1 |
| 1954 | Alemania Occ. 3-Hungría 2 |
| 1958 | Brasil 5-Suecia 2 |
| 1962 | Brasil 3-Checoslovaquia 1 |
| 1966 | Inglaterra 4-Alemania Occ. 2 |
| 1970 | Brasil 4-Italia 1 |
| 1974 | Alemania Occ. 2-Holanda 1 |
| 1978 | Argentina 3-Holanda 1 |
| 1982 | Italia 3-Alemania Occ. 1 |
| 1986 | Argentina 3-Alemania Occ. 2 |
| 1990 | Alemania Occ. 1-Argentina 0 |
| 1994 | Brasil 0-Italia 0 (3-2 penales) |
| 1998 | Francia 3-Brasil 0 |
| 2002 | Brasil 2-Alemania 0 |

**Formaciones de equipo** Las opciones preferidas para el despliegue de jugadores incluyen una formación con 4 defensas, 4 mediocampistas y 2 delanteros, conocida como 4-4-2, y otras estructuras como 4-2-4, 4-3-3 o 3-5-2 (los defensas como atacantes de apoyo, llamados "jugadores de ala"). La elección depende de los atributos de los jugadores disponibles y de la valoración del rival.

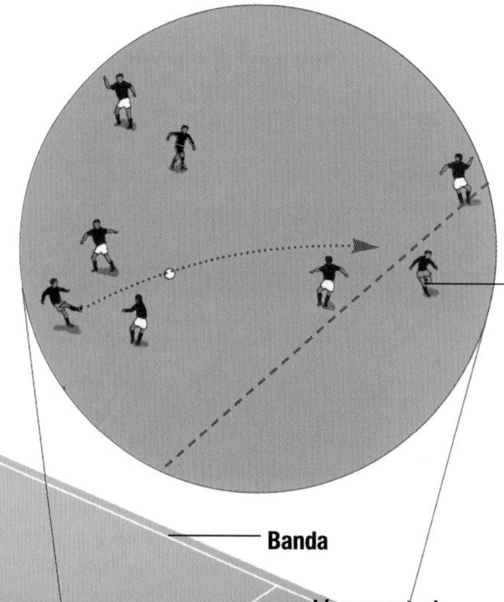

### Faltas

**Mano** Con excepción de los porteros, los jugadores no deben tocar el balón con manos o brazos (sólo para "lanzarlo", después de que el balón salió de la banda). El portero no puede tocar el balón fuera del área de penalty o si fue pateada (y no lanzada con la cabeza) por un compañero de equipo.

**Fuera de lugar** Un jugador está fuera de lugar si, mientras está en la mitad de la cancha del rival, un colega le envía un pase cuando sólo hay un defensa (puede ser el portero) entre él y la línea de gol. No está fuera de lugar si hay un segundo defensa en línea o ante él, en el momento en que el jugador que hace el pase patea el balón.

**Atajo imprudente** Lo juzga el árbitro y su decisión es final.

### El área de juego

Las canchas de futbol suelen estar cubiertas de césped. Los tamaños varían, pero las usadas para partidos internacionales miden 100-110 m x 64-75 m

**Línea de gol**

**Banda**

**Línea central**

**Córner** Si un jugador defensa patea el balón más allá de la línea de gol, fuera de la portería, el árbitro ordena un tiro de esquina (si lo patea un jugador del equipo que ataca, es un tiro a gol). Un miembro del equipo atacante hace un tiro de esquina o córner, con el balón colocado en el interior del cuarto de círculo marcado (radio de 90 cm).

**Círculo central** Radio de 9.15 m; el centro de campo marca el punto donde se patea el balón al inicio del partido, al reinicio después del medio tiempo y después de que se anota un gol.

**Portería** Los dos postes de la portería están separados 7.3 m y cubiertos por un travesaño de 2.4 m de altura.

**Mancha de penal**

**Área chica** 5.5 m de largo y 18.3 m de ancho.

**Área de penalty** 16.5 x 40.2 m. El punto de penalty está a 11 m de la portería.

### Equipo

**Balón** Un balón de hule inflado con aire, con una cubierta externa de piel o material artificial, que mide 21.5-22.5 cm de diámetro y pesa 400-450 g.

**Zapatos** Ligeros, fabricados de piel, con seis tacos de rosca en la suela. Algunos zapatos de futbol tienen punteras metálicas.

**Espinilleras** Se usan debajo de las calcetas para protegerse las espinillas y la parte baja de las piernas.

## LA FIFA

La **Fédération Internationale de Football Association** se fundó el 21 de mayo de 1904 en París, Francia, con representantes de Francia, Bélgica, Dinamarca, Holanda, España, Suecia y Suiza. Para junio de 1905 ya se habían afiliado a la FIFA las asociaciones de Alemania, Austria, Italia y Hungría, así como Gales e Irlanda.

Hasta 1909 la FIFA estuvo formada únicamente por asociaciones europeas. Los primeros miembros de ultramar fueron: África del Sur en 1909-1910, Argentina y Chile en 1912, y Estados Unidos en 1913.

## Copa Libertadores de América

| Fecha | Equipo ganador (país de origen) | Fecha | Equipo ganador (país de origen) |
|---|---|---|---|
| 1960 | Peñarol (Uruguay) | 1982 | Peñarol (Uruguay) |
| 1961 | Peñarol (Uruguay) | 1983 | Gremio (Brasil) |
| 1962 | Santos (Brasil) | 1984 | Independiente (Argentina) |
| 1963 | Santos (Brasil) | 1985 | Argentinos Juniors (Argentina) |
| 1964 | Independiente (Argentina) | | |
| 1965 | Independiente (Argentina) | 1986 | River Plate (Argentina) |
| 1966 | Peñarol (Uruguay) | 1987 | Peñarol (Uruguay) |
| 1967 | Racing (Argentina) | 1988 | Nacional (Uruguay) |
| 1968 | Estudiantes (Argentina) | 1989 | Atlético Nacional (Colombia) |
| 1969 | Estudiantes (Argentina) | 1990 | Olimpia (Paraguay) |
| 1970 | Estudiantes (Argentina) | 1991 | Colo-Colo (Chile) |
| 1971 | Nacional (Uruguay) | 1992 | Sao Paulo (Brasil) |
| 1972 | Independiente (Argentina) | 1993 | Sao Paulo (Brasil) |
| 1973 | Independiente (Argentina) | 1994 | Vélez Sarsfield (Argentina) |
| 1974 | Independiente (Argentina) | 1995 | Gremio (Brasil) |
| 1975 | Independiente (Argentina) | 1996 | River Plate (Argentina) |
| 1976 | Cruzeiro (Brasil) | 1997 | Cruzeiro (Brasil) |
| 1977 | Boca Juniors (Argentina) | 1998 | Vasco da Gama (Brasil) |
| 1978 | Boca Juniors (Argentina) | 1999 | Palmeiras (Brasil) |
| 1979 | Olimpia (Paraguay) | 2000 | Boca Juniors (Argentina) |
| 1980 | Nacional (Uruguay) | 2001 | Boca Juniors (Argentina) |
| 1981 | Flamengo (Brasil) | 2002 | Olimpia (Paraguay) |

## Copas mundiales de la FIFA

| País donde se jugó | Año | País donde se jugó | Año |
|---|---|---|---|
| Uruguay | 1930 | México | 1986 |
| Italia | 1934 | Italia | 1990 |
| Francia | 1938 | Estados Unidos | 1994 |
| Brasil | 1950 | Francia | 1998 |
| Suiza | 1954 | Corea/Japón | 2002 |
| Suecia | 1958 | | |
| Chile | 1962 | | |
| Inglaterra | 1966 | | |
| México | 1970 | | |
| Alemania | 1974 | | |
| Argentina | 1978 | | |
| España | 1982 | | |

La Copa se suspendió durante el periodo bélico relacionado con la Segunda Guerra Mundial.

### LEYENDAS

**Diego Maradona**

*(1960- ) Argentino*

Reconocido a mitad de la década de 1980 como el mejor jugador del mundo, creó controversia en la Copa Mundial 1986 en la que Argentina derrotó a Inglaterra. Utilizó la mano para anotar un gol (acción que atribuyó a "la mano de Dios").

**Estrellas europeas** El francés Lilian Thuram (der.) ataja al italiano Roberto Baggio. Los atajos son válidos si el árbitro juzga que el jugador no es negligente, imprudente o usa excesiva fuerza.

### LEYENDAS

**Alfredo Di Stéfano**

*(1926- ) Argentino*

Alfredo Di Stéfano es recordado principalmente por los goles anotados para el Real Madrid en la década de 1950. Lo apodaban la "Flecha Rubia". Llevó al equipo a cinco triunfos consecutivos en la Copa Europea. A causa de lesiones, problemas de nacionalidad y muy mala suerte nunca jugó en la Copa Mundial.

### LEYENDAS

**Pelé (Edson Arantes do Nascimento)**

*(1940- ) Brasileño*

Se le considera el mejor delantero que ha habido. En 1969 Pelé fue el primer jugador en anotar 1,000 goles en juegos de primera división; en total anotó 1,283.

# Futbol americano

*El futbol americano evolucionó del rugby en el siglo XIX. Lo rige la National Football League (NFL). Es el deporte profesional más popular en EUA; se juega en más de 650 universidades estadounidenses que compiten cada año en el Tazón de las Rosas.*

**Objetivo del juego** El futbol americano se juega entre dos equipos de hasta 45 jugadores (incluyendo sustitutos). Sólo 11 de cada equipo permanecen en el campo (cancha) en cualquier momento. El objetivo es que los jugadores ganen terreno en el campo y anoten puntos, ya sea llevando o cachando el balón ovalado más allá de la línea del poste de los oponentes para un touchdown, o pateando el balón por encima del travesaño entre los postes.

**La secuencia del juego** El juego se divide en cuatro cuartos de 15 minutos, con un intervalo de medio tiempo. Cada cuarto se inicia cuando un equipo patea el balón hacia el otro equipo, al que se le permiten cuatro intentos (downs) para avanzar 10 yd (9 m) o más por el campo con el balón. Si tiene éxito, obtiene cuatro downs más; si falla, los oponentes obtienen la posesión del balón. Un down termina cuando un jugador con el balón es detenido por los oponentes o cuando sale de la cancha o lanza un pase y falla.

**Papeles de los jugadores** Cada equipo tiene tres grupos separados de jugadores:

- **Ofensiva** Cuando un equipo se adueña del balón, pone en el campo a su ofensiva, cuya tarea es mover el balón hacia delante, ya sea corriendo con éste o lanzándolo entre jugadores. A los 11 jugadores de la ofensiva los dirige el mariscal de campo *(quarterback),* que organiza el juego y se especializa en lanzar el balón. Lo apoyan tres receptores, cuya tarea es correr campo arriba y cachar el balón. El mariscal de campo está protegido al frente por una línea de cinco jugadores (al centro, tacles derecho e izquierdo y guardias derecho e izquierdo) y por atrás por dos jugadores: el corredor de poder y el corredor ligero (backs). En ocasiones, el mariscal de campo entrega el balón a los corredores, para que corran con éste, en lugar de lanzarlo.
- **Defensiva** Su tarea es evitar que la ofensiva mueva el balón hacia delante. Ello se logra con mayor efectividad atajando (tacleando) al mariscal de campo, antes de que lance un pase.
- **Equipo especial** Este grupo entra en el campo para situaciones de gol de campo: para iniciar o reiniciar un juego; para patear a gol o para ganar terreno al poner el balón campo arriba.

## Campeones del Super Tazón

El partido (desde 1967) entre campeones de las Conferencias Americana y Nacional (que forman la NFL) es el principal en EUA.

| Año | Campeón |
|---|---|
| 1971 | Potros de Baltimore |
| 1972 | Vaqueros de Dallas |
| 1973-1974 | Delfines de Miami |
| 1975-1976 | Acereros de Pittsburgh |
| 1977 | Raiders de Oakland |
| 1978 | Vaqueros de Dallas |
| 1979-1980 | Acereros de Pittsburgh |
| 1981 | Raiders de Oakland |
| 1982 | Los 49 de S. Francisco |
| 1983 | Pieles Rojas de Washington |
| 1984 | Raiders de Los Ángeles |
| 1985 | Los 49 de S. Francisco |
| 1986 | Osos de Chicago |
| 1987 | Gigantes de Nueva York |
| 1988 | Pieles Rojas de Washington |
| 1989-1990 | Los 49 de San Francisco |
| 1991 | Gigantes de Nueva York |
| 1992 | Pieles Rojas de Washington |
| 1993-1994 | Vaqueros de Dallas |
| 1995 | Los 49 de San Francisco |
| 1996 | Vaqueros de Dallas |
| 1997 | Empacadores de Green Bay |
| 1998-1999 | Broncos de Denver |
| 2000 | Carneros de St. Louis |
| 2001 | Cuervos de Baltimore |
| 2002 | Patriotas de Nueva Inglaterra |

**Más triunfos ganados en el Super Tazón**

| | |
|---|---|
| Vaqueros de Dallas | 5 |
| Los 49 de San Francisco | 5 |
| Acereros de Pittsburgh | 4 |
| Empacadores de Green Bay | 3 |
| Pieles Rojas de Washington | 3 |

**LEYENDAS**

**Joe Namath**
*(1943- ) Estadounidense*
Uno de los mejores lanzadores, como quarterback llevó a los Jets de Nueva York al campeonato en el Super Tazón de 1969; fue el jugador más valioso. Hizo 173 anotaciones en su carrera de 23 años.

**Equipo de protección** Todos los jugadores de futbol americano usan casco y protectores en muslos, caderas, rodillas, ingles, costillas, brazos y hombros. Algunos usan guantes sin dedos.

**El área de juego** El campo de futbol americano está cubierto por pasto o una alternativa artificial llamada AstroTurf. Se mide en yardas y tiene 100 yd (91 m) de largo por 53 1/2 yd (49 m) de ancho.

**Línea de 50 yd (45.7 m)** Es la línea media. Las líneas se numeran en orden descendente desde ésta hacia la línea de gol, a intervalos de 10 yd (9 m).

**Zona de anotación** Para hacer una anotación el balón ha de llevarse al interior o cacharse en esta área de 10 yd (9 m), detrás de la línea de gol.

**Yardas** Dividen el campo en yardas.



**Postes** Dos postes de 9 m de altura, separados 5.6 m, que se extienden de un travesaño apoyado en un poste de soporte de 3 m de altura.

**LEYENDAS**

**Joe Montana**
*(1956- ) Estadounidense*
Este mariscal de campo jugó para los 49 de San Francisco y los Jefes de Kansas City entre 1979 y 1994. Condujo a los "49" a cuatro campeonatos del Super Tazón, en uno de los cuales logró un ataque triunfal de 92 yd (84 m) en los últimos segundos.

### Marcación

**Anotación** Vale seis puntos. Después de una anotación, se hace frente a los postes una conversión que vale un punto. Los jugadores también pueden intentar llevar o pasar el balón a la zona de anotación por dos puntos.

**Gol de campo** Es una colocación o una patada a la pelota cuando rebota del suelo, que pasa entre los postes y vale tres puntos. Puede intentarse en un tercer o cuarto down si la ofensiva no espera recorrer la distancia requerida para otro primer down.

***Safety*** Vale dos puntos. La anota el equipo que juega la defensa si uno de la ofensiva es detenido dentro de su propia zona de anotación, mientras está en posesión del balón.

# Béisbol



*El deporte oficial de Estados Unidos, el béisbol, procede del antiguo juego inglés* rounders, *que llegó en el siglo* XVIII *junto con los colonos. El torneo más prestigioso de béisbol, la Serie Mundial, se inició en 1903. Se juega al final de la temporada entre ocho equipos; los cuatro principales de las ligas Nacional y Americana.*

## Campeones de Series Mundiales de Béisbol

| Año | Campeón | | | | |
|---|---|---|---|---|---|
| 1973 | Atléticos de Oakland | 1984 | Tigres de Detroit | 1996 | Yanquis de NY |
| 1974 | Atléticos de Oakland | 1985 | Reales de Kansas City | 1997 | Marlines de Florida |
| 1975 | Rojos de Cincinnati | 1986 | Mets de NY | 1998 | Yanquis de NY |
| 1976 | Rojos de Cincinnati | 1987 | Mellizos de Minnesota | 1999 | Yanquis de NY |
| 1977 | Yanquis de NY | 1988 | Dodgers de LA | 2000 | Yanquis de NY |
| 1978 | Yanquis de NY | 1989 | Atléticos de Oakland | 2001 | Diamondbacks de Arizona |
| 1979 | Piratas de Pittsburgh | 1990 | Rojos de Cincinnati | 2002 | Ángeles de Anaheim |
| 1980 | Phillies de Filadelfia | 1991 | Mellizos de Minnesota | | |
| 1981 | Dodgers de LA | 1992 | Azulejos de Toronto | | |
| 1982 | Cardenales de St. Louis | 1995 | Bravos de Atlanta | | |
| 1983 | Orioles de Baltimore | | | | |

**Más series ganadas**

| | |
|---|---|
| Yanquis de NY | 26 |
| Cardenales de St. Louis | 9 |
| Phil/KC/A. de Oakland | 9 |
| Brooklyn/Dodgers de LA | 6 |

**Objetivo del juego** El béisbol se juega entre dos equipos de nueve jugadores; cada equipo batea y es receptor por turnos. Un *pitcher* lanza las pelotas al bateador contrario, que intenta batear la pelota hacia el campo y pasar tocando las "bases", para anotar una carrera. El equipo que anota más carreras gana.

**Cómo se juega** El *pitcher* lanza la pelota al bateador, que está de pie en *home*. El *pitcher* envía la pelota hacia el área arriba de *home*, entre las axilas y las rodillas del bateador (zona de bateo).

- Si la pelota es lanzada fuera de la zona de bateo y el bateador no intenta batearla, el lanzamiento se considera una "bola"; luego de cuatro bolas, el bateador avanza a primera base. Si la pelota es lanzada dentro de la zona de bateo y el bateador no intenta batearla, o la batea más allá de las líneas de falta, se declara un "strike". Después de tres strikes el bateador queda fuera.
- El bateador que batea la pelota hacia el interior del campo empieza a correr hacia la primera base o más allá, si tiene tiempo antes de que la bola sea detenida y devuelta. El bateador que llega a una base puede continuar a la siguiente cuando otro bateador golpea la pelota. Sólo un corredor puede ocupar una base a la vez. El bateador que batea la pelota lo bastante lejos para recorrer las cuatro bases seguidas anota un *home run.* Si el bateador envía la pelota fuera del campo, anota un *home run.*
- Un bateador queda fuera después de los "tres *strikes"* si cachan la pelota antes de que toque el suelo, o si un receptor en posesión de la pelota lo toca o toca la primera base antes de que él llegue ahí. Los jugadores que recorren las bases también pueden quedar fuera si los toca un receptor.
- El juego se divide en nueve periodos (entradas). Cada entrada se divide en dos mitades, con un equipo que batea y otro receptor, por turnos. Para terminar su mitad de entradas, el equipo receptor debe dejar fuera a tres jugadores del equipo que batea.

**LEYENDAS**

**Joe DiMaggio**
*(1914-1999)*
*Estadounidense*

Joe sólo jugó con los Yanquis de Nueva York (1936-1951). En 1941 estableció un récord al anotar al menos 1 vez en 56 juegos consecutivos. En su carrera anotó 361 *home runs.* También sobresalió como jardinero central.

### Equipo

**Pelota** Una bola de corcho cubierta de hule, envuelta con hilo y forrada de piel. Pesa de 142 a 156 g y tiene 7.3 cm de diámetro.

**Bate** Un palo de madera sólida (o aluminio), redondo y liso, de no más de 1.07 m de largo y 6.9 cm de diámetro en la parte más gruesa.

**Equipo protector** El equipo receptor usa un guante de piel acojinado para cachar la pelota; el guante más grande que usan el cátcher y el jugador de primera base se llama manopla. El cátcher y los bateadores usan cascos y otra protección especial.

**Área de juego** El área de juego cubre 2 acres. Está formada por un cuadro o "diamante" de 27 $m^2$ y un jardín. Un arco llamado línea de pasto, que se extiende 29 m desde la plataforma de lanzamiento, divide al jardín en dos.

**Posiciones** Tres jardineros se colocan formando un arco más allá de la línea de pasto: el derecho, el central y el izquierdo.

**Zona de atención**



**Bases** Las cuatro esquinas del diamante son, en sentido contrario al reloj: *home,* primera base, segunda base y tercera base; *home* es una placa de hule blanco, las otras bases están marcadas por una bolsa de lona blanca. La distancia entre cada base es de 27 m.

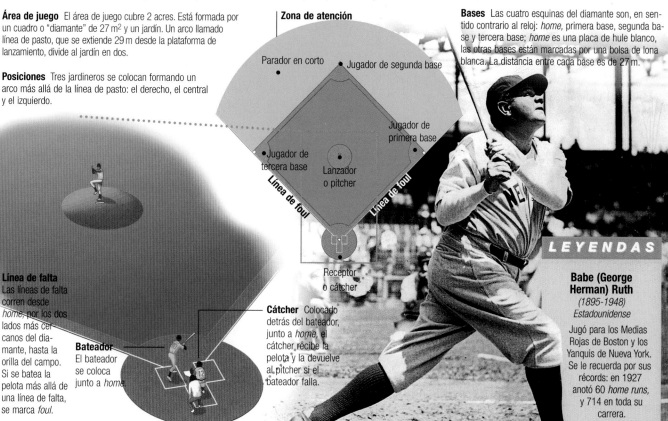

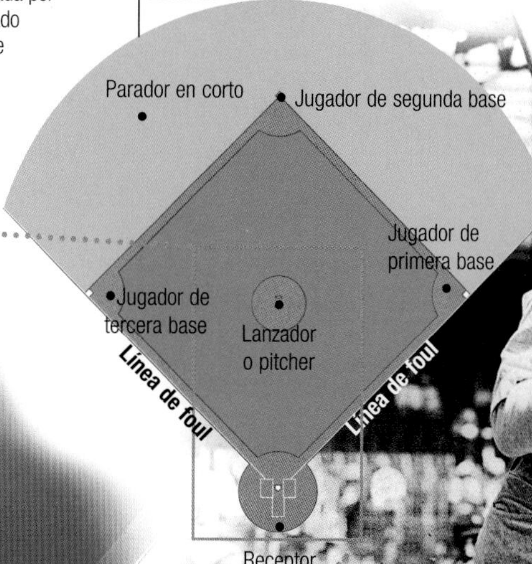

**Línea de falta** Las líneas de falta corren desde *home,* por los dos lados más cercanos del diamante, hasta la orilla del campo. Si se batea la pelota más allá de una línea de falta, se marca *foul.*

**Bateador** El bateador se coloca junto a *home.*

**Cátcher** Colocado detrás del bateador, junto a *home,* el cátcher recibe la pelota y la devuelve al pitcher si el bateador falla.

**LEYENDAS**

**Babe (George Herman) Ruth**
*(1895-1948)*
*Estadounidense*

Jugó para los Medias Rojas de Boston y los Yanquis de Nueva York. Se le recuerda por sus récords: en 1927 anotó 60 *home runs,* y 714 en toda su carrera.

# Basquetbol

*Durante siglos, se jugaron juegos similares al basquetbol. Hace 3,000 años los olmecas de México practicaban la versión más antigua: el Pokta-Pok. En 1891, el doctor James Naismith, canadiense, en la Escuela de Entrenamiento de la YMCA de Massachusets, EUA, inventó el juego moderno: quería revivir el interés de sus alumnos en el deporte.*

## Objetivo del juego

Dos equipos intentan anotar puntos lanzando el balón en la canasta de los oponentes, y evitar que el otro equipo anote. Los jugadores pueden lanzar, rebotar ("driblar") y pasar el balón, pero no pueden llevarlo cargado o patearlo. El baloncesto no es deporte de contacto y los jugadores tienen un espacio "personal" que los otros no pueden violar.

## Campeones olímpicos

El basquetbol masculino se introdujo en los Juegos Olímpicos en 1936. En 1980, Estados Unidos boicoteó los juegos de Moscú. Los jugadores profesionales fueron admitidos por primera vez en 1992.

| Año | País | Año | País |
|---|---|---|---|
| 1936 | EUA | 1972 | URSS |
| 1948 | EUA | 1976 | EUA |
| 1952 | EUA | 1980 | Yugoslavia |
| 1956 | EUA | 1984 | EUA |
| 1960 | EUA | 1988 | URSS |
| 1964 | EUA | 1992 | EUA |
| 1968 | EUA | 1996 | EUA |
| | | 2000 | EUA |

## Cómo se juega el basquetbol

El árbitro inicia el juego lanzando el balón en el círculo central, entre los dos centros adversarios (salto del balón). El equipo que tiene el balón trata de avanzar hacia la canasta de los adversarios. Las anotaciones, llamadas "canastas", se anotan al lanzar el balón en la canasta. Valen dos o tres puntos, dependiendo de la distancia que haya tenido el jugador con respecto a la canasta. Una canasta de un tiro libre (se concede por faltas) vale un punto. Después de anotar una canasta, el equipo defensivo reinicia el juego detrás de la línea de fondo.

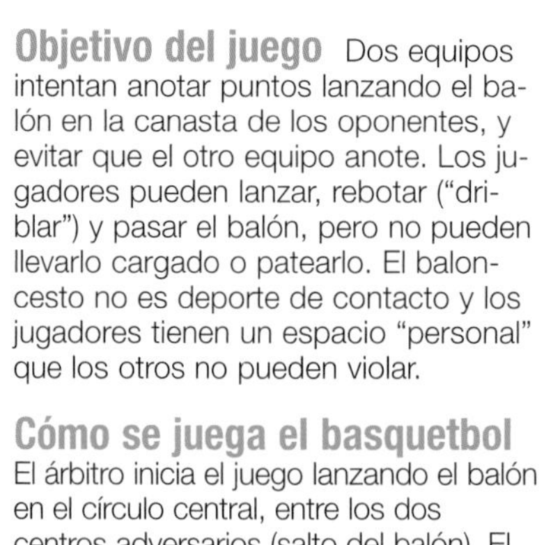

**El balón** Redondo, con superficie exterior de piel, hule o material sintético. Pesa de 567 a 650 g y tiene de 24 a 25 cm de ancho.

## Duración, equipos y reglas de tiempo

Los juegos amateur tienen dos medios tiempos de 20 minutos cada uno. Los profesionales, 4 tiempos de 12 minutos. Si un juego termina en empate, se juegan periodos de 5 minutos, hasta que haya un ganador. Hay dos equipos de 10 para juegos amateur, y de 12 para profesionales. Sólo cinco jugadores de cada uno pueden estar en la cancha: dos canasteros, un centro (suele ser el jugador más alto) y dos guardias.

Hay tres reglas de tiempo:

- **Regla de 30 segundos** Si lo tiene en su poder, un equipo debe lanzar el balón a la canasta en un lapso de 30 segundos.
- **Regla de 10 segundos** El equipo que tiene el balón en su mitad de la cancha (parte posterior) debe llevarlo al otro lado (cancha delantera) en un lapso de 10 segundos.
- **Regla de 3 segundos** El jugador que tiene el balón no puede estar en el área de restricción del otro equipo por más de 3 segundos.

**Alto y poderoso** Además de la habilidad, la altura es el atributo más importante de un jugador de basquetbol. Pocos jugadores profesionales actuales miden menos de 1.80 m.

**Dimensiones de la cancha de basquetbol** 28 x 15 m

**Línea de tres puntos** Semicírculo con un radio de 6.25 m desde el punto que hay directamente abajo del centro de la canasta. Las canastas anotadas fuera de esta línea valen tres puntos. Las anotadas desde el interior valen dos.

**Canasta** 45 cm de diámetro; a 3.05 m del suelo.

**Línea media**

**Círculo de restricción** 3.6 m de diámetro.

**Área restringida**

**Banda**

**Línea de tiro libre** Está a 5.8 m de la línea de fondo y tiene 3.6 m de longitud. Los tiros libres se hacen desde el interior del semicírculo que hay atrás de esta línea.

**Línea de fondo**

**Faltas** Hay dos tipos de falta; falta personal (contacto corporal) y falta técnica (por ejemplo, falta de conocimiento deportivo). Se penalizan con tiros libres. El jugador amateur que comete cinco faltas personales, o el profesional que comete seis, no juega el resto del partido.

**Tablero** Colocado en el centro de cada línea de fondo. Mide 1.8 m de largo y 1.2 m de altura. Su borde más bajo está a 2.9 m del suelo.

### LEYENDAS

**Michael Jordan**
*(1963- ) Estadounidense*

En sus 13 temporadas con los Toros de Chicago, llevó al equipo a seis campeonatos de la Asociación Nacional de Basquetbol (NBA) (1991-1993 y 1996-1998). Su promedio de 31.5 canastas por juego es el mejor en la historia de la NBA.

# Tenis



*El tenis se originó en los monasterios del siglo XI en Francia, donde se jugó por primera vez en el interior (tenis en cancha cerrada). El juego moderno de tenis sobre pasto se creó hasta 1873 en Inglaterra; los primeros campeonatos fueron en Wimbledon, en 1877. La primera competencia internacional de tenis sobre pasto fue el torneo de la Copa Davis, que se inició en 1900 y se juega entre equipos nacionales.*

## Objetivo del juego

El tenis se juega con una raqueta y una pelota en una cancha interior o exterior, entre dos oponentes (sencillos) o dos parejas (dobles). Los puntos se anotan al golpear la pelota por encima de la red hacia la mitad de la cancha del adversario, de tal manera que no pueda devolverla con éxito.

**Servicio** El juego empieza con el servicio de un jugador, que se coloca detrás de la línea de fondo, lanza la pelota al aire y la golpea hacia el lado de la cancha del contrincante.

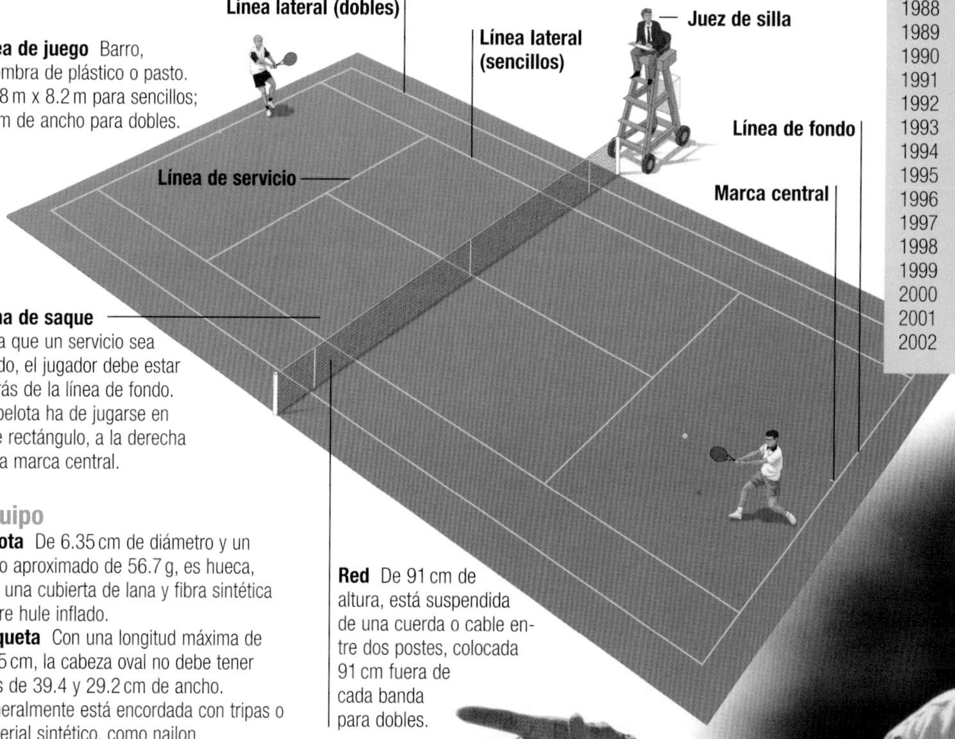

Línea lateral (dobles)

Línea lateral (sencillos)

Juez de silla

**Área de juego** Barro, alfombra de plástico o pasto. 23.8 m x 8.2 m para sencillos; 11 m de ancho para dobles.

Línea de fondo

Línea de servicio

Marca central

**Zona de saque** Para que un servicio sea válido, el jugador debe estar detrás de la línea de fondo. La pelota ha de jugarse en este rectángulo, a la derecha de la marca central.

## Equipo

**Pelota** De 6.35 cm de diámetro y un peso aproximado de 56.7 g, es hueca, con una cubierta de lana y fibra sintética sobre hule inflado.

**Raqueta** Con una longitud máxima de 81.5 cm, la cabeza oval no debe tener más de 39.4 y 29.2 cm de ancho. Generalmente está encordada con tripas o material sintético, como nailon.

**Red** De 91 cm de altura, está suspendida de una cuerda o cable entre dos postes, colocada 91 cm fuera de cada banda para dobles.

El jugador tiene dos oportunidades para hacer un servicio válido; si falla, pierde el punto (doble falta). El servicio se alterna entre los jugadores con cada juego.

***Let*** Si un servicio toca la red antes de llegar a la cancha del restador, se marca un *let* (repetición) y se vuelve a jugar.

**Golpes** Incluyen derecho, revés, globo, *smash* (golpeado como un servicio), tiro con efecto y tiro de volea.

**Puntuación** Un partido se juega a cuatro tantos, designados por los términos 15, 30, 40 y "juego". El jugador que no anota un tanto queda en ceros o "nada". Si la puntuación es 40-iguales, se juega un *deuce.* El juego se gana por dos tantos de ventaja y el *deuce* continúa hasta que un jugador aventaje por ese margen.

***Set* y partido** Los juegos se dividen en *sets*. El jugador que gana seis juegos y tiene ventaja al menos de dos gana un *set.* Si la puntuación es de seis juegos cada uno, se juega la muerte súbita para determinar al ganador del *set*. Cada partido tiene un mínimo de cinco *sets* para hombres, y tres para mujeres y dobles mixtos.

**Oficiales** Un juez de silla, un árbitro y los jueces de línea deciden si una pelota está fuera de juego. Para este propósito suelen emplearse dispositivos electrónicos en los torneos profesionales.

## LEYENDAS

**Pete Sampras**

*(1971- ) Estadounidense*

Pete Sampras es el jugador más exitoso de los años recientes. Su victoria en 2000, en singles de varones en Wimbledon, no sólo fue la séptima en ese torneo, sino también su título número 13 en un torneo principal.

## Campeones de Wimbledon

| Año | Varones | Mujeres |
|---|---|---|
| 1970 | John Newcombe | Margaret Smith Court |
| 1971 | John Newcombe | Evonne Goolagong |
| 1972 | Stan Smith | Billie Jean King |
| 1973 | Jan Kodes | Billie Jean King |
| 1974 | Jimmy Connors | Chris Evert |
| 1975 | Arthur Ashe | Billie Jean King |
| 1976 | Bjorn Borg | Chris Evert |
| 1977 | Bjorn Borg | Virginia Wade |
| 1978 | Bjorn Borg | Martina Navratilova |
| 1979 | Bjorn Borg | Martina Navratilova |
| 1980 | Bjorn Borg | Evonne Goolagong Cawley |
| 1981 | John McEnroe | Chris Evert Lloyd |
| 1982 | Jimmy Connors | Martina Navratilova |
| 1983 | John McEnroe | Martina Navratilova |
| 1984 | John McEnroe | Martina Navratilova |
| 1985 | Boris Becker | Martina Navratilova |
| 1986 | Boris Becker | Martina Navratilova |
| 1987 | Pat Cash | Martina Navratilova |
| 1988 | Stefan Edberg | Steffi Graf |
| 1989 | Boris Becker | Steffi Graf |
| 1990 | Stefan Edberg | Martina Navratilova |
| 1991 | Michael Stich | Steffi Graf |
| 1992 | André Agassi | Steffi Graf |
| 1993 | Pete Sampras | Steffi Graf |
| 1994 | Pete Sampras | Conchita Martínez |
| 1995 | Pete Sampras | Steffi Graf |
| 1996 | Richard Krajicek | Steffi Graf |
| 1997 | Pete Sampras | Martina Hingis |
| 1998 | Pete Sampras | Jana Novotna |
| 1999 | Pete Sampras | Lindsay Davenport |
| 2000 | Pete Sampras | Venus Williams |
| 2001 | Goran Ivanisevic | Venus Williams |
| 2002 | Lleyton Hewitt | Serena Williams |

## LEYENDAS

**Martina Navratilova**

*(1956- ) Checa (estadounidense desde 1978)*

Martina Navratilova fue la jugadora sobresaliente de la década de 1980. Su fuerza y condición no tuvieron precedente en el tenis femenil. En total, durante su carrera ganó 18 títulos de Grand Slam y 149 títulos en sencillos.

# Golf

*Probablemente el golf se originó en Escocia; hay evidencias documentales de que se prohibió ahí en 1457. Después lo jugó la realeza escocesa, incluyendo al rey Jacobo IV y la reina María. Las reglas del juego moderno están reguladas por el Real y Antiguo Club de Golf de St. Andrews, en Escocia. La mayoría de los países lo consideran el cuerpo que gobierna este deporte.*

**Objetivo del juego** Lo practican competidores individuales en un gran campo al aire libre, generalmente formado por 18 secciones, llamadas "hoyos". El objetivo es golpear la pelota usando palos especiales, desde el punto de inicio *(tee)* de una sección, y meterla en el hoyo que hay al final. Los jugadores se califican por el número de tiros (golpes) que hacen para completar cada hoyo; cuantos menos tiros, mejor puntaje. Hay dos formas de decidir al ganador de un juego. El método que se usa con más frecuencia en torneos profesionales toma como ganador a la persona que jugó menos golpes en los 18 hoyos. El segundo método (llamado *match play)* toma como ganador a quien gana más hoyos en general (el jugador que lo completa con menos golpes gana un hoyo).

**El campo de golf** Los hoyos que componen un campo de golf se dividen en tres secciones *(tee, fairway* y *green)* y tienen varias trampas.

## Abierto de EUA

Iniciado en 1895.

| Año | Campeón |
|---|---|
| 1970 | Tony Jacklin |
| 1971 | Lee Trevino |
| 1972 | Jack Nicklaus |
| 1973 | Johnny Miller |
| 1974 | Hale Irwin |
| 1975 | Lou Graham |
| 1976 | Jerry Pate |
| 1977 | Hubert Green |
| 1978 | Andy North |
| 1979 | Hale Irwin |
| 1980 | Jack Nicklaus |
| 1981 | David Graham |
| 1982 | Tom Watson |
| 1983 | Larry Nelson |
| 1984 | Fuzzy Zoeller |
| 1985 | Andy North |
| 1986 | Raymond Floyd |
| 1987 | Scott Simpson |
| 1988 | Curtis Strange |
| 1989 | Curtis Strange |
| 1990 | Hale Irwin |
| 1991 | Payne Stewart |
| 1992 | Tom Kite |
| 1993 | Lee Janzen |
| 1994 | Ernie Els |
| 1995 | Corey Pavin |
| 1996 | Steve Jones |
| 1997 | Ernie Els |
| 1998 | Lee Janzen |
| 1999 | Payne Stewart |
| 2000 | Tiger Woods |
| 2001 | Retief Goosen |
| 2002 | Tiger Woods |

## LEYENDAS

**Gary Player**
*(1936- ) Sudafricano*

Ganador de más de 100 torneos en las décadas de 1960 y 1970, incluyendo los cuatro principales campeonatos: Masters de EUA (1961, 1974, 1978); PGA de EUA (1962, 1972); Abierto de EUA (1965) y Abierto Británico (1959, 1968, 1974). Es famosa su frase: "Cuanto más practico, más suerte tengo."

***Tee*** El *tee* es el área que marca el punto de salida para el hoyo que se juega (en la ilustración, está oculto por los árboles); el primer juego por un hoyo se llama el tiro *tee*. También se llama *"tee"* la pequeña clavija en la que se coloca la pelota para este tiro.

***Fairway*** Esta área de pasto podado entre el *tee* y el *green* varía en longitud. Si no puede alcanzarse el *green* con un tiro, aquí es donde prefieren jugar los golfistas.

***Green*** El *green* es un área podada y muy cuidada alrededor del hoyo. El hoyo tiene 11 cm de ancho y 10 cm de profundidad; está marcado con una banderola llamada *pin*. El *green* generalmente es circular, pero rara vez está nivelado, lo que aumenta la dificultad para meter la pelota en el hoyo.

**Trampas** Se colocan varios obstáculos para atrapar los tiros descarriados y dificultar a los jugadores que prosigan. Las más comunes son las trampas de arena o *bunkers*, terreno con maleza *(rough)* y obstáculos de agua, como estanques y arroyos.

## Términos del juego

- **Par** El número de golpes que el golfista de gran habilidad debe hacer para completar el hoyo. El hoyo que mostramos arriba es un par cuatro (un buen golfista debe dar cuatro tiros desde el *tee* para meter la pelota en el hoyo).
- ***Bogie*** Un hoyo completado con un tiro más del par (en este caso, cinco tiros). El golpe inicial del jugador va al *rough*, y el tercero a un *bunker*.
- ***Birdie*** El término para un hoyo completado de un golpe menos del par (en este caso, tres tiros).
- ***Eagle*** Un hoyo completado en dos tiros menos del par (en este caso, dos tiros). El jugador da un golpe inicial muy largo y bien colocado; el segundo tiro cae en el hoyo.

***Handicap*** Ventaja o compensación que se da de acuerdo con la habilidad o la experiencia de un golfista, para emparejar las oportunidades de ganar. Un *handicap* se determina por el número de golpes que da el golfista para completar una vuelta: por ejemplo, los jugadores que recorren un campo de 70 pares en 80 golpes tienen un *handicap* de 10. Los jugadores con un *handicap* más alto que el de sus oponentes están autorizados a dar tantos tiros como la diferencia.

**El tiro perfecto** Para golpear fuerte la pelota, el jugador de golf balancea el palo hacia atrás, alrededor del cuerpo, luego hacia delante para golpear la pelota y continúa en una acción calmada, trasladando el peso al pie delantero y moviendo las caderas a medida que el palo se balancea alrededor hasta llegar a la espalda.

**LEYENDAS**

**Jack Nicklaus**

*(1940- ) Estadounidense*

El "Oso Dorado" tiene fama de ser el golfista más talentoso del siglo XX. Entre 1962 y 1986 estableció un récord al ganar 18 títulos en renombradas justas de golf profesional o campeonatos principales.

## Masters de EUA

Iniciado en 1934.

| Año | Campeón |
|---|---|
| 1971 | Charles Coody |
| 1972 | Jack Nicklaus |
| 1973 | Tommy Aaron |
| 1974 | Gary Player |
| 1975 | Jack Nicklaus |
| 1976 | Raymond Floyd |
| 1977 | Tom Watson |
| 1978 | Gary Player |
| 1979 | Fuzzy Zoeller |
| 1980 | Seve Ballesteros |
| 1981 | Tom Watson |
| 1982 | Craig Stadler |
| 1983 | Seve Ballesteros |
| 1984 | Ben Crenshaw |
| 1985 | Bernhard Langer |
| 1986 | Jack Nicklaus |
| 1987 | Larry Mize |
| 1988 | Sandy Lyle |
| 1989 | Nick Faldo |
| 1990 | Nick Faldo |
| 1991 | Ian Woosnam |
| 1992 | Fred Couples |
| 1993 | Bernhard Langer |
| 1994 | José María Olázabal |
| 1995 | Ben Crenshaw |
| 1996 | Nick Faldo |
| 1997 | Tiger Woods |
| 1998 | Mark O'Meara |
| 1999 | José María Olázabal |
| 2000 | Vijay Singh |
| 2001 | Tiger Woods |
| 2002 | Tiger Woods |

## Abierto Británico

Iniciado en 1860, el Abierto Británico es el más antiguo de los cuatro principales torneos.

| Año | Campeón |
|---|---|
| 1972 | Lee Trevino |
| 1973 | Tom Weiskopf |
| 1974 | Gary Player |
| 1975 | Tom Watson |
| 1976 | Johnny Miller |
| 1977 | Tom Watson |
| 1978 | Jack Nicklaus |
| 1979 | Seve Ballesteros |
| 1980 | Tom Watson |
| 1981 | Bill Rogers |
| 1982 | Tom Watson |
| 1983 | Tom Watson |
| 1984 | Seve Ballesteros |
| 1985 | Sandy Lyle |
| 1986 | Greg Norman |
| 1987 | Nick Faldo |
| 1988 | Seve Ballesteros |
| 1989 | Mark Calcavecchia |
| 1990 | Nick Faldo |
| 1991 | Ian Baker-Finch |
| 1992 | Nick Faldo |
| 1993 | Greg Norman |
| 1994 | Nick Price |
| 1995 | John Daly |
| 1996 | Tom Lehman |
| 1997 | Justin Leonard |
| 1998 | Mark O'Meara |
| 1999 | Paul Lawrie |
| 2000 | Tiger Woods |
| 2001 | David Duval |
| 2002 | Ernie Els |

**Palos** Los jugadores usan varios palos, diseñados para diferentes tipos de tiros. Hay tres tipos principales de palos de golf:

- **Maderas** Generalmente se usan para tiros de fuerza y, a pesar de su nombre, casi siempre son de metal. Tienen cabezas grandes y mangos más largos que otros palos; están numerados del 1 al 5. El 1 o *driver* se usa para el tiro *tee;* cualquier madera, incluyendo el *driver,* puede usarse para tiros de distancia fuera del *tee.*
- **Hierros** Numerados del 1 al 9, se usan para tiros de precisión más cortos. El 1 golpea la pelota más bajo y más lejos que el 2, que golpea más bajo y más lejos que el 3, y así sucesivamente. Hay otros dos palos conocidos como *wedges,* el *wedge* para arena, para sacar las pelotas de los *bunkers,* y el *wedge* para *rough,* para levantar la pelota hacia el *green.*
- **Putters** Usados en el *green* para golpear la pelota por el campo *(putting)* hacia el hoyo. No están numerados, pero hay muchos diseños diferentes.

Los jugadores llevan un máximo de 14 palos en una vuelta (tres o cuatro maderas, nueve o diez hierros y un *putter).* Un asistente llamado *caddie* carga los palos.

**LEYENDAS**

**Tiger Woods**

*(1975- ) Estadounidense*

Fue profesional en 1996. En junio de 2000 ganó el Abierto de EUA con 15 golpes, el margen más grande en un torneo principal. En julio del mismo año ganó el Campeonato PGA de EUA, convirtiéndose en el jugador más joven que ha conquistado los cuatro principales campeonatos de golf profesional.

## Campeonato PGA de Estados Unidos

Iniciado en 1916.

| Año | Ganador |
|---|---|
| 1970 | Dave Stockton |
| 1971 | Jack Nicklaus |
| 1972 | Gary Player |
| 1973 | Jack Nicklaus |
| 1974 | Lee Trevino |
| 1975 | Jack Nicklaus |
| 1976 | Dave Stockton |
| 1977 | Lanny Wadkins |
| 1978 | John Mahaffey |
| 1979 | David Graham |
| 1980 | Jack Nicklaus |
| 1981 | Larry Nelson |
| 1982 | Raymond Floyd |
| 1983 | Hal Sutton |
| 1984 | Lee Trevino |
| 1985 | Hubert Green |
| 1986 | Bob Tway |
| 1987 | Larry Nelson |
| 1988 | Jeff Sluman |
| 1989 | Payne Stewart |
| 1990 | Wayne Grady |
| 1991 | John Daly |
| 1992 | Nick Price |
| 1993 | Paul Azinger |
| 1994 | Nick Price |
| 1995 | Steve Elkington |
| 1996 | Mark Brooks |
| 1997 | Davis Love III |
| 1998 | Vijay Singh |
| 1999 | Tiger Woods |
| 2000 | Tiger Woods |
| 2001 | David Toms |
| 2002 | Rich Beem |

# Atletismo

*El atletismo es el deporte organizado más antiguo. Se originó en la antigua Grecia al menos hace 3,500 años. Compiten individuos y equipos, y se incluyen justas de pista y campo. El evento más importante del atletismo son los Juegos Olímpicos. Los Juegos Olímpicos griegos se llevaron a cabo en Olimpia en honor de Zeus hasta 394 d.C.; los Juegos Modernos se iniciaron en Atenas en 1896, y ahora se celebran cada cuatro años.*

**Ana Gabriela Guevara** Destacada atleta mexicana, en 2002 ganó las siete pruebas de la Liga de Oro en 400 metros, haciendo cada vez menos tiempo en sus recorridos.

## Eventos de campo

Se compite dentro del perímetro de las pistas de carreras. El objetivo es saltar o lanzar un objeto más lejos que los otros competidores.

**Lanzamiento de bala** Dentro de un círculo de poco más de 2 m de diámetro se impulsa por el aire una pesada bola metálica de 7.26 kg (hombres) o 4 kg (mujeres), desde una posición de descanso sobre el hombro. Ha de llegar lo más lejos posible.

**Salto de altura** En este evento, los competidores deben saltar un elevado travesaño sin tirarlo de sus postes.

**Salto triple** Es similar al salto de longitud, pero con maniobras de brinco, paso y salto en una secuencia más complicada.

**Salto con garrocha** Usando una garrocha flexible para impulsarse, se salta un travesaño alto apoyado en polos. El atleta se balancea hacia arriba y hacia el travesaño; se arquea sobre éste antes de aterrizar.

**Jabalina** En este evento se avienta una larga lanza de metal que pesa 800 g (hombres) o 600 g (mujeres).

**Lanzamiento de disco** Después de una serie de giros alrededor de una plataforma de lanzamiento se lanza un disco de madera, metal o plástico, con un peso de 2 kg (hombres) o 1 kg (mujeres), que se sostiene entre la palma de la mano y el antebrazo.

**Lanzamiento de martillo** Una bola metálica unida a un mango largo de alambre es balanceada varias veces alrededor del cuerpo del atleta antes de lanzarla.

**Salto de longitud** Luego de una corta carrera hacia la tabla de salto, el atleta salta hacia delante e intenta cubrir la mayor distancia.

Lanzamiento de bala
Lanzamiento de jabalina
Salto de altura
Salto triple
Lanzamiento de disco
Lanzamiento de martillo
Salto de longitud
Salto con garrocha
Meta

**LEYENDAS**

**Jesse Owens**
*(1913-1980)*
*Estadounidense*

En la temporada 1935-1936, estableció tres récords mundiales e igualó otros que duraron 25 años. Fue famoso mundialmente como la estrella de los Juegos Olímpicos de Berlín en 1936, donde ganó cuatro medallas de oro. Por ser un atleta de raza negra, su triunfo avergonzó mucho al gobierno nazi.

**Carreras cortas** Las carreras de menor distancia se llaman carreras cortas. Se corren 100, 200 y 400 m.

**Obstáculos** Combinan las carreras cortas con el salto de barreras colocadas a alturas específicas. Normalmente se corren 110 y 400 m.

**Relevos** Son carreras entre equipos de cuatro corredores. El primer corredor corre hacia el segundo, que corre hacia el tercero y así sucesivamente. El corredor que llega pasa un testigo al que parte. Se corren 100 y 400 m.

**Carreras de distancia media** Las dos carreras de distancia media estándar son de 800 y 1,500 m.

**Carreras de longitud** Las carreras de pista de longitud varían de 1 milla a 2,000, 3,000, 5,000, 10,000, 20,000 y 25,000 m. El maratón, de 42.195 km es una carrera de camino, que puede o no terminar en la pista de atletismo.

***Steeplechase*** Combina la carrera de longitud con vallas y obstáculos de agua que se saltan. Se corren 2,000 y 3,000 m.

## Eventos de pista

Casi todos los eventos de carreras en competencia al aire libre tienen lugar en una pista oval de 400 m, de seis u ocho carriles. Las carreras de hasta 110 m se corren en pista recta. Otras de mayor distancia se corren en la parte curva de la pista, pues el exterior es más largo que el interior. Por lo tanto, los atletas que compiten en carreras de más de 110 m empiezan en una línea escalonada para correr todos una distancia igual. Las carreras de más de 400 m se corren en carriles sólo hasta la primera curva, para que los atletas puedan maniobrar desde el exterior hacia el interior de la pista. Hay una sola meta al final de una recta para todas las carreras.

Las carreras fuera de la pista de atletismo incluyen el maratón y casi todas las carreras de caminata. En términos deportivos, la caminata se define como "moverse siempre al menos con una parte del pie tocando el suelo". Las carreras de caminata son de más de 20, 30 y 50 km, o 2 horas.

## Eventos combinados

En los eventos combinados (triatlón, pentatlón, heptatlón y decatlón), los atletas compiten en varias disciplinas de pista y campo por un periodo de hasta dos días. Se otorgan puntos por cada evento y la anotación colectiva más alta determina al ganador.

## Dueños del récord mundial al aire libre

| Pista (hombres) | Atleta | País | Tiempo | Año |
|---|---|---|---|---|
| 100 m | Maurice Greene | EUA | 9.79 | 1999 |
| 200 m | Michael Johnson | EUA | 19.32 | 1996 |
| 400 m | Michael Johnson | EUA | 43.18 | 1999 |
| 800 m | Wilson Kipketer | Dinamarca | 1:41.11 | 1997 |
| 1,000 m | Noah Ngeny | Kenia | 2:11.96 | 1999 |
| 1,500 m | Hicham El Guerrouj | Marruecos | 3:26.00 | 1998 |
| 1 milla | Hicham El Guerrouj | Marruecos | 3:43.13 | 1999 |
| 2,000 m | Hicham El Guerrouj | Marruecos | 4:44.79 | 1999 |
| 3,000 m | Daniel Komen | Kenia | 7:20.67 | 1996 |
| 5,000 m | Haile Gebrselassie | Etiopía | 12:39.36 | 1998 |
| 10,000 m | Haile Gebrselassie | Etiopía | 26:22.75 | 1998 |
| 20,000 m | Arturo Barrios | México | 56:55.6 | 1991 |
| 25,000 m | Toshihiko Seko | Japón | 1:13:55.8 | 1981 |
| Maratón | Khalid Khannouchi | Marruecos | 2:5:42.00 | 1999 |
| 110 m vallas | Colin Jackson | RU | 12.91 | 1993 |
| 400 m vallas | Kevin Young | EUA | 46.78 | 1992 |
| *Steeplechase* | Barnard Barmasai | Kenia | 7:55.72 | 1997 |
| 4 x 100 m relev. | | EUA | 37.40 | 1992 |
| 4 x 400 m relev. | | EUA | 2:54.20 | 1998 |
| 4 x 800 m relev. | | RU | 7:03.89 | 1982 |

| Pista (mujeres) | Atleta | País | Tiempo | Año |
|---|---|---|---|---|
| 100 m | Florence Griffith-Joyner | EUA | 10.49 | 1988 |
| 200 m | Florence Griffith-Joyner | EUA | 21.34 | 1988 |
| 400 m | Marita Koch | Alemania Or. | 47.60 | 1985 |
| 800 m | Jarmila Kratochvilova | Checoslovaquia | 1:53.28 | 1983 |
| 1,000 m | Svetlana Masterkova | Rusia | 2:28.98 | 1996 |
| 1,500 m | Qu Yunxia | China | 3:50.46 | 1993 |
| 1 milla | Svetlana Masterkova | Rusia | 4:12.56 | 1996 |
| 2,000 m | Sonia O'Sullivan | Irlanda | 5:25.36 | 1994 |
| 3,000 m | Junxia Wang | China | 8:06.11 | 1993 |
| 5,000 m | Bo Jiang | China | 14:28.09 | 1997 |
| 10,000 m | Junxia Wang | China | 29:31.78 | 1993 |
| Maratón | Tegla Loroupe | Kenia | 2:20:43.00 | 1999 |
| 100 m vallas | Yordanka Donkova | Bulgaria | 12.21 | 1988 |
| 400 m vallas | Kim Batten | EUA | 52.61 | 1995 |
| *Steeplechase* | Casandra Cristinalloc | Rumania | 9:40.20 | 2000 |
| 4 x 100 m relev. | | Alemania Or. | 41.37 | 1985 |
| 4 x 400 m relev | | URSS | 3:15.17 | 1988 |
| 4 x 800 m relev. | | URSS | 7:50.17 | 1984 |

| Campo (hombres) | Atleta | País | Distancia | Año |
|---|---|---|---|---|
| Salto altura | Javier Sotomayor | Cuba | 2.45 m | 1993 |
| Salto long. | Mike Powell | EUA | 8.95 m | 1991 |
| Salto triple | Jonathan Edwards | RU | 18.29 m | 1995 |
| Disco | Juergen Schult | Alemania Or. | 74.08 m | 1986 |
| Martillo | Yuri Sedykh | URSS | 86.74 m | 1986 |
| Bala | Randy Barnes | EUA | 23.12 m | 1990 |
| Jabalina | Jan Zelezny | Rep. Checa | 98.48 m | 1996 |
| S. garrocha | Sergei Bubka | Ucrania | 6.14 m | 1994 |
| Decatlón | Thomas Dvorak | Rep. Checa | 8,994 puntos | 1999 |

| Campo (mujeres) | Atleta | País | Distancia | Año |
|---|---|---|---|---|
| Salto altura | Stefka Kostadinova | Bulgaria | 2.09 m | 1987 |
| Salto long. | Galina Chistyakova | URSS | 7.52 m | 1988 |
| Salto triple | Inessa Kravets | Ucrania | 15.50 m | 1995 |
| Disco | Gabriele Reinsch | Alemania Or. | 76.80 m | 1988 |
| Martillo | Mihaela Melinte | Rumania | 76.07 m | 2000 |
| Bala | Natalya Lisovskaya | URSS | 22.63 m | 1987 |
| Jabalina | Trine Hattestad | Noruega | 68.91 m | 1987 |
| S. garrocha | Stacy Dragila | EUA | 4.60 m | 2000 |
| Heptatlón | J Joyner-Kersee | EUA | 7,291 puntos | 1988 |

**LEYENDAS**

**Bob Beamon**

*(1946- ) Estadounidense*

En los Juegos Olímpicos de 1968 en la Ciudad de México, Bob Beamon hizo un salto de longitud récord de 8.9 m. Éste fue un incremento de 55.25 cm al récord anterior. Su marca no fue superada en 23 años.

**Grandes alturas** La tecnología ayudó a mejorar el desempeño en el salto de altura. Las actuales garrochas de fibra de vidrio son más resistentes y flexibles que las de madera de hace un siglo y permiten alcanzar una elevación mucho mayor.

**LEYENDAS**

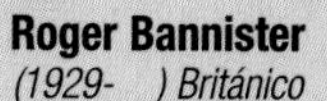

**Roger Bannister**

*(1929- ) Británico*

Fue la primera persona que corrió la milla en menos de 4 minutos, una hazaña que se consideraba humanamente imposible. El 6 de mayo de 1954, ganó una carrera de esa distancia con un tiempo de 3 minutos 59.4 segundos.

*Los Juegos modernos fueron iniciativa de Pierre de Coubertin, un aristócrata francés. Se iniciaron en 1896 y excepto el periodo de las dos guerras mundiales, desde entonces se han llevado a cabo cada cuatro años.*

## 1896 Atenas

Compiten 245 hombres de 14 países. Se inicia el **maratón.** Estudiantes **estadounidenses** dominan el atletismo.

**Gran medallista**
El gimnasta alemán **Hermann Weingärtner** gana tres de oro, dos de plata y una de bronce.

**Héroe local** El primer maratón moderno lo gana un griego, Spiridon Louis.

## 1900 París

Compiten 1,319 atletas de 22 países. La Gran Exposición Universal eclipsa los Juegos. **Las mujeres compiten** por primera vez.

**Gran medallista**
**Irving Baxter** (EUA) gana dos de oro y tres de plata en atletismo.

## 1904 Saint Louis

Compiten 687 atletas de 13 países. 525 competidores son de EUA y **algunos eventos incluyen sólo a estadounidenses.**

**Gran medallista**
**Anton Heida** (EUA) gana cinco de oro y una de plata en gimnasia.

## 1908 Londres

Toman parte 2,035 mujeres y hombres de 22 países. Los alegatos de **prejuicio de los jueces británicos,** en particular contra el equipo de atletismo estadounidense, que amenaza con retirarse, afectan los Juegos.

**Evento memorable**
**Dorando Pietri,** dueño de una dulcería en Capri, Italia, se desvanece cuatro veces a metros de la meta del maratón y lo ayudan a cruzar la línea para ganar. A pesar de las protestas, lo descalifican.

**Gran medallista**
**Mel Sheppard** (EUA) gana el oro en tres eventos de atletismo.

## 1912 Estocolmo

Toman parte 2,547 atletas de 28 países. Se incluyen por primera vez **natación y pentatlón moderno;** la **gimnasia** se populariza como deporte para espectadores, con 1,000 atletas de 13 países que compiten en esos eventos. Se usan por primera vez **cronómetros electrónicos.**

**Evento memorable**
**Jim Thorpe** (EUA) gana el oro en el pentatlón y el decatlón, pero le ordenan devolver sus medallas seis meses después, cuando se sabe que le habían pagado una pequeña cantidad por jugar béisbol, años antes.

**Gran medallista**
**Hannes Kolehmainen** (Finlandia) gana tres medallas de oro por los 5,000, 10,000 y 8,000 m a campo traviesa.

## 1920 Amberes

Participan 2,669 competidores de 29 países. Eligen Amberes en honor al pueblo belga, que vivió bajo la ocupación enemiga durante los cuatro años de la Primera Guerra Mundial. No invitan a **Alemania, Austria, Bulgaria, Hungría ni Turquía.**

**Evento memorable**
**Oscar Swahn** (Suecia) es el **medallista olímpico de más edad que ha habido;** gana una de plata en el tiro al ciervo (descontinuado) a los 72 años. Cuatro años antes había ganado el oro en el mismo evento, lo que lo convierte en el **medallista de oro de más edad.** Ambos récords aún existen.

**Gran medallista**
**Willis Lee** (EUA) gana cinco de oro, una de plata y una de bronce en eventos de tiro.

## 1924 París

Compiten 3,092 atletas de 44 países. Surge el **lema olímpico** *citius, altius, fortius* ("más rápido, más alto, más fuerte"). Los aficionados franceses provocan indignación al abuchear himnos nacionales de otros países.

**Evento memorable**
El nadador estadounidense **Johnny Weissmuller** gana medallas de oro en los 100 y 400 m estilo libre y en eventos de relevo estilo libre 4 x 200 m. Gana dos de oro en 1928, en los Juegos de Amsterdam, antes de ser más famoso como Tarzán en Hollywood.

**Gran medallista**
**Ville Ritola** (Finlandia) gana cuatro de oro y dos de plata en carreras de distancia. Su compañero, **Paavo Nurmi,** gana cinco de oro.

## 1928 Amsterdam

Toman parte 3,014 competidores de 46 países. Primer año en que **las mujeres compiten en atletismo,** aunque antes compitieron en tenis, golf, natación, tiro con arco, esgrima y velerismo. Por primera vez desde la Primera Guerra Mundial, **Alemania** es invitada a los Juegos.

**Evento memorable**
El centro delantero **Dhyan Chand** gana el oro para el equipo de hockey indio de hombres en 1932 y 1936; en los tres Juegos, su equipo anota 102 goles y recibe sólo 3.

**Gran medallista**
El gimnasta suizo **Georges Miéz** gana tres de oro y una de plata.

## 1932 Los Ángeles

Sólo compiten 1,408 atletas de 37 países, por la Gran Depresión. Introducen **cronómetros automáticos, cámara fotográfica, podios** para las ceremonias de premiación y la práctica de tocar los **himnos nacionales de los campeones.** La caminata de 50 km marca la entrada de la **caminata** como deporte olímpico.

**Evento memorable**
**Mildred Didrikson** (EUA) es la estrella de los Juegos; gana oro en jabalina y carrera de obstáculos de 80 m; plata en salto de altura. Una de las mejores golfistas, en 1950 es nombrada la mejor atleta femenina del medio siglo.

**Gran medallista**
El gimnasta **István Pelle** (Hungría) gana dos de oro y dos de plata.

## 1936 Berlín

Compiten 3,738 atletas de 49 países. **Primeros Juegos televisados.**

**Evento memorable**
**Adolfo Hitler** intenta convertir los Juegos en un evento de propaganda nazi, pero lo frustra el éxito de atletas no arios. Los estadounidenses de raza negra ganan medallas de oro en todos los eventos de pista, de 100 a 800 m.

**Gran medallista**
**Jesse Owens** (EUA) gana oro en 100 m, 200 m, salto de longitud y carrera corta de relevos.

**Llama olímpica** Los Juegos de Berlín son los primeros precedidos por el relevo de la antorcha.

## 1948 Londres

Toman parte 4,099 atletas de 59 países. No invitan a **Alemania ni a Japón,** y la **URSS** no envía un equipo. Los países comunistas compiten por primera vez y varios atletas procedentes de ellos **desertan del régimen.**

**Evento memorable**
La conmovedora **ceremonia de inauguración,** en la que los equipos de 59 países desfilan uno tras otro, ayuda mucho a sanar las heridas de la guerra.

**Gran medallista**
**Fanny Blankers-Koen** (alemana de 30 años y madre de dos hijos) gana oro en carreras cortas de 100 y 200 m, 80 m con obstáculos y carreras cortas de relevos 4 x 100 m.

## 1952 Helsinki

Compiten 4,925 atletas de 69 países. La **URSS** compite por primera vez y, a pesar de los temores de que habría problemas, los atletas soviéticos y estadounidenses conviven bien. Los Juegos estuvieron **perfectamente organizados** y algunos comentaristas sugieren que siempre sean en Escandinavia.

**Evento memorable**
El corredor checo **Emil Zatopek** logra un triple increíble y se lleva el oro en los 5,000 m, 10,000 m y maratón. Su esposa, Dana, gana el oro en jabalina.

**Gran medallista**
La gimnasta **Maria Gorokhovskaya** (URSS) gana siete medallas (dos de oro y cinco de plata, el mayor número ganado por una mujer en unos Juegos).

## 1956 Melbourne

Compiten 3,342 atletas de 72 países. Es la **primera olimpiada en el Hemisferio Sur.** Los **eventos ecuestres** se realizan en Estocolmo, debido a las leyes de cuarentena australianas.

**Gran medallista**
Los gimnastas **Viktor Chukarin** (URSS) y **Ågnes Keleti** (Hungría) ganan cada uno cuatro medallas de oro y dos de plata.

La nadadora australiana **Dawn Fraser** inicia su carrera olímpica ganando dos medallas de oro y una de plata.

## 1960
## Roma

Participan 5,348 atletas de 83 países. Algunos eventos se llevan a cabo en **nuevas instalaciones,** otros en **estadios antiguos.** La lucha, por ejemplo, tuvo lugar en la Basílica de Majencio, donde hubo competencias similares 2,000 años antes. Son los últimos Juegos en los que se invita a **Sudáfrica** en 32 años. Se celebran los primeros **Paralímpicos.**

**Evento memorable**
**Cassius Clay** gana la medalla de oro en la división de peso semipesado para EUA. En 1964 cambia su nombre a Mohammed Ali.

**Gran medallista**
El gimnasta **Boris Shaklin** (URSS) gana cuatro de oro, dos de plata y una de bronce.

## 1964
## Tokio

Compiten 5,140 atletas de 93 países. Son los **primeros Juegos en Asia.** Se introducen dos deportes nuevos, **judo y voleibol,** y tres competidores reciben sus **terceras medallas olímpicas de oro sucesivas:** la nadadora Dawn Fraser (Australia), el jinete Hans Winkler (Alemania) y el remero Vyacheslav Ivanov (URSS). **Don Schollander** (EUA) gana cuatro de oro en natación.

**Evento memorable**
Los **japoneses** usan los Juegos para **dejar atrás la guerra.** Un estudiante, nacido cerca de Hiroshima el día en que cayó la bomba, enciende la llama.

**Gran medallista**
**Larissa Latynina** (URSS) gana dos de oro, dos de plata y dos de bronce en gimnasia.

## 1968
## México, D.F.

Compiten 5,531 atletas de 112 países. La elección de la Ciudad de México causa controversia por su **gran altitud.** La baja densidad del aire hace que los **récords mundiales en eventos de carrera corta** se desplomen y que las carreras de distancia se dificulten. Los corredores John Carlos y Tommie Smith dan **saludos de poder negro** en el podio.

**Evento memorable**
**Bob Beamon** (EUA) rompe el récord mundial de salto de longitud por 55.25 cm. Al darse cuenta de su logro, sufre un ataque y se desploma; luego se recupera para recibir el oro.

**Gran medallista**
El gimnasta **Mijail Voronin** (URSS) gana dos de oro, cuatro de plata y una de bronce.

## 1972
## Munich

Acuden 7,123 atletas de 121 países. **Inician las pruebas antidrogas.** EUA pierde la final de basquetbol por primera vez, contra la URSS.

**Crisis de rehenes**
Terroristas palestinos asesinan a 11 miembros del equipo israelí.

**Evento memorable**
**Olga Korbut** (URSS) fascina a los televidentes en todo el mundo al ganar tres medallas de oro en gimnasia.

**Gran medallista**
El nadador estadounidense **Mark Spitz** gana siete de oro (el mayor número ganado por una persona en unos Juegos).

## 1976
## Montreal

Compiten 6,028 atletas de 82 países. Los **países africanos boicotean** los Juegos, como protesta porque el Comité Olímpico Internacional no rechaza a Nueva Zelandia, después de la gira de su equipo de rugby All Blacks por Sudáfrica. La mala planeación y la corrupción hacen que los Juegos sean un **desastre financiero.**

**Evento memorable**
Los **caribeños** se llevan el oro en carrera corta y 800 m. Hasely Crawford (Jamaica) gana en los 100 m, Don Quarrie (Trinidad y Tabago) en 200 m y Alberto Juantorena (Cuba) en 400 y 800 m.

**Gran medallista**
El gimnasta **Nikolai Andrianov** (URSS) gana 4 de oro, 2 de plata y 1 de bronce.

## 1980
## Moscú

Participan 5,217 atletas de 80 países. **EUA, Canadá, Alemania Occidental y Japón boicotean** los Juegos, en protesta por la invasión soviética a Afganistán. Hay más récords mundiales que en 1976. En pista, las **atletas de Alemania Oriental** ganan 11 medallas de oro y establecen 7 récords mundiales.

**Evento memorable**
Los corredores británicos **Steve Ovett y Sebastian Coe** compiten en finales de media distancia. Ovett gana el oro y Coe la plata en los 800 m; los honores se invierten en los 1,500 m.

**Gran medallista**
El gimnasta **Aleksandr Dityatin** (URSS) gana 3 de oro, 4 de plata y 1 de bronce, el mayor número obtenido por un hombre en unos Juegos.

## 1984
## Los Ángeles

Participan 6,797 atletas de 140 países. Hay un **boicot de la URSS** como venganza al boicot a Moscú cuatro años antes. Los Juegos tienen lugar en el mismo estadio que en 1932. Por segunda vez consecutiva, **Daley Thompson** (RU) gana el oro en decatlón.

**Evento memorable**
El atleta estadounidense **Carl Lewis** deleita a sus compatriotas al ganar medallas de oro en cuatro eventos: 100 m, 200 m, salto de longitud y carrera de relevos 4 x 100 m.

**Gran medallista**
El gimnasta **Li Ning** (China) gana tres de oro, dos de plata y una de bronce.

## 1988
## Seúl

Compiten 8,465 atletas de 159 países. **Florence Griffith-Joyner** gana tres medallas de oro y una de plata para EUA.

**Héroe caído** El canadiense Ben Johnson gana los 100 m en un tiempo de récord mundial; pierde el oro a los tres días por haber usado esteroides.

**Gran medallista**
El nadador **Matt Biondi** (EUA) gana 5 de oro, 1 de plata y 1 de bronce. La nadadora **Kristin Otto** (Alemania) gana 6 de oro (el mayor número ganado por una mujer en unos Juegos).

## 1992
## Barcelona

Participan 9,364 atletas de 169 países. Las ex Repúblicas Soviéticas compiten como el **Equipo Unificado** bajo la bandera olímpica y ganan varias medallas. Un **equipo unido alemán** toma parte y **Sudáfrica** regresa a los Juegos después del fin del apartheid.

**Evento memorable**
El ciclista Chris Boardman (RU) utiliza un **diseño de bicicleta** polémico, de fibra de carbono, titanio y aluminio, con marco de una pieza y ruedas de disco; es más aerodinámica que las bicicletas tradicionales usadas por otros competidores.

**Gran medallista**
**Vitaly Shcherbo** (gimnasta) gana seis de oro para el Equipo Unificado.

## 1996
## Atlanta

Compiten 10,744 atletas de 197 países. **Michelle Smith** (Irlanda) es la primera medallista irlandesa con tres de oro en natación.

**Evento memorable**
Explota una **bomba** en el Parque Olímpico Centenario; hay un muerto.

**Gran medallista**
**Alexei Nemov** (gimnasta ruso) gana dos de oro, una de plata y tres de bronce.

**Michael Johnson** El estadounidense completa un doble único al ganar la carrera corta de 200 m y los 400 m. Impone el récord mundial en la final de 200 m.

## 2000
## Sydney

Participan 10,651 atletas de 199 países. El **triatlón** tiene lugar por primera vez, y se compite por medallas en **tae kwon do,** que fue deporte de demostración en las Olimpiadas de 1988 y 1992. La australiana **Cathy Freeman** emociona a sus compatriotas al ganar los 400 m.

**Evento memorable**
**Steve Redgrave** (remero británico) es el primero en ganar cinco medallas de oro olímpicas consecutivas.

**Gran medallista**
**Alexei Nemov** iguala su total de medallas de 1996: dos de oro, una de plata, tres de bronce.

## 2004
## Atenas

En 2004, los Juegos regresan a su ciudad de origen. Tendrán lugar 296 eventos en 28 deportes (en los Juegos de 1896 hubo sólo 43 eventos en 9 deportes); se espera que participen más de 11,000 atletas de 199 países. Los Juegos serán del **13 al 29 de agosto,** en instalaciones que incluirán el Estadio Panatenaico recién renovado (el lugar donde se llevó a cabo la primera Olimpiada Moderna).

La gimnasia, en particular en los eventos de la rama femenil, incluye considerable habilidad artística, fuerza, flexibilidad, coordinación y equilibrio. Data de la antigua Grecia, pero las técnicas modernas empezaron a desarrollarse en el siglo XIX, en particular en Alemania y Suecia. La Federación Internacional de Gimnasia se fundó en 1891 y el deporte se incluyó en los Juegos Olímpicos modernos a partir de 1896.

## Puntuación

Las competencias se juzgan como eventos individuales y de equipo. Los competidores efectúan un número requerido de movimientos específicos, con diverso grado de dificultad y por los que se les califica en una escala del 0 al 10 (10 es la calificación perfecta). El juicio es subjetivo. Los jueces restan puntos por fallas u omisiones y dan puntos extra por un desempeño excepcional.

## LEYENDAS

**Nadia Comaneci**

*(1961- ) Rumana (Estadounidense desde 1989)*

Comaneci hizo historia en los Juegos de 1976, al ser la primera gimnasta en obtener un 10 perfecto. Ganó seis medallas en esos Juegos y cuatro más en los de 1980.

## Juegos Olímpicos 2000

| Varones | Primer lugar | País |
|---|---|---|
| General | Alexei Nemov | Rusia |
| Ejercicios de piso | Igors Vihrovs | Letonia |
| Potro | Gervasio Deferr | España |
| Barras paralelas | Xiaopeng Li | China |
| Barra fija | Alexei Nemov | Rusia |
| Caballo de arzón | Marius Urzica | Rumania |
| Anillos | Szilveszter Csolany | Hungría |
| Cama elástica | Alexander Moskalenko | Rusia |
| Equipo varonil | | China |
| **Mujeres** | **Primer lugar** | **País** |
| General | Simona Amanar | Rumania |
| Ejercicios de suelo | Elena Zamolodchikova | Rusia |
| Barras asimétricas | Svetlana Khorkina | Rusia |
| Viga de equilibrio | Xuan Liu | China |
| Cama elástica | Irina Karavayeva | Rusia |
| Equipo femenil | | Rumania |
| **Gimnasia rítmica** | | |
| **Evento** | **Medallista oro** | **País** |
| General | Yulia Barsukova | Rusia |
| Equipo femenil | | Rusia |

## LEYENDAS

**Vitaly Shcherbo**

*(1972- ) Belaruso*

Vitaly Shcherbo ganó seis medallas de oro en los Juegos de Barcelona en 1992. Fue el primer gimnasta en ganar tantas medallas de oro en unos Juegos.

## LEYENDAS

**Nikolai Andrianov**

*(1952- ) Ruso*

El hombre que dio fama a la gimnasia varonil, Andrianov obtuvo 15 medallas olímpicas entre 1972 y 1980. Conquistó tres campeonatos mundiales y ocho europeos.

### Competencia

Los gimnastas compiten en varios aparatos. Las medallas se otorgan por ejercicios individuales y por la puntuación de todos los ejercicios desempeñados. La gimnasia de competencia difiere entre los sexos; los hombres utilizan ciertos aparatos y las mujeres otros. Ambos hacen ejercicios de piso.

**Anillos** Los gimnastas hacen una serie de giros hacia delante y hacia atrás, colgados de dos anillos suspendidos a 2.75 m del suelo.

**Potro** Lo usan hombres y mujeres. Los gimnastas parten desde un botador y saltan sobre el potro, haciendo contacto con las manos. Efectúan una variedad de saltos, incluyendo volteretas laterales y saltos mortales. El potro se coloca a una altura de 1.35 m para los varones y 1.3 m para las mujeres.

**Barras paralelas** Los hombres ejecutan una serie de movimientos de balanceo y equilibrio en estas dos barras, a 1.75 m del suelo.

**Caballo de arzón** Es similar al potro, pero tiene dos arzones. Los hombres ejecutan una serie de movimientos de balanceo, sin tocarlo con los pies o las piernas.

**Barra fija** La barra se coloca a 2.55 m del suelo. Los gimnastas la usan para realizar una rutina de movimientos de balanceo.

**Viga de equilibrio** Las gimnastas ejecutan giros y saltos continuos sobre una barra de madera de 5 m de largo y 10 cm de ancho, colocada a 1.2 m del suelo.

**Barras asimétricas** Las gimnastas ejecutan movimientos continuos de balanceo sobre, debajo y entre estas dos barras, una a 2.4 m del suelo y la otra a 1.6 m.

**Ejercicios de piso** Abarcan rutinas acrobáticas, que incluyen volteretas, giros y saltos sobre un colchón de 12 $m^2$ de superficie.

**Gimnasia rítmica** La ejecutan las mujeres con música, usando varios accesorios que sostienen con las manos (cuerda, listón, pelota y bastón). Es deporte olímpico desde 1984.

# Halterofilia

*El moderno deporte de halterofilia data de finales del siglo XIX. Los primeros Campeonatos Mundiales se llevaron a cabo en 1891 y, como la gimnasia, la halterofilia se incluyó en los Juegos Olímpicos de 1896.*

**Competencias** Los atletas compiten en clases, según su peso corporal. Se permiten tres intentos para levantar pesas elegidas individualmente, cuyo peso aumenta progresivamente. Los rangos se deciden por el mejor levantamiento de cada competidor. En Campeonatos Mundiales, se dan medallas y títulos separados por las modalidades arranque y envión (vea der.) y por las dos juntas. En la competencia olímpica, el resultado de ambas decide las medallas.

## Equipo

**Barra** Una barra de acero de 2.20 m de largo y 22 kg de peso es la pieza principal del equipo. En cada extremo se cargan discos de diferentes pesos; se aseguran con collarines.
**Pesas de disco** Pesan de 250 g a 25 kg y generalmente son de hierro. En competencias importantes se usan pesas recubiertas de hule o plástico, con código de colores. Las cubiertas ayudan a evitar que se dañe el suelo o las pesas si se dejan caer.
**Cinturón** El levantador de pesas usa un cinturón ancho a manera de faja para sostener la espalda y protegerla de una lesión.

**Las dos técnicas estándar de halterofilia**

**Envión** El competidor levanta la haltera desde el suelo y la apoya en los hombros, antes de empujarla hasta arriba de la cabeza, con los brazos extendidos. Esta técnica se considera la más fácil de las dos.

**Arranque** En cuclillas, el levantador alza la haltera arriba de la cabeza, desde el suelo, en un solo movimiento.

## LEYENDAS

**Vasili Alekseyev**
*(1942- ) Ruso*

El mejor levantador de pesas de la década de 1970, Alekseyev ganó dos medallas olímpicas de oro y estableció una serie de récords mundiales.

# Artes marciales

*La expresión "artes marciales" describe varias técnicas de combate originadas en el Lejano Oriente. Algunas se practican como medios de defensa personal y otras como deportes de competencia. Dos de ellas (judo y tae kwon do) son deportes olímpicos.*

**LEYENDAS**

**Bruce Lee**
*(1940-1973)*
*Estadounidense*

A través de sus papeles en el cine popularizó como nadie las artes marciales fuera del Lejano Oriente. Desarrolló su estilo distintivo de kung fu en una escuela separada, que llamó *jeet kune do* (vía del puño interceptor).

**Karate** Se originó en Japón como un sistema de defensa personal sin armas. El deporte moderno incluye a dos oponentes que lanzan patadas y puñetazos para detener los golpes del otro. Cada combatiente trata de anotar puntos al atacar áreas particulares del cuerpo de su oponente y la técnica superior cuenta más que el contacto físico real. Los grados de destreza se indican por el color de la cinta de un competidor (el más alto es el negro).

**Kendo** En esta forma de esgrima japonesa tradiciona se usa una espada de madera *(shinai)*, fabricada con tiras de bambú atadas con cordón encerado de una longitud máxima de 1.18 m. Los competidores (kendokas) usan un elaborado equipo protector y sólo pueden hacer un número limitado de cortes y estocadas para anotar puntos.

**Aikido** Principalmente defensivo y no competitivo. Se desarrolló en Japón en el siglo XX y se le considera el arte marcial más gentil. Los ataques del oponente se desvían con lances y acciones inmovilizantes basados en movimientos circulares, para volverlos en su contra.

**Tae kwon do** Como el karate, el arte marcial coreano del tae kwon do incluye golpes y patadas voladoras. Se introdujo en los Juegos Olímpicos de Sydney en 2000, con cuatro categorías de peso, para hombres y mujeres. Los torneos se califican en tres asaltos; se da un punto por cada golpe correcto y se quita uno por cada falta. Cuando derriban a un competidor (el *knockout* es el objetivo principal), el árbitro inicia un conteo de 10 segundos antes de declarar a un vencedor.

**Judo** Se deriva del antiguo arte marcial japonés del jiu-jitsu. Es una forma de lucha en la que la fuerza y el peso del oponente se dirigen contra él mismo, para proyectarlo o inmovilizarlo por un tiempo específico. Se otorgan puntos por una técnica superior. Los torneos (los varoniles duran cinco minutos y los de mujeres cuatro) corresponden a una de 14 divisiones de peso (siete para hombres y siete para mujeres). Los judoki o combatientes usan kimonos con cinta y pantalones. Como en el karate, el color de la cinta indica el grado o nivel de habilidad.

**Kung fu** El kung fu emplea una variedad de movimientos acrobáticos, golpes y llaves. Se originó en China y tiene varios estilos, que se dividen en dos categorías: "intenso" y "moderado". Los estilos moderados concentran o redirigen la energía y el impulso del oponente para desequilibrarlo o colocarlo dentro del área de golpe. Los estilos rudos enfatizan el ataque directo, con mayor fuerza en los golpes y otros movimientos.

**LEYENDAS**

**David Douillet**
*(1969- ) Francés*

Campeón de peso pesado de judo, David Douillet se retiró en 1997, después de ganar su cuarto campeonato mundial. Regresó con éxito en los Juegos Olímpicos de 2000, en Sydney, donde obtuvo su segunda medalla consecutiva de oro.

## Cintas de judo

Los grados de habilidad en el judo se indican por el color de la cinta que usa un judoka: blanca (novatos), amarilla, naranja, verde, azul, café y negra. Los grados *dan* designan los niveles de cinta negra con colores: primero al quinto, negro; sexto al noveno, rojo y blanco; décimo, rojo.

# Boxeo



*En los siglos XVIII y XIX, las peleas a puño limpio eran una forma popular de entretenimiento. El deporte se transformó en 1867, cuando el Marqués de Queensberry estableció reglas estrictas que aún rigen el boxeo actual. Ahora, los boxeadores usan guantes acojinados, protectores bucales y, en peleas de aficionados, protección en la cabeza. Los asaltos no duran más de 3 minutos. Algunas peleas de aficionados tienen sólo tres asaltos; las profesionales pueden tener hasta 12.*

## LEYENDAS

**Rocky Marciano**
*(1923-1969)*
*Estadounidense*

Ganó la corona mundial de peso pesado en 1952 y la conservó hasta su retiro en 1956, a los 32 años. Su extraordinario récord profesional de 49 peleas y 49 victorias incluyó 43 *knockouts.*

## Obtención de puntos

El réferi o los jueces otorgan hasta 10 puntos a los boxeadores al final de cada asalto, por dar golpes correctos. Para anotar puntos, un puñetazo con los nudillos debe hacer contacto con la parte superior del cuerpo del oponente o con la región frontal o lateral de su cabeza. Si el réferi no marca *knockout,* retiro o suspensión, gana el boxeador con más puntos al final de la pelea.

## Campeones mundiales de peso pesado

Antes, los campeonatos eran incontestables. Desde 1978, la Federación Internacional de Boxeo (IBF), la Asociación Mundial de Boxeo (WBA) y el Consejo Mundial de Boxeo (WBC) han dado títulos separados.

| Año | Campeón |
|---|---|
| 1882-1892 | John L. Sullivan |
| 1892-1897 | James J. Corbett |
| 1897-1899 | Robert Fitzsimmons |
| 1899-1905 | James J. Jeffries |
| 1905-1906 | Marvin Hart |
| 1906-1908 | Tommy Burns |
| 1908-1915 | Jack Johnson |
| 1915-1919 | Jess Willard |
| 1919-1926 | Jack Dempsey |
| 1926-1928 | Gene Tunney |
| 1928-1930 | No hubo |
| 1930-1932 | Max Schmeling |
| 1932-1933 | Jack Sharkey |
| 1933-1934 | Primo Carnera |
| 1934-1935 | Max Baer |
| 1935-1937 | James J. Braddock |
| 1937-1949 | Joe Louis |
| 1949-1951 | Ezzard Charles |
| 1951-1952 | "Jersey" Joe Walcott |
| 1952-1956 | Rocky Marciano |
| 1956-1959 | Floyd Patterson |
| 1959-1960 | Ingemar Johansson |
| 1960-1962 | Floyd Patterson |
| 1962-1964 | Sonny Liston |
| 1964-1967 | Cassius Clay (Mohammed Ali) |
| 1970-1973 | Joe Frazier |
| 1973-1977 | George Foreman |
| 1974-1978 | Mohammed Ali |
| 1978-1979 | Mohammed Ali (WBA) |
| 1978 | Leon Spinks (WBA, WBC) |
| | Ken Norton (WBC) |
| 1978-1983 | Larry Holmes (WBC) |
| 1979-1980 | John Tate (WBA) |
| 1980-1982 | Mike Weaver (WBA) |
| 1982-1983 | Michael Dokes (WBA) |
| 1983-1984 | Gerrie Coetzee (WBA) |
| 1983-1985 | Larry Holmes (IBF) |
| 1984 | Tim Witherspoon (WBA) |
| 1984-1985 | Greg Page (WBA) |
| 1984-1986 | Pinklon Thomas (WBC) |
| 1985-1986 | Tony Tubbs (WBA) |
| 1985-1987 | Michael Spinks (IBF) |
| 1986 | Tim Witherspoon (WBA) |
| | Trevor Berbick (WBC) |
| 1986-1987 | Mike Tyson (WBC) |
| | James "Bonecrusher" Smith (WBA) |
| 1987 | Tony Tucker (IBF) |
| 1987-1990 | Mike Tyson |
| 1990 | "Buster" Douglas |
| 1990-1992 | Evander Holyfield |
| 1992-1993 | Riddick Bowe (IBF, WBA, WBC; el último se le quitó en 1992) |
| 1992-1994 | Lennox Lewis (WBC) |
| 1993-1994 | Evander Holyfield (IBF, WBA) |
| 1994 | Michael Moorer (IBF, WBA) |
| 1994-1995 | Oliver McCall (WBC) |
| | George Foreman (IBF, WBA) |
| 1995 | Frans Botha (IBF) |
| 1995-1996 | Bruce Seldon (WBA) |
| | Frank Bruno (WBC) |
| 1996 | Mike Tyson (WBA, WBC) |
| 1996-1997 | Michael Moorer (IBF) |
| 1996-1999 | Evander Holyfield (IBF, WBA) |
| 1997 | Lennox Lewis (WBC, se le quitó en 2000) |
| 1999-2001 | Lennox Lewis (IBF, WBA) |
| 2000-2001 | Evander Holyfield (WBA) |
| 2001- | John Ruiz (WBA) |
| 2001- | Hasim Rahman (IBF, WBC) |

## LEYENDAS

**Mohammed Ali**
*(1942- ) Estadounidense*

Mohammed Ali destacó al ser campeón olímpico de peso pesado ligero en 1960. Luego fue profesional y ganó el título mundial de peso pesado en 1964. En una carrera ostentosa y llamativa, perdió y recuperó dos veces la corona de peso pesado.

## Clasificación de los boxeadores

Los boxeadores se clasifican por peso y no pueden pelear en una categoría más ligera. Las divisiones:

| | |
|---|---|
| Peso pesado | Más de 88 kg |
| Peso crucero (peso pesado junior) | Hasta 88 kg |
| Peso semipesado | Hasta 79.4 kg |
| Peso supermedio | Hasta 76.2 kg |
| Peso medio | Hasta 72.6 kg |
| Peso superwelter (peso medio junior) | Hasta 69.9 kg |
| Peso welter | Hasta 66.7 kg |
| Peso superligero (peso welter junior) | Hasta 63.5 kg |
| Peso ligero | Hasta 61.2 kg |
| Peso superpluma (peso ligero junior) | Hasta 59 kg |
| Peso pluma | Hasta 57.2 kg |
| Peso supergallo (peso pluma junior) | Hasta 55.3 kg |
| Peso gallo | Hasta 53.5 kg |
| Peso supermosca (peso gallo junior) | Hasta 52.2 kg |
| Peso mosca | Hasta 51 kg |
| Peso ligero (peso mosca junior) | Hasta 49 kg |
| Peso paja | Menos de 47.6 kg |

## LEYENDAS

**Joe Louis**
*(1914-1981)*
*Estadounidense*

Apodado "Brown Bomber" (el Bombardero Café), Louis fue campeón mundial de peso pesado de 1937 a 1949. Durante su reinado, defendió el título 25 veces y consiguió 21 *knockouts.* Regresó de su retiro en ocasiones subsecuentes, pero, en su última pelea importante, en 1951, fue derrotado por el futuro campeón, Rocky Marciano.

# Automovilismo deportivo

*El automovilismo deportivo competitivo toma varias formas; la más popular es el Grand Prix o Gran Premio Fórmula Uno. También son populares las carreras de* stock cars, *el rally y la Fórmula Indy. En todo tipo de carreras, los autos deben cumplir ciertos criterios para competir.*

## Grand Prix Fórmula Uno

Los autos de carreras del Gran Premio son ligeros, para un solo ocupante y con chasís de una pieza fabricado con materiales ultrafuertes, como fibra de carbono. Los planos aerodinámicos ayudan a proporcionar estabilidad. Cada categoría de carrera del Gran Premio tiene un conjunto de reglamentos (fórmulas) que rigen su diseño y fabricación. Para competir en carreras oficiales de Fórmula Uno, un auto debe cumplir las siguientes especificaciones técnicas y de seguridad:

- No debe pesar menos de 600 kg y no puede tener más de 1.80 m de ancho (no hay límite para la longitud).
- El motor debe ser de 4 tiempos y tener 10 cilindros, cada uno con un máximo de 5 válvulas.
- La capacidad de cilindro del motor no debe exceder 3 litros.
- El motor no debe estar supercargado (turbocargado).
- La carrocería no debe cubrir parte alguna de las ruedas.
- El tanque de combustible debe ser un solo saco de hule.
- Debe tener barras de desplazamiento y estructuras delanteras y laterales deformables, que resistan las pruebas de carga e impacto.
- Debe tener al menos dos espejos retrovisores y una luz trasera para correr cuando hay mala visibilidad.
- Debe llevar una grabadora que registre información de accidentes.

## Circuitos Grand Prix

Desde 1950, cada año se otorga un título de campeonato a los pilotos de Fórmula Uno. El ganador se selecciona por puntos, que se dan por el desempeño en varias carreras del Gran Premio, con distancias de 240 a 320 km, que se llevan a cabo de marzo a octubre, en circuitos de todo el mundo.

El máximo número de eventos de campeonato que puede haber en una temporada es de 17, y el mínimo, 8. Los eventos del Gran Premio de la temporada 2001 fueron:

**Australiano** (Melbourne)
**Malasio** (Kuala Lumpur)
**Brasileño** (São Paulo)
**San Marino** (Imola)
**Español** (Barcelona)
**Austriaco** (Spielberg)
**Mónaco** (Monte Carlo)
**Canadiense** (Montreal)
**Europeo** (Nurburgring, Alemania)
**Francés** (Magny Cours)
**Británico** (Silverstone)
**Alemán** (Hockenheim)
**Húngaro** (Hungaroring)
**Belga** (Spa Francorchamps)
**Italiano** (Monza)
**Estados Unidos** (Indianápolis)
**Japonés** (Suzuka)

## Equipos de carreras

Un equipo profesional de carreras está formado por varias personas, aparte del conductor. En un evento de Fórmula Uno, cada auto tiene al menos 20 mecánicos en áreas especiales *(pits)* fuera de la pista, que mantienen al conductor y al auto en un nivel óptimo de desempeño. Preparan el auto antes de la carrera, le dan servicio y lo abastecen de combustible durante el evento. Cambiar todas las llantas les toma de 5 a 10 segundos.

### LEYENDAS

**Juan Manuel Fangio**
*(1911-1995) Argentino*

Conocido como el "Maestro", inició su carrera en automovilismo de carreras como mecánico. Condujo y ganó el campeonato mundial cinco veces entre 1951 y 1957, incluyendo cuatro veces consecutivas de 1954 a 1957.

### Campeones de Fórmula Uno

| Año | Campeón | País | Año | Campeón | País |
|---|---|---|---|---|---|
| 1952 | Alberto Ascari | Italia | 1977 | Niki Lauda | Austria |
| 1953 | Alberto Ascari | Italia | 1978 | Mario Andretti | EUA |
| 1954 | Juan M. Fangio | Argentina | 1979 | Jody Scheckter | Sudáfrica |
| 1955 | Juan M. Fangio | Argentina | 1980 | Alan Jones | Australia |
| 1956 | Juan M. Fangio | Argentina | 1981 | Nelson Piquet | Brasil |
| 1957 | Juan M. Fangio | Argentina | 1982 | Keke Rosberg | Finlandia |
| 1958 | Mike Hawthorn | RU | 1983 | Nelson Piquet | Brasil |
| 1959 | Jack Brabham | Australia | 1984 | Niki Lauda | Austria |
| 1960 | Jack Brabham | Australia | 1985 | Alain Prost | Francia |
| 1961 | Phil Hill | EUA | 1986 | Alain Prost | Francia |
| 1962 | Graham Hill | RU | 1987 | Nelson Piquet | Brasil |
| 1963 | Jim Clark | RU | 1988 | Ayrton Senna | Brasil |
| 1964 | John Surtees | RU | 1989 | Alain Prost | Francia |
| 1965 | Jim Clark | RU | 1990 | Ayrton Senna | Brasil |
| 1966 | Jack Brabham | Australia | 1991 | Ayrton Senna | Brasil |
| 1967 | Denis Hulme | N. Zelandia | 1992 | Nigel Mansell | RU |
| 1968 | Graham Hill | RU | 1993 | Alain Prost | Francia |
| 1969 | Jackie Stewart | RU | 1994 | Michael Schumacher | Alemania |
| 1970 | Jochen Rindt | Austria | 1995 | Michael Schumacher | Alemania |
| 1971 | Jackie Stewart | RU | 1996 | Damon Hill | RU |
| 1972 | Emerson Fittipaldi | Brasil | 1997 | Jacques Villeneuve | Canadá |
| 1973 | Jackie Stewart | RU | 1998 | Mika Hakkinen | Finlandia |
| 1974 | Emerson Fittipaldi | Brasil | 1999 | Mika Hakkinen | Finlandia |
| 1975 | Niki Lauda | Austria | 2000 | Michael Schumacher | Alemania |
| 1976 | James Hunt | RU | 2001 | Michael Schumacher | Alemania |
| | | | 2002 | Michael Schumacher | Alemania |

### LLANTAS

Las llantas para las carreras del Gran Premio están diseñadas para soportar tiempo húmedo o seco. Las llantas para el primero tienen muescas para que el agua escurra y evitar derrapones. Las llantas para clima seco (lisas) tienen agarre al calentarse y volverse pegajosas. Eran lisas hasta 1998, pero las reglas cambiaron para mejorar la seguridad. Ahora tienen muescas alrededor. Se desgastan pronto y se cambian al menos una vez en un evento.

## Diseño de autos Grand Prix

En 75 años los motores y carrocerías de los autos de carreras han sufrido grandes cambios.

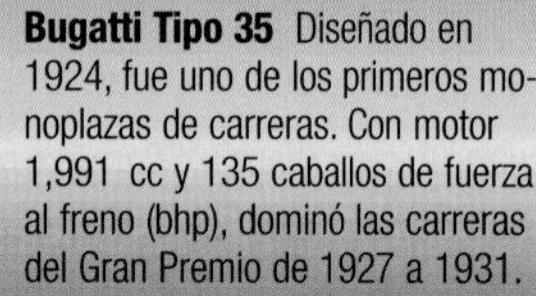

**Bugatti Tipo 35** Diseñado en 1924, fue uno de los primeros monoplazas de carreras. Con motor 1,991 cc y 135 caballos de fuerza al freno (bhp), dominó las carreras del Gran Premio de 1927 a 1931.

**Alpha Romeo 158** En 1950 este auto, que ya tenía 13 años, obtuvo la victoria en el primer campeonato de Fórmula Uno. Con 1,500 cc, su motor era más chico que el del Bugatti anterior, pero más poderoso: alcanzó 350 bhp.

**Vanwall** Fue lanzado en 1957. Su forma de lágrima era tan aerodinámica, que derrotó a autos más poderosos e inició la tendencia hacia diseños cada vez más aerodinámicos.

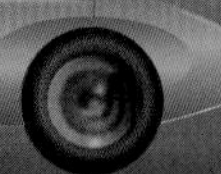

**Parada en *pit*** Jeff Gordon se detiene para cambiar llantas en Sonoma, California. Como en la Fórmula Uno, se cambia toda la rueda.

**Carrera de autos Indy** Es la principal carrera de autos monoplaza en Estados Unidos. Los autos se asemejan a los usados en las carreras de Fórmula Uno, pero con motores de hasta 5,000 cc. Las carreras, que cubren distancias entre 201 y 805 km, tienen lugar en circuitos de carreteras o en pistas ovales peraltadas. La entidad Equipos de Campeonatos de Autos de Carreras (CART) organiza todas las carreras Indy, excepto las 500 Millas de Indianápolis, sancionada por el Club del Auto de Estados Unidos.

Las 500 Millas de Indianápolis es la principal carrera en Estados Unidos y fue parte del Campeonato de Pilotos del mundo hasta 1960. Tiene lugar en la Pista de Autos de Indianápolis y, en términos de asistencia, es el evento deportivo de un día más grande del mundo. El primer piloto que completa 200 vueltas alrededor de la pista, una distancia de 500 millas (805 km), gana la carrera.

**Carreras de *stock cars*** Los *stock cars* son vehículos monoplaza con un peso de hasta 1,700 kg; tienen apariencia de autos comunes, pero están modificados para aumentar la potencia y la velocidad. La mayoría de estas carreras se llevan a cabo en pistas ovales pavimentadas. En Estados Unidos, las principales carreras incluyen las series de Copa Winston (iniciadas en 1949), las series Busch y las series ASA. La Asociación Nacional de Carreras de Autos Stock (NASCAR) regula el deporte.

**Rally** La competencia en rallies incluye conducir durante una serie de etapas programadas, ya sea en carreteras, pistas privadas o pistas de carreras, generalmente durante más de tres días. Cada auto está tripulado por un equipo formado por el piloto y el copiloto. La carrera más famosa de larga distancia es el Rally de Monte Carlo, que se inició en 1911. Otros eventos importantes son: el Rally Acrópolis, el Rally Safari y el Rally de Chipre.

**Volador** El campeón noruego Petter Solberg da un salto en su Ford Focus durante el Rally de Kenia de 2000. En muchos rallies modernos compiten versiones muy adaptadas de autos comunes. El deporte es una prueba tanto del aguante como de la velocidad del vehículo.

**LEYENDAS**

**Ayrton Senna**

*(1960-1994) Brasileño*

Ayrton Senna fue tres veces campeón del mundo (1988, 1990 y 1991). Ganó en total 41 carreras del Gran Premio en 161 salidas, incluyendo el récord de seis victorias en Mónaco. Murió al sufrir un accidente en el circuito de Imola, durante el Gran Premio de San Marino.

## Las 500 Millas de Indianápolis y la Copa Winston NASCAR

Las 500 Millas de Indianápolis datan de 1911; se corren en EUA cada año, durante las celebraciones del Memorial Day.

| Año | Campeón | Año | Campeón |
|---|---|---|---|
| 1971 | Al Unser | 1987 | Al Unser |
| 1972 | Mark Donohue | 1988 | Rick Mears |
| 1973 | Gordon Johncock | 1989 | Emerson Fittipaldi |
| 1974 | Johnny Rutherford | 1990 | Arie Luyendyk |
| 1975 | Bobby Unser | 1991 | Rick Mears |
| 1976 | Johnny Rutherford | 1992 | Al Unser, hijo |
| 1977 | A J Foyt | 1993 | Emerson Fittipaldi |
| 1978 | Al Unser | 1994 | Al Unser, hijo |
| 1979 | Rick Mears | 1995 | Jacques Villeneuve |
| 1980 | Johnny Rutherford | 1996 | Buddy Lazier |
| 1981 | Bobby Unser | 1997 | Arie Luyendyk |
| 1982 | Gordon Johncock | 1998 | Eddy Cheever |
| 1983 | Tom Sneva | 1999 | Kenny Brack |
| 1984 | Rick Mears | 2000 | Juan Montoya |
| 1985 | Danny Sullivan | 2001 | Helio Castroneves |
| 1986 | Bobby Rahal | 2002 | Helio Castroneves |

La Copa Winston NASCAR se ha entregado desde 1949. Hasta 1970, se conoció como Gran Serie Nacional.

| Año | Campeón | Año | Campeón |
|---|---|---|---|
| 1973 | Benny Parsons | 1989 | Rusty Wallace |
| 1974 | Richard Petty | 1990 | Dale Earnhardt |
| 1975 | Richard Petty | 1991 | Dale Earnhardt |
| 1976 | Cale Yarborough | 1992 | Alan Kulwicki |
| 1977 | Cale Yarborough | 1993 | Dale Earnhardt |
| 1978 | Cale Yarborough | 1994 | Dale Earnhardt |
| 1979 | Richard Petty | 1995 | Jeff Gordon |
| 1980 | Dale Earnhardt | 1996 | Terry Labonte |
| 1981 | Darrell Waltrip | 1997 | Jeff Gordon |
| 1982 | Darrell Waltrip | 1998 | Jeff Gordon |
| 1983 | Bobby Allison | 1999 | Dale Jarrett |
| 1984 | Terry Labonte | 2000 | Bobby Labonte |
| 1985 | Darrell Waltrip | 2001 | Jeff Gordon |
| 1986 | Dale Earnhardt | 2002 | Tony Stewart |
| 1987 | Dale Earnhardt | | |
| 1988 | Bill Elliott | | |

**Lotus-Ford 72** Al final de la década de 1950, los diseñadores de Fórmula Uno empezaron a colocar el motor atrás del auto. Esto facilitó al conductor recargarse en los contornos cada vez más aerodinámicos. En 1970, al surgir el Lotus-Ford 72, los conductores podían virtualmente recostarse, lo que redujo la resistencia al avance.

**Tyrell-Ford P34** Surgió en 1976. Las "alas" frontales y traseras o planos aerodinámicos eran comunes en autos de Fórmula Uno, pues mejoraban la estabilidad y la adhesión al camino, para tomar las curvas con más velocidad. Las cuatro ruedas delanteras de 25 cm del P34 tomaban mejor las curvas, pero ponían demasiada tensión en las llantas.

**Ferrari F1-2000** En la actualidad, los autos de Fórmula Uno son más aerodinámicos, potentes y ligeros. El Ferrari F1-2000 pesa sólo 600 kg, pero su motor 2,997 cc puede alcanzar 770 bhp, lo que permite acelerar de 0 a 160 km/h en sólo 3.7 segundos.

# Natación y clavadismo

*La primera referencia a la natación competitiva data del antiguo Japón, en 36 a.C. Las carreras se popularizaron en Gran Bretaña en el siglo XVIII y la natación se formalizó como deporte en Londres, en 1869, con la creación de la Asociación Metropolitana de Clubes de Natación, que luego se convirtió en Asociación Amateur de Natación (ASA). Se incluyó como deporte olímpico en 1896, aunque los primeros récords mundiales se reconocieron hasta 1908. Los clavados modalidad plataforma se incluyeron en los deportes olímpicos en 1904 y la modalidad trampolín, cuatro años después.*

**LEYENDAS**

**Mark Spitz**

*(1950- ) Estadounidense*

En los Juegos de 1972 en Munich, fue el primer atleta en ganar siete medallas de oro: dos en eventos de estilo libre, dos en eventos de mariposa y tres en relevos de equipo. Todos fueron récords mundiales.

**LEYENDAS**

**Shane Gould**

*(1956- ) Australiana*

A los 15 años había establecido todos los récords mundiales en estilo libre de damas, desde los 100 hasta los 1,500 m. Ganó tres medallas de oro, una de plata y una de bronce, en los Juegos de Munich en 1972. Se retiró después de este éxito.

**Eventos de natación** Los estilos básicos de natación son: nado de crol (el más rápido, también llamado estilo libre), nado de dorso (espalda), nado de pecho y nado de mariposa. Las competencias tienen lugar en albercas olímpicas de 50 m y en piscinas de 25 m, que tienen hasta diez carriles.
La competencia de los Juegos Olímpicos se lleva a cabo en albercas olímpicas en las siguientes distancias:
**estilo libre** 50 m, 100 m, 200 m, 400 m, 800 m (sólo damas), 1,500 m (sólo hombres).
**pecho** 100 m, 200 m.
**dorso** 100 m, 200 m.
**mariposa** 100 m, 200 m.
**individual combinado** 200 m, 400 m.
**relevos combinados** 4 x 100 m.
**relevos estilo libre** 4 x 100 m, 4 x 200 m.
Los eventos combinados son carreras en las que se nada cierta distancia empleando cada uno de los cuatro estilos.

## Récords mundiales

| Hombres | Récord | País | Tiempo |
|---|---|---|---|
| 50 m libre | Alexander Popov | Rusia | 21.64 |
| 100 m libre | P. van den Hoogenband | Holanda | 47.84 |
| 200 m libre | P. van den Hoogenband | Holanda | 1:45.35 |
| 400 m libre | Ian Thorpe | Australia | 3:40.59 |
| 800 m libre | Kieren Perkins | Australia | 7:46.00 |
| 1,500 m libre | Kieren Perkins | Australia | 14:41.66 |
| 100 m dorso | Lenny Krayzelburg | EUA | 53.60 |
| 200 m dorso | Lenny Krayzelburg | EUA | 1:55.87 |
| 100 m pecho | Roman Sloudov | Rusia | 1:00.36 |
| 200 m pecho | Mike Barrowman | EUA | 2:10.16 |
| 100 m mariposa | Michael Klim | Australia | 51.81 |
| 200 m mariposa | Tom Malchow | EUA | 1:55.18 |
| 200 m combinado | Jani Sievinen | Finlandia | 1:58.16 |
| 400 m combinado | Tom Dolan | EUA | 4:11.76 |
| **Relevos hombres** | | **Equipo** | |
| 4 x 100 m libre | | Australia | 3:13.67 |
| 4 x 200 m libre | | Australia | 7:07.05 |
| 4 x 100 m combinado | | EUA | 3:33.73 |
| **Mujeres** | **Récord** | **País** | **Tiempo** |
| 50 m libre | Ingede Bruijn | Holanda | 24.32 |
| 100 m libre | Ingede Bruijn | Holanda | 53.83 |
| 200 m libre | Franziska van Almsick | Alemania | 1:56.78 |
| 400 m libre | Janet Evans | EUA | 4:03.85 |
| 800 m libre | Janet Evans | EUA | 8:16.22 |
| 1,500 m libre | Janet Evans | EUA | 15:52.10 |
| 100 m dorso | Cihong He | China | 1:00.16 |
| 200 m dorso | Kristina Egerszegi | Hungría | 2:06.62 |
| 100 m pecho | Penelope Heyns | Sudáfrica | 1:06.52 |
| 200 m pecho | Penelope Heyns | Sudáfrica | 2:23.64 |
| 100 m mariposa | Ingede Bruijn | Holanda | 56.61 |
| 200 m mariposa | Susan O'Niell | Australia | 2:05.81 |
| 200 m combinado | Yanyan Wu | China | 2:09.72 |
| 400 m combinado | Yana Klochkova | Ucrania | 4:33.59 |
| **Mujeres** | | **Equipo** | |
| 4 x 100 m estilo libre | | EUA | 3:36.61 |
| 4 x 200 m estilo libre | | RDA | 7:55.47 |
| 4 x 100 m combinado | | EUA | 3:58.30 |

**Ballet acuático** El nado sincronizado exige habilidad artística, más que velocidad y resistencia. Los competidores llevan a cabo rutinas rítmicas con música y reciben puntos por su interpretación y estilo. Se introdujo en los Juegos en 1984.

## CLAVADOS

_os clavados involucran precisión y técnica. En la competencia, los clavadistas saltan desde una plataforma irme a 5 o 10 m del agua, o desde un trampolín flexible a o 3 m del agua.

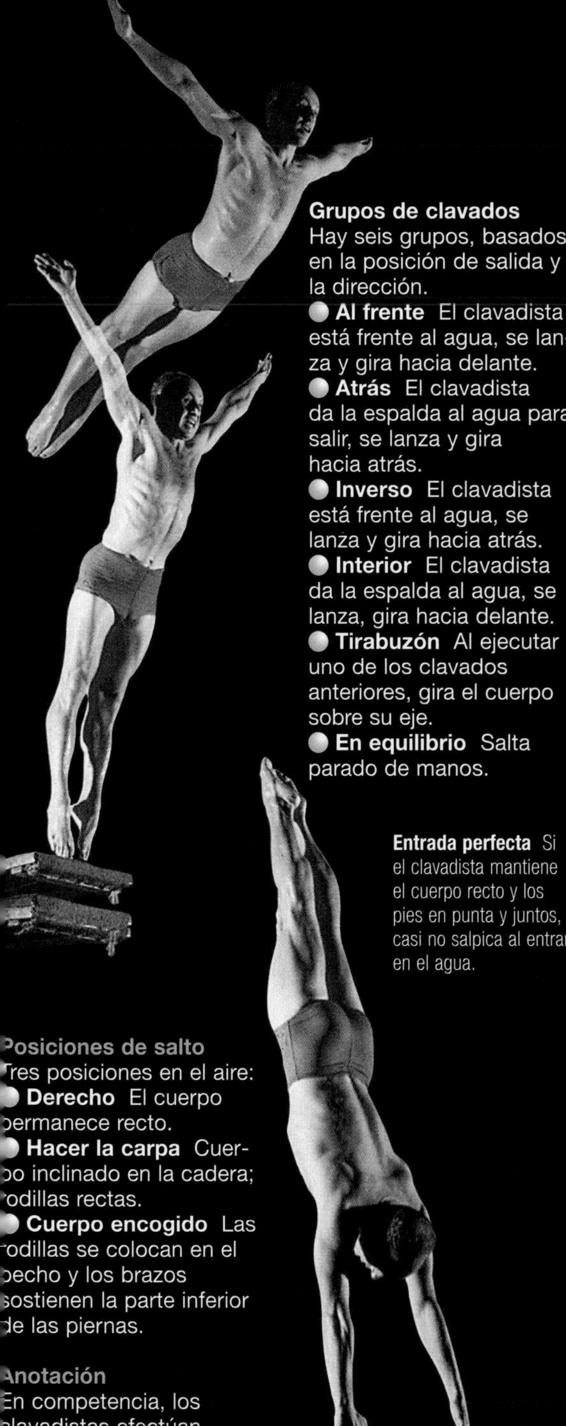

**Grupos de clavados**
Hay seis grupos, basados en la posición de salida y la dirección.

- **Al frente** El clavadista está frente al agua, se lanza y gira hacia delante.
- **Atrás** El clavadista da la espalda al agua para salir, se lanza y gira hacia atrás.
- **Inverso** El clavadista está frente al agua, se lanza y gira hacia atrás.
- **Interior** El clavadista da la espalda al agua, se lanza, gira hacia delante.
- **Tirabuzón** Al ejecutar uno de los clavados anteriores, gira el cuerpo sobre su eje.
- **En equilibrio** Salta parado de manos.

**Entrada perfecta** Si el clavadista mantiene el cuerpo recto y los pies en punta y juntos, casi no salpica al entrar en el agua.

**Posiciones de salto**
Tres posiciones en el aire:

- **Derecho** El cuerpo permanece recto.
- **Hacer la carpa** Cuerpo inclinado en la cadera; rodillas rectas.
- **Cuerpo encogido** Las rodillas se colocan en el pecho y los brazos sostienen la parte inferior de las piernas.

**Anotación**
En competencia, los clavadistas efectúan varios clavados obligatorios (clasificados por su grado de dificultad), y varios de su elección. Tres o más jueces califican cada clavado; prestan atención a la salida, la postura en el aire, la ejecución de movimientos indicados y la entrada al agua. Las calificaciones de cada clavado se suman y se multiplican por el grado de dificultad. Gana el clavadista con más puntos.

# Remo



*En la literatura griega y romana hay referencias a la competencia de remo. Los eventos de remo han tenido lugar en el río Támesis durante siglos; en la actualidad, ahí se llevan a cabo la Carrera Universitaria de Botes y la Regata Real Henley. El remo es deporte olímpico desde 1900.*

**Competencia** Las embarcaciones para competencia (botes remeros) tienen una longitud de 7 a 18 m, de acuerdo con el número de remeros (uno, dos, cuatro u ocho). En algunos eventos va un piloto, llamado timonel. Al remar se utiliza un solo remo, que se mueve con ambas manos. El uso de dos remos, uno en cada mano, se llama *scull*. En los Juegos Olímpicos y en casi todas las demás competencias, todas las carreras tienen lugar en una pista recta de 2,000 m y cada bote compite en un carril separado y marcado. Las excepciones son dos de los eventos de remo más famosos del Reuno Unido: Carrera Universitaria de Botes y la Regata Real Henley, donde las pistas son de 6,779 m y 2,112 m, respectivamente. Cambridge ha ganado 77 veces la Carrera Universitaria de Botes y Oxford 69. Se ha registrado un empate.

**LEYENDAS**

**Steven Redgrave**
*(1962- ) Británico*

En el evento de cuatro varones sin timonel, en los Juegos de 2000 en Sydney, Australia, ganó su quinta medalla de oro olímpica consecutiva, rompiendo el récord. Sus anteriores medallas de oro fueron por cuatro con timonel, en 1984, y doble sin timonel en 1988, 1992 y 1996. En los Juegos de la Commonwealth de 1986, ganó tres de oro.

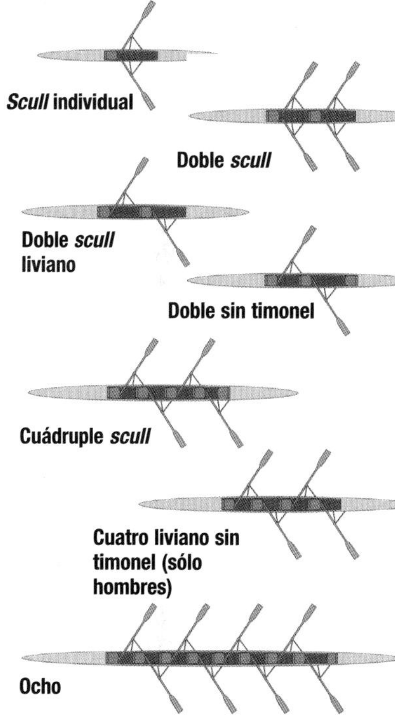


### Remo olímpico 2000

| Hombres | Medallas de oro | Tiempo |
|---|---|---|
| *Scull* individual | Nueva Zelandia (Rob Waddell) | 6:48.90 |
| Doble *scull* | Eslovenia | 6:16.63 |
| Doble *scull* liviano | Polonia | 6:21.75 |
| Cuádruple *scull* | Italia | 5:45.56 |
| Doble sin timonel | Francia | 6:32.97 |
| Cuatro sin timonel | Reino Unido | 5:56.24 |
| Cuatro liviano sin timonel | Francia | 6:01.68 |
| Ocho con timonel | Reino Unido | 5:33.08 |
| **Mujeres** | **Medallas de oro** | **Tiempo** |
| *Scull* individual | Belarús (Ekaterina Karsten) | 7:28.14 |
| *Scull* doble | Alemania | 6:55.44 |
| Doble *scull* liviano | Rumania | 7:02.64 |
| Cuádruple *scull* | Alemania | 6:19.58 |
| Cuatro sin timonel | Rumania | 7:11.00 |
| Ocho con timonel | Rumania | 6:06.44 |

# Esquí

*Hay tres clases básicas de esquí: el alpino (carreras de descenso y* slalom), *el nórdico (fondo y salto) y el estilo libre, que se centra en la acrobacia.*

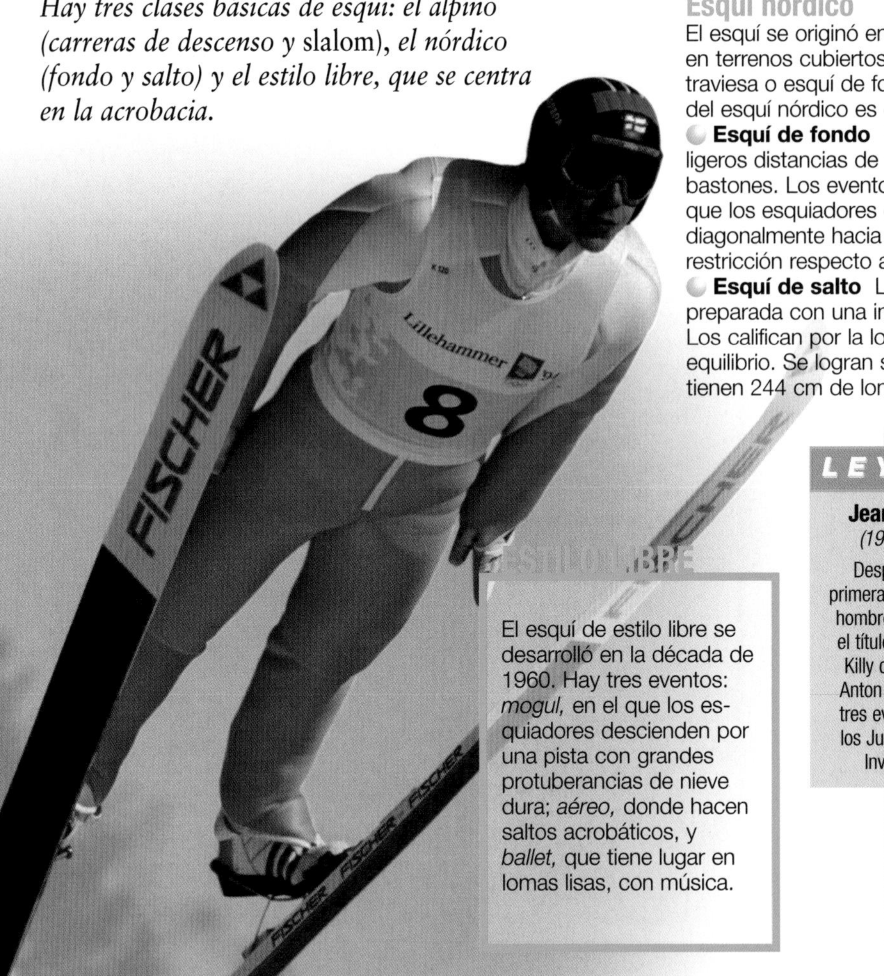

## Esquí nórdico

El esquí se originó en Escandinavia, como una forma de transportarse en terrenos cubiertos de nieve. El deporte moderno de esquí a campo traviesa o esquí de fondo se desarrolló de esta tradición. El deporte del esquí nórdico es esquí de salto.

**Esquí de fondo** Los competidores corren con esquís angostos y ligeros distancias de 10 a 50 km y se impulsan con la ayuda de bastones. Los eventos se dividen en dos disciplinas: la clásica, en la que los esquiadores deben empujar las puntas de los esquís casi diagonalmente hacia delante, al caminar, y el estilo libre, donde no hay restricción respecto al tipo de paso utilizado.

**Esquí de salto** Los competidores se deslizan por una cuesta preparada con una inclinación en la salida de hasta 90 m de altura. Los califican por la longitud del salto, el estilo, la coordinación y el equilibrio. Se logran saltos de más de 150 m. Los esquís para salto tienen 244 cm de longitud y son los más largos, anchos y pesados.

## Estilo libre

El esquí de estilo libre se desarrolló en la década de 1960. Hay tres eventos: *mogul,* en el que los esquiadores descienden por una pista con grandes protuberancias de nieve dura; *aéreo,* donde hacen saltos acrobáticos, y *ballet,* que tiene lugar en lomas lisas, con música.

### LEYENDAS

**Jean-Claude Killy**
*(1944- ) Francés*

Después de ganar la primera Copa Mundial para hombres en 1967 (retuvo el título el año siguiente), Killy duplicó el logro de Anton Sailer al ganar los tres eventos de esquí en los Juegos Olímpicos de Invierno de 1968.

**Posición de los bastones** Jean-Claude Killy compite por el oro en *slalom* en los Juegos Olímpicos de Invierno de 1968, en Grenoble.

## Pistas de eventos alpinos

**Descenso** Cada esquiador desciende por una pista muy inclinada marcada con una serie de "puertas" que debe cruzar.

***Slalom*** Descenso en zigzag por una loma. Se lleva a cabo consecutivamente en dos pistas diferentes y el tiempo combinado decide al ganador.

***Slalom* gigante** Es similar al *slalom,* pero se corre en una pista más larga, con curvas menos marcadas. Como el *slalom,* tiene dos corridas y el mejor tiempo combinado determina al ganador.

***Slalom* super gigante** Es una mezcla de descenso y *slalom* gigante. Cada esquiador desciende una vez por la pista.

### LEYENDAS

**Anton Sailer**
*(1935- ) Austriaco*

En los Juegos Olímpicos de Invierno de 1956, a los 21 años, Sailer se convirtió en uno de los esquiadores más jóvenes en ganar una medalla de oro en esquí alpino. Fue el primero en ganar todos los títulos de esquí alpino (descenso *slalom* y *slalom* gigante). Al final de la temporada de 1958 había ganado siete títulos mundiales.

# Patinaje sobre hielo

*El patinaje artístico se originó en Gran Bretaña al principio del siglo XVIII y en los Países Bajos, en la misma época. El primer club de patinaje sobre hielo se formó en Edimburgo, Escocia, en 1742. Las pistas artificiales surgieron 100 años después.*

## Juegos Olímpicos de Invierno 1998

**Esquí alpino, hombres**

| Evento | Medallista de oro | País | Tiempo |
|---|---|---|---|
| Descenso | Jean-Luc Cretier | Francia | 1:50.11 |
| *Slalom* s. gigante | Hermann Maier | Austria | 1:34.82 |
| *Slalom* gigante | Hermann Maier | Austria | 2:38.51 |
| *Slalom* | H.P. Buraas | Noruega | 1:49.31 |
| Combinado | Mario Reiter | Austria | 3:08.06 |

**Esquí alpino, mujeres**

| Evento | Medallista de oro | País | Tiempo |
|---|---|---|---|
| Descenso | Katja Seizinger | Alemania | 1:28.89 |
| *Slalom* s. gigante | Picabo Street | EUA | 1:18.02 |
| *Slalom* gigante | D. Compagnoni | Italia | 2:50.59 |
| *Slalom* | Hilde Gerg | Alemania | 1:32.40 |
| Combinado | Katja Seizinger | Alemania | 2:40.74 |

**Saltos de esquí**

| Individual | Medallista de oro | País | Puntos |
|---|---|---|---|
| Colina normal | Jani Soininen | Finlandia | 234.5 |
| Colina grande | Kazuyoshi Funaka | Japón | 272.3 |
| **Equipo** | | | |
| Colina grande | Japón | | 933.0 |

## BOBSLEIGH

Un equipo de dos o cuatro personas empujan un trineo, se sientan en éste y descienden por una pista de hielo con paredes peraltadas; guían el vehículo en las curvas con el volante y la distribución de su peso. Frenar va contra las reglas. Sólo se permite detener el *bob* al final de una carrera o para corregir los patines. El número de carreras en una competencia varía; gana el equipo con menos tiempo combinado. Las pistas tienen de 1.2 a 1.5 km de longitud.

## LUGE

Los competidores se acuestan de espaldas, con los pies hacia delante, en un trineo chico *(luge)* sin volante ni frenos. Usan las piernas y los hombros para guiarlo, mientras descienden por una pista en zigzag cubierta de hielo, con vueltas, curvas y tramos rectos. El mejor tiempo determina al ganador. Las pistas tienen de 1 a 1.5 km de longitud y se alcanzan velocidades de 112 km/h.

## Patinaje artístico y danza sobre hielo

La competencia es en pistas de 60 x 30 m.

**Patinaje artístico** En la competencia olímpica, en los eventos para varones, damas y parejas hay un programa breve; los patinadores ejecutan ocho elementos establecidos de saltos, giros, espirales, secuencias de pasos y movimientos de enlace, y un programa de patinaje libre, donde seleccionan sus elementos. El programa breve cuenta una tercera parte de la calificación final; el de patinaje libre, las dos restantes.

**Danza sobre hielo** Este evento de parejas tiene cuatro partes, todas con música. Los competidores efectúan dos danzas (con ritmo y tiempo definidos), una danza original (con un ritmo determinado) y una danza libre (con música elegida por la pareja). La danza libre representa la mitad de la calificación final.

## Movimientos del patinaje

Hay siete movimientos. Los más comunes son:

***Axel*** Giro veloz en el que se patina hacia delante al inicio (en los otros giros veloces patinan para atrás, hacia la salida).

***Lutz*** Giro veloz desde la parte posterior de un patín para caer sobre la parte posterior del otro.

**Giro de camello** Giro sobre una pierna, con la otra en ángulo recto con el hielo.

**Espiral mortal** El hombre gira y sostiene las manos de su pareja, que se desliza en un patín en postura casi horizontal.

## Patinaje de velocidad

Tiene lugar en pistas de hielo de 500 a 10,000 m de longitud. El patín de carreras tiene cuchillas más largas que el artístico.

### LEYENDAS

**Irina Rodnina** *(1949- )* y **Aleksandr Zaitsev** *(1952- ) Rusos*

Rodnina y Zaitsev ganaron el oro olímpico en patinaje artístico de pareja en 1976 y 1980. Entre 1973 y 1978 triunfaron cada año en los Campeonatos Mundiales. Rodnina ganó el oro olímpico por patinaje artístico de parejas en 1972 con Alexei Ulyanov y conservaron el título del Campeonato Mundial de 1969 a 1972.

## Juegos Olímpicos de Invierno

**Patinaje de figura (1998)**

| Evento | Medallas de oro | País |
|---|---|---|
| Individuales hombres | Ilya Kulik | Rusia |
| Individuales mujeres | Tara Lipinski | EUA |
| Parejas | Oksana Kazakova y Artur Dmitriev | Rusia |
| Danza en hielo | Pasha Grishuk y Evgeny Platov | Rusia |

### LEYENDAS

**Jayne Torvill** *(1957- )* y **Christopher Dean** *(1958- ) Británicos*

Esta pareja de patinadores ganó cuatro veces seguidas el Campeonato Mundial (1981-1984), y el Campeonato Europeo en 1981, 1982, 1984 y 1994. En 1984, ganaron la medalla de oro en los Juegos Olímpicos, con una calificación perfecta de seis marcas de cada juez por su expresión artística.

**Inicio perfecto** Torvill y Dean inician la actuación que les hizo merecer la medalla de oro en los Juegos Olímpicos de Invierno de 1984, en Sarajevo.

# Carreras de caballos

*La organización moderna de carreras de caballos data de 1750, cuando se estableció el Jockey Club en Inglaterra. Hoy, el deporte es popular en muchos países, pero principalmente en el Reino Unido, Estados Unidos, Irlanda y Francia. Hay dos formas principales de carreras de caballos: carreras en plano y carreras con obstáculos.*

**LEYENDAS**

**Red Rum**

Este caballo de carreras ganó en tres ocasiones el Gran Nacional Inglés en Aintree: en 1973, 1974 y, cuando tenía 12 años, en 1977. En los años intermedios quedó en segundo lugar. Murió en 1995, a los 30 años; está enterrado en la pista de carreras de Aintree, cerca de la meta.

## PESO

Los caballos deben llevar peso determinado por la distancia, su edad y sexo (las hembras llevan menos, al igual que los caballos de hasta 5 años). Los *jockeys* y su equipo (incluyendo la silla, pero no la gorra) se pesan antes de una carrera y después de ésta. Ello asegura que se apeguen al peso designado (si falta peso, se añaden pesas en la silla). Durante la carrera no pueden dejar caer pesas, pues ello daría ventaja a su caballo.

**LEYENDAS**

**Lester Piggott**

*(1935- ) Británico*

Cuando se retiró como *jockey* de carreras en plano en 1995, había sido *jockey* campeón de Inglaterra en 11 ocasiones. Ganó el Derby nueve veces (un récord), el St. Leger ocho veces, el Oaks seis veces, el 2,000 Guineas cinco veces, y el 1,000 Guineas dos veces.

### Principales carreras internacionales en plano

| Carrera | Origen | Pista | Distancia |
|---|---|---|---|
| Copa Melbourne | 1861 | Flemington Pk, Victoria, Aus. | 3.2 km |
| Derby de Kentucky | 1875 | Louisville, EUA | 2.4 km |
| Prix de l'Arc de Triomphe | 1920 | Longchamp, París, Francia | 2.4 km |
| Copa Breeders | 1984 | Varias pistas de EUA y Canadá; siete carreras | Varias |
| Copa Dubai | 1996 | Dubai, EAU | 2 km |

**Carrera en plano** Es cualquier carrera entre caballos pura sangre en una pista sin obstáculos. Un pura sangre es un caballo anotado en el registro nacional genealógico de caballos, con ascendencia de cualquiera de los tres "caballos padres" árabes (el berberisco Godolphin, el turco Byerly Turk y el árabe Darley) llevados a Gran Bretaña entre 1690 y 1730.

**Carreras con obstáculos** Hay dos categorías:
- **Steeplechase** Los obstáculos pueden tener hasta 1.60 m de ancho y 1.80 m de altura. Algunos tienen zanjas antes o después. Las primeras carreras con obstáculos fueron a campo traviesa y como marcas se utilizaban agujas de campanario.
- **Carreras con vallas** Los obstáculos (vallas) son angostos y están a 1.07 m del suelo.

### Terminología de las carreras

- **Carrera clásica** El dueño generalmente paga una cantidad de dinero por correr un caballo. El dinero de las entradas junto con una contribución de la pista constituyen el premio para los caballos ganadores. Algunas de estas carreras son por invitación y no requieren pago.
- **Carrera handicap** A los caballos con mejor récord de carreras los ponen en desventaja cargándolos con peso extra.
- **Mano a mano** Una carrera entre dos caballos, generalmente los que mejor corren en una temporada particular.
- **Triunfo fácil *(walkover)*** Sucede cuando retiran a todos los caballos de una carrera, menos a uno. Los caballos pueden retirarse hasta varias horas antes del inicio de la carrera.

## CARRERAS DE TROTONES

En las carreras de trotones, los caballos tiran de un vehículo ligero de dos ruedas *(sulky)*, con un conductor. Trotan a 48 km/h o más. El trote y el paso requieren diferentes movimientos de las patas. En general, se corren distancias de 1.6 km y 2.4 km.

La carrera de trotones es para caballos comunes, de constitución más robusta que los pura sangre. Es en particular popular en Estados Unidos, Australia y Nueva Zelandia.

### Principales carreras en el Reino Unido

**Carreras clásicas en plano para caballos de tres años**

| Carrera | Origen | Pista | Distancia |
|---|---|---|---|
| St. Leger | 1776 | Doncaster, S. Yorks | 2.8 km |
| Oaks (potrancas) | 1779 | Epsom, Surrey | 2.4 km |
| Derby | 1780 | Epsom, Surrey | 2.4 km |
| 2,000 Guineas | 1809 | Newmarket, Suffolk | 1.6 km |
| 1,000 Guineas (potrancas) | 1814 | Newmarket, Suffolk | 1.6 km |

**Royal Ascot (carreras en plano)**

| Carrera | Origen | Pista | Distancia |
|---|---|---|---|
| Copa de Oro Ascot | 1807 | Ascot, Berkshire | 3.6 km |
| Apuestas Palacio St. James | 1834 | Ascot, Berkshire | 1.6 km |
| Apuestas de la Coronación | 1840 | Ascot, Berkshire | 1.6 km |

**Carreras steeplechase y con vallas**

| Carrera | Origen | Pista | Distancia |
|---|---|---|---|
| Grand National | 1837 | Aintree, Liverpool | 7.2 km |
| Copa de Oro Cheltenham | 1924 | Cheltenham, Glouc. | 5.2 km |
| Champion con Vallas | 1927 | Cheltenham, Glouc. | 3.2 km |

# Deportes hípicos



*Hay tres ramas principales de deportes ecuestres: salto en pista, pruebas de tres días y doma clásica, cada una con competencias individuales y en equipo. En todos los deportes hípicos, los jinetes deben usar ropa formal.*

**Doma clásica** Esta competencia prueba la obediencia de un caballo y el control del jinete. Comprende una serie de movimientos establecidos del caballo, al caminar, trotar y a medio galope. Cada movimiento se juzga por el equilibrio y la armonía entre caballo y jinete y las transiciones calmadas de un paso o movimiento al otro. Las reglas olímpicas marcan que ningún movimiento de la doma puede ser truco (deben ser movimientos naturales del caballo).

**Pruebas de tres días** Incluyen las capacidades del caballo y del jinete en la doma, campo traviesa y saltos. Los competidores no ganan puntos; incurren en puntos de penalización al final. En la doma, cada jinete y caballo deben ejecutar 20 movimientos determinados. El evento a campo traviesa incluye: dos secciones de camino y pista; una carrera de obstáculos y una a campo traviesa con 35 obstáculos. El salto en pista tiene de 10 a 12 obstáculos diseñados para probar el vigor y la agilidad del caballo, después de las demandas previas de la competencia.

## Juegos Olímpicos 2000

| Competencia individual | Ganador | Caballo | País |
|---|---|---|---|
| Salto de pista | Jeroen Dubbeldam | Sjiem | Holanda |
| Doma clásica | Anky van Grunsven | Bonfire | Holanda |
| Prueba de tres días | David O'Connor | Custom Made | EUA |

| Competencia de equipos | Ganador |
|---|---|
| Salto de pista | Alemania |
| Doma clásica | Alemania |
| Prueba de tres días | Australia |

**Salto de pista** Se cabalga en una pista que tiene de 15 a 20 obstáculos (incluyendo triple de barras, óxer de barras, rías y muros) con tiempo específico. Gana el jinete con menos "faltas", que se marcan por derribar vallas o negarse a saltarlas. En el caso de empate, se lleva a cabo otra vuelta a la pista o "desempate".

**LEYENDAS**

**Mark Todd**

*(1956- ) Neozelandés*

Ganó el oro en la prueba de tres días en los Juegos Olímpicos de 1984 y 1988; ayudó a Nueva Zelandia a ganar el título de la prueba de tres días en los Campeonatos Mundiales de 1990. Ganó medallas de oro individuales en la prueba de tres días en eventos hípicos en Badminton y Burghley.

**Pista para prueba de obstáculos** Este campo de 120 x 80 m contiene cinco categorías de saltos, cada una diseñada para probar diferentes aspectos de la habilidad y atletismo del caballo y el jinete.

**Combinación** Dos o tres saltos (elementos) colocados a una o dos zancadas de distancia.

**Vertical** Una empalizada o muro que prueba la precisión y agilidad.

**Muro** No más alto de 1.70 m, se asemeja a un muro real de ladrillo o piedra.

**Ría** Un seto o muro seguido por agua poco profunda; puede tener hasta 4.5 m de ancho.

**Óxer de barras** Una valla ancha que requiere la fuerza del caballo para saltar el espacio y control para recuperar su ritmo antes de dar el siguiente salto.

Salida

Meta

**LEYENDAS**

**Alwin Schockemöhle**

*(1937- ) Alemán*

Ganó su primera medalla de oro olímpica en salto de pista en 1960 con el equipo alemán. La segunda en 1976, en competencia individual. Completó la final olímpica de 1976 con cero faltas. Con él, sólo tres personas habían logrado esta hazaña.

# Economía global

# Economía

# Mapa de la riqueza mundial

*La riqueza de un país puede medirse calculando su producto interno bruto (PIB), esto es, el valor total de mercado de los bienes y servicios que produce en un año. Las diez economías más desarrolladas, medidas por el PIB, controlan casi todo el comercio mundial y son, por tanto, las naciones más ricas. Organizaciones como el Banco Mundial y las Naciones Unidas canalizan capitales mediante préstamos o ayuda de países ricos a pobres para elevar los niveles de vida globales.*

## CÁLCULO DE LA RIQUEZA

Para obtener el PIB se suman las cifras del valor monetario de gastos (gubernamental y privado) de un país, de los bienes de inversión (capital en forma de maquinaria, fábricas y viviendas) y de las exportaciones netas (el monto de las exportaciones menos el de las importaciones). Las exportaciones incluyen las ganancias de los bienes, como automóviles y alimentos, y los servicios, como seguros y transporte de mercancía.

Los gobiernos controlan sus ingresos y egresos en una cuenta corriente. La solicitud de fondos extranjeros para invertir en la industria nacional propicia el crecimiento económico, lo que, a su vez, eleva el ingreso nacional en el largo plazo.

**Niveles de vida** El nivel de vida de un país se calcula dividiendo su PIB entre el número de sus habitantes, a fin de obtener la cifra del PIB por persona (per cápita). Si el PIB crece a una tasa más alta que la población, el ingreso por persona es mayor y el nivel de vida se eleva; si la población crece más rápidamente que el PIB, el nivel de vida decrece.

**Desarrollo económico** Casi 75% de la población mundial vive en países en vías de desarrollo. Aunque éstos están empeñados en mejorar sus niveles de vida, aún no alcanzan niveles de producción viables. Organismos internacionales como las Naciones Unidas (ONU) y el Banco Mundial impulsan el crecimiento económico en esos países canalizando capital de economías desarrolladas de dos modos: a través de apoyo técnico y médico; y mediante préstamos para invertir en salud, educación, servicios e infraestructura como carreteras y aeropuertos.

El éxito de los proyectos ha variado, pues el apoyo financiero para la ejecución de planes a menudo se ha ceñido al diseño y crecimiento de empresas de países desarrollados, lo que impide la generación local de empleos y capacitación. En muchos casos los préstamos se han desperdiciado por una planificación deficiente y por jefes de estado sin escrúpulos que lo han dilapidado en "lujos" o en la adquisición de armamento extranjero. Pocos han aprovechado con éxito los préstamos. China, la India y Corea del Sur, por ejemplo, lo lograron incrementando su comercio durante la segunda mitad del siglo XX.

### Deuda mundial

Al iniciar la década de 1980, la recesión mundial y las altas tasas de interés abatieron las ganancias por exportaciones, por lo que muchos países en vías de desarrollo suspendieron el pago de sus deudas. Al caer los precios del petróleo, en 1985, los países productores de este insumo lucharon por pagar los intereses de los préstamos acordados en el auge petrolero de la década de 1970. Al final del siglo XX, renegociaron el pago de su deuda en periodos más largos.

**Mayores deudas externas en millones de dólares estadounidenses (US$), 1999**

| | | | | | | | | |
|---|---|---|---|---|---|---|---|---|
| **1** | Brasil | 244,673 | **6** | Argentina | 147,880 | **11** | Polonia | 54,268 |
| **2** | Rusia | 173,940 | **7** | Corea del Sur | 129,784 | **12** | Filipinas | 52,022 |
| **3** | México | 166,960 | **8** | Turquía | 101,796 | **13** | Malasia | 45,939 |
| **4** | China | 154,223 | **9** | Tailandia | 96,335 | **14** | Chile | 37,762 |
| **5** | Indonesia | 150,096 | **10** | India | 94,393 | **15** | Venezuela | 35,852 |

## LA DISTRIBUCIÓN DE LA RIQUEZA

El mapa nos ofrece una guía de la riqueza mundial. A mayor PIB per cápita, mejor nivel de vida. Los 13 países más ricos (los que ostentan los PIB nacionales más altos) y Rusia están clasificados en términos de producción industrial.

**PIB per cápita (dólares estadounidenses)**

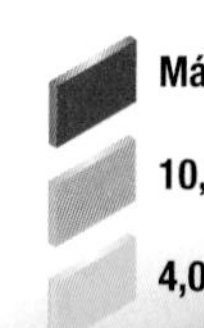

**Más de 18,000**
**10,000-18,000**
**4,000-10,000**
**1,000-4,000**
**Menos de 1,000**

**Canadá**
8 PIB: US$638,000 millones
10 Producto industrial: US$177,000 millones
Exportación de bienes: 4.06% del total mundial. Exportación de servicios: 2.01% del total mundial
Importación total: US$220,183 millones
**Balance en cuenta corriente: –US$11,200 millones**

**Estados Unidos**
1 PIB: US$9,178,000 millones
1 Producto industrial: US$2,055,000 millones
Exportación de bienes: 15.32 % del total mundial
Exportación de servicios: 20.26 % del total mundial
Importación total: US$1,059,000 millones
**Balance en cuenta corriente: –US$220,600 millones**

**Brasil**
10 PIB: US$519,000 millones
8 Producto industrial: US$223,000 millones
Exportaciones visibles: 1.05% del total mundial
Exportaciones invisibles: 0.49% del total mundial
Importación total: US$52,059 millones
**Balance en cuenta corriente: –US$33,800 millones**

**Reino Unido**
(4) PIB: US$1,463,000 millones
(5) Producto industrial: US$392,000 millones
Exportación de bienes: 5.57% del total mundial. Exportación de servicios: 10.98% del total mundial
Importación total: US$317,968 millones
**Balance en cuenta corriente: –US$800 millones**

**España**
(9) PIB: $588,000 millones
(9) Producto industrial: $178,000 millones
Exportación de bienes: 2.30% del total mundial. Exportación de servicios: 2.48% del total mundial
Importación total: $144,436 millones
**Balance en cuenta corriente: –US$1,600 millones**

**Francia**
(5) PIB: US$1,445,000 millones*
(6) Producto industrial: US$381,000 millones
Exportación de bienes: 5.56% del total mundial. Exportación de servicios: 5.76% del total mundial
Importación total: US$216,621 millones
**Balance en cuenta corriente: +US$40,200 millones**
(*incluyendo ministerios en el extranjero)

**Italia**
(6) PIB: US$1,176,000 millones
(7) Producto industrial: US$359,000 millones
Exportación de bienes: 4.33% del total mundial. Exportación de servicios: 4.63% del total mundial
Importación total: US$216,621 millones
**Balance en cuenta corriente: +US$20,000 millones**

**Alemania**
(3) PIB: US$2,149,000 millones
(3) Producto industrial: US$695,000 millones.
Exportación de bienes: 9.64% del total mundial. Exportación de servicios: 6.34% del total mundial
Importación total: US$472,161 millones
**Balance en cuenta corriente: –US$3,400 millones**

**Rusia**
(24) PIB: US$190,000 millones
(12) Producto industrial: US$116,000 millones. Exportación de bienes: 1.28% del total mundial. Exportación de servicios: 0.67% del total mundial
Importación total: US$40,429 millones
**Balance en cuenta corriente: +US$2,100 millones**

**Corea del Sur**
(12) PIB: US$395,000 millones
(11) Producto industrial: US$171,000 millones.
Exportación de bienes: 2.15% del total mundial. Exportación de servicios: 1.09% del total mundial
Importación total: US$119,750 millones
**Balance en cuenta corriente: +US$40,600 millones**

**Japón**
(2) PIB: US$4,368,000 millones
(2) Producto industrial: US$1,513,000 millones
Exportación de bienes: 6.03% del total mundial. Exportación de servicios: 10.60% del total mundial
Importación total: US$311,262 millones
**Balance en cuenta corriente: +US$120,700 millones**

**China**
(7) PIB: US$994,000 millones
(4) Producto industrial: US$453,000 millones.
Exportación de bienes: 3.09% del total mundial. Exportación de servicios: 1.15% del total mundial
Importación total: US$165,788 millones
**Balance en cuenta corriente: +US$29,300 millones**

**Australia**
(13) PIB: US$390,000 millones
(15) Producto industrial: US$101,000 millones.
Exportación de bienes: 1.13% del total mundial. Exportación de servicios: 0.88% del total mundial
Importación total: US$69,135 millones
**Balance en cuenta corriente: –US$18,100 millones**

**India**
(11) PIB: US$468,000 millones
(13) Producto industrial: US$107,000 millones.
Exportación de bienes: 0.76% del total mundial. Exportación de servicios: 0.53% del total mundial
Importación total: US$44,889 millones
**Balance en cuenta corriente: –US$6,900 millones**

## El Índice de Desarrollo Humano (IDH)

El Índice de Desarrollo Humano, generado anualmente por la ONU, mide el desarrollo económico en términos de las mejoras en la calidad de vida, combinando estadísticas de PIB per cápita, esperanza de vida, educación y alfabetismo en adultos. En una escala del 1 al 100, hay tres categorías de desarrollo: alto (80 a 100), medio (50 a 80) y bajo (menos de 50).

| **Alto (1998)** | |
|---|---|
| Canadá | 93.5 |
| Noruega | 93.4 |
| Estados Unidos | 92.9 |
| Australia | 92.9 |
| Islandia | 92.7 |
| Suecia | 92.6 |
| Bélgica | 92.5 |
| Países Bajos | 92.5 |
| Japón | 92.4 |
| Reino Unido | 91.8 |

| **Medio** | |
|---|---|
| Ecuador | 72.2 |
| Jordania | 72.1 |
| Armenia | 72.1 |
| Albania | 71.3 |

| **Bajo** | |
|---|---|
| Etiopía | 30.9 |
| Burkina Faso | 30.3 |
| Níger | 29.3 |
| Sierra Leona | 25.2 |

vea también
446 **Finanzas internacionales**
448 **Dinero y mercados**
450 **Comercio y banca**
452 **Principios de economía**

*El sistema financiero internacional está regido por organismos monetarios y gobiernos, los que emiten valores y regulan su intercambio entre países. Desde la década de 1960, con la expansión de la tecnología de la informática, el intercambio monetario se ha vuelto más veloz y fácil, por lo que empresas e individuos deseosos de aumentar su capital o invertir grandes caudales buscan la mejor inversión en el extranjero.*

## CONTROL DE DIVISAS INTERNACIONALES

Adquirir bienes o servicios en otro país exige, en general, un pago en la divisa local. En algún momento, los viajeros deben cambiar su moneda por la que circula en el país que visitan. A fin de que este cambio sea justo, el sistema financiero internacional fija tipos de cambio entre monedas globalmente aceptables.

**Tipos de cambio** El tipo de cambio es la relación con que se puede canjear la unidad monetaria de un país por la unidad monetaria de otro. Un tipo de cambio favorable pone a disposición más dinero extranjero por unidad de dinero local. De este modo, la moneda local tiene mayor demanda en otros países y se considera "fuerte". Los factores que marcan la confianza extranjera en una moneda y contribuyen a su fortalecimiento son la estabilidad política, una tasa baja de inflación, que mantiene bajos los precios, y tasas de interés mayores al promedio, que ofrecen buenos rendimientos a las inversiones extranjeras.

**Divisas de reserva** Son las monedas que atraen la confianza internacional a largo plazo, ya que los gobiernos y las instituciones financieras en todo el mundo establecen fondos para usarlos en el comercio exterior. La principal divisa de reserva es el dólar estadounidense, que financia más del 50% del comercio mundial.

**Bajo control** Una moneda fuerte tiene beneficios o desventajas. Un tipo de cambio favorable significa que la gente puede adquirir con su dinero más bienes y servicios importados que productos locales. A medida que decae el mercado para los productos locales, se necesita menos fuerza laboral y aumenta el desempleo.

Para evitar este problema, los gobiernos nacionales tratan de mantener su moneda estable y fuerte. Los métodos para lograrlo consisten en limitar las importaciones o imponerles aranceles y bajar las tasas de interés. Esto atrae inversionistas foráneos, reduce el valor de la moneda local frente a otras monedas e impulsa la exportación.

**La bolsa de Malasia** Hay casi 50 mercados financieros en el mundo, la mayoría en países desarrollados o en vías de desarrollo acelerado.

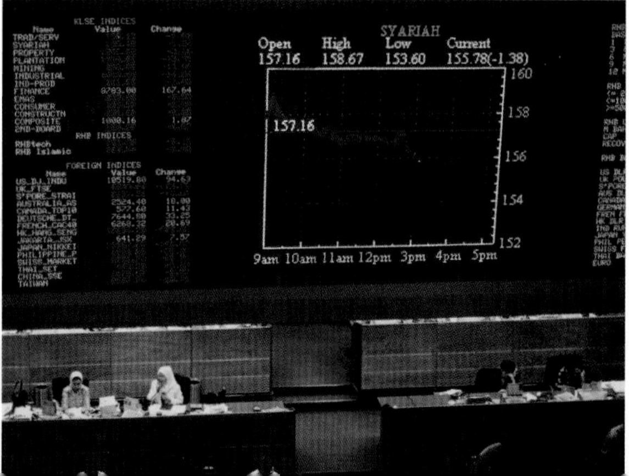


## LOS PRINCIPALES MERCADOS FINANCIEROS

En 1992 se estimaba que los mercados mundiales de capital valían unos 35 billones de dólares estadounidenses y en 1999, más de 80 billones. Las finanzas internacionales del centro global más importante, Nueva York, valían casi 17,000 millones a fines de 1999. Los símbolos numéricos del mapa muestran el rango de las principales ciudades del sistema financiero internacional en áreas específicas del control bursátil; los relojes, la diferencia de horas entre éstas.

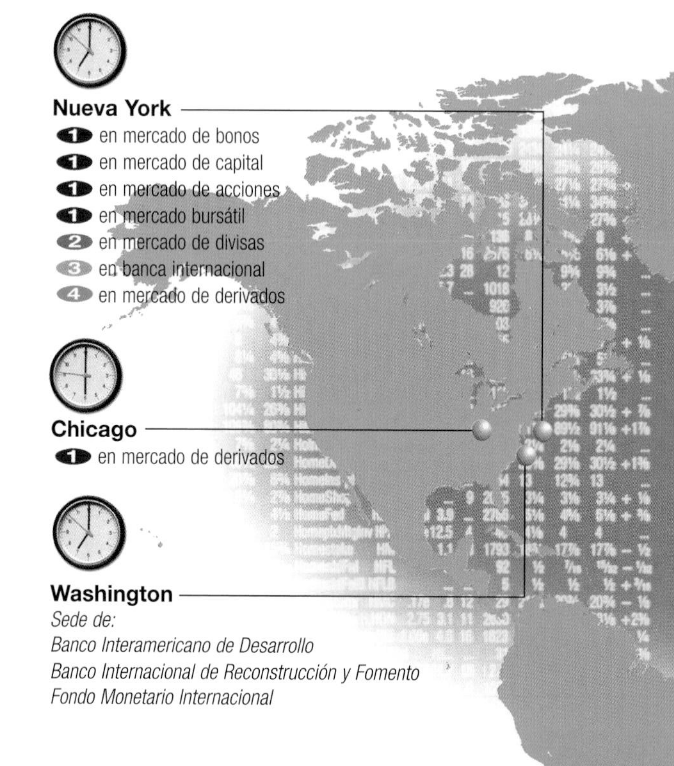


### El índice "Big Mac"

En la década de 1980, la revista *The Economist* de Londres creó el índice Big Mac como medio para comparar el poder adquisitivo de las monedas del mundo. El precio de una hamburguesa Big Mac es un indicador adecuado porque es uno de los pocos productos idénticos en todo el mundo. En Estados Unidos, en abril de 2001, una Big Mac de McDonald's costaba US$2.54. En Suiza, valía US$3.65 y en Malasia, US$1.19. En otras palabras, puede comprarse más con el dólar en Malasia que en Estados Unidos y mucho más que en Suiza. Si una moneda tiene un poder adquisitivo mayor en su propio país que en otros (y el costo de una Big Mac se abarata), está por debajo de su valor real, pues gastaría más para comprar el mismo producto en otros países; pero si compra menos en su país que en otros (y el costo de una Big Mac aumenta), está sobrevalorada.

**El precio de una Big Mac, abril de 2001**
Diferencias porcentuales en dólares estadounidenses

| | US$ | % | | US$ | % |
|---|---|---|---|---|---|
| *Estados Unidos* | *2.54* | – | | | |
| Área del euro | 2.27 | –11 | Japón | 2.38 | –6 |
| Australia | 1.52 | –40 | Malasia | 1.19 | –53 |
| Canadá | 2.14 | –16 | Reino Unido | 2.85 | +12 |
| China | 1.20 | –53 | Rusia | 1.21 | –52 |
| Dinamarca | 2.93 | +15 | Suiza | 3.65 | +44 |

**Londres**
*Principal centro financiero del mundo*
*Sede del Banco Europeo para la Reconstrucción y el Desarrollo*
1 en eurobonos
1 en intercambio de futuros y opciones europeas
1 en mercado de divisas
1 en mercado de seguros
1 en banca internacional
2 en mercado de derivados
3 en mercado bursátil

**Hong Kong**
2 en centros financieros de Asia-Pacífico
2 en el mercado bursátil asiático
2 en mercado de divisas
4 en banca internacional

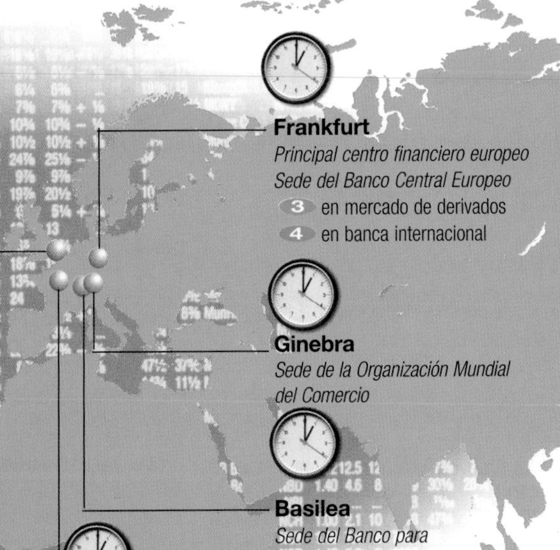

**Frankfurt**
*Principal centro financiero europeo*
*Sede del Banco Central Europeo*
3 en mercado de derivados
4 en banca internacional

**Ginebra**
*Sede de la Organización Mundial del Comercio*

**Basilea**
*Sede del Banco para Acuerdos Internacionales*
6 en mercado de divisas

**París**
*Sede de la OCDE*
5 en comercio de derivados
7 en banca internacional

**Tokio**
1 en centros financieros de Asia-Pacífico
1 en el mercado bursátil asiático
2 en mercado bursátil
2 en mercado de capital
2 en banca internacional
3 en mercado de divisas

**Manila**
*Sede del Banco de Desarrollo Asiático*

**Singapur**
3 en centros financieros de Asia-Pacífico
4 en mercado de divisas
5 en banca internacional

## TÉRMINOS CLAVE

**Derivados** Productos financieros que asumen el riesgo monetario asociado a compras y ventas; por ejemplo los *futuros,* que permiten comprar o vender un producto o un activo a un precio fijo antes del envío para evitar la fluctuación de precios y cambios, o *swaps,* que cambian las tasas de interés fluctuantes por tasas fijas, o viceversa, para reducir los pasivos.

**Eurobonos** Bonos o efectivo guardados fuera del país que los emitió. Estados Unidos empezó a utilizar este concepto europeo en la década de 1970, depositando dólares en el exterior (eurodólares) para evitar regulaciones financieras locales.

**Mercado de capitales** Comercio de títulos-valor de gobiernos o empresas (certificados de activos financieros, como bonos y acciones) para financiar planes empresariales o políticos a largo plazo.

**Títulos** Acciones propias de compañías que rinden dividendos (pago por concepto de utilidades).

## Instituciones financieras globales

El sistema financiero internacional está regulado por varias organizaciones que trabajan para elevar el nivel de vida global. Las siguientes instituciones fomentan el comercio y las comunicaciones financieras globales y apoyan a los países en vías de desarrollo.

**Banco Asiático de Desarrollo (BAD)** Fundado en 1966, alienta el crecimiento económico en Asia y el Lejano Oriente mediante préstamos y apoyo técnico.

**Banco de Pagos Internacionales (BPI)** Fundado en 1930, lo integran directivos de los bancos centrales de los estados comerciales. Facilita acuerdos financieros y realiza evaluaciones económicas.

**Banco Central Europeo (BCE)** Fundado en 1998, fija tasas de interés para el euro.

**Banco Europeo para la Reconstrucción y el Desarrollo (BERD)** Fundado en 1991, apoya la reforma económica en las zonas central y oriental de Europa.

**Banco Interamericano de Desarrollo (BID)** Fundado en 1959, financia el desarrollo económico y social en América.

**Banco Internacional de Reconstrucción y Fomento (BIRF) (Banco Mundial)** Fundado en 1945, ofrece inversión a largo plazo, apoyo técnico y asesoría económica a países en vías de desarrollo.

**Fondo Monetario Internacional (FMI)** Fundado en 1947, es el organismo de la ONU que fomenta el comercio mundial, la cooperación monetaria y el equilibrio en el mercado accionario. Otorga préstamos a los países miembros con problemas financieros.

**Organización para la Cooperación y el Desarrollo Económico (OCDE)** Fundada en 1961, promueve acuerdos internacionales sobre economía y política social en los países miembros para elevar su economía y crear empleos.

**Organización Mundial del Comercio (OMC)** Fundada en 1995, administra acuerdos de comercio internacional, resuelve disputas y reduce barreras.

## El euro

La introducción del euro en 12 estados europeos entre 1999 y 2002 eliminó los tipos de cambio entre ellos. Con esta moneda única se buscaba estabilizar precios y reducir costos en las transacciones financieras, y crear así una divisa que se enfrentara al dólar estadounidense. Antes, como primer paso y para prevenir problemas, se habían estabilizado las 12 monedas locales.

vea también
324 **Organismos internacionales**
326 **Instituciones europeas**
444 **Mapa de la riqueza mundial**
450 **Comercio y banca**

*El dinero evolucionó como un medio mejor que el trueque para intercambiar mercancías. Las primeras monedas valían por el metal precioso que contenían. Aunque el dinero actual vale poco en sí mismo, el gobierno ordena aceptarlo como medio de pago. Los nuevos métodos de pago propician la aparición de mercados cambiarios, que comercian artículos de valor monetario, desde dinero y oro hasta valores empresariales y bonos: certificados de deuda.*

## ¿QUÉ ES EL DINERO?

El dinero es un medio de cambio para bienes y servicios universalmente aceptado. Su uso es más rápido y fácil que el trueque. Éste es poco eficiente, pues obliga a encontrar a alguien que venda lo que uno quiere y que acepte lo que uno ofrece. También exige crear un complejo sistema de valores comparativos entre los distintos tipos de mercancía.

Las monedas metálicas han perdurado como un medio de cambio desde el siglo VIII a.C. debido a muchas características convenientes:

- Las monedas pueden acuñarse en pequeñas denominaciones para que sean adecuadas y fáciles de llevar para transacciones menores.
- Los metales preciosos empleados originalmente para acuñar monedas les confirieron un elevado valor intrínseco en relación con su tamaño y peso.
- Las monedas son durables y se pueden reciclar, ya que es posible fundirlas y acuñarlas de nuevo.
- Es difícil falsificar los discos metálicos grabados.

Para transacciones mayores, resultó más adecuado el uso de papel moneda. Estos billetes representaban la promesa del emisor de pagarle al portador cierto valor en oro o plata y se difundieron ampliamente en el siglo XVIII. El vínculo entre la moneda dura y los metales preciosos tendió a desaparecer después de la Primera Guerra Mundial. En esta época se restringió la exportación de oro y menguaron los recursos naturales. Muchos clientes de los bancos no solicitaban acceso al oro y los bancos no necesitaban grandes reservas para sustentar su dinero. La "promesa de pago" dejó de ser válida, esto es, a la mayoría del dinero actual no lo respalda un metal precioso. Deriva su valor de un mandato, una orden del gobierno que lo declara moneda de curso legal, y se conoce como moneda fiduciaria.

Hoy, la compra de bienes y servicios no se basa en moneda dura. Los cheques, cuyo origen data de las órdenes de los banqueros del siglo XVII, y las tarjetas de crédito, un invento del siglo XX, han hecho que el pago sin efectivo sea fácil y eficaz.

**Cambio de rostro** Desde la Edad Media, el dinero ha avanzado del oro puro al plástico. Un doblón español del siglo XVI contrasta con una tarjeta de Diners Club, la primera tarjeta de crédito que surgió. En 1951, Diners Club envío la tarjeta a 200 clientes, que podían usarla para pagar en 27 restaurantes de Nueva York.

### Antes de 1000 a.C.

**El primer dinero**
Herramientas decorativas, armas y objetos de importancia religiosa y ceremonial se aceptan ampliamente como forma de pago.

En Europa, los comerciantes intercambian anillos y espirales metálicas.

En la India, China y Medio Oriente se intercambian conchas de cauri como medio de pago. A medida que evoluciona el comercio, el uso de éstas se extiende por Asia, África y las islas del Pacífico.

### *c.* 800-500 a.C.

**Dinero metálico**
Aparecen las primeras monedas con valor asignado por los países emisores. Los comerciantes chinos intercambian discos de cobre. En Lidia (actual Turquía), mercaderes acuñan valiosas monedas de electro, aleación de oro y plata.

**Siglo VII a.C.** Ciudades-Estado egeas emiten monedas de metal precioso con símbolos del estado.

**Siglo VI a.C.** Se emiten las primeras monedas de plata y oro puros en Lidia, todas con peso garantizado y marcadas con la insignia del rey Creso.

### 1100

**Sistemas internacionales**
Para otorgar crédito y comerciar, bancos y mercaderes emiten letras de cambio, promesas escritas de pago en una fecha futura. Se negocian en Francia, práctica que contribuye a la aparición posterior del mercado de valores.

**1252** La ciudad de Florencia acuña *fiorini d'oro* (flores de oro), monedas de oro con la imagen de un lirio. Su uso en el comercio internacional las hace valer en toda Europa. Fuera de Italia, se conocen como florines.

### 1500

**Mercados de capitales**
Aparecen las sociedades anónimas cuando varios propietarios aportan capital para fundar un nuevo negocio. Jefes de estado europeos facultan a estas sociedades para explorar y colonizar nuevos territorios.

**1555** Comerciantes ingleses en Rusia crean la primera sociedad anónima: The Muscovy Company. Cada uno posee parte de los activos y beneficios de la sociedad.

**1600** Se crea la sociedad anónima East India Company para comerciar en el este y sureste asiáticos.

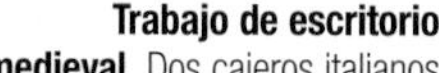

**Trabajo de escritorio medieval** Dos cajeros italianos esperan clientes en un banco del siglo XIV. En la Edad Media, Italia progresó con el comercio de trigo y lana.

**Trueque actual** Un mercader itinerante muestra su mercancía al inspector de mercados en Sokoto, Nigeria, donde el oro y las nueces de cola se cambian por armas y sal, vendida en forma de conos (al frente).

## MERCADOS DEL DINERO

Son las instituciones que compran y venden dinero y finanzas a corto plazo. Los agentes de bolsa negocian con lingotes de oro, divisas y valores a corto plazo, documentos que garantizan el reembolso posterior de un financiamiento o deuda, como bonos o acciones y valores.

**Mercado de lingotes de oro** Las barras de oro se comercian en general para la fabricación de monedas, componentes industriales y joyería. Los principales mercados de este tipo están en Hong Kong, Londres y Nueva York.

**Mercado de divisas** Los agentes de bolsa compran y venden dinero. El dólar estadounidense es el principal medio de intercambio usado: los valores se intercambian por dólares, que se vuelven a cambiar por otro tipo de moneda.

**Mercado de valores** La compra y la venta de valores se realiza en mercados bursátiles. Los agentes de cambio, que están encargados de las pujas, compran y venden en nombre de los clientes y cobran una comisión por sus servicios. Los mercados de valores más importantes están en las ciudades de Londres, Nueva York y Tokio.

**Contratación en pantalla** En 1983 el mercado de valores de Toronto, Canadá, introdujo el comercio electrónico, y dio un acceso inmediato a sus miembros a la información comercial que se mostraba en pantalla. Para 1985, Toronto había establecido vínculos comerciales en América del Norte. Todo el mundo adoptó el sistema, lo que aceleró el comercio y amplió sus alcances.

### Términos clave

**Acciones y valores** Los valores son porciones de capital suscritos como parte de la posesión de una compañía. Las acciones son grupos de valores; el término puede referirse específicamente a préstamos a interés fijo otorgados a empresas, autoridades locales o gobiernos.

**Bonos** Certificados de deuda gubernamental o corporativa que se liquidan a tasas de interés fijas tras un plazo determinado.

**DATO**

**Los primeros mercados bursátiles aparecieron en Amberes (1531), Hamburgo (1558) y Amsterdam (1611). El de Londres surgió en 1773, y el de Nueva York, en 1817.**

**Dinero sin valor** En la década de 1920, Alemania imprimía dinero sin respaldo en un esfuerzo por liquidar sus indemnizaciones de guerra. Conforme crecía la reserva de dinero, lo mismo ocurría con los precios. En 1923, la inflación se elevó a 332% mensual, dejando obsoleta la moneda alemana.

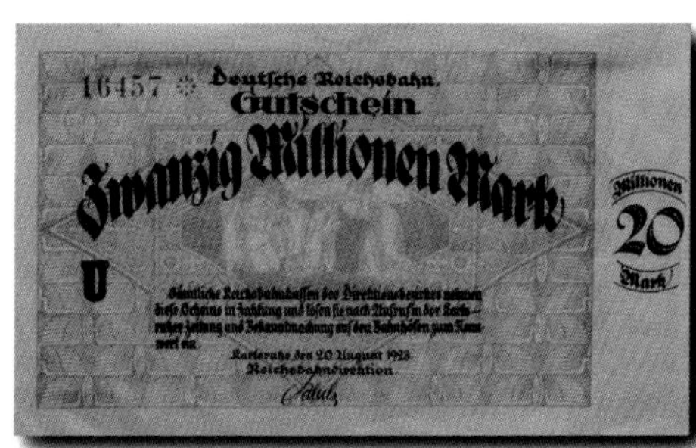


vea también
444 **Mapa de la riqueza mundial**
446 **Finanzas internacionales**
450 **Comercio y banca**
452 **Principios de economía**

**1657**

**Banca y papel moneda**
Inicia operaciones el Banco de Estocolmo, primer banco con un departamento de préstamos. En 1661 emite los primeros billetes de Europa. En 1664, se declara insolvente por sus adeudos.

**1668** La desaparición del Banco de Estocolmo conduce a la formación del primer banco central del mundo: el Banco de Suecia, propiedad del estado.

**1694** Se funda el Banco de Inglaterra, que ayuda a establecer a la City de Londres como centro de la actividad financiera mundial.

**1700**

**Burbuja por estallar**
La ausencia de reglas impulsa a sociedades anónimas francesas e inglesas a urdir desaforadas especulaciones con sus acciones, prometiendo pingües beneficios a los inversionistas.

**1720** La South Sea Company de Gran Bretaña ofrece acciones al público y difunde rumores de enormes beneficios futuros, sobornando a políticos para que promuevan la empresa. El precio por acción se eleva de 128 libras en enero, a 1,000 en agosto. En septiembre los inversionistas dudan del trato, la burbuja revienta y cae el precio de las acciones.

**1920-1929**

**Desplome bursátil**
En 1920, el crédito fácil en Estados Unidos impulsa a los inversionistas a endeudarse para comprar acciones, cuyo valor se dispara.

**1929** La autoridad bancaria de Estados Unidos, la Reserva Federal, restringe créditos para acabar con la especulación financiera.

**24 de octubre, 1929: Jueves Negro** Desconfiados, los inversionistas venden sus acciones; el mercado se desploma. Estados Unidos pide el pago de préstamos internacionales. Los bancos de Europa cierran. Los inversionistas retiran sus ahorros y comienza la "Gran Depresión".

**1975**

**Desregulación**
**1º de mayo, 1975: May Day** La Bolsa de Valores de Nueva York suprime la comisión fija a los corredores para que negocien tasas competitivas.

**Octubre, 1986: Big Bang** La Bolsa de Valores de Londres suprime el cargo de comisión a corredores. Su sistema de intermediarios (los que compran y venden acciones) y corredores (los que hacen enlace entre intermediarios y público) termina con la fusión de ambos cargos. Así los corredores negocian directamente las acciones y estimulan el crecimiento del mercado.

## El patrón oro

Hasta 1937, los sistemas monetarios seguían un patrón común, según el cual la unidad monetaria básica equivalía a un peso fijo de oro. Cada moneda o billete de banco en circulación estaba respaldado por un valor equivalente de oro guardado en las bóvedas del banco central. El oro tenía un valor común en todos los países, lo que hacía más fácil el intercambio de pagos. Gran Bretaña introdujo el patrón oro en 1821. Para 1900, la mayor parte de las principales economías del mundo lo había acogido. Fue suspendido durante la Primera Guerra Mundial y abandonado gradualmente tras la Gran Depresión de 1929.

*La sexta parte de la población produce casi 80% de los bienes y servicios mundiales y deposita en los bancos 80% del bienestar mundial. El comercio de bienes y servicios excedentes financia la producción futura, lo que baja costos, fomenta el crecimiento económico y eleva el ingreso nacional. La prosperidad de un país se calcula, en parte, por la firmeza y magnitud de su banca.*

## ¿PARA QUÉ COMERCIAR?

Pocos países podrían mantener un buen nivel de vida sin comercio internacional. De usar únicamente materias primas locales, cada país sólo podría producir ciertos productos. El comercio mundial hace disponible una vasta diversidad de materiales, desde petróleo de Medio Oriente hasta madera proveniente de los bosques noruegos. También permite la amplia distribución de distintos tipos de bienes manufacturados en otros países. Asimismo, el comercio beneficia a la industria interna, ya que:

- Fluye el dinero de pagos provenientes de bienes y servicios exportados.
- Las materias primas importadas impulsan la producción interna y la exportación de bienes manufacturados.
- El incremento de la producción industrial amplía las industrias de servicios en áreas como la banca, el transporte de bienes y los seguros.
- Crece el empleo, pues la industria contrata fuerza laboral para responder a la creciente demanda de bienes y servicios.

**Prosperidad mediante la especialización** Los países aprovechan las materias primas locales y las habilidades del personal especializado para producir determinados tipos de bienes. Por ejemplo, Indonesia se especializa en la madera y sus productos, y Japón, en artículos electrónicos. Cuando es fácil conseguir materias primas y personal capacitado, el costo promedio de producción baja y la productividad se incrementa, lo que genera un excedente de bienes. Este excedente puede negociarse a cambio de productos de otros países cuya producción nacional sería costosa. De este modo, el comercio internacional reduce los costos de producción en todo el mundo, el trabajador promedio puede adquirir más bienes por su dinero y los niveles de vida mejoran.

## El proteccionismo y el libre comercio

**Proteccionismo**
Para proteger a la industria nacional de la competencia exterior, los gobiernos crean barreras comerciales, como los *aranceles,* deberes o impuestos que se aplican a las importaciones para elevar su precio de venta, y las *cuotas,* límites a la cantidad de importaciones de ciertos bienes.

**Ventajas**
- Los productores nacionales tienen menos competidores.
- El balance comercial (ganancias obtenidas por la venta de bienes) del país mejora.
- Puede protegerse a las nuevas industrias nacionales hasta que estén bien establecidas.

**Desventajas**
- Otros países también imponen barreras comerciales.
- Algunas industrias internas se vuelven monopolios.
- Hay menos opciones y precios más altos.

**Libre comercio**
El comercio de bienes entre países libre de barreras comerciales incrementa la producción mundial. La Organización Mundial del Comercio, fundada en 1995, busca eliminar las barreras comerciales en el mundo.

**Ventajas**
- Crecen las exportaciones y el producto industrial.
- Los consumidores disfrutan de una variedad de bienes más amplia, a precios más bajos.
- Los países se especializan más en el tipo de bienes y servicios que producen.

**Desventajas**
- Las importaciones pueden exceder a las exportaciones; el dinero sale del país para pagar bienes extranjeros.
- Si ciertos bienes pueden producirse a menor costo en otros países, las industrias nacionales enfrentan la competencia de importaciones de menor precio.

## Cooperación comercial internacional

El libre comercio se sustenta más fácilmente a través de asociaciones de países que a lo largo del mundo en general. Hay dos tipos principales de asociaciones de libre comercio:

**Área de libre comercio** Asociación de países que acuerdan la aplicación de incentivos de exportación y la remoción de aranceles y cuotas al comerciar con los miembros. Imponen aranceles y cuotas a los países no adscritos. Un ejemplo es el Tratado de Libre Comercio de América del Norte, integrado por Canadá, Estados Unidos y México en 1994.

**Unión de aduanas** Asociación de países que acuerdan remover barreras comerciales entre los miembros e imponen un arancel común a los países no adscritos. La Unión Europea (UE), fundada en 1993, ejemplifica la unión de aduanas. Además del libre comercio, mantiene políticas comunes de comercio, agricultura, seguridad y transporte.

# BANCA

En casi todos los países un banco central controla el flujo de dinero, y sustenta un sistema de banca comercial, de inversión y universal.

**Los bancos centrales** mantienen una reserva de seguridad en monedas extranjeras y oro, y dan apoyo a bancos comerciales mediante anticipos a corto plazo cuando decrecen las reservas de éstos. También transfieren dinero y oro hacia o desde otros bancos centrales e instituciones financieras internacionales. El objetivo principal de un banco central es mantener alta la tasa de empleo y la producción, y estabilizar los precios regulando las condiciones monetarias. Entre los métodos empleados están:

- Controlar el suministro de dinero mediante la emisión de papel moneda, compra y venta de títulos-valor del gobierno y control de la deuda interna.
- Asesorar al gobierno sobre el suministro de dinero, las tasas de interés, el tipo de cambio y la inflación.
- Establecer tasas de interés nacional.
- Intervenir en los mercados de dinero para estabilizar el tipo de cambio de la moneda nacional.

**Los bancos comerciales** tratan con el público en sucursales locales por medio de cuentas de cheques para tomar depósitos, otorgar préstamos y cambiar y vender monedas extranjeras. Son negocios creados para obtener ganancias. A los bancos comerciales también se les llama banca de depósito o crediticia. En Estados Unidos se les conoce como bancos afiliados (en alusión a su adscripción al sistema de la Reserva Federal).

**Los bancos de inversión** comercian acciones y bonos y asesoran a sus clientes sobre cómo y cuándo emitirlos o garantizarlos (prometer el pago de documentos aún no adquiridos). No toman depósitos del público. En el Reino Unido, los bancos de inversión se conocen como "casas de emisión" o "bancos mercantiles".

**Los bancos universales** combinan las funciones de los bancos comerciales y los de inversión, esto es, reciben depósitos del público, otorgan créditos al público y aseguran valores. También ofrecen seguros, administración de bienes y asesoría financiera.

## Bancos centrales influyentes

**Sistema de la Reserva Federal (EUA)** Fundado en 1913, tiene su sede en Washington, D.C. Fija la política de 12 bancos centrales regionales (de la Reserva Federal) de Estados Unidos, lo que lo convierte en la banca central más importante del mundo. Responde ante el Congreso de ese país.

**Banco de Inglaterra (Reino Unido)** Fundado en 1694, tiene su sede en Londres. El banco de mayor influencia en el siglo XVIII, se volvió modelo para otros bancos centrales. Fue privado hasta 1946, cuando lo nacionalizaron. Asumió la responsabilidad independiente de fijar tasas de interés en 1997.

**Deutsche Bundesbank (Alemania)** Fundado en 1875, con sede en Frankfurt. Banco central de Alemania, el más importante de la zona del euro. Bajo control estatal hasta 1945, ya es autónomo. Opera mediante nueve bancos centrales en Alemania.

## Bancos comerciales internacionales

En la década de 1960, los bancos empezaron a establecer agencias, oficinas y sucursales en el extranjero. Hoy, el número de bancos comerciales extranjeros en una ciudad es la medida de su alcance en el comercio mundial. La presencia de más de 500 bancos de este tipo en Londres a mediados de la década de 1990 indicaba la clara influencia financiera de la City.

Los bancos comerciales internacionales se conocen como "bancos al por mayor" porque tratan con instituciones financieras, como grandes corporaciones y agencias de gobierno. Financian importaciones y exportaciones a través de letras de cambio, prestan dinero a clientes extranjeros y comercian con los mercados globales de dinero.

## Los bancos más importantes del mundo

Las amplias reservas bancarias son señal de gran producción industrial y de una economía creciente. En la década de 1960, los bancos más importantes del mundo eran los estadounidenses. Para 1980, Japón alcanzó esta posición por su productividad. Luego de una prolongada recesión económica en Japón, después de 1990, los estadounidenses recuperaron el dominio de la banca internacional.

**Capital (miles de millones en dólares estadounidenses), 1999**

| | Banco | País | Capital |
|---|---|---|---|
| 1 | Citicorp | EUA | 41.9 |
| 2 | BankAmerica Corp. | EUA | 36.9 |
| 3 | HSBC Holdings | Reino Unido | 29.4 |
| 4 | Crédit Agricole | Francia | 25.9 |
| 5 | Chase Manhattan Corp. | EUA | 25.1 |
| 6 | Banco Industrial y Comercial de China | China | 22.2 |
| 7 | Banco de Tokio-Mitsubishi | Japón | 22.1 |
| 8 | UBS | Suiza | 20.5 |
| 9 | Sakura Bank | Japón | 20.0 |
| 10 | Bank One Corp. | EUA | 19.7 |

## Balanza de pagos

Al igual que las firmas comerciales hacen un balance anual de sus cuentas, el gobierno de cada país lleva a cabo un balance anual de cuentas por pagar que registra sus transacciones con otros países. Incluye dos componentes: la cuenta corriente y la de capitales. La suma de ambos balances siempre es cero.

- **Cuenta corriente** Cuatro cifras conforman el balance de la cuenta corriente:
  - La diferencia monetaria entre importaciones y exportaciones (conocida como balanza comercial).
  - Ganancias de servicios (como seguros, transporte y turismo), menos los pagos efectuados por servicios.
  - Ingresos por inversión: ganancias provenientes de inversiones en otros países.
  - Transferencias: pagos del gobierno a individuos (como prestaciones y subsidios).
- **Cuenta de capitales** Registro de las transacciones realizadas en compras de capital; por ejemplo, la compra privada o gubernamental de valores o de equipo industrial.

**DATO**

**El Banco de Inglaterra fue fundado por 1,268 comerciantes para financiar un préstamo de 1.2 millones de libras a Guillermo III, para costear sus guerras contra Francia. El rey pagó un interés de 8% sobre su deuda.**

vea también

444 **Mapa de la riqueza mundial**
446 **Finanzas internacionales**
448 **Dinero y mercados**
452 **Principios de economía**

*La economía investiga la producción, distribución y consumo de la riqueza. La microeconomía enfoca individuos, grupos de consumidores, compañías e industrias, en tanto que la macroeconomía opera en una escala mayor: estudia la economía global y la compleja interacción interna y externa que guardan los países o comunidades de estados (como la Unión Europea) con las políticas económicas comunes.*

## Problemas básicos de economía

Una idea central de la economía es que los recursos económicos (reserva de combustible, obreros capacitados, bienes raíces, etc.) son finitos, y las necesidades de la gente, infinitas. Más aún, la disponibilidad de recursos es desigual: mientras que las poblaciones de los países desarrollados tienen alimento en abundancia, las de muchos países en vías de desarrollo mueren de hambre.

**Oferta y demanda** La distribución de los escasos recursos se realiza en el mercado, que no es un sitio sino un arreglo entre las personas que desean vender bienes o servicios y las que quieren comprarlos, empleando un medio acordado de intercambio, como el dinero. El mercado se rige por la ley de la oferta y la demanda. La oferta es la cantidad de un artículo que los productores ponen a la venta a cierto precio, y la demanda es el número de personas que desean comprarlo a un precio dado. Los productores analizan la oferta y la demanda para asignar un precio exacto a la mercancía que venden.

**La confluencia de la oferta y la demanda** El siguiente ejemplo hipotético muestra la oferta y la demanda del nuevo vehículo de una empresa automotriz. El análisis de la oferta muestra que si cada uno se ofrece a $5,000, la compañía podría producir 400,000 unidades; a un precio de sólo $2,000, el número de unidades bajaría a 100,000. En contraste, el análisis de la demanda muestra que un precio de $5,000 atraería sólo 200,000 clientes, en tanto que un precio de $2,000 atraería 400,000. Hay simplemente un "precio de equilibrio": las unidades que la compañía puede producir económicamente a $4,000 igualan el número de clientes que desearían comprar un vehículo a ese precio.

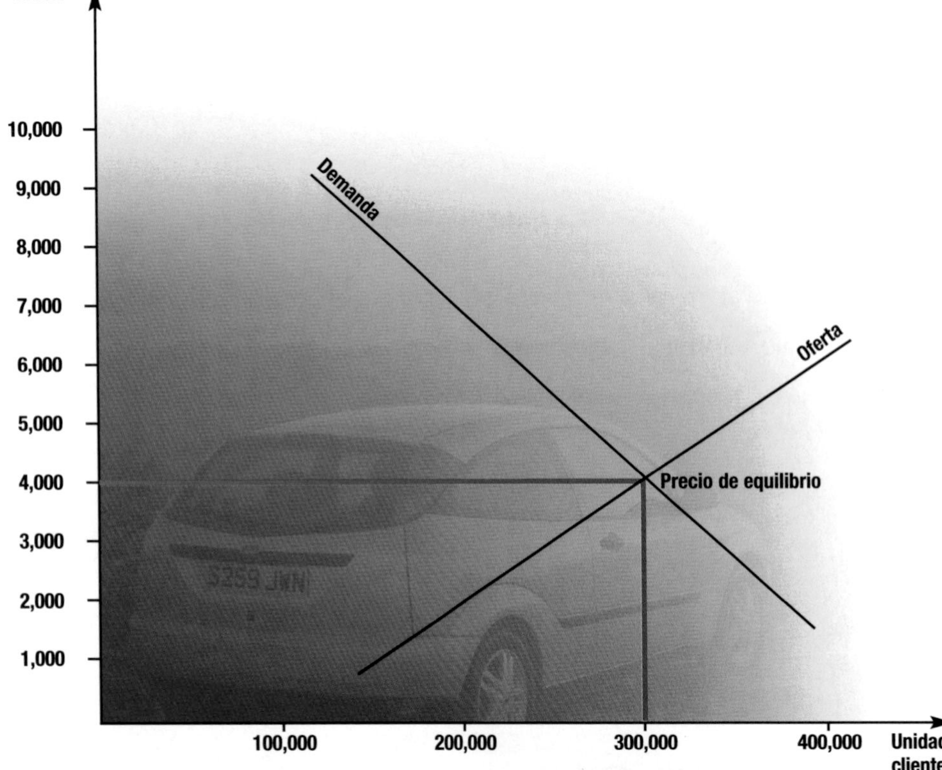


## ALTIBAJOS FINANCIEROS

Las economías de libre mercado experimentan fluctuaciones conocidas como auge y depresión, que afectan a los países con sistemas económicos similares. Un alza es un periodo prolongado de expansión en el que crecen los bienes y servicios producidos (el producto interno bruto, PIB) junto con el empleo, lo que eleva la demanda de bienes. En general, también crecen las tasas de interés. Las alzas conllevan posibles inconvenientes:

- **Inflación** Es un aumento generalizado en los precios por un largo periodo, causado quizá por un incremento en la demanda o en los costos de las materias primas y el trabajo. En general, va seguida de...
- **Deflación** Si la demanda cae, porque ya se cubrió, o se detiene por un evento externo, puede haber una caída prolongada de los precios, lo que reduce el rendimiento y eleva el desempleo.
- **Estanflación** El empleo se estanca o cae mientras los precios suben. Así ocurrió en las economías occidentales entre1970 y 1980.
- **Recesión** Declive súbito y sostenido de la actividad económica. La producción puede caer bastante y aumentar el desempleo.
- **Depresión** Es una versión prolongada de la anterior, cuyo ejemplo más notable ocurrió en la década de 1930.

**Fluctuaciones del PIB en Estados Unidos**

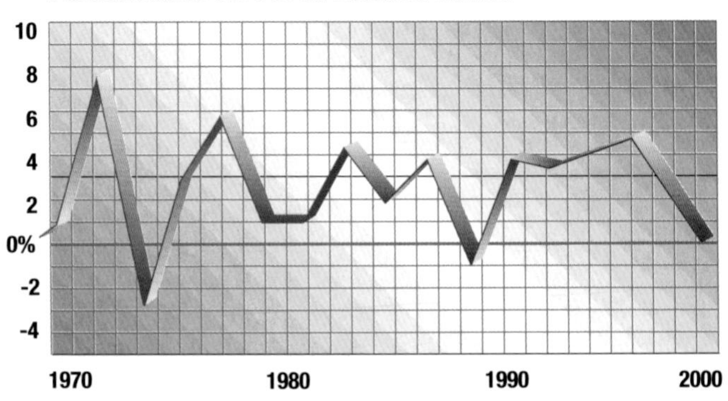


## TÉRMINOS CLAVE

- **Bienes raíces** Todo recurso natural propiedad de un individuo, sociedad, compañía o nación, incluso alguna parte del mar o el espacio exterior.
- **Capital** Cualquier riqueza material que puede usarse para producir más ganancia. Puede ser dinero o propiedades. Son formas de capital: fábricas, edificios, maquinaria, documentos canjeables y dinero en efectivo.
- **Circulante** Conjunto de activos de una economía que pueden intercambiarse por bienes y servicios, incluyendo pagarés, monedas, depósitos y cuentas bancarios.
- **Ingreso nacional** Ingresos de todos los actores de una economía en conjunto.
- **Reservas internacionales** Importe total de divisas y oro que guarda un país para el pago de deuda externa en caso de que se le requiera.

## Las principales teorías económicas y sus representantes clave

Como científicos, los economistas analizan el sistema; como políticos, proponen métodos para cambiarlo y mejorarlo. La historia del pensamiento económico es un recuento de ese proceso de observación e intervención. Algunos economistas enfocan uno u otro; otros tratan de hacer ambos.

**Mercantilismo**
Idea principal: El gobierno debe intervenir en la actividad económica para incrementar el bienestar nacional.

***Laissez-faire* o "dejar hacer"**
Idea principal: La economía se regula a sí misma y el gobierno no debe intervenir en ella.

**Economía malthusiana**
Idea principal: La población crece más rápido de lo que aumenta la producción de alimentos.

**Economía clásica**
Idea principal: El conocimiento de la manufactura y el papel del trabajo son vitales para entender el desarrollo de la sociedad.

**Determinismo económico**
Idea principal: El sistema de libre mercado es sólo una etapa en el proceso del desarrollo económico.

**Macroeconomía**
Idea principal: Poner un precio a la producción de cada fábrica, industria y centro laboral ayuda al gobierno a tomar decisiones.

**Tecnoestructura**
Idea principal: La economía moderna crea corporaciones cada vez mayores que operan como sistemas de poder monopólico.

**Monetarismo**
Idea principal: Un incremento en el suministro de dinero es una de las principales causas de la inflación.

**Gerard Malines**
(1586-1641)
Negociante inglés y funcionario de gobierno. Publicó *The Centre of the Circle of Commerce* (1623).
Sus propuestas:
- Elevar los aranceles y prohibir la exportación de lingotes de oro.
- Control gubernamental de las transacciones en divisas.

**Adam Smith**
(1723-1790)
Profesor escocés de filosofía. Publicó *La riqueza de las naciones* (1776).
Sus propuestas:
- El interés personal de la gente común puede contribuir a la abundancia de la economía.
- División del trabajo: la productividad se eleva mediante la especialización.

**Thomas Malthus**
(1766-1834)
Párroco y matemático inglés. Publicó el *Ensayo sobre el principio de la población* (1798).
Sus propuestas:
- El aumento acelerado de la población provocará muertes masivas por hambre.
- Reducir el tamaño de las familias es la única forma de evitar la catástrofe.

**David Ricardo**
(1772-1823)
Comerciante del mercado financiero europeo. Publicó *Principios de economía política y tributación* (1817).
Sus propuestas:
- El valor de todos los bienes proviene del esfuerzo necesario para producirlos.
- Para estudiar la economía se debe crear un modelo teórico de ella.

**Karl Marx**
(1818-1883)
Periodista y filósofo alemán. Publicó *El capital* (1867).
Sus propuestas:
- La industrialización concentra el capital en manos de pocas empresas grandes.
- Los trabajadores no reciben un pago; eligen vender sus servicios a un patrón. Los medios de producción deben pasar a sus manos.

**John Maynard Keynes**
(1883-1946)
Matemático inglés. Publicó *La teoría general sobre el empleo, el interés y el dinero* (1936).
Sus propuestas:
- No hay una tendencia inherente para que descienda el empleo.
- Invertir en trabajos públicos puede generar una mejora económica.

**John Kenneth Galbraith**
(1908- )
Economista estadounidense. Publicó *El capitalismo americano* (1952).
Sus propuestas:
- Las grandes empresas empiezan a preocuparse de su supervivencia.
- Las economías avanzadas crean falsas demandas.

**Milton Friedman**
(1912- )
Economista estadounidense. Publicó *Inflation, Causes and Consequence* (1963).
Sus propuestas:
- Sólo se controla la inflación controlando el circulante.
- La industria recompensa a los que se arriesgan.

vea también
444 **Mapa de la riqueza mundial**
446 **Finanzas internacionales**
448 **Dinero y mercados**
450 **Comercio y banca**

## SISTEMAS ECONÓMICOS

Las economías se clasifican por operar en libre mercado o por estar bajo control del estado. En la práctica, la mayoría combina un poco de ambas tendencias.

- **Economía de libre mercado** Control gubernamental mínimo. Las leyes de la oferta y la demanda determinan cómo se distribuyen los recursos y a quién. Este sistema se conoce también como "capitalismo" porque cualquiera puede poseer y controlar el capital.
- **Economía mixta** Un sector privado activo coexiste con parte de una planificación estatal. Los empresarios producen y venden bienes según la oferta y la demanda, pueden poseer capital y contratar trabajadores. El estado también tiene capital y puede poseer y operar industrias o sectores (de transporte, educación o salud, por ejemplo).
- **Economía planificada** Todos los recursos económicos (tierra, bienes y capital) pertenecen al estado. El gobierno planifica cómo distribuirlos (incluyendo la fuerza laboral), qué producirán los granjeros y las fábricas, y cómo y a quién se le repartirán los bienes que produzcan. Este tipo de economía se conoce como "comunismo" porque el capital es propiedad común (la propiedad privada no existe).

**Intervención estatal estimada, porcentaje**

## Actividades económicas

Las personas generan riqueza al vender bienes o servicios. Los economistas agrupan las actividades económicas en tres sectores. Mientras que la mayoría de las economías en desarrollo dependen de una actividad del sector primario, las avanzadas recorren las tres.

| | |
|---|---|
| **Sector primario** | Agricultura y ganadería<br>Pesca<br>Minería y extracción |
| **Sector secundario** | Manufactura<br>Construcción<br>Energía y agua |
| **Sector terciario** | Servicios (seguros, distribución, transporte, educación, asistencia médica, banca) |

# Alimentos para el mundo



*Aunque el mundo produce suficiente comida para que todos reciban una dieta adecuada, aún hay escasez de alimentos y hambrunas. Las principales causas son sobrepoblación, sobre todo en la India y China; sequía, frecuente en el África subsahariana, y guerra. Las hambrunas inducidas por conflictos humanos han provocado la acción internacional para aliviar el hambre, gracias a las nuevas prácticas agrícolas y las mejoras en la comunicación global.*

## LA REVOLUCIÓN VERDE

El hambre se convirtió en un problema global durante las dos Guerras Mundiales. Todo conflicto bélico internacional trastocó el suministro de alimentos; esto hizo necesario un organismo que ayudara a países con necesidades alimentarias. En 1945 se creó la Organización de las Naciones Unidas para la Agricultura y la Alimentación (FAO) para elevar la producción de alimentos y la nutrición mundiales.

### Una iniciativa novedosa

El aumento acelerado de la población tras la Segunda Guerra Mundial alcanzó su punto máximo al iniciar la década de 1960. En 1963, la FAO lanzó la Revolución Verde para proveer suficiente alimento a la creciente población futura. Desarrolló variedades altamente flexibles (VAF) de cereales, como arroz, trigo y maíz, mediante cultivos selectivos (cruza de variedades para favorecer cualidades deseables). Las VAF dan tres cultivos anuales en la misma tierra. También se animó a los agricultores a usar más fertilizantes y pesticidas para mejorar las cosechas. En la década de 1980, fueron espectaculares las cosechas de trigo y maíz; algunos países en desarrollo lograron, por primera vez, un excedente. El ingreso adicional permitió mecanizar más áreas agrícolas y aumentar las cosechas. Las empresas de productos químicos para el campo, como fertilizantes y pesticidas, crecieron más.

**Intervención humana** Las cepas de arroz con mezcla de fertilizantes mejoran el rendimiento de la cosecha y la resistencia a enfermedades.

### Los inconvenientes

En general, esta iniciativa favoreció más a los agricultores ricos que a los pobres, que no podían costear semillas de VAF, fertilizantes y pesticidas. La mecanización generó desempleo y el cultivo reiterado agotó la tierra. Se descubrió que los fertilizantes y los pesticidas eran tóxicos para los trabajadores y contaminaban. Algunas autoridades creen que la respuesta a la escasez alimentaria depende ahora de una revolución basada en cultivos modificados genéticamente (MG).

## Cultivos modificados genéticamente

Los adelantos de la biotecnología permiten modificar los genes de una planta para que presente una característica particular. El gen deseado de un organismo se inserta en otro. Por ejemplo, es posible transferir al maíz un gen de una bacteria que le confiere resistencia contra un insecto nocivo.

**Ventajas**

- Los cultivos MG resistentes a enfermedades y plagas reducen la necesidad de pesticidas.
- Los cultivos son más productivos y resisten almacenados más tiempo.

**Desventajas**

- Se desconoce el efecto a largo plazo sobre los humanos y el ambiente.
- El mundo en desarrollo, el que aprovecharía mejor los cultivos MG, no puede costearlos.
- Los cultivos MG disminuyen la biodiversidad.

## El consumo de calorías en el mundo

Según las Naciones Unidas, un adulto promedio debe consumir al día unas 2,400 calorías para llevar una vida sana y activa. Un adulto activo o que vive en un clima frío requiere más calorías que uno menos activo o que vive en el trópico. En los países donde el consumo promedio diario es de 2,000 calorías o menos (2,000 calorías equivalen a 2.2 kg de papas o 1.4 kg de arroz), la mayoría de la población sufre desnutrición crónica. Unos 800 millones de personas en los países en vías de desarrollo carecen de comida suficiente. En el mundo desarrollado, casi 34 millones de personas llevan una dieta deficiente y sus provisiones no son confiables.

**Consumo diario de calorías por persona**

- Más de 3,000
- 2,800-3,000
- 2,600-2,800
- 2,400-2,600
- 2,200-2,400
- 2,000-2,200
- Menos de 2,000

**Adaptación natural** Distintas variedades naturales de maíz andino (abajo) surgieron de la adaptación de la planta a los varios climas de la región. Son un excelente recurso para cultivos selectivos.

## Las peores hambrunas del siglo xx

En general, el hombre ocasionó las peores hambrunas del siglo pasado. Aunque hubo cultivos malogrados y problemas de distribución, la falta de alimentos siempre se conecta con la interrupción de la agricultura por políticas gubernamentales fallidas o guerras.

| | | |
|---|---|---|
| 1921-1923 | **URSS** | El gobierno bolchevique exacerba los efectos de una sequía al ordenar la entrega del suministro de granos rurales para consumo en las ciudades. La pobreza y la escasez provocan la muerte de 6 millones de campesinos. |
| 1933-1938 | **URSS** | De 1929 a 1933, Stalin ordena a las pequeñas granjas formar cooperativas, y las obliga a entregar el grano al gobierno a precios bajos. La hambruna resultante mata a 5 millones en el Cáucaso y Ucrania. |
| 1943 | **Bengala** | Por el racionamiento de alimentos en tiempo de guerra, después de la conquista japonesa de Birmania, perecen 1.5 millones de personas. |
| Fines de la década de 1940 | **China** | Una sequía, aunada a las interrupciones ocasionadas por la guerra civil entre comunistas y nacionalistas, deja unos 5 millones de muertos. |
| 1958-1961 | **China** | Mueren unos 20 millones de personas a causa de la Larga Marcha de Mao Zedong, pues la nacionalización de todas las granjas y sistemas experimentales de cultivo no da resultados. |
| 1967-1970 | **Nigeria** | 1 millón de personas mueren de inanición durante la guerra civil en Biafra. |
| 1984 | **Etiopía** | Desde 1975, cuando el estado controla toda la tierra, los campesinos deben vender el grano al gobierno a precios inferiores a los del mercado. Las cosechas disminuyen y la sequía causa hambruna que mata a casi 1 millón. |

## Agricultura orgánica

El cultivo orgánico busca producir alimentos sin usar agroquímicos ni dañar el ambiente. Emplea estiércol o abono orgánico como fertilizante. Mediante la rotación de cosechas y depredadores naturales de plagas se trata de reducir enfermedades y daño por plagas.

**Ventajas**
- Mejora el suelo
- Reduce la contaminación
- Beneficia a la fauna

**Desventajas**
- La cosecha rinde menos que un cultivo convencional
- El producto es costoso
- El control natural de plagas es ineficaz en climas tropicales

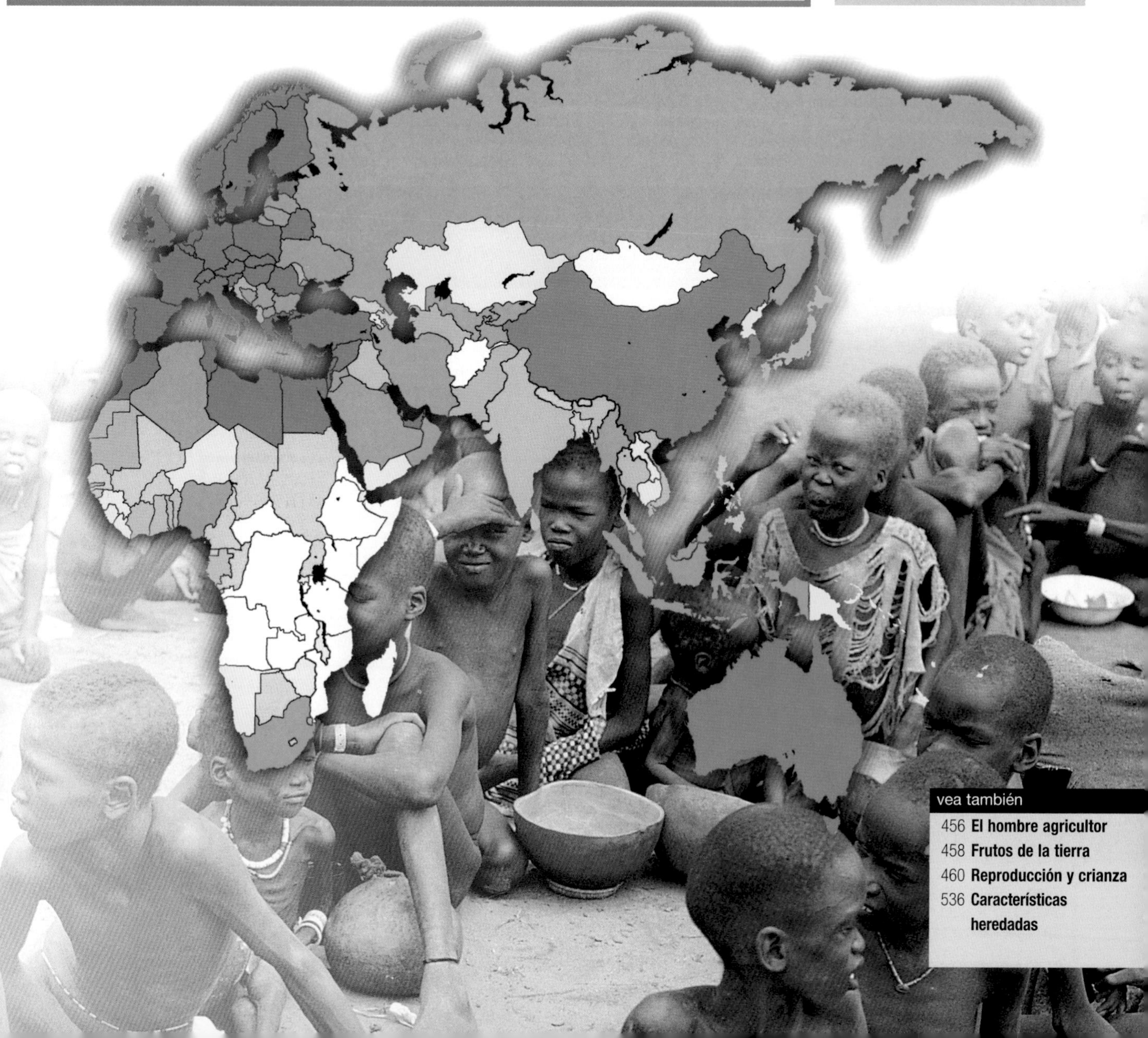

vea también
456 **El hombre agricultor**
458 **Frutos de la tierra**
460 **Reproducción y crianza**
536 **Características heredadas**

*Hace unos 8,000 años, el hombre abandonó la caza y la recolección y se volvió a la agricultura, lo que dio pauta a la creación de comunidades fijas. De éstas evolucionaron pueblos y ciudades, junto con sistemas de gobierno, el comercio y la economía. Pero la disponibilidad de alimentos sigue limitando el tamaño de las poblaciones humanas. El uso de la ciencia por parte de las naciones más ricas, sobre todo para los fertilizantes y la maquinaria mecanizada, ha ayudado a impulsar la agricultura: la producción mundial de comida se ha duplicado en los últimos 50 años.*

## Sistema de rotación de "cuatro etapas" de Norfolk

Para 1800, la mayoría de los agricultores de Gran Bretaña practicaban un nuevo sistema de rotación de cultivo, empleado por primera vez en Norfolk. Para 1900, ya se utilizaba en gran parte de Europa. El sistema permitía aprovechar los campos cada año sin agotar el suelo. Los cultivos se rotaban cada cuatro años:

**Año 1** Se siembra trigo.

**Año 2** Se cultivan tubérculos y luego se cosechan para proveer de forraje al ganado en invierno. Antes, el ganado no sobrevivía a la temporada invernal. Ahora se le podía poner en engorda para venderlo en primavera.

**Año 3** El estiércol, generado por el ganado en invierno, se usa para fertilizar la tierra; se siembra trigo o cebada primaveral, con cultivo secundario de trébol y centeno.

**Año 4** El trébol y el centeno del año tres se dejan para pastura. El trébol añade nitrógeno a la tierra y el excremento de los animales que pastan allí la enriquece más, lo que mejora el rendimiento de trigo el año siguiente.

**Tiempo prehistórico** El hombre es nómada, cazador y recolector; atrapa animales salvajes por su carne y piel y recoge raíces, frutas y cereales silvestres.

**c. 5000 a.C.** Se inicia el cultivo húmedo de arroz en China.

**c. 3500 a.C.** El cultivo de maíz en América está muy extendido.

**c. 3000 a.C.** Los egipcios usan un recolector hidráulico para encauzar el agua del Nilo hacia cultivos. Eleva el rendimiento y genera excedentes de comida.

**c. 1600 a.C.** En Creta se cultivan vides y olivos.

**c. 1000 a.C.** Se cultiva avena y centeno en el norte de Europa.

**65 d.C.** Lucius Columella, agricultor romano, escribe *De Re Rustica* (*Sobre el campo*), tratado de agricultura.

**c. 600 d.C.** Se practica la rotación de cultivos en China.

**800** Se inicia el sistema de campo abierto (compartido) en Europa.

**c. 1100** En China se ha extendido el cultivo de arroz tierno o champa.

**s. XVI** Introducción a Europa de las papas, los tomates y el maíz procedentes del Nuevo Mundo.

**s. XVIII** Empieza la revolución agrícola en Gran Bretaña.

**1701** Jethro Tull crea la sembradora tirada por caballos, para poner semillas en filas y reducir pérdidas.

**1730** Aparece el sistema de rotación de Norfolk.

**c. 1760** Robert Bakewell (1725-1795) introduce la ganadería científica; sus ovejas "New Leicester" son más pesadas y gordas.

6000 a.C. · 3000 a.C. · 1000 a.C. · 0 · 1000 · 1500 · 1700 · 1750

## EVOLUCIÓN DEL ARADO

Los primeros agricultores simplemente cavaban la tierra con un palo de madera aguzado. Los arados de madera arrastrados por bueyes, inventados en Mesopotamia hacia el año 3500 a.C., rompían una capa más profunda de tierra y excavaban en los restos de cosechas anteriores, lo que enriquecía la tierra. Los egipcios le agregaron un afilado borde cortante de pedernal. La puya de hierro, o reja, se introdujo en China alrededor del 500 a.C., y más tarde la usaron los romanos. Duraba más que la de madera y su peso mayor permitía excavar a una profundidad mayor en la tierra densa y húmeda del norte de Europa. Incluso en la Britannia prerromana se utilizaron arados de madera con punta de hierro.

Por el año 1000 a.C., los chinos inventaron la vertedera curva para voltear la tierra cortada. Se usó en Europa alrededor del año 600, cuando se introdujeron los arados pesados en el noroeste. Éstos tenían una cuchilla vertical de hierro en el frente, con una reja horizontal de hierro y una vertedera. A veces incluían ruedas para controlar mejor el arado.

Salvo el collar para caballos, para usarlos en vez de bueyes, el arado cambió poco hasta el siglo XVIII. Al primer arado de hierro de Robert Ransome en 1808, le siguió el de acero de John Deere en 1837, que ayudó a transformar las praderas estadounidenses. Luego apareció la energía: en 1860, motores de vapor fijos que tiraban del arado mediante un cable en 1860; en 1892, el primer tractor de gasolina; y en 1916 el modelo en serie de Ford.

**La vertedera** voltea la tierra.

**La cuchilla** hace el primer corte.

**Arado** Salvo la sustitución de la madera por el acero, su forma básica ha cambiado poco en 1,400 años.

**La reja** corta el surco.

**DATO** En 1850, el agricultor promedio de Estados Unidos cultivaba lo suficiente para alimentar a 5 personas; el de hoy produce lo suficiente para casi 80.

## Agricultura moderna

El cultivo mecanizado actual empezó en Estados Unidos. Se consolidó a mediados del siglo XIX por la falta de empleos, grandes planicies sin tradición de explotación en pequeña escala y los ferrocarriles. Las máquinas agrícolas, que culminaron con la segadora múltiple, funcionaron primero con caballos, luego a vapor y por último con motor de combustión interna. La mecanización no fue el único paso necesario: también se usaron más fertilizantes químicos para mejorar la calidad del suelo, al final del siglo XIX, y, sobre todo, después de 1913, cuando el químico alemán Fritz Haber inventó un proceso para crear amoniaco a partir del aire. Luego, tras el descubrimiento del insecticida DDT en 1939 y del 2,4-D, el primer plaguicida selectivo, en 1945, los agricultores llegaron a depender tanto de las máquinas como de los productos químicos.

**Gigantes de la pradera** La segadora múltiple, operada por una persona, corta franjas de 6 m en los campos de cultivo. Siega, trilla y guarda el grano; luego lo descarga en camiones.

vea también
166 **El mundo prehistórico**
454 **Alimentos para el mundo**
458 **Frutos de la tierra**
460 **Reproducción y crianza**

**1786** El escocés Andrew Meikle inventa la trilladora tirada por caballos, que separa los granos al hacerlos pasar a través de rodillos.

**1801** La primera Ley General de Cercas simplifica y acelera el proceso de acotar la tierra en Gran Bretaña.

**1830** Cyrus McCormick, agricultor estadounidense, inventa la segadora. Hiram Moore y John Hascall patentan la primera segadora-trilladora tirada por caballos. John Deere inventa el arado de acero.

**1862** L.O. Colvin, ingeniero estadounidense, inventa la ordeñadora: tubos elásticos bombeados por fuelle que se colocaban a las vacas.

**1884** El australiano Hugh McKay inventa la primera segadora múltiple moderna.

**1916** Ford empieza a fabricar en serie el tractor universal.

**1920** La segadora múltiple moderna, de grandes cuchillas rotatorias, procesa hasta 0.8 ha de cosecha de cereal en una hora.

**1940** Inicia en EUA la cría de aves para la producción de huevos.

**1945** Se inicia el cultivo intensivo para producción de cerdos, pollos y leche. Se mantienen grandes cantidades de animales bajo control alimentario y temperatura regulada.

**1960** En la "Revolución Verde" aparecen cosechas híbridas más productivas; la introducción de fertilizantes químicos en los países en desarrollo ayuda a incrementar la productividad.

**1980** Crece la popularidad de las comidas orgánicas en el mundo desarrollado; hay preocupación por las nuevas prácticas agrícolas

**1990** Se prueban cosechas de comida genéticamente modificada

1800 1850 1900 1925 1950 1975 1990

## De campos compartidos a cotos

El cultivo en franjas dominó gran parte del norte de Europa en la Edad Media. Los grandes campos "abiertos" eran divididos en franjas estrechas; cada agricultor debía trabajar varias, en tres campos. Los cultivos se rotaban: un año, trigo; el siguiente, hortalizas y cebada, y luego uno de barbecho para que la tierra se recuperara. El ganado pastaba en tierras comunales, bosques y campos segados. El cerco de tierras dio fin al modelo de labranza medieval. Los nuevos propietarios cultivaban para ganar. Los campos abiertos y las tierras comunales se convirtieron en propiedad privada. Este cambio empezó en el siglo XII, pero se asentó en los siglos XVII y XVIII. Aunque la productividad total aumentó, los agricultores arrendatarios no resultaron bien compensados, pues perdieron el derecho de llevar a pastar en tierras comunales.

**Terrazas** Son pequeños campos horizontales que permiten la siembra en las cuestas de colinas y la retención de agua. Los cultivos que requieren bastante humedad se dan bien en las terrazas de las regiones montañosas, como en estas terrazas arroceras de hace 2,000 años próximas a Banaue, en la isla Luzón, Filipinas.

# Frutos de la tierra ▶ Las cosechas que alimentan al mundo

*El cultivo de plantas para comer se remonta a hace unos 10,000 años. Sin embargo, hasta hace poco la dieta de cada región se basaba en lo que crecía bajo el clima y las condiciones de la tierra locales. En el siglo XX, la ciencia, junto con una revolución en las comunicaciones y el transporte, creó un lucrativo mercado global de hortalizas y frutas. Ahora, se consigue casi todo, en cualquier lugar y momento, a un costo.*

## Tubérculos

Las raíces hinchadas, ricas en almidón, de la papa, la batata y el camote desempeñan un papel importante en la economía mundial, como cultivo comercial y como alimento básico para las crecientes poblaciones.

**Papa** Cultivada primero por los pobladores de los Andes, en América del Sur, fue llevada a Europa en el siglo XVI. Para el siglo XIX, ya se había convertido en el alimento principal desde Irlanda hasta Siberia.

**Producción mundial, 2000:** 308.2 millones de toneladas

**Batata** Nativa de la zona tropical de América, es alimento básico en el sur de Estados Unidos, donde también se le da al ganado. En Japón se usa para elaborar alcohol.

**Producción mundial, 2000:** 141.1 millones de toneladas

**Camote** Los tubérculos comestibles de diversas enredaderas tropicales del género *Dioscorea* sirven como vegetales en los trópicos. En Asia oriental se usan con fines medicinales, como digestivo.

**Producción mundial, 2000:** 37.8 millones de toneladas

## Frutas

Se cultivan comercialmente en la mayoría de las zonas climáticas, de las tropicales a las templadas. Son una fuente importante de vitaminas y minerales.

**Manzana** Originaria de Afganistán, ahora crece en la mayoría de las regiones templadas del mundo. Gran parte de la cosecha europea se usa para elaborar sidra.

**Producción mundial, 2000:** 60 millones de toneladas

**Plátano** Originario quizá del sureste asiático, ahora crece en los climas tropicales, de África y las Antillas a Taiwán. Las plantas producen unos 200 frutos. Se cortan aún verdes y después se les deja madurar.

**Producción mundial, 2000:** 58.7 millones de toneladas

**Tomate** Nativo de América del Sur, se le consideraba venenoso. Hasta el siglo XVIII se cultivó como planta de ornato. Ahora se cultiva en todo el mundo, incluso dentro de invernaderos.

**Producción mundial, 2000:** 100.8 millones de toneladas

## Cereales

Se les ha cultivado desde tiempos prehistóricos como alimento principal; los tallos y la paja se aprovechan como forraje. Crecen principalmente en zonas templadas con lluvia moderada.

**Trigo** Su cultivo se remonta al antiguo Egipto. Los granos suaves sirven para elaborar harina para pan; los granos más duros y pegajosos, para elaborar harina para pastas, sémola y cereales comerciales.

**Producción mundial, 2000:** 580 millones de toneladas

**Arroz** El arroz es la principal fuente de alimentación para casi la mitad de la población mundial. Oriundo del sureste de Asia, su cultivo requiere calor y humedad constantes.

**Producción mundial, 2000:** 597.2 millones de toneladas

**Maíz** Es nativo de América del Norte. Necesita un clima soleado constante. Se le come como verdura, se emplea para aceite y puede molerse para elaborar harina.

**Producción mundial, 2000:** 589.3 millones de toneladas

## Legumbres

Son semillas comestibles de plantas leguminosas. Históricamente, se cuentan entre los principales alimentos en Asia. Se utilizan mucho en todo el mundo como parte de una dieta vegetariana por su alto contenido proteínico.

**Lentejas** Nativas del sur de Asia, son de los alimentos más antiguos que se conocen. Se han encontrado vestigios en sitios de la Edad del Bronce. Forman parte de la cocina africana, de la India y de Medio Oriente.

**Producción mundial, 2000:** 3.2 millones de toneladas

**Chícharos** Las pequeñas semillas verdes y redondas del chícharo se cultivan en todas las regiones templadas del mundo. Existen distintas variedades, y algunas de ellas tienen vainas comestibles.

**Producción mundial, 2000:** 17.9 millones de toneladas

**Frijoles** Son fuente importante de proteínas. En algunos tipos, como los ejotes, las vainas son comestibles. En otros, como los porotos y las habas, lo son las semillas. Muchas variedades se secan para conservarlas.

**Producción mundial, 2000:** 23.4 millones de toneladas

## Otros cultivos mayores

Además de los principales alimentos ya mencionados, hay otra serie de importantes cultivos, vitales para las economías de los países donde se desarrollan.

**Coco** La leche del coco se usa en la cocina y como bebida, y la carne se come. La copra, empleada en la fabricación de esteras, proviene de la vaina. Los jardineros usan la cáscara interior como cubierta para tierra.

**Producción mundial, 2000:** 58.4 millones de toneladas

**Caña de azúcar** La mayor fuente de azúcar del mundo es la caña de azúcar, una hierba tropical gigante. En climas más fríos y templados, la principal fuente nativa es la remolacha tuberosa.

**Producción mundial, 2000:** 1,531.7 millones de toneladas

**Cacao** Las semillas del árbol tropical del cacao se tuestan y se muelen para obtener polvo de cacao, con el que se elabora el chocolate. Los aztecas se lo dieron a conocer a los españoles en el siglo XVI.

**Producción mundial, 2000:** 3.1 millones de toneladas

## Principales productores

Las cifras son del año 2000 e incluyen las cosechas para consumo interno y exportación. Muchos países en desarrollo se concentran cada vez más en la exportación, por lo que las mejores tierras se ocupan para cultivar productos de "lujo" muy costosos para su venta en Occidente. La expectativa es que ello genere una ganancia adicional suficiente para comprar alimentos básicos que ya no se cultivan internamente. Sin embargo, enfocarse sólo en cultivos comerciales puede deteriorar la dieta local.

| Café | | Maíz | | Arroz | | Azúcar | | Té | | Trigo | |
|---|---|---|---|---|---|---|---|---|---|---|---|
| **millones de toneladas** | | **millones de toneladas** | | **millones de toneladas** | | **millones de toneladas** | | **millones de toneladas** | | **millones de toneladas** | |
| Brasil | 2.1 | EUA | 253.2 | China | 198.7 | Brasil | 19.2 | India | 0.9 | China | 109.7 |
| Colombia | 0.6 | Brasil | 32.0 | India | 129.0 | UE | 17.9 | China | 0.7 | UE | 103.8 |
| Indonesia | 0.5 | México | 18.8 | Indonesia | 50.8 | India | 14.3 | Kenia | 0.3 | EUA | 69.4 |
| Vietnam | 0.4 | Francia | 16.4 | Vietnam | 30.5 | China | 8.9 | Sri Lanka | 0.3 | India | 65.9 |
| México | 0.3 | Argentina | 16.0 | Bangladesh | 29.8 | EUA | 7.2 | Turquía | 0.2 | Rusia | 27.0 |

**Uva** Durante miles de años, se han cultivado bayas verdes y purpúreas de *Vitis vinifera* en las partes más calurosas del sur de Europa y el Medio Oriente. El mayor volumen de la cosecha se destina a la fabricación de vinos.

**Producción mundial, 2000:** 62.3 millones de toneladas

**Naranja** Originaria del sureste de Asia, llegó a Europa en la Edad Media. Crece bien en las regiones subtropicales y tropicales de América, el Mediterráneo, Australia y África del Sur.

**Producción mundial, 2000:** 66.1 millones de toneladas

**Olivo** Apreciado por sus frutos y aceite, ha crecido en la zona oriental del Mediterráneo los últimos 3,000 años, por lo menos. Los países con costa en el Mediterráneo son aún los principales productores.

**Producción mundial, 2000:** 13.7 millones de toneladas

**Avena** Tiene más proteínas y grasas que otros cereales y crece bien en las regiones frías de América del Norte y Rusia. Es parte del cereal del desayuno e ingrediente en comidas procesadas, como la crema de cacahuate.

**Producción mundial, 2000:** 26 millones de toneladas

**Cebada** Cultivada primero en el antiguo Egipto, ahora crece en Europa. Es uno de los cereales más resistentes e ingrediente básico para elaborar la malta y la cerveza: más del 10% de la producción mundial se usa así.

**Producción mundial, 2000:** 132.9 millones de toneladas

**Centeno** Es un cereal resistente al frío nativo del norte de Europa, donde se cultiva para forraje de animales. También se usa para elaborar panes "negros", hojuelas para cereal y, combinado con cebada, whisky de centeno.

**Producción mundial, 2000:** 20 millones de toneladas

vea también
460 **Reproducción y crianza**
462 **Recolección en los mares**

**Frijol de soya** Estos versátiles frijoles tienen un alto contenido de proteínas. Se comen como verdura, sirven para producir aceite de cocina, harina, "leche" de soya y sustitutos de carne, y se fermentan para salsa de soya.

**Producción mundial, 2000:** 161 millones de toneladas

**Cacahuates** Nativos del trópico de América del Sur, son una fuente concentrada de grasa, calorías y proteínas. Los productores más importantes son Estados Unidos, la India, China y África Oriental.

**Producción mundial, 2000:** 34.5 millones de toneladas

**Garbanzos** Son nativos de Asia, pero ahora se cultivan ampliamente en otras partes del mundo. En general, se venden ya secos. También pueden molerse para elaborar harina.

**Producción mundial, 2000:** 8.8 millones de toneladas

**DATO** En Brasil, el combustible para motor llamado bagazo se obtiene del azúcar.

**Café** Para obtener los granos de café se tuestan las semillas de los árboles de las especies *Coffea*. La costumbre de tomar café proviene de Arabia y se introdujo en Europa en el siglo XVII.

**Producción mundial, 2000:** 7.1 millones de toneladas

**Té** La bebida se elabora con las hojas secas del arbusto *Camellia sinensis*, ampliamente cultivado en Asia oriental. La bebida llegó de China a Europa en el siglo XVII.

**Producción mundial, 2000:** 2.9 millones de toneladas

**Pimienta** Crece en las vainas de una planta trepadora nativa de la costa malabar, en la India. Desde tiempos antiguos, se vendía en Europa, donde tuvo un valor tan grande que se usó como medio de cambio.

**Producción mundial, 2000:** 248,570 toneladas

**Vainilla** El extracto se usa como saborizante. Se obtiene de las vainas de unas orquídeas trepadoras del trópico, nativas de América Central. Los españoles la llevaron de México a Europa.

**Producción mundial, 2000:** 5,312 toneladas

*El ganado ofrece alimento, ropa y fuerza muscular a la humanidad. La crianza científica y los adelantos en la medicina veterinaria están contribuyendo a obtener animales más rentables, pero quizá con un costo imprevisto bajo la forma de carne de menor calidad y la proliferación de enfermedades mortíferas entre especies.*

## Ganado

**Ganado de engorda** Ya que se cría por su carne, tiene músculos bien desarrollados y pesados, y huesos amplios para soportarlos. Es particularmente grande alrededor del lomo y los cuartos traseros, donde está la carne de mayor valor económico.

- **Aberdeen Angus** La variedad negra, originaria de Escocia, es de constitución fuerte. Se cría bastante por su carne de alta calidad.
- **Beefmaster** Cruza del ganado Brahman-Hereford, fue creada en Texas, en 1908. Roja, a menudo con manchas blancas, es robusta, fecunda y da carne baja en grasa.
- **Brahman** Criado sobre todo para cruzas. Es sagrado para los hindúes, quienes sólo lo usan para ordeña.
- **Brangus** Cruza de los ganados Brahman y Aberdeen Angus, creada por el Departamento de Agricultura de Estados Unidos, en 1932, para ser fecunda y fértil. Es negra y sin cuernos.
- **Charolais** Esta variedad francesa se usa frecuentemente para cruzas. La mayoría es color blanco o crema claro, con una característica marca negra.
- **Chianina** Criados originalmente como animales de tiro en Toscana, son muy buenos productores de carne. Son de color blanco o gris claro.
- **Hereford** Por su fortaleza y velocidad de desarrollo, es una raza popular, de color rojo y blanco.
- **Simmenthal** De color rojo con manchas blancas, esta raza suiza se usa mucho para cruzas.

**Vacas lecheras** Dan de 10 a 15 litros de leche diarios durante unos 10 meses posteriores al nacimiento de un ternero. Distintas al ganado de engorda, son altas, delgadas y de grandes ubres.

- **Ayrshire** Esta fuerte raza escocesa con alto rendimiento de leche es de color rojo o café con manchas blancas.
- **Brown Swiss** Clasificada como raza lechera en Estados Unidos, se le cría en todas partes por su carne rica y compacta. Va del color lechoso al café oscuro o muy oscuro.
- **Friesians** Con manchas de color negro y blanco, es originaria de los Países Bajos. Produce bastante leche y grasa para mantequilla.
- **Guernsey** Adornada con manchas blancas, esta vaca produce leche saturada en grasa para mantequilla.
- **Jersey** La leche de estas vacas contiene 50% más de crema que la de otras razas. Su color va del gris claro al beige oscuro.

**Leche y carne** Algunas cruzas de ganado son rentables por su carne y su leche. Quizá tienen un alto rendimiento de leche cuando se les cría en una parte del mundo, pero desarrollan más músculos para carne en otras condiciones.

- **Milking Shorthorn** De color rojo con manchas blancas, este ganado es muy fecundo y longevo.
- **Red Poll** De color rojo o crema y sin cuernos, esta raza fue creada en la Anglia Oriental en la década de 1860.

**La versátil vaca** Aunque el ganado se cría principalmente por su carne, ofrece otros valiosos derivados:

- **Caseína** Es la principal proteína de la leche e importante ingrediente del queso. Se usa en cosméticos, pinturas y pegamentos, y como complemento contra la desnutrición. Al mezclarla con la renina, una enzima, sirve para hacer objetos de plástico, como botones.
- **Cola** Se elabora con colágeno: mezcla de hueso y tejido.
- **Cuero** Incluye la suave y fina piel de becerro y las pieles más duras, empleadas para fabricar mercancías durables, como suelas para zapatos.
- **Gelatina** Elaborada con piel y hueso, se usa como espesante al cocinar, (en mermelada, crema batida o jalea). Las películas fotográficas también contienen gelatina y, a menudo, se hacen píldoras y cápsulas con ella.
- **Harina** Elaborada con huesos y pezuñas molidos, ya no se usa como forraje en ningún país, pero sirve como fertilizante, por ejemplo, en un jardín.
- **Sebo** Provee glicerina para lápices labiales y cremas para las manos, y es ingrediente de champús, productos de limpieza y anticongelantes.

### Datos sobre la carne

**Mayores productores de carne (1999)**

| | | miles de toneladas |
|---|---|---|
| 1 | EUA | 12,050 |
| 2 | UE | 7,609 |
| 3 | Brasil | 6,182 |
| 4 | China | 4,674 |
| 5 | Argentina | 2,650 |

**Mayores exportadores de carne (1999)**

| | | miles de toneladas |
|---|---|---|
| 1 | Australia | 1,289 |
| 2 | EUA | 1,141 |
| 3 | Brasil | 615 |
| 4 | UE | 600 |
| 5 | Canadá | 540 |

### Datos sobre lácteos

**Mayores productores de lácteos (1999)**

| | | miles de toneladas |
|---|---|---|
| 1 | UE | 121,078 |
| 2 | EUA | 77,773 |
| 3 | India | 37,750 |
| 4 | Rusia | 32,415 |
| 5 | Brasil | 22,604 |

**Mayores consumidores de leche (1999)**

| | | litros per cápita |
|---|---|---|
| 1 | Sudáfrica | 683 |
| 2 | Finlandia | 181 |
| 3 | Canadá | 178 |
| 4 | Irlanda | 144 |
| 5 | Suiza | 134 |

## Ovejas

Se estima que hay 1,200 millones de ovejas en el mundo. En Australia, superan en número a los humanos en una proporción de casi 10 a 1. Las razas se clasifican por su lana: fina, media o gruesa.

**Cheviot** Grandes, con cara blanca y hocico negro, son de raza escocesa. Producen corderos de primera calidad y lana muy resistente, que a menudo se mezcla con otras fibras.
**Columbia** Originarias de Estados Unidos, son una cruza de las razas Rambouillet y Lincoln. De constitución grande y cara blanca, sus vellones llegan a pesar hasta 7 kg.
**Hampshire** Esta raza de buena constitución y cara blanca se cría sobre todo por su carne y para usarla en cruzas.
**Karakul** Oriunda de Asia, produce carne de calidad y lana gruesa de color gris o castaño para alfombras.
**Lincoln** De pelo más largo que las otras razas, el vellón de una Lincoln llega a pesar 9 kg. Su lana es gruesa, apropiada únicamente para alfombras.
**Merino** Criadas en la España del siglo XII, estas ovejas producen fibras finas de lana de excelente calidad. Su vellón blanco llega a pesar hasta 5 kg.
**Rambouillet** Entre las mejores ovejas de lana fina, esta raza es originaria de Francia. Su suave vellón blanco llega a pesar hasta unos 8 kg.
**Southdown** Bajas y con marcas de color café en cara y piernas, estas ovejas provienen de los criaderos de Sussex. Maduran pronto y producen vellones que llegan a pesar hasta 3 kg.

### Mayores productores de corderos y lana

**Productores de corderos (1999)** miles de toneladas

| | | |
|---|---|---|
| 1 | China | 1,250 |
| 2 | UE | 1,058 |
| 3 | Australia | 608 |
| 4 | Nueva Zelandia | 498 |
| 5 | Pakistán | 301 |

**Productores de lana (1998)** miles de toneladas

| | | |
|---|---|---|
| 1 | Australia | 700 |
| 2 | China | 277 |
| 3 | Nueva Zelandia | 261 |
| 4 | Uruguay | 78 |
| 5 | Argentina | 68 |

## Cerdos

Los cerdos se crían en todas partes, salvo en el mundo musulmán o en las comunidades judías.

**Berkshire** Esta raza inglesa es mediana y la cara, las patas y la punta de la cola son blancas. Su carne se vende como chuletas y tocino.
**Duroc** Criado en Estados Unidos a finales del siglo XIX, es robusto y da carne y manteca de alta calidad. Su color varía del amarillo claro al rojo oscuro.
**Hampshire** Negro y con franjas blancas en cuartos delanteros y hombros, se distingue por su peso medio y cuerpo grande.
**Yorkshire o Blanco grande** Es un animal grande y pálido, a veces con manchas oscuras. Producto de una cruza anglochina, aporta sobre todo chuletas y tocino. También se le usa en cruzas.

**El redituable cerdo**
De crianza rápida, los cerdos ofrecen una amplia gama de carnes y otros productos:
**Tocino** Es carne grasa del lomo y los costados. Se sala y, a veces, se ahúma.
**Cerdas** Sirven para hacer brochas.
**Manteca** Grasa suave y blanca para cocinar.
**Piel** Se usa para elaborar artículos de alta calidad.

### Datos sobre los productores de cerdos

**Mayores productores (1999)** miles de toneladas

| | | |
|---|---|---|
| 1 | China | 39,858 |
| 2 | EUA | 8,785 |
| 3 | Alemania | 3,940 |
| 4 | España | 2,900 |
| 5 | Brasil | 1,752 |

**Mayores exportadores (1999)** miles de toneladas

| | | |
|---|---|---|
| 1 | Dinamarca | 1,230 |
| 2 | Países Bajos | 1,164 |
| 3 | Bélgica/Lux. | 647 |
| 4 | Francia | 570 |
| 5 | Canadá | 502 |

## Pollos

Los diferentes tipos de pollos reconocidos son americanos, ingleses, mediterráneos y asiáticos; las restantes razas comunes son variantes de estas cuatro. Hay más de 5 millones de pollos en crianza en todo el mundo, la mayoría de los cuales se usa para producir carne.
**Cornish** Se utiliza a menudo para crear cruzas y producir aves carnosas.
**Leghorn** Esta raza italiana es de las aves ponedoras más prolíficas.
**New Hampshire** Además de carnosa, esta ave es una excelente ponedora de huevos.
**Rhode Island Red** Esta raza norteamericana da uno de los pollos más conocidos, valorado por su carne de alta calidad.

vea también
458 **Frutos de la tierra**
462 **Recolección en los mares**

# Recolección en los mares

Una fuente de alimentación en peligro de agotamiento

*La pesca dejó de cubrir simples necesidades locales y se convirtió en una empresa comercial de importancia. Al final del siglo XX, unos 5 millones de personas en todo el mundo vivían de la pesca. Para muchos países, como China, el comercio del pescado y sus derivados es vital para la economía.*

## PRINCIPALES INDUSTRIAS PESQUERAS

En las más grandes pesquerías del mundo, el volumen de captura ha aumentado más rápidamente que el nivel de reproducción para reabastecer las reservas. En algunas áreas se ha prohibido por completo la captura de especies amenazadas. En el cuadro se presentan los volúmenes de captura de 1996, por país y región.

### Noreste del Pacífico

**Especies mayores:** Gado, salmón de Alaska y rosado, bacalao, merluza, cangrejos y camarones. Bajó mucho la captura de gado, salmón y mariscos.
**Captura (miles de toneladas):** EUA (2,592), Canadá (237).
**Condición:** Reservas agotadas.

### Noroeste del Atlántico

**Especies mayores:** Abadejo, merluza, arenque, camarones, langosta, almejas y berberechos. Está prohibida la pesca de bacalao.
**Captura (miles de toneladas):** EUA (1,206), Canadá (624).
**Condición:** Reservas agotadas.

### Noreste del Atlántico

**Especies mayores:** Bacalao, abadejo, arenque, pescadilla, salmón (90% es cultivado) y capelán.
**Captura (miles de toneladas):** Noruega (2,630), Islandia (2,039), Dinamarca (1,681), RU (861).
**Condición:** Reservas agotadas.

### Este del Atlántico

**Especies mayores:** Sardina, anchoa, arenque, sardina europea, caballa, bacalao, merluza y atún.
**Captura (miles de toneladas):** Marruecos (600), Ghana (399), Senegal (389), España (303), Nigeria (170).
**Condición:** Reservas agotadas.

### Noroeste del Pacífico

**Especies mayores:** Calamar, anchoa japonesa, pez sable, salmón, gado de Alaska y caballa.
**Captura (miles de toneladas):** China (12,393), Japón (5,203), Rusia (3,097), Corea (1,933), Corea (1,622).
**Condición:** Descenso de reservas.

### Oeste del Índico

**Especies mayores:** Arenque, sardina, anchoa, caballa de la India, atún y mariscos.
**Captura (miles de toneladas):** India (2,029), Pakistán (395), Irán (242), Sri Lanka (210), Omán (122).
**Condición:** Descenso de reservas.

### Este del Índico

**Especies mayores:** Arenque, caballa, atún, langosta y camarones.
**Captura (miles de toneladas):** Tailandia (835), India (812), Myanmar (626), Indonesia (629), Malasia (494).
**Condición:** Descenso de reservas.

### Oeste del Pacífico

**Especies mayores:** Atún, arenque, salmón, caballa y camarones.
**Captura (miles de toneladas):** Indonesia (2,757), Tailandia (2,099), Filipinas (1,606), Vietnam (684).
**Condición:** Descenso de reservas. Rápida disminución de la reserva de atún.

### Sureste del Pacífico

**Especies mayores:** Anchoveta de Perú (sardinas, arenques y anchoas), sardina sudamericana, caballa de Chile, atún y calamar.
**Captura (miles de toneladas):** Perú (9,486), Chile (6,688).
**Condición:** Descenso de reservas.

### Suroeste del Atlántico

**Especies mayores:** Merluza de Argentina, pescadilla azul, calamar y mariscos (la mayor pesquería en el Hemisferio Sur).
**Captura (miles de toneladas):** Argentina (1,226), Brasil (620).
**Condición:** Descenso de reservas.

## Sobreexplotación pesquera

Décadas de explotación excesiva son causa de la caída o el estancamiento de las reservas pesqueras en 60% de las industrias del mundo. Son factores de esta crisis:

- Aumento de la demanda de pescado.
- La flota pesquera del mundo ha crecido seis veces desde 1970.
- Introducción de grandes buques-factoría pesqueros en las pesquerías del mundo.
- Mejoramiento de la tecnología para localizar y atrapar peces.

Se han aplicado estrategias para revertir la disminución de las reservas pesqueras, como: cuotas de pesca; control del tamaño de la malla de red para evitar la captura de peces jóvenes; vedas de temporada y piscicultura.

Mediante el manejo de estas reservas disminuidas, se espera aumentar la producción pesquera anual del mundo a 144 millones de toneladas para 2010; sin ello habrá un déficit de 20 millones de toneladas.

| | Captura (miles de toneladas) | |
|---|---|---|
| | **1955** | **1996** |
| **Noroeste del Atlántico** | 2,645 | 2,114 |
| **Noreste del Atlántico** | 6,937 | 10,938 |
| **Suroeste del Atlántico** | 215 | 2,256 |
| **Este del Atlántico** | 340 | 2,999 |
| **Oeste del Índico** | 706 | 3,901 |
| **Este del Índico** | 434 | 3,747 |
| **Noroeste del Pacífico** | 6,334 | 24,768 |
| **Oeste del Pacífico** | 1,021 | 8,911 |
| **Sureste del Pacífico** | 311 | 17,558 |
| **Noreste del Pacífico** | 416 | 2,714 |

## MÉTODOS DE PESCA

Las modernas flotas de pesca emplean equipo perfeccionado para localizar y arrastrar peces. La vigilancia aérea, junto con un control informático, sistemas de rastreo por satélite y sonar, y enormes redes, aseguran inmensas capturas.

**1 Tendido de redes** Se tienden verticalmente en el mar largas redes de plástico tipo cortina. Flotan libres o se fijan mediante pesas a un sitio en el lecho marino. Delfines y tortugas perecen al quedar atrapados en ellas. Una resolución de las Naciones Unidas prohíbe el uso de redes de más de 2.5 km de largo.

**2 Cerco de bolsos** Se pasan sogas de alambre por arillos en el borde de una red circular de bolsas, que se remolca en torno de un banco de arena y luego se cierra para atrapar peces. Casi todo el producto pesquero anual se obtiene así.

**3 Líneas largas** Se ponen a flotar, sujetas a centenares de líneas más cortas con anzuelos cebados, para atrapar peces de superficie, como salmón y atún. Se tienden en el lecho marino para atrapar peces de fondo, como bacalao y halibut. Cabestrantes motorizados arrastran la pesada captura.

**4 Redes barrederas** Una enorme red en forma de cono se arrastra a lo largo del fondo del océano, para atrapar todo lo que se cruza. Éste es el método de pesca usado en el noroeste de Europa.

**Buques factoría** En ellos se puede atrapar cardúmenes grandes y luego procesarlos, congelarlos y empacarlos a bordo. Así pueden pescar en aguas profundas, lejos de casa, durante varios meses.

**Uso de nasas** Mediante jaulas de madera, mimbre, alambre o plástico se atrapan langostas y cangrejos en los litorales. Las trampas se fijan en línea, con boyas que indican su posición.

vea también
96 **Peces**
458 **Frutos de la tierra**
460 **Reproducción y crianza**

## FLOTAS PESQUERAS DEL MUNDO

En 1996, se estimaba que la flota pesquera mundial era de 1.2 millones de buques, la mayoría de los cuales operaba en Asia. La ONU ha calaculado desde entonces que para detener el descenso de las reservas pesqueras del mundo, tendría que dejar de operar una tercera parte de estas naves.

## PISCICULTURA

Del pescado que comemos, 20% proviene de la piscicultura: cultivo intensivo de peces. Se colocan huevos de peces en tanques con agua templada hasta que eclosionan y nacen; entonces se les pasa a tanques o jaulas de agua dulce o marina.

Por su larga tradición en el cultivo de carpas, Asia genera 90% del producto mundial. Las pesquerías de salmón y trucha, oriundas de Noruega y Escocia, florecen hoy en Chile y Canadá, dos productores muy importantes para el mercado europeo. La tilapia, semejante a la perca, se está cultivando con éxito en varias partes de África.

### Actividad pesquera

La actividad pesquera está dividida por regiones, con unos 10 países que se ocupan de casi 70% de la captura mundial.

**Los 10 principales países pesqueros (1997)**

| País | Captura (millones de ton) |
|---|---|
| China | 36.3 |
| Perú | 7.9 |
| Japón | 6.7 |
| Chile | 6 1 |
| EUA | 5.4 |
| India | 5.3 |
| Rusia | 4.7 |
| Indonesia | 4.4 |
| Tailandia | 3.5 |
| Noruega | 3.2 |

### Pescados favoritos

La popularidad de algunas especies ha provocado su escasez y aumento de precios. La piscicultura ha contribuido a revertir esta tendencia y puede convertirse en la forma más importante de reabastecer la reserva de algunas especies.

**Pescados favoritos (1996)**

| Especies | Consumo (miles de toneladas) |
|---|---|
| Anchoveta (sardina y anchoa) | 8,864 |
| Gado de Alaska | 4,533 |
| Lucio de Chile | 4,379 |
| Arenque del Atlántico | 2,331 |
| Caballa Chub | 2,168 |
| Capelán | 1,527 |
| Sardina sudamericana | 1,494 |
| Barrilete | 1,480 |
| Bacalao del Atlántico | 1,329 |
| Pez sable | 1,275 |
| Anchoa japonesa | 1,254 |

### ¿Quién come pescado?

Los países cuya dieta cotidiana incluye el pescado no son necesariamente los que realizan grandes capturas. Muchos países sólo pescan para exportar. Japón es el mayor importador de mariscos y consume 30% de la captura mundial de atún.

**Los 10 mayores consumidores (1997)**

| País | Consumo (kg per cápita) |
|---|---|
| Islandia | 99.3 |
| Japón | 67.6 |
| Portugal | 59.2 |
| Corea del Sur | 51.2 |
| Corea del Norte | 46.3 |
| Noruega | 45.3 |
| Gabón | 44.0 |
| Guyana | 42.1 |
| España | 41.0 |
| Filipinas | 33.5 |

# Agua para la vida ▶ Cómo aprovechar al máximo este precioso recurso

*El agua es un recurso limitado que debe administrarse con cuidado. Su abundancia natural en una región, y el modo de colectarla, guardarla y distribuirla, supone un importante impacto en la economía de un país, pues determina qué se sembrará y si habrá suficiente para las demandas domésticas e industriales. El asentamiento de una de las primeras civilizaciones en el norte de África se debió al buen uso del flujo del Nilo para irrigación.*

## EL AGUA QUE USAMOS

Para tener agua en cualquier momento del año, hay que colectarla y guardarla. Esto se logra de distintos modos en el mundo, según el clima y la geografía.

En **Asia,** el agua de lluvias intensas y de ríos desbordados en la temporada de monzones se capta y se guarda en embalses y presas para emplearla en temporada de sequía. En China, por ejemplo, hay unas 80,000 presas.
En **algunas zonas tropicales** e islas, como las Bermudas, donde hay poca agua superficial y subterránea, todo hogar tiene un tanque para colectar y guardar el agua pluvial.
En las **zonas templadas de Europa** el agua de los ríos se distribuye por esclusas, a menudo a través de canales y embalses artificiales o, en el caso de ciudades importantes como Marsella y Viena, mediante acueductos.
En **América del Norte,** Canadá es el país con más lagos en el mundo. El Ogallala, el manto acuífero más grande de Estados Unidos, se extiende 1,035,996 km² bajo las llanuras centrales y abastece a las principales ciudades a través de amplios sistemas de acueductos.
A **América del Sur** la irrigan principalmente los ríos Amazonas, Orinoco y el Paraná de Paraguay, cuyos lagos permanentes se encuentran en la elevada cordillera andina.
**África** tiene amplias zonas con lluvias mínimas o irregulares. Aunque se han construido presas y represas desde 1950, hay sitios, como Etiopía, donde la gente recorre kilómetros para llegar al pozo o toma de agua más cercanos.
En **Australia,** 70% de las reservas de agua están bajo las llanuras, en la Gran Cuenca Artesiana, la zona más grande de aguas artesianas del mundo.

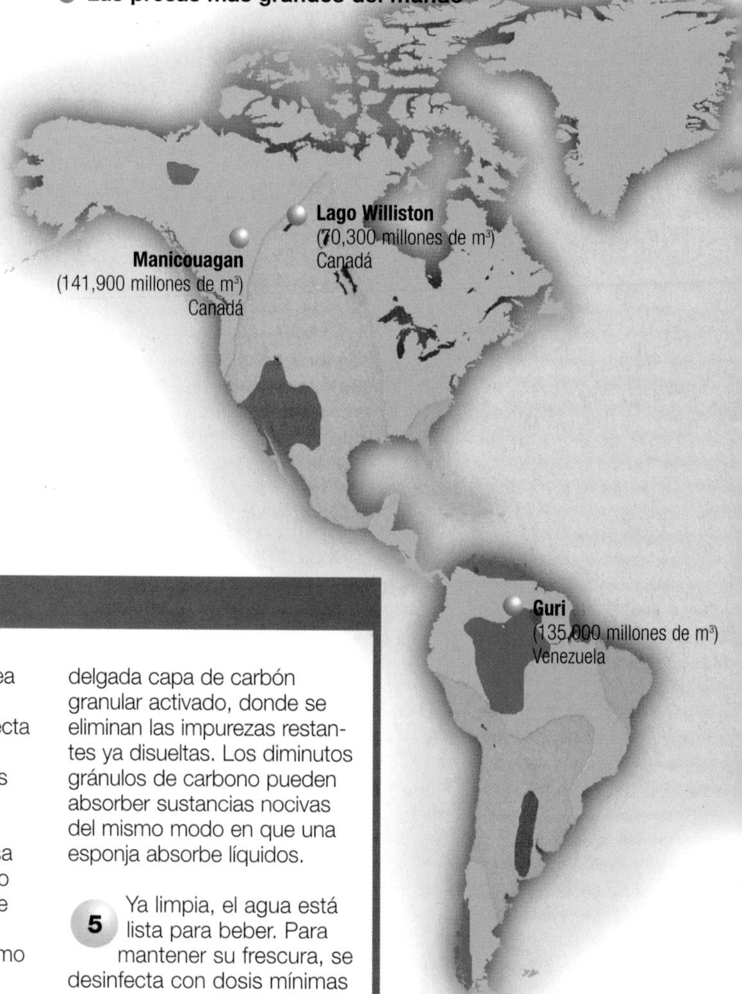

## Cómo se procesa el agua potable

Aunque el agua de ríos y lagos es lo suficientemente limpia para sustentar a la fauna, antes de que fluya por el grifo debe procesarse para el consumo humano en una planta de tratamiento a través de una serie de pasos:

1. Luego de filtrar cualquier residuo flotante, se bombea el agua hacia depósitos abiertos. Aquí las partículas más pesadas se van al fondo. La extensa superficie expuesta permite que el oxígeno del aire actúe sobre otras impurezas y empiece a descomponerlas.
2. En seguida se bombea el agua a la planta de tratamiento y se le inyecta ozono para destruir otras impurezas, como pesticidas o nitratos.
3. Ahora el agua se pasa por una cama de filtro de grava. Conforme se filtra, los granos de arena retienen tanto residuos como bacterias y otros microorganismos.
4. Se aplica otra dosis de ozono antes de que el agua fluya a otra cama de filtro, que contiene una delgada capa de carbón granular activado, donde se eliminan las impurezas restantes ya disueltas. Los diminutos gránulos de carbono pueden absorber sustancias nocivas del mismo modo en que una esponja absorbe líquidos.
5. Ya limpia, el agua está lista para beber. Para mantener su frescura, se desinfecta con dosis mínimas de cloro y se le añade un poco de sulfito de sodio para quitarle el sabor del cloro. Antes de bombearla a las llaves del agua se envía a depósitos de servicio cubiertos.

## DISTRIBUCIÓN MUNDIAL DEL AGUA

**Agua en abundancia todo el año**
Los bosques de lluvia ecuatoriales en América del Sur y el sureste de Asia reciben lluvias intensas diariamente. Países como Indonesia, Tailandia y Malasia aprovechan este clima para el cultivo de palmeras de aceite y plantaciones de caucho.

**Suministros de agua muy de temporada**
Grandes áreas del sur de China y el subcontinente indio tienen un clima tropical de monzón, donde 80% de la lluvia transcurre en un periodo de tres meses cada año. Tal clima es el adecuado para el cultivo del arroz.

**Agua secundaria en temporada de cultivo**
Los pastizales en el centro continental tienen un clima más seco que las áreas próximas al mar. Tras un invierno seco, llegan lluvias escasas en primavera y principios del verano, que se emplean en los cultivos y el ganado.

**Déficit fijo de agua**
Aunque casi nada crece en los desiertos, algunos países de la Península Arábiga se han allegado extraordinarias fuentes de agua. Obtienen agua dulce mediante desalinización y purificación del agua de mar (vea cuadro, der.).

**Las presas más grandes del mundo**

**Lago Williston** (70,300 millones de m³) Canadá

**Manicouagan** (141,900 millones de m³) Canadá

**Guri** (135,000 millones de m³) Venezuela

## Un mar agonizante

Alguna vez el Mar de Aral fue el cuarto lago más grande del mundo. Pero de 1960 en adelante, los ríos que lo alimentaban fueron desviados para irrigar campos de algodón de Kazajstán y Uzbekistán. Su nivel empezó a bajar y sus reducidas aguas fueron contaminadas por pesticidas y productos químicos agrícolas. Hoy es una zona de desastre ecológico que, sin duda, hacia el año 2015 será sólo un desierto tóxico.

## Cómo usamos el agua

Más de 90% del consumo de agua mundial se destina a la agricultura (vea abajo). Al uso doméstico corresponde menos de 3%, y un poco más al industrial, donde su empleo principal es enfriar plantas nucleares y otras plantas térmicas, y mover turbinas en plantas hidroeléctricas. Otros usos industriales importantes se presentan en los sectores químico, petrolero, del papel y de la fabricación de maquinaria.

**Consumo mundial de agua**

93.4% Agrícola
3.8% Industrial
2.7% Doméstico

**Patrón de consumo de agua**
En cada parte del mundo el patrón de uso del agua varía. Por ejemplo, en el mundo desarrollado (en el occidente de Europa y en América del Norte), la industria a menudo demanda la misma cantidad de agua que la agricultura, e incluso más.

**Cons. de agua por continente (miles de mill. de m³)**

| | Agrícola | Doméstico | Indust. |
|---|---|---|---|
| **África** | 120 | 6 | 6 |
| **América del Nte.** | 400 | 90 | 650 |
| **América del Sur** | 60 | 7 | 12 |
| **Asia** | 1,500 | 50 | 80 |
| **Europa** | 230 | 50 | 270 |
| **Oceanía** | 14 | 1.5 | 10 |

**Krasnoyarsk**
(73,300 millones de m³)
Rusia

**Bratsk**
(169,000 millones de m³)
Rusia

**Lago Nasser,** Presa de Asuán
(162,000 millones de m³)
Egipto

**Lago Volta,** Presa Akosombo
(148,000 millones de m³)
Ghana

**Lago Victoria,** Presa Owen Falls
(204,800 millones de m³)
Uganda, Kenia y Tanzania

**Lago Kariba**
(160,400 millones de m³)
Zimbabwe y Zambia

## Irrigación de la tierra

La UNESCO estima que casi la mitad de la producción de cultivos del mundo, en términos de valor, proviene de tierras irrigadas. Sin irrigación, muchas naciones no podrían alimentar a su población o desarrollar su economía. En China y la India, el alto rendimiento del arroz depende de un flujo controlado, que irriga las llanuras ribereñas en la temporada de sequía. Egipto sería tan estéril como el Sahara si no fuera por las intensas lluvias de monzón de las regiones montañosas del este de África, que inundan el Nilo. El agua se deposita en el lago Nasser, a través de la Presa de Asuán. Las prósperas granjas frutícolas de California dependen del agua del río Colorado, transportada por un acueducto de 390 km de longitud.

vea también
42 **Ríos**
44 **Lagos**

## Pozos artesianos

Cuando el agua de la tierra se filtra hacia una capa porosa de roca (un manto acuífero), entre dos capas de piedra impermeable, crea presión. Al taladrar un agujero a través del manto, la presión se libera y el agua tiende a subir a la superficie, donde puede colectarse. Esto es un pozo artesiano, nombre derivado de la región francesa de Artois, donde se perforó el primero, en 1126.

## Desalinización

Para elevar su reserva de agua dulce, los países desérticos de la Península Arábiga desalinizan y purifican agua de mar mediante destilación; esto es, calientan el agua de mar a 80 °C para captar el vapor que se condensa y se eleva, el cual tiene un bajo contenido de sal. El proceso se repite hasta obtener agua para beber de calidad aceptable. A veces se utiliza un método alternativo: el agua de mar se pasa a presión a través de una membrana especial, que retiene la sal y filtra agua pura.

*Uno de los rasgos distintivos del siglo XX fue el desarrollo del transporte terrestre motorizado. Dio gran movilidad a millones y creó una enorme industria a partir de las invenciones en los talleres. Los primeros motores de combustión interna se construyeron para impulsar máquinas de fábricas. Al acoplarlos a una bicicleta y a un carruaje de cuatro ruedas aparecieron la primera motocicleta y el "carruaje sin caballos": el automóvil.*

## EL AUTOMÓVIL MADURA

El automóvil no fue un desarrollo único, sino la suma de centenares, o miles, de invenciones individuales. Las más importantes fueron el motor compacto de combustión interna de gasolina y el neumático (llantas inflables con aire). Aunque inventados en la Europa del siglo XIX y armados por primera vez en Alemania y Francia, Estados Unidos asumió el liderazgo en la fabricación y el uso de autos al empezar el siglo XX. La demanda de un transporte rápido, fácil y económico se cubrió con las técnicas de fabricación en serie introducidas allí; además, la perforación de pozos petroleros aportó combustible barato para impulsar la nueva movilidad.

Un siglo después, hay carros más complejos (vea pág. 468), pero avanzan para convertirse en víctimas de su propio éxito. Los 20,000 automóviles que había en 1900 crecieron a más de 230 millones en el 2000. Las menguadas reservas mundiales de petróleo y el miedo a la contaminación y el calentamiento global obligan a los fabricantes a buscar sustitutos viables del motor de gasolina y a abatir el consumo de combustible y la contaminación que causan los modelos existentes. En los países en desarrollo, sin embargo, un auto aún es un sueño para muchos.

**Transporte liberador** La bicicleta trajo nuevas libertades a las mujeres al final del siglo XIX: dejaron las faldas largas por los prácticos pantalones.

## Evolución de la bicicleta

**1790** La "Celerifère" francesa se parece a un monopatín de madera con rueda delantera fija, sin asiento ni pedales.
**1818** El barón Karl von Drais añade un asiento y un timón de rueda frontal para crear la "Draisienne".
**1839** El escocés Kirkpatrick Macmillan crea una bicicleta con pedales, bielas y manivelas para girar la rueda trasera.
**1861** El francés Pierre Michaux agrega pedales conectados al volante de una Draisienne. Lo llama "velocípedo".
**1870** El velocípedo se convierte en una bicicleta "alta". Su gran rueda delantera incrementa la velocidad.
**1879** El inglés Henry Lawson patenta la "Bicyclette", impulsada por cadena y con ruedas del mismo tamaño.
**1885** En Gran Bretaña, J.K. Starley logra crear la primera "bicicleta segura", con velocidades y suspensión sencillas.
**1888** El inventor escocés John Dunlop patenta las llantas para bicicletas. Se usan en los autos desde 1895.
**1909** Aparecen los cambios de velocidad que mueven la cadena a los dientes del engrane.
**1938** Introducción de los engranes epicíclicos en el eje de la rueda trasera.
**1973** Se introduce la "bicicleta de montaña", con un gran número de cambios de velocidad y llantas gruesas y rugosas para terrenos agrestes.
**1980-1989** Se usan compuestos de fibra ligera de carbono en las bicicletas de carreras profesionales, y luego en el diseño de bicicletas deportivas.

**Carruaje sin caballos** Este Daimler de 1886, el primer carruaje de gasolina con cuatro ruedas, tenía el motor en la parte posterior. Corría a 19 km/h.

**El mundo sobre ruedas** En los 20 años de producción del modelo T de Ford, se construyeron más de 15 millones.

**Éxito del sedán** Aunque el Volkswagen sedán fue desarrollado antes de la Segunda Guerra Mundial, su producción empezó después de ésta.

Daimler | Modelo T de Ford | Volkswagen

1860 | 1880 | 1900 | 1910 | 1920

**1860** Étienne Lenoir construye en Francia el primer motor de combustión interna práctico, un motor industrial fijo de gasolina, con poco éxito comercial.

**1876** Nikolaus Otto desarrolla en Alemania el motor de combustión interna de gasolina de cuatro tiempos, base de los actuales motores de los autos.

**1883-1885** Los ingenieros Gottlieb Daimler, Wilhelm Maybach y Karl Benz desarrollan el primer motor de gasolina en Alemania.

**1890** Los franceses René Panhard y Émile Levassor construyen el primer automóvil con motor de gasolina.

**1892** El ingeniero alemán Rudolf Diesel patenta el motor de compresión e ignición.

**1901** El hijo de Gottlieb Daimler, Paul, construye el primer Mercedes. Su chasís de acero lo hace precursor del auto moderno con carrocería metálica.

**1901-1906** El estadounidense Ransome E. Olds construye en serie 18,000 autos Oldsmobile; utiliza componentes comprados.

**1908** Henry Ford introduce el modelo T producido en serie.

**1911** En Estados Unidos, la compañía Studebaker ofrece planes de pago diferido para adquirir un automóvil.

**1913** Henry Ford revoluciona la fabricación de autos con su línea móvil de producción para los modelos T. Crece la producción a más de 240,000 unidades por año; el precio baja de US$850 a US$260 en 1925.

**1920** Se construyen carros y camiones con motor diesel.

**1922** La llanta con "cámara" de baja presión da confort.

**1928** Se produce el último modelo T de Ford.

**1935** Ferdinand Porsche presenta en Alemania el Volkswagen ("carro del pueblo") con motor trasero.

## Carruajes tirados por caballos

A fines del siglo XIX, los carruajes tirados por caballos evolucionaron de ser carros rudimentarios a convertirse en vehículos muy complejos, con distintos modelos para propósitos especiales. Algunos presentaban importantes innovaciones técnicas. Por ejemplo, los Brougham de 1838 carecían de chasís independiente. El eje trasero, la suspensión y el chasís se montaban sobre la carrocería, técnica usada en muchos autos modernos.

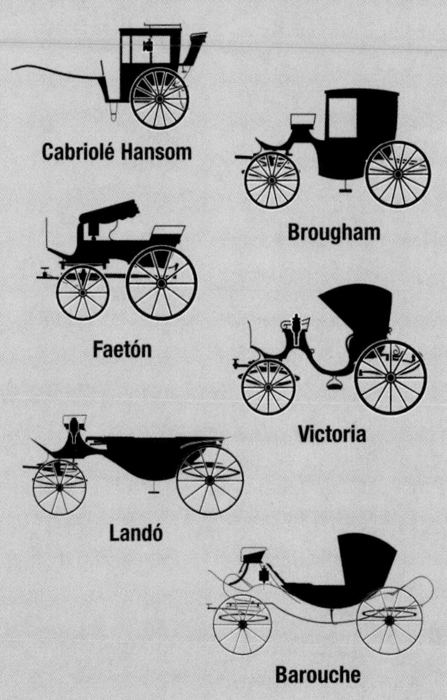


## Breve historia de la motocicleta

Del mismo modo que el automóvil evolucionó del "carruaje motorizado sin caballos", la motocicleta nació de la combinación de una bicicleta con una versión compacta del motor de combustión interna de gasolina.

**1885** Gottlieb Daimler produce la primera motocicleta del mundo montando un motor de combustión interna de gasolina en una bicicleta con estructura de madera. Karl Benz instala un motor de gasolina en un triciclo.

**1894** Los hermanos Hildebrand y Alois Wolfmüller crean una motocicleta de dos cilindros y cuatro tiempos capaz de alcanzar 39 km/h.

**1895** El motor compacto francés De Dion-Bouton fija el estándar para los motores de motocicleta de cuatro tiempos.

**1903** El magneto de alta tensión Honold-Bosch mejora la ignición de combustible.

**1907** Harley-Davidson construye el primer motor en V dual para motocicleta de dos cilindros.

**1911** Uso de embrague y cambios de velocidad variable.

**1913** Una motocicleta alcanza más de 160 km/h.

**1914** Se introduce la primera motocicleta en serie con arranque eléctrico: la Indian Hendee Special.

**1914** Se añaden frenos de tambor (de expansión interna) a las motocicletas.

**1947** Salen al mercado las primeras motocicletas ligeras, Vespa y Lambretta, con ruedas pequeñas, motor interno de baja potencia, cuadro abierto y tablero.

**1959** Se inicia el dominio japonés del mercado mundial de motocicletas.

**1968** Primera motocicleta de producción en serie con frenos de disco: Honda CB750.

**1980-1989** Empiezan las motocicletas de alto rendimiento con motores turbocargados.

**1990-1991** Uso de inyectores de combustible en algunos motores para motocicleta.

**Auto de los pobres** La motocicleta con cochecito lateral, como esta BSA de 1922 con toldo, ofrecía transporte a familias que no podían costearse un auto.

vea también
468 **El automóvil actual**
470 **Trenes**
490 **Combustibles fósiles**

**Todo cromo y aletas** Harley Earl, diseñador de modelos Cadillac, introdujo las aletas posteriores en 1948. Este Eldorado, de 1959, fue uno de los últimos modelos en portar su sello con distinción.

**El Mini Minor** El Mini inició la tendencia de los autos compactos de tracción delantera. Sus rasgos revolucionarios fueron el motor transversal para ahorrar espacio y la suspensión de caucho.

**Un transporte mayor** El Renault Espace fue un nuevo tipo de auto familiar, parte camioneta y parte microbús.

1940 | 1950 | 1960 | 1970 | 1980 | 1990

**1948** Nuevos diseños de llantas mejoran el desempeño del auto y el control del camino. La compañía francesa Michelin presenta llantas radiales más seguras y duraderas. En Estados Unidos, la Goodyear introduce cómodas llantas sin cámara.

**1951** Dunlop introduce los frenos de disco en las ruedas. Los cojinetes de acción hidráulica se pegan a sus costados.

**1959** La British Motor Corporation presenta el revolucionario Mini Austin-Morris, obra de Alec Issigonis, ingeniero de origen griego.

**1965** Ralph Nader, abogado estadounidense, publica su libro *Inseguro a cualquier precio,* donde critica las normas de seguridad automovilísticas. Propicia normas más estrictas en el diseño de autos, y para el uso de cinturones de seguridad y bolsas de aire.

**1970** Las leyes federales de Estados Unidos exigen abatir los gases de escape del carro. Esto promueve el uso de convertidores catalíticos para limpiarlos.

**1975** La crisis petrolera abate el auge de la industria automovilística y propicia el uso de autos pequeños y bajo consumo de gasolina.

**1980** Por primera vez, la producción de autos japoneses rebasa la de Estados Unidos.

**1980** La Renault de Francia lanza al mercado el Espace, lo que establece una nueva tendencia en las unidades para transporte de personas.

**1997** El Mercedes-Benz clase A es la primera unidad compacta de un fabricante de autos de calidad.

**1997** Toyota y Honda, de Japón, presentan modelos "híbridos" de gasolina y energía eléctrica, con alto rendimiento.

# El automóvil actual ▶

**Sus depurados sistemas lo hacen más cómodo y seguro, y menos contaminante**

*Con más de 500 millones de automóviles en el mundo, fabricantes y usuarios enfrentan por igual los problemas de contaminación y la posible escasez de combustible. Bajo esta presión, los fabricantes tratan de diseñar autos más seguros, limpios y baratos, con planes y presupuestos atractivos para el cliente.*

**Los sistemas del automóvil** Los autos actuales proceden del auto de Panhard y Levassor de 1890, ahora con carrocerías integrales, sin chasís independiente y con sistemas mucho más complejos que aquél. Casi todos los carros medianos y grandes tienen motor delantero y tracción trasera; en general, la tracción de los autos pequeños y regulares es delantera. Hay vehículos todoterreno cuya transmisión reparte la potencia entre todas las ruedas. Los sistemas de seguridad son de suma importancia y contribuyen a proteger al conductor: barras de impacto laterales, columna de dirección abatible, bolsas de aire y frenos ABS.

## EL MOTOR DE CUATRO TIEMPOS

La mayoría de vehículos de gasolina tienen motor de cuatro tiempos. El golpe de corriente, que genera la fuerza de conducción, se completa con dos giros del cigüeñal. Para enviar potencia continua y suave, los motores tienen cuatro, seis, ocho o más cilindros que se encienden por turno.

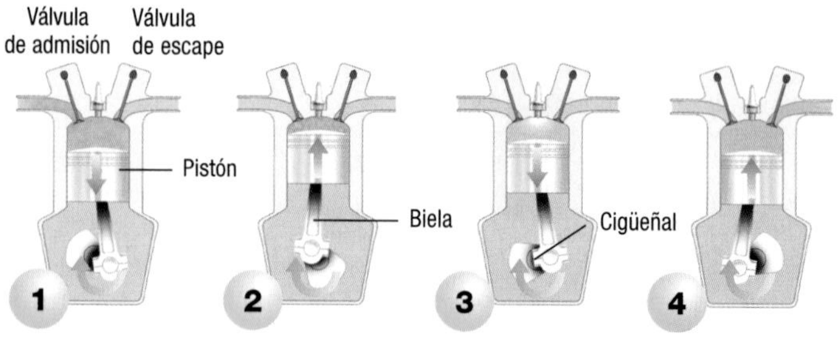

**1 Admisión o inducción** La válvula de admisión se abre y la de escape se cierra. El pistón baja, y la mezcla de gasolina y aire entra.

**2 Compresión** Se cierran las válvulas de admisión y escape. El pistón sube y comprime la mezcla de gasolina y aire.

**3 Potencia** Ambas válvulas siguen cerradas. La chispa enciende la mezcla. El pistón baja, impulsado por la expansión de los gases quemados.

**4 Escape** La válvula de admisión se cierra y la de escape se abre. El pistón sube y los gases de escape se liberan.

**Sistema de combustible** La bomba de combustible lo impulsa desde el tanque. Combustible y aire se mezclan en proporciones correctas y alimentan el motor. Hoy día es más frecuente el uso de inyectores, que lanzan un chorro moderado de combustible al aire que entra en el motor.

**Motor** Cadenas, bandas o palancas de cambio controlan las válvulas de admisión y escape y regulan el envío de corriente eléctrica a las bujías.

**Sistema eléctrico** La batería proporciona energía para echar a andar el automóvil. Una vez que el motor arranca, el alternador genera suficiente corriente para activar accesorios y sistemas eléctricos y mantener cargada la batería.

**Sistema de escape** Un conjunto de tubos absorbe los gases quemados del motor. Uno o más silenciadores suavizan su paso y aminoran el ruido. Un convertidor catalítico transforma químicamente parte de los gases en bióxido de carbono poco contaminante y agua.

**Marcha** Este motor eléctrico gira la hélice del motor a través de su ciclo hasta que el motor empieza a girar con potencia propia.

**Ruedas y llantas** Los rines se fabrican en acero templado o aleaciones coladas ligeras. El piso de la llanta, que lanza a los lados el agua de la superficie, está sujeto con cuerdas de acero o fibra para evitar deformaciones.

**Frenos** Los frenos de disco tienen un par de cojinetes que presionan los costados de un disco de metal. Los de tambor tienen un revestimiento en forma de herradura que presiona hacia fuera la cara interna del tambor; son mejores para estacionarse y a menudo van en la parte posterior.

**Sistema de enfriamiento** Algunos motores se enfrían con aire. Los otros, con agua que pasa de los ductos del motor al radiador, donde un ventilador elimina el exceso de calor.

**Sistema de encendido** El motor necesita chispas lanzadas a ciertos intervalos para encender la mezcla de combustible y aire. Antes se hacía con una bobina y un distribuidor; hoy casi todos los autos tienen ignición electrónica.

**Caja de velocidades** Los cambios dan varias velocidades de salida para determinada velocidad del motor. La transmisión automática cambia la proporción según la velocidad del camino y la carga del motor, en general bajo control electrónico.

**Suspensión y dirección** Resortes y amortiguadores retienen cada rueda en la carrocería y la estabilizan cuando el auto entra a un terreno irregular. Hay carros con dirección eléctrica para reducir el esfuerzo.

## Fuentes de poder alternas para vehículos

Las reservas limitadas de petróleo y la necesidad de reducir la emisión de bióxido de carbono y otros gases de invernadero han obligado a los fabricantes de automóviles a buscar otras opciones al motor de combustión interna, como motores con "quemado limpio", tecnologías y combustibles novedosos, etcétera.

**Vehículos eléctricos**
Son impulsados por un motor eléctrico conectado a baterías eléctricas.

**Ventajas:**
- No emite gases de invernadero.
- Pueden recargarse en casa.

**Desventajas:**
- Rango limitado.
- La recarga diaria es prolongada.
- La generación de energía para recargar las baterías produce gases de invernadero.

**Vehículos eléctricos híbridos**
Un motor eléctrico de baterías impulsa la unidad a velocidad baja o da apoyo a un motor de combustión interna, que también recarga baterías.

**Ventajas:**
- Bajo consumo de combustible.
- Rango aceptable.

**Desventajas:**
- Algunas emisiones nocivas del motor de combustión interna.
- Complejos.

**Gas licuado de petróleo**
Este derivado de la industria petrolera se usa para impulsar motores de combustión interna.

**Ventajas:**
- Costos de combustible bajos.
- Pocas emisiones de gases de invernadero.

**Desventajas:**
- Éste es un combustible fósil con reservas limitadas.
- Usa tanque de combustible a presión.

**Celdas de energía**
El hidrógeno de la electrólisis (separación eléctrica) del agua se combina con oxígeno del aire para generar electricidad para mover un motor.

**Ventajas:**
- No emite bióxido de carbono (el único derivado es agua).
- Buen rango y ahorro de combustible.
- Es casi silencioso.

**Desventajas:**
- El hidrógeno es en general más caro que la gasolina.

**Etanol**
Solo o mezclado con gasolina, el etanol (alcohol etílico) sirve para activar motores de combustión interna. Este combustible renovable se obtiene del maíz y otros cultivos.

**Ventajas:**
- Se obtiene de una fuente renovable.
- Pocas emisiones de gases de invernadero.

**Desventaja:**
- Pocos sitios de abastecimiento.

vea también
466 **Transporte por tierra**
470 **Trenes**
490 **Combustibles fósiles**

## Principales fabricantes de vehículos en el mundo

| | Grupo | Unidades vendidas 1998 (millones) | Ventas US$MM | Principales marcas |
|---|---|---|---|---|
| 1 | **General Motors** | 8.1 | 126 | Buick, Cadillac, Chevrolet, Opel, Saab, Vauxhall |
| 2 | **Ford** | 6.8 | 119 | Ford, Jaguar, Land Rover, Lincoln, Mazda, Volvo |
| 3 | **Toyota** | 5.2 | 109 | Daihatsu, Lexus, Toyota |
| 4 | **Volkswagen** | 4.6 | 62 | Audi, Bentley, Seat, Skoda, Volkswagen |
| 5 | **Daimler Chrysler** | 4.5 | 111 | Chrysler, Dodge, Jeep, Mercedes, Smart |
| 6 | **Nissan** | 2.5 | 58 | Infiniti, Nissan |
| 7 | **Honda** | 2.3 | 45 | Acura, Honda |
| 8 | **PSA Peugeot Citroën** | 2.3 | 29 | Citroën, Dacia, Peugeot |
| 9 | **Renault** | 2.1 | 35 | Alpine, Renault |
| 10 | **Mitsubishi** | 1.8 | 32 | Mitsubishi |

## Redes carreteras más activas del mundo

| | | miles de km recorridos al año por km de carretera |
|---|---|---|
| 1 | Indonesia | 8,134 |
| 2 | Hong Kong | 6,071 |
| 3 | Bahrein | 2,808 |
| 4 | Mongolia | 2,169 |
| 5 | Israel | 2,096 |
| 6 | Tailandia | 1,546 |
| 7 | Portugal | 1,297 |
| 8 | Reino Unido | 1,089 |
| 9 | Bélgica | 1,074 |
| 10 | Alemania | 889 |

**Número de autos** Estados Unidos es, con mucho, el líder mundial en este rubro, con más de 130 millones de autos en sus caminos. Sin embargo, hay países menores con más unidades por persona (vea abajo). En Gran Bretaña, hay casi 23 millones de automóviles: 385 por cada 1,000 personas.

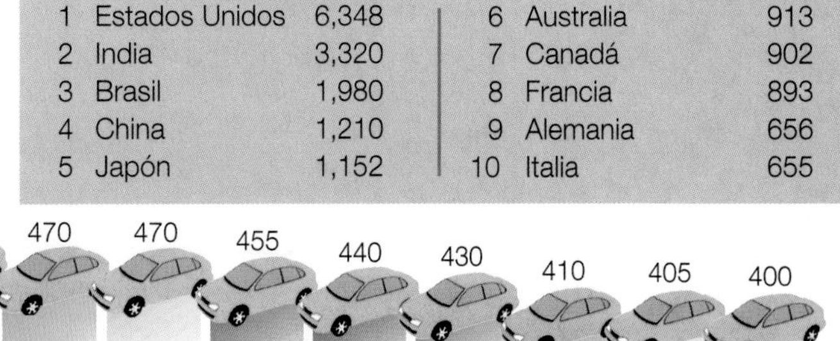

## Las redes carreteras más grandes del mundo

| | | miles de km | | | miles de km |
|---|---|---|---|---|---|
| 1 | Estados Unidos | 6,348 | 6 | Australia | 913 |
| 2 | India | 3,320 | 7 | Canadá | 902 |
| 3 | Brasil | 1,980 | 8 | Francia | 893 |
| 4 | China | 1,210 | 9 | Alemania | 656 |
| 5 | Japón | 1,152 | 10 | Italia | 655 |

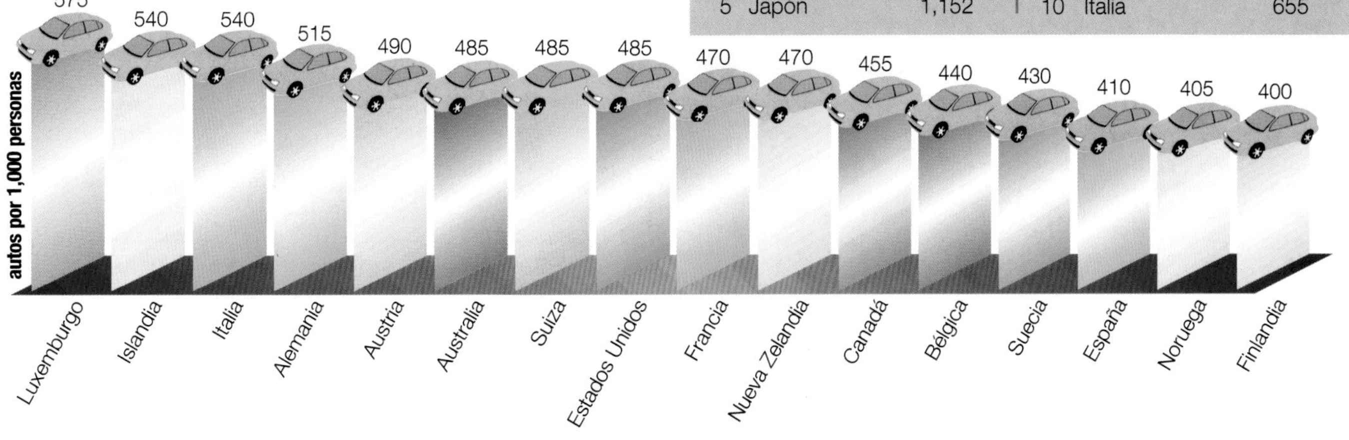

*El primer medio masivo de transporte fue el ferrocarril. En el siglo XIX se tendieron cientos de miles de kilómetros de vías en casi cada continente, lo que conectó zonas remotas y fomentó el desarrollo económico. A pesar de la competencia del transporte terrestre y aéreo, el ferrocarril sigue llevando cargas pesadas por los países, transportando millones de viajeros y uniendo, a altas velocidades, centros urbanos separados por miles de kilómetros.*

**Subida empinada** Los tranvías de San Francisco aligeran el esfuerzo de subir las colinas de la ciudad. El carro se sujeta a un cable impulsor controlado desde una sala de máquinas central.

## Tranvías, trolebuses y trenes ligeros

El primer servicio de tranvía tirado por caballos, que corría por rieles colocados en el camino, empezó en Nueva York en 1852. Unos 20 años después, en la empinada ciudad de San Francisco se inició el uso de tranvías de cable: unidades tiradas por un cable en movimiento constante alojado en un canal.

Al final del siglo XIX el transporte urbano cambió: aparecieron tranvías de vapor, de baterías eléctricas o los impulsados por cables eléctricos aéreos, en los que la energía pasa por un "trole", pértiga coronada con una rueda metálica que corre por el cable. En 1911 dio inicio un servicio semejante de "autobuses tranvía" en las ciudades británicas; éstos funcionaron hasta la aparición de los autobuses de motor diesel, al final de la década de 1940.

En estos días de gran tráfico y contaminación, muchas ciudades del mundo han modernizado, ampliado o reintegrado sus sistemas de tranvías para mejorar el ambiente urbano. En otros países la respuesta está en novedosos ferrocarriles aéreos, como el Docklands Light Railway de Londres y el SkyTrain de Vancouver.

1800

**1801** Richard Trevithick, inglés oriundo de Cornualles, construye la primera máquina de vapor capaz de llevar una carga de 10 ton a 8 km/h.

**1825** El ingeniero británico George Stephenson opera el primer tren de vapor público, usando su motor *Locomotion*. Los pasajeros viajaban a 24 km/h de Stockton a Darlington, en el norte de Inglaterra.

**1829** Stephenson y su hijo Robert construyen el *Rocket*, que alcanza una velocidad pasmosa: 38 km/h.

**1830** Se inaugura el recorrido Liverpool-Manchester con la máquina *Rocket* de Stephenson: es el verdadero nacimiento del ferrocarril.

El primer ferrocarril de Estados Unidos es el Baltimore-Ohio. Usa la locomotora *Tom Thumb*.

**Caballo de acero** El tren abrió el Oeste estadounidense.

1850

**1850** Gran Bretaña tiene más de 9,600 km de vías férreas; Estados Unidos, 14,500.

**1863** Se inaugura el primer tren subterráneo en Londres. La línea de 6 km, la Metropolitan Railway, corre de Paddington a Farringdon, por las importantes estaciones Euston y King's Cross.

**1869** Cuando las líneas Union Pacific y Central Pacific se unen en Utah, se crea el primer tren transcontinental en Estados Unidos.

El inventor estadounidense George Westinghouse patenta el freno de aire para trenes.

**1890** El primer tren eléctrico subterráneo de nivel profundo (conocido como "Tube") entra en funcionamiento en Londres.

**1896-1897** Se inaugura el primer tren subterráneo europeo en Budapest, Hungría. El primero de Estados Unidos, conocido como *subway*, opera en Boston.

1900

**1900** Se inaugur el tren subterráne *Métropolitai* (o "Métro") en París

**Potencia sobre ruedas** El *Rocket* de Stephenson fue la locomotora más rápida y potente en su momento. Los Stephenson empezaron a proveer muchos ferrocarriles europeos.

**Jornada humeante** El ferrocarril subterráneo de Londres, el primero en el mundo, utilizaba motores de vapor alimentados con carbón.

## Tecnología de trenes modernos

**Trenes de levitación magnética (LevMag)** Estos trenes pueden viajar a más de 500 km/h. Un poderoso campo magnético hace que "floten" de 1 a 10 cm sobre un riel-guía. Para regular la velocidad se aplica corriente alterna a los imanes instalados a lo largo del riel-guía, para que el campo magnético "se extienda" a lo largo de éste. Estos trenes todavía son experimentales.

**Trenes inclinados** La velocidad total de los trenes tradicionales está limitada por la capacidad con que toman las curvas. Alcanzan 235 km/h, pero en muchas curvas bajan a 145 km/h. Un tren inclinado las toma a una velocidad 25 a 40% mayor. El chasís del tren lleva un dispositivo computarizado que controla los pistones que ajustan el ángulo de inclinación de los vagones.

**Monorriel** Los sistemas de un solo riel, como los de Tokio y Sydney, son trenes eléctricos que corren a velocidades relativamente bajas. Algunos sistemas usan una barra superior, en la que va suspendido el tren, mientras que otros usan un solo riel con ruedas-guía para estabilizar los vagones.

**Tren ligero automático** Es adecuado para los ambientes urbanos, pues reduce problemas en su construcción: el Docklands Light Railway de Londres conecta la City y las zonas comerciales de Docklands. Un sistema computarizado controla los trenes sin operador desde una central de mando.

**Trenes de alta velocidad** El tren "Bala" de Japón, el TGV francés y otros trenes semejantes tienen un potente motor eléctrico en cada extremo y corren sobre rieles especiales con curvas suaves. Las señales se envían al tren a través de computadoras. Los vagones del TGV están unidos a "carros" de cuatro ruedas y no a vagonetas independientes, para mayor estabilidad.

**Tren inclinado** El tren suizo X-2000, al igual que el innovador Pendolino italiano, registra las curvas que se aproximan. Una computadora hace que los vagones se inclinen.

1900

**1901** El primer sistema de monorriel inicia operaciones en Wuppertal, Alemania.

**1916** Tras un trabajo de 25 años, concluye la construcción del tren Transiberiano en toda Rusia.

**1928** Union Limited y Union Express inician un servicio de trenes entre Johannesburgo y Ciudad del Cabo, con carros de lujo azul brillante. En 1946, el servicio adquiere un nuevo nombre oficial: Blue Train.

**1930** Los primeros trenes diesel ligeros y de alta velocidad inician servicio en Alemania y Estados Unidos.

**1940** En EUA, el tren Santa Fe inaugura el primer servicio de carga diesel-eléctrico regular.

1950

**1964** Japón introduce el tren Shinkansen ("Bala"), capaz de viajar a 209 km/h.

**1983** El servicio del TGV (*Train à Grande Vitesse*) francés comienza a correr entre París y Lyon. Los trenes alcanzan una velocidad promedio de 260 km/h.

**1988** El tren Pendolino de alta velocidad inicia servicio en Italia. Es el primer tren inclinado con éxito comercial que puede alcanzar altas velocidades en vías normales.

**1994** El enlace ferroviario del Túnel del Canal de la Mancha, de 50 km, conecta Gran Bretaña y Francia con veloces trenes de transporte de pasajeros, camiones y autos.

2000

**2000** Al terminarse el siglo XX hay más de 1.2 millones de km de vías férreas interurbanas en todo el mundo.

## DATOS SOBRE TRENES

**El récord mundial de velocidad de un tren de vapor,** 203 km/h, lo logró el *Mallard* (arriba) en Gran Bretaña, en 1938.

**Los trenes más rápidos en servicio regular** son los TGV franceses, que mantienen una velocidad promedio de 300 km/h.

**El récord de velocidad mundial para un LevMag** se logró en Japón en 1999. En un recorrido de prueba de 18 km, un tren de 5 vagones alcanzó 552 km/h.

**La línea de ferrocarril más larga del mundo,** la del Transiberiano, recorre unos 9,300 km, de Moscú a Vladivostok.

**El tramo más largo de vía recta,** en la Llanura de Nullarbor en Australia, es de 478 km, sin una sola curva.

**El túnel de ferrocarril más grande del mundo,** el Seikan, une las islas japonesas Honshu y Hokkaido. Tiene 53.9 km de largo; su punto más bajo está a 240 m debajo del nivel del mar.

## Seguridad sobre rieles

Un funcionamiento de trenes seguro depende de señales eficaces. La mayoría de los sistemas usan señales de color rojo, amarillo y verde, como las de los semáforos; a los conductores les toca estar alerta y responder a ellas. Un sistema automático de protección reduce riesgos de error humano.

**Sistema de Advertencia Automático (SAA)** Pasarse una señal amarilla o roja activa una bocina o zumbador en la cabina del operador. Si éste no logra cancelar el sonido de advertencia, los frenos se activan automáticamente.

**Sistema de Protección de Trenes y Advertencia (SPTA)** A diferencia del SAA, el operador no puede anular el SPTA, que inicia el frenado automático si hay cerca una señal roja o si se excede el límite de velocidad en curva.

**Protección Automática de Trenes (PAT)** Es el sistema más efectivo y costoso. Un equipo de vigilancia observa la velocidad del tren y envía la velocidad "segura" que calcula a una pantalla en la cabina. Si el operador rebasa esta velocidad, el frenado automático se activa.

**Velocidad aerodinámica** El TGV recorre Francia como centella a 400 km/h.

vea también
204 **Revolución Industrial**
466 **Transporte por tierra**
468 **El automóvil actual**

# Barcos de vela ▶ De la energía del viento a las turbinas de vapor

*El hombre construyó botes primitivos antes que vehículos terrestres; debía hacerlo, pues ríos, lagos y mares resultaban obstáculos insalvables. La capacidad de construir y navegar barcos propició la expansión política y económica, pues a la exploración siguió la expansión de las civilizaciones y el auge del comercio. Muchos de los grandes imperios del mundo –del Mediterráneo al Lejano Oriente, y de Grecia y Roma antiguas a España y Gran Bretaña– surgieron gracias principalmente al poder naval y se consolidaron por medio del comercio marítimo.*

## Evolución de las velas y los aparejos

Las primeras velas, usadas en las antiguas naves egipcias, eran rectangulares y colgaban de un palo horizontal o verga. Tal aparejo cuadrado daba buena velocidad al navío con viento de popa, pero no de proa. Los constructores de embarcaciones árabes del siglo V resolvieron este problema con la vela latina, que era triangular y colgaba de un palo angular. El desviar el viento permitió a las naves avanzar en ángulo hacia él. A partir de entonces, la historia de la navegación sólo fue cuestión de refinar estos dos sistemas, a menudo combinados, hasta llegar a los veloces clíperes del siglo XIX, y los veleros actuales. Incluso los modernos yates de carreras, aparejados de popa a proa con velas como las latinas, emplean un derivado del aparejo cuadrado, el *spinnaker,* al navegar a favor del viento.

**Las naves con vela latina,** basadas en el *dhow* árabe, se construyeron en el Mediterráneo occidental desde el año 1200. Podían navegar en ángulo al viento.

**La carabela portuguesa** del siglo XV evolucionó, a partir de las naves con vela latina, a un navío ligero. Naves como ésta trajeron a Colón al Nuevo Mundo.

**El galeón,** con aparejos cuadrados y velas latinas para maniobrabilidad y velocidad ante el viento, se usó para comerciar y combatir a partir de la mitad del siglo XVI.

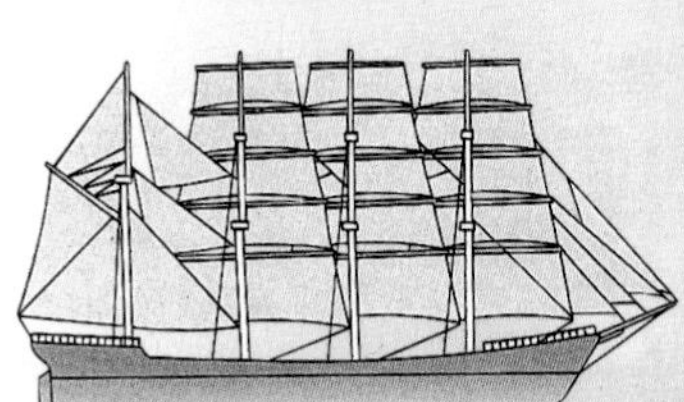

**La corbeta de cuatro mástiles,** uno de los clíperes más veloces, tenía casi sólo aparejos cuadrados para ganar velocidad al transportar té, especias y lana.

### Tipos de yates

En general, los yates modernos están aparejados de popa a proa con velas sujetas al borde delantero de un mástil, soga o cable, conocido como estay. La vela mayor puede ser un triángulo (aparejo Bermuda) o tener la parte superior recortada y sujeta a un palo corto en ángulo llamado garfio (aparejo de garfio).

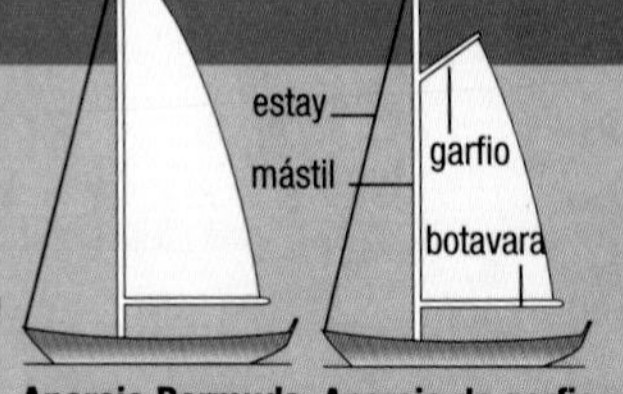


**Aparejo Bermuda** **Aparejo de garfio**

***c.* 3200 a.C.** Los antiguos egipcios construyen botes con tablones de madera y velas para captar el viento (arriba).

***c.* 1000 a.C.-1000 d.C.** Los ancestros de los isleños del Pacífico hacen viajes largos en canoas con botalón.

***c.* 400-500** Los constructores árabes de navíos crean *dhows* de madera con uniones calafateadas y velas latinas triangulares, adecuadas para navegar a contraviento.

***c.* 1450** En el Mediterráneo se construyen las primeras naves aparejadas que combinan timón, castillo y popa de diente de rueda con la estructura ligera de los aparejos de vela latina. Tienen tres mástiles, con una vela latina en el palo de mesana o popa y velas rectangulares en los otros. Inician la gran era de exploración europea.

**Siglos XVII y XVIII** El diseño de buques navales y mercantiles difiere por primera vez desde las galeras de guerra de la Grecia antigua. Los barcos de carga que se construyen para comerciar con el Lejano Oriente son más anchos que los de guerra. Estos últimos van de los más grandes, capaces de llevar más de 100 cañones, a las fragatas ligeras, rápidas y maniobrables con menos de 50 cañones.

2000 a.C. — 1000 d.C. — 1500 — 1700

***c.* 2500-1200 a.C.** Las civilizaciones minoica, en Creta, y micénica, en Grecia, construyen con vigas anchos cargueros de altura de una sola vela. Se crean galeras más rápidas y angostas, impulsadas por remeros, como barcos de guerra.

***c.* 700-500 a.C.** Los griegos construyen birremes, galeras de combate con dos hileras de remos a cada lado, y más tarde, trirremes. Estas naves, de 38 m de largo y una tripulación de 200 hombres, alcanzan los 7 nudos (13 km/h).

**Siglos VIII a X** Los vikingos cruzan el Atlántico Norte en sus *drakar* (abajo). De hasta 30 m de largo, estos navíos son gobernados usando como timón un remo de espadilla.

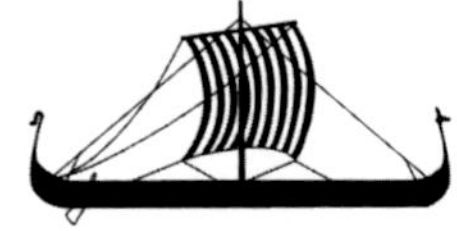

***c.* 1200** En el norte de Europa se construyen "cogs", resistentes veleros individuales con "castillos" en proa y popa; tienen timón en vez de remo de dirección. Aparecen los navíos ligeros de vela latina en el Mediterráneo.

Los juncos chinos (der.) comercian en la India y el este de África. Sus velas de lino o estera, reforzadas con listones de bambú, son fáciles de manipular. Los mamparos dividen el casco en compartimientos herméticos.

***c.* 1550** Los constructores navales europeos crean el robusto galeón, con castillo bajo y toldilla amplia y alta.

**1769** Botan el buque de guerra más grande de la era de los veleros: el *Santissima Trinidad* español. Llevaba hasta 144 cañones.

**1776** David Bushnell, ingeniero estadounidense, construye el primer submarino individual, llamado *Tortuga.* Tiene tanques de flotación y el ocupante lo impulsa manualmente.

**Una nave de la línea** El navío inglés *Victory* adquirió fama como el buque insignia de Nelson en la batalla de Trafalgar (1805) y aún es el buque de guerra hecho por encargo más antiguo del mundo. Botado en 1765, aparece aquí en el Mediterráneo en la década de 1780 en una pintura de Monamy Swaine. Era un buque de primera clase, que llevaba 100 cañones en tres cubiertas principales, el alcázar (cerca de popa) y el castillo. Su construcción ocupó la madera de 6,000 árboles, sobre todo robles. Con 69 m de largo y 3,556 ton de peso, es un navío aparejado con velas cuadradas, tres mástiles y un bauprés. Cada mástil, de pino o abeto ligero y flexible, se divide en tres secciones, que soportan las vergas horizontales, de donde cuelgan las velas. Ante vientos muy ligeros, puede izarse una cuarta vela "real" hasta la punta de cada mástil.

vea también
192 **La era de las exploracione**
474 **Del vapor al hidrodeslizad**
476 **Navegación**

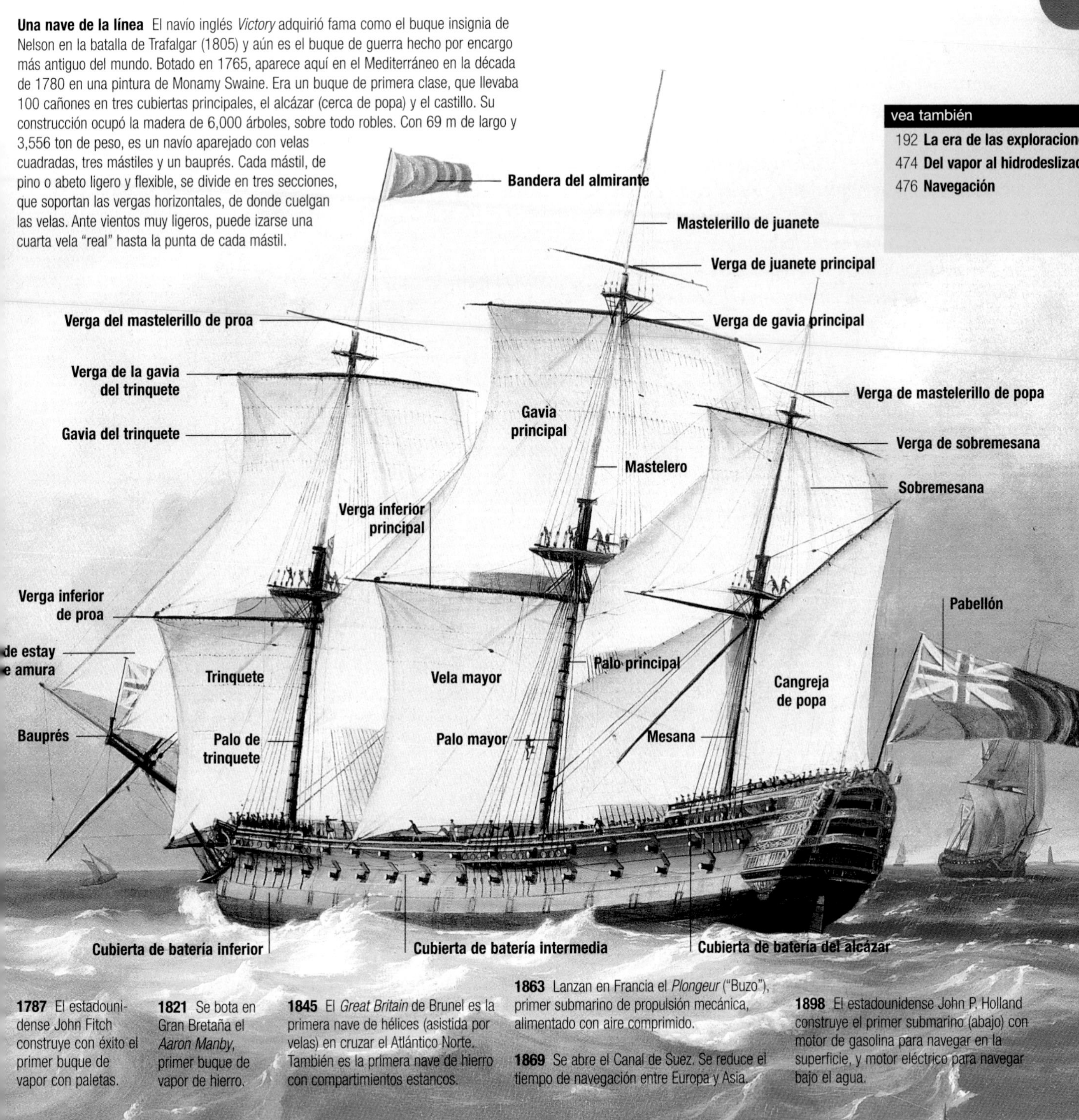


**1787** El estadounidense John Fitch construye con éxito el primer buque de vapor con paletas.

**1821** Se bota en Gran Bretaña el *Aaron Manby*, primer buque de vapor de hierro.

**1845** El *Great Britain* de Brunel es la primera nave de hélices (asistida por velas) en cruzar el Atlántico Norte. También es la primera nave de hierro con compartimientos estancos.

**1863** Lanzan en Francia el *Plongeur* ("Buzo"), primer submarino de propulsión mecánica, alimentado con aire comprimido.

**1869** Se abre el Canal de Suez. Se reduce el tiempo de navegación entre Europa y Asia.

**1898** El estadounidense John P. Holland construye el primer submarino (abajo) con motor de gasolina para navegar en la superficie, y motor eléctrico para navegar bajo el agua.

1800 1850 1890

**1800** El ingeniero estadounidense Robert Fulton construye el primer submarino con suministro de aire comprimido, y timón para subir o bajar dentro del agua.

**1807** Fulton desarrolla el *Clermont*, primer buque de vapor con éxito comercial.

**1836** Suecia y Gran Bretaña patentan la hélice marina, un importante avance en la propulsión marítima.

**1837** El ingeniero británico Isambard Kingdom Brunel lanza el *Great Western*, primer buque de vapor de altura, impulsado por hélices laterales.

**1854** El clíper bostoniano *Lightning* impone una marca mundial en un trayecto de Boston a Liverpool, al navegar 436 millas náuticas (807 km) en 24 horas, a una velocidad máxima de 21 nudos (39 km/h). Los esbeltos clíperes tienen 3, 4 o 5 mástiles, y hasta 35 velas.

**Décadas de 1880 y 1890** El ingeniero británico Charles Parsons diseña el motor marino de turbina de vapor. En 1894 lo instala en su *Turbinia* de 31.6 m, que alcanza 34.5 nudos (64 km/h) de velocidad.

**Década de 1890** Las barcazas del Támesis (izq.) llevan carga por la costa sureste de Inglaterra. Las siguen construyendo al final de la década de 1920.

# Del vapor al hidrodeslizador

**Un antiguo medio de transporte se moderniza**

*Incluso en esta época de viajes aéreos frecuentes, los cargueros aún transportan la mayor parte del comercio del mundo. Al mismo tiempo, la demanda del turismo ha llevado a la construcción de cruceros trasatlánticos, capaces de albergar a más de 3,000 pasajeros y proveer numerosas formas de diversión. El deseo de viajar con rapidez lo cumplen naves de alta tecnología, como hidrodeslizadores y aerodeslizadores. El potencial aéreo tampoco ha desplazado a las flotas del mundo, aunque los veloces botes patrulla, los portaaviones y los submarinos han sustituido a los pesados acorazados.*

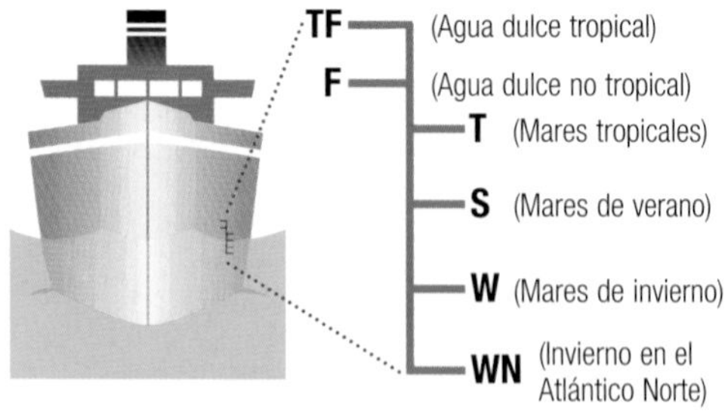


**Línea de carga** Pintada en el casco, muestra la profundidad de navegación máxima con carga. Ya que las naves flotan más alto en aguas salobres frías que en aguas templadas o dulces, la línea de carga exhibe varios niveles.

**Monarca del Atlántico** Lanzado en 1934, el *Queen Mary* (en el puerto de Nueva York) ganó el Blue Riband 2 años después y lo mantuvo durante 16.

## El premio Blue Riband

Un grupo de empresas de cruceros estableció el premio Blue Riband en 1833 (antes de la época de los buques de vapor) para los trasatlánticos que hicieran los viajes más rápidos entre Europa y América del Norte. Hoy, las reglas establecen que los navíos deben ser especiales para pasajeros, no barcos pequeños, para excluir de la justa a rivales adaptados especialmente.

**Ganadores 1900-1998** *(por velocidad y longitud de ruta)*

| Barco | Línea | Año | Duración (días:h:min) | Velocidad (nudos) |
|---|---|---|---|---|
| *Deutschland* | Hamburg America | 1900 | 5:15:46 | 22.42 |
| *Kaiser Wilhelm II* | North German Lloyd | 1904 | 5:12:44 | 23.12 |
| *Lusitania* | Cunard | 1907 | 4:19:52 | 23.99 |
| *Mauritania* | Cunard | 1908 | 4:20:15 | 24.86 |
| *Bremen* | North German Lloyd | 1929 | 4:17:42 | 27.83 |
| *Europa* | North German Lloyd | 1930 | 4:17:06 | 27.91 |
| *Rex* | Italian Line | 1933 | 4:13:58 | 28.92 |
| *Normandie* | French Line | 1935 | 4:03:02 | 29.98 |
| *Queen Mary* | Cunard White Star | 1936 | 4:00:27 | 30.14 |
| *United States* | United States Line | 1952 | 3:12:12 | 34.51 |
| *Hoverspeed Great Britain* | Hoverspeed | 1990 | 3:07:54 | 36.60 |
| *Cat-Link V* | Scandlines | 1998 | 2:20:09 | 41.28 |

## Medidas clave

**Tonelaje peso muerto (dwt)** Capacidad de carga total de un navío, incluidos carga, tripulación, pasajeros, suministros, combustible y refacciones. Medida en toneladas; se usa en buques petroleros y cargueros.
**Tonelaje desplazado** Peso, medido en toneladas, del agua que desplaza un barco. Se emplea en barcos de la armada.
**Tonelaje bruto (grt)** Medida del volumen del espacio en el interior del casco de un barco comercial. Un grt equivale a cerca de 3 m$^3$.
**Milla náutica** Usada aún en el mar y el aire, equivale a 1,852 m. Un **nudo** es la unidad de velocidad igual a 1 milla náutica por hora.
**Tonelaje neto** Medida de volumen similar al tonelaje bruto. Basada en el espacio de pasajeros y carga, excluye depósito de combustible y cuarto de máquinas. Se usa al calcular impuestos y derechos portuarios.

1900 1910 1930 1940 1950

**1902** Alemania bota el navío de velas más grande hasta ese momento: el *Preussen*. Medía 132 m de largo; tenía cinco mástiles y casco de acero.

**1906** El ingeniero italiano Enrico Forlanini prueba con éxito la primera ala hidrodinámica completa con autopropulsión.

**1908** Gran Bretaña bota el primer submarino con motor diesel.

**1914-1918** En la Primera Guerra Mundial, Alemania prueba la efectividad de los submarinos navales al hundir muchos barcos del bloque aliado.

**1916** La armada inglesa pone en servicio el primer portaaviones, el HMS *Argus,* adaptación de un buque de pasajeros.

**1937** Se inicia el servicio del primer hidrodeslizador comercial, en Alemania.

**1939-1945** La Segunda Guerra Mundial prueba la importancia de submarinos y portaaviones en combates navales.

### Mayores flotas mercantes del mundo

**Número de buques sobre 100 grt (1999)**

| | | |
|---|---|---|
| 1 | Japón | 8,462 |
| 2 | Panamá | 6,143 |
| 3 | Estados Unidos | 5,642 |
| 4 | Rusia | 4,694 |
| 5 | China | 3,285 |

**1954** Estados Unidos bota el primer navío de energía nuclear, el submarino *Nautilus*, que establece nuevas marcas de velocidad y de permanencia bajo el agua.

**1959** El inventor británico Christopher Cockerell construye un aerodeslizador, o *hovercraft,* de tamaño completo, el primer navío realmente "anfibio".

## EL AERODESLIZADOR

Esta nave va montada sobre una bolsa de aire que le permite viajar sobre agua, pantanos, playas y tierra nivelada. Unos potentes ventiladores de turbinas de gas o motores diesel ligeros inyectan aire a una cámara de vacío formada por tiras flexibles alrededor de la embarcación. El aire que pasa de allí al espacio entre el casco y la superficie forma un colchón de aire sobre el que se sostiene el navío. Las hélices de popa lo impulsan y los timones colocados en la corriente de aire lo dirigen. Alcanza unos 70 nudos (130 km/h). Unas boquillas giratorias de empuje, a cada lado de la proa, mejoran su maniobra. Al igual que los hidrodeslizadores, se usa para patrullaje naval, transporte de pasajeros y vehículo de distancias cortas.

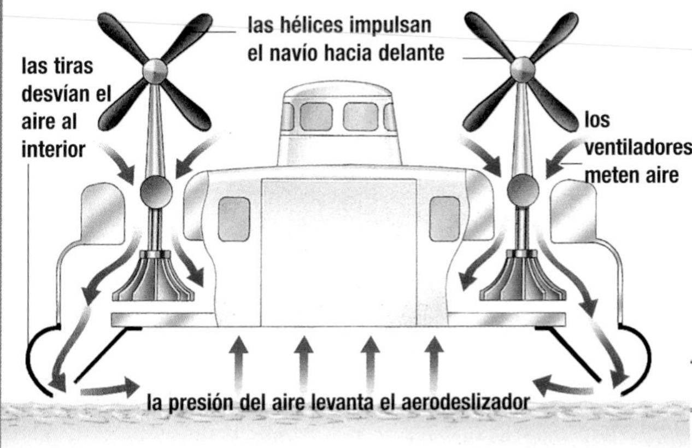
las hélices impulsan el navío hacia delante
las tiras desvían el aire al interior
los ventiladores meten aire
la presión del aire levanta el aerodeslizador

**Gran portaaviones** Los dos reactores nucleares del USS *John C. Stennis* tipo *Nimitz* pueden impulsarlo casi 1 millón de millas náuticas (1.85 millones de km) antes de que vuelva a recargarse. La nave, en servicio desde 1995 y con 6,250 tripulantes, se desplaza a más de 30 nudos (55.5 km/h). La cubierta de vuelo tiene un área de 1.8 ha.

**Cómo funciona un ala hidrodinámica** Un ala hidrodinámica usa el mismo principio que un avión. Tiene una hoja de metal o "ala" montada bajo el casco, la cual "vuela" a través del agua para elevarse. Cuando la elevación es suficiente para subir el casco principal sobre el nivel del agua, el arrastre se reduce y se alcanzan velocidades de 55 nudos (100 km/h) en aguas tranquilas. Impulsada por motores de turbina diesel o de gasolina, el ala se usa, sobre todo, para viajes cortos de pasajeros. Funciona como patrullera militar de alta mar y transporte de proyectiles teledirigidos. Un aerodeslizador con alas sumergidas y estabilizador automático de nivel puede operar en aguas más agitadas que el tipo convencional con corte de superficie y alas en V que se muestra.

alas hidrodinámicas

flujo de agua sobre las alas de proa y popa por el movimiento del navío

elevación creada por el flujo de agua sobre las alas

los reactores hidráulicos de turbina o diesel impulsan la nave hacia delante

vea también
472 **Barcos de vela**
476 **Navegación**

1970 — 1980 — 1990 — 2000

**1970 a 1999** Estados Unidos echa al mar sus portaaviones tipo *Nimitz* de 100,000 ton, los buques de guerra más grandes del mundo.

**1976** Se echa al mar el navío flotante más grande, el superpetrolero *Seawise Giant*. Lo amplían y lo llaman *Jahre Viking* en 1980. Su cubierta es de más de 30,000 m$^2$ (equivalente a casi cuatro campos de futbol) y tiene un dwt de 564,763 toneladas. Totalmente cargado, desplaza grandes volúmenes de agua para cruzar el Canal de la Mancha.

**1980** Los buques costeros japoneses con velas, o alas, verticales rígidas y controladas por computadora ahorran 50% de combustible.

**1985** El VOD (vehículo operado a distancia) *Argo* descubre el trasatlántico *Titanic* (hundido en 1912) a 3,738 m de profundidad en el Atlántico Norte.

**1999** Botan el *Voyager of the Seas*, el buque de pasajeros más grande del mundo. Tiene camarotes para 3,800 pasajeros.

***Jahre Viking*** Su longitud de 458.5 m equivale a 43 autobuses en fila.

*Los sistemas electrónicos pueden trazar con exactitud la posición de un buque o un avión en ruta mediante ondas de radio transmitidas con balizas fijas o satélites. Antes de que contaran con esta tecnología, los marinos debían confiar en la dirección del viento, la observación astronómica o las estimaciones intuitivas para calcular su posición y dirección.*

## Principios para trazar un curso

Las posiciones fijas del Sol y las estrellas ofrecían puntos de referencia confiables a los navegantes medievales. La latitud, distancia al norte o al sur del ecuador, podía calcularse midiendo la altitud de la Estrella Polar o el Sol de mediodía y consultando los almanaques que trazaban las posiciones astrales para cada día del año. La longitud, distancia al este u oeste del meridiano de Greenwich, podía determinarse comparando la hora local con la de un meridiano conocido (la Tierra gira 15 grados cada hora). Hoy, los navegantes siguen usando puntos de referencia fijos en el cielo (satélites en vez de estrellas) que reciben y reflejan ondas de radio para señalar con exactitud su posición sobre la Tierra.

El trazo de un curso sin referencia a estrellas o satélites se conoce como "estimación". Para calcular la posición de una nave o avión con respecto a un punto de partida fijo se emplean medidas de dirección y velocidad.

### Términos clave

**Corredera** Pala o hélice giratoria, o sistema electrónico como el sonar, que mide la velocidad de una nave. También puede medir la distancia recorrida en el agua.

**Lorán** (de *long range navigation)* En este sistema, un receptor a bordo indica la posición midiendo la diferencia de tiempo entre las señales de radio de onda larga emitidas por varias estaciones terrestres interconectadas. La navegación por satélite lo está desplazando.

**Radar** (de *radio detection and ranging)* Transmisión de ondas de radio y captación desde naves y otros objetos; muestra su distancia y dirección en una pantalla.

**Radionavegación** Uso para navegación de ondas de radio. El sistema VOR (radio omnidireccional VHF) empleado en los aviones, por ejemplo, emite señales desde radiofaros en puntos conocidos de corredores aéreos. Los aviones siguen las señales de un radiofaro a otro.

**Sextante** Instrumento usado para calcular la posición de un avión. Tiene una escala curva con un espejo fijo cuya mitad es plateada, un brazo móvil con otro espejo y un ocular. Al mirar a través del ocular, la imagen especular del Sol o de una estrella se alinea con el horizonte moviendo el brazo. Luego se toma la lectura de su ángulo de altitud en la escala y se verifica contra las tablas de latitud y longitud.

**Sonar** Aparato submarino que funciona por la detección de eco. Emplea las ondas de sonido "reflejadas", tal como lo hace el radar con las de radio, para mostrar la dirección y la distancia de objetos.

**Transpondedor** En un avión, es el receptor-emisor que detecta, aumenta y retransmite señales de radar para que la pantalla de control de tráfico aéreo lo identifique.

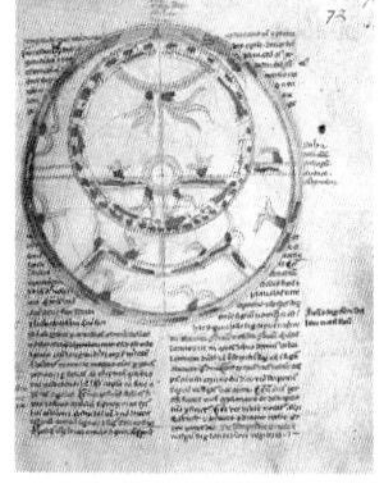

**Astronomía antigua**
Un manuscrito griego cristiano (arriba) explica las complejas funciones de un astrolabio (abajo, der.).

### El astrolabio

Los antiguos astrónomos griegos usaban el astrolabio para calcular el tiempo por la posición del Sol o las estrellas. Los discos movibles delineaban el curso de las estrellas en la cara del mismo. Al colgarse libremente el dispositivo, la regla metálica transversal se alineaba entre el ojo y un cuerpo celeste, y los discos se hacían girar para que coincidieran con su ángulo. El tiempo se leía en una escala alrededor del círculo. Los marineros europeos medievales adaptaron la idea y crearon el cuadrante: un cuarto de círculo con perforaciones en un borde para ver las estrellas y una aguja para medir el ángulo de elevación con una escala de 90°.

### Cuadrante de Hadley

En 1730, John Hadley inventó un aparato revolucionario: un cuadrante de 45° con un espejo movible que, a su vez, reflejaba un cuerpo celeste en un espejo cuya mitad plateada se oponía al ocular. Por éste entraba suficiente luz para mantener visible el horizonte real. El uso del cuadrante de Hadley se volvió común y evolucionó hacia el sextante.

**Final del siglo x** Los navegantes vikingos calculan la latitud observando la posición de la Estrella Polar.

**1569** El cartógrafo flamenco Gerardus Mercator publica el primer atlas del mundo y representa la superficie esférica de la Tierra en forma plana: la proyección de Mercator.

***c.* 1666** El científico inglés Robert Hooke inventa el cuadrante reflejante, con un espejo movible que alinea el Sol o una estrella con el horizonte.

0 | 500 | 1000 | 1500 | 1600 | 1700

**< Por lo menos 1000 a.C.** Isleños del Pacífico navegan grandes distancias consultando las estrellas y memorizando patrones de marejadas oceánicas.

***c.* 200 a.C.** Invención del astrolabio en Grecia.

***c.* 850 d.C.** Los marineros árabes desarrollan el astrolabio marino: una versión simplificada del astrolabio astronómico. Mide la posición del Sol o de la Estrella Polar en el horizonte.

***c.* 1100** El compás, construido con magnetita (óxido de hierro), es usado por los chinos y luego por los navegantes europeos y árabes.

**1594** El inglés John Davis inventa el cuadrante, una vara con un travesaño que se alinea con la Estrella Polar o el Sol y calcula su ángulo en el horizonte.

***c.* 1677** Isaac Newton construye un cuadrante reflejante con dos espejos. El ángulo medido se duplica para dar la altitud, por lo que se reduce la escala a 45°. (Más tarde se conoce como octante.)

## CÓMO FUNCIONA EL SPG

El Departamento de Defensa de Estados Unidos creó el Sistema de Posicionamiento Global (SPG) Navstar para proveer datos de navegación en todo momento a sus fuerzas terrestres, marítimas y aéreas. Más tarde lo abrió al servicio público y ahora lo emplean numerosas organizaciones, como flotas pesqueras y servicios de emergencia.

El sistema emplea 24 satélites que están en órbita a unos 20,000 km de la Tierra. Rastreados con precisión, cada uno rodea la Tierra cada 12 horas y manda señales reguladas por relojes atómicos. Los receptores del SPG en la Tierra, que pueden ser del tamaño de un teléfono celular, calculan el tiempo exacto que tardan en llegar las señales de al menos tres de los satélites y, por ende, la distancia exacta de cada uno.

El receptor emplea un almanaque electrónico integrado, que incluye la posición exacta de cada satélite, para calcular su posición dentro de unos cuantos metros. También puede calcular el rumbo a un destino elegido. El reloj integrado del receptor también se sincroniza con el satélite. Cada vez que detecta la más ligera desviación en la órbita de un satélite, envía señales correctivas.

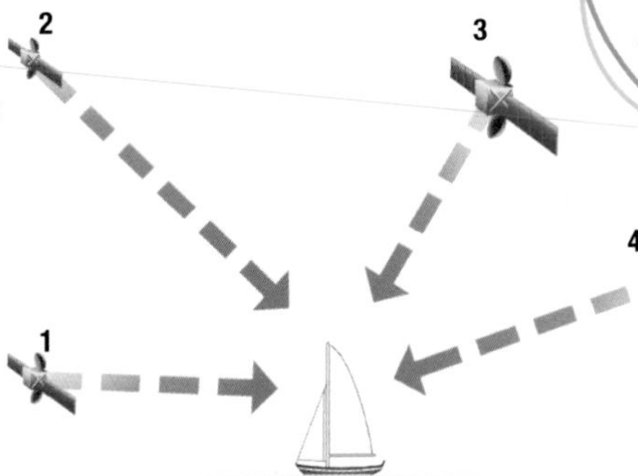


**Posición de larga distancia** Al menos cuatro de los satélites Navstar se ven desde cualquier punto de la Tierra a la vez (arriba e izq.). El tiempo que tardan sus señales en llegar al receptor indica su distancia, lo que da su ubicación al instante.

### Premio al cálculo de longitud

Hasta el siglo XVIII, la medición inexacta del tiempo durante las travesías marítimas arrojaba cálculos de longitud imprecisos. En 1714 el gobierno británico ofreció 20,000 libras al que resolviera el problema. Un carpintero de Yorkshire, John Harrison, ocupó más de 30 años en este desafío, tiempo en que creó cronómetros cada vez más complejos. Para 1759 ya tenía uno con precisión de hasta 5 segundos en un viaje entre Plymouth y Jamaica. El dinero del premio fue retenido hasta 1773 debido a la controversia por la falta de educación formal de Harrison y el secreto sobre sus métodos técnicos.

**Tiempo perfecto** Harrison no proporcionó planos técnicos de su cronómetro de 1759 (izq.), por lo que era difícil copiarlo.

## Control de tráfico aéreo

Sobre tierra, los aviones comerciales se ajustan a corredores aéreos marcados por radiofaros. Los controladores en tierra dirigen las naves con un radar y con reglas estrictas sobre la distancia vertical y horizontal que deben guardar entre sí. Los corredores son más anchos sobre los océanos que los de tierra y se emplean otros sistemas de navegación, como el Lorán.

Cerca de los aeropuertos, los aviones circulan juntos antes de que los dirijan a la ruta de deslizamiento, que lleva a la pista de aterrizaje. Los sistemas de aterrizaje en el aeropuerto transmiten dos ondas radioeléctricas: una señala la línea central de la pista de aterrizaje; la otra da el ángulo de aterrizaje correcto. Los instrumentos del avión advierten al piloto si se desvía. Si no hay visibilidad, pueden enviarse las señales a un piloto automático para que aterrice el avión mucho mejor que un piloto humano.

**1908** El alemán Hermann Anschtz-Kaempfe y el estadounidense Ambrose Sperry inventan cada uno el girocompás, el que funciona bajo el principio de que un giroscopio giratorio siempre apunta hacia el Norte.

***c.* 1950** Se desarrolla el primer sistema guía de inercia exacto (SGI), el que (por lo general en aviones, cohetes o submarinos) usa técnicas de estimación.

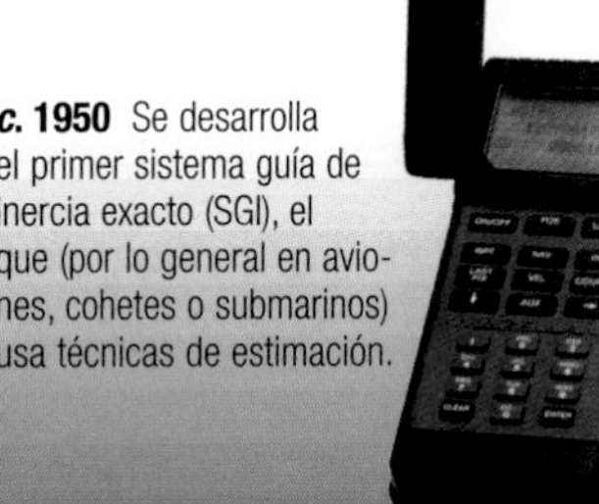

**1978-1995** El Departamento de Defensa de Estados Unidos crea el Sistema de Posicionamiento Global (SPG) Navstar. Por medio de monitores (izq.) se conecta con satélites para una navegación precisa. Lo empleó inicialmente en sus fuerzas armadas.

1800 — 1900 — 1950 — 2000

**1757** El capitán naval británico John Campbell amplía la escala del cuadrante de Hadley a 60°, lo que permite calcular el tiempo local y distancias lunares largas. Conocido como sextante, puede usarse con las tablas celestes para calcular latitud y longitud.

**1767** Dirigido por la Real Sociedad, se publica en Gran Bretaña el *Almanaque Náutico,* que incluye las primeras tablas exactas con las posiciones de los cuerpos celestes a lo largo del año.

**1887** El físico alemán Heinrich Hertz descubre las ondas de radio. Demuestra que pueden refractarse como las ondas de luz y da los primeros pasos en el desarrollo de la tecnología del radar.

**1939** Gran Bretaña, Francia, Alemania, Italia, Japón, la Unión Soviética y Estados Unidos instalan sistemas de radar en su equipo militar.

**1964** La Armada de Estados Unidos lanza sus satélites Transit, primer sistema de navegación satelital.

vea también

30 **Estructura de la Tierra**
404 **Radiodifusión**
518 **El espectro electromagnético**
582 **El cielo nocturno**

# Aviación

**Un viaje de 200 años, desde los globos de aire caliente hasta los vuelos supersónicos**

*En 1999, 1,600 millones de personas tomaron vuelos regulares en todo el mundo. Hace poco más de 200 años empezó la historia de la aviación, cuando dos franceses flotaron unos cuantos kilómetros en un globo de aire caliente. En el ínterin aparecieron aviones tan diversos como el diminuto aeroligero (poco más que una enorme cometa con motor), aviones de transporte para cientos de pasajeros, y cazas capaces de alcanzar velocidades de más de 3,200 km/h.*

## Ferdinand von Zeppelin

**Alemán (1838-1917)**
Zeppelin, general del ejército alemán, se retiró pronto para dedicarse al diseño y construcción de los dirigibles de estructura rígida que llevarían su nombre. Su gran navío con forma de puro, lanzado por primera vez en 1900, fue una de las primeras aeronaves viables comercialmente. Los zepelines militares alemanes bombardearon Londres durante la Primera Guerra Mundial.

## George Cayley

**Británico (1773-1857)**
Cayley fue un baronet de Yorkshire apasionado por los vuelos. Hoy día se le reconoce ampliamente como el padre de la aerodinámica. Estableció los fundamentos básicos del vuelo; también dejó escritos sobre paracaídas y helicópteros. Sin embargo, los motores de su época no eran capaces de mantener una nave en el aire. Construyó varios planeadores, uno de los cuales, sin mandos de vuelo, transportó a su cochero unos 400 m, en 1853.

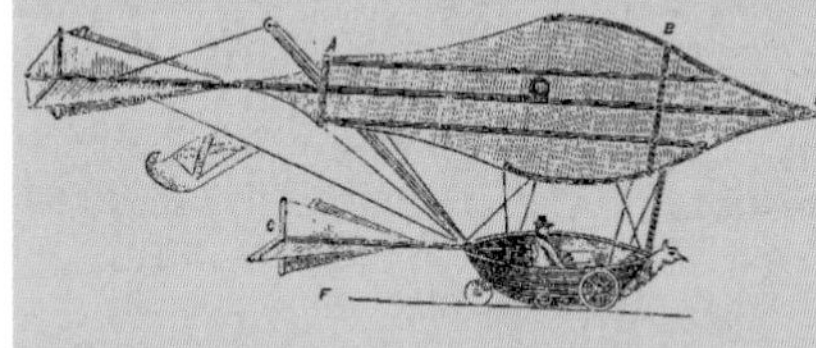

## Louis Blériot

**Francés (1872-1936)**
El primer vuelo internacional de un aeroplano sobre el agua fue el de Blériot en 1909, de Calais a Dover. Su avión fue uno de los primeros monoplanos de éxito. En 1908 introdujo los alerones tipo *flap* para control de vuelo.

**Junkers J1**
Alemania, 1915
El J1 fue el primer avión metálico con alas voladizas sostenidas en su totalidad por un armazón interior, en vez de tirantes o cables externos.

**Fokker EI/III**
Alemania, 1915
Los cazas pioneros de A.H.G. Fokker, el "holandés errante", permitían que el piloto disparara una ametralladora frontal sin dañar las aspas de la hélice.

1750 — 1800 — 1900 — 1925

**15 de octubre, 1783**
En París, se realiza el primer vuelo tripulado. Jean-François Pilâtre de Rozier se eleva 25 m en un globo de aire caliente, atado y construido por los hermanos Montgolfier.

**21 de noviembre, 1783**
De nuevo en París, se efectúa el primer vuelo libre tripulado, también en un globo Montgolfier. Los pasajeros, Pilâtre de Rozier y François-Laurent, marqués de Arlandes, permanecen 25 minutos en el aire.

**1 de diciembre, 1783**
Los franceses Jacques Charles y Nicolas Robert realizan el primer vuelo tripulado en un globo de hidrógeno, que ellos mismos diseñaron y construyeron.

**1799**
En Gran Bretaña, George Cayley crea los primeros diseños para una nave con alas impulsada por hélices.

**1849**
Un globo austriaco no tripulado efectúa el primer bombardeo aéreo de la historia. El objetivo es Venecia.

**1853**
El francés Henri Giffard conduce el primer vuelo impulsado, en un dirigible impulsado por vapor.

El cochero de George Cayley realiza el primer vuelo tripulado, pero sin control, en un planeador con alas.

**1891-1896**
El ingeniero alemán Otto Lilienthal efectúa vuelos controlados en planeador.

**1900**
En Alemania, un zepelín inicia su primer vuelo.

**17 de diciembre, 1903**
En EUA, los hermanos Wright realizan el primer vuelo tripulado con motor.

**1909**
Louis Blériot cruza el Canal de la Mancha desde Francia en un aeroplano.

Servicio comercial de los zepelines *Deutschland.*

**1914**
Entra en servicio regular el primer avión de pasajeros del mundo, con vuelos por la Bahía de Tampa, Florida.

**1914-1918**
Durante la Primera Guerra Mundial, hay rápidos avances tecnológicos por el uso intensivo de cazas, bombarderos y aviones de reconocimiento, así como globos y aeronaves de reconocimiento y bombardeo.

**1919**
El aeroplano británico *R34* realiza el primer vuelo trasatlántico.

Los aviadores británicos John Alcock y Arthur Whitten Brown realizan en aeroplano el primer vuelo trasatlántico sin escalas.

**1927**
El aviador estadounidense Charles Lindbergh cruza solo el Atlántico sin hacer escalas.

## Los hermanos Wright

**Wilbur (1867-1912) y Orville (1871-1948), estadounidenses**
En 1903, el primer vuelo controlado de los hermanos Wright en una nave con motor más pesado que el aire, y que tuvo éxito, fue la culminación de años de preparación. Habían ensayado ampliamente con controles de timón y alas, y construyeron su propio motor ligero de gasolina. Fundaron su armadora de aviones en 1909.

***Flyer* de los hermanos Wright (1903)**

**Concorde**
Francia/Gran Bretaña, 1976
El primer avión de pasajeros supersónico con una velocidad de 2,330 km/h. Su alto costo, además de la problemática ambiental, limitó su producción a 16 naves. Un accidente fatal en 2000 dejó en tierra a toda la flota durante más de un año.

vea también
476 **Navegación**
480 **En pleno vuelo**
482 **Pioneros espaciales**
484 **Cooperación en el espacio**

**Douglas DC3 ("Dakota")**
Estados Unidos, 1936
Este avión de pasajeros bimotor de 21 plazas se convirtió en uno de los más usados en el mundo. Algunas unidades aún siguen en servicio.

**De Havilland Comet**
Gran Bretaña, 1952
Fue el primer jet de pasajeros. Una serie de accidentes por fatiga del metal dejaron en tierra al primer modelo; sin embargo, en 1958 apareció una versión mejorada.

**Boeing 747**
Estados Unidos, 1970
Fue el primer avión de pasajeros de gran capacidad. Impulsado por turbopropulsores de gran diámetro, podía llevar casi a 500 personas. Para el año 2000 ya se habían construido más de 1,200 naves.

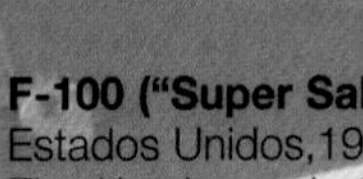

**F-100 ("Super Sabre")**
Estados Unidos,1953
El avión de combate F-100 hizo historia por ser la primera nave supersónica de producción en serie.

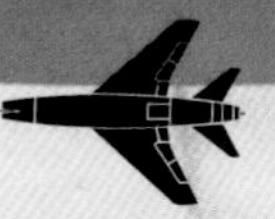

**Boeing 247**
Estados Unidos, 1933
Esta nave, primer avión moderno de pasajeros, fue un monoplano metálico bimotor que transportaba a 10 pasajeros a 300 km/h.

**Hawker Siddeley Harrier**
Gran Bretaña, 1966
Éste fue el primer avión militar de despegue y aterrizaje vertical/corto funcional, lanzado desde tierra y portaaviones.

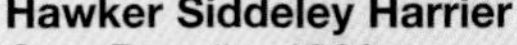

**Airbus A380**
Alemania/España/Francia/Inglaterra, 2006 (programado)
El superjumbo de dos niveles acomodará a 1,000 pasajeros y tendrá restaurantes, tiendas, un gimnasio y dormitorios.

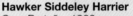

1950 — 1975 — 2000

**1930**
El ingeniero británico Frank Whittle patenta su turborreactor de gasolina.

**1935**
La nave francesa Breguet-Dorand realiza el primer vuelo controlado de un helicóptero.

**1937**
Al estallar en Estados Unidos el *Hindenburg,* dirigible alemán de hidrógeno, cesa el servicio de las aeronaves de pasajeros.

**1939**
El ingeniero rusoestadounidense Igor Sikorski crea y pilotea el primer helicóptero de un solo rotor.

El avión alemán Heinkel He-178 es el primer turborreactor de éxito.

**1939-1945**
Avances tecnológicos bélicos: el primer caza, el radar aerotransportado y la fuerza aeronaval.

**1947**
El estadounidense Chuck Yeager rompe la barrera del sonido en un avión de cohetes Bell X-1.

**1952**
De Havilland Comet lanza el primer servicio de transporte en jets.

**1959**
El Boeing 707 inicia servicios en América del Norte y por el Atlántico.

**Década de 1960**
El desarrollo de turbomotores muy eficaces permite construir aviones "jumbo" de ancho fuselaje, lo que anuncia la era de los viajes aéreos masivos y económicos.

**1976**
Con el Concorde, Air France y British Airways inician el servicio supersónico de transporte de pasajeros. Cruza el Atlántico en unas tres horas y media.

**1999**
El suizo Bertrand Piccard y el británico Brian Jones efectúan con éxito la primera vuelta al mundo, sin escalas, en un globo: el Breitling Orbiter 3.

## Récords de velocidad aérea

Desde los primeros días de la aviación, los pilotos han llevado las naves al límite de velocidad. En el proceso han impulsado diseños de mayor alcance y mejoras de ingeniería. La mayoría de los récords presentados (sobre un curso cronometrado y medido) se lograron en aviones militares.

| Año | Piloto | País | km/h |
|---|---|---|---|
| 1905 | W. Wright | Estados Unidos | 61.2 |
| 1912 | J. Vedrines | Francia | 174.1 |
| 1922 | W. Mitchell | Estados Unidos | 358.84 |
| 1932 | J.H. Doolittle | Estados Unidos | 473.76 |
| 1933 | J. Wedell | Estados Unidos | 490.82 |
| 1939 | F. Wendel | Alemania | 755.14 |
| 1945 | H.J. Wilson | Gran Bretaña | 975.66 |
| 1948 | R.L. Johnson | Estados Unidos | 1,079.84 |
| 1952 | J.S. Nash | Estados Unidos | 1,124.13 |
| 1953 | F.K. Everest Jr. | Estados Unidos | 1,215.28 |

| Año | Piloto | País | km/h |
|---|---|---|---|
| 1955 | H.A. Hanes | Estados Unidos | 1,323.3 |
| 1956 | L.P. Twiss | Gran Bretaña | 1,821.99 |
| 1957 | A.E. Drew | Estados Unidos | 1,943.44 |
| 1958 | W.W. Irwin | Estados Unidos | 2,259.66 |
| 1959 | G. Mosolov | Unión Soviética | 2,388.03 |
| 1959 | J.W. Rogers | Estados Unidos | 2,455.79 |
| 1961 | R.B. Robinson | Estados Unidos | 2,585.12 |
| 1962 | G. Mosolov | Unión Soviética | 2,680.99 |
| 1965 | R.L. Stephens | Estados Unidos | 3,331.5 |
| 1976 | E.W. Joersz | Estados Unidos | 3,529.56 |

*Los actuales aviones de pasajeros viajan a velocidades que van de los 320 km/h a los 2,179 km/h del supersónico Concorde, más de dos veces la velocidad del sonido. La tecnología avanzada de motores y la aerodinámica usan las fuerzas naturales de la presión atmosférica, la gravedad y la fricción para elevar y soportar jets de 350 toneladas. La seguridad y la comodidad de las naves atraen a millones de viajeros cada año.*

## CÓMO VUELA UN AVIÓN

Toda aeronave está sujeta a cuatro fuerzas:

- **propulsión:** fuerza ascendente creada por el movimiento del aire que rodea las alas del avión.
- **gravedad:** fuerza natural que, por el peso del avión, lo jala hacia abajo.
- **empuje:** fuerza delantera creada por los motores del avión, que lo impulsan hacia delante.
- **resistencia:** fuerza de fricción del aire que pasa por el avión y lo frena.

En un vuelo estable y nivelado, la propulsión es igual a la gravedad y el empuje es igual a la resistencia, pero para despegar, un avión tiene que sacar de equilibrio estas fuerzas.

**Despegue** La forma de corte transversal de un ala se conoce como "plano aerodinámico" (estrechamiento aerodinámico hacia atrás del frente y la punta curvos). Actúa con la presión atmosférica para crear la propulsión.

En punto muerto, la presión atmosférica en las superficies superior e inferior de las alas de un avión es igual. Cuando el avión acelera en la pista para despegar, el aire bajo la superficie inferior plana de cada ala se mueve una distancia más corta (y con más lentitud) que el que pasa sobre la superior, más larga y curva. Las moléculas del aire bajo la superficie inferior se juntan y elevan la presión atmosférica. La diferencia entre ambas presiones, la de arriba y la de abajo, empuja hacia arriba las alas. Una vez que el avión alcanza cierta velocidad (290 km/h para un Boeing 747), la propulsión excede la fuerza de gravedad, el empuje supera la resistencia y el avión se eleva.

**Dirección** El piloto usa unas placas metálicas movibles conocidas como "superficies de mando" para nivelar el avión y cambiar su dirección. Sirven para crear presión ascendente, descendente o lateral del aire que llega a las alas. En la cola también las hay: una aleta vertical (timón), que impide el cabeceo lateral del avión, y alerones horizontales (timón de profundidad), que suben o bajan la punta y evitan el balanceo del avión.

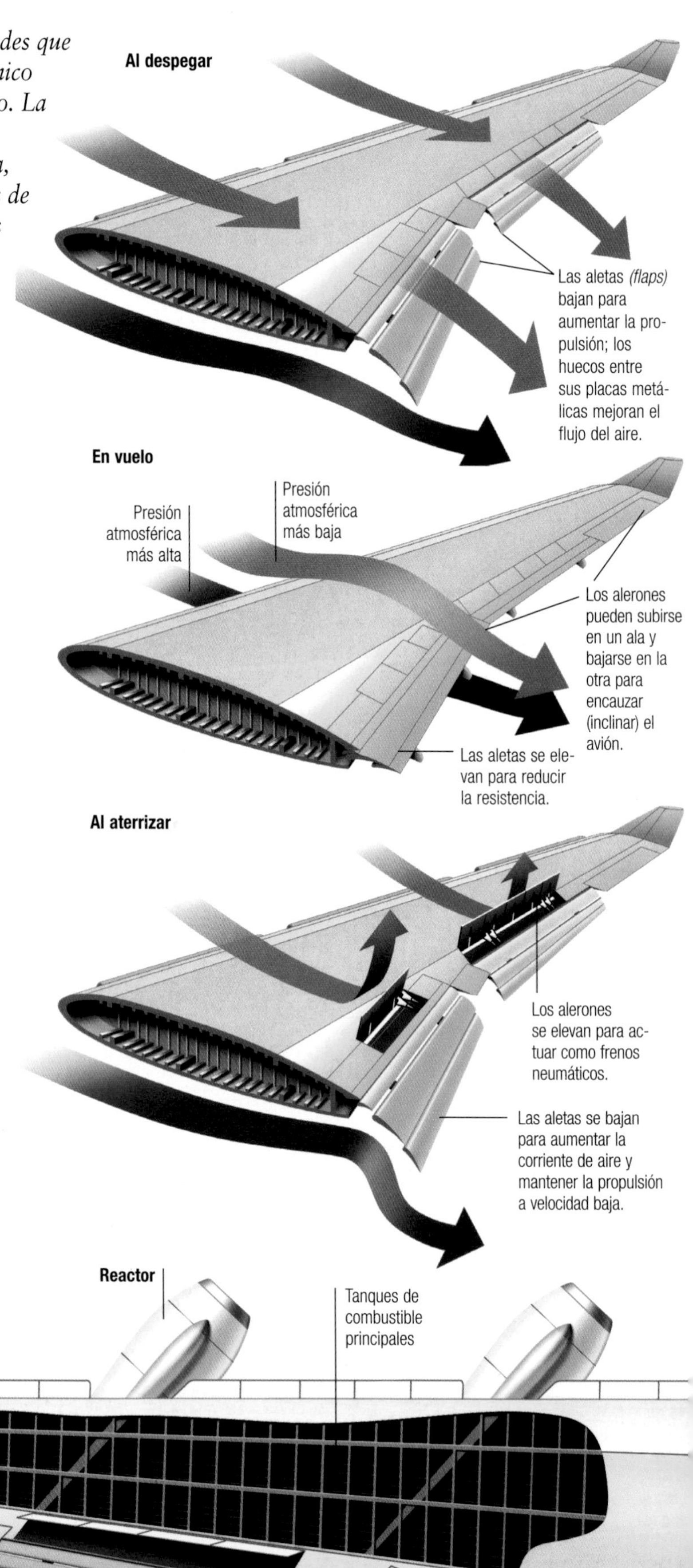
Al despegar
Las aletas *(flaps)* bajan para aumentar la propulsión; los huecos entre sus placas metálicas mejoran el flujo del aire.
En vuelo
Presión atmosférica más alta
Presión atmosférica más baja
Los alerones pueden subirse en un ala y bajarse en la otra para encauzar (inclinar) el avión.
Las aletas se elevan para reducir la resistencia.
Al aterrizar
Los alerones se elevan para actuar como frenos neumáticos.
Las aletas se bajan para aumentar la corriente de aire y mantener la propulsión a velocidad baja.
Reactor
Tanques de combustible principales

**Empuje** Además de dirigir y mantener arriba la nave, las alas llevan los tanques de combustible y los motores. Los turborreactores expelen gas presurizado a una velocidad de más de 2,000 km/h.

## MOTORES DE AVIONES

**Motor de pistones** El empuje de este motor lo genera su hélice, que impulsa aire como un ventilador y crea un empuje análogo opuesto. Hoy día sólo lo usan las naves ligeras. La mayoría emplean algún tipo de motor de gas a reacción.
**Turbopropulsor** Al igual que el motor de pistones, el turbopropulsor tiene una hélice, pero ésta funciona por una turbina de gas, que también genera un poco de empuje directo por sus gases de escape. Eficaz y económico sólo a velocidades más o menos bajas, lo emplean principalmente aviones de transporte para rutas cortas.
**Turborreactor** Es una turbina de gas "puro" que deriva su potencia de los gases quemados atrás. Aunque potente, es ruidoso y gasta mucho combustible. Se emplea en aviones supersónicos y militares. Algunos turborreactores tienen un "dispositivo de poscombustión" que quema combustible extra en el escape para aumentar el empuje.
**Turboventilador** Se emplea en la mayoría de los aviones de transporte modernos, pues combina gran potencia con ahorro de combustible y hace poco ruido. Tiene una turbina de gas que, en parte, sirve para accionar un ventilador. El aire de éste forma una columna de movimiento rápido que rodea al motor de reacción de descarga, lo que genera casi 75% del empuje y amortigua el ruido.

**Turboventilador**

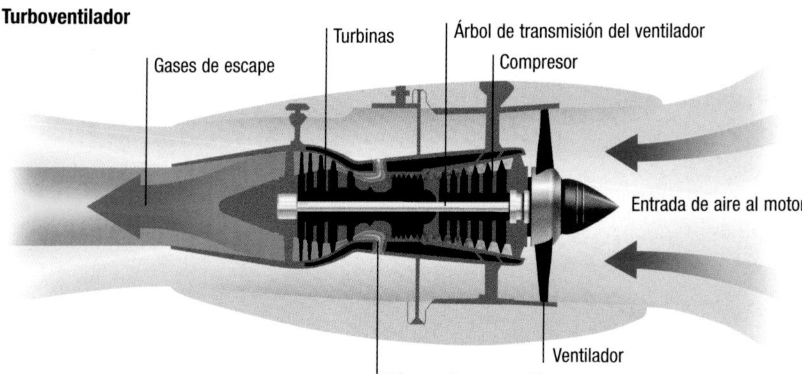


## Cómo vuela un helicóptero

Por lo general un helicóptero tiene un rotor tipo hélice en un eje vertical. El rotor es un ala giratoria, parecida a un plano aerodinámico, que crea la propulsión al estar encendida.

Un complejo mecanismo de engranes permite inclinar el rotor hacia delante, atrás o de lado. Esto genera el empuje horizontal con que se moverá el helicóptero en cualquier dirección.

El giro del rotor ocasiona que el fuselaje del helicóptero gire en dirección opuesta. La mayoría de los helicópteros tienen un pequeño rotor de cola para crear un empuje lateral, que contrarresta dicha tendencia.

Los helicópteros de rotor dual tienen dos rotores que giran en sentidos opuestos: sus fuerzas giratorias se anulan entre sí, por lo que no es necesario un rotor de cola.

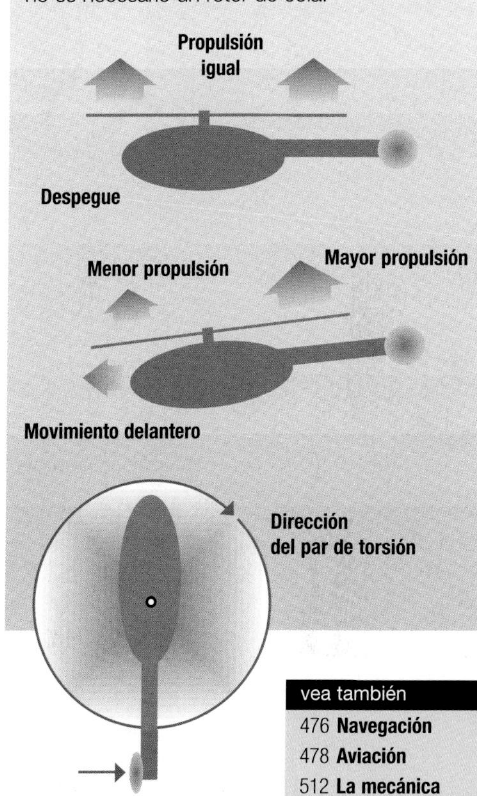


vea también
476 **Navegación**
478 **Aviación**
512 **La mecánica**

## LA ERA DE LOS TROTAMUNDOS

Con el desarrollo de los jets de transporte al final de la década de 1950, el mundo se redujo. Cruzar el Atlántico tomaba la decimosexta parte del tiempo que se tardaba en barco, sólo 7 u 8 horas (3 horas cuando comenzaron los vuelos supersónicos comerciales en el Concorde, en 1976). Los viajeros ingleses podían llegar a Australia por aire en casi 24 horas, en vez de pasar largas semanas en el mar.

Con la apertura de aeropuertos en todo el mundo y la intensa competencia entre las aerolíneas, el precio de los boletos se redujo y viajar por placer al extranjero se hizo realidad para muchos. Millones de turistas empezaron a viajar de un continente a otro.

La función del control de vuelos es garantizar la seguridad en los cielos. En el aeropuerto Heathrow de Londres, los controladores manejan más de mil vuelos por día en la temporada alta de turismo, con un despegue cada dos minutos.

## Aerolíneas más ocupadas

**Pasajeros locales e internacionales**

| | | millones (1999) |
|---|---|---|
| 1 | Delta Air Lines | 105.5 |
| 2 | United Airlines | 87.0 |
| 3 | American Airlines | 81.5 |
| 4 | Northwest Airlines | 57.5 |
| 5 | US Airways | 55.8 |
| 6 | Continental Airlines | 44.0 |
| 7 | Nippon Airlines | 42.7 |
| 8 | Lufthansa | 42.1 |
| 9 | Air France | 37.0 |
| 10 | British Airways | 36.6 |

## Aeropuertos más concurridos

**Pasajeros locales e internacionales**

| | | millones (1999) |
|---|---|---|
| 1 | Atlanta | 77.6 |
| 2 | Chicago, O'Hare | 72.6 |
| 3 | Londres, Heathrow | 62.0 |
| 4 | Los Ángeles | 61.8 |
| 5 | Dallas-Fort Worth | 56.3 |
| 6 | Tokio, Hanedo | 54.3 |
| 7 | Frankfurt | 45.4 |
| 8 | París, Charles de Gaulle | 43.4 |
| 9 | San Francisco | 40.0 |
| 10 | Denver | 38.0 |

## Viajeros más frecuentes

**Viaje aéreo por país**

| | | km anuales de pasajeros, miles de millones |
|---|---|---|
| 1 | Estados Unidos | 984.7 |
| 2 | Japón | 154.4 |
| 3 | Reino Unido | 152.1 |
| 4 | Alemania | 90.4 |
| 5 | Francia | 89.3 |
| 6 | China | 75.3 |
| 7 | Australia | 73.7 |
| 8 | Países Bajos | 69.1 |
| 9 | Canadá | 63.8 |
| 10 | Singapur | 58.1 |

*Parte del ímpetu inicial por los viajes espaciales surgió de la rivalidad política en la Guerra Fría entre Estados Unidos y la URSS. Los rusos se adelantaron al poner al primer hombre en el espacio en 1961. Ello animó al presidente Kennedy a comprometer a Estados Unidos en un programa que llevara hombres a la Luna en esa década. Sus recursos industriales lo hicieron superar a su rival. El rumbo soviético cambió, centrado luego en estaciones espaciales a futuro.*

## Productos derivados de la exploración espacial

El programa espacial suscitó miles de problemas tecnológicos, como la necesidad de nuevos materiales, sensores miniatura y sistemas electrónicos. Muchas de estas tecnologías son ahora parte de la vida cotidiana. Las naves no incluían cacerolas antiadherentes, pero empleaban:

- **códigos de barras,** basados en sistemas de la NASA para controlar los millones de componentes de una nave espacial.
- **relojes de cuarzo,** usados primero en los vuelos Apolo.
- **novedosas bombas de combustible,** cuya tecnología las hacía pequeños corazones artificiales.
- **conectores de carga,** basados en los sensores de satélite y usados ahora en videocámaras y detección de cáncer.
- **trajes refrigerados por agua,** usados originalmente por los astronautas, con actuales aplicaciones médicas y otras.
- **materiales metálicos resistentes al fuego,** usados primero en las naves y ahora para protección de bomberos.
- **bolígrafos presurizados,** que escriben aunque se les voltee. Los astronautas del Apolo los usaron primero.
- **taladros eléctricos inalámbricos,** empleados primero por los astronautas del Apolo para reunir rocas lunares.

**Konstantin Tsiolkovski**
(1857-1935)
Físico y maestro ruso. En 1903, publicó un ensayo teórico sobre cohetería; anticipó los viajes espaciales y sugirió el uso de combustibles líquidos y cohetes multifase.

**Robert Goddard**
(1882-1945)
Físico estadounidense. Sus experimentos con cohetes de combustible sólido y líquido lo llevaron a desarrollar bombas propelentes y controles giroscópicos. En 1926 lanzó su primer cohete de combustible líquido de 1.2 m a 56 m de altura. Su trabajo se reconoció póstumamente.

**Wernher von Braun**
(1912-1977)
Ingeniero alemán. Dirigió la construcción de los cohetes V2 usados contra las ciudades aliadas el último año de la Segunda Guerra Mundial. Se rindió ante el ejército de Estados Unidos al acabar la guerra. Después dirigió el equipo de la NASA que armó los cohetes Saturno que llevaron a los primeros hombres a la Luna.

**Yuri Gagarin**
(1934-1968)
Cosmonauta soviético y piloto de la Fuerza Aérea Soviética (arriba), hizo historia al conducir su nave *Vostok 1* alrededor de la Tierra el 12 de abril de 1961. Fue el primer ser humano en el espacio. Permaneció en órbita 89 minutos, a una velocidad de 27,400 km/h. La misión duró 1 hora 48 minutos. Gagarin murió al caer el avión en el que se preparaba para otra misión espacial.

**John Glenn**
(1921- )
Astronauta estadounidense. Fue el primero de Estados Unidos que rodeó la Tierra. Lo hizo tres veces en unas cuatro horas, en la cápsula Mercury *Friendship 7,* el 20 de febrero de 1962. Dejó el programa espacial en 1964 y llegó a ser senador. A los 77 años, volvió al espacio en 1998 a bordo del transbordador espacial *Discovery,* convirtiéndose en el hombre de más edad en el espacio.

**Cohete Saturno V con la nave Apolo**

**Neil Armstrong**
(1930- )
Astronauta estadounidense. Fue el primer hombre en pisar la Luna. Era piloto de la Armada de Estados Unidos y piloto civil de pruebas antes de ser astronauta. En 1966 un colega y él realizaron con éxito el primer acoplamiento espacial. Tres años después, Armstrong dirigió la misión Apolo 11 para bajar en la Luna. Fue su último viaje al espacio.

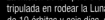

**1805**
El oficial artillero inglés William Congreve construye los primeros cohetes militares modernos. Con 1 m de largo y un alcance de 1,800 m, se utilizan con relativo éxito en la Batalla de Waterloo, en 1815.

**4 de octubre de 1957**
Empieza la "era espacial" con el lanzamiento del primer satélite artificial soviético: el *Sputnik 1,* de 85 kg.

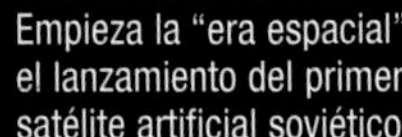

1960

**5 de mayo de 1961**
Alan Shepard es el primer estadounidense en el espacio. Su vuelo suborbital alcanza una altura de 100 km sobre la superficie de la Tierra.

**25 de mayo de 1961**
En Estados Unidos, el presidente Kennedy, en un discurso ante el Congreso, plantea el desafío de llevar a un hombre a la Luna y regresarlo a salvo a la Tierra antes de terminar la década de 1960.

**16 de junio de 1963**
La rusa Valentina Tereshkova es la primera mujer en el espacio.

1965

**18 de marzo de 1965**
El ruso Alexei Leonov realiza el primer "paseo espacial" desde el *Voskhod 2,* que orbita a 2,500 km de la Tierra.

**14 de julio de 1965**
El *Mariner 4,* una nave de Estados Unidos sin tripular, vuela sobre Marte y envía fotografías a la Tierra.

**3 de febrero de 1966**
La sonda soviética *Luna 9* hace el primer descenso suave sobre la Luna.

**27 de enero de 1967**
Un incendio en una cápsula Apolo en prueba de lanzamiento mata a tres astronautas. El nuevo diseño atrasa el programa Apolo.

**21 de diciembre de 1968**
La misión de la Apolo 8 es la primer tripulada en rodear la Luna. Despué de 10 órbitas y seis días, desciende en el Pacífico, a 5 km de su objetiv

**20-21 de julio de 1969**
Los estadounidenses Neil Armstrong y "Buzz" Aldrin son los primeros hombres en poner el pie sobre la Luna, durante la misión de la Apolo 11.

**Caminata lunar** Los astronautas de la Apolo 11 exploran por fin la Luna en julio de 1969.

## Vuelos tripulados del programa Apolo

Entre mayo de 1964 y abril de 1968 hubo nueve vuelos suborbitales y orbitales no tripulados alrededor de la Tierra para probar componentes del sistema Apolo. El 27 de enero de 1967, un incendio en el módulo de mando (quizá por una chispa en la atmósfera de oxígeno puro) aniquiló a la tripulación: Virgil Grissom, Edward White y Roger Chaffee, que entrenaban para el primer vuelo tripulado del Apolo alrededor de la Tierra, la misión AS-204, programada para el 21 de febrero de 1967. Los cambios a los sistemas eléctricos y de suministro de aire retrasaron un año el programa.

| Misión | Fechas | Tripulación | Destino | Observaciones |
|---|---|---|---|---|
| Apolo 7 | 11-22 octubre, 1968 | Walter Schirra, Donn Eisele, Walter Cunningham | Órbita terrestre | Primer vuelo Apolo de prueba tripulado tras el accidente de 1967. |
| Apolo 8 | 21-27 diciembre, 1968 | Frank Borman, James Lovell, William Anders | Órbita lunar | Primer vuelo lunar tripulado, con un solo módulo de mando y servicio. |
| Apolo 9 | 3-13 marzo, 1969 | James McDivitt, David Scott, Russell Schweickart | Órbita terrestre | Primera prueba de vuelo del módulo lunar (para alunizar) con separación y reacoplamiento. |
| Apolo 10 | 18-26 mayo, 1969 | Thomas Stafford, John Young, Eugene Cernan | Órbita lunar | Primera prueba de vuelo del módulo lunar en la órbita lunar. |
| Apolo 11 | 16-24 julio, 1969 | Neil Armstrong, Michael Collins*, Edwin ("Buzz") Aldrin | Mar de la Tranquilidad | Primer alunizaje. |
| Apolo 12 | 14-24 noviembre, 1969 | Charles Conrad, Richard Gordon*, Alan Bean | Océano de las Tempestades | Segundo alunizaje. Se recuperaron partes de la antigua sonda *Surveyor 3*. |
| Apolo 13 | 11-17 abril, 1970 | James Lovell, John Swigert, Fred Haise | Fra Mauro | Se canceló el alunizaje por una explosión en la celda de combustible; sufrió graves daños. |
| Apolo 14 | 31 enero-9 febrero, 1971 | Alan Shepard, Stuart Roosa*, Edgar Mitchell | Fra Mauro | Tercer alunizaje. Se utilizó una "carretilla lunar" manual. |
| Apolo 15 | 26 julio-7 agosto, 1971 | David Scott, Alfred Worden*, James Irwin | Fisura de Hadley | Cuarto alunizaje. Uso de un vehículo de exploración. Lanzamiento de un subsatélite lunar. |
| Apolo 16 | 16-27 abril, 1972 | John Young, Thomas Mattingly*, Charles Duke | Descartes | Quinto alunizaje. Uso de un vehículo de exploración. Lanzamiento de un subsatélite lunar. |
| Apolo 17 | 7-19 diciembre, 1972 | Eugene Cernan, Ronald Evans*, Harrison Schmitt | Taurus-Littrow | Último alunizaje. Uso de un vehículo de exploración. Schmitt, primer geólogo en la Luna. |

*Piloto del módulo de mando. Permanecía en la órbita lunar mientras el resto de la tripulación alunizaba. En todas las listas de tripulación se menciona primero al comandante de la misión.

**Contacto en el espacio** Un timbre conmemorativo de Estados Unidos destaca el acoplamiento, en 1975, de las naves *Apolo* y *Soyuz*.

vea también
26 **La Luna**
484 **Cooperación en espacio**

**970-1972**
res sondas lunares soviéticas no tripuladas traen muestras de suelo lunar a la Tierra. Dos de ellas usan vehículos de exploración teledirigidos.

70

**1971-1982**
Se lanza la serie de estaciones espaciales soviéticas *Salyut*, que funcionan hasta por cinco años. Las tripulaciones están a bordo hasta ocho meses.

**19 de abril de 1971**
La Unión Soviética lanza la primera estación espacial que orbita la Tierra: la *Salyut 1*.

**7 de junio de 1971**
Mueren tres cosmonautas soviéticos por fugas de aire en la *Soyuz 11* en su reingreso a la atmósfera terrestre.

**13 de noviembre de 1971**
La sonda estadounidense *Mariner 9* orbita Marte; durante 11 meses transmite datos e imágenes del planeta y sus lunas.

**14 de mayo de 1973**
Lanzan la primera estación espacial de Estados Unidos, la *Skylab*, pero se daña. La reparan con éxito en órbita.

**3 de diciembre de 1973**
Después de un vuelo de 21 meses, la sonda estadounidense *Pioneer 10* pasa por Júpiter. A ésta la sigue la *Pioneer 11* en 1974.

**5 de febrero de 1974**
La sonda de Estados Unidos *Mariner 10* pasa por Venus en su trayecto hacia Mercurio, que alcanza el 29 de marzo.

1975

**17 de julio de 1975**
Una cápsula *Apolo* de Estados Unidos se acopla con éxito a una nave soviética *Soyuz*. Es el primer paso a las estaciones internacionales.

**21 de octubre de 1975**
Luego de aterrizar, la nave soviética *Venera 9* envía las primeras imágenes de la superficie de Venus.

**20 de julio de 1976**
Estados Unidos lanza el *Viking 1* y, seis semanas después, el *Viking 2* para bajarlos en Marte. Ambos envían imágenes y datos, pero ninguna señal de vida.

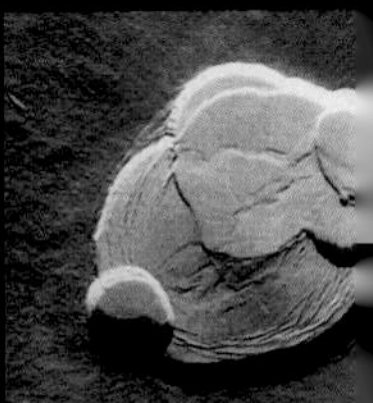

**Monte Olimpo** El *Vikin* una estupenda imagen cráter de la montaña m de Marte.

*La exploración espacial continúa, marcada por una creciente cooperación internacional en vez de las antiguas rivalidades de la Guerra Fría. Tras el éxito del Apolo, se inició el desarrollo de una nave reutilizable que abatiera los enormes costos de los viajes espaciales. También prosiguió el estudio más detallado de otros planetas y se enviaron al espacio telescopios e instrumentos cada vez más complejos.*

## El transbordador espacial

Lanzado en 1981, el transbordador espacial pasó a la historia como el primer vehículo espacial reutilizable. Es la combinación de un cohete y un planeador y su verdadero nombre es Sistema de Transporte Espacial.

En el despegue, el enorme tanque de combustible externo que abastece a los tres motores principales eclipsa a la nave principal, pero se desecha antes de alcanzar la órbita. Sus dos propulsores externos de combustible sólido se separan después del despegue. Los tanques del transbordador llevan suficiente combustible para maniobrar en órbita y para regresar. También tiene una plataforma de carga para llevar satélites y sondas que se lanzan ya en órbita, y para que la tripulación repare allí satélites recuperados por un brazo robot. Se diseñó para lanzar y reparar satélites militares y civiles. Al reingresar a la atmósfera terrestre entra por el frente (un escudo térmico de cerámica) y se desliza hacia abajo como un avión.

**Poco antes de entrar en órbita se libera el tanque principal de combustible**

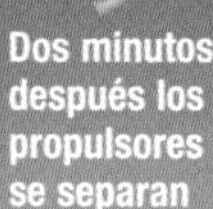

**Dos minutos después los propulsores se separan**

**Lanzamiento**

**Caminata espacial** Un astronauta, unido por un cable al transbordador espacial, repara en órbita un satélite recuperado.

## Naves de órbita y descenso en Marte y más allá

**Galileo** Lanzamiento: octubre de 1989
Ha estado en órbita en Júpiter desde diciembre de 1995 y sigue enviando imágenes y datos.

**Mars Observer** Lanzamiento: septiembre de 1992
Fue programada para entrar en órbita alrededor de Marte al final del verano de 1993, pero la comunicación se interrumpió tres días antes de que lo hiciera.

**Mars Global Surveyor** Lanzamiento: noviembre de 1996
Comenzó a orbitar Marte el 11 de septiembre de 1997. Sigue proporcionando mapas de la superficie marciana que muestran la distribución de los minerales en el planeta.

**Mars Pathfinder** Lanzamiento: diciembre de 1996
Se posó en Marte el 4 de julio de 1997. Tomó fotografías del sitio y liberó el vehículo *Sojourner* de 63 cm y seis ruedas, equipado para analizar rocas.

**Cassini-Huygens** Lanzamiento: octubre de 1997
Esta nave orbitará Saturno en julio de 2004 y, cuatro meses después, enviará la sonda *Huygens* de construcción europea a la atmósfera de Titán, una luna de Saturno.

**Mars Odyssey** Lanzamiento: abril de 2001
Su misión es trazar un mapa de la superficie de Marte para evaluar los riesgos de futuras exploraciones humanas y buscar posibles recursos acuíferos.

**Vehículos de exploración** Lanzamiento: verano de 2003
Los dos potentes vehículos de exploración alcanzarán la superficie marciana en enero o febrero de 2004. Ambas naves aterrizarán en regiones diferentes para analizar el suelo y las rocas y buscar agua.

**1977**
Estados Unidos hace pruebas de deslizamiento y aterrizaje del transbordador *Enterprise,* lanzado desde un avión.

**1977**
Estados Unidos lanza dos sondas *Voyager* al espacio profundo. *Voyager 1* se vale de una peculiar alineación de cuatro planetas exteriores y su gravedad para "lanzar" la nave de un planeta a otro.

**1979-1989**
Las sondas espaciales *Voyager* envían imágenes detalladas de Júpiter, Saturno, Urano y Neptuno.

**1980**

**12 de abril de 1981**
El transbordador espacial estadounidense *Columbia* hace su primer vuelo espacial, de 54 horas. Habrán de venir más, con fines civiles y militares, incluyendo los de lanzamiento y reparación de satélites.

**28 de enero de 1986**
La explosión del transbordador espacial *Challenger,* 73 segundos después de su décimo despegue, aniquila a sus siete tripulantes. La causa: una fuga de combustible.

**20 de febrero de 1986**
Se lanza la primera parte de la estación espacial soviética *Mir,* que durará 15 años en órbita.

**1990**

**24 de abril de 1990**
Estados Unidos y la Agencia Espacial Europea lanzan el telescopio espacial *Hubble* con resultados decepcionantes, pues se descubre que el espejo tiene una pequeña imprecisión, y las imágenes no llegan con la claridad esperada.

**10 de agosto de 1990**
La sonda *Magellan* (EUA) entra en la órbita de Venus y empieza un estudio de radar de la superficie del planeta.

**6 de octubre de 1990**
La sonda europea *Ulysses* viaja para estudiar los polos del Sol.

**Diciembre de 1993**
Astronautas de Estados Unidos reparan en órbita el telescopio espacial *Hubble* y corrigen las anomalías del espejo.

## La Estación Espacial Internacional

Un cohete ruso lanzado en noviembre de 1999 llevó al espacio la primera parte de lo que será la mayor estructura espacial construida: la Estación Espacial Internacional (EEI), conocida también como Estación Espacial Alfa. Cuando se complete en el año 2005, será tan grande como un campo de futbol y orbitará a una altura de unos 350 km. Tendrá 6,500 m² de paneles solares y será un brillante objeto en movimiento en el cielo nocturno.

Los participantes de varios países construyen módulos para laboratorios, vivienda y control que se conectarán a una estructura central tipo viga. Hasta siete especialistas a la vez podrán realizar investigación en una amplia gama de campos. Los "asistentes personales satélite" (robots electrónicos flotantes y esféricos de 15 cm) apoyarán las comunicaciones.

Los transbordadores espaciales estadounidenses y la nave espacial rusa *Soyuz* son el medio inicial para ir a la estación y regresar, pero Estados Unidos ya está desarrollando un transbordador más eficaz: el X-38, que reducirá el costo de transportar al espacio cada tonelada de carga y también servirá como "bote salvavidas" en caso de emergencias.

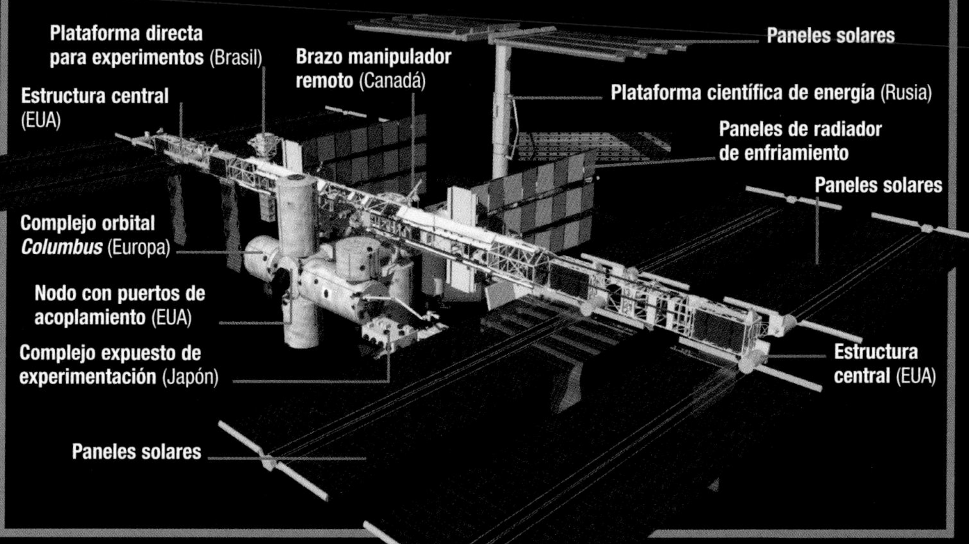


## DATOS DEL ESPACIO

**Montañas de la Luna** Los seis viajes al espacio del astronauta John Young (EUA) son un récord. También alcanzó la mayor altitud lunar al poner el pie, con Charles Duke, a 7,830 m en los Altos de Descartes.

**Efecto de "lanzadera"** Si una nave espacial se acerca a un planeta en la dirección y el ángulo correctos, la atracción gravitacional de aquél altera su dirección y aumenta su velocidad. En compensación, el planeta se enlentece un poco. Este efecto se ha usado varias veces, sobre todo con la *Voyager 1,* que pasó por cuatro planetas entre 1979 y 1989.

**Enemistad espacial** Los cosmonautas Valentin Lebedev y Anatoly Berezovoi pusieron sus nervios a prueba en la *Mir,* en 1982. Casi no se hablaron en 211 días.

**Calor de entrada** Al igual que un meteoro gigante, una nave espacial que ingresa a la atmósfera terrestre comprime y calienta el aire delante de ella. El transbordador espacial usa un escudo térmico de placas de fibra de sílice, en tanto que las naves anteriores empleaban capas "suaves" que se quemaban lentamente.

**Basura espacial** Unos 300 satélites giran alrededor de la Tierra, junto con más de 20,000 piezas identificadas de basura espacial: satélites, partes de cohetes, herramientas perdidas, restos de pintura e incluso materia fecal humana.

**22 de marzo de 1995**
El ruso Valeri Polyakov regresa a la Tierra después de imponer la nueva marca de vuelo espacial tripulado; estuvo más de 14 meses a bordo de la *Mir.*

**7 de diciembre de 1995**
La sonda *Galileo* (EUA), lanzada el 18 de octubre de 1989, llega a Júpiter. Una sección entra en órbita mientras que la otra ingresa a la atmósfera del planeta. Mientras desciende manda datos por más de una hora. El orbitador aún envía imágenes detalladas de Júpiter y sus lunas.

1995

**25 de junio de 1997**
Una nave de suministro no tripulada choca con la *Mir,* daña su fuente de poder, desactiva su computadora y pone en peligro la vida de los tripulantes. Reparaciones posteriores permiten que siga funcionando.

**4 de julio de 1997**
La *Pathfinder* de Estados Unidos se posa en Marte y estudia el sitio con el pequeño vehículo de exploración *Sojourner.*

**15 de octubre de 1997**
Se lanza a Saturno la sonda *Cassini* (EUA), con la nave de descenso europea *Huygens.* Se espera que entre a la órbita de Saturno en 2004.

**18 de febrero de 1998**
La *Voyager 1* se convierte en la sonda espacial más distante, superando a la *Pioneer 10.* Para el año 2000 estaba a más de 12,000 millones de kilómetros.

**29 de octubre-7 de noviembre de 1998**
John Glenn, el primer estadounidense en órbita, se une a un vuelo del transbordador para ser la persona de más edad en el espacio.

**20 de noviembre de 1998**
Un cohete ruso lanza la primera sección de la Estación Espacial Internacional (EEI). Estados Unidos lanza la siguiente tres semanas más tarde.

**3 de enero de 2000**
*Galileo* pasa cerca de *Europa,* luna de Júpiter. Su radar detecta evidencia de agua salada bajo la superficie helada de *Europa.*

**2 de noviembre de 2000**
Un astronauta de Estados Unidos y dos de Rusia inician la primera misión grande a bordo de la Estación Espacial Internacional.

2000

**23 de marzo de 2001**
La *Mir* reingresa a la atmósfera y se estrella en el océano Pacífico

vea también
24 **Los planetas**
26 **La Luna**
482 **Pioneros espaciales**
582 **El cielo nocturno**

*La información y las tecnologías necesarias para procesarla y transmitirla son una notable fuente de poder económico. Casi todos los negocios dependen de la tecnología de la comunicación: de teléfonos a computadoras e Internet. Las corporaciones que poseen y venden información y diversión (los negocios de los medios de comunicación) se han vuelto más ricas y poderosas que muchas naciones pequeñas, y su difusión tiene un creciente alcance mundial.*

## ASCENSO CONTINUO DE LOS MEDIOS

Tres factores explican la gran importancia de las industrias de la información y el entretenimiento durante el siglo xx:

- la creciente demanda de consumidores con más tiempo libre;
- el aumento en la creación de información (de la investigación académica a la de mero entretenimiento);
- los avances tecnológicos en la transmisión de información.

El factor tecnológico se tornó abrumador con el desarrollo de las computadoras personales y, sobre todo, de Internet, en las décadas de 1980 y 1990, lo que llevó a un inmenso crecimiento en el acceso a la información, conocido como "revolución de la información".

### Creación de un mercado global

La nueva tecnología borró la distinción entre los medios de comunicación y animó la fusión en gran escala de empresas de medios y entretenimiento (vea abajo). Los analistas anticipaban que programas de radio y de televisión y películas, así como periódicos y revistas, se distribuirían a través de una versión muy rápida de Internet, y que los libros electrónicos sustituirían a los impresos. Internet ha influido en los métodos de venta: millones de personas compran ahora en línea todo tipo de productos, como autos, computadoras y comestibles. En 1999, las nuevas empresas "punto.com" inyectaron muchos miles de millones de dólares estadounidenses a las bolsas de valores, pero poco después cayeron, al notar los inversionistas que les tomaría tiempo obtener utilidades.

### Crecimiento acelerado de la Red

De 1993 a 2000, el número de sitios en la Red Mundial (WWW: World Wide Web) creció de unos cuantos cientos a casi 25 millones, y el número de páginas unitarias a más de 1,000 millones. En ese mismo periodo, el número de computadoras con una dirección registrada en Internet creció de cerca de 1 millón a casi 100 millones.

Según cálculos del año 2000, Internet tenía unos 300 millones de usuarios, casi la mitad en Estados Unidos, unos 9 millones en China y casi 2 millones en África. Así, un día después de las elecciones presidenciales del año 2000 en Estados Unidos, el sitio de la cadena informativa CNN tuvo la cifra récord de 5.8 millones de visitantes.

| Año | Sitios |
|---|---|
| 1995 | 80,000 |
| 1996 | 600,000 |
| 1997 | 1,700,000 |
| 1998 | 3,700,000 |
| 1999 | 9,600,000 |
| 2000 | 24,500,000 |

## LOS GIGANTES GLOBALES DE LOS MEDIOS DE COMUNICACIÓN

La tendencia a la fusión de empresas, iniciada en la década de 1980, creó colosales firmas de medios de comunicación. Las seis más importantes cubren el mundo en una amplia gama de medios, con intereses en áreas como libros, música y televisión.

### Viacom

Esta empresa de EUA adquirió los estudios Paramount, en Hollywood, y la cadena de videoclubes Blockbuster en 1994. En el 2000 cerró una fusión de US$50,000 millones con CBS Corporation. Sus empresas son:
**Cine:** Paramount Pictures; United Cinemas International (en parte)
**Televisión y radio:** CBS Television, con 39 estaciones y más de 200 afiliados; las redes por cable MTV, VH1, Nickelodeon y Showtime; Infinity Broadcasting, con 180 estaciones de radio
**Editoriales:** Simon & Schuster; Pocket Books; Scribner
**Otras:** Grandes parques temáticos; los espacios de anuncios espectaculares más grandes de América del Norte.
**Valor:** En 1999, Viacom y CBS tuvieron ingresos de US$12,800 millones y ganancias de US$2,090 millones.

### Vivendi Universal

Se creó en el 2000 con la fusión de las empresas francesas Vivendi (con negocios que van de las telecomunicaciones al suministro de agua) y Channel Plus (televisión) con Seagram de Canadá. Sus empresas son:
**Cine:** Universal Studios; Channel Plus; United International Pictures (en parte); cadena de cines Cineplex Odeon
**Televisión y radio:** Universal Television; Channel Plus; una participación de 24.5% en la televisora BSkyB; cadena USA
**Música:** Universal Music Group, incluyendo MCA, Polygram, Island Records, Motown, Decca
**Editoriales:** Havas (Francia), con 60 sellos diferentes
**Internet:** Parte de Vizzavi (portal de Internet); MP3.com (sitio de música)
**Otras:** Parques temáticos de Universal Studios; redes de telecomunicaciones móviles y de otros tipos
**Valor:** Ya combinada, la compañía tuvo ingresos de US$55,000 millones. En 1999 Vivendi tuvo ventas por US$41,000 millones.

### Bertelsmann

Esta compañía alemana posee el grupo de edición de libros más grande del mundo y la corporación de radiodifusión más grande de Europa. Sus empresas son:
**Televisión y radio:** Canales de televisión RTL (Alemania), M6 (Francia) y parte de Channel 5 (Gran Bretaña); 17 estaciones de radio
**Música:** Más de 200 sellos musicales, incluidas RCA y Arista (EUA); Ariola (Alemania); BMG Music Publishing (Gran Bretaña)
**Revistas y periódicos:** Gruner & Jahr, con más de 80 revistas; 10 periódicos en Europa del Este y Alemania, incluido el *Berliner Zeitung*
**Editoriales:** Random House y los grupos Transworld (EUA y RU), incluidas Knopf, Crown, Bantam, Doubleday, Dell, Jonathan Cape, Century, Hutchinson, Ebury Press y Corgi; Berlin, Goldmann, y Siedler (Alemania); Plaza & Janés (España); Sudamericana (Argentina); clubes de libros en muchos países; tiendas de Internet BOL.com y Barnes&Noble.com
**Internet:** Comundo (acceso a Internet); Lycos (motor de búsqueda)
**Valor:** En 1999 Bertelsmann tuvo ingresos por US$14,800 millones, activos de US$10,400 millones y ganancias de US$372 millones.

## LÍDERES EN LA ECONOMÍA DE LA INFORMACIÓN

La participación de un país en la revolución tecnológica de la información se mide con el Índice de la Sociedad de la Información, un tabulador de la "riqueza informativa" de la gente. El índice se basa en cuatro factores:

- Infraestructura de computación, incluido el número de PC en casas, escuelas y empresas.
- Acceso a la información, incluyendo televisión, radio, teléfonos y máquinas de fax.
- Acceso a Internet, incluido el uso del comercio electrónico.
- Factores sociales, como matrícula escolar, libertad de la prensa y derechos civiles.

| 1999 rango | 2000 rango | País | 2000 puntaje |
|---|---|---|---|
| 1 | 1 | Suecia | 6,496 |
| 4 | 2 | Noruega | 6,112 |
| 3 | 3 | Finlandia | 5,953 |
| 2 | 4 | Estados Unidos | 5,850 |
| 5 | 5 | Dinamarca | 5,837 |
| 12 | 6 | Reino Unido | 5,662 |
| 8 | 7 | Suiza | 5,528 |
| 9 | 8 | Australia | 5,382 |
| 11 | 9 | Singapur | 5,269 |
| 7 | 10 | Países Bajos | 5,238 |
| 10 | 11 | Japón | 5,182 |
| 6 | 12 | Canadá | 5,126 |
| 13 | 13 | Alemania | 4,937 |
| 16 | 14 | Austria | 4,868 |
| 14 | 15 | Hong Kong | 4,745 |
| 17 | 16 | Nueva Zelandia | 4,483 |
| 15 | 17 | Bélgica | 4,439 |

## Silicon Valley o el Valle del Silicio

La industria de la Tecnología de la Información (TI) ha creado varias zonas de auge económico, como Silicon Valley, cerca de San Francisco, California, que es la más conocida. Inició en 1953 cuando la Universidad Stanford arrendó terrenos en Palo Alto para un parque industrial de alta tecnología. Pronto, compañías como Hewlett-Packard e IBM se asentaron allí, y pronto otras las siguieron, atraídas por los servicios y la disponibilidad de personal capacitado, la proximidad de centros de investigación avanzada y las oportunidades de negocios.

El nombre de Silicon Valley, derivado del silicio usado en los microchips, fue acuñado por el periodista Don Hoefler en 1971. Actualmente hay unas 4,000 compañías de TI entre San Francisco y San José, que representan 40% de las exportaciones de California. Pronto aparecieron zonas similares en Nueva York ("Silicon Alley"), Escocia ("Silicon Glen") y Bangalore, India ("Silicon Plateau").

vea también
392-399 **Cine**
400 **Televisión**
406 **Diarios, revistas y tiras cómicas**
556 **Internet**

**Magnate de los medios de comunicación** Rupert Murdoch (1931- ) heredó el *Melbourne News* en 1952 y empezó a construir un imperio de medios de comunicación. A menudo tomaba periódicos débiles de Gran Bretaña, EUA y otras partes y los hacía exitosos. Con la compra de 20th Century Fox en 1985 entró al cine y la televisión, y en 1989 empezó a construir una red mundial de televisión satelital.

### News Corporation

Asentada en Australia y dirigida por Rupert Murdoch, es la principal editora mundial de periódicos en inglés, con una venta de 40 millones de ejemplares semanales. También es operadora de televisión, productora de cine y editora de libros. Sus empresas son:
**Cine:** 20th Century Fox
**Televisión y radio:** Fox Network, con 22 estaciones de televisión (EUA); Sky Global Networks (satélite), incluidas British Sky Broadcasting (BSkyB), Star TV, Phoenix (Asia) y Foxtel (Australia)
**Periódicos y revistas:** *The Australian, Daily Telegraph* y *Sunday Telegraph* (Australia); *The Times*, *Sunday Times*, *The Sun* y *News of the World* (RU); *New York Post* (EUA); muchos otros periódicos en la región del Pacífico; *TV Guide* (EUA; en parte)
**Editoriales:** HarperCollins (EUA y RU)
**Deportes:** Dodgers de Los Ángeles (béisbol); Liga Nacional de Rugby (Australia); equipos de futbol en el Reino Unido
**Valor:** En 1999, News Corporation tuvo ingresos por US$13,700 millones, activos de US$35,700 millones y ganancias de US$685 millones.

### AOL Time Warner

Este gigante fue creado en 2001 con la fusión de la firma de Internet America Online (AOL) y Time Warner, la empresa de medios más importante del mundo. Sus empresas son:
**Cine:** Warner Bros.; Hanna-Barbera; Castle Rock; Cinemax
**Televisión y radio:** Cable News Network (CNN); Cartoon Network; Home Box Office (HBO); Turner Broadcasting System (TBS); Turner Network Television (TNT); la cadena Time Warner Cable
**Música:** Warner Bros. records; Atlantic; Elektra
**Revistas:** *Time; People; Sports Illustrated; Fortune;* 30 más
**Editoriales:** Little, Brown; Warner Books; Time Life
**Deportes:** Bravos de Atlanta (béisbol); Halcones de Atlanta (baloncesto)
**Internet:** America Online (AOL); CompuServe; Netscape
**Otras:** Parques temáticos; tiendas de los estudios Warner Bros. en 30 países
**Valor:** Combinada, tiene un valor en la bolsa de valores de US$350,000 millones y ganancias de US$30,000 millones.

**Medios y deporte** Ted Turner, de la CNN, compró el equipo de baloncesto Halcones de Atlanta en 1977.

### Walt Disney

Al igual que las empresas de diversiones asociadas con el nombre de Disney, esta compañía de EUA también produce discos compactos y audiocasetes, así como obras musicales. Sus empresas son:
**Cine:** Walt Disney; Miramax; Touchstone; Buena Vista
**Televisión y radio:** Estaciones de radio y televisión, incluida la cadena ABC; Disney Channel; ESPN (deportes); SoapNet
**Música:** Buena Vista Music Group; Walt Disney Records
**Internet:** Parte de Infoseek (motor de búsqueda); otros sitios de Internet
**Otras:** Parques temáticos Disney y Disney-MGM; Walt Disney Theatrical Productions
**Valor:** Sus activos fueron de US$43,700 millones, sus ingresos de US$23,400 millones y sus ganancias de US$1,300 millones, en 1999.

***Shakespeare enamorado*** Éxito de Miramax en 1998.

*Las economías desarrolladas del mundo son las más voraces consumidoras de energía. Cada año Estados Unidos consume energía en todas sus formas equivalente a unas 8 toneladas de petróleo per cápita; México consume el equivalente a sólo 1.5 toneladas per cápita. Casi toda esta energía se crea quemando recursos no renovables, como petróleo y carbón. Su duración dependerá de la velocidad con que se industrialicen los países en desarrollo y del esfuerzo global para mantener las fuentes de energía disponibles.*

## Claves para el mapa

Los colores representan el consumo promedio de energía en cada país. Para los que aparecen en gris, no hay estadística disponible.

## Cálculo del consumo mundial de energía

El consumo mundial de energía se calcula en toneladas equivalentes de petróleo (tep), e incluye todo tipo de energías: de combustibles fósiles a recursos alternativos, como energía nuclear, hidroeléctrica, geotérmica, eólica y solar. En 1998 hubo un consumo mundial equivalente a más de 9,500 millones de toneladas de petróleo, por lo que el promedio per cápita fue de más de 1.6 toneladas.

## Mayor consumo de energía per cápita

**Toneladas equivalentes de petróleo per cápita, 1998**

| | | | | | |
|---|---|---|---|---|---|
| 1 | Qatar | 20.41 | 11 | Trinidad y Tabago | 6.96 |
| 2 | Emiratos Árabes Unidos | 10.04 | 12 | Brunei | 6.61 |
| 3 | Bahrein | 9.72 | 13 | Finlandia | 6.49 |
| 4 | Islandia | 9.59 | 14 | Suecia | 5.93 |
| 5 | Antillas Holandesas | 8.13 | 15 | Noruega | 5.75 |
| 6 | Estados Unidos | 8.11 | 16 | Bélgica | 5.72 |
| 7 | Kuwait | 7.82 | 17 | Australia | 5.60 |
| 8 | Luxemburgo | 7.79 | 18 | Arabia Saudita | 4.98 |
| 9 | Canadá | 7.73 | 19 | Países Bajos | 4.74 |
| 10 | Singapur | 7.68 | 20 | Gibraltar | 4.60 |

**América del Norte**
(incluyendo México)
**Consumo total de energía:**
2,563.96 millones de tep
**Consumo de energía per cápita:**
5.80 tep

## Mayores consumidores globales de energía

**Millones de toneladas equivalentes de petróleo, 1998**

| | | | | | |
|---|---|---|---|---|---|
| 1 | Estados Unidos | 2,181.80 | 11 | Italia | 167.93 |
| 2 | China | 1,031.41 | 12 | Corea del Sur | 163.38 |
| 3 | Rusia | 581.77 | 13 | México | 147.83 |
| 4 | Japón | 510.11 | 14 | Ucrania | 142.94 |
| 5 | India | 475.79 | 15 | Indonesia | 123.07 |
| 6 | Alemania | 344.51 | 16 | España | 112.78 |
| 7 | Francia | 255.67 | 17 | Sudáfrica | 110.99 |
| 8 | Canadá | 234.33 | 18 | Australia | 105.01 |
| 9 | Reino Unido | 232.88 | 19 | Arabia Saudita | 103.23 |
| 10 | Brasil | 174.96 | 20 | Irán | 102.15 |

## Crisis de recursos energéticos

Los combustibles fósiles (recursos no renovables que habrán de agotarse) se emplean en general para generar más del 80% de la energía mundial. Los recursos alternativos renovables, como la energía solar y la hidráulica, tendrán que reemplazar a los combustibles fósiles como el principal recurso energético del mundo.

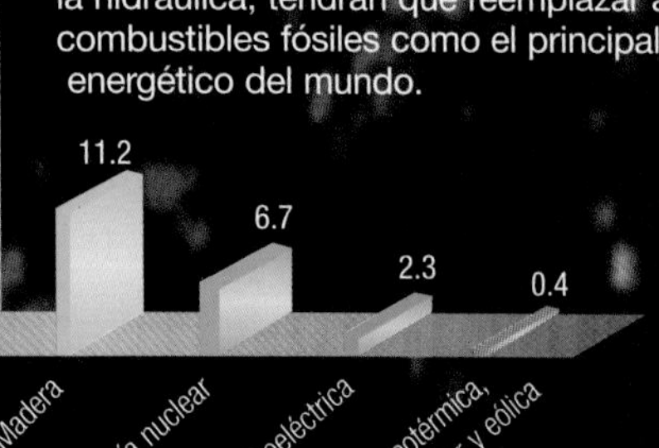


**América del Sur y Central**
(incluyendo el Caribe)
**Consumo total de energía:**
444.20 millones de tep
**Consumo de energía per cápita:**
1.10 tep

**DATO** Los dispositivos electrónicos que quedan encendidos o en *standby* representan 8% del consumo eléctrico en los hogares británicos.

## ¿Cuáles países utilizan mejor la energía?

La eficacia energética de un país puede medirse calculando la energía que usa para producir cada unidad del producto interno bruto, PIB, valor comercial total de mercancías y servicios producidos internamente. Al dividir el consumo de energía anual del país (en toneladas equivalentes de petróleo) entre su PIB (miles de dólares de EUA) se obtiene la "intensidad de energía": cuanto más baja sea esta cifra, más eficaz será el uso de energía en ese país. Varios factores influyen en esta eficacia, incluyendo la proporción de actividad industrial (alto voltaje) para la actividad económica (bajo voltaje) y el uso de medidas de conservación.

**Cifras de intensidad de energía global, 1998**

| | | |
|---|---|---|
| 1 | Suiza | 0.11 |
| 2 | Dinamarca | 0.13 |
| 3 | Italia | 0.14 |
| 4 | Austria | 0.15 |
| 4 | Japón | 0.15 |
| 5 | Hong Kong | 0.16 |
| 5 | Irlanda | 0.16 |
| 5 | Noruega | 0.16 |
| 6 | Alemania | 0.18 |
| 7 | Francia | 0.19 |
| 7 | España | 0.19 |
| 8 | Luxemburgo | 0.21 |
| 8 | Países Bajos | 0.21 |
| 8 | Suecia | 0.21 |
| 8 | Reino Unido | 0.21 |
| 9 | Finlandia | 0.22 |
| 9 | Gabón | 0.22 |
| 10 | Israel | 0.24 |
| 11 | Bélgica | 0.26 |
| 11 | Portugal | 0.26 |
| 11 | Eslovenia | 0.26 |
| 11 | Uruguay | 0.26 |
| 12 | Argentina | 0.27 |
| 12 | Australia | 0.27 |
| 13 | Grecia | 0.28 |

EUA y Panamá ocupan el sitio 16 con una cifra de 0.31.

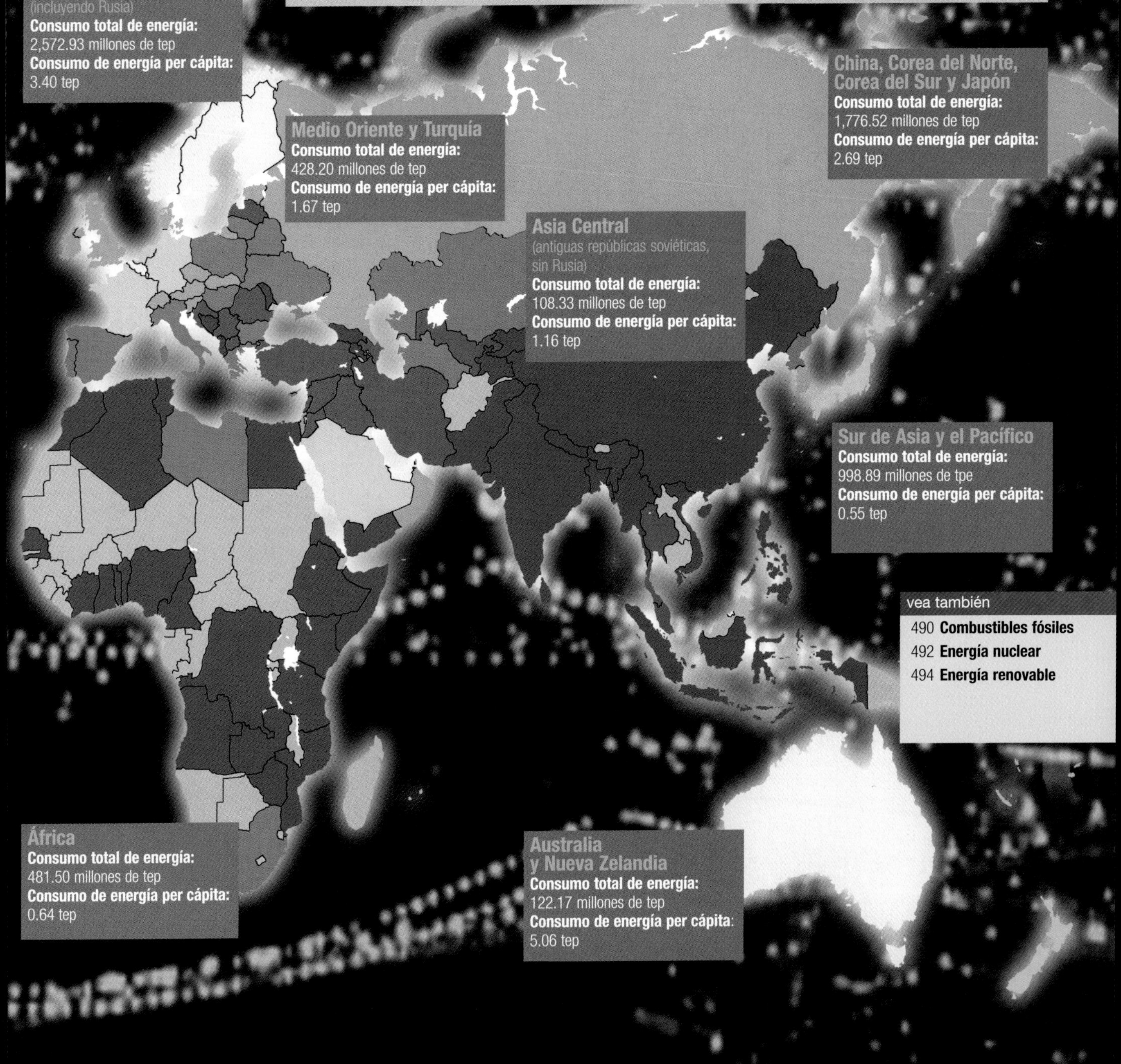

**Europa**
(incluyendo Rusia)
**Consumo total de energía:**
2,572.93 millones de tep
**Consumo de energía per cápita:**
3.40 tep

**Medio Oriente y Turquía**
**Consumo total de energía:**
428.20 millones de tep
**Consumo de energía per cápita:**
1.67 tep

**China, Corea del Norte, Corea del Sur y Japón**
**Consumo total de energía:**
1,776.52 millones de tep
**Consumo de energía per cápita:**
2.69 tep

**Asia Central**
(antiguas repúblicas soviéticas, sin Rusia)
**Consumo total de energía:**
108.33 millones de tep
**Consumo de energía per cápita:**
1.16 tep

**Sur de Asia y el Pacífico**
**Consumo total de energía:**
998.89 millones de tpe
**Consumo de energía per cápita:**
0.55 tep

**África**
**Consumo total de energía:**
481.50 millones de tep
**Consumo de energía per cápita:**
0.64 tep

**Australia y Nueva Zelandia**
**Consumo total de energía:**
122.17 millones de tep
**Consumo de energía per cápita:**
5.06 tep

vea también
490 **Combustibles fósiles**
492 **Energía nuclear**
494 **Energía renovable**

# Combustibles fósiles

**La industria moderna se impulsa con antiguos restos orgánicos**

*Casi 80% de la energía que se consume en el mundo proviene de la combustión de combustibles fósiles (carbón, petróleo y gas natural): restos de organismos vivos que quedaron en el subsuelo millones de años. Estos combustibles son el medio más económico y eficaz de generar energía, pero son finitos y se están gastando a un ritmo acelerado.*

## Niveles de bióxido de carbono

Al quemar combustibles fósiles se libera bióxido de carbono, que retiene radiación infrarroja en la atmósfera y contribuye al calentamiento global o "efecto de invernadero". China, Medio Oriente y las repúblicas de la antigua URSS generan las mayores cantidades de bióxido de carbono, por la energía que producen.

**Producción de $CO_2$ en toneladas de $CO_2$ por tonelada equivalente de petróleo, 1998**

|  | |  | |  | |  | |
|---|---|---|---|---|---|---|---|
| Corea del Norte | 3.63 | Sudáfrica | 3.19 | Israel | 3.00 | Marruecos | 2.86 |
| Macedonia | 3.40 | Estonia | 3.17 | Gibraltar | 2.98 | Líbano | 2.84 |
| Polonia | 3.32 | Libia | 3.11 | República Checa | 2.94 | Iraq | 2.83 |
| Kazajstán | 3.23 | Grecia | 3.06 | Irlanda | 2.90 | China | 2.77 |

## Cómo es una refinería

Las refinerías de petróleo separan en componentes químicos, o fracciones, el petróleo crudo. Cada fracción se vaporiza (hierve) a una temperatura diferente. Se calienta el petróleo crudo para vaporizarlo y luego enviarlo al fondo de una torre de destilación. Este vapor sube por la torre mientras se enfría y se condensa en líquidos diferentes en cada nivel; la parte gaseosa sube a la cima. Cada fracción forma un producto terminal distinto.

Las fracciones gaseosas son arrastradas desde la parte superior de la torre de destilación.

**Gases** como el butano, el etano, el etileno, el metano y el propano se usan como combustible envasado y como materia prima en productos petroquímicos.

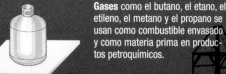

Las fracciones líquidas con punto de ebullición más alto (incluida la gasolina) se sacan de las bandejas superiores.

**La gasolina** se usa como combustible en vehículos y aviones con motor de pistones.

**El queroseno** se emplea como combustible en jets, para calentamiento e iluminación, y como solvente.

El vapor sube por bandejas de condensación perforadas, dispuestas en la torre a alturas diferentes.

**El diesel** se utiliza para impulsar autobuses y tractores.

**El gasóleo** alimenta sistemas de calefacción central en edificios.

El petróleo crudo se calienta a 400 °C en su recorrido por la torre de destilación.

**Los lubricantes** se utilizan para mantener en buenas condiciones de funcionamiento a las máquinas.

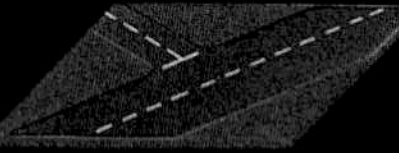

**El aceite combustible** se emplea en barcos.

Las fracciones más pesadas y volátiles pueden separarse en combustibles más ligeros y útiles sometiéndolas a mayor calor y presión, proceso conocido como "craqueo".

**El betún** se usa para pavimentar carreteras e impermeabilizar edificios.

**Siglo XIII** Aparecen las primeras minas comerciales de carbón en Inglaterra y Bélgica.

**Inicios del siglo XVII** El carbón mineral se vuelve el combustible industrial más usado en Inglaterra.

**Finales del siglo XVIII** El científico Benjamin Thompson (EUA) inventa en Inglaterra fogones, estufas y chimeneas eficientes.

**1821** William Hart perfora el primer pozo de gas natural, de 8 m de profundidad, en Fredonia, Nueva York.

**1855** El químico alemán Robert Bunsen inventa un eficiente quemador de gas para estufas y chimeneas.

400 a.C. — 0 — s. XIII — s. XVI — s. XVII — s. XVIII — s. XIX

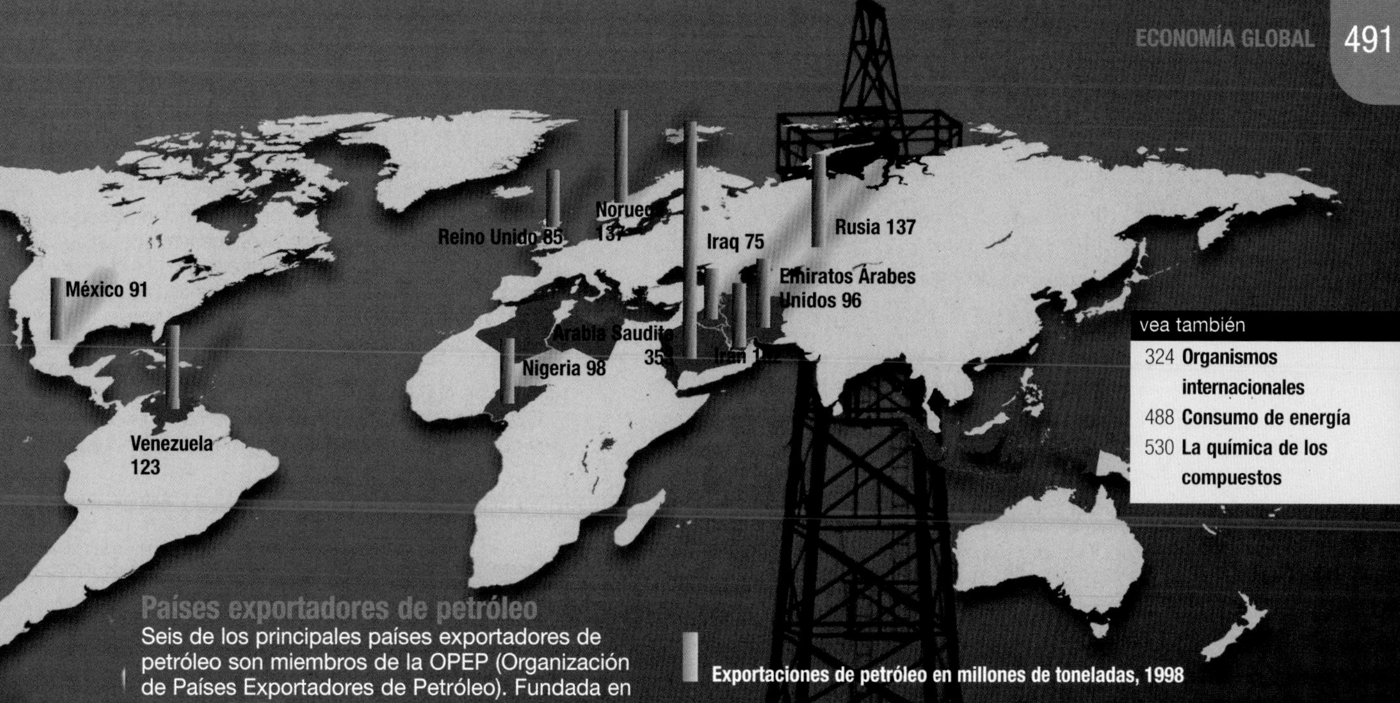


vea también
324 **Organismos internacionales**
488 **Consumo de energía**
530 **La química de los compuestos**

## Países exportadores de petróleo

Seis de los principales países exportadores de petróleo son miembros de la OPEP (Organización de Países Exportadores de Petróleo). Fundada en 1960, la OPEP coordina la política de precios y suministro entre sus países miembros.

**Exportaciones de petróleo en millones de toneladas, 1998**

**Países miembros de la OPEP**

## Petróleo

Cerca de 95% del petróleo mundial se ha obtenido en 5% de los campos petroleros. Dos terceras partes de los campos más grandes están en Medio Oriente. Los científicos estiman que las reservas se agotarán para el año 2060.

millones de barriles diarios

| Productores, 1996 | | | Consumidores, 1996 | | |
|---|---|---|---|---|---|
| 1 | Arabia Saudita | 9.23 | 1 | EUA | 17.81 |
| 2 | EUA | 8.00 | 2 | Japón | 5.55 |
| 3 | Rusia | 6.17 | 3 | China | 4.11 |
| 4 | Irán | 3.80 | 4 | Alemania | 2.92 |
| 5 | México | 3.50 | 5 | Rusia | 2.46 |
| 6 | Venezuela | 3.34 | 6 | Corea del Sur | 2.02 |
| 7 | Noruega | 3.22 | 7 | Francia | 2.01 |
| 8 | China | 3.21 | 8 | Italia | 1.98 |
| 9 | Reino Unido | 2.80 | 9 | India | 1.82 |
| 10 | EAU | 2.71 | 10 | Canadá | 1.82 |

## Gas natural

En Rusia y Medio Oriente están las reservas de gas natural más grandes del mundo. Se ha utilizado 14% de las reservas totales, pero se estima que las reservas restantes podrían agotarse para el año 2115.

miles de millones de m$^3$

| Productores, 1996 | | | Consumidores, 1996 | | |
|---|---|---|---|---|---|
| 1 | Rusia | 551.3 | 1 | EUA | 612.4 |
| 2 | EUA | 543.8 | 2 | Rusia | 364.7 |
| 3 | Canadá | 160.4 | 3 | RU | 88.7 |
| 4 | RU | 90.3 | 4 | Alemania | 79.5 |
| 5 | Argelia | 72.8 | 5 | Canadá | 70.3 |
| 6 | Indonesia | 68.4 | 6 | Japón | 69.5 |
| 7 | Países Bajos | 63.6 | 7 | Ucrania | 68.8 |
| 8 | Uzbekistán | 51.1 | 8 | Italia | 57.2 |
| 9 | Irán | 50.0 | 9 | Irán | 51.7 |
| 10 | Arabia Saud. | 46.0 | 10 | Uzbekistán | 47.0 |

## Carbón

Cada continente, incluida la Antártida, tiene reservas de carbón, pero la tecnología y la economía permitirán la recuperación de apenas 7%. Según estimaciones, las reservas se agotarán entre los años 2250 y 3400.

millones de toneladas

| Productores, 1996 | | | Consumidores, 1996 | | |
|---|---|---|---|---|---|
| 1 | China | 625.7 | 1 | China | 615.4 |
| 2 | EUA | 589.6 | 2 | EUA | 533.7 |
| 3 | India | 147.8 | 3 | India | 153.6 |
| 4 | Australia | 147.5 | 4 | Rusia | 102.8 |
| 5 | Sudáfrica | 118.3 | 5 | Japón | 88.4 |
| 6 | Rusia | 104.6 | 6 | Sudáfrica | 87.9 |
| 7 | Polonia | 76.3 | 7 | Alemania | 84.7 |
| 8 | Alemania | 61.3 | 8 | Polonia | 60.9 |
| 9 | Canadá | 41.1 | 9 | Australia | 45.8 |
| 10 | Ucrania | 39.6 | 10 | RU | 40.7 |

**1872** Se construyen los primeros gasoductos en Nueva York y Pensilvania.

**1882** Thomas Alva Edison construye la primera planta eléctrica a gran escala, en Nueva York.

**1890** Se patenta el proceso para producir combustible sin humo a partir del carbón.

s. XX

**1908** Ocurre el primer gran hallazgo de petróleo en Medio Oriente, en Persia (Irán)

**1913** La invención del craqueo térmico (vea Cómo es una refinería, izq.) mejoró la producción de gasolina de cada barril de petróleo crudo.

**1940** En la Segunda Guerra Mundial, se genera más combustible para aviones con craqueo

**1948** Se descubre en Arabia Saudita el campo petrolero Al-Ghawar, que resulta ser el más grande del mundo, con 82,000 millones de barriles.

**1970** Se construye el gasoducto Northern Lights de 5,470 km, del Círculo Polar Ártico a Europa

**1973** La guerra árabe-israelí crea una crisis de energía mundial cuando las naciones árabes dejan de exportar petróleo a EUA, aliado de Israel.

**1974** La OPEP cuadruplica los precios del petróleo, lo que genera una recesión económica mundial

**1990** Asia, Europa y EUA buscan tecnologías de carbones limpios para reducir emisiones y mejorar su eficacia

**1991** En la Guerra del Golfo, Iraq lanza al mar casi un millón de toneladas de petróleo, el mayor derrame de la historia.

2000

*La fisión, o separación, de átomos de uranio o plutonio genera energía nuclear. El proceso libera grandes cantidades de energía usando cantidades mínimas de materia prima: la fisión de 1 kg de uranio produce tanta energía como la que se crea al quemar 8,000 barriles de petróleo o 2,000 toneladas de carbón.*

## Creación de energía: reacción en cadena

Los átomos están compuestos de electrones alrededor de un núcleo que contiene protones y neutrones. Al bombardear un átomo con neutrones su núcleo se separa en dos. Este proceso, llamado fisión, genera energía (o calor) y radiactividad y libera más neutrones. Éstos pueden capturarse, bombardear más átomos con ellos y continuar así el proceso en una reacción en cadena. La fisión se controla con sustancias llamadas "moderadores" (agua o metal), que reducen la velocidad de los neutrones para aumentar la posibilidad de que golpeen núcleos. Controlada, esta energía es una fuente de poder; pero si no se contiene, crea una enorme explosión "atómica".

## Tipos de reactor nuclear

**Reactor de agua presurizada (RAP)** El diseño más común para los reactores nucleares (o reactores de agua ligera) emplea agua a alta presión como refrigerante. Éste transporta calor del núcleo del reactor hacia un dispositivo de intercambio de calor que produce vapor, impulsa turbinas y genera electricidad.

**Reactor de agua hirviendo (RAH)** Éste es otro tipo de reactor de agua ligera. El refrigerante pasa por el núcleo para hervir y generar vapor.

**Reactor de agua pesada presurizada (RAPP)** El refrigerante es "agua pesada", esto es, agua con mayor peso molecular que el agua normal.

**Reactor de agua ligera y grafito (RALG)** Sus barras de alimentación están dentro de tubos individuales presurizados y rodeados de agua (el refrigerante) y grafito (el moderador, que frena a los neutrones para aumentar el proceso de la fisión).

**Reactor enfriado con gas (REG)** Como refrigerante, usa bióxido de carbono presurizado en vez de agua.

**Reactor enfriado con gas avanzado (REGA)** Funciona igual que un REG, pero como combustible emplea uranio enriquecido químicamente. Éste tiene una concentración cinco veces mayor que la del uranio natural.

**Reactor de alimentación rápida (RAR)** Produce más combustible (en forma de plutonio) que el que consume. Como no usa un moderador, los neutrones se desplazan más rápidamente. El combustible original es un tipo de uranio que se torna inestable al estar sujeto al bombardeo de neutrones rápidos, y se descompone en plutonio.

## REACTOR DE AGUA PRESURIZADA

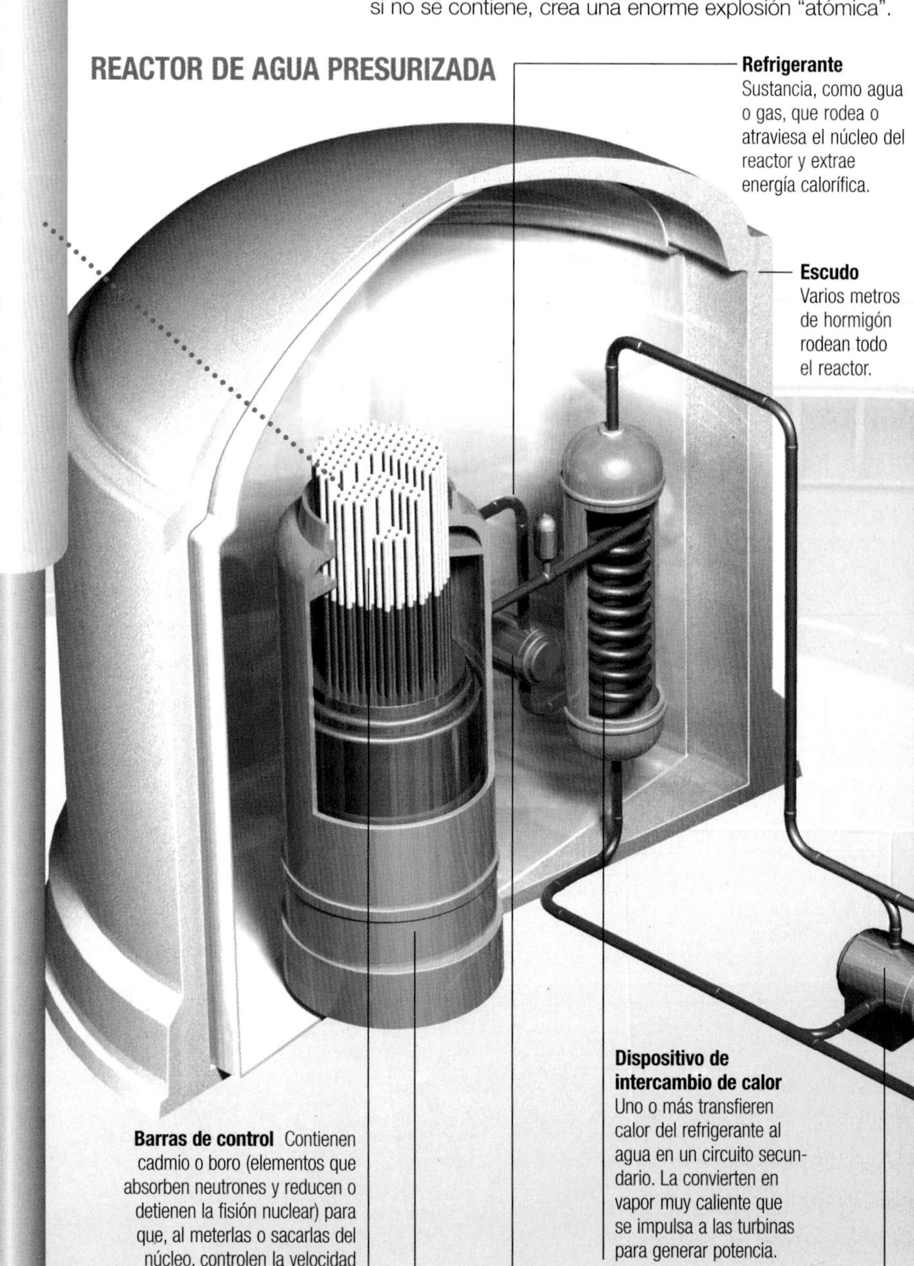

**Refrigerante** Sustancia, como agua o gas, que rodea o atraviesa el núcleo del reactor y extrae energía calorífica.

**Escudo** Varios metros de hormigón rodean todo el reactor.

**Barras de alimentación** El combustible nuclear (pelotillas de óxido de uranio, por lo general) se encierran dentro de barras de unos 4 m de largo por 1 cm de diámetro, recubiertas por una sustancia reguladora que disminuye la velocidad de los neutrones (los neutrones rápidos rebotan contra los átomos de uranio en vez de penetrar en ellos).

**Barras de control** Contienen cadmio o boro (elementos que absorben neutrones y reducen o detienen la fisión nuclear) para que, al meterlas o sacarlas del núcleo, controlen la velocidad de reacción.

**Vaso de presión** Contenedor de acero pesado que rodea al reactor y su refrigerante. A través de la tapa del contenedor se operan las barras de control. Cada año es necesario parar el reactor y quitar la tapa para aplicar la recarga.

**Dispositivo de intercambio de calor** Uno o más transfieren calor del refrigerante al agua en un circuito secundario. La convierten en vapor muy caliente que se impulsa a las turbinas para generar potencia.

**Bomba** Hace circular el refrigerante por el reactor.

**Turbinas** El vapor procedente del dispositivo de intercambio de calor impulsa las turbinas. Debajo de éstas el vapor se condensa en agua fría y regresa al núcleo del reactor.

## Principales productores de energía nuclear

**Suministro eléctrico doméstico procedente de la energía nuclear, 1998**

| | | | | | |
|---|---|---|---|---|---|
| 1 | Francia | 77% | 7 | Reino Unido | 28% |
| 2 | Suecia | 47% | 8 | Estados Unidos | 19% |
| 3 | Ucrania | 44% | 9 = | Canadá | 13% |
| 4 | Corea del Sur | 38% | 9 = | Rusia | 13% |
| 5 | Japón | 32% | | Resto del mundo | 10% |
| 6 | Alemania | 29% | | *Total mundial* | *17%* |

## Tipos de reactor más usados por los principales productores

En general, el reactor de agua presurizada es el más empleado en todo el mundo. Francia, segundo productor de energía nuclear, y Rusia tienen los reactores más veloces.

| | País | RAP | RAH | REG | RAPP | RALG | REGA | RAR | Millones de MW por hora |
|---|---|---|---|---|---|---|---|---|---|
| 1 | Estados Unidos | 69 | 34 | | | | | | 714 |
| 2 | Francia | 58 | | | | | | 1 | 388 |
| 3 | Japón | 23 | 27 | | | | | | 332 |
| 4 | Alemania | 14 | 6 | | | | | | 162 |
| 5 | Rusia | 13 | | | | 15 | 14 | 1 | 104 |
| 6 | Reino Unido | 1 | | 20 | | | | | 100 |
| 7 | Corea del Sur | 12 | | | 4 | | | | 90 |
| 8 | Ucrania | 13 | | | | 1 | | | 75 |

## VENTAJAS Y DESVENTAJAS

**Ventajas**

- La energía nuclear emplea menos materia prima que los combustibles fósiles.
- No libera emisiones en la atmósfera como los combustibles fósiles. En el 2000, Gran Bretaña usó medios nucleares para generar energía. Redujo en 40 millones de toneladas su emisión de $CO_2$ (equivalente a retirar dos terceras partes de sus autos).

**Desventajas**

- La construcción de plantas de energía nuclear es costosa.
- El almacenamiento de desechos radiactivos y el peligro que suponen para la salud humana son preocupantes y han generado protestas. La exposición humana a la radiación por fallas en estas plantas ha provocado demandas que exigen su clausura.
- La recolección de materias primas para la producción de energía nuclear supone el riesgo de que las sustraigan para la fabricación ilícita de armas nucleares.

## Fechas clave

**1905** La Teoría de la Relatividad de Albert Einstein sugiere que la masa (materia) puede transformarse en energía.

**1938** Los científicos alemanes Otto Hahn y Fritz Strassmann separan átomos de uranio bombardeándolos con neutrones. El proceso implica pérdida de masa, que se transforma en energía. Esto confirma la teoría de Einstein.

**1942** En la Universidad de Chicago, un equipo al mando de Enrico Fermi construye un reactor nuclear y crea la primera reacción en cadena de uranio artificial. Así empieza la era nuclear.

**1943-1945** Se construyen reactores en Hanford, Washington, EUA, para producir plutonio, empleado en bombas atómicas.

**1952** En Idaho, EUA, se construye un reactor experimental de generación dual para producir electricidad y combustible de plutonio.

**1956** Se inaugura la primera planta nuclear en gran escala en Calder Hall, Gran Bretaña, cerca de Sellafield. Al año siguiente, el calor excesivo de un reactor incendia el núcleo y se libera radiactividad en la zona local.

**1957** En una planta cercana a Chelyabinsk, URSS, explotan tanques de desechos radiactivos. Contaminan una región de los Urales.

**1979** Una falla y un error de operación causan la pérdida de refrigerante en un reactor en Three Mile Island, en Pennsylvania, EUA. Eleva la temperatura y funde parte del núcleo.

**1986** La explosión de un reactor en Chernobyl, Ucrania, mata a 32 personas y libera radiactividad que llega hasta Francia e Italia. Enfermedades ocasionadas por la radiación cobran víctimas posteriores.

**1999** Un error operativo causa una reacción en cadena sin control en la planta Tokaimura, en Japón. De tres trabajadores radiados, dos mueren; cientos más quedan expuestos.

vea también
488 **Consumo de energía**
522 **La radiactividad**
524 **La relatividad**

## Tratamiento de los desechos

Los niveles de radiactividad disminuyen con el tiempo. Los desechos tóxicos radiactivos, producto de la fisión nuclear, se clasifican por niveles: bajo, intermedio y alto, según el lapso en que son peligrosos. Entre los desechos de nivel bajo e intermedio están elementos como los uniformes especiales descartados, y los lodos y resinas generados en el proceso de la reacción. Los desechos de nivel bajo se incineran, se comprimen y se entierran; los de nivel intermedio se meten en tambores, que se guardan en cámaras de hormigón o betún.

Entre los desechos de nivel alto están los isótopos peligrosos (vea pág. 522), cuya radiactividad perdura, en algunos casos, cientos o incluso miles de años. En general, se guardan en forma líquida en tanques de acero inoxidable en sitios especiales para desechos. Ya que siguen emitiendo calor, están sujetos a enfriamiento constante.

Hay planes a largo plazo para guardar desechos de nivel alto dentro de bloques de vidrio sólido y conservarlos en la superficie 50 años antes de eliminarlos. Así, cuando baje su radiactividad, se podrán guardar como los desechos de nivel intermedio.

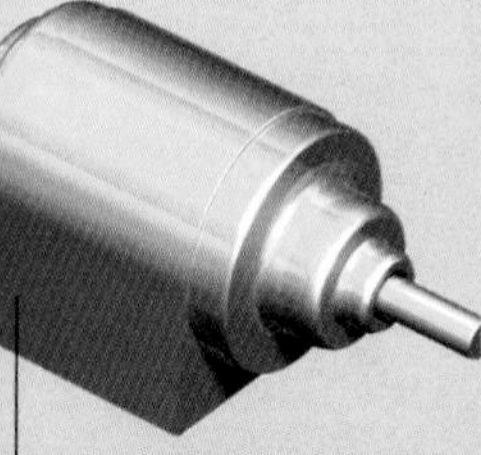

**Generador** La electricidad generada permite un suministro local o nacional. La producción de una planta común de energía nuclear comercial es de 600 a 1,000 megavatios.

**Contador Geiger** En todo sitio de desechos, como éste de bajo nivel en Hanford, EUA, se revisan a menudo los niveles de radiación.

*La constante demanda mundial de energía y la previsión del agotamiento de los combustibles fósiles han propiciado la búsqueda de recursos renovables. La utilización de la energía hidroeléctrica ya es una práctica común. En países como Noruega y Brasil, representa más del 90% de la generación de electricidad doméstica. La crisis petrolera de la década de 1970 reavivó el interés por la energía eólica, área en la que Alemania, Estados Unidos, Dinamarca y la India llevan la delantera.*

1000

**915** Se usan molinos de viento para triturar granos en Seistán, Persia.

**Siglo XII** Los molinos de viento se vuelven comunes en Europa, sobre todo en los Países Bajos, donde se emplean para drenar pantanos.

1800

**1891** Se construye una planta hidroeléctrica experimental en Alemania.

**1893** Se construye la planta hidroeléctrica más grande del mundo en las Cataratas del Niágara, entre EUA y Canadá.

## HIDROELECTRICIDAD

Las plantas hidroeléctricas aprovechan la energía de las caídas de agua para mover turbinas conectadas a un generador eléctrico. Las estaciones se construyen en cascadas naturales, como las Cataratas del Niágara, en la frontera entre Estados Unidos y Canadá, o instalando embalses en un río y controlando el flujo del agua con canales artificiales.

En las áreas donde la demanda de electricidad varía durante el día, se usan plantas hidroeléctricas con estación de bombeo. En temporadas de poca demanda, la energía excedente de la planta se emplea para invertir el flujo del agua y llenar un depósito artificial detrás del embalse. En temporada de gran demanda, a veces se libera el agua almacenada para proporcionar energía extra.

- **Ventajas** El costo fijo es bajo y las plantas hidroeléctricas no generan emisiones dañinas. La construcción de embalses ayuda a regular inundaciones de temporal y suministrar agua para riego.
- **Desventajas** Su construcción es costosa. Los embalses pueden inundar zonas de tierra y alterar el equilibrio ecológico local.
- **Las plantas más grandes** La capacidad de la planta Itaipú, en el río Paraná (entre Brasil y Paraguay), es de 12,600 megavatios; la del proyecto Three Gorges en el río Yangtzé, en China (que terminará en el año 2009), será de 18,200 megavatios.

**Un río de energía** El tramo de embalses de 7,744 m de largo que compone el complejo Itaipú en la frontera entre Brasil y Paraguay está conectado a 18 generadores con una capacidad de 700 MW cada uno. La energía capturada del río Paraná suministra 25% de la energía de Brasil y 78% de la energía de Paraguay.

**Generación de energía** Una planta hidroeléctrica (der.) crea energía capturando un río detrás de un embalse y controlando su flujo.

1900 1940 1960 1980

**1904** La primera planta de energía geotérmica inicia operaciones en Larderello, Italia, con una capacidad generadora de 250 kW.

**1941** Se construye la primera turbina eólica moderna en Vermont, EUA, que genera 1,250 kW.

**1960** En la república soviética de Turkmenistán se construye la primera planta térmica que usa energía solar.

**1967** Termina la construcción de la primera planta mareomotriz en el estuario Rance, cerca de St. Malo, Francia.

**1982** La planta solar 10-MW Solar One inicia operaciones en el Desierto de Mojave, California. Para la década de 1990, se han construido otras ocho plantas solares allí.

vea también
26 **La Luna**
54 **Clima**
488 **Consumo de energía**

## ENERGÍA MAREOMOTRIZ

Las plantas hidroeléctricas especializadas aprovechan la energía de las mareas mediante diques construidos en estuarios ribereños. En la bajamar se abren las compuertas para que el agua fluya por un dique; en la pleamar se cierran para captar el agua, que luego es liberada en un flujo controlado conforme la marea baja. También se han diseñado plantas de energía en las costas para captar la energía del movimiento de las olas. Éste comprime aire en cámaras cubiertas, metiéndolo y sacándolo a través de turbinas reversibles. Aunque esta tecnología aún es experimental, su potencial de energía total se estima de 2 a 3 millones de megavatios.

**Ventajas** Las plantas mareomotrices no generan emisiones dañinas y son un inmenso recurso sustentable.

**Desventajas** La energía mareomotriz funciona sólo donde el rango de mareas (la diferencia entre la marea alta y la baja) es de 6 m o más. La producción de energía varía porque la altura de las mareas cambia de un día a otro y de una estación a otra. La generación de energía también fluctúa porque el tamaño de las olas cambia. Estas plantas pueden ocasionar daño ecológico, pues alteran el nivel de las mareas en los estuarios y la costa. Para resolver este problema ahora se están planeando plantas costaneras con lagunas de marea en forma de anillo.

**Las mayores plantas** El estuario Rance, cerca de St. Malo, Bretaña, Francia, es la planta mareomotriz más grande del mundo, con 24 turbinas y una capacidad total de 240 megavatios. En las Azores, Portugal, está la instalación a base de olas más grande del mundo; su capacidad total es de 1 megavatio.

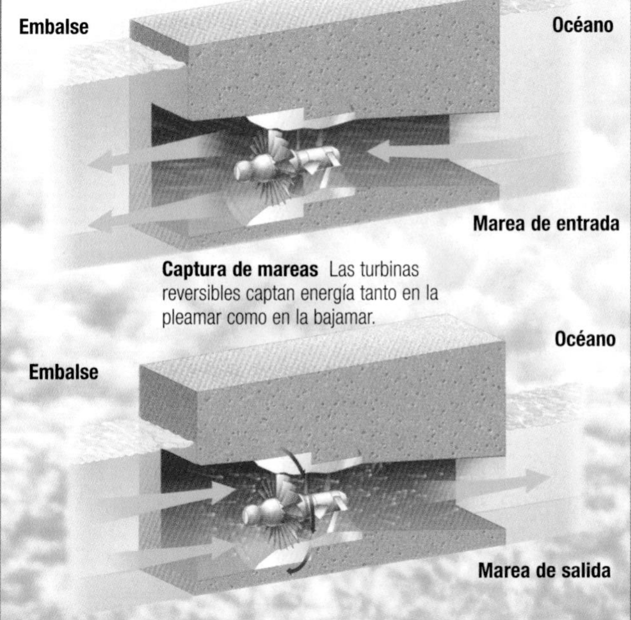


**Captura de mareas** Las turbinas reversibles captan energía tanto en la pleamar como en la bajamar.

## ENERGÍA EÓLICA

Hoy, la mayoría de las turbinas de viento modernas tienen una hélice de tres aspas, transversal y a 100 m de altura, conectada a un generador. Un control computarizado la mantiene de cara al viento y ajusta su dirección según la intensidad de éste. Cada generador puede generar hasta 4 megavatios, aunque los más comunes generan de 250 a 500 kilovatios. Se les agrupa a menudo en "granjas de viento" sobre crestas ventosas, llanuras o costas, o frente a estas últimas.

La capacidad mundial de generación de energía por turbinas de viento ha aumentado poco más del 25% al año desde 1997. En el 2000 se calculaba en más de 10,000 megavatios (diez veces la capacidad de 1990) y seguía aumentando.

**Ventajas** El costo de funcionamiento de las "granjas de viento" es semejante al de los mejores generadores alimentados con carbón o gas y, además, no generan emisiones dañinas.

**Desventajas** La producción de energía varía, por el cambio de la fuerza del viento. Las aspas de la hélice y sus cajas de engranes son ruidosas. Las hélices ocupan mucho espacio y, en general, son feas. También pueden ser una amenaza para las aves.

**Las plantas más grandes** Las mayores "granjas de viento" (de unas 5,000 turbinas cada una) están en Altamount Pass y Tehachapi Pass, en California. Junto con las menores, en San Gorgonio Pass, Pacheco Pass y Solano, generan 30% de la energía eólica mundial. En 1995, la capacidad eólica californiana llegó a generar 2,900 millones de horas/kilovatio de electricidad al año, suficiente para abastecer 500,000 viviendas.

**Poder costero** Nueve turbinas de 300 kW empezaron a operar en Blythe Harbour, Northumberland, RU, en 1993. En 2000, se construyeron dos más de 2 MW a 800 m de la costa. Abastecen de energía a unos 5,000 hogares.

*A finales del siglo XX surgieron varias opciones a los combustibles fósiles. La energía solar calienta el agua en más de un millón de hogares en Grecia. Islandia aprovecha sus recursos geotérmicos naturales para calentar 85% de sus hogares. La energía de biomasa, producida por la incineración o el procesamiento químico de la materia orgánica, suministra 15% de la energía doméstica en Escandinavia, y es la principal fuente de energía para millones de aldeanos en China y la India.*

**Bajo el sol africano** La dependencia de la madera como combustible ha provocado deforestación y desabasto de energía en Sudán. En la década de 1990, organismos de ayuda y el Programa de las Naciones Unidas para el Medio Ambiente empezaron a instalar tableros solares en aldeas de ese país para alimentar servicios básicos como iluminación, refrigeración y bombas de agua.

## ENERGÍA SOLAR

Hay dos tipos de tecnología solar en desarrollo. La *térmica solar* emplea espejos para concentrar rayos solares en un colector térmico, el cual hierve agua directamente (o calienta un fluido intermedio, como un aceite) para aprovechar el vapor generado e impulsar una turbina. La *eléctrica solar* aprovecha que, al combinarse y aplicarles luz, ciertos materiales disímiles –como el silicio y el boro– crean una carga eléctrica. Este efecto fotoeléctrico, que puede convertir la luz solar en electricidad, se utiliza para abastecer de energía los hogares y para alimentar calculadoras, teléfonos satelitales y automóviles experimentales.

**Ventajas** La energía solar es una infinita fuente de energía sustentable que no contamina.

**Desventajas** Las grandes plantas de energía abarcan enormes extensiones de tierra; los generadores producen energía sólo durante el día y nada más son posibles en áreas muy soleadas.

**La planta más grande** Una serie de nueve plantas solares en el Desierto de Mojave, en California, con espejos parabólicos computarizados, cubre 400 hectáreas. Produce 354 megavatios, suficientes para abastecer de energía a 500,000 personas.

**Energía concentrada** Un gigantesco reflector parabólico, construido en 1969 en Odeillo, región de los Pirineos franceses, dirige los rayos del Sol a un solo punto focal, donde un receptor acumula la energía. La estructura recibe luz solar desde 63 helióstatos (espejos computarizados que se mueven para reflejar la luz solar en un ángulo constante) colocados en una ladera opuesta. La temperatura que alcanza fluctúa normalmente entre 800 y 2,500 °C, y proporciona una energía máxima de 1,000 kW.

## ENERGÍA GEOTÉRMICA

En las regiones con altos niveles de actividad volcánica, se usa el calor de rocas y agua subterránea para producir electricidad. Toda incidencia natural de vapor se transporta en tuberías a la superficie, donde alimenta turbinas que generan electricidad. También se perforan agujeros hasta las rocas calientes y luego se les inyecta agua para producir vapor. En 1998, la capacidad mundial de generación de energía geotérmica alcanzó los 8,240 megavatios.

**Ventajas** La energía geotérmica utiliza menos área de terreno por megavatio que cualquier otro tipo de planta de energía y suministra corriente las 24 horas del día.

**Desventajas** Las fuentes de vapor naturales son muy escasas y la energía que proporcionan no es un recurso renovable (las zonas térmicas naturales pueden enfriarse y su regeneración tomaría miles de años). Las plantas de energía pueden ser ruidosas y sus tuberías se oxidan a menudo por los minerales que transporta el agua.

**La planta más grande** El mayor campo geotérmico desarrollado del mundo, The Geysers, en California, es capaz de generar hasta 1,900 megavatios, pero hay restricciones en la producción de energía, para prolongar la vida de la planta.

**Principales productores de energía geotérmica, 1998**
Capacidad en megavatios

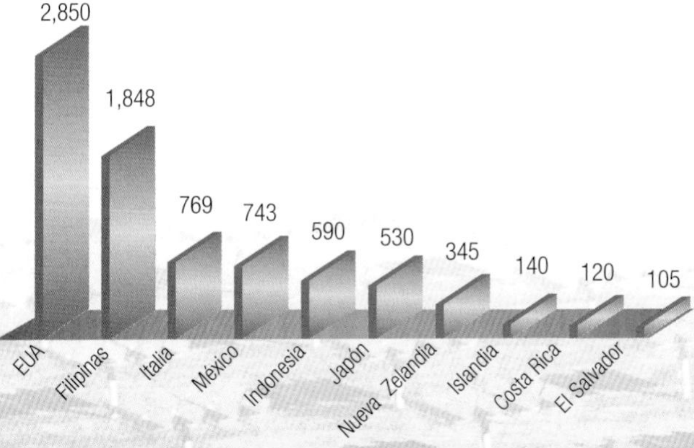


**El poder del vapor** La planeación de la planta de energía geotérmica Wairakei en Isla Norte, Nueva Zelandia, empezó en 1947, tras una larga sequía que abatió la generación de energía hidroeléctrica. Se inauguró en 1958. Hoy día su producción es de más de 160 megavatios.

## ENERGÍA DE BIOMASA

Con materia orgánica y restos en descomposición, como plantas, madera, paja, estiércol y basura casera, se puede generar energía. En conjunto, todos éstos se conocen como biomasa. Hay varias técnicas para convertirla en energía:

*Acopio de biogás* Los restos de animales en descomposición y la basura enterrada producen gas metano, que se colecta y quema como combustible en recolectores especiales.

*Combustión* Incinerar la basura casera, en vez de enterrarla, puede contribuir al suministro urbano de energía. Cada tonelada de desechos puede producir 400 $m^3$ de metano.

*Fermentación de alcohol* Durante la fermentación, las enzimas separan los almidones de la planta en compuestos más simples, lo que produce etanol, combustible de alto octanaje. Las gasolinas para automóvil tienen a menudo una pequeña cantidad de etanol.

*Procesamiento de aceite vegetal* Al extraer la glicerina del aceite vegetal queda un líquido claro conocido como biodiesel, que puede quemarse como el diesel.

**Ventajas** Son recursos renovables. Su combustión abate pérdidas y reduce la contaminación.

**Desventajas** Su combustión genera gases que contaminan el ambiente; el metano captado en los recolectores de biogás contribuye, si se le libera, al calentamiento global.

**Mayores productores** Estados Unidos tiene 70 sitios de biogás. El mayor, en Puente Hills, California, genera 46 megavatios. De las 350 plantas de combustión que hay en el mundo, casi todas están en Europa y Japón: Alemania quema casi 5.5 millones de toneladas de desechos al año; Japón, medio millón. Brasil produce unos 11,000 millones de litros de biocombustible líquido (etanol y diesel) al año; EUA, unos 4,000 millones.

**Reciclaje exitoso** Desde 1980, en la India se han instalado más de 2.5 millones de plantas caseras de biogás. En muchas aldeas, recolectores de biogás conectados a retretes aprovechan las heces humanas para crear energía para iluminar y cocinar. Así se mejora la higiene y se aprovecha el estiércol como fertilizante.

vea también
488 **Consumo de energía**
492 **Energía nuclear**
494 **Energía renovable**

# Recursos minerales



*Hasta ahora se han identificado más de 2,500 minerales. Su uso y durabilidad los hicieron el instrumento ideal para comerciar en el mundo antiguo: en Egipto, en el año 4000 a.C., se intercambiaban barras de metal por diferentes bienes. Hoy, minerales y metales (incluso materias preciosas como el diamante y la plata) valen más para la economía global por sus variadas aplicaciones industriales que como medio de intercambio.*

## Metales y minerales preciosos

En tiempos antiguos los depósitos dispersos de diamantes, oro y plata se descubrían en el lecho de los ríos. Los romanos iniciaron la extracción de oro y plata en España en el siglo I a.C. La explotación de platino empezó tras descubrirse los primeros depósitos en Colombia, en el siglo XVI; la de diamantes, con el primer hallazgo de piezas integradas a las rocas en Sudáfrica, en 1870.

### Diamante

Es la sustancia más dura de la naturaleza. Sólo 23% de los diamantes tienen la suficiente transparencia para ser gemas; el resto se usa para fabricar herramientas de corte y pulido.
**Origen:** Sedimentos aluviales; bloques glaciales; a veces se encuentra en rocas de kimberlita.
**Reservas mundiales:** 1,900 millones de kilates (1 kilate = 0.2 g; 5,000 kilates = 1 kg)
**Producción anual:** 120 millones de kilates
**Principales productores:** Australia, 34.3%; República Democrática del Congo, 18.8%; Rusia, 16.3%; Botswana, 16.1%.

### Grupo del platino

Son seis metales –iridio, osmio, paladio, platino, rodio y rutenio– con propiedades similares que normalmente se encuentran juntos. Se usan como catalizadores en procesos industriales y en el escape de los automóviles.
**Origen:** Sedimentos aluviales; en rocas, asociado con cromita y norita o combinado con arsénico como esperrilita.
**Reservas mundiales:** 71,000 toneladas
**Producción anual:** 355 toneladas
**Principales productores:** Rusia, 46.9%; Sudáfrica, 46.3%.

### Oro

Buen conductor eléctrico: se usa en los contactos eléctricos no corrosivos de los equipos electrónicos.
**Origen:** Sedimentos aluviales; filones en rocas; a menudo está mezclado con cuarzo y pirita o en depósitos de cobre y plomo.
**Reservas mundiales:** 46,000 toneladas
**Producción anual:** 2,375 toneladas
**Principales productores:** Sudáfrica, 20.5%; EUA, 14.8%; Australia, 12.8%; Canadá: 7.1%; China: 7%.

### Plata

Se emplea en circuitos eléctricos por su conductividad, que es la mejor entre todos los metales. También se usa en materiales fotográficos por sus propiedades fotosensibles.
**Origen:** Vetas minerales, asociadas a menudo con cobre, plomo o cinc. A veces se encuentra como argentita (sulfuro de plata) y pocas veces como plata pura.
**Reservas mundiales:** 280,000 toneladas
**Producción anual:** 16,000 toneladas
**Principales productores:** México, 16.9%; Perú, 12.7%; China, 8%; Canadá, 7.8%; Australia, 7.5%; Chile: 7.5%.

**Gemas unidas a las rocas**
Los diamantes (fondo) sólo se hallan en chimeneas volcánicas de kimberlita (un tipo de peridotita), y se formaron a profundidades de 100 a 200 km.

## Minerales no metálicos

El flúor fue el primero en tener aplicación industrial. Se ha usado en la metalurgia desde su descubrimiento en el siglo XII. El primer fertilizante artificial, elaborado con fosfatos, se fabricó en Inglaterra en 1843, y el amplio uso del azufre en procesos químicos empezó en 1891, con un nuevo método para extraerlo en forma pura.

### Fluorita

Se usa en la industria del acero para eliminar impurezas. Contiene flúor, usado en plásticos, refrigerantes y combustible para cohetes y reactores nucleares.
**Origen:** Se encuentra en depósitos de sulfuro.
**Reservas mundiales:** 218 millones de toneladas
**Producción anual:** 3.9 millones de toneladas
**Principales productores:** China, 51.7%; México, 14.4%; Sudáfrica, 5.5%.

### Fosfato

Se emplea en general como fertilizante en forma de ácido fosfórico.
**Origen:** Está en sedimentos marinos, como esquisto y caliza, con calcio y magnesio.
**Reservas mundiales:** 11,345 millones de toneladas
**Producción anual:** 140 millones de toneladas
**Principales productores:** EUA, 32.2%; China, 17.9%; Marruecos, 15.9%; Rusia, 6.8%.

### Potasa

Los minerales que contienen potasio se conocen con el nombre de potasas, aunque en realidad el término alude específicamente al carbonato o hidróxido de potasio. El carbonato de potasio se emplea como fertilizante y también en la fabricación de detergente y vidrio.
**Origen:** Derivado de la silvita, que se encuentra presente en los lechos salinos subterráneos.
**Reservas mundiales:** 8,380 millones de toneladas
**Producción anual:** 25.1 millones de toneladas
**Principales productores:** Canadá, 34.8%; Alemania, 13.7%; Rusia, 12.6%; Belarús, 12.5%; Israel, 6.2%; EUA, 5.4%.

### Sulfuro

Se utiliza en la elaboración de ácido sulfúrico y en la producción de baterías, medicinas, detergentes, explosivos, fertilizantes, pigmentos y tintes. También se usa para refinar petróleo y en la metalurgia.
**Origen:** Presente como sulfuro en el petróleo crudo y el gas natural y en muchos minerales, incluyendo la pirita y el yeso; también es un derivado de la fundición de metales.
**Reservas mundiales:** 1,400 millones de toneladas
**Producción anual:** 55.3 millones de toneladas
**Principales productores:** EUA, 21.4%; Canadá, 17.2%; China, 12.5%; Rusia, 6.9%.

## MINERÍAS

**A cielo abierto** En esta minería se emplean explosivos y maquinaria pesada para quitar rocas que cubren la mena y excavarla desde vetas superficiales.

**De cantera** Método similar a la minería a cielo abierto (vea arriba), se usa para extraer minerales de una cantera que tiene poca o ninguna carga encima.

**De regado** Versión en gran escala de la minería placer (vea abajo), emplea un canalón con ranuras en el fondo donde se recolectan las partículas minerales.

**Dragado** Se usa una cuchara, pala o cadena continua de cubos para extraer mineral bruto de la arena, grava o barro del lecho de un lago o río natural o artificial.

**Excavación** Se socava una mena para derrumbarla en partes y transportarla fácilmente.

**Extracción en franja** Los minerales poco profundos se excavan en franjas paralelas sucesivas. Luego de limpiar cada franja, se usa la carga excedente para rellenar la franja anterior.

**Minería placer** Los depósitos menos densos de arena o grava se separan de los minerales con agua: los restos más ligeros se van, y quedan los minerales más pesados.

**Minería subterránea** Se usa un barreno vertical u horizontal para perforar la tierra, con túneles que se bifurcan, conocidos como "niveles" o "zonas de acarreo". El mineral se extrae con el método de espacio y pilar, que deja sin cortar partes de la mena para que sirvan como pilares de apoyo a las rocas superiores.

**Por bombeo** Se separa del mineral toda materia soluble que lo rodea, bombeándole agua de mineral bruto (incluso agua de mar) en una planta procesadora.

**Minerales metálicos** La metalurgia es una de las industrias más antiguas: el primer trabajo de fundición (calentar rocas para extraer metal puro) se realizó en Mesopotamia y Turquía hacia 5000 a.C. Hoy, los metales listados son de importancia económica por sus usos industriales y energéticos.

## Aluminio

Las aleaciones de aluminio son tan sólidas como el acero, pero más ligeras y no se corroen: se usan para construir aviones y barcos, y en cables, latas de alimentos y utensilios de cocina.
**Origen:** Se encuentra en la bauxita, forma impura de la alúmina (óxido de aluminio).
**Reservas mundiales:** 4,250 millones de toneladas
**Producción anual:** 22.9 millones de toneladas
**Principales productores:** Australia, 35%; Guinea, 14.5%; Brasil, 10.5%.

## Cinc

Se usa para galvanizar metales (cubierta antioxidante) y en aleaciones como el latón y las soldaduras.
**Origen:** Presente en la esfalerita (compuesto de cinc), un sulfuro a menudo con plomo y plata.
**Reservas mundiales:** 190 millones de toneladas
**Producción anual:** 7.5 millones de toneladas
**Principales productores:** China, 16.3%; Canadá, 15%; Australia, 14.2%.

## Cobre

Buen conductor eléctrico: se usa en cables. Se liga con cinc para hacer latón, y con estaño para hacer bronce.
**Origen:** Presente en menas de sulfuro, como la bornita, la calcosina y la calcopirita, y en los óxidos, como la cuprita y la malaquita.
**Reservas mundiales:** 330 millones de toneladas
**Producción anual:** 11.5 millones de toneladas
**Principales productores:** Chile, 29.4%; EUA, 16.5%; Canadá, 6%; Indonesia, 5.4%; Australia, 5%.

**Industria primitiva** El trabajo del cobre empezó hace 9,000 años en el sureste de Turquía. Su conductibilidad eléctrica, segunda después de la plata, se descubre hasta el siglo XIX.

## Cromo

Se usa para endurecer el acero y hacerlo resistente a la corrosión.
**Origen:** Se encuentra en la cromita, un óxido de hierro y cromo.
**Reservas mundiales:** 350 millones de toneladas
**Producción anual:** 3.6 millones de toneladas
**Principales productores:** Sudáfrica, 45.3%; Kazajstán, 12.1%; India 11.6%.

## Estaño

Se usa como placa de metal resistente a la corrosión y en aleaciones, como soldaduras, bronce y peltre.
**Origen:** Presente como casiterita, un óxido de estaño.
**Reservas mundiales:** 7.8 millones de toneladas
**Producción anual:** 215,000 toneladas
**Principales productores:** China, 32.2%; Indonesia, 24.9%; Perú, 12.5%; Brasil, 8.4%.

vea también
38 **Tesoros de la Tierra**
528 **La tabla periódica**

## Hierro

Es el metal industrial más importante; se liga con cantidades pequeñas de carbono, silicio y otros metales para lograr una amplia gama de aceros.
**Origen:** Presente sobre todo en óxidos como la hematita, la magnetita y la limonita, y en la pirita.
**Reservas mundiales:** 68,700 millones de toneladas
**Producción anual:** 601 millones de toneladas
**Principales productores:** China, 23%; Brasil, 16.8%; Australia, 13.9%; Ucrania, 9.9%; Rusia, 6.4%; India, 6.4%.

## Magnesio

Se liga con aluminio o cinc, o con ambos, para hacer materiales fuertes y ligeros para aviones y autos.
**Origen:** Presente como cloruro en el agua de mar y la carnalita, como carbonato en la dolomita y la magnesita, y en muchos otros minerales.
**Reservas mundiales (magnesita):** 2,500 millones de toneladas
**Producción anual:** 19 millones de toneladas
**Principales productores:** China, 43.4%; Rusia, 14.3%; Turquía, 12.6%; Corea del Norte, 7%.

**Luz** El magnesio se usaba en fotografía con flash. Encendido, arde con una intensa llama blanca.

## Manganeso

Se usa para consolidar el acero al refinarlo y en aleaciones con acero para maquinaria pesada y cajas fuertes.
**Origen:** Presente en menas férricas; los nódulos de lechos marinos contienen hasta 20% de manganeso.
**Reservas mundiales (en tierra únicamente):** 660 millones de toneladas
**Producción anual:** 9.6 millones de toneladas
**Principales productores:** Ucrania, 26.1%; China, 23.8%; Sudáfrica, 12%.

## Níquel

Se usa en la fabricación de aceros inoxidables.
**Origen:** Se encuentra en la pentlandita, un sulfuro de hierro y níquel; también lo hay en nódulos del lecho marino profundo.
**Reservas mundiales (en tierra únicamente):** 40 millones de toneladas
**Producción anual:** 1.1 millones de toneladas
**Principales productores:** Rusia, 21.4%; Canadá, 18.1%; Nueva Caledonia, 11.8%; Australia, 11.6%.

## Plomo

Se usa en las baterías: resiste la corrosión de los ácidos.
**Origen:** Presente en la galena. Más del 50% del plomo industrial se extrae de desechos reciclados.
**Reservas mundiales:** 65 millones de toneladas
**Producción anual:** 3.1 millones de toneladas (sin incluir desechos reciclados)
**Principales productores:** China, 21.1%; Australia, 18.2%; EUA, 15.1%; Perú, 8.4%; Canadá, 6.9%.

## Titanio

Ligero, sólido, resistente al calor y la oxidación: se usa en la construcción de aviones y naves espaciales.
**Origen:** Presente como óxido de titanio en la ilmenita (con hierro) y el rutilo, y en menas férricas de titanio.
**Reservas mundiales:** 183 millones de toneladas
**Producción anual:** 2.5 millones de toneladas
**Principales productores:** Australia, 31.5%; Canadá, 21.2%; Sudáfrica, 17.7%; Noruega, 9.3%.

## Tungsteno

Tiene el punto de fusión más alto de todos los metales: se usa en lámparas de filamento y para elaborar carburo de tungsteno, sustancia dura para herramientas de corte.
**Origen:** Presente como scheelita (tungstato de calcio) y wolframita (tungstato de manganeso férrico).
**Reservas mundiales:** 2 millones de toneladas
**Producción anual:** 34,600 toneladas
**Principales productores:** China, 73.1%; Rusia, 12.7%.

## Uranio

Se emplea principalmente como combustible nuclear.
**Origen:** Por lo general se encuentra como pechblenda, una forma de uraninita, que contiene bióxido de uranio.
**Reservas mundiales:** 2.6 millones de toneladas
**Producción anual:** 34,800 toneladas
**Principales productores:** Canadá, 33.3%; Australia, 14.7%; Níger, 10.1%; Namibia, 7.8%; EUA, 6.2%.

# Ciencia e inventos

# Ciencia e inventos

*Las matemáticas estudian los números, las figuras y las cantidades. Son parte de otras disciplinas, desde física, química y biología hasta computación, economía y teoría de la administración, y resultan vitales para entender el mundo. Incluso abarcan la estética mediante conceptos como "la razón dorada", creando proporciones agradables en el arte y la arquitectura.*

## Ramas de las matemáticas

Las matemáticas se dividen en dos áreas importantes: puras y aplicadas.

- **Matemáticas puras** es el estudio de la teoría matemática sin considerar ninguna aplicación práctica en particular.
- **Matemáticas aplicadas** es el uso de las matemáticas en otras actividades, incluso disciplinas científicas como la física, la química y la biología.

Las principales ramas de las matemáticas puras y aplicadas son:

- **Álgebra** El uso de letras o símbolos en cálculos para sustituir números desconocidos.
- **Aritmética** El estudio de los números y de las relaciones entre ellos; por ejemplo, la suma, la resta, la multiplicación y la división.
- **Cálculo** El estudio del cambio continuo, como líneas curvas en gráficas, usando el álgebra.
- **Estadística** El conjunto, organización e interpretación de información numérica.
- **Geometría** El estudio de puntos, líneas, ángulos, superficies y cuerpos, y las relaciones entre ellos.
- **Probabilidad** El estudio de hechos fortuitos y las formas de calcular la probabilidad de que acontezcan.
- **Teoría de conjuntos** Estudia los conjuntos. Un conjunto es un grupo de elementos específicos, como gente de más de 50, en que una regla determina si un elemento es miembro o no del conjunto.
- **Trigonometría** El estudio de ángulos y triángulos, y su aplicación a problemas en geometría y otras áreas.

## Pi (π)

Un número irracional, o inexacto (abajo), π o *pi* es la razón de la circunferencia de un círculo respecto de su diámetro.

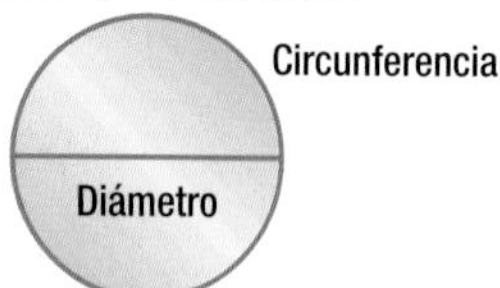


- Es uno de los números más importantes en matemáticas, usado para calcular la longitud de curvas, el área de superficies curvas y los volúmenes de sólidos. Hasta aparece en fórmulas para describir la vibración de cuerdas y el movimiento de péndulos.
- Un número irracional no puede representarse como una fracción, pero a veces se usa la fracción impropia $^{22}/_{7}$ para mostrar su valor aproximado.
- Para los primeros 120 lugares decimales, su valor numérico es: 3.141592653589793238462643383279502884197169399375105820974944592307816406286208998628034825342117067982148086513282306647

## NÚMEROS DE DIFERENTES TIPOS

Los números más sencillos son los **números naturales (o enteros),** usados para contar cosas en cantidades enteras. Son los que primero aprenden los niños: 1, 2, 3, 4, 5, 6, 7, y así sucesivamente.

- **Enteros** Una refinación de números naturales, los enteros se usan para contar intervalos completos hacia atrás, adelante, arriba o abajo.

  Un entero consta de un número natural con un signo más (+) o menos (-) frente a él: –7, –6, –5, –4, –3, –2, –1, 0, +1, +2, +3, +4, +5, +6, +7. En la práctica, claro, los enteros positivos suelen escribirse sin el signo de más.

- **Números reales** Todos los números que existen, no sólo los enteros, sino también la ilimitada provisión de los que están entre cada par de enteros, se describen como números reales. Éstos se expresan como fracciones o decimales: 6.989, $5^5/_8$.

- **Números primos** Un entero que sólo puede dividirse exactamente entre sí y entre 1, se conoce como número primo. Ejemplo: Los primeros 20 números primos: 2, 3, 5, 7, 11, 13, 17, 19, 23, 29, 31, 37, 41, 43, 47, 53, 59, 61, 67, 71.

- **Factores** Un factor es un número que divide exactamente a otro número. Ejemplo: Los factores de 12 son 1, 2, 3, 4, 6 y 12.

  Un factor que también sea número primo se llama factor primo. Ejemplo: 2 y 3 son factores primos de 12.

- **Números perfectos** Los números naturales que igualan la suma de todos sus factores se llaman números perfectos. Ejemplo: 28 es un número perfecto porque 1, 2, 4, 7 y 14 son sus factores, y 1 + 2 + 4 + 7 + 14 = 28.

  Primeros seis números perfectos: 6, 28, 496, 8128, 33550336, 8589869065.

- **Infinito** El número más grande que sirve para contar, teóricamente en el extremo de la línea de los números reales, es el infinito. Se representa con el símbolo ∞.

- **Números irracionales** Casi todos los números (llamados números racionales) pueden expresarse exactamente, como decimales o fracciones. Pero algunos tienen valores exactos que no pueden expresarse así. Ésos son los irracionales. Ejemplo: La raíz cuadrada de 2 es irracional. Un valor aproximado es 1.4142135623730950488016887242097. Puede seguir añadiendo más y más dígitos a este número, y seguirá expresándolo en forma inexacta.

- **Números periódicos** Expresados como decimales, algunos números racionales tienen una expansión infinita; los números después del punto decimal no tienen fin. Ejemplo: Mientras $^1/_2$ = 0.5, $^1/_6$ = 0.1666666666666 es recurrente.

  A veces se repite un grupo de dígitos. Ejemplo: $^3/_7$ = 0.42857142857 142857142...

- **Razón dorada** También llamada sección áurea, media áurea y proporción divina, la razón dorada es un número irracional con valor de $(1 + \sqrt{5})/2$ o aproximadamente 1.618034.

  Puede calcularse usando la secuencia Fibonacci (pág. opuesta). Si cada número de la secuencia Fibonacci se divide entre el número anterior, produce una razón que a la larga se estabiliza alrededor de 1.618034.

**Línea numérica** Los números de la línea inferior son enteros; se usan para contar intervalos completos. Es imposible describir la línea de números reales, pues tendría que incluir los números literalmente incontables que hay entre los enteros.

-5 -4 -3 -2 -1 0 1 2 3 4 5

## MODELOS NUMÉRICOS

Los modelos numéricos, a veces llamados sucesiones, son conjuntos ordenados de números consecutivos que se rigen por una regla.

Una sucesión sencilla es la de los números naturales: 1, 2, 3, 4, 5, 6, 7, 8, 9, 10, 11. Éstos se unen mediante la regla "añada uno al número anterior".

Dos sucesiones comunes son las progresiones aritmética y geométrica.

**Progresiones aritméticas** En una progresión aritmética, la diferencia entre números consecutivos –la *diferencia común*– nunca varía.
Ejemplo: La sucesión 4, 6.5, 9, 11.5, 14, 16.5, 19 es una sucesión creciente con una diferencia común de 2.5.

La sucesión 176, 150, 124, 98, 72, 46, 20 es una sucesión decreciente con una diferencia común de 26.

Si conoce la diferencia común (d) y el primer número (a) de una progresión aritmética, deducirá cualquier número consecutivo que haya en la sucesión. Para calcular el número n (comúnmente llamado "término") en la sucesión, multiplique d por n–1, luego agregue a.
Fórmula: El valor del n-ésimo término
$= a + (n-1)d$.
Ejemplo: ¿Cuál es el valor del 11° término de esta sucesión?:
6, 10, 14, 18, 22, 26...
$a = 6$ y $d = 4$
El valor del 11° término
$= 6 + (11-1) \times 4$
$= 6 + 10 \times 4 = 46$

**Progresiones geométricas** Cada número de una progresión geométrica se multiplica por una cantidad fija, específica –el *múltiplo común*– para obtener el siguiente número de la sucesión.

Ejemplo: La sucesión 2, 4, 8, 16, 32, 64, 128, 256 es una progresión geométrica con un múltiplo común de 2:
$2 \times 2 = 4$, $2 \times 4 = 8$, $2 \times 8 = 16$,
y así sucesivamente.

Para deducir el n-ésimo número, o término,en una progresión geométrica, calcule el valor del múltiplo común (m) a la potencia de n–1 (vea Potencias y raíces, pág. 505), luego multiplique el resultado por a (el primer número de la secuencia).
Fórmula: El valor del n-ésimo término
$= am^{(n-1)}$.
Ejemplo : ¿Cuál es el valor del 8° término de esta secuencia?:
3, 6, 12, 24, 48, 96...
$a = 3$ y $m = 2$
El valor del 8° término
$= 3 \times 2^{(8-1)}$
$= 3 \times 2^7$ (es decir, 2 multiplicado por sí mismo siete veces)
$= 3 \times 128 = 384$

# 0 1 1 2 3 5 8 13 21 34 55

**La secuencia Fibonacci** En la secuencia anterior, cada número consecutivo, o término, resulta al añadir los dos anteriores: $0 + 1 = 1$, $1 + 1 = 2$, $1 + 2 = 3$, $2 + 3 = 5$, y así sucesivamente.

La secuencia fue descubierta por el matemático Leonardo de Pisa o Leonardo Fibonacci (*c.*1170-1240). Desde entonces, se le han hallado muchas propiedades interesantes, relacionadas no sólo con las matemáticas sino también con la naturaleza, el arte y la arquitectura. Y está muy vinculada a la razón dorada (pág. opuesta).

**Rectángulos y espirales** La secuencia Fibonacci puede expresarse no sólo en números, sino también como una serie de rectángulos y como una espiral dibujada usando los rectángulos. Casi siempre aparece así en la naturaleza y el arte.

Los rectángulos de Fibonacci se forman como sigue:

- Dibuje dos cuadros pequeños, cada uno de 1 unidad x 1 unidad. Juntos, dan como resultado un rectángulo de 1 x 2.
- Abajo de este rectángulo dibuje un cuadro de 2 x 2. Se produce un rectángulo de 2 x 3.
- Dibuje un nuevo cuadro de 3 x 3, con uno de sus lados como el lado derecho del rectángulo anterior. Se forma un rectángulo de 3 x 5.
- Dibuje un nuevo cuadro de 5 x 5, con un lado como el lado superior del cuadro anterior. Esto forma un rectángulo de 5 x 8. (Este proceso puede seguirse en forma indefinida.)

Para formar la espiral, dibuje un cuarto de círculo en cada cuadro, empezando en el primero. La espiral resultante es muy similar a la de las conchas de ciertos moluscos, como los caracoles y el *Nautilus*.

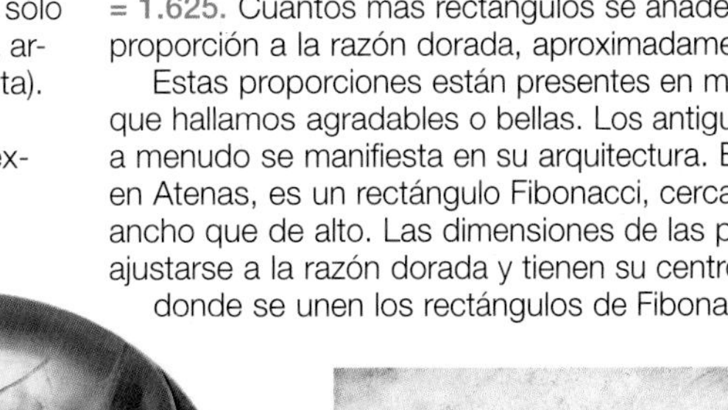

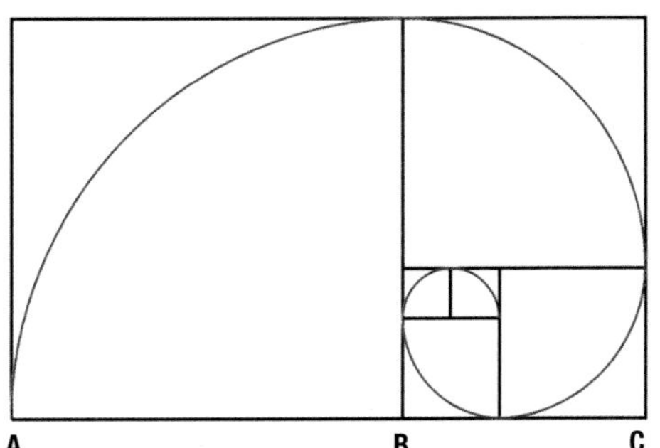


**Fibonacci y la razón dorada** Los rectángulos de Fibonacci tienen varias propiedades peculiares. Por ejemplo, los lados de cada uno son dos números consecutivos. Los rectángulos también incluyen la razón dorada. Tome el rectángulo que mide 5 x 8: $8 \div 5 = 1.6$. El siguiente rectángulo después de ése mediría 8 x 13: $13 \div 8 = 1.625$. Cuantos más rectángulos se añaden, más se acerca la proporción a la razón dorada, aproximadamente 1.618034.

Estas proporciones están presentes en muchas de las cosas que hallamos agradables o bellas. Los antiguos griegos lo sabían, y a menudo se manifiesta en su arquitectura. El frente del Partenón, en Atenas, es un rectángulo Fibonacci, cerca de 1.6 veces más de ancho que de alto. Las dimensiones de las pinturas también suelen ajustarse a la razón dorada y tienen su centro de interés en el punto donde se unen los rectángulos de Fibonacci.

**Fibonacci en la naturaleza y el arte**
El *Nautilus* (arriba, izq.) forma una espiral Fibonacci. En los rectángulos (abajo, izq.), la distancia de A a C (13 unidades) dividida entre la de A a B (8 unidades) da 1.625, más o menos la razón dorada. En la pintura de J.M.W. Turner (arriba), el centro de interés, la locomotora, está en el cruce de los ejes.

vea también
504 **Uso de los números**
506 **Fundamentos de geometría**
510 **La estadística**
592 **Pesos y medidas**

*Para que los números sean útiles en la vida cotidiana, es necesario adquirir ciertas habilidades básicas para trabajar con ellos. Por ejemplo, entender con claridad fracciones, decimales y porcentajes es vital para calcular el interés del dinero depositado en una cuenta de banco, los impuestos y hasta la propina en un restaurante.*

## Fracciones y decimales

En una fracción, el número arriba o antes de la línea divisoria es el numerador, la "parte del entero". El que está abajo o después de la línea divisoria es el denominador, el "entero".

numerador — 5
denominador — 6

**Una fracción propia (o vulgar),** como 3/7, tiene un numerador menor que el denominador.

**Una fracción impropia,** como 31/7, es "inestable" porque el numerador es mayor que el denominador.

**Convertir fracciones a decimales** Divida el numerador entre el denominador.
Ejemplo: El quebrado 4/5 = 4 ÷ 5 = 0.8

**Convertir decimales a fracciones** Tome el número después del punto decimal como numerador. Para el denominador, eleve 10 a la potencia (pág. opuesta) del número de lugares decimales.
Ejemplo: Convierta 0.005 a fracción.
Numerador = 5
Hay tres lugares decimales, así que el denominador = $10^3$ = 1,000
La fracción es 5/1000 = 1/200

**Fracciones equivalentes y cancelación** Al multiplicar el numerador y el denominador por el mismo número, se produce una fracción equivalente.
Ejemplo: ½ x 5 = 5/10

Al dividir el numerador y el denominador por el mismo número también se produce una fracción equivalente. Este proceso se llama anulación o cancelación.
Ejemplo: Reduzca la fracción 44/88 a su valor más bajo.
Anule con 11: 44/88 ÷ 11 = 4/8
Anule con 4: 4/8 ÷ 4 = ½

**Suma y resta de fracciones** En fracciones con los mismos denominadores, sólo sume o reste los numeradores.
Ejemplo: 4/7 – 1/7 = 3/7

En fracciones con diferentes denominadores, conviértalos a fracciones equivalentes que tengan los mismos denominadores.
Ejemplo: 4/7 + 1/3
Multiplique la primera fracción por 3: 4/7 x 3 = 12/21
La segunda por 7: 1/3 x 7 = 7/21
Sume las dos fracciones equivalentes:
12/21 + 7/21 = 19/21
Ésta es la respuesta, porque 19/21 no puede reducirse a un valor más bajo.

**Multiplicación de fracciones** Multiplique numeradores juntos y denominadores juntos. Si puede, anule factores comunes de numeradores y denominadores.
Ejemplo: 10/11 x 2/15
Cancele en el numerador y el denominador 10 y 15 el factor común: 5.
$\frac{2}{11} \times \frac{2}{15} = \frac{2 \times 2}{11 \times 3} = \frac{4}{33}$

**División de fracciones** Cambie el signo de ÷ por x, y ponga al "revés" el segundo quebrado.
Ejemplo: 4/5 ÷ 3/4
= 4/5 x 4/3 = 16/15 = 1 1/15

## CÁLCULO CON PORCENTAJES

Para calcular el tamaño relativo como porcentaje, divida la cantidad menor entre la mayor y multiplique el resultado por 100.
Fórmula: Porcentaje = (cantidad menor ÷ cantidad mayor) x 100
Ejemplo: Un inversionista compra 52,000 de las 97,000 acciones de una empresa que cotiza en bolsa. ¿Qué porcentaje accionario es suyo?
(52,000 ÷ 97,000) x 100
= 0.536 x 100 = 53.6%

**Cambio porcentual** Para expresar como porcentaje un aumento o disminución en la cantidad, primero divida la diferencia entre la cantidad original, luego multiplique por 100.
Fórmula: Cambio porcentual = (diferencia ÷ cantidad original) x 100
Ejemplo: Las ganancias de una empresa el año pasado fueron de $5.5 millones; las de este año, $6.6 millones. ¿Cuál es el aumento porcentual en las ganancias?
Diferencia en las ganancias
= 6.6 millones – 5.5 millones
= 1.1 millones
Aumento porcentual
= (1.1 ÷ 5.5) x 100
= 0.2 x 100 = 20%

**Anular un aumento o disminución** Si una cantidad aumentó o disminuyó, y sabe la diferencia porcentual, puede calcular la cantidad original.
Ejemplo: Si después de 12 meses de haber estado a dieta un hombre adelgazó el 20% de su peso, y ahora pesa 75 kilos, ¿cuál era su peso original?
100% = su peso original
100 – 20% = 80%
= su peso actual de 75 kilos
1% del peso original
= 75 ÷ 80 = 0.9375
El peso original era
= 0.9375 x 100 = 93.75 kilos

**Aumentar o disminuir una cantidad en un porcentaje dado** Esto tiene muchos usos, como calcular cantidades netas después de deducir impuestos.
Ejemplo: El sueldo bruto gravable de una persona es $25,000. Si se deduce 22% de impuesto sobre la renta, ¿cuál es la suma neta anual recibida?
22% de 25,000
= (22 x 25,000) ÷ 100
= 550,000 ÷ 100 = $5,500.
El ingreso neto
= 25,000 – 5,500 = $19,500

El cálculo también puede hacerse usando un "multiplicador" como atajo.
Fórmula: El multiplicador = ( [+ o –] diferencia porcentual + 100) ÷ 100

Ejemplo: En el caso anterior, el multiplicador
= (–22 + 100) ÷ 100
= 78 ÷ 100 = 0.78
0.78 x $25,000 = $19,500

Ejemplo: $10,000 invertidos en una cuenta de depósito con una tasa de interés del 5.5%. ¿Cuánto dinero habrá en la cuenta luego de tres años?
Esto implica calcular un interés compuesto. La cantidad de interés devengado en un año se basa en la suma invertida más la cantidad de interés devengado en los años anteriores.

El multiplicador
= (5.5 + 100) ÷ 100 = 1.055
Fin del año 1, saldo de la cuenta =
$10,000 x 1.055 = $10,550
Fin del año 2, saldo de la cuenta =
$10,550 x 1.055 = $11,130.25
Fin del año 3, saldo de la cuenta =
$11,130.25 x 1.055 = $11,742.41

O bien, también puede usarse este atajo:
Cantidad total = Saldo original x (el multiplicador)$^n$, en que n = número de años

Cantidad total = 10,000 x $1.055^3$
= 10,000 x 1.1742413
= $11,742.41

## SISTEMAS NUMÉRICOS

Para casi todos los fines de la vida diaria, usamos un sistema numérico basado en el 10, derivado a la larga del número de dedos de manos y pies. Es el sistema decimal.

Pero cualquier número puede ser la base de un sistema numérico. También es frecuente el uso del

- **sistema sexagesimal (base 60)** para el tiempo: 60 segundos = 1 minuto, 60 minutos = 1 hora.
- **sistema duodecimal (base 12)**: 12 pulgadas = 1 pie, 2 x 12 horas = 1 día, 12 peniques antiguos = 1 chelín.

**Sistema decimal (base 10)** Los números decimales se forman a partir de los 10 dígitos:

**0 1 2 3 4 5 6 7 8 9**

El valor de un dígito depende de su posición.

Ejemplo: El número 23578 podría expresarse en columnas, cada una representando potencias crecientes de 10:

| 10,000 | 1,000 | 100 | 10 | 1 |
|---|---|---|---|---|
| $10^4$ | $10^3$ | $10^2$ | $10^1$ | $10^0$ |
| 2 | 3 | 5 | 7 | 8 |

**Sistema binario (base 2)** Los números binarios se forman a partir de dos dígitos:

**0 1**

El sistema binario es para crear las series de señales activas-inactivas de programas informáticos y comunicación digital.

Ejemplo: El número binario 11001 podría expresarse en columnas, con cada una representando potencias crecientes de dos:

| 16 | 8 | 4 | 2 | 1 |
|---|---|---|---|---|
| $2^4$ | $2^3$ | $2^2$ | $2^1$ | $2^0$ |
| 1 | 1 | 0 | 0 | 1 |

**Para convertir de binario a decimal,** sume los valores de las columnas que tengan el 1.

Ejemplo: Convierta 11001 en decimal.
Binario 11001
= decimal $2^4 + 2^3 + 2^0$
= 16 + 8 + 1 = 25

**Para convertir de decimales a binarios,** identifique la potencia más grande de dos (p) que sea inferior al número que va a ser convertido (d). (Vea Potencias y raíces, abajo.) Ponga un 1 en esa columna y reste p del número que va a ser convertido. Identifique la raíz más grande de dos que sea inferior a d – p y ponga un 1 en esa columna. Repita el proceso hasta llegar a la última columna.

Ejemplo: Convierta 22 en binario.
La raíz más grande de dos inferior a 22 es $2^4 = 16$
Ponga un 1 en la columna $2^4$.
22 – 16 = 6
La raíz más grande de dos inferior a 6 es $2^2 = 4$
Ponga un 0 en la columna $2^3$ y un 1 en la columna $2^2$.
$6 - 4 = 2 = 2^1$
Ponga un 1 en la columna $2^1$ y un 0 en la columna $2^0$:

| 16 | 8 | 4 | 2 | 1 |
|---|---|---|---|---|
| $2^4$ | $2^3$ | $2^2$ | $2^1$ | $2^0$ |
| 1 | 0 | 1 | 1 | 0 |

22 decimal = 10110 binario

## Potencias y raíces

El término raíz indica cuántas veces se ha multiplicado un número por sí mismo. Por ejemplo, 4 puede expresarse como $2^2$: 2 elevado a la potencia de 2. Del mismo modo, $8 = 2^3$: 2 a la potencia de 3; es decir, 2 x 2 x 2.

El número pequeño elevado se llama **índice** o **exponente.**

- Cualquier número a la potencia 0 es 1. Por ejemplo, $6^0 = 1$.
- Cualquier número a la potencia 1 es igual a sí mismo: $7^1 = 7$.
- Cualquier número a la potencia de 2 se eleva al cuadrado.
- Cualquier número a la potencia de 3 se eleva al cubo.

**Índice negativo** Un índice negativo muestra cuántas veces debe dividirse entre un número el número 1.

Ejemplo: $8^{-2} = 1 \div 8^2 = 1 \div 64 = 1/64$ o 0.0156
$10^{-1} = 1 \div 10^1 = 1/10$ o 0.1
$10^{-2} = 1 \div 10^2 = 0.01$
$10^{-3} = 0.001$
$10^{-4} = 0.0001$
$10^{-5} = 0.00001$

**Raíces** Donde se expresan números mayores como la potencia de números menores –por ejemplo, 8 como $2^3$–, el número menor es la raíz del mayor.

Ejemplo: 64 es $8^2$: 8 es la **raíz cuadrada** de 64 o $\sqrt{64} = 8$
64 es también $4^3$: 4 es la **raíz cúbica** de 64 o $\sqrt[3]{64} = 4$
64 es también $2^4$: 2 es la **raíz cuarta** de 64 o $\sqrt[4]{64} = 2$

**Notación científica** También llamada forma normal, la notación científica se usa en la ciencia y las matemáticas para expresar números muy grandes o muy pequeños de manera que sean fáciles de entender y manipular, y que ocupen poco espacio.

Ejemplo: El número 30,000,000,000,000 (30 billones) puede representarse en términos más sencillos como $3 \times 10^{13}$.

La notación científica facilita comparar números grandes. Por ejemplo, el número $6.1 \times 10^9$ se aproxima a $10^3$ o es 1,000 veces más grande que $5.9 \times 10^6$.

Ejemplo: El número 0.000008 puede expresarse en notación científica como $8 \times 10^{-6}$.

### Redondeo a la alta, redondeo a la baja

Muchas veces es conveniente redondear los números a cierto grado de precisión; al 100 o al 10 más próximo, o a un número específico de lugares decimales o números significativos.

La convención es que del 5 en adelante se redondea a la alta; menos de 5 se redondea hacia abajo.

Ejemplo: Si 1,157 personas van a una manifestación, ¿cuánto es eso a la centena más próxima? El número después del lugar de los "cientos" es el 5, así que el número se redondea a 1,200.

Ejemplo: ¿Qué es lo correcto de 376.246 redondeado a décimos? El segundo lugar decimal es 4, así que el número se redondea a la baja a 376.2.

**Dígitos significativos** Los dígitos significativos se usan para simplificar números grandes y pequeños.

Ejemplo: ¿Cuál es la simplificación de 465,726 a dos dígitos significativos? Como el dígito significativo en el tercer lugar es el 5, el número se redondea a la alza a 470,000.

Ejemplo: ¿Cuál es la simplificación de 0.0003759 a un dígito significativo? El primer dígito significativo es 3, y el siguiente lugar es el 7, así que el número se redondea al alza a 0.0004.

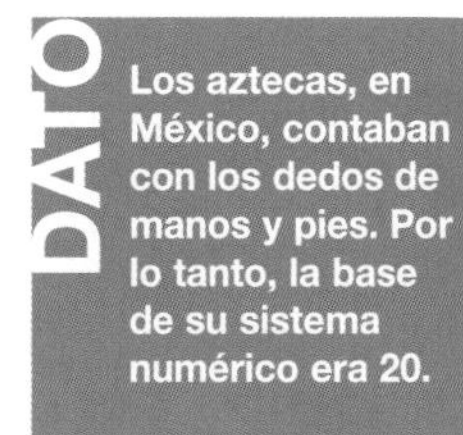

**DATO** Los aztecas, en México, contaban con los dedos de manos y pies. Por lo tanto, la base de su sistema numérico era 20.

vea también


502 **Números y sucesiones**
506 **Fundamentos de geometría**
510 **La estadística**
592 **Pesos y medidas**

*La geometría es la rama de las matemáticas que estudia la naturaleza de líneas, puntos, superficies y sólidos. Las definiciones de los distintos tipos de ángulos y figuras son decisivas para su comprensión; algunas de ellas fueron prescritas por matemáticos griegos en una época tan remota como el siglo* VI *a.C. Establecieron muchos principios que aún se usan hoy en día. Hasta hace poco, casi toda la geometría enseñada en las escuelas era la descrita por Euclides en el siglo* III *a.C.*

## LÍNEAS

Una **línea** conecta dos o más puntos. Sólo tiene una dimensión: longitud, y puede ser recta o curva.

Un **punto** es una posición en el espacio. No tiene dimensiones: ni longitud, ni anchura ni profundidad.

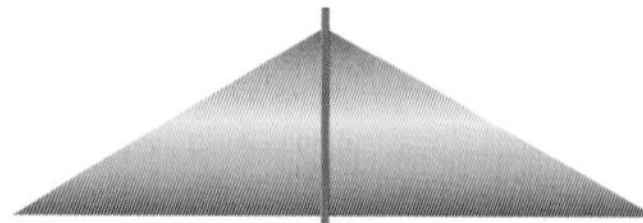

**Eje o línea de simetría** Una línea que divide una forma simétrica (como un triángulo isósceles) en dos mitades reflejadas (invertidas) se llama línea de simetría.

**Perpendicular** Una línea recta que se encuentra con otra línea recta en un ángulo recto (90°) se dice que es perpendicular a la segunda línea.

**Paralela** Dos o más líneas separadas por la misma distancia a todo lo largo de su longitud son paralelas. Por convención, las líneas paralelas se indican con marcas como flechas.

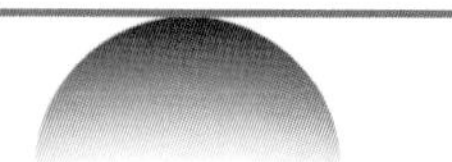

**Tangente** Una línea recta que toca una curva en un único punto, pero no la cruza, es una tangente.

## ÁNGULOS

Un ángulo es el espacio entre dos líneas que se unen o intersectan. El punto en que se unen se llama vértice. Los ángulos se miden en grados (°). Hay seis tipos básicos de ángulos:

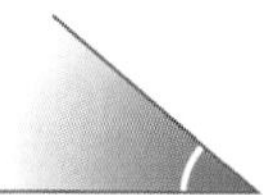

**Ángulo agudo** Un ángulo inferior a 90°.

**Ángulo recto** Un ángulo exactamente de 90°; indicado en diagramas por un pequeño cuadro.

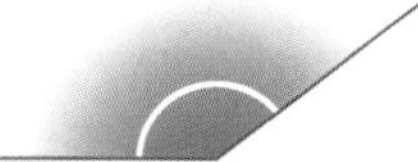

**Ángulo obtuso** Un ángulo mayor a 90° y menor a 180°.

**Ángulo llano** Un ángulo exactamente de 180°.

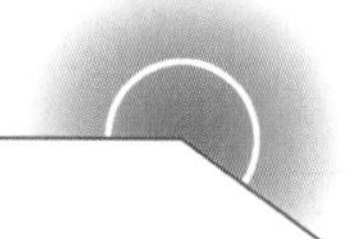

**Ángulo cóncavo** Un ángulo mayor a 180° y menor a 360°.

**Ángulo de una vuelta** Mide exactamente 360°.

## TRIÁNGULOS

Un triángulo tiene tres vértices y tres lados. La suma de los tres ángulos internos de un triángulo siempre es 180° (ilustración der.). Hay seis tipos básicos de triángulos:

**Suma de los ángulos** Como los ángulos internos de un triángulo siempre suman 180°, es posible deducir un ángulo faltante a: 180 – 80 – 40 = 60. Los ángulos externos (140 + 120 + 100) suman 360°.

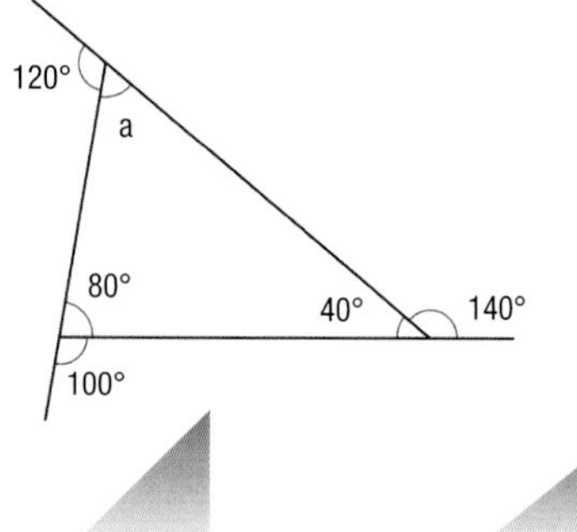

**Triángulo equilátero** Los tres lados tienen la misma longitud, y los ángulos internos de los tres miden 60°. Hay tres ejes de simetría.

**Triángulo isósceles** Al menos dos lados tienen la misma longitud, y mínimo dos de los ángulos son iguales. Hay un eje de simetría.

**Triángulo escaleno** Los tres lados tienen distinta longitud, y los tres ángulos son diferentes. No hay ejes de simetría.

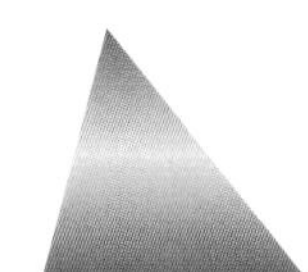

**Triángulo acutángulo** Los tres ángulos son agudos (miden menos de 90°).

**Triángulo rectángulo** Un ángulo exacto de 90°: un ángulo recto. El lado opuesto del ángulo recto (el lado más largo) se llama hipotenusa.

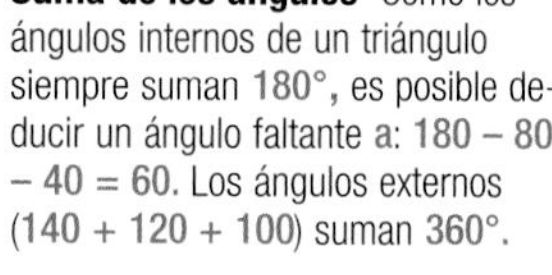

**Triángulo obtusángulo** Uno de los ángulos del triángulo es obtuso (mide más de 90° y menos de 180°).

## CUADRILÁTEROS

Un cuadrilátero es una figura plana limitada por cuatro lados (descrito también como polígono cuadrangular). La suma de los cuatro ángulos internos de un cuadrilátero siempre es 360°. Hay seis tipos básicos de cuadriláteros:

**Rectángulo** Todos los ángulos internos son rectos. Los lados opuestos son paralelos y de la misma longitud.

**Cuadrado** Un rectángulo de lados iguales. Los cuatro ángulos son rectos. Los lados miden lo mismo.

**Paralelogramo** Los lados opuestos son paralelos y miden lo mismo. Ángulos opuestos iguales.

**Rombo** Paralelogramo de lados iguales. Los lados opuestos son paralelos. Ángulos opuestos iguales. Todos los lados miden lo mismo.

**Trapecio** Dos lados son paralelos, pero de diferente longitud. Si los otros dos lados no paralelos miden lo mismo, se le conoce como trapecio isósceles.

**Papalote** Dos pares de lados contiguos tienen la misma longitud. Los ángulos opuestos son iguales.

## CÍRCULOS Y CURVAS

La geometría también abarca las líneas curvas y las figuras planas (como los círculos) y los cuerpos sólidos (esferas, por ejemplo), que son limitados por ellas. Los siguientes términos describen figuras curvas y sus características:

**Círculo** Una figura plana limitada por una línea curva. Todos los puntos de la curva son equidistantes con respecto al centro del círculo.

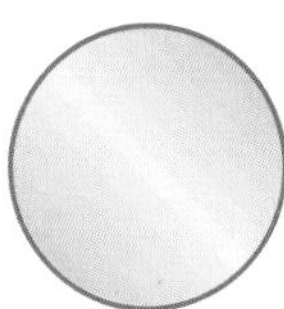

**Circunferencia** La línea que marca el perímetro (límite) de un círculo. El término también se usa para describir la distancia alrededor del perímetro.

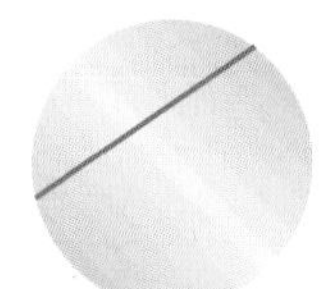

**Cuerda** Una línea recta que une dos puntos cualesquiera de la circunferencia.

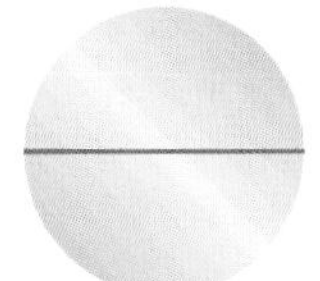

**Diámetro** Una cuerda que pasa por el centro de un círculo. El término también se usa para describir la longitud de esa cuerda.

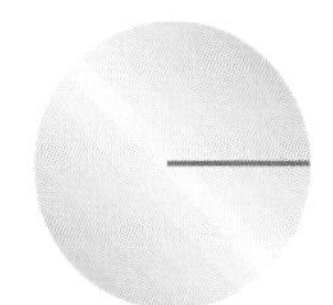

**Radio** Una línea recta que une el centro de un círculo con cualquier punto de su circunferencia. También se usa para describir la longitud de esa línea.

**Esfera** Un cuerpo limitado por una superficie curva única. Todos los puntos de la superficie curva son equidistantes con respecto al centro de la esfera.

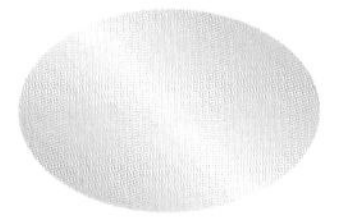

**Elipse** También conocida como óvalo. En términos matemáticos, la elipse es un corte transversal de un cono (vea a la der.) que no pasa por la base del cono ni es paralelo a ésta.

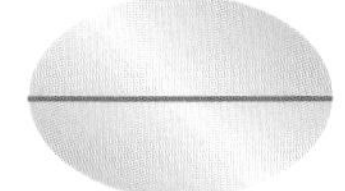

**Eje mayor** El eje más largo de una elipse. Es una línea recta que pasa por el centro de una elipse, la divide en dos mitades iguales y une los dos puntos opuestos más distantes de su circunferencia.

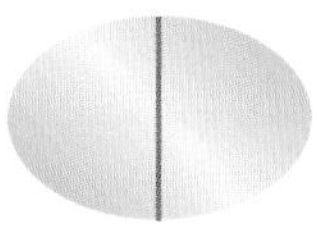

**Eje menor** El eje corto de una elipse. Una línea recta que pasa por el centro, en ángulos rectos con respecto al eje mayor, y une los dos puntos opuestos de la circunferencia más cercanos entre sí.

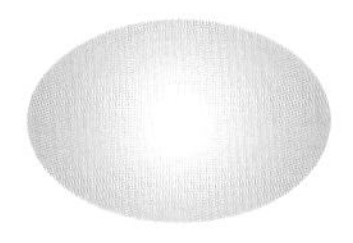

**Elipsoide** También conocido como "ovoide". Un cuerpo sólido cuyos cortes transversales son todos elipses o círculos.

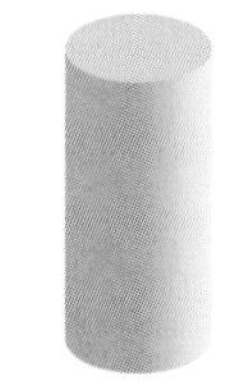

**Cilindro** Un cuerpo tubular sólido con lados rectos, y circular en los extremos de corte transversal.

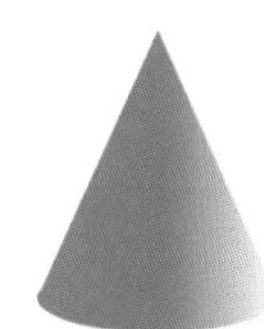

**Cono** Un cuerpo geométrico con un círculo como base y lados curvos que se estrechan poco a poco hasta unirse en un ápice (arriba).

## Polígonos

Un polígono es cualquier figura plana limitada por tres o más líneas rectas. Un polígono regular, como un cuadrado (cuadrilátero regular) tiene lados de igual longitud y ángulos internos de la misma medida; uno irregular, como el trapecio (cuadrilátero irregular), tiene lados y ángulos de diferente medida.

Los polígonos se nombran según su número de lados. Cuantos más lados tengan, mayor será la suma de sus ángulos internos. Sin embargo, la suma de los ángulos externos de un polígono (vea Triángulos, pág. opuesta) siempre es de 360°.

| Nombre | Número de lados | Suma de ángulos internos |
|---|---|---|
| **Triángulo** | Tres | 180° |
| **Cuadrilátero** | Cuatro | 360° |
| **Pentágono** | Cinco | 540° |
| **Hexágono** | Seis | 720° |
| **Heptágono** | Siete | 900° |
| **Octágono** | Ocho | 1,080° |
| **Nonágono** | Nueve | 1,260° |
| **Decágono** | Diez | 1,440° |

vea también
502 **Números y sucesiones**
504 **Uso de los números**
510 **La estadística**
592 **Pesos y medidas**

*La geometría de Euclides y sus predecesores tiene muchas aplicaciones prácticas. La trigonometría, la ciencia de medir triángulos que se basa en el teorema de Pitágoras de hace 2,500 años, ha sido usada durante siglos por ingenieros, topógrafos y navegantes para determinar alturas, ángulos y distancias. Además, existen abundantes fórmulas griegas antiguas útiles para calcular el área y el volumen, por ejemplo, de círculos y esferas.*

## TEOREMA DE PITÁGORAS

Pitágoras *(c.* 572-497 a.C.) es famoso por haber formulado un teorema que calcula la longitud de la hipotenusa, el lado más largo de un triángulo rectángulo. Sostiene que el cuadrado de la hipotenusa es igual a la suma de los cuadrados de los catetos (los dos lados restantes). Esta capacidad para establecer la longitud de un tercer lado conociendo la de los otros dos es la base de la trigonometría (vea abajo).

Para hacer estos cálculos necesita una calculadora que tenga la tecla de raíz cuadrada (√).

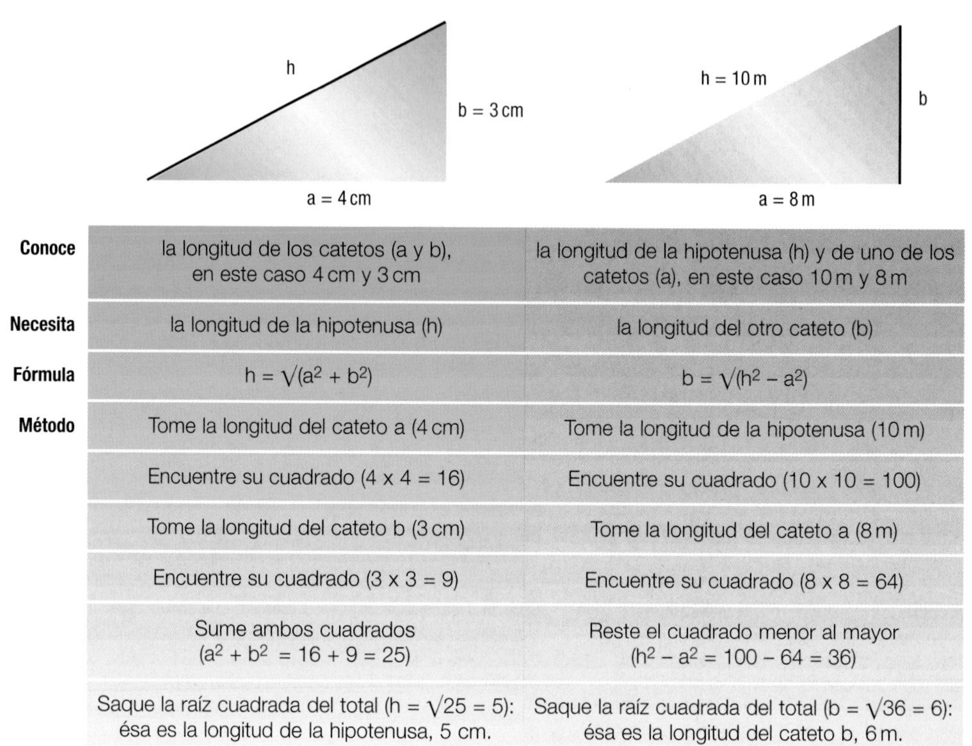


| | | |
|---|---|---|
| **Conoce** | la longitud de los catetos (a y b), en este caso 4 cm y 3 cm | la longitud de la hipotenusa (h) y de uno de los catetos (a), en este caso 10 m y 8 m |
| **Necesita** | la longitud de la hipotenusa (h) | la longitud del otro cateto (b) |
| **Fórmula** | $h = \sqrt{(a^2 + b^2)}$ | $b = \sqrt{(h^2 - a^2)}$ |
| **Método** | Tome la longitud del cateto a (4 cm) | Tome la longitud de la hipotenusa (10 m) |
| | Encuentre su cuadrado (4 x 4 = 16) | Encuentre su cuadrado (10 x 10 = 100) |
| | Tome la longitud del cateto b (3 cm) | Tome la longitud del cateto a (8 m) |
| | Encuentre su cuadrado (3 x 3 = 9) | Encuentre su cuadrado (8 x 8 = 64) |
| | Sume ambos cuadrados ($a^2 + b^2 = 16 + 9 = 25$) | Reste el cuadrado menor al mayor ($h^2 - a^2 = 100 - 64 = 36$) |
| | Saque la raíz cuadrada del total ($h = \sqrt{25} = 5$): ésa es la longitud de la hipotenusa, 5 cm. | Saque la raíz cuadrada del total ($b = \sqrt{36} = 6$): ésa es la longitud del cateto b, 6 m. |

## LOS USOS DE LA TRIGONOMETRÍA

La tangente, el seno y el coseno –funciones trigonométricas– se relacionan con las proporciones de los triángulos rectángulos. Si sabe la longitud de un lado de un triángulo rectángulo y la medida de uno de sus ángulos agudos, con estas funciones deduce la longitud de los lados restantes y la medida del otro ángulo agudo.

**Nombres de los lados** Los lados de un triángulo rectángulo se nombran en relación con el ángulo agudo x conocido:

- la **hipotenusa** es el lado más largo, opuesto al ángulo recto.
- el lado **opuesto** está frente al ángulo x.
- el lado **adyacente** es el restante, contiguo al ángulo x.

**Tangente, seno y coseno** Cada una de las funciones trigonométricas –llamadas tangente, seno y coseno– relaciona la magnitud del ángulo x con la longitud de dos de los lados.

Por ejemplo, la tangente (tan) del ángulo x es el cociente de la longitud del lado opuesto con respecto a la del adyacente. En términos matemáticos, la **tangente del ángulo x = la longitud del lado opuesto ÷ la longitud del lado adyacente.**

O:

$$\tan x = \frac{\text{opuesto}}{\text{adyacente}} \quad \operatorname{sen} x = \frac{\text{opuesto}}{\text{hipotenusa}} \quad \cos x = \frac{\text{adyacente}}{\text{hipotenusa}}$$

**Ejemplo** Un topógrafo parado a 450 m de la base de una torre tiene que mirar hacia arriba en un ángulo de 40° con respecto al suelo para ver la cúspide. ¿Cuál es la altura de la torre? Una calculadora científica da valores para tangente, seno y coseno.

Ángulo x = 40°
La longitud del lado adyacente = 450 m
Se desconoce el lado opuesto.
Si tan x = opuesto ÷ adyacente
tan 40° = altura ÷ 450
por lo tanto,
altura = 450 x tan 40°
= 450 x 0.839 = 377.6 m

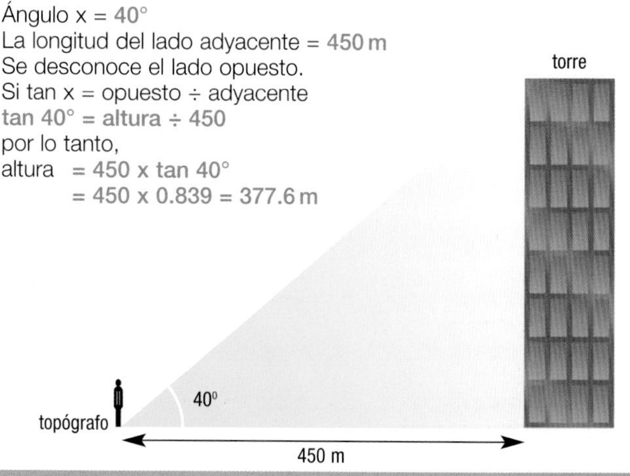

## CALCULAR ÁREA Y VOLUMEN

Las figuras descritas por la geometría incluyen figuras planas (bidimensionales) y cuerpos sólidos (tridimensionales).

Las fórmulas para calcular el área o volumen de estas distintas figuras se desglosan aquí en varios pasos.

Si su calculadora no tiene la tecla pi ($\pi$), debe usar 3.14159 como el valor del número pi en estos cálculos.

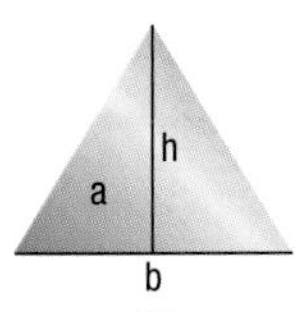


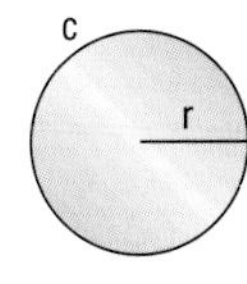


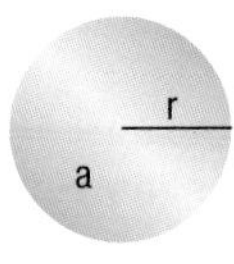


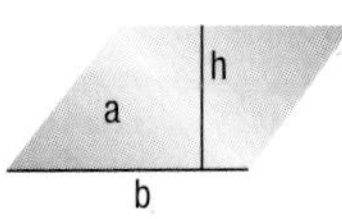


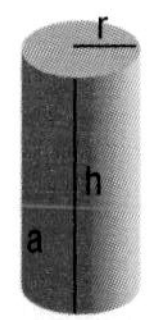

| **Figura** | **Triángulo** | **Círculo** | **Círculo** | **Paralelogramo** | **Cilindro** | **Cilindro** |
|---|---|---|---|---|---|---|
| **Conoce** | longitud de la base (b) y altura perpendicular (h) | radio (r) | radio (r) | longitud de la base (b) y altura (h) | radio (r) y altura (h) | radio (r) y altura (h) |
| **Necesita** | área (a) | circunferencia (c) | área (a) | área (a) | área superficial (a) | volumen (v) |
| **Fórmula** | $a = \frac{bh}{2}$ | $c = 2\pi r$ | $a = \pi r^2$ | $a = bh$ | $a = 2\pi r(r + h)$ | $v = \pi r^2 h$ |
| **Método** | Mida la longitud de la base (por ejemplo, 7 cm) | Mida el radio (por ejemplo, 6 cm) | Mida el radio (por ejemplo, 6 cm) | Mida la longitud de la base (por ejemplo, 9 cm) | Mida el radio (por ejemplo, 5 cm) y la altura (por ejemplo, 9 cm) | Mida el radio (por ejemplo, 5 cm) y la altura (por ejemplo, 9 cm) |
| | Mida la altura perpendicular (por ejemplo, 12 cm) | Multiplique por 2 (6 x 2 = 12) | Eleve al cuadrado (6 x 6 = 36) | Mida la altura (por ejemplo, 5 cm) | Sume el radio y la altura (5 + 9 = 14) | Eleve el radio al cuadrado (5 x 5 = 25) |
| | Multiplique ambas cantidades (7 x 12 = 84) | | | | Multiplique por 2 (14 x 2 = 28) | Multiplique por la altura (25 x 9 = 225) |
| | | | | | Multiplique por el radio (28 x 5 = 140) | |
| | Divida entre dos (a = 84 ÷ 2 = 42 cm²) | Multiplique por $\pi$ (c = 12 x $\pi$ = 37.7 cm) | Multiplique X $\pi$ (a = 36 x $\pi$ = 113.1 cm²) | Multiplique ambas cantidades (a = 9 x 5 = 45 cm²) | Multiplique por $\pi$ (a = 140 x $\pi$ = 439.8 cm²) | Multiplique por $\pi$ (v = 225 x $\pi$ = 706.9 cm³) |

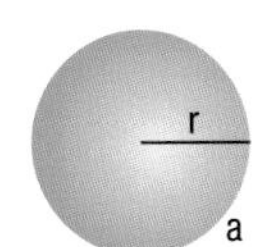


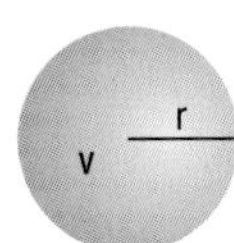


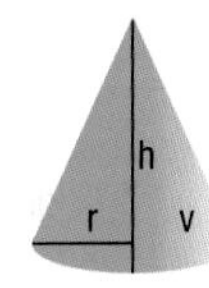


| **Figura** | **Esfera** | **Esfera** | **Cono** |
|---|---|---|---|
| **Conoce** | radio (r) | radio (r) | altura (h) y radio de la base (r) |
| **Necesita** | área de la superficie (a) | volumen (v) | volumen (v) |
| **Fórmula** | $a = 4\pi r^2$ | $v = \frac{4\pi r^3}{3}$ | $v = \frac{\pi r^2 h}{3}$ |
| **Método** | Mida el radio (por ejemplo, 5 cm) | Mida el radio (por ejemplo, 5 cm) | Mida el radio (por ejemplo, 3 cm) y la altura (por ejemplo, 8 cm) |
| | Al cuadrado (5 x 5 = 25) | Eleve al cubo (5 x 5 x 5 = 125) | Eleve el radio al cuadrado (3 x 3 = 9) |
| | Por 4 (25 x 4 = 100) | Por 4 (125 x 4 = 500) | Multiplique por la altura (9 x 8 = 72) |
| | | Entre 3 (500 ÷ 3 = 166.66) | Multiplique por $\pi$ (72 x $\pi$ = 226.2) |
| | Multiplique por $\pi$ (a = 100 x $\pi$ = 314.2 cm²) | Multiplique por $\pi$ (v = 166.66 x $\pi$ = 523.6 cm³) | Divida entre 3 (v = 226.2 ÷ 3 = 75.4) |

vea también
502 **Números y sucesiones**
504 **Uso de los números**
510 **La estadística**
592 **Pesos y medidas**

*La estadística recaba, organiza, presenta e interpreta datos. Los métodos estadísticos posibilitan, entre otras cosas, hacer sondeos de opinión y verificar la validez de resultados experimentales. El objetivo de esta rama de las matemáticas es cuantificar, mediante el uso de métodos científicos, la probabilidad de que algo acontezca.*

## Establecer el promedio

Uno de los trabajos de los estadísticos es hacer comprensible una maraña de datos. Por ejemplo, cuántas carreras hizo un jugador de béisbol por juego en una temporada puede ser interesante para el entusiasta, pero es probable que sea más útil saber su promedio de toda la temporada. Eso permite comparar su rendimiento con el de otros jugadores. También podemos juzgar su desempeño en años anteriores; ya sea superior o menor a su promedio.

En el caso de enfrentar muchos resultados, medidas u otros números, es útil, por ende, calcular un "valor típico". Los estadísticos buscan tres valores típicos: la media, la mediana y la moda.

**Media** Los estadísticos llaman al promedio de un conjunto de números, la "media" de ese conjunto.

**Calcular la media** Para obtener la media de un conjunto de números, súmelos todos y luego divida el total entre el número de éstos.

Ejemplo: Calcule la media de estos 11 resultados olímpicos:

7 4 5 4 1 9 6 10 6 7 4

El total = 63

La media = $^{63}/_{11}$ = 5.73 (aproximadamente)

**Mediana** Es el valor central en un conjunto de números.

**Calcular la mediana** Si los números están ordenados y se empieza con el menor, la mediana es el valor que está en la mitad de la lista. Si el conjunto es par, la mediana es la media de los dos números en el centro.

Ejemplo: Una tienda de sándwiches registra sus ventas. El registro de sándwiches vendidos durante dos semanas es el siguiente:

| L | M | M | J | V | S | L | M | M | J | V | S |
|---|---|---|---|---|---|---|---|---|---|---|---|
| 250 | 195 | 172 | 250 | 301 | 120 | 261 | 207 | 120 | 230 | 294 | 120 |

El dueño desea saber el "promedio" de ventas diarias, sin que lo afecten indebidamente las pocas ventas de sábados y miércoles. Ordenadas, las ventas son las siguientes:

120 120 120 172 195 [207 230] 250 250 261 294 301

La mediana de la venta diaria es = $\frac{207 + 230}{2}$ = 218.5

**Moda** Es el valor que aparece con más frecuencia. No guarda relación con la media ni con la mediana.

Ejemplo: Un ayuntamiento quiere gravar a los automovilistas según la cantidad de pasajeros que lleven en las horas pico, así que mediante sondeo registra la cantidad de ocupantes por auto al pasar un punto de mucho movimiento entre 08:30 y 09:00 a.m.

| Número de ocupantes | 6 | 5 | 4 | 3 | 2 | 1 |
|---|---|---|---|---|---|---|
| Número de autos | 11 | 27 | 42 | 38 | 86 | 124 |

La moda es 1, ya que hay más autos con un ocupante que con otro número de ocupantes.

### Muestreo típico

Los datos son la materia prima de los estadísticos. Su origen es diverso, como sondeos telefónicos, cuestionarios y experimentos científicos. Es vital para recabar la cantidad adecuada de datos y asegurar su exactitud e imparcialidad.

Los estadísticos describen al grupo estudiado del que obtienen datos como una "población". Algunas poblaciones son muy grandes para contar, medir o interrogar a todos sus miembros, así que se toman datos de una muestra representativa, con técnicas diversas.

En sondeos de opinión suele usarse el muestreo "aleatorio". Se generan números telefónicos por computadora y se llama a los dueños para interrogarlos. El fin es que todos los miembros de la población tengan la misma posibilidad de ser seleccionados.

Los investigadores de mercado suelen usar el muestreo por "porcentaje". Las muestras deben tener iguales porcentajes, o proporciones, de hombres y mujeres en ciertos grupos de la misma edad, por ejemplo. Eso garantiza que se identifique bien la opinión de los grupos. En el muestreo "estratificado", el tamaño de los grupos de las muestras se pondera según su tamaño en la población en general.

## PRESENTACIÓN Y ANÁLISIS

Para ayudar a interpretar y analizar, los datos deben organizarse en tablas o ilustrarse mediante diversos diagramas.

**Cuántos, con qué frecuencia** La forma más frecuente de resumir datos es en tablas. Éstas pueden registrar cantidades, llamadas frecuencias (f), de diversos grupos que no coincidan parcialmente.

Ejemplo: Un entomólogo pone una trampa para polillas una noche, y a la mañana siguiente vuelve para contar su presa:

| Especies de polilla (clase) | Número de polillas (frecuencia [f]) |
|---|---|
| Azul jaspeada | 28 |
| Mariposa de la muerte | 2 |
| Moteada del sur | 17 |
| Rojiza | 4 |
| Blanca orlada | 9 |
| **Total** | 60 |

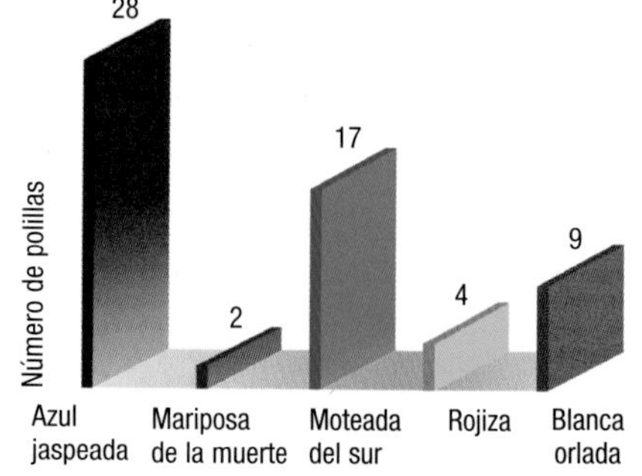


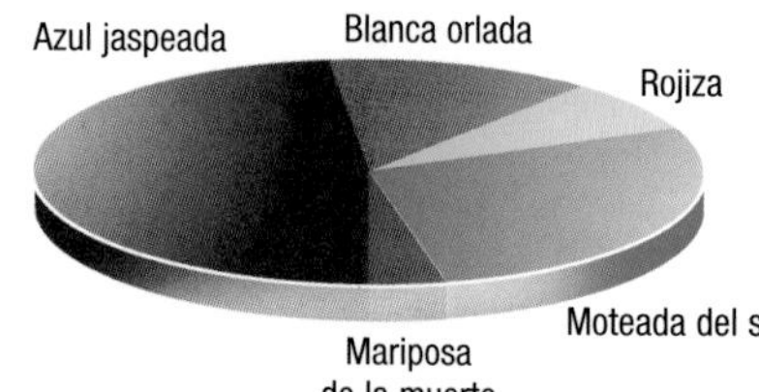


Estas cifras pueden representarse en diagramas, como un histograma (der. arriba) o una gráfica circular (der.).

**Reunidos en grupo** A veces es útil agrupar los datos de diversas maneras:

Ejemplo: Las calificaciones (%) de 50 estudiantes que hicieron un examen de francés son las siguientes (de la más baja a la más alta):

4, 9, 18, 21, 21, 22, 27, 34, 39, 40, 40, 41, 42, 42, 44, 45, 45, 46, 47, 49, 49, 50, 50, 50, 51, 51, 52, 52, 52, 52, 53, 54, 54, 55, 55, 57, 59, 59, 59, 60, 63, 65, 65, 69, 70, 70, 75, 79, 81, 92

## ¿CUÁLES SON LAS PROBABILIDADES DE. . .?

¿Cuál es la probabilidad de lanzar una moneda y sacar cara? 50:50 ¿Cuáles son las probabilidades de lanzar un dado y sacar un tres? Una de seis. En matemáticas, la probabilidad de que suceda un hecho (p) se representa con un número entre 0 (imposible) y 1 (seguro):

$$p = \frac{\text{modos en que algo puede ocurrir (f)}}{\text{número de posibles resultados (n)}}$$

Ejemplo: En el caso de lanzar un dado y sacar un tres, f = 1 y n = 6.
Por lo tanto, $p = \frac{1}{6}$
Eso también puede expresarse
- como un decimal: 0.167.
- como un porcentaje: 16.7%.

**Calcular la probabilidad** La forma en que calcule las probabilidades para hechos afines depende de que sean excluyentes entre sí o independientes:

**Exclusión mutua** Si dos hechos no pueden suceder al mismo tiempo, son mutuamente excluyentes; uno descarta al otro. En este caso, las probabilidades simplemente se suman.
Ejemplo: Si una bolsa tiene cuatro pelotas rojas, seis verdes y cinco azules, ¿cuál es la probabilidad de escoger una pelota verde o una azul?
Cantidad de pelotas = 4 + 6 + 5 = 15
Probabilidad de escoger una verde = $\frac{6}{15}$
Probabilidad de escoger una azul = $\frac{5}{15}$
Probabilidad de escoger una verde o azul $= \frac{6 + 5}{15} = \frac{11}{15} = 0.73 = 73\%$

**Independiente** Si el resultado de un hecho no tiene que ver con el de otro, son independientes. En este caso, las probabilidades se multiplican.
Ejemplo: Lance una moneda dos veces. ¿Qué posibilidades tiene de sacar cara dos veces?
Probabilidad de 1 cara: $1/2$
Probabilidad de 2 caras: $1/2 \times 1/2 = 1/4 = 0.25 = 25\%$.
Estos cálculos son más fáciles usando diagramas de árbol (der.):

**Suerte en el aire** Lanzar una moneda dos veces da cuatro posibles resultados: dos caras (C), una cara y una cruz (X), una cruz y una cara, dos cruces (la segunda y la tercera son iguales). A partir de este diagrama, es fácil ver que las probabilidades en esta etapa son $1/4$ o 25% para dos caras, $2/4$ o $1/2$ o 50% para una cara y una cruz, $1/4$ o 25% para dos cruces. El diagrama puede extenderse en forma indefinida. Las posibilidades, por ejemplo, de seis cruces seguidas son $1/64$ o 1.56%.

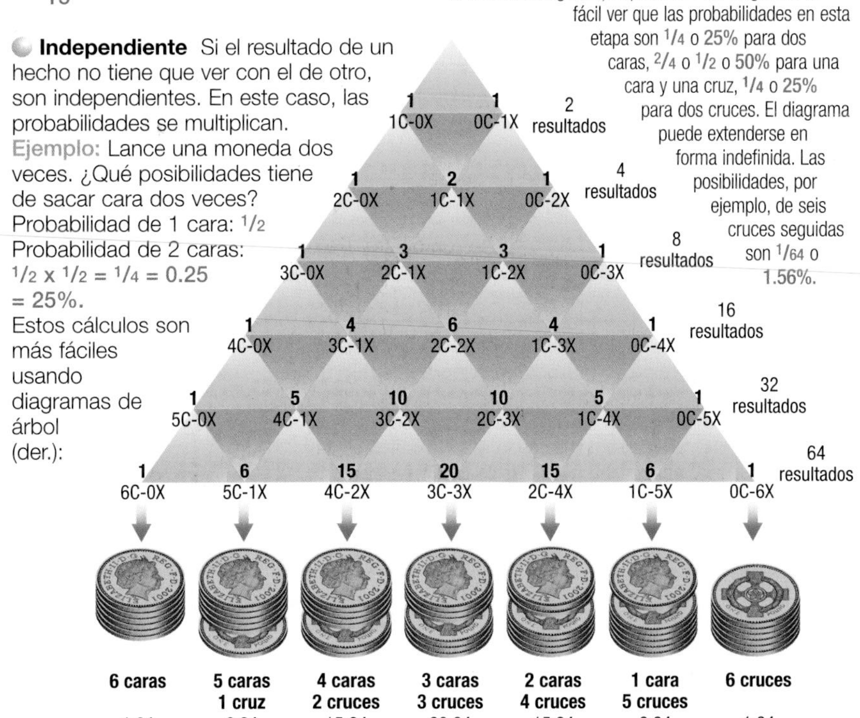


vea también
502 **Números y sucesiones**
504 **Uso de los números**

Lo que estas rígidas cifras muestran es que la calificación baja fue 4% y la alta 92%. La distribución de calificaciones se aclara si los estudiantes se dividen en cinco grupos. Esto produce una "distribución de frecuencia agrupada":

| Calificación (%) | Núm. de estudiantes (f) |
|---|---|
| 0-19 | 3 |
| 20-39 | 6 |
| 40-59 | 30 |
| 60-79 | 9 |
| 80-99 | 2 |
| Total | 50 |

Esto puede mostrarse en un histograma:

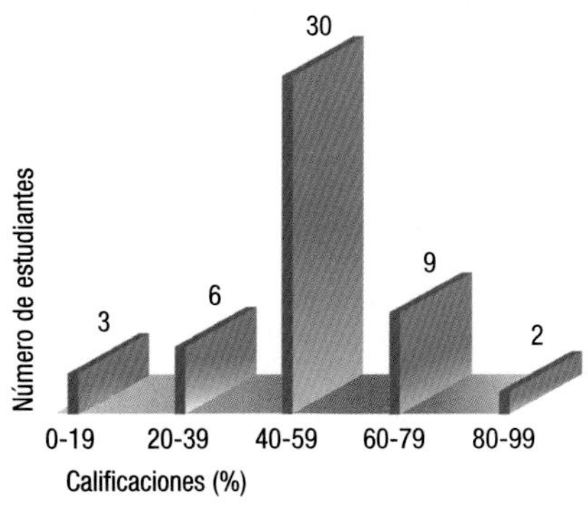


**Efecto acumulativo** Otro modo de mostrar cómo se distribuyen las calificaciones es usando "frecuencias acumulativas".
Ejemplo: En el examen, la calificación de 3 estudiantes fue menor a 20%; 3 + 6 = 9 estudiantes con calificación inferior a 40%, y así sucesivamente:

| Calificación (%) | | Frecuencia acumulativa |
|---|---|---|
| menos de | 20 | 3 |
| menos de | 40 | 9 |
| menos de | 60 | 39 |
| menos de | 80 | 48 |
| menos de | 100 | 50 |

Esto puede trazarse en una gráfica:

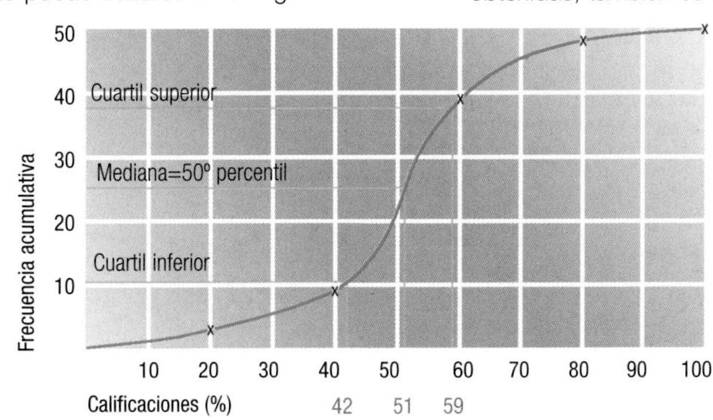


**Percentiles y cuartiles** Otro medio útil para agrupar y analizar resultados es establecer percentiles y cuartiles.

Por ejemplo, para calcular el percentil 50°, trace una línea desde el 50%, o a la mitad, punto del eje de la frecuencia acumulativa de la gráfica (a partir del 25 en el ejemplo, abajo) hasta la curva. De esta intersección, trace una línea vertical a las calificaciones (%) o eje X. Esto le da el valor del 50° percentil: 51 en este ejemplo. Como el 50° cuartil medio es el valor en medio de todas las calificaciones obtenidas, también es la calificación mediana.

Los dos percentiles que se usan con más frecuencia son el 25°, conocido como el cuartil inferior, y el 75°, conocido como el cuartil superior. En este ejemplo, el cuartil superior es 59, y el inferior es 42.

*La rama de la física que describe el efecto de las fuerzas en los objetos –atracción y resistencia– se llama mecánica. Rige muchos aspectos de la vida, desde pesar una bolsa de papas hasta la trayectoria de un cohete espacial. A menudo se divide en dos campos: la estática estudia la masa, el peso y la gravedad; y la dinámica aborda el movimiento, la aceleración y la colisión de objetos.*

## MASA, PESO Y GRAVEDAD

Los términos "masa" y "peso" a menudo se usan indistintamente para el mismo fin: cuánto "pesa" un objeto. Pero cada uno tiene su propio significado científico definido y sus unidades de medición. El vínculo entre ellos es la gravedad.

**Masa** es la cantidad de materia de un objeto; cuánta "sustancia" contiene. Se mide en gramos (g), kilogramos (kg) o toneladas (t); o, en el sistema inglés, en onzas (oz), libras (lb) y toneladas (t). La masa de un objeto es la misma en todos lados. Por ejemplo, un golfista tendría la misma masa en la Tierra y en la Luna, así como su pelota de golf (vea abajo).

**Peso** es la fuerza que experimenta un objeto cuando lo atrae la fuerza de gravedad. Se mide en newtons (N), y depende tanto de la masa del objeto como de la fuerza de gravedad.

La confusión surge porque el peso de, digamos, una bolsa de papas se indica en kilogramos (o libras), no en newtons. En la vida cotidiana no importa el uso no científico de esto, porque el peso de un objeto con una masa de 1 kg es el mismo al nivel del mar en toda la Tierra. Pero en la Luna, la fuerza de gravedad es una sexta parte de la terrestre, así que el objeto pesaría un sexto de su peso en la Tierra.

El peso se calcula aplicando la segunda ley del movimiento de Newton (recuadro der.):

Si la masa de un objeto = 1 kg
Aceleración por la gravedad terrestre = 9.8 m/s$^2$
El peso del objeto (es decir, la fuerza ejercida por la gravedad) = masa x aceleración
= 1 kg x 9.8 m/s$^2$ = 9.8 N

**Gravedad** en términos generales se define como la fuerza que atrae los objetos y los hace caer a la superficie de la Tierra. Por ejemplo, mantiene firmes los pies de un malabarista sobre el piso y hace que los bolos que lanza al aire vuelvan a sus manos. En la Tierra, la gravedad acelera todo hacia el suelo a una razón de 9.8 m/s$^2$.

De hecho, existe una fuerza de gravedad entre *todos* los objetos –hasta entre el malabarista y los bolos–, y depende de la masa de los objetos y la distancia entre ellos. Sin embargo, suele ser muy débil para medirse, a menos que uno o ambos objetos tengan una gran masa. La fuerza de gravedad de la Tierra mantiene a la Luna en órbita girando a su alrededor. La Luna también ejerce atracción sobre la Tierra, pero como su masa es un sexto de la masa de la Tierra, su fuerza de gravedad es en la misma proporción. La teoría de la relatividad explica la gravedad en términos de una curvatura del espacio (vea págs. 524 y 525).

**DATO** **La fuerza de gravedad terrestre acelera una hoja de 1 g que cae a la misma velocidad que una tonelada de rocas.**

### Leyes del movimiento de Newton

El físico y matemático inglés Isaac Newton (1642-1727) formuló sus tres leyes del movimiento para describir cómo se mueven y reaccionan los objetos a distintas fuerzas.

1 **Primera ley del movimiento**
Un objeto seguirá en reposo o moviéndose a velocidad constante a menos que una fuerza actúe sobre él. Esta tendencia a permanecer estático o en movimiento es la inercia del objeto. Una pelota de golf está inmóvil mientras no la lance un palo de golf. Ya en movimiento, aquélla continúa, pero disminuye por la fuerza de gravedad y la fricción (resistencia al aire).

2 **Segunda ley del movimiento**
Si una fuerza actúa sobre un objeto, éste empezará a moverse, acelerarse, ir más despacio, detenerse o cambiar de rumbo. La intensidad de una fuerza, la aceleración que produce y la masa del objeto están muy relacionadas.

La fuerza que acelera el objeto (N) es igual a la masa de éste (kg) multiplicada por la aceleración producida (m/s$^2$). (Vea "Cómo medir el movimiento" pág. opuesta.) A mayor fuerza, mayor cambio de velocidad. Una pelota de golf tocada con el palo para golpes suaves se acelerará mucho menos que si recibiera el fuerte saque inicial con otro palo.

3 **Tercera ley del movimiento**
Si un objeto ejerce una fuerza sobre otro, el segundo ejercerá la misma fuerza pero en sentido opuesto. Eso significa que las fuerzas siempre actúan en pares, y se llaman acción y reacción. Por ejemplo, la fuerza que expulsa un casquillo del cañón de un fusil (acción) va acompañada de una fuerza igual y opues-ta (reacción) del arma al recular o moverse hacia atrás.

### Golf en la Tierra

**Masa del golfista:** 80 kg.
**Aceleración descendente** por la gravedad es 9.8 m/s$^2$, entonces el **peso del golfista** es 80 x 9.8 = 784 N.
**Masa de la pelota:** 0.045 kg; el **peso de la pelota** es alrededor de 0.44N.

Si el golfista lanza la pelota en la Tierra, ésta viaja unos 100 m. La gravedad la atrae hacia la Tierra y la resistencia del aire también contribuye a que disminuya su velocidad.

### Golf en la Luna

**Masa del golfista:** 80 kg.
**Aceleración descendente** por la gravedad es 1.6 m/s$^2$, entonces el **peso del golfista** es 80 x 1.6 = 128 N.
**Masa de la pelota:** 0.045 kg; el **peso de la pelota** es alrededor de 0.072N.

En la Luna, con el mismo impulso la pelota viajaría unos 600 m, porque la fuerza de gravedad lunar es un sexto de la terrestre. Y tampoco hay resistencia al aire que disminuya su velocidad.

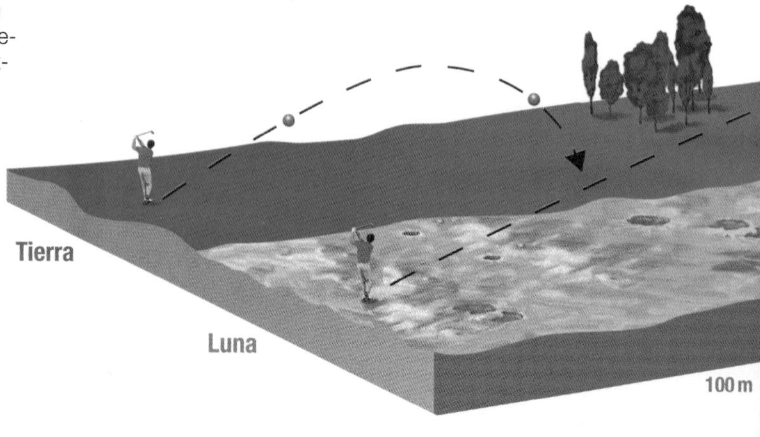

## FUERZA Y MOVIMIENTO

Una fuerza es un jalón o tirón invisible cuyos efectos pueden verse o sentirse. Ésta hace que los objetos que pueden desplazarse empiecen a moverse, dejen de hacerlo o cambien la dirección o rapidez. Y estira, dobla, tuerce o deforma a los que no pueden desplazarse. Un objeto estático o en movimiento constante seguirá así mientras no se le aplique una fuerza.

### Inercia

Es la resistencia de un objeto a cambiar su movimiento constante o estado de reposo. Aun suponiendo que no haya fricción, es difícil hacer rodar un auto descompuesto empujándolo, porque se resiste a cambiar su estado de reposo. Ya en movimiento, su propia inercia tratará de mantenerlo avanzando en línea recta. A mayor masa de un objeto, mayor inercia.

### Momento

Mide la tendencia para que un objeto siga en movimiento, y la fuerza necesaria para hacerlo. Todos los objetos en movimiento tienen momento, que es igual a la masa multiplicada por la velocidad; así que a mayor peso y velocidad, mayor será el momento. Es una cantidad vectorial (recuadro der.).

Si chocan dos objetos, el momento se transfiere. Una importante ley física indica que el momento total de los objetos es el mismo antes y después del choque.

### Fricción

Es la fuerza que se opone al movimiento de un objeto y reduce su momento. Se presenta en cualquier punto en que se rocen las superficies de dos objetos, por muy suaves que parezcan. Mientras se deslizan entre sí, se adhieren ambas superficies y, por diminutas que parezcan, disminuyen el movimiento. Por eso cuesta tanto trabajo arrastrar un objeto pesado sobre el piso. A mayor aspereza de las superficies, mayor fricción. El aceite y otros lubricantes reducen la fricción manteniendo separadas las proyecciones para que no se junten.

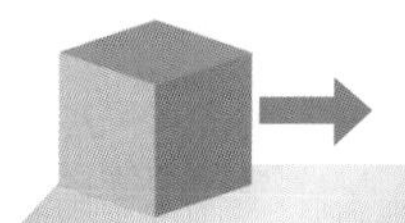

La fricción entre un bloque y la superficie hace a éste deslizarse despacio.

Como el área de contacto de una pelota con la superficie es mucho menor, se genera menos fricción.

La resistencia al aire es la fricción entre objetos en movimiento y las moléculas del aire. La superficie de un objeto determina su mayor o menor contacto con el aire y, por ende, su resistencia a éste.

## CÓMO MEDIR EL MOVIMIENTO

Como en todos los campos científicos, la mecánica usa unidades del Sistema Internacional (SI): el metro (m) para distancia, el kilogramo (kg) para masa y el segundo (s) para tiempo.

**Distancia y desplazamiento** La distancia es simplemente la longitud de una línea recta entre dos puntos. Puede indicar cuán separados están dos objetos, o la rapidez con que un objeto se ha movido desde su punto de arranque.

El desplazamiento de un objeto de un punto a otro, por otra parte, incluye la dirección del movimiento y la distancia en línea recta que avanza. Por ejemplo, una bola de billar podría desplazarse 2 m hacia el suroeste.

El desplazamiento es una **cantidad vectorial** porque tiene magnitud y dirección; la distancia, que tiene magnitud pero no una dirección específica, es una **cantidad escalar.**

**Rapidez y velocidad** La rapidez describe la celeridad con que se mueve un objeto expresando la distancia que viaja en cierto tiempo. Por ejemplo, si un auto recorre 400 km en 5 horas, su rapidez promedio (con variantes durante el recorrido) = 400 km ÷ 5 h = 80 km/h.

La velocidad mide la rapidez a la que viaja un objeto y su dirección. Un auto que recorre 400 km al norte en 5 horas tiene una velocidad con dirección norte de 80 km/h. La velocidad de un objeto cambia si su rapidez o dirección cambia. Si el auto a 80 km/h da vuelta en una esquina sin alterar la rapidez, modifica su velocidad porque cambió su dirección. Es decir, la rapidez, como la distancia, es una cantidad escalar; pero la velocidad, como el desplazamiento, es una cantidad vectorial.

**Aceleración** Ésta mide a qué ritmo cambia la velocidad de un objeto: con qué prontitud el objeto cambia de velocidad en una dirección específica. La aceleración es igual al cambio de velocidad (m/s) dividida entre el tiempo que tarda ese cambio (s); se mide en metros por segundo, por segundo (m/s/s o $m/s^2$). La aceleración siempre es una cantidad vectorial.

Supongamos que este auto de carreras acelera de un arranque estático a una velocidad de 180 km/h (50 m/s). En 5 segundos su aceleración es = 50 m/s ÷ 5 s = 10 $m/s^2$. Si el conductor frena y tarda 4 segundos en detenerse, su aceleración es = –50 m/s ÷ 4 s = –12.5 $m/s^2$.

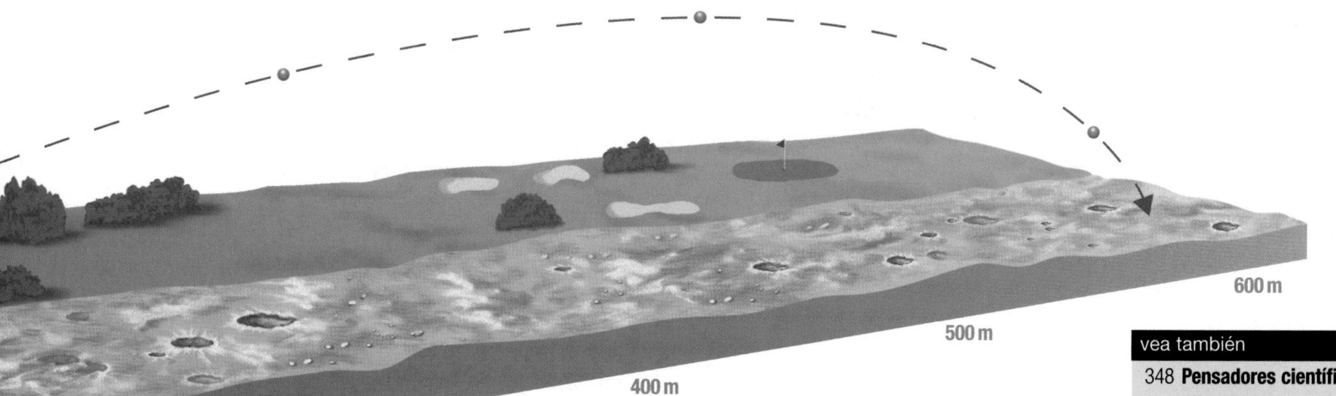


vea también

348 **Pensadores científicos**
514 **La energía**
520 **En el interior del átomo**
524 **La relatividad**

*Todos los cambios del Universo, desde el susurro de la brisa hasta la explosión de una supernova, implican el gasto o transferencia de energía. El mismo Universo fue creado en un enorme estallido de energía, el* big bang, *y 15,000 millones de años más tarde esa energía aún mantiene activo al Universo. El significado del término energía es más preciso en física que en el uso general: es la capacidad para hacer trabajo. A gran parte de la tecnología le interesa cómo cambiar la energía de un tipo a otro.*

**Energía potencial**
Es la energía almacenada que tiene un objeto por su posición o forma. Una aeronave gana energía potencial al elevarse contra la fuerza de gravedad; de ir en picada, esa energía potencial se liberaría y convertiría en energía cinética. De modo similar, una pelota comprimida o una cuerda de arco tensada guarda energía potencial que se libera al soltarlas.

**Energía cinética**
Ésta es la energía del movimiento. Una aeronave en vuelo, como todo objeto en movimiento, tiene energía cinética que vuelve a cero al estar en reposo. Una fórmula importante expresa que $E = 1/2mv^2$, donde $E$ es la energía cinética de un objeto en movimiento, $m$ es su masa y $v$ su velocidad o rapidez. Así, a la misma rapidez, la energía es proporcional a la masa; pero al duplicar la rapidez, se cuadruplica la energía cinética.

## TIPOS DE ENERGÍA

La energía existe en muchas formas distintas y cualquier cambio físico implica que una forma de energía se convierta en otra. Por ejemplo, el proceso por el cual despega una aeronave ilustra casi todos los tipos de energía conocidos por los físicos. La energía nunca se crea ni se destruye, sólo se transforma. Este principio se conoce como conservación de la energía (recuadro opuesto).

**Energía nuclear**
La energía nuclear está encerrada en el núcleo de los átomos, en las fuerzas que mantienen unidos a sus componentes, las partículas subatómicas. Se libera como calor y energía electromagnética mediante reacciones nucleares, como las del Sol, y en explosiones y reactores nucleares. Esas reacciones suponen la aniquilación de masa y su conversión en energía.

**Energía química**
Es la que se almacena en compuestos químicos, como el combustible en los tanques de una aeronave; se originó cuando la luz solar produjo azúcar en plantas fósiles, por fotosíntesis. Si una aeronave despega, la energía química se convierte en calor al quemar combustible y ésta, a su vez, en energía cinética del movimiento, la energía potencial de la altura, más la sonora

**Energía eléctrica**
La electricidad activa el encendido y dirige muchos sistemas de la aeronave. La energía eléctrica o electricidad es el movimiento de minúsculas partículas con carga subatómica llamadas electrones. Cuando la corriente pasa por un cable, los electrones saltan de átomo en átomo. La electricidad es una de las formas más útiles de energía porque se transporta y transforma con facilidad.

**Energía luminosa**
La luz, que sin duda detectan los ojos, es la forma de energía electromagnética más conocida y también incluye la infrarroja (forma radiante del calor). El Sol es la principal fuente de luz de la Tierra, pero otras fuentes de energía luminosa son la electricidad (en focos y tubos fluorescentes) y la combustión (conversión de energía química en térmica y luminosa).

## Conservación de energía y masa

Un principio básico de la mecánica clásica, la física cotidiana expuesta por Newton (vea pág. 512), es la ley de la conservación de la energía, que enuncia que ésta nunca se crea ni se destruye, sólo se transforma. Del mismo modo, las actividades físicas y las químicas siempre conservan masa (materia).

Sin embargo, la teoría de la relatividad (vea pág. 524) dice que masa y energía son equivalentes, según la ecuación $E = mc^2$. En los sistemas mecánicos ordinarios, el cambio de masa que implica transferencia de energía no puede medirse, pero es importante en las reacciones nucleares. Según la nueva ley de conservación de la energía, masa y energía juntas nunca pueden crearse o destruirse.

**Energía térmica**
Es la energía que poseen todos los objetos del Universo por la vibración o movimiento de los átomos y moléculas que los integran. Cuanto más rápidamente se muevan sus partículas, mayor será su energía térmica y más caliente estará. El calor que genera un motor de reacción al quemar combustible hace que los gases se dilaten y se descarguen por la cola del motor, propulsando la aeronave.

**Energía sonora**
La energía sonora toma la forma de ondas de presión que pasan por el aire. Son producidas por vibraciones en la fuente sonora, la descarga de gases del motor de una aeronave. Si esas ondas sonoras llegan al oído, los sensores las convierten en estímulos eléctricos que viajan al cerebro donde son "oídas" como sonido.

## CALOR

El calor es la energía cinética (movimiento) de los átomos y moléculas, en movimiento constante, de un objeto. Si algo calienta las moléculas "fijas", como las de un sólido, vibran con más rapidez; las de un gas lo hacen a más velocidad. Es posible acercarse al cero absoluto (–273.15 °C), la temperatura a la cual todo movimiento molecular o atómico cesaría, pero en realidad es imposible alcanzarlo.

Temperatura medida con un termómetro no es lo mismo que calor. Cuanta más energía térmica tiene un objeto específico, mayor es su temperatura; pero diferentes materiales requieren distintas cantidades de energía térmica para aumentar su temperatura en la misma cantidad (medida en grados). El calor necesario para subir la temperatura de 1 g de una sustancia en 1 °C se llama calor específico.

El calor siempre fluye de sitios calientes a fríos. Se transfiere de tres modos. **Conducción:** transferencia de calor por una sustancia, mediante moléculas más calientes que se mueven veloces al chocar con las más próximas, de modo que vibran o se mueven más rápidas. **Convección:** flujo de calor en corrientes en movimiento por un líquido o un gas. Al calentar éste, las moléculas se separan; eso lo hace menos denso o más ligero que cualquier material circundante más frío. Por ende, se eleva, creando una "corriente de convección" que transfiere energía térmica. **Radiación:** flujo de calor como rayos infrarrojos de un objeto a otro.

Hay transferencia térmica si se funde un sólido o evapora un líquido; se conoce como calor latente, se asimila sin que la sustancia cambie la temperatura. Viceversa, si un gas se licua o un líquido se congela, se emite el calor latente.

## LUZ

La luz, igual que cualquier radiación electromagnética (vea pág. 518) viaja por el espacio vacío a 299 792 km/s, la mayor velocidad que puede alcanzar algo. La luz viaja del Sol a la Tierra en sólo 8 minutos. Se vuelve más lenta en otro medio transparente, unas tres cuartas partes de su velocidad normal en agua y dos terceras en vidrio.

Los rayos de luz viajan en línea recta pero rebotan en casi todas las superficies; eso se llama **reflexión.** Las superficies luminosas reflejan más luz que las oscuras. En una lisa, como un espejo, el rayo incidente y el reflejado forman el mismo ángulo; en una áspera, la dispersa a todos lados.

Si desde el aire inciden rayos de luz en vidrio o agua, la desaceleración los hace inclinarse hacia la vertical. Esa inclinación es la **refracción.** Los prismas refractan los rayos así, y el cristalino refracta rayos para que enfoquen una imagen.

## SONIDO

Las ondas sonoras constan de ondas de alta presión (compresión) y de baja presión (rarefacción) que se desplazan una tras otra al exterior de la fuente sonora. La intensidad de un sonido depende de la diferencia entre las regiones de alta y baja presión. El tono del sonido (alto o bajo) lo determina la rapidez con que una onda siga a otra, la frecuencia. Se mide en hercios (Hz), u ondas por segundo. La gente con buen oído puede oír sonidos del tono más bajo de unos 20 Hz a uno alto de 20,000 Hz (20 kHz).

El sonido, a diferencia de la luz, no puede viajar en el vacío. Su rapidez depende del medio que use. A nivel del mar, el sonido viaja por el aire a unos 340 m/s, más lento que en altitudes elevadas; en el agua quintuplica su velocidad.

## Energía, trabajo y potencia

- **Energía** simplemente se define como la capacidad de hacer trabajo, o que sucedan cosas, mover algo, calentarlo, o cambiarlo de algún modo. Se mide en julios (J) y kilojulios (kJ; miles de julios), a menudo se usan kJ en vez de calorías para cuantificar la energía de los alimentos. Los recibos de gas y luz suelen usar kilovatios-horas (kWh); 1 kWh = 3.6 millones de julios.
- **Trabajo** es lo que la energía "hace que suceda"; es el resultado final de energía de un tipo que se convierte en otro. Están tan relacionados que el trabajo, igual que la energía, se mide en julios.

En el caso del movimiento, el trabajo se hace si una fuerza actúa sobre un objeto, moviéndolo hacia esa fuerza. Por ejemplo, un montacargas hace trabajo: levanta cajas contra la gravedad, convierte energía química (combustible) en energía potencial (levanta). Si la masa de las cajas es 300 kg, pesan 2,940 newtons (N). Considere que se alzan verticalmente a una altura de 2 m. Trabajo hecho (J) = fuerza (N) x distancia (m) = 2,940 N x 2 m = 5880 J (o 5.88 kJ).
- **Potencia** mide la rapidez para hacer el trabajo; es decir, el ritmo al cual la energía se convierte de un tipo en otro. Se mide en vatios (W); 1 W es la conversión de 1 J en un segundo. Suponga que el montacargas citado levanta las cajas en 6 segundos. Fuerza (W) = trabajo (J) ÷ tiempo (s) = 5880 J ÷ 6 s = 980 W.

La fuerza de un aparato eléctrico mide con qué rapidez "consume" electricidad; es decir, se convierte en otro tipo de energía. Por ejemplo, una plancha de 1,000 W (1 kW), convierte electricidad en calor a un ritmo de 1,000 J por segundo. En una hora, usa 1kWh de electricidad.

vea también
512 **La mecánica**
516 **Electricidad y magnetismo**

*La electricidad y el magnetismo están muy vinculados; son producidos por partículas subatómicas cargadas llamadas electrones. Puede generarse electricidad usando magnetismo y crearse un campo magnético con electricidad. Su alianza origina uno de los inventos más útiles de la historia: el motor eléctrico. De hecho, son dos aspectos de la misma fuerza fundamental de la naturaleza: la fuerza electromagnética que ayuda a mantener unida la materia.*

## ELECTRICIDAD

Los electrones tienen una carga eléctrica negativa. Un objeto que acumule un excedente de electrones adquiere una carga negativa total. Uno con un déficit de electrones tiene carga positiva. Este tipo de electricidad se define como estática, porque normalmente no se mueve ni fluye. Una carga alta puede causar una chispa si los electrones saltan a una carga contraria o menor. Las cargas eléctricas tienen otras dos propiedades:

**Atracción y rechazo** Objetos con la misma ("similar") carga, positiva o negativa, se repelen entre sí, pero si son opuestas se atraen.

**Inducción** Un objeto cargado induce una carga opuesta en otro objeto cercano; el positivo induce negativo y viceversa.

**Electricidad corriente** Los átomos de ciertas sustancias, como los metales, tienen electrones que van con facilidad de un átomo a otro. Los electrones en movimiento crean una corriente eléctrica. Como las cargas similares chocan, el movimiento de un electrón con carga negativa repele un electrón del siguiente átomo, que golpea al próximo electrón en línea, y así sucesivamente. Ningún electrón solo se mueve mucho, pero la actividad eléctrica viaja por el conductor por un efecto dominó.

**Corriente y voltaje** La intensidad de una corriente eléctrica es una medida de cuántos electrones pasan un punto dado por segundo. Se mide en amperios (A). Un amperio equivale al flujo de 6 trillones de electrones por segundo.

La fuerza que impulsa a los electrones se llama fuerza electromotriz. Puede ser creada por una pila o un generador, se mide en voltios (V), y a menudo se le denomina voltaje.

**Resistencia** Cuánto se opone un material a un flujo de corriente eléctrica se llama resistencia. Se debe a choques aleatorios de átomos y electrones, que disminuyen el flujo de electrones; se mide en ohmios (Ω).

La ley de Ohm establece la relación entre el voltaje, la corriente y la resistencia. Enuncia que el voltaje (V) es igual a la corriente (I) multiplicada por la resistencia (R):

$V = I \times R$

O que la corriente es igual al voltaje entre la resistencia:

$I = V \div R$

## Circuitos eléctricos

Existen dos clases de circuitos eléctricos:

**Circuito en serie** Los elementos y la fuente eléctrica están enlazados uno tras otro en un circuito en serie. La misma corriente fluye por todos a la vez, pero la mayor resistencia significa que la corriente es menor. Así que dos focos en serie brillarán menos que uno solo. Un corte en cualquier parte del circuito suspende todo el flujo de corriente.

**2 lámparas en serie** Resistencia duplicada; corriente compartida

**Circuito en paralelo** Es el tipo de circuito que se ramifica con elementos uno al lado del otro. Cada ramal recibe la máxima corriente porque ambos están conectados directamente a la fuente. Eso significa que dos focos en paralelo brillan más que los mismos dos en serie. También, un corte en un ramal del circuito en paralelo sólo suspende la corriente en esa parte.

**Lámparas en paralelo** Cada lámpara atrae máxima corriente

## Conductividad eléctrica

Los materiales difieren en su conductividad para llevar una corriente eléctrica. Hay cuatro grupos:

**Aisladores** son materiales como plásticos, caucho y cerámica que tienen una resistencia alta al flujo de electricidad porque carecen de electrones libres.

**Conductores** tienen muchos electrones libres y conducen bien la electricidad. Son casi todos los metales (mejores: plata y cobre) y el metaloide carbono.

**Semiconductores,** como el silicio, tienen conductividad entre la de los aisladores y los conductores.

**Superconductores** no ofrecen resistencia al flujo de corriente. Casi todos los metales se vuelven superconductores cerca del cero absoluto (–273.16 °C).

**Confusión con la corriente** Las leyes básicas que rigen las cargas y corrientes eléctricas se formularon mucho antes de que se descubriera el electrón. Se decidió en forma arbitraria que la corriente eléctrica de una pila fluía de su polo positivo al negativo. Al descubrir el electrón, se supo que, de hecho, éste fluía en sentido contrario, pero se conservó la dirección del flujo "convencional" de corriente.

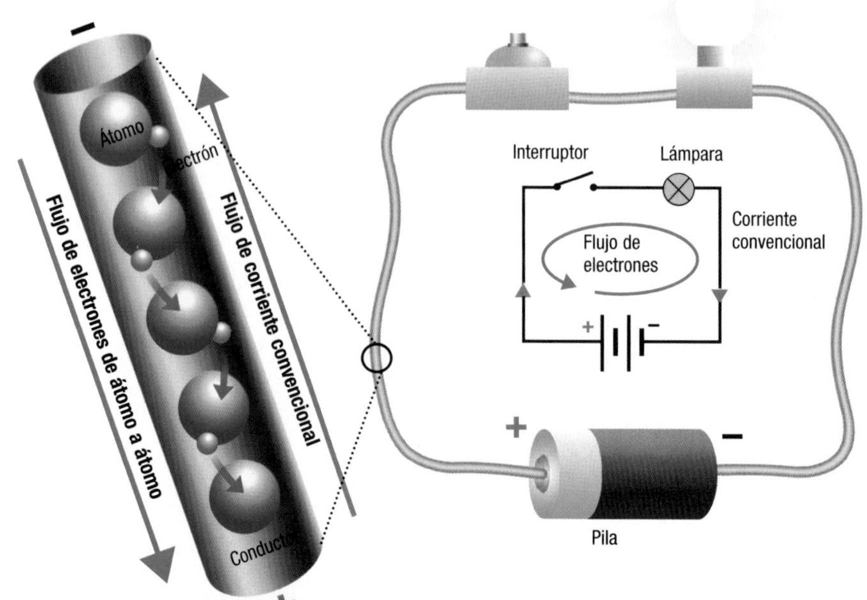


**Mostrar circuitos** Los circuitos eléctricos se representan mediante diagramas con símbolos reconocidos internacionalmente para los diversos elementos. El circuito de la izquierda consta de una pila unida por cables a un interruptor y un foco. Las reacciones químicas dentro de la pila provocan una acumulación de electrones en su polo negativo. Éstos viajan por el cable al polo positivo. En el camino, pasan por un filamento del cable dentro del foco. Como eso calienta el filamento, lo hace brillar y liberar luz y energía térmica. Al apagar el interruptor se corta el circuito, así que los electrones dejan de fluir.

## MAGNETISMO

El magnetismo, como la electricidad, es producido por el movimiento de electrones dentro del átomo. Todos los materiales son magnéticos, pero algunos, sobre todo hierro, acero, cobalto, níquel y ciertas cerámicas, son mucho más fuertes que otros; se les llama materiales ferromagnéticos.

Al girar los electrones dentro del átomo crean minúsculos campos magnéticos, áreas en que actúa una fuerza magnética. En los materiales ferromagnéticos, los campos de muchos átomos se refuerzan entre sí en pequeñas áreas llamadas dominios para formar minimagnetos. En condiciones normales, éstos se ordenan en forma aleatoria y sus campos magnéticos se compensan. Pero si se alinearan en la misma dirección, crearían una barra imantada. Ésta ejercerá una fuerza sobre otros materiales ferromagnéticos y atraerá o rechazará a otro magneto, lo que dependerá de cómo se alineen.

Un magneto permanente, como una barra imantada, siempre es magnético. Uno temporal, como un electromagneto (abajo), puede adquirir y perder su fuerza magnética.

**Polos magnéticos** Todos los magnetos tienen dos polos, norte y sur, en extremos opuestos. Como la Tierra es magnética, un polo norte del magneto se llama así porque es atraído al Polo Norte de la Tierra; el polo sur busca a su similar. Igual que las cargas eléctricas, los polos magnéticos opuestos se atraen y los similares se rechazan. Si el polo norte de un magneto está cerca del polo sur de otro, se pegan de golpe, pero dos polos norte se rechazan.

**Líneas de fuerza** Un campo magnético tiene dirección; actúa por líneas invisibles, de fuerza o flujo, que se enlazan en un magneto de polo a polo. Pueden verse al regar limadura de hierro cerca de una barra imantada. Aquélla se pega en los polos, donde las líneas de flujo están más cerca y el magnetismo es mayor.

**Inducción** Igual que una carga eléctrica induce una carga opuesta, un magneto produce magnetismo en un material ferromagnético cercano. Un polo norte induce un polo sur y viceversa. Por esa razón los magnetos atraen materiales ferromagnéticos no magnetizados como la limadura.

### La brújula magnética

La Tierra tiene un campo magnético, por el hierro fundido activo en su núcleo, que actúa como barra imantada gigante. Una brújula es un magneto ligero que oscila libremente para detectar ese campo. El polo norte de la brújula apunta al norte magnético próximo, que no es lo mismo que el norte geográfico. De manera confusa, el polo norte de la brújula es atraído al norte porque lo que llamamos polo norte magnético es, de hecho, el polo sur del magneto de la Tierra.

**Campos magnéticos** Limadura de hierro regada sobre magnetos encima de un papel mostrarán la dirección y la fuerza de los campos magnéticos a su alrededor: (1) se atraen los polos norte y sur cercanos, y (2) dos polos sur próximos se rechazan.

vea también
30 **Estructura de la Tierra**
518 **El espectro electromagnético**
528 **La tabla periódica**

### Electromagnetismo

El electromagnetismo, relación entre electricidad y magnetismo, es la base de los motores eléctricos y muy aprovechado en la industria.

**Magnetismo eléctrico** Si la electricidad fluye por un cable, produce un campo magnético débil. Éste se refuerza al enrollar el cable en una bobina; así se suman los campos de todas las espirales del cable. Un núcleo de hierro dentro de la bobina concentra aún más el campo. Una bobina como ésta es un electromagneto; su campo magnético desaparece al cortar la corriente.

**Motores eléctricos** Un motor eléctrico consta de una bobina de cable que gira en el campo magnético entre los polos de un magneto o electromagneto permanente. Una corriente pasa por la bobina y crea su propio campo magnético con fuerzas de atracción y rechazo entre ésta y el campo magnético alrededor. Esas fuerzas inducen el movimiento: la bobina gira accionando un eje.

La corriente pasa a la bobina por las escobillas de carbono. Un dispositivo, el colector, las une a la bobina. Éste asegura que la dirección de la corriente en la bobina regrese cada media vuelta, para que siempre la impulse y la haga ascender en un lado y descender en el otro. Eso crea un movimiento de rotación continuo.

**Electricidad magnética** Mover un cable o una bobina a través de un campo magnético genera una corriente eléctrica en el cable o la bobina. Es la inducción electromagnética, y así se genera corriente en una central eléctrica o, en escala mucho menor, en un dinamo de bicicleta. Si la bobina giratoria de un dinamo tiene un colector (como un motor eléctrico), la conexión se invertirá cada media vuelta, así la corriente producida siempre fluirá en la misma dirección; se llama corriente directa (CD). Sin un colector, la corriente invierte la dirección cada media vuelta; eso se conoce como corriente alterna (CA).

Un transformador combina el efecto electromagnético con inducción. Al alimentar electricidad de CA a la bobina, se crea un campo magnético inverso continuo. El campo magnético, a su vez, induce electricidad, a un voltaje distinto, en otra bobina en el mismo centro.

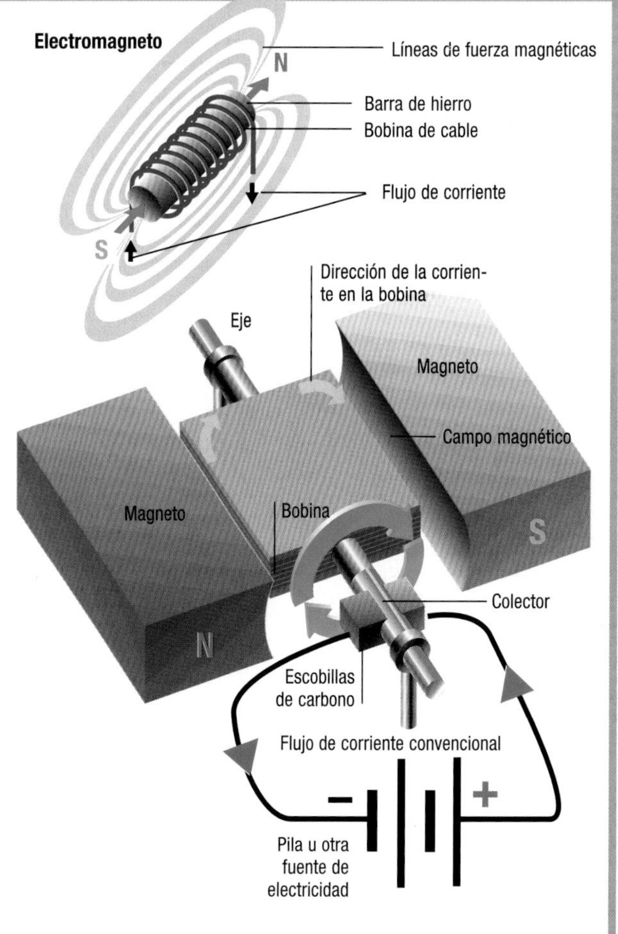

*El Universo está permeado por la energía de radiación electromagnética. De las muchas formas en que se manifiesta la radiación, los sentidos sólo captan la luz visible y la infrarroja o calor radiante. Otros tipos van de las ondas hercianas a los rayos X y los rayos gamma causados por explosiones nucleares. Pero todos están compuestos por curvas de energía eléctrica y magnética que viajan por el vacío espacial a la misma velocidad constante: la velocidad de la luz.*

## ONDAS ELECTROMAGNÉTICAS

Es cualquier tipo de radiación electromagnética que pueda considerarse como ondas de energía, generadas por campos eléctricos y magnéticos oscilantes (vea págs. 516-517).

Las ondas hercianas, por ejemplo, un tipo de radiación electromagnética, pueden crearse al oscilar corrientes eléctricas en un cable. Las partículas subatómicas de carga negativa, electrones, que fluyen a lo largo del cable crean una zona (o campo) de influencia eléctrica en torno a sí mismas; también crean un campo magnético. Al hacer que los electrones avancen y retrocedan con rapidez, es decir, oscilen, los campos magnéticos y eléctricos asociados cambian al unísono, creando ondas hercianas.

### Frecuencia y longitud de onda

Las diferencias en frecuencia y longitud de onda son lo que distingue en gran medida los diversos tipos de radiación.

- **Frecuencia** es el número de veces que los campos eléctrico y magnético llegan a su intensidad máxima por segundo. Se mide en hercios (Hz).
- **Longitud de onda** es la distancia que viaja una onda en el tiempo que tarda en completar una oscilación. Se mide en metros (m).

A mayor frecuencia menor longitud de onda, y viceversa. En términos matemáticos, la longitud de onda es igual a la velocidad de la luz entre la frecuencia. Por ejemplo, una estación de radio que transmite a 100 megahercios (100,000,000 Hz) tiene una longitud de onda (en metros) de 299,792,000 (m/s) ÷ 100,000,000 (Hz) = 2.99792 m.

La longitud de onda depende de la energía de ondas electro-magnéticas. Las ondas hercianas, microondas e infrarrojas tienen mayor longitud de onda (menor frecuencia) que la luz visible y llevan menos energía. Los rayos ultravioleta, X y gamma tienen menor longitud de onda (mayor frecuencia) que la luz visible y llevan menos energía. De hecho, llevan energía para penetrar sólidos como la carne.

## ¿Ondas o partículas?

La radiación electromagnética casi siempre actúa como onda, pero a veces puede ser más un flujo de partículas discretas. Las de la radiación electromagnética se llaman cuantos; o fotones si son partículas de luz.

- **Efecto de onda** La radiación es seudoondulatoria si la reflejan ciertas superficies. La luz es reflejada de un espejo, mientras las ondas hercianas rebotan desde un avión para ser detectadas por pantallas de radar.
- **Efecto de partícula** La radiación muestra propiedades como de partícula cuando reacciona con algo para producir un cambio físico o químico. Por ejemplo, las partículas de luz o fotones sobre una celda solar se convierten en corriente eléctrica. Éste es el efecto fotoeléctrico.

La forma en que las ondas electromagnéticas combinan las propiedades de ondas y partículas se conoce como dualidad partícula-onda y es el principio fundamental de la física cuántica. Esto describe cómo la cantidad de energía de cada cuanto de radiación electromagnética depende de la frecuencia de la radiación.

| TIPOS DE RADIACIÓN | Radio | Microondas |
|---|---|---|
| Frecuencia | Hasta 3,000 MHz | 3,000 MHz a 3,000 GHz |
| Longitud de onda | Más de $10^{-1}$ m (más de 10 cm) | $10^{-1}$ a $10^{-4}$ m (10 cm a 0.1 mm) |
| Fuentes | Corrientes eléctricas oscilantes, chispas, fuentes cósmicas | Magnetrón, maser, fuentes cósmicas |
| Detectores | Circuitos electrónicos como aparatos de radio y televisores | Circuitos electrónicos |
| Efectos generales | Induce la unión de pequeñas corrientes eléctricas oscilantes en conductores | Induce la unión de pequeñas corrientes eléctricas oscilantes; efecto térmico si la frecuencia coincide con la frecuencia vibratoria natural de las moléculas |
| Aplicaciones | Transmisión de radio y televisión y telecomunicaciones; también radiotelescopios, teléfonos inalámbricos y sistemas de redes de computadoras sin cables | Teléfono y otros enlaces de telecomunicación; teléfonos celulares; radar; calentar y cocinar alimentos; también telescopios de microondas para astronomía |
| Usos en acción | El uso de radiofrecuencias es controlado por órganos nacionales e internacionales para evitar interferencia. Se reservan diversas bandas para usos particulares, como transmisión, la policía y servicios de emergencia y otras comunicaciones celulares | En el horno de microondas las moléculas de agua de los alimentos absorben las ondas y se calientan; el plástico y la cerámica no las absorben. El radar funciona emitiendo un angosto rayo de microondas; detecta cuánto tiempo tarda su eco en volver de los objetos. Los celulares usan microondas débiles. Las microondas cósmicas pueden indicar la edad del Universo |

## Cómo vemos los colores

Los sensores de la retina, revestimiento interno del ojo, captan la luz. La luz blanca es una mezcla de colores con longitud de onda que va del rojo (la más larga), naranja, amarillo, verde y azul al violeta (la más corta). Pero el ojo no distingue los colores puros de las longitudes de onda verdaderas y las mezclas de otros colores, como una mezcla de luz roja y verde, que se ve amarilla. Esto, porque los ojos sólo tienen tres tipos de sensores de color que reaccionan al azul, rojo y verde. El cerebro interpreta las señales de esos sensores como todos los colores tenues que captamos.

vea también
514 **La energía**
516 **Electricidad y magnetismo**
520 **En el interior del átomo**
524 **La relatividad**

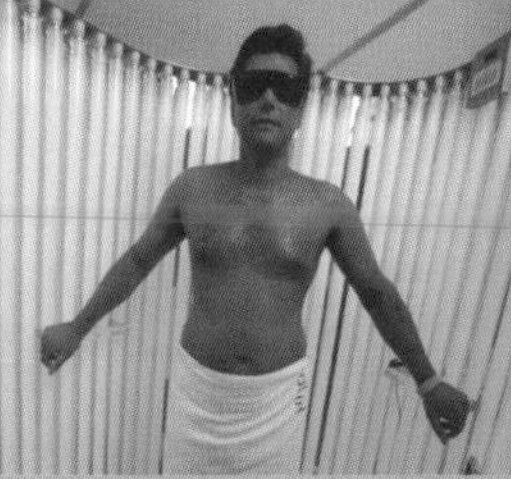
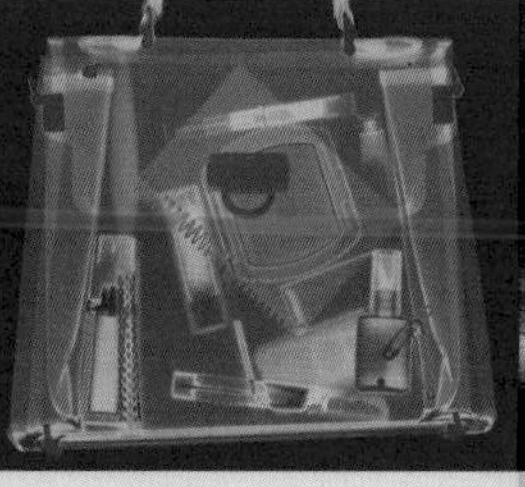

| **Infrarroja** | **Luz visible** | **Ultravioleta** | **Rayos X** | **Rayos gamma** |
|---|---|---|---|---|
| 3,000 GHz a 430 THz | 430 a 750 THz | 750 THz a 300 PHz | 300 PHz a 30 EHz | Más de 30 EHz |
| $10^{-4}$ a $7 \times 10^{-7}$ m (0.1 mm a 700 millonésimas de milímetro) | $7 \times 10^{-7}$ a $4 \times 10^{-7}$ m (700 a 400 millonésimas de milímetro) | $4 \times 10^{-7}$ a $10^{-9}$ m (400 millonésimas a 1 millonésima de milímetro) | $10^{-9}$ a $10^{-11}$ m (1 millonésima a 10 billonésimas de milímetro) | Menos de $10^{-11}$ m (menos de 10 billonésimas de milímetro) |
| Objetos calientes y tibios como focos con filtro especial; láser infrarrojo | Objetos calientes o abrasadores, como el Sol y estrellas; materiales fluorescentes; descarga eléctrica; láser; algunas reacciones químicas | Objetos muy calientes, incluso el Sol y estrellas; algunos materiales fluorescentes; descarga eléctrica; láser ultravioleta | Bombardeo rápido de electrones de anticátodo metálico; el Sol, las estrellas y otras fuentes cósmicas | Reacciones nucleares, incluso decaimiento radiactivo, reactor o explosión nuclear, estrellas y otras fuentes cósmicas |
| Termopar (sensor térmico); sensor de imágenes térmicas; película fotográfica especial | Ojos, película fotográfica, dispositivo de carga acoplada, celda fotoeléctrica | Materiales fluorescentes; película fotográfica; ojos de insectos; aparatos electrónicos | Materiales fluorescentes; película fotográfica; en forma indirecta, al detectar la ionización que generan | Materiales fluorescentes; película fotográfica; en forma indirecta, al detectar la ionización que generan |
| Causan calentamiento si se absorbe radiación | Desencadena ciertas reacciones químicas; activa sensores en ojos de animales; si la absorben cloroplastos de células vegetales se da la fotosíntesis | Broncea, luego quema la piel y puede causar varios tipos de cáncer; a gran intensidad deja ciego, mata bacterias y virus y daña o destruye vida vegetal | Atraviesan muchos materiales sólidos; pueden causar mutaciones genéticas y varios tipos de cáncer; pueden dañar equipo electrónico delicado | Atraviesan casi cualquier material sólido muy grueso o pesado; causan mutaciones y daño celular: enfermedad por radiación y a menudo la muerte |
| Calefactores, estufas y tostadores, control remoto de televisor, algunos aparatos de visión nocturna y cámaras de reproducción térmica, astronomía infrarroja, vigilancia aérea | Visión; fotografía, cinematografía y televisión; blanquea; genera electricidad (con células fotoeléctricas); entretenimiento y comunicaciones (con láser y técnicas de fibra óptica) | Visión en insectos (detectan algunas curvas invisibles en flores); abrillantador óptico en detergentes en polvo; esterilización en hospitales; algunas cámaras de visión nocturna | Observar huesos y estructuras internas del organismo (las partes más densas son opacas a los rayos X); revisar articulaciones y soldaduras metálicas; destruir células cancerosas | Revisar estructuras densas, como carga en aeronaves, en busca de grietas y otros defectos; destruir células cancerosas |
| Imágenes infrarrojas aéreas y satelitales pueden mostrar cosechas que están madurando al detectar el calor de los cultivos; también se usan para descubrir incendios forestales | Los muchos colores que vemos son luz de diferente longitud de onda; la luz roja tiene la más larga, y la violeta, la más corta | Muchas flores tienen curvas, visibles sólo con luz ultravioleta. Éstas ayudan a los insectos a hallar néctar y polen. A casi todos los intensos rayos ultravioleta del Sol los absorbe la capa de ozono, una zona delgada en lo alto de la estratosfera. Eso evita que gran parte de la luz ultravioleta llegue a la Tierra, donde puede dañar a los seres vivos | Muchas estrellas producen rayos X; el Sol emite sus rayos X más intensos durante estallidos de fuerte actividad llamados erupciones solares. Esos rayos X pueden dañar equipo satelital en órbita terrestre y también penetrar la atmósfera de la Tierra y dañar delicado equipo eléctrico en la superficie | Los rayos gamma, aunque peligrosos, no causan el gran daño tisular que otros tipos de radiación nuclear, como las partículas alfa (vea pág. 522). Se necesita un escudo de concreto muy grueso para proteger a la gente contra los rayos gamma producidos en reactores nucleares o, en un refugio nuclear, por una explosión nuclear |

*Uno de los triunfos de la física del siglo XX fue descifrar la estructura de la materia en mayor detalle. Se halló que los átomos, la unidad más pequeña de los elementos químicos, están integrados por partículas subatómicas aún más pequeñas. Al estudiar rayos cósmicos y usar aceleradores gigantes de partículas para estrellar partículas juntas a hipervelocidad, los físicos hallaron que esas partículas también estaban integradas por otras más pequeñas.*

## LA ESTRUCTURA DEL ÁTOMO

Los átomos son el componente básico de los elementos químicos, como oxígeno o carbono; un átomo es su parte más pequeña reconocible como ese elemento. A pesar de ser microscópicos (10 millones de átomos uno junto a otro medirían apenas 1 mm), pueden dividirse en partículas subatómicas más pequeñas. En el centro del átomo está el núcleo, que consta de un haz de protones y neutrones. Los electrones giran en el espacio que rodea al núcleo. Ese espacio es tan amplio que de hecho casi todo el átomo está vacío. Si los protones y neutrones del núcleo fueran del tamaño de pelotas de tenis, los electrones serían más pequeños que cabezas de alfiler y el diámetro del átomo mediría miles de metros.

La física de las partículas ha hallado al menos otros 200 tipos de partículas subatómicas, algunas de ellas elementos de protones y neutrones. Las partículas no integradas por partículas más pequeñas conocidas se llaman fundamentales o elementales. Pero algunos físicos creen que hasta ésas están compuestas por unidades seudolineales o espirales, las supercuerdas, que son miles de millones de veces más pequeñas que las partículas fundamentales.

## FUERZAS QUE AGLUTINAN LA MATERIA

Cuatro fuerzas fundamentales actúan sobre la materia uniéndola. Los físicos creen que éstas son llevadas por partículas, portadoras de fuerza o bosones, que viajan a la velocidad de la luz.

**Gravedad** es una fuerza de atracción entre dos objetos que tienen masa. Hace que los objetos caigan al suelo y que los planetas se mantengan orbitando al Sol. Es débil, pero actúa a distancias muy grandes. Quizá sea transportada por partículas llamadas gravitones, si bien no han sido detectados.

**Fuerza electromagnética** es mucho más fuerte que la gravedad. Causa atracción y repulsión entre partículas con carga eléctrica, y es transportada por fotones (vea pág. 518).

**Fuerza nuclear débil** (también conocida como interacción débil) se relaciona con la radiactividad. Es transportada por las llamadas partículas W y Z, o weakones. Miles de millones de veces más débil que la fuerza electromagnética, actúa sólo sobre distancias de billonésimas de milímetro.

**Fuerza nuclear fuerte** (también conocida como interacción fuerte) mantiene unidos los quarks dentro de protones y neutrones, y conserva juntos protones y neutrones dentro de los núcleos atómicos. Es llevada por partículas llamadas gluones, y es cientos de veces más intensa que la fuerza electromagnética. Sólo actúa a distancias muy cortas.

Se cree que las fuerzas nucleares débil y fuerte son versiones de la misma fuerza, la **fuerza electrodébil.** Una meta de la física moderna es mostrar cómo se relacionan estas fuerzas con la fuerza electromagnética mediante la gran teoría unificada y luego, a la larga, unificar éstas con la gravedad. Una teoría de la supergravedad también podría permitir a la física a escala de partícula combinarse con la teoría de la relatividad.

**Núcleo** Es donde se concentra casi toda la masa del átomo. Consta de protones y neutrones (o un protón único en el caso del hidrógeno). Cada protón tiene una masa 1,836 veces que la de un electrón, y cada neutrón un poco más: 1,839 masas de electrón. Los protones tienen una carga eléctrica positiva, y equilibran un número igual de electrones con carga negativa, en órbita, para que el átomo sea eléctricamente neutro. La atracción electromagnética entre protones y neutrones mantiene unido al átomo. Los neutrones no tienen carga eléctrica.

**Capas orbitales** Los electrones viajan alrededor del núcleo en capas llamadas orbitales. Pueden viajar en cualquier parte de una capa. También pueden moverse a una capa externa asimilando energía, o a una interna perdiéndola. Es imposible predecir la posición exacta de un electrón en un momento dado; se comportan como una nube confusa de cargas negativas alrededor del núcleo.

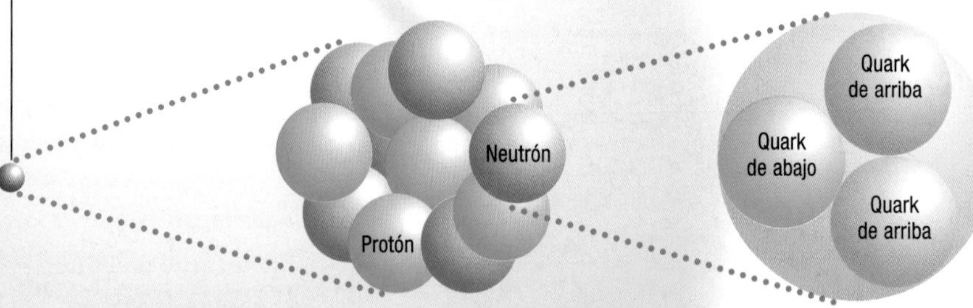


**Quarks** Cada protón o neutrón está integrado a su vez por tres partículas llamadas quarks. En los protones y neutrones se encuentran dos tipos de quarks: de arriba *(up)* y de abajo *(down)*.

**Electrones** Son minúsculas partículas con carga eléctrica negativa que se mueven a gran velocidad alrededor del núcleo. No son "pelotas" sólidas, sino paquetes de energía que se mueven a la velo-cidad de la luz. Parece que son partículas fundamentales no integradas por partículas más pequeñas.

## Rayos cósmicos

La atmósfera de la Tierra es bombardeada constantemente por radiación del espacio exterior. Esos rayos cósmicos constan de núcleos atómicos; casi 90% son núcleos de hidrógeno, o protones, pero también de elementos más pesados. Fueron formados por estrellas y explosiones cósmicas y acelerados por millones de años a través del espacio, adquiriendo enormes cantidades de energía. Pocos de esos rayos cósmicos primarios llegan a la superficie de la Tierra. La mayoría choca con otros átomos en la atmósfera superior para crear lluvias de rayos cósmicos secundarios, incluyendo todo tipo de partículas subatómicas (recuadro der.). Cada 100 $cm^2$ de la superficie de la Tierra son golpeados por aproximadamente 100 rayos cósmicos secundarios por minuto.

## Aceleradores de partículas

Estas máquinas gigantes son vitales para el estudio físico de las partículas. Suelen tener varios kilómetros de largo, aceleran rayos de partículas cargadas como electrones, protones y núcleos atómicos, casi a la velocidad de la luz. Así imitan, en pequeña escala, la aceleración de rayos cósmicos en el espacio exterior. Se hacen rayos de movimiento rápido para golpear otras partículas o núcleos, ya sea blancos fijos o rayos de partículas que viajan en sentido opuesto.

Cada acelerador de partículas consta de cuatro elementos importantes:

- una fuente de partículas cargadas.
- campos magnéticos para guiar las partículas en un sendero recto o circular y concentrarlas en un rayo angosto.
- campos eléctricos para acelerar partículas dándoles una "patada" cada vez que pasan cerca.
- detectores y computadoras para verificar el resultado de las colisiones.

Las colisiones dentro de los aceleradores destrozan las partículas, produciendo otras nuevas que pueden estudiar los físicos especialistas en partículas. Algunas de esas nuevas partículas viven no más de una billonésima de segundo.

## Familia de partículas subatómicas

Las partículas subatómicas se agrupan por características y propiedades. Algunas forman parte de átomos, pero otras se crean sólo en interacciones de gran energía: reacción nuclear o colisión en acelerador de partículas. La mayoría tiene una vida muy breve.

- **Partículas compuestas** También conocidas como hadrones, estas partículas están integradas por quarks. Incluyen protones y neutrones; ambos son dos tipos de bariones: hadrones que constan de tres quarks.
- **Partículas elementales o fundamentales** Las partículas con elementos desconocidos se llaman fundamentales o elementales. Comprenden tres diferentes grupos: leptones (que incluyen electrones), quarks, y los bosones fundamentales o portadores de fuerza como fotones, weakones, gluones y quizá el gravitón (vea el recuadro Fuerzas que aglutinan la materia).
- **Antipartículas** La antimateria equivalente a las partículas normales se conoce en forma colectiva como antipartículas. Tiene la misma masa que las partículas normales, pero atributos opuestos como la carga eléctrica; por ejemplo: positrones (antielectrones con carga positiva), antineutrones, antiquarks, antiprotones, etcétera. Las antipartículas, como átomos antihidrógeno (positrones orbitando antiprotones) son creadas en aceleradores de partículas, pero todas tienen vida muy breve.

**Máquina grande** Los anillos del acelerador de partículas del CERN, en Ginebra, se construyen en las profundidades, en las afueras de la ciudad.

**Super Ciclotrón de Protones (SCP)** Mide 2 km de diámetro y se construyó para acelerar protones a hipervelocidad. También se usó para acelerar núcleos pesados para imitar algunas de las actividades que ocurrieron poco después de que el *big bang* creara el Universo.

**Colisionador de Electrones Positrón (CEP)** El CEP mide 9 km de diámetro. Estudia el choque de electrones y positrones para crear partículas W y Z. Se planeó que el mismo túnel albergara al Gran Colisionador de Hadrones (GCH), para estudiar la elevada energía de colisiones frontales de protones.

**Conducto de precisión** El anillo en que se aceleran las partículas contiene un vacío para evitar el choque no deseado con moléculas del aire. Está alineado a una precisión de 0.1 mm.

**Imanes de enfoque** Las partículas se mantienen muy compactadas usando fuertes imanes de enfoque con 4 o 6 polos. En el CEP, 100 billones de partículas se concentran en un rayo delgado como un cabello.

**Imanes guía** Las partículas se mantienen en una ruta circular con imanes guía. La máquina es tan sensible que hasta los movimientos de la Luna, el nivel del lago cercano y los trenes que pasan pueden afectar el rayo.

**Partículas en colisión** En 4 puntos simétricos del anillo, las partículas (grupos de electrones o positrones que orbitan en sentido opuesto) se concentran abajo y se hacen chocar. Se separan con una enorme explosión de energía.

**Cavidades aceleradoras** En cada órbita por el anillo, más de 10,000 veces por segundo, cavidades aceleradoras especiales aumentan la rapidez de las partículas, usando cargas eléctricas que atraen y rechazan partículas cargadas.

vea también
522 **La radiactividad**
526 **Átomos y moléculas**
528 **La tabla periódica**

*Mucho antes de que se comprendiera bien la estructura del átomo, en ciertos elementos naturales se halló una misteriosa radiación que en algunos casos atravesaba objetos sólidos. El fenómeno se llamó radiactividad. Se descubrió que la radiación tenía tres tipos de rayos importantes, y el estudio de éstos ayudó a dilucidar la estructura de la materia. Ahora se sabe que la radiactividad es una propiedad de núcleos atómicos inestables. Puede ser natural o inducirse al bombardear núcleos inestables con partículas subatómicas procedentes de rayos cósmicos, de materiales radiactivos o de una reacción o explosión nuclear.*

## ¿QUÉ ES LA RADIACTIVIDAD?

Los núcleos atómicos inestables emiten partículas subatómicas que tienen mucha energía, o radiación. Hay tres tipos de radiación, cada una con distintas propiedades. Sus descubridores los llamaron rayos alfa (α), beta (β) y gamma (γ), según la distancia a la que podían penetrar diversos materiales.

Los rayos alfa y beta resultaron ser haces de partículas subatómicas (vea la pág. 521), por eso ahora se les conoce como partículas alfa y beta, en vez de rayos. Al ser emitidas por un núcleo cambian su estructura y la estructura de su átomo, así que se convierten en el átomo de un elemento distinto. Ese cambio se llama degradación o transformación. Los rayos gamma son como rayos X muy intensos. Su emisión no implica degradación nuclear sino sólo la liberación de energía nuclear excedente. Suelen acompañar o seguir la emisión de partículas alfa o beta, o ambas.

Estas radiaciones pueden ser nocivas para el organismo. En términos de energía (poder de penetración), las partículas alfa son las más débiles y los rayos gamma los más fuertes. Pero el poder de la radiación para destruir células puede curar varios tipos de cáncer.

### Partículas alfa

Cada partícula alfa consta de dos protones unidos con dos neutrones, y de hecho es idéntica al núcleo de un átomo de helio. Las partículas alfa tienen una carga positiva. Son emitidas cuando el núcleo de un átomo radiactivo se degrada. Son muy pesadas para que las desvíen las moléculas del aire al chocar con ellas, así que se mueven en línea recta.

**Penetración** Las partículas alfa son detenidas por una hoja de papel delgada.

**Efecto** Las partículas alfa no pueden penetrar la piel, y entran al organismo sólo si se consume o inhala material radiactivo. En el organismo, una sola partícula puede dañar alterando la estructura de una célula viva y causar cáncer.

**Ejemplo** El uranio-238 emite partículas alfa al degradarse para formar torio-234.

### Partículas beta

Una partícula beta es un electrón rápido emitido por el núcleo cuando un exceso de neutrones cambia protones cargados positivamente. Eso aumenta el número atómico en 1; la partícula beta se lleva la carga negativa excesiva. La masa de estas partículas es mínima, viajan como a la mitad de la velocidad de la luz, y pueden salir de curso si chocan con las moléculas del aire.

**Penetración** Las partículas beta son detenidas por una lámina de aluminio de 5 mm.

**Efecto** Algunas partículas beta pueden atravesar la piel, pero es más probable que causen daño si se inhala o se come un emisor beta. Si se contaminan los huesos, éste puede causar leucemia, por ejemplo.

**Ejemplo** El estroncio-90 emite partículas beta si se degrada para formar itrio-90.

### Rayos gamma

Es una radiación electromagnética (vea pág. 519) similar a los rayos X, pero con una longitud de onda más corta. Igual que los rayos X, penetran casi todos los materiales. Los rayos gamma no tienen masa y viajan en forma recta a la velocidad de la luz. Se producen si los núcleos se degradan (o muy poco después), junto con cualquier emisión de partículas alfa o beta, o ambas.

**Penetración** Una lámina de plomo de 4 cm reduce su intensidad 90%. Se necesita concreto muy grueso para proteger bien a la gente.

**Efecto** Los rayos gamma penetran el cuerpo. Son nocivos sobre todo porque crean iones (átomos cargados), que dañan tejidos vivos.

**Ejemplo** El radio-226 emite rayos gamma si se degrada para formar radón-222.

## Distintas versiones del mismo elemento

Casi todos los elementos pueden existir en diversas versiones químicamente idénticas con diferencias físicas menores a nivel atómico; se llaman isótopos. Sus átomos comparten el mismo número atómico, pero difieren en masa atómica.

**Número atómico** Los átomos que integran un elemento específico están definidos por su número atómico, la cantidad de protones en cada núcleo (vea pág. 520). Por ejemplo, si un átomo tiene 6 protones, debe ser carbono; si tiene 92, es uranio.

**Masa atómica** Por otro lado, la masa atómica de un átomo depende de la cantidad de protones y neutrones en su núcleo. Los isótopos difieren en mása atómica porque difieren en el número de neutrones en sus núcleos. Al tomar el caso de dos isótopos de carbono, por ejemplo:

**Carbono-12**
Número atómico 6; masa atómica 12
El núcleo tiene 6 protones y 6 neutrones

**Carbono-14**
Número atómico 6; masa atómica 14
El núcleo tiene 6 protones y 8 neutrones

**Radioisótopos**
Es posible que los isótopos con núcleos inestables (incluyendo el carbono-14) se degraden. Se conocen como radioisótopos, es decir, isótopos radiactivos. Se han descubierto unos 1,500 radioisótopos. En la naturaleza existen 60 de ellos; el resto es resultado de reacciones nucleares o experimentos de la física de las partículas.

## Cadena de degradación

Algunos isótopos radiactivos se degradan en varias etapas (emiten diversas partículas en cada una) antes de estabilizarse. La serie de isótopos, a menudo con vida media distinta, formada por la degradación de un elemento en otro se llama serie radiactiva. Por ejemplo, el torio-232 se transforma 10 veces para convertirse en plomo.

## ¿QUÉ ES LA VIDA MEDIA?

La vida media de un isótopo es una medida a la cual se degrada. La degradación de un núcleo es impredecible, pero en un grupo de átomos la mitad se degrada en cierto periodo: la vida media. Durante ésta, la radiactividad se reduce a la mitad. En el siguiente mismo periodo de vida media, la mitad de los núcleos restantes (no la mitad del número original) se degrada y la radiactividad se reduce a un cuarto de su nivel original, y así sucesivamente. La vida media de un radioisótopo dado puede variar de una fracción de segundo a millones de años.

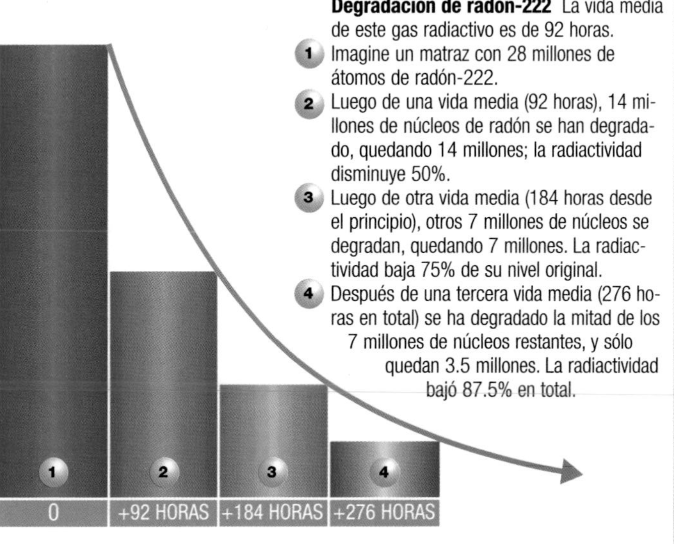


**Degradación de radón-222** La vida media de este gas radiactivo es de 92 horas.

1. Imagine un matraz con 28 millones de átomos de radón-222.
2. Luego de una vida media (92 horas), 14 millones de núcleos de radón se han degradado, quedando 14 millones; la radiactividad disminuye 50%.
3. Luego de otra vida media (184 horas desde el principio), otros 7 millones de núcleos se degradan, quedando 7 millones. La radiactividad baja 75% de su nivel original.
4. Después de una tercera vida media (276 horas en total) se ha degradado la mitad de los 7 millones de núcleos restantes, y sólo quedan 3.5 millones. La radiactividad bajó 87.5% en total.

## Radiactividad natural

Los radioisótopos naturales abundan en la Tierra en rocas y minerales. Producen niveles bajos de radiactividad conocida como "radiación de fondo". Es inocua en casi todos los lugares, pero en algunas áreas escurre gas radón y puede ser nocivo si se acumula en los sótanos de las casas. Hay dos grupos de radioisótopos naturales:

**Primordiales** Creados en los primeros días del Universo, los isótopos primordiales son miles de millones de años más antiguos que la misma Tierra. Tienen una vida media muy larga; por ejemplo, 4,500 millones de años para el uranio-238.

**Cosmogénicos** Creados cuando los rayos cósmicos (vea pág. 520) bombardean átomos en la atmósfera superior, su vida media es mucho más breve, pero se reconstituyen sin cesar. Por ejemplo, el carbono-14 tiene una vida media de 5,730 años. Como lo absorben los organismos vivos, con su degradación puede calcularse cuándo murieron.

## Fisión y fusión nuclear

Los reactores y las armas nucleares aprovechan lo que enuncia la teoría de la relatividad (vea pág. 524): que masa y energía son dos aspectos de la misma cosa. La materia (masa) se destruye y se convierte en energía; ya sea por fisión nuclear (división de núcleos pesados) o por fusión nuclear (unión de núcleos ligeros). En ambos casos, la masa de los productos de fisión o fusión, como cualquier partícula subatómica emitida, es menor que la de los núcleos iniciales. La masa "perdida" se vuelve un estallido de energía.

**Fisión** La fisión nuclear depende de que los núcleos de ciertos isótopos se vuelvan muy inestables si atrapan un neutrón, como uranio-235 y plutonio-239. Se dividen de inmediato en dos núcleos más ligeros con más neutrones, que pueden dividir más núcleos en una reacción en cadena (der.). Se libera energía como rayos gamma y otra radiación; genera mucho calor igual que la energía cinética de los productos de fisión. En una bomba la reacción en cadena se efectúa en millonésimas de segundo y la liberación de energía es explosiva. En un reactor las barras de control garantizan que haya suficientes neutrones para mantener una reacción estable.

**Fusión** La fusión nuclear usa el calor de una reacción de fisión: eso hace que los núcleos de hidrógeno o sus isótopos deuterio y tritio se unan para formar núcleos de helio. Hay una pérdida de masa y gran liberación de energía. La fusión es el combustible del Sol; aún no se ha construido un reactor de fusión para generar electricidad, confiable.

**Reacción en cadena** Cada vez que un neutrón hace que se divida un núcleo de uranio-235 (U-235), se producen neutrones excedentes. Si está presente una "masa crítica" de U-235, esos neutrones pueden causar más división nuclear, y así sucesivamente, en una reacción en cadena. Pero si no hay suficiente U-235, escapan demasiados neutrones y la reacción fracasa.

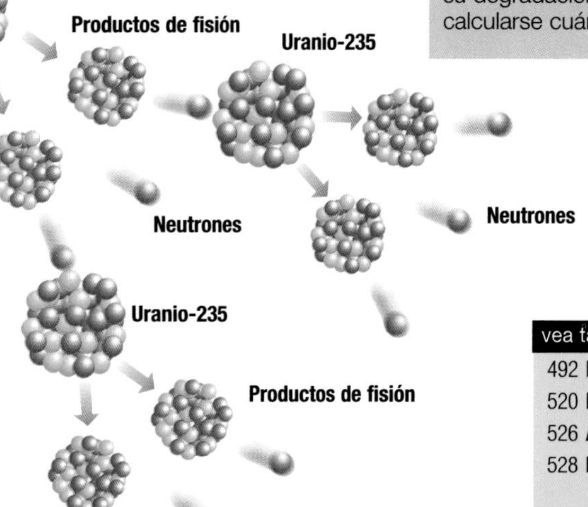


vea también

492 **Energía nuclear**
520 **En el interior del átomo**
526 **Átomos y moléculas**
528 **La tabla periódica**

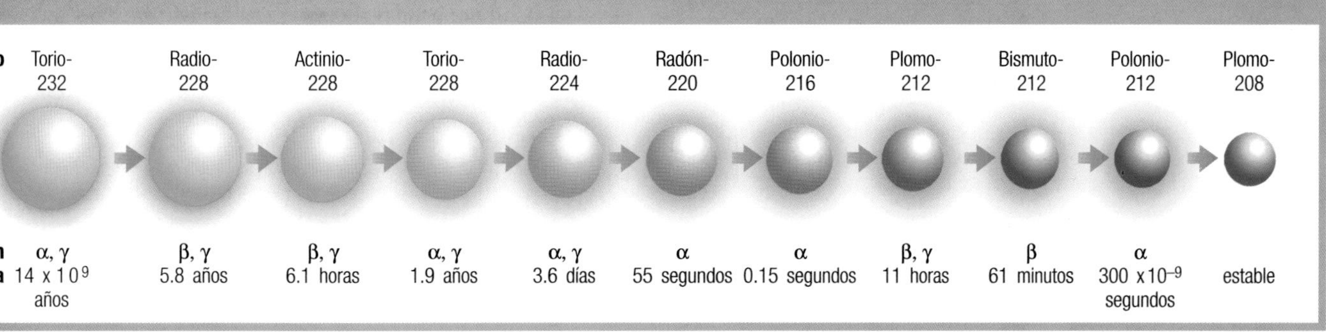

*Las dos teorías de la relatividad de Albert Einstein intentan explicar la verdadera naturaleza del movimiento, la masa, la energía y la gravedad. Invalidó muchos conceptos venerados en la tradición clásica de la física newtoniana. La Teoría General trata la gravedad; la Teoría Especial pronostica cómo actúan los objetos a velocidades cercanas a la de la luz.*

## ¿QUÉ ES LA RELATIVIDAD?

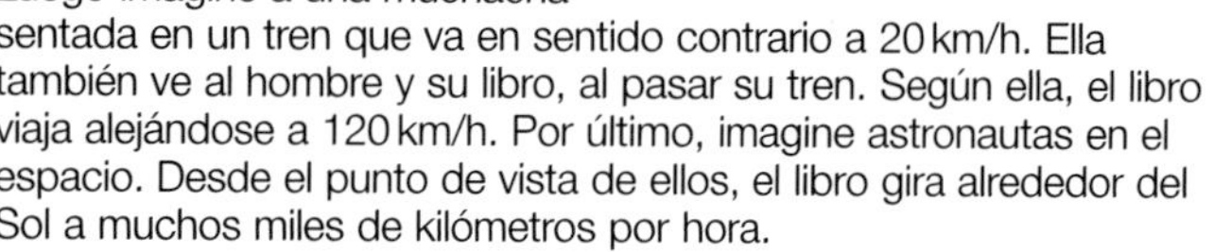

El meollo de la relatividad revela cómo medimos el espacio y el tiempo. Imagine a un hombre sentado en un tren leyendo un libro. Según él, su libro está fijo; lo que es indudable, dentro de su particular **marco de referencia.** Ahora imagine a una mujer parada en el andén mirando al hombre y su libro por la ventana al pasar el tren. El tren viaja a 100 km/h, así que para la mujer el libro avanza a 100 km/h. Luego imagine a una muchacha sentada en un tren que va en sentido contrario a 20 km/h. Ella también ve al hombre y su libro, al pasar su tren. Según ella, el libro viaja alejándose a 120 km/h. Por último, imagine astronautas en el espacio. Desde el punto de vista de ellos, el libro gira alrededor del Sol a muchos miles de kilómetros por hora.

**Ningún punto fijo** Todo depende del marco de referencia. Al usar distintos marcos de referencia, surgen medidas totalmente distintas, todas válidas en sus diferentes modos. La relatividad entonces establece que no existe una medida absoluta del espacio como tal. En el espacio ningún objeto está en reposo total. Por ende, no existe un punto fijo desde el cual tomar medidas absolutas.

**La velocidad de la luz** Sí hay un absoluto: la velocidad de la luz. Imagine un auto que viene a 30 m/s (108 km/h). El sentido común le diría que como se aproxima, la luz de los faros viaja 30 m/s más rápidamente que la velocidad de la luz: $c$ + 30 m/s ($c$ = velocidad de la luz). Y el sentido común se equivocaría. No importa cuánto pueda moverse un observador o su rapidez respecto de la fuente de luz: la velocidad de la luz no cambia. A diferencia de lo demás en el Universo, la velocidad de la luz es independiente de cualquier referencia. Pero la velocidad es distancia sobre tiempo. Para que la velocidad de la luz sea constante, la distancia y sobre todo el tiempo deben estar sujetos al cambio según el punto de vista del observador. Según Einstein, el tiempo no es constante; para unos pasa más pronto que para otros, según sus circunstancias.

### Mucha energía a partir de poca masa

La física newtoniana considera distintas la masa y la energía. Pero la Teoría Especial elimina la distinción: en la relatividad, la masa es energía "congelada". Y según la ecuación $E = mc^2$, la energía encerrada en la masa es inmensa. Como $c^2$ –el cuadrado de la velocidad de la luz– es 90,000,000,000,000,000, para cada unidad de masa ($m$) la energía encerrada en ésta es 90,000,000,000,000,000 esa cantidad.

Esto preparó el terreno para explotar la energía de la materia dividiendo el átomo (más bien, el núcleo atómico). En un reactor nuclear, la energía que, en teoría, puede extraerse de sólo 100 g de combustible basta para mantener encendidos un millón de focos de 100 vatios tres años. Una bomba nuclear puede producir la misma energía a partir de 100 g de combustible. Por eso, una ojiva nuclear que quepa en una mesa de cocina explota con fuerza suficiente para destruir una ciudad.

## TEORÍA ESPECIAL DE LA RELATIVIDAD

La Teoría Especial (publicada en 1905) predice la conducta de los objetos que se mueven en un ambiente "especial", sin gravedad: el espacio vacío.

A partir del conocimiento básico del marco de referencia y la velocidad de la luz, hace una serie de predicciones, a veces pasmosas, sobre la masa, la energía y el tiempo. Postula, entre otras cosas:

- que masa y energía son equivalentes y pueden convertirse entre sí. Esto da la famosa ecuación, $E = mc^2$. En otras palabras, la energía **(*E*)** de un objeto en reposo es igual a su masa **(*m*)** multiplicada por la velocidad de la luz **(*c*)** al cuadrado.
- que a medida que un cuerpo se acelera, su energía y masa aumentan y su longitud disminuye en la dirección que avance. Si un objeto pudiera alcanzar la velocidad de la luz, tendría una masa infinita y una longitud cero. Eso significa que la velocidad de la luz es el límite superior de velocidad del Universo.
- que cuando un objeto se mueve, el tiempo parece pasar más lentamente para un observador "exterior", aunque parece transcurrir "normalmente" para la persona que se mueve. Esa divergencia es perceptible sólo a velocidades cercanas a la de la luz. Esto significa que las mediciones del tiempo, como las del espacio, son relativas, no absolutas.

## TEORÍA GENERAL DE LA RELATIVIDAD

La ley de la gravedad de Isaac Newton (publicada en 1687) postula que la gravedad es una fuerza que existe entre dos cuerpos de materia, y su intensidad depende de su masa y la distancia entre ambos.

Indica que la fuerza de gravedad que ejerce el Sol sobre los planetas del Sistema Solar, por ejemplo, es instantánea sobre millones de kilómetros. Pero esto es incompatible con el concepto, propuesto en la Teoría Especial de la Relatividad, de que nada puede viajar más rápidamente que la velocidad de la luz.

- **La relatividad explica la gravedad** En 1915, Einstein propuso una Teoría General que explica la gravedad. Según esta teoría, la gravedad es una propiedad de espacio, tiempo y masa, y no una fuerza de atracción entre los cuerpos. La presencia de un campo gravitacional se debe al espacio-tiempo (pág. opuesta) que se curva alrededor de un cuerpo, mientras que la falta de campo gravitacional lo deja plano.

Es más fácil entenderlo imaginando el espacio-tiempo como una hoja de hule estirada. Si se coloca una bola pesada encima, hace una depresión. Ésta afectaría a una bola más pequeña que rodara por la lámina y la haría avanzar hacia la bola pesada.

- **El Sol y los planetas** La física newtoniana explica la órbita curva de un planeta alrededor del Sol afirmando que el planeta es atraído por la fuerza de gravedad del Sol. La Teoría General afirma que la trayectoria del planeta es curva porque el Sol, con mayor masa, distorsiona y curva el espacio-tiempo a su alrededor.

En el espacio deformado de la Teoría General, una curva es la distancia más corta entre dos puntos y, por ende, es la trayectoria seguida por el planeta. Eso también se aplica a la luz, que se "inclina" por la curva en el espacio-tiempo.

## Tiempo y relatividad

**De una nave espacial a otra** Para los astronautas a bordo, la pulsación de la luz viaja en línea recta en 1 segundo, porque lo hace a una velocidad cercana a la de la luz.

¿Cómo es que el tiempo pasa a distinto ritmo para una persona que para otra? Imagine dos naves que viajan por el espacio al 99% de la velocidad de la luz a una distancia fija de 300,000 km. Se envía una pulsación de luz de una nave a otra. Para los astronautas a bordo, esa pulsación viaja en línea recta porque ambas naves están inmóviles, una en relación con la otra, y tarda 1 segundo (vea izq.).

Sin embargo, un observador en la Tierra, viéndolas por un telescopio, vería que el rayo de luz sigue una trayectoria diagonal (vea abajo). Es obvio que esta trayectoria es más larga que la línea recta vista por los astronautas y, desde este punto de vista, la luz tarda más en viajar de una nave a la otra.

Los astronautas y el observador en la Tierra han presenciado lo mismo, pero desde distintos marcos de referencia. Para el observador en la Tierra, el rayo tarda siete veces más que para los astronautas. Aunque la velocidad de la luz es constante, es la única constante del Universo. Así que la única explicación de que la luz parezca tardar más para el observador en la Tierra es que el mismo tiempo se movía más despacio para él en relación con los astronautas de la nave. El tiempo no pasa a la misma velocidad para los astronautas y el observador. El tiempo, como el espacio, se relaciona con el marco de referencia desde el que se mide.

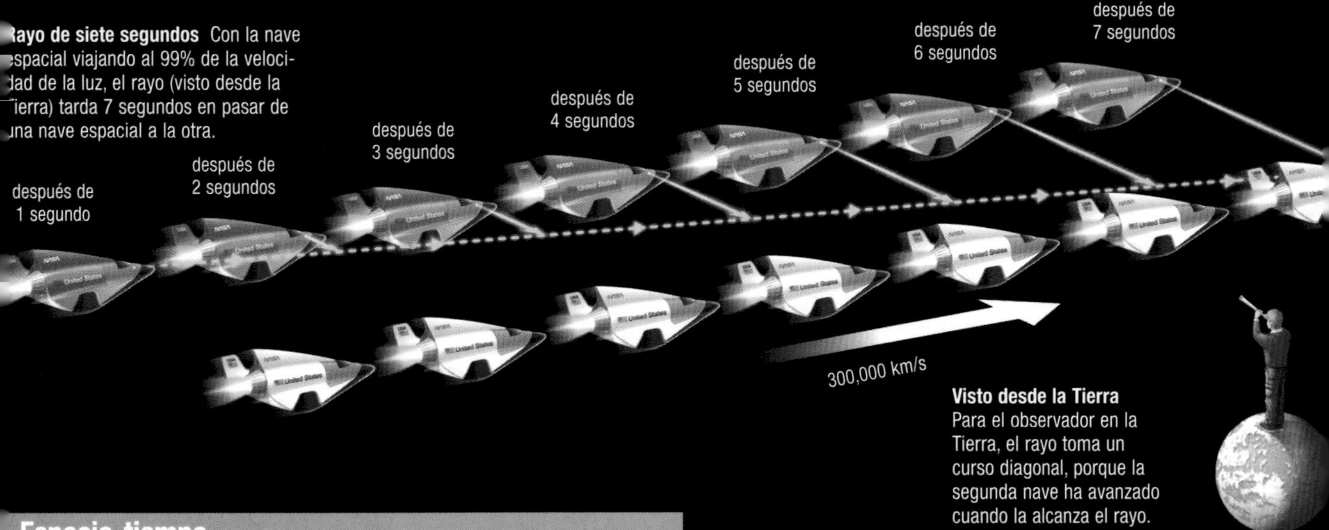


**Rayo de siete segundos** Con la nave espacial viajando al 99% de la velocidad de la luz, el rayo (visto desde la Tierra) tarda 7 segundos en pasar de una nave espacial a la otra.

**Visto desde la Tierra** Para el observador en la Tierra, el rayo toma un curso diagonal, porque la segunda nave ha avanzado cuando la alcanza el rayo.

## Espacio-tiempo

La Teoría General propone un concepto de espacio-tiempo. En física, el espacio expresa la idea de distancia, y tiene tres dimensiones, en ángulos rectos entre sí. Un objeto puede moverse en tres dimensiones para llegar a cierto punto: hacia delante o hacia atrás, a derecha o izquierda, abajo o arriba.

El movimiento, claro, también implica una cuarta dimensión: el tiempo. El tiempo y las tres dimensiones pueden combinarse en un sistema cuatridimensional de espacio-tiempo, o un continuo espacio-tiempo. Según la Teoría General, el espacio-tiempo, la masa y la gravedad son interdependientes.

## Relatividad: la prueba

Desde que Einstein postuló sus ideas sobre la relatividad, muchas de ellas se han puesto a prueba experimentalmente y se ha demostrado que son correctas.

- Se ha comprobado que los relojes atómicos en naves espaciales son más lentos por fracciones que en la Tierra.
- La física de las partículas ha probado que las partículas subatómicas que viajan a gran velocidad ganan masa exactamente en la cantidad que pronosticara Einstein.
- Se ha demostrado que la luz de las estrellas es "inclinada" por el Sol, lo que aporta pruebas de que una gran masa distorsiona el espacio-tiempo.
- Las partículas de los rayos cósmicos sólo deben durar una fracción de segundo al llegar a la atmósfera terrestre. Pero viven un tiempo mucho mayor (basta para detectarlas) porque viajan por el espacio a la velocidad de la luz, así que el tiempo se mueve más despacio para ellas.

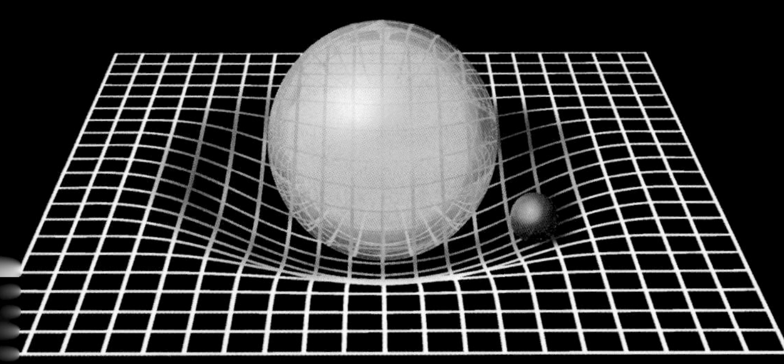

**¿Qué es la gravedad?** Si el espacio-tiempo se ve como una lámina plástica, es fácil ver cómo un objeto grande la distorsiona más que uno pequeño. Éste entonces "cae"

vea también
16 **El Universo**
492 **Energía nuclear**
512 **La mecánica**
522 **La radiactividad**

*Todas las sustancias de la Tierra están integradas por átomos de uno o varios elementos. Para entender por qué una sustancia tiene cierto aspecto y por qué actúa de cierto modo en circunstancias específicas, los químicos estudian las propiedades de los átomos de muchos elementos diferentes y de los compuestos que forman los átomos. A partir de sus hallazgos, conciben leyes que ayudan a describir la naturaleza de la materia.*

## ¿QUÉ ES UN ÁTOMO?

Un átomo es la partícula más pequeña de cualquier elemento que pueda participar en una reacción química. Está compuesto de un centro con carga positiva –el núcleo (vea abajo)– rodeado por electrones de carga negativa, en órbita.

**Átomo de carbono** con 6 protones y 6 neutrones en su núcleo

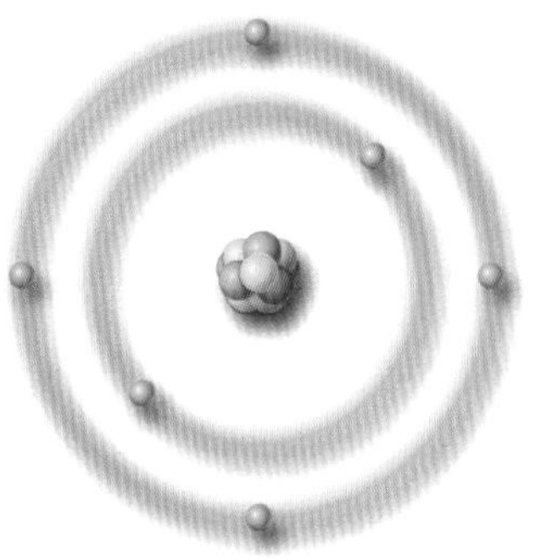

**Electrones en órbita**
2 en la capa interna;
4 en la capa externa

**Átomo de azufre** con 16 protones y 16 neutrones en su núcleo

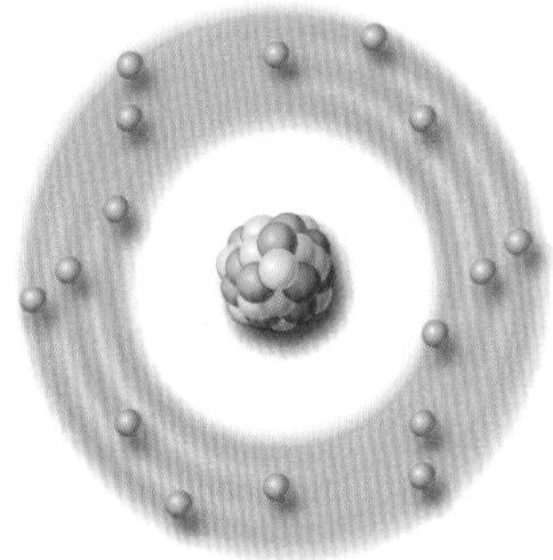

**Electrones en órbita**
2 en la capa interna;
8 en la capa media;
6 en la capa externa

**Capas de electrones** Los electrones dan vueltas alrededor del núcleo en capas. La capa interna lleva hasta 2 electrones, la siguiente capa hasta 8, y la tercera un máximo de 18 electrones. Las características químicas de un átomo dependen del grado en que se llene su electrón más alejado.

**El núcleo** Casi toda la masa de un átomo reside en su núcleo, compuesto de protones y neutrones. Los protones tienen carga positiva; los neutrones son neutros en términos eléctricos. Todo elemento se define por el número de protones en el núcleo de cada átomo, llamado número atómico. El carbono tiene seis protones en el núcleo de cada átomo y su número atómico es seis.

**Los electrones** El núcleo está rodeado de electrones que giran, que son partículas diminutas de carga negativa. En un átomo neutro de cualquier elemento, el número de electrones es igual al de protones. Los electrones en órbita determinan el comportamiento químico de un átomo al combinarse o enlazarse, ya sea compartiendo o transfiriendo electrones (vea pág. 530). Los electrones se ordenan en capas a diferentes distancias del núcleo. Cada capa puede contener cierto número máximo de electrones.

**Iones** Un ion es un átomo o grupo de átomos con carga eléctrica. La carga de un átomo suele ser neutra, pero en las reacciones químicas los electrones pueden intercambiarse de un átomo a otro, de suerte que los átomos obtienen una carga total positiva o negativa, produciendo iones negativos o positivos. Los iones con carga positiva se llaman cationes y los de carga negativa, aniones.

## Ramas de la química

El estudio de la química se divide en varias disciplinas bien diferenciadas:

- **Bioquímica** es el estudio de los procesos químicos que se llevan a cabo en los organismos vivos.
- **Química analítica** crea y usa técnicas para determinar con precisión qué elementos están presentes en una sustancia y en qué proporciones.
- **Química aplicada** es la aplicación práctica del conocimiento y las técnicas químicas a la agricultura, la industria, la medicina y otras áreas comerciales.
- **Química de polímeros** estudia compuestos hechos de largas cadenas de moléculas que se repiten. El ADN y las proteínas son ejemplos orgánicos, y casi todos los plásticos son polímeros sintéticos.
- **Química estructural** estudia cómo se ordenan los átomos en las moléculas y los tipos de enlaces entre ellos.
- **Química física** se interesa en los efectos físicos de las estructuras químicas, sobre todo los cambios de energía y las velocidades de reacción.
- **Química inorgánica** es el estudio de las propiedades de los elementos y de todos sus compuestos, excepto los del carbono.
- **Química orgánica** es el estudio de los numerosos compuestos del carbono. Todos los organismos vivos se basan en moléculas de carbono; por eso la disciplina se denomina química orgánica.

## ¿QUÉ ES UNA MOLÉCULA?

Muchas sustancias están integradas por moléculas que constan de dos o más átomos unidos, del mismo o distinto elemento. Los enlaces que unen átomos en una molécula se forman por electrones "compartidos" (vea pág. 530). Una molécula es la parte más pequeña de una sustancia que puede existir como tal por cuenta propia.

Una molécula de agua, por ejemplo, tiene un átomo de oxígeno enlazado a dos átomos de hidrógeno; si se separaran los átomos que la constituyen, ya no tendría las propiedades que relacionamos con el agua.

Cualquier sustancia puede representarse por su fórmula química, que muestra la proporción de los átomos de los diferentes elementos en ésta. Así, la fórmula $H_2O$ indica que se necesitan dos átomos de hidrógeno por uno de oxígeno para hacer agua. Del mismo modo, la fórmula del ácido sulfúrico, $H_2SO_4$, indica que éste contiene hidrógeno, azufre y oxígeno en una proporción de 2:1:4.

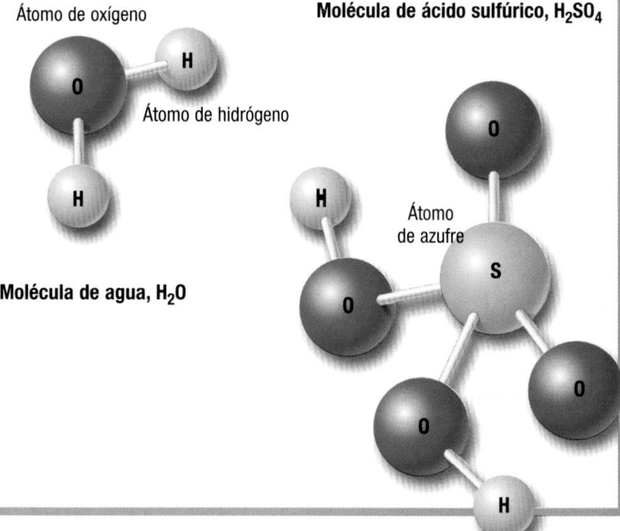


**Molécula de agua, $H_2O$**

**Molécula de ácido sulfúrico, $H_2SO_4$**

## Cómo se nombran los elementos

En química, las sustancias básicas se llaman elementos. Cualquier elemento puro consta de átomos químicamente idénticos. Una muestra pura de oro, por ejemplo, sólo contendrá átomos de oro.

Por conveniencia, los químicos han dado a cada elemento un nombre y símbolo específicos. El **símbolo** de un elemento consta de una o dos letras, en general una versión abreviada del nombre. Estos símbolos han sido adoptados por los científicos a nivel internacional.

La extensa mayoría de los elementos hoy conocidos se descubrieron en los dos o tres últimos siglos. A muchos se les han dado nombres que aluden a sus características de identificación, según observara su descubridor. El oxígeno, por ejemplo, significa "formador de ácido", por la teoría del siglo XVIII de que todos los ácidos tienen oxígeno; el nombre del cloro, un gas verdoso, proviene de la palabra *khloros,* vocablo griego para amarillo-verde.

Sin embargo, algunos de los elementos se conocen y usan desde la antigüedad. Suelen tener nombres que derivan del latín o del griego antiguo:

| Elemento | Latín | Símbolo |
|---|---|---|
| Cobre | Cuprum | Cu |
| Hierro | Ferrum | Fe |
| Mercurio | Hydrargyrum | Hg |
| Oro | Aurum | Au |
| Plata | Argentum | Ag |
| Plomo | Plumbum | Pb |
| Potasio | Kalium | K |

A últimas fechas, se ha optado por nombrar elementos en honor de científicos famosos:

Curio (Marie Curie)
Nobelio (Alfred Nobel)
Fermio (Enrico Fermi)

Ese honor también abarca nombres de lugares:

Californio (California)
Americio (América)
Francio (Francia)
Polonio (Polonia)

Hay una nueva propuesta para nombrar los elementos según su **número atómico** en latín (vea El núcleo, pág. opuesta). Los transactínidos (números atómicos del 104 en adelante) ya se están nombrando así (vea La tabla periódica, págs. 528-529).

## EXISTEN EN FORMAS DISTINTAS

Algunos elementos existen en más de una forma de molécula o cristal. Esas diferentes formas se llaman alótropos.

**Gases alotrópicos** difieren en su estructura molecular. Por ejemplo, una molécula de gas oxígeno ordinario ($O_2$) tiene dos átomos de oxígeno, mientras que una de ozono alótropo ($O_3$) tiene tres. Sus propiedades físicas también difieren: el oxígeno ordinario es inodoro, mientras que el ozono tiene un olor acre.

**Alótropos sólidos** tienen diferentes estructuras de cristal. Por ejemplo, el carbono tiene tres alótropos –diamante, grafito y fullereno–, cada uno con distintas propiedades físicas. Las diferentes estructuras surgen por la forma en que se unen los átomos.

**Diamante** Los átomos de carbono se unen formando una retícula tetraédrica tridimensional.

**Diamante** Fuertes enlaces se extienden en todas direcciones por todo el transparente cristal de diamante, volviéndolo muy rígido y duro; es la sustancia conocida más dura.

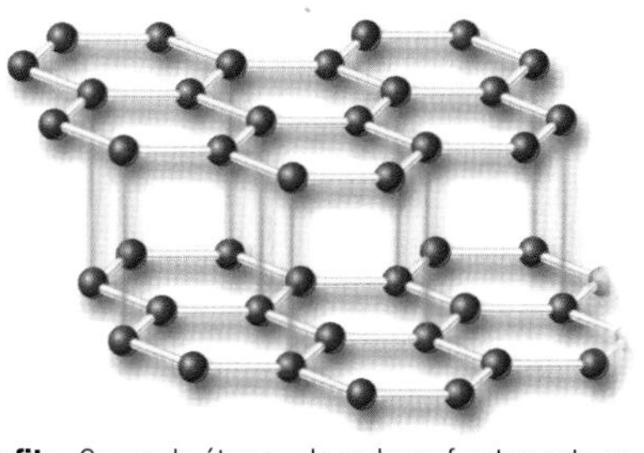

**Grafito** Capas de átomos de carbono fuertemente enlazados se unen mediante enlaces mucho más débiles, de modo que se deslizan con facilidad unas sobre otras.

**Grafito** Los enlaces débiles entre capas de átomos hacen el grafito resbaloso y suave y, por ende, un buen lubricante. Al ser negro, también se usa como material para dibujar.

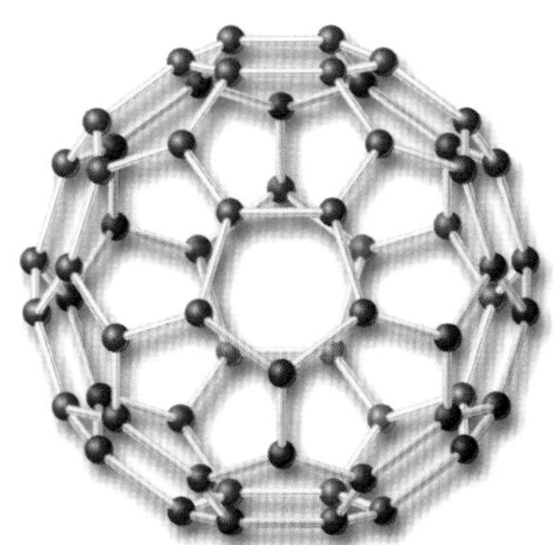

**Fulereno** Cada molécula consta de un conglomerado, de forma esférica, de 60 átomos de carbono.

**Fulereno** En 1985 se descubrieron los cristales fulereno, suaves y resistentes al calor, al apuntar un rayo láser hiperpoderoso al grafito. A veces se le llama *buckminsterfullerene.*

## TÉRMINOS CLAVE

**Átomo** La parte más pequeña de un elemento que participa en una reacción química.

**Catalizador** Una sustancia que cambia de manera manifiesta la velocidad de una reacción química, sin que ella misma sufra un cambio químico permanente.

**Combustión** Una reacción química en la que una sustancia reacciona rápidamente con oxígeno, emitiendo calor y luz en forma de llama.

**Compuesto** Una sustancia que contiene átomos de dos o más elementos diferentes combinados químicamente.

**Elemento** Una sustancia que sólo consta de átomos químicamente idénticos.

**Ion** Un átomo o grupo de átomos que lleva una carga eléctrica.

**Molécula** Dos o más átomos enlazados químicamente. Con compuestos, es la cantidad más pequeña que participa en una reacción química.

**Número atómico** El número de protones en el núcleo de un átomo. Todos los átomos del mismo elemento tienen un número atómico igual.

**Oxidación** Adición de oxígeno a un elemento o compuesto durante una reacción química. También se dice que la oxidación ocurre si se elimina el hidrógeno.

**pH** Una medida de acidez o alcalinidad. Un pH de 7 es neutro, mientras que las sustancias con pH menores son ácidas, y las que tienen un número mayor son alcalinas.

**Reacción química** Un proceso que incluye dos o más sustancias y que da lugar a un cambio químico.

**Reducción** Adición de hidrógeno a un elemento o compuesto en una reacción química. También se dice que la reducción ocurre si se elimina el oxígeno.

vea también

520 **En el interior del átomo**
528 **La tabla periódica**
530 **La química de los compuestos**
532 **Los procesos de la vida**

# La tabla periódica

*La tabla periódica fue concebida por el químico ruso Dmitri Mendeleyev en 1869. Organizó todos los elementos de acuerdo con su número atómico y los perfiles que observó en sus propiedades químicas. Aunque ahora se conocen más elementos, la tabla –en lo básico– sigue igual, y es usada por químicos para predecir cómo podrían reaccionar juntos los elementos.*

## Cómo leer la tabla periódica

Cada cuadro de la tabla periódica proporciona cuatro datos:

1 — el número atómico del elemento
**H** — su símbolo
**Hidrógeno** — su nombre
1.00 — su masa atómica relativa

**Grupos** Ocho columnas verticales de elementos, del I al VIII, se ordenan de izquierda a derecha de la tabla periódica. Se les llama grupos. Cada uno tiene elementos que tienden a reaccionar en formas químicamente similares, porque todos tienen átomos cuyos electrones se ordenan en torno al núcleo de modo parecido. Además de estar numerados, cada grupo tiene un nombre:

| | |
|---|---|
| **Grupo I** | los metales alcalinos |
| **Grupo II** | los metales alcalinotérreos |
| **Grupo III** | los elementos del boro |
| **Grupo IV** | los elementos del carbono |
| **Grupo V** | los elementos del nitrógeno |
| **Grupo VI** | los elementos del oxígeno |
| **Grupo VII** | los halógenos |
| **Grupo VIII** | los gases nobles |

- Cada metal alcalino (grupo I) tiene un solo electrón en su última capa. Como lo ceden con facilidad, son elementos muy reactivos.
- Los halógenos (grupo VII) también son muy reactivos, ya que a cada uno le falta un electrón para formar una capa externa completa.
- Los gases nobles (grupo VIII) no son reactivos, por tener capas externas completas.
- Al bajar por cada grupo, cambian ciertas características de los elementos: el diámetro de los átomos aumenta, los átomos ceden sus electrones externos con más facilidad y la densidad de los elementos aumenta.

**Periodos** Cada fila horizontal de la tabla se llama "periodo". Al leer un periodo de izquierda a derecha, aumenta el número de electrones de la capa externa o subcapa de los elementos. Hay otras dos tendencias:

- La naturaleza de los elementos cambia de metálicos a no metálicos.
- El punto de fusión de los elementos aumenta poco a poco a un máximo en el grupo IV (elementos del carbono), disminuyendo de nuevo hacia el grupo VIII (gases nobles).

| I | II | | | | | |
|---|---|---|---|---|---|---|
| 1<br>**H**<br>Hidrógeno<br>1.00 | | | | | | |
| 3<br>**Li**<br>Litio<br>6.9 | 4<br>**Be**<br>Berilio<br>9.01 | | | | | |
| 11<br>**Na**<br>Sodio<br>23.0 | 12<br>**Mg**<br>Magnesio<br>24.5 | | | | | |
| 19<br>**K**<br>Potasio<br>39.1 | 20<br>**Ca**<br>Calcio<br>40.1 | 21<br>**Sc**<br>Escandio<br>44.96 | 22<br>**Ti**<br>Titanio<br>47.88 | 23<br>**V**<br>Vanadio<br>50.94 | 24<br>**Cr**<br>Cromo<br>51.00 | 25<br>**Mn**<br>Manganeso<br>54.94 |
| 37<br>**Rb**<br>Rubidio<br>85.5 | 38<br>**Sr**<br>Estroncio<br>87.6 | 39<br>**Y**<br>Itrio<br>88.91 | 40<br>**Z**<br>Circonio<br>91.22 | 41<br>**Nb**<br>Niobio<br>92.91 | 42<br>**Mo**<br>Molibdeno<br>95.94 | 43<br>**Tc**<br>Tecnecio<br>98 |
| 55<br>**Cs**<br>Cesio<br>132.9 | 56<br>**Ba**<br>Bario<br>137.4 | 57-71<br>Lantánidos | 72<br>**Hf**<br>Hafnio<br>178.49 | 73<br>**Ta**<br>Tántalo<br>180.95 | 74<br>**W**<br>Tungsteno<br>183.85 | 75<br>**Re**<br>Renio<br>186.21 |
| 87<br>**Fr**<br>Francio<br>223.0 | 88<br>**Ra**<br>Radio<br>226.0 | 89-103<br>Actínidos | 104<br>**Unq**<br>Unnilquadio<br>(261) | 105<br>**Unp**<br>Unnilpentio<br>(262) | 106<br>**Unh**<br>Unnilhexio<br>(263) | 107<br>**Uns**<br>Unnilseptio<br>(264) |

| | | | |
|---|---|---|---|
| 57<br>**La**<br>Lantano<br>138.91 | 58<br>**Ce**<br>Cerio<br>140.12 | 59<br>**Pr**<br>Praseodimio<br>140.91 | 60<br>**Nd**<br>Neodimio<br>144.24 |
| 89<br>**Ac**<br>Actinio<br>227 | 90<br>**Th**<br>Torio<br>232.04 | 91<br>**Pa**<br>Protactinio<br>231.04 | 92<br>**U**<br>Uranio<br>238.03 |

**Lámina de cobre** Como muchos de los metales de transición, el cobre es un buen conductor de calor.

**Elementos de transición** En medio de la tabla están los metales de transición: del escandio al cinc, del itrio al cadmio y del hafnio al mercurio. Son similares porque sus subcapas de electrones incompletas no están en la última capa (a diferencia de los elementos en los bloques a derecha e izquierda de la tabla). Las subcapas de las últimas capas se llenan mientras que algunos de los "lugares" en las capas internas están vacantes. Son elementos conocidos por su alta densidad, y buenos conductores de calor y electricidad.

La secuencia de los metales de transición es interrumpida por los lantánidos (57-71) y actínidos (89-103).

Desde 1960 se han creado varios elementos muy pesados: los transactínidos (104 y arriba). Son "artificiales" porque sólo pueden producirse en un reactor nuclear o acelerador de partículas. Ahí los átomos de elementos más ligeros chocan a gran velocidad y forman un átomo de un nuevo elemento al fusionarse brevemente.

**Clave:**

- metales
- no metales
- metaloides
- elementos de transición

## NÚMERO Y MASA ATÓMICA

**Número atómico** El número de protones en el núcleo (vea pág. 526) de cada átomo de un elemento es el llamado número atómico de ese elemento.

**Masa atómica relativa** El peso de un átomo de un elemento específico, comparado con un átomo de otro elemento, se expresa como masa atómica relativa. Cada protón y neutrón es aproximadamente igual a una unidad de masa atómica. Por eso el carbono, con 6 neutrones y 6 protones en el núcleo de sus átomos, tiene una masa átomica relativa de 12.

A veces un átomo de un elemento en particular tiene neutrones adicionales en su núcleo, y se conoce como un isótopo. Un elemento puede tener varios isótopos, con masas atómicas variables, a causa de los neutrones extra. En ese caso, la masa átomica que aparece en la tabla es el promedio de los isótopos presentes en una muestra típica del elemento.

**Plata natural** Como la plata conduce tan bien la electricidad, igual que sus vecinos el cobre y el oro, se usa mucho en los circuitos eléctricos.

| | | | | | III | IV | V | VI | VII | VIII |
|---|---|---|---|---|---|---|---|---|---|---|
| | | | | | | | | | | 2<br>**He**<br>**Helio**<br>4 |
| | | | | | 5<br>**B**<br>**Boro**<br>10.81 | 6<br>**C**<br>**Carbono**<br>12.00 | 7<br>**N**<br>**Nitrógeno**<br>14.01 | 8<br>**O**<br>**Oxígeno**<br>16.00 | 9<br>**F**<br>**Flúor**<br>19.00 | 10<br>**Ne**<br>**Neón**<br>20.18 |
| | | | | | 13<br>**Al**<br>**Aluminio**<br>26.98 | 14<br>**Si**<br>**Silicio**<br>28.09 | 15<br>**P**<br>**Fósforo**<br>30.97 | 16<br>**S**<br>**Azufre**<br>32.06 | 17<br>**Cl**<br>**Cloro**<br>35.45 | 18<br>**Ar**<br>**Argón**<br>39.94 |
| 26<br>**Fe**<br>**Hierro**<br>55.85 | 27<br>**Co**<br>**Cobalto**<br>58.93 | 28<br>**Ni**<br>**Níquel**<br>58.69 | 29<br>**Cu**<br>**Cobre**<br>63.55 | 30<br>**Zn**<br>**Cinc**<br>65.38 | 31<br>**Ga**<br>**Galio**<br>69.72 | 32<br>**Ge**<br>**Germanio**<br>72.6 | 33<br>**As**<br>**Arsénico**<br>74.92 | 34<br>**Se**<br>**Selenio**<br>78.96 | 35<br>**Br**<br>**Bromo**<br>79.90 | 36<br>**Kr**<br>**Criptón**<br>83.80 |
| 44<br>**Ru**<br>**Rutenio**<br>101.07 | 45<br>**Rh**<br>**Rodio**<br>102.91 | 46<br>**Pd**<br>**Paladio**<br>106.42 | 47<br>**Ag**<br>**Plata**<br>107.87 | 48<br>**Cd**<br>**Cadmio**<br>112.41 | 49<br>**In**<br>**Indio**<br>114.82 | 50<br>**Sn**<br>**Estaño**<br>118.69 | 51<br>**Sb**<br>**Antimonio**<br>121.7 | 52<br>**Te**<br>**Telurio**<br>127.60 | 53<br>**I**<br>**Yodo**<br>126.90 | 54<br>**Xe**<br>**Xenón**<br>131.29 |
| 76<br>**Os**<br>**Osmio**<br>190.2 | 77<br>**Ir**<br>**Iridio**<br>192.22 | 78<br>**Pt**<br>**Platino**<br>195.08 | 79<br>**Au**<br>**Oro**<br>196.97 | 80<br>**Hg**<br>**Mercurio**<br>200.59 | 81<br>**Tl**<br>**Talio**<br>204.38 | 82<br>**Pb**<br>**Plomo**<br>207.2 | 83<br>**Bi**<br>**Bismuto**<br>208.98 | 84<br>**Po**<br>**Polonio**<br>209 | 85<br>**At**<br>**Astato**<br>210 | 86<br>**Rn**<br>**Radón**<br>222 |
| 108<br>**Uno**<br>**Unniloctio**<br>(265) | 109<br>**Une**<br>**Unnilenio**<br>(266) | 110<br>**Uun**<br>**Ununnilio**<br>(369) | 111<br>**Uuu**<br>**Unununio**<br>(266) | | | | | | | |

| | | | | | | | | | | |
|---|---|---|---|---|---|---|---|---|---|---|
| 61<br>**Pm**<br>**Promecio**<br>145 | 62<br>**Sm**<br>**Samario**<br>150.36 | 63<br>**Eu**<br>**Europio**<br>151.96 | 64<br>**Gd**<br>**Gadolinio**<br>157 | 65<br>**Tb**<br>**Terbio**<br>158.93 | 66<br>**Dy**<br>**Disprosio**<br>162.50 | 67<br>**Ho**<br>**Holmio**<br>164.93 | 68<br>**Er**<br>**Erbio**<br>167.26 | 69<br>**Tm**<br>**Tulio**<br>168.93 | 70<br>**Yb**<br>**Iterbio**<br>173.04 | 71<br>**Lu**<br>**Lutecio**<br>174.97 |
| 93<br>**Np**<br>**Neptunio**<br>237.05 | 94<br>**Pu**<br>**Plutonio**<br>244 | 95<br>**Am**<br>**Americio**<br>243 | 96<br>**Cm**<br>**Curio**<br>247 | 97<br>**Bk**<br>**Berquelio**<br>247 | 98<br>**Cf**<br>**Californio**<br>251 | 99<br>**Es**<br>**Einstenio**<br>252 | 100<br>**Fm**<br>**Fermio**<br>257 | 101<br>**Md**<br>**Mendelevio**<br>258 | 102<br>**No**<br>**Nobelio**<br>259 | 103<br>**Lw**<br>**Laurencio**<br>260 |

## Metales, no metales y metaloides

La tabla periódica está integrada por metales, no metales y elementos de transición.

**Metales** La mayoría tienen estas propiedades:

- Sólidos a temperatura ambiente.
- Opacos, excepto en películas muy delgadas.
- Buenos conductores de calor y electricidad.
- Muestran un brillo lustroso al pulirlos.
- De estructura cristalina si son sólidos.

**No metales** Un elemento no metálico típico será un gas a temperatura ambiente, y un mal conductor de calor y electricidad.

**Metaloides** Los metaloides, o semimetales, tienen algunas de las propiedades de los metales y algunas de los no metales.

**Elementos de transición** Vea página anterior.

vea también

520 **En el interior del átomo**
522 **La radiactividad**
526 **Átomos y moléculas**
530 **La química de los compuestos**

*Si dos o más átomos de diferentes elementos se combinan, forman un compuesto. Como hay muchos elementos distintos, el potencial para crear compuestos diferentes es enorme. Los átomos de un compuesto se unen por enlaces que pueden ser muy fuertes, como los enlaces metálicos, o relativamente débiles, como los covalentes. El tipo de enlace que une a un compuesto determina sus propiedades físicas; a saber, su punto de fusión o de ebullición.*

**Cómo se enlazan los átomos** Al enlazarse los átomos de distintos elementos forman compuestos: ganan, ceden o comparten electrones en sus últimas capas de electrones (vea pág. 526).

**Enlace iónico** Se transfieren electrones entre átomos y cada uno se vuelve un ion de carga positiva o negativa (vea pág. 526). Un compuesto iónico es la sal común, cloruro de sodio (NaCl). Cada átomo de sodio cede un electrón de su capa externa para formar un ion de sodio de carga positiva ($Na^+$); cada átomo de cloro recibe un electrón para formar un ion de cloro de carga negativa ($Cl^-$).

Los iones con cargas opuestas se atraen con una gran fuerza. Se ordenan en una red (vea abajo), en que cada ion está rodeado por tantos iones de la carga opuesta como sea posible. Se necesita mucha energía para romper las fuerzas internas. Por ende, casi todos los compuestos iónicos son sólidos a temperatura ambiente.

**Enlace iónico de cloruro de sodio (NaCl)**

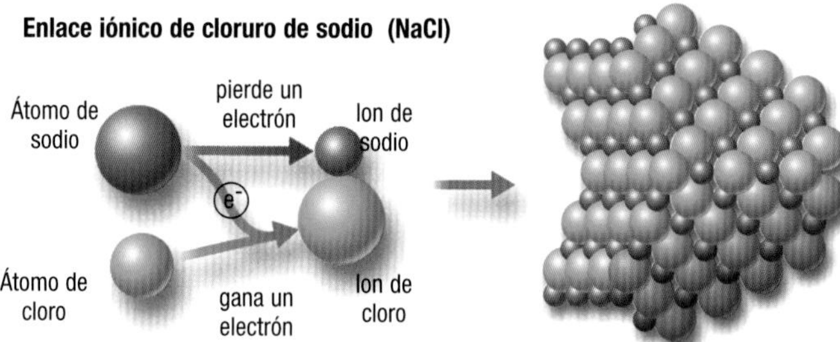


**Enlace covalente** Se forma un solo enlace covalente entre dos átomos si ambos comparten un par de electrones y cada uno aporta un electrón. También pueden formarse enlaces dobles o triples. El agua ($H_2O$) es un compuesto covalente, en que un átomo de hidrógeno comparte electrones con dos átomos de oxígeno.

Aunque las moléculas de un compuesto covalente están unidas por fuertes enlaces, la atracción electrostática entre las moléculas es débil. Por ende, los puntos de fusión de enlaces covalentes suelen ser más bajos que los de los compuestos iónicos: casi todos son líquidos y gases a temperatura ambiente.

**Enlace covalente en agua ($H_2O$)**

2 H + O ⟶ H O H

2 átomos de hidrógeno — 1 átomo de oxígeno — Molécula de agua

Átomo de hidrógeno

Átomo de oxígeno

**Enlace metálico** En un metal, cada átomo tiene comparativamente pocos electrones en su capa externa. Por lo tanto, los átomos ceden sus electrones externos con facilidad, volviéndose iones de carga positiva. Los electrones "perdidos" forman un "mar" de electrones compartidos que fluyen entre los iones. Eso actúa como un fuerte "pegamento" electrostático por la gran atracción entre iones y electrones con cargas opuestas. Por eso, los metales en general son fuertes y tienen altos puntos de fusión.

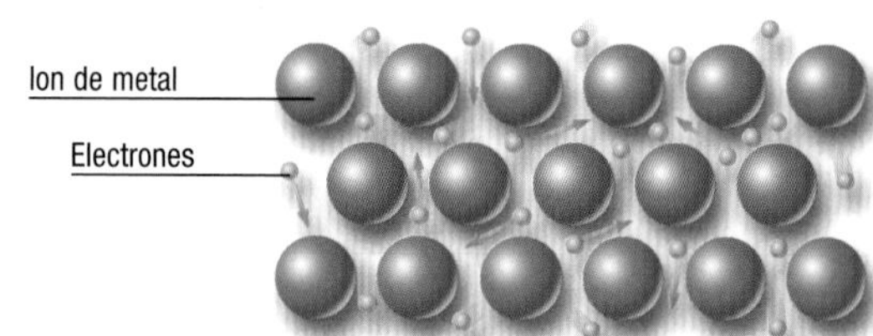


## Reacciones químicas

Las reacciones químicas ocurren cuando los elementos o los compuestos reaccionan juntos para formar distintas sustancias. Al principio de la reacción, las sustancias se llaman reactivos (o reactantes), y al final se denominan productos.

**Velocidad de reacción** La rapidez de una reacción, o su factibilidad, no sólo depende de los reactivos sino también de las condiciones prevalecientes. Por ejemplo, al calentar reactivos juntos puede activarse una reacción.

La industria suele usar catalizadores para activar reacciones químicas o hacer que sucedan. Por ejemplo, los óxidos de metal pueden acelerar una reacción entre gases al proporcionar una superficie que absorbe las moléculas reactivas, haciendo que se agrupen. A diferencia de los reactivos, un catalizador que interviene en una reacción permanece inalterado y no se consume.

**Cambios de energía** En cualquier reacción química, se cede o se asimila energía. La energía se asimila para romper enlaces entre átomos; se cede cuando se forman enlaces. Una reacción en que se asimila energía se llama endotérmica; si la energía se cede, es una reacción exotérmica.

Quemar combustibles es una reacción exotérmica: se cede energía. Formar hidrógeno y oxígeno del agua es una reacción endotérmica: se asimila energía para descomponer los enlaces entre los átomos de hidrógeno (H) y oxígeno (O) de los que están compuestas las moléculas ($H_2O$) de agua.

## Ecuaciones balanceadas

Todas las reacciones químicas pueden describirse mediante una ecuación. Por ejemplo, la reacción entre el sodio y el agua podría escribirse como sigue:

**sodio + agua ⟶ hidróxido de sodio + hidrógeno**

Sin embargo, esta ecuación sólo indica qué sustancias intervienen en la reacción. Si se escribe con sus fórmulas químicas, revela qué les sucede a los átomos y moléculas que participan:

$$Na + H_2O \longrightarrow NaOH + H_2$$

Pero esta ecuación no está balanceada porque hay más átomos de hidrógeno en el lado derecho que en el lado izquierdo. Todas las reacciones obedecen a una sencilla ley: la ley de la conservación de la masa. Ésta postula que la masa total de todos los productos de una reacción es igual a la masa total de todos los reactivos. Por ende, debe haber el mismo número de átomos a ambos lados de una ecuación para que ésta represente una reacción en forma exacta:

$$2Na + 2H_2O \longrightarrow 2NaOH + H_2$$

Ahora es claro que si el sodio reacciona con agua, se combinan dos átomos de sodio con dos moléculas de agua para producir dos moléculas de hidróxido de sodio y una de hidrógeno.

## ÁCIDOS Y ÁLCALIS

Todas las sustancias son ácidas, alcalinas o neutras. Puede ser medido el grado exacto usando lo que se conoce como la escala pH (potencial de hidrógeno). Las sustancias neutras tienen un pH de 7, las ácidas un pH menor de 7, y los álcalis tienen un pH superior a 7.

**Ácidos** Un ácido se disuelve en agua para formar iones de hidrógeno. Los átomos de hidrógeno de las moléculas del compuesto se sueltan de los otros átomos para volverse iones con carga positiva ($H^+$), que se mueven libremente en la solución.

Por ejemplo, al disolver en agua el gas cloruro de hidrógeno (HCl), se separan los átomos de hidrógeno y de cloro para volverse iones de hidrógeno de carga positiva ($H^+$) y átomos de cloro de carga negativa ($Cl^-$) de una solución: ácido clorhídrico.

La proporción de moléculas disociadas en un ácido determina su fuerza. Los ácidos fuertes comunes incluyen el ácido nítrico ($HNO_3$), usado en fertilizantes y explosivos. Los débiles incluyen el ácido etanoico (o acético) ($CH_3CO_2H$), presente en el vinagre, y el ácido cítrico ($C_6H_8O_7$), que da su sabor inconfundible a limones, toronjas y otros cítricos.

**Bases** Pueden considerarse "opuestas" a los ácidos. Son un grupo de compuestos; todos reaccionan con iones de hidrógeno producidos por ácidos y los neutralizan. Una base hidrosoluble se llama álcali.

Cuando un ácido es neutralizado por una base, los productos son una sal (un tipo de compuesto iónico, pág. anterior) y agua. Por ejemplo, mezclar ácido clorhídrico (HCl) con hidróxido de potasio (KOH) produce la sal cloruro de potasio más agua:

$$KOH + HCl \blacktriangleright KCl + H_2O$$

**Álcalis** Un álcali es una base que se disolverá en agua para producir iones de hidróxido ($OH^-$). Un ejemplo es el hidróxido de sodio (NaOH) o soda cáustica, que se usa para hacer jabón y papel. Al disolverla en agua sus moléculas se degradan para formar iones de sodio de carga positiva ($Na^+$) y iones de hidróxido de carga negativa ($OH^-$), que se mantienen en solución. La fuerza de un álcali depende de cuántas de sus moléculas se "separen" así para emitir iones de hidróxido.

Una de las propiedades de los álcalis es que convierten el aceite y la grasa en jabones solubles, que se quitan fácilmente enjuagando. Por eso se usan como agentes limpiadores. El hidróxido de amonio ($NH_4OH$) es ingrediente común de los limpiadores domésticos.

vea también
490 **Combustibles fósiles**
520 **En el interior del átomo**
526 **Átomos y moléculas**
528 **La tabla periódica**

## COMPUESTOS ORGÁNICOS

El carbono es excepcional: sus átomos pueden unirse en largas cadenas y anillos. Eso da compuestos con moléculas muy grandes. Muchos de éstos se hallaron en organismos vivos, por eso su estudio se llama química orgánica. Pero varios productos industriales, combustibles, plásticos y fibras sintéticas, también se llaman orgánicos porque sus moléculas se basan en un anillo o cadena de átomos de carbono.

**Hidrocarburos** Son los compuestos orgánicos más simples: sólo contienen átomos de carbono y de hidrógeno. Se usan en gran medida como combustibles y materia prima para plásticos, fibras, elásticos y sustancias químicas industriales.

**Compuestos alifáticos** Compuestos orgánicos cuyos átomos de carbono se juntan en una cadena llamada alifática. Se agrupan en tres clases, según la estructura de sus moléculas:

**Alcanos** tienen enlaces sencillos entre los átomos de carbono. El más simple es el metano ($CH_4$); el gas natural tiene 99% de metano. Otros también son combustibles: etano ($C_2H_6$), propano ($C_3H_8$) y butano ($C_4H_{10}$).

**Molécula de propano**

Átomo de hidrógeno

Átomo de carbono

```
H   H   H
|   |   |
H-C-C-C-H
|   |   |
H   H   H
```

**Alquenos** mínimo tienen un enlace doble (vea Enlace covalente, pág. 530) entre los átomos de carbono. Incluyen etileno ($C_2H_4$), propeno ($C_3H_6$) y buteno ($C_4H_8$).

Los enlaces dobles de las moléculas de alquenos pueden romperse, en un proceso llamado polimerización. Eso permite que varias moléculas se unan en una molécula enorme. Muchos plásticos se hacen así. El politeno, por ejemplo, es una versión polimerizada del etileno.

**Molécula de etileno**

```
H     H
 \   /
  C=C
 /   \
H     H
```

**Alcoholes** contienen uno o varios grupos hidróxido ($OH^-$). Incluyen etanol ($C_2H_5OH$), el alcohol de las bebidas alcohólicas. Se produce al fermentar levaduras. También se usa como solvente en productos que van desde pinturas hasta pegamentos y perfumes.

**Molécula de etanol**

Átomo de oxígeno

```
  H H
  | |
H-C-C-O-H
  | |
  H H
```

**Compuestos aromáticos** Compuestos orgánicos con moléculas que contienen un grupo de 6 átomos de carbono unidos en un anillo llamado "aromático". Esto es porque un grupo de esos compuestos, aislado de la hulla hacia 1860, tenía aromas muy fuertes e inconfundibles.

El hidrocarburo aromático más simple es el benceno; su estructura molecular se llama anillo de benceno ($C_6H_6$). En varios compuestos aromáticos, otros átomos o grupos químicos sustituyen los átomos de hidrógeno del anillo de benceno. El fenol ($C_6H_5OH$), también llamado ácido carbólico y usado en desinfectantes y plásticos, se forma si un grupo hidróxido ($OH^-$) sustituye uno de los átomos de hidrógeno.

**Molécula de benceno**

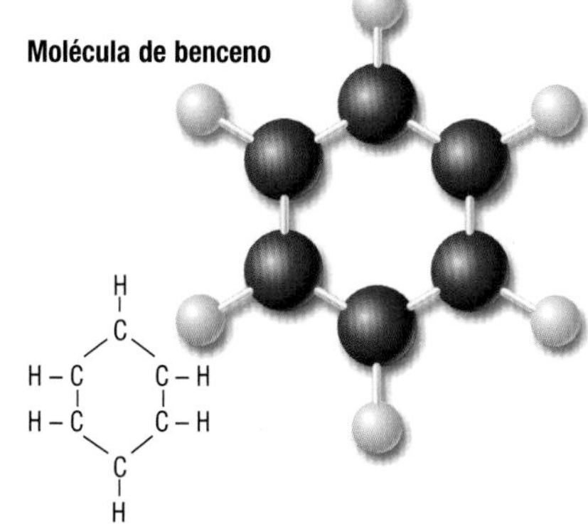

**Rompimiento** A veces las moléculas de hidrocarburos en largas cadenas se acortan, en general para crear compuestos más útiles, por un proceso llamado rompimiento. El petróleo crudo de los campos petrolíferos tiene muchos hidrocarburos inutilizables, como el decano. Se rompe la cadena calentándolo a 500–900 °C en ausencia de oxígeno, con un catalizador (vea pág. 527), para producir octano, usado en la gasolina, y etileno, otro combustible.

*Todos los organismos comparten ciertas características que pueden usarse para definirlos como vivos. Los elementos químicos carbono y nitrógeno son una necesidad universal de los seres vivos. El carbono interviene prácticamente en todas las funciones biológicas, hasta en la generación de energía. El nitrógeno es vital para la elaboración de proteínas, que necesitan los animales para crecer. Todos los seres vivos obtienen su carbono y su nitrógeno del medio ambiente y a la larga lo devuelven a su entorno como parte de un ciclo natural.*

## CICLO DEL CARBONO

El carbono existe en todas las moléculas biológicas. Es un elemento primordial de los carbohidratos, proteínas y grasas que forman a todos los seres vivos. La energía para activar los procesos metabólicos viene de "quemar" azúcares, que contienen carbono con oxígeno, liberando bióxido de carbono como residuo. Las plantas verdes usan ese bióxido de carbono para hacer azúcares en el proceso de fotosíntesis; su "residuo" es oxígeno, que respiran los animales.

## Las ramas de la biología

El estudio de la biología se ha dividido según el tipo de organismo estudiado:

- Antropología física: seres humanos.
- Botánica: plantas.
- Entomología: insectos.
- Herpetología: anfibios y reptiles.
- Ictiología: peces.
- Micología: hongos.
- Microbiología: bacterias y otros microorganismos.
- Ornitología: aves.
- Zoología: animales.

A últimas fechas, hasta los niveles de procesos vitales han definido a la biología, de las interacciones moleculares a la dinámica de poblaciones enteras.

**Biología molecular** trata de las transformaciones químicas y energéticas entre los miles de millones de moléculas que forman un organismo vivo. **Biología celular** es el estudio de las células, las unidades estructurales y funcionales básicas de todos los organismos vivos. Los biólogos celulares han adaptado métodos y teorías de la química y física para investigar procesos celulares. **Biología demográfica** estudia grupos de poblaciones de organismos en un área dada, sus interacciones y las funciones de las diferentes especies. **Ecología** estudia cómo interactúan los organismos vivos con su medio ambiente.

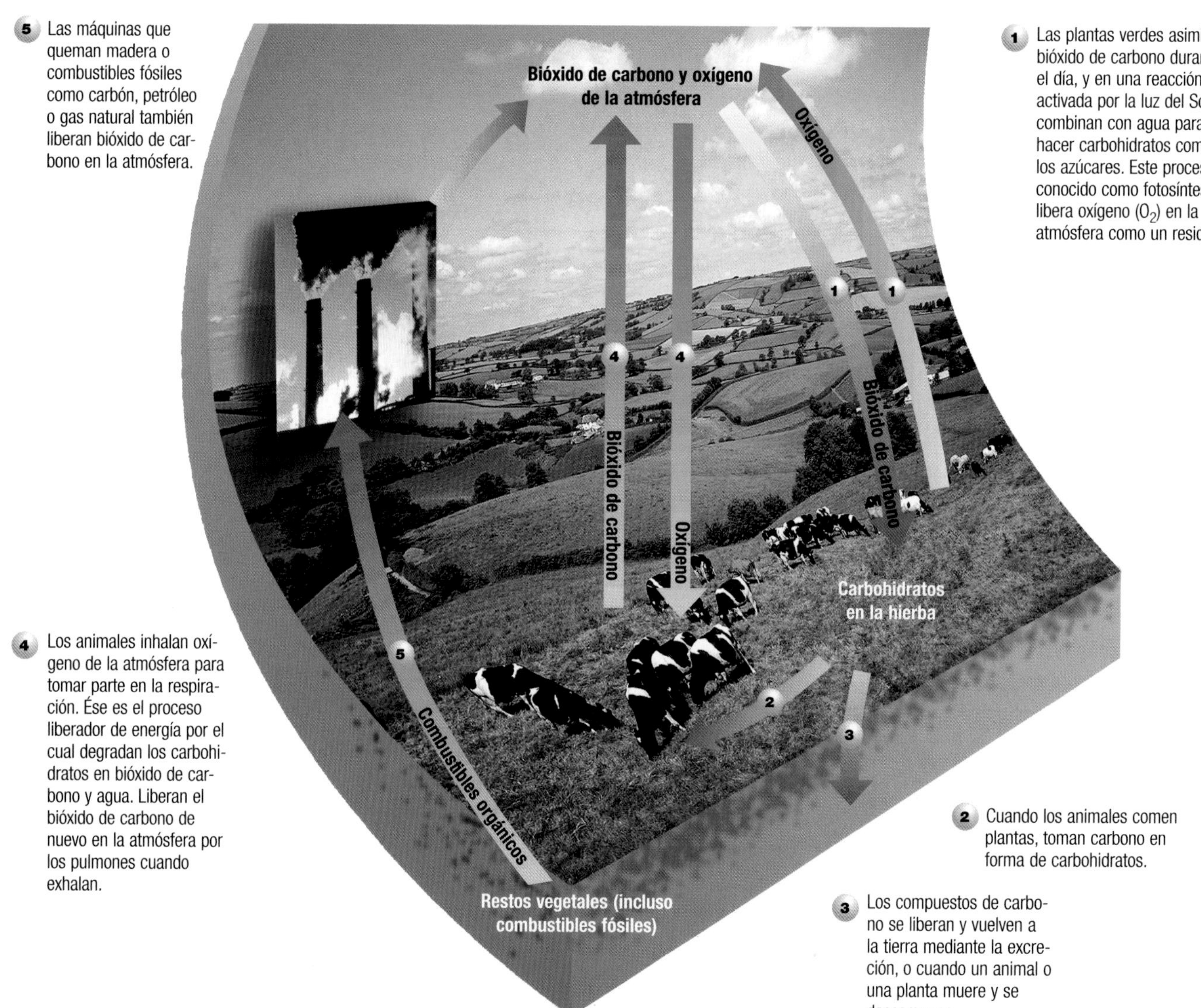


5 Las máquinas que queman madera o combustibles fósiles como carbón, petróleo o gas natural también liberan bióxido de carbono en la atmósfera.

1 Las plantas verdes asimilan bióxido de carbono durante el día, y en una reacción activada por la luz del Sol lo combinan con agua para hacer carbohidratos como los azúcares. Este proceso, conocido como fotosíntesis, libera oxígeno ($O_2$) en la atmósfera como un residuo.

4 Los animales inhalan oxígeno de la atmósfera para tomar parte en la respiración. Ése es el proceso liberador de energía por el cual degradan los carbohidratos en bióxido de carbono y agua. Liberan el bióxido de carbono de nuevo en la atmósfera por los pulmones cuando exhalan.

2 Cuando los animales comen plantas, toman carbono en forma de carbohidratos.

3 Los compuestos de carbono se liberan y vuelven a la tierra mediante la excreción, o cuando un animal o una planta muere y se descompone.

## ¿QUÉ ES UN SER VIVO?

Hay seis procesos y características comunes a todos los organismos vivos. Cada organismo puede no mostrarlas todas, pero, en conjunto, distinguen a los vivos de los no vivos.

**Adaptación** En la definición breve, todos los seres vivos se adaptan a cambios en su medio ambiente, como refugiarse o reducir su pérdida de agua en condiciones de calor. En la definición extensa, las especies se adaptan mediante la evolución.

**Crecimiento** Los organismos crecen con orden y control; si las cosas no vivas crecen de algún modo es por simple acrecentamiento (la adición de capas externas). Las plantas siempre crecen, los animales en general sólo hasta la madurez. Hasta cuando un animal deja de crecer, sus células se renuevan sin cesar.

**Metabolismo** Una compleja pero controlada red de procesos químicos ocurre en cada organismo vivo. Implica la conversión de sustancias simples en más complejas *–anabolismo–* y la degradación de materiales complejos en sustancias más simples, *catabolismo*. Un ejemplo de anabolismo sería la creación de azúcares en plantas por *fotosíntesis*. Uno de catabolismo sería la descomposición de azúcares por la *respiración* para liberar energía. Los productos del metabolismo incluyen materiales no deseados o residuos venenosos, que se eliminan mediante la *excreción*.

**Movimiento** Casi todos los animales pueden mover libremente todo el cuerpo o una parte de un lado a otro. Las plantas no tienen esa libertad, pero mueven parte de su estructura. Por ejemplo, una planta mueve sus hojas despacio hacia la luz del Sol y sus raíces crecen hacia abajo.

**Receptividad** Los seres vivos reaccionan a los cambios externos, o *stimuli,* como calor, luz, sonido y tacto. Las plantas reaccionan con mucha más lentitud que los animales, aunque ejemplos excepcionales, como la atrapamoscas, demuestran que ése no es siempre el caso.

**Reproducción** Cada ser vivo muere a la larga, así que debe reproducirse si la especie ha de continuar. La reproducción puede implicar la unión de células masculinas y femeninas de la misma especie (reproducción *sexual),* o un organismo puede producir más de su propia clase por su cuenta (reproducción *asexual).*

**Mordisco** La trampa de una atrapamoscas se cierra de golpe si un insecto roza su superficie vellosa. Esos movimientos son mucho más simples y mecánicos que la mayoría de los movimientos animales.

## CICLO DEL NITRÓGENO

La atmósfera está compuesta por 78% de gas nitrógeno, pero ninguna planta o animal puede usarlo. Las plantas necesitan nitrógeno "fijo" en la forma de compuestos químicos llamados nitratos, que convierten en proteínas y otras sustancias. Los nitratos que usan se forman de dos maneras: por el efecto de relámpagos en la atmósfera, o por bacterias que viven en las raíces de las plantas o en la tierra. Los animales obtienen su nitrógeno de las proteínas que ingieren al comer.

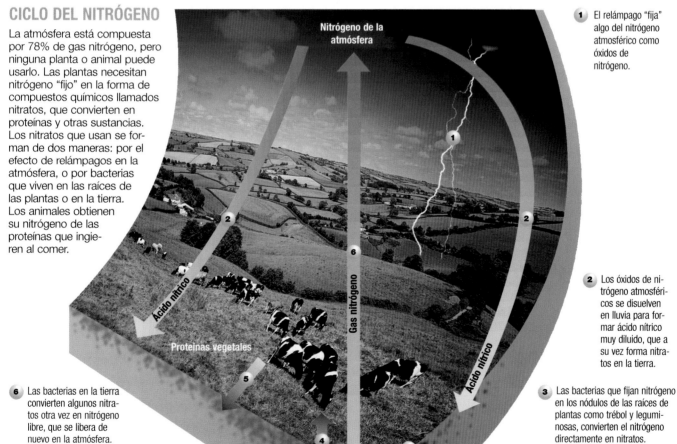

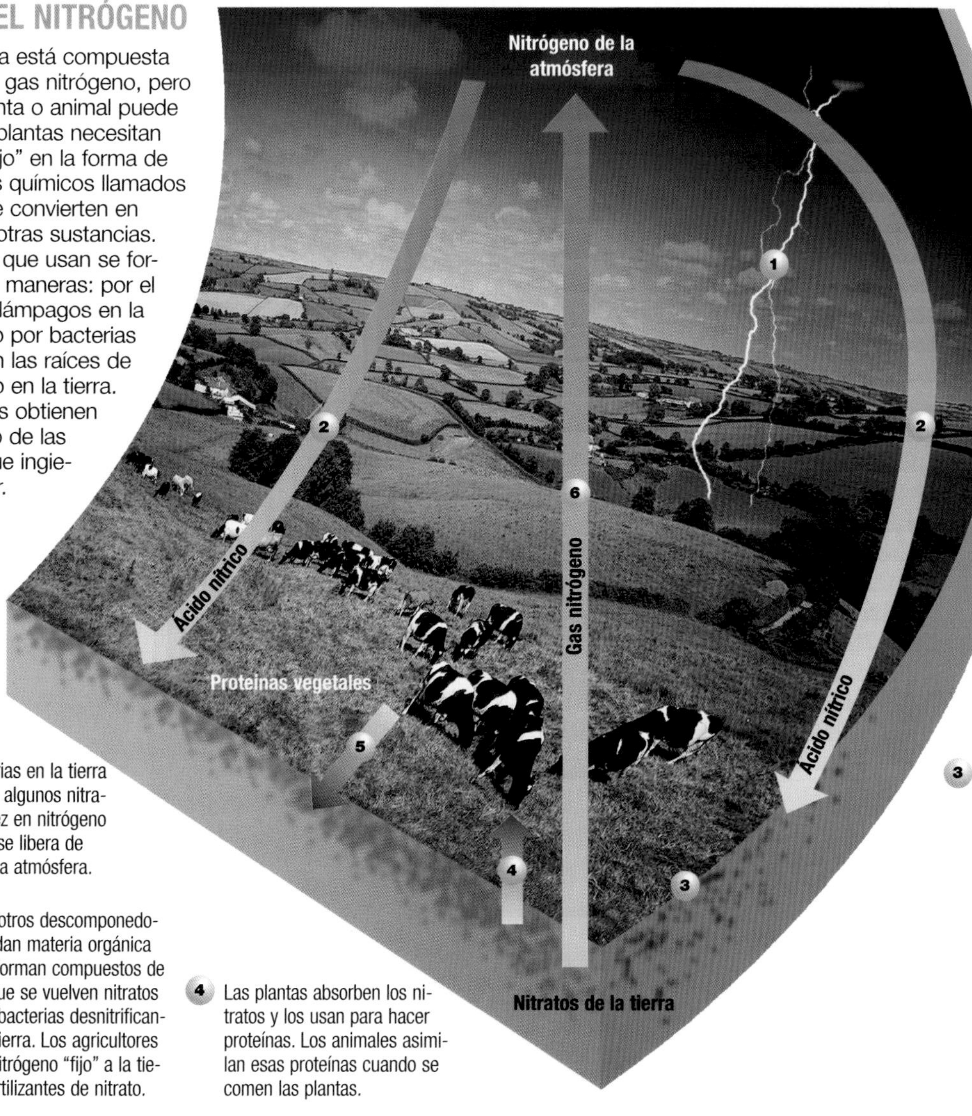

Nitrógeno de la atmósfera

Ácido nítrico

Gas nitrógeno

Proteínas vegetales

Nitratos de la tierra

1 El relámpago "fija" algo del nitrógeno atmosférico como óxidos de nitrógeno.

2 Los óxidos de nitrógeno atmosféricos se disuelven en lluvia para formar ácido nítrico muy diluido, que a su vez forma nitratos en la tierra.

3 Las bacterias que fijan nitrógeno en los nódulos de las raíces de plantas como trébol y leguminosas, convierten el nitrógeno directamente en nitratos.

4 Las plantas absorben los nitratos y los usan para hacer proteínas. Los animales asimilan esas proteínas cuando se comen las plantas.

5 Hongos y otros descomponedores degradan materia orgánica muerta y forman compuestos de amonio, que se vuelven nitratos mediante bacterias desnitrificantes en la tierra. Los agricultores agregan nitrógeno "fijo" a la tierra con fertilizantes de nitrato.

6 Las bacterias en la tierra convierten algunos nitratos otra vez en nitrógeno libre, que se libera de nuevo en la atmósfera.

vea también

74 **Vida vegetal**

534 **Estructura de los seres vivos**

536 **Características heredadas**

*Los organismos vivos tienen formas y aspectos innumerables, pero en lo fundamental todos son extraordinariamente similares. La unidad estructural básica de todo ser vivo es la célula. Las células con funciones específicas se agrupan para formar tejidos que, a su vez, constituyen los órganos de una planta o un animal.*

**DATO** Robert Hooke, matemático y físico inglés, acuñó el término "célula" en 1665.

## CÉLULAS, TEJIDOS Y ÓRGANOS

Las células son diminutos elementos básicos que integran los organismos. Casi todas son invisibles, menos bajo el microscopio: sólo el huevo tiene células bastante grandes para verlas a simple vista.

Muchos organismos microscópicos (bacterias y amibas) son unicelulares. Los más grandes están compuestos de muchas células juntas. Los organismos multicelulares simples, como las esponjas, están integrados por grandes cantidades de unos cuantos tipos de células sin orden específico. Pero casi todas las plantas y animaes tienen tipos especializados de células organizadas en tejidos.

Las células de los tejidos son todas del mismo tipo y tienen una función especial. Los tejidos animales incluyen el muscular, de células capaces de contraerse, y el nervioso, formado por células que pueden transmitir estímulos eléctricos (nerviosos). Los tejidos vegetales suelen ser menos definidos, pero comprenden xilema y floema (vea pág. 76).

Casi en todas las plantas y animales los tejidos forman órganos. Pocos están formados casi en su totalidad por un solo tejido; el corazón, por ejemplo, es de músculo cardiaco y muy poco de otro tipo. Pero la mayoría de los órganos integran diversos tejidos. Los órganos mismos pueden combinarse y trabajar juntos en sistemas.

**Estructura de la célula** Todas las células vivas tienen cuatro rasgos en común. Éstos son:

- Una membrana plasmática, que separa los elementos que contiene la célula del mundo exterior.
- Citoplasma, una sustancia gelatinoide que llena la célula.
- Organelos productores de proteínas llamados ribosomas.
- ADN, conjunto de instrucciones que le permiten a la célula funcionar y duplicarse.

Los biólogos dividen los organismos vivos en dos grupos: los que tienen células con un núcleo y los que no lo poseen. Los únicos organismos sin núcleos celulares son las bacterias y las cianobacterias (conocidas como algas verdiazules). Son las formas de vida más primitivas de la Tierra y tienen su propio reino en la clasificación biológica: el reino monera.

Todos los miembros de los otros cuatro reinos: protista (incluye las amibas), fungi, vegetal y animal, tienen un núcleo en sus células que contiene su ADN. También comparten una gran variedad de otras estructuras internas llamadas organelos, que (aparte de los ribosomas) no poseen las bacterias ni las cianobacterias. Los organelos llevan a cabo diversas funciones en la célula.

## TIPOS DE CÉLULA

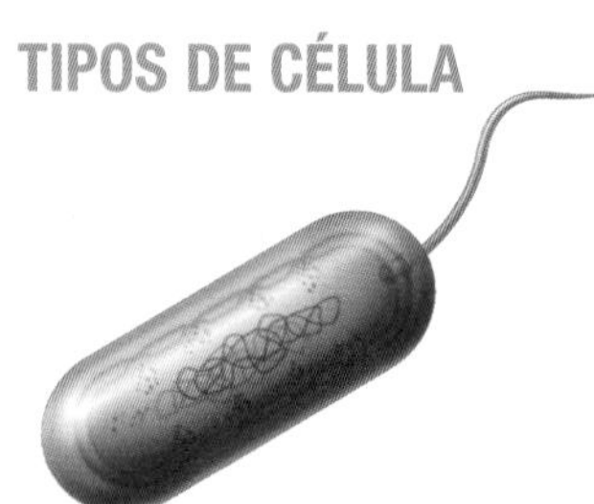

**Célula bacteriana** Las bacterias no tienen núcleo ni otras estructuras internas obvias; el material genético es una hebra de ADN.

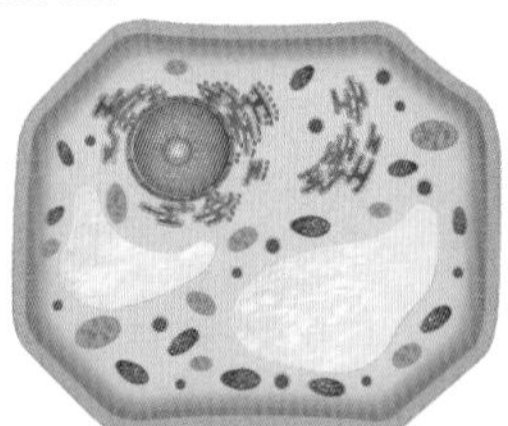

**Célula vegetal** Las células vegetales verdes son las únicas que tienen cloroplastos, fuertes paredes celulares y, en general, una vacuola central llena de líquido.

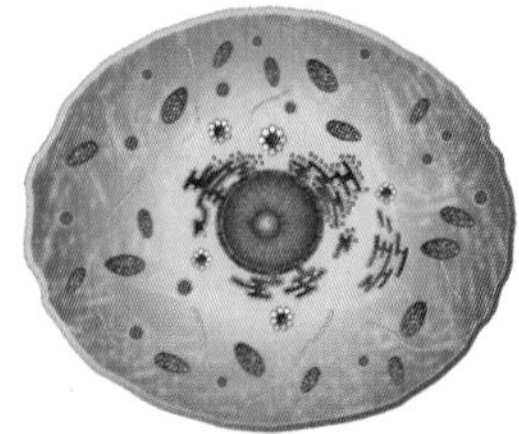

**Célula animal** Sin paredes rígidas ni vacuolas, es irregular; no contiene cloroplastos, lo que significa que no puede sintetizar azúcares.

## Partes de una célula típica

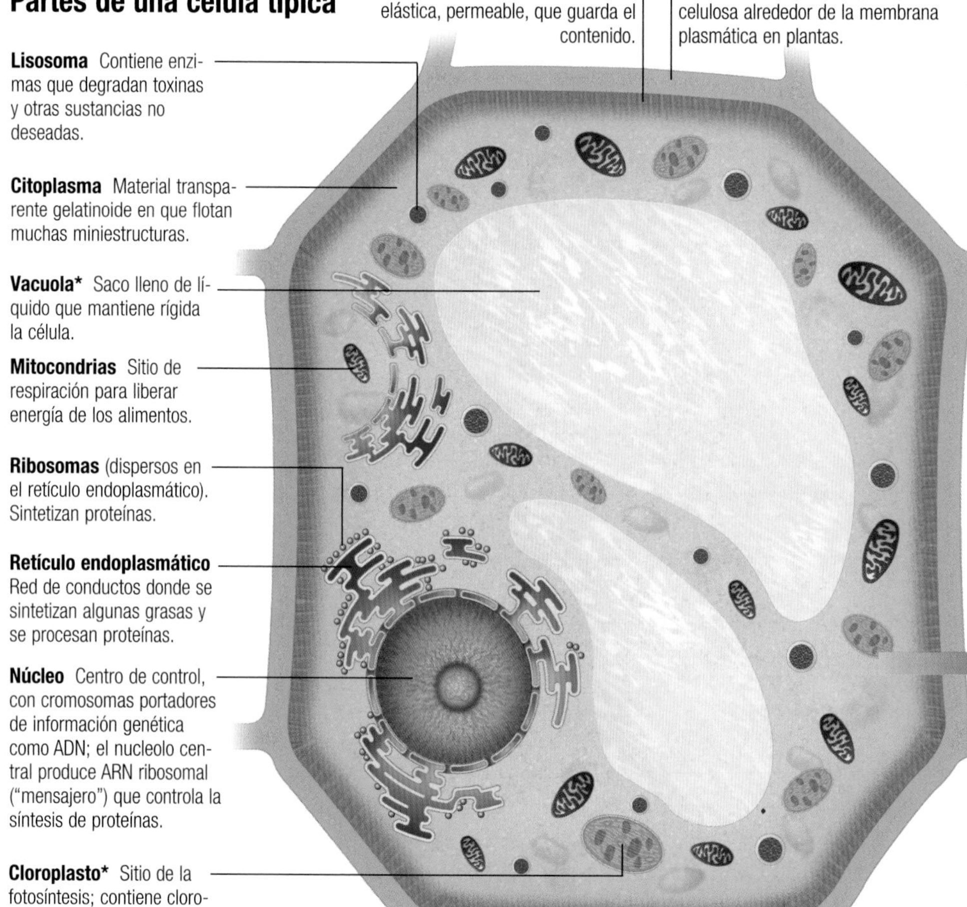

**Membrana plasmática** Fina capa elástica, permeable, que guarda el contenido.

**Pared celular*** Capa rígida de celulosa alrededor de la membrana plasmática en plantas.

**Lisosoma** Contiene enzimas que degradan toxinas y otras sustancias no deseadas.

**Citoplasma** Material transparente gelatinoide en que flotan muchas miniestructuras.

**Vacuola*** Saco lleno de líquido que mantiene rígida la célula.

**Mitocondrias** Sitio de respiración para liberar energía de los alimentos.

**Ribosomas** (dispersos en el retículo endoplasmático). Sintetizan proteínas.

**Retículo endoplasmático** Red de conductos donde se sintetizan algunas grasas y se procesan proteínas.

**Núcleo** Centro de control, con cromosomas portadores de información genética como ADN; el nucleolo central produce ARN ribosomal ("mensajero") que controla la síntesis de proteínas.

**Cloroplasto*** Sitio de la fotosíntesis; contiene clorofila, pigmento verde.

***Presentes sólo en células vegetales**

## LA BASE QUÍMICA DE LA VIDA

El organismo específico de un animal tiene como 60% de su peso en agua; en una planta puede ser mayor. Las principales sustancias químicas en todos los seres vivos son, además del agua, los ácidos nucleicos (elementos del ADN y ARN; pág. 150), proteínas, carbohidratos y lípidos.

**Proteínas** Forman casi todos los materiales estructurales de los cuerpos de animales, e integran las enzimas que controlan toda la actividad bioquímica celular.

Las proteínas constan de cadenas de moléculas pequeñas: los aminoácidos. En la naturaleza existen unos 100 aminoácidos diferentes, pero las proteínas en cuerpos de animales están constituidas sólo por unos 20. Los aminoácidos se clasifican en esenciales y no esenciales. Los no esenciales pueden sintetizarse de otras proteínas, pero los esenciales no, así que deben obtenerse de los alimentos.

Las enzimas son proteínas especializadas hechas de entre 100 y 1,000 aminoácidos. La cadena de aminoácidos en una enzima se pliega en una forma inconfundible que le permite catalizar (acelerar) una reacción química específica.

Todos los cambios en el interior de las células vivas son propiciados por las enzimas. Hay miles de diferentes tipos. Una bacteria unicelular, por ejemplo, tiene cerca de 1,000 enzimas distintas que flotan alrededor del citoplasma.

**Carbohidratos** La principal función de los carbohidratos en organismos vivos es suministrar energía. Pero un tipo, la celulosa, forma las paredes celulares de plantas y es su principal material estructural.

Todas las moléculas de carbohidratos están compuestas de átomos de carbono, hidrógeno y oxígeno. En términos generales, tienen el doble de átomos de hidrógeno que de oxígeno o de carbono.

Los carbohidratos forman tres grupos importantes: monosacáridos, disacáridos y polisacáridos.

Los monosacáridos son azúcares simples hasta con 10 átomos de carbono por molécula. Los ejemplos incluyen la glucosa, que interviene en la liberación de energía en las células (vea abajo).

Los disacáridos, como la sacarosa (azúcar de caña), son dos moléculas monosacáridas juntas. Deben descomponerse en monosacáridos antes de que las células puedan liberar su energía.

Los polisacáridos, también llamados carbohidratos complejos, están compuestos de muchos monosacáridos juntos. Los polisacáridos más importantes son la celulosa y el almidón. Éste es el principal material de reserva alimentaria de las plantas.

**Lípidos** Tienen hidrógeno, carbono y oxígeno, pero menos átomos de oxígeno que los carbohidratos. Incluyen ceras, grasas, aceites, fosfolípidos (forman membranas plasmáticas) y esteroides (como algunas hormonas y otras sustancias vitales). No son hidrosolubles, pero almacenan más del doble de energía por gramo que los carbohidratos. Las grasas son la principal fuente de energía de los animales.

## ENERGÍA DE LA RESPIRACIÓN

En el proceso bioquímico llamado respiración (que no es aspirar aire), las células combinan oxígeno y glucosa para producir bióxido de carbono, agua y energía. La energía producida impulsa todos los procesos que preservan la vida.

$$C_6H_{12}O_6 + 6O_2 \rightarrow 6CO_2 + 6H_2O + \text{energía}$$

glucosa + oxígeno → bióxido de carbono + agua + energía

La respiración ocurre en todos los seres vivos. Donde hay oxígeno es un proceso muy eficiente: libera 37% de toda la energía de la glucosa para que la use el organismo. Si no hay oxígeno, la respiración es menos eficiente. Aun así puede ocurrir en forma simplificada; la glucosa se divide para producir dos moléculas de ácido láctico o pirúvico.

### Células muertas y sus productos

Un organismo vivo no consta sólo de células vivas. Éstas mueren sin cesar (casi todas se sustituyen conforme mueren), pero muchas células muertas forman estructuras importantes por su cuenta. Piel, cabello, plumas, escamas, uñas y garras de animales están formadas de células muertas. Igual la corteza protectora de un árbol y el material leñoso de su tronco y ramas (sólo el cámbium, fina capa bajo la corteza, está vivo; vea pág. 76). Muchos importantes materiales biológicos, como hueso y caparazones, son materia inerte secretada por las células del organismo.

**Tejidos** (abajo) constan de grupos de células con una función específica.

**Un órgano** (como una hoja) es una unidad funcional de diversos tejidos.

**La célula** (izq.) es la unidad básica que puede mostrar todas las funciones de un ser vivo, pero eso no necesariamente significa que puede sobrevivir por sí sola.

**Roble** Un organismo completo puede tener muchos órganos y tejidos especializados y constar de trillones de células. O bien, ser sólo una célula, como casi todos los microorganismos.

vea también

74 **Vida vegetal**
532 **Los procesos de la vida**
536 **Características heredadas**

*El aspecto de los organismos lo determinan sus genes, que son transmitidos por los padres. Las reglas que rigen este proceso se fijaron en la segunda mitad del siglo XIX, y se descubrió que se aplican a todos los seres vivos. Ese descubrimiento fue el origen de una nueva disciplina, la genética, hoy día la rama de las ciencias biológicas de más rápido desarrollo.*

## CÓMO SE PASAN LOS RASGOS

Los agricultores han estimulado características deseables en plantas y animales mediante la cría selectiva, durante miles de años. Pero era un proceso al azar, porque nadie entendía los mecanismos que rigen la herencia. Gregor Mendel (1822-1884) fue el primero en entender cómo se transfieren las características de una generación a otra, a partir de una serie de experimentos que realizó con chícharos en la década de 1860.

Mendel deseaba saber por qué los chícharos tienen flores blancas o moradas, pero nunca de tono intermedio. Notó que al cruzar una cepa de raza pura de chícharos de flor morada con una de chícharos de flor blanca, el retoño (la generación f1) siempre daba flores moradas. Pero si fertilizaba una de las plantas f1 con polen de otra, el retoño de la segunda generación (f2) tenía varias plantas de flores blancas y otras de moradas a razón de 1:3. A partir de eso entendió que la herencia de cada característica la determinan factores en pares (hoy llamados genes). Aunque un sujeto puede heredar dos formas (alelos) distintas de un gen para un rasgo, uno de cada padre, sólo se manifestará una de ellas. Pero ambas pueden transmitirse a la siguiente generación.

La explicación es que varios alelos son dominantes; es decir, causan una característica notoria incluso si también está presente otro alelo, llamado recesivo. Cada planta f1 tenía un alelo dominante de flores moradas (llamado M) y uno recesivo de flores blancas (b); su genotipo (modelo genético) era Mb (vea abajo). En la generación f2, cuando los chícharos Mb se polinizaron solos, el resultado fue chícharos con genotipos MM, Mb, bM y bb. Sólo las plantas con dos alelos recesivos (bb) tuvieron flores blancas; el resto fueron moradas.

Mendel también cruzó plantas de semillas verdes y amarillas, y de semillas lisas y rugosas. Halló que esas características siguen las mismas reglas. Ahora se sabe que algunos rasgos (como el color del cabello humano) son controlados por varios genes, pero los patrones de la herencia aún no están bien definidos.

**Los chícharos de Mendel** Este esquema muestra las etapas de los experimentos de Mendel al cruzar plantas de chícharo (vea relato arriba). Las formas dominantes de genes (alelos), por tradición, se anotan con mayúscula; y los recesivos, con minúscula. Aquí el dominante es el de la flor morada (M) y el recesivo el de la blanca (b).

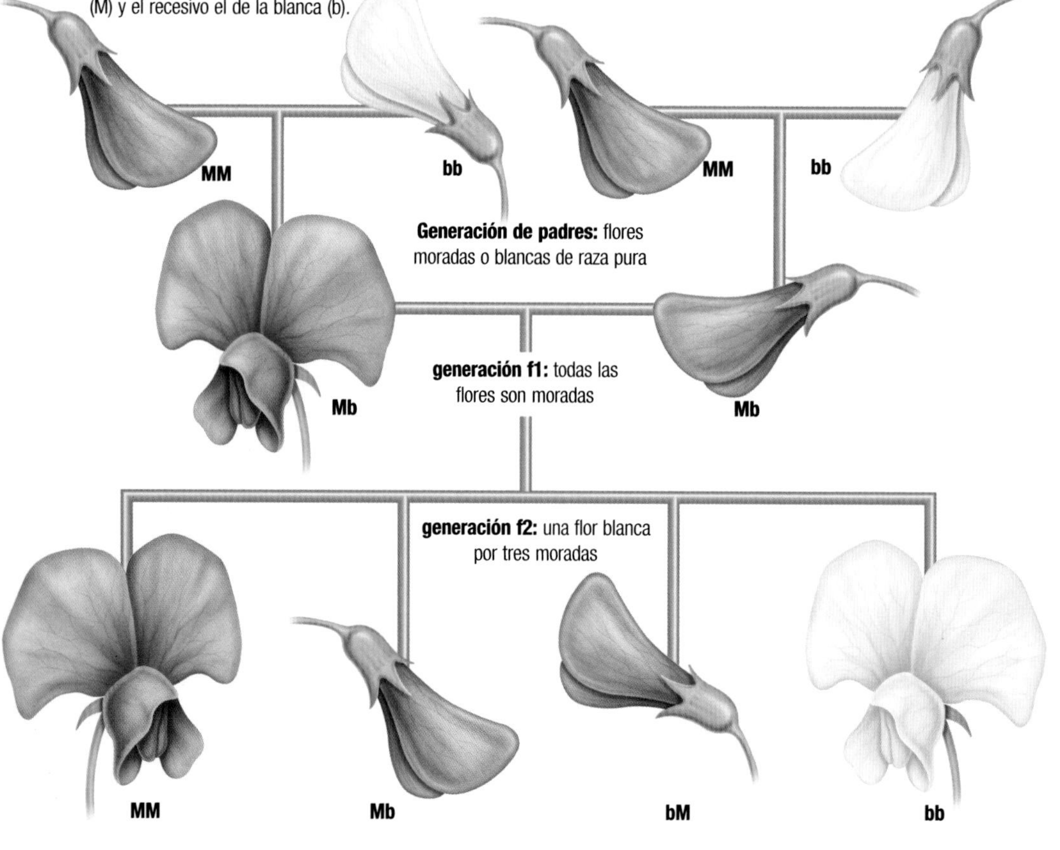


## ¿QUÉ HACE A UN SUJETO?

Cada célula de un organismo vivo contiene suficiente información para hacer una copia completa de ese organismo. La información se almacena en el núcleo de la célula, en sus cromosomas.

Los cromosomas van en pares, en general del mismo tamaño y forma. En cada par, un cromosoma venía originalmente del padre, el otro de la madre. Eso hace que la gente se parezca a sus padres, pero no que sea igual a uno de ellos. Diferentes organismos tienen distintos números de cromosomas por célula. Por ejemplo, los humanos tienen 23 pares, los pollos 18, los chícharos 7 y las moscas de las frutas sólo 4 pares.

Los cromosomas están compuestos sobre todo de ADN (vea pág. 150) que, en sí, es una combinación de cuatro unidades químicas llamadas bases. Los genes, que controlan rasgos corporales, corresponden a secciones específicas del ADN: secuencias específicas de las bases. Son como instrucciones escritas en un "alfabeto" químico de cuatro letras. Los genes de los cromosomas se mezclan al crearse nuevos óvulos o espermatozoides (pág. opuesta); por eso cada uno de nosotros es único, excepto los gemelos idénticos (pág. 150).

## Masculino o femenino

El sexo de un organismo lo determinan sus cromosomas sexuales. Casi todas las especies tienen dos tipos de esos cromosomas: X y Y. Las hembras tienen dos cromosomas X por célula de su cuerpo; las de los machos tienen uno X y uno Y. (En algunos insectos, los machos sólo tienen uno X y ninguno Y; se les llama "XO".)

Todos los óvulos tienen un solo cromosoma X (vea Cómo se dividen las células sexuales, pág. 537), en tanto que una mitad del esperma lleva uno X y la otra uno Y (o ninguno en un insecto XO). Si un espermatozoide "X" fecunda un óvulo, el resultado es "XX": niña. Si lo hace uno "Y" (u "O"), el resultado es "XY" (o "XO"): niño.

## DIVISIÓN CELULAR PARA CRECER

Crecer implica un aumento del número de células de un organismo. El proceso por el cual se dividen las células para formar otras nuevas al crecer se llama mitosis. La célula madre se divide en dos células hijas idénticas entre sí en el número de cromosomas del núcleo. De hecho, las células no sexuales de un organismo llevan un mismo "mapa genético". El núcleo siempre se divide antes que el resto de la célula, después de sufrir una serie de cambios:

**1** Exactamente antes de la división celular los cromosomas del núcleo se acortan y engruesan, y pueden verse al microscopio.

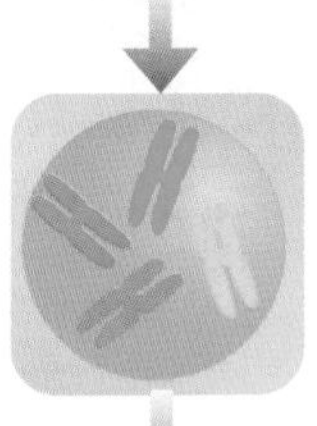

**2** Cada cromosoma hace una copia de sí mismo. El cromosoma y su copia se unen cerca del medio.

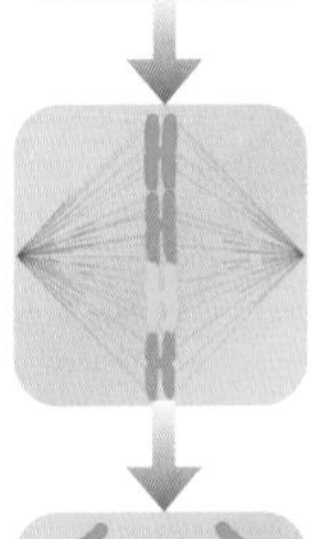

**3** Las parejas, copia y original, se colocan cerca del centro de la célula. Se forma una estructura llamada huso, con fibras que abarcan la longitud de la célula. Las copias se pegan al huso, que se contrae, jalando originales y copias a extremos opuestos de la célula.

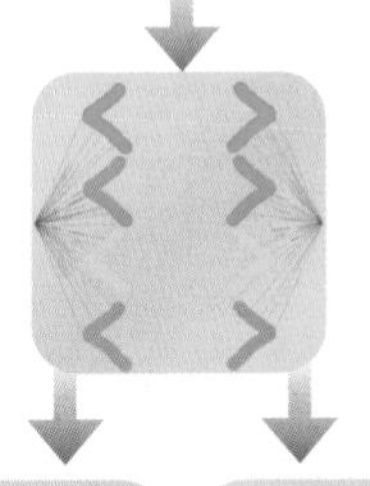

**4** Se forma una nueva membrana nuclear alrededor de los grupos de cromosomas. Una nueva membrana plasmática, la placa celular (no se muestra), empieza a formarse en la mitad de la célula.

**5** A la larga, la placa divide la célula y forma dos nuevas células. Una vez que eso sucede, el cromosoma empieza a estirarse y alargarse hasta que en un momento dado ya no puede verse.

Las nuevas células y la célula madre son idénticas. El proceso de mitosis tarda como 15-20 minutos en bacterias; 18-20 horas en casi todas las células vegetales y animales. Las células crecen, maduran y vuelven a dividirse.

## CÓMO SE DIVIDEN LAS CÉLULAS SEXUALES

Los genes pasan de padres a hijos mediante sus células sexuales o gametos: espermatozoides y óvulos. Esas células especializadas sólo tienen la mitad del número normal de cromosomas, pero llevan un surtido de características heredadas de la generación anterior. Son producidas por un tipo de división celular especial llamada meiosis; en los seres humanos se lleva a cabo en ovarios y testículos.

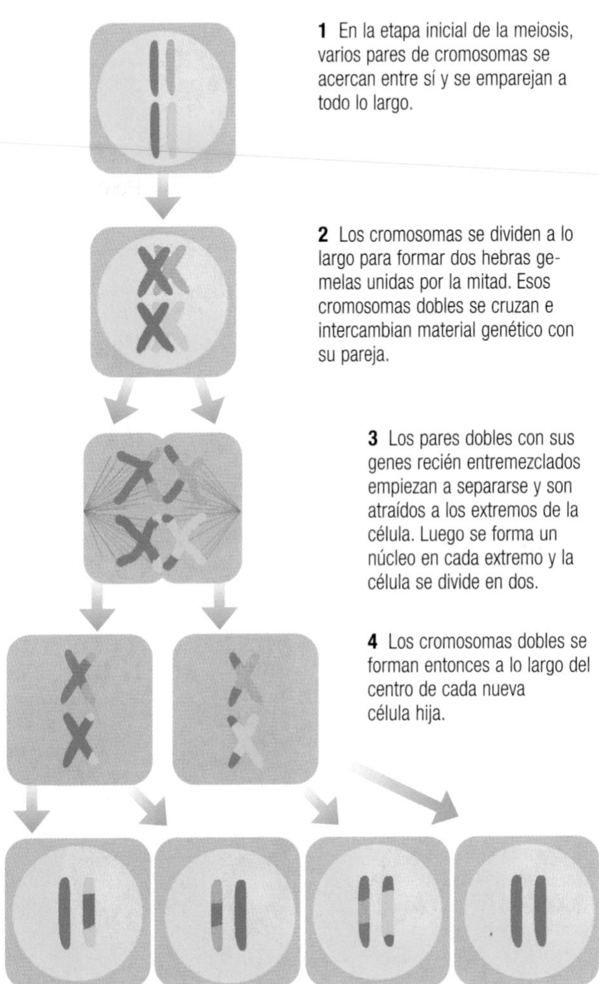

**1** En la etapa inicial de la meiosis, varios pares de cromosomas se acercan entre sí y se emparejan a todo lo largo.

**2** Los cromosomas se dividen a lo largo para formar dos hebras gemelas unidas por la mitad. Esos cromosomas dobles se cruzan e intercambian material genético con su pareja.

**3** Los pares dobles con sus genes recién entremezclados empiezan a separarse y son atraídos a los extremos de la célula. Luego se forma un núcleo en cada extremo y la célula se divide en dos.

**4** Los cromosomas dobles se forman entonces a lo largo del centro de cada nueva célula hija.

**5** Al final, esos cromosomas dobles se separan y cada célula hija se divide de nuevo, como en la mitosis. Eso produce cuatro células hijas, cada una con la mitad de cromosomas del material genético de cada padre.

## Terminología genética

**Alelo** Una de dos o más formas alternas de un gen.
**Base** Uno de los elementos químicos básicos que integran el ADN (vea pág. 151).
**Dominante** Se dice que un alelo es dominante con respecto a otro alelo si, cuando ambos están presentes en un organismo, el rasgo físico que codifica se manifiesta, y el que el otro alelo codifica no aparece.
**Fenotipo** Los efectos visibles de la expresión de un gen.
**Genes** Son el material genético que determina todas las características heredadas. Los genes actúan controlando la estructura de ciertas proteínas.
**Genoma** La secuencia de las bases en todo el ADN, incluyendo los genes, de los cromosomas de un organismo.
**Heterocigoto** Un organismo que recibió alelos distintos para una característica particular, de cada uno de sus padres.
**Homocigoto** Un organismo que recibió alelos similares para una característica particular, de cada uno de sus padres.
**Meiosis** El proceso de división celular que crea células sexuales, en el cual se divide el número de cromosomas.
**Mitosis** El proceso de división celular al crecer, en el cual las células hijas tienen el mismo número de cromosomas que la célula madre.
**Recesivo** Se dice que un alelo es recesivo si produce un efecto sólo en sujetos que heredan alelos similares de ambos padres. Un alelo recesivo no se manifiesta en organismos que heredan alelos distintos de ambos padres, pero puede transmitirse a futuras generaciones.

vea también
150 **Células y ADN**
532 **Los procesos de la vida**
534 **Estructura de los seres vivos**

*El trabajo del arqueólogo es reconstruir el conocimiento sobre culturas desaparecidas a partir de objetos materiales que quedaron atrás, desde edificios y barcas hasta herramientas, ropas, armas y enseres domésticos. Muchas ciencias intervienen hallando, interpretando y fechando restos, y nuevas técnicas y tecnologías promueven la disciplina de manera continua.*

## Arqueólogos en acción

El trabajo en una zona arqueológica se hace en etapas. Primero, se identifica el área y se levantan planos. Luego empieza la excavación. Se descubren edificios, templos y tumbas y se dan a conocer sus contenidos. Al final, se toman objetos y se estudian en detalle. Estas páginas describen uno de los grandes descubrimientos de los últimos tiempos, las pirámides de Sipán en Perú, empezadas a excavar desde 1987.

### 1 Localización del sitio

Las pirámides de Sipán (arriba) eran muy conocidas como zona antigua, pero se excavaron hasta hace poco. En 1987 los saqueadores hallaron una tumba real llena de tesoros del siglo I al III a.C. de la cultura mochica. Un informante avisó a la policía y pronto empezaron las excavaciones para proteger el sitio de otra irrupción.

### 2 Plano topográfico

Un mapa del contorno de Sipán (arriba) ayudó a crear una imagen de cómo lucía en la antigüedad. Ése fue el principio de la siguiente etapa del descubrimiento: el levantamiento topográfico. Éste implica trazar un mapa del contorno, anotar cualquier peculiaridad de interés como ríos o caminos antiguos. Con una cuadrícula sobre el mapa se localizan los puntos con precisión y se registran los hallazgos en forma exacta. Después del levantamiento, se anota y se retira cualquier pieza de la superficie del sitio para que pueda empezar a excavarse.

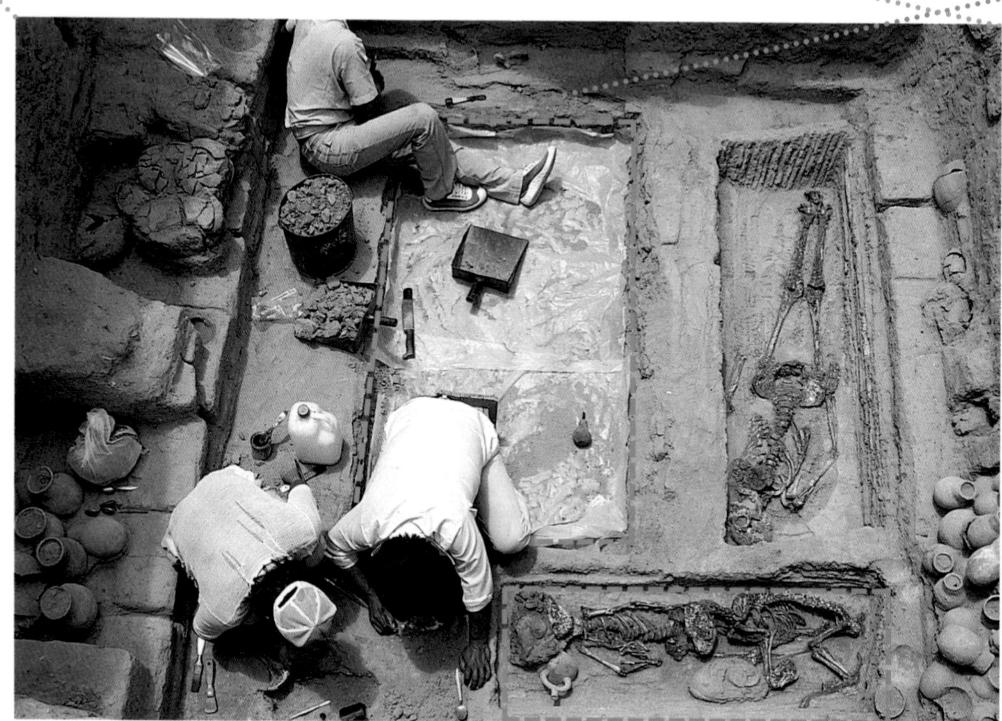

### 3 Excavaciones

Éste es un proceso muy lento; en Sipán tardó varios años. La ubicación exacta y la naturaleza de cada pieza deben registrarse antes de retirarla para analizarla. Diminutos fragmentos de, digamos, cerámica, pueden recuperarse sólo al pasar la tierra por un tamiz. La misma tierra puede someterse a análisis microscópico. Los artefactos van desde una sencilla brocha para limpiar la tierra de las piezas más delicadas, hasta una excavadora mecánica para retirar la capa vegetal superior y cortar la zona en secciones.

## Datación por los anillos de los árboles

La dendrocronología, ciencia que permite fechar la edad de los árboles, a menudo ayuda a los arqueólogos a determinar la edad del sitio en que trabajan. Cada año que crece un árbol, se añade un nuevo anillo a su circunferencia. El grosor depende de condiciones ambientales como temperatura y lluvia. Con el tiempo, se forman motivos entre los anillos que son comunes a todos los árboles de la misma especie en la misma zona. Los anillos pueden contarse para mostrar la edad del árbol al morir; la configuración de los anillos también puede compararse con la de otros árboles de la misma especie para averiguar cuándo murió el árbol.

Al estimar la fecha de un objeto hecho de un árbol, como el mástil de una embarcación, se compara con los de madera de árboles similares cuyo año de muerte se conoce, para buscar perfiles de crecimiento que coincidan. Si los perfiles coinciden, es posible calcular el año en que el árbol murió o fue talado.

Como los anillos y su configuración varían por las condiciones ambientales, pueden usarse los árboles para estimar la fecha de hechos naturales como sequías o glaciación, y artefactos hechos por el hombre. Ciertas especies arbóreas son muy útiles a los dendrocronólogos por su longevidad, como la pacana americana, un árbol que vive más de 4,500 años y puede dar pistas de estados muy anteriores a la historia registrada.

## Medición del deterioro

**Con carbono radiactivo**
La datación con carbono radiactivo (o carbono-14) se ha usado para fijar la fecha de especímenes de hasta 35,000 años.

Se basa en que a lo largo de la vida toda la materia viva absorbe una forma radiactiva de carbono, conocida como carbono-14. Cuando una planta o animal muere deja de absorberlo y el carbono-14 que contiene se desintegra en forma paulatina para formar carbono-12.

Los científicos pueden detectar la presencia de carbono-14 y saber la razón de decaimiento. Pueden medir la cantidad de carbono-14 existente en un objeto que haya vivido, como un mástil de madera de un barco. Eso se compara con el carbono-14 de un árbol vivo, revelando cuándo murió el árbol y dando una pista de la edad del mástil.

**Por luminiscencia**
En especímenes con más de 40,000 años de edad, los arqueólogos pueden recurrir a técnicas como la datación por luminiscencia. Puede usarse en especímenes que contengan minerales, como el cuarzo.

- A causa de la exposición a la radiación natural, en forma de calor o de luz, el mineral adquiere un grado de "luminiscencia" latente.
- Si los científicos exponen de nuevo a la luz o el calor el objeto que contiene minerales, esa luminiscencia se libera y puede medirse usando un instrumento llamado tubo fotomultiplicador.
- A partir de la cantidad de luminiscencia liberada, es posible calcular cuándo fue la última vez que el objeto fue expuesto a la luz o el calor, y estimar su edad aproximada.

**Tumba real, Sipán** La impresión de un artista refleja cómo debió de verse esta figura real al sepultarla. Sus orejeras eran de oro y turquesa.

**4 Análisis** En esta etapa, se reconocen destrezas especiales. Un antropólogo físico revisó un esqueleto de Sipán y pudo decir que era probable que el hombre hubiera tenido artritis, pero como sus dientes estaban en buenas condiciones, quizá tuvo una alimentación saludable. Murió entre los 35 y los 45 años, una edad respetable para un mochica. Se usan muchas técnicas complejas para ese análisis, incluso poderosas pruebas de ADN. El procedimiento reacción en cadena de la polimerasa (RCP) se hace en muestras de tejido. Puede amplificar el rastro más diminuto de ADN, ayudando a revelar detalles como defectos genéticos y la causa de la muerte.

**DATO** Pistas del poema épico de Homero, *La Ilíada*, ayudaron a Heinrich Schliemann a hallar la ciudad perdida de Troya en 1870.

**Fiel hasta la muerte** A los pies de la figura principal, el arqueólogo halló el ataúd de un niño, enterrado con su perro.

vea también
76 **Árboles**
166 **El mundo prehistórico**
522 **La radiactividad**
540 **El pasado, descubierto**

*Grandes construcciones como Stonehenge y las pirámides de Egipto siempre han originado admiración, especulación y leyendas. Se han investigado científicamente ruinas antiguas, pero sólo desde el desarrollo de la arqueología en el siglo XIX. Al permitirles hablar nos dan indicios vitales de mundos impenetrables en otras circunstancias.*

## Zonas arqueológicas del mundo

En toda la Tierra varios sitios arqueológicos han tenido una función importante al reconstruir la historia de diferentes civilizaciones. Algunos hasta han escrito de nuevo la historia, como L'Anse-aux-Meadows en Terranova, Canadá, que demostró que los vikingos hicieron el viaje al continente americano mucho antes que los descubridores españoles. El mapa muestra los 20 sitios históricamente más importantes del mundo.

## Un precursor apasionado por Grecia

El alemán Heinrich Schliemann (1822-1890) a menudo es llamado el padre de la arqueología por haber sentado las bases de ese campo. Su método de preservar con cuidado todo lo descubierto y registrar su posición exacta en la excavación se volvió un principio de la arqueología. También fue de los primeros en valorar tanto los objetos cotidianos como los grandes monumentos. Fascinado desde niño por las leyendas griegas, halló el sitio de Troya (en la actual Turquía ) y de Micenas, capital de Agamenón, quien guió a los griegos contra Troya.

**Erudito autodidacto** Nacido en una familia pc Schliemann dejó la escu empezó a trabajar a los años. Hizo fortuna en los gocios y se jubiló a los 4 años, para dedicarse a la arqueología.



**Guerrero maya** Imágenes como la de este plato de Tikal son fuente valiosa de información visual.

**Rostro de la historia** El arqueólogo francés Franck Goddio examina una esfinge sumergida en Alejandría.

**Oro al descubierto** Howard Carter halló la tumba de Tutankamón sellada e intacta. Oculta por escombros de una tumba posterior, nunca había sido saqueada.

## El hombre que descubrió a Tutankamón

En 1922, después de más de 20 años de excavaciones, el egiptólogo británico Howard Carter (1873-1939) y su mecenas, el conde de Carnarvon, desenterraron la tumba más rica jamás hallada en el Valle de los Reyes. Pertenecía al faraón niño Tutankamón, quien murió *c.* 1325 a.C. apenas a los 18 años. Cuando el deslumbrante hallazgo se exhibió en Londres en 1972, atrajo a 1,700,000 visitantes.

**L'Anse-aux-Meadows, Canadá**
Asentamiento vikingo
*c.* 1000 d.C.
Helge y Anne Ingstad, noruegos, excavaron el sitio en la década de 1960. Aporta pruebas sólidas de que los vikingos navegaron a América del Norte mucho antes que Colón.

**Cañón del Chaco, EUA**
Centro de la cultura anasazi *c.* 100 a.C.-*c.* 1150 d.C. Casas comunales de varios pisos, cámaras ceremoniales, cerámica y bienes comerciales muestran la sofisticación de la prehistórica cultura Pueblo.

3 **Teotihuacán, México**
Ciudad mesoamericana
*c.* 500-*c.* 800 d.C.
Las excavaciones de esta inmensa ciudad empezaron a finales del siglo XIX y revelaron estructuras notables como la pirámide del Sol, la tercera más alta del mundo con 75 m.

19 Xian

**Tikal, Guatemala**
Ciudad maya
250-900 d.C.
Este pueblo, alguna vez pequeño, se convirtió en la ciudad más importante de la era clásica maya. En el centro había pirámides funerarias y una Gran Plaza ceremonial.

**Machu Picchu, Perú**
Asentamiento inca
*c.* 1450 d.C.
El complejo de templos, baños y residencias en lo alto de los Andes pudo haber sido una ciudad o retiro imperial. Abandonada tras la conquista española, fue descubierta en 1911 por Hiram Bingham.

6 **Gran Zimbabwe, Zimbabwe**
Sitio de la Edad del Hierro
*c.* 300-*c.* 1450 d.C.
Complejo de estructuras de la Edad del Hierro y posterior a ésta. La pared de granito exterior del Gran Enclave originalmente tenía 9.8 m de alto y 244 m de largo.

7 **Olduvai Gorge, Tanzania**
Fósiles homínidos *c.* 2-3 millones de antigüedad
En la década de 1930 Louis Leakey halló fósiles animales y herramientas de piedra cruda; con su esposa Mary halló en 1959 un homínido fósil de *c.* 1,750,000 años. Eso, y el hallazgo de una huella incluso anterior, hicieron a África Oriental sitio de la evolución humana.

8 **Hallstatt, Austria**
Minas y camposanto celta
siglos IX-V a.C.
El sitio de las Eras del Bronce y el Hierro se descubrió por accidente en 1846. Su tesoro de huesos humanos, prendas de vestir y herramientas fue tan importante que las fases de la cultura celta llegaron a conocerse como Hallstatt A, B, C y D.

9 **Pompeya, Italia**
Ciudad romana
79 d.C.
En 1748 se halló gente y animales sepultados por lava y cenizas de la súbita erupción del monte Vesubio en 79. Los restos dieron un vivo retrato de la vida cotidiana de una pequeña ciudad romana.

10 **Alejandría, Egipto**
Ciudad grecorromana fundada en 332 a.C. La quinta parte de ésta se había hundido en el mar para el siglo VIII d.C. Había una estatua de Cesarión, hijo de Cleopatra, entre los tesoros recuperados al ubicar las ruinas en 1998.

11 **Troya, Turquía**
Ciudad arruinada
*c.* 3000 a.C.-*c.* 300 d.C.
Se construyó y reconstruyó varias veces. Es probable que la ciudad sitiada por los griegos fueran los restos calificados como Troya VIIa, destruidos alrededor del año 1200 a.C.

12 **Cnossos, Creta**
Ciudad minoica
*c.* 3000-*c.* 1400 a.C.
Próspero centro de la cultura minoica durante la Edad del Bronce, destruido misteriosamente por el fuego. El excelente palacio se ha restaurado mucho.

13 **Giza, Egipto**
Pirámides
*c.* 2610-*c.* 2495 a.C.
Las tres grandes pirámides de Giza: Keops, Chefren y Micerino, son una de las Siete Maravillas del Mundo. Se creía que la segunda pirámide era sólida, pero al excavar en 1818 hallaron la cámara mortuoria del faraón Chefren.

14 **Valle de los Reyes, Egipto**
Necrópolis real
Siglos XVI-XIII a.C.
Desde que empezó la excavación en 1919, se han hallado más de 60 tumbas reales, muchas con finos relieves y adornos. Aún siguen haciéndose nuevos hallazgos.

20 Lago Mungo

15 **Jericó, Valle del Jordán**
Ciudad
*c.* 10,000 a.C. en adelante
Quizá sea el asentamiento conocido más antiguo del mundo. Jericó ha sido ocupada en forma continua desde los tiempos del pueblo natufiense. La ciudad cananea fue capturada por los israelitas bajo Josué *c.* 1300 a.C.

## Arqueología submarina

Investigar sitios hundidos es una rama muy especializada de la arqueología. Se usan robots submarinos, detectores de metales del lecho marino y sonar de rastreo lateral, que forma imágenes de los objetos sumergidos a partir de ondas sonoras reflejadas.

El lecho marino puede dar tesoros tan fascinantes como la tierra: en el 2000, arqueólogos franceses y egipcios hallaron los restos submarinos de Heraclión, antiguo puerto de gran importancia en la desembocadura del Nilo. Su hallazgo incluyó estatuas, vasijas de bronce, monedas de oro y alhajas bien conservadas. Los restos de naufragios llevan a muchos descubrimientos: se hallaron unos 18,000 objetos distintos en un solo barco que se hundió hacia 1300 a.C. frente a Turquía.

Sacar un barco es una proeza espectacular, pero difícil. El *Mary Rose,* buque insignia de Enrique VIII, hundido en 1545, se localizó en 1971 con un sonar de rastreo lateral. Tras 11 años de investigación, los ingenieros idearon una enorme grúa flotante para izarlo en una extensa basada del lecho marino.

**Izando el *Mary Rose*** Un arqueólogo buzo que trabajaba en el *Mary Rose* pintó esta escena del histórico pecio que yacía en el lecho marino.

16 **Catal Hüyük, Turquía**
Ciudad neolítica
*c.* 7000-*c.* 5600 a.C.
Excavaciones en la década de 1960 del arqueólogo británico James Mellaart descubrieron los restos de una gran comunidad agrícola neolítica. Es uno de los primeros sitios de este periodo y ha proporcionado muchas pruebas valiosas sobre técnicas agrícolas en la antigüedad.

17 **Babilonia, Iraq**
Capital arruinada de Mesopotamia
2º-1er milenio a.C.
Un equipo alemán desenterró Babilonia a principios del siglo XX. Los restos muestran una culminación bajo Nabucodonosor en el siglo VI a.C., cuando las murallas tenían unos 18 km de largo.

18 **Mohenjo-Daro, Pakistán**
Ciudad del valle del Indo
*c.* 2500-*c.* 1800 a.C.
En 1920 las excavaciones descubrieron lo que alguna vez fue una gran ciudad de la civilización del valle del Indo, Harappa, de 5 km de circunferencia. Como nunca se ha descifrado su escritura, la arqueología es la única que ofrece pistas de esta rica cultura.

19 **Xian, China**
Tumba del emperador Qin Shi Huangdi
*c.* 215 a.C.
En 1974, campesinos hallaron un ejército de 6,000 guerreros de terracota, de tamaño natural, con carros y caballos. El sitio resultó ser la tumba del emperador Shi Huangdi, fundador de la dinastía Qin.

20 **Lago Mungo, Australia**
Cementerio aborigen
*c.* 30,000 años
El lago Mungo, en Nueva Gales del Sur, ha estado seco 15,000 años, pero los aborígenes alguna vez pescaron y cazaron ahí. El hallar, en 1969, huesos humanos de 30,000 años de antigüedad hizo retroceder la fecha conocida de la ocupación aborigen en Australia; desde entonces, hay nuevas pruebas de fechas aún más anteriores.

vea también
166 **El mundo prehistórico**
168 **Albores de la historia**
538 **Arqueología**

*Los 70 años entre 1850 y 1920 vieron una revolución en artefactos para ayudar a hacer menos tediosas y más higiénicas la vida doméstica y algunas de sus faenas. Ciertos inventos, como la lavadora automática, eran versiones eléctricas de modelos más antiguos de manivela manual, mientras que otros eran flamantes aparatos domésticos, desde el tostador y la aspiradora hasta el procesador de alimentos y el refrigerador.*

### Lavadora mecánica

En 1858, el inventor estadounidense Hamilton Smith patentó una lavadora mecánica de manivela manual, un tanque de madera con una hélice (unos maderos fijos a una larga manija). El tanque tenía que llenarse y vaciarse a mano. Las máquinas automáticas no fueron posibles sino hasta principios del siglo XX, cuando se contó con agua corriente, caliente y fría, y electricidad doméstica.

**Fuerza manual** La lavadora mecánica de Hamilton Smith hizo poco por aligerar el esfuerzo físico que implicaba lavar.

### Máquina de coser

El obrero de Massachusetts Elias Howe suscitó poco interés público cuando en 1846 patentó una máquina de coser manual. En 1851, mientras Howe buscaba patrocinadores en Inglaterra, otro estadounidense, Isaac Singer, produjo una máquina de pedales que infringía la patente. Howe tomó medidas judiciales, reinstauró la patente en 1854 y empezó a recibir regalías; pero la versión de Singer se convirtió en el primer aparato doméstico fabricado en serie.

1850

**1851** Horno de gas

1860

1870

**1876** Teléfono

**1877** Fonógrafo

1880

**1880** Picadora de alimentos, papel de baño perforado

**1882** Plancha eléctrica

**1888** Tocadiscos

**1889** Horno eléctrico

1890

### Luz eléctrica

En 1878, el físico británico Joseph Swan pasó una corriente eléctrica por un filamento de carbono sellado dentro de un tubo de vidrio, creando el primer foco eléctrico que duró encendido varias horas. Tomás Alva Edison aprovechó esa idea para su foco de 1879.

## El inventor más prolífico del mundo

Cuando el nativo de Ohio Tomás Alva Edison dejó la escuela en 1859, los pocos aparatos eléctricos existentes funcionaban con baterías poco potentes. Para su muerte, en 1931, gracias a su inventiva y espíritu de empresa, una red de generadores y cables de transmisión surtía electricidad a las principales ciudades de Estados Unidos.

Su obra como inventor empezó en serio en 1876, al instalar el primer laboratorio comercial del mundo en Menlo Park, Nueva Jersey. Durante una vida dedicada a la electricidad y comunicaciones, patentó 1,093 inventos, cantidad sin precedentes, entre ellos:

**1870** Un receptor de cotizaciones de gran velocidad, máquina que registraba operaciones de la bolsa de valores en Wall Street.

**1872** La máquina de escribir eléctrica.

**1874** El telégrafo cuádruple enviaba cuatro mensajes por una sola línea, al mismo tiempo.

**1877** El fonógrafo de placa metálica, reproducía el sonido con una aguja y un cilindro de papel de estaño.

**1878** El transmisor de carbono, para teléfonos y micrófonos.

**1879** Un foco eléctrico con un filamento de carbono. La durabilidad aumentó al mejorar el vacío en el interior del foco.

**1880** Un tranvía eléctrico.

**1891** El "cinetoscopio" proyectó la primera película de celuloide con imágenes en movimiento.

**1900** La batería alcalina de níquel.

**Luz artificial** El filamento de carbono del antiguo foco de Edison fue sustituido por un filamento de tungsteno en 1911.

**Cadena y cilindro** El "ahorrador de agua sin válvulas", diseño que suele adjudicarse al inglés Thomas Crapper, lo patentó primero Albert Giblin.

### Cisterna sin válvulas

Un inodoro que recibe agua de una cisterna, inventado por Thomas Brightfield, se usó por primera vez en Londres en 1449. En 1775, el inglés Alexander Cummins presentó la tubería curva en "S" que retenía agua en el retrete y reducía los olores desagradables. El inodoro con flujo continuo siguió siendo poco práctico hasta que se instaló el drenaje público en el siglo XIX. Thomas Twyford diseñó el primer inodoro de porcelana, de una pieza, en 1885.

## Matraz de vacío

En 1892, el físico escocés James Dewar inventó una forma de conservar gases líquidos a baja temperatura al estar almacenados. Creó un vacío entre las paredes dobles de una botella de vidrio, que reducía la transferencia de calor a un mínimo. El alemán Reinhold Burger comercializó la técnica para uso doméstico, en 1902, al crear el termo.

**Frigorífico** La empresa Kelvinator fabricó algunos de los primeros refrigeradores eléctricos, como este modelo de 1926.

## Refrigerador

Karl von Linde, ingeniero alemán, inventó el primer refrigerador doméstico en 1879. Usaba una bomba de vapor para hacer circular amoniaco, un enfriador usado en la refrigeración industrial desde finales de la década de 1850. En 1923, Carl Munters y Balzer von Platen, ingenieros suecos, crearon el primer refrigerador eléctrico, Electrolux, con motor en vez de bomba. En la misma década, otros científicos crearon refrigerantes sintéticos, como el freón, para sustituir el tóxico amoniaco.

## Formica

Daniel O'Conor y Herbert Faber, estadounidenses, la patentaron como material aislante para cableado eléctrico en 1913. La comercializaron en la década de 1920 para laminar muebles. Al ser refractaria y limpiarse con un trapo, se popularizó para forrar gabinetes en las cocinas equipadas de la siguiente década.

## Procesadores de alimentos

La primera batidora eléctrica, creada en EUA en 1910, era poco potente y no funcionaba bien. En 1919, Troy Metal Products lanzó el KitchenAid, la primera batidora con pedestal y tazón. En 1950, apareció la Kenwood Chef en Gran Bretaña, con múltiples aditamentos, desde batir hasta abrir latas.

**Matraz de Dewar** James Dewar ideó este matraz para guardar nitrógeno y oxígeno líquido para experimentos.

## Aspiradora

La primera aspiradora, operada desde la calle con una larga manguera, fue inventada en 1901 por Hubert Cecil Booth. Seis años después, William Hoover, un negociante estadounidense, creó una versión ligera y vertical, fácil de usar dentro de la casa.

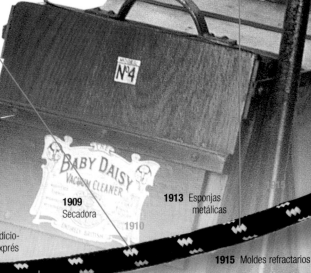

1890

**1893** Gancho de resorte para ropa

**1899** Secadora de cabello eléctrica

1900

**1900** Cámara fotográfica Brownie

**1902** Unidad de aire acondicionado, máquina para café exprés

**1907** Lavadora eléctrica

**1909** Secadora

1910

**1913** Esponjas metálicas

**1915** Moldes refractarios

## Tostador

El tostador eléctrico ha cambiado poco desde que lo lanzara al mercado la empresa Crompton, ubicada en Essex, Inglaterra, en 1893. El aparato de Crompton, "El Eclipse", tostaba un lado del pan a la vez. El mecanismo de resorte que entrega el pan tostado se creó en Minnesota, EUA, en 1927. Tres años más tarde, se añadieron controles termostáticos para activar el resorte cuando el tostado estuviera listo.

## Polvo limpiador

Best Soap, el primer detergente de la empresa Babbit, salió a la venta en 1843. La llegada de la lavadora automática en 1907 trajo el primer detergente moderno, Persil, producido por la empresa alemana Heenkel & Cie. El nombre del polvo provenía de sus ingredientes activos, perborato y silicato, que liberan oxígeno al entrar en contacto con el agua, ayudando a quitar la mugre de la ropa.

**Escoba mecánica de succión** Con esta limpiadora preeléctrica Baby Daisy, la persona que la usaba tenía que bombear a mano los fuelles que producían la succión.

vea también
544 **Inventos de uso diario**
546 **Telecomunicaciones**
554 **Grabación de sonidos**

# Inventos de uso diario 1920-2002

*En el siglo XX, los adelantos en electrónica prepararon el terreno para el diseño en miniatura de artículos como el radio y la aparición del teléfono celular. Las fibras y otros productos sintéticos nos trajeron las medias de nailon, la cinta adhesiva, las cacerolas antiadherentes y la cinta magnética para grabación en video.*

### Cinta adhesiva

La cinta adhesiva fue una mejora del celofán impermeable producido por vez primera por la empresa DuPont en 1927. Esa cinta, con adhesivo sólo en los bordes, se usaba en los talleres automotrices para proteger cristales y tableros o molduras al pintar autos. En 1934 se puso a la venta la cinta con una capa completa de adhesivo y la gente empezó a usarla en la casa.

### Abrelatas

Pasaron casi 130 años después de la invención de la lata, para que apareciera un abrelatas en 1931. Al principio, la gente tenía que abrir las latas con martillo y cincel. Los abrelatas fijos aparecieron a finales de la década de 1850 y las cuchillas redondas en la de 1870, pero de nuevo pasaron 60 años para que se combinaran en un solo aparato.

### Horno de microondas

Durante la Segunda Guerra Mundial, los físicos británicos John Randall y Henry Boot trabajaban en radares de defensa. Se sabía que las microondas generadas por su sistema de radar mataban aves. Las microondas hacían que las moléculas de agua de los cuerpos de las aves giraran, lo que creaba fricción, y el calor emitido las "cocinaba". Así se cuecen los alimentos en horno de microondas y explica por qué no calientan un objeto si no tiene moléculas de agua. El horno se patentó en 1945, pero apareció en los hogares hasta la década de 1980, cuando el diseño en miniatura y las economías de escala lo hicieron viable en términos comerciales.

ISBN 0-276-42434-4
9 780276 424342 >

### Código de barras

En 1949, el estadounidense Bernard Silver y su ex condiscípulo Norman Woodland crearon un código de barras o rayas negras, gruesas y delgadas. Pero no fue sino hasta la década de 1960 que dos importantes adelantos lo volvieron una posibilidad práctica: un rayo láser para leer las barras y una pastilla de silicio para procesar la información. El consentimiento del Departamento de Defensa de EUA de un estándar para la industria propició que se generalizara su uso.

1920 · 1930 · 1940 · 1950

**1921** Tetera eléctrica

**1922** Lavavajillas

**1928** Televisión

**1934** Lavandería automática

**1935** Grabadora

**1938** Tupperware

**1948** Palangana de plástico

**1950** Guantes de hule

### Radio de bulbos portátil

El primer radio portátil sólo lo era de nombre: pesaba como 4.5 kg. Fue diseñado por el estadounidense J. McWilliams Stone en 1922. En esa época todos los radios eran pesados, por los grandes transformadores necesarios para los altos voltajes que requerían los circuitos de bulbos. En 1947 se inventó el pequeño, ligero, poco potente y más confiable transistor, y para 1955 se usaba en radios que de verdad eran portátiles.

**Cajón enorme**
Válvulas y tubos al vacío voluminosos significaban radios pesados, hasta los portátiles como este Pye, de 1929.

### Nailon

Joseph Swan, el inventor del foco, también creó la primera fibra sintética en 1883. Iba a usarla como filamento del foco, pero resultó inadecuada. Se hicieron otros intentos para producir fibras sintéticas, pero tuvieron poco resultado práctico. La empresa estadounidense DuPont produjo la primera fibra sintética útil en 1938: el nailon. Al principio se usaba para cerdas de cepillos dentales y la nueva fibra se adaptó para usarla en medias en 1940. En la década de 1950, los principios para producir nailon se aplicaron para crear otros materiales sintéticos, como acrílico (1950), dacrón (1953) y terileno (1954).

Alluring... Enduring...
Wolsey
nylons

**Medias con costura**
Ajustable pero tieso, el nailon era un material ideal para productos que van desde cerdas hasta medias y paracaídas.

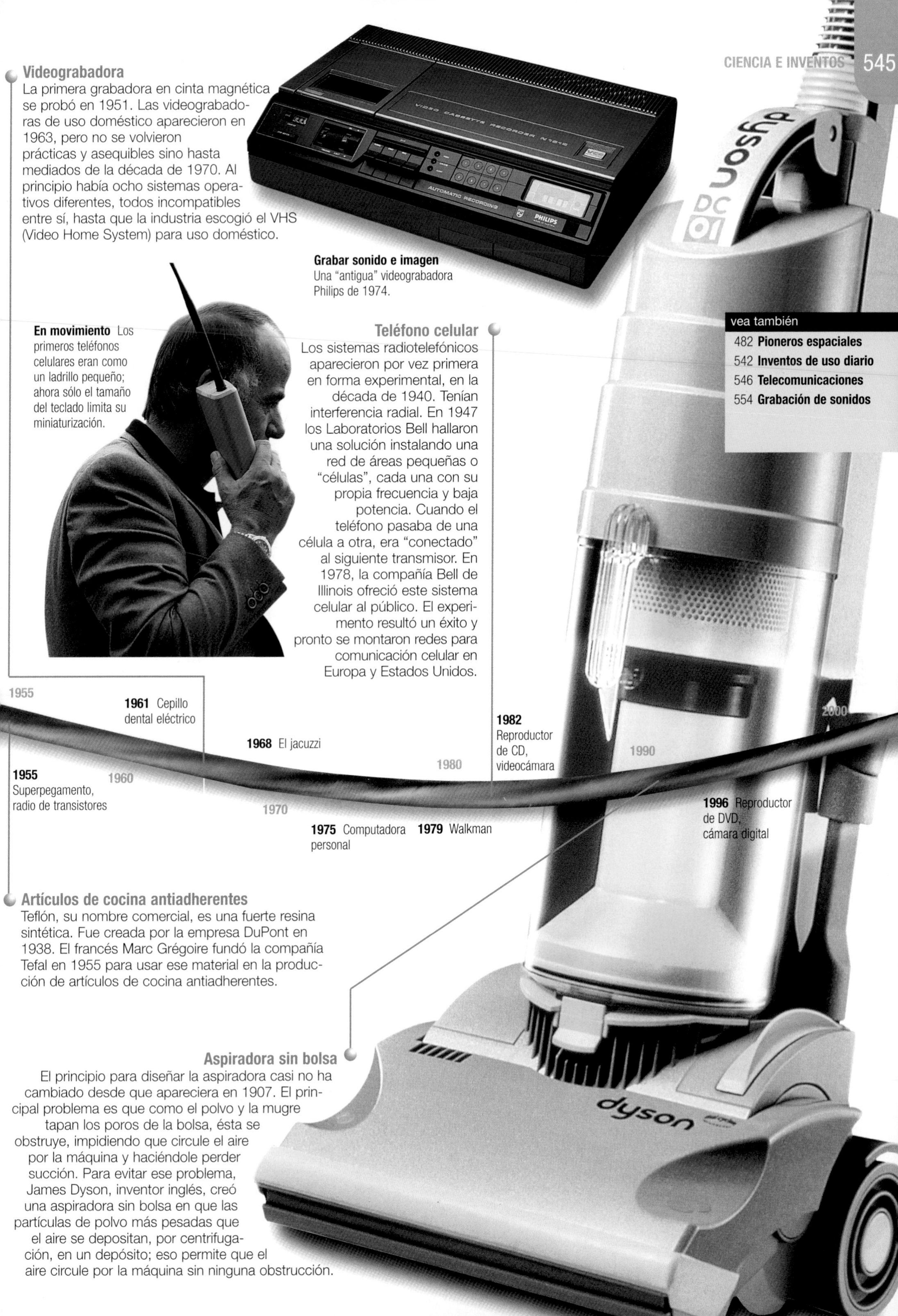


## Videograbadora

La primera grabadora en cinta magnética se probó en 1951. Las videograbadoras de uso doméstico aparecieron en 1963, pero no se volvieron prácticas y asequibles sino hasta mediados de la década de 1970. Al principio había ocho sistemas operativos diferentes, todos incompatibles entre sí, hasta que la industria escogió el VHS (Video Home System) para uso doméstico.

**Grabar sonido e imagen** Una "antigua" videograbadora Philips de 1974.

**En movimiento** Los primeros teléfonos celulares eran como un ladrillo pequeño; ahora sólo el tamaño del teclado limita su miniaturización.

## Teléfono celular

Los sistemas radiotelefónicos aparecieron por vez primera en forma experimental, en la década de 1940. Tenían interferencia radial. En 1947 los Laboratorios Bell hallaron una solución instalando una red de áreas pequeñas o "células", cada una con su propia frecuencia y baja potencia. Cuando el teléfono pasaba de una célula a otra, era "conectado" al siguiente transmisor. En 1978, la compañía Bell de Illinois ofreció este sistema celular al público. El experimento resultó un éxito y pronto se montaron redes para comunicación celular en Europa y Estados Unidos.

vea también

482 **Pioneros espaciales**
542 **Inventos de uso diario**
546 **Telecomunicaciones**
554 **Grabación de sonidos**

1955

**1955** Superpegamento, radio de transistores

1960

**1961** Cepillo dental eléctrico

**1968** El jacuzzi

1970

**1975** Computadora personal

**1979** Walkman

1980

**1982** Reproductor de CD, videocámara

1990

**1996** Reproductor de DVD, cámara digital

2000

## Artículos de cocina antiadherentes

Teflón, su nombre comercial, es una fuerte resina sintética. Fue creada por la empresa DuPont en 1938. El francés Marc Grégoire fundó la compañía Tefal en 1955 para usar ese material en la producción de artículos de cocina antiadherentes.

## Aspiradora sin bolsa

El principio para diseñar la aspiradora casi no ha cambiado desde que apareciera en 1907. El principal problema es que como el polvo y la mugre tapan los poros de la bolsa, ésta se obstruye, impidiendo que circule el aire por la máquina y haciéndole perder succión. Para evitar ese problema, James Dyson, inventor inglés, creó una aspiradora sin bolsa en que las partículas de polvo más pesadas que el aire se depositan, por centrifugación, en un depósito; eso permite que el aire circule por la máquina sin ninguna obstrucción.

*La comunicación de larga distancia empezó en la década de 1840, con telegramas enviados por cable entre ciudades y luego entre continentes. Luego llegó el teléfono, que transmitía la voz humana como onda sonora. La radio permitió la comunicación inalámbrica, y las pastillas de silicio hicieron portátiles los instrumentos. Al aparecer el módem fue posible conectar computadoras y otros aparatos digitales a una línea telefónica. Las nuevas tecnologías redujeron costos y aumentaron el volumen, pero la demanda de cada vez más comunicación siguió creciendo con toda su fuerza.*

**1837** Charles Wheatstone y William Cooke, científicos británicos, patentan un sistema de telégrafo electromagnético.
**1840** Samuel Morse, inventor estadounidense, patenta su propio telégrafo electromagnético.
**1843** Alexander Bain, fabricante británico de relojes, inventa un aparato para enviar copias exactas: el primer facsímil (fax).
**1844** Se tiende el primer cable telegráfico de larga distancia, entre Baltimore y Washington DC en EUA.

**El primer telégrafo** El mensaje se grabó en código en una tira de papel de un receptor.

**Alexander Graham Bell** (1847-1922) Bell era maestro de sordos, y su trabajo sobre el teléfono nació de intentos para crear y transmitir por vía eléctrica el sonido de la voz. Trabajó en su aparato de teléfono con Thomas Watson en Boston, y las primeras palabras transmitidas fueron: "Señor Watson, venga, lo necesito." Bell probó su invento en forma exhaustiva y fundó la compañía telefónica Bell en 1877 para explotarlo, pero participó poco en impulsar el negocio. Más adelante en su vida, trabajó en otros inventos eléctricos y para el bienestar de los sordos.

**Teléfono de Bell, 1878** La reina Victoria de Inglaterra usaba este aparato.

**Exportando talento** Bell nació en Escocia, pero partió a Canadá por motivos de salud, y luego a EUA. Casi todo su trabajo lo realizó en la Universidad de Boston, donde impartía fisiología vocal.

**1830**

**1850-1855** Se inventan los primeros teletipos.
**1861** En Estados Unidos, el Telégrafo Transcontinental enlaza California con Missouri y la Costa Este.
**1866** El primer cable telegráfico trasatlántico permanente conecta Irlanda y Terranova.

**1860**

**1869** Tomás A. Edison, estadounidense, inventa el receptor de cotizaciones; transmite precios de acciones de Wall Street.
**1872-1876** Inventores como Tomás A. Edison idean sistemas para enviar dos, cuatro, luego cinco mensajes telegráficos simultáneos vía "multiplex" en una sola línea.

**1870**

**1876** Alexander Graham Bell, inventor de origen escocés, obtiene la primera patente para el teléfono eléctrico .
**1878** Edison inventa el micrófono de carbón granulado para teléfono, que permite un habla más clara.
**1889** Almon Strowger, estadounidense, inventa la central telefónica automática.
**1895** Guglielmo Marconi prueba por vez primera la telegrafía inalámbrica (radio).

**1900**

**1901** Marconi, italiano, envía la primera señal telegráfica trasatlántica inalámbrica de Inglaterra a Terranova.
**1902** Arthur Korn, alemán, inventa el explorador fotoeléctrico de imágenes. Para 1910, empieza a usarse a menudo para transmitir imágenes de periódico. Se tiende el primer cable telegráfico transpacífico entre Canadá y Nueva Zelandia.

## LA RED TELEFÓNICA

El sistema telefónico fue diseñado para llevar ondas sonoras: la voz humana. En la actualidad, el fax, la computadora y el teléfono celular se conectan al sistema, enviando enormes cantidades de datos en forma digital (a diferencia de la analógica, vea pág. 552). Para enfrentar la necesidad de capacidad cada vez mayor, ya casi todas las centrales son electrónicas y los enlaces entre ellas en general son digitales y usan fibra óptica, microondas y tecnología satelital. El punto débil del sistema es la conexión con el usuario. Para muchas empresas y hogares el "último tramo" sigue siendo un par de alambres de cobre, lo que pone una fuerte restricción a la velocidad y la capacidad.

**Teléfono común** Envía y recibe mensajes de voz como señales eléctricas analógicas.

**Fax** Un aparato de fax envía y recibe señales por medio de un módem que convierte señales analógicas en digitales.

**Teléfono digital** Usado en algunas oficinas, transmite señales digitales en forma directa a la central mediante un enlace RDSI (red digital de servicios integrados).

**Central principal** Envía llamadas, como señales digitales, por diversos tipos de medios y cable de larga distancia o radioenlaces, a otras centrales en el mismo país y en el extranjero .

**Central local** La central local enlaza llamadas locales y convierte señales analógicas de teléfonos comunes en digitales para transmisión de larga distancia a una central principal.

## Los mayores usuarios telefónicos

| Principales líneas telefónicas L. terrestres x 100 personas (1998) | | Teléfonos celulares Suscriptores x 100 personas (1998) | |
|---|---|---|---|
| 1 Islas Bermudas | 84 | 1 Finlandia | 57.1 |
| 2 Luxemburgo | 69.2 | 2 Hong Kong | 47.5 |
| 3 Suecia | 67.4 | 3 Noruega | 47.4 |
| 4 Suiza | 67.4 | 4 Suecia | 46.4 |
| 5 Estados Unidos | 66.1 | 5 Japón | 37.4 |
| 6 Dinamarca | 66 | 6 Dinamarca | 36.4 |
| 7 Noruega | 66 | 7 Israel | 35.9 |
| 8 Islandia | 64.7 | 8 Italia | 35.7 |
| 9 Canadá | 63.5 | 9 Singapur | 34.6 |
| 10 Países Bajos | 59.3 | 10 Islandia | 33.1 |
| 11 Francia | 57 | 11 Estados Unidos | 31.3 |
| 12 Alemania | 56.8 | 12 Portugal | 30.9 |
| 13 Singapur | 56.2 | 13 Luxemburgo | 30.8 |
| 14 Hong Kong | 55.8 | 14 Corea del Sur | 30.2 |
| 15 Reino Unido | 55.7 | 15 Australia | 28.6 |

**1960** Se lanza el primer satélite de comunicaciones, el Eco 1.
**1962** Se usan por primera vez señales digitales MCP para transmisión telefónica.
**1965** El primer satélite de comunicación comercial geoestacionario: Intelsat 1 (Early Bird o Pájaro Madrugador). Puede transmitir 240 llamadas telefónicas en cualquier momento.

**Teléfono "transportable", 1985** El verdadero carácter de portátil se dio con la revolución de la miniaturización, en la década de 1990.

**1980** Aparecen aparatos de fax baratos, compactos y rápidos. Salen primero en Japón, donde la escritura pictográfica dificulta la telegrafía.
**1981** El primer sistema europeo de telefonía celular se instala en Escandinavia.
**1988** Se tiende el primer cable trasatlántico de fibra óptica. Puede transmitir 40,000 llamadas telefónicas simultáneas.
**1990** Se presentan sistemas digitales de telefonía celular.
**1999** Se abandona el Código Morse para señales internacionales con el desarrollo de las comunicaciones vía satélite.

**1970** Se prueba la primera fibra óptica satisfactoria de poca pérdida, capaz de llevar miles de señales simultáneas a largas distancias. Por vez primera, cualquier persona puede hacer llamadas telefónicas trasatlánticas marcando en forma directa.
**1978** El primer sistema operativo de telefonía celular se instala en Chicago.

**1920** Varillas de vidrio propuestas para comunicación, el principio tras la fibra óptica.
**1921** La policía de Detroit usa el primer radioenlace bidireccional móvil.
**1931** Se instala en Londres la primera central de télex (teletipo público).

**1947** Los Laboratorios Bell idean un sistema de telefonía celular.
**1956** Se tiende el primer cable telefónico trasatlántico.
**1958** Se inventa el módem. Las computadoras pueden comunicarse por línea telefónica.

1920 1950 1960 1970 1980 2000

**1937** H.A. Reeves, estadounidense, inventa la MCP (modulación por código de pulsos), onda herciana que transmite en pulsos codificados, como una forma de enviar señales en forma digital.

**1958-1959** La creación de la primera pastilla de silicio (microchip) causa mayor miniaturización, posibilitando la comunicación digital.

**Satélites de comunicación** Retransmiten señales si no hay cables (incluso desde embarcaciones y a éstas), o donde los cables están saturados.

**Central de red** Se encarga de llamadas bidireccionales a teléfonos celulares de los suscriptores.

**Repetidora** Amplifica señales a intervalos por cables de larga distancia.

**Enlace terrestre de microondas** Éste se usa a menudo para conectar centrales locales y principales. Las antenas parabólicas envían y reciben señales de microondas por un rayo directo.

**Teléfono**

**Fax**

**Cable de fibra óptica** Muchos cables de este tipo cruzan mar y tierra llevando miles de mensajes simultáneos.

**Teléfono**

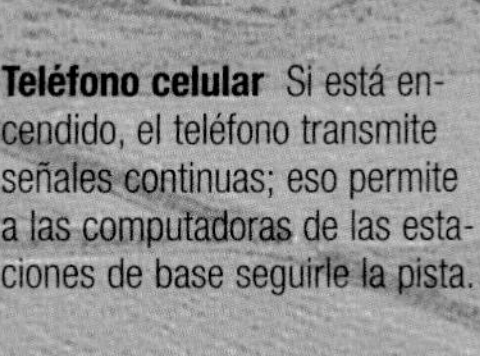

**Teléfono celular** Si está encendido, el teléfono transmite señales continuas; eso permite a las computadoras de las estaciones de base seguirle la pista.

### Cómo operan las redes de teléfono celular

Dividen en "células" locales las áreas que cubren, cada una con una estación de base transmisora-receptora. En medio de cada red hay una central de red, conectada a las estaciones de base con microondas, fibra óptica y otros tipos de enlace.

vea también
548 **La informática**
550 **La computadora moderna**
552 **Comunicaciones digitales**
556 **Internet**

*Se sabe que en la década de 1830 había máquinas, o planes para hacerlas, que incorporaban muchos de los principios de la informática moderna. Pero su mecanismo era muy complejo para la ingeniería del siglo XIX, y el salto de la teoría a la práctica tuvo que aguardar el desarrollo de la electrónica, sobre todo de transistores y circuitos integrados, durante el siglo posterior.*

**Se inventa la computadora** La primera computadora fue el diseño de Charles Babbage para una "máquina analítica" (abajo). Era una verdadera computadora porque podía programarse no sólo para seguir una serie de pasos lógicos, sino también para considerar los resultados de pasos anteriores en el programa. Pero hasta la Segunda Guerra Mundial fue posible construir computadoras electromecánicas para posteriormente hacerlas electrónicas.

Las piezas electrónicas trabajan más rápidamente que las mecánicas y son más pequeñas. Pueden actuar como interruptores electrónicos, que representan los 0 y 1 del sistema binario, y configurarse en circuitos lógicos para realizar operaciones matemáticas. Pero los cálculos complejos implican muchas operaciones y se necesitan múltiples componentes. Las primeras computadoras usaban bulbos que emitían mucho calor; ocupaban cuartos enteros y necesitaban enfriamiento. Los transistores posibilitaron que fueran más pequeñas y potentes. Lo último fue el circuito integrado: combinaba piezas diminutas en una unidad y llevó a la creación de la computadora personal (PC).

**Prodigio de Manchester** La Mark 1 construida en la Universidad de Manchester logró operar sin errores 9 horas, algo insólito, la noche del 16 al 17 de junio de 1949.

**1642** Blaise Pascal, matemático francés, inventa la primera calculadora mecánica.

**1801** Joseph-Marie Jacquard, ingeniero francés, construye un telar controlado por placas perforadas.

**1888** Herman Hollerith, estadounidense, inventa una máquina tabuladora con tarjetas perforadas. Su compañía se convirtió en la International Business Machines (IBM) Corporation.

**1943** "Colossus", una computadora para descifrar códigos alemanes, se construyó en Bletchley Park, Inglaterra.

**1946** La Universidad de Pennsylvania presenta el ENIAC (calculador e integrador numérico electrónico).

**1947** John Bardeen, Walter H. Brattain y William B. Shockley inventan el transistor mientras trabajan en los Laboratorios Bell, EUA.

**1949** Se hace la Mark 1, primera computadora con programa almacenado, memoria de acceso directo y almacenamiento en tambor magnético.

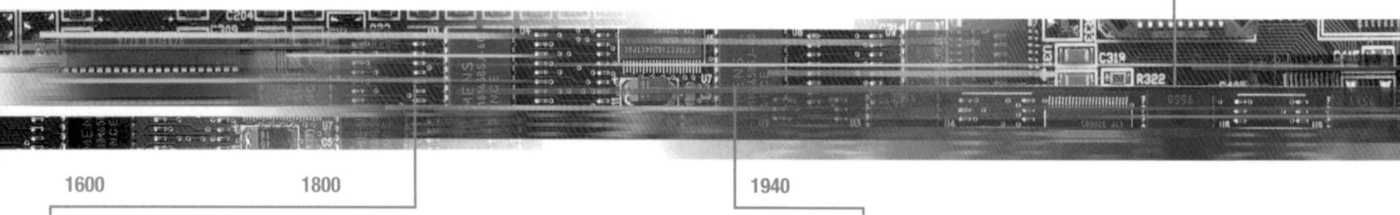

1600 | 1800 | 1940

**Charles Babbage** (1791-1871) Matemático inglés, diseñó máquinas calculadoras que contenían muchas piezas importantes de las computadoras modernas, pero no pudo completar ninguna de ellas. Sus "máquinas diferenciales" tenían el propósito de automatizar el cálculo e impresión de tablas matemáticas. Su "máquina analítica" se diseñó para programarse con tarjetas perforadas para realizar operaciones aritméticas en cualquier orden e incluso seguir lógica programada. Incluía unidades independientes: "aritmética" (procesador) y "almacén" (memoria), así como otras piezas de las computadoras modernas. Problemas financieros y de ingeniería obstaculizaron a Babbage, pero el Museo de Ciencias de Londres construyó una máquina diferencial, en 1991, que funcionaba.

**Máquina de calcular** Una sección de la unidad "aritmética" (procesador central) de la "máquina analítica" de Babbage, fue una de las pocas piezas completadas antes de su muerte.

**Alan Turing** (1912-1954) Lógico y matemático británico que inventó los procesos lógicos con que operan las computadoras. Su ensayo *Sobre números calculables* (1937) describe una "máquina universal" teórica que en principio podía realizar cualquier cálculo. Al leer o explorar una cinta, la máquina respondía a mandatos consecutivos. Turing demostró que podía, en teoría, imitar el pensamiento lógico humano.

Durante la Segunda Guerra Mundial, Turing tuvo una intervención importante en descifrar el código militar alemán "Enigma". Más tarde contribuyó a la creación de la Mark 1 de Manchester, y la Mark 1 de Ferranti. También fue un precursor de la inteligencia artificial, vaticinando que las computadoras rivalizarían un día con la inteligencia humana. Su "prueba de Turing" se diseñó como una medida objetiva de lo que habría de considerarse cuando se lograra ese estado.

## Software: programas de cómputo

Los primeros programas de cómputo se escribieron en "lenguaje máquina", proceso tedioso y lento que generaba secuencias de números binarios para controlar el mecanismo directamente. En 1952, Grace Murray Hopper, científica estadounidense, tuvo la idea de escribir programas en una forma simbólica elaborada, que se convertiría automáticamente en lenguaje máquina. Así nacieron los lenguajes de programación que revolucionaron la informática a partir de la década de 1950. Pero los programas aún debían individualizarse para cada computadora y cada nueva tarea; sólo al aparecer los "paquetes" de programas, utilizables en múltiples computadoras para trabajos comunes como contabilidad y redactar textos, las computadoras se simplificaron para uso de todos.

**Precursora del software** Hopper fue científica investigadora y oficial de la Marina.

**La primera computadora personal** La Altair 8800, de MITS Inc., empresa con sede en Nuevo México, empezó la revolución de la computadora personal. Fue la primera microcomputadora de precio accesible, lanzada en 1975 en un estuche a US$395. No había programas para la máquina y los usuarios debían programarla para hacer cálculos activando con rapidez una fila de interruptores; el resultado se leía (en código binario) de una fila de diodos fotoemisores (DFE). Pero los aficionados ya podían pagar su propia computadora (en una época en que las computadoras comerciales costaban miles de dólares) y muchísimos lo hicieron. Entre ellos, Bill Gates, estudiante de Harvard, que vio una oportunidad y escribió una versión del lenguaje de programación BASIC para la 8800, haciendo que programara con más facilidad y lanzando una nueva industria de programas de cómputo.

**Todo en una caja** La Altair 8800 no tenía teclado ni pantalla de video ni unidad de disco o cinta, y no más de 256 bytes de memoria.

**1951** Se lanza la Mark 1 Ferranti, la primera computadora producida comercialmente. A la larga se venden ocho.
**1958** Los estadounidenses Jack Kilby, de Texas Instruments, y Robert Noyce, de Fairchild, hicieron circuitos integrados: colocaron dos transistores en una pieza de silicio.
**1958** Se crea la "segunda generación" de computadoras, con transistores en vez de bulbos. Las computadoras empiezan a volverse herramientas de empresas, no sólo de gobiernos y universidades.

**1963** DEC (Digital Equipment Corporation) presenta la primera minicomputadora.
**1964** Se crea BASIC (código de instrucciones simbólicas de uso general para principiantes); facilita la programación.
**1968** Alan Shugart, de IBM, lanza el disco magnético flexible de 8" (20 cm).
**1968** Doug Engelbart muestra por primera vez el uso de un ratón de computadora.
**1969** Gary Starkweather, de Xerox, inventa la impresora láser.

**1970** Primeras computadoras con chips de control de circuito integrados.
**1971** Ted Hoff, de Intel, crea el primer microprocesador: "una computadora en un chip", la 4004.
**1973** IBM lanza la primera unidad de disco duro.
**1974** Primera computadora hiperrápida de IBM, con procesamiento en paralelo.
**1979** Se lanza la hoja de cálculo de VisiCalc, el primer programa comercial importante para PC.

**1980** Microsoft obtiene licencia para el QDOS de Seattle Computer Products, lo adapta y gana el contrato para surtir el sistema operativo de la nueva PC de IBM.
**1980** Se lanza la primera unidad de disco duro "Winchester" 5.25 en miniatura.
**1981** IBM presenta su primera computadora personal.

1950 1960 1970 1980

## El transistor

La computadora trabaja controlando la corriente eléctrica: a veces la enciende y a veces la apaga. Al principio usaba bulbos, costosos, poco confiables y que gastaban mucha energía. Luego de la Segunda Guerra Mundial se inventó el transistor. Su minitamaño, confiabilidad, pocas necesidades de energía y capacidad para ser amplificador, oscilador e interruptor electrónico eran ideales en múltiples aplicaciones electrónicas; sobre todo en computadoras, que usan mucho la conmutación. Los circuitos integrados (vea pág. 551) con millones de minitransistores han sustituido en gran parte las piezas individuales.

**Conquista** El primer transistor se creó en 1947 y medía 10 cm de alto. Sus descendientes modernos son tan pequeños que no se pueden ver a simple vista.

**Steve Jobs** (1955- )
**Steve Wozniak** (1950- )
Los fundadores de Apple Computers fueron Wozniak, ingeniero, y Jobs, quien había trabajado en juegos de video y le apasionaba la tecnología. Armaron su primera computadora en la cochera de la familia de Jobs en 1976. Vendieron 600; luego, en 1977, lanzaron la Apple II, un enorme éxito gracias, en parte, a su programa integrado de gráficos a color. Interesó a empresas y escuelas por igual, y durante cinco años fue la computadora más vendida del mundo. En 1984, la Apple Macintosh fue la primera computadora gráfica exitosa (vea La revolución *gooey*, pág. 550). Pero enfrentamientos administrativos hicieron que ambos fundadores dejaran la compañía en 1985. Jobs fundó otra, NeXT, pero regresó a dirigir Apple en 1997.

**Crean Apple** Jobs (der.) y Wozniak, amigos de la escuela, se unieron para crear y comercializar la Apple I, diseñada originalmente por Wozniak.

vea también
348 **Pensadores científicos**
504 **Uso de los números**
550 **La computadora moderna**
552 **Comunicaciones digitales**

*En las décadas de 1980 y 1990 la informática vivió una revolución. Velocidad y potencia aumentaron en forma asombrosa mientras tamaño y precio disminuían. En oficinas, casas y escuelas aparecieron computadoras de escritorio con nuevos programas para los nuevos usuarios. Eficaces bases de datos permitían almacenar y procesar grandes volúmenes de información, y la tecnología de red conectaba computadoras, compartiendo datos y programas como nunca antes.*

**Ley de Moore en acción**

La velocidad a la que trabaja un procesador, su "ritmo de reloj", se mide en megahercios. Las cifras inferiores son para procesadores en la fecha en que aparecieron en el mercado.

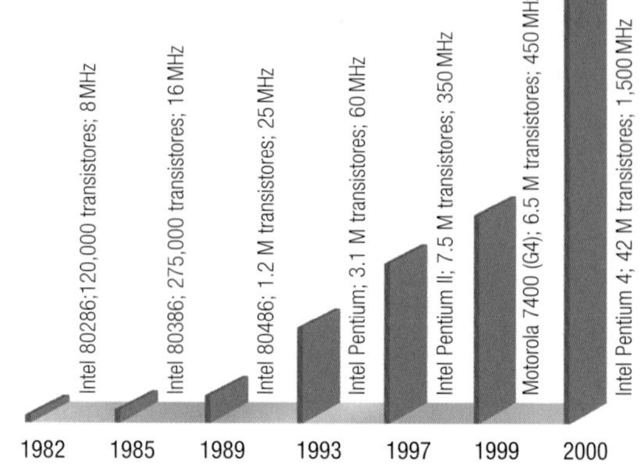


**Potencia de procesamiento** El microprocesador es el "cerebro" de la computadora; procesa datos a velocidad superior según las instrucciones programadas (pág. opuesta). La Ley de Moore, enunciada por Gordon Moore, ejecutivo de Intel, predice una duplicación en complejidad y potencia de los microprocesadores cada dos años. A la fecha, su predicción se ha cumplido con facilidad, al menos para los procesadores Intel: el microprocesador Pentium 4 de Intel, presentado en 2000, es 23 veces más rápido que el primer Pentium, producido apenas siete años antes, en 1993.

**1981** IBM lanza su primera computadora personal. En el mismo año, la Star de Xerox, de US$17,000, se equipa con el sistema WIMP (Windows, iconos, menús, puntero) precursor de la moderna IGU "hacer clic y arrastrar". La Star fracasa.

**1982** Compaq lanza la primera computadora compatible con IBM.
**1983** La computadora Lisa de Apple usa IGU.
**1984** La Macintosh de Apple, con amplio uso de IGU, es la primera PC graficadora exitosa.

**1985** El primer programa de edición electrónica se pone en el mercado. En el mismo año, Microsoft lanza la primera versión de Windows.
**1989** NEC lanza la primera computadora portátil con una pantalla a color de cristal líquido (LCD).

**1990** Microsoft produce Windows 3, la primera versión de Windows verdaderamente exitosa. Las ventas anuales rebasan los US$1,000 millones.
**1994** Apple lanza su Power Macintosh.
**1995** Microsoft sale con la IGU Windows 95 parecida a la Macintosh.

**1998** Microsoft se vuelve la empresa más valiosa del mundo, valuada en el mercado de valores de EUA en US$261,000 millones. Apple lanza la iMac, versión barata de la Power Macintosh con estuche todo en uno.

**2000** El virus "Lovebug" inhabilita correos electrónicos en el Congreso de EUA y el Parlamento inglés.

1980 1990 2000

**La revolución *gooey*** Al principio, una computadora sólo trabajaba al mecanografiar instrucciones en código o presionar las teclas "función". Los programadores aprendían el código como otro idioma y nadie podía usar una computadora sin capacitación especial. La interfaz gráfica de usuario (GUI, en inglés, a veces se pronuncia como "gooey") cambió todo eso. La idea era usar imágenes visuales (o "iconos") en la pantalla para representar instrucciones, una propuesta más intuitiva para muchos usuarios. Xerox creó la IGU en su Centro de Investigación en Palo Alto, California, en la década de 1960. Gastó más de US$100 millones en eso, pero nunca hizo un producto comercialmente exitoso. Apple fue la primera en notar el potencial real de la IGU con la Macintosh, lanzada en 1984. La metáfora de la pantalla como un "escritorio" que podía controlarse con un sistema de "arrastrar y soltar" fue muy popular, y al año siguiente Microsoft lanzó un sistema similar para máquinas compatibles con IBM: Windows. Pese a tardar 10 años en emparejarse con muchas características del sistema Apple, Windows se ejecuta en la gran mayoría de las PC del mundo.

**Pequeña Mac** El primer intento de Apple de presentar una computadora personal con una IGU fue la llamada Lisa, en 1983. Era lenta y cara y fue un fiasco comercial. Pero la mucho más barata Macintosh (izq.), lanzada al año siguiente, causó un fuerte efecto, mientras Microsoft corría para seguir la tendencia con su sistema operativo IGU Windows.

**Bill Gates** (1955- ) Gates empezó a programar a los 13 años; a los 32 era el hombre más rico del mundo. De estudiantes, su amigo Paul Allen y él entraron ilegalmente al sistema de seguridad de una empresa de computadoras local, y luego los llamaron para que identificaran sus debilidades. En Harvard creó una versión del lenguaje BASIC para la Altair (vea pág. 549) y luego desertó para formar Micro-soft (el guión desapareció poco después) con Allen en 1975. Tenían una visión de las computadoras como instrumento útil para todos. Su gran oportunidad fue un contrato con IBM para un sistema operativo para la nueva computadora personal. En las décadas de 1980 y 1990, Microsoft creó su exitosa IGU. Por sus prácticas comerciales la acusaron de tácticas monopólicas.

## ¿QUÉ SIGNIFICA SOFTWARE?

Las órdenes o programas que le indican a la computadora qué debe hacer se conocen como software. Se escribe en código usando lenguajes BASIC, C o Pascal. Esas órdenes luego son convertidas por otros programas en código binario más sencillo (consta de 1 y 0) que opera directamente la máquina. En software mucho más moderno, los usuarios no necesitan ver el código ni saber cómo programar. Más bien, dan órdenes usando dispositivos gráficos como iconos visuales, "botones" o "menús" de cortinilla.

Existen cuatro tipos de software:
**Sistema operativo (SO)** El SO controla la computadora realizando tareas diarias como recibir datos del teclado, mostrar información en pantalla o almacenarla en memoria o en una unidad de disco duro. Trabaja siempre que esté encendida la computadora. Los usuarios normalmente interactúan con el SO a través de una interfase gráfica de usuario (IGU) y teclado.
**Aplicaciones** Programas creados para tareas específicas. Incluyen procesador de textos (PT); gestión de base de datos (como para almacenar detalles del inventario y clientes de una empresa); edición electrónica (EE) y hojas de cálculo para cálculos financieros como presupuestos.
**Software para periféricos** Escáners, cámaras digitales, impresoras y otros aparatos; todos necesitan software para conectarse a una computadora.
**Utilerías** Programas para tareas "domésticas" como detectar sistemáticamente virus en archivos de datos, reparar daños al disco duro y garantizar el almacenamiento eficiente de datos.

## PRINCIPALES PARTES DE UNA MICROCOMPUTADORA

Casi todas las partes de una computadora comprenden dos categorías: memoria o almacenaje, elementos que retienen datos, y elementos de proceso que hacen operaciones sobre los datos.

**Chips RAM** Microchips que almacenan datos y programas en uso. Los datos en RAM se pierden al apagar.

**Unidades DVD-ROM, CD-ROM o disco flexible** Diversos tipos de aparatos que sirven para almacenar datos que usan discos de quita y pon; varían en capacidad de 1.4 megabytes para un disco flexible hasta varios miles de megabytes para un DVD-ROM.

**Unidad de suministro de energía (PSU)** Convierte el voltaje de la red de energía en corriente directa (CD) estable de bajo voltaje para activar diversos componentes.

**Unidad de disco duro** El principal almacén fijo de datos y programas. Guarda datos como señales magnéticas en código binario en discos metálicos. Pequeñas cabezas magnéticas, como las de una grabadora, "leen" y "escriben" datos en los discos, mientras giran a gran velocidad.

**Unidad central de proceso (CPU) o microprocesador** El microchip que procesa datos y coordina periféricos de almacenaje, salida y entrada. Como emite mucho calor suele tener un ventilador enfriador.

**Tarjeta madre** El principal tablero de circuitos, un circuito impreso cuyos cables conectan los principales elementos.

**BIOS** Un chip que almacena datos vitales incluso cuando la computadora está apagada. Incluye instrucciones para (arrancar) "cargar" la computadora.

**Ranuras de ampliación** En éstas pueden introducirse tarjetas de expansión que añaden funciones especiales.

**Chips reguladores** Chips especializados que ejecutan funciones como gráficos, y elementos de control como unidades de disco duro.

## Microprocesadores para todo

Los microprocesadores, pastillas de silicio o "chips", constan de elementos eléctricos en miniatura conectados juntos en un tablero de circuitos. Integran las computadoras modernas y la mayoría de los aparatos electrónicos. Cada chip tiene miles o hasta millones de elementos, como minúsculos diodos y transistores, grabados en su superficie por un proceso fotográfico. Los elementos se unen con líneas metálicas de menos de un micrón (milésima de milímetro) de ancho. En el centro de una computadora está el chip microprocesador, o unidad central de proceso (CPU), responsable de casi todo el trabajo computacional. Cuanto más pequeños y aglomerados estén los elementos de un chip, más complejas y más rápidas serán sus operaciones. Los científicos tratan ahora de crear microchips más rápidos basados en actividad óptica, química o "cuántica" (monoelectrón), y ya no en corriente eléctrica.

## TÉRMINOS CLAVE

- **Archivo** Un código o conjunto de datos que se mantiene junto como una unidad.
- **Binario** Sistema numérico basado sólo en 0 y 1.
- **BIOS** *Sistema básico de entrada/salida.* Chip que controla funciones básicas.
- **Bit** *Dígito binario.* La unidad de información más pequeña.
- **Buffer** Memoria efímera, retiene datos listos para usar.
- **Bus** Cables básicos para comunicar en la tarjeta madre.
- **Byte** Grupo de ocho bits. Representa, en binario, un símbolo o número de 0 a 255.
- **CD-ROM** *Memoria en disco compacto de sólo lectura.* Guarda datos o programas.
- **DVD** *Disco digital versátil.* Disco de capacidad superior: almacena datos o programas
- **Hardware** Las partes físicas de una computadora.
- **Módem** *Modulador-demodulador.* Aparato que conecta la computadora a una línea telefónica.
- **RAM** *Memoria de acceso directo.* Memoria que puede cambiarse al "sobreescribir" nuevos datos.
- **Rapidez de reloj** Rapidez a la que trabaja el procesador.
- **Red** Una o varias computadoras conectadas entre sí.
- **ROM** *Memoria de sólo lectura.* Memoria imborrable.
- **Tarjeta madre** Tablero de circuitos impreso con los principales microchips.
- **Virus** Un programa nocivo que se duplica solo.

vea también
486 **Economía de la información**
548 **La informática**
552 **Comunicaciones digitales**
556 **Internet**

# Comunicaciones digitales

**Transmisión de información como números**

*Digital simplemente significa numérico y las comunicaciones digitales reducen todo, desde la música de Beethoven hasta la pintura de Botticelli, a una serie de números. El resultado es reproducción más rápida que se almacena con más facilidad y sin distorsión. Sólo la capacidad de la tecnología computacional para calcular y manipular números hizo posibles las comunicaciones digitales.*

**Señales digitales y analógicas** En la naturaleza recibimos casi toda nuestra información como sonido o luz, que viaja en ondas de variable continua. Sin embargo, los sistemas de comunicación creados por el hombre pueden usar señales continuas o discretas.

Los sistemas que usan señales continuas se llaman analógicos, ya que crean corrientes o voltajes eléctricos fluctuantes que son análogos a la onda sonora o luminosa continua original. Un micrófono, por ejemplo, convierte las fluctuaciones de presión neumática de las ondas sonoras en una corriente eléctrica variable continua que imita la forma de las ondas sonoras originales.

Los sistemas de comunicación digital, en cambio, miden las ondas originales y las describen como una serie de números discretos. Los números se convierten en binarios, un sistema que se basa en los dígitos 1 y 0 (vea pág. 505). Los números binarios se usan para generar una corriente de impulsos eléctricos, y el 1 corresponde a "encender" y el 0 a "apagar". Cuando se reciben los impulsos, un convertidor analógico-digital (CAD) los convierte de nuevo en sonido o luz, permitiendo oír un sonido o ver una imagen que fue enviada como algo que sólo era una larga serie de 1 y 0.

## Los beneficios de lo digital

La transmisión digital tiene muchas ventajas sobre la analógica. Al ser numérica, pueden detectarse y corregirse errores, y al identificar modelos en los números, la información puede comprimirse para transmitir más rápidamente. Además, los aparatos digitales pueden comunicarse entre sí porque todos usan información en la misma forma numérica. Por eso se puede conectar una cámara digital a una computadora, descargar archivos de música de Internet o enviar una fotografía por correo electrónico.

**1 Señal analógica** Ésta consta de un voltaje o corriente eléctrica variable. Por ejemplo, puede venir de un micrófono y representar una onda sonora; o de una cámara de video y representar la variable brillantez de una escena.

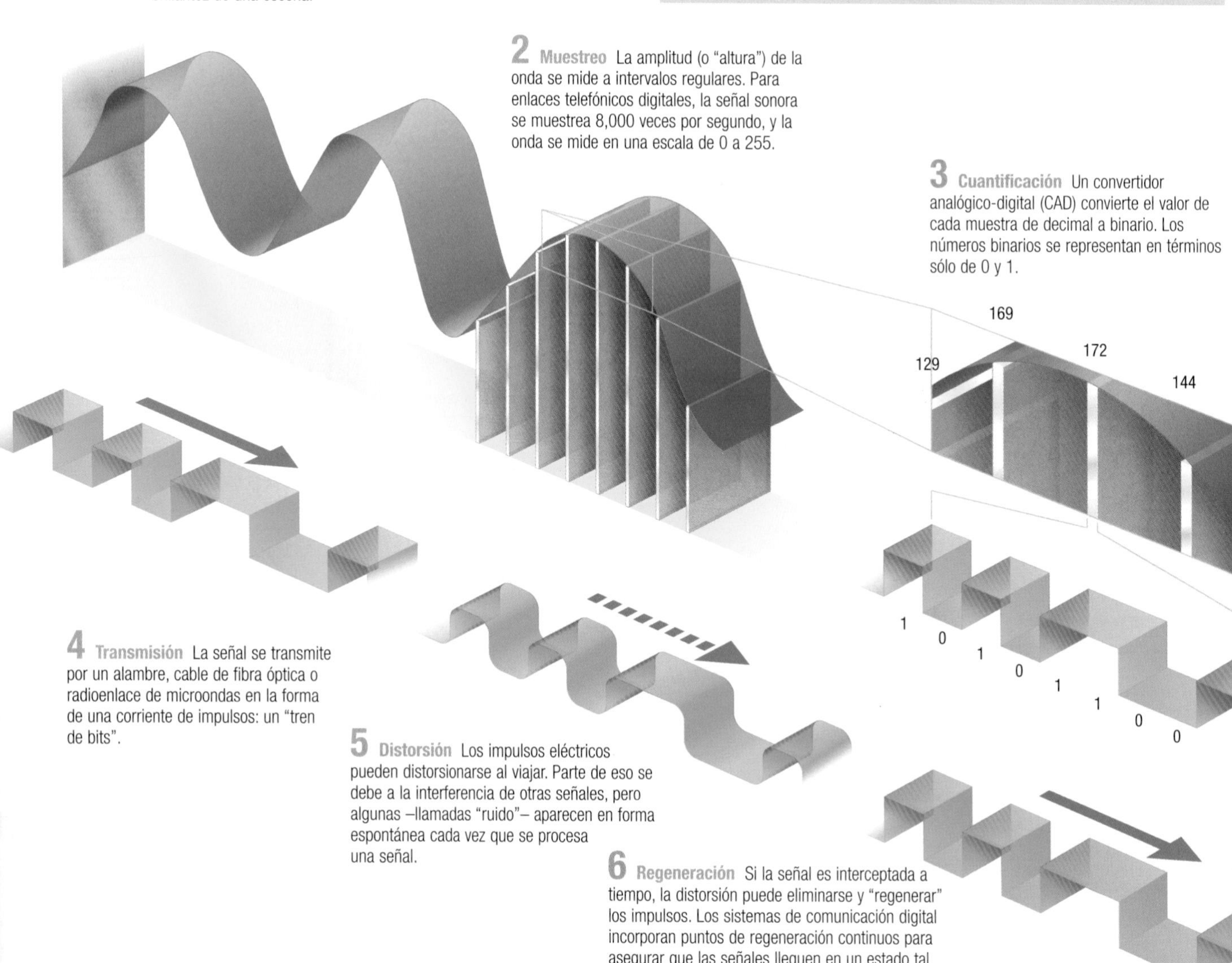


**2 Muestreo** La amplitud (o "altura") de la onda se mide a intervalos regulares. Para enlaces telefónicos digitales, la señal sonora se muestrea 8,000 veces por segundo, y la onda se mide en una escala de 0 a 255.

**3 Cuantificación** Un convertidor analógico-digital (CAD) convierte el valor de cada muestra de decimal a binario. Los números binarios se representan en términos sólo de 0 y 1.

**4 Transmisión** La señal se transmite por un alambre, cable de fibra óptica o radioenlace de microondas en la forma de una corriente de impulsos: un "tren de bits".

**5 Distorsión** Los impulsos eléctricos pueden distorsionarse al viajar. Parte de eso se debe a la interferencia de otras señales, pero algunas –llamadas "ruido"– aparecen en forma espontánea cada vez que se procesa una señal.

**6 Regeneración** Si la señal es interceptada a tiempo, la distorsión puede eliminarse y "regenerar" los impulsos. Los sistemas de comunicación digital incorporan puntos de regeneración continuos para asegurar que las señales lleguen en un estado tal que puedan decodificarse con precisión de nuevo a analógicas.

## TIPO DIGITAL

Las computadoras usan números binarios para representar letras, cifras y símbolos escritos. Esos "códigos" se uniformaron por vez primera con el Código normalizado estadounidense para el intercambio de información (ASCII), conocido como lenguaje máquina, en 1963.

Usado en todas las computadoras personales de países que usan el alfabeto romano, ASCII emplea una secuencia de ocho dígitos binarios (o "bits") para representar 128 caracteres. Eso basta para codificar mayúsculas, minúsculas, numerales, signos de puntuación y 32 caracteres especiales para "controlar" las funciones de la computadora, más 128 caracteres "ampliados", como letras acentuadas y no latinas y símbolos gráficos.

Entre los ejemplos de códigos ASCII están:

| Número binario | Equivalente decimal | Carácter codificado |
|---|---|---|
| 00010010 | 36 | $ |
| 01000001 | 65 | A |
| 01101011 | 107 | k |
| 10100100 | 164 | ñ |

La letra "k", por ejemplo, se codifica con el número 107. Si se presiona la tecla "k", se genera el código de la máquina 107, que a su vez se convierte en el número binario equivalente (01101011). Entonces la señal del código binario puede ser procesada por la computadora, y la letra "k" aparecerá en la pantalla frente a usted, y todo eso sucede en microsegundos.

Sin embargo, idiomas como el chino y el japonés tienen muchos más caracteres diferentes, y deben representarse con 16 dígitos binarios.

**DATO**

**Un solo CD-ROM puede almacenar 112 millones de palabras de texto digital: alrededor del doble que la *Encyclopaedia Britannica*.**

## SONIDO DIGITAL

El primer uso del sonido digital fue al transmitir conversaciones telefónicas. Cuando un sonido se convierte de analógico a digital, se mide (muestrea) en intervalos regulares. La calidad de la señal resultante depende de la exactitud con que se mida (la precisión de la escala) y la velocidad de muestreo (número de muestras por segundo).

Los tipos de muestreo que se usan son dos, de 8 y 16 bits, pero la tecnología de muestreo está evolucionando con rapidez, permitiendo el desarrollo de la reproducción sonora cada vez de mejor calidad.

**Muestreo de 8 bits** Se usa en enlaces telefónicos digitales porque la voz humana no tiene un registro amplio de frecuencias. En este muestreo, las frecuencias de ondas sonoras se miden como un número binario de ocho dígitos. A cada muestra se asigna uno de 256 valores distintos; 256 es el número más alto que pueden representar ocho dígitos en binario. Eso da un habla muy clara, pero es inadecuado para música, por ejemplo. Los teléfonos digitales muestrean a una velocidad de 8,000 veces por segundo, 8,000 kHz. Una velocidad de 10,000 por segundo, 10,000 kHz, basta para grabar palabras.

**Muestreo de 16 bits** Un CD de audio usa este muestreo, dando una escala con un número posible de 65,536 diferentes niveles, y las muestras se toman a la velocidad de 44,100 veces por segundo (44,100 kHz) en cada uno de los canales estereofónicos. El resultado es un sonido de fidelidad muy superior al muestreo de 8 bits, de baja frecuencia, usado para el teléfono. Sin embargo, nuevos sistemas como el audio-DVD ya ofrecen muestreo de 24 bits (casi 17 millones de niveles).

## IMÁGENES DIGITALES

Los sistemas de imágenes electrónicas trabajan explorando una imagen en tiras angostas. Cada tira a su vez se divide en cuadros llamados pixeles ("elemento de imagen"). Para la reproducción a color, cada pixel se codifica según el nivel de color rojo, verde y azul que contenga, los tres colores primarios de la luz.

La brillantez de cada color se mide por pixel y, al igual que otros sistemas digitales, se convierte en un número binario. El resultado es un "topograma de bits" de la imagen que puede transmitirse, grabarse o reproducirse en un televisor, monitor de computadora u otro aparato digital.

La claridad y precisión de una imagen depende de varios factores; por ejemplo: el número de pixeles en un área dada, con qué frecuencia se exploran y la "viveza de color", el número de niveles (como el sonido) contra el que se mide la brillantez de cada color por pixel. Las imágenes de color de calidad superior, como en la edición, suelen explorarse a 12 bits por color primario (4,096 niveles de brillantez) y 22,500 pixeles por pulgada cuadrada, unas ocho veces el número en una televisión o pantalla de computadora.

**Imagen en fragmentos** La amplificación muestra cómo interpreta cada pixel los valores cromáticos dentro de su propio cuadrito.

vea también
400 **La televisión**
502 **Números y sucesiones**
548 **La informática**
554 **Grabación de sonidos**

# Grabación de sonidos



*La vida actual sería impensable sin sonidos, voz o música grabada; la tecnología surgió hace poco más de 100 años. La grabación sonora nació a finales del siglo XIX con el fonógrafo de cilindro. Siguieron pistas sonoras de películas, cintas, estéreo, LP y videocasetes, y se les unieron en la era digital múltiples aparatos de alta tecnología, del CD en 1982 al Minidisco, el DVD y el MP3 después de 1990.*

**Máquina musical** Las rocolas llegaron en la década de 1930 en una oleada de entusiasmo por el swing.

**1877** Tomás Alva Edison, inventor estadounidense, crea el fonógrafo de cilindro para grabar y reproducir el sonido.
**1887** Emile Berliner, inventor germanoestadounidense, crea el gramófono.
**1890** En un bar de San Francisco se instaló un fonógrafo de cilindro, operado con monedas, con cuatro tubos de audición, un precursor primitivo de la rocola.

**1902** Ademor Petit, sudamericano, promueve los discos de dos caras; descubre que la goma laca líquida se extiende en forma más uniforme si se hacen surcos en ambos lados.
**1927** Las primeras películas sonoras exitosas tienen pistas grabadas en discos de 20" (50 cm), que giran a 33⅓ rpm.
**1927** Se fabrica la primera rocola totalmente eléctrica.
**1927** John Logie Baird, británico, produce las primeras grabaciones en video, captura programas cortos de TV en discos de cera y acero magnético. Llama fonovisión a esa técnica.

**1931** Alan Blumlein, inventor británico, patenta la grabación Binaural (estereofónica).
**1934** Se presenta la rocola Wurlitzer de selección múltiple.

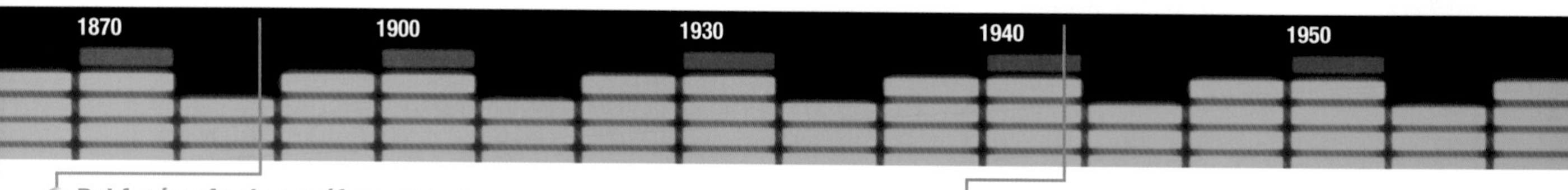


**Del fonógrafo al gramófono** El fonógrafo de Edison usaba un cilindro metálico giratorio envuelto en papel de estaño; una aguja pegada a un diafragma vibraba según el sonido creado y hacía surcos en el papel grabando los sonidos. Más tarde, usó cartulina encerada. Las primeras palabras que Edison grabó fueron: "Mary tenía un corderito." Aunque su fonógrafo al principio tuvo éxito, a la larga fue desplazado por el gramófono de Berliner. Éste usaba discos de caucho duro (luego goma laca) que giraban a 33 rpm; pronto aumentó a 60 y luego a 78 rpm (al incrementar la velocidad se obtenía sonido de mejor calidad). Berliner también fue el primero en fabricar discos en serie prensándolos de una matriz metálica.

**Fonógrafo de Edison, década de 1890**

**1935** Ingenieros alemanes hacen una presentación pública del magnetófono fabricado por BASF y AEG.

**1941** Se usa sonido estereofónico por vez primera en el cine.
**1948** Nacimiento del LP: se lanza el disco de vinilo de larga duración, de 33⅓ rpm, y 12" (30 cm). Puede tocar durante unos 46 minutos.

**1956** La primera videograbadora de cinta profesional viable se prueba en Estados Unidos.
**1958** Salen los primeros discos LP estereofónicos.

## CÓMO FUNCIONA UN DISCO DE VINILO

El disco de un gramófono convencional lleva información sonora en la forma de un surco espiral oscilante de la orilla externa del disco casi hasta el centro. Cuando el disco gira, la aguja sigue las oscilaciones del surco, que corresponden a las crestas y valles de las ondas sonoras, convirtiéndolas en una diminuta corriente eléctrica que se amplifica y convierte de nuevo en sonido en las bocinas. En las grabaciones monofónicas, la aguja simplemente oscila de lado a lado. En una grabación en estéreo, los canales izquierdo y derecho se graban como variaciones separadas en ambas paredes del surco.

## Sistemas sonoros Dolby

Con el sistema Dolby para disminuir ruido se eleva el nivel de grabación de las frecuencias sonoras agudas y luego se baja, lo que al reproducirlas quita siseo. Dolby creó después sistemas de sonido digital y multidireccional para cine y sistemas de video casero. Graban hasta seis canales de sonido digital codificado en una pista sonora, con bocinas normales de música estereofónica, una bocina central al frente para diálogo, y bocinas monoaurales traseras para causar efectos de sonido envolvente.

vea también
376-379 **Música popular**
486 **Economía de la información**
552 **Comunicaciones digitales**
572 **Cine y música**

**Akio Morita (1921-1999)** A Akio Morita y la compañía japonesa que cofundó se deben muchas de las más importantes innovaciones en grabación casera. Fue el precursor del reproductor personal de casetes, Walkman (originalmente Soundabout), contra los consejos de muchos de sus colegas. A la fecha de su muerte se habían vendido 100 millones de walkmans sólo en Estados Unidos. Su compañía también fue pionera en la grabadora-reproductora de video, la videocámara, el MiniDisc y (con Philips) el disco compacto (CD), así como la cinta de audio digital (CAD).

**Sony Walkman, 1979** Se dice que Akio Morita inspiró personalmente el Walkman. Quería un aparato pequeño, portátil, para escuchar música mientras jugaba golf.

**1992** Se lanza el MiniDisc (MD) digital regrabable. Mide 6 cm de diámetro y puede grabar hasta 80 minutos.
**1996** En Japón se lanza el disco digital versátil (DVD). Es del mismo tamaño que el CD, pero puede almacenar 25 veces más información.

**DVD** Estos discos pueden almacenar la enorme cantidad de datos necesarios para proyectar un largometraje. La calidad de la imagen digital es superior a la del video.

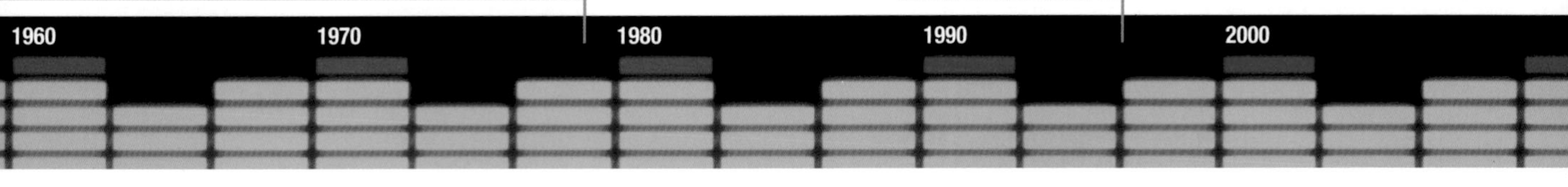


**1963** Se presenta el casete compacto de cinta magnética.
**1965** Primera videograbadora para el consumidor, de Sony.
**1969** Ray M. Dolby, ingeniero estadounidense en electrónica, crea un sistema para reducir ruido en grabación magnetofónica.

**1970** Aparecen las primeras videocaseteras caseras.
**1975** Sony presenta la videocasetera Betamax de uso doméstico.
**1976** Sony lanza el formato de videocasete VHS (JVC), que supera a su Betamax.

**1980** Se produce la primera videocámara casera.
**1982** Se lanza el CD. Mide 12 cm de diámetro y puede grabar 74 minutos. Es el primer medio de grabación digital exitoso en términos comerciales.

**1997** Se lanza el sistema de grabación digital comprimida MP3, permitiendo la transmisión sonora de calidad superior en Internet.

**2001** Se lanzan videograbadoras caseras con DVD-R (DVD grabable).

## GRABACIÓN EN CINTA MAGNÉTICA

La cinta magnética es una banda plástica delgada cubierta de material magnético en un lado. Durante la grabación, la cabeza magnetiza esa capa. La fuerza de la magnetización corresponde a la amplitud de la señal sonora de entrada. Al reproducir, la cinta que pasa por la cabeza emite una pequeña señal eléctrica variable que se amplifica y alimenta las bocinas. Con imágenes de video la brillantez variable de los tres colores primarios (rojo, verde y azul) se graba como variaciones en la fuerza de magnetización.

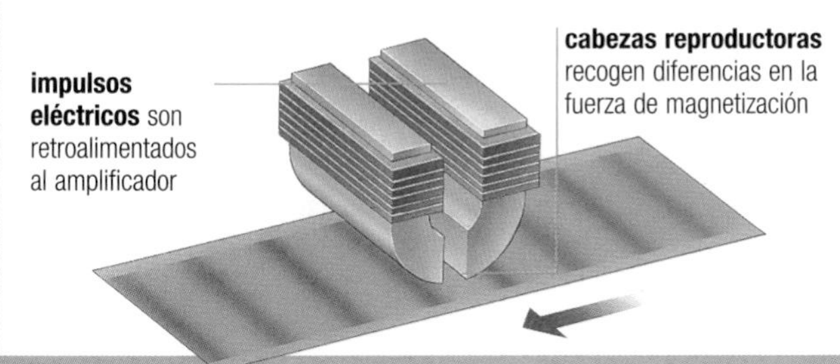

**impulsos eléctricos** son retroalimentados al amplificador

**cabezas reproductoras** recogen diferencias en la fuerza de magnetización

## SONIDO DE UN DISCO DIGITAL

La información digital se almacena en CD, DVD y MiniDiscs en la forma de "fosos" microscópicamente pequeños (que absorben luz), separados por "tierras" planas (que la reflejan). Se ordenan en espiral del centro del disco al borde exterior. Al reproducir, un rayo láser cae sobre el disco que está girando. Una fotocelda reacciona a las variaciones de la luz reflejada desde fosos y tierras, creando señales eléctricas consecutivas de encendido/apagado. Un convertidor analógico-digital (CAD) decodifica esas señales digitales para producir señales eléctricas analógicas que representan sonidos o colores.

**un rayo láser infrarrojo** choca contra el lado de abajo del disco

**un foso** hace que la luz se disperse, registrando un 0, o apagado

**una tierra** refleja la luz de nuevo, registrando un 1, o encendido

*La red informática nació para conectar procesadores centrales de laboratorios de investigación y universidades, para aumentar su poder y permitir a los científicos compartir información. Luego llegaron los "protocolos", que permitían intercambios en las redes; literalmente, comunicación en la red. En la década de 1980 se creó un sistema de dirección única que permitía a cualquier computadora conectarse con otras: Internet. Al tener computadoras en casas y oficinas en todo el mundo, aplicaciones como la World Wide Web, el comercio electrónico y el correo electrónico empezaron a cambiar nuestra forma de vivir, trabajar y hacer negocios.*

## ¿QUÉ ES INTERNET?

El corazón de Internet tiene computadoras llamadas enrutadores, unidas por enlaces centrales hiperveloces, que usan fibra óptica y enlaces por satélite o cable. Aquéllas se conectan con miles de redes más pequeñas y millones de computadoras individuales.

Grandes empresas, gobierno e instituciones académicas tienen acceso directo a Internet por computadoras llamadas servidores. Otros usuarios se conectan telefónicamente al servidor de su prestador de servicios de Internet.

Se envían datos en Internet por "paquetes". Ya sea en correo electrónico, páginas Web o ficheros informáticos, la información se divide a su vez en pequeños "paquetes", "etiquetados" individualmente con la dirección de destino.

### 1960-1969

**Principios de la década de 1960** En Estados Unidos, la Rand Corporation empieza estudios sobre redes seguras de comunicación militar. Los resultados de esa investigación se usaron después para crear Internet.

**1965** Se crea el hipertexto, sistema de texto que puede ser leído en muchas dimensiones; luego se usó para unir páginas electrónicas.

**1969** Investigadores académicos y militares estadounidenses instalan la red Arpanet, basada en sistemas concebidos por Paul Baran. Al principio, Arpanet conecta sólo cuatro procesadores centrales; para 1971 hay 23 computadoras en la red.

**Paul Baran (1926- )** En 1962 Paul Baran, de Rand, propone la conmutación por paquetes, un método para dividir mensajes en trozos separados que pueden viajar por una red hacia el mismo destino, pero siguiendo distintas rutas.

### 1970-1979

**Principios de la década de 1970** Los sistemas de correo electrónico y grupos de noticias crecen con rapidez en Arpanet. Se toman las primeras medidas para unir redes independientes en una red de redes, más tarde Internet. Vital para ese desarrollo es el protocolo de control de transmisión (TCP) para comunicar entre redes, concebido por Vint Cerf.

**Vint Cerf (1943- )** Los directores de Arpanet dan los primeros pasos para unir redes independientes en una red de redes, más tarde llamada Internet. Vital para ese desarrollo es el protocolo de control de transmisión (TCP) para la comunicación entre redes, concebido por Vint Cerf, especialista en informática.

**1973** Se hacen los primeros enlaces trasatlánticos de Arpanet.

**1974** Se instala Telnet, la primera versión comercial de Arpanet.

**1975** Se crean los servicios de información y tableros de avisos conectados en línea, como CompuServe y America OnLine (AOL).

### 1980-198

**1982** El término "Internet" es usado por vez primera por Vint Cerf y Bob Kahn.

**1984** Se introduce el siste ma de nombres de dominio (direcciones en Internet).

**1984** El escritor canadiense William Gibson acuña el término "ciberespacio" en su novela *Neuromancer*.

**1988** El número de computadoras "centrales" en Internet llega a 60,000. Tienen conexión fija a computadoras retenedoras de datos; los almacenan en grandes cantidades, pero el acceso es difícil.

**1990** Se disuelve la Arpanet original, dejando Internet en su lugar.

## EL LENGUAJE DE LAS DIRECCIONES DE INTERNET

Cada computadora conectada a Internet tiene una "dirección" exclusiva; al pedir información a otras máquinas sabe a dónde enviar la respuesta y, a su vez, pedirle información a ésta. Casi ningún usuario de computadora personal tiene dirección propia en Internet; se conecta mediante un prestador del servicio, usando una dirección que se le asigna en forma temporal.

Las direcciones de Internet tienen cuatro juegos de números separados por puntos, como 123.4567.89.1011. También suele haber un nombre (nombre de dominio) relacionado con la dirección numérica para recordarlo con más facilidad. Computadoras poderosas, servidores de nombre de dominio (SND), almacenan todas las direcciones en Internet y traducen automáticamente los nombres de dominio a direcciones numéricas de Internet.

El nombre de dominio de las computadoras que tienen sitios Web empieza con "www", seguido de un punto, una o más palabras separadas por punto, y un sufijo como ".com" o ".ac" que identifica a la organización, comercial o académica en este caso.

**Localizadores de recursos uniformes (URL)** Los URL son sitios Web también con dirección exclusiva. Empiezan con "http://", que identifica el protocolo que transmite la información. Luego viene el nombre de dominio de la computadora central que almacena el sitio y, para archivos o páginas específicas en un sitio Web, una diagonal (/) y un nombre de archivo, con un sufijo como .html.

Enrutadores sucesivos la envían por la ruta disponible más rápida hasta que llega a su meta. Una vez ahí, los paquetes se juntan de nuevo para armar el archivo. Como el tráfico en Internet es constante, hay muchas rutas entre los enrutadores; cada paquete puede tomar una senda distinta, y a menudo lo hace.

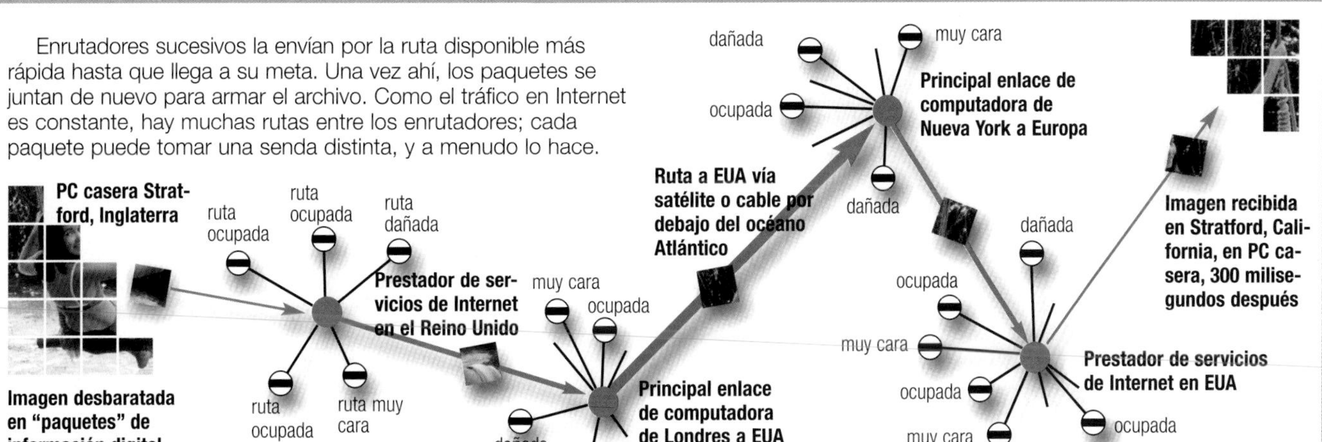


**Tim Berners-Lee (1955- )** científico inglés que trabaja en el centro europeo de investigación nuclear, en Ginebra, crea la red mundial (World Wide Web o WWW), y sus estándares URL, HTML y HTTP.

**1994** Surge Netscape Navigator, versión comercial de Mosaic, primer navegador que se vende en cantidades industriales.

Se crean las primeras estaciones de radio y el primer banco en línea.

**1995** El lenguaje de programación Java permite páginas electrónicas más complejas.

Se crean los primeros motores de búsqueda, programas en línea para encontrar información en la red.

**2000** Internet tiene como 95 millones de computadoras centrales, unos 25 millones de direcciones y más de 1,000 millones de páginas electrónicas.

**1990-1999**

**2000-**

**1991** Internet se abre completamente al tránsito comercial.

Las computadoras centrales en Internet llegan a 1 millón.

Los primeros prestadores de servicios de Internet (PSI) ofrecen acceso público barato a Internet, mediante la red telefónica.

**Marc Andreessen (1971- )**
En 1993 Marc Andreessen y Eric Bina crean el navegador Mosaic para mostrar páginas electrónicas.

**1990** El tránsito en la red se multiplica unas 3,500 veces cada año.

**1996** El número de computadoras centrales en Internet llega a 10 millones.

**1999** Lanzamiento de Internet 2, o Abilene, una red de búsqueda hiperpoderosa.

**1995** Se funda la librería en línea Amazon.com. No hace dinero, pero da el ejemplo para el comercio electrónico.


vea también
486 **Economía de la información**
546 **Telecomunicaciones**
552 **Comunicaciones digitales**
548-551 **Computación**


**E-mail,** o correo electrónico, usa la Internet para transmitir mensajes entre usuarios con direcciones individuales. Los mensajes se crean y envían entre computadoras con un programa informático especial hasta llegar a la dirección correcta.

**Grupos de noticias** Se inscribe gente con un interés en común y tiene acceso a un lugar en la red. Pueden poner y leer mensajes en un "tablero de avisos", entrar en contacto y participar en debates.

## TÉRMINOS CLAVE

**GIF** Formato de intercambio de gráficos, comprimido para la transmisión rápida de material gráfico.

**HTML** Lenguaje de etiquetación de hipertexto, principal lenguaje de programación para crear páginas electrónicas.

**HTTP** Protocolo de transporte de hipertexto, sistema para mover archivos de hipertexto (páginas electrónicas) por Internet.

**ISP** Prestador de servicios de Internet, empresa por la cual los suscriptores se conectan a Internet.

**JPEG** Grupo unido de expertos en fotografía, formato comprimido usado para la transmisión rápida de gráficos.

**Log on/off** Conectarse (con una contraseña digital) a Internet o desconectarse de ésta o de un servidor específico.

**Módem** Modulator-Demodulator, aparato para convertir información digital en analógica y viceversa, permite que una computadora use líneas telefónicas comunes.

**MPEG** Grupo de expertos en películas animadas, formato comprimido usado para transmitir archivos de video.

**MP3** Formato de archivo comprimido para música.

**POP** Punto de presencia, número telefónico en el que un suscriptor puede marcar a un sistema del ISP y conectarse de ese modo a Internet.

**Servidor** Computadora o programa que da servicio (como acceso o almacenamiento de archivos electrónicos o envío de mensajes electrónicos).

**TCP/IP** Protocolo de control de transmisión/Protocolo Internet, sistema que mueve datos en Internet.

**URL** Localizador uniforme de recursos, nombre oficial para la dirección de una página electrónica.

**WAP** Protocolo de aplicación inalámbrica, método para entrar a páginas electrónicas desde un teléfono celular; quizá sea sustituido por los celulares tercera generación (G3).

*Los cimientos de la ciencia médica se colocaron pronto. Se sabe que en escuelas médicas fundadas hacia 300 a.C. en Alejandría, Egipto, se enseñaba anatomía (estructura y forma del cuerpo) y fisiología (estudio de las funciones del organismo). Durante los siguientes 2,000 años, los médicos descubrieron poco a poco explicaciones racionales para las enfermedades y crearon métodos para curarlas.*

**Precursor quirúrgico** Se acredita al cirujano Sushruta, de la India, haber escrito la primera versión de un libro de texto médico, el *Sushruta-samhita,* en el siglo VIII a.C. Bosqueja varias técnicas quirúrgicas y remedios medicinales. Como su religión hindú le prohibía la disección de cadáveres para aprender más sobre anatomía humana, sumergía los cuerpos en agua varios días y luego sólo los separaba sin necesidad de cortar. Administraba alcohol como sedante al operar, y una mezcla caliente de aceites y brea para restañar la sangre. También sentó las bases de las técnicas básicas para los injertos cutáneos y la cirugía plástica, así como la curación de cataratas quitando el cristalino del ojo.

## Propagación de la enfermedad

En la segunda mitad del siglo XIX fue patente cómo se propagan las enfermedades infecciosas. Hasta entonces, los doctores creían que las infecciones procedían de gases nocivos, o miasmas, emitidos por materia putrefacta o agua estancada.

El nacimiento del microscopio en el siglo XVII reveló la existencia de microorganismos que eran invisibles a simple vista. Fue hasta la década de 1860 que Louis Pasteur (1822-1895), microbiólogo francés, demostró que algunos de esos microorganismos causaban enfermedades. En 1882, Robert Koch (1843-1910), médico alemán, fue el primero en identificar el germen responsable de una enfermedad específica: el bacilo tuberculoso que causa la tuberculosis.

***c.* 8000 a.C.** La trepanación, perforación del cráneo, es practicada en el Neolítico, quizá para liberar "espíritus malignos".

***c.* 1000 a.C.** *El tratado de diagnóstico y pronóstico médico,* que describe síntomas de 3,000 enfermedades, está escrito en tablillas de barro en Babilonia.

***c.* 170 d.C.** El médico griego Galeno prueba que las arterias y las venas llevan sangre, no aire. Usa la sangría para restablecer el "equilibrio perfecto" de los fluidos del cuerpo y realiza algunas de las primeras disecciones científicas.

**1510** Nace Ambroise Paré, "padre de la cirugía moderna". Más que cauterizar las heridas, aplicaba lociones calmantes, que ayudaban a reducir las tasas de mortalidad.

**1543** Andreas Vesalius, anatomista belga, usa la disección para probar que muchas de las ideas de Galeno eran erróneas.

**1604** Hieronymus Fabricius, médico italiano, publica *De formato foetu,* un texto histórico en el estudio de la embriología.

**1628** William Harvey, médico inglés, bosqueja la circulación de la sangre en su *Estudio anatómico del movimiento del corazón y la sangre en los animales.*

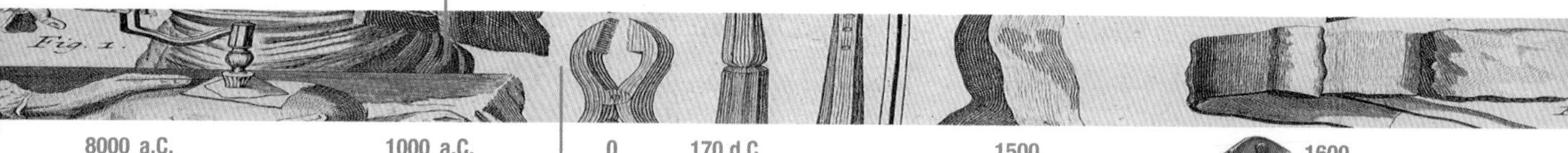

8000 a.C. | 1000 a.C. | 0 | 170 d.C. | 1500 | 1600

**3000 a.C.** El texto chino *Ne'i ching* hace la primera alusión a la circulación de la sangre. En Egipto, el médico Imhotep anota sus remedios.

**2000 a.C.** En la India escriben *Los Vedas,* un texto médico sagrado sobre la curación de las enfermedades y la expulsión de demonios.

**384 a.C.** Nace el filósofo griego Aristóteles. Sus escritos sobre biología, más que nada en temas como anatomía comparativa y embriología, habrían de tener gran influencia en la ciencia y la práctica de la medicina durante casi 2,000 años.

**Padre de la medicina** El médico griego Hipócrates (*c.* 460-*c.* 370 a.C.) sentó las bases de un enfoque científico para la medicina usando la observación y el razonamiento deductivo. También enseñó que alimentación, higiene y medio ambiente pueden influir en la salud de la gente. No existen pruebas de que formulara el juramento hipocrático que aún prestan muchos estudiantes al titularse.

**1674** Al usar un tosco microscopio, el científico holandés Anton van Leeuwenhoek, se convierte en la primera persona que observa las bacterias.

**Exploración de un mundo secreto** El innovador microscopio de Leeuwenhoek (arriba) podía amplificar hasta 300 veces.

## HUMORES Y SANGRÍAS

Desde la época de los antiguos griegos hasta el siglo XVIII se creía que todo estaba formado por cuatro elementos: aire, agua, fuego y tierra. Y que esos elementos se reflejaban en el cuerpo en cuatro humores: sangre, flema, bilis amarilla y bilis negra, respectivamente. La enfermedad se producía al perturbarse el equilibrio natural de esos humores. La curación implicaba extraer el exceso o los humores venenosos para restablecer el equilibrio. Eso solía hacerse mediante sangrías, cortando una vena o aplicando sanguijuelas que chupaban sangre. En el siglo XIX la teoría de los humores cayó en el desprestigio.

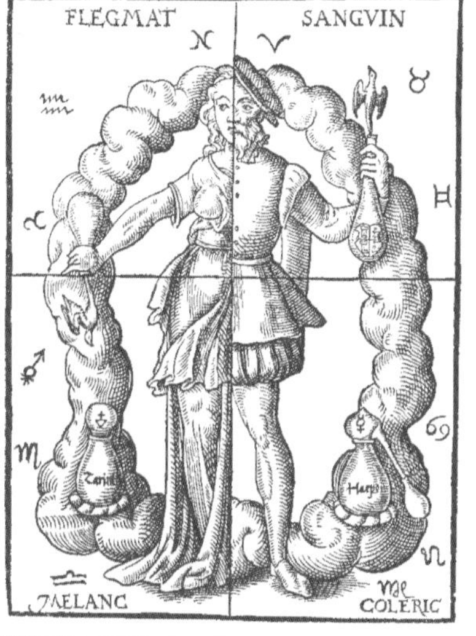


**Personalidad dividida** Se creía que el equilibrio de los cuatro humores afectaba la salud mental y la física. Cada humor correspondía a una personalidad diferente (der.): sanguíneo, melancólico, colérico o flemático.

## Antisépticos

La infección posquirúrgica fue una causa común de muerte hasta fines del siglo XIX. Los médicos operaban con ropa llena de coágulos de sangre, manos e instrumentos sucios y en sitios insalubres.

En la década de 1840, Ignaz Semmelweis, obstetra húngaro, probó que si los doctores se lavaban las manos, la tasa de mortalidad materna posparto bajaba mucho. Pero el principal adelanto fue en 1865, cuando Joseph Lister, cirujano británico, roció heridas con ácido carbólico para matar bacterias, usó apósitos antisépticos y mejoró la higiene general.

## HOSPITALES Y ENFERMERÍA

En los siglos XVIII y XIX se fundaron muchos hospitales públicos, pero la atención habitual solía ser atroz. En 1854, durante la Guerra de Crimea, la inglesa Florence Nightingale (1820-1910) llevó a 38 enfermeras a Scutari; allí convirtió un hospital sucio, lleno de ratas, en otro limpio y brillante, donde los heridos podían recibir atención médica y comida adecuada. La tasa de mortalidad se desplomó de 40 a 2%; Nightingale se ganó el mote de "la dama del farol". En 1860 abrió la primera de muchas escuelas de enfermería en el Hospital St. Thomas, en Londres, lo que transformó el nivel de la enfermería.

**Éxito de ventas** *Notas sobre enfermería* (1860), de Florence Nightingale (izq.), se publicó en muchos idiomas.

**Tributo** Al volver Nightingale de Crimea, se recaudaron 50,000 libras esterlinas para su escuela.

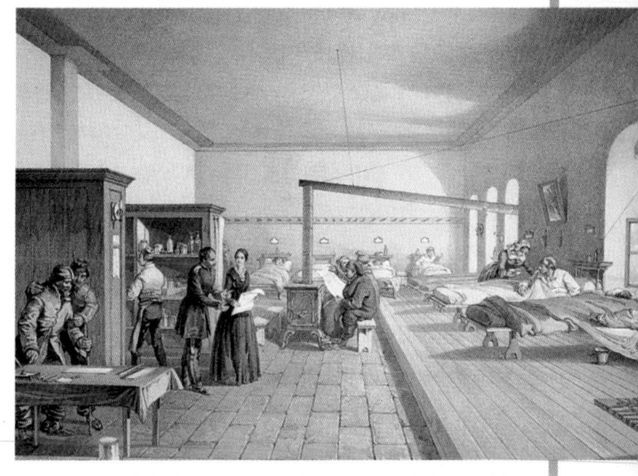

**Inoculación** Edward Jenner (1749-1823), médico inglés, notó que las lecheras que habían contraído viruela vacuna parecían inmunes a la más mortal viruela loca. Para probar su teoría, en 1796 infectó deliberadamente viruela vacuna a un niño de ocho años, James Phipps, con dos rasguños en el brazo. Unas semanas después, él mismo se inoculó viruela loca, que resultó inofensiva. Llamó "vacunación" a esa práctica por el vocablo latino *vaccina* (vacuna). Por su descubrimiento, el Parlamento lo premió con 30,000 libras.

**Reconocimiento internacional** Napoleón mandó acuñar esta medalla en honor de Edward Jenner.

**1700**

**1753** James Lind, cirujano naval escocés, anota los beneficios de los cítricos al curar el escorbuto. Apenas en 1906 se reconoció que las vitaminas de los alimentos son vitales, en ese caso la C.

**1816** René Laënnec, médico francés, inventa el estetoscopio.

**1800**

**1847** Ignaz Semmelweis, obstetra húngaro, introduce la práctica de desinfectar manos e instrumentos con una solución de cloruro de cal, antes de realizar cualquier cirugía.

**1851** Hermann von Helmholtz, físico alemán, inventa el oftalmoscopio para observar el interior del ojo.

**1850**

**1853** Charles Gabriel Pravaz, cirujano francés, y Alexander Wood, médico escocés, inventan por separado la jeringa hipodérmica.

**1854** John Snow, médico británico, descubre que el cólera se transmite por medio del agua contaminada.

**1860**

**1864** Louis Pasteur, científico francés, presenta la "teoría de los gérmenes" que enferman.

**1865** Joseph Lister inicia la cirugía antiséptica.

**1866** Gregor Mendel, monje austriaco, experimenta cruzando chícharos. Sus resultados son la base de la genética.

**1867** La división celular sin control es la causa del cáncer.

**1890**

**1892** Elie Metchnikoff, embriólogo e inmunólogo ruso, identifica los glóbulos blancos.

**1897** Ronald Ross, médico inglés, prueba que los mosquitos son los responsables de propagar el microscópico parásito que causa el paludismo.

**1899** Felix Hoffman y Heinrich Dreser, químicos alemanes, preparan la aspirina con el ácido salicílico de la corteza de sauce.

**Rayos X** Al experimentar con un flujo de corriente eléctrica en un tubo de rayos catódicos, Wilhelm Röntgen (1845-1923) notó que una pieza contigua de la sustancia platinocianuro de bario brillaba cada vez que se encendía el tubo, aunque él no veía ninguna luz que se dirigiera a ella. Descubrió que esta "nueva" forma de luz, de hecho una parte del espectro electromagnético invisible a simple vista, podía penetrar casi todos los materiales y también dejar una impresión en una placa fotográfica. Armado con esa información, tomó la primera radiografía (de la mano de su esposa) en 1895. En 1901 fue galardonado con el primer premio Nobel de física.

**Visionario** El descubrimiento de Wilhelm Röntgen de los rayos X revolucionó el diagnóstico médico.

## Anestésicos

Hasta mediados del siglo XIX, la cirugía era un proceso doloroso. No había métodos satisfactorios para adormecer el dolor, aunque se usaban varios extractos vegetales y fármacos como el opio y la cocaína para reducir los efectos. En muchos casos, se amarraba o agarraba a los aterrorizados pacientes mientras el cirujano esgrimía su escalpelo con rapidez. Pero en 1846, en el Hospital General de Massachusetts, el dentista William Morgan usó con éxito vapor de éter inhalado para hacer perder el sentido a un paciente, mientras el cirujano John Warren le extirpaba un tumor del cuello sin causarle dolor.

Al año siguiente, James Young Simpson, médico de Edimburgo, empleó cloroformo como anestésico, el que pronto sustituyó al más impredecible éter. En 1853, gracias a la reina Victoria de Inglaterra, los anestésicos tuvieron aceptación general, pues ella permitió que su médico le administrara cloroformo al dar a luz a su octavo hijo.

Pero ambos fueron reemplazados en los siguientes años por anestésicos más seguros y controlables, algunos inhalados, otros inyectados, que daban tiempo a los cirujanos para realizar operaciones más prolongadas y complejas.

vea también
158 **Los adelantos de la medicina**
160 **Trastornos y enfermedades**
518 **El espectro electromagnético**
560 **Medicina en la era moderna**

*En el siglo XX, el enfoque para curar la enfermedad se volvió cada vez más científico. Se crearon medicamentos para combatir una extensa variedad de dolencias, al manipular las moléculas de sustancias químicas sintéticas. A finales del siglo, una floreciente industria de biotecnología ofrecía la ingeniería genética como medio de atacar la enfermedad incluso antes de que se manifestara. Los adelantos tecnológicos volvieron algo de todos los días la exitosa sustitución de partes del cuerpo.*

## Con el dentista

La tecnología moderna ha creado nuevas técnicas preventivas e "indoloras" para la odontología.

**Fluoruro** Desde que a mediados de la década de 1940 se comprobó que ayudaba a prevenir la caries, se ha agregado a agua potable y pasta dental; se usa para revestir los dientes de los niños.

**Aire abrasivo** En vez de quitar la caries perforando, los dentistas ya la disipan con sumo cuidado sin necesitar anestésicos. La cavidad resultante se tapa con un relleno seguro, muy duradero, que se seca y se cura (endurece) usando luz ultravioleta.

**Ultrasonido** La acumulación de sarro, causa frecuente de caries, se eliminaba raspando. Ahora el ultrasonido puede desbaratarlo sin dañar el diente.

**Primer plano fotográfico** La cámara intrabucal, conectada a una pantalla, da un primer plano instantáneo y detallado de la boca.

La cámara Panorex produce vistas panorámicas de dientes y encías, informa sobre trabajo dental existente, hueso de soporte y cualquier signo de infección.

**Radiografía digital** Saca radiografías instantáneas, sin esperar a revelar placas radiográficas.

**1901** Karl Landsteiner, médico austriaco, descubre y nombra los cuatro grupos sanguíneos: A, B, 0 y AB.
**1903** Willem Einthoven, fisiólogo holandés, inventa el electrocardiógrafo (ECG). Éste registra los impulsos eléctricos del corazón permitiendo detectar irregularidades del ritmo cardiaco.
**1906** Eduard Zirm, cirujano alemán, primero en trasplantar una córnea con éxito.
**1921** Johnson & Johnson empieza a vender venditas adhesivas ("curitas").

**1931** Ernst Ruska, ingeniero alemán, crea el primer microscopio electrónico. El nivel de amplificación y detalle hace posible la observación de virus.
**1938** John Wiles, cirujano británico, implanta la primera cadera artificial.

**1943** Se descubre la estreptomicina, una cura para la tuberculosis y la meningitis.
**1944** Alfred Blalock, estadounidense, hace la primera operación a corazón abierto.

**1953** John H. Gibbon, estadounidense, primero en usar un corazón mecánico y purificador de sangre en una cirugía.
**1953** James Watson y Francis Crick, científicos de Cambridge, con Rosalind Franklin y Maurice Wilkins, descubren la estructura de doble hélice del ADN.

1900 — 1930 — 1940 — 1950

**1924** Hans Berger, psiquiatra alemán, crea el electroencefalógrafo (EEG) para registrar la actividad eléctrica del cerebro a través del cráneo. Es útil para diagnosticar trastornos cerebrales.

**Alexander Fleming (1881-1955)** En 1928, Fleming, bacteriólogo del Hospital St. Mary en Londres, notó un moho poco común en un plato de cultivo descuidado en su laboratorio. Parecía inhibir el crecimiento de bacterias, así que decidió investigar. Obtuvo una muestra sin clasificar del agente antibacteriano en el moho, que llamó penicilina.

Sin embargo, el descubrimiento de Fleming suscitó poco interés. En 1941, dos bioquímicos, Howard Flores y Ernst Chain, procesaron penicilina para crear el primer antibiótico. En 1945, Fleming y ellos compartieron el premio Nobel de medicina.

**Salvador** Alexander Fleming en su laboratorio del Hospital St. Mary, en Londres.

**1954** Jonas Salk, médico estadounidense, crea una vacuna contra la polio.
**1957** Ian Donald, obstetra escocés, usa ultrasonido exploratorio para detectar problemas en un bebé por nacer.

## Implantación de prótesis

Los implantes artificiales para ojos o miembros faltantes o dañados se han usado como mínimo durante 1,000 años, pero hasta mediados del siglo XX eran incómodos y de uso limitado. La sofisticada tecnología médica ha producido una gama de aparatos ultramodernos muy eficaces.

Ya es posible, por ejemplo, recuperar la vista con implantes retinianos. Se coloca un microchip en la retina y el paciente puede formar imágenes electrónicamente usando unos anteojos que tienen un dispositivo de transferencia de carga (CCD). Las imágenes reunidas por éste se disparan por láser al microchip, que las interpreta y las convierte en una serie de impulsos eléctricos que estimulan las neuronas atrás de la retina.

Las piernas artificiales complejas y ligeras pueden imitar las características motrices de una pierna de verdad. Eso se logra con ayuda de detectores de movimiento conectados a aparatos neumáticos que actúan en lugar de los músculos de las piernas, para crear un movimiento natural fluido.

Sensores en manos y brazos artificiales pueden captar impulsos nerviosos del cuerpo y con ellos activar movimiento en el miembro artificial.

**Prensión exacta** Sensores táctiles en el pulgar y dedos de manos artificiales verifican la firmeza al agarrar un objeto.

## ADMINISTRACIÓN DE FÁRMACOS

Hasta hace poco, los fármacos se ingerían o se inyectaban. Ciertos adelantos en el desarrollo de los sistemas para administrarlos indican que eso ya no es necesario.

- **Parches de liberación lenta** Constan de una delgada membrana que contiene una dosis del fármaco, que suele presentarse en forma de gel, y un recubrimiento protector. Se pegan a la piel con adhesivos. El fármaco atraviesa la membrana a un ritmo constante, y se libera en el organismo a través de la piel. El índice de absorción lo determina el tipo de membrana.
- **Cápsulas de liberación lenta** La cápsula, que está envuelta en una delgada membrana permeable, se inserta bajo la piel. El fármaco, que suele estar suspendido en un gel, pasa poco a poco por la membrana hacia el torrente sanguíneo.
- **Pistola de inyección** Con un microcilindro de helio comprimido expele un fármaco a tal velocidad que atraviesa las capas cutáneas externas directo al torrente sanguíneo. A diferencia de las agujas hipodérmicas, una pistola de inyección puede usarse en varios sujetos sin riesgo de transmitir enfermedades.

## Fármacos diseñados por computadora

Las computadoras permiten a los científicos crear un fármaco con un modelo matemático de su estructura molecular y de las sustancias químicas en el organismo con las que debe reaccionar. Las moléculas así diseñadas "encajarán" en las regiones receptoras huecas de las sustancias químicas naturales del organismo. Al lograr tal acoplamiento, se sintetiza el fármaco, y luego se prueba en tejido vivo antes de usarlo.

**Tratamiento en pantalla** A finales del siglo xx los científicos crearon nuevos fármacos usando programas informáticos complejos.

**1961** Albert Sabin, médico estadounidense, crea una vacuna contra la polio que puede ingerirse.

**1967** Godfrey Hounsfield, ingeniero electricista británico, crea la tomografía axial computarizada (TAC), técnica radiológica.

**1973** Herbert Boyer y Stanley Cohen, bioquímicos estadounidenses, crean una técnica para la clonación del ADN.

**1974** Raymond Damadian, médico estadounidense, inventa la tomografía por resonancia magnética nuclear (RMN).

**1995** Se otorga patente para un sustituto de la sangre que oxigena más el cerebro durante una cirugía cardiaca.

**2000** Ya es común diseñar fármacos en computadora.

1960 1970 1990 2000

**Christiaan Barnard (1922-2001)** El primer trasplante de corazón humano se hizo en el Hospital Groote Schuur, en Ciudad del Cabo, el 3 de diciembre de 1967. El cirujano cardiólogo Christiaan Barnard trasplantó el corazón de una mujer de 25 años a un hombre de 55, Louis Washkansky. El paciente sobrevivió 18 días.

Sin amilanarse, realizó un segundo trasplante el 2 de enero de 1968. Esa vez el receptor vivió 563 días después de la intervención.

Nuevas técnicas han aumentado los éxitos en forma notable. Para el 2000, iban más de 50,000 trasplantes, con pacientes llevando vidas activas más de 10 años luego de la cirugía.

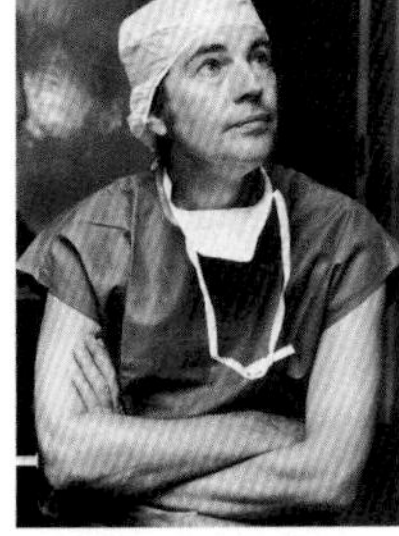

**Pionero** El carismático doctor Barnard adquirió fama mundial.

## Traumatismo mínimo

Algunas cirugías pueden realizarse sin hacer grandes cortes en el cuerpo, por un tubo llamado endoscopio. Se inserta en una incisión minúscula o un orificio natural.

El tubo tiene cables de control y un juego de fibras ópticas que transmiten imágenes a una pantalla.

La cirugía se realiza con herramientas miniatura adaptadas especialmente para que pasen por un conducto central en el endoscopio.

También son endoscopios el broncoscopio (operaciones de garganta y pecho), el artroscopio (articulaciones) y el laparoscopio (abdomen).

## CIRUGÍA LÁSER

El láser está sustituyendo al escalpelo en muchas áreas de la cirugía, sobre todo en la óptica, donde se requiere una precisión absoluta. A diferencia del escalpelo, que desgarra la carne dejando vasos sanguíneos expuestos y goteando, el láser reduce el sangrado al mínimo.

- El láser corta generando calor en los tejidos del cuerpo.
- El calor basta para sellar (cauterizar) los vasos sanguíneos cortados, y así mantiene el sangrado a un mínimo.
- Además de actuar como escalpelo, el calor del láser también puede usarse para "soldar" de nuevo partes delicadas del cuerpo, como retinas desprendidas.

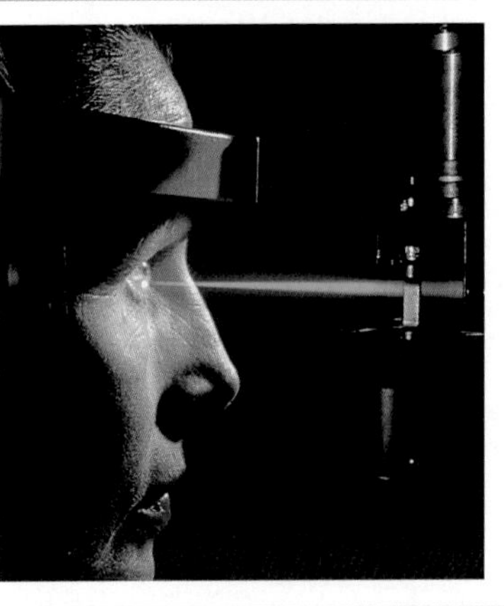

**Sin dolor** Usar rayo láser para una cirugía ocular es rápido y seguro, y no requiere anestésico.

vea también

158 **Los adelantos de la medicina**
160 **Trastornos y enfermedades**
548 **La informática**
558 **Origen de la medicina moderna**

*Las primeras construcciones usaban materiales naturales como madera, barro y piedra. Pero la introducción de ladrillos, terracota y –en la época romana– cemento y concreto durables hechos por el hombre permitió a los constructores ser más ingeniosos. El concreto se redescubrió hace menos de 250 años, y en el siglo XIX se combinó con acero para adquirir solidez. En el siglo XX, el desarrollo de materiales ultramodernos dio pie a construcciones más altas y amplias.*

## PARA CUBRIR EL ESPACIO

Los arquitectos han ideado diversos métodos para construir amplios espacios interiores sin soportes que obstruyan.

**Arco de medio punto** Éste fue el arco verdadero más antiguo, hecho de piedra o concreto y construido sobre un armazón de madera. La carga se distribuye entre las columnas verticales.

**Arco gótico** El arco gótico puntiagudo puede abarcar espacios mucho más amplios que el de medio punto. Por su forma, los grandes empujes laterales (ladeos) del peso del arco deben arriostrarse, usando estribos externos. Al principio, éstos eran sólidos pero luego se crearon los arbotantes (huecos).

**Cúpula** Puede ser hemisférica o puntiaguda. Si la base no es circular, se necesitan secciones triangulares en las esquinas (pechinas).

**Cúpula geodésica** Está hecha de tubos plásticos o metálicos ligeros entrelazados que forman una estructura geométrica rígida.

**Pilar y jácena** Una viga horizontal (jácena) descansa sobre columnas verticales. Con este método únicamente puede tenderse un espacio limitado sin necesitar columnas intermedias. La madera y el esqueleto de acero para construcción son las modernas versiones de este sistema.

**Placa de cumbrera y cabio** La placa es la madera paralela a la saliente de un techo a la que se unirán los cabios. Ambos forman un techo con vértice.

**Voladizo** Es una viga o trabe apoyada en un solo extremo. Cuenta con la rigidez intrínseca de materiales como concreto reforzado o pretensado.

***c.* 6000 a.C.** En Medio Oriente se construye con ladrillos secados al sol.

***c.* 3500 a.C.** Se usan ladrillos refractarios por vez primera en Medio Oriente.

***c.* 2650-2500 a.C.** Se construyen las pirámides de Egipto. La primera es la pirámide escalonada de Zoser (arriba) en Saqqara.

**Desde *c.* 1500 a.C.** Se usa el sistema de pilar y jácena para construir grandes templos egipcios.

**Siglo V a.C.** El Palacio Real en Persépolis (Persia) y el Partenón (Atenas) son las obras más grandes del mundo hechas con pilar y jácena.

**Siglo IV a.C.** Los romanos usan por vez primera el arco de mampostería redondo.

**Siglos III-II a.C.** Los romanos amplían el arco de medio punto: forman la bóveda de cañón.

***c.* 250 a.C.** Se erige el Faro de Alejandría, Egipto. Quizá se irguió a más de 122 m de altura.

**Siglo III a.C.** Los romanos hacen cemento hidráulico con polvo de sílice volcánico *(pozzolana)* y cal.

**121 a.C.** Se construye la plataforma del Templo de la Concordia, en Roma, usando concreto. Sobrevive a su época, y es la estructura de concreto, romana, más antigua que se conoce.

**118 a.C.-28 d.C.** Se usa concreto para la cúpula del Panteón en Roma, con un diámetro de 43 m.

7000 a.C. · 6000 a.C. · 5000 a.C. · 4000 a.C. · 3000 a.C. · 2000 a.C. · 1000 a.C. · 600 a.C. · 550 a.C. · 500 a.C. · 450 a.C. · 400 a.C. · 350 a.C. · 300 a.C. · 250 a.C. · 200 a.C. · 150 a.C. · 100 a.C. · 50 a.C. · 0 · 50 d.C. · 100

## DOS TIPOS DE CONSTRUCCIONES ALTAS

Junto con el deseo de erigir edificios más y más altos, los arquitectos han concebido nuevos métodos de construcción. Los tradicionales muros de carga externos han sido sustituidos por armazones metálicos y alma de concreto.

**Estructura de esqueleto** La estructura más antigua y mejor conocida para un edificio alto consta de un armazón de vigas de acero, concreto reforzado o tubos de acero. Éstos sostienen los pisos y muros "cortina" que penden alrededor del armazón. A veces se usan vigas en arriostramiento diagonal para fortalecer la estructura.

**Suspendido de cables** Esta moderna innovación consta de un alma de concreto (con elevadores y otros servicios) y losas. Cada piso es sostenido por el alma y cables suspendidos entre los pisos y alrededor del perímetro. Las losas pueden vaciarse en el piso e izarse en posición.

Una versión híbrida puede usar un **armazón tubular de acero** con cerchas de acero a intervalos regulares; de ahí penden "ganchos" que sostienen los pisos.

**El Panteón** La cúpula del templo a los dioses de Roma se basa en una esfera: la altura de los muros es igual al radio de la cúpula.

**Gran Pirámide** La Gran Pirámide de Giza mide 137 m de altura y contiene 2.3 millones de bloques de piedra.

**El Partenón** Gran templo de Atenas, fue el sumo ejemplo del sencillo estilo dórico de la arquitectura griega.

**Santa Sofía** El antiguo templo de Estambul tardó seis años en construirse. La cúpula mide 30 m de diámetro.

## Sobre cimientos sólidos

Los cimientos deben sostener todo el peso de un inmueble, que puede ser de muchos millones de toneladas. Su diseño depende de su tamaño y de la naturaleza del suelo.

Las zapatas (losas de concreto reforzado) se colocan rebasando el perímetro para distribuir la carga. Se usan pozos de cimentación para transferir la carga hacia el lecho de roca; en suelo más blando pueden meterse pilotes de acero o concreto hasta suelo firme o roca.

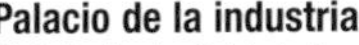

**Palacio de la industria** El Palacio de Cristal, de Sir Joseph Paxton, es la primera muestra de prefabricación (1851): las partes fueron hechas en una fábrica y se armaron en el sitio.

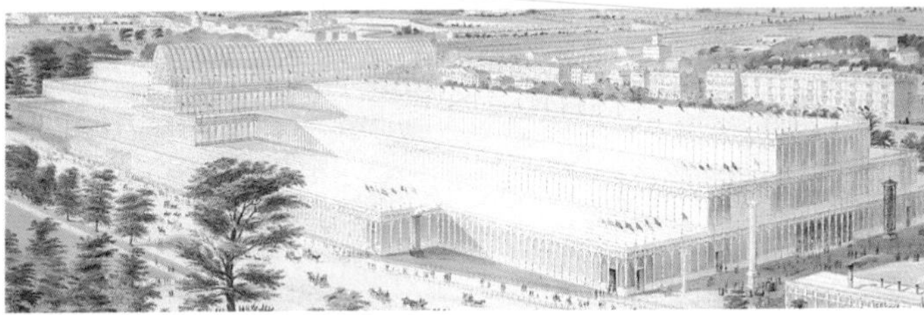

**Nuevas alturas** El edificio Home Insurance de Chicago, con armazón de acero, impuso el estilo de construcción de muchos pisos.

**532-537** Se erige Santa Sofía en Constantinopla (Estambul). La cúpula tiene una base cuadrada con esquinas abovedadas triangulares, conocidas como pechinas.

**1418-1436** Se construye el Duomo, la cúpula de la Catedral de Florencia.

**1845** Se crea un proceso confiable para producir cemento Portland.

***c.* 1850** Joseph Monier, jardinero francés, inventa el concreto reforzado con cables de acero insertados para dar resistencia.

**1885** Se erige en Chicago el primer rascacielos con armazón de acero, el edificio Home Insurance, de 10 pisos.

**1889** Se arma la Torre Eiffel en París. Es la estructura más alta del mundo: 300 m.

**1973** El World Trade Center de Nueva York supera al Empire State; mide 411 m.

**1974** La torre Sears Roebuck de Chicago establece un nuevo récord: 443 m.

**1976** La Torre CN de Toronto corona los edificios del mundo: 553 m . Elevadores con frente de vidrio llevan a los visitantes a los miradores.

200 · 500 · 1000 · 1400 · 1600 · 1700 · 1750 · 1800 · 1825 · 1850 · 1875 · 1900 · 1910 · 1920 · 1930 · 1940 · 1950 · 1960 · 1970 · 1980 · 1990 · 2000

**1144** En Francia, la abadía de Saint-Denis es el primer edificio de estilo gótico, con arcos ojivales y estribos.

***c.* 1175** Se usan arbotantes por primera vez para sostener arcos góticos.

**1653** El Taj Mahal se construye en Agra, India.

**1756** John Smeaton, ingeniero inglés, redescubre el cemento hidráulico, inventado por los romanos.

**1851** Se monta el espacioso Palacio de Cristal para la Exposición Universal en Londres, de hierro y cristal prefabricado.

**1852** Elisha Otis inventa el elevador en EUA, haciendo posibles los rascacielos.

**1855** El convertidor neumático Bessemer aumenta en gran medida la producción acerera.

**1922** Walter Bauersfeld, ingeniero alemán, inventa la cúpula geodésica. Es desarrollada y popularizada por Buckminster Fuller en EUA.

**1931** El Empire State Building se construye en Nueva York. Elevándose a 381 m, fue el edificio más alto del mundo por más de 40 años.

**1996** Las Torres Petronas, de 452 m, en Kuala Lumpur, Malasia, superan a la torre Sears Roebuck como el edificio habitado más alto del mundo.

**1999** Se termina el Domo del Milenio en Londres. Con diámetro de 320 m, es el más grande del mundo.

**2001** Devastador ataque terrorista al World Trade Center el 11 de septiembre. El posterior derrumbe de las Torres Gemelas, la tercera obra habitada más alta del mundo, cambia la silueta de Manhattan.

## Luz por doquier

Los grandes edificios modernos se diseñan con sistemas que dirigen la luz natural al interior. Eso ahorra energía y mejora la calidad del medio ambiente dentro del inmueble.

Un método usa "huecos solares" invertidos en los muros laterales, que reflejan la luz al interior a reflectores en el cielo raso. Una versión más sofisticada usa un helióstato computarizado que rastrea el Sol y refleja su luz por una guía luminosa en una columna de servicio central.

Espejos y extractores de luz de diseño especial encauzan la luz al lugar deseado. Los extractores son tubos plásticos con un "microprisma" moldeado sobre el exterior, parecidos a los difusores prismáticos que se usan en tubos de luz fluorescente.

**Proyecto Edén** Este conservatorio geodésico, terminado en 2001, está en una antigua mina de arcilla en Cornualles, Inglaterra. Mide 200 m de largo y 45 de alto.

vea también

364-367 **Arquitectura**

564 **Ingeniería civil**

584 **Señales y prodigios**

**La Torre Eiffel** El monumento parisino de fama mundial se construyó con 7,620 toneladas de hierro.

**Torre CN** Construida para transmitir señales de radio y TV, aún supera a los edificios habitados más altos del mundo.

**Las Torres Petronas** Las insuperables torres malayas llegaron a la cima en sólo cinco años.

*Avances tecnológicos y nuevos materiales han permitido estructuras cada vez más ambiciosas, como el puente japonés Akashi-Kaikyo, el puente colgante más largo del mundo, de casi 2 km, y el Eurotúnel, con el que se cumplió el sueño de siglos de unir Gran Bretaña con el continente europeo. Son dos hitos en un camino que empezó con los antiguos egipcios, el primer pueblo que mostró técnicas de ingeniería civil con la construcción de una presa sobre el Nilo, en el año 3000 a.C.*

## CONSTRUCCIÓN DE TÚNELES

Un fuego en una cara de un túnel bastaba para cuartear roca sólida y avanzar en etapas cortas. Luego se horadaba y se llenaban los huecos con explosivos para roturar la roca. En 1815 surgió un invento importante para horadar suelo o roca blanda: el escudo de perforación. Consta de una estructura metálica tubular impulsada por gatos hidráulicos. Conforme avanza, se va recubriendo el túnel; al principio se hacía con ladrillos o secciones de hierro fundido, más tarde se usó concreto reforzado.

El mismo sistema básico se usa en la actualidad, como en el proyecto del Eurotúnel (izq.), pero se excava con una barrenadora que parece un taladro gigante con cabeza cortadora giratoria y fuertes dientes de carburo de tungsteno. Otros equipos automáticos retiran los escombros e instalan los segmentos de recubrimiento.

**c. 3000 a.C.** Los antiguos egipcios construyen una presa en el Nilo para controlar las crecidas.

**c. 2200 a.C.** El primer puente conocido se construye en Babilonia.

**c. 2000 a.C.** Las primeras acequias conocidas se construyen en Egipto y Mesopotamia.

**Siglo VII a.C.** Se construye el primer puente romano, de madera, en el río Tíber.

**Siglo III a.C.** Se erigen las primeras secciones de la Gran Muralla en China.

**c. 540 a.C.** Los chinos empiezan a construir el Gran Canal.

**312 a.C.** Los romanos empiezan su primer camino militar pavimentado, la Vía Apia.

**109 a.C.** Se construye en Roma el puente Milvio: consta de tres arcos semicirculares de piedra.

**c. siglo I a.C.** La gente del norte de Luzón, Filipinas, empieza a sembrar arroz en amplias terrazas, sistema que en la actualidad se extiende 22,500 km.

**c. 300 d.C.** La red carretera imperial romana se extiende más de 80,000 km.

**c. 1290** Empieza en China la construcción y ampliación del Gran Canal. Terminado, mide 1,780 km de Pekín a Hangzhou.

**Siglo XV** Se reconstruye la Gran Muralla de China. Se extiende unos 6,325 km con ramales, y es la estructura más grande de la Tierra hecha por el hombre.

**Siglos XIII-XVI** Los incas de Perú construyen una red carretera de 16,000 km.

**Siglo XVII** Se usa pólvora por vez primera para abrir túneles en la roca.

**1670-1679** El primer túnel importante para transporte se excava a lo largo del Canal du Midi, Francia.

**1779** Se construye el primer puente con arco de hierro en Ironbridge, Inglaterra.

3000 a.C. — 1000 a.C. — 0 — 1000 d.C. — 1700

**Puente Forth** Cuando la obra concluyó en 1964, el Forth Road era el puente colgante más grande de Europa, con un tramo central de más de 1 km de toneladas de acero y 115,000 m³ de concreto usados en una longitud de 2.5 km.

## Materiales para construir

Concreto y acero son los materiales que, sobre todos los demás, posibilitan las grandes obras de ingeniería modernas. El concreto es el más fuerte en compresión, y el acero lo es bajo tensión. Combinados como concreto reforzado, suman sus ventajas. En el concreto pretensado, cables de acero estirados e incrustados en el concreto húmedo se sueltan cuando ha forjado. Otros materiales para reforzarlo incluyen vidrio o fibras integradas para añadir fuerza, o se usan varillas plásticas reforzadoras en vez de acero.

## PRESAS Y BARRERAS

Casi todas las grandes presas tienen un alma compacta de roca o tierra, que suele ir revestida de concreto y se estabiliza por su propio gran peso. Algunas veces se apuntalan sobre el costado río abajo para ayudar a resistir el peso del agua.

Se construyen más pequeñas usando concreto sólido con cables o varillas de acero para reforzar la estructura. En un cañón angosto, una presa se curva hacia fuera sobre el costado río arriba, en contra de la presión del agua; al reducirse mucha presión, la proyecta a las paredes del cañón.

Una variante es la presa provisional, o barrera, como la del Támesis, en Londres (abajo), de 520 m; es la barrera móvil contra la marea más grande del mundo. Las compuertas bajo el agua pueden elevarse para detener súbitas oleadas del mar, y bajar de nuevo para dejar pasar las embarcaciones.

## Construcción de carreteras

Los caminos romanos se hicieron más para la infantería que para vehículos, con capas apisonadas de tierra y grava, cubiertas de piedras planas para dar a los soldados un suelo firme.

El siguiente paso importante fue 1,500 años después con los ingenieros Pierre Trésaguet, John McAdam y Thomas Telford. Usaban capas de piedra rasante, con una combadura para el desagüe. Telford prefería superficies de piedras planas, pero las piedras quebradas y comprimidas de McAdam fueron mejor, más cuando les mezcló brea para hacer macadán o *tarmac*.

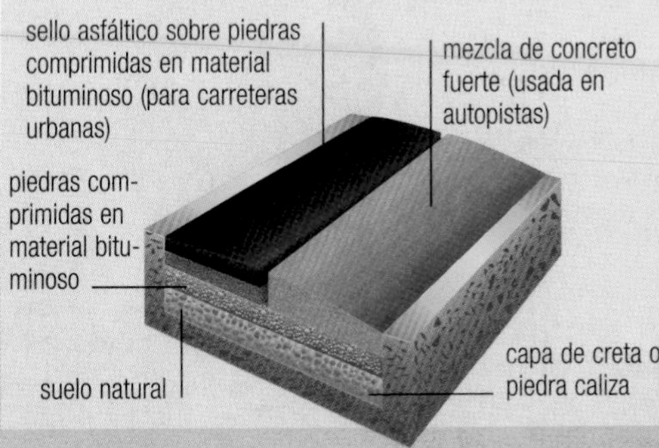

**Aeropuerto sobre agua**
Es difícil conseguir espacio para una pista de aterrizaje en un país tan poblado y montañoso como Japón. Una solución es el aeropuerto isla, como el de Nagasaki, construido en una isla alargada artificialmente e inaugurado en 1975.

**vea también**


466-481 **Transporte**
494-497 **Energía renovable**
562 **La construcción**
584 **Señales y prodigios**


**c. 1815** John McAdam y Thomas Telford, ingenieros escoceses, idean métodos para construir carreteras durables.

**1826** Thomas Telford construye el primer puente colgante de hierro, sobre el Estrecho de Menai, en Gales.

1800

**1825-1843** Marc Brunel, ingeniero francés, inventa el escudo de perforación, usado para excavar el primer túnel de carriles bajo el río Támesis.

**1869** Se inaugura el Canal de Suez. Mide 190 km de largo.

**1874** Se tiende el primer puente de arco de acero, en St. Louis, Missouri.

1850

**1883** El Puente de Brooklyn, primer puente colgante con cables de acero, se construye en Nueva York.

**1892** François Hennebique, francés, inventa el concreto pretensado.

**1906-1932** Los holandeses construyen un dique de 32 km como parte de un plan para drenar el Zuider Zee.

**1914** Se inaugura el Canal de Panamá. Mide 82 km de largo y tiene 12 esclusas que atraviesan las montañas.

**1932** Se construye el puente Harbour, en Sydney.
**1936** Se construye la presa Hoover, en los límites de Arizona y Nevada.

1900

**1937** Se construye el puente Golden Gate en San Francisco. Su tramo principal mide 1,280 m.

**1962** Se construye la presa Grand Dixence en Suiza. Se convierte en la presa de concreto más alta del mundo.

**1964** Se construye el canal Volga-Báltico en Rusia; mide 850 km de largo.

**1969** La segunda carretera del lago Pontchartrain, en Louisiana, se vuelve el puente múltiple más largo del mundo, de 38 km.

1950

**1984** Se construye en Londres la Barrera del Támesis.

**1988** Se concluye el túnel ferroviario Seikan, en Japón. Es el más grande del mundo, con 54 km.

**1994** Se concluye el Eurotúnel entre Francia y Gran Bretaña. Es el túnel submarino más largo del mundo: 50 km.

**1998** Akashi-Kaikyo, puente de Japón, se convierte en el puente colgante más largo del mundo: su tramo mayor mide 1,990 m.

2000

**2000** El puente Øresund, carretera de dos pisos y enlace ferroviario que une Dinamarca con Suecia, es el puente atirantado más largo del mundo, con 1,092 m.

## Construcción de puentes

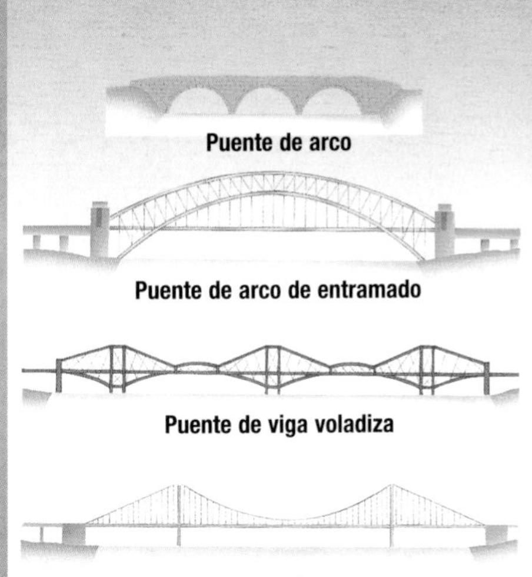


El diseño de puentes debe considerar factores como el trecho que ha de tenderse, la naturaleza de la tierra debajo y a ambos lados, el tipo y cantidad de tránsito para el que se ha concebido. Los principales tipos son siete:

**De vigas** Es el diseño más sencillo: el tablero descansa sobre pozos de cimentación en los extremos. Hoy en día, las vigas son de concreto reforzado o trabes de acero.

**De arco** En este puente, el tablero formado por una viga rígida va sobre un arco.

**De gran arco elevado** Un arco, que suele ser de trabes de acero, se eleva sobre la viga T con nervio, sostenido todo o en parte por colgantes que descienden del arco.

**Puente de arco de entramado** En este puente, la viga T con nervio es sostenida por un armazón de barras que forman una red de líneas cruzadas para dar rigidez.

**De viga voladiza** Es una versión más compleja del puente anterior. Suele tener dos armaduras rígidas y romboides. El centro de cada una se apoya en un pozo de cimentación y se asegura a la orilla en un extremo. Los otros extremos se unen con una viga corta.

**Colgante** Este tipo de puente puede tenderse sobre distancias más largas que ningún otro, hasta 2,000 m. Sus pozos de cimentación se prolongan formando torres. Cables portadores pesados, trenzados, fijados con firmeza a las riberas que pasan por arriba de las torres, sostienen el tablero con colgantes verticales.

**Atirantado** Es muy similar al puente colgante, pero cables de acero individuales a intervalos regulares corren directamente de las torres al tablero.

*Las primeras armas eran instrumentos para cortar madera o cazar, y adaptadas para usarse en combate. Pero al progresar la civilización, empezaron a surgir armas exclusivamente para la guerra. Durante más de 4,000 años se dio prioridad a la lucha cuerpo a cuerpo y a la armadura. Luego, en el siglo XVI, todo cambió ya que la creación de armas de fuego hizo que el matar a distancia fuera la forma más eficaz de librar batalla.*

## HISTORIA DE LA ARMADURA

La armadura primitiva era de cuero forrado, pero al surgir la espada hacia 1500 a.C. se necesitó mayor protección. Los antiguos guerreros griegos usaban pesadas armaduras de bronce amoldadas al cuerpo: por la misma época surgieron armaduras de bronce en Egipto. La Edad del Hierro trajo la cota de malla; la más antigua conocida es de Kiev, Ucrania, *c.* 450 a.C. La cota de malla fue habitual entre los soldados romanos hasta el siglo I d.C., cuando fue sustituida por la cota de placas, que resistía bien golpes pesados y se usó durante siglos.

**Caparazón** La cota de placas apareció en Europa occidental en 1100, y su diseño fue perfecto por cuatro siglos. Una armadura completa como ésta (Alemania *c.* 1520) pesaba unos 32 kilos.

**Visera**

**Gola** Desviaba del cuello arremetidas de picas o lanzas.

**Gocete**

**Codal** Protegía el codo cubierto con cota de malla.

**Peto**

**Faldar** Protegía la cadera y la parte alta del muslo permitiendo el movimiento.

**Baqueta**

**Muslera**

**Rodillera** Unía muslera y espinillera y cubría la rodilla.

**Espinillera**

**30,000 a.C.** Ya se usan el arco y la flecha.
***c.* 4000 a.C.** Soldados egipcios usan escudo por vez primera.
***c.* 3000 a.C.** Hachas de bronce en Mesopotamia.
***c.* 2700 a.C.** Navíos de guerra con vela se usan en el Mediterráneo.
***c.* 2500 a.C.** Sumerios usan armadura de cuero. También inventan el carro.
***c.* 1600 a.C.** Los persas son los primeros soldados en usar caballos de guerra.

**Casco romano** Los romanos fomentaron la tecnología y el arte de la guerra. Sus ejércitos de legionarios aparecen hacia el año 100 a.C.

***c.* 900** Se construyen en Europa los primeros castillos medievales.
***c.* 1000** El arco largo aparece en Gales.
***c.* 1100** Se inventa la catapulta (de asedio). Llega la ballesta a Europa.
**1159** Los chinos crean los primeros petardos.
**1200** Aparecen la albarda y la pica (lanza muy larga usada por los soldados de infantería).

**30,000 a.C.**

***c.* 1500 a.C.** Griegos inventan la armadura de bronce.
***c.* 1400 a.C.** Surgen las primeras espadas, en Grecia.
***c.* 1200 a.C.** Armas de hierro surgen en Medio Oriente.
***c.* 500 a.C.** Los persas inventan un arco con tendones y cuernos de animales, elástico en clima caluroso.
***c.* 400 a.C.** Se inventa la ballesta en China.
***c.* 250 a.C.** Artillería pesada en las galeras romanas.

**400 d.C.**

**378 d. C.** Crueles jinetes aplastan legiones romanas en la batalla de Adrianópolis: la caballería va a Europa.
**475** Inventan el estribo en China: mejora la estabilidad de la silla de montar.
***c.* 800** Llega la silla de montar a Europa. Sus ingenieros crean torres de sitio móviles, o atalayas.
**850** En China, se describe por primera vez una pólvora primitiva.

**900**

### La alabarda

Lanza de 2 m de largo, con hacha, permitía a los soldados de infantería luchar con jinetes. La hoja de la pesada hacha cortaba limpiamente la armadura, mientras que el largo mango ayudaba a guardar distancia.

Una desventaja era el espacio necesario para blandirla, que dejaba expuesto al alabardero. Otros hombres armados con espadas y escudo proporcionaban protección: precursores de la moderna infantería.

**1200**

## CASTILLOS FEUDALES

Los castillos en altozanos proliferaron por Europa en el siglo X. Construidos originalmente de madera y luego de piedra, tenían una torre central sobre un montículo, y fortificaciones en la falda del montículo que rodeaban un patio de armas o explanada.

Al volver los cruzados en el siglo XII llevaron refinamientos del Mediterráneo oriental, como las murallas con baluartes (torres de observación). Pero para el siglo XIV los castillos se volvieron anticuados ante una nueva arma: el cañón de asedio.

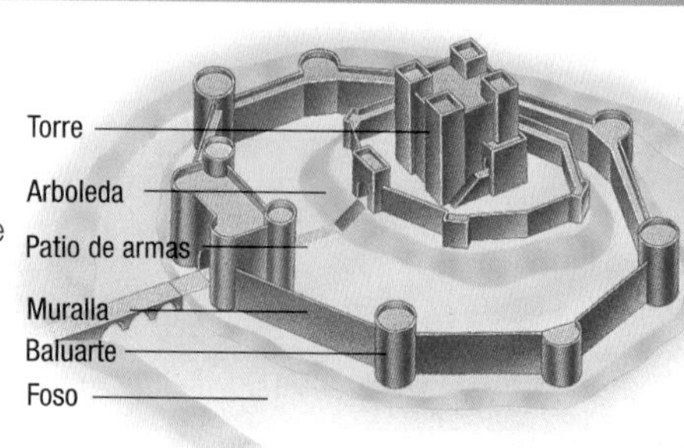


**Fortaleza medieval** Los castillos cambiaron con el tiempo. El foso fue una creación temprana, del siglo X.

## EL ARCO Y LA FLECHA

Quizá los primeros arcos fueran de madera y cuerdas de pellejo animal. Alrededor del año 3000 a.C. apareció un arco de cuerno y madera muy tensado; el cuerno fortalecía la madera, aumentando la potencia y el radio de alcance del arco.

Las puntas de flecha eran al principio de pedernal u obsidiana, luego de bronce.

**Preparándose para la lucha** Guerrero medieval tensando su arco largo, que podía lanzar flechas a 180 m y perforar armaduras a 60 m.

Las plumas en el extremo opuesto de la flecha mejoraban su estabilidad direccional.

En la Edad Media, el arco largo cambió el campo de batalla. Alto como un hombre, lanzaba flechas con tal fuerza que perforaba cotas de malla. También llegaba más lejos que los arcos anteriores y, a diferencia de la ballesta, era fácil de cargar; un arquero experto disparaba 12 flechas por minuto.

Se siguió usando después de que se inventaran las armas de fuego. Por último, fue sustituido a finales del siglo XVI y principios del XVII cuando los mosquetes lo superaron en potencia y precisión.

**1240**

**1247** En el sitio de Sevilla se usan armas de fuego, su primera aparición en batalla registrada.
**1346** Fuerzas inglesas introducen cañones al luchar contra los franceses en Crécy.
**1370** Se inventa la ballesta de acero con manivela.
**1385** Se usan cohetes en Europa por vez primera.
**1453** El sultán Mehmet II toma Constantinopla con un cañón que dispara balas que pesan hasta 270 kg.
**1460** Se inventa el arcabuz de mecha, una pistola primitiva.

**1500**

**1500** Escopetas con ranura (rayado en espiral). Produce rotación estabilizadora en la bala disparada.
**1540** Se fabrica el primer mosquete.
**1650** Se inventa el trabuco de chispa para prender la carga en armas pequeñas.

**La pistola** Las primeras pistolas, que se remontan a 1460, llamadas arcabuz de mecha, prendían la pólvora con una mecha o pabilo de combustión lenta. En cambio, la siguiente generación, trabuco de chispa, tenía mecanismo con pedernal. Ambas disparaban balas de plomo que se cargaban por la boca.

**Trabuco de chispa** El sucesor del arcabuz de mecha prendía la carga con fricción de un pedernal.

**1700**

**1740** Los holandeses inventan el cañón corto, conocido como obús.
**1742** Benjamin Robins, matemático e ingeniero inglés, instituye la ciencia de la balística; publica sus teorías en *Nuevos principios de artillería.*

**Samuel Colt** Colt (1814-1862) patentó su revólver de un solo cañón y cinco tiros en 1836. Veinte años después empezó a fabricar armas usando los métodos de producción en cadena adoptados más tarde por Henry Ford para armar automóviles. La Pacificadora, calibre .45, de tiro por tiro, para seis disparos, apareció 11 años después de la muerte de Colt; habría de volverse la pistola más popular del Oeste americano.

**Colt .45** Esta arma fue elegida por casi todos los vaqueros y usada por la caballería estadounidense.

**1800**

**1811** El estadounidense John Hall patenta el rifle de retrocarga.
**1846** Se produce el primer cartucho de una pieza (carga, cápsula fulminante y proyectil en una sola unidad).
**1849** Se hace la primera bala moderna.
**1858-1859** Construyen el primer navío blindado para la marina francesa: *La Gloire.*

**1860**

**1862** El estadounidense Richard Gatling inventa la ametralladora.
**1863** Inventan el TNT.
**1866** El ingeniero británico Robert Whitehead inventa el torpedo.
**1884** El estadounidense Hiram Maxim crea la ametralladora Maxim, que puede disparar 600 salvas por minuto.

**Arma mortal** Este dardo de punta cuadrada, o saeta, era disparado por una ballesta.

**DATO**
**La metralla *shrapnel* debe su nombre al general británico Henry Shrapnel, que la inventó en 1784.**

## DE LA CATAPULTA AL CAÑÓN

La catapulta, de diversos tipos, fue la primera arma diseñada para lanzar objetos pesados al enemigo. Pero sólo hasta que se aprovechó el poder explosivo de la pólvora empezaron las armas grandes a tener una función importante en la guerra.

Al principio de bronce, luego de hierro, el cañón de asedio llevó a la desaparición de la ciudad fortificada. Al concluir el siglo XIII, esos cañones eran capaces de lanzar balas de piedra de 200 kg. Como en el siglo XV mejoraron los métodos de fundición, se fundieron cañones que podían llevar cargas más pesadas. Las balas de piedra cedieron el paso a las de hierro, más densas y que causaban más daño.

Empezaron a usarse cañones más pequeños en navíos; en el siglo XV eran las principales armas navales.

**Cañón de campaña** El uso de cañones en batalla aumentó en los s. XVIII y XIX, al pesar menos las pistolas y mejorar el diseño de la cureña.

vea también
182 **La Edad Media**
200 **Agitación en Europa**
202 **La creación de Estados Unidos**
568 **Rumbo a la era nuclear**

*En el siglo XX, dos guerras mundiales propiciaron en gran medida el desarrollo de armamento. Aparecieron aeronaves y vehículos blindados, lo que cambió la forma de pelear las campañas. Al terminar la Segunda Guerra Mundial, empezó la era nuclear y proliferaron las armas de destrucción en gran escala. Hoy en día, las computadoras tienen una función cada vez más importante, al permitir que armas inteligentes den en el blanco con precisión absoluta.*

## ARMAS NUCLEARES

El inmenso poder de las armas nucleares lo genera la fisión, o fusión, de núcleos atómicos.

La primera arma nuclear ofensiva, usada contra Hiroshima, Japón, en 1945, produjo una explosión de 15,000 ton por la fisión de 60 kg de uranio. Armas posteriores podían cuadruplicar esa fuerza explosiva usando la energía de la fisión nuclear para activar una reacción por fusión todavía más destructiva.

Durante la carrera armamentista de la posguerra, EUA y la URSS juntaron reservas de ojivas nucleares, 32,000 y 33,000, respectivamente. En 2001, se tenía la certeza de que siete países poseían armas nucleares: China, Francia, la India, Pakistán, Rusia, el Reino Unido y Estados Unidos.

**1914** Los alemanes son los primeros en usar submarinos en la guerra.
**1915** Un ataque alemán con cloro marca el inicio de la guerra química moderna. Bombardeos intempestivos de aeronaves Zeppelin constituyen la primera ofensiva estratégica. Alemania construye el primer avión con ametralladora que dispara entre las aspas en movimiento.

**1920** El estadounidense John T. Thompson patenta la metralleta, también llamada pistola automática.
**1922** Por vez primera un avión aterriza en un portaaviones, el *Langley*, de EUA. Hoy, los aviones sólo despegan de éstos.

**1931** Primer ataque en paracaídas; es soviético.
**1935** Los británicos crean un radar rudimentario.
**1936** El prototipo del Spitfire de R.J. Mitchell hace su vuelo inicial.
**1937** Se monta una cadena de radares de defensa en la costa británica.
**1937** Wernher von Braun empieza a probar diseños para el cohete V-2.

**Proyecto Manhattan** En 1939, Albert Einstein informó a Roosevelt, presidente de Estados Unidos, el poder destructivo de la fisión nuclear, el principio subyacente de la primera bomba atómica. EUA en ese momento no participaba en la Segunda Guerra Mundial; con todo, Roosevelt dio el visto bueno para lo que, en código, se llamó el Proyecto Manhattan.

El proyecto cobró ritmo luego que EUA entrara en la guerra en 1941. Al 16 de julio de 1945 se habían gastado más de US$2,000 millones en investigación, cuando se detonó la primera bomba atómica en la base aérea de Alamogordo, Nuevo México. Los años de trabajo culminaron tres semanas después cuando las bombas detonadas sobre las ciudades de Hiroshima y Nagasaki llevaron a la rendición de Japón.

**1900** **1920** **1930** **1940**

**1916** En la batalla del Somme entran tanques en acción por vez primera.
**1918** La torreta completamente giratoria aparece en el diseño de tanques, arriba del FT-17, francés, construido por Renault.

**El tanque** Los tanques se crearon para romper el estancamiento de la guerra de trincheras en la Primera Guerra Mundial. Podían cruzar terreno desigual, avanzar derribando alambradas de púas y abrir paso a la infantería. Los primeros modelos apenas iban a 7 km/h, pero al estallar la Segunda Guerra Mundial, las mejoras los convirtieron en el arma principal en ataques terrestres.

**Mark V** Este tanque británico apareció en 1918.

**1941** El ejército de EUA recibe su primer jeep.
**1942** Una reacción nuclear controlada ocurre por vez primera, en la Universidad de Chicago.
**1945** El 6 de agosto, a las 8:15, hora local, un avión de EUA lanza la primera bomba atómica sobre la ciudad de Hiroshima, en Japón.

**1947** La Marina de EUA empieza a construir submarinos nucleares.
**1954** Inglaterra crea el primer avión de despegue vertical, apodado "volador de armazón de cama".
**1957** Estadounidenses y soviéticos crean con éxito misiles balísticos intercontinentales.
**1958** El *Nautilus*, submarino nuclear de EUA, pasa por debajo del Polo Norte.

## EL ARMA DE FUEGO MODERNA

Casi todos los soldados actuales llevan rifles de asalto. Su diseño combina la precisión de un rifle de caza con la rapidez de disparos de una ametralladora. El Kalashnikov es el más popular de éstos en el mundo.

El modelo original, AK47, fue diseñado en 1947 por un sargento del ejército soviético, Mijail Kalashnikov. En 1974 se modificó el cañón para que disparara balas de menor calibre, y se le dio un nuevo nombre: AK74.

**AK47** Sólo pesa 3.15 kg, opera con gas y puede disparar 600 balas por minuto. Se calcula que a la fecha se han fabricado poco más de 50 millones de rifles de asalto Kalashnikov.

## EL SOLDADO MODERNO

Va muy armado, pero poco protegido; su sobrevivencia depende mucho de que no lo vean. El camuflaje fue usado por los soldados de la Primera Guerra Mundial y ahora es común en los uniformes de los ejércitos de todo el mundo.

Además de las armas y el uniforme, los soldados actuales cargan todo lo necesario para permanecer vivos: alimentos, medicamentos y, a veces, ropa protectora para sobrevivir al ataque de armas químicas y biológicas.

### Quién gasta en defensa

| | | porcentaje del PIB, 1998 |
|---|---|---|
| 1 | Eritrea | 36.6 |
| 2 | Arabia Saudita | 15.7 |
| 3 | Afganistán | 14.7 |
| 4 | Corea del Norte | 14.3 |
| 5 | Omán | 12.7 |
| 6 | Kuwait | 12.6 |
| 7 | Angola | 11.8 |
| 8 | Israel | 11.7 |
| 9 | Qatar | 11.6 |
| 10 | Croacia; Tayikistán | 8.3 |

### Los ejércitos más grandes

| | | personal de servicio en millones, 1998 |
|---|---|---|
| 1 | China | 2.48[1] |
| 2 | Estados Unidos | 1.37 |
| 3 | India | 1.17 |
| 4 | Rusia | 1.00[2] |
| 5 | Corea del Sur | 0.67[3] |
| 6 | Turquía | 0.64[4] |
| 7 | Pakistán | 0.59 |
| 8 | Irán | 0.55[5] |
| 9 | Vietnam | 0.48 |
| 10 | Egipto | 0.45 |

1 Incluye 51% de conscriptos
2 Incluye 33% de conscriptos
3 Incluye 24% de conscriptos
4 Incluye 83% de conscriptos
5 Incluye 46% de conscriptos

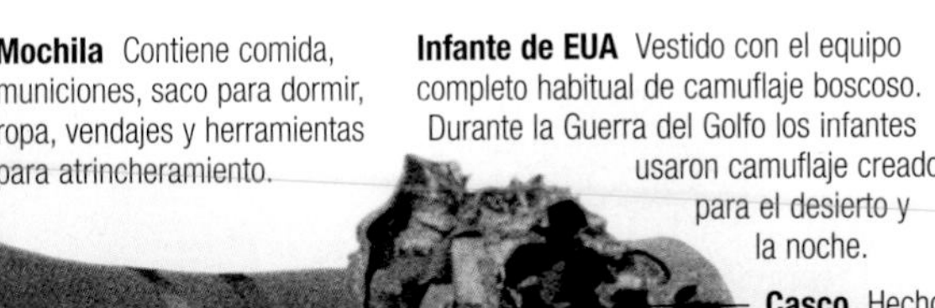

**Mochila** Contiene comida, municiones, saco para dormir, ropa, vendajes y herramientas para atrincheramiento.

**Infante de EUA** Vestido con el equipo completo habitual de camuflaje boscoso. Durante la Guerra del Golfo los infantes usaron camuflaje creado para el desierto y la noche.

**Casco** Hecho de Kevlar por su ligereza y resistencia.

**M16** Dispara hasta 950 balas por minuto. También usado por tropas australianas y el SAS.

**Uniforme** De algodón o de nailon, pero puede incluir prendas en telas modernas como Gore-tex para proteger contra el clima.

**1973** La NASA lanza el Skylab 2, la primera estación espacial de EUA.
**1981** El transbordador espacial cumple su primera misión. Se diseñó para uso militar de EUA.

**1983** El Lockheed F-117A, el primer avión "furtivo" (diseñado para ser invisible al radar enemigo) entra en servicio.
**1983** EUA da los primeros pasos para la "Guerra de las Galaxias", sistema de defensa espacial.

**Acto de magia** El F-117A fue el primer avión diseñado para eludir el radar.

**Control de velocidad** Un misil arpón hacia su objetivo.

1980

1990

**1984** Se cree que las fuerzas de Iraq usan el gas nervioso por vez primera contra Irán.
**1989** La fuerza aérea de EUA utiliza el bombardero furtivo *(stealth)*.

**1991** La Guerra del Golfo ve el uso generalizado de armas inteligentes como el misil crucero Tomahawk.
**2000** EUA propone el proyecto "Hijo de la Guerra de las Galaxias".

**Guerra de las Galaxias** En 1983, EUA anuncia su iniciativa de defensa estratégica, la "Guerra de las Galaxias", para proteger al país de un ataque nuclear. Satélites de alarma precoz detectarían misiles entrantes, que a su vez serían derribados por lanzamisiles espaciales en órbita. Aunque las fuerzas armadas invirtieron casi US$2,000 millones en el proyecto, no lograron concebir un sistema de protección total. El "Hijo de la Guerra de las Galaxias", anunciado en el 2000, era más sencillo: los satélites detectarían misiles entrantes que serían interceptados por armas en tierra.

## ARMAS INTELIGENTES

Un arma inteligente está equipada con sistemas ultramodernos que la dirigen con precisión a su objetivo. Una guiada por láser, por ejemplo, llega a un objetivo iluminado por un rayo láser. El láser puede ser dirigido por un soldado en tierra (las fuerzas especiales suelen actuar tras líneas enemigas) o desde una aeronave circunvolando en el cielo.

**Guiado por láser** El GBU-16/B lleva casi media tonelada de explosivos.

vea también
208 La Primera Guerra Mundial
214 La Segunda Guerra Mundial
218 La Guerra Fría
522 La radiactividad

# Consulta rápida

# Consulta rápida

## Los Óscar

La Academia Norteamericana de Artes y Ciencias Cinematográficas concedió los primeros premios en 1929. En marzo de cada año se hace la ceremonia en Los Ángeles para premiar los filmes exhibidos en los cines de EUA el año precedente. *En las listas de ganadores que siguen, el año es el de la exhibición del filme, no el año en que se otorga el premio.* Hay varias teorías sobre por qué la estatuilla se llama "Óscar"; una de ella cuenta que la bibliotecaria de la Academia hizo la broma de que se parecía a su tío Óscar.

**Mejor película**

1927-1928 *Alas*
1928-1929 *Melodía de Broadway*
1929-1930 *Sin novedad en el frente*
1930-1931 *Cimarrón*
1931-1932 *Grand Hotel*
1932-1933 *Cabalgata*
1934 *Sucedió una noche*
1935 *Motín a bordo*
1936 *El gran Ziegfeld*
1937 *La vida de Emilio Zolá*
1938 *Vive como quieras*
1939 *Lo que el viento se llevó*
1940 *Rebeca*
1941 *Qué verde era mi valle*
1942 *Rosa de abolengo*
1943 *Casablanca*
1944 *El buen pastor*
1945 *Días sin huella*
1946 *Los mejores años de nuestras vidas*
1947 *La luz es para todos*
1948 *Hamlet*
1949 *El político*
1950 *La malvada*
1951 *Un americano en París*
1952 *El espectáculo más grande del mundo*
1953 *De aquí a la eternidad*
1954 *Nido de ratas*
1955 *Marty*
1956 *La vuelta al mundo en 80 días*
1957 *El puente sobre el río Kwai*
1958 *Gigi*
1959 *Ben Hur*
1960 *El apartamento*
1961 *Amor sin barreras*
1962 *Lawrence de Arabia*
1963 *Tom Jones*
1964 *Mi bella dama*
1965 *La novicia rebelde*
1966 *Un hombre para la eternidad*
1967 *Al calor de la noche*
1968 *Oliver*
1969 *Perdidos en la noche*
1970 *Patton*
1971 *Contacto en Francia*
1972 *El Padrino*
1973 *El golpe*
1974 *El Padrino: Parte II*
1975 *Atrapado sin salida*
1976 *Rocky*
1977 *Dos extraños amantes*
1978 *El francotirador*
1979 *Kramer vs Kramer*
1980 *Gente como uno*
1981 *Carros de fuego*
1982 *Gandhi*
1983 *La fuerza del cariño*
1984 *Amadeus*
1985 *Memorias de África*
1986 *Pelotón*
1987 *El último Emperador*
1988 *Cuando los hermanos se encuentran*
1989 *El chofer y la señora Daisy*
1990 *Bailando con lobos*
1991 *El silencio de los inocentes*
1992 *Los imperdonables*
1993 *La lista de Schindler*
1994 *Forrest Gump*
1995 *Corazón valiente*
1996 *El paciente inglés*
1997 *Titanic*
1998 *Shakespeare apasionado*
1999 *Belleza americana*
2000 *Gladiador*
2001 *Una mente brillante*

**Mejor actor**

1927-1928 Emil Jannings *(La última orden)*
1928-1929 Warner Baxter *(En el viejo Arizona)*
1929-1930 George Arliss *(Disraeli)*
1930-1931 Lionel Barrymore *(Alma libre)*
Fredric March *(La familia real de Broadway)*
1931-1932 Wallace Beery *(El campeón)*
Fredric March *(El hombre y la bestia)*
1932-1933 Charles Laughton *(La vida privada de Enrique VIII)*
1934 Clark Gable *(Sucedió una noche)*
1935 Victor McLaglen *(El delator)*
1936 Paul Muni *(La tragedia de Louis Pasteur)*
1937 Spencer Tracy *(Capitanes intrépidos)*
1938 Spencer Tracy *(Forja de hombres)*
1939 Robert Donat *(Adiós, Mr. Chips)*
1940 James Stewart *(Pecadora equivocada)*
1941 Gary Cooper *(El sargento York)*
1942 James Cagney *(Yankee Doodle Dandy)*
1943 Paul Lucas *(Alerta en el Rin)*
1944 Bing Crosby *(El buen pastor)*
1945 Ray Milland *(Días sin huella)*
1946 Fredric March *(Los mejores años de nuestras vidas)*
1947 Ronald Colman *(Doble vida)*
1948 Laurence Olivier *(Hamlet)*
1949 Broderick Crawford *(El político)*
1950 José Ferrer *(Cyrano de Bergerac)*
1951 Humphrey Bogart *(La reina africana)*
1952 Gary Cooper *(A la hora señalada)*
1953 William Holden *(Stalag 17)*
1954 Marlon Brando *(Nido de ratas)*
1955 Ernest Borgnine *(Marty)*
1956 Yul Brynner *(El rey y yo)*
1957 Alec Guinness *(El puente sobre el río Kwai)*
1958 David Niven *(Mesas separadas)*
1959 Charlton Heston *(Ben Hur)*
1960 Burt Lancaster *(Ni bendito ni maldito)*
1961 Maximilian Schell *(El juicio de Nuremberg)*
1962 Gregory Peck *(Matar un ruiseñor)*
1963 Sidney Poitier *(Los lirios del valle)*
1964 Rex Harrison *(Mi bella dama)*
1965 Lee Marvin *(La tigresa del Oeste)*
1966 Paul Scofield *(Hombre contra el tiempo)*
1967 Rod Steiger *(Al calor de la noche)*
1968 Cliff Robertson *(Charly)*
1969 John Wayne *(Puños de acero)*
1970 George C. Scott *(Patton)*
1971 Gene Hackman *(Contacto en Francia)*
1972 Marlon Brando *(El Padrino)*
1973 Jack Lemmon *(Salven al tigre)*
1974 Art Carney *(Harry y Tonto)*
1975 Jack Nicholson *(Atrapado sin salida)*
1976 Peter Finch *(Poder que mata)*
1977 Richard Dreyfuss *(La chica del adiós)*
1978 Jon Voight *(Regreso a casa)*
1979 Dustin Hoffman *(Kramer vs Kramer)*
1980 Robert De Niro *(Toro salvaje)*
1981 Henry Fonda *(Los años dorados)*
1982 Ben Kingsley *(Gandhi)*
1983 Robert Duvall *(La fuerza del cariño)*
1984 F. Murray Abraham *(Amadeus)*
1985 William Hurt *(El beso de la mujer araña)*
1986 Paul Newman *(El color del dinero)*
1987 Michael Douglas *(Wall Street)*
1988 Dustin Hoffman *(Cuando los hermanos se encuentran)*
1989 Daniel Day-Lewis *(Mi pie izquierdo)*
1990 Jeremy Irons *(El misterio von Bulow)*
1991 Anthony Hopkins *(El silencio de los inocentes)*
1992 Al Pacino *(Perfume de mujer)*
1993 Tom Hanks *(Filadelfia)*
1994 Tom Hanks *(Forrest Gump)*
1995 Nicholas Cage *(Adiós a Las Vegas)*
1996 Geoffrey Rush *(Claroscuro)*
1997 Jack Nicholson *(Mejor imposible)*
1998 Roberto Benigni *(La vida es bella)*
1999 Kevin Spacey *(Belleza americana)*
2000 Russell Crowe *(Gladiador)*
2001 Denzel Washington *(Día de entrenamiento)*

**Mejor actriz**

1927-1928 Janet Gaynor *(El séptimo cielo)*
1928-1929 Mary Pickford *(Coqueta)*
1929-1930 Norma Shearer *(La divorciada)*
1930-1931 Marie Dressler *(La fruta amarga)*
1931-1932 Helen Hayes *(El pecado de Madelon Claudet)*
1932-1933 Katharine Hepburn *(Gloria de un día)*
1934 Claudette Colbert *(Sucedió una noche)*
1935 Bette Davis *(Peligrosa)*
1936 Luise Rainer *(El gran Ziegfeld)*
1937 Luise Rainer *(Madre Tierra)*
1938 Bette Davis *(Jezabel, la tempestuosa)*
1939 Vivien Leigh *(Lo que el viento se llevó)*
1940 Ginger Rogers *(Espejismo de amor)*
1941 Joan Fontaine *(La sospecha)*
1942 Greer Garson *(Rosa de abolengo)*
1943 Jennifer Jones *(La canción de Bernadette)*
1944 Ingrid Bergman *(Luz que agoniza)*
1945 Joan Crawford *(El pecado de una madre)*
1946 Olivia de Havilland *(La vida íntima de Julia Norris)*
1947 Loretta Young *(Un destino de mujer)*
1948 Jane Wyman *(Belinda)*
1949 Olivia de Havilland *(La heredera)*
1950 Judy Holliday *(Nacida ayer)*
1951 Vivien Leigh *(Un tranvía llamado deseo)*
1952 Shirley Booth *(Vuelve mi amor)*
1953 Audrey Hepburn *(La princesa que quería vivir)*
1954 Grace Kelly *(La angustia de un querer)*
1955 Anna Magnani *(La rosa tatuada)*
1956 Ingrid Bergman *(Anastasia)*
1957 Joanne Woodward *(Las tres caras de Eva)*
1958 Susan Hayward *(La que no quería morir)*
1959 Simone Signoret *(Un lugar en la cumbre)*
1960 Elizabeth Taylor *(Una mujer marcada)*
1961 Sophia Loren *(Dos mujeres)*
1962 Anne Bancroft *(La maestra milagrosa)*
1963 Patricia Neal *(Hud)*
1964 Julie Andrews *(Mary Poppins)*
1965 Julie Christie *(Darling)*
1966 Elizabeth Taylor *(¿Quién teme a Virginia Wolf?)*
1967 Katharine Hepburn *(Adivina quién viene a cenar)*
1968 Katharine Hepburn *(El león en invierno)*

1969 Maggie Smith *(La primavera de una solterona)*
1970 Glenda Jackson *(Mujeres enamoradas)*
1971 Jane Fonda *(Klute)*
1972 Liza Minnelli *(Cabaret)*
1973 Glenda Jackson *(Un toque de distinción)*
1974 Ellen Burstyn *(Alicia ya no vive aquí)*
1975 Louise Fletcher *(Atrapado sin salida)*
1976 Faye Dunaway *(Poder que mata)*
1977 Diane Keaton *(Dos extraños amantes)*
1978 Jane Fonda *(Regreso a casa)*
1979 Sally Field *(Norma Rae)*
1980 Sissy Spacek *(La hija del minero)*
1981 Katharine Hepburn *(Los años dorados)*
1982 Meryl Streep *(La decisión de Sofía)*
1983 Shirley MacLaine *(La fuerza del cariño)*
1984 Sally Field *(En algún lugar del corazón)*
1985 Geraldine Page *(Viaje a Bountiful)*
1986 Marlee Matlin *(Te amaré en silencio)*
1987 Cher *(Hechizo de luna)*
1988 Jodie Foster *(Acusados)*
1989 Jessica Tandy *(El chofer y la señora Daisy)*
1990 Kathy Bates *(Misery)*
1991 Jodie Foster *(El silencio de los inocentes)*
1992 Emma Thompson *(El fin del juego)*
1993 Holly Hunter *(El piano)*
1994 Jessica Lange *(Cielos azules)*
1995 Susan Sarandon *(Pena de muerte)*
1996 Frances McDormand *(Fargo)*
1997 Helen Hunt *(Mejor... imposible)*
1998 Gwyneth Paltrow *(Shakespeare apasionado)*
1999 Hilary Swank *(Los muchachos no lloran)*
2000 Julia Roberts *(Erin Brockovich)*
2001 Halle Berry *(El pasado nos condena)*

## Palma de Oro de Cannes

El festival internacional de Cannes, iniciado en 1946, se lleva a cabo en mayo de cada año. El premio al mejor filme, conocido como la Palma de Oro, ha sido a veces compartido entre dos películas.

| Año | Película |
|---|---|
| 1946 | *La batalla del riel (La bataille du rail)* |
| 1947 | No se concedió |
| 1948 | No se concedió |
| 1949 | *El tercer hombre* |
| 1950 | No se concedió |
| 1951 | *Milagro en Milán (Miracolo a Milano)* |
| | *Señorita Julia (Froken Julie)* |
| 1952 | *Dos centavos de esperanza (Due soldi di speranza)* |
| | *Otelo* |
| 1953 | *El salario del miedo (Le salaire de la peur)* |
| 1954 | *Puertas del infierno (Jigoku-Mon)* |
| 1955 | *Marty* |
| 1956 | *El mundo del silencio (Le monde du silence)* |
| 1957 | *La gran tentación* |
| 1958 | *Cuando vuelan las cigüeñas (Letyat Zhuravli)* |
| 1959 | *Orfeo negro (Orfeu Negro)* |
| 1960 | *La Dolce Vita* |
| 1961 | *Viridiana* |
| | *Una larga ausencia (Une aussi longue absence)* |
| 1962 | *El pagador de promesas (O Pagador de Promessas)* |
| 1963 | *El Gatopardo (Il Gattopardo)* |
| 1964 | *Los paraguas de Cherburgo (Les parapluies de Cherbourg)* |
| 1965 | *El Knack y cómo lograrlo* |
| 1966 | *Un hombre y una mujer (Un homme et une femme)* |
| | *Señoras y señores (Signore e signori)* |
| 1967 | *Blow Up* |
| 1968 | No se concedió |
| 1969 | *If* |
| 1970 | *M*A*S*H* |
| 1971 | *El mensajero* |
| 1972 | *La clase obrera va al paraíso (La classe operaia va in paradiso)* |
| | *El caso Mattei (Il caso Mattei)* |
| 1973 | *El espantapájaros* |
| | *El despertar* |
| 1974 | *La conversación* |
| 1975 | *Crónica de los años de fuego (Chronique des années de braise)* |
| 1976 | *Taxi Driver* |
| 1977 | *Padre Padrone* |
| 1978 | *El árbol de los zuecos (L'albergo degli zoccoli)* |
| 1979 | *El tambor de hojalata (Die Blechtommel)* |
| | *Apocalipsis ahora* |
| 1980 | *Kagemusha* |
| | *El show debe seguir* |
| 1981 | *El hombre de hierro (L'homme de fer)* |
| 1982 | *Missing* |
| | *Yol* |
| 1983 | *La balada de Narayama (Narayama-Bushi-Ko)* |
| 1984 | *Paris, Texas* |
| 1985 | *Cuando papá sale de viaje (Otac Na Sluzbenom Putu)* |
| 1986 | *La misión* |
| 1987 | *Bajo el sol de Satán (Sous le Soleil de Satan)* |
| 1988 | *Pelle el conquistador (Pelle Erobreren)* |
| 1989 | *Sexo, mentiras y video* |
| 1990 | *Salvaje de corazón* |
| 1991 | *Barton Fink* |
| 1992 | *Las mejores intenciones (Den Goda Viljan)* |
| 1993 | *El piano* |
| | *Adiós a mi concubina (Bawang Bieji)* |
| 1994 | *Pulp Fiction* |
| 1995 | *Había una vez un país...* |
| 1996 | *Secretos y mentiras* |
| 1997 | *The Eel (Unagi)* |
| | *El sabor de la cereza (Ta'm é Guilass)* |
| 1998 | *La eternidad y un día (Mia Eoniotita Ke Mia Mera)* |
| 1999 | *Rosetta* |
| 2000 | *Bailando en la oscuridad* |
| 2001 | *El cuarto del hijo (La stanza del figlio)* |
| 2002 | *The Pianist* |

## Premios Ariel a la mejor película

Los otorga la Academia Mexicana de Artes y Ciencias Cinematográficas a las películas producidas en el año anterior. *En la lista se indica el año de producción, no el de la entrega del premio.*

| Año | Película | Director |
|---|---|---|
| 1946 | *La barraca* | Roberto Gavaldón |
| 1947 | *Enamorada* | Emilio Fernández |
| 1948 | *La perla* | Emilio Fernández |
| 1949 | *Río escondido* | Emilio Fernández |
| 1950 | *Una familia de tantas* | Alejandro Galindo |
| 1951 | *Los olvidados* | Luis Buñuel |
| 1952 | *En la palma de tu mano* | Roberto Gavaldón |
| 1953 | Desierto | |
| 1954 | *El niño y la niebla* | Roberto Gavaldón |
| 1955 | *Los Fernández de Peralvillo* | Alejandro Galindo |
| 1956 | *Robinson Crusoe* | Luis Buñuel |
| 1957 | *El camino de la vida* | Alfonso Corona Blake |
| 1958 | *La dulce enemiga* | Tito Davison |
| 1971 | *El águila descalza* | Alfonso Arau |
| | *Las puertas del paraíso* | Francisco Kohner |
| 1972 | *El castillo de la pureza* | Arturo Ripstein |
| | *Mecánica nacional* | Luis Alcoriza |
| | *Reed, México insurgente* | Paul Leduc |
| 1973 | *El principio* | Gonzalo Martínez |
| 1974 | *La Choca* | Emilio Fernández |
| | *La otra virginidad* | Juan Manuel Torres |
| 1975 | *Actas de Marusia* | Miguel Littin |
| 1976 | *La pasión según Berenice* | Jaime H. Hermosillo |
| 1977 | *El lugar sin límites* | Arturo Ripstein |
| | *Naufragio* | Jaime H. Hermosillo |
| 1978 | *Cadena perpetua* | Arturo Ripstein |
| 1979 | *El año de la peste* | Felipe Cazals |
| 1980 | *Las grandes aguas* | Servando González |
| 1981 | *¡Ora sí tenemos que ganar!* | Raúl Kammfer |
| 1982 | Desierto | |
| 1983 | *Bajo la metralla* | Felipe Cazals |
| 1984 | *Frida* | Paul Leduc |
| 1985 | *Veneno para las hadas* | Carlos Enrique Taboada |
| 1986 | *El imperio de la fortuna* | Arturo Ripstein |
| 1987 | *Mariana, Mariana* | José Estrada / Alberto Isaac |
| 1988 | *Esperanza* | Sergio Olhovich |
| 1989 | *Goitia* | Diego López |
| 1990 | *Rojo amanecer* | Jorge Fons |
| 1991 | *Como agua para chocolate* | Alfonso Arau |
| 1992 | *La invención de Cronos* | Guillermo del Toro |
| 1993 | *Principio y fin* | Arturo Ripstein |
| 1994 | *El callejón de los milagros* | Jorge Fons |
| 1995 | *Sin remitente* | Luis Carlos Carrera |
| 1996 | *Cilantro y perejil* | Rafael Montero |
| 1997 | *Por si no te vuelvo a ver* | Juan Pablo Villaseñor |
| 1998 | *Bajo California, el límite del tiempo* | Carlos Bolado |
| 1999 | *La ley de Herodes* | Luis Estrada |
| 2000 | *Amores perros* | Alejandro González I. |
| 2001 | *Cuento de hadas para dormir cocodrilos* | Ignacio Ortiz Cruz |

Nota: La entrega de estos galardones se suspendió entre 1959 y 1970.

## Premios Nobel

Alfred Bernhard Nobel, suizo inventor de la dinamita y la gelignita, heredó parte de su fortuna para fundar los premios Nobel. Éstos se conceden a quienes han "conferido el mayor beneficio a la humanidad", y por un cuerpo de trabajo más que por uno solo. Hay seis categorías: física, química, economía, fisiología o medicina, literatura y paz. Los ganadores se anuncian en octubre y los premios se otorgan en diciembre: el de la paz en Oslo, Noruega; los demás, en Estocolmo, Suecia. El monto de cada premio equivale en promedio a cerca de US$960,000.

### Premio Nobel de la Paz

1901 Jean Henri Dunant *(Suiza)*
Frederic Passy *(Francia)*
1902 Elie Ducommun *(Suiza)*
Charles Albert Gobat *(Suiza)*
1903 Sir William Randal Cremer *(RU)*
1904 Institut de Droit International *(Bélgica)*
1905 Baronesa Bertha von Suttner *(Austria)*
1906 Theodore Roosevelt *(EUA)*
1907 Ernesto Moneta *(Italia)*
Louis Renault *(Francia)*
1908 Klas Arnoldson *(Suecia)*
Fredrik Bajer *(Dinamarca)*
1909 Auguste Beernaert *(Bélgica)*
Paul d'Estournelles de Constant *(Francia)*
1910 Bureau International Permanent de la Paix *(Suiza)*
1911 Tobias Asser *(Países Bajos)*
Alfred Fried *(Austria)*
1912 No se concedió
1913 Elihu Root *(EUA)*
Henri la Fontaine *(Bélgica)*
1914-1916 No se concedió
1917 Comité Internacional de la Cruz Roja *(Suiza)*
1918 No se concedió
1919 Woodrow Wilson *(EUA)*
1920 Leon Bourgeois *(Francia)*
1921 Karl Branting *(Suecia)*
Christian Lange *(Noruega)*
1922 Fridtjof Nansen *(Noruega)*
1923-1924 No se concedió
1925 Joseph Chamberlain *(RU)*
Charles Dawes *(EUA)*
1926 Aristide Briand *(Francia)*
Gustav Stresemann *(Alemania)*
1927 Ferdinand Buisson *(Francia)*
Ludwig Quidde *(Alemania)*
1928 No se concedió
1929 Frank Kellogg *(EUA)*
1930 Lars Söderblom *(Suecia)*
1931 Jane Addams *(EUA)*
Nicholas Murray Butler *(EUA)*
1932 No se concedió
1933 Sir Norman Angell *(RU)*
1934 Arthur Henderson *(RU)*
1935 Carl von Ossietzky *(Alemania)*
1936 Carlos Saavedra Lamas *(Argentina)*
1937 Vizconde Cecil of Chelwood *(RU)*
1938 Office International Nansen pour les Refugiés *(Suiza)*
1939-1943 No se concedió
1944 Comité Internacional de la Cruz Roja *(Suiza)*
1945 Cordell Hull *(EUA)*
1946 Emily Greene Balch *(EUA)*
John Raleigh Mott *(EUA)*
1947 The Friends Service Council *(RU)*
The American Friends Service Committee *(EUA)*
1948 No se concedió
1949 Lord Boyd Orr of Brechin *(RU)*
1950 Ralph Bunche *(EUA)*
1951 Léon Jouhaux *(Francia)*
1952 Albert Schweitzer *(Francia)*
1953 George Marshall *(EUA)*
1954 Oficina del Alto Comisionado para los Refugiados de las Naciones Unidas
1955-1956 No se concedió
1957 Lester Bowles Pearson *(Canadá)*
1958 Georges Pire *(Bélgica)*
1959 Philip Noel-Baker *(RU)*
1960 Albert Lutuli *(Sudáfrica)*
1961 Dag Hammarskjöld *(Suecia)*
1962 Linus Pauling *(EUA)*
1963 Comité Internacional de la Cruz Roja *(Suiza)*
Ligue des Sociétés de la Croix-Rouge *(Suiza)*
1964 Martin Luther King Jr. *(EUA)*
1965 United Nations Children's Fund *(Unicef)*
1966-1967 No se concedió
1968 René Cassin *(Francia)*
1969 International Labour Organisation *(Suiza)*
1970 Norman Borlaug *(EUA)*
1971 Willy Brandt *(Alemania Occidental)*
1972 No se concedió
1973 Henry Kissinger *(EUA)*
Le Duc Tho *(Vietnam, no aceptado)*
1974 Sean MacBride *(República de Irlanda)*
Sato Eisaku *(Japón)*
1975 Andrei Sájarov *(URSS)*
1976 Betty Williams *(RU)*
Mairead Corrigan *(RU)*
1977 Amnistía Internacional *(RU)*
1978 Anwar el Sadat *(Egipto)*
Menachem Begin *(Israel)*
1979 Madre Teresa *(Yugoslavia)*
1980 Adolfo Pérez Esquivel *(Argentina)*
1981 Oficina del Alto Comisionado para los Refugiados de las Naciones Unidas
1982 Alva Myrdal *(Suecia)*
Alfonso García Robles *(México)*
1983 Lech Walesa *(Polonia)*
1984 Desmond Mpilo Tutu *(Sudáfrica)*
1985 International Physicians for the Prevention of Nuclear War Inc. *(EUA)*
1986 Elie Wiesel *(EUA)*
1987 Óscar Arias Sánchez *(Costa Rica)*
1988 Fuerzas de Paz de la ONU
1989 Dalai Lama (Tenzin Gyatso) *(Tíbet)*
1990 Mijail Gorbachov *(URSS)*
1991 Aung San Suu Kyi *(Myanmar)*
1992 Rigoberta Menchú Tum *(Guatemala)*
1993 Nelson Mandela *(Sudáfrica)*
Frederik Willem de Klerk *(Sudáfrica)*
1994 Yasser Arafat *(OLP)*
Shimon Peres *(Israel)*
Yitzhak Rabin *(Israel)*
1995 Joseph Rotblat *(RU)*
Pugwash Conference on Science and World Affairs *(Canadá)*
1996 Carlos Filipe Ximenese Belo *(Timor Oriental)*
José Ramos-Horta *(Timor Oriental)*
1997 International Campaign to Ban Landmines *(EUA)*
Jody Williams *(EUA)*
1998 John Hume *(Irlanda del Norte)*
David Trimble *(Irlanda del Norte)*
1999 Médicos sin frontera *(Francia)*
2000 Kim Dae Jung *(Corea del Sur)*
2001 Organización de las Naciones Unidas (ONU)
Kofi Annan
2002 James Carter *(EUA)*

### Premio Nobel de Literatura

1901 Sully Prudhomme *(Francia)*
1902 Theodor Mommsen *(Alemania)*
1903 Bjornstjerne Bjornson *(Noruega)*
1904 Frédéric Mistral *(Francia)*
Jose Eizaguirre *(España)*
1905 Henryk Sienkiewicz *(Polonia)*
1906 Giosue Carducci *(Italia)*
1907 Rudyard Kipling *(RU)*
1908 Rudolf Eucken *(Alemania)*
1909 Selma Lagerlöf *(Suecia)*
1910 Paul von Heyse *(Alemania)*
1911 Maurice Maeterlinck *(Bélgica)*
1912 Gerhart Hauptmann *(Alemania)*
1913 Rabindranath Tagore *(India)*
1914 No se concedió
1915 Romain Rolland *(Francia)*
1916 Verner von Heidenstam *(Suecia)*
1917 Karl Gjellerup *(Dinamarca)*
Henrik Pontoppidan *(Dinamarca)*
1918 No se concedió
1919 Carl Spitteler *(Suiza)*
1920 Knut Hamsun *(Noruega)*
1921 Anatole France *(Francia)*
1922 Jacinto Martínez *(España)*
1923 W.B. Yeats *(Irlanda)*
1924 Wladyslaw Stanislaw Reymont *(Polonia)*
1925 George Bernard Shaw *(RU)*
1926 Grazia Deledda *(Italia)*
1927 Henri Louis Bergson *(Francia)*
1928 Sigrid Undset *(Noruega)*
1929 Thomas Mann *(Alemania)*
1930 Sinclair Lewis *(EUA)*
1931 Erik Axel Karlfeldt *(Suecia)*
1932 John Galsworthy *(RU)*
1933 Ivan Bunin *(ruso domiciliado en Francia)*
1934 Luigi Pirandello *(Italia)*
1935 No se concedió
1936 Eugene O'Neill *(EUA)*
1937 Roger Martin du Gard *(Francia)*
1938 Pearl S. Buck *(EUA)*
1939 Frans Eemil Sillanpaa *(Finlandia)*
1940-1943 No se concedió
1944 Johannes V. Jensen *(Dinamarca)*
1945 Gabriela Mistral *(Chile)*
1946 Hermann Hesse *(Suiza)*
1947 André Gide *(Francia)*
1948 T.S. Eliot *(RU)*
1949 No se concedió
1950 William Faulkner *(EUA)*
Bertrand Russell *(RU)*
1951 Pär Lagerkvist *(Suecia)*
1952 François Mauriac *(Francia)*
1953 Winston Churchill *(RU)*
1954 Ernest Hemingway *(EUA)*
1955 Halldor Kiljan Laxness *(Islandia)*
1956 Juan Ramón Jiménez *(España)*
1957 Albert Camus *(Francia)*
1958 Boris Pasternak *(URSS)*
1959 Salvatore Quasimodo *(Italia)*
1960 Saint-John Perse *(Francia)*
1961 Ivo Andric *(Yugoslavia)*
1962 John Steinbeck *(EUA)*
1963 George Seferis *(Grecia)*
1964 Jean-Paul Sartre *(Francia)*
1965 Mikhail Sólojov *(URSS)*
1966 S.Y. Agnon *(Israel)*
Nelly Sachs *(Suecia)*
1967 Miguel Ángel Asturias *(Guatemala)*
1968 Yasunari Kawabata *(Japón)*
1969 Samuel Beckett *(Irlanda)*
1970 Alexandr Solzhenitsin *(URSS)*
1971 Pablo Neruda *(Chile)*
1972 Heinrich Böll *(Alemania Occidental)*
1973 Patrick White *(Australia)*
1974 Harry Martinson *(Suecia)*
Eyind Johnson *(Suecia)*
1975 Eugenio Montale *(Italia)*
1976 Saul Bellow *(EUA)*
1977 Vincente Aleixandre *(España)*
1978 Isaac Bashevis Singer *(EUA)*
1979 Odysseus Elytis *(Grecia)*
1980 Czeslaw Milosz *(EUA/Polonia)*
1981 Elias Canetti *(RU)*
1982 Gabriel García Márquez *(Colombia)*
1983 William Golding *(RU)*
1984 Jaroslav Seifert *(Checoslovaquia)*
1985 Claude Simon *(Francia)*
1986 Wole Soyinka *(Nigeria)*
1987 Joseph Brodsky *(EUA)*
1988 Naguib Mahfouz *(Egipto)*
1989 Camilo José Cela *(España)*
1990 Octavio Paz *(México)*
1991 Nadine Gordimer *(Sudáfrica)*
1992 Derek Walcott *(Sta. Lucía)*
1993 Toni Morrison *(EUA)*
1994 Kenzaburo Oe *(Japón)*
1995 Seamus Heaney *(Irlanda)*
1996 Wislawa Szymborska *(Polonia)*
1997 Dario Fo *(Italia)*
1998 José Saramago *(Portugal)*
1999 Günter Grass *(Alemania)*
2000 Gao Xingjian *(China)*
2001 V.S. Naipaul *(RU)*
2002 Imre Kertesz *(Hungría)*

## Premios Pulitzer

El periodista estadounidense Joseph Pulitzer estableció en su testamento los premios Pulitzer anuales para el periodismo, la música y las letras de su país. Los premios los otorga la Columbia University School of Journalism, también fundada por Pulitzer.

Hay 14 categorías de periodismo, que incluyen reportes investigativos y fotografía de noticias, una categoría para música (composición), y seis premios para "letras": novela, drama, poesía, biografía, no ficción en general e historia en general. Los ganadores de cada categoría reciben US$7,500.

**Premio Pulitzer de novela**

1917 No se concedió
1918 Ernest Poole, *His Family*
1919 Booth Tarkington, *The Magnificent Ambersons*
1920 No se concedió
1921 Edith Wharton, *La edad de la inocencia*
1922 Booth Tarkington, *Alice Adams*
1923 Willa Cather, *One of Ours*
1924 Margaret Wilson, *The Able McLaughlins*
1925 Edna Ferber, *So Big*
1926 Sinclair Lewis, *El doctor Arrowsmith*
1927 Louis Bromfield, *Vinieron las lluvias*
1928 Thornton Wilder, *El puente de San Luis Rey*
1929 Julia Peterkin, *Scarlet Sister Mary*
1930 Oliver LaFarge, *Laughing Boy*
1931 Margaret Ayer Barnes, *Years of Grace*
1932 Pearl S. Buck, *La buena tierra*
1933 T.S. Stribling, *The Store*
1934 Caroline Miller, *Lamb in His Bosom*
1935 Josephine Winslow Johnson, *Now in November*
1936 Harold L. Davis, *Honey in the Horn*
1937 Margaret Mitchell, *Lo que el viento se llevó*
1938 John Phillips Marquand, *The Late George*
1939 Marjorie Kinnan Rawlings, *El despertar*
1940 John Steinbeck, *Las uvas de la ira*
1941 No se concedió
1942 Ellen Glasgow, *In This Our Life*
1943 Upton Sinclair, *Los dientes del dragón*
1944 Martin Flavin, *Journey in the Dark*
1945 John Hersey, *A Bell for Adano*
1946 No se concedió
1947 Robert Penn Warren, *Todos los hombres del rey*
1948 James A. Michener, *Tales of the South Pacific*
1949 James Gould Cozzens, *Guard of Honor*
1950 A.B. Guthrie Jr., *The Way West*
1951 Conrad Richter, *La ciudad*
1952 Herman Wouk, *El motín del Caine*
1953 Ernest Hemingway, *El viejo y el mar*
1954 No se concedió
1955 William Faulkner, *Una fábula*
1956 MacKinlay Kantor, *Andersonville*
1957 No se concedió
1958 James Agee, *Una muerte en la familia*
1959 Robert Lewis Taylor, *The Travels of Jaimie McPheeters*
1960 Allen Drury, *Advise and Consent*
1961 Harper Lee, *Matar un ruiseñor*
1962 Edwin O'Connor, *The Edge of Sadness*
1963 William Faulkner, *Los rateros*
1964 No se concedió
1965 Shirley Ann Grau, *Los guardas de la casa*
1966 Katherine Anne Porter, *Collected Stories*
1967 Bernard Malamud, *El hombre de Kiev*
1968 William Styron, *Las confesiones de Nat Turner*
1969 N. Scott Momaday, *House Made of Dawn*
1970 Jean Stafford, *Collected Stories*
1971 No se concedió
1972 Wallace Stegner, *Angle of Repose*
1973 Eudora Welty, *The Optimist's Daughter*
1974 No se concedió
1975 Michael Shaara, *The Killer Angels*
1976 Saul Bellow, *El legado de Humboldt*
1977 No se concedió
1978 James Alan McPherson, *Elbow Room*
1979 John Cheever, *Los relatos de John Cheever*
1980 Norman Mailer, *La canción del verdugo*
1981 John Kennedy Toole, *La conjura de los necios*
1982 John Updike, *Conejo es rico*
1983 Alice Walker, *El color púrpura*
1984 William Kennedy, *Tallo de hierro*
1985 Alison Lurie, *Asuntos exteriores*
1986 Larry McMurty, *Paloma solitaria*
1987 Peter Taylor, *Memphis*
1988 Toni Morrison, *Beloved*
1989 Anne Tyler, *Ejercicios respiratorios*
1990 Oscar Hijuelos, *Los reyes del mambo tocan canciones de amor*
1991 John Updike, *Conejo descansa*
1992 Jane Smiley, *Heredarás la tierra*
1993 Robert Olen Butler, *A Good Scent From a Strange Mountain*
1994 E. Annie Proulx, *Atando cabos*
1995 Carol Shields, *La memoria de las piedras*
1996 Richard Ford, *El día de la independencia*
1997 Steven Millhauser, *Martin Dressler*
1998 Philip Roth, *Pastoral americana*
1999 Michael Cunningham, *Las horas*
2000 Jhumpa Lahiri, *Intérprete de emociones*
2001 Michael Chabon, *The Amazing Adventures of Kavalier & Clay*
2002 Richard Russo, *Empire Falls*

## Premio Cervantes de Literatura

El Premio Cervantes de Literatura fue instituido en 1974 y su propósito es honrar a un autor hispánico por su obra completa. El nombre del ganador se anuncia en diciembre (vea abajo), y se entrega el premio (de 90,000 euros) el año siguiente, el 23 de abril, aniversario de la muerte de Miguel de Cervantes.

1976 Jorge Guillén *(España)*
1977 Alejo Carpentier *(Cuba)*
1978 Dámaso Alonso *(España)*
1979 Jorge Luis Borges *(Argentina)* y Gerardo Diego *(España)*
1980 Juan Carlos Onetti *(Uruguay)*
1981 Octavio Paz *(México)*
1982 Luis Rosales *(España)*
1983 Rafael Alberti *(España)*
1984 Ernesto Sábato *(Argentina)*
1985 Gonzalo Torrente Ballester *(España)*
1986 Antonio Buero Vallejo *(España)*
1987 Carlos Fuentes *(México)*
1988 María Zambrano *(España)*
1989 Augusto Roa Bastos *(Paraguay)*
1990 Adolfo Bioy Casares *(Argentina)*
1991 Francisco Ayala *(España)*
1992 Dulce María Loynaz *(Cuba)*
1993 Miguel Delibes *(España)*
1994 Mario Vargas Llosa *(Perú)*
1995 Camilo José Cela *(España)*
1996 José García Nieto *(España)*
1997 Guillermo Cabrera Infante *(Cuba)*
1998 José Hierro *(España)*
1999 Jorge Edwards *(Chile)*
2000 Francisco Umbral *(España)*
2001 Álvaro Mutis *(Colombia)*
2002 José Jiménez Lozano *(España)*

## Premio Planeta

Este premio es otorgado desde 1952 por Editorial Planeta a la mejor novela presentada a concurso. Se concede el 15 de octubre de cada año y el monto del premio es de 600,000 euros.

1952 Juan José Mira, *En la noche no hay caminos*
1953 Santiago Lorén, *Una casa con goteras*
1954 Ana María Matute, *Pequeño teatro*
1955 Antonio Prieto, *Tres pisadas de hombre*
1956 Carmen Kurtz, *El desconocido*
1957 Emilio Romero, *La paz empieza nunca*
1958 Fernando Bermúdez de Castro, *Pasos sin huellas*
1959 Andrés Bosch, *La noche*
1960 Tomás Salvador, *El atentado*
1961 Torcuato Luca de Tena, *La mujer de otro*
1962 Ángel Vázquez, *Se enciende y se apaga una luz*
1963 Luis Romero, *El cacique*
1964 Concha Alós, *Las hogueras*
1965 Rodrigo Rubio, *Equipaje de amor para la tierra*
1966 Marta Portal, *A tientas y a ciegas*
1967 Ángel María de Lera, *Las últimas banderas*
1968 Manuel Ferrand, *Con la noche a cuestas*
1969 Ramón J. Sender, *En la vida de Ignacio Morel*
1970 Marcos Aguinis, *La cruz invertida*
1971 José María Gironella, *Condenados a vivir*
1972 Jesús Zárate, *La cárcel*
1973 Carlos Rojas, *Azaña*
1974 Xavier Benguerel, *Icaria, Icaria...*
1975 Mercedes Salisachs, *La gangrena*
1976 Jesús Torbado, *En el día de hoy*
1977 Jorge Semprún, *Autobiografía de Federico Sánchez*
1978 Juan Marsé, *La muchacha de las bragas de oro*
1979 Manuel Vázquez Montalbán, *Los mares del Sur*
1980 Antonio Larreta, *Volavérunt*
1981 Cristóbal Zaragoza, *Y Dios en la última playa*
1982 Jesús Fernández Santos, *Jaque a la Dame*
1983 José Luis Olaizola, *La guerra del general Escobar*
1984 Francisco González Ledesma, *Crónica sentimental en rojo*
1985 Juan Antonio Vallejo Nájera, *Yo, el rey*
1986 Terenci Moix, *No digas que fue un sueño*
1987 Juan Eslava Galán, *En busca del Unicornio*
1988 Gonzalo Torrente Ballester, *Filomeno, a mi pesar*
1989 Soledad Puértolas, *Queda la noche*
1990 Antonio Gala, *El manuscrito carmesí*
1991 Antonio Muñoz Molina, *El jinete polaco*
1992 Fernando Sánchez Dragó, *La prueba del laberinto*
1993 Mario Vargas Llosa, *Lituma en los Andes*
1994 Camilo José Cela, *La cruz de San Andrés*
1995 Fernando G. Delgado, *La mirada del otro*
1996 Fernando Schwartz, *El desencuentro*
1997 Juan Manuel Prada, *La tempestad*
1998 Carmen Posadas, *Pequeñas infamias*
1999 Espido Freire, *Melocotones helados*
2000 Maruja Torres, *Mientras vivimos*
2001 Rosa Regàs, *La canción de Dorotea*
2002 Alfredo Bryce Echenique, *El huerto de mi amada*

## Griego

El alfabeto griego se derivó del sistema fenicio en el siglo IX a.C., pero, a diferencia de los fenicios, los griegos crearon símbolos separados para vocales y para letras altas (mayúsculas) y bajas. Hasta cerca de 500 a.C., se escribía de derecha a izquierda. Hubo algunas variantes hasta que la forma jónica se convirtió en el alfabeto oficial ateniense en 403 a.C. El alfabeto griego moderno se utiliza casi sin cambios en el mundo de habla griega.

| Letra | Nombre | Transliteración (sonido) |
|---|---|---|
| Α, α | alfa | a |
| Β, β | beta | b |
| Γ, γ | gamma | g |
| Δ, δ | delta | d |
| Ε, ε | épsilon | e (corta) |
| Ζ, ζ | zeta | z |
| Η, η | eta | e (larga) |
| Θ, θ | theta | th (suave) |
| Ι, ι | iota | i |
| Κ, κ | kappa | k |
| Λ, λ | lambda | l |
| Μ, μ | mu | m |
| Ν, ν | nu | n |
| Ξ, ξ | xi | x |
| Ο, ο | ómicron | o (corta) |
| Π, π | pi | p |
| Ρ, ρ | ro | r |
| Σ, σ | sigma | s |
| Τ, τ | tau | t |
| Υ, υ | upsilon | y |
| Φ, φ | fi | f |
| Χ, χ | ji | j |
| Ψ, ψ | psi | ps |
| Ω, ω | omega | o (larga) |

## Cirílico

El alfabeto cirílico fue creado a partir del griego en el siglo IX d.C.; se les atribuye a los misioneros griegos San Cirilo y San Metodio. Se convirtió en la escritura de los pueblos ruso, ucraniano, búlgaro, serbio y belaruso. Originalmente tenía 43 letras, pero las versiones modernas tienen cerca de 30, con variantes nacionales. No existe una transliteración universalmente aceptada, pero a continuación se muestran los equivalentes más usuales.

| Letra | Transliteración (sonido) |
|---|---|
| А, а | a |
| Б, б | b |
| В, в | v |
| Г, г | g |
| Д, д | d |
| Е, е | ye |
| Ё, ё | yo |
| Ж, ж | zh |
| З, з | z |
| И, и | i |
| Й, й | y |
| К, к | k |
| Л, л | l |
| М, м | m |
| Н, н | n |
| О, о | o |
| П, п | p |
| Р, р | r |
| С, с | s |
| Т, т | t |
| У, у | u |
| Ф, ф | f |
| Х, х | kh |
| Ц, ц | ts |
| Ч, ч | ch |
| Ш, ш | sh |
| Щ, щ | shch |
| Ъ, ъ | (signo duro) |
| Ы, ы | y |
| Ь, ь | (signo suave) |
| Э, э | e |
| Ю, ю | yu |
| Я, я | ya |

## Hebreo

El alfabeto hebreo fue estandarizado en el siglo I d.C. y ha permanecido casi sin cambios. Es utilizado para escribir las variadas formas de hebreo y de yiddish, una lengua derivada de los dialectos de Alemania del sur hablados por las comunidades judías europeas orientales. Se escribe de derecha a izquierda y sólo las consonantes se representan con letras.

Las vocales son indicadas con marcas colocadas abajo o a la izquierda de una consonante; algunas marcas, mostradas en la lista de abajo, también cambian la pronunciación de las consonantes. No existe un sistema de transliteración universalmente aceptado para el alfabeto hebreo. El que se presenta aquí es el más comúnmente usado para transliterar en español.

| Símbolo | Nombre | Transliteración (sonido) |
|---|---|---|
| א | álef | a o h aspirada |
| ב | beth | b, v |
| ג | gímel | g, j |
| ד | daleth | d |
| ה | he | h |
| ו | vav | v, w, u |
| ז | zayin | z |
| ח | het | h |
| ט | teth | t |
| י | yod | y, i |
| כ | kaf | k |
| ך (como final) | kaf | j |
| ל | lamed | l |
| מ | men | m |
| ם (como final) | men | m |
| נ | nun | n |
| ן (como final) | nun | n |
| ס | samekh | s |
| ע | ayin | h (aspirada) |
| פ | pe | p |
| ף (como final) | pe | p |
| צ | sade | s, ts |
| ץ (como final) | sade | s, ts |
| ק | qof | k, q |
| ר | res | r |
| ש | shin | sh, s |
| ת | tau | t |

## Árabe

El alfabeto árabe apareció aproximadamente en el siglo v d.C. El actual deriva de la forma Nashid del siglo x. Se escribe de derecha a izquierda y consiste en letras consonantes con vocales indicadas con marcas (las marcas de vocales usualmente se omiten, excepto en libros infantiles y el Corán). Las letras son diferentes si aparecen por ellas mismas (aisladas), al principio de una palabra (inicial), en el centro (enmedio) o al terminar (final).

| Nombre | Transliteración | Aislada | Final | Inicial | Medial |
|---|---|---|---|---|---|
| álif | a, h aspirada | أ | ـا | أ | ـا |
| ba | b | ب | ـب | بـ | ـبـ |
| ta | t | ت | ـت | تـ | ـتـ |
| tha | th | ث | ـث | ثـ | ـثـ |
| jim | j | ج | ـج | جـ | ـجـ |
| ha | h | ح | ـح | حـ | ـحـ |
| cha | ch | خ | ـخ | خـ | ـخـ |
| dal | d | د | ـد | د | ـد |
| dha | dh | ذ | ـذ | ذ | ـذ |
| ra | r | ر | ـر | ر | ـر |
| za | z | ز | ـز | ز | ـز |
| sin | s | س | ـس | سـ | ـسـ |
| chin | ch | ش | ـش | شـ | ـشـ |
| sad | ss | ص | ـص | صـ | ـصـ |
| dad | dh | ض | ـض | ضـ | ـضـ |
| ta | t | ط | ـط | ط | ـط |
| za | z | ظ | ـظ | ظ | ـظ |
| ain | h | ع | ـع | عـ | ـعـ |
| ghain | gh | غ | ـغ | غـ | ـغـ |
| fa | f | ف | ـف | فـ | ـفـ |
| kaf | q | ق | ـق | قـ | ـقـ |
| kef | k | ك | ـك | كـ | ـكـ |
| lam | l | ل | ـل | لـ | ـلـ |
| mim | m | م | ـم | مـ | ـمـ |
| nun | n | ن | ـن | نـ | ـنـ |
| va | v | هـ | ـه | هـ | ـهـ |
| uau | u | و | ـو | و | ـو |
| ya | y | ى | ـى | يـ | ـيـ |

## Números romanos

Los romanos desarrollaron un sistema numérico basado en siete letras que representan siete números: I (1); V (5); X (10); L (50); C (100); D (500), y M (1,000). Los demás números se derivan añadiendo letras (III representa 3), excepto cuando una letra menor es seguida por una mayor, y la menor se resta de la mayor (IV representa 4). Los cálculos usando números romanos eran torpes y difíciles, por ello triunfó la numeración árabe.

| | | | |
|---|---|---|---|
| I | 1 | LXVIII | 68 |
| II | 2 | LXIX | 69 |
| III | 3 | XC | 90 |
| IV | 4 | IC | 99 |
| V | 5 | C | 100 |
| VI | 6 | CIC | 199 |
| VII | 7 | CC | 200 |
| VIII | 8 | CD | 400 |
| IX | 9 | D | 500 |
| X | 10 | DC | 600 |
| XI | 11 | CM | 900 |
| XIV | 14 | M | 1,000 |
| XV | 15 | MCMLXXXIX | 1,989 |
| XVI | 16 | MM | 2,000 |
| XIX | 19 | | |
| XX | 20 | | |
| XXIX | 29 | | |
| XXX | 30 | | |
| XL | 40 | | |
| IL | 49 | | |
| L | 50 | | |
| LIX | 59 | | |
| LX | 60 | | |

## Braille

En el sistema Braille de escritura para ciegos, letras y números se representan por combinaciones de puntos realzados que son luego leídos al tacto. Fue inventado en Francia en 1829 por Louis Braille, quien había quedado ciego a los tres años. Cada letra o "celda" consiste en seis puntos, colocados verticalmente en dos columnas de tres puntos; hay dos tamaños de puntos, pequeños y grandes. Se usan ambas manos para leer: la derecha identifica las letras, y la izquierda señala el principio de la siguiente línea.

| | |
|---|---|
| A | ●·<br>··<br>·· |
| B | ●·<br>●·<br>·· |
| C | ●●<br>··<br>·· |
| D | ●●<br>·●<br>·· |
| E | ●·<br>·●<br>·· |
| F | ●●<br>●·<br>·· |
| G | ●●<br>●●<br>·· |
| H | ●·<br>●●<br>·· |
| I | ·●<br>●·<br>·· |
| J | ·●<br>●●<br>·· |
| K | ●·<br>··<br>●· |
| L | ●·<br>●·<br>●· |
| M | ●●<br>··<br>●· |
| N | ●●<br>·●<br>●· |
| O | ●·<br>·●<br>●· |
| P | ●●<br>●·<br>●· |
| Q | ●●<br>●●<br>●· |
| R | ●·<br>●●<br>●· |
| S | ·●<br>●·<br>●· |
| T | ·●<br>●●<br>●· |
| U | ●·<br>··<br>●● |
| V | ●·<br>●·<br>●● |
| W | ·●<br>●●<br>·● |
| X | ●●<br>··<br>●● |
| Y | ●●<br>·●<br>●● |
| Z | ●·<br>·●<br>●● |

Números: la "celda" mostrada abajo indica que continúa un número. Los números se indican con las letras A-J.

·●<br>·●<br>●●

## Semáforo

En el semáforo con código de señales visuales ideado en el siglo XVIII para comunicación a larga distancia, las posiciones de dos señaladores o banderines manuales representan diferentes letras o números. Al inicio de un mensaje, el remitente envía el signo alfabético (el mismo de la letra J); el receptor del mensaje contesta con la letra C. Antes de enviar números, el remitente hace el signo numérico, luego hace de nuevo el signo alfabético cuando quiere volver a enviar letras.

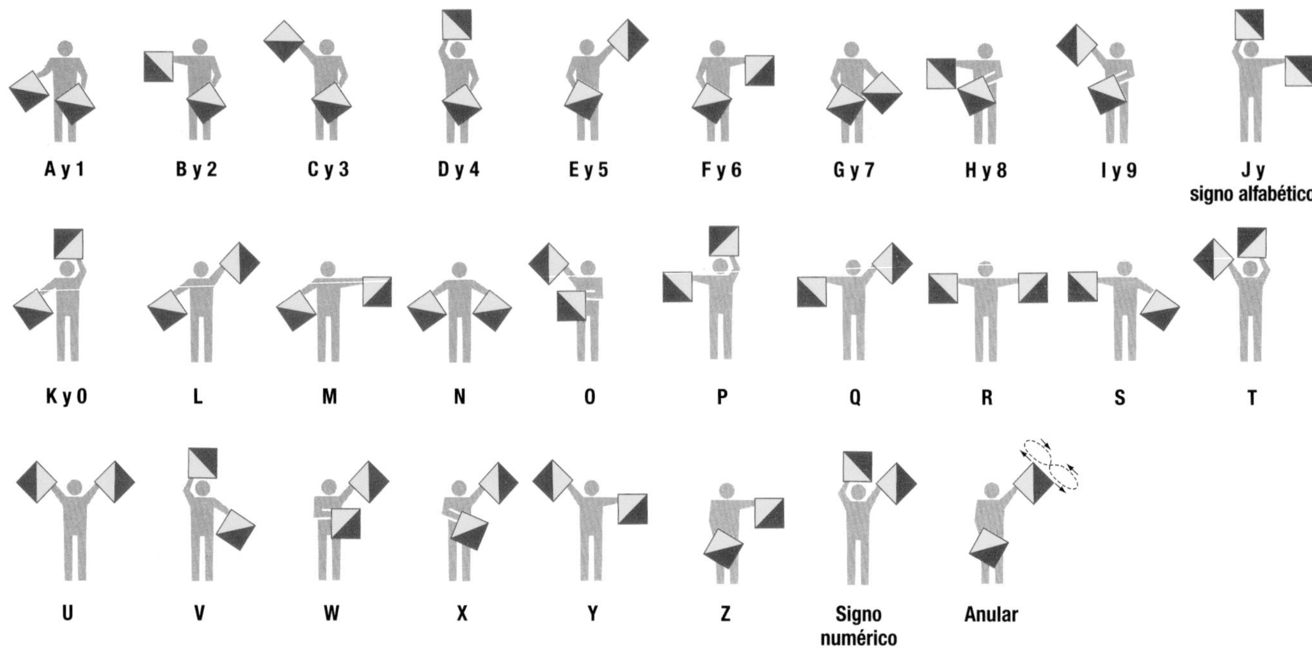


## Banderolas de código internacional

Ciertos símbolos son universales: una bandera blanca indica tregua, una amarilla, la presencia de una enfermedad infecciosa, en tanto que una bandera a media asta significa duelo. Un código internacional une letras del alfabeto y números a banderas de distintas formas y diseños, usando los colores blanco, negro, rojo, azul y amarillo, de manera que palabras y frases puedan comunicarse. Además, un libro de códigos tiene una lista de varias combinaciones de letras con significados especiales. En las ilustraciones de abajo todas las banderas se muestran con el lado del asta a la izquierda.

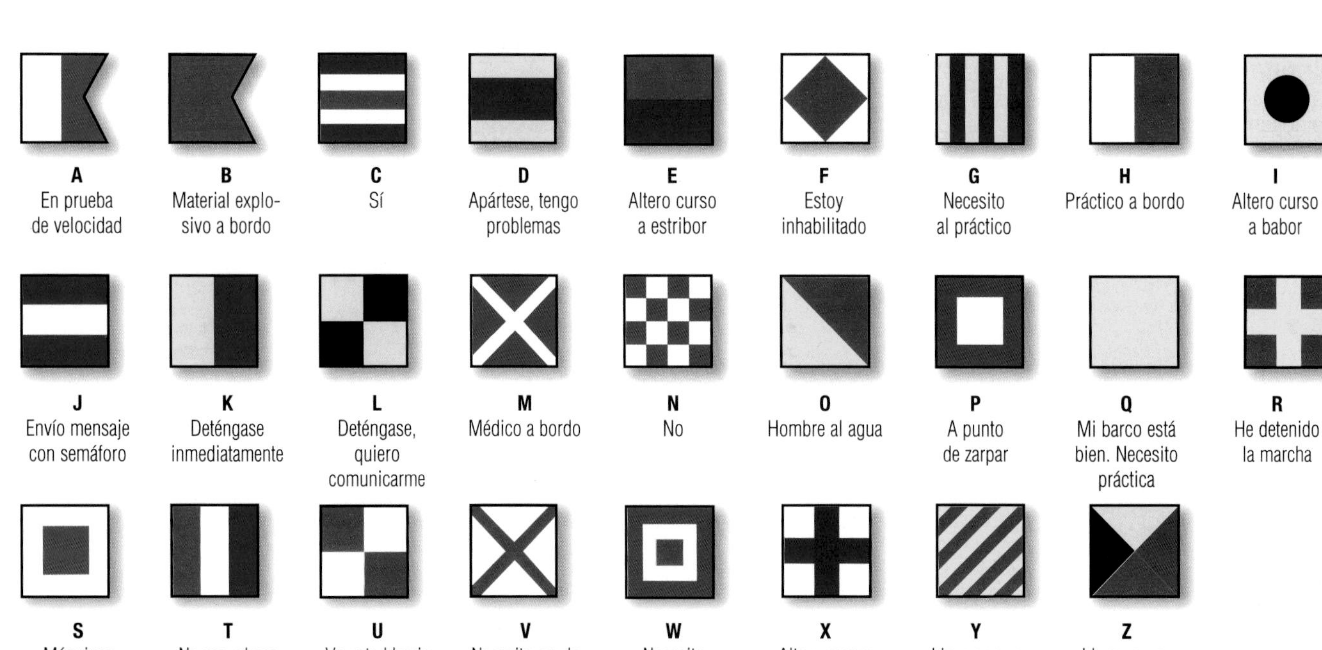

## Alfabetos fonéticos

Varios alfabetos fonéticos se han convertido en códigos de radiooperadores para identificar letras del alfabeto. Aquí aparece el principal alfabeto fonético usado en la Segunda Guerra Mundial (SGM), y el código de la OTAN (Organización del Tratado del Atlántico Norte), ahora usado por EUA, Canadá, RU y otros países europeos. Hay otras versiones que se usan en diferentes idiomas.

| | SGM | OTAN |
|---|---|---|
| A | Able | Alpha |
| B | Baker | Bravo |
| C | Charlie | Charlie |
| D | Dog | Delta |
| E | Easy | Echo |
| F | Fox | Foxtrot |
| G | George | Golf |
| H | How | Hotel |
| I | Item | India |
| J | Jig | Juliet |
| K | King | Kilo |
| L | Love | Lima |
| M | Mike | Mike |
| N | Nan | November |
| O | Oboe | Oscar |
| P | Peter | Papa |
| Q | Queen | Quebec |
| R | Roger | Romeo |
| S | Sugar | Sierra |
| T | Tare | Tango |
| U | Uncle | Uniform |
| V | Victor | Victor |
| W | William | Whiskey |
| X | X-ray | X-ray |
| Y | Yoke | Yankee |
| Z | Zebra | Zulu |

## Código Morse

Samuel Morse ideó su código en 1844. Fue pensado para enviar mensajes a larga distancia por el telégrafo eléctrico que él había inventado en 1837. El código Morse, en donde las letras del alfabeto y los números son representados por señales de corta duración (los puntos) y larga duración (las líneas), pronto fue un código internacional para enviar mensajes por señales de cable o de radio. El uso de la señal internacional de peligro, S.O.S. (tres señales cortas, tres largas, tres cortas), dejó de usarse en 1997.

| | |
|---|---|
| A | •- |
| B | -••• |
| C | -•-• |
| D | -•• |
| E | • |
| F | ••-• |
| G | --• |
| H | •••• |
| I | •• |
| J | •--- |
| K | -•- |
| L | •-•• |
| M | -- |
| N | -• |
| O | --- |
| P | •--• |
| Q | --•- |
| R | •-• |
| S | ••• |
| T | - |
| U | ••- |
| V | •••- |
| W | •-- |
| X | -••- |
| Y | -•-- |
| Z | --•• |

## Signos distintivos internacionales

Un acuerdo de las Naciones Unidas sobre tránsito en caminos regula las iniciales, conocidas como signos distintivos internacionales, que identifican el país o territorio de la matrícula de registro de un vehículo de motor, cuando se conduce en el extranjero.

| | |
|---|---|
| A | Austria |
| ADN | Yemen |
| AFG | Afganistán |
| AL | Albania |
| AND | Andorra |
| ARM | Armenia |
| AUS | Australia |
| B | Bélgica |
| BD | Bangladesh |
| BDS | Barbados |
| BG | Bulgaria |
| BH | Belice |
| BIH | Bosnia-Herzegovina |
| BOL | Bolivia |
| BR | Brasil |
| BRN | Bahrein |
| BRU | Brunei |
| BS | Bahamas |
| BUR | Myanmar |
| CAM | Camerún |
| CDN | Canadá |
| CH | Suiza |
| CI | Costa de Marfil |
| CL | Sri Lanka |
| CO | Colombia |
| CR | Costa Rica |
| CU | Cuba |
| CZ | República Checa |
| CY | Chipre |
| D | Alemania |
| DK | Dinamarca |
| DOM | Rep. Dominicana |
| DY | Benin |
| DZ | Argelia |
| E | España |
| EAK | Kenia |
| EAT | Tanzania |
| EAU | Uganda |
| EAZ | Tanzania (Zanzíbar) |
| EC | Ecuador |
| ES | El Salvador |
| EST | Estonia |
| ET | Egipto |
| ETH | Etiopía |
| F | Francia |
| FIN | Finlandia |
| FJI | Fiji |
| FL | Liechtenstein |
| FO | Islas Faroe |
| GAB | Gabón |
| GB | Reino Unido |
| GBA | Alderney |
| GBG | Guernsey |
| GBJ | Jersey |
| GBM | Isla de Man |
| GBZ | Gibraltar |
| GCA | Guatemala |
| GE | Georgia |
| GH | Ghana |
| GR | Grecia |
| GUY | Guyana |
| H | Hungría |
| HK | Hong Kong |
| HKJ | Jordania |
| HR | Croacia |
| I | Italia |
| IL | Israel |
| IND | India |
| IR | Irán |
| IRL | Irlanda |
| IRQ | Iraq |
| IS | Islandia |
| J | Japón |
| JA | Jamaica |
| K | Camboya |
| KS | Kirguistán |
| KWT | Kuwait |
| KZ | Kazajstán |
| L | Luxemburgo |
| LAO | Laos |
| LAR | Libia |
| LB | Liberia |
| LV | Letonia |
| LS | Lesotho |
| LT | Lituania |
| M | Malta |
| MA | Marruecos |
| MAL | Malasia |
| MC | Mónaco |
| MD | Moldova |
| MEX | México |
| MGL | Mongolia |
| MK | Macedonia |
| MOC | Mozambique |
| MS | Mauricio |
| MW | Malawi |
| N | Noruega |
| NAM | Namibia |
| NEP | Nepal |
| NIC | Nicaragua |
| NL | Países Bajos |
| NZ | Nueva Zelandia |
| P | Portugal |
| PA | Panamá |
| PK | Pakistán |
| PE | Perú |
| PL | Polonia |
| PNG | Papua Nueva Guinea |
| PY | Paraguay |
| QA | Qatar |
| RA | Argentina |
| RB | Botswana |
| RC | China |
| RCA | República Centroafricana |
| RCB | República del Congo |
| RCH | Chile |
| RG | Guinea |
| RH | Haití |
| RI | Indonesia |
| RIM | Mauritania |
| RL | Líbano |
| RM | Madagascar |
| RMM | Malí |
| RN | Nigeria |
| RNR | Zambia |
| RO | Rumania |
| ROK | Corea del Sur |
| ROU | Uruguay |
| RP | Filipinas |
| RSM | San Marino |
| RU | Burundi |
| RUS | Rusia |
| RWA | Rwanda |
| S | Suecia |
| SD | Swazilandia |
| SGP | Singapur |
| SK | Eslovaquia |
| SLO | Eslovenia |
| SME | Surinam |
| SN | Senegal |
| SO | Somalia |
| SU | Antigua URSS |
| SUD | Sudán |
| SY | Seychelles |
| SYR | Siria |
| T | Tailandia |
| TG | Togo |
| TJ | Tayikistán |
| TM | Turkmenistán |
| TN | Túnez |
| TR | Turquía |
| TT | Trinidad y Tabago |
| UA | Ucrania |
| USA | Estados Unidos |
| UZ | Uzbekistán |
| V | Ciudad del Vaticano |
| VN | Vietnam |
| WAG | Gambia |
| WAL | Sierra Leona |
| WAN | Nigeria |
| WD | Dominica |
| WG | Granada |
| WL | Santa Lucía |
| WV | San Vicente y Las Granadinas |
| YU | Yugoslavia |
| YV | Venezuela |
| ZA | Sudáfrica |
| ZRE | República Democrática del Congo (Zaire) |
| ZW | Zimbabwe |

En el mundo se usan varios calendarios para llevar la cuenta del tiempo. Las siguientes iniciales se utilizan por diferentes culturas, y suelen encontrarse principalmente en textos.

**a.C.** y **d.C.,** Antes de Cristo y después de Cristo. La era cristiana se fecha desde el año en que se dice que nació Cristo. Las correspondientes en inglés son **BC** *(before Christ)* y **AD** *(Anno Domini).*

**AM** *Anno Mundi:* "en el año del mundo". La era judía se cuenta a partir de la supuesta fecha de la Creación, en el año 3761 a.C. según el cálculo cristiano.

**AH** *Anno Hegirae:* "en el año de la Hégira". La era musulmana se cuenta a partir de la Hégira, cuando el profeta Mahoma emigró de La Meca a Medina, en el año 622 d.C. según el cálculo cristiano.

## El año cristiano: Principales fiestas fijas y religiosas

El año eclesiástico incluye cuatro épocas especiales:

**Adviento** Domingo de Adviento a Nochebuena

**Navidad** De Navidad al domingo después de la Epifanía (Día de Reyes)

**Cuaresma** Dura 40 días, a partir del Miércoles de Ceniza y hasta el Sábado Santo, sin contar domingos

**Pascua** Del Domingo de Resurrección a Pentecostés

**Enero**
- **1 Santa María, Madre de Dios** (Católica Romana); **Circuncisión de Cristo** (Anglicana)
- **6 Epifanía (Reyes)**
- **7 Navidad** (Ortodoxa de Oriente)[1]
- **28 Santo Tomás de Aquino**

**Febrero**
- **2 Presentación del Niño en el Templo** (Candelaria)
- **5 San Felipe de Jesús** (primer mártir mexicano)

**Marzo**
- **1 San David** (santo patrono de Gales)
- **1 San Juan de Dios**
- **17 San Patricio** (santo patrono de Irlanda)
- **19 San José** (esposo de la Virgen María)
- **25 Anunciación del Señor**

**Abril**
- **23 San Jorge** (santo patrono de Inglaterra)
- **25 San Marcos**
- **29 Santa Catalina de Siena**

**Mayo**

**Junio**
- **19 Sagrado Corazón de Jesús** (Católica Romana)
- **29 San Pedro y San Pablo**

**Julio**

**Agosto**
- **6 Transfiguración del Señor**
- **15 Asunción de la Virgen María** (Católica Romana, Ortodoxa de Oriente)
- **28 San Agustín**

**Septiembre**
- **8 Natividad de la Santísima Virgen María**
- **29 San Miguel y todos los Ángeles**

**Octubre**

**Noviembre**
- **1 Todos los Santos**
- **2 Fieles Difuntos**
- **3 San Martín de Porres**

**Diciembre**
- **8 Inmaculada Concepción de la Virgen María**
- **9 San Juan Diego**
- **12 Nuestra Señora de Guadalupe** (Católica Romana)
- **25 Natividad de Nuestro Señor Jesucristo** (Navidad)

[1] Las fiestas fijas de la Iglesia Ortodoxa de Oriente siguen por lo general el antiguo calendario juliano, y la mayoría caen 13 días más tarde que en las iglesias de Occidente (Católica Romana y Protestante), las cuales siguen el calendario gregoriano.

[2] El Domingo de Adviento se considera tradicionalmente el principio del año eclesiástico.

[3] En las Iglesias de Occidente, la Pascua se celebra el primer domingo después de la Luna llena que sigue al equinoccio de primavera (21 de marzo): entre el 22 de marzo y el 25 abril. El cálculo de la Iglesia Ortodoxa de Oriente se basa en el calendario juliano.

### Fiestas movibles y días santos

| | |
|---|---|
| **Domingo de Adviento**[2] | Cuarto domingo antes de Navidad |
| **Miércoles de Ceniza** | Séptimo miércoles antes de Pascua |
| **Domingo de Ramos** | Domingo anterior a la Pascua |
| **Jueves Santo** | Jueves anterior a la Pascua |
| **Viernes Santo** | Viernes anterior a la Pascua |
| **Día de Pascua**[3] | |
| **La Ascensión** | Cuadragésimo día después de la Pascua |
| **Pentecostés** | Séptimo domingo después de la Pascua |
| **Santísima Trinidad** | Domingo después de Pentecostés |
| **Corpus Christi** | Jueves después del Domingo de la Santísima Trinidad |

## El año judío: Fiestas y ayunos

**Tischri**[1] (Octubre)
- **1-2 Rosh Hashanah** (Festival de Año Nuevo)
- **10 Yom Kippur** (Día de Expiación)
- **15-21 Succoth** (Fiesta de los Tabernáculos)

**Marchesvan** (Noviembre)

**Casleu** (Diciembre)
- **25** Principia **Hanukkah** (Dedicación del Templo)

**Tebet** (Enero)
- **2-3 Fin de Hanukkah**

**Shebat** (Febrero)

**Adar** (Marzo)
- **14-15 Purim**[3]

**Veadar**[2]

**Nisán** (Abril)
- **15-22 Pésaj** (Pascua)

**Iyar** (Mayo)
- **5 Yom Ha'Atzmaut** (Independencia de Israel)

**Siván** (Junio)
- **6-7 Shavuot** (Fiesta de Pentecostés o de las Semanas)

**Tammuz** (Julio)

**Ab** (Agosto)
- **9 Ayuno de Av**

**Elul** (Septiembre)

[1] El Año Nuevo Judío (Tischri 1) es variable, y cae a fines de septiembre o principios de octubre del calendario occidental. Se programa para coincidir lo más posible con el momento del mes lunar en que el Sol y la Luna se encuentran más cerca.

[2] Los años bisiestos judíos son en el 3º, 6º, 8º, 11º, 14º, 17º y 19º años de un ciclo de 19 años. En años bisiestos se añade un 13er mes, conocido como Veadar o Adar Sheni, después de Adar.

[3] En años bisiestos, Purim se celebra el 14-15 de Veadar.

### Año Nuevo Judío

| Año AM | Fecha d.C. | Año AM | Fecha d.C. |
|---|---|---|---|
| 5761* | 30 sept., 2000 | 5767 | 23 sept., 2006 |
| 5762 | 17 sept., 2001 | 5768 | 13 sept., 2007 |
| 5763 | 7 sept., 2002 | 5769* | 30 sept., 2008 |
| 5764* | 27 sept., 2003 | 5770 | 19 sept., 2009 |
| 5765 | 16 sept., 2004 | 5771 | 9 sept., 2010 |
| 5766* | 4 oct., 2005 | | |

* Año bisiesto.

## Año musulmán: Principales fiestas

**1 Hégira Año Nuevo**

**12 Nacimiento del profeta Mahoma**

**27 Laylat al-Miraj** (Ascensión al cielo del profeta Mahoma)

Mes de ayuno durante las horas con luz de día
**27 Laylat al-Qadir** (Transmisión del Corán al profeta Mahoma)

**8-13 Dhu 'l-Hijjah** (Peregrinación anual a La Meca)

**1 Id al-Fitr** (celebración del fin del ayuno)

El año musulmán consiste en 12 meses lunares, que no tienen correspondencia con el ciclo solar y las estaciones del año solar; así, un mes musulmán caerá por turno en todas las estaciones del año en un ciclo de 32.5 años.

[1] Según el Corán, cada mes del calendario islámico empieza cuando la Luna creciente es vista por primera vez por un ser humano. Esto produce variantes: para algunos musulmanes, el mes empieza cuando la Luna ha sido vista localmente; otros aceptan que la haya visto una autoridad reconocida en el mundo musulmán. La tabla que se presenta para el Año Nuevo se basa en cálculos de cuándo será visible la Luna creciente, pero puede ocurrir un día antes o uno después.

### Año Nuevo de la Hégira[1]

| Año AH | Fecha d.C. | Año AH | Fecha d.C. |
|---|---|---|---|
| 1421 | 6 abril, 2000 | 1427 | 31 enero, 2006 |
| 1422 | 26 marzo, 2001 | 1428 | 21 enero, 2007 |
| 1423 | 15 marzo, 2002 | 1429 | 10 enero, 2008 |
| 1424 | 4 marzo, 2003 | 1430 | 29 dic, 2008 |
| 1425 | 22 febrero, 2004 | 1431 | 18 dic., 2009 |
| 1426 | 10 febrero, 2005 | 1432 | 7 dic., 2010 |

## Año hindú y sij: Principales fiestas

**Baisakhi** (Año Nuevo Sij)

**Rathayatra** (Peregrinación del carruaje en Jagannath)

**Janamashtami** (Nace Krishna)

**Guru Nanak Jayanti** (Aniversario de Nanak, fundador del sijismo)

**Holi** (festival de primavera)

VAISAKHA — ASADHA — BHADRAPADA — KARTTIKA — PAUSA — PHALGUNA

CAITRA — JYAISTHA — SRAVANA — ASVINA — MARGASIRSA — MAGHA

MARZO — ABRIL — MAYO — JUNIO — JULIO — AGOSTO — SEPTIEMBRE — OCTUBRE — NOVIEMBRE — DICIEMBRE — ENERO — FEBRERO — MARZO

**Ramanavami** (Aniversario de Rama)

**Jhulanayatra** (Mecida de Krishna)

**Durga-puja** (Festival de Durga)
**Laksmipuja** (Festival de Lakshmi)
**Diwali** (Cadenas de luces)

**Mahashivaratri** (Gran Noche de Shiva)

## Festivales budistas

**Myanmar (Birmania)**

| | |
|---|---|
| 16-17 abril | Año Nuevo |
| Mayo-junio | Nacimiento, Iluminación y Muerte de Buda |
| Julio | Primer sermón de Buda |
| Julio-octubre | Retiro de las lluvias |
| Noviembre | Ceremonia Kathina |

**Sri Lanka**

| | |
|---|---|
| 13 abril | Año Nuevo |
| Mayo-junio | Nacimiento, Iluminación y Muerte de Buda |
| Junio-julio | Se establece el budismo en Sri Lanka |
| Julio | Primer sermón de Buda |
| Julio-agosto | Procesión del mes de Asala |
| Septiembre | Primera visita de Buda a Sri Lanka |
| Dic.-enero | Llegada de Sanghamitta |

**Tailandia**

| | |
|---|---|
| 13-16 abril | Año Nuevo |
| Mayo | Iluminación de Buda |
| Mayo-junio | Cremación de Buda |
| Julio-octubre | Retiro de las lluvias |
| Noviembre | Ceremonia Kathina |
| | Festival de las Luces |
| Febrero | Día de Todos los Santos |

**Tíbet**

| | |
|---|---|
| Febrero | Año Nuevo |
| Mayo | Nacimiento, Iluminación y Muerte de Buda |
| Junio | Dzamling Chisang |
| Junio-julio | Primer sermón de Buda |
| Octubre | Descenso de Buda de Tushita |
| Noviembre | Muerte de Tsongkhapa |
| Enero | Conjunción de Nueve Males y conjunción de Diez Virtudes |

## Festivales chinos

| | |
|---|---|
| Enero-febrero | Año Nuevo chino |
| Febrero-marzo | Festival de los faroles |
| Marzo-abril | Festival de la luz pura |
| Mayo-junio | Festival de los botes dragón |
| Junio-agosto | Llegada del verano |
| Julio-agosto | El pastor y la tejedora |
| Agosto | Festival de los difuntos |
| | Festival de los espíritus |
| | Nacimiento de Gautama Buda |
| | Kuan-yin (Diosa de la compasión) |
| Septiembre | Festival de mediados de otoño |
| Sept.-Octubre | Chongyamg (Festival del doble nueve) |
| Nov.-Dic. | Solsticio de invierno |

## Festivales japoneses

| | |
|---|---|
| 1-3 enero | Oshogatsu (Año Nuevo) |
| 3 marzo | Ohinamatsuri (Festival de las muñecas) |
| 5 mayo | Tango no Sekku (Festival de los niños) |
| 7 julio | Hosh matsuri o Tanabata (Festival de las estrellas) |
| 13-31 julio | Obon (Todos los Santos budista. Festival de las linternas) |
| 15 noviembre | Shichi-go-San (cumpleaños de niños y niñas de 7, 5 y 3 años) |

*Los astrónomos han dividido el cielo en torno a la Tierra en 88 áreas; cada una contiene un grupo de estrellas, o constelación. Muchas constelaciones recibieron el nombre de personajes y criaturas de la mitología clásica, como el caballo volador Pegaso. Varias constelaciones del Hemisferio Sur se bautizaron en los siglos* XVII *y* XVIII *gracias a instrumentos científicos, como el telescopio.*

## La Estrella del Norte

Polaris es la estrella más cercana al polo celestial norte; está en la punta del "asa" de la Osa Menor. En realidad es un sistema estelar triple formado por dos estrellas en órbita en torno a otra estrella solitaria. Debido a que la Tierra se bambolea sobre su eje, la Estrella del Norte varía con el tiempo: en 12,000 años será Vega en la constelación Lira.

## El cielo del norte

| Nombre latino | Español |
|---|---|
| Andromeda | Andrómeda |
| Aquila | Águila |
| Aries | Aries |
| Auriga | Auriga |
| Boötes | Boyero |
| Camelopardalis | Jirafa |
| Cancer | Cáncer |
| Canes Venatici | Perros de Caza |
| Canis Minor | Can Menor |
| Cassiopeia | Casiopea |
| Cepheus | Cefeo |
| Cetus | Ballena |
| Coma Berenices | Cabello de Berenice |
| Corona Borealis | Corona Boreal |
| Cygnus | Cisne |
| Delphinus | Delfín |
| Draco | Dragón |
| Equuleus | Caballito |
| Gemini | Géminis |
| Hercules | Hércules |
| Hydra | Hidra |
| Lacerta | Lagarto |
| Leo | Leo |
| Leo Minor | León Menor |
| Lynx | Lince |
| Lyra | Lira |
| Ophiuchus | Ofiuco |
| Orion | Orión |
| Pegasus | Pegaso |
| Perseus | Perseo |
| Pisces | Piscis |
| Sagitta | Saeta |
| Serpens | Serpiente |
| Sextans | Sextante |
| Taurus | Toro |
| Triangulum | Triángulo |
| Ursa Major | Osa Mayor |
| Ursa Minor | Osa Menor |
| Virgo | Virgo |
| Vulpecula | Vulpécula |

## Mapas de la esfera celeste

Desde nuestro ventajoso punto de vista, las constelaciones aparentan estar en el interior de una esfera hueca que gira en torno a la Tierra en dirección este-oeste cada 24 horas. Los astrónomos la llaman esfera celeste, y los mapas de las estrellas que se ven abajo son una forma conveniente de poner en papel las dos mitades de la esfera.

La porción de la esfera celeste visible depende de la posición del observador en la superficie de la Tierra y la posición de ésta en su órbita. En ambos mapas, las estrellas del borde se ven en ciertas estaciones en el otro hemisferio (Can Mayor, por ejemplo, se ve en el Hemisferio Norte en invierno). Las centrales están siempre invisibles o muy abajo del cielo en el otro hemisferio.

### El cielo del sur

| Nombre latino | Español |
|---|---|
| Antlia | Bomba de Aire |
| Apus | Ave del Paraíso |
| Aquarius | Acuario |
| Ara | Altar |
| Caelum | Buril |
| Canis Major | Can Mayor |
| Capricornus | Capricornio |
| Carina | Quilla |
| Centaurus | Centauro |
| Chamaeleon | Camaleón |
| Circinus | Compás |
| Columba | Paloma |
| Corona Australis | Corona Austral |
| Corvus | Cuervo |
| Crater | Copa |
| Crux Australis | Cruz del Sur |
| Dorado | Pez Espada |
| Eridanus | Eridano |
| Fornax | Horno |
| Grus | Grulla |
| Horologium | Reloj |
| Hydrus | Serpiente de agua |
| Indus | Indio |
| Lepus | Liebre |
| Libra | Libra |
| Lupus | Lobo |
| Mensa | Mesa |
| Microscopium | Microscopio |
| Monoceros | Unicornio |
| Musca | Mosca |
| Norma | Regla |
| Octans | Octante |
| Pavo | Pavo Real |
| Phoenix | Fénix |
| Pictor | Pintor |
| Piscis Austrinus | Pez Austral |
| Puppis | Popa |
| Pyxis | Brújula |
| Reticulum | Red |
| Sagittarius | Sagitario |
| Scorpius | Escorpión |
| Sculptor | Escultor |
| Scutum | Escudo |
| Telescopium | Telescopio |
| Triangulum Australe | Triángulo Austral |
| Tucana | Tucán |
| Vela | Vela |
| Volans | Pez Volador |

## Santos patronos

Muchos santos cristianos han sido elegidos como protectores especiales de países, gremios profesionales y otros grupos. Los ángeles pueden también serlo. Los patronos son a menudo elegidos por su relación con el objeto del patronazgo. San Martín de Porres, mulato nacido en Perú, es patrono de las relaciones interraciales, la justicia social, la educación y la salud pública.

| País/región | Santo patrono | Fiesta |
|---|---|---|
| Alemania | San Miguel Arcángel | 29 septiembre |
| América Latina | Nuestra Señora de Guadalupe | 12 diciembre |
| Australia | Nuestra Señora Auxilio de los cristianos | 24 mayo |
| Austria | San José | 19 marzo |
| Bélgica | San José | 19 marzo |
| Canadá | Santa Ana y San José | 26 julio, 19 marzo |
| Dinamarca | San Anskar | 3 febrero |
| Escocia | San Andrés | 30 noviembre |
| España | Santiago el Mayor | 25 julio |
| EUA | Nuestra Sra. de la Inmaculada Concepción | 8 diciembre |
| Europa | San Benito, Santos Cirilo y Metodio | 11 julio, 14 febrero |
| Finlandia | San Enrique de Finlandia | 19 enero |
| Francia | Santa Juana de Arco | 30 mayo |
| Gales | San David | 1 marzo |
| Grecia | San Nicolás de Myra | 6 diciembre |
| Hungría | San Esteban de Hungría | 16 agosto |
| Inglaterra | San Jorge | 23 abril |
| Irlanda | San Patricio | 17 marzo |
| Italia | Santa Catalina de Siena | 29 abril |
| México | Nuestra Señora de Guadalupe | 12 diciembre |
| Noruega | San Olaf | 29 julio |
| Nueva Zelandia | Nuestra Señora Auxilio de los Cristianos | 24 mayo |
| Países Bajos | San Willibrord | 7 noviembre |
| Portugal | San Jorge | 23 abril |
| Rusia | San Andrés | 30 noviembre |
| Suecia | Santa Brígida de Suecia | 23 julio |
| Suiza | San Nicolás de Flue | 25 septiembre |

| Ocupación | Santo patrono | Fiesta |
|---|---|---|
| Actores | San Genesio de Arles | 3 junio |
| Animales | San Francisco de Asís | 4 octubre |
| Arquitectos | Santo Tomás Apóstol | 3 julio |
| Astronautas | San José de Cupertino | 18 septiembre |
| Bailarines | San Vito | 15 junio |
| Bibliotecarios | San Jerónimo | 30 septiembre |
| Carpinteros | San José | 19 marzo |
| Cocineros | San Lorenzo y Santa Marta | 10 agosto, 29 julio |
| Contadores, banqueros y cobradores de impuestos | San Mateo | 21 septiembre |
| Cosas perdidas | San Antonio de Padua | 13 junio |
| Dentistas | Santa Apolonia | 9 febrero |
| Enamorados | San Valentín | 14 febrero |
| Enfermeras | San Camilo de Lellis, Santa Isabel de Hungría y San Juan de Dios | 14 julio, 17 noviembre 8 marzo |
| Enfermos | San Miguel Arcángel y San Camilo de Lellis | 29 septiembre, 14 julio |
| Escritores y periodistas | San Juan Evangelista y San Francisco de Sales | 27 dic., 24 enero |
| Estudiantes | Santa Catalina de Alejandría y Santo Tomás de Aquino | 25 nov., 28 enero |
| Granjeros | San Isidro Labrador | 15 mayo |
| Ingenieros | San Fernando | 30 mayo |
| Libreros | San Juan de Dios | 8 marzo |
| Marineros | San Nicolás de Myra, San Francisco de Paula y San Brendan el Navegante | 6 diciembre, 2 abril |
| Médicos | San Lucas, Santos Cosme y Damián | 18 oct., 26 septiembre |
| Montañistas | San Bernardo de Aosta | 28 mayo |
| Músicos | Santa Cecilia, San Gregorio Magno | 22 nov., 3 septiembre |
| Parteras | San Pantaleón y San Ramón Nonato | 27 julio, 31 agosto |
| Periodistas | San Juan Evangelista y San Francisco de Sales | 27 diciembre, 24 enero |
| Pescadores | San Andrés y San Pedro | 30 nov., 29 junio |
| Pintores | San Lucas | 18 octubre |
| Profesores | San Juan Bautista de la Salle | 7 abril |
| Sacerdotes | San Juan María Vianney | 4 agosto |
| Taxistas | San Fiacro | 30 agosto |
| Viajeros | San Cristóbal | 25 julio |
| Veteranos | San Eloi (Eligio) | 1 diciembre |
| Vinicultores | San Vicente de Zaragoza | 22 enero |

## Signos del zodiaco

Zodiaco era el nombre que los antiguos griegos daban a la parte de la esfera celeste que contenía el trayecto del Sol, la Luna y los planetas principales. En la astrología occidental, esta banda se divide en 12 partes iguales. Cada una lleva el nombre de la constelación por la que fue llamada originalmente; debido al lento cambio de la Tierra en su eje, las constelaciones no cubren ahora las mismas áreas del cielo que los signos zodiacales del mismo nombre.

| Constelación | Nombre | Símbolo | Fechas * |
|---|---|---|---|
| Aries | El Carnero | | 21 marzo-19 abril |
| Tauro | El Toro | | 20 abril-20 mayo |
| Géminis | Los Gemelos | | 21 mayo-21 junio |
| Cáncer | El Cangrejo | | 22 junio-22 julio |
| Leo | El León | | 23 julio-22 agosto |
| Virgo | La Virgen | | 23 agosto-22 septiembre |
| Libra | La Balanza | | 23 septiembre-23 octubre |
| Escorpión | El Escorpión | | 24 octubre-21 noviembre |
| Sagitario | El Arquero | | 22 noviembre-21 diciembre |
| Capricornio | La Cabra | | 22 diciembre-19 enero |
| Acuario | El Aguador | | 20 enero-18 febrero |
| Piscis | Los Pescados | | 19 febrero-20 marzo |

*(* Las fechas pueden diferir cada año un día o dos.)*

## Las siete maravillas del mundo antiguo

Desde el siglo II a.C., existen listas que indican siete grandes monumentos como maravillas del logro humano:

**Las pirámides de Giza, Egipto** (las únicas aún en pie).
**Los jardines colgantes de Babilonia** (cerca de la actual Bagdad, en Iraq), pirámides escalonadas plantadas con árboles y vegetación exuberante.
**La tumba del rey Mausolo** en Halicarnaso (actual Bodrum, en Turquía); el espléndido monumento es el origen de la palabra "mausoleo".
**El templo de Artemisa** en Éfeso, Turquía.
**El Coloso de Rodas,** una gran estatua de bronce a la entrada de la bahía de la isla griega.
**La estatua de Zeus en Olimpia,** Grecia, hecha de oro y mármol.
**El Faro de Alejandría, Egipto**.*
**Algunas listas señalan las murallas de Babilonia, o el palacio del rey Ciro, en vez del Faro de Alejandría.*

## Aniversarios

En muchos países, los aniversarios de boda y otras celebraciones conmemorativas se asocian con materiales particulares. Por tradición, los regalos deben ser del material correspondiente.

| | |
|---|---|
| 1 año | Algodón |
| 2 años | Papel |
| 3 años | Piel |
| 4 años | Fruta, flores |
| 5 años | Madera |
| 6 años | Azúcar |
| 7 años | Cobre, lana |
| 8 años | Bronce, cerámica |
| 9 años | Cerámica, sauce |
| 10 años | Hojalata |
| 11 años | Acero |
| 12 años | Seda, lino |
| 13 años | Encaje |
| 14 años | Marfil |
| 15 años | Cristal |
| 20 años | Porcelana |
| 25 años | Plata |
| 30 años | Perla |
| 35 años | Coral |
| 40 años | Rubí |
| 50 años | Oro |
| 55 años | Esmeralda |
| 60 años | Diamante |
| 70 años | Platino |

## Piedras de la suerte

En el folclore, las gemas se asocian a un mes específico y se cree que le dan buena suerte a una persona nacida en ese mes.

| | |
|---|---|
| Enero | Granate |
| Febrero | Amatista |
| Marzo | Hematites o aguamarina |
| Abril | Diamante |
| Mayo | Ágata o esmeralda |
| Junio | Perla o piedra de la luna |
| Julio | Rubí u ónix |
| Agosto | Carniola o peridoto |
| Septiembre | Crisolita o zafiro |
| Octubre | Berilo, turmalina u ópalo |
| Noviembre | Topacio |
| Diciembre | Turquesa o circón |

## Los túneles más largos del mundo

| Nombre | País | Año | Propósito | Longitud |
|---|---|---|---|---|
| 1 Seikan | Japón | 1985 | Carril, bajo agua | 53.9 km |
| 2 Eurotúnel | Ingl./Fran. | 1994 | Carril, bajo agua | 49.9 km |
| 3 Metropolitano de Moscú | Rusia | 1990 | Ferrocarril | 37.9 km |
| 4 Metro de Londres | Inglaterra | 1939 | Ferrocarril | 27.8 km |
| 5 Laerdal | Noruega | 2000 | Tráfico rodado | 24.5 km |
| 6 Dai-shimizu | Japón | 1979 | Carril, bajo agua | 22.5 km |
| 7 Kanmon | Japón | 1975 | Ferrocarril | 19.3 km |
| Simplon I | Suiza | 1906 | Ferrocarril | 19.3 km |
| Simplon II | Italia | 1922 | Ferrocarril | 19.3 km |
| 8 Apeninos | Italia | 1934 | Ferrocarril | 17.7 km |
| 9 Paso Gotthard | Suiza | 1980 | Tráfico rodado | 16.3 km |
| 10 Rokko | Japón | 1972 | Ferrocarril | 16 km |

## Los edificios más altos del mundo

Las estructuras más altas del mundo son torres de telecomunicaciones; la CN Tower, en Toronto, Canadá, tiene el récord con 555 m. Abajo están los más altos edificios habitables.

| Nombre | Lugar | Año | Altura |
|---|---|---|---|
| Torres Petronas | Kuala Lumpur, Malasia | 1996 | 452 m |
| Torre Sears (con antena) | Chicago, EUA | 1974 | 443 m (520 m) |
| World Finance Center | Hong Kong | 2001 | 400 m |
| Jin Mao Building (con antena) | Shanghai, China | 1997 | 382 m (420 m) |
| Edificio Empire State (con antena) | Nueva York, EUA | 1931 | 381 m (449 m) |
| T&C Tower | Kao-shiung, Taiwán | 1997 | 348 m |
| Edificio Amoco | Chicago, EUA | 1973 | 346 m |
| John Hancock Center (con antena) | Chicago, EUA | 1969 | 343 m (449 m) |
| Shun Hing Square (con antena) | Shenzen, China | 1996 | 330 m (384 m) |
| Sky Central Plaza | Guangzhou, China | 1996 | 323 m |

## Los puentes más largos del mundo

| Nombre | País | Año | Longitud del tramo mayor |
|---|---|---|---|
| **Puentes colgantes** | | | |
| 1 Akashi-Kaikyo | Japón | 1998 | 1,990 m |
| 2 Great Belt East | Dinamarca | 1997 | 1,624 m |
| 3 Humber | Inglaterra | 1981 | 1,410 m |
| 4 Jiangyin | China | 1998 | 1,385 m |
| 5 Tsing Ma | Hong Kong | 1997 | 1,377 m |
| **Puentes atirantados** | | | |
| 1 Øresund | Dinamarca/Suecia | 2000 | 1,092 m |
| 2 Tatara | Japón | 1999 | 890 m |
| 3 Puente de Normandía | Francia | 1994 | 856 m |
| 4 Qinghzhou Minjiang | China | 1996 | 605 m |
| 5 Yang Pu | China | 1993 | 602 m |
| **Puentes de viga voladiza** | | | |
| 1 Puente de Quebec | Canadá | 1917 | 549 m |
| 2 Forth Rail Bridge | Escocia | 1890 | 521 m |
| 3 Minato | Japón | 1974 | 510 m |
| 4 Commodore John Barry | EUA | 1974 | 494 m |
| 5 Greater New Orleans, 1 y 2 | EUA | 1958, 1998 | ambos, 480 m |
| **Puentes de arco de acero** | | | |
| 1 New River Gorge | EUA | 1977 | 518 m |
| 2 Bayonne (Kill Van Kull) | EUA | 1931 | 504 m |
| 3 Sydney Harbour | Australia | 1932 | 503 m |
| 4 Fremont | EUA | 1973 | 383 m |
| 5 Port Mann | Canadá | 1964 | 366 m |

## Dinastías del antiguo Egipto

| | | |
|---|---|---|
| **Periodo temprano** | I dinastía | *c.* 3100-2905 a.C. |
| | II dinastía | *c.* 2905-2700 a.C. |
| **Antiguo Imperio** | III dinastía | *c.* 2700-2680 a.C. |
| | IV dinastía | *c.* 2680-2544 a.C. |
| | V dinastía | *c.* 2544-2407 a.C. |
| | VI dinastía | *c.* 2407-2200 a.C. |
| **Primer Periodo Intermedio** | VII a X dinastías | *c.* 2200-2100 a.C. |
| **Imperio Medio** | XI dinastía | *c.* 2100-1991 a.C. |
| | XII dinastía | *c.* 1991-1786 a.C. |
| **Segundo Periodo Intermedio** | XIII a XVII dinastías | *c.* 1786-1570 a.C. |
| **Nuevo Reino** | XVIII dinastía | *c.* 1570-1293 a.C. |
| | XIX dinastía | *c.* 1293-1185 a.C. |
| | XX dinastía | *c.* 1185-1100 a.C. |
| **Tercer Periodo Intermedio** | XXI a XXVI dinastías | *c.* 1100-525 a.C. |
| **Último Periodo Dinástico** | XXVII a XXXI dinastías | *c.* 525-332 a.C. |

## Emperadores romanos

**Emperadores Julio-Claudianos**

| | |
|---|---|
| Augusto | 27 a.C.-14 d.C. |
| Tiberio | 14-37 |
| Calígula | 37-41 |
| Claudio | 41-54 |
| Nerón | 54-68 |
| Galba | 68-69 |
| Otón | 69 |
| Vitelio | 69 |

**Emperadores Flavianos**

| | |
|---|---|
| Vespasiano | 69-79 |
| Tito | 79-81 |
| Domiciano | 81-96 |

**Emperadores Antoninos**

| | |
|---|---|
| Nerva | 97-98 |
| Trajano | 98-117 |
| Adriano | 117-138 |
| Antonino Pío | 138-161 |
| Marco Aurelio[1] | 161-180 |
| Lucio Vero[1] | 161-169 |
| Cómodo | 180-192 |
| Pertinax | 193 |
| Didio Juliano | 193 |

[1] *Emperadores unidos.*

**Los Severi**

| | |
|---|---|
| Septiminio Severo | 193-211 |
| Caracalla[2] | 211-217 |
| Geta[2] | 211-212 |
| Macrino | 217-218 |
| Heliogábalo | 218-222 |
| Severo Alejandro | 222-235 |

[2] *Emperadores unidos.*

**Los emperadores soldados**

| | |
|---|---|
| Maximino el Traciano | 235-238 |
| Gordiano I[3] | 238 |
| Gordiano II[3] | 238 |
| Balbino[4] | 238 |
| Pupieno[4] | 238 |
| Gordiano III | 238-244 |
| Filipo el Árabe | 244-249 |
| Decio | 249-251 |
| Treboniano Gallo | 251-253 |
| Emiliano | 253 |
| Valeriano[5] | 253-260 |
| Galieno[5] | 253-268 |

[3] *Emperadores unidos.*
[4] *Emperadores unidos.*
[5] *Emperadores unidos.*

**Los emperadores ilirios**

| | |
|---|---|
| Claudio II Gótico | 268-270 |
| Quintilo | 270 |
| Aureliano | 270-275 |
| Tácito | 275-276 |
| Probo | 276-282 |
| Caro | 282-283 |
| Numeriano[6] | 283-284 |
| Carino[6] | 283-284 |

[6] *Emperadores unidos.*

**Diocleciano y el tetrarcado**

*Bajo el tetrarcado, cuatro emperadores gobernaron juntos, cada uno responsable de un diferente sector del Imperio.*

| | |
|---|---|
| Diocleciano | 284-305 |
| Maximiano | 286-305 |
| Constancio I Cloro | 293-306 |
| Galerio | 293-311 |
| Severo | 305-307 |
| Maximiano | 305-313 |
| Majencio | 306-312 |
| Licinio | 308-324 |

**Dinastía de Constantino**

| | |
|---|---|
| Constantino I el Grande[7] | 306-337 |
| Constantino II[8] | 337-340 |
| Constans[8] | 337-350 |
| Constancio II[8] | 337-361 |
| Julián el Apóstata | 361-363 |
| Joviano | 363-364 |

[7] *Único emperador: 324-337.*
[8] *Emperadores unidos.*

**Imperio de Occidente**

*Valentiniano dividió el imperio en dos partes, la occidental y la oriental, dándole a su hermano Valente el gobierno del Imperio Romano de Oriente.*

| | |
|---|---|
| Valentiniano I | 364-375 |
| Graciano | 375-383 |
| Valentiniano II | 375-392 |
| Máximo[9] | 383-388 |
| Eugenio[9] | 392-394 |
| Honorio | 395-423 |
| Constantino III[9] | 409-411 |
| Valentiniano III | 423-455 |
| Petronio Máximo | 455 |
| Avito | 455-456 |
| Mayoriano | 457-461 |
| Libio Severo | 461-465 |
| Antemio | 467-472 |
| Olibrio | 472 |
| Glicerio | 473-474 |
| Julio Nepos | 474-480 |
| Rómulo Augústulo | 475-476[10] |

[9] *Usurpadores.*
[10] *Fin del Imperio Romano de Occidente.*

**Imperio de Oriente**

| | |
|---|---|
| Valente | 364-378 |
| Teodosio I el Grande | 379-395 |
| Arcadio | 395-408 |
| Teodosio II | 408-450 |
| Marciano | 450-457 |
| León | 457-474 |
| Zeno | 474-491 |

*El Imperio de Oriente sobrevivió hasta la caída de su capital, Constantinopla (Estambul actual), ante los turcos otomanos en 1453.*

## Califas

El califa era el líder del mundo musulmán. El título viene de la frase en árabe para "sucesor del Mensajero de Dios". Fue adoptada por los sucesores del profeta Mahoma tras su muerte en 632 d.C. El primer califa fue el suegro de Mahoma, Abu Bakr, que inició las conquistas árabes de Persia, Iraq y Medio Oriente. Abu Bakr y sus tres sucesores son conocidos como los califas "perfectos" o "bien guiados" *(al-rashidun)*.

**Califato ortodoxo**

| | |
|---|---|
| Abu Bakr | 632-634 |
| Omar I | 634-644 |
| Uthman | 644-656 |
| Alí | 656-661 |

*División del Islam: los chiitas insisten en que sólo los descendientes de Alí deben mandar a los musulmanes; otros musulmanes aceptan la dinastía Omeya de Damasco.*

**Califato Omeya**

| | |
|---|---|
| Mu'awiyah I | 661-680 |
| Yazid | 680-683 |
| Mu'awiyah II | 683-684 |
| Marwan | 684-685 |
| Abd al-Malik | 685-705 |
| al-Walid | 705-715 |
| Sulaimán | 715-717 |
| 'Umar II | 717-720 |
| Yazid II | 720-724 |
| Hisham | 724-743 |
| al-Walid II | 743-744 |
| Yazid III | 744 |
| Ibrahim | 744 |
| Marwan II | 744-750 |

**Califato Abasida**

| | |
|---|---|
| as-Saffah | 749-754 |
| al-Mansur | 754-775 |
| al-Mahdi | 775-785 |
| al-Hadi | 785-786 |
| Harun al-Raschid | 786-809 |
| al-Amin | 809-813 |
| al-Ma'mun | 813-833 |
| al-Mutasim | 833-842 |
| al-Wathiq | 842-847 |
| al-Mutawwkkil | 847-861 |
| al-Muntasir | 861-862 |
| al-Mustain | 862-866 |
| al-Mu'tazz | 866-869 |
| al-Muhtadi | 869-870 |
| al-Mu'tamid | 870-892 |
| al-Mu'tazid | 892-902 |
| al-Muktafi | 902-908 |
| al-Muqtadir | 908-932 |
| al-Qahir | 932-934 |
| ar-Razi | 934-940 |
| al-Muttaqi | 940-944 |
| al-Mustagfi | 944-945 |
| al-Muti' | 945-974 |
| at-Tai' | 974-994 |
| al-Qadir | 994-1031 |
| al-Qaim | 1031-1075 |
| al-Muqtad | 1075-1094 |
| al-Mustazhir | 1094-1118 |
| al-Mustarshid | 1118-1135 |
| ar-Rashid | 1135-1136 |
| al-Muqtafi | 1136-1160 |
| al-Mustanjid | 1160-1170 |
| al-Mustaz | 1170-1180 |
| an-Nasir | 1180-1225 |
| az-Zahir | 1225-1226 |
| al-Mustansir | 1226-1242 |
| al-Musta'sim | 1242-1258 |

*Un califato títere de ascendencia abasida existió en El Cairo hasta su expulsión en 1517 por los otomanos. El título fue llevado por los sultanes otomanos hasta 1922 y abolido por la República Turca en 1924.*

## Sacros emperadores romanos

Empezando con la coronación del rey franco Carlomagno en 800 d.C., el Sacro Emperador era reconocido por la Iglesia Católica como el gobernante secular de la Cristiandad. El Imperio tenía su base en Alemania, y el emperador era usualmente el rey alemán, elegido por los principales príncipes alemanes. Choques ocasionales entre el Sacro Emperador Romano y el Papado, y entre quienes reclamaban el trono, llevó a periodos en donde el título era disputado por más de una persona. El título quedó abolido en 1806.

**Casa Carolingia**
Carlos I el Grande (Carlomagno) 800-814
Luis I el Piadoso 814-840
Lotario I 840-855
Luis II 855-875
Carlos II el Calvo 875-877
Carlos III el Gordo 877-887
Arnulfo de Carintia 887-898
Luis III el Niño 899-911

**Casa de Franconia**
Conrado I 911-918

**Casa de Sajonia**
Enrique I el Pajarero 919-936
Otto I el Grande 936-973
Otto II 973-983
Otto III 983-1002
Enrique II 1002-1024

**Casa Salia**
Conrado II 1024-1039
Enrique III 1039-1056
Enrique IV 1056-1105
Enrique V 1105-1125

**Casa de Supplinburg**
Lotario II de Sajonia 1125-1137

**Casa de Hohenstaufen**
Conrado III 1138-1152
Federico I Barbarroja 1152-1190
Enrique VI 1190-1197
Felipe de Suavia 1198-1208

**Casa de Welf**
Otto IV de Brunswick[1] 1208-1215
[1] *Rey alemán: 1208-1212. Emperador: 1209-1215.*

**Casa de Hohenstaufen**
Federico II[2] 1212-1250
Enrique Raspe de Turingia (rival) 1246-1247
Guillermo de Holanda (rival) 1247-1256
Conrado IV[3] 1237-1254
[2] *Rey alemán: 1212-1220. Emperador: 1220-1250.*
[3] *Sólo rey alemán.*

**Interregno** 1254-1273
Ricardo de Cornwall (rival)
Alfonso X de Castilla (rival)

**Casa de Habsburgo**
Rodolfo I 1273-1291

**Casa de Nassau**
Adolfo 1292-1298

**Casa de Habsburgo**
Alberto I de Austria 1298-1308

**Casa de Luxemburgo**
Enrique VII 1308-1313

**Casa de Wittelsbach**
Luis IV de Baviera 1314-1346
Federico de Austria (rival) 1314-1330

**Casa de Luxemburgo**
Carlos IV 1346-1378
Günther de Schwarzburg (rival) 1349
Wenceslao 1378-1400

**Casa de Wittelsbach**
Ruperto del Palatinado 1400-1410

**Casa de Luxemburgo**
Segismundo 1410-1437
Jobst de Moravia (rival) 1410-1411

**Casa de Habsburgo**
Alberto II de Austria 1438-1439
Federico III 1440-1493
Maximiliano I 1493-1519
Carlos V 1519-1556
Fernando I 1556-1564
Maximiliano II 1564-1576
Rodolfo II 1576-1612
Matías 1612-1619
Fernando II 1619-1637
Fernando III 1637-1657
Leopoldo I 1658-1705
José I 1705-1711
Carlos VI 1711-1740

**Casa de Wittelsbach**
Carlos VII de Baviera 1742-1745

**Casa de Habsburgo-Lorena**
Francisco I de Lorena 1745-1765
José II 1765-1790
Leopoldo II 1790-1792
Francisco II 1792-1806

## Papas

El Papado traza su origen hasta San Pedro. Se da aquí la lista de papas desde 1417, cuando el Papado volvió a Roma tras radicar en Aviñón, Francia, casi 70 años.

Martín V (Oddone Colonna) 1417-1431
Eugenio IV (Gabriele Condulmer) 1431-1447
Nicolás V (Tommaso Parentucelli) 1447-1455
Calixto III (Alfonso de Borgia) 1455-1458
Pío II (Aeneas Silvius Piccolomini) 1458-1464
Paulo II (Pietro Barbo) 1464-1471
Sixto IV (Francesco della Rovere) 1471-1484
Inocente VIII (Giovanni Battista Cibo) 1484-1492
Alejandro VI (Rodrigo Borgia) 1492-1503
Pío III (Francesco Todeschini Piccolomini) 1503
Julio II (Giuliano della Rovere) 1503-1513
León X (Giovanni de Medici) 1513-1522
Adriano VI (Adrian Dedel) 1522-1523
Clemente VII (Giulio de Medici) 1523-1534
Paulo III (Alessandro Farnese) 1534-1550
Julio III (Gianmaria del Monte) 1550-1555
Marcelo II (Marcello Cervini) 1555
Paulo IV (Giovanni Pietro Caraffa) 1555-1559
Pío IV (Giovanni Angelo de Medici) 1559-1566
Pío V (Michele Ghislieri) 1566-1572
Gregorio XIII (Ugo Buoncompagni) 1572-1585
Sixto V (Felice Peretti) 1585-1590
Urbano VII (Gianbattista Castagna) 1590
Gregorio XIV (Niccolo Sfondrati) 1590-1591
Inocente IX (Gian Antonio Facchinetti) 1591-1592
Clemente VIII (Ippolito Aldobrandini) 1592-1605
León XI (Alessandro de Medici-Ottaiano) 1605
Paulo V (Camillo Borghese) 1605-1621
Gregorio XV (Alessandro Ludovisi) 1621-1623
Urbano VIII (Maffeo Barberini) 1623-1644
Inocente X (Giambattista Pamfili) 1644-1655
Alejandro VII (Fabio Chigi) 1655-1667
Clemente IX (Giulio Rospigliosi) 1667-1670
Clemente X (Emilio Altieri) 1670-1676
Inocente XI (Benedetto Odescalchi) 1676-1689
Alejandro VIII (Pietro Vito Ottoboni) 1689-1691
Inocente XII (Antonio Pignatelli) 1691-1700
Clemente XI (Gian Francesco Albani) 1700-1721
Inocente XIII (Michelangelo dei Conti) 1721-1724
Benedicto XIII (Pietro Francesco Orsini) 1724-1730
Clemente XII (Lorenzo Corsini) 1730-1740
Benedicto XIV (Propero Lambertini) 1740-1758
Clemente XIII (Carlo Rezzonico) 1758-1769
Clemente XIV (Lorenzo Ganganelli) 1769-1775
Pío VI (Giovani Angelo Braschi) 1775-1800
Pío VII (Barnaba Chiaramonti) 1800-1823
León XII (Annibale della Genga) 1823-1829
Pío VIII (Francesco Saveno Castiglioni) 1829-1831
Gregorio XVI (Bartolomeo Alberto Cappellari) 1831-1846
Pío IX (Giovanni Maria Mastai Ferretti) 1846-1878
León XIII (Vincenzo Gioacchino Pecci) 1878-1903
Pío X (Giuseppe Sarto) 1903-1914
Benedicto XV (Giacomo della Chiesa) 1914-1922
Pío XI (Achille Ratti) 1922-1939
Pío XII (Eugenio Pacelli) 1939-1958
Juan XXIII (Angelo Giuseppe Roncali) 1958-1963
Paulo VI (Giovanni Battista Montini) 1963-1978
Juan Pablo I (Albino Luciani) 1978
Juan Pablo II (Karol Jozef Wojtyla) 1978-

## Francia

Francia surgió como estado unificado a finales del siglo XV. El gobierno absoluto de los reyes franceses terminó con la Revolución Francesa (1789-1799).

**Casa Carolingia**

| | |
|---|---|
| Pipino el Breve | 751-768 |
| Carlomán | 768-771 |
| Carlos el Grande (Carlomagno) | 768-814 |
| Luis I el Piadoso (Ludovico Pío) | 814-840 |
| Carlos I el Calvo | 840-877 |
| Luis II el Tartamudo | 877-879 |
| Luis III | 879-882 |
| Carlomán | 882-884 |
| Carlos II el Gordo | 884-888 |
| **Casa Roberto** | |
| Eudes | 888-898 |
| **Casa Carolingia** | |
| Carlos III el Simple | 893-922 |
| **Casa Roberto** | |
| Roberto I | 922-923 |
| Rodolfo | 923-936 |
| **Casa Carolingia** | |
| Luis IV de Ultramar | 936-954 |
| Lotario | 954-986 |
| Luis V el Holgazán | 986-987 |
| **Casa Capeto** | |
| Hugo Capeto | 987-996 |
| Roberto II el Piadoso | 996-1031 |
| Enrique I | 1031-1060 |
| Felipe I | 1060-1108 |
| Luis VI el Gordo | 1108-1137 |
| Luis VII el Joven | 1137-1180 |
| Felipe II Augusto | 1180-1223 |
| Luis VIII el León | 1223-1226 |
| Luis IX | 1226-1270 |
| Felipe III el Calvo | 1270-1285 |
| Felipe IV el Hermoso | 1285-1314 |
| Luis X el Obstinado | 1314-1316 |
| Juan I | 1316 |
| Felipe V el Largo | 1316-1322 |
| Carlos IV el Hermoso | 1322-1328 |
| **Casa de Valois** | |
| Felipe VI | 1328-1350 |
| Juan II el Bueno | 1350-1364 |
| Carlos V el Sabio | 1364-1380 |
| Carlos VI el Loco | 1380-1422 |
| Carlos VII el Victorioso | 1422-1461 |
| Luis XI | 1461-1483 |
| Carlos VIII | 1483-1498 |
| **Línea de Orleáns** | |
| Luis XII | 1498-1515 |
| **Línea de Angulema** | |
| Francisco I | 1515-1547 |
| Enrique II | 1547-1559 |
| Francisco II | 1559-1560 |
| Carlos IX | 1560-1574 |
| Enrique III | 1574-1589 |
| **Casa de Borbón** | |
| Enrique IV | 1589-1610 |
| Luis XIII | 1610-1643 |
| Luis XIV | 1643-1715 |
| Luis XV | 1715-1774 |
| Luis XVI | 1774-1792 |
| Luis XVII | 1793-1795 |
| **Primera República** | |
| Convención Nacional | 1792-1795 |
| Directorio | 1795-1799 |
| Consulado: | |
| Napoleón Bonaparte, Primer Cónsul | 1799-1804 |
| **Casa Bonaparte, Primer Imperio** | |
| Napoleón I | 1804-1814, 1815 |
| Napoleón II | 1815 |
| **Casa de Borbón** | |
| Luis XVIII | 1815-1824 |
| Carlos X | 1824-1830 |
| **Línea de Orleáns** | |
| Luis Felipe I | 1830-1848 |
| **Segunda República** | |
| Luis Napoleón Bonaparte, Presidente | 1848-1852 |
| **Casa Bonaparte, Segundo Imperio** | |
| Napoleón III | 1852-1870 |
| **Tercera República: presidentes** | |
| Louis Adolphe Thiers | 1871-1873 |
| Marie Edmé Patrice de MacMahon | 1873-1879 |
| Jules Grévy | 1879-1887 |
| Marie François Sadi Carnot | 1887-1894 |
| Jean Paul Pierre Casimir-Périer | 1894-1895 |
| François Félix Faure | 1895-1899 |
| Émile Loubet | 1899-1906 |
| Armand Fallières | 1906-1913 |
| Raymond Poincaré | 1913-1920 |
| Paul Deschanel | 1920 |
| Alexandre Millerand | 1920-1924 |
| Gaston Dourmergue | 1924-1931 |
| Paul Doumer | 1931-1932 |
| Albert Lebrun | 1932-1940 |
| **Cuarta República: presidentes** | |
| Vincent Auriol | 1947-1954 |
| René Coty | 1954-1958 |
| **Quinta República: presidentes** | |
| Charles de Gaulle | 1958-1969 |
| Georges Pompidou | 1969-1974 |
| Valéry Giscard d'Estaing | 1974-1981 |
| François Mitterrand | 1981-1995 |
| Jacques Chirac | 1995- |

## Irlanda

En 1921, el Tratado Anglo-Irlandés creó el Estado Libre Irlandés. La nueva constitución de 1937 estableció Irlanda (Eire) como estado soberano.

**Presidentes**

| | |
|---|---|
| Douglas Hyde | 1938-1945 |
| Sean Thomas O'Kelly | 1945-1959 |
| Eamon de Valera | 1959-1973 |
| Erskine H. Childers | 1973-1974 |
| Caroll Daly | 1974-1976 |
| Patrick J. Hillery | 1976-1990 |
| Mary Robinson | 1990-1997 |
| Mary McAleese | 1997- |
| **Primeros ministros (taoiseachs)** | |
| Eamon de Valera | 1921 |
| Arthur Griffith | 1922 |
| William Cosgrave | 1922-1932 |
| Eamon de Valera | 1932-1948 |
| John Aloysius Costello | 1948-1951 |
| Eamon de Valera | 1951-1954 |
| John Aloysius Costello | 1954-1957 |
| Eamon de Valera | 1957-1959 |
| Sean Lemass | 1959-1966 |
| John Lynch | 1966-1973 |
| Liam Cosgrave | 1973-1977 |
| John Lynch | 1977-1979 |
| Charles Haughey | 1979-1982 |
| Garret Fitzgerald | 1982-1987 |
| Charles Haughey | 1987-1992 |
| Albert Reynolds | 1992-1994 |
| John Bruton | 1994-1997 |
| Bertie Ahern | 1997- |

## España

Los moros musulmanes conquistaron la mayor parte de España en el siglo VIII. La Reconquista cristiana empezó en el siglo XI; en 1492, Fernando II de Aragón e Isabel de Castilla unificaron España.

**Casa de Habsburgo**

| | |
|---|---|
| Carlos I* | 1516-1556 |
| Felipe II el Prudente | 1556-1598 |
| Felipe III | 1598-1621 |
| Felipe IV | 1621-1665 |
| Carlos II | 1665-1700 |

**Carlos I de España es más conocido como el Sacro Emperador Romano Carlos V (vea pág. 587).*

| | |
|---|---|
| **Casa de Borbón** | |
| Felipe V | 1700-1746 |
| Fernando VI | 1746-1759 |
| Carlos III | 1759-1788 |
| Carlos IV | 1788-1808 |
| Fernando VII | 1808 |
| **Casa Bonaparte** | |
| José Napoleón | 1808-1813 |
| **Casa de Borbón** | |
| Fernando VII | 1813-1833 |
| Isabel II | 1833-1868 |
| **Casa de Saboya** | |
| Amadeo | 1870-1873 |
| **Primera República** | 1873-1874 |
| Cinco presidentes en menos de dos años. | |
| **Casa de Borbón** | |
| Alfonso XII | 1874-1885 |
| Alfonso XIII | 1886-1931 |
| **Segunda República: presidentes** | |
| Niceto Alcalá Zamora | 1931-1936 |
| Manuel Azaña | 1936-1939 |
| **Dictadura: caudillo** | |
| Francisco Franco y Bahamonde | 1936-1975 |
| **Casa de Borbón** | |
| Juan Carlos I | 1975- |
| **Primeros ministros desde 1976** | |
| Adolfo Suárez González | 1976-1981 |
| Leopoldo Calvo Sotelo y Bustelo | 1981-1982 |
| Felipe González Márquez | 1982-1996 |
| José María Aznar | 1996- |

## Italia

En 1861, Vittorio Emanuele II de Piamonte se convirtió en rey de la Italia recién unificada. Benito Mussolini, primer ministro de 1922 a 1943, tuvo poderes dictatoriales desde 1928.

**Casa de Saboya**

| | |
|---|---|
| Vittorio Emanuele II | 1861-1878 |
| Humberto I | 1878-1900 |
| Vittorio Emanuele III | 1900-1946 |
| Humberto II | 1946 |

**República: presidentes**

| | |
|---|---|
| Enrico da Nicola | 1946-1948 |
| Luigi Einaudi | 1948-1955 |
| Giovanni Gronchi | 1955-1962 |
| Antonio Segni | 1962-1964 |
| Giuseppe Saragat | 1964-1971 |
| Giovanni Leone | 1971-1978 |
| Sandro Pertini | 1978-1985 |
| Francesco Cossiga | 1985-1992 |
| Oscar Luigi Scalfaro | 1992-1999 |
| Carlo Azeglio Ciampi | 1999- |

**Primeros ministros desde 1945**

| | |
|---|---|
| Ferruccio Parri | 1945 |
| Alcide De Gasperi | 1945-1953 |
| Giuseppe Pella | 1953-1954 |
| Amintore Fanfani | 1954 |
| Mario Scelba | 1954-1955 |
| Antonio Segni | 1955-1957 |
| Adone Zoli | 1957-1958 |
| Amintore Fanfani | 1958-1959 |
| Antonio Segni | 1959-1960 |
| Fernando Tambroni-Armaroli | 1960 |
| Amintore Fanfani | 1960-1963 |
| Giovanni Leone | 1963 |
| Aldo Moro | 1963-1968 |
| Giovanni Leone | 1968 |
| Mariano Rumor | 1968-1970 |
| Emilio Colombo | 1970-1972 |
| Giulio Andreotti | 1972-1973 |
| Mariano Rumor | 1973-1974 |
| Aldo Moro | 1974-1976 |
| Giulio Andreotti | 1976-1979 |
| Francesco Cossiga | 1979-1980 |
| Arnaldo Forlani | 1980-1981 |
| Giovanni Spadolini | 1981-1982 |
| Amintore Fanfani | 1982-1983 |
| Bettino Craxi | 1983-1987 |
| Amintore Fanfani | 1987 |
| Giovanni Goria | 1987-1988 |
| Ciriaco De Mita | 1988-1989 |
| Giulio Andreotti | 1989-1992 |
| Giuliano Amato | 1992-1993 |
| Carlo Azeglio Ciampi | 1993-1994 |
| Silvio Berlusconi | 1994-1995 |
| Lamberto Dini | 1995-1996 |
| Romano Prodi | 1996-1998 |
| Massimo D'Alema | 1998-2000 |
| Giuliano Amato | 2000-2001 |
| Silvio Berlusconi | 2001- |

## Prusia y Alemania

**Reyes de Prusia**

| | |
|---|---|
| Federico I | 1701-1713 |
| Federico Guillemo I el Rey Soldado | 1713-1740 |
| Federico II el Grande | 1740-1786 |
| Federico Guillermo II | 1786-1797 |
| Federico Guillermo III | 1797-1840 |
| Federico Guillermo IV | 1840-1861 |
| Guillermo I | 1861-1871 |

**Emperadores (káiseres) de Alemania**

| | |
|---|---|
| Guillermo I | 1871-1888 |
| Federico III | 1888 |
| Guillermo II | 1888-1918 |

**República de Weimar: presidentes**

| | |
|---|---|
| Friedrich Ebert | 1919-1925 |
| Paul von Hindenburg | 1925-1934 |

**Tercer Reich: Führer**

| | |
|---|---|
| Adolfo Hitler | 1934-1945 |

**República Federal: presidentes**

| | |
|---|---|
| Theodore Heuss | 1949-1959 |
| Heinrich Lübke | 1959-1969 |
| Gustav Heinemann | 1969-1974 |
| Walter Scheel | 1974-1979 |
| Karl Carstens | 1979-1984 |
| Richard von Weizsäcker | 1984-1994 |
| Roman Herzog | 1994-1999 |
| Johannes Rau | 1999- |

**Cancilleres**

| | |
|---|---|
| Otto von Bismarck | 1871-1890 |
| Leo von Caprivi | 1890-1894 |
| Chlodwig Karl Victor | 1894-1900 |
| Bernhard von Bülow | 1900-1909 |
| Theobald von Bethmann-Holweg | 1909-1917 |
| Georg Michaelis | 1917 |
| Georg von Hertling | 1917 |
| Max von Baden | 1918 |
| Friedrich Ebert | 1918 |
| Philipp Scheidemann | 1919 |
| Gustav Bauer | 1919 |
| Hermann Müller | 1920 |
| Konstantin Fehrenbach | 1920 |
| Karl Josef Wirth | 1921 |
| Wilhelm Cuno | 1922 |
| Gustaf Streseman | 1923 |
| Wilhelm Marx | 1923 |
| Hans Luther | 1925-1926 |
| Wilhelm Marx | 1926-1928 |
| Heinrich Brüning | 1929-1932 |
| Franz von Papen | 1932 |
| Kurt von Schleicher | 1932-1933 |
| Adolfo Hitler | 1933-1934* |
| Konrad Adenauer | 1949-1963 |
| Ludwig Ehrhard | 1963-1966 |
| Kurt Georg Kiesinger | 1966-1969 |
| Willy Brandt | 1969-1974 |
| Helmut Schmidt | 1974-1982 |
| Helmut Kohl | 1982-1998 |
| Gerhard Schröder | 1998- |

** En 1934, Hitler combinó los puestos de presidente y canciller en el de Führer (líder).*

**República Democrática Alemana (Alemania Oriental)**

La RDA fue creada en la zona soviética ocupada en la Alemania de la posguerra. Con la reunificación alemana en 1990 fue absorbida en la República Federal de Alemania.

**Presidente**

| | |
|---|---|
| Wilhelm Pieck | 1949-1960 |

**Presidentes del Consejo de Estado**

| | |
|---|---|
| Walter Ulbricht | 1960-1973 |
| Willi Stoph | 1973-1976 |
| Erich Honecker | 1976-1989 |
| Egon Krenz | 1989 |
| Gregor Gysi | 1989-1990 |

## Rusia

**Dinastía Rurik**

| | |
|---|---|
| Iván III el Grande | 1472-1505 |
| Basilio III | 1505-1533 |
| Iván IV el Terrible | 1533-1584 |
| Boris Godunov | 1598-1605 |

**Dinastía Romanov**

| | |
|---|---|
| Mijail | 1613-1645 |
| Alexei | 1645-1676 |
| Feodor III | 1676-1682 |
| Pedro I el Grande | 1682-1725 |
| Catalina I | 1725-1727 |
| Pedro II | 1727-1730 |
| Ana | 1730-1740 |
| Iván VI | 1740-1741 |
| Isabel | 1741-1762 |
| Pedro III | 1762 |
| Catalina II la Grande | 1762-1796 |
| Pablo I | 1796-1800 |
| Alejandro I | 1800-1825 |
| Nicolás I | 1825-1855 |
| Alejandro II | 1855-1881 |
| Alejandro III | 1881-1894 |
| Nicolás II | 1894-1917 |

**Cabeza del gobierno provisional**

| | |
|---|---|
| Alexander Kerensky | Marzo-octubre 1917 |

**Unión Soviética:**

**Secretarios Generales del Partido Comunista**

| | |
|---|---|
| Vladimir Lenin | 1917-1924 |
| José Stalin | 1924-1953 |
| Nikita Jruschov | 1953-1964 |
| Leonid Brezhnev | 1964-1982 |
| Yuri Andropov | 1983-1984 |
| Konstantin Chernenko | 1984-1985 |
| Mijail Gorbachov | 1985-1991 |

**Federación Rusa: presidentes**

| | |
|---|---|
| Boris Yeltsin | 1991-1999 |
| Vladimir Putin | 1999- |

## América del Norte

### México

**Presidentes**

| | |
|---|---|
| Benito Juárez | 1858-1872 |
| Sebastián Lerdo de Tejada | 1872-1876 |
| José María Iglesias | 1876-1877 |
| Porfirio Díaz | 1876 |
| Juan N. Méndez | 1876-1877 |
| Porfirio Díaz | 1877-1880 |
| Manuel González | 1880-1884 |
| Porfirio Díaz | 1884-1911 |
| Francisco León de la Barra | 1911 |
| Francisco I. Madero | 1911-1913 |
| Pedro Lascuráin | 1913 |
| Victoriano Huerta | 1913-1914 |
| Francisco S. Carvajal | 1914 |
| Venustiano Carranza | 1914-1920 |
| Eulalio Gutiérrez | 1914-1915 |
| Roque González Garza | 1915 |
| Francisco Lagos Cházaro | 1915 |
| Adolfo de la Huerta | 1920 |
| Álvaro Obregón | 1920-1924 |
| Plutarco Elías Calles | 1924-1928 |
| Emilio Portes Gil | 1928-1930 |
| Pascual Ortiz Rubio | 1930-1932 |
| Abelardo L. Rodríguez | 1932-1934 |
| Lázaro Cárdenas | 1934-1940 |
| Manuel Ávila Camacho | 1940-1946 |
| Miguel Alemán Valdés | 1946-1952 |
| Adolfo Ruiz Cortines | 1952-1958 |
| Adolfo López Mateos | 1958-1964 |
| Gustavo Díaz Ordaz | 1964-1970 |
| Luis Echeverría Álvarez | 1970-1976 |
| José López Portillo | 1976-1982 |
| Miguel de la Madrid Hurtado | 1982-1988 |
| Carlos Salinas de Gortari | 1988-1994 |
| Ernesto Zedillo Ponce de León | 1994-2000 |
| Vicente Fox Quesada | 2000- |

### Estados Unidos

**Presidentes**

| | | |
|---|---|---|
| George Washington | 1789-1797 | Federalista |
| John Adams | 1797-1801 | Federalista |
| Thomas Jefferson | 1801-1809 | Democrático-republicano |
| James Madison | 1809-1817 | Dem.-Rep. |
| James Monroe | 1817-1825 | Dem.-Rep. |
| John Quincy Adams | 1825-1829 | Independiente |
| Andrew Jackson | 1829-1837 | Demócrata |
| Martin Van Buren | 1837-1841 | Demócrata |
| William H. Harrison | 1841 | Whig |
| John Tyler | 1841-1845 | Whig y demócrata |
| James K. Polk | 1845-1849 | Demócrata |
| Zachary Taylor | 1849-1850 | Whig |
| Millard Fillmore | 1850-1853 | Whig |
| Franklin Pierce | 1853-1857 | Demócrata |
| James Buchanan | 1857-1861 | Demócrata |
| Abraham Lincoln | 1861-1865 | Republicano |
| Andrew Johnson | 1865-1869 | Demócrata |
| Ulysses S. Grant | 1869-1877 | Republicano |
| Rutherford B. Hayes | 1877-1881 | Republicano |
| James A. Garfield | 1881 | Republicano |
| Chester A. Arthur | 1881-1885 | Republicano |
| Grover Cleveland | 1885-1889 | Demócrata |
| Benjamin Harrison | 1889-1893 | Republicano |
| Grover Cleveland | 1893-1897 | Demócrata |
| William McKinley | 1897-1901 | Republicano |
| Theodore Roosevelt | 1901-1909 | Republicano |
| William H. Taft | 1909-1913 | Republicano |
| Woodrow Wilson | 1913-1921 | Demócrata |
| Warren G. Harding | 1921-1923 | Republicano |
| Calvin Coolidge | 1923-1929 | Republicano |
| Herbert Hoover | 1929-1933 | Republicano |
| Franklin D. Roosevelt | 1933-1945 | Demócrata |
| Harry S. Truman | 1945-1953 | Demócrata |
| Dwight D. Eisenhower | 1953-1961 | Republicano |
| John F. Kennedy | 1961-1963 | Demócrata |
| Lyndon B. Johnson | 1963-1969 | Demócrata |
| Richard M. Nixon | 1969-1974 | Republicano |
| Gerald R. Ford | 1974-1977 | Republicano |
| James Earl Carter | 1977-1981 | Demócrata |
| Ronald W. Reagan | 1981-1989 | Republicano |
| George H.W. Bush | 1989-1993 | Republicano |
| William J. Clinton | 1993-2001 | Demócrata |
| George W. Bush | 2001- | Republicano |

### Canadá

**Primeros ministros**

| | |
|---|---|
| John A. Macdonald | 1867-1873 |
| Alexander Mackenzie | 1873-1878 |
| John A. Macdonald | 1878-1891 |
| John J.C. Abbott | 1891-1892 |
| John S.D. Thompson | 1892-1894 |
| Mackenzie Bowell | 1894-1896 |
| Charles Tupper | 1896 |
| Wilfrid Laurier | 1896-1911 |
| Robert L. Borden | 1911-1920 |
| Arthur Meighen | 1920-1921 |
| W.L. Mackenzie King | 1921-1926 |
| Arthur Meighen | 1926 |
| W.L. Mackenzie King | 1926-1930 |
| Richard B. Bennett | 1930-1935 |
| W.L. Mackenzie King | 1935-1948 |
| Louis Stephen St. Lauren | 1948-1957 |
| John George Diefenbaker | 1957-1963 |
| Lester B. Pearson | 1963-1968 |
| Pierre Elliott Trudeau | 1968-1979 |
| Joseph Clark | 1979-1980 |
| Pierre Elliott Trudeau | 1980-1984 |
| John Turner | 1984 |
| Brian Mulroney | 1984-1993 |
| Jean Chrétien | 1993- |

## África y Medio Oriente

### Israel

**Primeros ministros**

| | |
|---|---|
| David Ben-Gurion | 1948-1953 |
| Moshe Sharett | 1953-1955 |
| David Ben-Gurion | 1955-1963 |
| Levi Eshkol | 1963-1969 |
| Golda Meir | 1969-1974 |
| Yitzhak Rabin | 1974-1977 |
| Menachem Begin | 1977-1983 |
| Yitzhak Shamir | 1983-1984 |
| Shimon Peres | 1984-1986 |
| Yitzhak Shamir | 1986-1992 |
| Yitzhak Rabin | 1992-1995 |
| Shimon Peres | 1995-1996 |
| Binyamin Netanyahu | 1996-1999 |
| Ehud Barak | 1999-2001 |
| Ariel Sharon | 2001- |

### Turquía

**Presidentes**

| | |
|---|---|
| Mustafá Kemal Pasha (Atatürk desde 1934) | 1923-1938 |
| Ismet Inönü | 1938-1950 |
| Celal Bayar | 1950-1960 |
| Cemal Gürsel | 1960-1966 |
| Cevdet Sunay | 1966-1973 |
| Fahri Korutürk | 1973-1980 |
| Kenan Evren | 1980-1989 |
| Turgut Özal | 1989-1993 |
| Süleyman Demirel | 1993-2000 |
| Ahmet Necdet Sezer | 2000- |

### Egipto

**Presidentes**

| | |
|---|---|
| Gamal Abdel-Nasser | 1953-1970 |
| Anwar Sadat | 1970-1981 |
| Mohammed Hosni Mubarak | 1981- |

### Arabia Saudita

**Reyes**

| | |
|---|---|
| Abdul Aziz (ibn Saud) | 1932-1953 |
| Saud (ibn Abd al-Aziz) | 1953-1964 |
| Faisal (ibn Abd al-Aziz) | 1964-1975 |
| Jalid (ibn Abd Al-Aziz) | 1975-1982 |
| Fahd (ibn Abd Al-Aziz) | 1982- |

### Sudáfrica

**Primeros ministros**

| | |
|---|---|
| Louis Botha | 1910-1919 |
| Jan Smuts | 1919-1924 |
| James Hertzog | 1924-1939 |
| Jan Smuts | 1939-1948 |
| Daniel Malan | 1948-1954 |
| Johannes Strijdon | 1954-1958 |
| Hendrik Verwoerd | 1958-1966 |
| Balthazar Johannes Vorster | 1966-1978 |
| Pieter Botha | 1978-1984* |

**Puesto abolido en 1984.*

**Presidentes**

| | |
|---|---|
| Pieter Botha | 1984-1989 |
| Frederick Willem de Klerk | 1989-1994 |
| Nelson Mandela | 1994-1999 |
| Thabo Mbeki | 1999- |

## Asia y el Pacífico

### China

**Dinastías y regímenes**

| | |
|---|---|
| Cinco emperadores | 2250-2140 a.C. |
| Xia | 2140-1711 a.C. |
| Shang o Yin | 1711-1066 a.C. |
| Zhou | 1066-256 a.C. |
| Qin (Ch'in) | 221-206 a.C. |
| Han | 206 a.C.-220 d.C. |
| Tres reinos (San-kuo) | 220-280 |
| Tsin | 265-420 |
| Dinastías de Sur y Norte | 420-589 |
| Sui | 581-618 |
| Tang | 618-906 |
| Cinco dinastías | 906-960 |
| Song (Sung) | 960-1279 |
| Yuan | 1279-1368 |
| Ming | 1368-1644 |
| Qing (Ch'ing) | 1644-1911 |
| República | 1912-1949 |
| República del Pueblo | 1949- |

**República del Pueblo: Presidentes o Secretarios Generales del Partido Comunista**

| | |
|---|---|
| Mao Zedong | 1949-1976 |
| Hua Guofeng | 1976-1981* |
| Hu Yaobang | 1982-1987 |
| Zhao Ziyang | 1987-1989 |
| Jiang Zemin | 1989- |

** De 1978 a 1997, el gobernante efectivo de China, o "Líder Máximo", fue Deng Xiaoping.*

**Presidentes***

| | |
|---|---|
| Li Xiannian | 1983-1988 |
| Yang Shangkun | 1988-1993 |
| Jiang Zemin | 1993- |

** El puesto de presidente, abolido a finales de la década de 1960, fue restaurado en 1982.*

### Japón

**Emperadores**

De acuerdo con la tradición, el primer *tenno* o emperador de Japón fue Jimmu (660-585 a.C.), un descendiente de la diosa del sol Amaterasu. Fue el ancestro de todos los emperadores y emperatrices. A continuación, los emperadores y emperatrices a partir del periodo Heian.

**Periodo Heian**

| | |
|---|---|
| Kammu | 781-806 |
| Heizei | 806-809 |
| Saga | 809-823 |
| Junna | 823-833 |
| Nimmyo | 833-850 |
| Montoku | 850-858 |
| Seiwa | 858-876 |
| Yozei | 877-884 |
| Koko | 884-887 |
| Uda | 887-897 |
| Daigo | 897-930 |
| Suzaku | 930-946 |
| Murakami | 946-967 |
| Reizei | 967-969 |
| Enyu | 969-984 |
| Kazan | 984-986 |
| Ichijo | 986-1011 |
| Sanjo | 1011-1016 |
| Ichijo II | 1016-1036 |
| Suzaku II | 1036-1045 |
| Reizei II | 1045-1068 |
| Sanjo II | 1068-1072 |
| Shirakawa | 1072-1086 |
| Horikawa | 1086-1107 |
| Toba | 1107-1023 |
| Sutoku | 1123-1141 |
| Konoye | 1141-1155 |
| Shirakawa II | 1155-1158 |
| Nijo | 1159-1165 |
| Rokujo | 1166-1168 |
| Takakura | 1169-1180 |
| Antoku | 1181-1183 |

**Periodo Kamakura**

| | |
|---|---|
| Toba II | 1184-1198 |
| Tsuchimikado | 1199-1210 |
| Juntoku | 1211-1221 |
| Chukyo | 1221 |
| Horikawa II | 1222-1232 |
| Shijo | 1233-1242 |
| Saga II | 1243-1246 |
| Fukakusa II | 1247-1259 |
| Kameyama | 1260-1274 |
| Uda II | 1275-1287 |
| Fushimi I | 1288-1298 |
| Fushimi II | 1299-1301 |
| Nijo II | 1302-1308 |
| Hanazono | 1309-1318 |
| Daigo II | 1319-1338 |

**Periodo Nambokucho**

*Por más de 50 años, a partir de 1330, dos ramas diferentes de la familia imperial gobernaron como rivales en el norte y en el sur.*

**Emperadores del Sur**

| | |
|---|---|
| Murakami II | 1339-1368 |
| Chokei | 1369-1372 |
| Kameyama II | 1373-1392 |

**Emperadores del Norte**

| | |
|---|---|
| Kogon | 1331-1333 |
| Komyo | 1336-1348 |
| Suko | 1349-1352 |
| Kogon II | 1353-1371 |
| Enyu II | 1372-1382 |

**Periodo Muromachi**

| | |
|---|---|
| Komatsu II | 1383-1412 |
| Shoko | 1413-1428 |
| Hanazono II | 1429-1464 |
| Tsuchimikado II | 1465-1500 |
| Kashiwabara II | 1501-1526 |
| Nara II | 1527-1557 |
| Okimachi | 1558-1586 |

**Periodo Azuchi-Momoyama**

| | |
|---|---|
| Yozei II | 1587-1611 |

**Periodo Edo**

| | |
|---|---|
| Mizunoo II | 1611-1629 |
| Meisho | 1630-1643 |
| Komyo II | 1644-1654 |
| Saiin II | 1655-1662 |
| Reigen | 1663-1686 |
| Higashiyama | 1687-1709 |
| Nakamikado | 1710-1735 |
| Sakuramachi | 1736-1746 |
| Momozono | 1746-1762 |
| Sakuramachi II | 1763-1770 |
| Momozono II | 1771-1779 |
| Kokaku | 1780-1816 |
| Ninko | 1817-1846 |
| Komei | 1847-1866 |

**Periodo Moderno**

| | |
|---|---|
| Mutsuhito | 1866-1912 |
| Yoshihito | 1912-1926 |
| Hirohito | 1926-1989* |
| Akihito | 1989- |

** Regente desde 1921.*

### India

**Emperadores**

**Dinastía Mogola**

| | |
|---|---|
| Babur | 1526-1530 |
| Humayun | 1530-1540 |

**Dinastía Sur**

| | |
|---|---|
| Sher Shah | 1540-1545 |
| Islam Shah | 1545-1553 |
| Muhammad Adil | 1554-1555 |

**Dinastía Mogola**

| | |
|---|---|
| Humayun | 1555-1556 |
| Akbar I el Grande | 1556-1605 |
| Jahangir | 1605-1627 |
| Shah Jahan I | 1627-1658 |
| Aurangzeb Alamgir I | 1658-1707 |
| Bahadur Shah I | 1707-1712 |
| Jahandar Shah | 1712-1713 |
| Farrukhsiyar | 1713-1719 |
| Rafi al-Darajat | 1719 |
| Shah Jahan II | 1719 |
| Muhammad Shah | 1719-1748 |
| Ahmad Shah | 1748-1754 |
| Alamgir II | 1754-1759 |
| Shah Alam | 1759-1806 |
| Akbar II | 1806-1837 |
| Bahadur Shah II | 1837-1858 |

*Luego que los ingleses exiliaron al último emperador, la reina Victoria asumió el título de Emperatriz de la India.*

**Primeros ministros desde la independencia**

| | |
|---|---|
| Jawaharlal Nehru | 1947-1964 |
| Lal Bahadur Shastri | 1964-1966 |
| Indira Gandhi | 1966-1977 |
| Moraji Desai | 1977-1979 |
| Charan Singh | 1979-1980 |
| Indira Gandhi | 1980-1984 |
| Rajiv Gandhi | 1984-1989 |
| Viswanath Pratap Singh | 1989-1990 |
| Chandra Shekhar | 1990-1991 |
| P.V. Narsimha Rao | 1991-1996 |
| Atal Behari Vajpayee | 1996 |
| H.D. Deve Gowda | 1996-1997 |
| Inder Kumar Gujral | 1997-1998 |
| Atal Behari Vajpayee | 1998- |

### Australia

**Primeros ministros**

| | |
|---|---|
| Edmund Barton | 1901-1903 |
| Alfred Deakin | 1903-1904 |
| John C. Watson | 1904 |
| George Houstoun Reid | 1904-1905 |
| Alfred Deakin | 1905-1908 |
| Andrew Fisher | 1908-1909 |
| Alfred Deakin | 1909-1910 |
| Andrew Fisher | 1910-1913 |
| Joseph Cook | 1913-1914 |
| Andrew Fisher | 1914-1915 |
| William M. Hughes | 1915-1923 |
| Stanley M. Bruce | 1923-1929 |
| James H. Sculin | 1929-1931 |
| Joseph A. Lyons | 1932-1939 |
| Robert Gordon Menzies | 1939-1941 |
| Arthur William Fadden | 1941 |
| John Curtin | 1941-1945 |
| Joseph Benedict Chifley | 1945-1949 |
| Robert Gordon Menzies | 1949-1966 |
| Harold Edward Holt | 1966-1967 |
| John Grey Gorton | 1968-1971 |
| William McMahon | 1971-1972 |
| Gough Whitlam | 1972-1975 |
| J. Malcolm Fraser | 1975-1983 |
| Robert J.L. Hawke | 1983-1991 |
| Paul Keating | 1991-1996 |
| John Howard | 1996- |

### Nueva Zelandia

**Primeros ministros**

| | |
|---|---|
| Henry Sewell | 1856 |
| William Fox | 1856 |
| Edward William Stafford | 1856-1861 |
| William Fox | 1861-1862 |
| Alfred Domett | 1862-1863 |
| Frederick Whitaker | 1863-1864 |
| Frederick Aloysius Weld | 1864-1865 |
| Edward William Stafford | 1865-1869 |
| William Fox | 1869-1872 |
| Edward William Stafford | 1872 |
| George M. Waterhouse | 1872-1873 |
| William Fox | 1873 |
| Julius Vogel | 1873-1875 |
| Daniel Pollen | 1875-1876 |
| Julius Vogel | 1876 |
| Harry Albert Atkinson | 1876-1877 |
| George Grey | 1877-1879 |
| John Hall | 1879-1882 |
| Frederick Whitaker | 1882-1883 |
| Harry Albert Atkinson | 1883-1884 |
| Robert Stout | 1884 |
| Harry Albert Atkinson | 1884 |
| Robert Stout | 1884-1887 |
| Harry Albert Atkinson | 1887-1891 |
| John Ballance | 1891-1893 |
| Richard John Seddon | 1893-1906 |
| William Hall Jones | 1906 |
| Joseph George Ward | 1906-1912 |
| Thomas Mackenzie | 1912 |
| William Ferguson Massey | 1912-1925 |
| Francis Henry Dillion Bell | 1925 |
| Joseph Gordon Coates | 1925-1928 |
| Joseph George Ward | 1928-1930 |
| George William Forbes | 1930-1935 |
| Michael J. Savage | 1935-1940 |
| Peter Fraser | 1940-1949 |
| Sidney J. Holland | 1949-1957 |
| Keith J. Holyoake | 1957 |
| Walter Nash | 1957-1960 |
| Keith J. Holyoake | 1960-1972 |
| John R. Marshall | 1972 |
| Norman Kirk | 1972-1974 |
| Wallace Rowling | 1974-1975 |
| Robert D. Muldoon | 1975-1984 |
| David Lange | 1984-1989 |
| Geoffrey Palmer | 1989-1990 |
| Michael Moore | 1990 |
| James Bolger | 1990-1997 |
| Jenny Shipley | 1997-1999 |
| Helen Clark | 1999- |

## Sistema métrico

La unidad métrica de longitud, metro, fue definida en Francia en 1799, y las demás longitudes se derivaron de él en múltiplos de 10. Este sistema decimal se aplica a todos los pesos y medidas métricos.

**Longitud**

| | |
|---|---|
| 1 mm | 1 milímetro (mm) |
| 10 mm | 1 centímetro (cm) |
| 10 cm | 1 decímetro (dm) |
| 100 cm/10 dm | 1 metro (m) |
| 1,000 m | 1 kilómetro (km) |

**Área o superficie**

| | |
|---|---|
| 1 mm$^2$ | 1 milímetro cuadrado (mm$^2$) |
| 100 mm$^2$ | 1 centímetro cuadrado (cm$^2$) |
| 100 cm$^2$ | 1 decímetro cuadrado (dm$^2$) |
| 10,000 cm$^2$ | 1 metro cuadrado (m$^2$) |
| 10,000 m$^2$ | 1 hectárea (ha) |
| 1 millón de m$^2$/100 ha | 1 kilómetro cuadrado (km$^2$) |

**Peso**

| | |
|---|---|
| 1 g | 1 gramo (g) |
| 1,000 g | 1 kilogramo (kg) |
| 1,000 kg | 1 tonelada (t) |

**Volumen (sólidos)**

| | |
|---|---|
| 1 cm$^3$ | 1 centímetro cúbico (cm$^3$) |
| 1,000 cm$^3$ | 1 decímetro cúbico (dm$^3$) |
| 1,000 dm$^3$ | 1 metro cúbico (m$^3$) |

**Volumen (líquidos)**

| | |
|---|---|
| 1 ml | 1 mililitro (ml) |
| 10 ml | 1 centilitro (cl) |
| 10 cl | 1 decilitro (dl) |
| 100 cl/10 dl | 1 litro (l) |
| 100 l | 1 hectolitro (hl) |

## Unidades SI

El Système International d'Unités (SI), o Sistema Internacional de Unidades, es una forma modernizada del sistema métrico, que fue aceptada internacionalmente en 1960.

| | unidad SI | símbolo |
|---|---|---|
| ángulo plano | radián | rad |
| ángulo sólido | steradian | sr |
| cantidad de sustancia | mole | mol |
| capacitancia eléctrica | faradio | F |
| carga eléctrica | culombio | C |
| conductancia eléctrica | siemens | S |
| corriente eléctrica | amperio | A |
| densidad de flujo magnético | tesla | T |
| diferencia potencial | voltio | V |
| dosis de radiación absorbida | gray | Gy |
| dosis de radiación equivalente | sievert | Sv |
| energía o trabajo | julio | J |
| exposición a la radiación | roentgen | r |
| flujo luminoso | lumen | lm |
| flujo magnético | weber | Wb |
| frecuencia | hercio | Hz |
| fuerza | newton | N |
| iluminancia | lux | lx |
| inductancia | henrio | H |
| intensidad de sonido | decibel | dB |
| intensidad luminosa | candela | cd |
| longitud | metro | m |
| masa | kilogramo | kg |
| potencia | vatio | W |
| presión | pascal | Pa |
| radiactividad | becquerel | Bq |
| resistencia | ohmio | Ω |
| temperatura | grado Celsius | ºC |
| temperatura, termodinámica | kelvin | K |
| tiempo | segundo | s |

## Prefijos SI

| Múltiplos | Prefijo | Símbolo | Ejemplo |
|---|---|---|---|
| 10 | deca | da | dag (decagramo) |
| 100 ($10^2$) | hecto | h | hW (hectovatio) |
| 1,000 ($10^3$) | kilo | k | km (kilómetro) |
| 1,000,000 ($10^6$) | mega | M | MHz (megahercio) |
| 1,000,000,000 ($10^9$) | giga | G | GJ (gigajulio) |
| 1,000,000,000,000 ($10^{12}$) | tera | T | TV (teravoltio) |
| 1,000,000,000,000,000 ($10^{15}$) | peta | P | PPa (petapascal) |
| 1,000,000,000,000,000,000 ($10^{18}$) | exa | E | Elx (exalux) |
| 1/10 ($10^{-1}$) | deci | d | dSv (decisievert) |
| 1/100 ($10^{-2}$) | centi | c | cN (centinewton) |
| 1/1,000 ($10^{-3}$) | mili | m | mA (miliamperio) |
| 1/1,000,000 ($10^{-6}$) | micro | µ | µBq (microbecquerel) |
| 1/1,000,000,000 ($10^{-9}$) | nano | n | ns (nanosegundo) |
| 1/1,000,000,000,000 ($10^{-12}$) | pico | p | pF (picofaradio) |
| 1/1,000,000,000,000,000 ($10^{-15}$) | femto | f | fr (froentgen) |
| 1/1,000,000,000,000,000,000 ($10^{-18}$) | atto | a | aT (attotesla) |

## Sistema inglés: equivalentes métricos

El sistema inglés de pesos y medidas se usa en el Reino Unido y Estados Unidos. Se presentan abajo las conversiones de las unidades inglesas más usuales al sistema métrico decimal.

**Longitud**

| | |
|---|---|
| 1 pulgada | 2.54 cm |
| 1 pie (12 pulgadas) | 30.48 cm |
| 1 yarda (3 pies) | 0.914402 m |
| 1 milla | 1.609 km |
| 1 milla náutica | 1.852 km |
| 1 legua (3 millas) | 4.828 km |

**Superficie**

| | |
|---|---|
| 1 pulgada cuadrada | 6.451626 cm$^2$ |
| 1 pie cuadrado (144 pulg cuadradas) | 0.092903 m$^2$ |
| 1 yarda cuadrada | 0.836131 m$^2$ |
| 1 acre (medida agraria) | 0.4047 Ha |
| 1 milla cuadrada | 259 Ha = 2.59 km$^2$ |

**Capacidad** (líquidos)

| | |
|---|---|
| 1 onza | 0.029573 litro |
| 1 pinta | 0.473167 litro |
| 1 quart (2 pintas) | 0.946333 litro |
| 1 galón americano (4 quarts) | 3.785332 litros |
| 1 galón imperial inglés | 4.546082 litros |

**Capacidad** (áridos)

| | |
|---|---|
| 1 quart | 0.110120 Dl |
| 1 peck | 0.880958 Dl |
| 1 bushel (4 pecks) | 3.52383 Dl |

**Volumen**

| | |
|---|---|
| 1 pulgada cúbica | 16.387162 cm$^3$ |
| 1 pie cúbico | 0.028317 m$^3$ |
| 1 yarda cúbica | 0.764559 m$^3$ |

**Peso**

| | |
|---|---|
| 1 onza | 28.34953 g |
| 1 libra (16 onzas) | 453.592427 g |
| 1 hundredweight (100 libras) | 45.36 kg |
| 1 tonelada americana (2,000 libras) | 907.18486 kg |
| 1 tonelada inglesa (2,240 libras) | 1,016.04704 kg |
| 1 onza troy (oro, plata, etc.) | 31.1035 g |
| 1 libra troy | 372.2 g |

## Escalas de temperatura

La escala de temperatura Celsius (o centígrada) fue ideada por Anders Celsius, astrónomo sueco del siglo XVIII. En la escala Celsius, el agua se congela a 0° y hierve a 100°; cada grado es una centésima parte del rango entre los dos.

La escala de temperatura Fahrenheit también fue diseñada en el siglo XVIII, por un constructor alemán de instrumentos, Gabriel Fahrenheit. En ella el agua se congela a 32° y hierve a 212°.

Una tercera escala es la Kelvin, cuyo punto cero (0K) es el cero absoluto, aproximadamente −273.15 °C.

**Cómo convertir Fahrenheit a Celsius** F° = (C° x 1.8) + 32
**Cómo convertir Celsius a Fahrenheit** C° = (F° −32) ÷ 1.8

| °C | °F | °C | °F |
|---|---|---|---|
| 100 | 212 | 30 | 86 |
| 95 | 203 | 25 | 77 |
| 90 | 194 | 20 | 68 |
| 85 | 185 | 15 | 59 |
| 80 | 176 | 10 | 50 |
| 75 | 167 | 5 | 41 |
| 70 | 158 | 0 | 32 |
| 65 | 149 | −5 | 23 |
| 60 | 140 | −10 | 14 |
| 55 | 131 | −15 | 5 |
| 50 | 122 | −20 | −4 |
| 45 | 113 | −25 | −13 |
| 40 | 104 | −30 | −22 |
| 35 | 95 | | |

## Cómo convertir métrico a inglés

| Para convertir | a | multiplique por |
|---|---|---|
| **Longitud** | | |
| milímetros | pulgadas | 0.0394 |
| centímetros | pulgadas | 0.3937 |
| metros | pies | 3.2808 |
| metros | yardas | 1.0936 |
| kilómetros | millas | 0.6214 |
| **Área o superficie** | | |
| centímetros cuadrados | pulgadas | 0.155 |
| metros | pies cuadrados | 10.764 |
| metros | yardas cuadradas | 1.196 |
| hectáreas | acres | 2.471 |
| kilómetros | millas cuadradas | 0.386 |
| **Volumen** | | |
| centímetros cúbicos | pulgadas cúbicas | 0.061 |
| metros cúbicos | pies cúbicos | 35.315 |
| metros cúbicos | yardas cúbicas | 1.308 |
| litros | pintas | 1.760 |
| litros | galones | 0.220 |
| **Peso** | | |
| gramos | onzas | 0.0352 |
| kilogramos | libras | 2.2046 |
| toneladas métricas | toneladas | 0.9842 |

## Cómo convertir inglés a métrico

| Para convertir | a | multiplique por |
|---|---|---|
| **Longitud** | | |
| pulgadas | milímetros | 25.4 |
| pulgadas | centímetros | 2.54 |
| pies | metros | 0.3048 |
| yardas | metros | 0.9144 |
| millas | kilómetros | 1.6093 |
| **Área o superficie** | | |
| pulgadas cuadradas | centímetros cuadrados | 6.4516 |
| pies cuadrados | metros cuadrados | 0.093 |
| yardas cuadradas | metros cuadrados | 0.836 |
| acres | hectáreas | 0.405 |
| millas cuadradas | kilómetros cuadrados | 2.58999 |
| **Volumen** | | |
| pulgadas cúbicas | centímetros cúbicos | 16.387 |
| pies cúbicos | metros cúbicos | 0.0283 |
| yardas cúbicas | metros cúbicos | 0.7646 |
| onzas fluidas | mililitros | 28.41 |
| pintas | litros | 0.568 |
| galones | litros | 4.55 |
| **Peso** | | |
| onzas | gramos | 28.35 |
| libras | kilogramos | 0.45359 |
| toneladas | toneladas métricas | 1.016 |

## Escala de decibeles

El decibel (dB) se usa para comparar volumen o densidad de sonido. Un aumento de 10 decibeles equivale a un aumento de 10 veces la densidad de sonido.

| Decibeles | Nivel de sonido |
|---|---|
| 0 | El más débil audible |
| 10 | Susurro bajo |
| 20 | Susurro medio |
| 20-50 | Plática baja |
| 50 | Habla normal |
| 50-65 | Conversación alta |
| 65-70 | Tráfico callejero |
| 65-90 | Tren |
| 75-80 | Fábrica (trabajo fuerte a medio) |
| 90 | Tráfico autopista u otro tráfico pesado |
| 90-100 | Trueno |
| 110-140 | Jet despegando |
| 130 | Umbral de dolor en el oído |
| 140-190 | Cohete elevándose |

## Husos horarios

La Tierra se dividide en 24 husos horarios. Cada uno tiene un ancho de 15 grados de longitud, con variaciones locales; por ejemplo, la mayor parte de Europa Occidental sigue el horario de la zona A, aunque en realidad se encuentra entre Z y A. Los husos empiezan a contarse en el meridiano de Greenwich (longitud 0°). En cada huso al oeste de ese meridiano, el tiempo es una hora más temprano; para las zonas al este, el tiempo es una hora más tarde. Algunos países crean horas de ahorro de luz adelantando los relojes una o más horas del tiempo estándar para esa parte del año. La fecha del calendario pasa al día siguiente al oeste de la línea internacional del cambio de fecha, en el océano Pacífico.

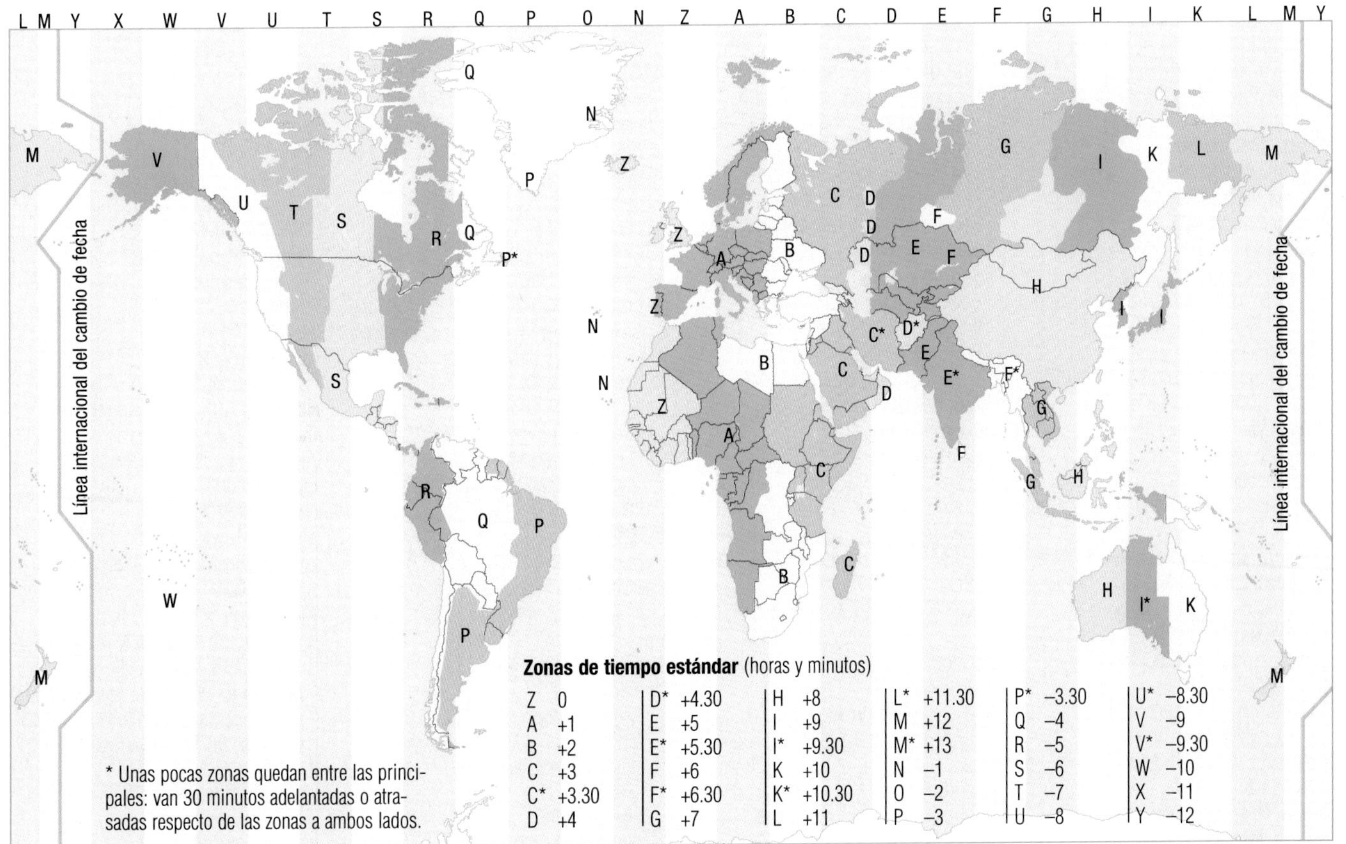


**Zonas de tiempo estándar** (horas y minutos)

| | | | | | | | | | | | |
|---|---|---|---|---|---|---|---|---|---|---|---|
| Z | 0 | D* | +4.30 | H | +8 | L* | +11.30 | P* | −3.30 | U* | −8.30 |
| A | +1 | E | +5 | I | +9 | M | +12 | Q | −4 | V | −9 |
| B | +2 | E* | +5.30 | I* | +9.30 | M* | +13 | R | −5 | V* | −9.30 |
| C | +3 | F | +6 | K | +10 | N | −1 | S | −6 | W | −10 |
| C* | +3.30 | F* | +6.30 | K* | +10.30 | O | −2 | T | −7 | X | −11 |
| D | +4 | G | +7 | L | +11 | P | −3 | U | −8 | Y | −12 |

* Unas pocas zonas quedan entre las principales: van 30 minutos adelantadas o atrasadas respecto de las zonas a ambos lados.

# Índice alfabético

Los números de página en **negritas** indican entradas principales; los que están en *cursiva* indican que la información aparece en los pies de ilustración, en las imágenes o en ambos.

Este índice debe usarse junto con las referencias cruzadas que aparecen a lo largo de toda la obra.

# B

# C

# F

# H

## I

# J



# K

# L

# P

# S

# U



# V

# W



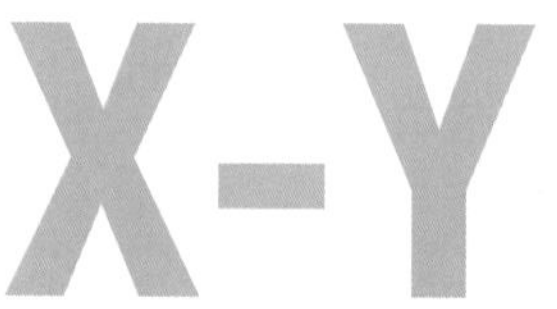



# Z

Abreviaturas:
*ar.*=arriba; *c.*=centro; *ab.*=abajo; *d.*=derecha; *i.*=izquierda

BBCNHU = BBC Natural History Unit Picture Library
DRK = DRK Photos
OSF = Oxford Scientific Films
SPL = Science Photo Library

**Líneas del tiempo:** Bradbury y Williams.
**2-11** © PhotoDisc Europe Ltd.; © Digital Vision Ltd.; Martin Woodward; Image Quest 3–D; Mirashade. **13** Ilustraciones, Julian Baker. **14** Ilustraciones, Julian Baker, *ar.d.;* Michael Robinson, *ab.* **15** B. y C. Alexander, *ar.d.;* ilustraciones, Julian Baker, *c.i.;* SPL/PLI, *ab.d.* **16-17** Ilustraciones, Julian Baker. **18** Galaxy Picture Library/ESO, *ar.;* SPL/Royal Observatory, Edimburgo, *c.;* SPL/T. y D. Hallas, *ab.* **18-19** Tom Stack y Asociados/B. y S. Fletcher. **20-21** Ilustraciones, Julian Baker. **22** SPL/NASA, *c.i.;* ilustraciones, Julian Baker. **23** Galaxy Picture Library/-TRACE-1/Stanford-Lockheed Institute for Space Research, *ar.;* Galaxy Picture Library/KPNO/T. Rinmele, M. Hanna/AURA/NOAO/NSF, *ab.* **24** SPL/US Geology Survey, *ar.i.;* NASA/JPL, *ar.c.;* Genesis/NASA, *ar.d.;* ilustraciones, Ian Atkinson. **25** NASA/JPL; Genesis/NASA *ar.c.;* SPL/-STScI/NASA, *ar.d.;* ilustraciones, Ian Atkinson. **26** Galaxy Picture Library, *c.i.* **26-27** SPL/NASA. **27** Michael Robinson, *ar.d.;* DRK/S. Nielsen, *c.d.* **28** Ilustraciones, Julian Baker, *c.i.;* Michael Robinson, *ab.* **29** Multiphoto, *ar.;* Auscape/Jean-Paul Ferrero, *ab.* **30** Ilustraciones, Julian Baker. **31** Michael Robinson; Mapa, Bradbury y Williams/Mountain High. **32** Auscape/-Jean-Paul Ferrero, *ar.d.;* DRK/Jeff Foott, *ab.c.;* Michael Robinson. **33** Robert Harding Picture Library/Tony Gervis, *ar.c.;* Museo de Historia Natural, Londres, *ab.d.;* ilustraciones, Michael Robinson. **34-35** Ilustraciones, Michael Robinson; Colorific/Greg Girard/Contact. **36** Minden/Frans Lanting, *ar.;* DRK/C.C. Lockwood, *c.i.;* Ardea/D. Parer y E. Parer-Cook, *c.c.;* Ardea/François Gohier, *c.d.;* ilustraciones, Michael Robinson. **37** OSF/Hjalmar R. Bardarson. **38** Michael Robinson, *c.;* Museo de Historia Natural, Londres, *ab.d.* **39** Norman Brand, *ar.d.;* Museo de Historia Natural, Londres, *c.i., ab.i.* **40-41** Mountain High/Bradbury & Williams. **41** Michael Robinson, *ab.d.* **42** SPL/Earth Satellite Corporation, *ar.d.;* Bradbury y Williams, *c.d.* **42-43** DRK/Kim Heacox. **43** Woodfall Wild Images/David Woodfall, *ar.;* mapa del Paraná, Rafael Arenzana, *ab.c.* **44** Michael Robinson, *ar.;* Katz Pictures/JD, *ab.d.* **45** FLPA/T. y P. Gardner, *ab.i.;* John Cleare Mountain Camera, *ab.d.* **46** Digital Vision, *ar.;* Hutchison Library/Christina Dodwell, *ab.i.;* NHPA/B. Jones y M. Shimlock, *ab.d.* **47** SPL/WorldSat International & J. Knighton/Earth Satellite Corporation/WorldSat Productions/NRSC/Tom Van Sant, Geosphere Project/Planetary Visions. **48** Bradbury y Williams, *ar.;* ilustraciones, Julian Baker, *ab.* **48-49** Woodfall Wild Images/David Woodfall. **50** Michael Robinson, *ar.d.;* Bradbury y Williams, *c.* **50-51** Woodfall Wild Images/David Woodfall. **51** Bradbury y Williams/Mountain High, *ar.d.;* Woodfall Wild Images/David Woodfall, *c.i.;* Ardea/François Gohier, *ab.i.* **52** Ilustraciones, Julian Baker. **53** DRK/-Johnny Johnson, *ar.d.;* Michael Robinson, *c.d.;* SPL/NASA/Centro de Vuelos Espaciales, *ab.i.* **54** Michael Robinson, *c.i.* **54-55** SPL/Larry Miller. **55** Ilustración, Michael Robinson; Woodfall Wild Images/Ashley Cooper, *ar.;* DRK/Tom Bean, *c.i.;* Tom Stack y Asociados/Mark Allen Stack, *c.c.;* Corbis/George Lepp, *c.d.;* Corbis/-Richard Hamilton Smith, *ab.* **56** Bradbury y Williams/Mountain High, *ar.d.;* DRK/Jeremy Woodhouse, *c.i.* **57** Bradbury y Williams/Mountain High, *ar.i.;* DRK/Tom Bean, *ar.d.;* Minden Pictures/Frans Lanting, *ab.i.;* Minden Pictures/Tui De Roy, *ab.d.* **58, 59** Mountain High/Colin Woodman, *ab.d.* **60** FLPA/S. McCutcheon. **61** Mountain High/Colin Woodman, *ab.i.* **63** Bruce Coleman/Jorg y Petra Wegner; Wildlife Art Ltd. **64** SPL/PH. Plailly/Eurelios, *ar.i.;* Wildlife Art Ltd., *ar.d.;* Bedrock Studios Ltd., *ab.d.* **65** SPL/Sinlair Stammers, *ar.d.;* Wildlife Art Ltd., *ar.i.*, *c.;* Bedrock Studios Ltd., *ab.d.* **66** Ardea/J.L. Mason, *ar.c., ar.d.;* WildLife Art, *ab.* **67** Auscape/Nicholas Birks, *ar.d.;* DRK/Jeremy Woodhouse, *c.d.* **68-69** Wildlife Art Ltd. **69** SPL/-PH.Plailly/Eurelios, *ar.i.;* Bradbury y Williams, *ar.d.;* BBCNHU/Bruce Davison, *ab.i.* **70** SPL/Andrew Syred, *ar.i.;* OSF/Harold Taylor ABIPP, *ab.i.;* Wildlife Art, *ab.d.* **71** DRK/Tom Bean, *ar.i.;* OSF/David M. Dennis, *ar.d., c.d.;* DRK/N.H. Cheatham, *ab.i.;* Wildlife Art Ltd., *ab.d.* **72** Wildlife Art Ltd. **73** Auscape/Mark Spencer, *ar.i.;* NHPA/Michael Tweedie, *c.;* OSF/Deni Bown, *ab.i.;* Ardea/François Gohier, *ab.c.;* DRK/Fred Bruemmer, *ab.d.* **74** Wildlife Art Ltd., *ar.d.;* Lee Peters, *ab.i.* **75** Wildlife Art Ltd., *ar.i., ab.i.;* SPL/Dr. Jeremy Burgess, *c.;* DRK/Jeff Foott, *ab.d.* **76** Bradbury y Williams. **77** NHPA/K. Ghani, *ar.i.;* NHPA/Joe Blossom, *c.c.;* Still Pictures/Michel Viard, *ar.c.;* Ardea/Kenneth W. Fink, *c.d.;* OSF/Edward Parker, *ab.* **78** Wildlife Art Ltd., *c.d.* **79** SPL/Sinclair Stammers, *ar.c.;* Wildlife Art Ltd., *c.i.;* Museo de Historia Natural, Londres, *c.d.* **80-81** Artworks Wildlife Art Ltd.; SPL/D. Roberts. **82** Tom Stack y Asociados/David Young, *ar.d.;* reproducido por cortesía del Director, British Geological Survey, NERC derechos reservados, *c.* **83** Wildlife Art Ltd., *ar.i., ab.d.;* Bradbury y Williams, *ab.i.* **84** Ardea/François Gohier, *ar.d.;* Bedrock Studios Ltd./Bradbury y Williams, *ab.c.* **84-85** Bedrock Studios Ltd. **86** Tom Stack y Asociados/Tom y Therisa Stack, *ar.c.* **86-87** Bedrock Studios Ltd. **88-89** Wildlife Art Ltd. **89** Bradbury y Williams, *ar.d.* **90** Ardea/-François Gohier, *ar.d.;* Wildlife Art Ltd., *ab.* **91** Digital Vision Ltd., *ab.d.* **92** NHPA J. y M. Bain, *c.;* Artwork Wildlife Art Ltd., *c.;* Digital Vision Ltd., *ab.i.* **93** Bradbury y Williams, *ar.;* Wildlife Art Ltd., *ab.c., ab.d.* **94** Digital Vision Ltd., *ar.i.;* Colección Bruce Coleman/Kim Taylor, *c.;* Artwork Wildlife Art Ltd., *c.* **95** Bradbury y Williams, *ar.;* Wildlife Art Ltd., *ab.c.* **96** Wildlife Art Ltd., *ar.i.*, *ar.c., ar.d.;* Colección Bruce Coleman/-Pacific Stock, *ab.* **97** Bradbury y Williams, *ar.;* Wildlife Art Ltd., *c., ab.i.;* Minden Pictures/Frans Lanting, *ab.d.* **98** Bradbury y Williams, *ar.;* Dorling Kindersley Ltd./Frank Greenaway, *ab.i.;* Wildlife Art Ltd., *c., ab.d.* **99** Bradbury y Williams, *ar.;* Wildlife Art Ltd., *c.i., c.d., ab.i., ab.d.* **100** Wildlife Art Ltd., *ar.i.;* Colección Bruce Coleman/Kim Taylor, *c.;* Wildlife Art Ltd., *c.;* DRK/-Michael Fogden, *ab.d.* **101** Bradbury Williams, *ar.;* NHPA/Stephen Dalton, *c.i.;* Wildlife Art Ltd., *ab.d.* **102** Minden Pictures/Frans Lanting, *c.;* Wildlife Art Ltd., *c.* **103** Bradbury y Williams, *ar.;* Wildlife Art Ltd., *c., ab.d.;* NHPA/-Stephen Dalton, *ab.i.* **104** Wildlife Art Ltd., *c.i.;* Colección Bruce Coleman/-Kim Taylor, *c.;* Wildlife Art Ltd., *c.* **105** Bradbury y Williams, *ar.;* Wildlife Art Ltd., *c., ab.d.;* Ardea/Masahiro Iijima, *ab.i.* **106** Bradbury y Williams, *ar.;* Artworks Wildlife Art Ltd. **107** Bradbury y Williams, *ar.;* Wildlife Art Ltd., *ab.i.;* Tom Stack y Asociados/Dave Watts, *ab.d.* **108** Bradbury y Williams, *ar.;* Wildlife Art Ltd., *c.i., c.d., ab.i.* **109** Bradbury y Williams, *ar.;* Wildlife Art Ltd., *c.i., c.d.;* DRK/Jeff Foott, *ab.c.* **110** Bradbury y Williams, *ar.;* Wildlife Art Ltd., *c.i., c.d.;* Ardea/Zdenek Tunka, *c.c.;* DRK/Wayne Lankinen, *ab.i.* **111** Wildlife Art Ltd. **112** DRK/Don y Pat Valenti, *ar.d.;* OSF/Robert Tyrell, *ab.i.* **113** Colección Bruce Coleman/-Jorg y Petra Wegner. **114** DRK/Anup Shah. **115** Bradbury y Williams, *ar.;* Still Pictures/Roland Seitre, *c.i.;* Wildlife Art Ltd., *c.d.;* Minden Pictures/Mitsuaki Iwago, *ab.d.* **116** Bradbury y Williams, *ar.;* NHPA/Stephen Dalton, *ab.i.;* DRK/-M. Harvey, *ab.d.* **117** Bradbury y Williams, *ar.;* DRK/Michael Fogden, *c.i.;* Minden Pictures/Frans Lanting, *c.c.;* Bradbury y Williams, *c.d.;* DRK/Tom Brakefield, *ab.i.;* Wildlife Art Ltd., *ab.d.* **118** Bradbury y Williams, *ar., c.i.;* Wildlife Art Ltd., *c.d., ab.d.* **119** Bradbury y Williams, *ar., c.d.;* Wildlife Art Ltd., *c.i., c.c., ab.d.* **120** Wildlife Art Ltd., *ar.i., ar.d., ab.d.;* Digital Vision Ltd., *ar.c.;* SPL/Eye of Science, *ab.i.* **121** Image Quest 3-D, *ar.;* Auscape/-Lynn M.Stone, *ab.* **122** Gerald Cubitt, *ar.d.;* Don Stephens y Asociados, *c.i.;* BBCNHU/Michael y Patricia Fogden, *ab.i.;* DRK/Marty Cordano, *ab.d.* **123** Museo de Historia Natural, Londres, *ar.i., ar.d.;* Mary Evans Picture Library, *ar.c.;* Doug Perrine/Innerspace Visions, *ab.i.;* NHPA/Stephen Dalton, *ab.d.* **124** NHPA/Rod Planck, *ab.i.;* OSF/Zig Leszczynski, *c.d.* **125** DRK/Tom Brakefield, *c.d.;* OSF/David Haring, *ab.i.* **124-125** Bradbury y Williams/-Mountain High. **126** Bradbury y Williams, *ar.d.*, fondo, *c.;* Wildlife Art Ltd., *c., ab.d.* **127** Bradbury y Williams, *ar.d.*, fondo, *c.;* Wildlife Art Ltd., *c.c.* **128** Bradbury y Williams, *ar.d.*, fondo, *c., ab.i., ab.c., ab.d.;* Wildlife Art Ltd., *c.* **129** SPL/John Reader, *ar.i.;* © Adrie y Alfons Kennis, *c.; ab., de i. a d.* DRK, Peter D. Pickford; Ardea/Jean-Paul Ferrero; DRK/Stephen J. Krasemann; DRK/Barbara Cushman Rowell. **131** Mirashade. **132** Antbits, *ab.i.;* Mirashade, R. **133** Mirashade, *i., ar.d.;* Antbits, *c.d.* **134** Mirashade, *i.;* Mirashade/Antbits, *d.* **135** Mirashade, *ar.;* Martin Woodward, *ab.* **136** Mirashade, i.; Mirashade/Antbits, *d.* **137** Antbits. **138** Mirashade. **139** Antbits, *i.;* Mirashade/Antbits, *d.* **140** Martin Woodward, *i.;* Mirashade, *d.* **141** Martin Woodward, *c.i., c.c., ab.c.;* Mirashade, *d.* **142** Antbits, *i.;* SPL/-Quest, *d.* **143** SPL/H. Raguet, *ar.c.;* SPL/John Burbidge, *ar.d.;* Bradbury y Williams, *ab.d.* **144** Martin Woodward, *ar.i.;* Mirashade/Martin Woodward, *d.;* Ishihara Plates/Kanchara Shuppan Co Ltd., *ab.i.* **145** Martin Woodward, *c.i.;* Mirashade/Antbits, *d.;* Allsport USA/-Mike Powell, *ab.i.* **146** Martin Woodward. **147** Martin Woodward, *i.;* SPL/Prof. P. Motta, *c.i.;* Mirashade, *c.d.;* NHPA/Stephen Dalton, *d.* **148** SPL/Dr. Yorgos Nikas, *ar.d., ab.d.* **149** Amanda Williams. SPL/James Stevenson, *ab.c.* **150** SPL/Juergen Berger, *ab.i.;* SPL/Quest, *ab.c.;* SPL/-CNRI, *ab.d.* **150-151** Martin Woodward. **151** SPL/J.C. Revy, *ar.d.* **152** Centro para el Desarrollo Cognitivo y del Cerebro, Birkbeck College, *ab.i.;* Bradbury y Williams/Kanizsa Square, *ab.c.;* fondo, fotografía, Jane Sackville West. **153** Bubbles/Angela Hampton, *ar.c.;* Katz Pictures/Karen Kasmanski, *ab.c.;* fondo, fotografía, John Meek. **154** Wildlife Art Ltd./Bradbury y Williams. **155** Bradbury y Williams, *ab.i.;* Allsport/Tony Lewis. **156, 157** Martin Woodward. **158** Science & Society Picture Library, *ar.d.;* Science & Society Picture Library, *c.i.;* SPL/-Custom Medical, *c.d.* **159** Hulton Getty, *ar.i.;* SPL/Hospital del Distrito de Salisbury/Dr. Arthur Tucker/Simon Fraser/Mehau Kulyk/Dr. Monty Buchsbaum, *ar. segunda de i. a d.;* Corbis, *c.i.;* SPL/TEK Image, *c.d.;* SPL/Dr. Yorgos Nikas, *ab.i.* **163** AKG; Bradbury y Williams. **164** Mapas, Bradbury y Williams; Roger Stewart, *ar.c., c.d.;* **165** Mapas, Bradbury y Williams; Roger Stewart, *ar.i., c.i., c.d., ab.d.* **166** Auscape/Ferrero-Labat, *ar.d.;* AKG/Erich Lessing/Museo de Historia Natural, Viena, *ab.i.;* AKG/Erich Lessing/Museo de Historia Natural, Viena, *ab.d.* **167** Museo de Antigüedades, Universidad de Newcastle, *ar.i.;* Museo Británico, Londres, *ar.d.;* Bradbury y Williams/Mountain High, *ab.* **168** Bradbury y Williams/Mountain High, *ar.d.;* Michael Holford/Museo Británico, *ab.i.;* AKG/Erich Lessing/-Departamento de Antigüedades Orientales, Louvre, París, *ab.c.* **169**

Michael Holford/ Museo Británico, *ar.i.;* Archivo de Arte/ Museo Aleppo, Siria/-Dagli Orti, *ar.c.;* Biblioteca de Arte Bridgeman/Louvre, París, *ar.d.;* mapa, Bradbury y Williams/ Mountain High. **170** Robert Harding/Simon Harris, *ar.i.;* Michael Holford/ Museo Británico, *ar.d., ab.i.* **170-171** Artwork Digital Wisdom. **171** AKG/Erich Lessing, *ab.d.* **172** Michael Holford, *ar.d.;* Michael Holford/Museo Británico, *ab.i.;* Bradbury y Williams/Mountain High, *ab.d.* **173** AKG/Erich Lessing/Museo Vivenel Compiègne, *ar.i.;* AKG/Erich Lessing, *ar.c.;* Michael Holford/Museo Británico, *ar.d.;* AKG/Erich Lessing/-Museo Nacional de Arqueología, Nápoles, *ab.i.;* Bradbury y Williams, *ab.d.* **174** Michael Holford, *ar.i.;* Biblioteca de Arte Bridgeman, *ab.d.* **174-175** Mapa, Bradbury y Williams/Mountain High. **176** Michael Holford/Museo Británico, *ar.d.;* AKG/Erich Lessing/Louvre, París; Bradbury y Williams/Mountain High, *ab.d.* **177** Bradbury y Williams/-Mountain High, *ar.i.;* Archivo Werner Forman/Museo de Barcos Vikingos, Bygdoy, *ar.d.;* Biblioteca de Arte Bridgeman/Louvre, París, *ab.i.* **178-179** Mapa, Bradbury y Williams/-Mountain High. **179** Roger Stewart, *ar.d.* **180** Roy Williams, *c.i.* **180-181** Mapa, Bradbury y Williams/Mountain High. **181** Archivo de Arte/Dagli Orti, *ar.d.* **182-183** Mapa, Bradbury y Williams/Mountain High. **183** Archivo Werner Forman/Biblioteca Universitaria, Praga, *ar.c.;* Biblioteca de Arte Bridgeman/Biblioteca Británica, Londres, *ab.d.* **184** Bradbury y Williams, *ar.d., ab.i.;* AKG/ Jean-Louis Nou, *ab.c.* **184-185** Corbis/© Ric Ergenbright. **185** Biblioteca de Arte Bridgeman/Museo Nacional de la India, Nueva Delhi, *ar.d.;* Bradbury y Williams, *ar.i., ab.d.;* Michael Holford/Museo de Victoria y Alberto, Londres, *ab.i.* **186** Biblioteca de Arte Bridgeman, *ar.d.;* Archivo de Arte/Museo de Victoria y Alberto, Londres, *c.d.;* Michael Holford/ Museo de Victoria y Alberto, Londres, *ab.i.* **187** AKG/Erich Lessing/Museo Guimet, París, *c.d.;* Archivo de Arte/-Gunshots, *ab.i.* **188** Archivo Werner Forman/Cortesía de la Galería Entwistle, Londres, *ab.i.* **188-189** Mapa, Bradbury y Williams/Mountain High. **189** Michael Holford/Museo Británico, *ar.d.;* Archivo Werner Forman/-Colección privada, Nueva York, *c.* **190** Archivo Werner Forman/Museo de Antropología, Universidad Veracruzana, Jalapa, México, CONACULTA-INAH-MEX Reproducción autorizada por el Instituto Nacional de Antropología e Historia, *ar.d.;* Archivo Werner Forman, CONACULTA-INAH-MEX Reproducción autorizada por el Instituto Nacional de Antropología e Historia, *c.i.;* Bradbury y Williams/Mountain High, *c.d.;* Archivo Werner Forman/Museum für Volkerkunde, Viena, CONACULTA-INAH-MEX Reproducción autorizada por el Instituto Nacional de Antropología e Historia, *ab.i.;* Archivo de Arte/Instituto Honduras, Tegucigalpa/Dagli Orti, *ab.c.* **191** Mapa, Bradbury y Williams/Mountain High; Archivo Werner Forman/Museo für Volkerkunde, Berlín, *c.* **192** Jean-Loup Charmet, *i.;* Bildarchiv Preussischer Kulturbesitz, *d.* **192-193** Mapa, Bradbury y Williams/Mountain High. **193** Jean-Loup Charmet, *ar.c.;* Biblioteca de Arte Bridgeman, *ab.c.* **194** *Retrato de los Arnolfini*, 1434, óleo sobre tabla de Jan van Eyck, Galería Nacional, Londres/AKG/Erich Lessing, *c.* **194-195** Michael Holford. **195** *La Flagelación*, hacia 1458, en tabla, de Piero della Francesca, Galleria Nazionale delle Marche, Urbino/AKG. **196** Bildarchiv Preussischer Kulturbesitz/Kunstverein, Winterthur, *ar.d.;* Bildarchiv Preussischer Kulturbesitz/-Kubstmuseum, Basilea, *ab.i.* **196-197** Fondo, *La masacre del día de San Bartolomé*, 1572, talla en madera del siglo XVI, Biblioteca del Protestantismo, París/Biblioteca de Arte Bridgeman. **197** Corbis/© Elio Ciol, *c.d.* **198** Luis XIV, 1701, óleo sobre lienzo, de Hyacinthe Rigaud, Louvre, París/AKG/Erich Lessing; Voltaire, busto de mármol, de Jean-Antoine Houdon, Louvre, París, *ab.c.* **199** Archivo de Arte/Museo de Versalles/Dagli Orti, *ar.d.;* Bradbury y Williams/Mountain High, *ar.c.;* Bildarchiv Preussischer Kulturbesitz/Galería de los Uffizi, Florencia, *c.i.;* AKG, *c.c.;* *Pedro el Grande*, 1717, óleo sobre lienzo, de Jean-Marc Nattier, Hermitage, San Petersburgo/Biblioteca de Arte Bridgeman, *c.d.* **200** Archivo de Arte/Museo Carnavalet, París/Dagli Orti, *ab.i.;* Biblioteca de Arte Bridgeman/Museo Carnavalet, París, *ab.d.* **200-201** Fondo, *La batalla de Austerlitz*, 1829, óleo sobre lienzo, de François Gerard, Galería de las Batallas, Versalles/AKG. **201** Bradbury y Williams/Mountain High. **202** Biblioteca de Arte Bridgeman/Colección privada, *ar.d.;* Corbis/© Kevin Fleming, *ab.i.* **203** Bradbury y Williams/Mountain High, *ar.d.;* Hulton Getty, *ab.d. ar.i.;* Michael Holford/Museo de Ciencias, Londres. **204** Science & Society Picture Library, *ar.d.;* Michael Holford/Museo de Ciencias, Londres, *ab.d.* **204-205** Fondo, Bildarchiv Preussischer Kulturbesitz. **205** Biblioteca del Estado de Nueva Gales del Sur, Sydney, Australia, *ar.i.;* Biblioteca de Arte Bridgeman/Colección Stapleton, *ar.d.;* Corbis/Lewis Hine, *ab.c.* **206** Archivo de Arte/Richard Borough Council/-Eileen Tweedy, *c.;* Corbis/© Paul Almasy, *ab.i.* **206-207** Mapa, Bradbury y Williams/Mountain High. **207** AKG/-Archiv für Kunst & Geschichte, Berlín, *ar.d.* **208-209** Popperfoto, *ar.;* Mapas, Bradbury y Williams/Mountain High. **210-211** Colección David King. **212** Bradbury y Williams/Mountain High, *c.;* Hulton Getty, *ab.d.;* fondo, Desempleado en el Centro de Empleo de San Francisco, 1938, fotografía, Dorothea Lange/AKG. **213** Hulton Getty, *ar.d., ab.i.;* AKG, *c., ab.d.* **214** Corbis, *ar.c.;* Archivo de Arte/Archivos Nacionales, *ab.d.* **214-215** AKG. **215** Archivo de Arte/Museo Imperial de la Guerra, *ar.c.;* © Magnum/Robert Capa, *ab.i.;* Hulton Getty, *ab.d.* **216** © Magnum/Nicolas Tikomiroff, *c.i.* **216-217** Mapa, Bradbury y Williams/-Mountain High. **217** Hulton Getty, *ar.d., ab.d.* **218** Hulton Getty, *ab.d.* **218-219** © Bettmann/Corbis. **219** © Magnum/-Susan Meiselas, *c.i.;* © Magnum/Philip Jones Griffiths, *c.d.;* AKG, *ab.d.* **220** © Bettmann/Corbis, *ar.d.;* Corbis/© David y Peter Turnley, *ab.d.* **220-221** © Magnum/Jean Gaumy. **221** Corbis/© David y Peter Turnley, *ar.d.;* Frank Spooner Pictures/Patrick Piel, *ab.i.;* Corbis/© David y Peter Turnley, *ab.d.* **223** Esto/Tim Griffiths. **224-295** Mapas © Reader's Digest/revisados y actualizados por Bradbury y Williams. **229** B. y C. Alexander, *ar.d.* **230** South American Pictures/Charlotte Lipson, *c.i.* **232** Colin Woodman. **233** Katz Pictures/Tomasz Tomaszewski, *ab.i.* **240** Trip/Ben Belbin, *ab.* **242** DRK/Jeff Footte, *c.i.* **243** Trip/B. Gadsby, *ar.d.* **245** South American Pictures/© Tony Morrison, *ab.i.* **247** © Magnum/Stuart Franklin, *ab.d.* **248** View/Dennis Gilbert. **251** Scanpix. **253** Environmental Images/Martin Bond. **254** Bradbury y Williams, *ar.i.* **256** Esto © Ralph Richter. **259** Katz Pictures/-Tommaso Bonaventura/Contrasto. **260** Bradbury y Williams, *ab.d.* **261** Katz Pictures/Jeremy Nicholl, *ar.d.;* Corbis/© Layne Kennedy, *ab.i.* **262** Colin Woodman, *ab.d.* **263** Corbis/Reuters New-Media Inc. **265** © Magnum/A. Venzago, *c.d.* **266** Colin Woodman, *ab.d.* **268** Fotografías, Sonia Halliday, *ar.i.;* Archivo de Arte/Museo Arqueológico, Nápoles/Dagli Orti, *ar.d.* **270** Trip/M. Barlow. **272** Colin Woodman, *ar.d.* **273** Trip/T. Noorits, *c.;* Katz Pictures/-Visum/Gerd Ludwig, *ab.d.* **280** OSF/Martyn Colbeck, *ab.i.* **296** Popperfoto. **298** Katz Pictures/Ben Gibson, *ab.d.* **299** Bradbury y Williams, *c.* **301** © Magnum/Harry Gruyaert, *ab.c.* **302** Frank Spooner Pictures/-Peterson, *ab.i.;* Colin Woodman, *ab.d.* **307** Bradbury y Williams, *ar.i.* **308** Robert Harding Picture Library/James Green, *c.* **310** Bradbury y Williams, *c.;* Esto/© Tim Griffiths, *ab.* **313** Frank Spooner Pictures/Gamma, *ar.d.* **314** Bradbury y Williams, *ab.* **317** Popperfoto, *ab.d.* **318** Bradbury y Williams, *c.i.;* Popperfoto, *ab.i.* **319** Environmental Images/Mark Fallander, *ar.d.* **320** Bradbury y Williams, *ar.d.* **324-325** The World Bank Group (WB): The International Bank for Reconstruction and Development (IBRD), International Development Association (IDA), International Finance Corporation (IFC), Multilateral Investment Guarantee Agency (MIGA); APEC; OTAN; OECD. **326** Bradbury y Williams, *ab.i.* **329** Robert Harding Picture Library; Biblioteca Angelo Hornak; Arcaid/-Richard Bryant. **330** Colin Woodman. **331**, **332-333** Bradbury y Williams. **334** Bradbury y Williams, *ar.d.;* Biblioteca de Arte Bridgeman/Museo Nacional de Arqueología, Atenas, *c.i.;* Archivo Ronald Grant, *c.c.;* Biblioteca de Arte Bridgeman, *c.d.* **335** Archivo Ronald Grant, *ar.d.*; Biblioteca de Arte Bridgeman/Museo Pergamon, Berlín, *ab.c.* **336** Archivo Ronald Grant, *ar.d.;* Biblioteca de Arte Bridgeman/Museo Nacional, Estocolmo, *ab.c.* **337** Biblioteca de Arte Bridgeman/Galerías y Museos de Arte Bradford, *ar.d.;* Archivo Werner Forman/Museo Nacional de Antropología, Mexico, CONACULTA-INAH-MEX Reproducción autorizada por el Instituto Nacional de Antropología e Historia, *ab.i.* **338** Colin Woodman. **339** Corbis/Richard T. Nowitz, *ar.d.;* Biblioteca de Arte Bridgeman/Koninklijk Museum voor Schone Kunsten, Amberes, *ab.d.* **342-345** Mirashade. **346** AKG, *ar.i., ar.d.;* Bettmann/Corbis. **347** *De i. a d.:* Bettmann/Corbis; Topham Picturepoint; Corbis/Roger Messmeyer; Corbis/David Reed. **348** Biblioteca de Arte Bridgeman/Pinacoteca Capitolina del Palacio Conferratori, Roma, *ar.d.;* Popperfoto, *ab.c.* **349** Biblioteca de Arte Bridgeman/Biblioteca Británica, Londres, *ar.i.;* SPL/NASA, *c.d.* **350** SCALA/Museo Nacional, Nápoles, *ar.d.; La visitación*, estatuas de las columnas del pórtico este, hacia 1220, piedra, Catedral de Chartres/Biblioteca de Arte Bridgeman/Peter Willi, *c.d.;* *Apolo de Piombino*, bronce griego, siglo I a.C., Louvre, París/Biblioteca de Arte Bridgeman/Peter Willi, *ab.i.* **351** *Díptico de Wilton: Ricardo II es presentado ante la Virgen y el Niño por su protector San Juan Bautista y los santos Eduardo y Edmundo,* 1395-1399, anónimo, témpera sobre tabla, Galería Nacional, Londres, *ar.d.; San Francisco honrado por un hombre común*, 1296-1297, fresco de Giotto di Bondone, San Francisco, Iglesia superior, Asís/Biblioteca de Arte Bridgeman, *ab.d.* **352** *La infanta Doña Margarita de Austria*, hacia 1660, óleo sobre lienzo, de Diego de Silva y Velázquez, Museo del Prado, Madrid/Colección de Felipe IV, *ar.d.;* *David*, 1501-1504, mármol, de Miguel Ángel Buonarroti, Galería de la Academia, Florencia/Biblioteca de Arte Bridgeman, *c.i.; La cena de Emaús*, 1601, óleo y témpera sobre lienzo, de Miguel Ángel Merisi da Caravaggio, Galería Nacional, Londres, *c.d.* **353** *La muerte de Germanicus*, 1627, óleo sobre lienzo, de Nicolas Poussin, Instituto de Artes de Minneapolis/Fundación William Hood Dunwoody, *ar.c.; La avenida de Middelharnis,* 1689, óleo sobre lienzo, de Meindert Hobbema, Galería Nacional, Londres, *c.* **354** Las *Tres Gracias*, mármol, de Antonio Canova, V&A Picture Library, *ar.d.; El columpio,* 1767, óleo sobre lienzo, de Jean-Honoré Fragonard, Colección Wallace, Londres/Biblioteca de Arte Bridgeman, *c.i.; Lluvia, vapor y velocidad – El gran ferrocarril del Oeste*, óleo sobre lienzo, de Joseph Mallord William Turner, Galería Nacional, Londres, *c.d.* **355** *Entierro en Ornans*, 1849-1850, óleo sobre lienzo, de Gustave Courbet, Musée d'Orsay, París/Biblioteca de Arte Bridgeman, *ar.; Laus Veneris*, 1873-1875, óleo y pintura de oro sobre lienzo, de Edward

Burne-Jones, Galería de Arte Laing, Newcastle-upon-Tyne, Tyne y Wear/Galería de Arte Bridgeman, *i.* **356** *El beso*,1886, mármol, de Augusto Rodin, Museo Rodin, París/Biblioteca de Arte Bridgeman, *ar.d.; Estanque de nenúfares con puente japonés*, 1899, óleo sobre lienzo, de Claude Monet, Colección privada/Biblioteca de Arte Bridgeman/Peter Willi, *c.; Guernica*, 1937, óleo sobre lienzo, de Pablo Picasso, Museo Nacional Centro de Arte Reina Sofía, Madrid/Biblioteca de Arte Bridgeman/D.A.C.S., *ab.d.* **357** *El destino de los animales*, 1913, óleo sobre lienzo, de Franz Marc, Oeffentliche Kunstsammlung Basel, Kunstmuseum/Fotografía, Martin Bühler, *ar.i.; La metamorfosis de Narciso*, 1937, óleo sobre lienzo, de Salvador Dalí, © Tate, Londres 2001, *c.d.; Velocidad de los automóviles y luz*, 1913, óleo sobre cartón, de Giacomo Balla, Moderna Museet, Estocolmo/Biblioteca de Arte Bridgeman/Peter Willi/D.A.C.S., *ab.i.* **358** *Polos azules: Número II*, 1952, esmalte y aluminio pintado sobre vidrio, de Jackson Pollock, Galería Nacional Australiana, Canberra/Biblioteca de Arte Bridgeman/D.A.C.S., *ar.d.; Mademoiselle Pogany III*, 1933, argamasa, de Constantin Brancusi, Museo Nacional de Arte Moderno, París/Biblioteca de Arte Bridgeman/Peter Willi, *ar.i.; Cachorro*, 1992, de Jeff Koons, Museo Guggenheim, Bilbao/© Jeff Koons Productions, *c.; En el auto*, 1963, magna sobre lienzo, de Roy Lichtenstein, Galería Nacional Escocesa de Arte Moderno, Edimburgo/Biblioteca de Arte Bridgeman/D.A.C.S., *c.d.; Materia fría y oscura - Una vista que explota*, 1956, medios mixtos, de Cornelia Parker, © Tate, Londres 2001/© Cornelia Parker, *ab.i.* **359** *Coleccionistas americanos (Fred y Marcia Weisman)*, 1968, acrílico sobre lienzo, de David Hockney/© David Hockney, *ar.c.; La imposibilidad física de la muerte en la mente de alguien vivo*, 1991, vidrio, acero, solución de formaldehído al 5%, de Damien Hirst, Galería Saatchi, Londres/© Damien Hirst/fotografía cortesía de *Science*, *c.; Isla Canguro, Australia del Sur, 26 de febrero de 1992*, de Andy Goldsworthy/© Andy Goldsworthy, *ab.i.;* **360** *El pastelero, Colonia 1928*, fotografía de August Sander/© Die Photographische Sammlung/SK Stiftung Kultur-August Sander Archiv, Colonia, *i.; El Gran Cañón desde Punta Imperial*, 1942, fotografía de Ansel Adams/© Ansel Adams Publishing Rights Trust/Corbis, *d.* **361** *Domingo en el río Marne*, 1938, fotografía de Henri Cartier-Bresson/© Henri Cartier-Bresson Magnum, *ar.i.; Soldado norteamericano, Leipzig, 18 de abril de 1945*, fotografía de Robert Capa/© Robert Capa/Magnum, *ar.d.* **361-362** Fondo, Bradbury y Williams. **362** Science y Society Picture Library, *ar.c.;* Roy Williams, *c.d., ab.i., ab.d.* **363** © Kodak/Weber Shandwick Worldwide, *ar.c.; c., de i. a d.:* Michael Freeman, 1, 2, 3, 6; © Fuji, 4; © Kodak/Company Care, 5; *ar., de i. a d.:* Michael Freeman, 1, 2; Bradbury y Williams, 3, 4, 5, 6. **364-365** *C., de i. a d.:* Scala, 1, 2, 3, 5; Corbis/Ruggero Vanni, 5; Angelo Hornak, 6. **365** Martin Woodward, *ab.c.* **366-367** *C., de i. a d.:* Angelo Hornak, 1, 5, 7; Vista/© Andrew Holt, 2; View/© Nick Hulton, 3; Robert Harding Picture Library, 4; Arcaid/© Richard Bryant, 6; Arcaid/© John Edward Linden, *ab.d.* **368-369** *Ar., de i. a d.:* V&A Picture Library, 1; Biblioteca de Arte Bridgeman/Colección privada, 2; Christie's Images, 3; Biblioteca de Arte Bridgeman/Colección Wallace, Londres, 4; Biblioteca de Arte Bridgeman/Museo Bethnal Green, Londres, 5; Biblioteca de Arte Bridgeman/Sociedad de las Bellas Artes, Londres, 6; *ab., de i. a d.:* Biblioteca de Arte Bridgeman, 1; Biblioteca de Arte Bridgeman/Colección privada, 2; Sotheby's Picture Library, 3, 4; V&A Picture Library, 5; © Philippe Starck, 6. **369** Silk Public Relations, *ar.d.* **370** Christie's Images. **371** Corbis/© James L. Amos, *ar.d.;* Rex Features, *ab.i.;* Crafts Council/© Jacqueline Mina 2000, *ab.d.* **372** Archivo de Arte/Universidad de Heidelberg/Dagli Orti, *ar.i.;* Christie's Images, *ar.d.;* **373** VyA Picture Library, *ar.i.;* AKG, *ar.d.;* Bradbury y Williams, *ab.c.* **374** AKG/Archivo Breitkopf y Haertel, Leipzig, *ar.i.;* Colección Lebrecht, *ar.d.;* Bradbury y Williams, *ab.i.;* Colección Lebrecht/Robin Del Mar, *ab.d.* **375** AKG/Archiv für Kunst und Geschichte, Berlín, *ar.i.;* Colección Lebrecht/George Newson, *ar.d.;* Colección Zoë Dominic/© Catherine Ashmore, *ab.i.* **372-375** Línea del tiempo, *Preludio y fuga en B menor para órgano*, apunte manuscrito, Leipzig, hacia 1740, de J.S. Bach/Colección Lebrecht. **376** Hermanos Brown, *ar.i., ab.d.* **377** © Bettmann/Corbis *ar.d., c.i.;* London Features. Redferns/© Archivos Michael Ochs, *ar.i., ab.d.;* © Bettmann/Corbis, *ar.d.* **379** Corbis/© Matthew Mendelsogn, *ar.i.;* London Features, *ab.d.* **380** Redferns/David Redfern, *ar.d.;* © Bill Cooper, *c.i.;* Redferns/Pankaj Shah, *ab.d.* **381** Clasos, *ar.d.;* Archivo Ronald Grant, *ab.i.;* Zoë Dominic, *ab.d.* **382** Biblioteca de Arte Bridgeman/Museo Arqueológico Nacional, Nápoles, *ar.i.; Dante leyendo de la Divina Comedia*, 1465, tabla de Domenico di Michelino, Duomo, Florencia, *ar.c.; Retrato de Chaucer, del Manuscrito Ellesmere de los Cuentos de Canterbury de Chaucer* (edición facsimilar), 1911/Biblioteca de Arte Bridgeman/Colección privada, *ar.d.;* Mary Evans Picture Library, *ab.i.* **383** Biblioteca de Arte Bridgeman/Biblioteca Británica/Retrato grabado, de Droeshurt, 1623, *ar.c.; El Papa simoniaco*, pluma, tinta y acuarela, 1824-1827, de William Blake, © Tate, Londres 2001, *ab.i.* **384** Biblioteca de Arte Bridgeman/Colección privada/Retrato, de Nicolás de Largillière, *ar.i.;* Biblioteca de Arte Bridgeman/Colección privada, *ar.d.;* Biblioteca de Arte Bridgeman/Colección privada/acuarela de John Nixon, *ab.d.;* Firma de John Milton/Hulton Getty. **385** Biblioteca de Arte Bridgeman/Colección privada/Retrato grabado, de C. Rolls, *ar.i.;* Biblioteca de Arte Bridgeman/Neue Pinakothek, Munich/Retrato, de Joseph Carl Stieler, *ar.d.;* Mary Evans Picture Library/H. Richter, grabado, de Staines, *ab.d.;* Pushkin's Signature/© Novosti, Londres; firma de Goethe /AKG. **386** © Novosti, Londres, *ar.i.;* Biblioteca de Arte Bridgeman/Colección privada, *ar.c.;* Hulton Getty, *ar.d.;* Mary Evans Picture Library/Grabado, de Marcus Stone, *ab.i.;* © John Glashan/de *Things*, editado por Tony y Carol Burgess (Ward Lock Educational), *ab.d.;* firmas de Tolstoi y Dostoievski/© Novosti, Londres. **387** © Bettmann/Corbis. **388** © Allan Titmuss/*Edipo*, de Sófocles, *ar.i.;* Colección teatral Mander y Mitchenson/*The York Cycle of Mistery Plays*, *ar.d.;* © Catherine Ashmore/*Thyestes*, de Séneca, *c.;* Martin Woodward, *ab.* **389** © Simon Annand/*El avaro*, de Molière, *ar.c.;* © Zoë Dominic/*El rey Lear*, de William Shakespeare, *c.i.;* © Zoë Dominic/*The School for Scandal*, de Richard Sheridan, *c.d.* **390** © Mander & Mitchenson, *ar.c.;* Haga Library Inc. Tokyo/© Toshiro Morita/*Otelo*, teatro Noh, *c.i.;* © Mark Drouet/Arena Images/*El tío Vania*, de Chéjov, *c.d.;* © John Haynes/*Home*, de David Storey, *ab.d.* **391** © John Haynes/*Schweyk en la Segunda Guerra Mundial*, de Bertolt Brecht, *ar.i.;* © Zoë Dominic/*Evidencia inadmisible*, de John Osborne, *ar.d.;* © Zoë Dominic/*Días felices*, de Samuel Beckett, *c.* **392** Archivo Ronald Grant, *ar.d., c.i.;* Colección Joel Finler, *ab.c.* **394** Colección Joel Finler, *ar.d.;* Archivo Ronald Grant, *ab.* **395** Archivo Ronald Grant, *ab.i.;* Pictorial Press Limited, *ab.d.* **396** © Carolco/Kobal, *ar.c.;* Rex Features, *ab.* 399 © Lucas Film Ltd./Paramount/Kobal, *c.i.;* Archivo Ronald Grant, *ab.d.* **392-396** Línea del tiempo, Archivo Ronald Grant. **398** Rex Features/Denis Cameron. **399** © IMAX Corporation. **400-401** Línea del tiempo, *de i. a d.:* © BBC, 1; © Globe Photos Inc., 2; Culver Pictures, 3; SPL/NASA, 4; Rex Features, 5; © Sky News, 7; Popperfoto, 6, 8. **402** Topham Picturepoint, *ar.i.;* Editorial Televisa, *ar.d.;* Martin Woodward, *ab.d.* **403** Science & Society Picture Library, *c.i.;* © Magnum/Harry Gruyaert, *c.d.;* Martin Wooward, *ar.d., ab.d.* **404** Science & Society Picture Library, *ar.i., ar.d.* **404-405** Fondo, SPL/NRSC Ltd./Ilustración, Roger Stewart. **405** Hulton Getty, *ar.c.;* Science & Society Picture Library, *ar.d.;* SPL/Photo Library International, *c.;* ilustración, Bradbury y Williams, *c.* **406** Paris Match Magazine, *c.i.;* Hemeroteca John Frost, *c.d.;* Popperfoto, *ab.i.* **407** Hergé/Moulinsart 2001, *ab.i.;* Gabriel Vargas, *ab.d.* **408** Christine Vincent, *c.;* Biblioteca de Arte Bridgeman/Biblioteca Británica, *ab.i.* **409** Roy Williams, *ar.i.;* Bradbury y Williams, *ab.i., ab.c., ab.d.* **410** John Meek, *ar.i., ab.d.;* Advertising Archives/Marcas registradas reimpresas con la autorización de Apple Computer, Inc. © 2001 Apple Computer, Inc. Todos los derechos reservados. Apple Mac y Macintosh son marcas registradas de Apple Computer, Inc., registradas en EUA y otros países. iBook e iMac son marcas registradas de Apple Computer, Inc, *ar.c.;* Marin 2001, *ar.d.;* IKON Imaging, *ab.i.;* FujiFilm Digital Imaging, *c.d.* **411** IBM es una marca registrada de International Business Machines Corporation, *ar.i.;* FedEx © Federal Express, *ar.d.;* © Esso/Advertising Archives, *c.;* Inversión Publicitaria en México, IBOPE, México, 2000, *c.d.;* Lexis/Guinness, *ab.d.* **412** Corbis/© David y Peter Turnley, *ar.d.* **412-413** Línea del tiempo, *de i. a d.:* Mary Evans Picture Library, 1, 4; Biblioteca de Arte Bridgeman/Museo Carnavalet, París, 2; Hulton Getty, 3; Topham Picturepoint, 5; © Bettmann/Corbis, 6; Popperfoto, 7; Frank Spooner Picture Library/Gamma/Daniel Simon, 8; Rex Features/David Abian, 9; Rex Features, *ar.d.* **414-415** *C., de i. a d.:* Robert Harding Picture Library/© Roy Rainford, 1; Corbis/© Adam Woolfitt, 2; Corbis/© Jonathan Blair; fotografía, Robert Harding/© M. Joseph, 4; Corbis/© Richard T. Nowitz, 5; Corbis/© Catherine Karnow, 6; Corbis/© Diego Lezama Orezzoli, 7; Corbis/© Ted Spiegel, 8. **414** The Anthony Blake Photo Library/© RDL, *ab.d.* **415** Colección Robert Opie, *ar.d.* **416** Colin Woodman, *ar.;* Corbis/© Patrick Ward, *ab.d.* **417** Colin Woodman, *ar.i.;* Euridice Montes de Oca Martínez, *ar.d.;* Corbis/© Marc Geranger, *c.* **418** Allsport, *ar.c.;* Corbis/© Reuters NewMedia Inc, *ar.d.;* Roger Stewart, *ab.c.* **419** Popperfoto, *ar.d.;* Allsport/Colección Hulton, *ab.i.;* www.sporting-heroes.net, *ab.c.;* Colorsport/Olympia, *ab.d.* **420** Brown Brothers, *ar.d.;* Allsport/Andy Lyone, *c.d.;* Colorsport, *ab.i.;* Roger Stewart, *ab.c.* **421** Colorsport, *ar.d.;* www.sporting-heroes.net, *c.d., ab.i.;* Roger Stewart, *ab.c.* **421** Culver Pictures, *c.d., ab.d.;* Roger Stewart, *ab.i.* **422** © Bettmann/Corbis/David Tulis, *c.i.;* Allsport/Jonathan Daniel, *ab.i.;* Roger Stewart, *ab.d.* **423** www.sporting-heroes.net, *ar.c.;* Roger Stewart, *ab.c.* Colorsport, *ar.;* Allsport/Glenn Gratty, *ab.d.* Corbis/© Jerome Prevost, *ar.i.;* www.sporting-heroes.net, *ab.i.;* Roger Stewart, *ar.d., ab.d.* **424** Colorsport, *ar.d.;* www.sporting-heroes.net, *ab.* **425** Allsport/David Cannon, *ar.;* Corbis/© Tony Roberts, *c.i.;* Corbis/© Tony Roberts, *ab.d.* **426** Multiphoto, *ar.d.;* © Bettmann/Corbis, *ab.i.;* Roger Stewart, *c.* **427** www.sporting-heroes.net, *c.i.;* SPL/Profesor Harold Edgerton, *ab.c.;*

© Bettmann/Corbis, *ab.d.* **428** AKG/Albert Meyer, *ar.i.;* Popperfoto, *ab.i.;* Hulton-Getty, *ab.d.* **428-429** Fondo, Corbis/© Karl Weatherly. **429** Popperfoto, *ar.c.;* Allsport/Gray Mortimore, *c.i.;* Allsport/Mike Hewitt, *ab.d.* **430** Corbis/© Jerry Cooke; Allsport, *ab.c., ab.d.* **431** Roger Stewart, *ar.;* Colorsport. **432** © Bettmann/Corbis, *ar.d.;* Popperfoto, *ab.i.;* Roger Stewart, *c.* **433** Allsport/Hulton-Getty, *ar.i.;* © Bettmann/Corbis, *ab.i., ab.d.* **434** Popperfoto, *c.i.;* LAT/© Peter Spinney, *c.d.* **435** Allsport/Jon Ferrey, *ar.i.;* Allsport/Germano Gritti, *ar.d.;* Allsport/Pascal Rondeau, *c.d.* **434-435** Darren R. Awuah. **436** Hulton-Getty, *ar.d.;* Popperfoto, *c.i.;* Allsport/Adam Pretty, *ab.* **437** SPL/Profesor Harold Edgerton, *c.i.;* Allsport/Shaun Boterill, *c.;* Roger Stewart, *c.d.* **438** Corbis/© TempSport, *ar.i.;* © Bettmann/ Corbis, *c.d.;* Roger Stewart, *ab.i.;* © Bettmann/Corbis, *ab.d.* **439** Colorsport, *ar.d.;* Corbis, *ab.i.;* Popperfoto, *ab.d.* **440** Popperfoto, *ar.i.;* www.sporting-heroes.net, *ar.d.;* Sport.The Library, *ab.i.* **441** Popperfoto, *ar.d.;* Roger Stewart, *c.;* Colorsport, *ab.c.* **453** Bradbury y Williams/Mountain High; Rex Features. **444-445** Bradbury y Williams/Mountain High. **446** Corbis/© Steve Raymer, *ab.i.;* John Meek, *ab.c.;* © The Economist Newspaper Ltd., 2001, *ab.d.* **446-447** Bradbury y Williams/Mountain High. **448** Diner's Club UK, *ar.c.;* © Archivo Iconográfico, S.A./Corbis, *ar.d.;* línea del tiempo, Archivo de Arte/Colección privada/Dagli Orti; Archivo Werner Forman, *ab.i.;* SCALA, *ab.d.* **449** © Archivo Iconográfico, S.A./Corbis, *c.;* línea del tiempo, Rex Features/Simon Walker; Corbis/© Charles O'Rear, *ab.d.* **450-451** Corbis/© Larry Lee. **452** Fondo, © Ford, *ab.i.;* ilustraciones, Stefan Morris. **453** *Ar., de i. a d.:* © Bettmann/Corbis, 2; Mary Evans Picture Library, 3; AKG, 4; © Colección Hulton-Deutsch/Corbis, 5; © Bettmann/Corbis, 6, 7; Corbis/© Roger Ressmeyer, 8; ilustración, Bradbury y Williams, *ar.;* Stefan Morris, *ab.i.* **454** Panos Pictures/Duncan Simpson, *c.;* Corbis/Ted Spiegel, *ab.c.* **454-455** Mapa, Bradbury y Williams/Mountain High. **455** Fondo, Panos Pictures/Chris Sattlberger. **456** Martin Woodward, *ar.d., ab.i.* **456-457** Línea del tiempo, © Magnum/Stuart Franklin. **457** Holt Studio International, *ar.d.;* Panos Pictures/Jeremy Horner, *ab.* **458-459** *De ar. ab.,* SPL/Astrid y Hanns-Friedler Michler, 1; SPL/Ed Young, 2; Still Pictures/Michel Breuil, 3; SPL/BSIP JOLYOT, 4; Still Pictures/Sophie Boussamba, 5. **460** SPL/Jeremy Walker. **461** SPL/Time David, *ar.i.;* SPL/Cyril Ruosso, *ar.d.;* Robert Harding Picture Library, *ab.d.* **462** Mapa, Bradbury y Williams/Mountain High. **463** Martin Woodward. **464-465** Mapa, Bradbury y Williams/Mountain High. **465** Still Pictures/Gil Mott, *ar.i.;* Bradbury y Williams, *ar.d.;* © Vic Sievey; Eye Ubiquitous/Corbis, *ab.d.* **466** Brown Brothers, *ar.c.;* Science & Society Picture Library, *ab.i., ab.c.;* © Volkswagen, *ab.d.* **467** Roger Stewart, *ar.i.;* Science & Society Picture Library, *ar.d.;* LAT, *ab.i.;* Neill Bruce, *ab.c.;* Alvey y Towers, *ab.d.* **468** Matthew White. **469** Bradbury y Williams. **470** © Bettmann/Corbis, *ar.c.;* © Colección Hulton-Deutsch/Corbis, MM; Science y Society Picture Library, *ab.i., ab.d.* **470-471** Fondo, Rex Features. SPL/Martin Bond, *ar.c.;* © Colección Hulton-Deutsch, *ar.d.;* SPL/François Sauze, *ab.d.* **472** Martin Franklin, *ar.;* Archivo de Arte/Dagli Orti, *c.i.;* Bradbury y Williams, *ab.* **472-473** Fondo, Archivo de Arte/Museo Marítimo Nacional, Londres/Eileen Tweedy; Bradbury y Williams, *ab.c.;* TRH Pictures, *ab.d.* **474** Stefan Morris, *ar.d.;* Hermanos Brown, *c.i.* **474-475** Fondo, TRH Pictures; ilustración, Stefan Morris. **475** Mark Franklin, *ar.i.;* TRH Pictures, *ar.d.;* Bradbury y Williams, *ab.* **476** SPL/Jean-Loup Charmet, *c.i.;* SPL/David Parker, *ab.i.* **477** Bradbury y Williams, *ar.d.;* © Fototeca del Museo Marítimo Nacional, *ab.i.;* Corbis/© The Military Picture Library/Peter Russell, *c.d.* **458** Science y Society Picture Library, *c.i., ab.d.* **478-479** Fondo, The Flight Collection; ilustración, Mark Franklin. **479** The Flight Collection, *ar.i.;* Aviation Photographs International, *ar.d.* **480-481** Matthew White. **481** Bradbury y Williams, *c.d.* **482** SPL/Novosti, *ar.i.;* NASA, *ab.d.* **482-483** Fondo, NASA. **483** Toucan Books, *c.d.;* SPL/US Geological Survey, *ab.d.* **484** Bradbury y Williams, *c.i.;* NASA, *c.* **484-485** Fondo, SPL/NASA. **485** NASA. **486** Bradbury y Williams, *ar.d.;* John Meek, *ab.i.* **487** Frank Spooner Pictures/Pace, *c.i.;* Allsport/Al Bello, *c.d.;* Colección Kobal/Miramax Films/Universal Pictures, *ab.d.* **488-489** Mapa, Bradbury y Williams/Mountain High; ilustración, Bradbury y Williams; fondo, © Magnum/Bruno Barbey. **490-491** Fondo, Corbis/© Bill Ross; ilustración, Mark Franklin; línea del tiempo, Stefan Morris; mapa, Bradbury y Williams/Mountain High. **492-493** Ilustración, Matthew White; fondo, Corbis/© Charles E. Rotkin. **493** Corbis/© Roger Ressmeyer, *ab.d.* **494** Still Pictures/Julio Etchart, *ar.d.;* Stefan Morris, *ab.i.;* Matthew White, *ab.d.* **494-495** Fondo, Still Pictures/Julio Etchart; línea del tiempo, Stefan Morris. **495** Matthew White, *ab.i.;* Still Pictures/ Mike Jackson, *ab.d.* **496** Still Pictures/Hartnut Schwarzbach, *ar.d.;* Corbis/© Paul Almasy, *ab.i.* **498-499** Fondo, Panos Pictures/© Marc Schlossman. **499** SPL/Astrid y Hans Frieder Michler, *ar.c.;* SPL/Russ Lapa, *ab.i.* **501** Martin Woodward; Bradbury y Williams. **503** Museo de Historia Natural, Londres, *c.; Lluvia, vapor y velocidad – El gran ferrocarril del Oeste,* óleo sobre lienzo, de Joseph Mallord William Turner, Galería Nacional, Londres, *ab.d.;* ilustración, Bradbury y Williams, *ab.c.* **506-511** Ilustración, Bradbury y Williams. **512** © Bettmann/Corbis, *ar.d.* **512-513** Ilustración, Roger Stewart. **513** Bradbury y Williams, *i.;* Roy Williams, *d.* **514-515** Fondo, Corbis/© George Hall. **516** Bradbury y Williams. **517** Dorling Kindersley Ltd., *ar.d.;* Roger Stewart, *ab.d.* **518-519** *Ar., de i. a d.:* Rex Features, 1; John Meek, 2; SPL/NASA, 3; Woodfall Wild Images/Jeremy Moore, 4; Corbis/© Leif Skoogfors, 5; SPL/Hugh Turvey, 6; SPL/US Air Force, 7. **520** Bradbury y Williams. **521** © CERN, *ab.c.;* ilustración, Bradbury y Williams, *ab.c.* **522-523** Bradbury y Williams, **524** AKG. **525** Matthew White, *ar.i., c.;* Bradbury y Williams, *ab.i.* **526-527** Martin Woodward. **528**, **529** Museo de Historia Natural, Londres. **530-531** Martin Woodward. **532** Still Pictures/Klaus Andrews, *c.i.;* SPL/Tony Craddock, *ab.c.;* ilustración, Bradbury y Williams, *ab.c.* **533** The Garden Picture Library/Brigitte Thomas, *ar.d.;* SPL/Tony Craddock, *ab.c.;* ilustración, Bradbury y Williams, *ab.c.* **534** Martin Woodward. **535** Martin Wooward, *ab.i.;* Woodfall Wild Images/Niel Hicks, *c.;* BBCNHU/Chris O'Reilly, *ab.d.* **536** Antbits, *ab.i.;* Bradbury y Williams, *c.d.* **537** Bradbury y Williams. **538** Bill Ballenberg/NGS Image Collection, *ar.d.;* pintura, Alberto Gutiérrez/fotografía, Guillermo Hare, *c.i.;* Christopher Donnan/© Walter Ava/Bruning Museum, *ab.d.* **539** Ilustración, Roger Stewart, adaptada de la pintura *La cámara mortuoria de la Tumba 2*, de Percy Fiestas, *ab.i.;* Christopher Donnan/© Walter Ava/Museo Bruning, *ab.d.* **540** © Bettmann/Corbis, *ar.d.;* Archivo de Arte/Francesco Venturi, *c.;* Cortesía de Discovery Channel/UAD/ foto de Jerome Delafosse, *c.d.;* Instituto Griffith/Museo Ashmolean, Oxford, *ab.i.* **540-541** Mapa, Bradbury y Williams/Mountain High. **541** Jon Adams, Universidad de Southampton, *c.d.* **542** Brown Brothers, *ar.d.;* Michael Holford/Museo de Ciencias, *ab.c.;* Science & Society Picture Library, *ab.d.* **543** Science & Society Picture Library, *ar.c.;* Michael Holford/Royal Institution, Londres, *c.i.;* Colección Robert Opie, *c.d., ab.c.* **544** © Reader's Digest, *ar.d.;* Science & Society Picture Library, *ab.i.;* Colección Robert Opie, *ab.d.* **545** Science & Society Picture Library, *ar.c.;* SPL/ Adam Hart-Davis, *c.i.;* Trip/Dyson, R. **546** Rex Features, *ar.i.;* Science & Society Picture Library, *ar.c.;* SPL/Biblioteca del Congreso, *ar.d.* **546-547** Fondo, Woodfall Wild Images/David Woodfall; ilustración, Martin Woodward. **547** Science & Society Picture Library, *ar.d.;* Science & Society Picture Library/NASA, *c.* **548** Science & Society Picture Library, *ar.d., ab.i.;* SPL, *ab.d.* **549** © Bettmann/-Corbis, *ar.i.;* Science & Society Picture Library, *ar.d., ab.i.;* Frank Spooner Pictures, *ab.d.* **550** Bradbury y Williams, *ar.d.;* Science & Society Picture Library, *ab.i.* **551** © Steve McDonough, *c.;* Intel Corporation, *ab.d.* **552** Martin Woodward. **553** Digital Vision, *ab.d.* **554** Sotheby's Picture Library, *ar.d.;* Colección Robert Opie, *ab.i.;* Mark Franklin, *ab.d.* **555** © Sony, *ar.i.;* Science & Society Picture Library, *ar.c.;* Rex Features/Adrian Denis; Mark Franklin, *ab.i., ab.d.* **556** Paul Baran, *c.i.;* © Vint Cerf, *c.d.* **557** Bradbury y Williams, *ar.;* Frank Spooner Pictures/Carolina Salguero-FB, *c.i.;* Frank Spooner Pictures, *c.d.* **558** Línea del tiempo, Science & Society Picture Library, *c.d.;* SPL/Jean-Loup Charmet, *ab.c.* **559** SPL/Stanley B. Burns, MD/The Burns Archive, Nueva York, *ar.i.;* SPL/George Bernard, *ar.d.;* SPL, *c.;* Popperfoto, *c.d.;* línea del tiempo, Science & Society Picture Library/NMP/RMD. **560** Línea del tiempo, SPL/BSIP Boucharlet; SPL/-Escuela de Medicina del Hospital Santa María, *c.;* SPL/James King-Holmes, *ab.i.* **561** SPL/Geoff Tomp-kinson, *ar.d.;* línea del tiempo, SPL/-James King-Holmes; AKG, *c.c.;* SPL/National Institutes of Health, *ab.c.* **562** Archivo de Arte/Dagli Orti, *ar.i.;* © Magnum/Fred Mayer, *ab.d.* **562-563** Fondo, Mark Franklin. **563** Archivo de Arte/Eileen Tweedy, *ar.i.;* Frank Spooner Pictures/ Gamma/Roger Viollet, *ar.c.;* © Magnum/Stuart Franklin, *ab.c.* **564** Darren R. Awuah, *ar.d.;* Trip/B. Gibbs, *ab.d.* **564-565** Fondo, Collections/B. Shuel. **565** Stefan Morris, *ar.i.;* Corbis/© Michael S. Yamashita, *ar.d.;* Mark Franklin, *ab.i.* **566** AKG/Erich Lessing/Museo de Israel (IDAM), Jerusalén, *ar.i.;* © The Board of Trustees of the Armouries (VII.1809), *ar.c.;* © The Board of the Trustees of the Armouries (II.2), *ar.d.;* Mark Franklin, *ab.c.* **567** Biblioteca Británica, Londres, *ar.c.;* Chrysalis Images, *ar.d.;* © The Board of the Trustees of the Armouries (Xii.5438), *ab.i.;* Biblioteca de Arte Bridgeman/-Biblioteca Británica, *ab.c.* **568** Museo del Tanque, Bovington, *c.;* Chrysalis Images, *ab.c.* **569** TRH/DOD, *c.i.;* línea del tiempo, TRH/McDonnell Douglas Missile Systems Company; TRH/-Lockheed, *c.d.;* Chrysalis Images, *ab.c.* **571** Bradbury y Williams. **578** Stefan Morris. **582-583** Bradbury y Williams. **584** Bradbury y Williams. **593** Colin Woodman.

**Separadores de sección:** NASA. Colección Bruce Coleman/Kim Taylor; Wildlife Art Ltd. Martin Woodward. Michael Holford/Museo Británico. Corbis/© Ron Watts. Christie's Images. John Meek. Martin Woodward. Colección Kobal. © PhotoDisc Europe Ltd. © Digital Vision Ltd.

**Portadas:** © PhotoDisc Europe Ltd. © Digital Vision Ltd.